HEINRICH v. TREITSCHKE

# DEUTSCHE GESCHICHTE

Heinrich von Treitschke

HEINRICH VON TREITSCHKE

# DEUTSCHE GESCHICHTE IM 19. JAHRHUNDERT

EMIL VOLLMER VERLAG

Gesamtherstellung: Millium Media Management
Printed in Germany

ISBN 3-88851-224-7

# INHALTSVERZEICHNIS

## VIERTES BUCH

# König Friedrich Wilhelm der Vierte 1840–1848

ERSTES BUCH

# Der Untergang des Reiches

# I

# Deutschland nach dem Westfälischen Frieden

Die deutsche Nation ist trotz ihrer alten Geschichte die jüngste unter den großen Völkern Europas. Zweimal ward ihr ein Zeitalter der Jugend beschieden, zweimal der Kampf um die Grundlagen staatlicher Macht und freier Gesittung. Sie schuf sich vor einem Jahrtausend das stolzeste Königtum der Germanen und mußte acht Jahrhunderte nachher den Bau ihres Staates auf völlig verändertem Boden von neuem beginnen.

Sie hatte einst in überschwellendem Tatendrang die Kaiserkrone der Christenheit mit der ihren verbunden, ihr Leben ausgeschmückt mit allen Reizen ritterlicher Kunst und Bildung, Ungeheures gewagt und geopfert, um die Führerschaft des Abendlandes zu behaupten. In den weltumspannenden Kämpfen ihrer großen Kaiser ging die Macht der deutschen Monarchie zugrunde. Auf den Trümmern des alten Königtums erhebt sich sodann eine junge Welt territorialer Gewalten: geistliche und weltliche Fürsten, Reichsstädte, Grafen und Ritter, ein formloses Gewirr unfertiger Staatsgebilde, voll wunderbarer Lebenskraft. Mitten im Niedergange der kaiserlichen Herrlichkeit vollführen die Fürsten Niedersachsens, die Ritter des deutschen Ordens und die Bürger der Hansa mit Schwert und Pflug die größte Kolonisation, welche die Welt seit den Tagen der Römer gesehen: die Lande zwischen Elbe und Memel werden erobert und besiedelt, die skandinavischen und slawischen Völker auf Jahrhunderte hinaus deutschem Handel, deutscher Bildung unterworfen. Aber Fürsten und Adel, Bürgertum und Bauernschaften gehen jeder seines eigenen Weges; der Haß der Stände vereitelt alle Versuche, diese Überfülle schöpferischer Volkskräfte politisch zu ordnen, die zerfallende Staatseinheit in bündische Formen wieder aufzurichten.

Dann hat Martin Luther nochmals begeisterte Männer aus allen Stämmen des zersplitterten Volkes zu großem Wirken vereinigt. Der Ernst des deutschen Gewissens führte die verweltlichte Kirche zurück zu der erhabenen Einfalt des evangelischen Christentums; deutschem Geiste entsprang der Gedanke der Befreiung der Staaten von der Herrschaft der Kirche. Unser Volk erstieg zum zweiten Male einen Höhepunkt seiner Gesittung, begann schlicht und recht die verwegenste Revolution aller Zeiten. In anderen germanischen Ländern hat der Protestantismus überall die nationale Staatsgewalt gestärkt, die Vielherrschaft des Mittelalters aufgehoben. In seinem Geburtslande vollendete er nur die Auflösung des alten Gemeinwesens. Es ward entscheidend für alle Zukunft der deutschen Monarchie, daß ein Fremdling unsere Krone trug während jener hoffnungsfrohen Tage, da die Nation frohlockend den Wittenberger Mönch begrüßte. Die kaiserliche Macht, dermaleinst Führer der Deutschen im Kampfe wider das Papsttum, versagte sich der kaiserlichen, wie politischen Reform. Das Kaisertum der Habsburger ward römisch, führte die Völker des romanischen Südeuropas ins Feld wider die deutschen Ketzer und ist fortan bis zu seinem ruhmlosen Untergange der Feind alles deutschen Wesens geblieben.

Die evangelische Lehre sucht ihre Zuflucht bei den weltlichen Landesherren. Als Beschützer des deutschen Glaubens behaupten und bewähren die Territorialgewalten das Recht ihres Daseins. Doch die Nation vermag weder ihrem eigensten Werk, der Reformation, die Alleinherrschaft zu bereiten auf deutschem Boden, noch ihren Staat durch die weltlichen Gedanken der neuen Zeit zu verjüngen. Ihr Geist wird durch die tiefsinnige neue Theologie den Kämpfen des politischen Lebens ganz entfremdet; nicht Staatsnotwendigkeiten, sondern Glaubensstreite führen zu Kriegen. Nach raschem Wechsel halber Erfolge und halber Niederlagen schließen die ermüdeten Parteien den vorzeitigen Religionsfrieden von Augsburg. Es folgen die häßlichsten Zeiten deutscher Geschichte. Das Reich scheidet freiwillig aus dem Kreise der großen Mächte, verzichtet auf jeden Anteil an der europäischen Politik. Unbeweglich und doch unversöhnt lebt die ungestalte Masse katholischer, lutherischer, calvinischer Landschaften durch zwei Menschenalter träge träumend dahin, während dicht an unseren Grenzen die Heere des katholischen Weltreiches ihre Schlachten schlagen, die niederländischen Ketzer um die Freiheit des Glaubens und die Herrschaft der Meere kämpfen.

Da endlich bricht der letzte, der entscheidende Krieg des Zeitalters der Glaubenskämpfe über das Reich herein. Die Heimat des Protestantismus wird auch sein Schlachtfeld. Sämtliche Mächte Europas greifen ein in den Krieg, der Auswurf aller Völker haust auf deutscher Erde. In einer Zerstörung ohnegleichen geht das alte Deutschland zugrunde. Zwei Drittel der Nation hat der greuelvolle Krieg dahingerafft; das verwilderte Geschlecht, das noch im Schmutz und Armut ein gedrücktes Leben führt, zeigt nichts mehr von der alten Großheit des deutschen Charakters, nichts mehr von dem freimütigen heiterem Heldentum der Väter.

Die grauenhafte Verwüstung schien den Untergang des deutschen Namens anzukündigen, und sie ward der Anfang eines neuen Lebens. In jenen Tagen des Elends, um die Zeit des Westfälischen Friedens beginnt unsere neue Geschichte. Zwei Mächte sind es, an denen dies versinkende Volk sich wieder aufgerichtet hat, um seitdem in Staat und Wirtschaft, in Glauben, Kunst und Wissen sein Leben immer reicher und voller zu gestalten: die Glaubensfreiheit und der preußische Staat. –

Deutschland hatte durch die Leiden und Kämpfe der dreißig Jahre die Zukunft des Protestantismus für den gesamten Weltteil gesichert und zugleich den Charakter seiner eigenen Kultur unverrückbar festgestellt. Sein äußerster Süden ragte hinein in die katholische Welt der Romanen, seine Nordmarken berührten das harte Luthertum Skandinaviens, doch seine Kernlande blieben der Sammelplatz dreier Bekenntnisse. Die deutsche Nation war das einzige paritätische unter den großen Völkern.

Vor Zeiten, da die römische noch die allgemeine Kirche war, hatte sie unser Volk für die Gesittung erzogen, seine Kunst und Wissenschaft reich befruchtet. Seit aber der Jesuitenorden herrschend wurde und das Werk der Gegenreformation betrieb, wirkte der neue Katholizismus in Deutschland nur hemmend und verwüstend. Rom wußte es wohl: Deutschland blieb die festeste Burg der Ketzerei, das Mark unseres Geistes war protestantisch. Die teuer erkaufte Duldung bereitete die Stätte für eine maßvolle Freiheit, eine besonnene Verwegenheit des Denkens, die unter der Alleinherrschaft einer Kirche niemals gedeihen kann. Auf solchem Boden erwuchs, sobald das erschöpfte Volk wieder geniale Naturen zu ertragen vermochte, unsere neue Wissenschaft und Dichtung, die wirksamste Literatur der neuen Geschichte, protestantisch von Grund aus und doch weltlich frei und mild. Sie schenkte der verkümmerten Nation aufs neue eine mächtige Sprache, gab ihr die Ideale der Humanität zurück und den Glauben an sich selbst. Dadurch sind unserem Volke selbst die Niederlagen der Reformation zuletzt zum Segen geworden. –

Zugleich erwachte wieder die staatenbildende Kraft der Nation. Aus dem Durcheinander verrotteter Reichsformen und unfertiger Territorien, hob sich der junge preußische Staat empor. Von ihm ging fortan das politische Leben Deutschlands aus.

Das harte Ringen um die Anfänge der Staatseinheit gelingt gemeinhin nur der derben, bildsamen Lebenskraft jugendlicher Völker; hier aber vollzog es sich im hellen Mittagslichte der neuen Zeit, gegen den Widerstand des gesamten Westteils, im Kampfe mit den legitimen Gewalten des heiligen Reichs und den unzähligen durch eine alte Geschichte verhärteten Gegensätzen des vielgestaltigen deutschen Lebens. Es war die schwerste Einheitsbewegung, die Europa erlebte, und nur der letzte, volle, durchschlagende Erfolg hat endlich die widerwillige Welt bezwungen, an das so oft aussichtslos gescholtene Werk zu glauben.

Von Kaiser und Reich konnte die Neugestaltung des deutschen Staates nicht mehr ausgehen. Die alte, längst brüchige Reichsverfassung wurde durch das Eindringen des Protestantismus zu einer häßlichen Lüge; denn weder der gekrönte Schirmvogt der alten Kirche und die Bischöfe durften herrschen über ketzerischem Volke. Das wurde früh erkannt; aber das unheilvolle Gleichgewicht der Kräfte und Gegenkräfte, das jede Bewegung des Reiches hemmte, vereitelte auch diese unabwendbare Folge der Reformation.

Zwei Drittel des deutschen Volkes bekannten das Evangelium, desgleichen alle mächtigen Fürstenhäuser mit Ausnahme der Wittelsbacher und Albertiner; das amtliche Deutschland aber blieb katholisch. Nur ein revolutionärer Entschluß, nur die Umwandlung des Heiligen Reiches in einen Bund weltlicher Staaten konnte die Nation erretten aus solcher Unwahrheit ihres politischen Lebens; nur eine Staatsgewalt, die ehrlich ihr weltliches Wesen eingestand, konnte den Altgläubigen wie den Evangelischen gerecht werden. Dem aber versagte sich das Kaisertum, es hielt in allem Wandel der Zeiten die alten Ansprüche der Machtvollkommenheit und der Glaubenseinheit fest. So führte der Glaubenseifer des Kaiserhauses alle Schrecken des Völkermordes über die österreichischen Erblande herauf. Unter blutigen Greueln wurde die Herrschaft der katholischen Kirche wieder aufgerichtet; Hunderttausende der Besten wurden vertrieben und fanden eine Heimat bei den evangelischen Reichsfürsten. Die daheim gebliebenen, verloren in der Schule der Jesuiten die Lebenskraft des deutschen Geistes: den Mut des Gewissens, den sittlichen Idealismus. Der helle Frohmut des österreichischen Deutschtums verflachte in gedankenloser Genußsucht, das leichtlebige Volk gewöhnte sich rasch an die verlogene Gemütlichkeit einer pfäffischen Regierung, die ihre kalte Menschenverachtung hinter läßlich bequemen Formen zu verbergen wußte.

Der Westfälische Friede gab dem Siege der Gegenreformation die gesetzliche Weihe. Der Kaiser genehmigte die Gleichberechtigung der drei Bekenntnisse im Reiche nur unter der Bedingung, daß seine Erblande der Regel nicht unterliegen sollten. Seitdem schied Österreich aus der Gemeinschaft des deutschen Lebens. Erst im neunzehnten Jahrhundert fand das zerstreute Deutschtum der Südostmarken wieder die Kraft, allen Arbeiten der modernen deutschen Kultur mit lebendigem Verständnis zu folgen.

Dergestalt hat die Politik der katholischen Glaubenseinheit die Donaulande auf lange hinaus unserem Volke entfremdet. Sie zerspaltete das alte Reich, sie schuf den vielbeklagten deutschen Dualismus; solange die Deutschen sich nicht selber aufgaben, durften sie auch den Widerstand gegen die Fremdherrschaft der Habsburger nicht aufgeben. Das Haus Österreich war im Verlaufe der Jahrhunderte mit der römischen Kaiserkrone so fest verwachsen, daß die Volksmeinung beide kaum noch zu trennen wußte. Durch die Eroberung Ungarns wurde vollendet, was die Politik der Gegenreformation begonnen hatte: die Trennung Österreichs von Deutschland. Die Habsburg-Lothringer konnten in den unklaren Befugnissen des Kaisertums nur ein willkommenes Mittel sehen, um die gewaltige kriegerische Kraft der deutschen Nation auszubeuten für die Zwecke des Hauses Österreich, die Machtfragen dieser Hauspolitik zu entscheiden durch den Mißbrauch der Formen des Reichsrechts. Das Reich, von der Hofburg bald fremden Angriffen preisgegeben, bald in undeutsche Händel hineingezogen, mußte regelmäßig den Preis für Österreichs Niederlagen zahlen. Holland und die Schweiz, Schleswig-Holstein, Pommern und das Ordensland, Elsaß und Lothringen gingen wesentlich durch die Schuld der Habsburger dem Reiche verloren: unersetzliche Verluste, minder schmachvoll für jene halbfremde Macht, welche die Kaiserpflicht mit den Interessen ihres Hauses nicht vereinigen konnte, als für die deutsche Nation, die nach solchem Unsegen der Fremdherrschaft nimmer den Willen fand, das Löwenbündnis mit Österreich zu zerreißen.

Immer unhaltbarer wurden diese Zustände. Der Partikularismus des weltlichen Fürstentums blieb die lebendigste politische Kraft im Reiche. Das heilige Reich war in der Tat, wie Friedrich der Große es nannte, die erlauchte Republik deutscher Fürsten. Seine Stände besaßen seit dem Westfälischen Frieden das Recht der Bündnisse und die Landeshoheit in geistlichen wie in weltlichen Dingen, eine unabhängige Staatsgewalt, die nur noch des Namens der Souveränität entbehrte. Keiner der auf den Trümmern der alten Stammesherzogtümer emporgewachsenen weltlichen Staaten umfaßte ein abgerundetes Gebiet, keiner einen selbständigen deutschenStamm; sie dankten allesamt ihr Dasein einer dynastischen Staatskunst, die durch Krieg und Heirat, durch Kauf und Tausch, durch Verdienst und Verrat einzelne Fetzen des zerrissenen Reiches zusammenzuraffen und festzuhalten verstand. Diese Hauspolitik ergab sich notwendig aus der Reichsverfassung selber. Die Nation war mediatisiert, nur die Herrschergeschlechter galten als Reichsunmittelbare; auf dem Reichstage waren nicht die Staaten, sondern die Fürstenhäuser vertreten; das Glaubensbekenntnis des fürstlichen Hauses, nicht des Volkes, entschied über die Frage, ob ein Reichsstand den Evangelischen oder den Katholiken zuzuzählen sei; kurz, das Reichsrecht kannte keine Staaten, sondern nur Land und Leute fürstlicher Häuser. Die Wechselfälle einer wirrenreichen Geschichte hatten die Grenzen der Territorien beharrlich durcheinander geschoben, jede Achtung vor dem Besitzstande der Genossen, jeden eidgenössischen Rechtssinn im deutschen Fürstenstande ertötet. Begehrlich sah der Nachbar auf des Nachbars Land, stets bereit, mit fremder Hilfe den Landsmann zu überwältigen. Die Ländergier und der Dynastenstolz der großen Fürstengeschlechter bedrohten das Reich mit gänzlichem Zerfalle. Längst strebten Sachsen und Bayern nach der Königskrone; Kurpfalz hoffte seine niederrheinischen Lande zu einem Königsreich bei Rhein zu erheben und also der Oberhoheit des Reiches ledig zu werden.

In solchem Chaos von Widersprüchen hatte jede Institution des Reiches ihren Sinn, jedes Recht seine Sicherheit verloren. Überall widersprachen die Formen des Rechts den lebendigen Mächten der Geschichte. Die Reichsverfassung legte das Recht der Mehrheit in die Hand der schwächsten Stände; sie zwang die Mächtigen zu dem trotzigen Bekenntnis: was dem Reiche zusteht, wird unserer Freiheit genommen. Ein dichter Nebel von Phrasen und Lügen lag über den gotischen Zinken und Zacken des alten Reichsbaues; in keinem Staate der modernen Welt ist so beharrlich und feierlich von Amts wegen gelogen worden. Die frommen reichsväterlichen Vermahnungen der entdeutschten kaiserlichen Majestät, die inbrünstigen reichspatriotischen Beteuerungen der mit dem Auslande verschworenen Reichsstände, die prahlerischen Reden von deutscher Libertät und dem ungebeugten Nacken der Nation, alles, alles in diesem Regensburger Treiben erscheint dem redlichen Sinne als eine grobe Unwahrheit.

Die ganze Schmach der Zersplitterung zeigte sich in der Wehrlosigkeit des Reiches. In den Zeiten seiner Größe hatte Deutschland seine gefährdete Ostgrenze mit dem eisernen Gürtel der kriegsbereiten Marken umschlossen. Jetzt, da beständig vom Westen her der Angriff drohte, lagen dicht vor Frankreichs begehrlichen Händen die schwächsten, die waffenlosen Glieder des Reiches. Die lange Pfaffengasse des Rheines entlang erstreckte sich von Münster und Osnabrück bis nach Konstanz hinauf ein Gewirr winziger Staaten, unfähig zu jeder ernsthaften Kriegsrüstung, durch das Gefühl der Ohnmacht zum Landesverrate gezwungen. Fast alle rheinischen Höfe bezogenPensionen aus Versailles; der erste Rheinbund von 1658 ward von begeisterten Reichspatrioten als ein rühmliches Unternehmen zum Schutze deutscher Freiheit gepriesen. Ein Gebiet von fast dreitausendsechshundert Geviertmeilen gehörte solchen Kleinstaaten, deren keiner mehr als 130 Geviertmeilen umfaßte; der Volkswitz verhöhnte die strümpfestrickenden Kölnischen Stadtsoldaten und das grimmige Kriegsvolk des Bischofs von Hildesheim, das auf seinen Hüten die Inschrift trug: Gib Frieden, Herr, in unsern Tagen! Dies reichste Drittel Deutschlands diente in den Kriegen des Reichs nur als tote Last. Es bleibt ein glänzendes Zeugnis für die deutsche Tapferkeit, daß die Nation nach solcher Selbstverstümmelung von den Herren Frankreichs und Schwedens nicht gänzlich überwältigt wurde. Die Gesamtheit des Reichs galt kaum noch als eine Macht zweiten Ranges, während seine mächtigeren Glieder längst schon selbständig auf der freien Bühne der europäischen Politik sich bewegten.

Die Reichsverfassung erscheint wie ein wohldurchdachtes System, ersonnen, um die gewaltigen Kräfte des waffenfrohesten der Völker künstlich niederzudrücken. In der Tat wurde der unnatürliche Zustand nur durch die Wachsamkeit des gesamten Weltteils aufrecht erhalten. Das heilige Reich blieb durch seine Schwäche, wie einst durch seine Stärke, der Mittelpunkt und die Grundlage des europäischen Staatensystems. Auf der Ohnmacht Deutschlands und Italiens ruhte die neue Machtteilung von Österreich und Frankreich, von Schweden, Dänemark und Polen, wie die Seeherrschaft der Briten und die Unabhängigkeit der Schweiz und der Niederlande. Eine stille Verschwörung des gesamten Auslandes hielt die Mitte des Festlands gebunden. Niemals früher war die Nation von den Nachbarn so tief verachtet worden; nur den alten Ruhm deutscher Waffentüchtigkeit wagte man nicht zu bestreiten. Der politische Zustand aber, der dies schmähliche Sinken des deutschen Ansehens verschuldete, ward überall in der Welt als die feste Bürgschaft des europäischen Friedens gepriesen; und dies Volk, das vormals durch seinen Hochmut so übel berüchtigt gewesen wie heut die Briten, sprach gelehrig nach, was die Eifersucht der Nachbarn erfand, gewöhnte sich, das Vaterland mit den Augen der Fremden zu betrachten.

Aber über diesem verrotteten Staatswesen lag der Zauber einer tausendjährigen Geschichte, eine niemals unterbrochene Überlieferung verband das Heute mit dem Gestern. Die Politik des Auslandes und des Hauses Österreich, die Selbstsucht der kleinen Höfe und die Eifersucht jedes gegen jeden, das Gleichgewicht der politischen Kräfte wie der Interessen einer dem Untergang zueilenden Gesellschaftsordnung, das Weltbürgertum und die Träume von deutscher Freiheit, Rechtsgefühl und uralte Gewöhnung, Trägheit und deutsche Treue – alles vereinigte sich, die bestehende Unordnung aufrecht zu erhalten. Um die Mitte des achzehnten Jahrhunderts schien das Heilige Reich, nach der Meinung der Welt, noch einer unabsehbaren Zukunft sicher. –

Auf dem Boden des Reichsrechts und seiner territorialen Staatsgebilde, und doch im scharfen Gegensatz zu beiden ist der preußische Staat entstanden. Die zähe Willenskraft der norddeutschen Stämme war dem weicheren und reicheren oberdeutschen Volkstum in der Kunst der Staaenbildung von altersher überlegen. Der Schwerpunkt deutscher Politik verschob sich nach dem Nordosten.

Seit bei Beginn des Dreißigjährigen Krieges das Haus Hohenzollern die preußische Herzogskrone gewann und damit jene stolze Kolonie des gesamten Deutschlands, die mit dem Blute aller deutschen Stämme noch reicher als die Mark benetzt war, umfaßte der junge Staat auf seinen fünfzehnhundert Geviertmeilen bereits fast alle die kirchlichen, ständischen und landschaftlichen Gegensätze, welche das heilige Reich mit lauten Hader erfüllten: mit gespreizten Beinen, gleich dem Koloß von Rhodos, stand er über den deutschen Landen und stemmte seine Füße auf die bedrohten Marken am Rhein und Memelstrom.

Eine Macht in solcher Lage konnte nicht mehr in dem engen Gesichtskreise deutscher Territorialpolitik verharren; sie mußte versuchen, ihre weithin zerstreuten Gebiete zu einer haltbaren Masse abzurunden, sie war gezwungen, für das Reich zu handeln und zu schlagen, denn jeder Angriff der Fremden auf deutschen Boden schnitt in ihr eignes Fleisch. Und dieser Staat, der nur deutsches Land beherrschte, stand doch der Reichsgewalt in glücklicher Unabhängigkeit gegenüber. Jenen Reichsständen, deren Gebiete allesamt innerhalb der Reichsgrenzen lagen, war eine selbständige europäische Politik immerhin erschwert; andere Fürstengeschlechter, die sich durch die Erwerbung ausländischer Kronen den hemmenden Fesseln der Reichsverfassung entzogen, gingen dem deutschen Leben verloren. Auch dem Hause Brandenburg sind oftmals lokkende Rufe aus der Ferne erklungen; die Herrschaft in Schweden, in Polen, in den Niederlanden, in England schien ihm offen zu stehen. Doch immer hat bald die Macht der Umstände, bald die verständige Selbstbeschränkung des Fürstengeschlechts diese gefährlichen Versuchungen abgewiesen. Eine segensreiche Fügung, die dem ernsten Sinne nicht als Zufall gelten darf, nötigte die Hohenzollern, in Deutschland zu verbleiben. Sie bedurften der fremden Kronen nicht; denn sie dankten ihre unabhängige Stellung in der Staatengesellschaft dem Besitze des Herzogtums Preußen, eines kerndeutschen Landes, das mit allen Wurzeln seines Lebens an dem Mutterlande hing und gleichwohl dem staatsrechtlichen Denken des Reiches nicht angehörte. Also mit dem einen Fuß im Reiche, mit dem andern draußen stehend, gewann der preußische Staat das Recht, eine europäische Politik zu führen, die nur deutsche Ziele verfolgen konnte. Er durfte für Deutschland sorgen, ohne nach dem Reiche und seinen verrotteten Formen zu fragen.

Dem Historiker ist nicht gestattet, nach der Weise der Naturforscher das Spätere aus dem Früheren einfach abzuleiten. Männer machen die Geschichte. Die Gunst der Weltlage wird im Völkerleben wirksam erst durch den bewußten Menschenwillen, der sie zu benutzen weiß. Diese Wahrheit zeigte am deutlichsten im Dreißigjährigen Krieg der brandenburgisch-preußische Staat; er trieb dem Untergange entgegen, solange Johann Sigismunds Nachfolger Georg Wilhelm aus matten Augen schläfrig in die Welt blickte. Da trat als ein Fürst ohne Land, mit einem

Stecken und einer Schleuder, Kurfürst Friedrich Wilhelm ein in das verwüstete deutsche Leben, der größte deutsche Mann seiner Tage, und beseelte die schlummernden Kräfte seines Staates mit der Macht des Wollens. Seitdem blieb die Kraft des zweckbewußten königlichen Willens der werdenden deutschen Großmacht unverloren.

Schon in den ersten Jahren des Großen Kurfürsten tritt die Eigenart der neuen deutschen Macht scharf und klar heraus. Der Neffe Gustav Adolfs, der sein junges Heer unter dem alten Protestantenrufe „Mit Gott" in die Schlachten führt, nimmt die Kirchenpolitik seines Oheims wieder auf. Er zuerst ruft in den Hader der Kirchen das erlösende Wort hinein, fordert die allgemeine unbedingte Amnestie für alle drei Bekenntnisse. Es war das Programm des Westfälischen Friedens. Und weit über die Dorfschriften dieses Friedensschlusses hinaus ging die Duldung, welche die Hohenzollern im Innern ihres Landes walten ließen. Brandenburg galt vor dem Reichsrechte als ein evangelischer Staat und wurde doch der erste Staat Europas, der die volle Glaubensfreiheit gewährte. Das bunte Sektenwesen in den Niederlanden verdankte seine ungebundene Bewegung nur der Anarchie, der Schwäche des Staates; hier aber ruhte die Gewissensfreiheit auf den Gesetzen einer kraftvollen Staatsgewalt, die sich das Recht der Oberaufsicht über die Kirchen nicht rauben ließ. In den anderen deutschen Territorien bestand überall noch eine herrschende Kirche, die den beiden anderen Konfessionen nur den Gottesdienst nicht gänzlich untersagen durfte; in Brandenburg stand die Krone frei über allen Kirchen und schützte die Parität. Derweil Österreich seine besten Deutschen gewaltsam austreibt, öffnet eine Gastfreundschaft ohnegleichen die Grenzen Brandenburgs den Duldern jeglichen Glaubens. Wie viel tausendmal ist in den Marken das Danklied der böhmischen Exulanten erklungen: „Dein Volk, das sonst im Finstern saß, von Irrtum ganz umgeben, das findet hier nun sein Gelaß und darf in Freiheit leben!" Als Ludwig XIV. das Edikt von Nantes aufhebt, da tritt ihm der kleine brandenburgische Herr als Wortführer der prostestantischen Welt kühn entgegen und bietet durch sein Potsdamer Edikt den Söhnen der Märtyrerkirche Schirm und Obdach. Überall, wo noch die Flammen des alten Glaubenshasses aus dem deutschen Boden emporschlagen, schreiten die Hohenzollern ein, sichern den Protestanten Heidelbergs den Besitz ihrer Kirchen, sie bereiten den evangelischen Salzburgern in Ostpreußen eine neue Heimat. So strömte Jahr für Jahr ein Fülle jungen Lebens in die entvölkerten Ostmarken hinüber; das deutsche Blut, das die Habsburger von sich stießen, befruchtete die Lande ihres Nebenbuhlers. Beim Tode Friedrichs II. bestand etwa ein Drittel der Bevölkerung des Staates aus den Nachkommen der Einwanderer, die seit den Tagen des Großen Kurfürsten zugezogen.

Erst diese Kirchenpolitik der Hohenzollern hat das Zeitalter der Religionskriege abgeschlossen; sie zwang schließlich die besseren weltlichen Fürsten zur Nachahmung und entzog zugleich den geistlichen Staaten das letzte Recht des Daseins.

Gleichzeitig, wie mit einem Schlage führte Friedrich Wilhelm seinen mißachteten kleinen Staat in die Reihe der europäischen Mächte ein; seit der Schlacht von Warschau stand Brandenburg den alten Militärstaaten ebenbürtig zur Seite, inmitten einer Welt von Feinden, deren Eifersucht seine einzige Rettung blieb, ohne irgendeinen Bundesgenossen, denn noch war der deutschen Nation das Verständnis dieser jungen Kraft nicht aufgegangen. Und dies in jener Zeit der harten Staatsraison, da der Staat nur Macht war und die Vernichtung des Nachbarn als seine natürliche Pflicht betrachtete.

Kurbrandenburg empfand bis in das Mark seines Lebens, wie tief damals das ausländische Wesen sich in Deutschland eingefressen hatte. Alle die zuchtlosen Kräfte ständischer Libertät, welche der strengen Ordnung der neuen Monarchie widerstrebten, stützten sich auf fremden Beistand. Holländische Garnisonen lagen am Niederrhein und begünstigten den Kampf der clevischen Stände wider den deutschen Landesherren, die Landtage von Magdeburg und der Kurmark rechneten auf Österreich, der polenzende Adel in Königsberg rief den polnischen Oberlehnsherrn zu Hilfe gegen den märkischen Despotismus. Im Kampfe mit der Fremdherrschaft wurde die Staatseinheit dieser zerstreuten Gebiete und das Ansehen ihres Landesherrn begründet. Friedrich Wilhelm zerstörte die Barriere der Niederländer im deutschen Nordwesten, vertrieb ihre Truppen aus Kleve und Ostfriesland; er befreite Altpreußen von der polnischen Lehenshoheit und beugte den Königsberger Landtag unter seine Souveränität. Dann ruft er der tauben Nation sein Mahnwort zu: „Gedenke, daß du ein Deutscher bist!" und versucht die Schweden vom Reichsboden zu verdrängen. Zweimal gelang der Mißgunst Frankreichs und Österreichs, den Brandenburger um den Lohn seiner Siege, um die Herrschaft in Pommern zu betrügen; den Ruhm des Tages von Fehrbellin konnten sie ihm nicht rauben. Endlich wieder, nach langen Jahrzehnten der Schande, ein glänzender Triumph deutscher Waffen über die erste Kriegsmacht der Zeit; die Welt erfuhr, daß Deutschland wieder wage, sein Hausrecht zu wahren. Der Erbe der deutschen Kirchenpolitik Gustav Adolfs zersprengte den verwegenen Bau des skandinavischen Ostseereiches, den das Schwert jenes Schwedenkönigs zusammengefügt. Die beiden künstlichen Großmächte des siebzehnten Jahrhunderts, Schweden und Holland, begannen zurückzutreten in ihre natürlichen Schranken, und der neue Staat, der sich an ihrer Stelle erhob, zeigte weder die ausschweifende Eroberungssucht der schwedischen Militärmacht, noch den monopolsüchtigen Kaufmannsgeist der Niederländer. Er war deutsch, er begnügte sich, das Gebiet seiner Nation zu beschirmen, und vertrat gegen die Weltherrschaftspläne der Bourbonen den Gedanken des europäischen Gleichgewichts, der Staatenfreiheit.

Das ungeheure, hoffnungslose Wirrsal der deutschen Zustände, die erbliche Ehrfurcht der Hohenzollern vor dem Kaiserhause und die Bedrängnis ihres zwischen übermächtigen Feinden eingepreßten Staates verhinderten noch durch viele Jahrzehnte, daß das alte und das neue Deutschland in offenem Kampfe aufeinander stießen. Kurfürst Friedrich Wilhelm lebte und webte in den Hoffnungen der Reichsreform. Friedrich Wilhelms Nachfolger brachte mit der Königskrone seinem Volke den gemeinsamen Namen der Preußen. Nur die Not, nur die Hoffnung auf Preußens Waffenhilfe bewog den kaiserlichen Hof, dem Nebenbuhler die neue Würde zuzugestehen. Ein Schrecken ging durch die theokratische Welt: Kurmainz protestierte, der deutsche Orden forderte nochmals seinen alten Besitz zurück, der jetzt dem ketzerischen Königtum den Namen gab, und der Staatskalender des Papstes kannte noch an hundert Jahre lang nur einen brandenburgischen Marktgrafen. Das Haus Habsburg erkannte früher als die Hohenzollern selber, wie feindselig dieser moderne deutsche Staat der alten Verfassung des heiligen Reichs gegenüber stand.

Der unfertige Staat enthielt in sich die Keime vielseitigen Lebens und vermochte doch mit seiner geringen Macht fast niemals allein seinen Aufgaben zugleich zu genügen; erst König Friedrich Wilhelm I. stellte die Grundgedanken der inneren Ordnung des preußischen Staates so unverrückbar fest, daß selbst die Gesetze Steins und Scharnhorsts und die Reformen unserer Tage das Werk des harten Mannes nur fortbilden, nicht zerstören konnten. Er ist der Schöpfer der neuen deutschen Verwaltung, unseres Beamtentums und Offizierstandes; sein glanzlos arbeitsames Wirken ward nicht minder fruchtbar für das deutsche Leben als die Waffentaten seines Großvaters, denn er führte eine neue Staatsform, die geschlossene Staatseinheit der modernen Monarchie, in unsere Geschichte ein. Er gab den neuen Namen der Preußen Sinn und Inhalt, vereinte sein Volk zur Gemeinschaft politischer Pflichterfüllung, prägte den Gedanken der Pflicht für alle Zukunft diesem Staate ein. Nur wer den knorrigen Wuchs, die harten Ecken und Kanten des niederdeutschen Volkscharakters kennt, wird diesen gewaltigen Zuchtmeister verstehen, wie er so atemlos durchs Leben stürmte, der Spott und Schrecken seiner Zeitgenossen, rauh und roh, scheltend und fuchtelnd, immer im Dienst, sein Volk und sich selber zu heißer Arbeit zwingend, ein Mann von altem deutschen Schrot und Korn, kerndeutsch in seiner kindlichen Offenheit, seiner Herzensgüte, seinem tiefen Pflichtgefühl, wie in seinem furchtbaren Jähzorn und seiner formlos ungeschlachten Derbheit. Fest und folgerecht richtete Friedrich Wilhelm I. den Bau des Einheitsstaates über der Trümmerwelt seiner Territorien auf. Sein Leben lang ward er hin und her gestoßen zwischen Gegnern und falschen Freunden. An den fremden Höfen aber ging die Rede, der König stehe beständig mit gespanntem Hahn auf der Wacht, ohne jemals abzudrücken; und wenn dem deutschen Mann im Reiche zuweilen eine stille Angst vor der Potsdamer Wachparade überkam, dann tröstete ihn das Spottwort: so schnell schießen die Preußen nicht!

Der Spott verstummte, als Preußen in Friedrich II. einen Herrscher fand, der mit dem Sinn für das Mögliche, mit der glücklichen Nüchternheit der Hohenzollern die Kühnheit und den freien Blick des Genius vereinte. Der helle Sonnenschein der Jugend strahlte über den Anfängen der friderizianischen Zeit, da endlich nach langem Stocken und Zagen die Zähe Masse der erstarrten deutschen Welt wieder in Fluß geriet und die mächtigen Gegensätze, welche sie barg, in notwendigem Kampfe sich maßen.

Von Geschlecht zu Geschlecht hatten seine Ahnen dem Hause Österreich treue Heeresfolge geleistet, jederzeit gewissenhaft verschmähend, die Verlegenheit des Nachbarn zum eigenen Vorteil auszubeuten; Undank, Betrug und Verachtung war ihr Lohn gewesen. Auch Friedrich selber hatte „den Übermut, die Anmaßung, den wegwerfenden Hochmut dieses hochtrabenden Wiener Hofes“ in den Schmerzensstunden seiner mißhandelten Jugend schwer empfunden; sein Herz war geschworen von Haß „gegen die kaiserliche Bande“, die mit ihren Schlichen und Lügen ihm das Herz seines Vaters verfeindet hatte. Sein unbezähmbarer Stolz bäumte sich auf, wenn man an dem väterlichen Hofe den vornehmen Ton kalter Abweisung gegen die Zumutungen Österreichs gar nicht finden wollte; dann schrieb er zornig, ein König von Preußen solle dem edlen Palmbaum gleichen, von dem der Dichter sage: „wenn du ihn fällen willst, so hebt er seinen stolzen Wipfel.“ Zugleich war er mit wachsamen Augen der Verschiebung der Machtverhältnisse im Staatensysteme gefolgt und zu der Einsicht gelangt, daß die alte Politik des europäischen Gleichgewichts sich gänzlich überlebt hatte; seit den Siegen des spanischen Erbfolgekrieges war es nicht mehr an der Zeit, im Bunde mit Österreich und England die Bourbonen zu bekämpfen; jetzt galt es, den neuen deutschen Staat, „durch den Schrecken seiner Waffen“ auf eine solche Stufe der Macht emporzuheben, daß er gegen jede Nachbarschaft, auch gegen das Kaiserhaus seinen freien Willen behaupten durfte.

Als Friedrich kaum den Thron bestiegen, trat eine große Wendung der deutschen Geschicke ein. Das alte Kaiserhaus starb aus, und vor den flammenden Blicken des jungen Königs, der die einzige fest geordnete Kriegsmacht Deutschlands in seinen Händen hielt, erschloß sich eine Welt von lockenden Aussichten, die auch einen minder tiefen, minder gesammelten Geist zu überschwenglichen Träumen begeistern mußte. Friedrich fühlte lebhaft den schweren Ernst der Stunde; „Tag und Nacht“, so gestand er, „liegt mir das Schicksal des Reichs auf dem Herzen, ich allein kann und soll es jetzt aufrecht halten.“ Das stand ihm fest, daß dieser große Augenblick nicht verfliegen durfte, ohne dem preußischen Staat die volle Freiheit der Bewegung, einen Platz im Rate der großen Mächte zu schenken; doch er ahnte auch, wie unberechenbar, bei der Begehrlichkeit der ausländischen Nachbarn, bei der ratlosen Zwietracht des Reichs, die Lage Deutschlands sich verwirren mußte, sobald die Monarchie der Habsburger in Trümmern fiel. Darum will er Österreich schonen und begnügt sich, aus der Masse der längst bedachtsam erwogenen alten Ansprüche seines Hauses den einen wichtigsten hervorzuholen. Allein, ohne die lauernden fremden Mächte nur eines Wortes zu würdigen, in überwältigendem Ansturm bricht er in Schlesien ein. Das an die feierlichen Bedenken und Gegenbedenken seiner Reichsjuristen gewöhnte Deutschland empfängt mit Erstaunen und Entrüstung die Lehre, daß die Rechte der Staaten nur durch die lebendige Macht behauptet werden. Dann erbietet sich der Eroberer, dem Gemahl Maria Theresias die Kaiserkrone zu verschaffen und für den Bestand Österreichs gegen Frankreich zu fechten. Erst der Widerstand der Hofburg treibt ihn weiter, zu umfassenden Plänen der Reichsreform.

Nicht Friedrich hat den deutschen Dualismus geschaffen, wie Mit- und Nachwelt ihm vorwarf; der Dualismus bestand seit Karl V., und Friedrich war der erste, der ernstlich ihn zu vernichten suchte. Aber seine eigene Macht reichte noch nicht aus, den tapferen Widerstand der Königin von Ungarn gänzlich zu brechen. Der zweite schlesische Krieg endete trotz der Triumphe von Hohenfriedberg und Kesselsdorf mit der Wiederherstellung des österreichischen Kaisertums. Das Reich verblieb in seiner verfassungslosen Zerrüttung, Franz von Lothringen bestieg den Kaiserthron nach dem Tode Karls VII., und von neuem schloß sich der alte Bund zwischen Österreich und der katholischen Reichsmehrheit.

Die Lösung des deutschen Dualismus war mißlungen; schroffer, feindseliger denn je zuvor

Der Große Kurfürst

Friedrich Wilhelm I., König von Preußen

gingen die Parteien im Reiche auseinander. Gleichwohl blieb dem Könige ein dauernder Gewinn gesichert: die Großmachtstellung Preußens.

Unterdessen verwuchs Schlesien, die neue Erwerbung, überraschend schnell mit der Monarchie; der Staat erprobte zum ersten Male auf einem weiten Gebiete seine starke Anziehungs- und Anbildungskraft, die er seitdem in deutschen und halbdeutschen Landen überall bewährt hat. Die frischen Kräfte der modernen Welt hielten ihren Einzug in die verwahrloste, unter ständischem und geistigem Drucke darniedergehaltene Provinz; das monarchische Beamtentum verdrängte die Adelsherrschaft, das strenge Recht des Nepotismus, die Glaubensfreiheit den Gewissenszwang, das deutsche Schulwesen den tiefen Seelenschlaf pfäffischer Bildung; der träge knechtische Bauer lernte wieder auf ein Morgen zu hoffen, und sein König verbot ihm, den Beamten knieend den Rock zu küssen.

Noch kein anderer Staat hatte in jenem Jahrhundert der Machtkämpfe seinem Wirken so vielseitige, so menschliche Aufgaben gestellt. Erst die friedliche Arbeit der Verwaltung gab der Eroberung Schlesiens die sittliche Rechtfertigung und führte den Beweis, daß jenes vielgescholtene Wagnis eine deutsche Tat gewesen. Das von unheimischen Gewalten schon halb überflutete, herrliche Grenzland wurde durch das preußische Regiment dem deutschen Volkstum zurückgegeben. Schlesien war das einzige der deutsch-österreichischen Erblande, wo die Politik der Glaubenseinheit eines vollen Sieges sich nicht rühmen konnte. Mit unüberwindlicher Zähigkeit hatte der leichtlebig heitere deutsche Stamm in den Tälern des Riesengebirges den Bluttaten der Liechtensteiner Dragoner wie den Überredungskünsten der Jesuiten widerstanden. Die Mehrzahl der Deutschen blieb dem protestantischen Bekenntnis treu. Gedrückt und mißachtet, aller Güter beraubt, fristete die evangelische Kirche ein ärmliches Leben; nur die Drohungen der Krone Schweden verschafften ihr zu den wenigen Gotteshäusern, die ihr geblieben, noch den Besitz einiger Gnadenkirchen. Die katholischen Polen Oberschlesiens und jene tschechischen Kolonisten, die der Kaiserhof zum Kampfe gegen die deutschen Ketzer ins Land gerufen, waren die Stützen der kaiserlichen Herrschaft. Beim Einmarsch des preußischen Heeres erhob das Deutschtum wieder froh sein Haupt; jubelnd erklang in den Gnadenkirchen das Lob des Herrn, der seinem Volke ein Hartes erzeigt hat und ihm jetzund endlich ein Panier aufsteckt. Der Protestantismus gewann unter dem Schutze der preußischen Glaubensfreiheit bald das Bewußtsein seiner geistigen Überlegenheit wieder, das Polentum verlor zusehends an Boden, und nach wenigen Jahrzehnten standen die preußischen Schlesier in Gedanken und Sitten ihren norddeutschen Nachbarn näher als den Schlesiern jenseits der Grenze. –

Ruhe sollte dem Könige nicht beschieden sein. Österreich im Bunde mit fast ganz Europa bedrohte Preußen mit Vernichtung. Durch einen verwegenen Angriff rettete der König seine Krone vor dem sicheren Verderben, und als er nun durch sieben entsetzliche Jahre seinen deutschen Staat am Rhein und Pregel, an der Peene und den Riesenbergen gegen fremde und halbfremde Heere verteidigt hatte und im Frieden den Bestand seiner Macht bis auf das letzte Dorf behauptete, da schien Preußen wieder an derselben Stelle zu stehen, wie beim Beginn des mörderischen Kampfes. Kein Fußbreit deutscher Erde war ihm gewonnen, das halbe Land lag verwüstet, die reiche Friedensarbeit dreier Geschlechter war nahezu vernichtet, die unglückliche Neumark begann die Arbeit der Kultur zum vierten Male von vorn. Der König selber konnte niemals ohne Bitterkeit jener schrecklichen Tage gedenken, da das Unglück alle Pein, die ein Mann ertragen mag, bis über das Maß des Menschlichen hinaus, auf seine Schultern häufte; was er damals gelitten, erschien ihm wie die sinnlos boshafte Laune eines tückischen Schicksals, wie ein Trauerspiel ohne Gerechtigkeit und Abschluß. Dennoch lag ein ungeheurer Erfolg in dem Ergebnis des scheinbar so unfruchtbaren Kampfes: die neue Ordnung der deutschen Dinge, die mit der Begründung der preußischen Macht begonnen, hatte sich in der denkbar schwersten Prüfung als eine unwiderrufliche Notwendigkeit erwiesen. Hundert Jahre zuvor vermochte Deutschland nur durch die Kämpfe eines vollen Menschenalters sich der habsburgischen Herrschaft zu erwehren und mußte dann ausländischen Bundesgenossen schmählichen Helferslohn zahlen; jetzt genügten den ärmsten Gebieten des Reichs sieben Jahre, um den Ansturm einer Welt in Waffen abzuschlagen, und deutsche Kraft allein entschied den Sieg, denn die einzige fremde Macht, die dem Könige zur Seite stand, gab ihn treulos preis. Deutschlands Stern war wieder im Aufsteigen; es galt den Deutschen, was in allen Kirchen Preußens frohlockend gebetet ward: „Sie haben mich oft bedränget von meiner Jugend auf, aber sie haben mich nicht übermocht."

Der Kampf um Preußens Dasein war der erste europäische Krieg; er schuf die Einheit der neuen Staatengesellschaft und gab ihr die aristokratische Form der Pentarchie. Als die neue mitteleuropäische Großmacht sich die Anerkennung der Nachbarmächte erzwang, da verschmolzen die beiden alten Staatensysteme des Ostens und des Westens zu einer einzigen unzertrennlichen Gemeinschaft, und zugleich sank das Ansehen der mindermächtigen Staaten, welche früherhin zuweilen durch ihren Zutritt zu einer Koalition den Ausschlag in einem großen Krieg gegeben hatten, doch jetzt den schweren Anforderungen der neuen großartigen Kriegsweise nicht mehr genügen konnten; die Staaten zweiten Ranges beschieden sich fortan, die Leitung der europäischen Dinge den großen Kriegs- und Seemächten zu überlassen. Unter diesen fünf führenden Mächten aber waren zwei protestantisch, eine schismatisch, die Rückkkehr Europas unter die Herrschaft des gekrönten Priesters blieb nunmehr undenkbar. Die Befestigung der protestantisch-deutschen Großmacht war die schwerste Niederlage, welche der römische Stuhl seit dem Auftreten Martin Luthers erlitten; König Friedrich hat wirklich, wie der englische Gesandte Mitchell von ihm sagte, für die Freiheit des Menschengeschlechts gefochten. –

In der Schule der Leiden und Kämpfe erwuchs dem Volke Preußens eine lebendige Staatsgesinnung; sie berechtigte den König, von seiner *nation prussienne* zu reden. Ein Preuße zu sein, war vordem eine schwere Pflicht, jetzt ward es eine Ehre. Der Gedanke des Staates, des Vaterlandes drang erregend und stärkend in Millionen Herzen; auch die gedrückte Seele des kleinen Mannes spürte einen Hauch von dem antiken Bürgersinne, der aus den schlichten Worten des Königs sprach: „Es ist nicht nötig, daß ich lebe, wohl aber, daß ich meine Pflicht tue und für mein Vaterland kämpfe." Überall in Preußen regte sich unter den steifen Formen des absoluten Königtums der Opfermut und die große Leidenschaft des Volkskrieges. Das Heer, das Friedrichs letzte Schlachten schlug, war national; die Werbungen im Ausland verboten sich selber in der Not der Zeit. Sechs Jahre lang empfingen die blutarmen Beamten kein Gehalt und versahen ruhig ihren Dienst, als verstünde sich's von selber. Wetteifernd taten alle Provinzen ihre verfluchte Pflicht und Schuldigkeit, wie die neue Redensart der Preußen lautete.

Mit den Hubertusburger Verträgen brachen für den deutschen Norden vier Jahrzehnte tiefer Ruhe an: jene reich gesegnete Friedenszeit, deren der alte Goethe späterhin so oft mit dankbarer Rührung gedachte. Damals begann die alte Überlieferung von Preußens Armut zur Fabel zu werden. Das soziale Leben, vornehmlich in der Hauptstadt, gewann reichere und freiere Formen, der Volkswohlstand nahm einen überraschenden Aufschwung, die deutsche Dichtung trat in ihre großen Jahre. Der Krieg hatte die Lage des Reiches zugleich vereinfacht und erschwert. Von der alten Ordnung war nichts mehr lebendig als der ungelöste Gegensatz der beiden Großmächte. Das Vorgefühl einer schweren Entscheidung ging durch die deutsche Welt; die kleinen Höfe berieten in geschäftigen Verhandlungen, wie sie durch einen Bund der Mindermächtigen sich decken sollten, falls ein neuer Zusammenstoß „der beiden Kolosse Deutschlands" sie zu zermalmen drohe. König Friedrich aber, gründlich belehrt über die unendliche Macht der Trägheit in diesem alten Reiche, beschied sich, die erschöpften Kräfte seines eigenen Staates von neuem zu sammeln; seine deutsche Politik zielte fortan nur dahin, jedes Einwirken fremder Mächte vom Reiche fern und dem Einfluß Österreichs das Gleichgewicht zu halten.

Eine schwere Gefahr, die vom Osten her der deutschen Macht drohte, riß ihn aus seinen friedlichen Plänen. Die polnische Republik war seit dem Kriege dem Willen der Zarin untertänig, die förmliche Vereinigung des zerrütteten Staates mit dem russischen Reiche schien nur noch eine Frage der Zeit. Da entsprang aus Friedrichs Haupte der Gedanke der Teilung Polens, der die Absichten der Russen durchkreuzte, ihrem Ehrgeiz Schranken setzte. Es war ein Sieg der deutschen Politik, zugleich über Rußlands ausgreifende Ländergier und über die Westmächte, die von den dreist vorgehenden Mächten des Ostens rücksichtlos zur Seite geschoben wurden. Die notwendige Tat rettete das treue Ostpreußen vor der Wiederkehr der moskowitischen Herrschaft und sicherte dem Staate die Brücke zwischen dem Pregel- und dem Oderlande, welche schon der Kronprinz Friedrich als unentbehrlich erkannt hatte. Der König erschien zum zweiten Male als der Mehrer des Reiches, er schenkte das Kernland der Deutschordens-Macht, das schöne Weichseltal, das einst der deutsche Ritter den Barbaren, der deutsche Bauer der Wut der Elemente abgerungen, dem großen Vaterland wieder. Der halbtausendjährige Kampf der Deutschen und der Polen um den Besitz der Ostseeküste war zu Deutschlands Gunsten entschieden.

Alsdann begann der Staat, der selber noch aus den Wunden des letzten Krieges blutete, die schwere Arbeit der friedlichen Wiedereroberung. Noch rühriger als vordem in Schlesien mußte hier der neue Herrscher schalten, um in den alten, ehrenreichen Städten deutschen Kriegsruhms und Bürgerfleißes, in Schwetz, Kulm und Marienburg deutsches Wesen wieder zu Ehren zu bringen, die ersten Anfänge wirtschaftlichen Verkehrs wieder über das gänzlich verödete, flache Land zu leiten. Und wie einst die ersten deutschen Eroberer die Kornkammer der Werder den Strömen entrissen, so stieg jetzt aus den Sümpfen neben dem aufblühenden Bromberg der fleißige Netzegau empor, die Schöpfung des zweiten Eroberers. Friedrich selber ahnte nur dunkel, was die Wiedererweckung des Ordenlandes in dem großen Zusammenhange der deutschen Geschichte bedeutete; der Nation aber war ihr eigenes Altertum fremd geworden, sie wußte kaum noch, daß diese Gaue jemals deutsch gewesen. –

Der unruhige Ehrgeiz Kaiser Josef II. führte den König am Abend seines Lebens noch einmal zu den Ideen der Reichspolitik zurück, welche seine Jugend beschäftigt hatten. Der Wiener Hof unternahm nämlich, sich in Bayern für den Verlust Schlesiens zu entschädigen; der ganze Verlauf der österreichischen Geschichte seit zweihundert Jahren, das stete Hinauswachsen des Kaiserstaats aus dem Reiche sollte durch einen abenteuerlichen Einfall urplötzlich zum Rücklaufe gebracht werden. Da schloß König Friedrich zum zweiten Male seinen Bund mit den Wittelsbachern und verbot dem Hause Österreich mit dem Schwerte, seine Macht auf deutschen Boden zu erweitern; scharf und klar, wie nie zuvor, trat der Gegensatz der beiden Nebenbuhler an den Tag. Bayern ward gerettet, und damit wandte sich auf einmal die Meinung im Reiche: der gefürchtete Störenfried, der Rebell wider Kaiser und Reich, erschien der Nation jetzt als der weise Beschirmer des Rechts. Der Fürstenbund wurde geschlossen. Aber wenn er dauern sollte, wenn Preußen seine Führerstelle an der Spitze der großen Reichsstände behauptete, so mußten die alten Formen des Reichsrechtes ihren Sinn verlieren; es eröffnete sich die Aussicht, das österreichische System in seinen Grundlagen zu erschüttern, die Erzherzöge von den großen deutschen Stiftern auszuschließen, bei der nächsten Wahl die Kaiserkrone auf ein anderes Haus zu übertragen und die Leitung des Reiches in die Hände der mächtigsten Stände zu legen. Der junge Karl August von Weimar schlug bereits vor, jene alten Privilegien, welche dem Hause Österreich seine Sonderstellung sicherten, einer Prüfung von Reichs wegen zu unterwerfen. Fast schien es, als sollte das große Rätsel der deutschen Zukunft in Frieden gelöst werden. Aber der Fürstenbund konnte nicht dauern; und am wenigsten der nüchterne Sinn des alten Königs hat sich dieser bitteren Wahrheit verborgen. Nur eine Verkettung zufälliger Umstände, nur der Abfall Kaiser Josefs von den altbewährten Überlieferungen der österreichischen Staatskunst hatte die kleinen Fürsten in Friedrichs Arme hinübergescheucht; ihr Vertrauen zu Preußen reichte nicht weiter als ihre Angst vor Österreich. Mit äußerstem Widerstreben fügte sich Kursachsen der Führung des jüngeren und minder vornehmen Hauses Brandenburg, kaum weniger mißtrauisch zweigte sich Hannover; selbst die ergebensten und schwächsten der verbündeten Stände, Weimar und Dessau, berieten insgeheim, so erzählt uns Goethe, wie man sich decken könne gegen die Herrschaft des preußischen Beschützers. Sobald die Hofburg ihre begehrlichen Pläne fallen ließ, mußte sich auch die alte natürliche Parteibildung wiederherstellen: die geistlichen Fürsten, die jetzt in Berlin Hilfe suchten, konnten in dem protestantischen Preußen nur den geschworenen Feind ihrer Herrschaft sehen. Weil Friedrich dies wußte, weil er mit seinem durchbohrenden Blicke die getreuen Bundesgenossen bis in Mark und Nieren schaute, darum ließ er auch durch den Erfolg des Tages sich nicht darüber täuschen, daß dieser neue schmalkaldische Bund nur ein Notbehelf war, nur ein Mittel zur Wahrung des augenblicklichen Gleichgewichts. Karl August entwarf in großherziger Schwärmerei kühne Pläne für den Ausbau der neuen Reichsassoziation, er dachte an einen Zollverband, an Militär-Konventionen, an ein deutsches Gesetzbuch; Johann Müller verherrlichte den Fürstenbund in schwülstigen Pamphleten, Schubart in schwungvollen lyrischen Ergüssen, und Dohm gelangte in einer geistreichen Flugschrift zu dem Schlusse: „Deutsches und preußisches Interesse können sich nie im Wege stehen." Den überlegenen Verstand des greisen Königs berührten solche Träume nicht; er wußte, daß nur ein ungeheurer Krieg die Herrschaft Österreichs im Reiche brechen konnte; ihm genügte, sie in den Schranken des Rechts zu halten, da er des Friedens für sein Land bedurfte.

Für eine ernstliche Reform des Reichs fehlten noch immer alle Vorbedingungen, es fehlte vor allem der Wille der Nation.

Als der große König schied, da hinterließ er zwar ein Geschlecht, das froher und stolzer in die Welt blickte denn die Väter; gewaltig hatte sich die Macht des Staates gehoben, der vielleicht dereinst einen neuen Tag über Deutschland heraufführen konnte. Doch die Frage: durch welche Mittel und Wege eine lebensfähige Ordnung für das deutsche Gemeinwesen zu schaffen sei – erschien bei Friedrichs Tode fast noch ebenso rätselhaft, wie bei seiner Thronbesteigung.

Wenn Friedrich die Entscheidung der deutschen Verfassunsfrage nur vorbereiten, nicht vollenden konnte, so hat er dagegen auf die innere Politik der deutschen Territorien tief und nachhaltig eingewirkt und unser Volk zu einer edleren Staatsgesinnung, einer würdigen Ansicht vom Wesen des Staates erzogen. Er stand am Ende der großen Tage der unbeschränkten Monarchie und erschien gleichwohl den Zeitgenossen als der Vertreter eines neuen Staatsgedankens, des aufgeklärten Despotismus. Wie die Ideen der Revolution erst durch Napoleon wirksam verbreitet wurden, so ist auch jene ernste Auffassung der Pflichten des Königtums, die seit dem großen Kurfürsten auf dem preußischen Thron herrschte, erst durch Friedrich in das Bewußtsein der Menschen übergegangen. Er hat die überlieferten Formen des Staates durch die Kraft des Genius belebt, das Unfertige in freiem und großem Sinne weitergebildet; einen Neubau unternahm er nicht.

## II
## Revolution und Fremdherrschaft

Nur ein königlicher Feldherr oder ein reformatorischer Gesetzgeber konnte das Erbe Friedrichs ungeschmälert behaupten. Die alte Form der friderizianischen Monarchie stand auf zwei Augen. Wenn es nicht gelang, die kriegerischen Kräfte dieses Volkes noch einmal zu kühnem Wagen zusammenzuraffen und dem Heiligen Reiche durch Preußens Waffen eine neue Verfassung zu schaffen, so ließ sich die gewaltsame Vereinigung der gesamten Staatsgewalt in einer Hand nicht mehr für die Dauer aufrechterhalten. Der erweiterte Umfang des Staatsgebietes, die gesteigerten Ansprüche an die Leistungen des Staates und das mächtig erstarkte Selbstgefühl der wohlhabenden Klassen geboten eine umfassende Reform, welche den Staatshaushalt beweglicher gestaltete, die unhaltbar gewordene alte Gliederung der Stände beseitigte und dem Untertan erlaubte, bei der Verwaltung von Kreis und Gemeinde selber Hand anzulegen. Unterblieb der Neubau, so drohte der Monarchie Siechtum und Erstarrung.

Es war Deutschlands Verhängnis, daß Friedrichs Nachfolger weder die eine noch die andere Aufgabe zu lösen vermochte. Friedrichs letztes Werk, der Fürstenbund zerbrach dem Erben Friedrich Wilhelm II. unter den Händen. Der alte König war freilich über die Herzensgesinnungen seiner kleinen Bundesgenossen, über die Unzuverlässigkeit der Freundschaft von Hannover und Sachsen nie im Zweifel gewesen, man kannte seinen verächtlichen Ausspruch „mit diesen Herren ist nichts zu machen", aber nicht umsonst hatte er den Fürstenbund als ein Vermächtnis an seine Nachkommen bezeichnet. Solange die außerordentliche Gunst der Lage währte, solange die Angst vor Österreichs Übergriffen den hohen Adel Deutschlands unter Preußens Fahnen bannte, mußte ein starker Wille die glänzende Stellung an der Spitze des deutschen Fürstenstandes als ein Mittel zu bleibender Machterweiterung zu verwerten wissen. Die Erledigung des Kaiserthrones stand nahe bevor, da Kaiser Josef kränkelte; ein geheimer Artikel des Bundesvertrages verpflichtete die Genossen des Fürstenbundes, das Ob und Wie der neuen Kaiserwahl nur nach gemeinsamen Einverständnis zu entscheiden. Preußen gebot über die Mehrheit im Kurfürstenrate; soeben wurde die Koadjutorwahl in dem wichtigsten der geistlichen Staaten, in Kurmainz, zu Preußens Gunsten entschieden. Mindestens der Versuch mußte gewagt werden, die Politik des zweiten schlesischen Krieges unter ungleich glücklicheren Umständen zu erneuern, die tote Masse der deutschen Mittelstaaten unter Preußens Führung zu einer lebendigen Macht zu erheben. Noch einmal schien es möglich, die deutsche Krone auf ein deutsches Haus zu übertragen oder auch das Kaisertum ganz zu beseitigen und die erlauchte Republik deutscher Fürsten in bündischen Formen neu zu gestalten; einem siegreichen Preußen mußten die kleinen Genossen, wie ungern immer, gehorchen. Der leichtblütigen, vertrauensvollen Natur des neuen Königs lagen die skeptischen Ansichten seines welterfahrenen Vorgängers fern, denn schon als Prinz hatte er auf den Gedanken des Fürstenbundes glänzende Hoffnungen gebaut. Und das Glück war ihm günstig; es bot sich dem Könige eine Gelegenheit, seine Machtstellung in Deutschland und Europa zugleich zu verstärken. Kaiser Josef konnte die Niederlage der schlesischen und bayrischen Kriege nicht überwinden. Beherrscht von dem leidenschaftlichen Verlangen, die Ehre seines Hauses an dem preußischen Gegner zu rächen, seine Übermacht im Reiche wiederherzustellen, gab er die Interessen Österreichs im Oriente preis; er verständigte sich mit Rußland und ging auf die byzantinischen Pläne Katharinas ein, gegen die Zusage großer Gebietserweiterungen in Bayern, in Italien, in den türkischen Grenzlanden. Während nun die Heere der beiden Kaisermächte an der Donau einen mühelosen Feldzug gegen die Osmanen begannen, erwachte in den österreichischen Erblanden überall der Widerstand gegen die hastigen Reformen, die gewaltsamen Zentralisationsversuche des Kaisers: Belgien war in offenem Aufstande, die Magyaren so tief verstimmt, daß bereits Sendboten des unzufriedenen Adels den König von Preußen baten, ihnen einen neuen Ungarnkönig vorzuschlagen. Alle Kabinette gerieten in Aufruhr, da die ungeheuerlichen Vergrößerungspläne der Kaiserhöfe an den Tag kamen. König Friedrich Wilhelm schloß mit den Seemächten einen Dreibund zur Wahrung des Besitzstandes im Oriente. Frankreich, das noch von den zeiten Choiseuls her mit Österreich verbündet war, sah sich durch den Ausbruch der Revolution an jeder kühnen auswärtigen Politik verhindert; der Berliner Hof begrüßte die Anfänge der großen Umwälzung mit Freuden, weil sie den Bestand der österreich-franziösischen Allianz gefährdete; seine Diplomaten sorgten dafür, die Wortführer der Nationalversammlung bei friedlicher Stimmung zu halten. Noch nie war die Lage der Welt so verlockend gewesen für einen Waffengang wider Österreich; wenn das preußische Heer, das sich an der schlesischen Grenze versammelte, den Stoß ins Herz der österreichischen Macht wagte, so stand ihm auf der Straße nach Wien nirgends eine ebenbürtige Truppenmasse gegenüber, fast die gesamte Streitmacht des Kaisers weilte ferne im Türkenkriege. Jetzt oder niemals war der Augenblick, den deutschen Dualismus mit dem Schwerte zu lösen und, wie einst Friedrich, in stolzer Freiheit, mitten hindurch zwischen Feinden und halben Freunden, die Schicksalsfrage zu stellen: Preußen oder Österreich?

Aber weder der König noch sein Minister Hertzberg erkannte ganz, was der große Augenblick für Deutschlands Zukunft bedeutete. Dieser doktrinäre Gelehrte war dem alten König ein brauchbarer Helfer gewesen, bei allen diplomatischen Verhandlungen von Beginne des siebenjährigen Krieges bis herab zur Stiftung des Fürstenbundes; die friderizianische Politik in ihrer einfachen Großheit selbständig weiter zu führen, vermochte er nicht. Statt der einfachen Pläne, welche der alte Held mit rücksichtsloser Offenheit verfolgte, liebte sein Schüler gesuchte, künstliche Kombinationen zur Wahrung des europäischen Gleichgewichts auszuklügeln; ein Bund der drei Nordmächte Preußen, England, Rußland erschien ihm als der Stein der Weisen, obschon dafür alle Vorbedingungen fehlten. Jetzt wähnte er den unfehlbaren Weg zur Beilegung der orientalischen Händel gefunden zu haben: die Abtretung der nördlichen Provinzen der Türkei und die Wiedervereinigung Galiziens mit Posen sollten die Mittel gewähren für eine weitumfassende Ländervertauschung in Osteuropa, welche sämtliche Mächte des Ostens mit Freude ergreifen würden; dem preußischen Vermittler war die Erwerbung von Schwedisch-Pommern, Danzig und Thorn, Kalisch und Posen zugedacht, kurz die Ausfüllung der Lücken in seiner Nord- und Ostgrenze, und dies alles, ohne daß er das Schwert zu ziehen brauchte, allein durch die Zauberkraft der diplomatischen Federn!

Der überfeine Plan ward nicht nur, zu Hertzbergs Erstaunen, von den beiden Kaisermächten zurückgewiesen; er stieß auch bald auf den Widerspruch der preußischen Bundesgenossen selber. Die Seemächte scheuten den offenen Bruch mit den Kaiserhöfen, weil sie den ergiebigen russischen Handel zu verlieren fürchteten. Auch die Polen sahen keinen Grund, in die Abtretung von Danzig und Posen zu willigen, welche vielleicht den Fortbestand der polnischen Republik noch hätte retten können. Die Pforte endlich wollte von einer Verkleinerung ihres Gebietes nichts hören, da ihre Heere sich des Angriffs der Kaisermächte glücklich erwehrten. In solcher Verlegenheit setzte Preußen seine Forderungen herab und verlangte nur die Wiederherstellung des Besitzstandes im Oriente. Auch jetzt noch konnten die Verhandlungen die entscheidende Abrechnung mit Österreich herbeiführen, wenn man sie also verschärfte, daß die Hofburg den Krieg annehmen mußte. Eben dies versäumte Hertzberg, während der König mit dem richtigem Gefühle eine Entscheidung durch die Waffen verlangte. Inmitten dieser gewaltigen Verwicklung starb Kaiser Josef, und nun rächte sich die hochmütige Geringschätzung, welche Hertzberg dem Fürstenbunde erwiesen. Der Bund war bereits dermaßen geschwächt, die Gesinnung der kleinen Höfe so unsicher, daß die große Frage der Kaiserwahl kaum noch als eine Frage erschien. König Friedrich Wilhelm ließ nach seiner unbeständigen Weise die kriegerischen Pläne bald wieder fallen; er beruhigte sich bei der Erwägung, daß sein Oheim selber die Erwerbung der Kaiserwürde für sein Haus nicht gewünscht hatte, und bot unbedenklich dem Nachfolger Josefs, Leopold II., die Kaiserwürde an, als dieser ihm mit nachgiebigen Erklärungen entgegenkam. Er war zufrieden mit einem halben Siege und schloß am 26. Juli 1790 den unseligen Reichenbacher Vertrag, der einfach den Besitzstand vor dem orientalischen Kriege wiederherstellte.

Wohl war es ein Erfolg, daß Preußens Drohungen das Haus Lothringen zwangen, das eroberte Belgrad wieder herauszugeben, den mit ausschweifenden Hoffnungen und großem Aufwande unternommenen Türkenkrieg ruhmlos zu beendigen. Und doch wußte Leopold wohl, warum er froh aufatmend schrieb: „Es ist der am wenigsten schlechte Friede, den wir schließen konnten." Der Tod Josefs II. wurde für Preußens deutsche Politik ebenso unheilvoll wie einst der Tod Karls VII. Josefs kluger Nachfolger rettete die Machtstellung Österreichs im Reiche, indem er die orientalischen Pläne seines Bruders aufgab; er empfing die Kaiserkrone ohne jede Bedingung als ein großmütiges Geschenk aus der Hand des Königs von Preußen. Und vor allem, der Reichenbacher Vertrag war der Tod des Fürstenbundes, war das Ende der deutschen Politik des großen Königs. Die kleinen Fürsten traten jetzt, da sie in Berlin den stolzen, gebieterischen Willen vermißten und von Leopolds Mäßigung nichts mehr zu fürchten hatten, einer nach dem andern in ihre natürliche Parteistellung zurück; sie versöhnten sich mit Österreich, der Fürstenbund verschwand spurlos.

Die letzte günstige Stunde, da Preußen die heillose Wirrnis der Reichspolitik vielleicht noch lichten konnte, war unwiederbringlich verloren; führerlos schwankte das unförmliche deutsche Gemeinwesen der Vernichtung durch fremde Gewalt entgegen. Die Verfassung des heiligen Reichs war unheilbar zerrüttet, und jede Möglichkeit einer Reform von innen heraus verloren. In solcher Lage wurde Deutschland von jener elementarischen Bewegung berührt, die das alte Frankreich in seinen Tiefen erschütterte. Goethe hat uns geschildert, wie dies unschuldige, für jede Großtat des Auslands neidlos empfängliche Geschlecht aufjubelte, „als sich der erste Glanz der neuen Sonne heranhob, als man hörte vom Rechte des Menschen, das allen gemein sei". Genialisches Belieben rüttelte damals an jeder überlieferten Sitte, selbst an dem Bande der häuslichen Treue; Ehebruch und leichtfertige Scheidung nahmen in den Kreisen der Schöngeister bedenklich überhand, durften auf die lächelnde Nachsicht aller freien Köpfe zählen. Und nun, seit der Nacht des vierten August, erschien auch die verhaßte Zwangsanstalt des Staates nur noch wie ein Gebilde menschlicher Willkür, wie weicher Ton, den der Wille freier Männer jederzeit in neue Formen kneten konnte. Welches Entzücken, da Frankreich die Gleichheit alles dessen, was Menschenangesicht trägt, verkündigte, da die Weissagungen Rousseaus, der wie kein anderer Franzose dem schwärmerischen Idealismus der deutschen Jugend aus dem Herzen sprach, sich zu verwirklichen schienen. Doch diese Begeisterung blieb rein theoretisch. Der deutsche Schwärmer kehrte sich bald von den Barbaren ab.

Die Gefahr, daß sich die Revolution auch über die deutschen Lande ausbreitete, bestand kaum; zwischen Frankreich und dem Reiche lagen die geistlichen Fürstentümer am Rheine, und nirgends war der politische Schlummer so tief wie hier; aber dem halt- und waffenlosen Kleinstaatentume fehlte auch jede Kraft des Widerstandes gegen fremde Gewalt. Die erstorbenen Glieder des Reichs waren Frankreichs Nachbarn, seit zwei Jahrhunderten gewohnt, den Machtgeboten des Versailler Hofs sich zu beugen; sie lagen im Gemenge mit den Gebieten der lebenskräftigeren weltlichen Staaten. Versuchte das revolutionäre Frankreich, die alte Herrscherstellung der Bourbonen am deutschen Rhein in neue Formen gewaltsam herzustellen, so konnte das stiftische Deutschland leicht mit einem Schlage zusammenbrechen, die letzten Trümmer des Heiligen Reichs im Sturze mit sich niederreißen.

Und solche Gefahr drohte schon seit den ersten, den sogenannten unschuldigen Tagen der Revolution. Es war die Größe und der Fluch dieser Bewegung, daß sie über Frankreichs Grenzen hinausfluten mußte. Der gräßliche Bauernkrieg des Sommers 1789 und die neuen Gesetze, welche das Ergebnis dieser Massenbewegung anerkannten, verwirklichten nur eine Welt von Wünschen und Gedanken, welche das ganze Jahrhundert hindurch über alle Völker des Westens sich verbreitet hatten; was Wunder, daß die französische Nation sich jetzt als das Messias-Volk der Freiheit fühlte. Sie schrieb den furchtbar plötzlichen Zusammenbruch des bourbonischen Staates nicht der Tatsache zu, daß die alte Ordnung in Frankreich noch ungleich verfaulter war als in den Nachbarlanden, sondern der Überlegenheit des französischen Genies. Der Unwille über diese tief gesunkene europäische Machtstellung des Staates war unter den Ursachen der Revolution nicht die schwächste gewesen; nun, da die Kraft dieses Volkes sich so herrlich zu bewähren schien und das Ausland bewundernd nach der Hauptstadt der Welt blickte, meinte man sich berufen, der weiten Erde Gesetze zu geben. Die Nation war gewöhnt, jedes fremde Recht zu mißachten; die innere Zerrüttung aller Nachbarlande, Italiens und Spaniens, Hollands und Belgiens, der Schweiz und der deutschen Kleinstaaten, versprach ihr leichte Beute. Ein Weltkampf, wie in Europa seit den Tagen der Religionskriege nicht mehr gesehen, war im Anzuge, wenn alle die gräßliche Fäulnis, die sich unter der Bourbonenherrschaft in Frankreich angesammelt, die Sittenlosigkeit der höheren, die rohe Unwissenheit der niederen Stände, und mit ihr zugleich die dämonische Macht der Gedanken eines neuen Zeitalters über diese wehrlose Staatenwelt verheerend hereinfluteten.

Weder der Kaiser noch die preußischen Staatsmänner verkannten völlig die unberechenbaren Gefahren eines Krieges in so verworrener Lage und suchten durchaus den Frieden zu erhalten. Frankreich war es, Frankreich allein, das angesichts dieser friedfertigen Haltung der deutschen Mächte den Krieg erzwang; es forderte, hingerissen von den flammenden Reden der Gironde, die feierliche Erklärung des Kaisers, daß er den Plan einer europäischen Vereinigung aufgebe und, gemäß den alten Bundesverträgen der Bourbonen, Frankreich zu unterstützen bereit sei – bei Strafe sofortigen Krieges. Da Leopold eine würdige maßvolle Antwort gab, wurde am 20. April 1792 der Krieg gegen Österreich erklärt. Frevelhafter waren selbst die Raubzüge Ludwigs XIV. nicht begonnen worden als dieser Kampf. Dem gesamten alten Europa ward der Handschuh hingeworfen, für Preußen aber trat der Wiener Vertrag in Kraft, der unterdessen durch ein förmliches Verteidigungsbündnis ergänzt worden war. Mit dem Wiener Vertrag hatte Preußen die stolze Selbständigkeit der friderizianischen Politik aufgegeben, sich verpflichtet, ohne jeden Entgelt dem kaiserlichen Hofe Dienste zu leisten. Bedroht war in seinem Bestitzstande nur Österreich, nicht Preußen. Damit war die abschüssige Bahn, die man in Reichenbach betreten hatte, bis zum Ende durchlaufen. –

Nicht nur im Westen, auch im Osten zogen drohende Wolken herauf, längst stand eine große Feindin Deutschlands auf der Lauer und berechnete die Stunde, da beide Unwetter zugleich über unserem Vaterlande sich entladen, da der Untergang Polens und der französische Krieg, gleichzeitig hereinbrechend, die deutschen Großmächte völlig lähmen würde. Kaiserin Katharina trug es dem preußischen Hofe in gekränkter Seele nach, daß König Friedrich ihre polnischen Pläne, sein Nachfolger, freilich halb wider Willen, ihre byzantinischen Kaiserträume durchkreuzt hatte. Sie sah das Einverständnis Preußens und Österreichs mit Besorgnis, fand aber rasch das Mittel, diesen Bund für Rußland unschädlich zu machen; wenn es ihr gelang, die deutschen Mächte in den unabsehbaren Krieg mit Frankreich zu verwickeln, so war sie Herrin in Polen und konnte die unausbleibliche Vernichtung des Adelstaates nach ihrem Sinne durchführen. Sie bemühte sich kaum, ihre Hoffnungen zu verbergen, erklärte ihren Räten offen: „Ich will die Ellenbogen frei haben und die deutschen Höfe mit den französischen Händeln beschäftigen.“

Durch die überlegene, skrupellose Politik der Zarin von allen Seiten her umstellt, mußte König Friedrich Wilhelm sich entscheiden, ob er die Alleinherrschaft der Russen in Polen dulden oder durch eine neue Teilung das Anschwellen der moskowitischen Macht beschränken sollte. Die Wahl konnte nicht zweifelhaft sein. Das preußisch-polnische Bündnis war durch die Polen selber zerrissen, als sie dem Hause Wettin die erbliche Krone anboten. Der Berliner Hof tat jetzt endlich, was die Interessen Preußens längst geboten, er versammelte die Hälfte seines Heeres an der Ostgrenze, und da Katharina bei der unheimlichen Gärung, die das polnische Land erfüllte, sich nicht sicher fühlte, so willigte sie im Januar 1793 widerstrebend in die zweite Teilung Polens. Preußen erwarb, außer Thorn und Danzig, jene großpolnischen Lande um Posen und Gnesen, welche Friedrich im siebenjährigen Krieg so schmerzlich vermißt hatte. Sie bildeten die natürliche Verbindung zwischen Schlesien und Altpreußen und konnten, da sie bereits einen starken Bruchteil deutscher Bewohner enthielten und mit dem Reiche lebhaften Verkehr unterhielten, im Laufe der Jahre vielleicht ganz für die germanische Gesittung gewonnen werden. Die weite Lücke in unserer Ostgrenze war endlich geschlossen, all das Unrecht, das der polnische Adel seit Jahrhunderten den deutschen Kulturbringern angetan, fand nunmehr seine Sühne.

Der Landerwerb Preußens in der zweiten polnischen Teilung war ein unbestreitbarer Erfolg; aber währendessen ging der Krieg der ersten Koalition verloren, und zwar nur durch diplomatische Fehler, nicht durch Niederlagen auf dem Schlachtfelde. Es ward entscheidend für seinen Verlauf, daß gerade jetzt in Berlin und Wien alle Sünden und Lügen jener gierigen ideenlosen Kabinettspolitik des achtzehnten Jahrhunderts wieder emporkamen, welche der Gradsinn Friedrich Wilhelms I. nicht verstanden, der Heldenstolz seines Sohnes verachtet hatte. Kaiser Leopold starb schon zu Anfang des Krieges. Sein junger Nachfolger Franz II. galubte an das althabsburgische AEJOU mit der ganzen Starrheit eines gedankenleeren Kopfes, blieb allezeit der einfachen Ansicht, daß sein Erzhaus niemals genug Land besitzen könne; er nahm die josephinischen Eroberungspläne wieder auf, hoffte durch den französischen Krieg den Austausch von Belgien gegen Bayern zu erreichen. Auch die preußische Staatskunst zeigte nicht mehr den alten Charakter nüchterner Selbstbeschränkung; seit dem Abschluß des österreichischen Bündnisses ward auch sie von der unsteten Begehrlichkeit der habsburg-lothringischen Hauspolitik ergriffen und schweifte unsicher ins Schrankenlose, statt nach guter Hohenzollernweise ein fest begrenztes Ziel mit eisener Ausdauer zu verfolgen. Den größten Gewinn an Land und Leuten, wo es auch sei, mit den kleinsten Opfern herauszuschlagen, das war die Weisheit der pfiffigen Ränkeschmiede Haugwitz und Lucchesini. Sie sahen ein, daß der Wiener Vertrag, welcher dem Kaiser den Beistand Preußens unbedingt zur Verfügung stellte, eine sträfliche Torheit gewesen, und verlangten nun, noch ehe Österreich seine bayrischen Pläne kundgab, zur Belohnung für die Kriegshilfe ein Stück von Polen und die pfälzischen Lande am Niederrhein.

Da traten die kaiserlichen Unterhändler mit der Erklärung hervor, ihr Herr verlange nicht bloß Bayern, sondern auch das soeben durch Preußen rechtmäßig erworbene Ansbach-Bayreuth; kein Zweifel, die Hofburg trachtete nach der Unterwerfung des ganzen Südens. Friedrich Wilhelm II. empfand den Anschlag auf seine Stammeslande als eine persönliche Beleidigung. Verstimmt, grollend, ohne jede feste Verabredung über das Ziel des Kampfes, zogen die Verbündeten in den Kampf hinaus, und unselig wie die Politik war auch die Weise der Kriegsführung.

Wohl blieben die wohlgedrillten Regimenter Österreichs und Preußens den zerlumpten und verwilderten Haufen des Revolutionsheeres noch lange militärisch überlegen. Wo es zum Schlagen kam, wurden die Franzosen von den friderizianischen Truppen regelmäßig geworfen; den preußischen Reitern und namentlich dem gefürchteten roten König, dem Oberst Blücher von den roten Husaren, wagten sie selten stand zu halten. Der märkische Bauer spottete noch nach Jahren über die französischen Katzköppe, wie er die Chasseurs nannte. Blücher gab nach Abschluß der drei Rheinfeldzüge sein Campagne-Journal heraus und schilderte bescheiden, doch mit ernsthaftem Selbstgefühl, wie oft er die Feinde „geschmissen" habe; die Offiziere zogen aus dem Kampfe heim mit dem Bewußtsein rühmlicher Pflichterfüllung. Und doch führten diese drei Feldzüge, die den preußischen Fahnen so viele stattliche Einzel-Erfolge brachten, zu einem schmachvollen Frieden. Der Charakter der Kriegsführung wird überall und zu allermeist in Koalitionskriegen bedingt durch die Ziele der Staatskunst, welcher sie dient; eine Politik, die sich vor dem Siege fürchtet, kann große Feldherrn nicht ertragen. Die schwankende Ratlosigkeit der preußischen Politik fand in der Willensschwäche, in dem bedachtsamen Zaudern des Herzogs von Braunschweig ihren getreuen Ausdruck. König Friedrich war in den letzten Zeiten des siebenjährigen Krieges durch die erdrückende Übermacht der Feinde zu einer Behutsamkeit gezwungen worden, die seinen Neigungen und Grundsätzen widersprach. Was ihm allein die Not auferlegte, erschien den Generalen der Friedensjahre als die Blüte militärischer Weisheit. Sie hielten für die Aufgabe des Feldherrn, die Truppen in einem weiten Kordon auseinanderzuziehen, jeden irgendwo bedrohten Punkt zu decken, den Berg durch das Bataillon und das Bataillon durch den Berg zu sichern; jener Geist der Initiative, den Friedrich so oft für den Nerv des Kriegshandwerks erklärt hatte, ging dem friedensfrohen Geschlechte verloren. Die Künstelei dieser bedachtsamen Kriegsmethode entsprach zugleich dem Temperament des Braunschweigers und seinen politischen Ansichten; denn er allein unter den Generalen des verbündeten Heeres fürchtete die dämonischen Kräfte der Revolution, er scheute das Wagnis der offenen Feldschlacht.

Nach altösterreichischem Brauch kam von den zugesagten kaiserlichen Hilfsvölkern nur der kleinste Teil zur Stelle. Der Oberbefehlshaber eroberte zunächst die Festungen der Maaslinie und rückte dann, widerwillig dem Befehle des Königs gehorchend, westwärts gegen Paris vor, obgleich sein Heer viel zu schwach war, um die Eroberung der feindlichen Hauptstadt versuchen zu können. Schon am 20. September fiel die Entscheidung des Feldzugs. Der Herzog wagte nicht, die Franzosen auf den Höhen von Valmy anzugreifen, sondern gab den sicheren Sieg aus der Hand und räumte darauf den französischen Boden vor den anrückenden Verstärkungen des Feindes. Mit dem Seherblick des Dichters durchschaute Goethe die Folgen dieser großen Wendung; er sagte am Wachtfeuer zu den preußischen Offizieren: „Am heutigen Tage beginnt eine neue Epoche der Weltgeschichte." Inzwischen war die Krone der Capetinger durch den Aufstand des zehnten August zerbrochen worden; aus dem gräßlichen Blutbade der Septembermorde stieg die französische Republik empor, und triumphierend konnten die Gewalthaber des neuen Frankreichs dem Konvente als Brautgabe die große Kunde bringen, daß die friderizianische Armee den Heerscharen der Freiheit unrühmlich den Rücken gekehrt habe.

Schwere Niederlagen wecken die sittliche Kraft in einem tüchtigen Heere; dieser durch fremde Schuld verlorene Feldzug zerrüttete die Mannzucht unter den preußischen Offizieren. Man schalt und klagte laut, forderte die Heimkehr aus dem unnützen Kriege. Das unpreußische Wesen, das die Verwaltung lähmte, drang auch in das Heer; die Armee glich einer militärischen Republik; der Groll gegen die Österreicher entlud sich in hundert gehässigen Händeln. Unterdessen war die Kriegsmacht der Republik im beständigem Wachsen. Die Schreckensherrschaft der Jakobiner unterwarf das gesamte Land der Diktatur der Hauptstadt; sie bedurfte des Krieges, weil sie jedes wirtschaftliche Gedeihen zerstörte. Der Gedanke der revolutionären Propaganda wurde zur furchtbaren Wahrheit; eine ruhelose Verschwörung spannte ihre Netze über den halben Weltteil, bis nach Warschau und Turin, nach Amsterdam und Irland, versuchte die Grenzen aller Länder ins Wanken zu bringen. Das Volk brachte zitternd die ungeheuren Opfer, welche das Gebot der Pariser Machthaber ihr auferlegte. Carnots Genie gab dem Heere eine neue Organisation, fügte Linientruppen und Nationalgarden in der taktischen Einheit der Halbbrigaden zusammen, beseitigte die unbrauchbaren gewählten Führer, bildete aus den frischesten Kräften der altbourbonischen Offiziere und der neuen Freiwilligen ein fähiges Offizierskorps. Die wilde Verwegenheit der ungeschulten republikanischen Generale, die mit rücksichtsloser Vergeudung von Menschenleben und Kriegsmaterial auf den Gegner losstürmten, wurde den bedachtsamen Schülern der alten Kriegskunst sehr lästig; auch die Haltung der französischen Mannschaften besserte sich etwas durch die lange Kriegsübung.

So erstarkte der Gegner; Preußen fand sich dagegen zu Anfang des dritten Feldzuges völlig gelähmt durch die Erschöpfung der Geldmittel. Sein Staatsschatz war nahezu geleert. Der König hatte schon im zweiten Kriegsjahre englischer Hilfsgelder nicht entbehren können. Ihm und seinem Heere allein verdankte das Reich die Wiedereroberung der rheinischen Hauptfestung. Er erbot sich nun, den Reichskrieg auch im nächsten Jahre fortzuführen, wenn die übrigen Reichsstände, die bisher für die Verteidigung der Westgrenze kaum 20 000 Mann ins Feld gestellt, ihm in seiner Geldnot aushelfen und den Unterhalt seines Heeres am Rheine übernähmen. Aber der Scharfblick des kleinfürstlichen Partikularismus sah in dem preußischen Vorschlag das Wiederaufleben der Ideen des Fürstenbundes. Zagheit und Selbstsucht überall; an manchen Höfen schon offener Verrat, da Frankreich längst darauf hinarbeitete, die kleinen Herren unter seinen Einfluß zu bringen. Auch Österreich war der Neuerung nicht günstig, die den König von Preußen als Reichsfeldherrn, seine Truppen als Reichsheer hätte erscheinen lassen. Selbst eine Anleihe, welche Hardenberg von den kleinen Höfen des Westens zu erlangen hoffte, brachte nur einen kaum nennenswerten Ertrag. Von seinen Mitständen verlassen, entschloß sich Friedrich Wilhelm endlich, sein gesamtes rheinisches Heer in den Sold der Seemächte zu geben. Dieses ohnehin für eine Großmacht kaum erträgliche Verhältnis führte zu den ärgsten Zwistigkeiten, da der Subsidienvertrag unklare, vieldeutige Sätze enthielt. Die Seemächte meinten über die Truppen ihres Verbündeten willkürlich verfügen zu können und wollten im Interesse ihrer Handelspolitik die sämtlichen Heere der Koalition in den Niederlanden versammeln. Preußen aber behielt sich selber die Wahl des Kriegsschauplatzes vor und versuchte nochmals, die Reichsgrenze am Mittelrhein zu verteidigen. Österreich wiederum hoffte auf Eroberungen in Flandern und Lothringen. Feldmarschall Möllendorf eröffnete den Feldzug durch einen zweiten Sieg bei Kaiserslautern; nachdem er im Sommer aus dem Gebirge hatte zurückgehen müssen, drang er im Herbste wieder vor, und die preußischen Regimenter behaupteten zum dritten Male siegreich die blutgetränkten Höhen an der Lauter. Jedoch der Mut der einzelnen konnte nicht sühnen, was die Schwäche der Heerführung und die Zweideutigkeit der kaiserlichen Politik verdarben. Im Oktober ging das österreichische Heer aus Belgien über den Rhein zurück. Der Feind rückte nach, besetzte das Rheinland bis nach Koblenz hinauf, und also im Rücken bedroht, mußten die Preußen jetzt ebenfalls das linke Ufer räumen. –

Inzwischen wurde die wankende Eintracht der Koalition gänzlich zerstört durch die polnischen Händel. In der Osterwoche 1794 brach zu Warschau ein blutiger Aufstand aus, die Russen wurden aus dem Lande vertrieben. Von Paris her unterstützt, griff der Aufruhr unaufhaltsam um sich, bis tief in das preußische Polen. Auch diesmal, im letzten Verzweiflungskampfe, ließ der polnische Adel nicht von den alten Sünden der Zwietracht und Zuchtlosigkeit. In Rußland dagegen flammte der alte Haß der Byzantiner gegen die Lateiner, der Ostslawen gegen die Westslawen drohend auf; wie ein Mann forderte das weite Zarenreich die Vernichtung Polens zur Sühne für die erlittene Schmach. Nie war ein Krieg dem russischen Volke heiliger. Es lag am Tage, in der blutigen Woche von Warschau hatte Polens letzte Stunde geschlagen. Da war es Preußens Pflicht, sogleich, noch ehe die russischen Heersäulen aus dem entlegenen Innern des Reichs heranrücken konnten, selbst den Aufstand niederzuwerfen, um nachher bei der unvermeidlichen letzten Teilung in unangreifbarer Stellung das entscheidende Wort zu sprechen.

Der König erkannte, was auf dem Spiele stand. Er ließ sein Heer einrücken, schlug die Polen bei Rawka, eroberte Krakau und wendete sich dann gegen Warschau, das mangelhaft gerüstet, von Parteikämpfen erfüllt, einem Sturmangriffe der Preußen nicht gewachsen war. Aber jene unglückliche Bedachtsamkeit und Überfeinheit, welche den rheinischen Krieg verdorben hatte, betrog den König auch um die Früchte seiner polnischen Siege. Der ritterliche Fürst wollte Praga mit Sturm nehmen und dann, wie sein Ahnherr, der Große Kurfürst, als Sieger in die polnische Hauptstadt einziehen. Da mahnte ihn Bischoffwerder, seine Kräfte zu schonen für die Abrechnung mit Rußland; ein Agent Katharinas, der Prinz von Nassau-Siegen, stimmte dem kleinmütigen Rat eifrig zu; man begann eine regelrechte Belagerung, die schon nach wenigen Tagen abgebrochen wurde. Während das preußische Heer verstimmt und erbittert von Warschau abzog, rückte Suworow mit der Hauptmacht Katharinas heran, vollführte, was die preußischen Feldherren versäumt, schlug das Heer Kosciuszkos aufs Haupt, erstürmte Praga nach mörderischem Kampfe. Warschau lag zu den Füßen Katharinas, ihre Truppen behaupteten die beherrschende Stellung zwischen Bug und Weichsel. Nicht Preußen, sondern Rußland hatte den Aufstand gebändigt, und prahlend verkündete der Petersburger Hof: „Polen ist gänzlich unterworfen und erobert durch die Waffen der Kaiserin."

Die Unterlassungssünden der preußischen Heeresleitung bestraften sich sofort, als die drei Ostmächte zu Petersburg über die letzte Teilung verhandelten. Die beiden Kaiserhöfe waren einig, den preußischen Ehrgeiz mit jedem Mittel zu bändigen, und schlossen, da Preußen nicht nachgab, am 3. Januar 1795 ein geheimes Kriegsbündnis gegen ihren Bundesgenossen. Der Vertrag bestimmte: Teilung Polens dergestalt, daß Rußland und Österreich die Hauptmasse erhalten, Preußen mit Warschau und einem schmalen Strich an der ostpreußischen Grenze abgefunden wird. Außerdem ward ein umfassender Eroberungsplan verabredet: Rußland soll in den Donauprovinzen eine Sekundogenitur gründen, Österreich erhält freie Hand zur Erwerbung von Bayern, Bosnien und Serbien, sowie der venetianischen Republik; ja die Kaiserin selbst gibt im voraus ihre Zustimmung zu allen anderen Eroberungen, welche ihr Bundesgenosse noch für nötig halten sollte; widerspricht Preußen, so wird es mit Aufbietung aller Kraft durch die Waffen gezwungen. Alle die vermessenen Wünsche Kaiser Josephs lebten wieder auf.

Dahin war also der preußische Staat in den fünf Jahren seit dem Reichenbacher Tage gelangt: die Seemächte und das deutsche Reich weigerten ihm die Mittel zur Kriegsführung, Rußland und Österreich bedrohten ihn mit einem Angriff. Konnte Preußen ohne Geldmittel, wie man war, mit solchen Bundesgenossen den französischen Krieg fortsetzen, dessen Ziele in dem verworrenen Ränkespiel der Diplomatie immer dunkler und rätselhafter wurden? Der Armee, selbst dem tapferen Blücher, war der Krieg an der Seite der Österreicher gänzlich verleidet, nicht minder dem Volke, das der Lorbeeren genug zu haben glaubte. Auch im Reiche rief alles nach Frieden; allgemein war die Ermattung. Thugut andererseits drohte in leidenschaftlicher Erbitterung, er werde sich mit Frankreich vertragen, wenn man ihm Krakau vorenthalte; der übereilte Abzug der Österreicher aus den Niederlanden bestärkte den preußischen Hof in seinem Verdachte gegen die Hofburg.

Kaum minder dringend war das Friedensbedürfnis in dem tief erschöpften Frankreich; man wünschte sehnlichst, mindestens mit Preußen ins reine zu kommen. Da die Schreckensherrschaft gestürtzt, die gemäßigten Parteien in Paris zur Herrschaft gelangt waren, so schmeichelten sich die Berliner Staatsmänner mit der Erwartung, ein preußischer Sonderfriede werde den allgemeinen Frieden einleiten, den alten Besitzstand des Reichs wiederherstellen. Widerstrebend ließ sich der König endlich die Erlaubnis zur Eröffnung der Friedensverhandlungen abringen; im stillen wünschte er noch immer als getreuer Reichsfürst, einen neuen Rheinkrieg zu führen. Die Baseler Unterhandlungen verliefen unglücklich, trotz Hardenbergs diplomatischer Gewandheit, weil die Minister in Berlin nicht den Mut hatten, den Gegnern mit der Wiederaufnahme der Feindseligkeiten zu drohen. Auch dem Gedanken der Säkularisation, der von den Franzosen wieder aufgegriffen wurde und vielleicht noch einen leidlichen Ausweg eröffnen konnte, wagten die preußischen Diplomaten nicht ernsthaft ins Gesicht zu sehen. Sie begnügten sich mit einer armseligen Halbheit und schlossen am 5. April 1795 den Frieden von Basel, kraft dessen Preußen einfach aus dem Koalitionskriege ausschied; gelang den Franzosen, sich auf dem linken Ufer zu behaupten, so sollte der König für seinen überrheinischen Besitz entschädigt werden – durch säkularisiertes geistliches Land, wie beide Teile stillschweigend voraussetzten.

Der Friedensschluß war, wie die Menschen und die Dinge in Preußen augenblicklich standen, das letzte verzeifelte Mittel, um den Staat aus einer unhaltbaren Lage zu erretten. Es war die notwendige Folge vieljähriger Fehler und Mißgeschicke, eines unwahren Bündnisses, das den Keim des Verrats in sich trug, einer kraftlosen Politik, die sich zwischen Polen und dem Rheine unstet hin und her warf, ohne jemals einen entscheidenden Schlag zu führen. Er war die Schuld nicht einzelner Männer, sondern des gesamten Volkes, das, einmal durch einen großen Mann aus seinem politischen Schlummer aufgerüttelt, sich wieder in ein waches Traumleben verlor und wieder lernte, mit gelassenem Wohlgefallen an seiner politischen Zukunft zu verzweifeln. Er war trotz aller zwingenden Gründe, die ihn entschuldigten oder erklärten, der schwerste politische Fehler unserer neuen Geschichte, eine Untreue des preußischen Staates gegen sich selber, die durch zwei Jahrzehnte der Entbehrung und der Not, durch beispiellose Opfer und Kämpfe gebüßt worden ist.

Als der Mehrer des Reichs war dies Preußen über die Nichtigkeit des Kleinstaatentums hinausgewachsen; keine Niederlage in freier Feldschlacht konnte diesen Staat je tiefer beugen, als er sich selber demütigte, da er ungeschlagen seine Hand abzog von der deutschen Westmark und das soeben erst durch Preußens Heer dem Reiche wiedergeschenkte Mainz einem ungewissen Schicksal preisgab. Ein ehrenhaftes Gefühl reichsfürstlichen Stolzes bewog den König, dem Baseler Friedenswerke bis zum letzten Augenblicke zu widersprechen: er war der Erbe jenes Großen Kurfürsten, der, nicht minder schnöde von Österreich betrogen, doch immer wieder den Kampf um die rheinischen Lande gewagt hat. Verraten von seinen Verbündeten, war er unzweifelhaft berechtigt, von der Koalition zurückzutreten, sobald Frankreich einen ehrenvollen Frieden bot und die alten Grenzen des Reichs anerkannte, doch ein solcher Friede ließ sich nur erreichen, wenn man den Willen hatte, einen vierten rheinischen Feldzug zu wagen. Noch hatte der König die Kernlande der Monarchie nicht berührt; der Wohlstand zeigte überall ein nachhaltiges Gedeihen, obgleich der Mißwachs des Jahres 1794 augenblickliche Verlegenheiten bereitete. Von einer Überbürdung des Volkes war keine Rede; das um Tausende von Geviertmeilen vergrößerte Staatsgebiet brachte seinem gutherzigen Fürsten kaum eine Million Taler mehr an jährlichen Einkünften als einst der kleine Staat Friedrichs II. Ein großer Staatsmann mußte in solcher Lage die Mittel zu finden wissen für einen neuen Feldzug, aber im Rate des Königs fehlte ein schöpferischer Kopf; der unglückliche Fürst sah keinen Ausweg mehr und beschwichtigte sein Gewissen mit dem trübseligen Troste, daß der Friede mindestens keine förmliche Abtretung deutschen Landes ausspreche.

Alle Berechnungen und Erwartungen seiner schlauen Ratgeber erwiesen sich sofort als ein großer Irrtum. Sie dachten den Reichskrieg zu beendigen, Hardenberg glaubte, Frankreich werde freiwillig auf die Rheingrenze verzichten, um nur mit dem Reiche sich abzufinden, und hoffte arglos auf ein dauerndes Freundschaftsverhältnis zwischen Preußen und der Republik. Wie ahnten sie doch so gar nichts von dem Charaktzer des revolutionären Frankreichs! In Paris kam bald nach den Baseler Verträgen die Kriegspartei wieder ans Ruder, die von Preußen Waffenhilfe erwartete und, getäuscht in ihrer Hoffnung, den ruheseligen neutralen Nachbarn mit unverhohlener Geringschätzung behandelte. Immer deutlicher zeigte sich, daß ein Frieden mit dem Staate der revolutionären Propaganda erst möglich war, wenn die alte Staatenwelt in Trümmern lag. Die Haugwitz und Alvensleben wähnten sich durch den Friedensschluß freie Hand zu erhalten für die polnischen Händel und mußten schließlich doch den Teilungsplan der beiden Kaiserhöfe mit geringen Änderungen annehmen; denn nur als Frankreichs Bundesgenosse konnte Preußen dem herrischen Willen Thuguts und Katharinas entgegentreten und wider ein offenens Bündnis mit der Revolution sträubte sich das Ehrgefühl des Königs wie die Tatenscheu der Mehrzahl seiner Räte. Gleichwohl war Preußen bereits durch den Baseler Vertrag ein Mitschuldiger, ein geheimer Verbündeter der französischen Eroberungspolitik geworden, man wußte in Berlin, daß die Republik das linke Rheinufer behaupten wollte, man erwartete von ihrer Freundschaft Entschädigungen für die clevischen Lande und war also, wie lebhaft man sich auch gegen den Verdacht verwahrte, an Frankreichs Siegeswagen angekettet.

Der erste Schritt führte weiter. Am 5. August 1796 wurde ein Ergänzungsvertrag abgeschlossen, der schon bestimmte Erwerbungen in Aussicht stellte: ging das linke Rheinufer dem Reich verloren, so sollte der König das Bistum Münster erhalten und sein oranischer Schwager ebenfalls mit geistlichen Gebieten im Reiche schadlos gehalten werden. So verlor der große Gedanke der Säkularisation seinen reinen Sinn; König Friedrich hatte ihn verstanden als ein Mittel zur Reform des Reichs, jetzt diente er nur noch zur Beraubung Deutschlands.

Preußen gewann durch den Frieden scheinbar eine großartige Erweiterung seiner Macht; dazu täuschte über sein Vereinsamen und Sinken hinweg die Menge von Ländereien und Aufgaben, die ihm die dritte Teilung Polens 1795 zuwies. Sein Gebiet wuchs in zehn Jahren von 3500 auf nahezu 5600 Geviertmeilen. Die neue Grenze an Memel und Weichsel war militärisch und wirtschaftlich sehr günstig. Wie schienen die neuerworbenen Lande aufzublühen! Die dem alten Polen völlig unbekannte Sicherheit der Rechtspflege lockte zahlreiche Ansiedler und Kapitalisten aus den deutschen Provinzen auf diesen reichen, jungfräulichen Boden; der Landbau hob sich zusehends, die Hypothekenordnung ermöglichte eine intensivere Wirtschaft, neue Straßen und Wasserwege entstanden. Das Aufblühen der Volkswirtschaft war überall unverkennbar.

Aber man erfuhr bald, daß Macht und Glück der Staaten nicht allein von militärischen und handelspolitischen Bedingungen abhängen. Was der preußische Staat besaß, war der Lohn ernster Arbeit; diese neue, gewaltige Gebietserweiterung aber fiel ihm in den Schoß nach schwächlichen Feldzügen und ruhmlosen Unterhandlungen, sie wirkte wie ein Spielgewinn auf einen geordneten Haushalt. Preußen besaß jetzt unter zehntehalb Millionen Einwohnern an vier Millionen Slawen und lief Gefahr, seiner großen deutschen Zukunft entfremdet zu werden. Die

Erwerbungen von Warschau und Pultusk war freilich ein notwendiger Schritt, unbedingt geboten nach den Anschauungen der Zeit, da Preußen den Schlüssel zu seiner Ostgrenze weder Österreich noch Rußland überlassen durfte; doch es blieb unmöglich, die tausende feindseliger Schlachtschitzen, diese verdummten, den Kaplänen blind gehorchenden Bauern mit dem protestantischen deutschen Staate zu versöhnen. Die polnischen Provinzen schwächten die sittliche Kraft des Staates, der ohne die willige Hingebung seiner Bürger nicht bestehen konnte, und brachten seine innere Entwicklung zum Stillstand. Die Teilung Polens steht obenan unter den mannigfaltigen Ursachen jener unheimlichen Erstarrung, welche während des folgenden Jahrzehnts Verwaltung und Heerwesen lähmte.

Als der zweite Friedrich Wilhelm die Augen schloß, war Preußens Macht im Innern wie nach außen schwächer denn beim Todes seines Oheims. Aus dem festgefügten deutschen Staate, dem ein genialer Wille das ungeheure zumuten konnte, war ein schwerfälliges deutsch-slawisches Mischreich geworden, das weder die Heeresmacht noch die Geldmittel besaß, um sein weites Gebiet zu verteidigen, und langen Friedens bedurfte, um nur wieder zu innerer Einheit zu gelangen.

So lagen die Dinge, als König Friedrich Wilhelm III. den Thron bestieg. Ernst und pflichtgetreu, fromm und rechtschaffen, gerecht und wahrhaft, in Art und Unart ein deutscher Mann, besaß er alle Tugenden, die den guten und reinen Menschen bilden, und schien wie geschaffen, einen wohlgeordneten Mittelstaat in Ehren durch eine ruhige Zeit hindurchzuführen; diesem tiefen Gemüte war es ein Bedürfnis, von seinen Untertanen geliebt zu werden. Sein Geist umspannte nur ein enges Gebiet; doch über alle Fragen, die in seinen Gesichtskreis fielen, urteilte er klar und richtig, nach tiefer, gründlicher Erwägung, und bewährte immer ein angeborenes glückliches Verständnis für die Mächte der Wirklichkeit. Seine Erziehung hatte alles verabsäumt, was diese edle, aber schwunglose und im Grunde unpolitische Natur zu der Freiheit königlicher Weltanschauungen emporheben konnte. Eine unbezwingliche Schüchternheit lähmte ihm die Tatkraft. Jedes Hinaustreten in die Öffentlichkeit, selbst das Reden in größerem Kreise viel ihm lästig. Von Jugend auf an den Umgang mit mittelmäßigen Köpfen gewöhnt, hat er den Widerwillen gegen das Geniale, Kühne, Außerordentliche selten überwunden. Ihn erschreckte jener laute rücksichtslose Freimut, der den großen Germanen eignet. Unsäglich schwer fiel ihm jeder große Entschluß: er zauderte und überlegte, ließ die Dinge gehen, duldete lange, was ihm mißfiel, weil er sich mit seinem Urteil nicht heraustraute; doch wenn entschieden sein mußte, dann folgte er immer und überall nur seinem Gewissen. Er hat aus Unentschlossenheit vieles unterlassen, wozu sein gerader Verstand ihn drängte, aber nie etwas getan, was nicht aus eigner wohlerwogener Überzeugung kam. Sein langsamer, doch zäher und fester Geist nahm von den Gedanken größerer Köpfe nur auf, was seinem Wesen zusagte; keine Macht der Überredung hätte ihn je bestimmt, die sittlichen und politischen Grundsätze, die ihm heilig waren, aufzugeben. Von der Schuld wie vom Ruhme seiner langen Regierung gebührt ihm selber weit mehr, als die Zeitgenossen annahmen, die den schlichten Fürsten neben den glänzenden Gestalten seiner Generale und Staatsmänner zuweilen fast aus den Augen verloren. Er trägt die Hauptschuld an jener schlaffen Friedenspolitik, welche dem alten Staate den Untergang breitete; aber er hat auch, als er nach zehn Jahren des Zauderns und nach grausamen Schicksalsschlägen endlich wagte, ganz er selber zu sein, aus freiem Entschlusse den Neubau des Staates in Angriff genommen, die Reformgedanken seiner Räte durchgeführt. Das erste Jahrzehnt Friedrich Wilhelms III. war eine Zeit wohlgemeinter, aber völlig unfruchtbarer Reformversuche.

Währenddes begann mit dem italienischen Feldzuge des Jahres 1796 die zweite, die für den Weltteil furchtbarere Epoche des Zeitalters der Revolution. Die revolutionäre Propaganda wurde jetzt erst wahrhaft wirksam; eine neue Ordnung der Dinge verdrängte die alte Länderverteilung, die überlieferten Formen von Staat und Gesellschaft in Mitteleuropa. Erst durch Bonapartes Siege erlangten Frankreichs Waffen ein unbestreitbares Übergewicht. Als der junge Held, die Alpen umgehend, von Süden her in Oberitalien einbrach, erwies er sich sofort als Meister einer neuen, kühneren Kriegsweise, die ohne Magazine den Krieg durch den Krieg, durch die Hilfs-

Zerstörung Heidelbergs durch die Franzosen unter Mélac

Tafel 4

Der Große Kurfürst

quellen des eroberten Landes zu ernähren verstand und sich nicht scheute, auf die Gefahr der Vernichtung hin, mit verwandter Front dem Feinde den Kampf anzubieten. Die Schlachten waren nicht mehr, wie zu Zeiten der alten Lineartaktik, ein einfaches Ringen zweier festgeschlossenen Linien, die einander zu durchbrechen versuchten. Bonaparte gab ihrem Verlaufe dramatische Bewegung und Steigerung; durch die überwältigenden Waffenschläge seiner aufgesparten Reservetruppen erzwang er die Entscheidung, wenn die Kraft der vorderen Treffen vernutzt war, und keiner wußte wie er, die Gunst des Glücks bis zum letzten auszubeuten. In raschem Zuge durch die Länder dahinfegend, strebte er dem Gegner ins Herz zu stoßen, ihm die Hauptstadt zu entreißen. Er taufte die Franzosen mit dem klug erfundenen Namen der großen Nation und riß das an den Parteikämpfen verekelte Volk in einen Rausch der Selbstüberhebung und der Kriegslust hinein, der sich stärker und nachhaltiger zeigte, als die Freiheitsbegeisterung der ersten Tage der Revolution.

Wie die Kriegsweise, so erhielt auch die europäische Politik Frankreis durch den Sieger von Montenotte und Rivoli einen veränderten Charakter. Jener Unersättliche, der jetzt in Italien seinen byzantinischen Hof hielt, die eroberten Gebiete nach Gefallen zu Vasallenstaaten zusammenballte, jeden Widerspruch des Direktoriums bald durch Drohungen, bald durch reiche Beutesendungen beschwichtigte, war ein Mann ohne Vaterland. In dem Kopfe des großen Heimatlosen, dem das Seelenleben der Völker immer unverständlich blieb, erstand früh der entsetzliche Gedanke eines neuen Weltreichs. Die reiche Geschichte eines Jahrtausends sollte durch ein gigantisches Abenteuer vernichtet werden, die vielgestaltige Kulturwelt des Abendlandes dem Machtgebote eines ungeheuren Menschen gehorchen. Mit einer wunderbaren Sicherheit und Gewissensfreiheit stürmte diese neue Politik der Welteroberung ihren Zielen entgegen. Bonapartes Scharfblick erkannte sofort, durch welche Mittel das in Deutschland siegreiche, in Italien besiegte Oesterreich zu einem vorläufigen Frieden zu zwingen sei; er verschaffte sich durch unerhörten Verrat den Vorwand, die neutrale Republik Venedig zu bekriegen, warf die waffenlose nieder und bot dann für Mailand, Belgien und das linke Rheinufer dem kaiserlichen Hofe den Besitz Venetiens an – eine Abrundung, die für Österreich fast willkommener war als die verlorenen unhaltbaren Außenposten. Außerdem wurde dem Kaiser das säkularisierte Hochstift Salzburg und Bayern bis zum Inn, seinem aus Modena vertriebenen Vetter der Breisgau versprochen. Auf solche Bedingungen hin wurde am 17. Oktober 1797 der Friede von Campo Formio geschlossen.

Wieder einmal sollte das Heilige Reich die Buße zahlen für Österreichs Niederlagen, und wieder, heuchlerischer denn je zuvor, erklangen am Reichstage jene weihevollen reichsväterlichen Phrasen, womit die undeutsche Kaisermacht ihre Hauspolitik zu bemänteln pflegte. Während in den geheimen Artikeln von Campo Formio die Verstümmelungen der deutschen Westgrenze, die Säkularisation geistlichen Gebiets, die Entschädigung ausländischer Fürsten auf Kosten des Reichs ausbedungen war, sprach der veröffentlichte Wortlaut des Friedensbeschlusses von der unangetasteten Integrität des Reichs. Ein kaiserliches Hofdekret lud die Reichsstände zu einem Kongresse nach Rastatt, damit dort „auf der Basis der Integrität Deutschlands Verfassung und Wohlfahrt zur bleibenden Wonne der friedliebenden Menschheit auf Jahrhunderte befestigt werde." Auf dem Rastatter Kongresse traten die Gesandten der Republik als die herrischen Schiedsrichter der deutschen Händel auf. An dreihundert deutsche Diplomaten waren versammelt. Man warb wetteifernd durch Schmeichelei und Bestechung um die Gnade der hochmütigen Fremden. Französische Sprache und Sitten herrschten vor. Den österreichischen Staatsmännern fiel die Aufgabe zu, die Verabredungen von Campo Formio vor den Gesandten der Reichsstände geheim zu halten. Das unwahre Spiel glückte eine Zeitlang. Endlich mußte das unselige Geheimnis doch kund werden. Auf Weihnachten 1797 wurde Mainz von den kaiserlichen Truppen geräumt. Die ganze hoffnungslos verworrene Lage der beiden schicksalverwandten Nationen Mitteleuropas kam an den Tag, da zur nämlichen Zeit die Franzosen das unbesiegte Bollwerk des Rheinlandes besetzten und die besiegten Österreicher in der Stadt des heiligen Marcus einrückten. Bald darauf traten Frankreichs Bevollmächtigte in Rastatt offen mit der Forderung des linken Rheinufers heraus. Es war die erste amtliche Ankündigung der Vernichtung des heiligen Reichs. Denn nach der patrimonialen Staatsauffassung des Reichsrechts verstand es sich von selbst, daß die Häuser der weltlichen Erbfürsten für ihre linksrheinischen Verluste entschädigt werden mußten, während man die geistlichen Wahlfürsten für ihre Nutznießungsrechte durch Pensionen abfinden konnte. Der Gedanke einer allgemeinen Säkularisation, der sich seit Jahren immer unabwendbarer aufgedrängt hatte, erschien jetzt als das letzte Mittel, die dynastischen Wünsche des deutschen Fürstenstandes zu befriedigen. Der große Beutezug des hohen Adels gegen das Kirchengut begann. Frankreichs Gesandte beherrschten den Kongreß. Preußen spielte nur die traurige Rolle des Ersten unter den beutelustigen Kleinstaaten, wagte nicht einmal den Vorschlag zu einer durchgreifenden Neuordnung der deutschen Verfassung. Napoleon entging nicht, daß dies Land nur zu reif sei für die nationale Einheit, es schien ihm hohe Zeit, die kleinen Dynastien durch Befriedigung ihrer Ländergier ganz für Frankreich zu gewinnen und also das zerteilte Deutschland seines Volkstums zu berauben.

Aber der Rastatter Kongreß wurde durch den Wiederausbruch des Krieges auseinander getrieben. Den alten Mächten drängte sich die Einsicht auf, daß mit Napoleons rastloser Politik der Welteroberung kein friedliches Zusammenleben möglich sei. Schon im Sommer 1798 verhandelten Österreich, England und der neue Zar Paul über die Bildung der zweiten Koalition. In der Absicht, den Fluten der Welteroberung endlich Schranken zu setzen, stimmten die Berliner Staatsmänner mit den drei Mächten überein. Der zaudernde Fürst aber hielt den Augenblick der Niederwerfung der Revolution noch nicht für gekommen, er wollte die Ereignisse abwarten. So begann denn ohne Preußens Zutun der ungeheure Kampf. Die Schlacht von Abukir begründete die mediterranische Herrschaft der Briten, vereitelte Bonapartes orientalische Pläne; Suworows und Melas' Siege entrissen Italien den Franzosen; Erzherzog Karl drang in Oberdeutschland siegreich vorwärts, und abermals schloß sich die Bauernschaft des deutschen Südens den kaiserlichen Truppen an. Das Gebiet der Republik lag offen vor den Heeren der Koalition, aber nochmals wurde die Zwietracht der Verbündeten die Rettung Frankreichs. Der Hochmut der russischen Heerführer erschien der Hofburg ebenso unleidlich wie die Politik des Zaren, der in Italien die Herstellung der legitimen Regierungen forderte und für sich selbst nach Korfu und Malta griff. Während Thugut die Halbinsel der Herrschaft Österreichs zu unterwerfen trachtete, arbeitete ihm Suworow mit jedem Mittel entgegen und weigerte sich endlich geradezu, den Sieg auszubeuten und die letzte Position der Franzosen in Italien, Genua, zu erobern. Auf Englands Vorschlag wurde der große Russe von der offenen Siegesstraße hinweg nach der Schweiz gesendet und vergeudete Zeit und Kraft auf jenen heroischen Alpenmärschen, welche zwar der staunenden Welt die gewaltige Ausdauer der russischen Soldaten zeigten, aber militärisch unfruchtbar blieben. Als das mit so glänzenden Hoffnungen begonnene Jahr 1799 sich zu Ende neigte, ging der gewaltige Dreibund in bitterem Unfrieden auseinander; der Zar rief seine Truppen heim, von einer Bedrohung des Gebietes der Republik war keine Rede mehr.

Inzwischen war Napoleon der Erste Konsul Frankreichs geworden; der Staatsstreich vom 18. Brumaire brachte kraft einer inneren Notwendigkeit die Staatsgewalt in die Hände des Heerführers, der schon seit drei Jahren durch den Schrecken seiner Waffen die radikale Kriegspartei am Ruder erhalten hatte, und schenkte dem neuen Frankreich jene Verfassung, die mit unwesentlichen Änderungen fortbesteht bis zum heutigen Tage. Frankreich wurde ein Gebilde der Revolution, demokratisch von Grund aus, der natürliche Gegner der historischen Staatsgewalten und Gesellschaftsformen im alten Europa; aber auch despotisch von Grund aus, der geschworene Feind aller Freiheit und nationalen Eigenart des Völkerlebens.

Zunächst mußte der Sieger des 18. Brumaire die Verluste des letzten Jahres einbringen, den Besitzstand von Campo Formio wiederherstellen. Im Festlandskriege war ihm das Glück hold. Der Sieg von Marengo brachte die Herrschaft über Italien wieder in Bonapartes Hand. Aber noch bedurfte es eines letzten Schlages, der Schlacht von Hohenlinden, um das erschöpfte Österreich zum Frieden zu bewegen. Am 9. Februar 1801 verkündete der Friede von Luneville öffentlich und unzweideutig, was der Vertrag von Campo Formio nur insgeheim und unklar bestimmt hatte: daß der Rhein fortan Deutschlands Grenze sei.

Ein Gebiet von 1150 Geviertmeilen und fast vier Millionen Einwohnern war für Deutschland verloren, beinahe ein Siebentel von der Bevölkerung des alten Reichs, das ohne Schlesien auf 28 Millionen Köpfe geschätzt wurde. Mit unheimlichem Kaltsinn ließ die deutsche Nation den furchtbaren Schlag über sich ergehen. Kaum ein Laut vaterländischen Zornes ward vernommen, als Mainz und Köln, Aachen und Trier, die weiten, schönsten Heimatlande unserer ältesten Geschichte, an den Fremden kamen.

Den Reichgewalten lag nun die Aufgabe ob, das große Entschädigungswerk durchzuführen, das sich aus der Verkleinerung des Reichs ergab. Der siebente Artikel des Luneviller Friedens verpflichtete das Reich, die Erbfürsten des linken Rheinufers im Innern Deutschlands (*dans le sein de l'Empire*) zu entschädigen; die Rastatter Verabredungen sollten dabei zur Richtschnur dienen. Also wurde die Verweltlichung des Heiligen Reichs, die Vernichtung der geistlichen Staaten dem Reichstage auferlegt durch das Schwert des fremden Siegers. Das neue „Föderativsystem", das Bonaparte an die Stelle der alten Staatengesellschaft zu setzen dachte, bot nur Raum für ein herrschendes Frankreich und ohnmächtige Vasallen. Napoleon wurde der Schöpfer unserer neuen Mittelstaaten, um durch sie Deutschlands Zersplitterung für immer zu sichern. –

Unterdessen bemerkte der König von Preußen mit Besorgnis, wie vereinzelt sein Staat dastand. Er mißtraute den unberechenbaren Absichten Bonapartes. So kam der König zu dem Entschlusse, eine Verständigung mit Rußland zu suchen. Am 11. Juni hielten die beiden Nachbarfürsten, Friedrich Wilhelm und Zar Alexander, in Memel jene denkwürdige Zusammenkunft, die für Friedrich Wilhelms ganze Regierung folgenschwer sein sollte. Nur im Bündnis mit Rußland wollte er einen Krieg gegen Frankreich wagen. Wie der König also sich insgeheim den Rücken zu decken suchte für einen möglichen Krieg gegen Frankreich, so verfolgte auch seine deutsche Politik Gedanken, welche den Plänen des ersten Konsuls schnurstracks zuwiderliefen. Im Hintergrund stand die schüchterne unbestimmte Hoffnung, es werde gelingen, das verweltlichte Reich oder mindestens den Norden in bündischen Formen neu zu ordnen. Die Erkenntnis der Unhaltbarkeit des alten Kaisertums brach sich allmählich in immer weiteren Kreisen Bahn.

Aber nicht mehr Preußen, sondern Frankreich hielt jetzt die Waage des deutschen Gleichgewichts in seinen Händen. Frankreich verteilte nach Lust und Laune die Trümmer der geistlichen Staaten. Das Reich genehmigte den Luneviller Frieden, und die geistlichen Stände fanden nicht den Mut, ihrem eigenen Todesurteile zu widersprechen. Dann verging fast das ganze Jahr 1801, bis Österreich und Preußen endlich die Bildung einer Reichsdeputation durchsetzten; nach abermals acht Monaten waren die Beratungen dieses Ausschusses noch nicht eröffnet.

Inzwischen weidete sich der Spott der Pariser an dem Anblicke der Fürsten und Staatsmänner des Heiligen Reichs, die in Scharen zu dem Herrschersitze des ersten Konsuls eilten. Wie das Geschmeiß hungriger Fliegen stürzte sich Deutschlands hoher Adel auf die blutenden Wunden seines Vaterlandes. Das Gold der kleinen Höfe, das sie niemals finden konnten, wenn das Reich sie zur Verteidigung des Vaterlandes aufrief, floß jetzt in Strömen; jedermann in der diplomatischen Welt kannte den Tarif der französischen Unterhändler und wußte, wie hoch der Kurswert einer Stimme im Fürstenrate des Reichstags sich stellte.

Dieser Wettkampf der dynastischen Habgier vernichtete, was im Reich noch übrig war von Treu und Glauben, von Pflicht und Ehre. Bonaparte frohlockte; kein sittliches Band hielt den alten deutschen Staat mehr zusammen. Jeder Hof forderte ungescheut, was ihm bequem und gelegen schien; die Entschädigung für wirklich erlittene Verluste diente kaum noch als Vorwand. Bald ergab sich, daß die rechtsrheinischen geistlichen Gebiete zur Befriedigung aller dieser begehrlichen Wünsche nicht ausreichten, und man ward einig, auch den Reichsstädten den Garaus zu machen, da ja die Reichsstädte des linken Ufers ebenfalls ohne Entschädigung vernichtet waren.

Endlich wurde die große Länderversteigerung geschlossen. Am 25. Februar 1803 kam der Reichsdeputaionshauptschluß zustande, am 27. April wurde durch den Jüngsten Reichschluß die Vernichtung von hundertundzwölf deutschen Staaten ausgesprochen. Die Reichsstädte verschwanden bis auf die sechs größten. Mehr als zweitausend Geviertmeilen mit über drei Millionen Einwohnern wurden unter die weltlichen Fürsten aufgeteilt. Preußen erhielt fünffachen

Ersatz für seine linksrheinischen Verluste, Bayern gewann an 300 000 Köpfe, Darmstadt ward achtfach, Baden fast zehnfach entschädigt. Auch einige fremdländische Fürstenhäuser nahmen ihren Teil aus dem großen Raube. Vergessen war der friderizianische Grundsatz, daß Deutschland sich selber angehöre. Die Mitte Europas erschien dem Fremden wieder, wie im siebzehnten Jahrhundert, als eine herrenlose Masse, eine Versorgungsstelle für die Prinzen aus allerlei Volk. Das Heilige Reich war vernichtet; nur sein geschändeter Name lebte noch fort durch drei klägliche Jahre. Und doch war der Umsturz eine große Notwendigkeit; er begrub nur, was tot war, er zerstörte nur, was die Geschichte dreier Jahrhunderte gerichtet hatte. Die alten Staatsformen verschwanden augenblicklich, wie von der Erde verschluckt, und niemals ist an ihre Wiederaufrichtung ernstlich gedacht worden. Mit den geistlichen Fürsten stürzten auch das Heilige Reich und die Weltherrschaftsansprüche des römischen Kaisertums zusammen. Das Heilige Reich verwandelte sich in einen Fürstenbund. Das neue weltliche Deutschland war der Bewegung, der Entwicklung fähig, und gelang dereinst die Befreiung von der Vormundschaft des Auslandes, so konnte sich auf dem Boden des weltlichen Territorialismus vielleicht ein nationaler Gesamtstaat bilden, der minder verlogen war als das Heilige Reich. Die Mehrheit der Nation war dazu glücklicherweise nunmehr evangelisch.

So ging denn aus den vielhundertjährigen Kämpfen der politischen Kräfte im Reiche die fürstliche Gewalt als die einzige Siegerin hervor. Die hierarchischen, die kommunalen, die aristokratischen Staatsbildungen des alten Deutschlands waren bis auf wenige Trümmer vernichtet. Was nicht fürstlichen Blutes war, sank in die Masse der Untertanen herab. Von oben her wurde diese politische Revolution einem gelassen schweigenden Volke auferlegt. Sie schritt mit durchgreifender Rücksichtslosigkeit vorwärts und zerstörte achtlos das historische Recht.

Preußens Macht hatte durch den Reichsdeputationshauptschluß nicht gewonnen. Wohl war es ein Vorteil, daß die österreichische Partei verschwand und im Reichstage ein leidliches Gleichgewicht zwischen dem Norden und dem Süden sich herstellte. Trotzdem war Preußens Ansehen im Reich tief gesunken. Seine kraftlose Politik hatte überall das Gegenteil ihrer guten Absichten erreicht: statt der Verstärkung der deutschen Widerstandskraft vielmehr die Befestigung der französischen Übermacht, statt des Neubaus der Reichsverfassung vielmehr eine wüste Anarchie, die der völligen Auflösung entgegentrieb. Aber das schlaffe System der landesväterlichen Milde und Sparsamkeit verkannte die Gefahr und lebte so dahin, als sei die Zeit des ewigen Friedens gekommen.

Währenddes holte der deutsche Süden mit einem gewaltigen Schlage nach, was Preußen durch die Arbeit zweier Jahrhunderte langsam erreicht hatte. Im Südwesten brach der gesamte überkommene Länderbestand jählings zusammen; selbst das ruhmvollste der alten oberdeutschen Territorien, Kurpfalz, wurde zwischen den Nachbarn aufgeteilt. Hier führte die Fürstenrevolution nicht bloß eine Gebietsveränderung, sondern eine neue Staatengründung herbei. Den willkürlich zusammengeworfenen Ländertrümmern, welche man jetzt Baden, Nassau, Hessen-Darmstadt nannte, fehlte jede Gemeinschaft geschichtlicher Erinnerungen; auch in Bayern und Württemberg war das alte Stammland der Dynastie bei weitem nicht stark genug, um die neuerworbenen Landschaften mit seinem Geiste zu erfüllen. So ward unser vielgestaltiges Staatsleben um einen neuen Gegensatz reicher, der sich bis zum heutigen Tage nicht völlig verwischt hat. Das neue Deutschland zerfiel in drei scharf geschiedene Gruppen. Auf der einen Seite standen die kleinen norddeutschen Staaten mit ihren alten Ständewesen und ihren angestammten Fürstenhäusern, auf der anderen die geschichtslosen modern-bürokratischen Staatsbildungen Oberdeutschlands, die Geschöpfe des Bonapartismus, mitteninne endlich Preußen, das in steter Entwicklung den altständischen Staat überwunden hatte, ohne seine Formen gänzlich zu zerstören. Über den Süden brach nun urplötzlich und mit der Roheit einer revolutionären Macht der moderne Staat herein. Eine übermütige, dreiste, vielgeschäftige Bürokratie schuf aus dem Chaos buntscheckiger Territorien gleichförmige, zentralisierte Verwaltungsbezirke; sie bildete in diesen waffenlosen Landschaften eine unverächtliche, junge Militärmacht, die für Preußen leicht lästig werden konnte, sie strebte mit jedem Mittel, ein neues bayrisches, württembergisches, nassauisches Nationalgefühl großzuziehen.

Dennoch ist der große Umsturz in seinen letzten Nachwirkungen nicht dem Partikularismus zugute gekommen, sondern der nationalen Einheit. Er war nur ein mächtiger Schritt weiter auf dem Wege, welchen unsere Geschichte seit drei Jahrhunderten eingeschlagen. Immer wieder hatte seitdem eine unerbittliche Notwendigkeit verlebte Kleinstaaten zerstört und zu größeren Massen zusammengeballt; jetzt brachen ihrer abermals mehr denn hundert zusammen. Aus solchen Erfahrungen mußte das deutsche Volk früher oder später die Erkenntnis schöpfen, daß auch die neue Länderverteilung nur eine vorläufige war, daß sein Geschick unaufhaltsam der Vernichtung der Kleinstaaterei, dem nationalen Staate zustrebte. Die Fürstenrevolution vernichtete für immer jenen Zauber historischer Ehrwürdigkeit, der das Heilige Reich so unantastbar erscheinen ließ. Das alte Recht war zerbrochen; die neuen Verhältnisse erweckten nirgend Ehrfurcht, machten die willkürliche Unnatur der deutschen Zersplitterung jedem gesunden Sinne fühlbar. Es war ein Widersinn, daß die Franken im Bamberg, die Schwaben in Memmingen sich nunmehr als Bayern, die Pfälzer im Neckartale sich als Badener fühlen sollten. Die tiefe Unwahrheit dieses neuen, künstlichen Partikularismus hat nachher, als die Nation endlich zu politischem Selbstgefühle erwachte, ihre freiesten und edelsten Männer mit leidenschaftlichem Hasse erfüllt und sie dem Einheitsgedanken zugeführt.

Mit der Revolution von 1803 begann für Deutschland das neue Jahrhundert, das in Frankreich schon 14 Jahre früher angebrochen war. Das große neunzehnte Jahrhundert stieg herauf, das reichste der neuen Geschichte; ihm ward beschieden, die Ernte einzuheimsen von den Saaten des Zeitalters der Reformation, die kühnen Ideen und Ahnungen jener gedankenschweren Epoche zu gestalten und im Völkerleben zu verwirklichen. Erst in diesem neuen Jahrhundert sollten die letzten Spuren mittelalterlicher Gesittung verschwinden und der Charakter der modernen Kultur sich ausbilden, es sollte die Freiheit des Glaubens, des Denkens und der wirtschaftlichen Arbeit, wovon Luthers Tage nur redeten, ein gesichertes Besitztum Westeuropas werden; es sollte das Werk des Columbus sich vollenden und die transatlantische Welt mit den alten Kulturvölkern zu der lebendigen Gemeinschaft welthistorischer Arbeit sich verbinden; und auch das Traumbild der Hutten und Machiavelli, die Einheit der beiden großen Nationen Mitteleuropas, sollte noch Fleisch und Blut gewinnen.

Trotz der üblen Lage brauchte man an Deutschland nicht zu zweifeln; denn dieses Land war kein Polen, es lebte in diesem Volke, das so gleichmütig die Nackenschläge der Fremden dahin nahm, das freudige Bewußsein einer großen Bestimmung. Dasselbe Jahrzehnt, das den alten deutschen Staat ins Grab führte, brachte der neuen Dichtung ihren reinsten Erfolg. Wie weit zurück schien jetzt schon die Zeit zu liegen, da Klopstock einst pochenden Herzens die deutsche Muse in den ungewissen Streitlauf stürmen sah; nun sang Schiller mit ruhigem Stolze: wir dürfen mutig einen Lorbeer zeigen, der auf dem deutschen Pindus selbst gegrünt! Die Deutschen wußten längst, daß sie den Schatz der überlieferten europäischen Bildung mit neuen selbständigen Idealen bereichert hatten und in der großen Gemeinschaft der Kulturvölker einen Platz einnahmen, den niemand sonst auf der Welt ausfüllen konnte. Zehn reiche Jahre hindurch überschütteten Goethe und Schiller ihr Volk unablässig mit neuen Geschenken. –

Indessen mußte das Heilige Reich den Becher der Schande bis zur Hefe leeren. Als Bonaparte den Herzog von Enghien auf badischem Gebiete aufheben und zum Tode führen ließ, da wagten in Regensburg nur die fremden Mächte Rußland, Schweden und England, Genugtuung zu fordern für die frevelhafte Verletzung des Reichsfriedens. Im Mai 1804 wurde das napoleonische Kaisertum gegründet; und es lag vor Augen, die Krone, womit dieser Ursupator unter dem Segen des Papstes seinen Scheitel schmückte, war das Diadem der Cäsaren und der Karolinger. Das römische Kaisertum ging von den Habsburg-Lothringern auf die Napoleons über. Kaiser Franz benutzte die Aufrichtung der napoleonischen Monarchie, um den hohen Rang seines Hauses für alle Zukunft sicher zu stellen. Mit Zustimmung Napoleons nahm er den Namen eines Kaisers von Österreich an, und zum Danke erhielt der Usurpator die Anerkennung des altenKaiserhauses. So wurde das Kaisertum Österreich, das in Wahrheit schon seit Leopold I. bestand, förmlich begründet; die Hauspolitik der Habsburg-Lothringer, die seit drei Jahrhunderten allein auf die Wahrung ihrer Erblande bedacht gewesen, erreichte ihr natürliches Ziel. Die Titel des römischen Kaisers behielt der Wiener Hof vorläufig noch bei, doch unmöglich konnte er sein bizarres Doppelkaisertum, wie Talleyrand es so spottend nannte, auf die Dauer behaupten. Über kurz oder lange mußte der jeden Sinnes entkleidete altheilige Name verschwinden; die Macht der karolingischen Kaiserkrone lag in Napoleons Händen.

Schon im folgenden Jahre zerschlug Napoleon bei Austerlitz die dritte Koalition und nötigte den ratlosen Wiener Hof am 26. Dezember, die drückenden Bedingungen des Preßburger Friedens anzunehmen. Das Haus Österreich verlor Venetien, Tirol und den Rest seiner schwäbischen Besitzungen; die abgetretenen deutschen Besitzungen wurden den süddeutschen Satrapen Frankreichs zugeteilt. Bayern und Württemberg erlangten durch Napoleons Gnade die Königskrone und dazu das höchste aller Güter, die volle und unbeschränkte Souveränität. Kaiser Franz mußte zum voraus alle aus diesem neuen Rechte sich ergebenden Folgerungen genehmigen. Damit schwand der letzte Schatten der alten nationalen Monarchie; über souveränen Könisgskronen konnte das deutsche Königtum nicht mehr bestehen.

Auf der Rückreise in München empfing Napoleon die untertänige Danksagung des neuen Bayernkönigs, feierte die Vermählung seines Stiefsohnes mit einer Tochter des Wittelsbachers und vernahm befriedigt, wie Max Josef dem jubelnden Volke die angebliche Wiederherstellung der angestammten, ursprünglichen, bayrischen Königswürde ankündigte; alle Bayern sollten fortan die blau-weiße Kokarde tragen, „um sich gleichsam als Brüder zu erkennen und im Auslande die ihnen gebührende Auszeichnung zu erhalten". Der Erzkanzler Dalberg eilte herbei zur Einsegnung der Neuvermählten. Der Vielgewandte hatte während des Krieges in einer Aufwallung patriotischer Gefühle einen verworrenen Aufruf an den deutschen Reichstag gerichtet und wehmütig gefragt: „Sollte der Name Deutschland, der Name deutsche Nation, der Name eines Volksstammes erlöschen, der ehemals den römischen Koloß besiegte?" Er mußte jetzt harte Scheltworte hören, weil er sich unterstanden, „den deutschen Geist aufzuwecken". Um den Gewaltigen ganz zu versöhnen, ernannte er bald darauf den Oheim Napoleons, Kardinal Fesch, zu seinem Koadjutor; ein geringschätzig behandelter Nebensproß des Hauses Bonaparte, ein Korse, der kein Wort deutsch verstand und die angebotene Würde nur ungern annahm, sollte also demnächst den vornehmsten Fürstenstuhl Deutschlands besteigen. Um dieselbe Zeit vermählte sich der badische Thronfolger mit Stephanie Beauharnais. Seinem Schwager Murat aber hatte Napoleon das preußische Kleve und das Herzogtum Berg zugedacht, das, einem alten Münchener Plane gemäß, jetzt von Bayern gegen Ansbach ausgetauscht wurde. Also hielt die Familie Bonaparte ihren fröhlichen Einzug in die Reihen des hohen Adels deutscher Nation; der deutsche Fürstenstand erkannte die Gleichberechtigung der „vierten Dynastie Frankreichs" förmlich an. Die große Armee blieb in Deutschland, bedrohte vom Inn her Österreich, vom Rhein und Main her Preußens Grenzen. Sie sollte die Hofburg zwingen, die förmliche Aufhebung des Heiligen Reichs, welche der Imperator plante, gut zu heißen; und zugleich war Napoleon entschlossen, den Frieden mit England nötigenfalls durch die Preisgabe des soeben erst an Preußen abgetretenen hannoverschen Landes herbeizuführen. Widersetzte sich der preußische Hof dieser neuen Beleidigung, so stand das französische Heer zum Einbruch bereit. Indessen wurden die festen Plätze Kehl, Kastel, Wesel von Frankreich in Besitz genommen; die niederrheinische Festung war bestimmt, einem Angriffskriege gegen Preußen als Stützpunkt zu dienen.

Im Frühjahr 1806 verbreitete sich an den deutschen Höfen das Gerücht, eine neue umfassende Mediatisierung sei im Anzuge. Abermals wie vier Jahre zuvor eilten die Gesandten unseres hohen Adels nach Paris, um durch Schmeichelei und Bestechung ihrer Herren den Beuteteil zu sichern. Währenddes gelangte die Verfassung des Rheinbundes in Napoleons Kabinett zum Abschluß; mit keinem der deutschen Höfe wurden Unterhandlungen geführt, selbst von den Gesandten in Paris erhielten nur vier die Urkunde zu lesen, bevor Talleyrand am 12. Juli die Getreuen zur Sitzung berief. Hier hielt er ihnen ihre hilflose Lage vor, wie sie als Rebellen gegen das Reich nicht mehr auf halbem Wege stehen bleiben dürften; dann wurde die Urkunde ohne jede Beratung angenommen. Der rheinische Bund Ludwigs XIV. lebte wieder auf, in ungleich härteren Formen. Sechzehn deutsche Fürsten sagten sich vom Reiche los, erklärten sich selbst für souverän, jedes Gesetz des altehrwürdigen nationalen Gemeinwesens für nichtig und wirkungslos; sie erkannten Napoleon als ihren Protektor an, stellten ihm für jeden Festlandskrieg Frankreichs ein Heer von 63 000 Mann zur Verfügung.

Das Bundesgebiet erstreckte sich vom Inn bis zum Rhein über den ganzen Südwesten, reichte dann nordwärts bis tief nach Westfalen hinein, den preußischen Staat und seine kleinen Verbündeten in weitem Bogen umklammernd; und der Artikel 39 der Rheinbundesakte kündete bereits drohend an, daß auch anderen deutschen Staaten der Eintritt vorbehalten bleibe. Was im Süden und Westen noch übrig war von kleinen Reichsständen, wurde der Landeshoheit der sechzehn Verbündeten unterworfen: alle Fürsten und Grafen, alle Reichsritter, so viele sich in den Stürmen der jüngsten Jahre noch behauptet hatten, die beiden Ritterorden, die Reichsstädte Nürnberg und Frankfurt, zusammen ein Gebiet von 550 Geviertmeilen und fast fünfviertel Millionen Einwohnern. Aller Schmutz, der an dem Reichsdeputationshauptschlusse haftete, verschwand neben der entsetzlichen Roheit dieser neuen Gewalttat.

Wollte und konnte man die Ansprüche des alten Kaisertums nicht mit den Waffen behaupten, so erforderte die Würde des kaiserlichen Hauses, daß man dem wertlosen Titel rechtzeitig, von freien Stücken entsagte, bevor Napoleon den Verzicht erzwang. Wie seine Ahnen den Besitz des Kaiserthrones immer nur als ein Mittel zur Vermehrung ihrer Hausmacht angesehen hatten, so dachte Kaiser Franz auch die Niederlegung der Krone noch zu einem einträglichen Handelsgeschäfte zu verwerten. „Der Zeitpunkt zur Abtretung der Kaiserwürde" – so schrieb er – „ist jener, wo die Vorteile, die aus solcher für meine Monarchie entspringen, durch die Nachteile, die durch eine fernere Beibehaltung derselben entstehen könnten, überwogen werden." Darum sollte Graf Metternich nach Paris eilen, um dort „die Kaiserwürde recht hoch anzurechnen und keine Abneigung zur Abtretung der gedachten Würde, vielmehr eine Bereitwilligkeit hierzu, jedoch nur gegen große für meine Monarchie zu erhaltende Vorteile merken zu lassen". Mit solchen Gesinnungen nahm der letzte römisch-deutsche Kaiser Abschied von dem Purpur der Salier und der Staufer. –

Die Anarchie des neuen Interregnums brach über Deutschland herein; das Faustrecht herrschte, nicht mehr von adligen Wegelagerern, sondern von fürstlichen Höfen gehandhabt. Mißtrauisch verfolgte Napoleon jede Regung des nationalen Gefühls in dem unterjochten Lande; Frankreichs Interesse verlangt, so schrieb er seinem Talleyrand, daß die Meinung in Deutschland geteilt bleibe. Als nun der Ansbacher Yelin eine anonyme Flugschrift „Deutschland in seiner tiefen Erniedrigung" herausgab – ein treugemeintes, gefühlseliges Schriftchen, das in eiserner Zeit nur den friedlichen Rat fand: „weine laut auf, edler, biederer Deutscher!" – da schien dem Imperator selbst dieser Stoßseufzer des harmlosen Spießbürgertums bedenklich, und er ließ den Buchhändler Palm, der das Buch verbreitet haben sollte, standrechtlich erschießen. Es war der erste Justizmord des Bonapartismus auf deutschem Boden; die klugen Leute in Bayern fingen an zu zweifeln, ob der Reichsbund wirklich den Sieg der Freiheit und der Aufklärung gebracht habe.

Durfte Preußen nach allen den kläglichen Demütigungen der jüngsten Monate sich's auch noch bieten lassen, daß Napoleon ihm verbot, die letzten Trümmer Deutschlands vor der Fremdherrschaft zu bewahren? Sollte man zuwarten, bis der Treulose, der die Monarchie mit seinen Heeren umzingelt hielt und in seinen Rheinfestungen unablässig rüstete, auf der Spitze seines Degens dem Könige einen schimpflichen Unterwerfungsvertrag entgegenreichte?

Eine neue Verräterei Napoleons führte den Ausbruch des unvermeidlichen Krieges herbei. Wie oft und feierlich hatte Frankreich seinem preußischen Verbündeten den Besitz von Hannover gewährleistet; nun erfuhr man plötzlich in Berlin, daß der Imperator, der den Sommer über eine große Friedensverhandlung mit England und Rußland führte, sich unbedenklich erboten habe, den Welfen ihr Stammland wieder auszuliefern. Auf diese Nachricht schrieb Friedrich Wilhelm sofort (9. August) an den Zaren: „wenn Napoleon mit London über Hannover verhandelt, so will er mich verderben." Der König sah voraus, daß Preußen nur noch die Wahl hatte, abermals eine schimpfliche Beraubung schweigend zu ertragen oder den Einbruch der großen

Armee mit Waffen abzuweisen. Darum wurde das preußische Heer auf Kriegsfuß gesetzt und im Magdeburgischen versammelt. Mit diesem Schritte berechtigter Notwehr war der Krieg entschieden. Für die Eröffnung des Feldzugs konnte Preußen allein auf Kursachens Mitwirkung rechnen, und dieses eines Freundes Treue wankte schon längst. Mehrmals ließ Napoleon dem Dresdner Hof erklären, er betrachte Sachsens Teilnahme an dem Kriege als erzwungen; der ängstliche Kurfürst wagte den offenen Verrat noch nicht, doch beließ er seinen Gesandten in Paris und sprach, schon bevor die Nachricht von der Jenaer Schlacht eintraf, dem französischen Kaiser seinen Dank aus für die freundschaftliche Gesinnung. Auch sein Vertreter in Wien, Graf Schönfeld, erhielt die Weisung, dem französischen Gesandten zu erklären: der Kurfürst habe sich nur durch die Umstände gezwungen an Preußen angeschlossen und hoffe, daß Napoleon in dem Verfahren des sächsischen Hofes nicht eine Feindseligkeit gegen Frankreich sehen werde. Mit Sicherheit durfte Napoleon auf Kursachens Abfall rechnen; der hessische Kurfürst blieb neutral, da seine Habgier von diesem König nichts erwarten konnte.

In solcher Vereinsamung erhob Preußen die Waffen wider die Macht des gesamten Westeuropas. Nur eine vorsichtige Verteidigung konnte dem ungleichen Kampf einen leidlichen Ausgang sichern; gestützt auf jenes Festungsdreieck zwischen Elbe und Oder, das so oft schon die Rettung des bedrängten Staates gewesen, durfte man vielleicht hoffen, die Übermacht des Feindes so lange hinzuhalten, bis das Hilfsheer aus dem Innern Rußlands herankam. Aber Haugwitz wollte der mißtrauischen Welt unzweideutig beweisen, daß es ihm Ernst sei mit dem Kriege; er riet zum Angriff, auch die friderizianischen Traditionen des Heeres sprachen für die verwegene Offensive. So beschloß man, durch Thüringen gegen Süddeutschland vorzubrechen, und setzte für dies tollkühne Unternehmen nicht einmal die gesamte Armee in Marsch. Alle ostpreußischen und die Mehrzahl der südpreußischen Regimenter, an vierzigtausend Mann blieben in der Heimat zurück. Wie anders wußte Napoleon für Krieg und Sieg zu rüsten! Noch im August schob er die Truppen des Rheinbundes bis an die Grenzen Thüringens heran; in den ersten Septembertagen erließ er sodann seine Marschbefehle an die große Armee, jeden Tagesmarsch mit peinlicher Genauigkeit bestimmend. Seine Spione bereisten die Straßen von Bamberg bis Berlin; eine Kriegskasse von 24 000 Fr. war ihm genug, alles weitere ergab sich von selbst nach dem sicheren Siege.

So begann der einzige gänzlich verlorene Feldzug der glückhaften preußischen Kriegsgeschichte. Beispiellos wie das Aufsteigen dieses Staates gewesen, so sollten auch seine Niederlagen werden, allen kommenden Geschlechtern unvergeßlich wie selbsterlebtes Leid, allen eine Mahnung zur Wachsamkeit, zur Demut und zur Treue. Napoleon flammte auf in wilder Schadenfreude, als er die ruhmreichste der alten Mächte so hilflos unter seinen Griffen sah; die Schmähungen troffen ihm von den Lippen; noch niemals war er so ganz Leidenschaft, so ganz Haß und Grimm gewesen. Er fühlte, daß in diesem Staate Deutschlands letzte Hoffnung lag; er ahnte mit dem Instinkte der Gemeinheit, daß diese Hohenzollern doch von anderem Metall waren als Kaiser Franz und die Satrapen des Rheinbundes. In seinen Ansprachen an die Armee überschüttete er vor allem die edle Königin mit pöbelhaftem Schimpf; sie, die an den entscheidenden Beratungen des Augusts gar keinen Anteil genommen, sollte die Schuld tragen an „dem Bürgerkriege", der das arglose Frankreich so ganz unvermutet überraschte; sie dürstete nach Blut, sie setzte, eine andere Armida, im Wahnsinn ihr eigenes Schloß in Brand. Noch bevor die Schwerter aneinander schlugen, war bereits entschieden, daß zwischen Napoleon und den Hohenzollern nie wieder ein ehrlicher Friede bestehen konnte. Höhnend schloß der Imperator sein Kriegsmanifest: möge Preußen lernen, daß, wenn es leicht ist, durch die Freundschaft der großen Nation Land und Leute zu gewinnen, ihre Feindschaft schrecklicher ist als die Stürme des Ozeans!

Die Preußen verloren einige unschätzbare Tage in zwecklosem Verweilen nördlich des Thüringer Waldes. Da kam die Nachricht, daß der Feind durch das östliche Thüringen auf die Nürnberg-Leipziger Straße heraneilte, die linke Flanke der Preußen bedrohend. Der Herzog von Braunschweig fürchtete für seine Rückzugslinie und befahl den Abmarsch nach der Elbe. Auf diesem Rückzuge wurde die Armee zugleich vom Süden und vom Osten her angegriffen.

Der Kaiser selbst rückte durch das Saaletal nordwärts. Die Vorhut der Preußen ward bei Saalfeld geworfen; der Tod des hochherzigen Prinzen Louis Ferdinand schlug als ein unheilvolles Vorzeichen die Zuversicht der Truppen völlig nieder, und mit Entsetzen hörten die Offiziere aus den zerstreuten Haufen den in der preußischen Armee noch unbekannten Ruf: wir sind Versprengte!

Fürst Hohenlohe aber, von dem eitlen Schönredner Massenbach übel beraten, verlor jetzt in einem Tage den einst am Rheine ritterlich erworbenen Soldatenruhm. Er ging mit seinem preußisch-sächsischen Korps auf die Hochebene des linken Saaleufers über Jena zurück, und da ihm verboten war, sich in ein ernstes Gefecht einzulassen, so versäumte er, nicht nur die Flußübergänge, sondern auch die das Tal und die Hochfläche überschauenden Höhen zu besetzen. Napoleon bemerkte den Fehler sofort, bemächtigte sich alsbald der Höhenränder, führte selber nachts, mit der Fackel in der Faust, das Geschütz die steilen Abhänge hinauf, und als der nebelgraue Morgen des 14. Oktober anbrach, hielt der Imperator schon den sicheren Sieg in Händen. Wie sollte dieser Bruchteil der preußischen Armee die Position von Vierzehnheiligen behaupten gegen das französische Hauptheer, das jetzt mit erdrückender Übermacht von den beherrschenden Höhen aus den Angriff begann? Der deutsche Soldat focht tapfer, des alten Ruhms würdig, die preußische Reiterei zeigte sich den Welschen wie immer überlegen; nur im zerstreuten Gefecht konnte das schwerfällige Fußvolk mit den flinken Tirailleurs Napoleon sich nicht messen. Die Franzosen beflügelte das kriegerische Feuer junger sieggewohnter Führer, die Alliierten lähmte die Bedachtsamkeit ihrer hilflosen alten Stabsoffiziere. Noch konnte General Rüchel mit seinen frischen Truppen der geschlagenen Armee einen geordneten Rückzug sichern, aber er führte die Regimenter vereinzelt zu nutzlosem Kampfe vor. Also ward auch die Reserve mit in die Niederlage verwickelt, und als nun in der frühen Herbstnacht der Rückmarsch gegen Weimar angetreten wurde, da zerrissen die letzten sittlichen Bande, welche dies Heer noch zusammenhielten. Taub gegen die Mahnungen ungeliebter Führer dachte der Soldat nur an sich selber. In einem unförmlichen Klumpen wälzten sich die Trümmer der Bataillone und der Batterien, dazwischen eingekeilt der unendliche Troß, über die Hochebene dahin; jeder Hornruf des nachsetzenden Feindes steigerte die Verwirrung, weckte die gemeine Angst um das Leben. „Das waren Greuel", sagte Gneisenau, dieser fürchterlichen Nacht gedenkend; „tausendmal lieber sterben, als das noch einmal erleben!" Vergeblich sammelte er einige Haufen der Flüchtigen am Rande des Webichtholzes nahe vor Weimar, um den Rückzug des Korps zu decken. Er sollte lernen, was die dämonische Macht des Schreckens über ein geschlagenes Heer vermag; ein letzter Angriff der französichen Reiter aufs Geratewohl in das Dunkel der Nacht hineingeführt, warf alles in wilder Flucht auseinander. Unauslöschlich haftete dies Bild des Entsetzens in der Seele des Helden, ein Vermächtnis für die Tage der Vergeltung.

Gleichzeitig erfocht Davoust einige Meilen weiter flußab einen ungleich schwereren Sieg über die preußische Hauptarmee. Er zog auf der Straße von Naumburg westwärts, um den Preußen den Weg zur Elbe zu verlegen. Als seine Kolonnen am Morgen des Vierzehnten soeben aus dem Kösener Engpasse auf die wellige Hochfläche hinaufgerückt waren, die zwischen Hessenhausen und Auerstedt steil über dem linken Saalufer empor steigt, da stießen die beiden Heere plötzlich im dichten Nebel aufeinander, beide im Marsch, beide des Kampfes nicht gewärtig, die Preußen hier dem Feinde an Zahl reichlich gewachsen. Schon während der ersten Stunden der Schlacht wurde der Herzog von Braunschweig tödlich verwundet; das preußische Heer blieb in den entscheidenden Augenblicken ohne Leitung, da der König weder selbst den Oberbefehl zu übernehmen wagte, noch einen anderen Befehlshaber ernannte. Wohl drang Scharnhorst mit dem linken Flügel siegreich vor und glaubte schon, die Ehre des Tages gerettet zu haben; doch die Reiterei des rechten Flügels ward ungeschickt verwendet, und das zweite Treffen unter Kalckreuth nahm an dem Kampfe gar nicht teil, denn in diesem Friedensheere wagte kein General, auf eigne Faust zu handeln. So glückte es dem Feinde, freilich nur mit dem Aufgebot seiner letzten Reserven, den rechten Flügel der Preußen zu werfen, und nunmehr mußte auch Scharnhorst weichen. In leidlicher Ordnung ging das Heer zurück, um den Weg über Sangershausen nach Magdeburg einzuschlagen. Dieselbe Rückzugsstraße hatte auch Hohenlohe von Weimar aus genommen, und jetzt erst, da die beiden geschlagenen Heere im Dunkel der Nacht aufeinander trafen, ward der Schrekken allgemein und die Hauptarmee in die Zerrüttung des Hohenlohischen Korps mit hineingerissen. Die Mannschaft sah stumpf und teilnahmslos den Untergang des alten Preußens, scharenweise verließen sie die Fahnen; selbst Gefangene, die ein beherzter Reitertrupp wieder befreit hatte, weigerten sich, die Waffen wieder aufzunehmen. Als man der Heimat näher kam, stahl sich auch mancher treue Mann zu den Seinigen hinweg; die Altgedienten sagten: ich habe lange genug den Kuhfuß getragen, der König hat der jungen Burschen genug, die mögen es ausfechten! Der Zauber der friderizianischen Unbesiegbarkeit war gebrochen, ein Kriegsruhm ohnegleichen war verloren.

Schon am 15. Oktober legte Napoleon allen preußischen Provinzen diesseits der Weichsel eine Kontribution von 159 Mill. Fr. auf, denn das Ergebnis der gestrigen Schlacht sei die Eroberung aller dieser Lande. Vermessener hatte der Glückliche noch nie geprahlt, und doch sollte die frevelhafteste der Lügen durch ein wunderbares Geschick zur buchstäblichen Wahrheit werden. Der Dresdner Hof vollzog sogleich nach der Niederlage den längst geplanten Abfall und trat zu Napoleon über. Acht Tage nach der Schlacht wurden die preußischen Gebiete links der Elbe, sowie die Besitzungen der Oranier und des hessischen Kurhauses vorläufig dem französischen Kaiserreiche einverleibt. In Münster feierte die altständische Libertät jubelnd die Erlösung vom preußischen Joche; man riß die schwarz-weißen Schlagbäume nieder, französische und münsterländische Fahnen verherrlichten den Einzug der napoleonischen Truppen. Auch in Hannover wurden die schwarzen Adler eilfertig abgenommen und die Entfernung der preußischen Beamten mit unverhohlener Schadenfreude begrüßt.

Während also die neuen Provinzen verloren gingen, erlitt die Reservearmee bei Halle eine Niederlage, und da sie nach Magdeburg zurückwich, statt die Hauptstadt zu sichern, so konnte Napoleon ungehindert auf der Sehne des weiten Bogens, den die Besiegten beschrieben, seinen Siegeszug nach Berlin fortsetzen. Furchtbar rächte sich nun der selbstgefällige Hochmut der bequemen Friedenszeiten. Keiner der festen Plätze war gerüstet, denn niemand hatte das Vordringen des Feindes bis in das Herz der Monarchie für denkbar gehalten; der schwerfällige Staatshaushalt, der nach der Weise eines guten Hausvaters die Ausgaben nach den Einnahmen bemaß, gebot auch gar nicht über Mittel für außerordentliche Fälle. Mancher der abgelebten alten Festungskommandanten war in jungen Jahren ein wackerer Offizier gewesen, doch ihr Pflichtgefühl entsprang nicht der Vaterlandsliebe, sondern dem Standesstolze; das Heer war ihnen alles, erfroren im steifen Dünkel erwarteten sie gelassen den unfehlbaren Sieg der friderizianischen Regimenter. Als nun die sinnverwirrende Kunde von der Niederlage durch das Land flog, als die elenden Trümmer dieses unüberwindlichen Heeres in Magdeburg anlangten, die ganze Stadt mit Schrecken und Verwirrung füllend, da ward den alten Herren zumute, als ginge die Welt unter; jeder Widerstand schien ihnen nutzlos, was ihrem Leben Halt gegeben, war zerbrochen. Nach dem Falle von Erfurt, das sogleich nach der Schlacht schimpflich kapitulierte, öffneten bald auch die Haupfestungen des alten Staates, Magdeburg, Küstrin, Stettin, und mehrere kleine Plätze ihre Tore.

Mit richtigem Gefühle warf das Volk seinen Zorn zumeist auf „die Federbüsche", die Generale; denn wie der Verlust der Doppelschlacht wesentlich durch die Führung verschuldet war, so auch diese letzte Schmach. Überall zeigte die Haltung der Besatzungen, daß sie eines besseren Loses würdig waren. Junge Offiziere zerbrachen in wilder Verzweiflung ihre Degen, gemeine Soldaten setzten einander die Muskete auf die Brust und feuerten ab, um nur den Schimpf der Kapitulation nicht zu erleben; in Küstrin meuterten mehrere Bataillone gegen die ehrlosen Kommandanten. Aber so machtlos war noch das öffentliche Urteil: keiner dieser pflichtvergessenen Alten hat nachher, als die schimpfliche Strafe ihn ereilte, ein beschmutztes Leben durch freiwilligen Tod gesühnt. Auch Fürst Hohenlohe ging mit Unehren zugrunde: unter unsäglichen Entbehrungen hatte er die Trümmer seines Korps auf weiten Umwegen bis in die Uckermark geführt, da ereilten ihn die Franzosen bei Prenzlau, in den Sümpfen am Uckersee. Erschöpft an Leib und Seele, tief erschüttert durch die Unglücksbotschaften, die ihm von allen Seiten zuströmten, ließ er sich durch Massenbachs Einflüsterungen entmutigen und durch Murats Lügen über die Stärke des Feindes gröblich täuschen; der Schwager Napoleons verpfändete nach dem Brauche der Abenteurer des Kaiserreichs unbedenklich sein Ehrenwort für eine bewußte Unwahrheit. Ein letzter verzweifelter Angriff des tapferen Prinzen August scheiterte; das Hohenlohische Korps kapitulierte im freien Felde. So endete jener ritterliche Fürst, der einst die Zierde des preußischen Heeres war.

Die Armee war vernichtet. Durch den Fall von Stettin und Küstrin ward auch die Oderlinie unhaltbar, und völlig aussichtslos schien der Gedanke, mit den ostpreußischen Regimentern jenseits der Weichsel noch einen letzten Widerstand zu versuchen. Wie viele Stürme waren über diesen Staat dahin gegangen, seit seine Herrscher ihm den steilen Weg zur Größe wiesen; schon oft hatte die Hauptstadt den Landesfeind in ihren Mauern gesehen; doch jetzt zum ersten Male in Preußens ehrenreicher Geschichte gesellte sich dem Unglück die Schande. Scham und Reue brannten verzehrend in aller Herzen, und die rohe Schadenfreude der Eroberer unterließ nichts, was solche Empfindungen stärken konnte. Geflissentlich trug er die Verachtung gegen alles, was preußisch hieß, zur Schau, im Königsschlosse der Hohenzollern schrieb er neue unflätige Schmähungen gegen die Königin Luise. Rock und Degen Friedrichs des Großen schenkte er den Invaliden in Paris unter Hohnreden gegen diesen Hof, der das Grab seines größten Mannes so schmucklos lasse; den Obelisken auf dem Roßbacher Schlachtfeld zertrümmerte die kaiserliche Garde; die Viktoria vom Brandenburger Tore wurde abgerissen, um an der Seine in einem Schuppen zu verschwinden. Welch ein Anblick, als das glänzende Regiment der Gensdarmes, entwaffnet, abgerissen und halb verhungert, in jammervollem Zustande wie eine Viehherde die Linden hinabgetrieben wurde. Unter Trommelwirbel und Trompetengeschmetter, in feierlichem Aufzuge trug man die alten Fahnen mit dem sonnenwärts fliegenden Adler, ganze Körbe voll silberner Pazuken und Trompeten durch die Stadt, beredte Zeugen alten Ruhmes, neuer Schande. Von den Truppen, die im Felde gestanden, war die Garde du Corps wohl das einzige Regiment, das alle seine alten Ehrenzeichen gerettet hatte. Bald wurde verboten, daß irgendeine preußische Uniform sich in Berlin blicken lasse; auch die pensionierten alten Offiziere sollten den blauen Rock ausziehen. Dazu die unerschwinglichen Kontributionen, dazu der Übermut, die Völlerei, die Erpressungen der Einquartierung. Am 21. November erließ Napoleon aus Berlin jenes unerhörte Dekret, das allen Handel mit England verbot, alle englischen Waren zur Konfiskation verurteilte: Das System der Kontinentalsperre war begründet, Deutschlands Wohlstand auf Jahre hinaus gewaltsam unterbunden.

Es fehlte nicht an Zügen ehrloser Unterwürfigkeit; die Niedertracht, die in keinem Volk mangelt, erschien hier häßlicher als anderswo, denn deutsche Formlosigkeit versteht sich nicht, wie die feinere Bildung der Romanen, auf die zweifelhafte Kunst, den äußeren Anstand mitten in der Gemeinheit zu wahren. Mancher schlechte Gesell bot dem Eroberer kriechend seine Dienste an. –

In den alten preußischen Provinzen begann der Umschwung der Stimmungen schon früh, unmittelbar nach den ersten Niederlagen. Napoleons zügelloser, beständig wachsender Haß gegen Preußen nährte sich an dem geheimen Argwohne, daß in diesem Staate, trotz aller Schmach und Torheit der jüngsten Wochen, doch eine unzähmbare Willenskraft schlummerte, wie sie dem Imperator auf dem Festlande noch nie begegnet war. Was der preußische Soldat unter kräftiger Führung zu leisten vermochte, das lehrte der Rückzug des Blücherschen Korps; in diesen Kämpfen wurden mehrere jener Helden, welche dereinst eine neue bessere Zeit über den Staat heraufführen sollten, zuerst bei Freund und Feind bekannt. Blücher ging mit den Überresten der Reservearmee und einigen anderen Truppen im Magdeburgischen über die Elbe, um das Hohenlohische Korps zu erreichen, und Oberst Yorck mit seinen Jägern wehrte dem nachrückenden Feinde viele Stunden lang den Übergang über den Fluß in dem glänzenden Gefechte von Altenzaun. Als die Vereinigung mit Hohenlohe durch die Nachricht von der Prenzlauer Kapitulation vereitelt wurde, faßte Scharnhorst den verwegenen Plan, sich gegen Flanke und Rücken der Franzosen zu wenden, damit ein Teil des feindlichen Heeres von den Marken hinweggezogen würde. Die kleine Schar warf sich nach Mecklenburg, und es gelang ihr wirklich, drei französische Armeekorps hinter sich herzulocken. Inmitten der Sorgen und Nöte dieses harten Rückzugs läuterten sich in Scharnhorsts freier Seele schon die schöpferischen Gedanken der Heeresreform, die er bereits im Frühjahr in seiner Denkschrift über das Milizheer angedeutet hatte; mit überzeugender Klarheit erörterte er in Gadebusch, in einem Gespräche mit Müffling: wie die Teilnahmslosigkeit des gemeinen Soldaten unter den niederschlagenen Erfahrungen der letzten Wochen doch die schwerste, der letzte Grund allen Unglücks sei, und wie es jetzt gelte, die Armee also umzugestalten, daß sie sich eins wisse mit dem Vaterland. Dann kämpfte das Korps noch mit verzweifeltem Mute an den Toren und in den Straßen Lübecks gegen die Übermacht des Feindes; erst als alle Munition und der Proviant verloren, jeder Widerstand unmöglich war, legte Blücher bei Rattkau die Waffen nieder. Es waren Kämpfe voll Heldenzornes, wie sie der elende Feldzug von 1805 nie gesehen; und ganz anders als die gedankenlose Neugierde der Wiener erschien auch die würdige Haltung der großen Mehrheit des Berliner Volkes beim Einzuge Napoleons. So hatte noch niemand zu dem Imperator geredet wie jener ehrwürdige Prediger Erman, der bei der Begrüßung am Tore rund heraus sagte, ein Diener des Evangeliums dürfe nicht die Lüge aussprechen, daß er sich freue über den Einzug des Feindes.

Die schonungslose Wahrhaftigkeit des Krieges vernichtete die Phrasen der aufgeklärten Eitelkeit, zerstörte jene Traumwelt des Verstandes, worin die großstädtische Überbildung sich zu verlieren pflegt, und zwang die erschlafften Gemüter, wieder aus Herzensgrunde zu hassen und zu lieben. Mit dem Wohlleben der geistreichen Geselligkeit ging auch die papierene Zeit zu Ende. Nun da das Elend in jedem Hause wohnte, sah auch der Bildungsstolz die gewaltige Hand des lebendigen Gottes; der Gelehrte wie der Einfältige erkannte, was dies rätselvolle Leben ist ohne den Glauben und was der armselige Mensch ohne sein Volk. Je länger die Einquartierung währte, um so ernster, gesammelter, preußischer wurde die Stimmung, und bald war die Stadt der frivolen Kritik kaum mehr wiederzuerkennen. Alles lauschte in atemloser Spannung auf die Nachrichten vom ostpreußischen Kriegsschauplatze. Die Invaliden spielten auf ihren Drehorgeln das Klagelied um Prinz Louis Ferdinand, das einzige Volkslied, das in dem dumpfen Jammer dieses Krieges entstanden war, und am Geburtstage der geliebten Königin flammten, dem Verbote des französischen Gouverneurs zum Trotz, in allen Berliner Häusern die Lichter hinter den verhängten Fenstern. Auch auf dem Lande begann die Schlummersucht der Friedenszeiten zu schwinden; mancher wetterfeste Bauersmann blickte grimmig auf zu dem Bilde des großen Königs an der Wand.

Völlig überwältigt von der unerwarteten Niederlage hatte König Friedrich Wilhelm sogleich nach der Schlacht unter demütigenden Bedingungen den Frieden angeboten. Es waren die häßlichsten Tage seines Lebens; einige seiner Räte empfahlen schon den Eintritt Preußens in den Rheinbund. Erst der Übermut des Siegers gab dem unglücklichen Fürsten das Bewußtsein seiner königlichen Pflichten wieder. Napoleon steigerte seine Forderungen im Verlaufe der Unterhandlungen, verlangte außer der Abtretung aller Lande links der Elbe auch noch, daß Preußen von dem russischen Bündnis zurücktrete. Da erwachte der Stolz des Königs; sein Gewissen konnte sich nicht entschließen, dasselbe zu tun, was Kaiser Franz vor einem Jahr in ungleich günstigerer Lage unbedenklich getan, und den Bundesgenossen zu verlassen, den er soeben selbst um Hilfe gebeten hatte. Als am 21. November im Hauptquartier zu Osterode Rat gehalten wurde über die Annahme des Waffenstillstandes, welchen Lucchesini und Zastrow kleinmütig unterschrieben hatten, da kam der Augenblick, der die Männer von den Buben und den Klüglingen schied. Nicht bloß Stein, der die Kassen des Staates, die Mittel zur Fortsetzung des Krieges, nach Ostpreußen gerettet hatte, stimmte für die Verwerfung des Vertrages, sondern auch sein politischer Gegner, der hochkonservative Graf Voß, einer der Führer des märkischen Adels. Der König entschied in ihrem Sinne, nahm die Waffen wieder auf hier in der entlegenen Ostmark des Reichs, dem letzetn Bollwerk deutscher Freiheit. Gleich darauf erhielt Haugwitz seine Entlassung. Von jenem Tage an hat der viel verkannte Monarch, wie oft er auch im einzelnen irrte und schwankte, doch unverbrüchlich durch sechs entsetzliche Jahre den Gedanken festgehalten: kein ehrlicher Friede mit Frankreich als nach der Wiederherstellung des alten Preußens. So begann der Feldzug in Ostpreußen, der erste, während dessen die Sonne des Glücks dem Imperator nicht ungetrübt leuchtete, der erste, der dem verzweifelten Weltteil wieder die Ahnung erweckte, daß auch dieser Allgewaltige nicht unüberwindlich sei.

Napoleons scharfes Auge erkannte rasch, daß er in Norddeutschland die Zügel seiner Herrschaft straffer anziehen mußte als in den Kernlanden des Rheinbundes. Im Süden umgaben ihn Frankreichs erprobte Bundesgenossen, die ihre neugebildeten Staaten gelehrig nach den neufranzösischen Grundsätzen regierten; im Norden fand er ein zäheres, dem gallischen Wesen völlig unzugängliches Volkstum, eine streng protestantische Kultur, schwerfällige altständische Verfassungen, alte mit Preußen, England und Rußland verbundene Fürstengeschlechter. Darum griff er hier von Haus aus schärfer ein, behielt sich die ganze Masse des Nordwestens, die Lande der Welfen, Hessen und Oranier, zur Ausstattung seiner eigenen Verwandten vor. Nur eine der eingesessenen norddeutschen Dynastien war ihm als ein natürlicher Freund willkommen: die alten Nebenbuhler der Hohenzollern, die Albertiner, für dessen Souveränität er ja angeblich die Waffen ergriffen hatte. Am 11. Dezember wurde Kursachsen durch den Posener Frieden in den Rheinbund aufgenommen und mit der Königskrone begnadet. Um den neuen König für immer von Preußen zu trennen, versprach ihm Napoleon, zum Austausch gegen das Mansfeldische Land, die preußische Niederlausitz, den treuen Kottbuser Kreis, und befahl ihm, sofort ein Hilfskoprs gegen den verratenen Bundesgenossen ins Feld zu senden. Auch die persönliche Dankbarkeit des bigotten Friedrich August gewann sich der Imperator, da er die Gleichberechtigung der Katholiken und der Protestanten in Sachsen anordnete, eine Neuerung, welche der Dresdner Hof bei seinen hartlutherischen Ständen niemals hätte durchsetzen können.

Dieser letzte Schritt Napoleons war übrigens mehr als ein diplomatischer Schachzug; denn immer deutlicher von Jahr zu Jahr trat die innere Verwandtschaft hervor, welche jedes moderne Weltreich mit der römischen Weltkirche verbindet. Auch der Erbe der Revolution konnte den Beistand Roms nicht entbehren, so wenig wie einst Karl V., seine Briefe an den heiligen Stuhl wie seine Botschaften an den Senat betonten nachdrücklich, wie er überall unsere heilige Religion von ihren protestantischen Verfolgern befreit habe und den Todfeind der römischen Kirche, England, unablässig bekämpfe.

Wie fühlte man sich in Kursachsen so glücklich, dem stolzen preußischen Nachbarn endlich wieder im Range gleich zu stehen! Auf Neujahr 1807, während an der Weichsel um die letzten Splitter deutscher Freiheit gefochten wurde, veranstaltete die Stadt Leipzig ein prächtiges Freudenfest zu Ehren der neuen Rautenkrone.

Die übrigen kleinen Herren des Nordens waren in Napoleons Augen nur preußische Vasallen und Offiziere, gern hätte er sie allesamt entfernt. Aber die zerstreute Lage dieser wundersamen Staatsgebilde erschwerte die Einverleibung, auch stand ein zuverlässiger Rheinbundskönig, dem man sie schenken konnte, augenblicklich nicht zur Verfügung. Den Imperator quälten ernstere Sorgen, er legte auf die Frage nicht mehr Wert, als sie verdiente, und wünschte vor allem raschen Abschluß des Handels, weil er die kleinen Kontingente sogleich in dem preußischen Kriege verwenden wollte. So fanden denn die Kleinfürsten Thüringens und Westfalens eine leidliche Aufnahme, als sie, die einen persönlich, die andern durch ihre Minister, im Hauptquatiere zu Posen die Gnade des Siegers anflehten. Zum dritten Male begann das ekelhafte Schauspiel des deutschen Länderhandels, zum dritten Male floß das Gold deutscher Fürsten in die unergründlichen Taschen der napoleonischen Diplomatie, und das Geschäft verlief glücklich, da die bedrängten Kleinen in dem nassauischen Staatsmanne Hans von Gagern einen rührigen und uneigennützigen Makler fanden.

So geschah es, daß die Ernestiner und die Askanier, die Reuß und Schwarzburg, die Lippe und Waldeck als Souveräne in den Rheinbund eintraten. Der Graf von Bückeburg erschlich sich nebenbei den Fürstentitel, da die Franzosen das Geschäft mit geringschätziger Leichtfertigkeit betrieben und in dem Vertrage kurzweg von den beiden Fürsten von Lippe sprachen. Napoleon aber klagte nachher ärgerlich, in diesem Handel sei er zum ersten Male betrogen worden; hätte er gewußt, wo die Reuß, Lippe und Waldeck eigentlich säßen, so würden sie ihre Throne nicht behalten haben.

Derweil Preußens deutsche Bundesgenossen abfielen, erhob Dombrowsky in Polen das Banner der Empörung, der gesamte Adel eilte den Fahnen des weißen Adlers zu, und bald ergriff der Aufruhr alle Lande, die durch die beiden letzten Teilungen an Preußen gelangt waren. Dem Imperator kam die Erhebung des alten Bundesgenossen Frankreichs hochwillkommen; eifrig ermutigte er den Aufruhr, ließ Waffen an die Empörer verteilen, die Polen in den preußischen Regimentern zur Desertion verleiten. Dabei hütete er sich wohl, den Polen eine feste Zusage zu geben; kalt und sicher durchschaute er diese sarmatischen Junker, ihre brausende Tapferkeit, aber auch ihren Leichtsinn, ihre Selbstsucht, ihre politische Unfähigkeit. Das Land war ihm wertvoll als ein Lager streitbarer Hilfstruppen und als ein Mittel, um die längst geplante Demütigung Rußlands vorzubereiten; je nach Umständen behielt er sich vor, den Polen wieder den Schein politischer Selbständigkeit zu gewähren.

Der polnische Aufstand nötigte den Zaren, die Unterstützung, die er seinem preußischen Freund zugesagt, jetzt endlich zu leisten. In dem unglücklichen Grenzlande erneuerten sich die Schrecken des siebenjährigen Krieges. Bald wurde die zuchtlose Roheit der russischen Freunde dem ausgeplünderten preußischen Landmanne noch verhaßter als die Wut des Feindes; dazu die kopflose Heeresleitung der Russen und der unerträgliche Übermut ihrer Offiziere gegen das tapfere, kleine preußische Korps des Generals Lestocq. Trotzdem hat dieser Feldzug, wie er sich viele Monate lang unentschieden durch die verödeten Ebenen Polens und Preußens fortschleppte, zum ersten Male die feste Siegeszuversicht des napoleonischen Heeres ins Wanken gebracht. Der an rasche Erfolge und reiche Beute, an das Wohlleben der Weinlande des Südens gewöhnte Soldat begann zu murren und fragte, ob der Unersättliche des Schlachtens gar kein Ende finde.

Mehrere Wochen hindurch verteidigte Lestocqs Heerteil mit altpreußischer Zähigkeit die Weichselübergänge im Kulmerlande, und als er endlich zu der russischen Armee nach Osten zurückgerufen wurde, da gaben diese armen Trümmer des preußischen Heeres den Ausschlag in der ersten Schlacht, welche der Sieggewohnte nicht gewann. Am 7. und 8. Februar 1807 versuchte Napoleon bei Eylau durch einen überwältigenden Angriff das Heer der Verbündeten ostwärts zu drängen. Schon war am zweiten Schlachttage der linke Flügel der Russen nach mörderischem Kampfe geworfen; da erkannte Scharnhorsts Feldherrnblick die entscheidende Stunde, ließ die Truppen Lestocqs, die nach anstrengendem Marsche soeben erst auf dem äußersten rechten Flügel der Verbündeten eingetroffen waren, gegen das Zentrum einschwenken, und endlich wieder schien über den Deutschen der Glücksstern der friderizianischen Tage zu glänzen, als das kleine preußische Korps mit klingendem Spiel und fliegenden Fahnen durch die fliehenden Russen hindurch gegen den Wald von Kutschitten vorbrach und dann weiter über Anklappen hinaus die Feinde vor sich hertrieb.

Der Angriff der Franzosen war gescheitert. Allen seinen Gewohnheiten zuwider mußte der Imperator nach der unentschiedenen Schlacht die Winterquartiere beziehen, und so gewaltig war der Eindruck dieses ersten Mißerfolges, daß Napoleon alsbald nach dem Kampfe mit neuen Friedensvorschlägen sich dem Könige näherte. Das sei der schönste Augenblick seines Lebens, schrieb er schmeichelnd und drohend; die preußische Nation müsse wiederhergestellt werden als ein Schutzwall gegen Rußland und Frankreich, sei es unter dem Hause Brandenburg oder unter irgendeinem anderen Fürstengeschlechte; alle Länder diesseits der Elbe wolle er zurückgeben, an die Polen denke er nicht mehr, seit er sie kenne. Aber allzu unverkennbar war doch die Absicht des Versuchers, Preußen von seinem Verbündeten zu trennen, um dann nach der Niederwerfung Rußlands den von aller Welt verlassenen König aufs neue zu demütigen. Friedrich Wilhelm schwankte keinen Augenblick, wies die französischen Zumutungen entschieden zurück. Erst im Unglück kamen die passiven Tugenden der Treue und der Ausdauer, worin die Stärke seines Charakters lag, zur rechten Wirksamkeit. Das königliche Haus, das jetzt im letzten Winkel deutscher Erde, in Memel, seinen ärmlichen Hofhalt aufschlug, wurde dem ganzen Lande ein Vorbild würdiger Fassung, frommen Gottvertrauens. Herzlicher inniger, als in den Tages des Glücks schloß sich das stolze Volk Ostpreußens an das Herrscherhaus an; jedermann im Lande erzählte bewundernd von der schönen Königin, wie sie krank bei wildem Schneesturm über die Öde der kurischen Nehrung geflohen war, um lieber in Gottes Hand als in die Hände

Friedrich der Große

Tafel 6

Friedrich Wilhelm III.

des Feindes zu fallen, und wie sie dann dem tiefgebeugten Gatten tröstend und mahnend zur Seite stand.

Die Lage der Verbündeten blieb auch nach dem halben Erfolg von Eylau schwer bedrängt. Allein die Laune des Glücks und die Tapferkeit der Soldaten hatten der Mittelmäßigkeit des Generals Bennigsen die Lorbeeren von Eylau in den Schoß geworfen; er hütete sich sorgsam, seinen Ruhm wieder auf das Spiel zu setzen, blieb vier Monate lang fast unbeweglich. Währenddessen entfaltete Napoleon im Winterquartier zu Osterode eine fieberhafte Tätigkeit, verstärkte sein Heer, ließ die Konskription von 1808 zum voraus ausheben, die Rheinbundfürsten eine Reserve-Armee bilden, leitete aus der Ferne die Verteidigung von Konstantinopel gegen die englische Flotte und betrieb zugleich die Belagerung von Danzig. Da dieser Platz ihm als Stützpunkt für die Fortsetzung des Feldzugs dienen sollte, so entschloß er sich, zum zweiten und letzten Male in seinem Feldherrnleben, zu der langsamen Arbeit des Festungskrieges, die er seit den Kämpfen um Mantua immer verschmäht hatte. Die Festung wurde durch den General Kalckreuth verteidigt; bei den Entsatzversuchen tat sich schon ein großer Name des neuen deutschen Heeres, Oberst Bülow, glänzend hervor. Aber da Bennigsen zur Befreiung des wichtigen Platzes nichts Entscheidendes wagte, so mußte Kalckreuth am 27. Mai ehrenvoll kapitulieren.

Glücklicher behauptete sich der grimmige alte General Courbiere in Graudenz, auch im schlesischen Grenzgebirge führte Graf Götzen, ein Feuergeist in schwachem Körper, mit umsichtiger Kühnheit den kleinen Krieg. Doch alle anderen Taten des verbündeten Heeres überstrahlte die heldenhafte Verteidigung der kleinen hinterpommerschen Festung Kolberg. Hier in der treuen Stadt, die schon im siebenjährigen Krieg dreimal dem überlegenen Feinde widerstanden hatte, stand die Wiege des neuen preußischen Waffenruhmes; hier erwachte zuerst jener heilige Völkerzorn, der nach sechs argen Jahren die Befreiung der Welt erzwingen sollte; hier trat jener Mann auf die Bühne der Geschichte, der herrlich wie kein zweiter den echten preußischen Soldatengeist, schneidige Verwegenheit und helle Einsicht, in sich verkörperte. Zwanzig Jahre der Langeweile im subalternen Garnisonsleben hatten Gneisenaus jugendliche Frische nicht gebrochen. Gütig und Wahrhaftig, ganz frei von Selbstsucht, im Innersten bescheiden trotz des scharfen Spottes, womit er die Dummheit und Gemeinheit zu treffen wußte, stand er auf den freien Höhen der Bildung. Sein Blick umfaßte den ganzen Umkreis der Völkergeschichte einer ungeheuren Zeit, doch der Reichtum der Gedanken beirrte ihn nicht in dem frohen Glauben, daß eines starken Volkes Kräfte unerschöpflich seien, störte ihm nicht die tollkühne Lust an Wagen und am Schlagen. In dem Feuer seiner Blicke, in der heiteren Majestät seiner Erscheinung lag etwas von jenem Zauber, der einst den jungen König Friedrich umstrahlte. Wie wurde in der bedrängten Festung plötzlich alles anders, als der unbekannte Major unter die Hoffnungslosen trat, aus dem buntscheckigen Haufen von Versprengten, den er als Garnison vorfand, binnen kurzem eine treffliche, siegesgewisse Truppe bildete und die tapfere Bürgerschaft, den wagehalsigen alten Seemann Nettelbeck voran, zu den Arbeiten der Verteidigung mit heranzog. „Ich nahm alles auf meine Hörner," so erzählte er selbst,„verfuhr als ein unabhängiger Fürst, manchmal etwas despotisch, kassierte feigherzige Offiziere, lebte fröhlich mit den Braven, kümmerte mich nicht um die Zukunft und ließ brav donnern." Die feindlichen Generale bemerkten mit Erstaunen, wie hier ein genialer Wille eine neue, der französischen ebenbürtige Kriegsweise anwendete: der Verteidiger wechselte die Rollen mit dem Angreifer, beunruhigte die Belagerer durch überraschende Ausfälle, warf Erdwerke im freien Felde auf, die den Feind wochenlang von den Wällen der Festung fern hielten.

Zugleich führte der tapfere Husar Schill in der Nähe von Kolberg einen abenteuerlichen Parteigängerkrieg, und Gneisenau vernahm mit neidloser Freude, wie die Masse den wackeren, beschränkten Mann als den Helden des Vaterlandes pries: ihm war es recht, wenn nur die gedrückte Seele dieses Volkes sich wieder hoffend emporhob, gleichviel an wessen Bilde. In Vorpommern sammelte Marwitz ein Streitkorps, zur Befreiung des deutschen Vaterlandes, wie der tapfere Junker seinen Leuten sagte; in Westfalen versuchte der treue Vincke, einen Aufstand anzuzetteln. Blücher aber schickte sich an, mit einem kleinen preußischen Korps, mit schwedischen Hilfstruppen und einer englischen Landungsarmee, die auf Rügen erwartet wurde, eine Diversion im Rücken Napoleons zu unternehmen. Dem Imperator wude das zähe preußische Wesen täglich verhaßter. In überströmendem Zorne nannte er Schill einen Räuber, ließ in seinen Zeitungen den König verhöhnen als einen Einfältigen, der neben Alexander kaum so viel gelte wie ein Adjudant; er war entschlossen, den unbequemen Staat, den er nie mehr versöhnen konnte, gänzlich zu vernichten.

Da fiel die Entscheidung in Ostpreußen. Der allgemeine Unwille über den Fall von Danzig nötigte den russischen Oberbefehlshaber, im Juni endlich wieder seine Armee in Bewegung zu setzen. Ein Angriff der Franzosen wurde bei Heilsberg glücklich zurückgewiesen. Als aber Napoleon nunmehr die Alle abwärts zog, um die Russen zu umgehen, da unternahm Bennigsen, ohne Kenntnis der Stärke des Feindes, einen unbedachten Vorstoß gegen die französischen Marschkolonnen und erlitt bei Friedland am 14. Juni eine vollständige Niederlage. Am Jahrestage von Marengo ging der preußische Krieg zu Ende, denn nach diesem einen Schlage brach Alexanders Mut ebenso plötzlich zusammen wie vordem nach der Austerlitzer Schlacht. Noch war sein Land vom Feinde unberührt, aber er fürchtete einen Aufstand im russischen Polen. Der Unbeständige meinte, der Großmut genug getan zu haben; ohne den König, der unerschütterlich auf die Beteuerungen seines Freundes vertraute, auch nur zu benachrichtigen, bot Alexander dem Sieger einen Waffenstillstand an. Napoleon griff freudig zu; er war außerstande, jetzt schon den Krieg bis in das Innere Rußlands zu tragen, und zudem ängstigte ihn die schwankende Haltung Österreichs, das um die nämliche Zeit einen Unterhändler zu den Verbündeten sendete.

Nachdem die beiden Kaiser über ein Schutz- und Trutzbündnis und einen gemeinsamen Krieg gegen England sich geeinigt, wurde auch der verlassene Bundesgenosse herbeigerufen. Der König hatte ritterlich ausgehalten, bis fast der letzte Fußbreit seines Landes verloren war; jetzt mußte er sich beugen. Als Friedrich Wilhelm auf dem Floße im Memelstrome dem Eroberer begegnete, vermochte er nicht den tiefen Widerwillen seines ehrlichen Herzens zu verbergen, und der Sieger hatte für den Geschlagenen nur schnöde Geringschätzung, grollende Vorwürfe. Auch die Bitten der mißhandelten Königin, die ihrem Lande selbst den weiblichen Stolz opferte und dem rohen Peiniger persönlich nahte, glitten von Napoleon ab – so schrieb er schadenfroh – wie das Wasser vom Wachstuch.

Am 7. und 9. Juli 1807 wurde der Friede von Tilsit unterzeichnet, der grausamste aller französischen Friedensschlüsse, unerhört nach Form und Inhalt. Nicht der rechtmäßige König von Preußen trat dem Sieger einige Landesteile ab, sondern der Eroberer bewilligte aus Achtung für den Kaiser aller Reußen die Rückgabe der kleineren Hälfte des preußischen Staates an ihren Monarchen. Und dieser empörende Satz, den die Zeitgenossen nur für eine Ungezogenheit napoleonischen Übermuts ansahen, sagte die nackte Wahrheit. Denn wirklich nur aus Rücksicht auf den Zaren führte Napoleon die fest beschlossene Vernichtung Preußens vorläufig bloß bis zur Hälfte aus. Preußen behielt von den 5700 Geviertmeilen, welche der Staat, Hannover ungerechnet, vor dem Krieg besaß, nur etwa 2800, von 9¾ Millionen Einwohnern nur 4½ Millionen. Das Werk Friedrichs des Großen schien vernichtet. Der Staat war nur noch ein wenig umfangreicher als im Jahre 1740 und weit ungünstiger gestellt; zurückgedrängt auf das rechte Elbufer, aller seiner Außenposten im Westen beraubt, stand er unter der Spitze des französischen Schwertes. Seine geretteten Provinzen, Schlesien, das verkleinerte Altpreußen, die noch übrigen Stücke von Brandenburg und Pommern, lagen wie die drei Blätter eines Kleeblattes durch schmale Streifen verbunden; jeden Augenblick konnten, auf einen Wink des Imperators, die Polen vom Osten, die Sachsen vom Süden her, die Westfalen aus Magdeburg, die Franzosen aus Mecklenburg und Hamburg gleichzeitig gegen Berlin vorbrechen und das Netz über dem Haupte der Hohenzollern zusammenziehen.

Die gesmaten polnischen Provinzen der Monarchie wurden, mit Ausnahme eines Teiles von Westpreußen, dem Könige von Sachsen zugeteilt, der den Namen eines Herzogs von Warschau annahm. Diese vierte Teilung Polens stellte also die verderbliche sächsisch-polnische Union wieder her. Das neue Herzogtum bildete sich nach französischem Muster rasch eine tüchtige

Armee, wie sie die alte Adelsrepublik nie gekannt. Der Deutschenhaß des sarmatischen Adels schaltete zügellos unter der weichen Herrschaft des ängstlichen Wettiners, der den stolzen Königswählern nichts wehren mochte, und jagte sofort alle deutschen Beamten aus dem Lande. Um dem polnischen Fanatismus einen Rückhalt zu sichern, erhob Napoleon die Festung Danzig zu einer freien Stadt mit starker französischer Besatzung. Und um den Zaren für immer mit seinen preußischen Freunden zu entzweien, beredete er ihn, sich auf Kosten seines unglücklichen Bundesgenossen zu bereichern und den Bezirk von Bialystock mit dem russischen Reiche zu vereinigen. Gefügig wie Friedrich August von Sachsen ging Alexander auf die häßliche Zumutung ein; sein Gewissen tröstete sich mit der Erwägung, sonst wäre der Landstrich doch mit Warschau verbunden worden. Aus den preußischen Landen links der Elbe, aus den welfischen und kurhessischen Gebieten wurde ein Königreich Westfalen gebildet und dem Bruder des Imperators, Hieronymus, übergeben mit der strengen Weisung, daß er den Gehorsam gegen Frankreich als seine erste Fürstenpflicht zu betrachten habe; eine „regelmäßige Verfassung" sollet hier alle „jene leeren und lächerlichen Unterschiede" der Stände und Landschaften beseitigen, welche der bürokratischen Zentralisation des Weltreichs gefährlich schienen.

An den Höfen des Rheinbundes herrschte lauter Jubel, da der einzige deutsche Staat, der eine Geschichte, ein eigenes Leben besaß, also wieder herabgestoßen wurde in das allgemeine deutsche Elend. Die Mittelstaaten standen am Ziele ihrer Wünsche, sie hatten keine deutsche Macht mehr zu fürchten und zu beneiden. Diesem verkleinerten Preußen war der Rheinbund an Flächengehalt zweifach, an Bevölkerung dreifach überlegen, schon Bayern allein durfte sich jetzt dem Staate Friedrichs ebenbürtig dünken, da dies Kernland des Rheinbundes nur etwa eine Million Köpfe weniger zählte und unvergleichlich wohlhabender war.

Der neue König von Sachsen aber wurde der untertänigste aller Rheinbundsfürsten. Der schwache Fürst wurde durch die Cäsarengröße des Protektors völlig geblendet, baute mit abergläubischer Zuversicht auf den Stern seines „großen Alliierten". Ehrgeizige junge Männer traten an die Spitze der Armee, wider allen Brauch dieses langsamen Staatswesens, und erfüllten die tapfere Truppe, die nur widerwillig zu den Franzosen übergetreten war, bald mit der gewissenlosen Wagelust rheinbündischer Landsknechte.

So ging das alte Preußen unter dem Frohlocken der deutschen Kleinstaaterei zugrunde. Anders dachten die Bewohner der alten preußischen Provinzen, als ihr König ihnen mit würdigen Worten verkündete: „was Jahrhunderte und biedere Vorfahren, was Verträge, was Liebe und Vertrauen verbunden hatten, mußte getrennt werden." Stumpf und gelassen hatte das Volk der Hunderte von deutschen Staaten, die in den Stürmen dieser wilden Zeit dahingesunken, sein Schicksal ertragen; die aber jetzt von Preußen losgerissen wurden, empfanden bis in das Mark ihres Lebens, was ein ehrenhafter Staat dem Menschen bedeutet. Der unglückliche Monarch konnte kaum seine Fassung behaupten, da ihm aus Ostfriesland und Magdeburg, aus Thorn und Westfalen, aus allen seinen verlorenen deutschen Lande Briefe voll heißen Dankes, voll erschütternder Klagen zukamen; die treuen Bauern der Grafschaft Mark schrieben in ihrem derben Platt: „das Herz wollte uns brechen, als wir Deinen Abschied lasen; so wahr wir leben, es ist nicht Deine Schuld!" Auch die deutschen Einwanderer in den polnischen Provinzen schieden schweren Herzens von der alten Monarchie. Und wie furchtbar war das Land verwüstet, das dem Könige noch blieb; ein einziges Jahr hatte die reiche Friedensarbeit dreier Jahrzehnte zerstört. Erst seit diesem Kriege nahm das häusliche Leben Norddeutschlands durchweg den Charakter kahler Dürftigkeit an. Vorher hatten doch einige Zweige des Kunstgewerbes noch in leidlicher Blüte gestanden; jetzt erst kam die Zeit der allgemeinen Form- und Geschmacklosigkeit. Das Elend verriet sich überall; in den nüchternen Bauten, dem häßlichen Gerät, der kargen Kost; ängstliche Sparsamkeit bestimmte alle Gewohnheiten des Lebens. In dem unglücklichen Ostpreußen lagen weite Landstriche wie ausgestorben, ganze Dorfschaften an der Passarge waren verschwunden; die Prediger mahnten von der Kanzel: wer da wolle, möge ernten, daß nur das Korn nicht auf dem Halme verderbe. Der Sieger aber sorgte auch nach dem Frieden mit peinlicher Strenge für die Ausplünderung des verhaßten Landes. Alle Kranken aus den Hospitälern in Warschau und Westfalen ließ er sofort nach Preußen schaffen; wo eines seiner Regimenter abzog, wurden zuvor alle königlichen Magazine und Vorräte verkauft, bis herab zu den Beständen der Salzwerke und der Porzellanfabrik.

Das Entsetzlichste blieb doch, daß mit allen diesen Opfern die Ruhe des Friedens noch immer nicht erkauft war. Der preußische Bevollmächtigte, Feldmarschall Kalckreuth, ein warmer Verehrer Napoleons, hatte die Tilsiter Verhandlungen mit einem vertrauensvollen Leichtsinn geführt, der alle militärischen Verdienste des Verteidigers von Danzig in den Schatten stellte und von dem Staate hart gebüßt werden mußte. Die Räumung des Landes und der Festungen sollte zwar bis zum 1. Oktober erfolgen, doch nur, wenn zuvor die gesamte Kriegsschuld abgezahlt sei; und da über den Betrag dieser Summe gar nichts Bestimmtes ausbedungen war, so blieb nach wie vor fast das gesamte preußische Gebiet durch Napoleons Heer besetzt. Also gewann der Imperator freie Hand für seine iberischen Pläne, da die große Armee in Preußen die beiden Kaisermächte des Ostens in Ruhe hielt, und verschaffte sich zugleich durch die preußischen Kontributionen die Geldmittel für den spanischen Krieg.

Entwaffnet, geknebelt, verstümmelt lag die preußische Monarchie zu Napoleons Füßen; mit vollendeter Schlauheit hatte er alles vorbereitet, um sie zur gelegenen Stunde gänzlich zu vernichten. Nur eines entging dem Scharfblick des Verächters der Ideen: daß dieser Staat an innerer Einheit und sittlicher Spannkraft gewann, was er an äußerer Macht verlor. Der ungetreuen Polen war er ledig; die alten deutschen Stammlande, die ihm blieben, hielten zusammen wie ein Mann. Von diesen Adlerlanden war einst der Siegeszug des Großen Kurfürsten, der verwegene Versuch der neuen deutschen Staatenbildung ausgegangen; auf ihnen lag jetzt wieder Deutschlands ganze Zukunft. Sie allein unter allen rein deutschen Landen blieben dem Rheinbunde fern. Vor der letzten Schmach der freiwilligen Knechtschaft hatte Friedrich Wilhelms ehrenhafter Sinn seine Preußen bewahrt. Die schwere Schuld der letzten Jahre war nicht nur gebüßt, sie war auch erkannt; noch in Tilsit entschloß sich der König auf Hardenbergs Rat, den Freiherrn vom Stein mit der Neubildung der Verwaltung zu beauftragen. Was nur ein starkes Volk zu verzweifelten Entschlüssen entflammen kann, Stolz und Haß, Schmerz und Reue gärte in tausend tapferen Gemütern, jede neue Unbill der fremden Peiniger steigerte die Erbitterung, bis endlich alles, was preußisch war, sich vereinigte in dem leidenschaftlichen Verlangen nach Vergeltung. Wenn es gelang, die schwere Kraft dieses zornigen Volkes zu sammeln und zu ordnen, seinen Staat zu verjüngen durch den Idealismus der neuen Bildung, so war Deutschlands Rettung noch möglich. Schon während des Krieges schrieb ein geistvoller Franzose, Karl von Villers, ahnungsvoll: „Die französischen Heere haben die deutschen geschlagen, weil sie stärker sind; aus demselben Grunde wird der deutsche Geist schließlich den französischen Geist besiegen. Ich glaube schon einige Anzeichen dieses Ausganges zu sehen. Die Vorsehung hat ihre eigenen Wege.“ –

# III
# Preußens Erhebung

Schon mehrmals hatte Preußen durch das plötzliche Hervorbrechen seiner verborgenen sittlichen Kräfte die deutsche Welt in Erstaunen gesetzt; so einst, da Kurfürst Friedrich Wilhelm seinen kleinen Staat hineindrängte in die Reihe der alten Mächte; so wieder, als König Friedrich den Kampf um Schlesien wagte. Aber keine von den großen Überraschungen der preußischen Geschichte kam den Deutschen so unerwartet, wie die rasche und stolze Erhebung der halbzertrümmerten Großmacht nach diesem Falle von Jena. Während die gefeierten Namen der alten Zeit samt und sonders verächtlich zu den Toten geworfen wurden, und in Preußen selbst jedermann den gänzlichen Mangel an fähigem, jungen Nachwuchs beklagte, scharte sich mit einem Male ein neues Geschlecht um den Thron: mächtige Charaktere, begeisterte Herzen, helle Köpfe in unabsehbarer Reihe, eine dichte Schar von Talenten des Rates und des Lagers, die den literarischen Größen der Nation ebenbürtig zur Seite traten. Und wie einst Friedrich auf den Schlachtfeldern Böhmens nur erntete, was sein Vater in mühereichen Friedenszeiten still gesäet hatte, so war auch dies schnelle Wiedererstarken der gebeugten Monarchie nur die reife Frucht der schweren Arbeit langer Jahre. Indem der Staat sich innerlich zusammenraffte, machte er sich alles zu eigen, was Deutschlands Dichter und Denker während der letzten Jahrzehnte über Menschenwürde und Menschenfreiheit, über des Lebens sittliche Zwecke gedacht hatten. Er vertraute auf die befreiende Macht des Geistes, ließ den vollen Strom der Ideen des neuen Deutschlands über sich hereinfluten.

Jetzt erst wurde Preußen in Wahrheit der deutsche Staat; die Besten und Kühnsten aus allen Stämmen des Vaterlands, die letzten Deutschen sammelten sich unter den schwarz-weißen Fahnen. Der schwungvolle Idealismus einer lauteren Bildung wies der alten preußischen Tapferkeit und Treue neue Pflichten und Ziele, erstarkte selber in der Zucht des politischen Lebens zu opferfreudiger Tatkraft. Der Staat gab die kleinliche Vorliebe für das handgreiflich Nützliche auf; die Wissenschaft erkannte, daß sie des Vaterlandes bedurfte, um menschlich wahr zu sein. Das alte, harte, kriegerische Preußentum und die Gedankenfülle der modernen deutschen Bildung fanden sich endlich zusammen, um nicht wieder voneinander zu lassen. Diese Versöhnung zwischen den beiden schöpferischen Mächten unserer neuen Geschichte gibt den schweren Jahren, welche dem Tilsiter Frieden folgten, ihre historische Größe. In dieser Zeit des Leidens und der Selbstbesinnung haben sich alle die politischen Ideale zuerst gebildet, an deren Verwirklichung die deutsche Nation bis zum heutigen Tage arbeitet.

Nirgends hatte die Willkür des Eroberers grausamer gehaust als in Preußen; darum ward auch der große Sinn des Kampfes, der die Welt erschütterte, nirgends tiefer, bewußter, leidenschaftlicher empfunden als unter den deutschen Patrioten. Gegen die abenteuerlichen Pläne des napoleonischen Weltreichs erhob sich der Gedanke der Staatenfreiheit, derselbe Gedanke, für den einst der Neubegründer des preußischen Staates gegen den vierzehnten Ludwig gefochten hatte. Den kosmopolitschen Lehren der bewaffneten Revolution trat die nationale Gesinnung, die Begeisterung für Vaterland, Volkstum und heimische Eigenart entgegen. Im Kampfe wider die erdrückende Staatsallmacht des Bonapartismus erwuchs eine neue lebendige Anschauung vom Staate, die in der freien Entfaltung der persönlichen Kraft den sittlichen Halt der Nationen sah. Die großen Gegensätze, die hier aufeinander stießen, spiegelten sich getreulich wider in den Personen der leitenden Männer. Dort jener eine Mann, der sich vermaß, er selber sei das Schicksal, aus ihm rede und wirke die Natur der Dinge – der Übermächtige, der mit der Wucht seines herrischen Genius jeden anderen Willen erdrückte; tief unter ihm ein Dienergefolge von tapferen Landsknechten und brauchbaren Geschäftsmännern, aber fast kein einziger aufrechter Charakter, fast keiner, dessen inneres Leben sich über das platt Alltägliche erhob. Hier eine lange Schar ungewöhnlicher Menschen, scharf ausgeprägte, eigensinnige Naturen, jeder eine kleine Welt für sich selber, voll deutschen Trotzes und deutscher Tadelsucht, jeder eines Biographen würdig, zu selbständig und gedankenreich, um kurzweg zu gehorchen, doch allesamt einig in dem glühenden Verlangen, die Freiheit und Ehre ihres geschändeten Vaterlandes wieder aufzurichten.

Einer aber stand in diesem Kreise, nicht als Herrscher, doch als der erste unter gleichen: der Freiherr vom Stein, der Bahnbrecher des Zeitalters der Reformen. Das Schloß seiner Ahnen lag zu Nassau, mitten im buntesten Ländergemenge der Kleinstaaterei; von der Lahnbrücke im nahen Ems konnte der Knabe in die Gebiete von acht deutschen Fürsten und Herren zugleich hineinschauen. Dort wuchs er auf, in der freien Luft, unter der strengen Zucht eines stolzen, frommen, ehrenhaften altritterlichen Hauses, das sich allen Fürsten des Reichs gleich dünkte. Standen doch die Stammburgen der Häuser Stein und Nassau dicht beieinander auf demselben Felsen; warum sollte das alte Wappenschild mit den Rosen und den Balken weniger gelten als der sächsische Rautenkranz oder die württembergischen Hirschgeweihe? Der Gedanke der deutschen Einheit, zu dem die geborenen Untertanen erst auf den weiten Umweg der historischen Bildung gelangten, war diesem stolzen, rechtsfreien Herrn in die Wiege gebunden. Er wußte es gar nicht anders: „ich habe nur ein Vaterland, das heißt Deutschland, und da ich nach alter Verfassung nur ihm und keinem besonderen Teile desselben angehöre, so bin ich auch nur ihm und nicht einem Teile desselben von ganzem Herzen ergeben." Sein Ideal war das gewaltige deutsche Königtum der Sachsenkaiser; die neuen Teilstaaten, die sich seitdem über den Trümmern der Monarchie erhoben hatten, erschienen ihm samt und sonders nur als Gebilde der Willkür, heimischen Verrates, ausländischer Ränke, reif zur Vernichtung, sobald irgendwo und irgendwie die Majestät des alten rechtmäßigen Königtums wieder erstünde. Sein schonungsloser Freimut gegen die gekrönten Häupter entsprang nicht bloß der angeborenen Tapferkeit eines heldenhaften Gemütes, sondern auch dem Stolze des Reichsritters, der in allen diesen fürstlichen Herren nur pflichtvergessene, auf Kosten des Kaisertums bereicherte Standesgenossen sah und nicht begreifen wollte, warum man mit solchen Zaunkönigen so viel Umstände mache.

Er hatte die rheinischen Feldzüge in der Nähe beobachtet und die Überzeugung gewonnen, die er einmal der Kaiserin von Rußland vor versammeltem Hofe aussprach: das Volk seit treu und tüchtig, nur die Erbärmlichkeit seiner Fürsten verschulde Deutschlands Verderben. Er haßte die Fremdherrschaft mit der ganzen dämonischen Macht seiner naturwüchsigen Leidenschaft, die, einmal ausbrechend, unbändig wie ein Bergstrom dahinbrausend, doch nicht von der Wiederaufrichtung der verlebten alten Staatsgewalten, noch von den künstlichen Gleichgewichtslehren der alten Diplomatie erwartete er das Heil Europas. Sein freier großer Sinn drang gradaus in den sittlichen Kern der Dinge. Mit dem Blick des Sehers erkannte er jetzt schon, wie Gneisenau, die Grundzüge eines dauerhaften Neubaus der Staatengesellschaft. Das unnatürliche Übergewicht Frankreichs – so lautete sein Urteil – steht und fällt mit der Schwäche Deutschlands und Italiens; ein neues Gleichgewicht der Mächte kann nur entstehen, wenn jedes der beiden großen Völker Mitteleuropas zu einem kräftigen Staate vereinigt wird. Stein war der erste Staatsmann, der die treibende Kraft des neuen Jahrhunderts, den Drang nach nationaler Staatenbildung, ahnend erkannte. Er hatte sich in den Dienst der protestantischen Großmacht begeben. Wie ward ihm so wohl in der naturfrischen, den Körper stählenden Tätigkeit des Bergbaus, und nachher, da er als Kammerpräsident unter den freien Bauern und dem stolzen alteingessenen Adel der westfälischen Lande eine zweite Heimat fand, bei Wind und Wetter immer selbst zur Stelle, um nach dem Rechten zu sehen, herrisch durchgreifend, rastlos anfeuernd, aber auch gütig und treuherzig, durch und durch praktisch, nicht minder besorgt um die Kühe der kleinen Kötter wie um die Wasserwege für die reichen Kohlenwerke – ein echter

Edelmann, vornehm zugleich und leutselig, großartig in allem, ein kleiner König in seiner Provinz. Den Osten der Monarchie kannte er wenig. Der Rheinfranke konnte das landschaftliche Vorurteil gegen die dürftigen Kolonistenlande jenseits der Elbe lange nicht überwinden; er meinte, in den ernsthaften verwitterten Zügen der brandenburgischen Bauern, die freilich die Spuren langer Not und Unfreiheit trugen, einen scheuen, bösen Wolfsblick zu erkennen, und mit dem naiven Stolze des Reichsritters sah er auf das arme, anspruchslose Junkertum der Marken herunter, das doch für Deutschlands neue Geschichte unvergleichlich mehr geleistet hatte als der gesamte Reichsadel.

So in rüstigem Handeln, in lebendigem Verkehr mit allen Ständen des Volkes bildete sich nach und nach eine selbständige Ansicht vom Wesen politischer Freiheit, die sich zu den demokratischen Doktrinen der Revolution verhielt, wie die deutsche zur französischen Staatsgesinnung. Adam Smiths Lehre von der freien Bewegung der wirtschaftlichen Kräfte hatte schon dem Jüngling einen tiefen Eindruck hinterlassen; nur lag dem deutschen Freiherrn nichts ferner als jene Überschätzung der wirtschaftlichen Güter, worein die blinden Anhänger der Schotten verfielen, vielmehr bekannte er sich laut zu der friderizianischen Meinung, daß übermäßiger Reichtum das Verderben der Völker sei.

Es war der Schatten seiner Tugenden, daß er in den verschlugenen Wegen der auswärtigen Politik sich nicht zurechtfand und die unentbehrlichen Künste diplomatischer Verschlagenheit als niederträchtiges Finassieren verachtete. Ihm fehlte die List, die Behutsamkeit, die Gabe des Zauderns und Hinhaltens. Den Staat bedachtsam zwischen den Klippen hindurchzusteuern, bis der rechte Augenblick der Erhebung erschien, war diesem Feldherrn des heiligen Zornes und der stürmischen Wahrhaftigkeit nicht gegeben. Doch niemand war wie er für die Aufgaben des politischen Reformators geboren. Der zerrütteten Monarchie wieder die Richtung auf hohe sittliche Ziele zu geben, ihre schlummernden herrlichen Kräfte durch den Weckruf seines feurigen Willens zu beleben – das vermochte nur Stein, denn keiner besaß wie er die fortreißende, überwältigende Macht der großen Persönlichkeit. Jedes unedle Wort verstummte, keine Beschönigung der Schwäche und der Selbstsucht wagte sich mehr heraus, wenn er seine schwerwiegenden Gedanken in markigen, altväterlichem Deutsch aussprach, volkstümlich derb, in jener wuchtigen Kürze, die dem Gedankenreichtum, der verhaltenen Leidenschaft des echten Germanen natürlich ist. Die Gemeinheit zitterte vor der Unbarmherzigkeit seines stachligen Spottes, vor den zermalmenden Schlägen seines Zornes. Wer aber ein Mann war, ging immer leuchtenden Blicks und gehobenen Mutes von dem Glaubenstarken hinweg. Unauslöschlich prägte sich das Bild des Reichsfreiherrn in die Herzen der besten Männer Deutschlands: die gedrungene Gestalt mit dem breiten Nacken, den starken, wie für den Panzer geschaffenen Schultern; tiefe, funkelnde braune Augen unter dem mächtigen Gehäuse der Stirn, eine Eulennase über den schmalen, ausdrucksvoll belebten Lippen; jede Bewegung der großen Hände jäh, eckig, gebieterisch: ein Charakter wie aus dem hochgemuten sechzehnten Jahrhundert, der unwillkürlich an Dürers Bild vom Ritter Franz von Sickingen erinnerte – so geistvoll und so einfach, so tapfer unter den Menschen und so demütig vor Gott – der ganze Mann eine wunderbare Verbindung von Naturkraft und Bildung, Freisinn und Gerechtigkeit, von glühender Leidenschaft und billiger Erwägung – eine Natur, die mit ihrer Unfähigkeit zu jeder selbstsicheren Berechnung für Napoleon und die Genossen seines Glücks immer ein unbegreifliches Rätsel blieb. Er war der Mann der Lage; selbst seine Schwächen und einseitigen Ansichten entsprachen dem Bedürfnis des Augenblicks. Wenn er das Beamtentum und den kleinen Adel ungebührlich hart beurteilte, die Österreicher schlechtweg als Preußens deutsche Brüder ansah: um so besser für den Staat, der jetzt die adligen Privilegien, die Alleinherrschaft der Bürokratie zerstörten und alles, was trennend zwischen den beiden deutschen Großmächten stand, hochherzig vergessen mußte.

Nach seinem vergeblichen Kampfe gegen die Kabinettsregierung und seiner schnöden Entlassung hatte Stein still in Nassau gelebt und dort schon in einer umfassenden Denkschrift einige Umrisse für die Neugestaltung des Staates aufgezeichnet. Da traf ihn die Kunde von dem unseligen Frieden und warf den heißblütigen auf das Krankenbette. Bald darauf kam die Aufforderung zur Rückkehr. Er nahm an; jede Kränkung war vergessen; nach drei Tagen wurde sein

Wille des Fiebers Herr. Am 30. September 1807 traf er in Memel ein, und der König legte vertrauensvoll die Leitung des gesamten Staatswesens in die Hände des Ministers. Welch eine Lage! An seinem letzten Geburtstage hatte Friedrich Wilhelm, da die Räumung des Landes gar nicht beginnen wollte, in einem eigenhändigen Briefe dem Imperator geradezu die Frage gestellt, ob er Preußen zu vernichten beabsichtige. Napoleon blieb stumm, die Taten gaben die Antwort. Mitten im Frieden standen 160 000 Franzosen in den Festungen und in großen Lagern, über das ganze Staatsgebiet verteilt, allein Ostpreußen ausgenommen. Der Kern der alten preußischen Armee, mehr als 15 000 Mann, lag noch kriegsgefangen bei Nancy, und woher sollte die ausgeplünderte Monarchie die Mittel nehmen für die Bildung eines neuen Heeres? An verfügbarem, jährlichem Einkommen verblieben dem Staate noch 13 ½ Mill. Tlr., kaum zwei Drittel seiner früheren Einnahmen. Überall, wo Napoleons Truppen standen, wurden die Staatseinkünfte, als ob der Krieg noch fortwährte, für Frankreich in Beschlag genommen, so daß der König nahezu nichts erhielt, Hunderte der auf halben Sold entlassenen Offiziere unbezahlt darben mußten. Massen entwerteter Scheidemünzen strömten aus den abgetretenen Provinzen in das Land zurück, und die Franzosen ließen, um das Unheil zu vermehren, in der Berliner Münze noch für 3 Mill. Tlr. neues Kleingeld prägen. Der Staatskredit war so gänzlich vernichtet, daß eine Prämienanleihe von einer Million, in kleinen Scheinen zu 25 Tlr. ausgegeben, nach drei Jahren noch immer nicht vergriffen war. In der diplomatischen Welt galt Preußen kaum noch so viel wie eines der Königreiche des Rheinbundes; der holländische Gesandte, ein französischer Konsul und ein österreichischer Geschäftsträger bildeten im Jahre 1808 die gesamte Vertretung des Auslandes am Königsberger Hofe. Die französische Militärverwaltung unter Darus brutaler Leitung hauste im Frieden ärger als im Kriege, und jeder ihrer Übergriffe erfolgte auf Napoleons ausdrücklichen Befehl: eine Kontribution drängte die andere, und monatelang blieb es ein tiefes Geheimnis, wie viel der unersättliche Feind noch von dem erschöpften Lande fordern wolle. In Ost- und Westpreußen wurde zur Abtragung der Kriegslasten eine progressive Einkommenssteuer, die bis zu 20 vom Hundert stieg, ausgeschrieben; ein keineswegs reicher Stettiner Kaufmann mußte in dem Jahre nach dem Frieden für Kontribution und Einquartierung mehr als 15 000 Tlr. zahlen.

Handel und Wandel stockten. Der britische Kaufmannsneid hatte den letzten Krieg rücksichtslos benutzt, um die stärkste Handelsmarine der Ostseeküsten zu zerstören. Als nachher der Krieg gegen Frankreich ausbrach, der Friede mit England noch nicht geschlossen war, sah sich die preußische Flagge gleichzeitig durch die britischen und die französischen Kreuzer bedroht. Dann kam der Jammer der Kontinentalsperre. Die Reederei der pommerschen Häfen verringerte sich in kurzer Zeit von 34 000 auf 20 000 Last. Die alten natürlichen Straßen des Welthandels lagen verödet; die baltischen Provinzen verloren, da ihnen gute Landstraßen noch fast gänzlich fehlten, den Absatzweg für ihren einzigen Exportartikel, das Getreide. Ein heilloser Schmuggelhandel führte von Gothenburg und Helgoland, dem neuen Klein-London, die Waren der Kolonien ins Land; andere Warenzüge kamen aus Malta und Korfu durch Bosnien und Ungarn. Der preußische Mittelstand konnte die Preise der gewohnten Genußmittel nicht mehr erschwingen; man trank Zichorienwasser, rauchte Huflattich und Nußblätter. Bettelhaftes Elend in jedem Haushalt, jedem Gewerbe: die Königsberger Buchdrucker verlangten drei Wochen Frist, um ein sechs Bogen langes Gesetz zu drucken, weil sie nur für einen Bogen Satz hatten. Schön, der gewiegte Finanzmann, der sich gern seines altpreußischen Mutes rühmte, fand die Zustände so hoffnungslos, daß er schon vier Monate nach dem Frieden in einer Denkschrift ausführte: man müsse den Sieger durch die Abtretung des Magdeburgischen rechts der Elbe und eines Teiles von Oberschlesien befriedigen, sonst gehe das Land durch den Steuerdruck zugrunde.

Alles erinnerte an jene jammervollen Zeiten, da einst die Wallensteiner in den Marken hausten und Georg Wilhelm als ein Fürst ohne Land in Königsberg weilte. Aber welche Saat von Liebe und Treue war während der sechs Menschenalter seitdem aufgegangen! Damals widersetzte sich der Königsberger Landtag in störrischem Trotze seinem Kurfürsten; jetzt standen Fürst und Volk zueinander wie eine große Familie. Das ärmliche Landhaus bei Memel und die düsteren Räume des alten Ordensschlosses in Königsberg wurden nicht leer von Besuchern, die ihrem König in seiner Not eine Freude bereiten, ein gutes Wort sagen wollten; zu der Taufe der neugeborenen Königstochter erschienen die Stände von Ostpreußen als Paten; an allen Läden hing das neue Bild, das den König in der häßlichen Uniform der Zeit inmitten seiner Kinder darstellte. Und wie viel königlicher als der Vater des Großen Kurfürsten wußte Friedrich Wilhelm sein hartes Los zu tragen! Eine tiefe Bitterkeit erfüllte ihm die Seele, mehr als je bedurfte er des herzlichen Zuspruchs seiner Gemahlin; er hatte Stunden, wo ihm zumute war, als ob nichts ihm gelänge, als ob er nur für das Unglück geboren sei. Als er im Königsberger Dome die Inschriften auf den Gräbern der preußischen Herzöge las, wählte er sich den Sinnspruch für sein hartes Leben: meine Zeit in Unruhe, meine Hoffnung in Gott! Doch diese Hoffnung hielt ihn aufrecht.

Als Stein sein hohes Amt angetreten hatte, fand er unter den Beamten willige Helfer. Ein Glück für ihn, daß er sein Reformwerk gerade auf ostpreußischem Boden beginnen mußte. Hier wurde die Unhaltbarkeit der alten ständischen Gliederung besonders lebhaft empfunden, da die Provinz in ihren Köllmern einen freien, nichtadligen Grundbesitzerstand besaß; hier waren die gebildeten, namentlich die Beamten, längst vetraut mit den freien sittlichen und politischen Anschauungen, welche die beiden wirksamsten Lehrer der Königsberger Hochschule, Kant und der soeben verstorbene Kraus, seit Jahren verbreitet hatten. Die meisten Gesetze Steins wurden in dem ostpreußischen Provinzialdepartement vorbereitet. An der Spitze dieser Behörde stand der Minister v. Schrötter, ein musterhafter Verwaltungsbeamter von erstaunlicher Tätigkeit, der sich in seinen hohen Jahren noch eine jugendliche Empfänglichkeit für neue Gedanken bewahrt hatte; unter ihm arbeiteten Friese und Wilckens. Ganz und gar von den Ideen Kants erfüllt war Schön, in mancher Hinsicht ein getreuer Vertreter des stolzen, freisinnigen, gedankenreichen, ostpreußischen Wesens, freilich auch ein Doktrinär der unbedingten Freihandelslehre, zudem maßlos eitel, unfähig, fremdes Verdienst bescheiden anzuerkennen, und, ganz gegen die Art seines edlen Stammes, unwahrhaftig. Neben ihm wirkte Staegemann, ein hochgebildeter, kundiger Geschäftsmann von seltenem Fleiße und seltener Bescheidenheit, der seine treue Liebe zum preußischen Staate zuweilen in tief empfundenen, ungelenken Gedichten aussprach, dann Niebuhr, der geniale Gelehrte, zu reizbar, zu abhängig von der Stimmung des Augenblicks, um sich leicht in die gleichmäßige Tätigkeit des Büros zu finden, aber allen unschätzbar durch den unerschöpflichen Reichtum eines lebendigen Wissens, durch die Weite seines Blicks, durch den Adel einer hohen Leidenschaft; dann Nicolovius, ein tiefes, von der religiösen Strömung der Zeit im Innersten bewegtes Gemüt; dann Sack, Klewitz und viele andere, ein schöner Verein ungewöhnlicher Kräfte. Unter allen stand der Westfälische Freiherr von Vincke den Anschauungen Steins am nächsten. Auch er hatte sich seine Ansicht vom Staate unter dem Adel und den Bauern der roten Erde gebildet, nur daß der geborene Preuße die Verdienste des Soldatentums unbefangener anerkannte als der Reichsritter; er rechnete sich selber nicht zu den schöpferischen Köpfen, seine Stärke war die Ausführung, die rastlose Tätigkeit des Verwaltungsbeamten.

Hardenberg, der auf Napoleons Befehl zum zweiten Male das Ministerium hatte verlassen müssen, sendete aus Riga eine große Denkschrift über die Reorganisation des preußischen Staates, die er dort im Verein mit Altenstein ausgearbeitet. Sie berührte sich vielfach mit den Ideen des neuen Ministers, manche ihrer Vorschläge waren seinen Äußerungen wörtlich entlehnt – so der Gedanke einer Ständeversammlung für den gesamten Staat. Doch verriet sich auch hier schon jener feine und tiefe Gegensatz, welche den Jünger der Aufklärung von Steins historischer Staatsanschauung immer getrennt hat. Hardenberg war zuerst Diplomat, in Verwaltungssachen bei weitem nicht so gründlich unterrichtet wie Stein, und nahm daher unbedenklich in seine Denkschrift einige allgemeine theoretische Sätze auf, wie sie Altenstein, der Freund Fichtes, liebte. Sein Reformplan war „nach der höchsten Idee des Staates" bemessen; in der Handelspolitik sollte ohne Einschränkung der Grundsatz des *laissez faire* gelten. Während Stein von frühauf die Revolution mit dem Mißtrauen des Aristokraten betrachtet hatte und nur einige ihrer problematischen Ergebnisse auf deutschen Boden verpflanzen wollte, war Hardenberg von den französischen Ideen ungleich stärker berührt worden. Er bezeichnete geradezu als das Ziel der Reform: „demokratische Grundsätze in einer monarchischen Regierung," schloß sich im einzelnen eng an das Vorbild Frankreichs an, verlangte für das Heer die Konskription mit Stellvertretung, und die altpreußischen Ehrenämter der Landräte hätte er gerne durch bürokratische Kreisdirektoren verdrängt. Von der Selbstverwaltung der Gemeinde sprach er gar nicht. Gemeinsam war beiden Staatsmännern die sittliche Hoheit der Staatsgesinnung. Beide wollten, wie Altensteins Entwurf sich ausdrückte, „eine Revolution im guten Sinne, geradehin führend zu dem großen Zwecke der Veredlung der Menschhe0it;" beide wußten, daß Frankreich nur „eine untergeordnete, auf bloße Kraftäußerung gerichtete Tendenz" verfolgte, und forderten von dem verjüngten deutschen Staate, daß er Religion, Kunst und Wissenschaft, alle idealen Bestrebungen des Menschengeschlechts um ihrer selbst willen beschütze und also durch sittliche Kräfte sich den Sieg über die feindliche Übermacht sichere.

Als Stein in Memel eintraf, fand er bereits einen Entwurf vor für die Aufhebung der Erbuntertänigkeit in Ost- und Westpreußen. Schön, Staegemann und Klewitz hatten den Plan, auf Befehl des Königs, ausgearbeitet und sich namentlich darauf berufen, daß in dem benachbarten Herzogtum Warschau die Beseitigung der Leibeigenschaft bevorstehe. Der Minister gab dem Gesetz sofort einen größeren Sinn, verlangte die Ausdehnung der Reform auf das gesamte Staatsgebiet. Seit er politisch zu denken vermochte, hatte er die Unfreiheit des Landvolks als den Fluch unseres Nordostens betrachtet; jetzt schien es ihm an der Zeit, dies uralte Leiden endlich zu heilen, mit einem kühnen Schritte das Ziel zu erreichen, worauf die Gesetze der Hohenzollern seit Friedrich Wilhelm I. immer mit halben Erfolg hingearbeitet hatten. Der König stimmte freudig zu; die tapfere Zuversicht des Ministers erweckte ihm den Mut, ernstlich zu wollen, was er sein Leben lang nur gehofft und gewünscht. So erschien denn am 9. Oktober 1807 das Edikt über den erleichterten Besitz und den freien Gebrauch des Grundeigentums. In anspruchslosen Formen ward eine tiefgreifende soziale Revolution vollzogen; etwa zwei Drittel der Bevölkerung des Staates gewannen die unbeschränkte persönliche Freiheit, am Martinitage 1810 sollte es nur noch freie Leute in Preußen geben. Dasselbe Gesetz vernichtete mit einem Schlage die ständische Ordnung des friderizianischen Staates. Der Edelmann erhielt das Recht, ein Bauer zu werden und bürgerliche Gewerbe zu treiben – ein Recht, das zugleich als Ersatz galt für die bisherige Bevorzugung des Adels in der Armee. Jede Art von Grundbesitz und Geschäftsbetrieb war fortan jedem Preußen zugänglich.

Aber Stein war nicht gewillt, die alten volksfreundlichen Grundsätze der Monarchie preiszugeben und unter dem Vorwande des freien Wettbewerbs die Vernichtung des kleinen Grundbesitzes zu erlauben, ein freier, kräftiger Bauernstand erschien ihm als die festeste Stütze des Staates, als der Kern der Wehrkraft. Darum wurde den Rittergutsbesitzern das Aufkaufen der Bauerngüter nur unter Beschränkungen und mit Zustimmung der Staatsbehörden gestattet. Und während Schön, getreu den Dogmen der englischen Freihandelsschule, den Untergang der alten landsässigen Geschlechter als eine unabänderliche wirtschaftliche Notwendigkeit hinnehmen wollte, griff Stein den verschuldeten Großgrundbesitzern mit einem General-Indult unter die Arme. So gelang es, dem Landadel über die nächste schwere Zeit hinwegzuhelfen, die Mehrzahl der Rittergüter ihren alten Besitzern zu erhalten. Ebenso maßvoll bei aller Kühnheit war auch das neue Edikt, das den Einsassen der Domänen in Ost- und Westpreußen, etwa 47 000 bäuerlichen Familien, das freie Eigentum verlieh, sie sollten befugt sein, drei Viertel der auf ihren Gütern haftenden Dienste und Abgaben binnen vierundzwanzig Jahren durch Geldzahlungen abzulösen. Ein Viertel blieb als unablösliche Kontribution fortbestehen; Stein verwarf die vollständige Beseitigung aller dinglichen Lasten der Bauerngüter als eine allzu radikale Störung der gewohnten Besitzverhältnisse. Daran schloß sich die Aufhebung des Mühlenzwanges, der Zünfte und Verkaufsmonopolen für Bäcker, Schlächter und Höker. Verwandlung aller Dienste und Naturalabgaben in Geldzahlungen, Beseitigung der Zwangs- und Bannrechte, der Servituten, der Gemeinheiten war das Ziel, dem der Gesetzgeber zustrebte; das freie Privateigentum sollte überall zu seinem Rechte kommen. In scharfen Gegensatze zu dem friderizianischen Systeme der monarchischen Arbeitsorganisation wollten die neuen Gesetze „alles entfernen, was den einzelnen bisher hinderte, den Wohlstand zu erwerben, den er nach dem Maße seiner Kräfte zu erreichen fähig war."

Im Auslande wurde der mächtige Umschwung, der das alte Preußen in seinen sozialen Grundfesten erschütterte, kaum beachtet. Die bewegte Zeit hatte der radikalen Neuerungen genug erlebt, und wie viele, die mit größerem Lärm begannen, waren im Sande verlaufen. Die Franzosen spotteten, wie bedachtsam man im Königsberg den Spuren der großen Revolution folge. In Preußen selbst empfand man um so lebhafter, wie tief die neue Gesetzgebung in alle Lebensverhältnisse einschnitt. Das gebildete Bürgertum begrüßte die Befreiung des Landvolks mit Freuden; in Breslau wurden die Taten des königlichen Reformators auf der Bühne verherrlicht. Aber der kurmärkische Adel, der tapfere Marwitz voran, zürnte auf den dreisten Ausländer, der mit seiner fränkischen und ostpreußischen Beamtenschule das alte, gute brandenburgische Wesen zerstörte. Unerhört erschien außer dem revolutionären Inhalt auch die jakobinische Sprache der Steinischen Gesetze, die nach dem alten Brauche des Absolutismus in ausführlichen Erläuterungen die Absichten des Monarchen dem Volke zu erklären suchten und sich dabei wiederholt auf das Wohl des Staates, auf die Fortschritte des Zeitgeistes beriefen. Und nun gar die den märkischen Junkern ganz unbekannte Menschenklasse der „Landbewohner", die man am grünen Tische erfunden hatte! In den Provinzen rotteten sich sogar die Bauern zusammen, tobend gegen „die neue Freiheit", und der König mußte seine gelben Reiter wider sie aussenden. Auf der Junkergasse zu Königsberg tagte der Perponchersche Klub, würdige Herren vom Hofe, vom Landadel, von der Armee, allesamt tief entrüstet über „das Nattergezücht" der Reformer. Niemand dort schalt grimmiger als General Yorck: der sah die alte, strenge Zucht aus der Welt verschwinden, sah die Zeit gekommen, wo jeder Fähnrich an seinem Obersten zum Marquis Posa werden sollte. Selbst Gneisenau konnte der Kühnheit des Ministers nicht folgen, er meinte den Untergang des großen Grundbesitzes vor Augen zu schauen, bis ihn die Erfahrung eines besseren belehrte. Einige der wackersten Männer aus den alten ostpreußischen Geschlechtern der Dohna, der Auerswald, der Finkenstein beschworen den König in einer Eingabe, die Rechte des Adels zu schützen, ihm mindestens die Befreiung vom Kriegsdienste und die Patrimonialgerichte zu erhalten. Die Reform ging ihren Gang. Wieder, wie schon so oft, wurde eine Tat der Befreiung dem preußischen Volke durch den Willen seiner Krone auferlegt.

Steins soziale Reformen und die Befestigung der Staatseinheit gingen hervor aus der selbständigen, eigentümlichen Durchbildung von Gedanken, welche seit dem Ausbruche der Revolution in der Luft lagen und allen hellen Köpfen des preußischen Beamtentums als ein Gemeingut angehörten. Eine durchaus schöpferische Tat, das freie Werk seines Genius, war dagegen die Städteordnung vom 19. November 1808. Als die letzte und höchste Aufgabe seines politischen Wirkens erschien ihm die Erhebung der Nation aus der dumpfen Enge ihres häuslichen Lebens; er sah sie in Gefahr, der Sinnlichkeit zu verfallen oder den spekulativen Wissenschaften einen übertriebenen Wert beizulegen, und wollte sie erziehen zu gemeinnütziger Tätigkeit, zu kräftigem Handeln. Ein glücklicher praktischer Blick hieß ihn sein Werk bei den Städten zu beginnen. Erst wenn unter der gebildeten städtischen Bevölkerung wieder ein selbständiges Gemeindeleben erwacht war, konnten den rohen, soeben erst der Erbuntertänigkeit entwachsenen Bauern, die ihren Grundherren noch voll Grolles gegenüberstanden, die Rechte und Pflichten der Selbstverwaltung auferlegt werden. Die Städte erhielten die selbständige Verwaltung ihres Haushalts, ihres Armen- und Schulwesens und sollten auf Verlangen des Staates in seinem Namen auch die Geschäfte der Polizei besorgen. Sie wurden gegenüber der Staatsgewalt fast ganz unabhängig gestellt und sogar mit dem Rechte der Autonomie in Steuersachen ausgestattet, einem Rechte, dessen gemeinschädliche Wirkungen noch niemand ahnte. Die alten buntscheckigen Abstufungen des Bürgerrechts fielen hinweg, wie die Vorrechte der Zünfte. Die Einwohner der Städte zerfielen nur noch in zwei Klassen, Bürger und Schutzverwandte. Wer das leicht zu erwerbende Bürgerrecht erlangt hatte, war verbunden zur Übernahme aller Gemeindeämter; denn war die Freiheit des Eigentums ein leitender Gedanke der Steinischen Gesetze, so nicht minder der Grundsatz, daß der Eigentümer dem Gemeinwesen zum Dienst verpflichtet sei. Ein erwählter Magistrat, aus unbesoldeten und wenigen besoldeten Mitgliedern zusammengesetzt, und eine von der gesamten Bürgerschaft nach Bezirken gewählte Stadtverordnetenversammlung leiteten die städtische Verwaltung. So ward endlich gebrochen mit der zweihundertjährigen Verkümmerung des deutschen Kommunallebens.

Auch diese Reform mußte der Nation durch den Befehl des Königs aufgezwungen werden. Der märkische Adel und die alte Schule des Beamtentums klagten über die republikanischen Grundsätze der Städteordnung. Welch ein Entsetzen in diesen Kreisen, als man erfuhr, daß einer der ersten Staatsbeamten, der Präsident von Gerlach, die Wahl zum Oberbürgermeister von Berlin angenommen habe! Der ermattete Gemeinsinn des Bürgertums zeigte anfangs geringe Neigung für den erzwungenen Ehrendienst; auch entdeckte man bald, daß jede Selbstverwaltung teuer ist, während Stein und seine Freunde vielmehr eine Verminderung der Kosten erwartet hatten. Die von Friedrich Wilhelm I. regulierten, an strenge Haushaltung gewöhnten Städte fanden sich meist williger in die neue Ordnung als die alten Kommunen, die noch das Vetterschaftswesen selbstherrlicher Magistrate sich bewahrt hatten. Das rechte Verständnis für den Segen ihrer Freiheit erwachte den Bürgern jedoch erst während der Befreiungskriege, als die Staatsbehörden fast überall ihre Arbeit einstellten und jede Stadt sich selber helfen mußte. Seitdem erst kam unserem Städtewesen eine zweite Blütezeit, minder glänzend, aber nicht weniger ehrenreich als die große Epoche der Hansa; das Schulwesen, die Armenpflege, die gemeinnützigen Stiftungen des deutschen Bürgertums versuchten wieder zu wetteifern mit der älteren und reicheren städtischen Kultur der Romanen.

Durch die Verluste des Tilsiter Friedens war Preußen wieder wesentlich ein Ackerbauland geworden. Darum dachte Stein der Städteverordnung so bald als möglich eine Landgemeinde--Ordnung folgen zu lassen. Ein von Schrötter und dem Ostpreußischen Provinzialdepartement verfaßter Entwurf lag bereits vollendet vor. Stein verlangte freie Landgemeinden mit Schulzen und Dorfgerichten. Die letzten und stärksten Stützen der altständischen Gesellschaftsordnung, die gutsherrliche Polizei und die Patrimonialgerichtsbarkeit, mußten fallen, denn Regierung könne nur von der höchsten Gewalt ausgehen. An dem althistorischen Charakter des Landratsamtes änderten Steins Pläne nichts; der Landrat sollte wie bisher ein Staatsdiener sein, aber zugleich ein gering besoldeter Ehrenbeamter, ein Grundbesitzer aus dem Kreise selbst, der Vertrauensmann der Kreiseingesessenen. Ihm helfen sollte ein Kreistag aus sämtlichen Rittergutsbesitzern und einigen Abgeordneten der Städte und Dörfer. Die starke Vertretung des großen Grundbesitzes gebot sich von selbst in einem Augenblicke, da jedermann noch bezweifelte, ob der rohe „Rustikalstand", die kaum erst freigewordenen Bauern überhaupt fähig seien, den Kreistag zu beschicken.

Den Oberpräsidenten wollte Stein Provinziallandtage an die Seite stellen, damit die Eigenart und die Sonderinteressen der großen Landschaften innerhalb der Staatseinheit zu ihrem Rechte kämen. Er rühmte sich gern, sein Verfassungsplan sei auf freies Eigentum gegründet, gebe das Wahlrecht allen „Eigentümern" – und dies bedeutete in seinem Munde ausschließlich oder doch überwiegend: die Grundbesitzer in Stadt und Land. Mit verwegener Hand hatte er die rechtlichen Schranken zwischen den alten Ständen niedergerissen, es gab in Preußen keine Geburtsstände mehr; jedoch über die tatsächlich noch vorhandenen, im Volksbewußtsein noch lebendigen Unterschiede der Berufsstände und Interessengruppen wollte er nicht leichtfertig hinweggehen. Darum forderte er ständische Wahlen für die Provinziallandtage, dergestalt, daß Ritterschaft, Städte, Bauernschaft für sich ihre Vertreter ernennen sollten. Über diesen neuen Provinzialständen sollten endlich die preußischen Reichsstände stehen, als eine Stütze für die Krone, als das unumgängliche Mittel, den Nationalgeist zu erwecken und zu beleben.

Der König war mit allem einvertstanden, am wenigsten mit der Berufung der Reichsstände. Nicht als ob er die Beschränkung seiner Macht gefürchtet hätte; doch der Lärm der Debatte, die Leidenschaft des parlamentarischen Kampfes, die Notwendigkeit, selber öffentlich aufzutreten, war seiner Schüchternheit peinlich. Aufgewachsen in den Überlieferungen eines milden Absolutismus, voll Widerwillens gegen die Sünden der Revolution, konnte er von der Unentbehrlichkeit des Repräsentativsystems sich noch nicht vollständig überzeugen. In der Tat schien es fraglich, ob die Reichsstände, bei dem kläglichen Zustande der politischen Bildung, nicht eher hemmend als fördernd wirken würden. Von dem Adel, der doch nach Steins Entwürfen das mächtigste Glied des Vereinigten Landtags bilden sollte, stand die freie Zustimmung zu einem gerechteren Steuersysteme und zu den anderen Neuerungsplänen des Ministers schwerlich zu erwarten. Auch die Städter und die Bauern bewiesen nur zu oft, wie wenig sie den Reformgedanken der Krone zu folgen vermochten.

Hand in Hand mit der Verwaltungsreform ging die Neugestaltung des Heeres, ebenfalls unter Steins persönlicher Teilnahme. Der König selbst gab den ersten Anstoß. Auf diesem seinem eigensten Gebiete behielt er immer die unmittelbare Leitung in der Hand, zeigte stets treffendes Urteil und eindringende Sachkenntnis. Schon im Juli 1807 berief er Scharnhorst zum Vorsitzenden einer Kommission für die Reorganisation der Armee und legte ihr eine eigenhändige Denkschrift vor, worin er alle die wunden Stellen des Heerwesens mit sicherem Griffe heraushob, die Mittel der Heilung richtig angab. Zu Scharnhorst aber gesellte sich eine Schar jüngerer Talente, die, wie er, der gesamten geistigen Arbeit der Zeit mit lebendigem Verständnis folgten, staatsmännische Köpfe, die das Heer als eine Schule des Volks, die Kriegskunde als einen Zweig der Politik betrachteten. Ihr stilles Wirken hat nicht nur die Waffen geschliffen für den Kampf der Befreiung, sondern auch die preußische Armee wieder in Einklang gebracht mit der neuen Kultur, dem deutschen Heerwesen für alle Zukunft den Charakter ernster Bildung, geistiger Frische und Rührigkeit aufgeprägt.

Scharnhorst war längst der anerkannt erste Militärschriftsteller, der größte Gelehrte unter den deutschen Offizieren; aber auch ein seltener Reichtum praktischer Erfahrungen stand ihm nach einem wechselreichen Leben zu Gebote. Er hatte in allen Waffengattungen, im Generalstabe und in den Militärbildungsanstalten gedient. Er lernte, als er auf der Kriegsschule des Wilhelmsteins seinen ersten militärischen Unterricht empfing, jene berühmte, kleine Mustertruppe kennen, welche sich der geistvolle alte Kriegsheld Graf Wilhelm von Bückeburg aus der gesamten waffenfähigen Jugend seines Ländchens gebildet hatte; dann wurde er als hannoverscher Offizier auf dem niederländischen Kriegsschauplatze genau vertraut mit der englischen Armee, die unter allen europäischen Heeren noch am treuesten den Charakter des alten Söldnerwesens bewahrte; er zog zu Felde gegen die lockeren Milizen der Republik wie gegen das wohlgeschulte Konskriptionsheer Napoleons und stand im Kriege von 1806 der Heeresführung nahe genug, um die Gebrechen der friderizianischen Armee, die letzten Gründe ihres Untergangs genau zu durchschauen. Jene stramme soldatische Haltung, wie sie der König von seinen Offizieren verlangte, war dem einfachen Niedersachsen fremd. In unscheinbarer, fast nachlässiger Kleidung ging er daher, den Kopf gesenkt, die tiefen sinnenden Denkeraugen ganz in sich hineingekehrt. Das Haar fiel ungeordnet über die Stirn herab, die Sprache klang leise und langsam. In Hannover sah man ihn oft, wie er an dem Bäckerladen beim Tore selber anklopfte und dann mit Weib und Kindern draußen unter den Bäumen der Eilenriede zufrieden sein Vesperbrot verzehrte. So blieb er sein Leben lang schlicht und schmucklos in allem. Doch die Überlegenheit eines mächtigen, beständig produktiven und durchaus selbständigen Geistes, der Adel einer sittlichen Gesinnung, die gar nicht wußte, was Selbstsucht ist, verbreiteten um den schlichten Mann einen Zauber natürlicher Hoheit, der die Gemeinen abstieß, hochherzige Menschen langsam und sicher anzog.

Dem Könige war die gleichmäßige Ruhe des Generals behaglicher als Steins aufregendes und aufgeregtes Wesen; keiner unter seinen Räten stand ihm so nahe. Scharnhorst erwiderte das Vertrauen seines königlichen Freundes mit unbedingter Hingebung; er fand es niedrig, jetzt noch vergangener Fehler zu gedenken, er bewunderte die Seelenstärke des unglücklichen Monarchen und hat in seiner Treue nie geschwankt, auch dann nicht, als manche seiner Freunde in ihrer patriotischen Ungeduld an dem bedachtsamen Fürsten irre wurden. Ein echter Niederdeutscher, war er schamhaften Gemüts, still und verschlossen von Natur; das Lob klang ihm fast wie eine Beleidigung, ein zärtliches Wort wie eine Entweihung der Freundschaft.

Unter den Männern, die ihm bei der Reorganisation des Heeres zur Hand gingen, sind vier gleichsam die Erben seines Geistes geworden, so daß jeder einen Teil von der umfassenden Begabung des Meisters überkam; die Feldherrennaturen Gneisenau und Grolman, der Organisator Boyen, der Gelehrte Clausewitz – alle vier, wie Scharnhorst selber, arm, genügsam, bedürfnislos, ohne jede Selbstsucht, allein der Sache dienend und bei allem Freimut tief innerlich bescheiden, wie es dem begabten Soldaten natürlich ist.

Mit solchen Kräften schritt der König an das Werk der Wiederherstellung. Die ganze Armee wurde neu formiert. Sechs Brigaden, zwei schlesische, zwei altpreußische, je eine aus Pommern und den Marken, das war alles, was von dem friderizianischen Heerre noch übrig blieb, das war der letzte Anker für Deutschlands Hoffnungen. Der Zopf fiel hinweg, die Truppen erhielten zweckmäßigere Waffen und Kleider, die Künste des Paradeplatzes traten zurück hinter der anstrengenden Arbeit des Felddienstes. Alle Vorräte mußten von neuem angeschafft werden; Napoleons Marschälle hatten die Ausplünderung mit solcher Gründlichkeit besorgt, daß die schlesische Artillerie einmal monatelang, aus Mangel an Pulver, ihre Schießübungen einstellen mußte. Eine Untersuchungskommission prüfte das Verhalten jedes einzelnen Offiziers im Kriege, entfernte unerbittlich die Schuldigen und Verdächtigen. Gneisenau forderte in der Zeitschrift „Der Volksfreund", die der wackere Bärsch herausgab, die Freiheit des Rückens für die Armee, fragte bitter, ob der preußische Soldat den Antrieb zum Wohlverhalten auch fernerhin im Holze suchen solle, statt im Ehrgefühle. Seine Meinung drang durch; die neuen Kriegsartikel beseitigten die alten grausamen Körperstrafen.

In einem anderen Zeitungsaufsatze schilderte Gneisenau sarkastisch, wie bequem es doch für die adligen Eltern sei, daß ihre Söhne schon im Kindesalter als Junker die Soldaten des Königs befehligen dürften. Er sprach damit nur aus, was alle verständigen Offiziere dachten. Die Beseitigung der Junkerstellen sowie aller anderen Vorrechte des Adels im Heere ergab sich von selbst aus dem Geiste der neuen Gesetzgebung, und da man die Tüchtigkeit der jugendlichen Heerführer Napoleons kennengelernt, so verlangte mancher Heißsporn die Nachahmung des vielgerühmten freien Avancements der Franzosen. Scharnhorst aber ging seines eigenen Wegs; er durchschaute, welche sittlichen Schäden der napoleonische Grundsatz „junge Generale, alte Hauptleute" hervorgerufen, wie viel rohe, unsaubere Elemente sich in die unteren Schichten des französischen Offizierskorps eingedrängt, und wie bedenklich dort ein zügelloser Ehrgeiz die Bande der treuen Kameradschaft gelockert hatte. Der deutsche Bauernsohn wußte wohl, warum Washington den Amerikanern zugerufen: nehmt nur Gentlemen zu Offizieren – warum König Friedrich Wilhelm I. seinen Offizieren erlaubt hatte, dann nicht zu gehorchen, wenn ihnen etwas gegen die Ehre angesonnen würde. Er wollte den alten aristokratischen Charakter des preußischen Offizierskorps nicht zerstören, sondern nur die Aristokratie der Bildung an die Stelle des adligen Vorrechts setzen.

Das Reglement vom 6. August 1808 über die Besetzung der Stellen der Portepeefähnriche stellte den Grundsatz auf: im Frieden gewähren nur Kenntnisse und Bildung, im Kriege nur ausgezeichnete Tapferkeit und Umsicht einen Anspruch auf die Offiziersstellen; keine Junker mehr, dafür Portepeefähnriche, die erst im siebzehnten Jahre und nach einer wissenschaftlichen Prüfung zugelassen werden, erst nach einer zweiten Prüfung und auf Vorschlag des Offizierskorps die Epauletten erlangen können. Den Offizieren schärfte der König ein, sie sollten sich ihre ehrenvolle Bestimmung, die Erzieher und Lehrer eines achtbaren Teiles der Nation zu sein, immer vergegenwärtigen.

Allen diesen Reformen lag der Gedanke zugrunde, daß die Armee fortan das Volk in Waffen sein solle, ein nationales Heer, dem jeder Wehrfähige angehöre. Die Werbung wurde abgeschafft, die Aufnahme von Ausländern verboten, nur einzelne Freiwillige von deutschem Blute ließ man zu. Die neuen Kriegsartikel und die Verordnung über die Militärstrafen hoben sogleich mit der Verheißung an, künftig würden alle Untertanen, auch junge Leute von guter Erziehung, als gemeine Soldaten dienen, und begründeten damit die Notwendigkeit einer milderen Behandlung der Mannschaft. Über die Verwerflichkeit der alten Befreiungen vom Waffendienste waren alle denkenden Offiziere einig. Der Gedanke der allgemeinen Wehrpflicht war schon vor dem Krieg von Scharnhorst selbst, von Boyen, Lossau und anderen Offizieren verteidigt, von dem Könige selbst reiflich erwogen worden; während des unglücklichen Feldzugs hatte er dann in der Stille seinen Weg gemacht, und jetzt war jedem einsichtigen Soldaten klar, daß der ungleiche Kampf

Der Große Kurfürst empfängt im Jahre 1686 französische Refugiés in Potsdam

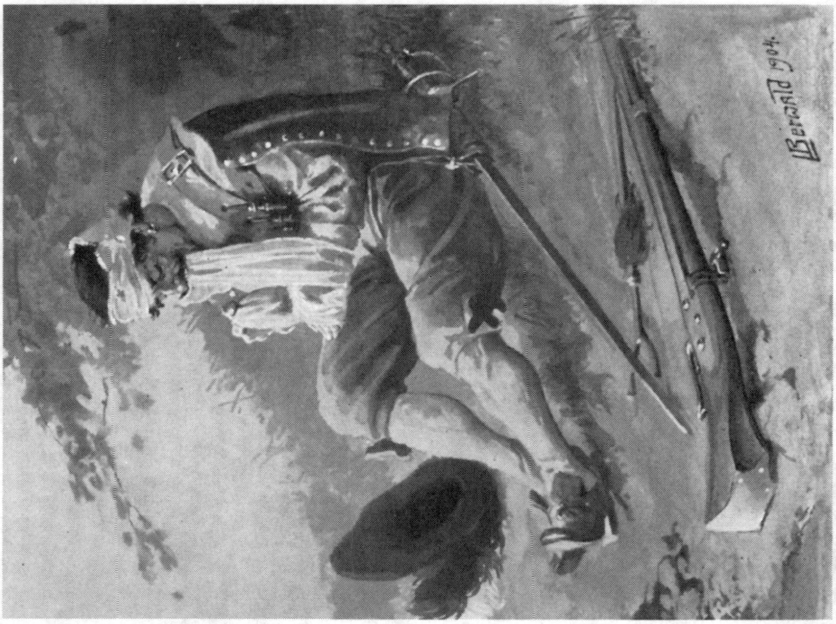

Verwundeter Musketier

Ein Fähnrich der Landsknechte

nur mit dem Aufgebote der gesamten Volkskraft wieder aufgenommen werden konnte. Gleich nach dem Frieden bat Blücher seinen lieben Scharnhorst, „vor eine National-Armee zu sorgen, niemand auf der Welt muß eximiert sein, es muß zur Schande gereichen, wer nicht gedient hat."

Die preußischen Offiziere faßten den Gedanken der allgemeinen Dienstpflicht von Haus aus in einem freieren und gerechteren Sinne auf als vormals die Bourgeois der französischen Direktorialregierung. Die Besiegten dachten zu stolz, um die Institutionen des Siegers einfach nachzuahmen. Man hatte es ertragen, daß der Befehl des Königs einzelne Volksklassen kraft ihrer Standesprivilegien oder aus volkswirtschaftlichen Rücksichten von der Kantonspflicht befreite. Aber die Vorstellung, daß der Bemittelte sich von der Dienstpflicht loskaufen, ein Untertan für den anderen seine Haut zu Markte tragen solle, war ganz und gar unpreußisch, widersprach allen Traditionen der Armee. Das französische System der Stellvertretung wurde wohl von einigen Zivilbeamten, aber von keinem einzigen nahmhaften Offizier empfohlen. Man dachte demokratischer als die Erben der Revolution, verlangte kurz und gut die Wehrpflicht für alle – und nicht bloß als ein Kriegsmittel für den Befreiungskampf, sondern als eine dauernde Institution zur Erziehung des Volkes. Ein Verächter aller müßigen militärischen Künstelei, blieb Scharnhorst doch ein streng geschulter Fachmann; er wußte, wie wenig die Begeisterung allein die Ausdauer, die Kunstfertigkeit, die Mannszucht des geübten Soldaten ersetzen kann. Aus seiner reichen Geschichtskenntnis hatte er die Überzeugung gewonnen, je weicher die Sitten würden, um so nötiger sei den Nationen die militärische Erziehung, damit die männlichen Tugenden einfacher Zeiten der Kulturwelt erhalten blieben, die rührige Kraft des Leibes und des Willens den fein Gebildeten nicht verloren gehe. Mit hellem Jubel ging Gneisenau auf diese mannhafte Anschauung des historischen Lebens ein; er wollte die militärischen Übungen schon in der Volksschule beginnen lassen, dann sei der Heldenruhm der Spartaner für die moderne Menschheit nicht mehr unerreichbar. Allen Freunden Scharnhorsts aus der Seele schrieb Boyen die Verse: wehrhaft sei im ganzen Lande jeder Mann mit seinem Schwert, denn es ziemet jedem Stande zu verteidigen Thron und Herd!

Über den Grundsatz also bestand kein Zweifel. Doch wie die unüberwindlichen Schwierigkeiten, welche sich der Ausführung entgegenstellten, besiegen? Die Söhne der gebildeten Klassen in Friedenszeiten ohne weiteres in das stehende Heer einzureihen, erschien dieser Zeit, die soeben erst der Zeit der alten Kriegszucht entwuchs, als eine unerträgliche Härte; und zudem erzwang Napoleon im September 1808 den Pariser Vertrag, kraft dessen der mißhandelte Staat sich verpflichten mußte, nicht mehr als 42 000 Mann Truppen zu halten. So blieb nur übrig, den Eroberer zu überlisten, die Verträge zu umgehen und neben dem stehenden Heere eine Reserve-Armee, eine Landwehr für Kriegsfälle, zu schaffen.

Die älteren Pläne verfolgten den Hauptzweck, die Söhne der wohlhabenden Klassen, die sich selber bewaffnen und bekleiden konnten, für den Dienst im Kriege vorzubereiten; unter dem harmlosen Namen einer Bürgergarde oder Nationalwache sollten sie im Frieden eingeübt werden. Im Sommer 1809 gab der Rastlose seinen Entwürfen eine großartigere Gestalt, welche breits die Grundzüge der Organisation von 1813 erkennen ließen. Er dachte hoch von der Heldenkraft eines zornigen Volks, doch er sah auch nüchtern voraus, wie viele Zeit vergehen muß, bevor aus einem bewaffneten Haufen eine kriegstüchtige Truppe wird. Sein Plan war: das stehende Heer beginnt den Angriff; unterdessen bildet sich die Reserve-Armee aus den ausgedienten und überzähligen Soldaten sowie aus allen jüngeren Kantonspflichtigen; die Wohlhabenden treten als freiwillige Jäger ein. Diese Landwehr übernimmt den Festungsdienst und die Belagerung der vom Feinde besetzten Plätze; sobald sie genügend ausgebildet ist, zieht sie dem Heere nach, und an ihre Stelle rückt die inzwischen versammelte Miliz, ein Landsturm, der alle noch übrigen Wehrhaften umfaßt.

Aber alle diese Hoffnungen wurden zuschanden. Sobald Napoleon von einem neuen preußischen Landwehrplane hörte, griff er stets sofort mit herrischer Drohung ein; nicht einen Schritt durfte ihm der verhaßte Gegner über die Pariser Versprechungen hinausgehen, nur er selber behielt sich vor, sie mit Füßen zu treten. Man mußte endlich einsehen, daß die Bildung einer Landwehr schlechterdings unmöglich blieb, solange Preußen noch nicht einmal in der Lage war, an Frankreich den Krieg zu erklären. Das einzige, was bis dahin geschehen konnte, ohne das Mißtrauen des Imperators aufzustacheln, war die raschere Ausbildung der Mannschaften des stehenden Heeres. Die gesetzliche zwanzigjährige Dienstzeit der Kantonspflichtigen blieb unverändert, doch man hob ihrer so viele aus, als irgend möglich, und beurlaubte dann diese leidlich ausexerzierten Krümper nach einigen Monaten. Die vertragsmäßige Heeresziffer wurde dabei nicht allzu streng eingehalten; das Leibregiment in Berlin ließ jahrelang, so oft die Truppe zum Felddienst ausrückte, einen Teil der Mannschaft in der Kaserne zurück, damit Napoleons Späher die Stärke der Bataillone nicht bemerkten. Durch dieses Krümpersystem bildete Scharnhorst nach und nach 150 000 Soldaten notdürftig aus. Ein tragisches Schauspiel, wie der große Mann so jahraus jahrein mit tausend Listen und Schlichen dem allwissenden Feinde zu entschlüpfen suchte. Seine Seele schmachtete nach der Freude der Schlacht; den letzten Hauch von Mann und Roß, alles, was an die Wände pissen konnte, wollte er dahingeben, damit Deutschland wieder frei sei; und immer wieder vereitelte der wachsame Gegner die Pläne der Rüstung. Erst als die Stunde des offenen Kampfes schlug, trat mit einem Schlage ins Leben, was in fünf Jahren voll aufreibender Arbeit, voll namenloser Sorge still bereitet war. Scharnhorst und niemand sonst ist der Vater der Landwehr von 1813.

Während dieser Tage krampfhafter Aufregung erwachte in Norddeutschland zuerst die Idee der deutschen Einheit – recht eigentlich ein Kind des Schmerzes, der historischen Sehnsucht, einer ebenso sehr poetischen als politischen Begeisterung. Wie felsenfest hatte das achtzehnte Jahrhundert an die Ewigkeit seines römischen Reichs geglaubt. Wie zahm, zufrieden und liebevoll hatte noch das Geschlecht der neunziger Jahre an seinem Fürsten gehangen, als Georg Forster in dem Gedenkbuche des Jahres 1790 mit beweglichen Worten die „menschenfreundliche Handlung eines deutschen Fürsten" schilderte und Chodowiecki in einem Kupferstiche diesen großen Menschenfreund verewigte – den Herzog Max nämlich, wie er einer Marktfrau den Korb auf den Kopf zu nehmen half! Jetzt war das Reich dahin, die Deutschen waren kein Volk mehr, nur noch Sprachgenossen. Wie bald konnte auch dies letzte Band zerreißen, da das linke Rheinufer für immer der welschen Gesittung verfallen schien und im Königreich Westfalen die französische Amtssprache bis zur Elbe hin herrschte; unsere Fürsten aber, die vielgeliebten, heißbewunderten, trugen die Ketten des Fremdlings, sie alle bis auf zwei! Und mitten im Niedergange ihres alten Volkstums blieb den Deutschen noch das stolze Gefühl, daß die Welt ihrer nicht entbehren könne, daß sie eben jetzt, durch ihre Dichter und Denker, für die Menschheit mehr getan als jemals ihre Besieger. Aus dem Jammer der Gegenwart flüchtete die Sehnsucht in die fernen Zeiten deutscher Größe; das Kaisertum, vor kurzem noch ein Kinderspott, erschien jetzt wieder als ein Ruhm der Nation. In allen den aufgeregten Briefen, Reden und Schriften dieser bedrängten Tage klingen die beiden bitteren Fragen wieder: warum sind die Deutschen als einzelne so groß, als Nation so gar nichts? warum sind, die einst der Welt Gesetze gaben, den Fremden unter die Füße geworfen?

Die Dichter und Gelehrten waren gewohnt, vor einem idealen Deutschland zu reden, über die Grenzen der Länder und Ländchen hinweg an alle Söhne deutschen Blutes sich zu wenden. Nun da die Literatur mit politischer Leidenschaft sich erfüllte, übertrug sie diese Anschauungen kurzerhand auf den Staat. Fichte richtete seine politischen Ermahnungen als Deutscher schlechtweg an Deutsche nicht anerkennend, sondern durchaus beiseite setzend alle die trennenden Unterscheidungen, welche unselige Ereignisse seit Jahrhunderten in der einen Nation gemacht hatten. Die Deutschheit, die echte, alte, unverstümmelte deutsche Art sollte wieder zu Ehren kommen. Eine hochherzige Schwärmerei pries in überschwenglicher Begeisterung den angeborenen Adel deutschen Wesens, denn nur durch die Überhebung konnte ein so unpolitisches Geschlecht wieder zur rechten Schätzung des Heimatlichen, zum nationalen Selbstgefühle gelangen. An die Stelle der alten leidsamen Ergebung trat ein verwegener Radikalismus, der alle die Gebilde unserer neuen Geschichte als Werke des Zufalls und des Frevels verachtete: was blieb denn noch ebenbürtig und der Schonung wert in diesem rheinbündischen Deutschland? Waren nur erst die fremden Tyrannen gestürzt, ihre freiwilligen Sklaven gezüchtigt und die widerwilligen befreit, so sollte ein neues, mächtiges Deutschland, glänzend im Schmucke heller

Gedanken und ruhmreicher Waffen, sich politisch gestalten – gleichviel in welchen Formen, aber einig und aus dem ureigenen Geiste der Nation heraus – und dann mußten die Deutschen, ließ man sie nur frei gewähren, auch in Kunst und Wissenschaft die reichsten Kränze, die je ein hellenisches Haupt geschmückt, sich auf die Siegerstirne drücken. Von dem einen Gewaltigen, der unserer Nation schon einmal den Weg zur politischen Macht gewiesen, sprach man ungern. Was dies neue Geschlecht brauchte, war scheinbar das Gegenteil der friderizianischen Gedanken; Friedrichs Werk schien vernichtet, und viele der jungen Schwärmer wollten ihm nie verzeihen, daß er das Schwert gegen die gesalbte, kaiserliche Majestät erhoben hatte. Großherziges Vergessen der alten Bruderkämpfe, treue Eintracht aller deutschen Stämme, das war es, was man forderte für den gemeinsamen Kampf; nicht von einem gegebenen politischen Mittelpunkte aus, sondern durch die Erhebung der gesamten Nation sollte das Weltreich zerschmettert werden, und alles weitere fand sich dann von selbst.

Es wurde verhängnisvoll für unser politisches Leben und hängt uns nach bis zum heutigen Tage, daß der Gedanke der nationalen Einheit bei uns nicht wie in Frankreich langsam die Jahrhunderte hindurch heranreifte, die natürliche Frucht einer stetigen, immer auf dasselbe Ziel gerichteten monarchischen Politik, sondern so urplötzlich nach langem Schlummer wieder erwachte, unter zornigen Tränen, unter Träumen von Zeiten, die gewesen. Daher jener rührende Zug idealistischer Schwärmerei, treuherziger Begeisterung, der die deutschen Patrioten der folgenden Generationen so liebenswürdig erscheinen läßt. Daher ihre krankhafte Verbitterung: denn auch, nachdem der rauhe Franzosenhaß jener gequälten Zeit verraucht war, blieb ein tiefer Groll gegen das Ausland in den Herzen der begeisterten Teutonen zurück; man konnte nicht träumen von Deutschlands künftiger Größe, ohne die fremden Völker zu schelten, die sich oft und so schwer an der Mitte Europas versündigt hatten. Daher auch die wunderbar verschwommene Unklarheit der politischen Hoffnungen der Deutschen. Ein durch unbestimmte historische Bilder erhitzter Enthusiasmus berauschte sich für die Idee eines großen Vaterlandes in den Wolken, das irgendwie die Herrlichkeit der Ottonen und der Staufer erneuern sollte, begrüßte jeden, der in die gleichen Klagen, in die gleiche Sehnsucht mit einstimmte, Männer der verschiedensten politischen Richtungen, willig als Parteigenossen und bemerkte kaum die lebendigen Kräfte der wirklichen deutschen Einheit, die in dem preußischen Staate sich regten. Daher endlich die haltlose Schwäche des deutschen Nationalgefühls, das bis zur Stunde noch nicht die untrügliche Sicherheit eines naiven volkstümlichen Instinktes erlangt hat. Der Traum der deutschen Einheit drang sehr langsam aus den gebildeten Ständen in die Massen des Volkes herab, und auch dann noch blieb der große Name des Vaterlandes dem geringen Manne lange nur ein unbestimmtes Wort, eine wundervolle Verheißung, und die ehrliche Liebe zum einigen Deutschland vertrug sich wohl mit einem engherzigen, handfesten Partikularismus.

In Preußen stand die alte Königstreue zu fest, als daß sich die Hoffnungen der Patrioten so ganz ins Grenzenlose hätten verlieren können. Es ist kein Zufall, daß keiner unter den Publizisten und Volksrednern der Zeit so viel nüchterne realpolitische Einsicht zeigte wie Schleiermacher, der geborene Preuße: wenn er von Deutschlands Befreiung sprach, so blieb ihm die Wiederherstellung der alten preußischen Macht immer die selbstverständliche Voraussetzung. Wenn Schenkendorf in begeisterten Versen vom Kaiser und vom Reich predigte, wenn Heinrich Kleist die Deutschen beschwor,„voran den Kaiser" in den heiligen Krieg zu ziehen, so nahmen auch sie stillschweigend an, daß Preußen unter diesem neuen Kaisertum eine würdige Stelle behaupten müsse. Auf dem Turnplatze in der Hasenheide, in den Kreisen von Jahn, Harnisch und Friesen, vernahm man sogar schon die zuversichtliche Weissagung: Preußen habe immerdar Deutschlands Schwert geführt und müsse in dem neuen Reiche die Krone tragen. Fichte dagegen wuchs erst nach und nach in diese preußischen Anschauungen hinein, gelangte erst im Jahre 1813 zu der Erkenntnis, daß allein der König von Preußen „der Zwingherr zur Deutschheit" werden könne. Auch Arndt lernte erst durch Preußens Siege die Notwendigkeit der friderizianischen Staatsbildung verstehen. Gemeinsam aber war allen jugendlichen Patrioten, auch den Preußen, der kindliche Glaube an ein unbestimmtes wunderbares Glück, das da kommen müsse, wenn Deutschland nur erst wieder sich selber angehöre. Die ganze Macht überschwenglicher

Gefühle, die sich in dem klassischen Zeitalter unserer Dichtung angesammelt hatte, ergoß sich jetzt in das politische Leben. Niemals hatte die norddeutsche Jugend so stolz, so groß gedacht von sich selber und von der Zukunft ihres Volkes, wie jetzt, da dies Land vernichtet schien; ihr war kein Zweifel, das ganze große Deutschland, das einträchtig wie eine andächtige Gemeinde den Worten seiner Dichter gelauscht hatte, mußte als eine geschlossene Macht wieder eintreten in die Reihe der Völker. Doch nirgends ein Versuch zur Bildung einer politischen Partei mit klar begrenzten, erreichbaren Zielen; nicht einmal ein Meinungskampf über die Frage, in welchen Formen sich das verjüngte Vaterland neu gestalten sollte. Aus der Fülle von Ahnungen und Hoffnungen, welche die ungeduldigen Gemüter bewegte, trat nur ein einziger greifbarer politischer Plan hervor – und dieser eine freilich ward mit schwerem Ernst erfaßt – der Entschluß zum Kampfe gegen die Herrschaft der Fremden.

Noch anderthalb Jahre nach dem Frieden blieb der Feind im Lande, und auch nachher, als die französischen Truppen Preußen endlich geräumt hatten, stand ganz Deutschland unter der scharfen Aufsicht der napoleonischen Spione. Alle französischen und rheinbündischen Diplomaten mußten Bericht erstatten über die Stimmung im Volke. Bignon in Stuttgart und der westfälische Gesandte Linden in Berlin trieben das unsaubere Gewerbe mit besonderem Eifer; Napoleons Gesandter in Kassel, der geistreiche Schwabe Reinhard, ein Freund Goethes, benutzte seine Verbindungen mit der deutschen literarischen Welt, um den Imperator über jede Regung deutscher Gedanken zu unterrichten. Darum mußten die Patrioten, ganz wider die Neigung und Begabung der deutschen Natur, zu geheimen Vereinen zusammentreten. Hardenberg selbst sagte in jener Rigaer Denkschrift dem Könige, in solcher Zeit seien Geheimbünde unentbehrlich, und empfahl namentlich die Logen zur Verbreitung guter politischer Grundsätze, da auch Napoleon den noch immer einflußreichen Freimaurerorden für seine Zwecke zu benutzen suchte und seinen Schwager Murat zum Großmeister ernennen ließ.

Nur wenige unter den deutschgesinnten Preußen sind, solange die Feinde das Land besetzt hielten, dem unterirdischen Treiben ganz fern geblieben. Auch Stein traf, wie Schön erzählt, in Königsberg zuweilen in tiefem Geheimnis mit Gneisenau, Süvern und anderen Freunden zusammen, um die Lage des Vaterlandes, die Möglichkeit der Wiedererhebung zu besprechen. Selbst die hellen Köpfe – so gewaltig war die Aufregung – wollten nicht ganz lassen von der bodenlosen Hoffnung, daß vielleicht ein glücklicher Handstreich, eine plötzliche Erhebung des Volks den französischen Spuk verscheuchen könnte. In den Gesellschaften des Berliner Adels taten sich einige, zumal unter den Damen, durch die urwüchsige Kraft ihres Franzosenhasses, durch lautes Schelten gegen die Halben und Schwächlinge hervor; man nannte sie unter den Uneingeweihten den Tugendbund, und alle Welt wußte, wann sie sich insgeheim versammelten, da die deutsche Ehrlichkeit sich auf die dunklen Künste der Verschwörer schlecht verstand. Ernsthaftere Pläne verfolgte eine Reihe anderer formloser patriotischer Vereine, denen Lützow und Chasot, Reimer, Eichhorn, Schleiermacher, wackere Männer des Heeres, des Bürgertums und der Wissenschaft angehörten. Hier kaufte man Waffen auf, soweit die ärmlichen Mittel reichten, suchte die Gesinnungsgenossen ringsum in Deutschland zu sammeln, zu ermahnen, zu ermutigen; wie oft ist Leutnant Hüser von Berlin nach Baruth hinübergeritten, um Briefe an den Mitverschworenen Heinrich Kleist auf die sächsische Post zu geben. Später stiftete Jahn mit einigen seiner Turnfreunde einen Deutschen Bund; wie die Eidgenossen auf dem Rütli traten die Verschworenen nachts im Walde bei Berlin zusammen und weihten sich zum Kampf für das Vaterland. Als der Ausbruch des Krieges sich weiter und weiter hinausschob, ging unter den Heißspornen zueilen die Rede: wenn dieser Zauderer Friedrich Wilhelm durchaus nicht wolle, so müsse sein Bruder, der ritterliche Prinz Wilhelm, den Thron besteigen.

Die Zeit lag im Fieber. Es war ein ewiges, geheimnisvolles Kommen und Gehen unter den Patrioten; sie zogen verkleidet umher, sammelten Nachrichten über die Stellungen des Feindes, über die Stärke der festen Plätze; auch der Offenherzige mußte lernen, mit sympathetischer Tinte zu schreiben, unter falschem Namen zu reisen. Wie hatte sich doch die stille, norddeutsche Welt verwandelt, welche Wildheit dämonischer Leidenschaft flammte jetzt in den vormals so friedlichen Herzen! Unter den jungen Leuten im Magdeburgischen, den Freunden Immermanns, war die Frage, wie man wohl den Korsen aus dem Wege räumen könne, ein gewöhnlicher Gegenstand des Gesprächs, und keiner fand etwas Arges daran. Schwerere Naturen ergriffen den unheimlichen Gedanken mit grimmigem Ernst; Heinrich Kleist trug ihn monatelang mit sich herum in seiner umnachteten Seele. Nachher lernte Napoleon mit Entsetzen aus dem Mordanfalle des unglücklichen Staps, wie tief sich der Haß selbst in fromme, schlichte Gemüter eingefressen. Natürlich, daß sich auch die akademische Jugend auf ihre Art an den verbotenen Vereinen beteiligte. Schon vor der Katastrophe von Jena bildeten Marburger Studenten, unter dem Eindrucke der Ermordung Palms, einen geheimen Bund zur Wahrung deutscher Art und Freiheit. Der berühmteste aber unter jenen Geheimbünden, mit dessen Name die Franzosen alle anderen zu bezeichnen pflegten, der Königsberger Tugendbund, zählte nie mehr als etwa 350 Mitglieder, darunter nur vier Berliner. Weder Stein noch Scharnhorst gehörte ihm an, und von ihren nahen Freunden nur zwei, Grolmann und Boyen.

Überhaupt blieb die Wirksamkeit der Geheimbünde weit geringer, als die geängstigten Franzosen annahmen, die sich den Sturz der napoleonischen Herrschaft nur aus dem Walten geheimnisvoller Mächte erklären konnten. Mancher wackere Mann wurde durch dies Vereinsleben für die vaterländische Sache gewonnen; einige der Besten aus der jungen Generation, die späterhin an die Spitze der Verwaltung traten, Eichhorn, Merckel, Ribbentrop, sind durch diese Schule gegangen. Scharnhorst, der alles sah und alles wußte, betraute dann und wann einzelne der Verschworenen mit gefährlichen Aufträgen, wenn es etwa galt, einen Waffentransport über die Grenze zu schaffen. Im Jahre 1812 nahm das stillgeschäftige Treiben einen neuen Aufschwung; man unterstützte deutsche Offiziere, die in russischen Dienst treten wollten, man verbreitete im Rücken der großen Armee die Nachrichten von ihren Niederlagen, fing auch wohl einmal einen französischen Kurier ab. Doch im ganzen war der augenblickliche Erfolg unerheblich.

Ein unvorsichtiger Schritt Steins durchkreuzte plötzlich die kriegerischen Pläne. Ein Brief des Ministers, der den Fürsten Wittgenstein aufforderte, die Unzufriedenheit im Königreich Westfalen zu schüren, fiel den Spähern Napoleons in die Hände und erschien am 8. September im Moniteur. Damit war Steins Fall entschieden. Der Imperator verlangte sofort die Entlassung des Verschwörers – sonst werde Friedrich Wilhelm sein Schloß an der Spree nie wiedersehen – und benutzte sogleich den unglücklichen Brief, um die preußischen Unterhändler, die in Paris die Räumung des Landes durchsetzen sollten, einzuschüchtern und seinem Machtgebote zu unterwerfen. Sein Plan war gefaßt: er wollte zunächst das russische Bündnis von neuem befestigen, damit er in Sicherheit die große Armee aus Deutschland zurückziehen und gegen Spanien verwenden könne. Darum zeigte er sich jetzt bereit, auf Alexanders orientalische Pläne einzugehen, versicherte dem Zaren, die beabsichtigte Räumung Deutschlands sei nur ein der russischen Freundschaft gebrachtes Opfer, und lud ihn zu einer feierlichen Zusammenkunft ein: das furchtbare Bündnis der beiden Beherrscher des Abendlandes und des Morgenlandes sollte in seiner ganzen Pracht und Größe vor den erschreckten Weltteil treten. In der Tat nahm Alexander die Einladung an; die Hofburg aber wurde durch die kühne diplomatische Schwenkung des Imperators derart eingeschüchtert, daß sie ihre Armee wieder auf Friedensfuß zu setzen versprach, wenngleich die Rüstungen in der Stille weiter gingen.

Preußen stand wieder völlig vereinsamt, aller Mittel zum Widerstande beraubt. Am 8. September unterzeichnete Prinz Wilhelm die bedrückenden Bedingungen des Pariser Vertrags. Die rückständige Kontribution wurde auf 140 Mill. festgesetzt, die französische Armee zurückgerufen; der König sollte endlich seine Staatseinkünfte wieder erhalten, doch dafür mußte er bis zur Abtragung der Kriegsschuld die Oderfestungen Stettin, Küstrin und Glogau den Franzosen einräumen und sich verpflichten, weder seine Armee über 42 000 Mann hinaus zu verstärken, noch eine Landwehr zu bilden. Napoleon gewann also zu den festen Plätzen der Elbe und der Weichsel auch noch den Besitz der Oderlinie, dazu sieben Etappenstraßen quer durch das preußische Gebiet, dergestalt, daß seinen Polen und Rheinbündnern und den 70 000 Franzosen, die er zwischen Elbe und Rhein noch zurückhielt, jederzeit der Eintritt offen stand. Er beherrschte Preußen militärisch so vollkommen wie bisher – auf unbestimmte Zeit hinaus, da die pünkliche Abzahlung der unerschwinglichen Schuld ganz außer Frage stand; er unterbrach die Rüstungen des verdächtigen Bundesgenossen und gewann zudem die freie Verfügung über seine große Armee, sowie das Versprechen preußischer Hilfstruppen für den Fall eines Krieges mit Österreich!

Nun war auch Stein nicht mehr zu halten; am 24. November nahm er seine Entlassung. Die kleine französische Partei am Hofe, der ängstliche alte Köckritz und die Hochkonservativen atmeten auf, als der kühne Reformer schied; doch nicht diesen inneren Feinden war er erlegen, sondern allein dem Machtworte Napoleons. Friedrich Wilhelm hatte das äußerste gewagt, als er den Minister noch ein Vierteljahr lang gegen die Drohungen des Imperators beschützte. Stein selber warf sich späterhin vor, daß er nicht schon früher seinen unhaltbaren Posten verlassen habe, und Hardenberg schrieb bitter: welche Verblendung, daß ein Mann von Geist glauben konnte, dieser abscheuliche Brief würde ihm je verziehen werden!

Welch ein Verhängnis nun, daß gerade in dieser Zeit, da Preußen seinen ersten Staatsmann verbannen mußte, ein neues Kriegswetter über Österreich heraufzog. Um Neujahr 1809 folgte das preußische Könispaar einer dringlichen Einladung Alexanders nach Petersburg. Mit beispiellosem Glanze empfing der Zar seine Gäste, als ob er sie entschädigen wollte für die Untreue von Tilsit; auch der Hofadel suchte durch überschwengliche Ehrenbezeigungen seinen Franzosenhaß zu bekunden. Seitdem verband die beiden Höfe ein Verhältnis persönlicher Vertraulichkeit, wie es noch niemals zwischen Großmächten bestanden hatte; der preußische Gesandte wurde fortan in Petersburg wie ein Angehöriger der kaiserlichen Familie behandelt. Das politische Ergebnis der Reise war gleichwohl nur ein großer Mißerfolg. Der Zar hatte den Krieg mit Schweden noch nicht beendet, er war an der kaukasischen Grenze mit Persien in Händel geraten und stand im Begriff, die Türkei mit Krieg zu überziehen. Solange diese drei Kriege nicht abgewickelt, Finnland und die Donauprovinzen noch nicht in seinen Händen waren, wollte er sich von Napoleon nicht trennen.

Napoleon war unterdessen nach Spanien geeilt und hatte in einem raschen Triumpfzuge die zur Feldschlacht unfähigen Heere der Spanier geschlagen, eine englische Armee bis auf die Küste zurückgeworfen. Kaum also war der Waffenruhm seiner Adler wiederhergestellt, so nahm er alsbald die im vorigen Herbst nur vertagten Pläne gegen Österreich wieder auf und traf seine Anstalten, die Hofburg für ihre Rüstungen zu züchtigen. Noch im Januar 1809 befahl er, von Spanien aus, die Armee des Rheinbundes marschbereit zu halten, ließ die Korps von Davoust und Oudinot gegen die obere Donau marschieren. Zu Ende des Monats war er selbst wieder in Paris. Er rechnete, mit 260 000 Franzosen, Polen und Rheinbündnern in Deutschland, mit 150 000 Mann in Italien den Krieg zu eröffnen, schrieb seinen Vasallen höhnisch: ob denn die Donau ein Lethestrom geworden sei, daß man in Wien alle früheren Niederlagen vergessen habe. Seine Absicht war jedoch, den Ausbruch des Krieges bis zum Frühjahr hinauszuzögern; früher konnte seine Rüstung nicht beendet sein, auch wollte er als der Angegriffene erscheinen, weil Rußland nur für den Fall eines Verteidigungskrieges zur Beihilfe verpflichtet war. „Mein Streit mit Österreich", sagte er in einem Briefe an Friedrich von Württemberg, „ist die Fabel von dem Wolfe und dem Lamme; es wäre doch gar zu ergötzlich, wenn man uns dabei die Rolle des Lammes spielen lassen wollte!"

Der Krieg war für Österreich unvermeidlich, doch er wurde vorzeitig begonnen, mit leichtsinniger Selbstüberhebung, ohne genügende diplomatische Vorbereitung. Getäuscht durch die zuversichtlichen Berichte des Grafen Metternich aus Paris, meinte die Hofburg, den Streitkräften Napoleons weit überlegen zu sein; ohne auf die Warnungen des Zaren zu achten, übernahm sie die gefährliche Rolle des Angreifers und teilte ihren Entschluß in London und Berlin erst so spät mit, daß England und Preußen im Anfange des Feldzugs gar nicht mitwirken konnten. War die kaiserliche Diplomatie zu dreist vorgegeangen, so fehlte Erzherzog Karl durch bedachtsames Zaudern. Er konnte, da die Hauptmasse der französischen Armee noch nicht heran war und fast nur Rheinbündener ihm gegenüberstanden, durch einen kühnen Vorstoß den Kriegsschauplatz sogleich nach Schwaben hinein verlegen, doch er verlor unschätzbare Tage, indem er seine gesammelte Armee teilte. Indem kam Napoleon selbst herbei und nahm sein Hauptquartier unter den bayrischen Regimentern, wie sonst inmitten seiner Garde. Die tapferen Truppen fühlten sich hochgeehrt; der alte Stammeshaß flammte wieder auf, als der Imperator ihnen in stolzer Rede versprach, er werde sie zum Siege gegen Bayerns ewigen Todfeind führen. Dienstwilliger denn je folgten die Fürsten des Rheinbundes dem Heerbann ihres Protektors; versicherte er ihnen doch, es gelte die Wiederaufrichtung des deutschen Kaisertums der Habsburger zu verhindern. Nun erst zeigte sich ganz, was der Rheinbund für Frankreichs militärische Macht bedeutete; nur der Beistand des deutschen Südens sicherte dem Imperator den Sieg in diesem Feldzuge.

In einer Reihe glänzender Gefechte schlug er darauf die vereinzelten Korps der Österreicher auf der bayrischen Ebene zwischen Isar und Donau und zwang den Erzherzog durch einen Feldzug von fünf Tagen, mit einem Verluste von 50000 Mann nach Böhmen zurückzugehen. Die mit so überschwenglichen Hoffnungen unternommene Erhebung begann wieder so kläglich wie der Krieg von 1805, und wieder wie vor vier Jahren zog der Sieger unaufhaltsam die Donau abwärts, nahm die Hauptstadt und befahl von dort aus die Vereinigung des Kirchenstaates mit dem Kaiserreiche. Aber als er jetzt versuchte, im Angesichte der Armee des Erzherzogs die Donau zu überschreiten, da bereitete ihm der Todesmut der kaiserlichen Soldaten bei Aspern seine erste Niederlage. Furchtbar war der Eindruck dieses ersten Mißerfolges auf die verwöhnten Kinder des Glücks. Jedermann fühlte, dies Weltreich stand auf zwei Augen. Während Napoleon nach der Schlacht durch viele Stunden in starrem Schlummer lag, berieten seine Generale bereits, ob es möglich sei, das geschlagene Heer nach Frankreich zurückzuführen, falls der Imperator nicht wieder erwachte.

Die Siegeskunde von Aspern schlug wie ein Blitzstrahl in das deutsche Land, alles jauchzte mit Heinrich Kleist dem „Überwinder des Unüberwindlichen" zu. Und dazu die herzerhebenden Nachrichten aus Tirol: wie die tapferen, frommen Bauern der Berge viermal binnen einem Jahre sich gegen die verhaßten bayrischen Herren erhoben, um die Herrschaft des geliebten Kaiserhauses und die katholische Glaubenseinheit wieder aufzurichten. Hier war alles vereinigt, was dies romantische Geschlecht erheben und begeistern konnte: die wilde Schönheit des Hochgebirges, die rauhe Heldenkraft treuherziger Naturmenschen, der ehrliche Kampf für Sitte, Recht und Glauben der Väter, das malerische Gewimmel einer freien Volkserhebung – Kapuziner und Bauern, Gebirgsschützen und Sennerinnen bunt durcheinander. „Vor und nach seiner war und kommt auch keiner in der Ehrlichkeit" – so lautete die Inschrift unter dem Bilde Andreas Hofers in seinem Hauptquartiere, im Adler zu Innsbruck. Die kindliche Einfalt und Treue seines Stammes verkörperte sich in dem wackeren Sandwirt; und mit naiver Freude – so gänzlich hatte der politische Zorn den alten Bildungsdünkel verdrängt – begrüßten ihn die norddeutschen Patrioten als einen Helden der Nation. Einseitigkeit ist das Recht jeder großen Leidenschaft; die Erbitterten wollten und konnten nicht sehen, daß die Mönche und die Bauern des Hochgebirges sich vom deutschen Vaterlande gar nichts träumen ließen, daß ihr Aufstand ebenso sehr den wohltätigen Reformen als der bürokratischen Härte der bayrischen Regierung galt, daß die Macht der gedankenlosen Gewohnheit, der finstere Haß gegen die Ketzerei und die alte partikularistische Abneigung wider den bayrischen Nachbarstamm an dem Heldenmute dieses Bauernkrieges reichen Anteil hatten.

Bald da, bald dort schlug der verhaltene Grimm in hellen Flammen aus dem deutschen Boden; der Eroberer erkannte dies geduldige Volk nicht wieder, meinte sich von tausend Vendeen umgeben. Die treuen Preußen im Ansbachischen empfingen mit offenen Armen das fliegende Korps, das der Heißsporn Karl von Nositz durch Franken gegen die Flanke des Feindes führte; die Nürnberger Reichstädter rissen jubelnd die bayrischen Wappen von den Toren, als die Freischar nahte. Von Böhmen aus begann der Sohn des unglücklichen Feldherrn von Auerstedt, Herzog Friedrich Wilhelm von Braunschweig, den Parteigängerkrieg gegen die sächsischen Lande – ein echter Welf, tapfer, hart und herrisch; viele der Besten aus der norddeutschen Jugend drängten sich zu den Fahnen seiner schwarzen Schar. Im Königreich Westfalen wurde zweimal, von den kurhessischen Offizieren Dörnberg und Emmerich, eine Schilderhebung gewagt und blutig niedergeschlagen; gegen das feste Magdeburg versuchte der preußische Leutnant Katt vergeblich eine Überrumpelung.

Die Stimmung der preußischen Truppen war so offenkundig, daß Napoleon gar nicht wagte, den König an die Stellung des versprochenen Hilfskorps zu erinnern; ihm graute vor solchen

Bundesgenossen. So stürmisch flammte die Ungeduld, daß jetzt zum ersten Male in der ehrenreichen Geschichte des preußischen Heeres ein Treuebruch möglich wurde – ein Treuebruch freilich, der nur den edlen Zweck verfolgte, „dem geliebten König sein letztes Dorf zurückzugeben". Major Schill, der Held von Kolberg, wie ihn der große Haufe nannte, war von dem Könige für seine wackere Haltung während des letzten Krieges dadurch belohnt worden, daß er zuerst nach dem Abzuge der Franzosen in die befreite Hauptstadt einrücken durfte. Seine Soldaten hingen an ihm mit unbegrenzten Vertrauen; die Berliner Bürger trugen ihn auf den Händen, und da die Masse an Ideen erst glaubt, wenn sie in einem Manne Fleisch und Blut gwinnen, so galt der tapfere Husar bald als der leibhaftige Vertreter des alten, kriegerischen Preußentums. Unzählige hofften von ihm die Wiederkehr der alten Größe; man rauchte Schill-Kanaster, in jedem Bauernhause der Marken prankte das Bild mit dem martialischen Schnurrbart und Fouqués Versen darunter. Die Volksgunst stieg dem ehrlichen Haudegen zu Kopfe; der Bescheidene wähnte sich jetzt auserkoren zu wunderbaren Dingen, und kaum war der Krieg im Süden ausgebrochen, so führte er seine kleine Truppe, wenige hundert Mann, von dem Berliner Exerzierplatze hinweg zum Angriff gegen das Königreich Westfalen. Lieber ein Ende mit Schrecken als ein Schrecken ohne Ende! – rief er den unglücklich Verführten zu. Die treuen Männer folgten ihm nur, weil er ihm Auftrage der Krone zu handeln vorgab und sich vermaß, die alte Größe Preußens wiederherzustellen. Bald nach dem Ausmarsch ereilte ihn die Nachricht von den Niederlagen der Österreicher an der oberen Donau; das unsinnige Unternehmen scheiterte schon im Beginne, von einem großenVolksaufstande war jetzt keine Rede mehr. Der König ließ nicht nur, wie seine Pflicht gebot, den Ernst des Gesetzes gegen die Deserteure in Kraft treten, er sprach auch in scharfen Worten seine Entrüstung aus über Schills „unglaubliche Tat" – mit vollem Rechte, denn was stand noch fest in dem unglücklichen Staate, wenn der Gehorsam des Heeres ins Wanken kam. Die verwegene Schar fand nach planlosen Kreuz- und Querzügen einen ehrenvollen Untergang in den Mauern von Stralsund, und Napoleon tat das Seine, um das Andenken der verlorenen Söhne des deutschen Volks zu heiligen. Welch ein Eindruck, da man vernahm, daß der Leiche Schills der Kopf abgeschnitten, seine gefangenen Offiziere – allerdings nach dem Buchstaben des Völkerrechts – als Straßenräuber behandelt und teils erschossen, teils auf die Galeeren geschleppt wurden!

Napoleon aber vollzog jetzt eine meisterhafte diplomatische Schwenkung. Das alte Kaiserhaus war vorderhand genugsam geschwächt; wenn er mit den Besiegten sich versöhnte, so konnte er den großen Anschlag gegenRußland, der dem Unermüdlichen jetzt vor allem anderen am Herzen lag, ungestört reifen lassen. Seine Haltung ward freundlicher; im Wiener Frieden (14. Oktober) gewährte er dem Hause Habsburg etwas mildere Bedingungen, als kurz zuvor noch erwartet wurde. Österreich mußte zwar seine letzte Position an der Adria, den ganzen Küstensaum bis zur Sau dem Imperator einräumen, im Westen an Bayern, im Nordosten an Warschau umfangreiche Gebiete abtreten, doch blieb ihm seine Großmachtsstellung und der Kern seiner Wehrkraft, das Land der Stephanskrone. Bayern erlangte zur Belohnung für treue Rheinbunddienste den Besitz von Bayreuth und damit die vollständige Ausführung jenes seit Jahren in München emsig betriebenen Tauschplanes: der Kernstaat des Rheinbundes gewann für die entlegenen rheinischen Provinzen, wo jetzt Murat hauste, das gesamte preußische Franken.

Der Krieg war zu Ende. Der tapfere Welf durcheilte in verwegenem Zuge das Königreich Westfalen, genoß auf kurzen Stunden die herzlichen Begrüßungen des treuen Völkchens in der Stadt seiner Väter und fand endlich mit seinen Schwarzen eine Zuflucht an Bord englischer Schiffe. Seine treuen Tiroler gab Kaiser Franz ebenso gleichmütig preis, wie er sich einst von den Pflichten des deutschen Kaisertums logesagt hatte; diese Volksbewegung war dem mißtrauischen Despoten immer verdächtig gewesen. Die Verratenen wollten nicht glauben, daß ihr Franz sie verlassen könne; wie heilig hatte er doch beteuert, er werde keinen Frieden unterzeichnen, der das Land des roten Adler von der Monarchie trenne! Sie widerstanden bis zum äußersten, erst mit der Hinrichtung Andreas Hofers fand das unheimliche Trauerspiel seinen Abschluß. Die Erhebung der Völker Österreichs versank in Blut und Kot. Betrogen in seinen schönsten Hoffnungen, verekelt an allen Idealen wendete sich das leichtlebige Volk wieder den

Freuden des Sinnenlebens zu. Die Erbkrankheit des modernen Wienertums, die pessimistische Verstimmung nahm überhand; wer mochte noch von Ruhm und Ehre träumen, da die österreichische Dummheit doch nur zum Unglück bestimmt war? Nachher brachte ein schmählicher Staatsbankrott Verwirrung und Unredlichkeit in jeden Haushalt; bei Spiel und Tanz und Praterfahrten vergaß man die Not der schweren Zeit. Der Krieg von 1809 hatte das deutsche Blut der Österreicher noch einmal in Wallung gebracht; ein Jahr darauf standen sie dem Leben unserer Nation unzugänglicher, fremder gegenüber als je zuvor.

Napoleon hatte das Herzogtum Berg an Murat, das Königreich Westfalen seinem Bruder Jerome gegeben. Den beiden Napoleoniden, welche inmitten der hochkonservativen norddeutschen Welt ihre Throne aufrichteten, war eine revolutionäre Politik durch die Natur der Dinge geboten. Hier, in „Staaten ohne Vergangenheit" – wie der westfälische Minister Malchus sich wohlgefällig ausdrückte – lag kein Grund vor, alte Überlieferungen zu schonen, hier konnte alles, was bestand, kurzerhand nach der Schablone der napoleonischen *constitution régulière* umgeformt werden. In Westfalen wie in Berg begann die Neugestaltung unter der Oberaufsicht des Imperators selber; beiden Vasallen schärfte er ein, sie sollten durch die Zerstörungen aller Privilegien dahin wirken, daß die norddeutschen Nachbarn, namentlich die Preußen, sich nach der napoleonischen Herrschaft sehnten. In der Tat galt das Staasrecht des Königreichs Westfalens nicht bloß im Rheinbunde, sondern auch in einem Teile der preußischen Patrioten als eine Musterverfassung. Wie stattlich erhob sich hier die Krone mit ihrem Scheinparlamente hoch über der eingeebneten, von allen Standesvorrechten völlig befreiten Gesellschaft; und zudem die Schlagfertigkeit der Präfäkten, die raschere Rechtspflege, die ungewohnte Höflichkeit der meisten Beamten, die Beseitigung der Binnenmauten, die Aushebung der Leibeigenschaft, die Patrimonialgerichte und der gutsherrlichen Gewalt! Die neue Herrschaft tat sich groß mit ihrer Bauernfreundlichkeit. Nicht einmal die Namen der alten ständischen Gliederung des flachen Landes ließ sie mehr gelten; das altgermanische Kotsasse schien den aufgeklärten Räten des Königs schon darum anstößig, weil sie das Wort von Kot ableiteten. Wer auf dem Lande wohnte, war *paysan*. Noch heute hat sich unter den kleinen Leuten des Göttinger Landes der Name Pisänger erhalten. Die Bauern fühlten sich geehrt, wenn ihre Repräsentanten im Schlosse zu Kassel unter den vornehmen Herren erschienen und von der Wache mit präsentiertem Gewehr begrüßt wurden.

Trotzdem war von Anhänglichkeit auch unter dem Landvolke nicht die Rede. Die Treue zu den alten, heimischen Herren wankte nicht, und wie sollte der Bauer Vertrauen fassen zu Beamten, deren Sprache er nicht verstand? Wenngleich einzelne abfielen und in Westfalen wie in Berg mehrere stolze Adelsgeschlechter durch Untreue ihre alten Namen schändeten, so sah doch die ungeheure Mehrheit des Volkes mit steigendem Abscheu auf die Herrschaft der Fremden. Die wüsten Orgien des flachen, leichtfertigen Jerome, die Frechheit der französischen Gauner und Abenteurer, welche seine Verschwendung mißbrauchten, die furchtbaren Menschenopfer der unablässigen Kriege, die hündische Schmeichelei gegen „den, vor dem die Welt schweigt", die schlechten Künste der geheimen Polizei, die Verfolgung der Deutschgesinnten und die Verhöhnung der Muttersprache, „die euch in Europa isoliert" – alles, alles an diesem ausländischen Wesen, erschien dem kerndeutschen Volke gehässig und verächtlich, wie ein tolles Faschingsspiel, das binnen kurzem spurlos verschwinden müsse. Jerome fühlte bald selbst, wie der Boden unter seinen Füßen schwankte; um so straffer hieß ihn Napoleon die Zügel anziehen.

Dabei waren die Napoleoniden selber keinen Augenblick sicher vor den Gewaltschlägen des unermüdlichen Kronenräubers und Kronenverschenkers. Murat hatte sein rheinisches Herzogtum von vornherein nur als eine vorläufige Abfindung betrachtet und gab es bereitwillig wieder auf, als sein Schwager ihm nach einigen Jahren befahl, augenblicklich zwischen den Kronen von Neapel und Portugal zu wählen: „Das muß in einem Tage abgetan werden!" Das deutsche Ländchen wurde nunmehr dem unmündigen Sohne Ludwigs von Holland – das will sagen: dem Imperator selber – zugeteilt. Der nördliche Teil von Hannover war unterdessen seit dem preußischen Kriege vorläufig unter Französischer Verwaltung geblieben. Auch über das Schicksal der Hansestädte hatte sich Napoleon noch nicht entschieden. Er haßte sie ingrimmig als Englands getreue Kunden. Napoleon entthronte seinen Bruder Ludwig von Holland, riß das Münsterland von dem bergischen Herzogtume ab, nahm das soeben an Jerome verschenkte nördliche Hannover wieder zurück und vereinigte alle diese Lande, mitsamt Oldenburg und den Hansestädten, mit dem Kaiserreiche (10. Dezember 1810). Das alles war einfach „durch die Umstände geboten". Zu den sieben deutschen Departements des linken Rheinufers traten fünf niederdeutsche hinzu. Die Marken der unmittelbaren Herrschaft des Kaisers erstreckten sich im Süden bis über Rom hinaus, im Norden bei Lübeck bis an die Ossee. Durch den Besitz der gesamten Nordseeküste schien die Durchführung der Kontinentalsperre endlich gesichert. Ein Kanal, binnen fünf Jahre zu vollenden, sollte den Strand der Ostsee mit der Hauptstadt der Welt verbinden. Blieb das Glück dem Vermessenen hold, so war die Einverleibung noch anderer deutscher Lande nur noch eine Frage der Zeit; besaß der Imperator doch bereits tief im Innern der Rheinbundesstaaten eine Menge von Domänen, die er teils sich selber vorbehielt, teils an seine Würdenträger als Dotationen verteilte. Schon mehrmals hatte das Geschick den Trunkenen an die Schranken alles irdischen Wollens erinnert; bei Eylau, bei Aspern und in Spanien. Er achtete es nicht. Sein Reich war jetzt größer denn je, seine Träume flogen bis über die Grenzen des Menschlichen hinaus. –

So war die Lage, als Hardenberg die Leitung der preußischen Politik übernahm. Wenige Wochen nach seinem Eintritt traf den Monarchen ein erschütternder Schlag; Königin Luise starb gebrochenen Herzens, sie schwand dahin wie eine Blume, die des Lichts entbehrt. Ihre letzten Sorgen noch hatten dem Vaterlande gegolten, Hardenbergs Rückkehr war zum guten Teile ihr Werk. Dem Witwer blieb eine namenlose Wehmut im Herzen zurück; niemals konnte er der Entschlafenen vergessen, niemals hat er das volle freudige Gefühl der Lebenslust wiedergefunden. Das treue Volk trauerte mit ihm. So viel Raub, Hohn und Schmach hatte man ertragen, und nun war sie auch noch hinweggegangen, zu Tode gequält von dem rohen Sieger, die holdeste und edelste der deutschen Frauen! Die alte, fromme Ehrfurcht der Germanen vor der Würde des Weibes ward wieder rege; mit schwärmerischer Andacht schaute dies romantische Geschlecht zu dem Bilde der Verklärten empor, und zu all den zornigen Gedanken, die der preußischen Jugend das Herz bewegten, gesellte sich jetzt noch der Entschluß, den Schatten dieser hohen Frau zu rächen. Auf aller Lippen war das stolze Wort, das sie einst in den Tagen der höchsten Not gesprochen: „wir gehen unter mit Ehren, geachtet von Nationen, und werden ewig Freunde haben, weil wir sie verdienen!"

Hardenberg hatte das sechzigste Lebensjahr bereits vollendet; er brachte freilich nicht die ungebrochene Lebenskraft, noch den zuversichtlichen Mut eines Jünglings mit in sein schweres Amt. Ein vornehmer Herr aus altem, reichen Hause, wie Stein, war er von diesem durch Charakter, Lebensansicht, Bildungsgang weit geschieden. Die Schwächen des einen lagen genau da, wo der andere seine Stärke zeigte, und nicht zufällig entstand zwischen den beiden Reformern jene Abneigung, die zuerst von Stein mit leidenschaftlicher Heftigkeit ausgesprochen, nachher von Hardenberg etwas gutmütiger erwidert wurde. Weniger glücklich, aber vielseitiger gebildet als der Reichsritter hatte Hardenberg schon in seinen lockeren Studenten- und Reifejahren die Welt von allen Seiten her kennengelernt, mit Menschen jeden Schlages, auch mit dem jungen Goethe, munter und geistreich verkehrt. Die Aufklärungsphilosophie des alten Jahrhunderts ergriff ihn weit stärker als jenen gläubigen Urgermanen; sein religiöses Gefühl blieb immer schwach, seine Duldsamkeit ehrlich und ohne Grenzen. Er sah das Leben an wie ein lustiger, feingebildeter Marquis der guten, alten bourbonischen Zeit. Das Geld wollte zwischen seinen Fingern niemals haften; ein großes Vermögen war rasch durchgebracht. Bis in das höchste Alter verfolgten ihn ärgerliche häusliche Händel und frivole Abenteuer mit schlechten Weibern. In seinem Auftreten lag gar nichts von der überwältigenden Kraft und Größe Steins; doch er war immer noch ein schöner Mann mit hellen, gütigen blauen Augen, mit einem herzgewinnenden Lächeln um den geistreichen Mund – eine Erscheinung, verführerisch für jede Frau, anmutig und gewandt in allen Bewegungen, dabei immer heiter und harmlos witzig, ein Meister in der Kunst, die Menschen zu behandeln.

Er war ein Preuße vom Wirbel bis zur Zehe; weit tiefer als Stein hatte er sich mit der Staatsgesinnung seines selbstgewählten Vaterlandes erfüllt. Auch in den Tagen seiner napoleonischen Träume blieb Preußens Größe sein höchstes Ziel, und ohne jedes Bedenken riet er zur Einverleibung seiner welfischen Heimatlande, weil sie für Preußen unentbehrlich seien. So innig er auch sein großes Vaterland liebte, mit der idealen Größe des deutschen Volksgeistes wollte er den Kampf gegen die harte Wirklichkeit des napoleonischen Reichs nicht beginnen; alle phantastische Deutschtümelei lag seiner Besonnenheit fern. Er rechnete, ruhiger als Stein, immer nur mit diesem gegebenen preußischen Staate; nur ein Bund dieser Monarchie mit Österreich, das stand ihm fest seit den Bartensteiner Tagen, konnte das Weltreich zerschmettern.

Als Hardenberg jetzt in die Geschäfte zurückgerufen wurde, bedang er sich eine Machtvollkommenheit aus, die allerdings zum Teile durch die Notlage des Staates geboten war, aber weit über das Notwendige hinausging und allen Traditionen des preußischen Beamtentums widersprach. Er wurde Staatskanzler, erhielt die oberste Leitung des gesamten Staatswesens, übernahm die Ministerien des Innern und der Finanzen unmittelbar, und da auch der Minister des Auswärtigen, Graf Goltz, in allem und jedem den Befehlen des Kanzlers zu folgen hatte, so blieben nur die Justiz und das Kriegswesen in eigener Selbständigkeit. Ein festes Gehalt nahm der Staatskanzler nicht an; die Generalsstaatskasse zahlte, was er brauchte. Wie die Dinge lagen, war es ein heilvolles Geschick für Preußen, daß diese in jedem Sinne leichtere Natur jetzt die Erbschaft des Freiherrn vom Stein antrat. Der Jünger der neufranzösischen Philosophie konnte dreister, als es der Reichsritter vermocht hätte, die notwendigen Folgerungen ziehen aus den Gesetzen des Jahres 1808; die Verschlagenheit des Diplomaten konnte gewandter als Steins domänische Leidenschaft durch kluges Lavieren die deutschen Dinge hinhalten, bis der offene Kampf möglich wurde.

Fast gleichzeitig mit der Ernennung des Staatskanzlers erschien die zweite große Sturzwelle der Hardenbergischen Gesetzgebung. Die Krone eilte wieder einmal den Anschauungen des Volkes voraus, sie gewährte vollständige Gewerbefreiheit, dergestalt, daß jeder, der einen Gewerbeschein löste, Lehrlinge und Gesellen halten, jeder Zünftler aus seiner Innung austreten, jede Zunft durch Mehrheitsbeschluß oder durch den Befehl der Landespolizeibehörde aufgelöst werden durfte. Es war ein Schritt von radikaler Verwegenheit. Nicht ohne Grund klagten Stein und Vincke, man hätte die Zünfte, statt sie aufzulösen, vielmehr in einem freien Sinne neugestalten sollen. Weit überwiegend blieb gleichwohl der Segen dieser kühnen Neuerung. Der kleine Mann genoß fortan in Preußen eine wirtschaftliche Freiheit, wie nirgendwo sonst in Deutschland, und obgleich die Verhältnisse der Kleingewerbe, dank der Zähigkeit unserer Alltagsgewohnheiten, sich weit weniger veränderten, als man erwartete, so war es doch wesentlich der Freiheit des gewerblichen Lebens zu verdanken, daß die Bevölkerung der Hauptstadt selbst in diesen Jahren der bitteren Not unaufhaltsam anwuchs.

Wie dies Gesetz der Städteordnung Steins erst den Abschluß brachte, so wurden auch die agraischen Gesetze des Reichsritters erst vollendet durch die beiden Edikte vom 14. Sept. 1811 über die Regulierung der bäuerlichen Verhältnisse und über die Beförderung der Landeskultur. Dabei hatte Thaers kundige Hand die Feder mit angesetzt. Die erblichen Besitzer von bäuerlichen Gütern ohne Eigentumsrecht sollten das volle Eigentum an ihrem Gute erlangen gegen die Abtretung von einem Drittel ihres Gutes oder gegen eine entsprechende Rente; wer nur die nichterbliche Nutznießung an seinem Bauerngute hatte, konnte durch die Abtretung der Hälfte ein freier Eigentümer werden. Das Gesetz schnitt tief, ja grausam ein in die gewohnten Verhältnisse; sogar einige freie Köpfe des Beamtentums, wie Hippel, fanden den Schritt allzu gewagt. Die Ritterschaft in Pommern besaß etwa 260 Geviertmeilen, davon hundert bäuerliches Land, jetzt wurden ihrer siebzig freies Eigentum der Bauern. Begreiflich, daß der Adel murrte, auch Stein selber schloß sich ihm an. Die Lage der Grundherren war schon längst so trostlos, daß sich im Jahre 1810 die reichste Gutsbesitzerin in Preußen erbot, ihre Güter gegen eine jährliche Rente von 2000 Tlr. an den Staat abzutreten; ein schlesischer Grundherr machte Bankrott, obgleich er noch einen Wert von 300 000 Tlr. in Grund und Boden besaß. Aber auch die Bauern lärmten. Mehrmals brachen Unruhen aus, namentlich in Schlesien, da der kleine Mann wähnte, er sei mit einem Male aller Pflichten ledig; die Ablösung, die dem Adel unbillig niedrig schien, wurde von den Pflichtigen als viel zu hoch gefunden. Gleichwohl ging die segensreiche Reform vorwärts.

Hieran schloß sich schließlich die Emanzipation der Juden, welche bisher amtlich noch immer als „Judenknechte“ gegolten hatten (11. März 1812): wenn sie bleibende Familiennamen annahmen und sich der Wehrpflicht unterwarfen, so wurden sie, wie in den Ländern des Code Napoleon, vollberechtigte Staatsbürger, zu jedem Gewerbebetrieb in Stadt und Land, auch zu den akademischen, den Schul- und Gemeindeämtern zugelassen. Unter den Jammerrufen der Feudalen geschah nun die große Umtaufung der preußischen Judenschaft. Die Levi, Cohn und Jacobsohn behielten ihren semitischen Namen bei, die Wolf und Kuh begnügten sich mit den Spottnamen, welche ihnen der Volkshumor der Germanen angehängt, die Zwickauer und Bamberger nannten sich einfach nach ihrer Heimat; jene sinnigen Naturen aber, die der sanfte Hauch dieser sentimentalen Epoche angeweht hatte, wählten holdere Namen, um die Schönheit der Seele getreulich auszudrücken, also daß die Türen unserer Börsen noch heute von Blümchen, Veilchen, Nelken und Rosenzweigen dicht umrankt sind.

In diesen sozialen Neuerungen lag die Größe der Hardenbergischen Reformen. In seinen Finanzmaßregeln dagegen blieb er nach wie vor unglücklich. Den Verkauf der Domänen betrieb er mit lebhaften Eifer, teils weil er barer Mittel bedurfte, teils weil ihn seine doktrinären Ratgeber von der Verwerflichkeit allen Staatsgrundbesitzes überzeugt hatten. Doch woher sollten die Käufer kommen in dem verarmten Lande? Nach fünftehalb Jahren, bis zum Juni 1813, waren für verkaufte Staatsgüter nur 786 000 Tlr. bar eingegangen, dazu über 6 ½ Mill. in wertlosen Papieren. Da auch die Konsumtionssteuer wenig einbrachte und bald zum Teil wieder zurückgenommen wurde, so konnte Hardenberg, der mit so hoffnungsvollen Finanzplänen begonnen, von der französischen Schuld nicht mehr abtragen als sein schwerfälliger Vorgänger Altenstein: Im April 1811 war noch fast die Hälfte der Kontribution, etwa 59 Mill. Fr ungetilgt. Die neuen, schweren Kriegslasten des Jahres 1812 nötigten den Staatskanzler endlich – gegen seine theoretischen Überzeugungen – eine harte Vermögens- und Einkommenssteuer auszuschreiben, die vom Vermögen 3 Prozent, vom Einkommen 1 bis 5 Prozent in Anspruch nahm. Aber auch diesmal hatte er die trostlose wirtschaftliche Erschöpfung des Landes nicht richtig geschätzt. Das Edikt mußte schon nach wenigen Wochen für Altpreußen außer Kraft gesetzt werden, da diese Provinz durch den Marsch der großen Armee völlig ausgesogen wurde, und statt der gehofften 25 Mill. Tlr. kamen nur 4 ½ Mill. ein, davon 4 Mill. bar. –

Wohl waren die Neuerungen notwendig, aber es war von Unsegen, daß sie nicht mehr Steins Kopfe entsprangen. Welch ein Gegensatz doch: die Gesetze Steins und die Experimente Hardenbergs! Steins Tun und Denken gemahnt immer an den alten Wappenspruch seiner geliebten Graftschaft Mark: vierecken Stein, wie er auch fällt, sich immer auf ein Seiten stellt. In Hardenbergs Geist kommen und gehen die Gedanken und Einfälle wie Nebelbilder in einem Zauberspiegel. Dort alles planvoll, tief, gediegen und darum auch alsbald in vollem Ernste durchgeführt; hier ein unsicheres Schwanken zwischen radikalen Doktrinen und despotischen Neigungen, eine Reihe verunglückter Finanzgesetze, große, gefährliche Versprechungen für die Zukunft, kühne Anläufe, nach dem ersten Sprunge wieder aufgegeben, alles planlos und hastig; und mitten in diesem unfertigen dilettantischen Treiben doch einige hochwichtige Reformen, des größten Staatsmannes würdig, eine Entfesselung der wirtschaftlichen Kräfte, die dem Staat nachher ermöglicht hat, die Wunden eines fürchterlichen Krieges auszuheilen. Jener Zug des Leichtsinns, welcher Hardenbergs proteische Natur so oft in die Irre führte, hing doch eng zusammen mit der besten Kraft seines Wesens, der unverwüstlichen, hoffnungsvollen Freudigkeit. Während Stein den preußischen Staat schon oft verloren gab und nur noch auf das Wunder einer allgemeinen deutschen Volkserhebung rechnete, fand dieser Leichtlebige stets neue Mittel und Behelfe für seinen wirklichen Staat, und nach jedem neuen Fehlschlage stand er wieder schnellkräftig auf seinen Füßen. –

Inmitten der Aufregung dieser inneren Reformen behielt Hardenberg immer seine beste Kraft frei für die auswärtige Politik. Er wollte die wirtschaftlichen und militärischen Kräfte des ausgesogenen Landes noch einige Jahre lang sammeln und unterdessen in der Stille ein guten Einvernehmen mit den beiden anderen Ostmächten herstellen, bis nach der völligen Räumung der Oderfestungen der rechte Augenblick für die Schilderhebung herankäme. Bis dahin durfte man den Argwohn des Imperators nicht reizen. Darum wurde Scharnhorst scheinbar der Leitung des Kriegsdepartements enthoben: in Wahrheit behielt er nach wie vor die militärischen Dinge in seiner Hand. Graf Goltz, ein wohlmeinender, ängstlicher Mann, an dem die Franzosen keinen Anstoß nahmen, blieb dem Namen nach an der Spitze der auswärtigen Geschäfte, während Hardenberg hinter seinem Rücken mit dem englischen Agenten Ompteda verhandelte. Der Polizeidirektor von Berlin, Justus Gruner, ein leidenschaftlicher, in die Pläne der geheimen Bünde tief eingeweihter Patriot, verlor seine Stelle. Die aufgeregten Gelehrten und Schriftsteller erhielten freundliche Mahnungen, sich nicht bloßzustellen. Eine sorgsame Zensur überwachte *nos deux gazettes*: so hießen in der Sprache der preußischen Diplomatie die patriotische Spenersche und die charakterlose, vom Grafen St. Marsan insgeheim unterstützte Vossische Zeitung. Der Statskanzler war unermütlich im Beschichtigen und Entschuldigen, so oft St. Marsan in Berlin oder Davoust in Magdeburg sich über die Umtriebe von Fichte, Schleiermacher oder Schmalz beschwerten. Indes die Ereignisse gingen schneller als Hardenbergs verständige Wünsche. Bald nach dem Wiener Frieden ließ sich schon erraten, daß der Entscheidungskampf zwischen den Tilsiter Verbündeten nahte; nicht urplötzlich, wie die meisten anderen Kriege dieser atemlosen Zeit, sondern schrittweise, zwei Jahre zum voraus erkennbar, rückte die neue Kriegsgefahr heran.

Der entscheidende Grund lag wieder in dem unzähmbaren Charakter des Weltherrschers. Wie der Löwe nicht bloß aus Hunger mordet, sondern weil er nicht anders kann, weil es seine Natur ist, zu rauben und zu zerfleischen, so konnte dieser Allgewaltige nicht einen Augenblick bei einem erreichten Erfolge sich beruhigen. Ins Grenzenlose schweiften seine begehrlichen Träume; noch war ihm nichts gelungen, was der Märchenpracht des Alexanderzuges gleichkam. Kaum war mit Rußlands Hilfe Österreich unterworfen, so sollte der Zar mit dem Beistand der Hofburg gedemütigt werden. Und schon brütete der Unersättliche über noch kühneren, noch wunderbareren Plänen: nach dem Falle von Moskau sollte von den Ufern der Wolga aus ein neuer Kriegszug, die Wunder Alexanders überbietend, beginnen, ein Zug zum Ganges, der Indien, „dies Schaugerüste der englischen Handelsgröße" für immer vernichten mußte.

Der Zar konnte sich die Gefahren des Tilsiter Bündnisses nicht länger mehr verbergen. Ganz Rußland vernahm mit Unmut, wie Napoleon das von den Russen eroberte österreichische Polen großenteils an Warschau verschenkte, ohne den Verbündeten auch nur zu befragen. Man kannte in Petersburg den geheimen Verkehr zwischen dem polnischen Adel und den Tuilerien, der durch Napoleons polnische Flügeladjudanten vermittelt wurde. Die Wiederherstellung Polens durch Frankreichs Gnade, nach Alexanders Meinung die schwerste aller Gefahren, rückte näher und näher. Um ihr zu begegnen, legte der Zar dem französischen Gesandten einen Vertrag vor, wonach die beiden Alliierten sich verpflichteten, den polnischen Staat niemals wieder aufzurichten, auch den Namen Polen nie zu dulden. Der Imperator wich aus; nicht als ob er den Gedanken der Wiederherstellung des polnischen Reichs schon im vollen Ernst ergriffen hätte, die Bildung nationaler Staaten widersprach ja dem Wesen seines Weltreichs. Gleichwohl wollte er sich nicht die Hände binden, da die nationalen Hoffnungen der Polen ihm vielleicht noch als eine willkommene Waffe gegen Rußland dienen konnten; auch durfte der Usurpator die Schwärmerei der Franzosen für die Wiederaufrichtung des altverbündeten Polenreichs nicht offen verletzen. Genug, die Verhandlungen zwischen Paris und Petersburg zerschlugen sich, und der erbitterte Zar erklärte dem französischen Gesandten: ich weiß jetzt, daß ihr Polen wiederherstellen wollt! Der Imperator aber gab auf den Vorwurf hinterhältiger Ränkezucht die unzweideutige Antwort: ich intrigiere nicht, sondern führe Krieg mit 400 000 Mann!

Nun drängten sich Schlag auf Schlag die Beweise der Feindseligkeit Napoleons. Kurz bevor er die Erzherzogin heimführte, ließ er um die Hand der Schwester Alexanders anhalten; er rechnete, Kaiser Franz werde lieber sein eigen Fleisch und Blut dem gekrönten Plebejer opfern, als eine Familienbindung zwischen den Bonapartes und dem Hause Gottorp dulden. Der Plan gelang vollständig, der Zar aber sagte verstimmt: Ihr habt ein doppeltes Spiel gespielt! Es folgte die Einverleibung der deutschen Küsten. Das Weltreich streckte seine Polypenarme, den preußischen Staat umklammernd, bis zur Ostsee, immer näher an Rußland heran, und der Imperator erklärte ausdrücklich, diese Reunionen seien nur die ersten! Dadurch wurde zugleich der Verbündete Frankreichs, der Herzog von Oldenburg, Alexanders naher Verwandter, seines Erblandes beraubt, ohne daß man den russischen Alliierten auch nur zum voraus von der Gewalttat unterrichtete. Dann stellte Napoleon dem Zaren die Zumutung, daß er alle neutralen Schiffe mit Beschlag belegen solle; das hieß, den Russen jede Verzehrung von Kolonialwaren verbieten. Alexander antwortete durch einen Ukas, der die Einfuhr französischer Fabrikate hart traf. Ein gereizter Briefwechsel gab der Erbitterung der beiden Kaiser lebhaften Ausdruck. Ew. Majestät hat keine Freundschaft mehr für mich – so schrieb Napoleon im Februar 1811 – unsere Allianz besteht nicht mehr in den Augen Englands und Europas.

Unterdessen betrieb er mit gewohnter Umsicht die Rüstungen für einen Kampf ohnegleichen. Schon seit dem Frühjahr 1810 ließ er ungeheure Waffenvorräte im Warschauischen aufhäufen und die Festungen des Herzogtums für den Krieg vorbereiten – das alles „aus bloßer Vorsicht“, wie er an Friedrich August von Sachsen schrieb. Im April 1811 erhielten die Fürsten des Rheinbundes den Befehl, ihre Truppen marschbereit zu halten; Magdeburg war von den Franzosen besetzt, die Garnisonen in Danzig und den Oderfestungen wurden verdoppelt, an der unteren Elbe sammelte sich ein Heer von 200 000 Mann. Es lag vor Augen: Preußen sollte durch einen plötzlichen Einbruch vernichtet oder durch Drohungen zum Anschluß an Frankreich gezwungen werden; dann begann der russische Feldzug sogleich von Warschau aus. Am 15. August 1811 überschüttete Napoleon in öffentlicher Versammlung den russischen Gesandten Kurakin mit gehässigen Scheltworten, und die Welt wußte bereits: durch solche Szenen pflegte der Imperator seine Kriege einzuleiten.

Wollte Alexander den ungleichen Kampf bestehen, so war unerläßlich, daß er seine gesamte Macht bereit hielt und sich mit den deutschen Großmächten verständigte. Von den beiden goldenen Früchten, die er sich von dem Tilsiter Bündnis versprochen, war die eine bereits glücklich eingeheimst. Das besiegte Schweden hatte Finnland den Russen abgetreten, und auch in den Donauprovinzen behaupteten sich Alexanders Truppen. Aber die Pforte widerstand noch immer hartnäckig, und Napoleon ermutigte sie insgeheim, denn er sah voraus, daß der Kampf um die Donaumündungen jede Versöhnung zwischen Rußland und Österreich vereiteln mußte.

Napoleons Angriff auf Rußland war beschlossen, er barg in sich die fürchterlichsten Gefahren für Preußen. Es drohten, wie die Zeitungen sagten, die beiden Kolosse des Ostens und des Westens aufeinander zu stoßen und das unglückliche Preußen beim ersten Anprall zu zermalmen. Neutralität war unmöglich; schon weil Napoleon seinen Heereszug durch Preußen führen mußte; die preußischen Generale sahen voraus, daß er diese Straße einschlagen würde, um in das Herz des russischen Landes zu stoßen, den Norden und den Süden des weiten Reichs getrennt zu halten. Alle seine persönlichen Gefühle, der Haß wider den Unterdrücker und die Freundschaft für den Zaren, drängten den König, sich dem Staate anzuschließen, den er von jeher als seinen natürlichen Bundesgenossen betrachtet hatte. Unterlag Rußland, so war sicher, daß der siegreiche Imperator den verhaßten preußischen Staat vernichtete, sein Groll gegen diese zähen Norddeutschen wuchs von Tag zu Tage, er nannte die Preußen nur noch die Jakobiner des Nordens.

Aber wie nun, wenn Alexander sich über Preußen hinweg mit Frankreich verständigte? Schon dreimal, in Tilsit, in Erfurt und während des österreichischen Krieges, hatte er seine deutschen Freunde kaltsinnig preisgegeben. Stand Preußen allein auf, so wurde das kleine Heer von der siebenfachen Übermacht, die überall dicht an den Grenzen und in den Oderfestungen standen, höchstwahrscheinlich sogleich überrannt. Wie durfte man hoffen, die Truppen rechtzeitig an der Küste im Lager bei Kolberg zu versammeln, da das nahe sächsisch-polnische Heer die schlesischen Truppen sofort von der Hauptmasse der Monarchie abschneiden konnte? Ein

Tafel 9

Arkebusier im Anschlag

Tafel 10

Rathaus zu Nürnberg

Handstreich der Danziger und der Stettiner Garnison genügte, um die Dirschauer Brücke und die neue Oderbrücke von Schwedt, die beiden einzigen noch offenen Verbindungswege zwischen Altpreußen, Pommern und den Marken, alsbald zu sperren. Über Napoleons Absichten bestand kein Zweifel mehr. Nachdem die Hälfte der Kontribution abgezahlt war, hatte er dem Vertrage gemäß Glogau wieder an den König zurückgegeben; doch er verweigerte die Räumung trotz zweimaliger Mahnung. Hardenberg ward um so besorgter, je hartnäckiger die napoleonischen Diplomaten jede Kriegsgefahr in Abrede stellten; noch im April 1811 versicherte ihm Lauriston, der russisch-französische Streit sei nur noch ein harmloser Zwist zwischen Mann und Frau. Es war klar, man wollte Preußens Wachsamkeit einschläfern; der Imperator schwankte nur noch, ob er den Hohenzollern vor oder nach dem russischen Kriege den Gnadenstoß geben solle. Aber eine Schilderhebung in so entsetzlicher Lage war ein Selbstmord, wenn der Zar sich nicht entschloß, den Krieg auf preußischem Boden zu eröffnen.

In diesem Sinne schrieb Friedrich Wilhelm seinem Freunde, wiederholt, nachdrücklich, in tiefster Erregung. Alexander schwieg lange. Gegen Ende Mai antwortete er schließlich; er habe kein Mittel, die Überflutung Preußens durch eine große Armee zu hindern und werde den Krieg nicht anders als im Innern seines Landes beginnen. Zum vierten Male überließ er seinen Freund einem unheimlichen Schicksale. Unterdessen hatte Hardenberg versucht, ob in Paris ein Bündnis unter ehrenvollen Bedingungen zu erlangen sei; er bot ein Hilfskorps, gegen die Rückgabe von Glogau, gegen den Erlaß der Kontribution und die Erlaubnis zur Vermehrung des Heeres. Napoleon verwarf den Antrag; nicht als ein gleichberechtigter Bundesgenosse, sondern gebunden und gezwungen sollte ihm Preußen Heeresfolge leisten. Unheil also und Verderben, wohin man sich auch wenden mochte!

Da, im Augenblicke der höchsten Not, brach die heiße Leidenschaft der Kriegspartei in helle Flammen aus. Hardenberg selbst trat auf die Seite Scharnhorsts, Gneisenau wurde in den Staatsrat berufen zur Leitung der Rüstungen, und so entstanden im Sommer 1811 jene grandiosen Pläne für eine Waffenerhebung des preußischen Volkes – das Tollkühnste vielleicht, was moderne Staatsmänner je erdacht haben, ein unvergleichliches Denkmal für die Seelengröße Scharnhorsts und seiner Freunde. Wie man so dalag, dicht unter den Feuerschlünden der großen Armee, die mit jedem Tage anwuchs, traute man sich noch die Kraft zu, durch einen plötzlichen Aufstand dem übermächtigen Feinde zuvorzukommen; in jedem Dorfe sollte der Pfarrer den Landsturm aufbieten, wer nur irgend die Waffen schwingen konnte, mußte mit heran. Bereits waren in aller Stille die Krümper einberufen, so viele man nur heranziehen konnte, ohne den Argwohn der Franzosen zu wecken; gegen Ende August standen 75 000 Mann bereit. Die kommandierenden Generale in den Provinzen erhielten außerordentliche Vollmachten, um auf ein gegebenes Zeichen sofort loszuschlagen. Berlin war von Truppen fast gänzlich entblößt, von allen Seiten her zogen die Regimenter nach dem festen Lager bei Kolberg, wo Blücher befehligte: dort und in Spandau sollte der Volkskrieg seinen Stützpunkt finden. Gneisenau jubelte: die Welt soll erstaunen über unsere Kräfte! Wer den Hochherzigen in jenen Tagen sah, vergaß ihn nie mehr: ein Lichtstrom der Begeisterung schien von ihm auszustrahlen. Seine Freunde dachten, ihm den Oberbefehl in Schlesien, wo er jeden Busch und jeden Weg kannte, anzuvertrauen, und Clausewitz begrüßte ihn bereits mit prophetischer Ahnung als den Marschall von Schlesien. Alle Glut und allen Adel seiner Seele hatte er in diesen Kriegsplänen niedergelegt; sein ganzes Wesen war in Aufruhr, als er sie dem Könige übergab mit einer poetischen Mahnung:

> Trau' dem Glücke, trau' den Göttern,
> Steig' trotz Wogendrang und Wettern
> Kühn wie Cäsar in den Kahn!

Und doch waren diese heldenkühnen Pläne nichts wie eine edle Verwirrung. Gneisenau selber sprach sich sein Urteil, wenn er bekannte, er habe nur noch den Mut des Curtius. Ein ruhmvoller Untergang, ein Untergang ohne jede absehbare Möglichkeit der Wiederauferstehung war Preußens sicheres Los, wenn man sich also kopfüber in den Kampf stürzte. Noch bevor der Volkskrieg recht in Zug kam, mußte Napoleon, der seine Augen überall hatte, das

Land schon mit seinen Heersäulen überschwemmt haben, und wo bot diese offene, bebaute Ebene einen Anhalt für einen spanischen Guerillakrieg? Es wurde die Rettung der Monarchie, daß Friedrich Wilhelm auch in dieser schweren Versuchung seine höchste Königspflicht nicht aus den Augen verlor und das Dasein des Staates nicht einer Aufwallung herorischer Gefühle opfern wollte. Er prüfte die Pläne nach seiner tiefen, gründlichen Weise. Vieles sah er allzu trübe; solchen Männern gegenüber fragte er kleinmütig, wo denn die Heerführer seien für einen Volkskrieg. Aber die Stärke Napoleons, die Schwäche des russischen Heeres schätzte er richtiger als die Generale, und seine an den geordneten Heeresdienst gewöhnten Märker kannte er zu gut, um sich viel von einer regellosen Volksbewegung zu versprechen. „Als Poesie gut" hieß es in den Randglossen und wieder: „wenn ein Prediger erschossen ist, hat die Sache ein Ende." Der König war längst auf das Ärgste gefaßt: seine Wagen standen wochenlang reisefertig im Schloßhofe, um den Monarchen bei der ersten verdächtigen Bewegung der nahen Franzosen nach Königsberg zu bringen. –

So stand er denn abermals allein. Eine Kriegserklärung in solcher Lage mußte den Staat vernichten, bevor noch ein russischer Säbel aus der Scheide fuhr. Was Wunder, daß nach alledem im Januar 1812 die französische Partei am preußischen Hofe sich wieder hervorwagte. Ihr Wortführer war Ancillon – der Hofpfaffe, wie Gneisenau ihn nannte – ein untertäniger, seichter Schönredner, feigherzig von Natur, immer zum kleinmütigsten Entschlusse geneigt. Der führte mit seiner widerlichen theologischen Salbung in breiter Denkschrift aus, daß Napoleon freundliche Absichten gegen die preußische Monarchie hege, denn sonst hätte er sie längst zerstört; und riet dringend zum Anschluß an Frankreich. Der König dachte anders. Nicht einen Augenblick glaubte er an den Großmut des Imperators; hatte er doch aus dem Schicksal des Oldenburger Herzogs eben gelernt, daß selbst ein Bündnis keine Sicherheit bot gegen die Gewaltschläge dieses Freundes. Aber er sah die Lage, wie sie war: begann man den Krieg für Rußland und doch ohne russische Hilfe, so opferte man sich unfehlbar und völlig nutzlos; schloß man sich dem Verhaßten an, so wurde dem Staate freilich nur für ein Jahr das Dasein gefristet, jedoch ein Jahr war viel in so wilder Zeit, und vielleicht zeigte sich dann noch irgendein anderer Weg der Rettung.

Der Imperator hatte unterdessen seinen Entschluß gefaßt. Um den russischen Krieg ohne Aufenthalt sogleich am Niemen eröffnen zu können, hielt er es doch für geraten, sich vorläufig mit der friedlichen Unterwerfung Preußens zu begnügen. Die preußischen Rüstungen waren, auf seine Drohungen, schon im Herbst teilweise eingestellt worden; jetzt hatte er an 300 000 Mann dicht an den Grenzen des Staates stehen. Noch bevor die Verhandlung zum Abschluß kam, streiften französische Truppen von Magdeburg und Schwedisch-Pommern aus in das preußische Gebiet hinüber; der Kommandant der Artillerie der großen Armee erhielt geheimen Befehl, die Belagerungsparks für Spandau, Kolberg und Graudenz bereit zu halten. Der König war verloren, wenn er nicht unterschrieb. So kam der Bundesvertrag vom 24. Febr. 1812 zustande. Preußen stellte ein Hilfskorps von 20 000 Mann, die Hälfte seines Heeres verschwand als siebenundzwanzigste Division in den Massen der großen Armee; was übrig blieb, genügte kaum, die Festungen zu besetzen, da der König sich ausdrücklich verpflichten mußte, den Bestand seiner Truppen nicht zu vermehren. Das ganze Land, außer Oberschlesien und Breslau, stand den Heersäulen Napoleons zum Durchmarsch offen und hatte für ihren Unterhalt zu sorgen. Die besetzten Festungen blieben nach wie vor in Napoleon Händen; selbst die Hauptstadt mußte den Franzosen eingeräumt werden, da Napoleon einen Aufstand des Berliner Pöbels fürchtete. Nur Potsdam blieb frei; dort hauste jetzt der König, von wenigen hundert Mann seiner Garde umgeben, doch er ließ sich nicht abhalten, zuweilen in Berlin mitten unter den Truppen Napoleons zu erscheinen. In einem verzweifelten Briefe zeigte Friedrich Wilhelm dem russischen Freunde seinen Entschluß an: da Rußland jede tätige und schnelle Hilfe verweigere, so dürfe er nur noch an die Rettung seiner Monarchie denken; er bleibe jedoch im Herzen der Freund und Bundesgenosse Alexanders und hoffe, sie würden beide in diesem Sinne den Krieg führen. Gleich darauf schloß sich auch Österreich den Franzosen an, freiwillig und unter weit günstigeren Bedingungen: ihm wurde die Wiedererwerbung der illyrischen Provinzen in Aussicht gestellt, falls Galizien mit dem wieder hergestellten Polen vereinigt werden sollte.

Also war der gesamte Kontinent zum Kriege gegen das Zarenreich verbunden, und verheerend ergoß sich die große Armee über Preußens Gefilde – an 650 000 Mann, das gewaltigste Heer, das die Welt seit den Tagen des Xerxes gesehen. Die beste Kraft der europäischen Jugend vom Ebro bis zur Elbe, von Tarent bis zur Nordsee stand in Waffen. Keine Rede mehr von den Verträgen. Wider die Abrede wurden auch Pillau und Spandau – die Zitadelle Berlins, wie Napoleon sagte – von den Franzosen besetzt. Was man irgend noch im Jahre 1807 zu rauben vergessen hatte oder was von Kriegsvorräten neu angeschafft war in diesen vier Jahren, fiel jetzt den durchziehenden Feinden in die Hände. Preußen verlor durch den Marsch der großen Armee noch mindestens 146 Mill. Fr. über den schuldigen Rest der Kontribution hinaus, – eine Summe, die niemals vergütet wurde. Es war Napoleons Absicht, den gefährlichen Bundesgenossen in seinem Rücken gänzlich unschädlich zu machen; nötigenfalls konnte ein Handstreich auf Potsdam die Person des Königs in seine Gewalt bringen.

Entsetzlich, niederschmetternd war der Eindruck dieser Ereignisse in dem Kreise der preußischen Patrioten. Je höher im vorigen Sommer die Hoffnungen sich erhoben hatten, um so stürmischer wallte nun die Entrüstung auf. Die Urheber der Rüstungen von 1811 konnten nach dem vollzogenen Systemwechsel selbstverständlich nicht mehr in ihren Stellungen verbleiben. Blücher war schon im Herbst, auf Napoleons dringendes Verlangen, seines Kommandos enthoben worden, von dem Monarchen mit herzlichen Worten getröstet. Jetzt wurde auch Scharnhorst entlassen, behielt aber das Vertrauen des Königs nach wie vor. Gneisenau erhielt scheinbar den Abschied und reiste mit geheimen Aufträgen nach Österreich, Rußland, Schweden und England. Boyen und Clausewitz gingen nach Rußland. Von den anderen Offizieren waren einzelne, wie der feurige, hochgemute Graf Chasot, schon während der Wirren von 1809 ausgetreten; ihnen bot jetzt der Zar in seiner neugebildeten Deutschen Legion eine Freistatt. Andere Tapfere, wie Grolman, Oppen, die Gebrüder Hirschfeld, fochten in Spanien; sie dachten wie Gneisenau: „Die Welt scheidet sich in Feinde und Freunde Bonapartes, auf das Gebiet der Länder kommt es dabei weniger an als auf das der Grundsätze.“ Die ungeheure Mehrzahl des Offizierkorps aber gab ihrem Kriegsherrn einen Beweis deutscher Treue, der schwerer wog als manche glänzende Tat des Kriegsmutes. Kein Mann in diesen Reihen, der den Krieg für Napoleon nicht verwünschte; und doch sind nur einundzwanzig aktive Offiziere, darunter nur drei Stabsoffiziere, infolge der französischen Allianz freiwillig ausgeschieden, um zumeist in die deutsch-russische Legion einzutreten. Der König nahm die Abschiedsgesuche sehr unwillig auf. Clausewitz und noch mehrere der Ausgeschiedenen konnten nachher nur mit Mühe den Wiedereintritt in die Armee erlangen; wie oft haben noch in späteren Jahren die Gegner der Reformpartei den Monarchen geflissentlich daran erinnert, daß einige der nächsten Freunde Scharnhorsts und Gneisenaus nicht bei der Fahne geblieben waren. –

Im Mai hielt der Nachfolger der Karolinger seinen dritten großen Hoftag auf deutschem Boden, glänzender noch als einst in Mainz und Erfurt. Während die Regimenter der großen Armee in unendlicher Reihe über die Elbbrücke zogen, versammelten sich Deutschlands Fürsten im Dresdner Schlosse um ihren Beherrscher: unter ihnen der vormals deutsche Kaiser und der Nachfolger des großen Friedrich. Wie tat es den Plebejer wohl, die Nacken seiner hochgeborenen Diener recht wund zu reiben unter seinem Joche! Er selber spielte den Wirt im Hause seines sächsischen Vasallen, lud seinen kaiserlichen Schwiegervater täglich, den Hausherrn und den König von Preußen als Personen niederen Ranges nur einen Tag um den anderen zu Tisch; derweil der Herrscher tafelte, mußten die Herzoge von Weimar und Koburg mit einem Schwarme deutscher Fürsten nebenan im Vorzimmer stehen. Ehrenhafte Franzosen nannten es selber eine mutwillige Beschimpfung, daß man dem Könige diese Reise zugemutet habe; der Imperator aber versagte seinem Gaste den üblichen Kanonensalut und redete den Eintretenden mit der Frage an: Sie sind Witwer? Friedrich Wilhelm war empört, er wußte nur allzu wohl, wer seiner Gemahlin das Herz gebrochen hatte; seinem Kronprinzen, der mit zugegen gewesen, blieb für das ganze Leben eine tiefe Abscheu gegen die Familie Bonaparte. Sogar die bedientenhafte Bevölkerung der schönen Elbstadt fühlte sich entrüstet über die grausame Roheit des Korsen und ehrte die stille Größe des Unglücks, wo immer der König von Preußen sich zeigte.

Während des heißen letzten Sommers, der den edlen Elser zeitigte, hatte ein prächtiger Komet mit seiner roten Flammenrute allnächtlich den Himmel erleuchtet. Die Massen wußten seitdem, daß Großes, Unerhörtes bevorstehe. Als nun das wilde, fremde Kriegsvolk aus allerlei Landen durch die preußischen Dörfer strömte – die kleinen, genügsamen braunen Spanier und die Hünengestalten der anspruchsvolleren Bayern, die langsamen Holländer und die behenden Fanfarons aus der Gascogne – da schien dem kleinen Manne alles wie ein wüster Spuk; er meinte, dies tolle Wesen nehme ein schlimmes Ende, und er bestärkte sich in solchem Glauben, wenn er, Wut im Herzen, die zügellosen Horden hausen sah, wie sie in rasendem Übermute das frische Weißbrot haufenweise in den Kot traten, die vollen Flaschen an der Wand zerschmetterten. Die Politik der ideenlosen Eroberungslust entsittlicht auf die Dauer ihre eigenen Heere; die alte Mannszucht der napoleonischen Truppen war verschwunden, ein frecher, meisterloser Landsknechtssinn nahm überhand. Auch die alte, fröhliche Siegeszuversicht war dahin. Der Soldat selbst begann das ewige Schlachten endlich satt zu werden, er fürchtete die Schneewüsten des Ostens; in den italienischen und deutschen Regimentern zeigte sich oft ein dumpfer Groll. Die Reiter klagten: in den früheren Kriegen hätten ihre Rosse beim Ausmarsch lustig gewiehert, heuer nicht.

Und seltsam, der naive Volksglaube urteilte diesmal richtiger als die Berrechnung der Kabinette. Die Staatsmänner übersahen in ihren schwarzsichtigen Erwartungen das eine, worauf alles ankam: daß Zar Alexander in diesem Kriege ausharren mußte. Die Nachrichten von dem Zuge der Heiden gegen das heilige Moskau brachten das ganze russische Volk in Aufruhr, und wenn unter dem Despotismus die sonst schlummernde öffentliche Meinung einmal erwacht, dann wirkt sie mit unwiderstehlicher Gewalt. Alexander durfte nicht nachgeben, bei Verlust seines Thrones. Er wußte es; in diesen Tagen der Prüfung wurde der unstete Knabe zum Manne, soweit sein Charakter männlicher Tugenden fähig war. Wie der Efeu am Eichbaum klammerte er sich fest an dem einsernen Mute des Freiherrn vom Stein. Der große Deutsche eilte mit seinem getreuen Arndt nach Rußland und stand, eine Macht für sich selber, dem Zaren zur Seite, erfüllte ihn mit einem Hauche seiner eigenen Leidenschaft. Je näher die Gefahr sich heranwälzte, um so freudiger und zuversichtlicher hoben sich alle schneidigen und heldenhaften Kräfte seiner Seele: bis nach Kasan, bis nach Sibirien hinein wollte er den Kampf fortführen, denn dieser Krieg entschied über die Freiheit der Welt.

Eine tiefe Stille lagerte sich über Europa, als die letzten Kolonnen der großen Armee jenseits der russischen Grenzen verschwanden. In Norddeutschland schwebte auf tausend Lippen die bange Frage, ob das Geschick nicht endlich den Himmelsstürmer ereilen werde. Wie ein fremder, greller Mißton klang in das erwartungsvolle Schweigen ein höfisches Gedicht Goethes auf Marie Luise; der Alte konnte sich in die verwandelte Zeit nicht finden und feierte den Cäsar,der soeben die Blüte der europäischen Männerschaft zur Schlachtbank führte, mit dem Verse: der alles wollen kann, will auch den Frieden! Napoleon war fast ohne Aufenthalt durch Warschau gezogen; denn „die grenzenlose Zukunft von mir gestattet mir nicht, in Polen auch nur eine Beiwacht zu halten." Er hatte sich bereits mit dem Plane beschäftigt, seinen Bruder Jerome zum König von Polen zu erheben, und ließ es geschehen, daß eine General-Konförderation in Warschau die Wiederherstellung des Polenreichs ausrief. Feste Zusagen gab er dem unglücklichen Volke auch jetzt nicht, sondern wies seinen Botschafter in Warschau an, „die nationalen Bestrebungen zu ermuntern, ohne die liberalen zu erwecken." Er stürmte vorwärts, aber schon bevor der Feind in Sicht kam, begann sich die Ordnung in dem Heere aufzulösen. Vornehmlich an ihrer Zuchtlosikeit ist diese glänzende Armee zugrunde gegangen. Die von obenher anbefohlene Ausplünderung der preußischen Lande hatte die Truppen an den Raub gewöhnt. Der Soldat lebte in beständigem Kriege mit den Feldgendarmen, ein Gewölk von Marodeurs umschwärmte Flanken und Rücken des Heeres; nur die deutschen und die polnischen Regimenter hielten gut zusammen. Die früher so treffliche Armeeverwaltung zeigte sich durchweg unredlich und nachlässig, der größte Teil der ungeheuren Vorräte ging schon auf dem Hinwege zugrunde. Als Napoleon in die altrussischen Lande eindrang, da ließ er, wie einst Karl XII. auf dem Zuge nach Pultawa, das von den Parteien zerrissene Polen und das gründlich verwüstete Litauen in seinem Rücken.

Scharnhorst hatte dem Zaren geraten, den Krieg nach Partherweise zu führen, den unendlichen Raum als Waffe zu benutzen und den Feind tief in das öde Innere des weiten Reiches zu locken. Der russische Stolz verschmähte den weisen Rat, dem auch Gneisenau und alle bedeutenden preußischen Offiziere beistimmten. Der Zar hoffte vielmehr, der Feind werde sich an dem festen Lager von Drissa die Hörner einstossen. Nur das Gefühl der eigenen Schwäche nötigte die russische Heerführung, wider ihren Plan und Willen, zu beständigem Rückzuge. Indessen begannen die Bauern auf eigene Faust den Partherkrieg; sie erwarteten alles Gräßliche von dem heidnischen Feinde, flüchteten ihre Herden und Vorräte in die Wälder, gaben die wertlosen leeren Holzhütten preis, und wo ein Versprengter in ihre Hände fiel, schlugen sie ihn nieder wie einen tollen Hund. Der Grimm des gläubigen Volkes wuchs noch, als die heilige Stadt Smolensk mit ihren Kirchen und Gnadenbildern nach blutigen Gefechten von dem Feinde besetzt wurde. Weiter und weiter ging der Zug des Eroberers in das menschenleere Land hinein; mit jedem neuen Tag lichteten sich die Reihen seines Heeres. Die Leidenschaft der Massen zwang endlich den russischen Oberfeldherren Kutusow, bei Borodino eine Schlacht um den Besitz von Moskau zu wagen; die Übermacht und die Tapferkeit der Truppen, vor allem der sächsischen Reiterei, schenkten dem Imperator den Sieg, den blutigsten, den er je erfochten. Nochmals hoffte er, wie schon so oft, in der eroberten Hauptstadt den Frieden zu diktieren, nachdem der Feldzug ohnehin allzu spät im Jahre begonnen worden, noch fünf unschätzbare Wochen durch fruchtlose Friedensverhandlungen. Währenddes tat der altrussische Fanatismus sein Ärgstes; der Brand von Moskau zeigte der Welt, wessen ein in seinen heiligsten Gefühlen beleidigtes, halbbarbarisches Volk fähig ist. Bei der gräßlichen Plünderung der unglücklichen Stadt verlor das Heer seinen letzten sittlichen Halt. Der Eroberer sollte an seinen eigenen Truppen die Wahrheit seines oft wiederholten Ausspruchs erfahren, daß Tapferkeit nur die zweite, Mannszucht und Ausdauer die erste Tugend des Soldaten ist.

Als der Rückzug aus der verödeten Stadt unvermeidlich wurde, konnte sich Napoleons Hochmut – er selbst nannte es seine Seelengröße – nicht entschließen, die offene nördliche Straße einzuschlagen; so hätte er eingestanden, daß er vor dem russischen Heere, das südwärts von Moskau stand, zurückwich. Er gedachte vielmehr, den Feind zu schlagen und sich den Rückzug auf der südlichen Straße zu erzwingen. Das übermütige Unternehmen mißlang; durch die Schlacht von Malo-Jaroslawetz wurde die große Armee wieder auf die mittlere Straße abgedrängt, welche sie beim Einmarsch benutzt hatte. Damit war ihr Untergang entschieden. Der Heuschreckenschwarm mußte denselben Weg zurück, den er schon bis auf den letzten Halm abgegrast. Die Witterung blieb noch eine Zeitlang leidlich, und auch als der Frost, ungewöhnlich spät, eintrat, ward die Kälte kaum ärger als vor sechs Jahren in dem polnisch-ostpreußischen Feldzuge. Aber vor dem unglücklichen Heere lag die unermeßliche Schneewüste. Kein Dorf, keine Feuerstatt, so weit das Auge reichte; alle Vorräte verloren, alles Ansehen der Oberen vernichtet, dazu ringsum die schwärmenden Kosaken und in den Wäldern die erbitterten Bauern. Alles Elend, das nur irgend die Sterblichen heimsuchen kann, brach über die Unseligen herein; es war, als ob die Reiter der Apokalypse über die Schneefelder dahinrasten. Nach dem greuelvollen Übergange über die Beresina löste sich jede Ordnung; in regellosen Haufen schleppten sich die armen Trümmer des stolzen Heeres, insgesamt kaum 30 000 Mann, dahin – wankende, hohlwangige Jammergestalten, viele blind und taub vor Kälte, mit wölfischem Hunger an jedem Aase nagend, waffenlos, in abenteuerlicher Vermummung – eine gräßliche Maskerade, wie das Volk in Deutschland spottete, „Trommeln ohne Trommelstock, Kürassier' im Weiberrock, so hat sie Gott geschlagen mit Roß und Mann und Wagen." Aber auch der Sieger hatte durch Strapazen und Krankheiten den größten Teil seines Heeres verloren; kaum 40 000 Russen erreichten die Grenze, allesamt tief erschöpft und über weite Entfernungen zerstreut, völlig unfähig zum Kampfe gegen die frischen Truppen Napoleons, welche das preußische Gebiet besetzt hielten.

Die ersten unsicheren Nachrichten von der Katastrophe gelangten nach Dänemark, von da durch Dahlmann und seine deutschen Freunde ins innere Deutschland. Nachher erfuhr man, wie der Imperator, der allein mit Caulaincourt dem Heere vorauseilte, am 12. Dezember in

Glogau erschienen war, wie er dann in Dresden, gleichmütig einen Gassenhauer trällernd, seinen bestürzten Vasallen die Unheilsbotschaft mitgeteilt hatte. Am 17. Dezember brachte der Moniteur das neunundzwanzigste Bulletin mit der Nachricht: die große Armee sei vernichtet, die Gesundheit Sr. Majestät sei niemals besser gewesen. Tags darauf erschien der Imperator selbst in den Tuilerien. Bald nachher überschritten die Spitzen des französischen Heeres die preußische Grenze. Mit einem heiligen Entsetzen betrachtete das Volk die lebendigen Zeugen des geschlagenen Hochmuts, und von Millionen Lippen klang wie aus einem Munde der Ausruf: das sind Gottes Gerichte!

Die Stunde für Deutschlands Befreiung hatte geschlagen. Niemand erkannte dies früher als Stein, der den russischen Feldzug von Haus aus nur als das Vorspiel der deutschen Erhebung betrachtete. Er stand während des Krieges an der Spitze des deutschen Komitees in Petersburg, betrieb die Ausrüstung der Deutschen Legion, die nach seinen Plänen den Kern des künftigen deutschen Heeres bilden sollte, und scheute sich nicht, unter den Rheinbundtruppen Aufrufe verbreiten zu lassen, die sie zur Fahnenflucht verleiten sollten. Was galten ihm auch die Eide, die den Sklaven des Zwingherrn geschworen waren? Zugleich schrieb der tapfere Arndt seinen Katechismus für den deutschen Kriegs- und Wehrmann, ein köstliches Volksbuch, das in vielen tausenden Exemplaren verbreitet, mit seiner einfältigen Wahrhaftigkeit, seiner frommen biblischen Sprache das gläubige Geschlecht im Innersten erschütterte: denn wer Tyrannen bekämpft, ist ein heiliger Mann, und wer Übermut steuert, tut Gottes Dienst; das ist der Krieg, welcher dem Herrn gefällt; das ist das Blut, dessen Tropfen Gott im Himmel zählt! Bei Hofe kam man dem deutschen Freiherrn anfangs mit Mißtrauen entgegen; doch wie er nun vom ersten Augenblicke an die Niederlage des Feindes unbeirrt voraussagte und in seiner Herzensfreude über die Treue, den Opfermut, die religiöse Begeisterung des russischen Volkes immer froher und liebenswürdiger wurde, da flogen ihm alle edlen Herzen zu.

Lange bevor der Untergang der großen Armee sich entschied, schon im September entwarf er die Pläne für Deutschlands künftige Verfassung – das Idealste und Verwegenste, was je zuvor über deutsche Politik gedacht worden. Und dies bildet, nächst an seiner Teilnahme an der Umgestaltung Preußens und der Befreiung Europas, das dritte welthistorische Verdienst des Mannes; er hat früher und schärfer als irgendein Staatsmann die Einheit Deutschlands, ohne Phrasen und Vorbehalte, als das höchste Ziel deutscher Staatskunst aufgestellt. Wer ihm von Schonung der althergebrachten Zersplitterung redete, dem erwiderte er: einen solchen Zustand wiederherstellen ist gerade so, als wolle man darauf bestehen, daß ein toter Mann auf seinen Beinen stehen solle, weil er es tun konnte, solange er noch lebte. Jede Rücksicht auf die Dynastien schien ihm unwürdig: als ob es in Deutschland darauf ankäme, ob ein Mecklenburg oder Bayern existiere, und nicht ob ein starkes, festes, kampffähiges deutsches Volk ruhmvoll in Krieg und Frieden dastehe. Sein Ziel war, „die Einheit und, ist sie nicht möglich, ein Auskunftsmittel, ein Übergang". Jetzt, da der gesamte Länderbestand Europas ins Wanken kam, meinte er selbst das Höchste erreichbar; eine große Monarchie von der Weichsel bis zur Maas, ebenso Italien zu einer geschlossenen Masse verbunden – ganz Mitteleuropa zurückgeführt in einen Zustand „der Kraft und Widerstandsfähigkeit". Sei dies nicht möglich, so solle man Deutschland nach dem Laufe des Mains zwischen Österreich und Preußen teilen, die Rheinbundsfürsten als betitelte Sklaven und Untervögte des Eroberers behandeln, auch die von Napoleon verjagten Fürsten nicht wieder einsetzen. Könne man auch dies nicht erreichen, so bleibe als letzter Ausweg, daß man jedem der beiden „verfassungsmäßigen Königreiche" Österreich und Preußen einige Kleinstaaten als Vasallen unterordne, etwa Bayern, Württemberg, Baden mit geschmälertem Gebiete der südlichen, Hannover, Hessen, Oldenburg, Braunschweig der nördlichen Macht.

Gleichviel welcher Teil des Vaterlandes sich zuerst erhöbe – daß der Krieg wie ein reißender Strom über die deutschen Grenzen hineinfluten müsse, verstand sich dem Reichsritter von selber. Für diesen Gedanken suchte er den Zaren zu gewinnen, und er fand leichtes Spiel. Alexander war in tiefster Seele erschüttert; in dem Rausche des Sieges traten alle edlen und alle phantastischen Züge seiner Natur zutage. Vor kurzem noch hatte er die ungeheure Last der Sorge kaum zu tragen vermocht, die Nachricht von dem Brande von Moskau hatte sein Haar in einer

Nacht gebleicht. Nun war Rußland befreit durch das Wunder des Himmels, nun fühlte er sich auserwählt durch Gottes Gnade, als ein Heiland der Welt die geknechtete Erde von ihrem Joche zu erlösen; nichts billiger darum als ein reicher Lohn für den Weltbefreier. Sofort nahm er seine polnischen Pläne wieder auf, doch in aller Stille; sein deutscher Ratgeber erfuhr kein Wort davon. Die Befreiung Deutschlands sollte dem Zaren die Krone der Jagiellonen bringen; die Interessen der Menschheit stimmten wieder einmal ganz wundersam mit den dynastischen Wünschen des Hauses Gottorp überein! Schon im November war Alexander so gut wie entschlossen, seine Waffen nach Deutschland zu tragen.

Wunderbar doch, wie sicher Stein, der Patriot, den springenden Punkt in der Lage der Welt – die Notwendigkeit der deutschen Schilderhebung – herausfand, und wie gröblich er sich in allem einzelnen irrte. Er kannte weder die Schwäche der russischen Streitkräfte, noch die bedachtsame Ängstlichkeit des Wiener Hofes, weder die Unfähigkeit des englischen Tory-Kabinetts, noch den stumpfen Partikularismus der Völkchen in den deutschen Kleinstaaten, die nirgends daran dachten, sich wider den Willen ihrer Dynastien zu erheben. Doch am allerwenigsten kannte er den heiligen Zorn, der in den Herzen der Preußen kochte, und die stillen Hoffnungen, womit ihr König sich trug; eben dieser Staat, den der Freiherr sich nur im Schlepptau der anderen Mächte denken konnte, sollte den Anstoß geben zu dem europäischen Kriege. Hardenberg hatte sich während des Sommers bemüht, das Einverständnis mit Österreich zu befestigen, und deshalb im September den Flügeladjudanten von Natzmer nach Wien gesendet. Der Bevollmächtigte fand in Wien eine überaus freundliche Aufnahme. In seinem Antwortschreiben beteuerte Metternich mit Wärme, er vermöge die Interessen der beiden Staaten nicht voneinander zu trennen; greifbare Versprechungen gab er jedoch nicht. Als nun der Krieg sich in die Länge zog, da begann der König zu hoffen, daß sein russischer Freund diesmal endlich ausharren würde; schon am 29. Oktober, noch ehe die Nachricht von dem Moskauer Brande eingetroffen war, erklärte er sich bereit zu einem Wechsel des politischen Systems, aber nur im Bunde mit Österreich. Neue vertrauliche Anfragen in Wien hatten geringen Erfolg. Die Hofburg behauptete noch die gleiche Haltung wie in der Krisis von 1811: sie hatte nichts dawider, wenn Preußen sein Glück versuchte, wollte aber selber aus ihrer so viel besser gesicherten Position nicht heraustreten. Dann kam die Kunde von Napoleons Rückkehr, bald darauf (16. Dez.) aus Dresden ein Schreiben des Flüchtlings an den König, das unbefangen, als sei gar kein Zweifel möglich, die Verstärkung des preußischen Hilfkorps verlangte: kein Wort von Entschädigung, kein Wort über die Bezahlung der preußischen Lieferungen vom letzten Frühjahr! Der Imperator meinte Preußen genugsam gefesselt und versah sich keiner Weigerung. In der Tat überschätzte Hardenberg die Bedeutung der russischen Katastrophe nicht. Er begriff, daß Napoleons unritterliche Flucht politisch ebenso wohl erwogen war wie einst sein heimlicher Abzug aus Ägypten; er wußte, was dieser eine Mann bedeutete, und sah voraus, daß der Imperator in kurzem mit einem gewaltigen Heere zurückkehren mußte.

Der sofortige offene Abfall war unmöglich, nicht bloß, weil die Gewissenhaftigkeit des Königs selbst einen erzwungenen Bund nicht ohne stichhaltige völkerechtliche Gründe auflösen wollte, sondern auch, weil die französischen Streitkräfte in den Marken vollauf genügten, eine plötzliche Erhebung im Keime zu ersticken. Dagegen waren alle tüchtigen Männer am Hofe darüber einig, daß die Gunst des Glücks genutzt, der Anschluß an Rußland und Österreich sofort verbereitet werden müsse.

Der König brauchte noch lange Zeit, bis er die einzige Größe dieser Tage ganz begriff. Unentschlossen von Natur, tief niedergebeugt durch die Leiden der letzten Jahre, noch ohne herzhaftes Vertrauen zu seinem Volke, wußte er auch noch nicht, wie gänzlich die Gesinnung seines russischen Freundes, der ihn einst so kaltsinnig preisgegeben, schon verwandelt war. Nur im Bunde mit Österreich und gedeckt durch sichere diplomatische Verträge wollte er das Ungeheure wagen. Hardenberg sah von vornherein weiter; er sprach sofort aus: nötigenfalls müsse man auch ohne Österreichs Hilfe schlagen, da diese Macht zum mindesten nicht feindlich auftreten würde. Am zweiten Weihnachtstage legte der Staatskanzler sein Programm vor: er riet, sofort zu rüsten, im Angesichte des Feindes und darum dem Scheine nach zu Frankreichs Gunsten. Der König genehmigte alles. Wo der neue Feldzug beginnen würde, das ließ sich freilich im Augenblicke noch nicht ahnen; der Staatskanzler meinte: am Rhein, der König: in Polen und Litauen. „Schlagen muß man und vernichten" – so lautete Friedrich Wilhelms Ansicht – „das aber geschieht zuverlässiger im Norden als am Rhein, bis wohin Rußlands Macht nie mit ganzer Kraft kommen kann und beinah nicht kommen darf." Als dies unheimliche Jahr im Sterben lag, rief man in Berlin bereits die Beurlaubten ein, befahl die Bildung von Reservebataillonen und entwarf die Instruktion für Knesebeck, der als Unterhändler nach Wien gehen sollte. Das Eis war gebrochen, und die entfesselten Fluten des Völkerzorns brausten bald so gewaltig dahin, daß die Krone nicht mehr zurückweichen konnte. Den Massen des Volkes, die mit wachsender Ungeduld den Ruf des Königs erharrten, blieb dieser Umschwung der preußischen Politik natürlich verborgen. Ein Glück daher, daß von anderer Seite her eine Tat gewagt wurde, die dem Volke wie ein weithin leuchtendes Signal verkündete, die Zeit des Harrens sei vorbei.

Die Notwendigkeit der großen Wandlungen des historischen Lebens erscheint dann am anschaulichsten, wenn sie durch widerwillige Werkzeuge vollstreckt werden. Wer hätte auch nur für denkbar gehalten, daß General Yorck, der Befehlshaber des preußischen Hilfskorps, jemals an seinem Fahneneide deuteln könnte? Vor langen Jahren war der Jüngling einst wegen Ungehorsams aus der friderizianischen Armee entlassen worden; als er dann nach langen abenteuerlichen Fahrten gereift und gesetzt wieder eintrat, erschien er den Soldaten wie der gestrenge Geist der altpreußischen Mannszucht. Der Mannschaft klopfte das Herz, wenn die hagere, straffe Gestalt des alten Isegrim mit der drohenden Falte über der Adlernase auf dem Brauen daherritt. Kein Fehler entging den harten, stechenden, grauen Augen; jedes Schimpfwort ließ sich leichter ertragen als der gemessene und doch so furchtbare, so tief demütigende Tadel von diesen stolzen, herrischen Lippen. Die Offiziere sagten wohl, er sei scharf wie gehacktes Eisen; sie errieten aus dem rastlos wechselnden Mienenspiele der finsteren Züge, wie viel Ehrgeiz, wie viel heiße Leidenschaft, durch eiserne Willenkraft mühsam gebändigt, in dem wortkargen, unliebenswürdigen Manne arbeitete. Die Truppen vertrauten ihm unbedingt, denn sie kannten seine Tapferkeit und Umsicht aus den Kämpfen von Altenzaun und Lübeck, und sie wußten, wie eifrig der durch und durch praktische Offizier für Kleidung, Proviant und Quartiere seiner Leute sorgte. Wie in Marwitz die Standesgesinnungen des Landadels, so verkörperte sich in Yorck der schroffe Stolz des alten Offizierskorps; gegen die neumodischen Narrheiten der Reformer war ihm kein Hohn zu giftig. Er haßte die Franzosen, die ihm seine Fahnen entehrt und den stolzen Bau der altpreußischen Ordnung über den Haufen geworfen hatten, mit dem ganzen Ingrimm seiner vulkanischen Natur; doch für die Kameraden, die den Dienst des Königs verließen, um nach Rußland zu gehen, hatte er nur Worte herber Verachtung, sie waren ihm Verräter und Deserteure.

Die preußische Division gehörte während des Kriegs zu dem Korps Macdonalds und rückte auf dem äußersten linken Flügel der großen Armee in die Ostseeprovinzen ein. So widerwillig die Truppen dem französischen Oberbefehl folgten, sie brannten vor Begier, jetzt unter den Augen der Sieger von Jena zu zeigen, was preußische Tapferkeit vermöge. Yorck durfte sich rühmen, daß seine Schar an kriegerischer Tüchtigkeit keinem anderen Korps der großen Armee nachstand, in fester Mannszucht alle übertraf; er hielt sie geschlossen zusammen, bewahrte sie vor jeder Vermischung mit fremden Kriegsvolk, die in den Heeren des Weltreichs grundsätzlich begünstigt wurde, und zeigte den Franzosen durch schroff abweisenden Stolz, daß sie nicht rheinbündische Vasallen, sondern das Hilfskorps eines freien Königs vor sich hätten. Die trübe, durch die jammervollen Erlebnisse dieser sechs Jahre verbitterte Stimmung der Truppen wich einem kräftigen, trotzigen Selbstgefühle, als sie in dem glänzenden Treffen von Bauske und in vielen anderen rühmlichen Gefechten die alte friderizianische Kühnheit und zugleich ihre Gewandtheit in den Künsten der beweglichen Taktik erprobt hatten. Die aus allen Waffengattungen gemischten Brigadeverbände bewährten sich ebenso trefflich wie die neuen Exerzierreglements vom Januar 1812. Yorck behauptete den Herbst über seine gefährliche Position in Kurland; erst der Untergang des Hauptheeres nötigte auch den linken Flügel zum Rückzuge. Macdonalds Korps erhielt Befehl, die Trümmer der großen Armee im Rücken zu decken und den nachdrängenden Russen den Einmarsch nach Ostpreußen zu verbieten. Folgte Yorck den Befehlen Macdonalds, so konnten die wenigen Russen, die weiter südlich schon in Ostpreußen eingedrungen waren, sich dort nicht halten, die Franzosen blieben stark genug, dem russischen Korps des Fürsten Wittgenstein die preußische Grenze zu sperren, und der russische Krieg endete nach menschlichem Ermessen mit einem nutzlosen Kosakenstreifzug am Niemen – freilich nur, wenn das preußische Korps mit übermenschlicher Selbstverleugnung sich für seine gehaßten Bundesgenossen aufopferte. Schieden die Preußen aus dem Kriege aus, so drang das russische Heer über die deutsche Grenze hinüber, und der König – das ließ sich vermuten – ward fortgerissen zu dem großen Entschlusse, welchen Yorck seit Jahren ersehnte. Eine Welt von widersprechenden Gedanken stürmte auf den eisernen Mann ein; während der Schlacht kalt und sicher, war er vor dem Kampfe immer aufgeregt und schwarzsichtig. Sollte er seine treuen Truppen, den Kern des preußischen Heeres, preisgeben für die Rettung des Todfeindes der Deutschen oder durch einen eigenmächtigen Schritt Thron und Leben seines Königs, der noch immer in der Gewalt der Fremden war, gefährden? Sollte er jetzt, in Ehren grau geworden, nochmals dem strengen Gesetze des Krieges den Gehorsam versagen, wie einst, da der vorwitzige Knabe aus der Armee verjagt wurde, und sein Leben schimpflich auf dem Sandhaufen schließen – oder diese große Stunde des Gottesgerichts ungenützt vorüberstreichen lassen? Auf wiederholte Anfragen in Berlin kam nur die Erwiderung: er möge nach den Umständen handeln – eine Antwort, die lediglich erraten ließ, daß der König sich an das französische Bündnis nicht für immer binden wolle.

Den Ausschlag gab ein Schreiben Alexanders vom 18. Dezember, das bestimmt versicherte, der Zar sei bereit, mit dem Könige ein Bündnis abzuschließen und die Waffen erst niederzulegen, wenn Preußen die Machtstellung vom Jahre 1805 wieder erreicht habe. Hier also des Königs alter Freund und die Aussicht auf Wiederherstellung des alten Ruhmes, dort der arge Feind, von dem Yorck wußte, daß er nur auf Preußens Vernichtung sann. Bewegt, wie ein Mann nur sein kann, kündete der General seinen Offizieren die gefaßte Entscheidung an: „so möge denn unter göttlichem Beistand das Werk unserer Befreiung beginnen und sich vollenden." Mit hellem Jubel stimmten ihm die Getreuen zu. Am 30. Oktober traf Yorck in der Poscheruner Mühle bei Tauroggen mit den russischen Unterhändlern zusammen – es waren durchweg geborene Preußen, Diebitsch, Clausewitz, Friedrich Dohna – und unterzeichnete eine Konvention, kraft deren sein Kops in den Landstrich zwischen Memel und Tilsit zurückging, um dort die weiteren Befehle des Königs zu erwarten. Mehr wollte der pflichtgetreue Soldat nicht wagen. An dem Könige war es, die Verbindung zu Rußland zu befehlen. Ihm legte Yorck in einem Briefe, den er mit seinem Herzblute schrieb, seinen alten Kopf zu Füßen: „Jetzt oder nie ist der Moment, Freiheit, Unabhängigkeit und Größe wiederzuerlangen. In dem Ausspruche Eurer Majestät liegt das Schicksal der Welt!"

## IV

# Der Befreiungskrieg

Nichts unheimlicher im Leben der Völker als das langsame Nachwirken der historischen Schuld. Wie viel schwere Arbeit war nun schon aufgewendet von den besten Männern des deutschen Nordens, um die Unterlassungssünden des unseligen Jahrzehntes vor 1806 zu sühnen. Fester denn je stand die alte Königstreue der Preußen, ein neuer, freier Geist belebte das Heer und die Verwaltung; was aber in Friedrichs Tagen der schönste und eigentümlichste Vorzug der preußischen Politik gewesen, die stolze, freimütige Offenheit des Handelns, blieb dem gedrückten Staate versagt. Als die Krone sich endlich anschickte, Gewalttat und Treuebruch mit dem Schwerte abzuwehren, den wagnisvollen Kampf für die Herstellung Deutschlands und die Freiheit der Welt zu beginnen, da fand sie sich außerstande, das Gerechte und Notwendige mit Gradheit und Würde zu tun. Sie war gezwungen zu einem zweizüngigen Spiele, das Tausende ehrlicher Gewissen beirrte und quälte, viele der Treuesten zu einem eigenmächtigen, für den Bestand der monarchischen Ordnung hochgefährlichen Vorgehen nötigte.

Zu Anfang des Jahres standen etwa 40 000 Mann napoleonischer Truppen in Ostpreußen, 10 000 in Polen, 70 000 in den Festungen der Weichsel- und Oderlinie; die Marken nebst den Übergängen über die Oder hielt Augereau mit dem noch ganz unberührten elften Armeekorps, mehr als 20 000 Mann, besetzt, und täglich trafen frische Zuzüge aus dem Westen ein, also daß die Garnision von Berlin allein bald auf 24 000 Mann stieg. Genug, übergenug, um die schwache, an vier weit entlegenen Stellen verteilte preußische Armee in Schranken zu halten. Das gelichtete Korps Yorcks überschritt soeben die litauische Grenze, an der Weichsel bildete Bülow ein Reservekorps, um Kolberg befestigte General Borstell die pommerischen Regimenter, während eine vierte Abteilung, die nachher unter Blüchers Befehl gestellt wurde, sich in Schlesien versammelte. Als die jammervollen Trümmer der großen Armee ins Land kamen, wurde der König von manchen Heißspornen mit Bitten bestürmt, er möge gestatten, daß man sich nach Spanierart auf diese Flüchtlinge stürze. Friedrich Wilhelm versagte die Erlaubnis. Das Volk gehorchte schweigend, obgleich die hastigen Neuerungen des Staatskanzlers viel Unwillen, gerechten und ungerechten, gegen die Regierung hervorgerufen hatten, und so geschah, was der Barmherzigkeit und dem gesetzlichen Sinne jenes tapferen Geschlechts gleichmäßig zur Ehre gereicht: diese Scharen wehrloser, tödlich gehaßter Feinde zogen sicher ihres Wegs durch das preußische Land. Da und dort lärmte der Pöbel in wüster Schadenfreude, die Schuljugend ließ sich's nicht nehmen, die Flüchtlinge durch den Schreckensruf „Kosak" aus der Rast aufzuscheuchen. Es geschah wohl, daß rheinbündischen Offizieren das rote Band von der Brust gerissen wurde; diese Landesverräter haßte das Volk noch grimmiger als die Franzosen selber. Die Masse der Unglücklichen blieb unbelästigt, fand in preußischen Häusern Obdach und Pflege; sie waren doch noch unsere Bundesgenossen. Der Anblick des grauenhaften Elends erschütterte selbst rohe Gemüter; den kleinen Leuten schien es sündlich, sich hinterrücks an denen zu vergreifen, die Gott selbst geschlagen. Unter den Tausenden, die also entkamen, war die große Mehrzahl der Generale und Obersten des Imperators; die deutsche Gutherzigkeit rettete ihm seine Heerführer. Was aber bestimmte die Haltung des Königs? Wahrlich nicht allein seine peinliche Gewissenhaftigkeit, die selbst den heiligen Kampf der Notwehr nicht ohne unanfechtbaren Rechtsgrund beginnen mochte, sondern die richtige Erkenntnis der militärischen Lage. Ein vorzeitiger Losbruch ungeordneter Massen war das sichere Verderben des Staates. Es galt, unter den Augen des Feindes das Heer, das ihn schlagen sollte, erst zu schaffen, den Bestand der Streitkräfte zu versechsfachen und unterdessen die Allianz mit den beiden anderen Ostmächten abzuschließen. Alles dies ward nur möglich durch die Mittel der Arglist, welche der erfinderische Kopf des Staatskanzlers angab. Er spielte den treuen Verbündeten Napoleons, versicherte beharrlich, daß seine Rüstungen für die Fortführung des russischen Krieges bestimmt seien.

Aber selbst wenn die geheimen Verhandlungen günstigen Fortgang nahmen und eine Koalition der sämtlichen alten Mächte zustande kam, so blieb Preußens politische Lage noch immer sehr nachteilig, fast verzeifelt. Gewiß bedurfte Rußland der preußischen Hilfe. Denn hielt der König bei dem französischen Bunde aus, so wurde die schwache, schlechtgerüstete Armee des Zaren von dem zurückkehrenden Napoleon unzweifelhaft mit zermalmender Übermacht vernichtet, bevor der Nachschub aus dem fernen Osten herankommen konnte; der Eroberer, gewitzt durch das Unglück des vergangenen Winters, hätte sicherlich nicht zum zweiten Male den abenteuerlichen Zug in das Innere des Reiches gewagt, sondern sich begnügt, die Osteeprovinzen und die polnisch-litauischen Lande von dem Zarenreiche abzureißen. Trotzdem standen die Aussichten für die alten Mächte sehr ungleich. Rußland und England hatten während der jüngsten Jahrzehnte ihre Macht erheblich vergrößert: jenes in Polen und Finnland, dieses in den französisch-holländischen Kolonien; auch Österreich war trotz schwerer Verluste doch noch im Besitze seiner Großmachtstellung. Mißlang das Werk der Befreiung, so stand für England gar nichts, für Rußland und Österreich nur ein Gebietsverlust zu befürchten. Für den Fall des Sieges aber mußte England durch transatlantische Gebiete, Rußland durch polnische Landstriche, Österreich durch die Wiederherstellung und Vergrößerung seiner adriatischen Machtstellung entschädigt werden. Das lag in der Natur der Dinge, die gesamte diplomatische Welt war damit einverstanden, und alle drei Mächte durften Dank ihrer geographischen Stellung darauf zählen, daß ihnen niemand diesen Siegespreis entriß, falls das Weltreich unterging. Für Preußen dagegen war dieser Krieg ein Kampf um Sein oder Nichtsein. Siegte Napoleon, so wurden die in Tilsit nur vertagten Vernichtungspläne unfehlbar durchgeführt. Siegte der preußische Staat, so war er gezwungen, einen unverhältnismäßig größeren Lohn zu fordern als seine Verbündeten; er mußte die verlorene Hälfte seines Gebietes und den Wiedereintritt in die Reihe der großen Mächte verlangen. Der Kampf um die Befreiung der Welt blieb doch in erster Line ein Kampf um die Wiederaufrichtung Preußens. Seine entscheidenden Schlachten, das ließ sich voraussehen, mußten auf preußischem Boden geschlagen werden oder in jenen norddeutschen Landen, die zu Preußens Entschädigung dienen sollten; jede Scholle deutschen Landes, die der König für sich forderte, war erst durch gemeinsame Anstrengung zu erwerben, unterlag von Rechts wegen der Verfügung der Koalition. Der preußische Staat stand mithin in der denkbar ungünstigsten diplomatischen Stellung, in einer Lage, deren Nachteile weder der Mut des Heeres noch die Gewandtheit der Staatsmänner ganz ausgleichen konnte; er hatte den Preis seiner Anstrengungen großenteils zu erwarten von dem guten Willen jener Höfe, die nach ihren Interessen und Überlieferungen die Befestigung einer starken mitteleuropäischen Macht nicht wünschen konnten.

Doch was wogen solche Bedenken in diesem Augenblicke, da Deutschlands Zukunft auf dem Spiele stand? Schritt für Schritt, mit bewundernswürdiger Umsicht näherte sich Hardenberg seinem zweifachen Ziele: der Verstärkung des Heeres und dem Abschluß der großen Allianz. Auf allen Landstraßen sah man die Scharen der Krümper zu ihren Regimentern ziehen; die treuen Männer ahnten dunkel, wem die Rüstung galt.

Gleichzeitig wurden Vorbereitungen getroffen für die Abreise des Königs nach Breslau und befohlen, daß alle irgend kriegsfähigen Kadetten nach Schlesien abgehen sollten. Der alte Kommandeur der Pflanzschule des Offizierkorps wußte sich gar nicht mehr zu helfen in der wilden Zeit. Die ganzen Weihnachtsferien über hatten seine Jungen gezecht und gejubelt in einem ununterbrochenen Siegesfeste wegen der Nachrichten aus Rußland. Nun fuhren die Großen glückselig in mächtigen Korbwagen die hartgefrorenen Straßen dahin, den schlesischen Bergen zu; die Kleinen aber, die traurig im Hause blieben, legten ihr Taschengeld zusammen für den heiligen Krieg, denn niemand zweifelte, wem es galt. Am 21. Januar feierte das königliche Haus die Konfirmation des Kronprinzen. Wie viele herrliche, ach so bitter getäuschte Hoffnungen hingen damals an dem reichbegabten, geistsprühenden Jüngling! Kein Auge blieb tränenleer; allen war, als ob der Schatten der verklärten Königin unter ihren Kindern erschiene, während das bedeutungsvolle Bekenntnis des Thronfolgers verlesen wurde: „Fest und ruhig glaube ich an den, der zum Übermute spricht: hier sollen sich legen deine stolzen Wellen! Das Morgenrot eines besseren Tages bricht an." Zwei Tage darauf reiste der König plötzlich nach Breslau ab, und hier, endlich wieder auf freiem preußischen Boden, nicht mehr den Handstreichen französischer Truppen ausgesetzt, konnte er etwas offener auftreten.

In seinen finanziellen Maßregeln war der Staatskanzler freilich auch jetzt wieder unglücklich; ein Versuch, den entwerteten Tresorscheinen durch den Zwangskurs aufzuhelfen, mußte schon nach wenigen Wochen zurückgenommen werden. Rascher schritten die Rüstungen vorwärts. Der König bildete ein „„Komitee zur Verstärkung der Armee", berief dazu Hardenberg, den Kriegsminister Hacke und Scharnhorst, dessen Name schon allen Kundigen sagte, daß es nunmehr ganzer, schwerer Ernst war. Der Waffenschmied der deutschen Freiheit sah nun endlich seine Saaten aufgehen; seine Kräfte schienen verdoppelt, sein ganzes Wesen gehoben und durchleuchtet von stolzer Zuversicht. Tag und Nacht ward er tätig, bald in Beratungen und Unterredungen mit dem Könige, bald daheim in seinem weißen Mantel am Schreibtisch kniend. Immer wieder mahnte er, „daß man allerdings wagen muß, daß man aber ohne dies in dieser Welt keine großen Zwecke erreichen und ohne alles Vertrauen zum Glück von ihm nicht begünstigt werden kann." Schlag auf Schlag folgten nun die entscheidenden Befehle. Am 3. Februar unterzeichnete der König einen Aufruf, der die jungen Männer der eximierten Klassen aufforderte, als freiwillige Jäger in das Heer einzutreten. Schon Tags darauf legte Scharnhorst den Organisationsplan vor für die preußisch-russische Armee. Am 9. folgte das Edikt, das für die Dauer dieses Krieges alle Befreiungen von der Wehrpflicht aufhob. Wenige Tage später übergab der General dem getreuen Hippel den eigenhändig geschriebenen Entwurf des Landwehrgesetzes. –

So bereitete die Krone ruhig und umsichtig den Kampf vor. Doch über ihre letzten Absichten lag ein unverbrüchliches Geheimnis. Selbst die Oberregierungskommission, welche der König unter dem Vorsitze des Grafen Goltz in Berlin zurückgelassen, erfuhr kein Wort von den diplomatischen Verhandlungen, sie war angewiesen, mit Marschall Augereau und den französischen Militärbehörden auf freundlichem Fuße zu bleiben. Der ohnehin langsame Verkehr wurde durch die Truppenzüge der Franzosen fast ganz unterbrochen. In den Provinzen wußte man lange nur das eine, daß der König unfrei sei, von französischen Bajonetten umgeben. Wo sollte das hinaus? Ward es nicht hohe Zeit, daß die Nation ohne die Krone und doch für sie handelte, durch einen heroischen Entschluß den König befreite und sich selber zurückgab? Die verzweifelte Frage lag auf aller Lippen, nirgend aber ward die gequälte Ungewißheit bitterer empfunden als in dem treuen Altpreußen. Hier diese alten, tapferen Grenzhüter der Germanen, denen die roten Mauern ihrer Ordensburgen von den Wundern einer großen Geschichte erzählten – sollten sie tatenlos zuschauen, wie der Moskowiter den Franzmann verjagte, um dann vielleicht die schöne Provinz, die schon während des siebenjährigen Krieges fünf Jahre lang unter russischer Herrschaft gestanden hatte, für immer mit dem Zarenreiche zu vereinigen? Jedermann fühlte, daß irgend etwas geschehen, daß die Provinz sich durch eigene Kraft die Freiheit verdienen müsse. Schon zu Anfang Januars erschienen einige Mitglieder der preußischen Stände bei dem General Wittgenstein und erboten sich, Truppen auszuheben, die unter Yorcks Führung an der Seite der Russen kämpfen sollten.

Yorck selbst war in der peinlichsten Lage. Er hatte gehofft, sein Abfall würde die Russen zu rastloser Verfolgung des Feindes ermutigen, den König zu einem raschen Entschlusse hinreißen, überall im deutschen Norden den Volkskrieg entzünden. Einige Tage lang gaben sich seine Truppen den frohesten Hoffnungen hin; in Tilsit, an der äußersten Ostgrenze deutscher Erde, versprach Oberst Below seinen litauischen Dragonern, er werde seinen Säbel nicht niederlegen, bis sie die Türme von Paris gesehen hätten. Aber Wittgenstein betrieb die Verfolgung so saumselig, daß Macdonald sich in Königsberg mit den übrigen Resten der großen Armee vereinigen und dann, wenig belästigt, über die Weichsel zurückgehen konnte. Damit die Bewegung nicht ganz ins Stocken geriet, mußte Yorck sich zu einem zweiten eigenmächtigen Schritte entschließen: am 8. Januar kam er nach Königsberg, übernahm das Kommando der Provinz. Unbeschreiblicher Jubel empfing ihn, aus dem Munde des Studenten Hans von Auerswald nahm er die feierliche Versicherung entgegen, die preußische Jugend sei bereit, für König und Vaterland in den Tod zu gehen. Die Provinz war des besten Sinnes voll, zu jedem Opfer bereit, obgleich sie furchtbar gelitten und soeben noch durch den Marsch der großen Armee über 33 Millionen Taler verloren hatte.

Doch was tun ohne die Krone? Dies Volk war monarchisch bis in das Mark der Knochen; wer durfte ihm gebieten anders als im Namen des Königs? Ein rührender Augenblick – die Ratlosigkeit dieser Monarchisten ohne Monarchen! Das treue Volk lief Gefahr, trotz aller Opfer- und Tatenlust eine köstliche Zeit zu verlieren, wenn sich der überlegene Wille nicht fand, der durch einen rettenden Entschluß vollbrachte und gestaltete, was die Tausenden ersehnten und hofften.

Und dieser mächtige Wille kam mit dem Freinherrn vom Stein. Der große Patriot hatte schon am 16. Dezember aus Petersburg dem Präsidenten Schön angekündigt, er hoffe bald mit seinem Arndt in Altpreußen einzutreffen: „jetzt ist es Zeit, daß sich Deutschland erhebe, daß es Freiheit und Ehre wieder erringe, daß es beweise, wie nicht das Volk, sondern seine Fürsten sich freiwillig unter das Joch gebeugt haben." Am 21. Januar erschien Stein in Königsberg, und augenblicklich veränderte sich die Lage. Alle tapferen Herzen genasen bei dem Anblicke des gewaltigen Mannes. Er selber fühlte sich wie in einem unbekannten Lande, da er überall nur Treue, Hingebung, Tapferkeit, nirgend mehr eine Spur der alten Schlaffheit fand, und sein ehrliches Gemüt bat dem norddeutschen Volke die ungerechten Vorwürfe vergangener Tage ab. Er versicherte bestimmt, der Zweck der russischen Heere sei nicht die Eroberung, sondern Wiederherstellung der Selbständigkeit Deutschlands und Preußens, doch forderte er seine Landsleute auf, in „Hinsicht der Größe des Zwecks und der Reinheit der Gesinnungen" über Formbedenken hinwegzusehen. Das Land wurde sofort als tatsächlich mit Rußland verbündet behandelt, die Öffnung der Küste und die Aufhebung der Kontinentalsperre angeordnet, eine Anleihe bei der Kaufmannschaft der Hafenstädte aufgenommen, die bare Bezahlung aller Lieferungen mit russischem Papiergelde befohlen.

Zugleich verhandelte Stein mit Yorck, Schön und den Provinzialbehörden über die Anstalten zur Volksbewaffnung; Clausewitz, der mit seinen Russen im Lande stand, erhielt Befehl, den Entwurf eines Landwehrgesetzes auszuarbeiten. Ein Landtag wurde ausgeschrieben – oder vielmehr nur eine formlose „Versammlung" der ständischen Deputierten, da der gewissenhafte Präsident Auerswald Bedenken trug, in die Rechte der Krone einzugreifen. Schön lehnte behutsam den Vorsitz ab. Am 5. Februar begannen jene anspruchslosen und doch so folgenschweren Verhandlungen des Königsberger Landtags, mit denen die Kolonie des deutschen Mittelalters dem großen Vaterlande die Schuld des Dankes hochherzig heimzahlte. Kurz und gut, nach alter Preußenweise ohne Redeprunk und Lärm, ward das Notwendige beschlossen. Graf Alexander Dohna war der Führer des Adels; der würdige Mann mochte jetzt an sich selber und seiner Provinz lernen, wie schwer er einst geirrt, da er als Minister seinen Landsleuten die Fähigkeit zum konstitutionellen Leben absprach. An der Spitze der Bürgerlichen stand der Königsberger Bürgermeister Heidemann. Yorck selbst erschien und legte einem Ausschusse der Stände das Landwehrgesetz vor, das der Lieblingsschüler Scharnhorsts, selbstverständlich ganz nach den Ideen des Meisters, im wesentlichen übereinstimmend mit den Plänen von 1811, entworfen hatte; und so geschah das Seltsame, daß die Ostpreußen eigenmächtig die nämlichen Gedanken vorausnahmen, welche Scharnhorst um dieselbe Zeit in Breslau für den König niederschrieb. Nicht in allem freilich konnten diese wohlmeinenden Vertreter der bürgerlichen Interessen an die kühnen Entwürfe des militärischen Organisators heranreichen. Auf den Wunsch der Städte gestattete der Landtag die Selbstvertretung, während gleichzeitig in Breslau die Aufhebung aller Befreiungen von der Wehrpflicht ausgesprochen wurde. Auch sollte die ostpreußische Landwehr nur eine Provinzialarmee sein, ausschließlich zur unmittelbaren Verteidigung des Landes diesseits der Weichsel verpflichtet; die Bataillonsführer mußten in der Provinz angesessen sein, eine ständische Generalkommission übernahm die Leitung der gesamten Rüstungen.

Überhaupt war Scharnhorsts Ansicht, daß die Armee das Volk in Waffen, eine regelmäßige Schule der Nation sein sollte, noch durchaus nicht in die öffentliche Meinung eingedrungen. In diesen Krieg, aber auch nur in diesen sollten alle Wehrfähigen hinausziehen, denn er war heilig, er galt allen höchsten Gütern des Lebens; nach dem Siege jedoch – das war die natürliche Hoffnung jenes an endlosen Krieges verekelten Geschlechtes – mußte die Nation durch eine wesentliche Verringerung des Heeres für ihr Opfer belohnt werden. Selbst Arndt, der soben im Auftrage Steins seine feurige Schrift: „Was bedeutet Landwehr und Landsturm?" herausgab, erhob sich nicht über die allgemeine Ansicht. Er schilderte zwar mit beredten Worten, wie in einer Zeit der Entartung der Bauer wehrscheu geworden sei und nun endlich wieder der alte germanische Glaube obenauf komme, „daß ein ganzes Volk waffengerüstet und waffengeübt sein müsse, wenn es nicht Freiheit, Ehre, Glück und Mut verlieren wolle". Doch zugleich verwahrte er sich dawider, daß man die Landwehr als eine Art Konskription ansehe: „es ist bloß eine Einrichtung für den Krieg," und sie wird ermöglichen, daß späterhin vielleicht zwei Drittel der stehenden Heere aufgehoben werden.

Immerhin blieben die Opfer, welche das ausgesogene, menschenarme Land brachte, staunenswert. Diese eine Provinz von einer Million Einwohner stellte außer 13 000 Mann Reserve für das Yorcksche Korps noch 20 000 Mann Landwehr, ein treffliches berittenes National-Kavallerieregiment und 700 Freiwillige als Stamm für das Offizierskorps. Am 8. Februar, sobald der Landtag die Landwehrordnung angenommen hatte, eilte Stein zu dem Zaren zurück: er sah, daß alles in guten Händen lag und wollte nicht einmal den Schein erregen, als ob die preußische Erhebung ein Werk der Russen sei.

Das alte Ordensland aber hallte wider vom Klange der Waffen, wie vor Zeiten, wenn das Kriegsgeschrei der deutschen Herren die Grenzer zur Heidejagd aufbot. Was nur den Säbel schwingen konnte, eilte herbei; da galt kein Unterschied des Standes noch des Alters. Alexander Dohna war der Erste, der als Gemeiner in die Landwehr eintrat. Die Universität stand leer, die oberen Klassen des Gymnasiums wurden geschlossen. Welch ein Eindruck, als der ehrwürdige Rektor Delbrück in Königsberg seinen Primanern, die zu Felde zogen, zum Abschied Klopfstocks Ode von Hermann und Thusnelda vortrug. Wie oft hatte dies gefühlsselige Geschlecht mit tränenden Augen die überschwenglichen Verse von der alten Schlachtengröße der Germanen gehört; jetzt trat es leibhaftig vor aller Augen, das neue Deutschland, hehrer und herrlicher als des Dichters Traumbild, aber auch streng und furchtbar, das Höchste heischend von seinen Söhnen, über Tausende junger Leiber sollte sein Siegeswagen dahingehen. Das alles aber geschah unter ausdrücklichem Vorbehalt der Genehmigung des Königs.

Während die freiwilligen Jäger bereits zu den Fahnen strömten und die ostpreußische Landwehr sich versammelte, drohte das kühne Werk der Befreiung Deutschlands noch vor dem Beginne zu scheitern. Die Lage war ernst, da im russischen Hauptquartiere außer dem Zaren fast niemand den deutschen Krieg ernstlich wollte. Die russischen Generale, vor allem der beschränkte, alte Kutusow, schwelgten in übermütigem Selbstgefühl; sie schrieben die großen Erfolge, die man zumeist den Fehlern Napoleons verdankte, allein der Überlegenheit der russischen Waffen zu und hielten den Krieg für beendet. Vor einem neuen Angriffe des gedemütigten Frankreichs glaubte man sicher zu sein; Warschau und vielleicht auch Altpreußen mußten dem russischen Sieger von selbst zufallen. Ging der preußische Hof dem Zaren nicht um einige Schritte entgegen, so kam das Bündnis nicht zustande, und Deutschlands Hoffnungen fielen nochmals zu Boden.

Endlich verlor Alexander die Geduld und sendete den Elsasser Freiherrn von Anstett, einer seiner rührigsten Diplomaten, nach Breslau, um mit dem Könige selbst zu verhandeln. Mit Anstett kam auch Stein. Der Zar rechnete auf das richtige Gefühl seines Freundes, und die Hoffnung trog nicht. Der König nahm die Vorschläge Alexanders ohne jede Änderung an; Scharnhorst ging mit dem günstigen Bescheid nach Kalisch, und am 28. Februar kam der Bundesvertrag zustande. Der Zar verpflichtete sich, die Waffen nicht niederzulegen, bis Preußen die Macht, welche es vor dem Kriege von 1806 besaß, wieder erlangt habe; er verbürgte seinem Verbündeten den Besitz Altpreußens, sowie der polnischen Landstriche, welche die Verbindung

Das Wappen des Todes

Der Tod und das Kind

Der Tod und der Geizhals

Der Tod und die Nonne

Tafel 12

Der Postreiter

Komödianten

zwischen Schlesien und Westpreußen bildeten; er versprach endlich, daß die in Norddeutschland zu erwartenden Eroberungen, mit Ausnahme der Besitzungen des Hauses Hannover, zur Entschädigung Preußens, zur Bildung eines abgerundeten und zusammenhängenden preußischen Staatsgebietes verwendet werden sollten. In einem zärtlichen Briefe dankte Alexander seinem Freunde: er habe, schrieb er, an dieser offenen und schnellen Art das Herz des Königs erkannt. Der faule Fleck des Kalischer Vertrags lag allein in jenen Plänen der Wiederherstellung Polens, welche der Zar seinem preußischen Freunde beharrlich verschwieg. Diese Hinterhältigkeit Alexanders erscheint nicht nur sehr häßlich neben der treuherzigen Offenheit Friedrich Wilhelms; sie erwies sich auch bald als ein politischer Fehler, denn sie erschütterte, als das Geheimnis endlich an den Tag kam, das Vertrauen zwischen den beiden Mächten, brachte das preußisch-russische Bündnis eine Zeitlang ins Schwanken.

Die Lage Preußens blieb freilich nach wie vor dem Vertrage sehr unsicher. Der Zar eilte, das Herzogtum Warschau ganz in Besitz zu nehmen. Preußische Ingenieure und Batterien wirkten mit bei der Belagerung von Thorn und Modlin; dieser polnische Festungskrieg schwächte die für die Feldarmee verfügbaren Streitkräfte und hat, wie die preußischen Offiziere zornig bemerkten, wesentlich dazu beigetragen, daß der Frühjahrsfeldzug in Sachsen verloren ging. Also brachte Preußen harte Opfer für die Eroberung Polens und sah dann ruhig mit an, wie eine von dem Zaren eingesetzte, provisorische Regierung die Verwaltung des gesamten Herzogtums leitete. Auch die Bestimmungen des Vertrages über die militärischen Leistungen der Verbündeten brachten dem preußischen Staate schweren Nachteil. Die Regierung konnte im Februar selbst noch nicht übersehen, welche gewaltigen Streitkräfte der unvergleichliche Opfermut der Nation entfalten würde; sie war hochherzig entschlossen, das Größte zu tun, wollte aber nicht mehr versprechen, als was sie sicher leisten könnte. Zar Alexander dagegen schätzte seine Feldarmee fast auf das Vierfache ihrer augenblicklichen Stärke, teils weil er als die führende Macht der Koalition erscheinen wollte, teils weil er im Rausche seines Cäsarenstolzes sich selber täuschte; man weiß bei ihm niemals recht, wo der Selbstbetrug aufhört und der Betrug beginnt. Freund und Feind glaubten noch seinen Übertreibungen; zu Anfang Februars, in einer Unterredung mit Knesebeck, rechnete Metternich, Preußen werde wohl die 150 000 Russen durch 50 oder 60 000 Mann verstärken können. Die Kalischer Vereinbarung verpflichtete Rußland, 150 000 Mann, Preußen 80 000 Mann ins Feld zu stellen. Die wirklichen Streitkräfte der beiden Verbündeteten aber standen lange im umgekehrten Verhältnis; Preußen leistete von vornherein weit mehr, als der Vertrag bedang, Rußlands Feldarmee erreichte erst gegen den Herbst die vertragsgemäße Stärke.

Noch eine reine Äußerlichkeit war dazu angetan, die preußischen Truppen in den Hintergrund zu drängen. Das russische Heer glänzte von jeher durch eine Überzahl mit Orden beladener Generale; das verarmte Preußen ließ seine Brigaden durch Obersten, seine Regimenter durch Majore führen; daher fiel, wenn ein Zusammenwirken der Alliierten nötig ward, der Oberbefehl fast immer in russische Hände. Auch die schüchterne Zurückhaltung des Königs, der so willig neben der glänzenden Erscheinung des Zaren verschwand, ja selbst seine edle soldatische Einfachheit war für Preußens diplomatische Stellung nachteilig. Welch ein Abstand, wenn man den leichten Halbwagen des Königs mit seinem kleinen Gefolge daherrollen sah, und nachher den ungeheuren Wagentroß des Zaren oder gar die vielen Tausende von Mauleseln, welche das Gepäck des Kaisers Franz mitsamt dem berüchtigten k. k. Leib-Grenadier-Streichquartett schleppten! Der Staat, in dessen Heer die sittliche Kraft des großen Krieges lag, erschien vor den Augen der Diplomatie wie eine Macht zweiten Ranges neben den beiden Kaiserhöfen, und in den verwickelten Verhältnissen eines Koalitionskrieges ist der Schein der Macht fast ebenso wertvoll wie die Macht selber. –

Es war die höchste Zeit, daß die Ungewißheit ein Ende nahm. Die Russen drangen westwärts vor, sehr langsam freilich, da sich die Unzulänglichkeit ihrer Streitkräfte mit jedem Tage deutlicher herausstellte. Erst zu Anfang Februars erschienen die ersten Kosaken in der Neumark. Überall nahm das Volk die wildfremden Bundesgenossen mit offenen Armen auf. Welcher Jubel, wenn der Baschkire seinen Bogen und seine Pfeile betasten ließ, wenn der bärtige Kosak, den

Mantel behangen mit Ehrenlegionskreuzen und den Fetzen französischer Uniformen, seine Reiterkünste zeigte; glückselig jeder deutscher Junge, den die gutmütigen Kinderfreunde auf ihren Kleppern aufsitzen ließen. Alle Welt sang das neue Lied „Schöne Minka, ich muß scheiden“, das ein gefühlvoller Sohn der Steppe am Ufer des blauen Don gedichtet haben sollte. Besorgte Mütter hielten es freilich für nötig, ihre Kleinen, wenn sie von den Fremden abgeküßt waren, in die Badewanne zu stecken, und als man mit den diebischen Neigungen dieses Kindervolkes näher bekannt wurde, erkaltete die Begeisterung ein wenig.

Mit Sorgen sah Yorck den Vormarsch der Russen; er fühlte, daß man die Befreiung der Marken nimmermehr den Fremden allein überlassen durfte, und brach mit seinem Korps auf, um die Weichsel zu überschreiten. Von ähnlichen Zweifeln wurde General Bülow gepeinigt; der hatte sich wochenlang geschickt zwischen den Zumutungen der Russen und der Franzosen hindurchgewunden, mitten zwischen den Kriegsführenden sein Reservekorps verstärkt und völlig selbständig erhalten. Flehendlich bat er den König, das von allen ersehnte befreiende Wort zu sprechen: „freiwillig werden die größten Opfer gebracht werden und Quellen werden sich öffnen, die man längst versiegt glaubte!“ Als immer noch keine bestimmte Antwort erfolgte, entschloß er sich endlich auf eigene Faust zu handeln, verabredete mit Yorck und Wittgenstein (22. Feb.) das gemeinsame Vorrücken gegen die Oder. Auch General Borstell, ein gestrenger Mann der alten militärischen Schule und abgesagter Feind der Scharmhorstischen Reformen, begann am Ende einzusehen, daß der blinde Gehorsam in solcher Lage nicht mehr ausreichte; auch er beschwor den König: „lassen Sie uns los“, schrieb nach England um Geld und Waffen und zeigte schließlich (27. Febr.) dem Monarchen an, er breche jetzt mit seinen Pommern in die Neumark auf, um mit Yorck und Bülow vereinigt gegen die Hauptstadt vorzugehen. In denselben Tagen kehrte Gneisenau zur See aus England heim, hielt seinen fröhlichen Einzug in Kolberg, der Wiege seines Ruhms, fest entschlossen, die Truppen geradewegs gegen den Feind zu führen. Noch nie war die Mannszucht des Heeres auf schwerere Proben gestellt worden; alle empfanden es wie eine Erlösung, als endlich Yorck aus Breslau den Befehl erhielt, sich an Wittgenstein anzuschließen und bald darauf öffentlich von aller Schuld freigesprochen wurde. Am 2. März überschritt Wittgenstein die Oder, am 10. folgten die Preußen. Das Kriegsbündnis trat in Kraft. –

Wider Erwarten begann Napoleon erst ernstlich besorgt zu werden, als er von der Bildung der Jägerdetachements hörte; sofort befahl er seinem Stiefsohne, der den Oberbefehl im Nordosten führte, keine weiteren Aushebungen in Preußen mehr zu dulden: die Stellung in den Marken sollte mit aller Kraft behauptet, Berlin nötigenfalls verbrannt werden. In der Tat war Eugen Beauharnais noch stark genug, um den Streitkräften Wittgensteins und der drei vereinigten preußischen Generale die Spitze zu bieten. Aber den Soldaten brannte der Boden unter den Füßen, das dumpfe Getöse dieser grollendenVolksbewegung schlug sie mit Schrecken; sie rechneten, bald werde Berlin mehr bewaffnete Preußen zählen als Franzosen. Am 4. März räumte der Feind die Hauptstadt, und die nachsetzenden Russen lieferten ihm noch am Tore eine Gefecht. Am 11. hielt Wittgenstein seinen Einzug, am 17. ritt der Mann von Tauroggen die Linden entlang, streng und finster schweifte sein Blick über die hoch aufjubelnden Massen. Am nämlichen Tage nahm Leutnant Bärsch mit seinen Kosaken die Schlüssel von Hamburg in Empfang; gleich darauf besetzte der lustige Husar Tettenborn, der unterwegs die mecklenburgischen Fürsten zum Anschluß an die Koalition bewogen hatte, die alte Hansestadt mit seinen leichten Truppen, und das freudetrunkene Volk riß die verfluchten französischen Aasvögel von den Mauern herunter. Einige Wochen lang blieben die Deutschen in dem frohen Glauben, die Lande bis zur Elbe seien ohne Schwertstreich befreit.

Den franzöischen Gesandten hielt der Staatskanzler immer noch mit freundlichen Worten hin; je länger der offene Bruch sich hinausschob, um so sicherer konnte die Ausrüstung der Linien-Armee vollendet werden. St. Marsan war dem Hoflager nach Breslau gefolgt und ließ sich nach einigen Verwahrungen sogar über den Ausruf vom 3. Februar beruhigen, da Hardenberg ihm nachwies, daß der mittellose Staat ohne die freiwilligen Opfer seiner Bürger nicht bestehen konnte. Er sah noch mit an, wie die Scharen der Freiwilligen aus allen Provinzen in der schlesischen Hauptstadt eintrafen, wie der König, „um der herzerhebenden allgemeinen Äußerung treuer Vaterlandsliebe ein äußeres Kennzeichen“ zu geben, das Tragen der Nationalkokarde anordnete und dann an Luisens Geburtstage seinen alten Plan, die Stiftung des Eisernen Kreuzes, ausführte. Der Wohlmeinende wollte nicht galuben, daß dies kleine Preußen den lächerlich ungleichen Kampf wagen könne und kam erst zur Einsicht, als mit dem Einzuge des Zaren in Breslau (15. März) jede Täuschung unmöglich wurde. Noch beim Abschied beschwor er den Staatskanzler, diesen Fürsten und dies Land, die er liebgewonnen, nicht ins Verderben zu stürzen; alle diese Knaben und Jünglinge würden den König gegen die Übermacht seines Kaisers nicht schützen. Am 16. März teilte ihm Hardenberg amtlich mit, daß Preußen sich mit Rußland verbündet habe. Der Krieg war erklärt.

Am folgenden Tage unterzeichnete Friedrich Wilhelm das Landwehrgesetz und den „Aufruf an mein Volk.“ Es war die Rückkehr zur Wahrheit und zum freien Handeln, wie Schleiermacher in einer freudevollen Predigt sagte. Das treue Volk atmete auf, da nun endlich jeder Zweifel schwand, die allzu harte Prüfung der Geduld und des Gehorsams vorüber war. So hatte noch nie ein unumschränkter Herrscher in seinem Lande geredet. Mit herzlichem Vertrauen rief der König seine Brandenburger, Preußen, Schlesier, Pommern und Litauer bei ihren alten Stammesnamen an und entbot sie zum heiligen Kampfe: „Keinen anderen Ausweg gibt es als einen ehrenvollenFrieden oder einen ruhmvollen Untergang. Auch diesem würdet ihr getrost entgegengehen, weil ehrlos der Preuße und der Deutsche nicht zu leben vermag!“ Und nun stand es auf, das alte waffengewaltige Preußen, das Volk der Slawenkämpfe, der Schwedenschlachten und der sieben Jahre, und ihm geschah, wie jenem Helden der germanischen Sage, der beim Anblick seiner Fesseln so in heißem Zorn entbrannte, daß die Ketten schmolzen. Kein Zweifel, kein Abwägen der Übermacht des Feindes; alle dachten wie Fichte: „Nicht Siegen oder Sterben soll unsere Losung sein, sondern Siegen schlechtweg!“ „Mag Napoleon noch so oft Schlachten gewinnen“ – schrieb Scharnhorst – „die ganze Anklage des Krieges ist so, daß im Verlaufe diese Feldzuges uns sowohl die Überlegenheit als der Sieg nicht entgehen kann.“ Schon der Aufruf vom 3. Februar hatte Erfolge, welche niemand außer Scharnhorst für möglich gehalten. Es war der stolzeste Augenblick in Scharnhorsts Leben, als er den König einst in Breslau ans Fenster führte und ihm die jubelnden Scharen der Freiwilligen zeigte, wie sie in malerischem Gewimmel, zu Fuß, zu Roß, zu Wagen, ein endloser Zug, sich an den alten Giebelhäusern des Ringes vorüberdrängten. Dem König stürzten die Tränen aus den Augen. Treu und gewissenhaft hatte er seines schweren Amtes gewartet in dieser langen Zeit der Leiden und oftmals richtiger gerechnet als die Kriegspartei; was ihm fehlte, war der frohe Glaube an die Hingebung seiner Preußen, jetzt fand er ihn wieder.

Seit dem 17. März traten auch die breiten Massen des Volkes in das Heer ein. Durch den Wetteifer aller Stände wurde die größte kriegerische Leistung möglich, welche die Geschichte von gesitteten Nationen kennt. Dies verarmte, kleine Volk verstärkte die 46 000 Mann der alten Linienarmee durch 95 000 Rekruten und stellte außerdem über 10 000 freiwillige Jäger, sowie 120 000 Mann Landwehr, zusammen 271 000 Mann, einen Soldaten auf siebzehn Einwohner, unvergleichlich mehr, als Frankreich einst unter dem Drucke der Schreckensherrschaft aufgeboten hatte – das alles noch im Verlaufe des Sommers, ungerechnet die starken Nachschübe, welche späterhin zum Heere abgingen. Natürlich, daß die entlassenen Offiziere sich sofort herbeidrängten, um die Ehre ihrer alten Fahnen wiederherzustellen. Sobald General Oppen auf seinem märkischen Landgute von dem Anrücken des vaterländischen Heeres hörte, nahm er seinen alten Säbel von der Wand und ritt, wie ein Rittersmann in den alten Tagen der Wendenkriege, mit einem Knechte spornstreichs hinüber zu seinem alten Waffengefährten Bülow. Der stellte den herkulischen Mann mit den blitzenden Augen lachend seinen Offizieren vor: „Das ist einer, der das Einhauen versteht“ – überträgt ihm den Befehl über die Reiterei, und einmal bei der Arbeit, bleibt der Wildfang fröhlich dabei, ein unersättlicher Streiter, bis zum Einzuge in Paris.

Neben den alten Soldaten empfand die gebildete Jugend den Ernst der Zeit am lebhaftesten; in ihr glühte die schwärmerische Sehnsucht nach dem freien und einigen deutschen Vaterlande.

Kein Student, der irgend die Waffen schwingen konnte, blieb daheim; vom Katheder hinweg führte Professor Steffens nach herzlicher Ansprache seine gesamte Hörerschaft zum Werbeplatze der freiwilligen Jäger. Der König rief auch seine alten verlorenen Provinzen zu den Fahnen. „Auch ihr seid von dem Augenblicke, wo mein treues Volk die Waffen ergriff, nicht mehr an den erzwungenen Eid gebunden." Da aber eine Massenerhebung in den unglücklichen Landen vorerst noch ganz unmöglich war, so eilten mindestens die Ostfriesen und Markanen von der Göttinger Universität zu den preußischen Regimentern, desgleichen die gesamte Studentenschaft aus dem treuen Halle, das unter westfälischer Herrschaft die Erinnerungen an den alten Dessauer und die gute preußische Zeit nicht vergessen hatte. Derselbe Geist lebte in den Schulen. Aus Berlin allein stellten sich 370 Gymnasiasten. Mancher schwächliche Junge irrte betrübt, immer wieder abgewiesen, von einem Regimente zum andern, und glücklich, wer, wie der junge Vogel von Falkenstein, zuletzt doch noch von einem nachsichtigen Kommandeur angenommen wurde. Die Beamten meldeten sich so zahlreich zu den Waffendiensten, daß der König durch ein Verbot den Gerichten und Regierungen die unentbehrlichen Arbeitskräfte sichern mußte; in Pommern waren die königlichen Behörden während des Sommers nahezu verschwunden, jeder Kreis und jedes Dorf regierte sich selber, wohl oder übel.

Aber auch der geringe Mann hatte in Not und Plagen die Liebe zum Vaterlande wiedergefunden: stürmisch, wie nie mehr seit den Zeiten der Religionskriege, war die Seele des Volkes bewegt von den großen Leidenschaften des öffentlichen Lebens. Der Bauer verließ den Hof, der Handwerker die Werkstatt, rasch entschlossen, als verstünde sich's von selber: die Zeit war erfüllet, es mußte sein. War doch auch der König mit allen seinen Prinzen ins Feldlager gegangen. In tausend rührenden Zügen bekundete sich die Treue der kleinen Leute. Arme Bergknappen in Schlesien arbeiteten wochenlang unentgeltlich, um mit dem Lohne einige Kameraden für das Heer auszurüsten; ein pommerscher Schäfer verkaufte die kleine Herde, seine einzige Habe, und ging dann wohlbewaffnet zu seinem Regimente. Mit Verwunderung sah das alte Geschlecht alle jene herzerschütternden Auftritte, woran der Ernst der allgemeinen Wehrpflicht uns Nachlebende längst gewöhnt hat: Hunderte von Brautpaaren traten vor den Altar und schlossen den Bund für das Leben, einen Augenblick, bevor der junge Gatte in Kampf und Tod hinauszog. Nur die Polen in Westpreußen und Oberschlesien teilten die Hingebung der Deutschen nicht; auch in einzelnen Städten, die bisher vom Heeresdienste frei gewesen, stießen die neuen Gesetze auf Widerstand. Das deutsche und litauische Volk der alten Provinzen dagegen war seit dem gestrengen Friedrich Wilhelm I. mit der Wehrpflicht vertraut. Zugleich wurden überall öffentliche Sammlungen veranstaltet, wie sie bisher nur für wohltätige Zwecke üblich waren: dies arme Viertel der deutschen Nation brachte mit der Blüte seiner männlichen Jugend auch die letzten kargen Reste seines Wohlstandes zum Opfer für die Wiederauferstehung des Vaterlandes. Von barem Geld war wenig vorhanden, aber was sich noch auftreiben ließ von altem Schmuck und Geschmeide, ging dahin. In manchen Strichen der alten Provinzen galt es nach dem Kriege als eine Schande, wenn ein Haushalt noch Silberzeug besaß. Kleine Leute trugen ihre Trauringe in die Münze, empfingen eiserne zurück mit der Inschrift: „Gold für Eisen"; manches arme Mädchen gab ihr reiches Lockenhaar als Opfer.

Eine wunderbare, andächtige Stille lag über dem in allen seinen Tiefen erregten Volke. Der Lärm der Presse und der Vereine kannte die Zeit noch nicht; aber auch im vertrauten Kreise wurde selten eine prahlerische Rede laut. In den Tagen ihres häuslichen Stillebens hatten die Deutschen gern überschwenglichen Audruck an nichtigen Gegenstand verschwendet; jetzt ward das Leben selber reich und ernst, jeder empfand die Größe der Tat, die Armut des Wortes. Jeder fühlte still „die Seligkeit, mit seinem ganzen Volke, den Gelehrten und den Einfältigen, dasselbe Gefühl zu teilen", und allen ward „liebend, fröhlich und stark zumute." Recht nach dem Herzen seines Volkes hatte Friedrich Wilhelms frommer Sinn den Wahlspruch „mit Gott für König und Vaterland" der Landwehr gegeben und angeordnet, daß die ausgehobenen Wehrmänner vom Sammelplatze sogleich zu einer kirchlichen Feier geführt wurden. In jeder Kirche des Landes sollte eine Gedächtnistafel die Namen der ruhmvoll gefallenen Söhne der Gemeinde bewahren. Schwer hatte die Hand des lebendigen Gottes auf den Bildungsstolzen gelastet; ergeben und erhoben blickte dies neue Geschlecht wieder mit festen Vertrauen zu „dem alten deutschen Gott" empor und hoffte mit seinem Dichter:

Wer fällt, der kann's verschmerzen,
Der hat das Himmelreich.

Als die ersten Freiwilligen nach Breslau zogen, sangen sie noch das Reiterlied der Wallensteiner. Bald aber schuf sich das Heer seine eigenen Gesänge. Unversieglich, wie einst den frommen Landsknechten, floß den neuen Wehrmännern der Quell der Lieder.

Alsbald ward es auch auf den Höhen des deutschen Parnasses lebendig. Nur der alte Goethe wollte sich zu der neuen Zeit kein Herz fassen; verstimmt und hoffnungslos zog er sich vor dem kriegerischen Treiben zurück und meinte: „Schüttelt nur an euren Ketten; der Mann ist euch zu groß!" Doch wer sonst im Norden dichterisches Feuer in den Adern fühlte, jauchzte auf „beim Anbruch seines Vaterlands", wie Fichte sagte. Was politische gereifte Völker in der Presse, in Reden und publizistischen Abhandlungen aussprechen, gewann in diesem Geschlechte, dem die Dichtung noch immer die Krone des Lebens war, sofort poetische Gestalt; und so entstand die schönste politische Poesie, deren irgendein Volk sich rühmen kann – eine Reihe von Gedichten, an denen wir Nachkommen uns versündigen würden, wenn wir dies Vermächtnis einer Heldenzeit jemals bloß mit ästhetischen Blicken betrachteten. An Kleists mächtige Gestaltungskraft reichten die Dichter des Befreiungskrieges nicht heran; wer aber in der Poesie den Herzenskündiger der Nationen sieht, wendet sich gleichwohl von jenen dämonischen Klängen des Hasses aufatmend hinweg zu den hellen und frischen Liedern, welche die Freude des offenen Kampfes gebar. Welch ein Segen doch für unser Volk, daß sein gepreßtes Herz wieder froh aufjubeln durfte, daß nach langem, dumpfen Harren und Grollen wieder der Eidschwur freier Männer zum Himmel stieg:

Und hebt die Herzen himmelan
Und himmelan die Hände
Und schwöret alle, Mann für Mann:
Die Knechtschaft hat ein Ende!

Freudig wie die Signale der Flügelhörner tönten Fouqués Verse: „Frischauf zum fröhlichen Jagen!" – und in Arndts Liede: „Was blasen die Trompeten? Husaren heraus!" klang das schmetternde Marsch! Marsch! der deutschen Reiter wider. Keiner hat den Sinn und Ton jener schwärmerischen Jugend glücklicher getroffen als der ritterliche Jüngling mit der Leier und dem Schwerte, Theodor Körner. Jetzt zeigte sich erst ganz, was Schillers Muse den Deutschen war. Ihr hohes sittliches Pathos setzte sich um in patriotische Leidenschaft, ihre schwungvolle Rhetorik ward das natürliche Vorbild für die Jünglingspoesie dieses Krieges. Der Sohn von Schillers Herzensfreunde erschien dem jungen Geschlechte als der Erbe des großen Dichters – wie er so siegesfroh mit den Lützower Jägern in den Kampf hinausritt, ganz durchglüht von deutschem Freiheitsmute, ganz unberührt von den kleinen Sorgen des Lebens, wie er auf jeder Rast und jeder Beiwacht seine feurigen Lieder von der Herrlichkeit des Krieges dichtete und endlich, den Sang von der Eisenbraut noch auf den Lippen, durch einen tapferen Reitertod den heiligen Ernst seiner Reden bezeugte – in Wort und Tat ein rechter Vertreter jener warmherzigen Männlichkeit, welche die begabten Obersachsen auszeichnet, wenn sie sich nur erst losgerissen haben aus der zahmen Schüchternheit ihres heimatlichen Lebens.

Frisch auf, mein Volk, die Flammenzeichen rauchen!
Hell aus dem Norden bricht der Freiheit Licht –

mit diesen Worten hat Körner selbst den Ursprung und Charakter der großen Bewegung geschildert. Sie blieb durchaus auf den deutschen Norden beschränkt. Wohl war die Lützowische Freischar ausdrücklich zur Aufnahme von Nicht-Preußen bestimmt, in ihr sollte sich der Gedanke der Einheit Deutschlands verkörpern. Mancher junge Mann aus den Kleinstaaten meldete sich im „Zepter" zu Breslau, wo die Lützower ihren Werbeplatz aufgeschlagen hatten. Die Masse des Volkes jedoch außerhalb Preußens empfand von dem Heldenzorne dieses Krieges wenig. Steins Hoffnungen auf eine einmütige Erhebung der Nation erwiesen sich als irrig. Nur in den vormals preußischen Provinzen und in einzelnen, unmittelbar von den Napoleoniden beherrschten Strichen des Nordwestens stand das Volk freiwillig auf, sobald die Heersäulen der Befreier nahten; überall sonst erwartete man geduldig den Befehl des Landesherrn und die Macht der vollendeten Tatsachen. Die Mecklenburger und die Anhaltischen Herzoge schlossen sich den altbefreundeten preußischen Nachbarn an; ein Weimarisches Bataillon ließ sich gleich beim Anbruche des Krieges von den Preußen gefangennehmen, um nachher, wie die tapferen Strelitzer Husaren, in das Yorcksche Korps einzutreten. Alle anderen Rheinbündner folgten dem Befehle des Protektors, die meisten noch mit dem ganzen Feuereifer napoleonischer Landsknechtgesinnung. Der deutsche Befreiungskrieg war in seiner ersten schweren Hälfte ein Kampf Preußens gegen die von Frankreich beherrschten drei Viertel der deutschen Nation.

Wie einst der Beginn der modernen deutschen Staatenbildung, so ging auch die Wiederherstellung der nationalen Unabhängigkeit allein vom Norden aus. Die neuen sittlichen und politischen Ideale der erregten Jugend trugen das Gepräge norddeutscher Bildung; der alte deutsche Gott, zu dem sie betete, war der Gott der Protestanten, all ihr Tun und Denken ruhte, bewußt oder unbewußt, auf dem sittlichen Grunde der strengen Kantischen Pflichtenlehre. Es wurde folgenreich für lange Jahrzehnte der deutschen Geschichte, daß doch nur die norddeutschen Stämme wirklichen Anteil hatten an den schönsten Erinnerungen dieses neuen Deutschlandes, während der Süden erst zwei Menschenalter später des Glücks teilhaftig ward, für das große Vaterland zu kämpfen und zu siegen.

Bald genug zeigte sich die prophetische Wahrheit, die in den harten Worten Fichtes lag: „Auch im Kriege wird ein Volk zum Volke; wer diesen Krieg nicht mitführt, kann durch kein Dekret dem deutschen Volke einverleibt werden." Das neue Preußen, sein Staat und sein Heer, hatten sich gebildet im bewußten Gegensatz zu allem ausländischen Wesen; die Staaten des Südens verdankten der Herrschaft Frankreichs ihr Dasein, ihre Institutionen, ihre militärischen Erinnerungen; darum war im Norden die Liebe zum Vaterlande ein starkes, sicheres nationales Gefühl, während im Süden die französischen Ideen noch lange vorherrschten und der Name Deutschland nur ein leeres Wort blieb. Wohl schlug sich der kurmärkische Bauer und der schlesische Weber nur für Weib und Kind und für seinen angestammten König; aber die Blücher, Yorck und Bülow, die er als seine Preußenhelden ehrte, waren doch wirklich die Helden des neuen Deutschlands. Der süddeutsche Landsmann wußte nichts von ihnen. Und etwas von den deutsch-patriotischen Gedanken, welche die bewaffnete Jugend der gebildeten Stände erfüllten, drang doch allmählich bis in die niederen Schichten des preußischen Volkes herab. Jener demokratische Zug, der seit der Befestigung der absoluten Monarchie im preußischen Staate lebendig war, verstärkte sich mächtig während dieses Krieges. Wie vormals die gemeinsame Freude an den Werken der deutschen Dichtung die Unterschiede der Stände etwas ausgeglichen hatte, so fanden sich jetzt alle Klassen zusammen in der ungleich wirksameren Gemeinschaft politischer Pflichterfüllung. Die Geschäfte der Landwehr-Ausschüsse, die Übungen des Landsturms, die öffentlichen Sammlungen und die Liebesarbeit in den Hospitälern brachten auch die Daheimgebliebenen einander näher; der schroffe Junker lernte mit den Bürgersleuten der Kleinstadt freundnachbarlich zu verkehren; wer in dieser Zeit sich hervorgetan, blieb sein Leben lang ein geachteter Mann.

Vollends das Heer verwuchs zu einer großen Gemeinde, und nach dem Frieden lebte die alte treue Waffenbrüderschaft in den Vereinen und Festen der Kameraden fort. Das eigentümliche, scharfe und schneidige Wesen der friderizianischen Armee blieb erhalten, desgleichen das stolze Gefühl aristokratischer Standesehre unter den Offizieren. Aber die alten Berufssoldaten mußten sich gewöhnen, mit den gebildeten jungen Mannschaften ruhig und freundlich umzugehen. Gerade die besten unter ihnen erkannten willig an, wie viel gesunde Kraft dem Offizierskorps aud den Reihen der freiwilligen Jäger zuströmte; mit herzlicher Freude lobte Gneisenau die jungen Freiwilligen: „es wird mir schwer, mich der Tränen zu enthalten, wenn ich diesen Edelmut, diesen hohen deutschen Sinn gewahr werde." Da die Hauptmasse der Freiwilligen aus Studenten und studierten Leuten bestand, so behauptete der jugendliche Ton akademischer Fröhlichkeit auch im Feldlager sein Recht, nur daß er sich der strengen Mannszucht fügen mußte. Wie oft haben die Lützower Jäger den Landesvater gesungen, das alte Lied war ihnen jetzt doppelt teuer, da sie im vollem, heiligem Ernst ihr gutes Schwert zum Hüter weihten für das Vaterland, das Land des Ruhmes. Die jungen Freiwilligen wurden wirklich, wie Scharnhorst vorausgesagt, die besten Soldaten; die Haltung der gesamten Mannschaft ward freier und gesitteter durch den Verkehr mit den gebildeten jungen Männern. Auch der rohe Bauernbursch lernte einige von den schwungvollen Liedern der Freiwilligen. Als dann die Zeit der Siege kam und die Preußen immer wieder in befreite deutsche Städte ihren jubelnden Einzug hielten, als endlich der deutsche Rhein zu den Füßen der Sieger lag, da ahnte selbst der geringe Mann, daß er nicht bloß für seine heimatliche Hofstatt focht. Der Gedanke des Vaterlands ward lebendig in den tapferen Herzen, die Preußen fühlten sich stolz als die Vorkämpfer Deutschlands. Seit Cromwells eisernen Dragonern hatte die Welt nicht mehr ein Heer gesehen, das so durchdrungen war von heiligem, sittlichem Ernst, und es war nicht wie jene eine fanatische Partei, sondern ein ganzes Volk. Alle die alten, trennenden Gegnsätze des politischen Lebens verschwanden in dem Einmut dieses Kampfes. Marwitz, der abgesagte Gegner der Volksheere, übernahm willig den Befehl über eine Landwehrbrigade, hatte seine Lust an dem festen Mute seiner märkischen Bauern.

Alle die heißen Leidenschaften, die nur ein mannhaftes Volk zum höchsten Wagen entflammen können, waren erwacht, und doch blieb die ungeheure Bewegung in den Schranken der Gesittung. Nichts von jenem finsteren, kirchlich-nationalen Fanatismus, der die Erhebung der Russen und der Spanier so unheimlich erscheinen ließ. Dies junge Deutschland, das jetzt mit flammenden Augen seine Speere schüttelte, trug die Kränze der Kunst und Wissenschaft auf seinem Scheitel. Der deutsche Krieg galt der Rettung der alten nationalen Formen der abendländischen Kultur, und als er siegreich zu Ende ging, sagte der Franzose Benjamin Constant: „die Preußen haben das menschliche Angesicht wieder zu Ehren gebracht!"

Über die künftige Verfassung des befreiten Deutschlands hatte dies kindlich treuherzige Geschlecht freilich noch nicht nachgedacht. War nur erst alles, was in deutscher Zunge sprach, wieder beisammen, so konnte es ja gar nicht fehlen, daß ein starkes, einiges, volkstümlich freies Reich sich wieder erhob. Nach den Mitteln und Wegen fragte niemand, jeder Zweifler wäre des Kleinmuts bezichtigt worden, der Krieg, allein der Krieg nahm aller Gedanken in Anspruch.

Nur Fichte wollte und mußte sich Klarheit verschaffen. In der frohen Erregung dieser hoffnungsreichen Tage war dem Philosophen die Majestät des Staatsgedanken aufgegangen. Er erkannte dankbar, daß die Wiedergeburt des alten Deutschlands doch früher erfolgte, als er einst in seinen Reden angenommen, sah mit Freuden seine Hörer allesamt zum Kampfe ziehen, trat selber mit Säbel und Pike in die Reihen des Berliner Landsturms. Und da er nun mit Händen griff, welche Opfer eine geliebte und geachtete Staatsgewalt ihrem Volke zumuten darf, lernte er größer denken von dem Wesen der politischen Gemeinschaft und schilderte in seiner Staatslehre den Staat als den Erzieher des Menschengeschlechts zur Freiheit: ihm sei auferlegt, die sittliche Aufgabe auf Erden zu verwirklichen. Dann verkündete er kurz vor seinem Tode, in dem „Fragmente einer politischen Schrift", zum ersten Male mit voller Bestimmtheit die Meinung, daß allein dem preußischen Staate die Führung in Deutschland gebühre. Alle Kleinfürsten hätten immer nur ihrem lieben Hause gelebt, auch Österreich brauche die deutsche Kraft nur für seine persönlichen Zwecke. Nur Preußen ist ein eigentlich deutscher Staat, hat als solcher durchaus kein Interesse, zu unterjochen oder ungerecht zu sein; der preußische Staat ist Deutschlands natürlicher Herrscher, er muß sich erweitern zum Reiche der Vernunft, sonst gehe er zugrunde. Jedoch die Absicht, einzugreifen in die Politik des Tages, lag Fichte, dem Idealisten, fern. Er schrieb seine prophetischen Gedanken nur nieder, „damit sie nicht untergehen in der Welt", und erst geraume Zeit nach seinem Tode sind sie veröffentlicht worden. Für die harten Aufgaben des politischen Parteilebens hatte die Zeit noch gar kein Verständnis. Nur das eine Ziel der Vernichtung der Fremdherrschaft stand den Patrioten klar und sicher vor Augen; was darüber hinaus lag, waren hochsinnige Träume, so unbestimmt, so gestaltlos wie das in jenem Königsberger Winter gedichtete Lied: Was ist des Deutschen Vaterland? – –

Die Einberufung der Freiwilligen ließ sich allenfalls noch vor den Franzosen beschönigen, ohne daß man die diplomatische Maske völlig abnahm. Sie erfolgte unter kluger Schonung der tief eingewurzelten Vorurteile, welche sich der allgemeinen Dienstpflicht noch entgegenstemmten. Die Söhne der höheren Stände kurzab als Gemeine einzustellen, ging schlechterdings nicht an; deshalb wurden die Freiwilligen, die sich selber ausrüsteten, in besondere, den Regimentern aggregierte Jägerdetachements eingereiht und durch die grüne Jägeruniform vor der Masse der Mannschaft ausgezeichnet, sie erfuhren eine ihren Standesgewohnheiten entsprechende Behandlung, erhielten eine besonders sorgfältige Ausbildung und das Recht, nach einigen Monaten ihre Offiziere selbst zu wählen. Darauf erfolgte die Aufhebung aller Exemtionen und die Verordnung vom 22. Februar, die jede Umgehung der Wehrpflicht mit strengen Strafen belegte. Auch diese Schritte konnten zur Not noch vor dem französischen Gesandten entschuldigt werden. Sie erregten viel Unwillen in dem treuen Volke – denn wozu der Zwang, da doch freiwillig so viel mehr geleistet wurde, als der König verlangte? – und doch waren sie unerläßlich. Der Staat mußte für die Linie und die Landwehr mit Sicherheit auf alle Wehrfähigen zählen können, auch in den Bezirken, welche geringeren Eifer zeigten.

Dann erst, als die diplomatischen Verhandlungen abgebrochen, die Cadres der Linie schon formiert und nahezu gefüllt waren, erschien das Landwehrgesetz, das einer offenen Kriegserklärung gleichkam. Scharnhorsts Landwehrplan war von Haus aus in einem größeren Sinne gedacht als die Entwürfe des Königsberger Landtags. Auch er rechnete, wie die Ostpreußen, zunächst auf die Tätigkeit der Kreis- und Provinzialstände, wendete die Grundsätze der neuen Selbstverwaltung auf das Heerwesen an. In jenem Kreise traten zwei ritterschaftliche, ein städtischer und ein bäuerlicher Deputierter zu einem Ausschusse zusammen, um aus der Gesamtheit der Männer zwischen siebzehn und vierzig Jahren, die nicht in der Linie dienten, die Landwehrmänner auszulosen. Die Mannschaften trugen an Kragen und Mütze die Farben ihrer Provinz, die Offiziere die Uniform der Landstände. Die Formation der Bataillone und Kompanien folgte so weit als möglich den Grenzen der Kreise und Gemeinden, dergestalt daß der Nachbar in der Regel mit dem Nachbarn in einem Gliede stand; die Offiziere bis zum Hauptmann aufwärts wurden gewählt, die Stabsoffiziere, zum Teil auf Vorschlag der Stände, vom König ernannt. Gleichwohl war diese *armée bourgeoise*, wie Napoleon sie höhnend nannte, keineswegs bloß ein für die Verteidigung der nächsten Heimat bestimmtes Provinzialheer. Vielmehr wurde die Landwehr auf die Kriegsartikel vereidigt und zu allem verpflichtet, was dem stehenden Heer oblag; sie war uniformiert – freilich sehr einfach, mit der Dienstmütze und der Litewka, die sich aus dem blauen Sonntagsrocke der Bauern leicht zurechtschneiden ließ – und der König behielt sich vor, die einzelnen Wehrmänner oder auch ganze Bataillone zur Feldarmee heranzurufen. Die gesamte männliche Bevölkerung bis zum vierzigsten Jahre sollte also, wenn es not tat, zur Verstärkung der offensiven Streitkräfte des Staates dienen; die Ostpreußen mußten auf Befehl des Königs ihren enger gedachten Entwurf abändern, ihre Landwehr ebenfalls zum Dienste außerhalb der Provinz verpflichten. Die Mehrzahl der Mannschaften bestand aus Bauern und kleinen Leuten, zumal in Schlesien, wo fast alle gebildeten jungen Leute bei den freiwilligen Jägern eingetreten waren. Die Offiziere waren zumeist Gutsbesitzer, zum Teil auch Beamte oder junge Freiwillige, nur wenige darunter militärisch geschult. Für die Ausrüstung konnte der erschöpfte Staat nur kümmerlich sorgen; das erste Glied des Fußvolks trug Piken, bewaffnete sich erst im Verlaufe des Krieges zum Teil mit erbeuteten feindlichen Gewehren.

Monate mußten vergehen, bis eine solche Truppe in der Feldschlacht verwendet werden konnte. Während des Frühjahrsfeldzuges wurde die Landwehr nur notdürftig eingeübt oder zum Festungskriege benutzt; erst nach dem Waffenstillstande rückte sie in größeren Massen ins Feld. Auch dann noch bildete die Linie, der ja alle höheren Führer und die technischen Truppen ausschließlich angehörten, selbstverständlich den festen Kern des Heeres. Kleist hatte unter den 41 Bataillonen seines Korps 16 Landwehrbataillone, Bülow unter der gleichen Zahl nur 12, nur in Yorcks Korps überwog die Landwehr – mit 24 Bataillonen unter 45. Die Wehrmänner hatten noch eine Zeitlang mit den natürlichen Untugenden ungeschulter Truppen zu kämpfen: beim ersten Angriff hielten sie nicht leicht stand, wenn ein unerwartetes Bataillonsfeuer sie in Schrekken setzte; kam es zum Handgemenge, dann entlud sich die lang verhaltene Wut der Bauern in fürchterlicher Mordgier; nach dem Siege waren sie schwer wieder zu sammeln, da sie den geschlagenen Feind immer bis ans Ende der Welt verfolgen wollten. Nach einigen Wochen wurde ihre Haltung sicherer, und gegen den Herbst hin begann Napoleons Spott über „dies Gewölk schlechter Infanterie" zu verstummen. Die kampfgewohnten Bataillone der Landwehr waren allmählich fast ebenso kriegstüchtig geworden wie das stehende Heer, wenngleich sie weder mit der Disziplin noch mit der stattlichen äußeren Haltung der Linientruppen wetteifern konnten und immer unverhältnismäßige Verluste erlitten: – eine in der Kriegsgeschichte beispiellose Tatsache, die nur möglich ward durch den sittlichen Schwung eines nationalen Daseinskampfes. Schwerer, natürlich, gelang die Ausbildung der Landwehrreiter; doch haben auch sie unter kundigen Führern manches Vortreffliche geleistet. Marwitz ließ seine märkischen Bauernjungen ihre kleinen Klepper nur auf der Trense reiten, ohne Kandare und Sporen, störte sie nicht in ihren ländlichen Reiterkünsten, verlangte nur, daß sie Pferd und Waffen mit Sicherheit zu brauchen lernten, und brachte diese naturwüchsige Kavallerie nach kurzer Zeit so weit, daß er von ihr im Felddienste alles fordern konnte.

Nach der Einberufung der Landwehr vergingen wieder fünf Wochen, bis am 21. April das Gesetz über den Landsturm unterzeichnet wurde. Die Cadres der Landwehrbataillone mußten erst formiert sein, bevor man zum Aufgebote der letzten Kräfte des Volkes schreiten konnte. Scharnhorst stand damals schon fern von Breslau im Feldlager. Schwerlich ist der General ganz einverstanden gewesen mit Form und Inhalt dieses von einem Zivilbeamten Bartholdi verfaßten Gesetzes, das einem gesitteten Volk Unmögliches zumutete und, vollständig durchgeführt, der Kriegsführung beider Teile das Gepräge fanatischer Barbarei hätte geben müssen. Ausdrücklich war der furchtbare Grundsatz ausgesprochen, daß dieser Krieg der Notwehr jedes Mittel heilige. Sobald der Feind herannahte, sollten auf das Geläute der Sturmglocken alle Männer vom fünfzehnten bis zum sechzigsten Jahre aufstehen, ausgerüstet mit Piken, Beilen, Sensen, Heugabeln, mit jeder Waffe, die nur stechen oder hauen konnte; denn auf die Länge habe der Verteidiger in jedem Terrain immer das Übergewicht. Der Landsturm wird verpflichtet zur Späherei und zum kleinen Kriege; der Feind muß wissen, daß alle seine zerstreuten Abteilungen sofort erschlagen werden. Der Feigling, der Sklavensinn zeigt, ist als Sklave zu behandeln und mit Prügeln zu bestrafen. Auf Befehl des Militärgouverneurs müssen ganze Bezirke verwüstet, Vieh und Getreide weggeschaft, die Brunnen verschüttet, das Getreide auf dem Halme verbrannt werden. Wird eine Gegend überrascht, so sind alle Behörden alsbald aufgelöst – offenbar eine Erinnerung an die tragikomischen Erfahrungen von 1806. Wer genötigt ward, dem Feinde einen Eid zu leisten, ist an den erzwungenen Schwur nicht gebunden. Auch diesen ungheuren Anforderungen kam das treue Volk mit Freuden nach, soweit es möglich war. In jedem Kreise trat eine Schutzdeputation zusammen zur Leitung des Landsturms. Die müden Alten und die unbärtigen Jungen übten sich eifrig im Gebrauche ihrer rohen Waffen, sowie in der freien Kunst des Pfeifens, die den Landstürmern anempfohlen war. Mit Vorliebe pflegte dies Volksheer unbesetzte Höhen zu erstürmen – so machte man seinem Namen doch Ehre. In dem Berliner Landsturm exerzierten die Professoren der Universität zusammen in einer Kompanie – einer reisigen Schar, die allerdings mehr durch wissenschaftlichen Ruhm als durch kriegerische Kunstfertigkeit glänzte; ja es geschah, daß sogar die Berliner Damen aufgeboten wurden zum Bau der Feldschanzen im Süden der Hauptstadt. Die Errichtung des Landsturmes brachte den großen militärischen Vorteil, daß nach und nach fast die gesamte Linie und Landwehr für den Feld- und Festungskrieg verfügbar wurde. Von der Ostsee bis zu den Riesenbergen standen auf allen Höhen die Fanale, von Landstürmern behütet.

Das Volksaufgebot erwies sich als nützlich im Wach- und Botendienste, auch zum Wegfangen der Marodeure und Versprengten. Im offenen Kampfe dagegen ist der Landsturm nur ganz ausnahmsweise verwendet worden: so erklangen während der ersten Apriltage, noch bevor das Gesetz erschienen war, die Sturmglocken in allen Dörfern an der Havel und bewaffnete Bauernhaufen schlossen sich freiwillig den Truppen an, die gegen Magdeburg zogen. In den großen Städten rief die fanatische Härte des Gesetzes begründete Beschwerden hervor. Da überdies die Gefahr anarchischer Zügellosigkeit sehr nahe lag, das bürgerliche Leben der Arbeitskräfte nicht entbehren konnte und die Beamten der alten Schule vor bewaffneten Volkshaufen ein instinktives Grauen empfanden, so wurden schon im Laufe des Sommers die übertriebenen Ansprüche des Edikts durch einige neue Erlasse gemildert. Der Landsturm stand fortan unter den Kriegsartikeln und diente wesentlich zur Ausbildung der Reservebataillone für die Landwehr; in den großen Städten fiel er ganz hinweg, aus dem brauchbarsten Drittel seiner Mannschaft wurden Bürger-Kompanien für den Sicherheitsdienst gebildet. Gleichwohl war die Errichtung des Landsturms sehr folgenreich. Sie belebte in dem Volke das Bewußtsein, daß dieser heilige Krieg die gemeinsame Sache aller sei; wie vielen wackeren Alten ist es ein Trost geblieben bis zum Grabe, daß sie doch auch die Waffen für das Vaterland getragen hatten. Noch stärker war die Wirkung auf die Feinde, die nach ihren spanischen Erfahrungen nichts so sehr fürchteten als einen Krieg aller gegen alle. Schon der glücklich gewählte Name dieses Volksaufgebots erregte Schrecken im Lager der Rheinbündner; wie unheimlich klang das Landsturmlied:

Ha, Windsbraut sei willkommen,
Willkommen Sturm des Herrn!

Die übereilte Räumung der Marken im Frühjahr und nachher die unsicheren Operationen der Marschälle auf ihren Zügen gegen Berlin erklären sich nur aus der unbestimmten Angst vor einer Massenerhebung.

Ein wunderbarer Anblick, wie dieser von allen Geldmitteln entblößte Mittelstaat so mit einem Male wieder eintrat in die Reihe der großen Militärmächte. Nur ein Meister konnte allen den ungestümen Kräften, die so urplötzlich aus den Tiefen unseres Volkslebens hervorbrachen, Form, Maß und Richtung geben. Unbeirrt durch Widerspruch und Verkennung, führte Scharnhorst seine militärisch-politischen Pläne durch, und ihm gelang, was in der modernen Geschichte für unmöglich gegolten hatte: ein ganzes Volk zu einem kriegsfertigen Heere umzubilden. Ihm ward das höchste Glück, das dem großen Menschen beschieden ist: er durfte endlich zeigen, was er vermochte. Er wußte, daß die Geschicke seines Landes auf seinen Schultern lagen, und einmal doch kam ein Wort des Stolzes über die Lippen des Anspruchlosen: „ich verfahre despotisch," so schrieb er seiner Tochter, „und lade viel Verantwortung auf mich, aber ich glaube dazu berufen zu sein."

Zeiten den Not heben den rechten Mann rasch an die rechte Stelle. Da der König in seiner Schüchternheit sich nicht getraute, nach dem Brauche seiner Vorfahren das Heer selber zu führen, so durfte nur ein Mann den Befehl über die preußische Hauptarmee übernehmen – der erste Feldsoldat der deutschen Heere, General Blücher. Wohin waren sie doch, die Träume der gebildeten Menschenfreunde vom ewigen Frieden? Gereift und gekräftigt in harter Prüfung glaubten die Deutschen wieder an den Gott, der Eisen wachsen ließ, und jene einfachen Tugenden ursprünglicher Menschheit, die bis an das Ende der Geschichte der feste Grund aller Größe der Völker bleiben werden, gelangten wieder zu verdienten Ehren: der kriegerische Mut, die frische Kraft des begeisterten Willens, die Wahrhaftigkeit des Hasses und der Liebe. In ihnen lag Blüchers Stärke, und diese Nation, die sich so gerne das Volk der Dichter und Denker nannte, beugte sich vor der Seelengröße des bildungslosen Mannes; sie fühlte, daß er wert war, sie zu führen, daß der Heldenzorn und die Siegesfreude der Hunderttausende sich in ihm verkörperten. Was hatte der Alte nicht alles durchgemacht in dem halben Jahrhundert, seit die Belling-Husaren einst den schwedischen Kornett einfingen und der alte Belling selber den unbändigen Junker in Kunst und Brauch der friderizianischen Reiter unterrichtete. Er hatte an der Peene gegen die Schweden, bei Freiberg gegen die Kaiserlichen, in Polen gegen die Konföderierten gefochten, war auf jenem unblutigen Siegeszuge durch Holland dem Bürger und Bauern überall ein wohlwollender Beschützer gewesen und dann während der rheinischen Feldzüge von Freund und Feind bewundert worden. Die schneidige Tollkühnheit, die behende List, die unermüdliche Ausdauer des alten Zieten lebten wieder auf in dem neuen Könige der Husaren. Sein Leben lang blieb er der Ansicht, für das Fußvolk genüge zur Not der nachhaltige Mut, der Reiterführer aber bedürfe einer angeborenen Begeisterung, um die seltenen und flüchtigen Augenblicke, die seiner Waffe eine große Wirkung erlaubten, immer sofort mit Ungestüm zu ergreifen.

Seit dem Jahre 1806 und dem kühnen Zuge auf Lübeck war er die Hoffnung der Armee; Scharnhorst lernte damals an Blüchers Seite, daß man mit Mut und Willenskraft alles auf der

Welt überwinde, und sagte zu ihm: „Sie sind unser Anführer und Held, und müßten Sie uns in der Sänfte vor- und nachgetragen werden. Nur mit Ihnen ist Entschlossenheit und Glück!" Und es war unendlich mehr als die Tapferkeit des Haudegens, was die Treuen und Furchtlosen so unwiderstehlich anzog. Aus Blüchers ganzem Wesen sprach die innere Freudigkeit des geborenen Helden, jene unverwüstliche Zuversicht, welche das widerwillige Schicksal zu bändigen scheint. Den Soldaten erschien er herrlich wie der Kriegsgott selber, wenn der schöne, hochgewachsene Greis noch mit jugendlicher Kraft und Anmut seinen feurigen Schimmel tummelte; gebieterische Hoheit lag auf der freien Stirn und in den großen, tiefdunklen flammenden Augen, um die Lippen unter dem dicken Schnurrbart spielte der Schalk der Husarenlist und die herzhafte Lebenslust. Ging es zur Schlacht, so schmückte er sich gern mit allen seinen Orden wie für ein bräutliches Fest, und niemals in allen der Fährlichkeiten seines Kriegserlebens ist ihm auch nur der Einfall gekommen, daß eine Kugel ihn hinstrecken könnte. Gewaltig war der Eindruck, wenn er zu sprechen anhob mit seiner schönen, mächtigen Stimme, ein Redner von Gottes Gnaden, immer der höchsten Wirkung sicher, mochte er nun im gemütlichem Platt mit Wachtstubenspäßen und heiligen Donnerwettern die ermüdeten Truppen aufmuntern oder den Offizieren klar, bündig, nachdrücklich seine Befehle erteilen oder endlich in festlicher Versammlung mit schwungvollen Worten einen vaterländischen Ehrentag verherrlichen. Wer täglich mit ihm verkehrte, wurde ihm ganz zu eigen; seine geliebten roten Husaren hatte er so bis auf den letzten Mann in seiner Gewalt, daß nach der unglücklichen Ratkauer Kapitulation kein einziger der Roten nach Frankreich geführt werden konnte: alle entkamen den Siegern, die meisten schlichen sich nach Ostpreußen zu ihrem Könige durch.

Blücher kannte Land und Leute des deutschen Nordens wie niemand sonst unter den preußischen Generalen. Während eines langen, wechselreichen Dienstlebens war er in jeder Landschaft vom Rheine bis zur polnischen Grenze heimisch, auch als Landwirt mit den Verhältnissen des bürgerlichen Lebens wohl vertraut geworden. Überall, wohin er kam, gewann er die Herzen, wie er so fröhlich lebte und leben ließ, mit hoch und niedrig zechte und spielte, immer aufgeknöpft und guter Dinge und doch gewiß, sich niemals wegzuwerfen. So stärkte ihm die Schule des Lebens den deutsch-vaterländischen Sinn, den einst Klopfstocks Oden in der Seele des Jünglings geweckt hatten. Wie fest er auch an seinen preußischen Fahnen hing, er fühlte sich doch immer, gleich Stein, schlechtweg als einen deutschen Edelmann. Grenzenlos war sein Zutrauen zu der unverwüstlichen Kraft und Treue seines Volkes. Das Herz ging ihm auf, wo er die ursprüngliche Frische und Freiheit germanischen Wesen fand; daher seine Vorliebe für das freie Volk der Friesen und das selbstbewußte Bürgertum der Hansstädte, sein Abscheu wider den Kastenstolz des münsterländischen Adels.

Im Alter beklagte er oft, daß er über den Saus und Braus des lustigen Husarenlebens seine Bildung so ganz vernachlässigt habe. Ein angeborener Freisinn, der sichere Instinkt eines großmütigen, königlichen Herzens ließ ihn gleichwohl fortschreiten mit der wachsenden Zeit. Lange vor den Reformen von 1807 hatte er die Prügelstrafe bei seinen Roten tatsächlich abgeschafft; der pedantische Zwang unnützer Paradekünste war ihm ein Greuel, und frühe schon sprach er aus, daß die Armee zu einem Volksheere werden müsse. Von dem junkerhaften Wesen seiner mecklenburgischen Standesgenossen blieb er ganz frei. Wie er selber seine Erfolge allein der eigenen Tüchtigkeit verdankte, so hieß er freudig alles willkommen, was die persönliche Kraft, die freie Tätigkeit, das Selbstvertrauen in der Nation erweckte. Steins Reformen und namentlich die Städteordnung fanden an ihm einen beredten Verteidiger. So wurzelte auch sein grimmiger Haß gegen die Fremdherrschaft in dem starken Selbstgefühle einer freien Seele: er empfand es wie eine persönliche Entwürdigung, daß er auf deutschen Boden sich nach dem Belieben französischer Gewalthaber richten sollte, und wetterte: „ich bin frei geboren und muß auch so sterben."

Der alte Kriegsmann zählt zu jenen echten historischen Größen, die bei jeder näheren Kenntnis gewinnen. Welche Schärfe des politischen Blicks in dem barbarischen Deutsch seiner vertrauten Briefe! In jeder politischen Lage findet er sich rasch zurecht, erkennt sofort den springenden Punkt im Gewirr der Ereignisse, weissagt mit prophetischer Sicherheit den letzten Ausgang.

Niemals läßt er sich täuschen durch die Überklugheit der Haugwitzschen Politik, niemals glaubt er an die Möglichkeit einer ehrlichen Verständigung zwischen Preußen und Napoleon. Im Frühjahr 1807, nach einem einzigen Gespräch mit Bennigsen, weiß er augenblicklich, was sein Staat von den Russen zu erwarten hat, und ruft ingrimmig: „wir sind verraten und verkoft!" Und dann die langen Jahre der Knechtschaft: oft genug ist er der Verzweiflung nahe, doch immer wieder ermannt er sich zu dem frohen Glauben: er werde sein Preußen wieder im alten Glanze sehen, dieser Napoleon müsse herunter und ihm selber sei bestimmt, dazu mitzuhelfen: „der deutsche Mut schläft nur, sein Erwachen wird fürchterlich sein!" Wohl hat auch Blücher in dieser Zeit des Harrens manche der holden Täuschungen geteilt, welche die tapferen Herzen der Kriegspartei in die Irre führten; er setzte gern bei allen Deutschen den Heldensinn, der ihn selber beseelte, voraus und traute sich's zu, mit 16 000 Mann die westlichen Provinzen wieder zu erobern. Doch wie übereilt auch manche der Erhebungspläne waren, die er damals mit seinem Lieblingssohne Franz unermüdlich entwarf: das Wesentliche, die innere Schwäche des napoleonischen Weltreichs erkannte er richtig. Die Kleinmeister entsetzten sich über den Jüngling im Greisenhaar, der noch zuweilen auf den Hofbällen mit den eleganten jungen Gardeoffizieren eine Quadrille tanzte; tiefere Naturen fühlten bald, daß dies ausgelassene Treiben nur der natürliche Ausdruck einer unbändigen, überschäumenden Lebenskraft war. Die Patriotenpartei verließ sich auf ihn als auf ihre treueste Stütze. Stein hatte sich ihm schon vor Jahren in herzlicher Freundschaft angeschlossen; er schätzte das treffende, immer aus der Fülle lebendiger Erfahrung geschöpfte Urteil des Generals und ahnte in ihm denselben kühnen Schwung der Seele, denselben Mut der Wahrheit, der in seiner eigenen Brust lebte.

Ganz frei von Menschenfurcht, mit unumwundenen Freimut sagte Blücher jedem seine Meinung ins Gesicht; und doch lag selbst in seinen größten Worten nichts von Steins verletzender Schärfe. Seine Zornreden kamen so gutlaunig und treuherzig heraus, daß sich selten jemand gekränkt fühlte und selbst der König sich von ihm alles bieten ließ. Denn bei allem Ungestüm war er von Grund aus klug, nicht bloß im Kriege so verschlagen und aller Listen kundig, daß ihn Napoleon ärgerlich *le vieux renard* nannte, sondern auch ein gewiegter Menschenkenner, der jeden an der rechten Stelle zu packen wußte. Die Kunst des Befehlens verstand er aus dem Grunde; von der Mannschaft durfte er das Unmögliche verlangen, wenn sein Vorwärts aus seinen Augen blitzte, und auch von dem trotzigen Selbstgefühle seiner Generale erzwang er sich Gehorsam, da er stets nur an die Sache dachte, nach jedem Mißerfolg alles hochherzig auf seine Kappe nahm und bei Streitigkeiten der Untergebenen immer gutmütig vermittelte. Die unverwüstliche Kraft des Hoffens und Vertrauens wurzelte bei ihm wie bei Stein in einer schlichten Frömmigkeit. Obgleich er nach Husarenart den Hergott zuweilen einen guten Mann sein ließ und alles scheinheilige Wesen verabscheute, so blieb er doch in tiefster Seele seines einfältigen Glaubens froh; in schweren Stunden tröstete sich der Bibelfeste gern an einem tapferen Worte der Apostel. Und wie weitab lag doch die Schlaglust dieses gütigen, menschenfreundlichen Mannes von der herzlosen Roheit des Landsknechts! Für die Kranken und Verwundeten zu sorgen, war ihm heilige Christenpflicht. Der junge Kronprinz vergaß es nie, wie ihn der alte Held einmal auf dem Schlachtfelde tief ergriffen bei der Hand genommen und ihm all den fürchterlichen Jammer ringsum gezeigt hatte: das sei der Fluch des Krieges, und wehe dem Fürsten, der aus Eitelkeit und Übermut solches Leid über seine Brüder bringe!

Blücher wußte längst, „daß er das Zutrauen der Nation und die Liebe des Heeres für sich hatte," daß ihm die Führung der Armee gebührte. Als nun die heiß ersehnte Stunde schlug und das Reich der tausendmal verfluchten „Sicherheitskommissare und Faultiere" zu Ende ging, da fühlte er sich verjüngt trotz seiner siebzig Jahre und dachte froh an die lebendige Heldenkraft des Derfflingers und des Dessauers und die vielen anderen glorreichen Grauköpfe der preußischen Kriegsgeschichte. Glückselig wiegte er sich auf den hohen Wogen dieser brausenden Volksbewegung; wie tat es ihm wohl, daß der frische Luftzug der Wahrhaftigkeit wieder durch das deutsche Leben ging und jeder tapfer von der Leber weg sprach. „Dichten Sie man druf", sagte er seelenvergnügt zu einem patriotischen Poeten; „in solchen Zeiten muß jeder singen, wie es ihm uns Herz ist, der eine mit dem Schnabel, der andere mit dem Sabel!"

So war der Held, den die Stimme der Nation zum Führer wählte – ein rechter Germane, nur germanischen Menschen ganz verständlich in der rauhen Größe, der formlosen Ursprünglichkeit seines Wesens. Die Franzosen haben ihm niemals auch nur jene bedingte Anerkennung geschenkt, welche der anhaltende Erfolg selbst dem Besiegten abzuzwingen pflegt. Er selber konnte in die feine romantische Art sich nicht finden und meinte noch, als die Wut des Kampfes längst verrauscht war: „dies Volk ist mich zuwider!" – während ihm der laute Freimut und der derbe Humor „des närrischen Volkes" der Engländer von Herzen behagten. Sobald der Krieg begann, widmete er sich mit ganzer Kraft seinem Berufe und legte sogar die geliebten Spielkarten aus der Hand, um sie nie wieder zu berühren vor dem Einzuge in Paris. Er kannte die Gebrechen seiner Bildung und wußte, daß er eines methodisch geschulten Kopfes bedurfte, der ihm die Gedanken für die Kriegsführung angab. So hatte er im Feldzuge von 1806 die Ideen Scharnhorsts ausgeführt; neidlos, in aufrichtiger Bescheidenheit erkannte er die geistige Überlegenheit des Freundes an und freute sich, ihn auch diesmal als Generalquartiermeister an seiner Seite zu sehen. Mit diesem hellen Kopfe und seiner eigenen Verwegenheit dachte er der ganzen Welt zu trotzen – denn einen vielköpfigen Kriegsrat hat der Alte nie gehalten.

Doch vorläufig stand er selbst noch unter russischem Oberbefehle. Nach dem Tode des unfähigen alten Feldmarschalls Kutusow übernahm General Wittgenstein die Führung des verbündeten Heeres, ein tapferer, wohlmeinender Soldat ohne die Gaben des Feldherrn. Das russische Hauptquartier war, stolz auf die Erfolge des jüngsten Jahres, wenig geneigt, auf die Ratschläge der Preußen zu hören. Schon am Tage nach dem Aufrufe des Königs brach Blücher aus Breslau auf, überschritt die Elbe bei Dresden, unterwarf fast ganz Sachsen bis auf die Festungen und rückte in den ersten Tagen des April bis in die Altenburger Gegend; seine leichten Truppen schweiften weit nach Westen, über Gotha hinaus. Gleichzeitig näherten sich im Norden Yorck und Bülow der Elbe, schlugen den Vizekönig Eugen in dem glänzenden Gefechte von Möckern – dem ersten größeren Treffen, das den Franzosen zeigte, daß sie nicht mehr mit dem Heere von 1806 zu tun hatten – und gingen im Anhalterischen auf das linke Ufer des Stromes über.

Wenn Scharnhorst und seine Freunde anfangs hofften, es werde gelingen, vor Napoleons Ankunft einen großen Teil von Westdeutschland zu besetzen und überall die Volksbewaffnung in Gang zu bringen, so mußten sie bald erkennen, wie wenig die verfügbaren Streitkräfte vorderhand noch für so großartige Entwürfe ausreichten. Ein glücklicher Angriff des kleinen Dörnbergschen Korps auf Lüneburg gab zwar ein erhebendes Zeugnis von der Tapferkeit des jungen Heeres – die Soldaten priesen den ersten Ritter des Eisernen Kreuzes, Major Borcke, die Poeten besangen das Heldenmädchen Johanna Stegen, das den Kämpfern im dichten Kugelrregen Pulver und Blei zutrug – jedoch das vereinzelte Unternehmen hatte keine bleibenden Folgen. Eine Schilderhebung der Patrioten im Bremischen wurde durch Vandamme, dem rohesten und wüstesten der napoleonischen Generale, rasch niedergeworfen und grausam bestraft. Auch von den Festungen diesseits der Elbe waren bis zu Ende April nur Thorn und Spandau den Franzosen entrissen. Eine kühne Kriegsführung, wie sie Scharnhorst verlangte, konnte gleichwohl die Armee des Vizekönigs im Magdeburger Land vernichten, bevor Napoleons Hauptheer herankam. Aber das russische Haupquartier blieb wochenlang unbmeweglich in Polen. Der Zar bedurfte längerer Zeit, um seine Armee, deren Schwäche mit seinen eigenen prahlerischen Angaben in lächerlichen Widerspruch stand, zu verstärken; auch wollte er Polen nicht verlassen, bevor die Ruhe in dem aufgeregten Lande durch eine genügende Truppenmacht gesichert war. Dazu die Unlust seiner Generale und die peinlichen Zweifel über die Absichten Österreichs, das aus seiner starken Flankenstellung heraus den Verbündeten hochgefährlich werden konnte. Erst am 24. April zog das russische Hauptheer in Dresden ein, um sich dann nach langsamen Märschen südlich von Leipzig mit Blücher zu vereinigen.

Mittlerweile hatte Napoleon seine Rüstungen mächtig gefördert. Wohl lagen Tausende der erprobten Veteranen im russischen Schnee begraben. Die jungen Konskribierten standen den alten Kameraden weit nach, viele hatte man in Ketten zu den Regimentern schleppen müssen; auch die Marschälle begannen der unendlichen Kriegsarbeit satt zu werden und sehnten sich nach friedlichem Genusse der erbeuteten Schätze. Die Überlegenheit der sittlichen Spannkraft und des kriegerischen Feuers, die vordem den napoleonischen Heeren eigen gewesen, war jetzt ganz und gar auf die Preußen übergegangen. Immerhin blieb das Weltreich, das seit Jahren von keinem Feinde betreten worden, durch seine unermeßlichen Hilfsquellen den Verbündeten weitaus überlegen. Während Bertrand aus Italien durch Bayern heranzog, versammelten sich die übrigen Korps der Franzosen und Rheinbündner am Niederrhein, bei Frankfurt und im Würzburgischen. In den letzten Tages des April rückte Napoleon selbst mit dem Hauptheere auf der Frankfurt-Leipziger Straße durch Thüringen ostwärts und vereinigte sich am 29. bei Naumburg mit der Armee des Vizekönigs. Er gebot über eine Feldarmee von mindestens 180 000 Mann, ungerechnet die Garnisonen der deutschen Festungen, und die Verbündeten konnten ihm zunächst nur etwa 98 000 Mann entgegenstellen. Scharnhorst wünschte anfangs die Schlacht in der freien Ebene von Leipzig, wo die überlegene Reiterei der Verbündeten zur vollen Wirksamkeit gelangen konnte. Das russische Hauptquartier dagegen beschloß, südlich von dem alten Lützener Schlachtfelde, in dem sumpfigen, von Gräben, Hecken und Hohlwegen durchschnittenen Wiesenlande bei Großgörschen, das zur Entfaltung großer Reitermassen wenig Raum bot, einen Vorstoß gegen die rechte Flanke des nach Leipzig vorrückenden Feindes zu wagen. Scharnhorst gab zuerst den einfach kühnen Rat: man solle die Übermacht des Feindes schon auf dem Anmarsch überraschen, seine Marschkolonnen durch einen Flankenangriff durchbrechen. Der verwegene Plan konnte nur durch die höchste Schnelligkeit und Einfachheit der Ausführung gelingen. General Diebitsch, der in Wittgensteins Auftrag die Anordnungen traf, leitete jedoch den Anmarsch so unglücklich, daß die Korps von Blücher und Yorck einander durchkreuzten.

Erst am Mittag des 2. Mai konnten die Preußen den Angriff beginnen auf die zwischen Büschen versteckten vier Dörfer Groß- und Klein-Görschen, Rahna und Caja, welche Ney mit gewaltiger Übermacht hielt. Unter brausendem Hurraruf stürmten ihre Regimenter heran, noch niemals waren die französischen Legionen einem solchen Ungestüm kriegerischer Begeisterung begegnet. Nichts von der natürlichen Unsicherheit junger Truppen; ein Sturm des Zornes schien jeden fortzureißen; niemand konnte sich auszeichnen, so groß war die Tapferkeit aller! Nach zweistündigem, mörderischem Kampfe wurden drei von den Dörfern den Franzosen entrissen. Da eilte Napoleon selbst von der Leipziger Straße herbei, versuchte mit frischen Truppen die Schlacht herzustellen. Er mußte mit ansehen, wie die preußische Garde durch einen zweiten furchtbaren Angriff die vier Dörfer sämtlich nahm; kam die Reserve der Verbündeten rechtzeitig heran, so war die Marschlinie der Franzosen durchbrochen, ihrem Hauptheere eine schwere Niederlage bereitet. Auf einen Augenlick wurde der Imperator unsicher. „Glaubt Ihr, daß mein Stern untergeht?" fragte er zweifelnd seinen Berthier, und beim Anblick des Todesmutes der Preußen entfuhr ihm der Ausruf: „Diese Tiere haben etwas gelernt." Doch Wittgensteins Reserven blieben aus; das Korps Miloradowitsch wurde durch ein unglückliches Mißverständnis dem Schlachtfelde fern gehalten, und die russischen Garden erschienen erst auf der Walstatt, als mit dem Anbruch der Nacht der Kampf zu Ende ging. Die Reiterei der Verbündeten gelangte nicht zu entscheidendem Eingreifen, da Wittgenstein sich völlig unfähig zeigte, die Leitung des Heeres in der Hand zu behalten, und eigentlich niemand den Oberbefehl führte; ihr Fußvolk verbiß sich in den blutigen Kampf um die Dörfer, der bei der Überlegenheit der feindlichen Infanterie keinen günstigen Ausgang versprach. Währenddes zog Napoleon von Norden her neue Verstärkungen heran, und gegen sieben Uhr fühlte er sich stark genug, um, nach seiner Gewohnheit, unter dem Schutze einer mächtigen Artilleriemasse einen entscheidenden Stoß zu wagen. Als die Finsternis hereinbrach, behaupteten sich die Preußen nur noch in Großgörschen, die drei anderen Dörfer waren von den Franzosen zurückgewonnen, der Feind hielt das Heer der Alliierten in weitem Bogen umklammert. Ein letzter verzweifelter Angriff der Reiterei von Blücher, auf gut Glück in das Dunkel der Nacht hinein geführt, scheiterte an der Ungunst des Terrains.

Noch war die Schlacht nicht gänzlich verloren; jedermann im preußischen Lager erwartete die Wiederaufnahme des Gefechts für den folgenden Morgen; aber hatten die Verbündeten schon am Abend mit ihren fast 70 000 Mann gegen eine fast zweifache Übermacht gefochten, so mußten sie am nächsten Tage, wenn Napoleon alle seine Streitkräfte aus der Leipziger Umge-

Königin Luise

Prinz Louis Ferdinand von Preußen

Karl Wilhelm Ferdinand, Herzog von Braunschweig-Lüneburg

gend herangezogen hatte, einem noch ungleicheren Kampfe entgegenstehen. Unverfolgt traten sie den Rückzug nach der oberen Elbe an. Mindestens 10 000 Mann von den Verbündeten und eine weit größere Anzahl Franzosen waren auf dem Schlachtfelde geblieben. Die Truppen fühlten sich unbesiegt, sie hatten selber mehrere Trophäen erbeutet und keine einzige in den Händen des glücklichen Gegeners zurückgelassen; überall, wo sie den Feind in gleicher Anzahl getroffen, waren sie ihm überlegen gewesen. Die Kosaken riefen auf dem Rückzuge fröhlich ihr: Pascholl! Franzos kaput! Im preußischen Heere lebte das stolze Bewußtsein, daß man unter fremden und unfähigen Führern die Ehre der Fahnen wiederhergestellt, den Siegern von Jena sich ebenbürtig erwiesen habe.

Unter den Opfern des blutigen Tages war auch Scharnhorst. Im siebenjährigen Kriege hatte ein grausames Geschick fast alle preußischen Heerführer dahingerafft; während des Befreiungskrieges blieben sie sämtlich verschont. Nur dieser Eine fiel – der mächtige Geist, aus dessen lichtem Haupe das deutsche Volksheer gepanzert aufstieg wie Pallas aus dem Haupte des Zeus. Er wollte die leichte Wunde, die er bei Großgörschen empfangen, nicht ruhig heilen lassen. Seit man die Schwäche der russischen Armee und die Lauheit ihrer Führer vor Augen sah, stand in dem preußischen Hauptquartiere die Überzeugung fest, daß nur Österreichs Beistand den Sieg verbürge. Bald nach der Schlacht kündigte der König in einem Parolebefehle seinen Truppen an: „in wenigen Tagen wird uns eine neue mächtige Hilfe zur Seite stehen." Scharnhorst wußte, auf wie schwachen Füßen diese Hoffnung stand, und beschloß daher, trotz der Warnungen der Ärzte, selber nach Wien zu gehen und durch persönliche Überredung den österreichischen Staatsmännern den entscheidenden Entschluß zu entreißen. Unterwegs verschlimmerte sich die Wunde. Während er in Böhmen einsam auf dem Krankenbette lag, schweiften seine Gedanken hinüber zu dem vaterländischen Heere. So viel herrliche Kraft war vergeudet durch die Fehler der russischen Heeresleitung; er hatte die Preußen gerüstet und fühlte, daß er sie zum Siege führen würde, wenn man ihn frei gewähren ließ an Blüchers Seite. Der sterbende Mann konnte den großen Ehrgeiz, der ihn verzehrte, nicht länger in seiner verschlossenen Brust verbergen und schrieb an seine Tochter – nur für sie, damit sie wisse, „wie Dein Vater dachte, wenn ich einst nicht mehr da sein sollte: An Distinkionen ist mir nichts gelegen. Da ich die nicht erhalte, welche ich verdiene, so ist mir jede andere eine Beleidigung, und ich würde mich verachten, wenn ich anders dächte. Alle Orden und mein Leben gäbe ich für das Kommando eines Tages!" Es sollte nicht sein. Am 28. Juni erlag er seiner Wunde; seine letzten Worte weissagten den Deutschen die Freiheit. Tragischer hat keiner geendet von den schöpferischen Geistern unserer Geschichte. Ohne Scharnhorst kein Leipzig, keine Belle Alliance, kein Sedan, und der die Saat so vieler Siege streute, sollte selber Preußens Fahnen niemals glücklich sehen!

So viel Ehre die Schlacht von Großgörschen den jungen preußischen Truppen brachte, sie war doch eine Niederlage, verhängnisvoll durch ihre politischen Folgen. Der Ruf der napoleonischen Unüberwindbarkeit stand nunmehr wieder aufrecht; kein Gedanke mehr an einen Abfall der rheinbündischen Höfe.

Die Verbündeten waren mittlerweile über die Elbe in die Oberlausitz zurückgewichen. Napoleon folgte; sein Heer stand zerstreut auf der weiten Linie von Dresden bis Wittenberg. Er faßte jetzt zum ersten Male den Plan zu einem Angriff auf Berlin – einen Gedanken, der seitdem in allen Berechnungen dieses Feldzugs immer wiederkehrte: während er selbst der Armee der Alliierten ostwärts folgte, sollte Ney durch einen raschen Zug gen Norden den gehaßtesten und gefährlichsten der Feinde in seiner Hauptstadt bedrohen. Das preußische Hauptquartier war auf das Ärgste gefaßt und traf bereits Anstalten, Berlin nötigenfalls im Straßenkampfe durch den Landsturm zu verteidigen. Die Armee jedoch blieb mit den Russen vereinigt; der König wollte die Stellung in der Nähe der österreichischen Grenze behaupten, er hoffte, durch einen Sieg des vereinigten Heeres die zaudernde Hofburg zum Anschluß zu bewegen. In der Tat war ein Erfolg möglich, wenn Wittgenstein sogleich mit seinem gesammelten Heere einen Angriff auf Napoleon unternahm, bevor dieser seine Armee vereinigt hatte. Die russische Führung aber, die in jenen Tagen wesentlich durch die dilettantischen Einfälle des Zaren selber bestimmt wurde, beschloß, dem Rate der preußischen Generale zuwider, bei Bautzen eine Defensivschlacht anzunehmen, und gewährte also dem Imperator, der die Gedanken der Gegner alsbald durchschaute, genügende Zeit, um seine Streitkräfte zu versammeln und auch Neys Armee zurückzurufen. Während die Hauptarmee untätig bei Bautzen stand, sollten die zwei schwachen Korps von Yorck und Barclay de Tolly durch ein Ausfallgefecht die heranrückenden, dreifach überlegenen Heersäulen Neys und Lauristons zurückweisen. Mit höchster Kühnheit versuchte Yorck sich des unmöglichen Auftrags zu entledigen; durch das blutige Waldgefecht bei Königswartha (19. Mai) hat er sich zuerst den Namen des Schlachtengenerals, seinen altpreußischen Regimentern ein furchtbares Ansehen bei Freund und Feind gesichert; wunderbar zäh und verwegen hielt er aus in dem ungleichen Kampfe und brachte seine kleine Schar in guter Ordnung wieder zu dem Hauptheere zurück. Aber mit entsetzlichen Opfern hatten die Preußen die Torheit des Zaren bezahlen müssen; mehr als die Hälfte der Brigade Steinmetz lag auf dem Schlachtfelde, und die Vereinigung Neys mit der französischen Hauptarmee war doch nicht verhindert.

So konnte denn Napoleon am 20. Mai seine gesamten 170 000 Mann gegen die 80 000 Alliierten zur Schlacht vorführen. Die Verbündeten erwarteten den Angriff in weitgedehnter Stellung auf dem steilen rechten Ufer des tiefen Spreetales, mit der Front nach Westen; ihr linker Flügel lehnte sich an jene waldigen Höhen des Lausitzer Gebirges, von denen einst Loudon gegen das Hochkircher Lager herniedergestürmt war, der rechte stand ungedeckt in der freien Ebene. Napoleon griff am ersten Schlachttage den linken Flügel der Gegner an, überschritt den Fluß, besetzte Bautzen und verleitete also den Zaren zu dem Glauben, daß die Franzosen die Entscheidung auf der Linken der Alliierten suchten, das verbündete Heer vom Gebirge abschneiden wollten. Die Absicht des Imperators ging aber vielmehr dahin, den bloßgestellten rechten Flügel der Verbündeten zu werfen, dann ihr Zentrum zu umklammern und die geschlagene Armee zu dem gefahrvollen Rückzuge südwärts ins Gebirge hinein zu zwingen. Während nun die Russen ihre wohlgesicherte Linie noch mehr verstärkten, warf sich Napoleon am zweiten Schlachttage mit Macht auf den schwachen rechten Flügel unter Barclay de Toly, schlug ihn gänzlich und drang dann gegen die Kreckwitzer Höhen vor, welche Blücher mit dem Zentrum hielt. Nach langem, mörderischen Kampfe ward auch diese Position fast umgangen, die Linien der Verbündeten bildeten bereits einen weit zugrückgebogenen Haken. Da erkannte Knesebeck die Gefahr einer völligen Niederlage; er bestand darauf, daß die Schlacht abgebrochen wurde, und rettete so das Heer. Gegen drei Uhr trat Blücher in musterhafter Ordnung den Rückzug an, und als der Abend hereinbrach, hatte der Sieger durch die blutige Arbeit zweier Tage nichts weiter gewonnen als den Besitz des Schlachtfeldes. „Was?" – rief er grimmig – „kein Ergebnis, keine Trophäen, keine Gefangenen nach einer solchen Schlächterei?" 40 000 Mann waren gefallen, davon 25 000 Franzosen; die Flammen der brennenden Dörfer ringsum beleuchteten die gräßliche Walstatt.

Sofort nach dem unfruchtbaren Siege nahm Napoleon seine alten Pläne wieder auf und entsendete Oudinots Korps gegen Berlin; der aber wurde von Bülow und Oppen nach einem wütenden Kampfe in der brennenden Vorstadt von Luckau zurückgeworfen (4. Juni). Es war das erste jener vier blutigen Treffen und Schlachten, wodurch Preußen sich in diesem Sommer den Besitz seiner Hauptstadt sicherte. In denselben Tagen jedoch ging das befreite Hamburg wieder an die Franzosen verloren. Die unkriegerischen Gewohnheiten der reichen Handelsstadt rächten sich in der Zeit der Not. Der schwerfällige, bedachtsame Senat wußte nichts anzufangen mit dem tapferen Bürger Mettlerkamp und den vielen anderen wackeren Patrioten, die sich zur Verteidigung der Vaterstadt erboten. Tettenborns Leichtsinn hatte für die Sicherung des gefährdeten Platzes wenig getan; Bernadotte wollte, das er in Pommern das versprochene russische Hilfskorps nicht vorfand, seine kleine schwedische Armee nicht auf das Spiel setzen und unterließ jeden Entsatzversuch. Schon am 30. Mai konnte Davoust in die rebellische gute Stadt des Kaiserreichs wieder einziehen. Eine Schreckensherrschaft brach herein, wie der deutsche Boden sie noch nie gesehen; Standgerichte und Brandschatzungen zeigten den deutschen Bürgern, was es heiße, dem Kaiser der Franzosen den Gehorsam aufzusagen. Der offene Platz wurde rasch mit Festungswerken umgeben, wobei die unglücklichen Bewohner selber schanzen mußten, und durch die Vertreibung von 25 000 armen Leuten für eine lange Verteidigung eingerichtet. Die feste Elblinie von Dresden bis zur See war wieder in Frankreichs Händen.

In einem Kriegsrate der Monarchen zu Lauban vertrat Hardenberg, unterstützt von den preußischen Generalen, die Ansicht, daß die alliierte Armee, statt geradewegs nach Osten zurückzugehen, vielmehr südwärts nach Schweidnitz an die Abhänge des Riesengebirges ausbiegen solle. So gab man zwar, alles auf eine Karte setzend, die Hauptmasse der preußischen Monarchie rücksichtslos dem Feinde preis, doch man hielt die Verbindung mit Österreich fest und damit die letzte Möglichkeit des Sieges. Der Rat wurde befolgt. Dann ließ Blücher in der Ebene von Haynau seine Reiter plötzlich aus einem Hinterhalte gegen die Spitzen der nachdrängenden französischen Armee vorbrechen (26. Mai) und warf die Feinde so weit zurück, daß sie die Fühlung mit den Alliierten verloren und die veränderte Richtung des Rückzugs nicht bemerkten. Mit Befremden entdeckte Napoleon nach einigen Tagen, daß die Verbündeten in seiner rechten Flanke standen. Wie gern hat der greise preußische Held noch in späteren Tagen dieses ersten fröhlichen Empfanges gedacht, den er dem Feinde auf preußischem Boden bereitet; zum ersten Male in diesem Feldzuge lächelte ihm das Glück, und seiner Lieblingswaffe allein verdankte er den schönen Erfolg. Zuversichtlich wie er sah das gesamte preußische Heer neuen Schlachten entgegen; in allen den hartnäckigen Kämpfen dieses Rückzugs zeigte der deutsche Soldat eine unverwüstliche Freudigkeit und Frische. Mehr als zwanzig Gefechte und zwei große Schlachten waren geschlagen, fünfzig Kanonen und viele Gefangene den Franzosen abgenommen, Napoleon aber hatte keine einzige Trophäe in den Händen. Anders war die Stimmung im russischen Lager. Die von Haus aus mäßige Kriegslust der Generale erlahmte gänzlich, seit sie sich wieder in die äußerste Ostecke Deutschlands zurückgedrängt sahen; abermals wie vor sechs Jahren, vernahm man die unmutige Frage: wozu uns opfern für fremde Zwecke? Barclay de Tolly, der unterdessen den Oberbefehl übernommen, erklärte bestimmt, sein erschöpftes Heer bedürfe der Ruhe, müsse in Polen wiederhergestellt und verstärkt werden. Blücher aber wollte sich dann von den Russen trennen und südlich am Fuße der Glatzer Berge dem Feinde standhalten. Schon war der Abmarsch der Russen über die Oder angeordnet, das Kalischer Bündnis drohte auseinanderzugehen. Da brachte ein schwerer Mißgriff Napoleons den Alliierten die Waffenruhe, die ihre Rettung werden sollte.

Wie laut er auch in seinen Bulletins prahlte, so unterschätzte Napoleon doch nicht die Gefahren seiner scheinbar so glänzenden Lage. Wohl hielt er alle Lande des rechten Elbufers, dazu die Lausitz und einen Teil von Schlesien in seiner festen Gewalt, jedoch er sah auch die zunehmende Verwilderung seines Heeres und fürchtete die unberechenbaren Mächte eines verzweifelten Volkskrieges. Wenn er jetzt, mit den Kränzen zweier neuer Siege um die Stirn, die Hand zum Frieden bot, so ließ sich vielleicht ein Abkommen erreichen, das dem Kaiserreiche seine konstitutionellen Grenzen sicherte, und der Vernichtungskampf gegen Preußen mochte nach einiger Zeit unter günstigeren Umständen wieder aufgenommen werden. Der so oft erprobte beste Bundesgenosse des kaiserlichen Frankreichs, die Zwietracht der Ostmächte, konnte wohl auch diesmal noch seine Dienste tun. Von den Vermittlungsversuchen seines Schwiegervaters versprach sich der Imperator nichts Gutes; er vergaß es nicht, daß Schwarzenberg ihm vor kurzem ins Gesicht gesagt: die Politik hat diesen Ehebund geschlossen, die Politik kann ihn auch lösen! Dieser heimtückischen Hofburg, die ohne den Mut zu schlagen nach Ländergewinn trachte, gönnte er keinen Vorteil. Vielmehr hoffte er eine Zeitlang auf den Wankelmut Alexanders, den er schon vor der Bautzener Schlacht vergeblich durch lockende Friedensvorschläge zu gewinnen versucht hatte. Der bewährte Caulaincourt sollte die Unterhandlungen mit Rußland führen: vielleicht wiederholten sich die Tilsiter Vorgänge, wenn man dem Zaren „eine goldene Brücke baute", wenn Warschau zwischen Rußland und Preußen aufgeteilt, der preußische Staat über die Oder zurückgeschoben und also dem Zaren völlig unterworfen würde! Trog diese Hoffnung, so mußten freilich – Napoleon und seine Marschälle fühlten es wohl – die Verbündeten aus dem Waffenstillstande größeren Gewinn ziehen als der Imperator selber. Aber auch für den Fall der Fortsetzung des Krieges schien ihm die Waffenruhe unentbehrlich. Er brauchte Zeit, um sein Heer, namentlich die Reiterei zu verstärken, und er wollte durch starke Rüstungen in Illyrien sich gegen den Abfall Österreichs sicherstellen. Diese beiden Beweggründe gab er seinen Generalen als die entscheidenden an. Am 4. Juni schloß er den Waffenstillstand von Pläswitz. Wie scharf er auch rechnete, er täuschte sich über die Kräfte des preußischen Staates und über das Wesen dieses Krieges, das jede halbe Lösung ausschloß. Er wußte nicht, daß die Verbündeten im geheimen Einverständnis mit Österreich den Waffenstillstand annahmen und mit wachsender Zuversicht auf den Beitritt der Hofburg zu der Koalition hofften. Schon am 16. Mai hatte Knesebeck mit den Russen Toll und Wolkonsky einen neuen Feldzugsplan verabredet, der durchaus auf die Mitwirkung Österreichs berechnet war.

Graf Metternich stand am Ziele seiner Wünsche. Eine seltene Gunst des Glücks fügte alles nach seinen Hoffnungen, warf dem Staate, der für die Befreiung der Welt noch nichts getan, die Entscheidung in den Schoß. Die kämpfenden Teile hielten einander durchaus das Gleichgewicht, wie man in Wien immer vorausgesagt; sie mußten, trotz Napoleons Widerwillen, die Mediation der Hofburg annehmen. Nun konnte Österreich ihnen nach seinem Ermessen den Frieden auferlegen oder, falls wider Verhoffen die Waffen nochmals aufgenommen wurden, mit seiner wohlgeschonten Kraft als führende Macht in die Koalition eintreten. Stein und Arndt, Blücher und die gesamte preußische Armee empfingen die Nachricht von der Einstellung der Feindseligkeiten mit tiefem Unmut: nichts entsetzlicher als ein fauler Friede nach solchen Opfern! Der Ingrimm wuchs noch, als man erfuhr, daß die Lützower Freischar in den ersten Tagen der Waffenruhe von Rheinbündnern verräterisch überfallen und fast vernichtet worden war. Der König hielt es für nötig, sein treues Volk durch eine Proklamation zu beruhigen: der Waffenstillstand, sagte er stolz, sei angenommen, damit die Nationalkraft sich völlig entwickeln könne; wir haben den alten Waffenruhm wieder gewonnen, bald werden wir stark genug sein, auch unsere Unabhängigkeit zu erkämpfen. Zugleich befahl er, bei Spandau ein verschanztes Lager anzulegen, damit Preußen im Notfalle, nach den Plänen der Kriegspartei von 1811, den Verzweiflungskampf allein fortsetzen könne. Auf Gneisenaus Wunsch verfaßte Clausewitz seine köstliche Schrift über den Frühjahrsfeldzug und führte darin den Nachweis, daß die Streikräfte der Alliierten während der Waffenruhe unverhältnismäßig wachsen müßten. Das beruhigte. Die preußischen Patrioten fanden sich nach kurzer Verstimmung rasch wieder zusammen in der frohen Gemeinschaft der unsichtbaren Kirche, wie Niebuhr zu sagen pflegte; sie bemerkten bald, wie sehr die Waffenruhe der Ausbildung der Landwehr zugute kam. Während Österreich sich anschickte, den Weltfrieden zu vermitteln, führte der Staatskanzler die Verhandlungen mit England weiter und schloß am 14. Juni den Vertrag von Reichenbach, kraft dessen die beiden Mächte sich verpflichteten, die Unabhängigkeit der von Frankreich unterdrückten Staaten wiederherzustellen. Einen Tag darauf schloß Rußland sein Kriegsbündnis mit England.

Wie diese Rüstungen, so bewiesen auch die Friedensvorschläge des Zaren und des Königs, daß die Verbündeten nicht gesonnen waren, auf halben Wege stehen zu bleiben. Sie verlangten: Wiederherstellung der alten Macht von Preußen und Österreich, Auflösung des Rheinbundes und des Herzogtums Warschau, Rückgabe der Nordseeküste, endlich die Unabhängigkeit von Holland, Spanien und Italien. Es waren im wesentlichen die Pläne von Bartenstein; nur ein ungeheurer Krieg konnte sie verwirklichen. Ganz anders sah Kaiser Franz die Lage an. Ihm graute vor diesem Kriege, vor dem Enthusiasmus der norddeutschen Jugend; aus tiefster Seele hatte er seinem Schwiegersohne zu der Großgörschner Schlacht Glück gewünscht und die Hoffnung ausgesprochen, dies erste Treffen werde viele Leidenschaften abgekühlt, viele Chimären zerstört haben. Furchtbar war ihm der Gedanke, daß er die unmilitärischen Gewohnheiten seines schläfrigen Schreiberlebens aufgeben und, wie die beiden verbündeten Monarchen, ins Feldlager gehen sollte. Regungen der Zärtlichkeit für seine Tochter in Paris beirrten freilich den Hartherzigen nicht, dem die Diplomaten nachrühmten, er habe ganz politische Eingeweide. Aber wozu ein wagnisvoller Krieg, wenn man im Frieden die Überlegenheit Frankreichs ein wenig einschränken und eine glänzende Stellung an der Seite des mächtigen Schwiegersohnes erlangen konnte? Auch unter den Staatsmännern war die Friedenspartei noch stark vertreten.

In diesem Sinne waren die Friedensvorschläge gehalten, welche Kaiser Franz den Verbündeten vorlegte; sie zeigten unzweideutig, daß die Hofburg von kriegerischen Entschlüssen noch weit entfernt, daß ihre bisherigen Verhandlungen mit Napoleon keineswegs eine Komödie gewesen waren. Österreichs Wünsche beschränkten sich auf vier Punkte: Aufhebung des Herzogtums Warschau, das unter die Ostmächte verteilt werden sollte; Verstärkung des preußischen Staates durch diese Teilung, durch die Rückgabe von Danzig und durch die Räumung der Festungen; Rückfall der illyrischen Provinzen an Österreich; dazu die Wiederherstellung von Hamburg und Lübeck und für den unwahrscheinlichen Fall, daß England sich zu einem allgemeinen Frieden bereit fände, auch noch die Herausgabe der deutschen Nordseeküste. Alle Herzenswünsche der Hofburg kamen in diesem Programme an den Tag. Mit Illyrien erhielt Österreich seine adriatische Machtstellung wieder; durch die Auflösung von Warschau verschwand jener Herd polnischer Verschwörungen, welchen Metternich immer als hochgefährlich für die drei Ostmächte angesehen hatte; Preußen aber empfing durch die neue Teilung Polens gerade jene Provinzen zurück, an denen dem König wenig lag, wurde kaum wieder eine Macht zweiten Ranges; der Rheinbund endlich blieb erhalten, nach Metternichs altem Grundsatze, daß man die kleinen Höfe durch nachgiebige Güte gewinnen müsse.

Welche Zumutung für die Verbündeten! Sie schwankten lange, verhandelten seit dem 10. Juni mit Stadion im Hauptquartier zu Reichenbach und gleichzeitig in wiederholten persönlichen Zusammenkünften mit dem kaiserlichen Hofe, der seine Residenz in die Schlösser an der böhmisch-schlesischen Grenze verlegt hatte. Trotz aller Bedenken blieb Hardenberg des zuversichtlichen Glaubens, daß Napoleon niemals in die bescheidenen Bedingungen willigen werde; forderten sie doch von ihm, was er noch in starker Hand festhielt! Am 27. Juni unterzeichneten endlich Stadion, Nesselrode und Hardenberg den Reichenbacher Vertrag, welcher die österreichischen Vorschläge guthieß, aber zugleich der Hofburg zum ersten Male eine halbwegs sichere Verpflichtung auferlegte. Österreich mußte versprechen, falls Napoleon die Friedensbedingungen bis zum 20. Juli nicht annähme, sofort die Waffen zu ergreifen, mit mindestens 150 000 Mann an dem Feldzuge teilzunehmen und einen gemeinsamen Kriegsplan mit den Verbündeten zu vereinbaren; trat der Kriegsfall ein, so sollte der von den Alliierten ursprünglich vorgeschlagene Plan einer gründlichen Neugestaltung Europas als das Ziel des gemeinsamen Kampfes gelten, und man verpflichtete sich, diesen Plan im weitesten Sinne auszulegen. So war die Hofburg doch für einen Fall gebunden. Die Alliierten aber behielten freie Hand; sie erklärten unzweideutig, daß sie ohne die Auflösung des Rheinbundes und die Wiederherstellung der alten Macht Preußens sich nicht beruhigen würden, und der österreichische Bevollmächtigte erhob keinen Einspruch dawider. —

Am 13. Juli enthüllte Metternich seine kriegerischen Pläne zum ersten Male seinem kaiserlichen Herrn: selbst für den Fall, daß die Verbündeten die Friedensvorschläge verwürfen und Napoleon sie annähme, würde Österreich der Koalition nicht mehr fern bleiben können, ohne sich in der öffentlichen Achtung herabzusetzen. Der noch immer durchaus friedfertige Kaiser ließ sich auf diese unwillkommene Möglichkeit noch nicht ein; er versprach nur, für das vorgelegte Friedensprogramm standhaft einzutreten, obschon ihm einzelnes darin übertrieben erschien.

Unterdessen war Metternich nach Dresden gegangen, um Napoleon für die Einleitung der Friedensverhandlungen zu gewinnen. Napoleons Sinnen aber war nur auf die Wiederaufnahme des Krieges gerichtet. Trotzdem trennte man sich mit der Zusage, daß ein förmlicher Friedenskongreß in Prag zusammentreten, der Ablauf des Waffenstillstandes aber vom 20. Juli auf den 10. August hinausgeschoben werden solle. Die Alliierten legten die Leitung der Prager Verhandlungen in Österreichs Hände. Damit war Österreichs Eintritt in den Kampf nahezu entschieden. Währenddessen war man auch mit Schweden handelseinig. Friedrich Wilhelm verbürgte durch den Vertrag vom 22. Juli der Krone Schweden, die nunmehr dem Kalischen Bunde beitrat, die Erwerbung von Norwegen.

Österreichs Stellung als Vermittler wurde täglich unhaltbarer; das Possenspiel des Prager Kongresses drängte zum Ende. Vier Tage vor Ablauf der Waffenruhe wendete sich Napoleon noch einmal mit einer vertraulichen Anfrage an Österreich allein – offenbar nur, um nachher der friedenslustigen französischen Nation seine Versöhnlichkeit beweisen zu können. Als Metternich darauf ein Ultimatum stellte, das die Reichenbacher Vorschläge in etwas schärferer Fassung wiederholte, gab der Imperator eine im wesentlichen ablehnende Antwort und ließ diese absichtlich zu spät von Dresden abgehen, so daß sie erst am 11. August in Prag eintreffen konnte. Der Waffenstillstand war abgelaufen, ohne daß Frankreich die Friedensbedingungen angenommen hatte. Mit dem letzten Glockenschlage des 10. August erklärten Humboldt und Anstett, ihre Vollmacht sei erloschen, der Kongreß beendigt. Die Verpflichtungen von Reichenbach traten nunmehr in Kraft, der Trotz Napoleons hatte Österreich in das Lager der Koalition getrieben.

Jener große europäische Bund, woran die Staatsmänner seit achtzehn Jahren immer vergeblich gearbeitet, jetzt stand er endlich in Waffen: alle die vier alten Großmächte, mit ihnen Schweden und demnächst auch die wiederbefreiten Staaten der ibrischen Halbinsel. Und diesmal führte nicht das Ungefähr diplomatischer Verwicklungen die Höfe zusammen, sondern eine hohe Notwendigkeit: es galt, die Freiheit der Welt, das lebendige Nebeneinander der Nationen, worauf die Größe der abendländischen Gesittung beruht, wiederherzustellen. Wohl traten mit England und Österreich zwei Mächte in das Bündnis ein, denen jedes Verständnis abging für die Sehnsucht des norddeutschen Volkes. Es ließ sich ahnen, daß der Krieg durch Österreichs Teilnahme seinen Charakter verändern, manche Hoffnung der Patrioten in Enttäuschung enden würde. Doch es stand nicht anders, ohne Österreichs Zutritt konnte die Koalition sich gegen das Weltreich nicht behaupten. Der Ausgang des Prager Kongresses war ein großer diplomatischer Erfolg; Friedrich Wilhelm wußte, daß er ihn gutenteils der Gewandtheit seines Staatskanzlers verdankte. Erleichterten Herzens eilte Humboldt in jener verhängnisvollen Mitternacht des 10. August auf den Hradschin, um das verabredete Zeichen zu geben: bald flammten die Fanale auf den Kuppeln der Riesenberge und trugen noch in derselben Nacht nach Schlesien hinüber zu dem aufjubelnden preußischen Heere die frohe Kunde, daß in sechs Tagen der Krieg von neuem beginne.

Durch den glücklichen Fortgang der preußisch-russischen Rüstungen und durch den Zutritt von 110 000 Mann Österreichern wurde endlich das Gleichgewicht der Korpsstärke zwischen den beiden Parteien annähernd hergestellt. Die Koalition verfügte über eine Feldarmee von über 480 000 Mann, worunter etwa 165 000 Preußen und nahezu ebensoviel Russen, sie war dem Feinde namentlich durch die Stärke der Reiterei und Artillerie überlegen. Napoleon hatte sein Heer auf 440 000 Mann gebracht. Die Fürsten des Rheinbundes leisteten willig Heeresfolge, zumal da der Protektor wieder den Schirmherrn des Partikularismus spielte und ihnen die Gefahr der Wiederherstellung des alten deutschen Reichs, des Verlustes der Souveränität in finsteren Farben schilderte. Nur der Münchener Hof zeigte eine verdächtige Saumseligkeit; er nahm die Kriegserklärung Österreichs zum Vorwande, um die Hauptmasse seines Heeres im Lande zurückzuhalten, stellte nur eine schwache Division auf den norddeutschen Kriegsschauplatz. Verließ das Glück die französischen Fahnen, so war Bayern zum Abfall vorbereitet. Unter den unglücklichen Truppen des Rheinbundes nahm der Unmut überhand seit den teuer erkauften, fruchtlosen Siegen des Frühjahrs. Napoleon traute ihnen nicht, am wenigsten den Westfalen. Trotzdem sah er dem Kriege mit Zuversicht entgegen. Die geringe Überzahl der Feldarmee der Verbündeten wurde reichlich aufgewogen durch den Besitz der Festungen des Nordostens, deren Einschließung fast die Hälfte der preußischen Landwehr, sowie einen großen Teil des russischen Heeres in Anspruch nahm, vornehmlich aber durch die günstige zentrale Stellung an der Elblinie, die von Glückstadt und Hamburg bis hinauf nach Dresden und Königstein in Napoleons Händen war. Fast auf der nämlichen Stelle hatte einst König Friedrich Wilhelm sechs Jahre lang eine ungleich bedrohlichere Übermacht in Schach gehalten; warum sollte dem Kriegsfürsten des neuen Jahrhunderts nicht auch gelingen, durch gewandte Benutzung der kurzen inneren Operationslinien, die er beherrschte, die Gegner zu überraschen, ihre weit voneinander getrennten Heere vereinzelt zu schlagen?

Den sittlichen Kräften der Koalition erwuchs aus dem Beitritt Österreichs kein Gewinn. Die kaiserlichen Truppen schlugen sich tapfer wie zu alten Zeiten; von der stürmischen Begeisterung des norddeutschen Volkes empfanden sie wenig, weniger sogar als die Russen, die nicht nur ihren alten Ruhm unerschütterlicher, passiver Todesverachtung wieder bewährten, sondern auch durch das lange Zusammenleben mit den Preußen und durch die Gunst des Glücks nach und nach Freude gewannen an dem unwillig begonnenen deutschen Kriege. Der Geist von 1809 erwachte nicht wieder. Die Völker Österreichs sahen sich ungern aufgestört aus der bequemen Ruhe der jüngsten vier Jahre, sie sprachen ihre Furcht vor einem neuen Einbruche der französischen Eroberer so lebhaft aus, daß Erzherzog Johann seinen Grazern Mut zusprechen mußte; sie bemitleideten die ausziehenden Soldaten und behielten von den Taten dieses Krieges nichts im Gedächtnis, während die Erinnerung an Aspern und Wagram in aller Herzen fortlebte. Die breite Kluft, welche das geistige Leben der Österreicher von den übrigen Deutschen trennte, wurde durch den Befreiungskrieg nicht überbrückt. Nur anstandshalber, nur um nicht allzu weit hinter Preußen zurückzubleiben, ließ auch Kaiser Franz eine deutsche Legion für Freiwillige aus dem Reiche bilden, ein Freikorps, das niemals irgendeine Bedeutung erlangte. Die altgewohnte, unbehilfliche Schwerfälligkeit der Führung und Verwaltung des österreichischen Heeres erregte wieder den Spott der französischen Soldaten über die Kaiserlicks; glänzenden Kriegsruhm erwarb sich, außer einigen kühnen Reiteroffizieren, kein einziger der k. k. Generale.

Da die Hofburg den Krieg nur mit halbem Herzen führte, beständig in Angst vor der nationalen Begeisterung der Preußen und den polnischen Plänen des Zaren, so konnte sie auch ihren tüchtigsten Feldherrn nicht verwenden; überdies war Erzherzog Karl seinem mißtrauischen kaiserlichen Bruder verdächtig, und als alter Gegner der russischen Allianz dem Petersburger Hof unwillkommen. Fürst Schwarzenberg erhielt den Oberbefehl, ein tapferer Reiterführer und ehrenhafter Kavalier, der mit feinem, diplomatischem Takte die mächtigen, streitenden Interessen im großen Hauptquartiere auszugleichen, unter den schwierigsten Verhältnissen, trotz der Anwesenheit von drei Monarchen die buntscheckige Masse der verbündeteten Heere leidlich zusammenzuhalten verstand; doch dem Genie Napoleons fühlte er sich nicht gewachsen, der große Ehrgeiz des geborenen Feldherrn blieb ihm fremd.

Die Absicht Metternichs, seinem Hofe die führende Stellung in der Allianz zu verschaffen, erfüllte sich vollständig. Wie der Oberbefehl der gesamten Streitkräfte dem Fürsten Schwarzenberg anvertraut wurde, so berücksichtigte auch der neue, auf Grund der Verabredungen vom Mai festgesetzte Kriegsplan in erster Linie die Interessen Österreichs. General Toll, der fähigste Generalstabsoffizier der russischen Armee, vereinbarte am 12. Juli zu Trachenberg mit Knesebaeck und dem schwedischen Kronprinzen die Bildung dreier Heere, deren jedes aus Truppen der verschiedenen Nationen gemischt sein sollte, während Blücher umgekehrt seine Preußen unter seinem eigenen Befehle zu vereinigen wünschte. Die Hauptarmee von 235 000 Mann versammelte sich an der Nordgrenze von Böhmen unter Schwarzenbergs unmittelbarer Führung; dadurch wurde Kaiser Franz seiner schwersten Sorge ledig, eine Verlegung des Kriegsschauplatzes nach dem Innern Österreichs war kaum noch zu befürchten. In den Marken und der Niederelbe stand die Nordarmee unter Bernadotte, über 150 000 Mann, in Schlesien Blücher mit 95 000 Mann. Alle drei Heere sollten die Offensive ergreifen und ihren Sammelplatz im Lager des Feindes suchen; wendete sich Napoleon von seinem Stützpunkte Dresden aus mit überlegener Macht gegen eine der drei Armeen, so wich diese aus und die beiden anderen bedrohten ihn in Rücken und Flanke. So hatte das alte Europa doch endlich etwas gelernt von der neuen großartigen Kriegsweise: nicht mehr die Besitznahme einzelner geographischer Punkte, sondern die Besiegung des Feindes wurde als der Zweck der Operation bezeichnet. Freilich stimmten die überbehutsamen Vorschriften für die Ausführung wenig zu der Kühnheit des strategischen Grundgedankens. Der schlesischen Armee dachte das große Hauptquartier nur die bescheidenen Aufgaben eines großen Observationskorps zu, da sie die schwächste von allen war und der stärksten Position des Feindes gegenüberstand; mit Mühe erwirkte Blücher die Erlaubnis, unter außerordentlich günstigen Umständen eine Schlacht anzunehmen. Seine Offiziere klagten über die bescheidene Rolle, die man ihnen zuwies, und beneideten ihre nach Böhmen zur Hauptarmee abmarschierenden Kameraden; der alte Held aber nahm sich vor, seine Vollmacht im allerweitesten Sinne auszulegen. Ein Glück übrigens, daß man im großen Hauptquartiere die feindlichen Streitkräfte um volle 100 000 Mann unterschätzte; so gewannen die Bedachtsamen doch einigen Mut. Auch Napoleon war über die Stärke und die Stellungen der Verbündeten schlecht unterrichtet; er suchte ihre Hauptarmee in Schlesien und schlug die Kopfzahl der Nordarmee viel zu niedrig an. Sein nächstes Ziel blieb immer noch die Vernichtung der preußischen Macht. Derweil der Imperator selbst die schwierige Aufgabe übernahm, von Dresden aus zugleich die böhmische und die schlesische Armee zurückzuhalten, sollte Oudinot Berlin erobern, die Landwehr entwaffnen, die preußische Volkserhebung völlig niederwerfen. Glückte dieser Schlag, so schien es möglich, Stettin und Küstrin zu verstärken, vielleicht selbst Danzig zu entsetzen; der Zauderer Bernadotte wich dann unzweifelhaft an die Küste zurück, Preußen und Rußland aber mußten ihre gesamten Streitkräfte in den bedrohten Nordosten werfen und sich von Österreich trennen. Also wurde die Koalition gelockert, und vielleicht gelang es dann der diplomatischen Kunst Napoleons, sie gänzlich zu zersprengen. Da er an den vollen Ernst der Hofburg auch jetzt noch nicht glaubte, so vermied er absichtlich einen Zug gegen Böhmen; Kaiser Franz durfte an der wohlwollenden Mäßigung des liebevollen Schwiegersohnes nicht zweifeln. Die Befürchtung, daß er umgangen und vom Rheine abgeschnitten werden könne, wies der Kriegserfahrene lachend zurück: „ein Heer von 400 000 Mann umgeht man nicht." Er wußte wohl, welchen Vorteil ihm die Einheit des Oberbefehls und die konzentrierte Stellung seines Heeres boten, und zog, was irgend verfügbar war, nach Ostsachsen heran. Nur das Korps Davoust wurde aus politischen Gründen an der Niederelbe zurückgehalten, denn das feste Hamburg durfte um keinen Preis einer englischen Landungsarmee zum Brückenkopfe dienen.

Während Oudinot den Marsch nach den Marken antrat, wendete sich Napoleon zunächst gegen die schlesische Armee, in der Hoffnung, den tatenfrohen Blücher zu einer Schlacht zu verleiten. Der preußische Feldherr wich der Übermacht aus und ging erst nach einigen Tagen wieder zum Angriff vor, als Napoleon mit einem Teile seines Heeres nach Dresden zurückeilte, um die heranrückende böhmische Armee abzuwehren. Macdonald, der in Schlesien zurückgeblieben, wähnte die Verbündeten noch im vollen Rückzuge und marschierte am 26. August, keiner Schlacht gewärtig, gegen Jauer; seine Truppen drängten die Vorhut der Preußen zurück, überschritten die vom Regen hoch angeschwellten Gewässer der Katzbach und der wütenden Neiße, stiegen dann sorglos an den steilen Talrändern empor auf die Hochebene, die sich über den Zusammenfluß der beiden Gebirgsbäche erhebt. Droben aber stand Yorck, hinter sanften Anhöhen versteckt, mit dem Zentrum des Blücherschen Heeres; er ließ einen Teil der Feinde auf die Hochebene heraufkommen und brach alsdann urplötzlich mit zermalmendem Ungestüm aus dem Hinterhalte hervor, auf seinem rechten Flügel von Sackens Russen kräftig unterstützt. Ein furchtbares Blutbad begann. Der überraschte Feind stand eingepreßt in dem Winkel zwischen den beiden Gebirgswassern; Kolben und Bajonett bildeten die einzigen Waffen des Fußvolkes, da die Musketen im Regen versagten. Bei Anbruch der Nacht warf Katzelers Reiterei die aufgelösten Trümmer des feindlichen Heeres in das Tal der wütenden Neiße hinunter, Tausende fanden den Tod in den wilden Wogen. Nur die Saumseligkeit Langerons, der mit seinem russischen Korps auf dem linken Flügel dem Kampfe fern blieb, rettete die Armee Macdonalds vor gänzlichem Untergange. Gneisenau aber gedachte jener Schreckensnacht nach der Schlacht von Jena und befahl, die letzte Kraft von Roß und Mann an die Verfolgung zu setzen. Erschöpft von der Schlacht und den Hin- und Hermärschen der jüngsten Tage lagerten die siegreichen Truppen während der Nacht auf dem aufgeweichten Boden, ohne Feuer, hungernd und frierend, in abgerissenen, dünnen Kleidern, die meisten ohne Schuhe; ihrer viele erlagen der übermenschlichen Anstrengung. Dann brach man auf, den Geschlagenen nach. Am 29. wurde die Division Puthod bei Plagwitz von den Nachsetzenden erreicht und völlig zersprengt, noch bevor sie das Wildwasser des Bobers überschreiten konnte; auch die irische Legion, die unter französischem Banner gegen den englischen Todfeind focht, fand ihr Grab in den Wellen des deutschen Flusses. So hielt die wilde Jagd noch tagelang an, immer bei strömenden Regen, verlustreich für die Sieger, verderblich für die Fliehenden, bis endlich am 1. September Blücher seinem Heere triumphierend verkünden konnte, das gesamte schlesische Land sei vom Feinde gesäubert.

Die Schlacht am Katzbach war der erste wahrhaft furchtbare Sieg dieses Feldzugs. Sie befreite Schlesien, sie hob die Zuversicht im Heere der Verbündeten und brachte dem Werke Scharnhorsts eine glänzende Rechtfertigung, da die neue Landwehr sich den besten Linientruppen ebenbürtig zeigte; sie erweckte, was jedem nationalen Kriege unentbehrlich ist, die Freude an einem volkstümlichen Helden, zu dem der kleine Mann bewundernd aufschauen konnte. Der Name Blüchers war in aller Munde.

Wer den Dingen näher stand, wußte freilich, daß die Kriegspläne des alten Helden aus Gneisenaus Kopfe stammten. So war der königliche Mann nun doch der Marschall von Schlesien geworden, wie ihm Clausewitz geweissagt. Er hatte einst in unheilvollen Tagen auf den Wällen Kolbergs die geschändeten preußischen Fahnen zuerst wieder zu Ehren gebracht. Jetzt wußte er die schlesische Armee so ganz zu durchdringen mit der feurigen Tatkraft seines heldenhaften Geistes, daß dies kleine Heer der Koalition bald der Schwerpunkt ihrer Streitkräfte wurde; denn das stand ihm außer Zweifel, daß ein Mutiger Mutige schaffen könne. Bald hatte sich zwischen ihm und Blücher jenes menschlich schöne Verhältnis unverbrüchlichen Vertrauens gebildet, das für Deutschlands Geschicke ebenso segensreich werden sollte wie vormals die Freundschaft von Luther und Melanchthon, von Schiller und Goethe. Willig ging der Alte auf die Ideen seines Generalquartiermeisters ein und fand sich darin zurecht, als wären sie sein eigenes Werk. Der Jüngere aber wahrte mit seinem Takte das Ansehen des Kommandierenden, befahl immer nur in Blüchers Namen, hielt sich so bescheiden zurück, daß seine Frau selber lange nichts von der eigentlichen Wirksamkeit ihres Gatten erfuhr, und ertrug es ohne Murren, daß er der Mannschaft fast ebenso unbekannt blieb wie einst P. von Westphalen des Soldaten Ferdinands von Braunschweig. Beim Ausbruch des Krieges hatte er nur die Karten von Westdeutschland und Frankreich mit ins Feldlager genommen – so bestimmt rechnete er auf einen raschen Siegeszug; nun warf ihn das Geschick wieder in diese Ostmark Deutschlands, wo er einst seine besten Jahre im Einerlei subalternen Dienstes verbracht hatte. Die Langeweile jener öden Zeit kam ihm jetzt zugute; er kannte Weg und Steg im Lande, er wußte, daß die heimtückischen kleinen Bäche des Riesengebirges bei Unwetter rasch zu reißenden Strömen werden, und baute darauf seinen Plan. Nichts schien ihm erbärmlicher als das Ausruhen auf den errungenen Lorbeeren; kaum war Schlesien befreit, so faßte er alsbald das Ziel der Vereinigung der drei Armeen ins Auge. Nur so konnte eine große Entscheidung erzwungen werden, und dieses letzten Erfolgs fühlte sich der Kühne so sicher, daß er schon im September, zu einer Zeit, da die meisten kaum auf die Eroberung von Dresden zu hoffen wagten, seinen Offizieren voraussagte, sie sollten noch in diesem Herbst Trauben am Rhein pflücken. Er nannte Napoleon gern seinen Lehrer, denn von ihm hatte er gelernt, die Künstelei der alten miliärischen Schule zu verachten; erst in der Hauptstadt des Feindes hoffte er die Waffen niederzulegen. So stand er unter den Heerführern der Verbündeten als der Pfadfinder des Sieges, wie ihn der Meißel Christian Rauchs dargestellt hat, mit vorgestrecktem Arm hinweisend auf des Krieges letztes Ziel, der einzige Mann, der sich der Feldherrngröße Napoleons gewachsen fühlte. *Fortiter, fideliter, feliciter!* – so lautete der hochgemute Wahlspruch seines Wappens.

Die Begeisterung der Jugend und die Gunst der Frauen wendeten sich der heiteren Kraft und Frische des genialen Mannes von selber zu; vor den älteren Kameraden mußte er sich erst durch den Erfolg rechtfertigen. Die drei Korpsführer der schlesischen Armee fügten sich ungern den Weisungen des jungen Generalmajors; immerhin war Sackens Eigensinn und Langerons Ungehorsam noch erträglicher als das gallige Tadeln und Klagen Yorcks. Der Hochkonservative hatte den alten Groll gegen die Reformpartei noch nicht überwunden, nannte Blücher einen rohen Husaren, Gneisenau ein phantastisches Kraftgenie, schalt über die Heerverderber, die den erschöpften Truppen unmögliche Entbehrungen und Gewaltmärsche zumuteten, forderte wiederholt seinen Abschied. Blüchers Hochherzigkeit ließ sich von alledem gar nicht anfechten; er meinte gleichmütig: „der Yorck ist ein giftiger Kerl, er tut nichts als räsonieren, aber wenn es losgeht, dann beiß er an wie keiner."

Unbeirrt von Blüchers vorwärtsdrängenden Ungestüm wie von den besorgten Warnungen der Generale, schritt Gneisenau seines Weges. Durch den Sieg an der Katzbach entwaffnete er den Widerstand. Der Tadel wagte sich nicht mehr so laut hervor, obschon er nicht gänzlich verstummte; und als auch im weiteren Verlaufe des Krieges fast immer die schönsten Kränze diesem kleinen Heere zufielen, da galt es bald als ein Ruhm, der schlesischen Armee anzugehören. Ein frohes Selbstgefühl verband alle ihre Glieder, sie wußte, daß sie wirklich, wie Clausewitz sagte, die stählerne Spitze war an dem schwerfälligen eisernen Keile der Koalition. Selbst die Russen verspürten etwas von der eigentümlichen Siegesfreudigkeit, die von Blüchers Hauptquartier ausstrahlte. Einige ihrer Führer, wie Sacken und der tollkühne Reitergeneral Wassiltschikow lebten mit den Preußen in vertraulicher Kameradschaft; die Kosaken begrüßten den greisen Feldherrn mit endlosen Hurrarufen, wo er sich zeigte, und erzählten einander, der Alte sei eigentlich ein Kosakenkind, am blauen Don geboren.

Inzwischen war auch Napoleons dritte Unternehmung gegen Berlin gescheitert. Die natürliche Schwerfälligkeit und Zwietracht aller Koalitionsheere zeigte sich nirgends so grell wie in der Nordarmee. Was hatte auch dieser napoleonische Marschall Bernadotte gemein mit dem heiligen Zorne des deutschen Volkes? Sein Vaterland hatte er aufgegeben, doch nicht das französische Selbstgefühl. Vor sieben Jahren war er denselben preußischen Generalen, die sich nun seinen Befehlen fügen sollten, als Sieger gegenübergetreten; er dachte klein von ihrer Begabung und fragte verächtlich, ob das die Männer seien, die den großen Napoleon schlagen sollten. Von den abgerissenen, elend verpflegten preußischen Truppen, die sich mit fünferlei verschiedenen Gewehren und schlechten eisernen Kanonen behelfen mußten, erwartete er nichts; von ihren Gesinnungen wußte er so wenig, daß er ihnen die Großtaten der Franzosen von 1792 als leuchtendes Beispiel vorhielt. Ein vorsichtiger Feldherr war er immer gewesen und jetzt am wenigsten wollte er Großes wagen, da eine Niederlage seinem Hause leicht den noch ungesicherten schwedischen Thron rauben konnte. Gewichtige politische Gründe geboten ihm, seine Schweden ängstlich zu schonen; der Krieg war in Schweden nicht beliebt, der feine Plan, Norwegen in Deutschland zu erobern, blieb dem Volke unverständlich, und woher sollte das menschenarme Land Ersatz schaffen für ein verlorenes Heer? An den Preußen war es – so sagte er unverhohlen – ihre Hauptstadt mit ihrem Blute zu verteidigen. Da er in seiner Eitelkeit sich selber für den gefährlichsten Gegner Napoleons hielt, so erwartete er sicher, der Imperator werde seine beste Kraft gegen ihn wenden, und erklärte einen Vormarsch gegen Obersachsen hin für hochbedenklich; die Stellung der Nordarmee südlich von Berlin war allerdings schwierig, sie konnte im Rücken von Hamburg aus, von Magdeburg her in der Flanke bedroht werden und hatte vor sich die Festungen Wittenberg und Torgau. Noch andere tiefgeheime politische Pläne nötigten Karl Johann zur Vorsicht. Der schlaue Bearner hatte schon in Frankreich die Rolle des freisinnigen Oppositionsmannes gespielt und stand jetzt wieder in vertraulichem Verkehre mit Lafayette und anderen französischen Unzufriedenen; unmöglich schien es ihm nicht, daß der Wille der Franzosen und die Gunst der großen Mächte ihn selber auf den Thron Frankreichs beriefen, wenn sein persönlicher Feind Napoleon fiel. Wollte er aber den Stolz seiner ohnehin gegen den Abtrünnigen erbitterten alten Landsleute nicht tödlich verletzen, so durfte er die entscheidenden Schläge des Krieges nicht selber führen.

Den preußischen Offizieren gefiel anfangs die gewinnende Liebenswürdigkeit des geistreichen, redseligen Südländers, doch bald wurden sie mit Befremden gewahr, daß ihr Feldherr auch jetzt noch, an der Spitze einer großen Armee, ebenso zaudernd und bedachtsam verfuhr wie im Frühjahr, als er Hamburg in die Hände des Feindes fallen ließ. Ein widerwärtiger Streit brach aus. Die Generale Bülow und Borstell, beide unter den preußischen Kameraden bekannt als unbequeme Untergebene von starkem Eigensinn, fühlten sich in ihrem Gewissen gedrungen, mit Ratschlägen und Vorstellungen dem Kommandierenden entgegenzutreten, und begreiflich genug, daß die tapferen Degen dem verdächtigen Fremdling in der Hitze des Zornes zuweilen unrecht taten.

Oudinots Armee rückte von Sachsen aus heran, 70 000 Mann stark, Truppen aus allerlei Volk: Franzosen, Italiener, Kroaten, Polen, Illyrier, dazu die übelberufene Division Durutte mit ihren Scharen begnadigter Deserteure und Verbrecher. Die Hauptmasse aber bildeten Deutsche aus Sachsen, Westfalen, Bayern, Würzburg; ein glorreicher Einzug in Berlin sollte die Rheinbündner wieder fester an die französische Sache ketten. Die halbkreisförmige, starke Verteidigungslinie, welche die morastigen Gewässer der Nuthe und der Notte sechs Stunden südlich von Berlin bildeten, wurde nach lebhaften Gefechten von den Franzosen überschritten, da Bernadotte das sumpfige Waldland mit ungenügenden Streitkräften besetzt hatte. Bereits drang ihre Vorhut durch die Waldungen bis nach Großbeeren vor; gelang ihr, sich dort zu behaupten, so hatte das feindliche Heer nur noch die freie Ebene des Teltower Landes zu durchschreiten und konnte ohne Aufenthalt in Berlin einziehen. Dem schwedischen Kronprinzen lag wenig an der Behauptung der preußischen Hauptstadt, längst hatte er schon alle Vorbereitungen für die Räumung Berlins, für den Rückzug über die Spree getroffen. In fieberischer Spannung lauschten die Bürger auf den Kanonendonner, der vom Süden herüber klang. Sie wußten, was ihnen drohte; Napoleon hatte befohlen, die verhaßte Stadt in Brand zu schießen.

Da, am Nachmittage des 23. August, entschloß sich Bülow, eigenmächtig das Korps Reyniers bei Großbeeren anzugreifen, bevor Oudinot und Bertrand zur Unterstützung herankamen. Während Borstell den Feind in der rechten Flanke faßte, richtete Bülow selbst seinen Angriff gegen das Zentrum in Großbeeren. Wieder wie fast an allen Schlachttagen dieses Herbstes lag ein dichter Wolkenschleier über der Landschaft. Triefend von Regen stürmten die Truppen vor, viele Landwehren darunter, alle voll Kampflust, doch niemand ergrimmter als die Märker, die hier recht eigentlich für Weib und Kind, für Haus und Herd fochten; sie drehten die unbrauchbaren Flinten um und hieben unter dem Rufe: „so fluscht et bäter" mit schmetternden Kolbenschlägen auf die Schädel der Feinde ein. Gegen Abend war Großbeeren genommen, trotz des heldenhaften Widerstandes der Sachsen, und Reynier trat den verlustreichen Rückzug durch das Waldland an. Daß sein Korps nicht gänzlich aufgerieben wurde, verdankte er allein dem schwedischen Kronprinzen, der, taub für alle Bitten Bülows, nur eine einzige schwedische Batterie und einen Teil der russichen Geschütze am Kampfe teilnehmen ließ, statt durch einen rechtzeigigen Angriff auf Reyniers linken Flügel dem geschlagenen Feinde den Garaus zu machen. Hier wie in Schlesien fiel den Preußen die schwerste Arbeit zu, und nicht durch einen Zufall, denn nur für sie war dieser Krieg ein Kampf um das Dasein. Oudinot gab das Spiel verloren, ging mit seiner gesamten Armee auf Wittenberg zurück.

Am folgenden Morgen eilten die Berliner in Scharen auf das Schlachtfeld hinaus, ihre Befreier zu begrüßen; lange Züge hochbepackter Wagen brachten Bettzeug für die Verwundeten, Wein und Speisen für die Ermatteten. Welche Ausdrücke des Jubels und der Klage unter allen diesen Eltern und Geschwistern, die ihre Söhne, ihre Brüder suchten; es war des Dankes und der Umarmung kein Ende; in tausend rührenden Zügen bekundete sich die heilige Macht der Liebe, die ein gerechter Krieg in edlen Völkern erweckt.

Das Beste blieb doch, daß die Preußen abermals einen vaterländischen Helden lieben lernten, den allezeit glücklichen Bülow – so hieß er jetzt seit den Siegen von Luckau und Großbeeren; in dem Kriege von 1807 hatten die Kameraden wohl seine Tüchtigkeit gelobt, aber sein ewiges Unglück bedauert. Auch er zählte wie Yorck zu den Soldaten der alten Schule und war den Bestrebungen der Reformpartei nicht hold, wenngleich er den Groll des alten Isegrim nicht teilte. Doch die Schande seines Lebens empfand er in tiefster Seele, und als der Kampf ausbrach, führte ihn sein gerader Soldatenverstand und der angeborene feurige Mut von selber zu einer kühnen Kriegsweise, die den Theorien Scharnhorsts entsprach; zudem stand Boyen als Generalquartiermeister an seiner Seite. Geistreich und fein gebildet, in jungen Jahren eine Zierde der Salons des Prinzen Louis Ferdinand, ein Kenner der Künste und begabter Komponist, zeigte er in seinem äußeren Auftreten gar nichts von jener fortreißenden, begeisternden Macht, die aus Blüchers Flammenaugen blitzte. Wer hätte den unscheinbaren, kleinen Mann für einen Feldherrn gehalten, wenn er so still in Überrock und Feldmütze, einen Kantschu über die Schulter, auf seinem kleinen, dauerhaften Rotschimmel dahertrabte? Aber die Offiziere wußten, was sie an dem gerechten und wohlwollenden, durchaus wahrhaftigen und gradsinnigen Führer hatten; der Mannschaft war er ein sorgsamer Vater, sie schwor auf ihn und glaubte fest, unter dem könne es nicht fehlgehen. Und auch die Furcht fehlte nicht, die zur Beherrschung eines Heeres notwendig ist; der stille Mann konnte zuweilen in unbändigem Jähzorn aufflammen, wenn er etwa gefangenen Rheindbundsoffizieren mit schonungslosen Worten die Schande ihres Schergendienstes vorhielt oder durch einen Adjudanten Bernadottes eine Befehl zum Rückzuge empfing. Seit dem Erfolge von Großbeeren trat er dem Kronprinzen mit der ganzen Schroffheit seines Selbstgefühls entgegen; er wagte sogar, in den Zeitungen dem parteiisch gefärbten Schlachtberichte des Oberfeldherrn zu widersprechen. Die preußischen Generale nahmen sich vor, dem hinterhaltigen Zauderer nicht zu gehorchen, falls er wieder einmal die günstige Stunde zum Angriff versäumen sollte – ein gefährlicher Entschluß, der allein durch die unnatürlichen Verhältnisse in diesem Koalitionsheere entschuldigt werden konnte.

Gleichzeitig mit Oudinot war Davoust von Hamburg aus gegen Berlin aufgebrochen, aber auf die Nachricht von Großbeeren wieder zurückgewichen. Auch das Korps Girards, das von Magdeburg her der Nordarmee in die Flanken fallen sollte, trat nach Eintreffen der Unheilsbotschaft den Rückmarsch an; da wurden die Abziehenden am 27. August in ihrem Lager auf den Sandhügeln der Zauche bei Hagelberg von den kurmärkischen Landwehrregimentern des Generals Hirschfeld angegriffen. Der würdige alte Herr, ein wieder eingetretener Veteran aus dem siebenjährigen Kriege, leitete das Gefecht nach den Regeln der friderizianischen Lineartaktik; er erwartete nicht allzuviel von seinen rohen, fast ganz ungeschulten Truppen, und wie er dachte Marwitz, der Führer der Reservebrigade. In der Tat hielt die junge Mannschaft dem unerwarteten Feuer der französischen Batterien anfangs nicht stand; jedoch als der erste Schrecken überwunden war, stürmten die brandenburgischen Bauern, ermutigt durch die feste Haltung eines erprobten Linienregiments, unaufhaltsam vor, und dann brach sie los, die alte *furia tedesca*, jene Wildheit des nordischen Berserkerzornes, wovon die Sagen der Romanen seit den Zeiten des Varus so viel Gräßliches zu erzählen wußten. Welch ein Anblick, wie die Bauern auf ein dichtbedrängtes Viereck französischen Fußvolks an der Hagelberger Dorfmauer losschlugen, schweigsam, unerbittlich, in namenloser Wut; als das dumpfe Krachen der Gewehrkolben endlich verstummte, da lag ein scheußlicher Leichenhaufen hoch aufgeschichtet bis zum Rand der Mauer, das Hirn quoll den Toten aus den zerschmetterten Schädeln. Von seinen 9000 Mann rettete Girard nur 1700 aus dem Entsetzen der Landwehrschlacht. Um solchen Preis ward die Befreiung der Mark erkauft. Auch mancher ältere Berliner Bürger hatte mitgeholfen, so der Buchhändler G. A. Reimer, der Freund Niebuhrs und Schleiermachers, der unermüdliche Patriot; der stand als Hauptmann bei der kurmärkischen Landwehr, eilte nach dem Hagelberger Treffen auf Urlaub heim, sein jüngstes Töchterlein über die Taufe zu halten, dann wieder hinaus zu seinem Bataillon.

Minder glücklich verlief der Zug der böhmischen Armee nach Dresden. Ihre unbehilflichen Massen überschritten langsam den Kamm des Erzgebirges, zogen anfangs nordwestwärts in der Richtung nach Leipzig, um dann erst gegen Osten nach Dresden abzubiegen. Ermüdet von den schwierigen Märschen im Gebirge langte ein Drittel des Heeres, gegen 60 000 Mann, am Nachmittage des 25. August auf den Höhen an, welche die Stadt auf dem linken Elbufer umschließen. Faßte man sich das Herz, das ungleich schwächere Korps von St. Cyr, das zur Verteidigung des Platzes zurückgeblieben, sofort anzugreifen, so wurde der wichtige Stützpunkt des napoleonischen Heeres durch einen Handstreich genommen. Die Bevölkerung, die nach dem großen Sinne dieses Krieges wenig fragte, gab bereits alles verloren, der geängstigte König flüchtete in die Neustadt, auf das sichere rechte Ufer. Aber in dem vielköpfigen Kriegsrate der drei Monarchen regierte die bedachtsame Vorsicht: man beschloß, den Angriff zu verschieben, bis die gesamte Armee versammelt war. Unselige Zögerung! Denn unterdessen kam Napoleons Heer aus Schlesien in Eilmärschen auf der Bautzener Straße heran. An dem grauen, trüben Morgen des 26. erreichte der Imperator die Höhe am Mordgrunde dicht über dem Strome, wo sich der Ausblick auf den lieblichen Kessel des Elbtals öffnet, und betrachtete lange das majestätische Schauspiel, wie jenseits auf dem linken Ufer die dunklen Massen des Heeres der Verbündeten, in weitem Halbkreise die Stadt umklammernd, mit beiden Flügeln an den Fluß gelehnt, sich langsam von den Hügeln niedersenkten.

Noch einmal, zum letzten Male auf deutschem Boden, umstrahlte ihn die Herrlichkeit des Sieges. Wohl war sein Heer augenblicklich noch um die Hälfte schwächer als die Verbündeten, aber mit jeder Stunde kamen neue Zuzüge, und bis sie alle eintrafen, mußte die notdürftig befestigte Stadt sich halten. Er war des Erfolges gewiß, sprengte mit verhängten Zügeln in die Stadt, hielt dann stundenlang auf dem Schloßplatze jenseits der Brücke, mit kalter Ruhe seine

Befehle erteilend, während die Regimenter der Garde im Laufschritt an ihm vorüber nach den westlichen Toren zogen. Mit donnerndem Hochruf begrüßten die tapferen Bärenmützen ihren kleinen Korporal, wo sein Auge wachte, da winkten Sieg und Beute. Ein sächsischer Offizier, der droben auf dem Kreuzturme das weite Schlachtfeld wie einen Teppich zu seine Füßen liegen sah, meldete pünklich den Anmarsch jedes Truppenteiles der Verbündeten. Im Kriegsrate der Monarchen erregte die Nachricht, daß der Unüberwindliche selber zur Stelle sei, Kleinmut und Schrecken: die gelehrten Kriegskünstler des österreichischen Hauptquartiers dachten schon ohne Schlacht abzuziehen, nur der entschiedene Widerspruchs des Königs von Preußen zwang sie, den Angriff zu wagen. Statt seine beste Kraft auf dem linken Flügel zu versammeln und mit ihr in die unbefestigte Friedrichsstadt einzubrechen, ließ Schwarzenberg das Zentrum und den rechten Flügel gegen die Vorstädte der Altstadt vorgehen, wo einige Festungswerke an den Toren, sowie die hohen Gartenmauern der Paläste und Landhäuser dem Verteidiger die Arbeit erleichterten. Nach blutigen, aber völlig planlosen Kämpfen erstürmten die Österreicher im Zentrum die Lunette am Falkenschlage, auf dem rechten Flügel besetzte Kleist mit seinen Preußen den Großen Garten dicht vor den Stadttoren und versuchte, von da in die Stadt selbst einzudringen, unsanft empfangen von den Geschützen, die hinter den gefährlichen Mauerlücken der Rokoko-Gärten, den Ahas, verdeckt standen. Der Abend kam, Napoleon fühlte sich stark genug, selber zum Angriff zu schreiten, ließ plötzlich aus allen Toren zugleich gewaltige Massen frischer Truppen vorbrechen, entriß den Verbündeten die wenigen Stellen der Stadt, wo sie bereits Fuß gefaßt, und drängte sie schließlich auf ihrer ganzen Linie bis in die Dörfer an den Höhen zurück. Der Angriff war abgeschlagen.

Verwirrung und Enttäuschung herrschten im großen Hauptquartiere, als während der Nacht noch die unheimliche Kunde eintraf, daß die große Armee bereits im Rücken bedroht sei. Tausende sächsischer Landleute hatten während der jüngsten Monate an einem breiten Kanonenweg arbeiten müssen, der auf dem rechten Elbufer über den Ziegenrücken mitten durch die Felsen der sächsischen Schweiz führte, unter den Kanonen des Königsteins den Fluß überbrückte und jenseits in die große Teplitzer Straße einmündete. Auf diesem Wege eilte jetzt das Korps Vandammes, gegen 40 000 Mann, herbei, den Verbündeten den Rückzug zu verlegen. In solcher Lage schien dem Kriegsrate ein Sieg unmöglich; man erneuerte die Schlacht am Morgen des 27. nur, um sich einen gesicherten Abzug zu erkämpfen. Selbst dieser bescheidene Zweck ward verfehlt. Während der rechte Flügel der Alliierten im Verlaufe des Tages langsam von dem Flusse und der Teplitzer Straße abgedränkt wurde, erlitt der linke eine schwere Niederlage. Die Österreicher dort standen auf den Höhen zwischen der Elbe und dem Plauenschen Grunde; sie waren rechts durch den tiefen Einschnitt dieses steil abfallenden Felsengrundes von der übrigen Armee getrennt und hatten versäumt, ihre Posten links bis dicht an den Fluß heranzuschieben. So konnte denn Murat, von ortskundigen sächsischen Offizieren geleitet, eine gewaltige Reitermasse durch die Hohlwege, die vom Elbtale aufsteigen, unbemerkt auf die Hochebene führen. Mehrere Vierecke des Österreichischen Fußvolks wurden niedergehauen, als er nun plötzlich im Rücken und Flanke der Überraschten erschien; eine ganze Division mußte, eingekeilt zwischen dem Feinde und dem tiefen Felsentale, die Waffen strecken. Der Plauensche Grund, und damit die Straße nach Freiberg, war in den Händen der Franzosen. Am Nachmittage trat die geschlagene Armee den Rückzug an. Zwanzigtausend Gefangene lagerten in den Kirchen Dresdens und im Hofe des Zwingers, dreißig erbeutete Kanonen standen im Schloßhofe zur Schau. Die untertänige Residenz frohlockte über die Befreiung von den russischen Plünderern und erzählte sich staunend die wundersame Mär von dem großen sächsischen Kanonier, der durch einen wohlgezielten Schuß den Verräter Moreau an der Seite Alexanders getötet haben sollte.

War schon der Anmarsch der böhmischen Armee schwerfällig und ohne Ordnung erfolgt, was ließ sich jetzt von dem Rückzuge erwarten? Ein geschlagenes Heer von 200 000 Mann, und nur eine einzige Landstraße – die Straße, welche über Altenberg nach Dux in das Teplitzer Tal hinüberführt. Was dort nicht Platz fand, mußte wohl oder übel die Nebenwege einschlagen, die den Gebirgsbächen entlang in engen Felsentälern allmählich zum Kamme des Erzgebirges emporsteigen und nachher an dem steilen südlichen Abhange in unzähligen Windungen sich herniederschlängeln. Bald waren die schmalen Felsengründe vollgestopft von den unbeweglichen Massen des ungeheuren Wagentrosses; der Regen strömte vom Himmel; Unordnung, Angst und Hunger überall, kein Gedanke mehr an eine gemeinsame Leitung der in den Engpässen eingeklemmten Heeresteile. Dem Oberfeldherrn fielen die Zügel aus den Händen; in seiner Angst ließ er Blücher auffordern, der großen Armee aus Schlesien Hilfe zu bringen. Die Diplomaten des Hauptquartiers begannen zu verzweifeln, und fast schien es, als sollte die Koalition nach einem ersten Mißerfolg sich auflösen. Wer stand dafür, daß Kaiser Franz nicht wieder wie nach dem Austerlitzer Tage die Flinte ins Korn warf? War doch der definitive Bundesvertrag mit Österreich noch immer nicht abgeschlossen! Eine kraftvolle Verfolgung versprach dem Sieger glänzende Ergebnisse. Zum Glück erhielt Napoleon unterwegs die Nachricht von der Großbeerener Schlacht und eilte mit dem Kern seines Heeres nach Dresden zurück, um sofort einen neuen Vernichtungszug gegen Berlin vorzubereiten; dies eine Ziel stand ihm über allen anderen. Auch jetzt noch blieb die Lage der böhmischen Armee schwer gefährdet. Wenn Vandamme auf seinem kürzeren Wege früher als die Verbündeten im Teplitzer Tale anlangte, so konnte er die vereinzelten Korps, die sich aus den Engpässen des Gebirges mühsam herauswanden, leicht mit Übermacht schlagen.

Der junge Prinz Eugen von Württemberg, der mit einem russischen Korps nahe beim Königstein den Truppen Vandammes gegenüberstand, erkannte mit sicherem Blicke, was auf dem Spiele stand. Er warf sich auf die große, östliche, Teplitzer Straße, von der die Masse der Verbündeten abgedrängt war, sprengte die Vortruppen Vandammes auseinander und gelangte also noch vor den Franzosen auf den Kamm des Gebirges bei Peterswalde. Am Morgen des 29. August vom Feinde angegriffen, stiegen die Russen am Südabhange des Gebirges langsam herab bis gegen Kulm. Bereits hatten ihre Generale gegen die Meinung des Prinzen beschlossen, das Feld zu räumen und weiter südwärts über die Eger auszuweichen. Da kam von dem Könige von Preußen, der unterdessen der Armee voraus in Teplitz angelangt war, der wiederholte Befehl, standzuhalten um jeden Preis; nur wenn die Korps hier im Osten dem Vordringen Vandammes einen Riegel vorschob, konnte die böhmische Armee weiter westlich ungefährdet das Teplitzer Tal erreichen, Friedrich Wilhelm zeigte jetzt, daß er ein ganzer Soldat war, sobald er sich nur das Herz faßte zu befehlen. Er eilte zu den Russen, ermutigte die Generale zu verzweifeltem Widerstande, sendete nach allen Ausgängen des Gebirges seine Boten aus, um heranzurufen, was sich irgend loswinden konnte aus den verstopften Pässen, befahl selber dem Obersten des tapferen österreichischen Dragonerregimentes Erzherzog Johann, sogleich in die Gefechtslinie einzurükken. Die Russen nahmen die Schlacht an; der Stolz ihres Heeres, die wohlgeschonte Garde, war mit zur Stelle. Den ganzen Tag lang behauptete sich die tapfere Schar, an 15 000 Mann, mit unerschütterlicher Standhaftigkeit gegen die stürmischen Angriffe einer zweifachen Übermacht. Aber die Garden hatten furchtbar gelitten; was sollte der nächste Tag bringen?

Am Abend schickte der König an General Kleist, der noch hoch in den Bergen bei Zinnwald stand, die Weisung: er solle versuchen, ostwärts über den Kamm des Gebirges die Teplitzer Landstraße zu erreichen, und dann von den Nollendorfer Höhen her den Franzosen in den Rücken zu fallen. Als die Botschaft eintraf, hatte Kleist schon von freien Stücken den nämlichen glücklichen Entschluß mit seinem Generalquartiermeister Grolman verabredet. Der General, ein ruhiger, besonnener Soldat der alten Schule, von feinen, gemessenen Formen, konnte mit seinem Korps nicht mehr vorwärts in den verrammelten Gebirgswegen und begriff, daß die höchste Kühnheit hier die einzige Rettung war. Während die Russen drunten im Tale, jetzt durch die Österreicher erheblich verstärkt, am Morgen des 30. den Kampf von neuem aufnahmen, hielt Zar Alexander auf einem Hügel bei Kulm, die Walstatt überschauend: südwärts die malerischen Kegel des Mittelgebirges, im Norden meilenlang die ungeheure, steile Wand des Erzgebirges, dazwischen in der üppigen Ebene die wogende Schlacht. Da bemerkte er mit Erstaunen, wie droben bei Nollendorf Geschütze auffuhren, dichte Truppenmassen das Gebirge herab den Franzosen nachzogen. Es waren Kleists Preußen, die hungernd und ermattet nach schwierigen Nachtmarsch die Höhen im Rücken des Feindes erreicht hatten. So von zwei Seiten her gepackt, wurde Vandammes Korps nach langem, heißem Kampfe gänzlich zersprengt. Über 9000 Mann

Buchhandel im 16. Jahrhundert

Tafel 16

Familienscene aus dem 16. Jahrhundert

fielen in Gefangenschaft, unter ihnen der rohe Führer selbst, der Henker des Bremischen Landes; nur mit Mühe rettete man ihn vor den Fäusten der deutschen Soldaten.

An dem Tage von Kulm verwelkten die Lorbeeren von Dresden. Die wankende Koalition stand wieder aufrecht. Je bänger in den letzten Tagen die Stimmung gewesen, um so lauter lärmte jetzt die Freude über den schönen Bundessieg. Die drei verbündeten Nationen hatten wetteifernd ihr Bestes getan; Eugen mit der russischen Garde, die tapferen österreichischen Reiter, Friedrich Wilhelm und die Helden von Nollendorf. Und dazu die Siegesbotschaften aus der Mark und aus Schlesien; selbst die an alledem ganz unschuldigen Strategen des großen Hauptquartiers fingen an zu glauben, daß ein Erfolg doch möglich sei. Napoleon hatte binnen einer Woche eine ganze Armee, gegen 80 000 Mann, verloren und fand sich wieder auf derselben Stelle wie beim Beginne des Herbstfeldzuges.

Nach abermals acht Tagen traf ihn ein neuer schwerer Schlag. Die Absicht, selber auf die preußische Hauptstadt vorzurücken, hatte er aufgegeben, solbald er von Blüchers Erfolgen hörte. Während er selbst nach der Lausitz der schlesischen Armee entgegenzog, übertrug er dem Marschall Ney die Leitung des vierten Zuges gegen Berlin. Der tapfere Marschall, der zu dem Unternehmen von Haus aus wenig Zutrauen hatte, versammelte seine Armee bei Wittenberg, warf nach blutigem Gefechte eine vereinzelte preußische Abteilung zurück und marschierte am 6. September, ohne die Nähe des Gegners zu ahnen, über die sandige Ebene auf Jüterborg. Da stieß Bertrand mit der Vorhut auf Tauentziens Preußen, und derweil hier ein hitziger Kampf begann, brach Bülow der französischen Marschkolonne bei Dennewitz in die linke Flanke. So entspann sich eine unerwartete, weit ausgedehnte Bewegungsschlacht. Bülow wagte mit 40 000 Preußen den Kampf gegen den um die Hälfte überlegenen Feind, weil er auf das Eingreifen des Kronprinzen rechnete, der mit der Hauptmasse der Nordarmee im Anmarsch war. Die Franzosen standen in einem großen Bogen, mit der Rechten nordwärts gegen Tauentzien gerichtet, mit der Linken westwärts gegen Bülow. Der Marschall hielt auf dem rechten Flügel, hatte nur Augen für die Vorgänge in seiner Nähe. Sobald er hier die Seinen weichen sah, befahl er dem Korps Oudinot, vom linken Flügel zur Unterstützung herbeizueilen. So wurde die linke entblößt, und es gelang Bülow, die Sachsen aus Göhlsdorf herauszuschlagen und bis Dennewitz vorzudringen. Überall waren die Preußen im Vorgehen, da verkündeten gewaltige Staubwolken das Nahen des Kronprinzen mit seinen siebzig Bataillonen. Beim Anblick dieser Truppenmassen ergriff die Geschlagenen ein jäher Schrecken, Neys Armee stob in wilder Flucht auseinander.

Der Lieblingsplan Napoleons war abermals zunichte geworden. Den Preußen allein gebührte die Ehre des Tages. Wieder hatte die Landwehr mit den alten Kerntruppen gewetteifert, und wieder hatten Deutsche mit Deutschen in wütendem Kampfe gerungen. In der württembergischen Armee, deren beste Truppen auf Neys rechtem Flügel gestanden, erzählten sich die Soldaten noch im Jahre 1866 mit zähem Groll, wie erbarmungslos die preußische Landwehr, vor allen die handfesten pommerischen Reiter bei Jüteborg unter den Schwaben aufgeräumt hatten. Die tapferen Soldaten fochten ihres alten Waffenruhmes würdig und wurden zum Dank in den napoleonischen Bulletins der Feigheit bezichtigt. Die unglückliche kleine Armee begann die Schmach rheinbündischer Dienstbarkeit zu fühlen; nach der Dennewitzer Schlacht ging ein Bataillon des Leibregimentes zu den Preußen über. König Friedrich August aber legte sogleich die Uniform der entehrten Truppe ab, blieb dem Großen Alliierten, der ihm sein Heer beschimpfte, unwandelbar ergeben.

Nach den Anstrengungen dieser wilden Tage bedurfte die böhmische Armee einger Erholung. Während die Waffen ruhten, arbeitete die Diplomatie um so eifriger. Kaiser Franz war seit dem Siege von Kulm nicht mehr geneigt, auf die zärtlichen Beteuerungen zu hören, die ihm der Schwiegersohn noch immer zusendete. Am 9. September wurden zu Treplitz drei fast gleichlautende Bundesverträge, die an die Stelle der vorläufigen Reichenbacher Abrede traten, von den Alliierten unterzeichnet. Sie setzten fest, was Preußen von vornherein verlangt hatte: Auflösung des Rheinbundes, gänzliche Beseitigung der Herrschaft Frankreichs und der Napoleoniden auf dem rechten Rheinufer, Herstellung des Besitzstandes von 1805 für Österreich und Preußen. Die Mächte verpflichteten sich in feierlichster Form, keinen Friedensvorschlag Frankreichs auch nur anzuhören, ohne ihn sofort den Verbündeten mitzuteilen. Trotzdem ward ein rückhaltloses Einverständnis keineswegs erreicht. Der Zar hüllte seine politischen Pläne noch immer in ein tiefes Dunkel. Er hatte in Reichenbach zugestanden, das Herzogtum Warschau solle unter den drei Ostmächten verteilt werden. Dies Versprechen schloß, buchstäblich verstanden, ein Königreich Polen unter russischem Zepter nicht aus, vorausgesetzt nur, daß Preußen und Österreich einige Teile von Warschau erhielten. In dem Teplitzer Vertrage wurde die Zusage sogar noch abgeschwächt; er bestimmte einfach, daß eine freundschaftliche Verständigung zwischen den drei Höfen über das künftige Schicksal Warschaus erfolgen solle. Der glückliche Besitzer von Warschau hatte also gar keine bestimmte Verpflichtung übernommen.

Seitdem hing die polnische Frage wie eine Wetterwolke über der großen Allianz. Alle Eingeweihten wußten, wie Graf Münster in seinen Berichten dem Prinzregenten oft wiederholte, daß vornehmlich die Sorge um die Zukunft Polens den zaudernden Gang der österreichischen Politik während des Krieges verschuldete. Wie die Dinge lagen, konnten nur Preußen und Rußland von der gänzlichen Demütigung Frankreichs einen großen Gewinn für sich selber erwarten, während England seine erbeuteten Kolonien wohlgeborgen wußte und Österreich auch nach einem halben Siege auf die Herrscherstellung in Italien hoffen durfte. Dazu die Angst der Welfen und Lothringer vor dem ehrgeizigen Preußen, das ihnen nach jedem neuen Siege widerwärtiger wurde. So ergab sich eine Parteiung im Lager der Alliierten, die von Tag zu Tag schärfer heraustrat. Österreich und England zögerten, Preußen und Rußland drängten vorwärts; dies blieb doch der feste Kern in den diplomatischen Händeln des großen Krieges, obgleich sowohl der Zar wie der König auf Augenblicke schwankten. In Schwarzenbergs schlaffer Bedachtsamkeit und Gneisenaus genialer Kühnheit fand der Gegensatz der österreichsch-englischen und der preußisch-russischen Politik seinen getreuen Ausdruck. Laut und heftig sprachen die Preußen und die Russen ihren Unmut aus über die kläglichen Leistungen des großen Hauptquartiers. Der König selber war sehr unzufrieden. Er hatte schon vor dem Zuge gegen Dresden vergeblich vorgeschlagen, der Oberbefehl solle dem Zaren anvertraut werden, der durch sein kaiserliches Ansehen und mit dem Beistande des geistreichen Toll vielleicht etwas ausrichten konnte. Als darauf die Ereignisse sein Mißtrauen nur zu sehr gerechtfertigt hatten, verbarg er seinen Unmut nicht und weigerte sich zu Hardenbergs Kummer entschieden, dem k. k. Oberfeldherrn auch nur die übliche Höflichkeit einer Ordensverleihung zu gewähren.

Die bedenkliche Bestimmung des Teplitzer Vertrags lag in dem ersten geheimen Artikel, welcher den zwischen Österreich, Preußen und dem Rheine gelegenen Staaten „die volle und unbedingte Unabhängigkeit“ zusicherte. Damit war streng genommen jede Unterordnung der Rheinsbundsfürsten unter eine nationale Zentralgewalt, jede irgend ernsthafte Gesamtstaatsverfassung für Deutschland unmöglich gemacht, und dahin ging auch Metternichs geheime Absicht. Hardenberg hingegen verstand unter jenen verhängnisvollen Worten nur die Aufhebung des napoleonischen Protektorats und unterzeichnete unbedenklich, arglos auf Österreichs patriotische Absichten vertrauend. Nicht im mindestens war er gesonnen, den Rheinbundsfürsten die Souveränität zuzugestehen; vielmehr schien ihm, und so auch den Freunden Stein und Humboldt, jetzt die rechte Stunde gekommen, um mit Österreich die Grundzüge einer starken Bundesverfassung zu vereinbaren.

Stein übergab dem Monarchen eine Denkschrift, die er zu Prag in den letzten Augusttagen entworfen hatte – eines der beredtesten und mächtigsten Werke seiner Feder. Mit feierlichen Worten hielt er seinen erlauchten Lesern vor, Mit- und Nachwelt würden sie verdammen, wenn sie jetzt nicht mit ganzem Ernst an die Neuordnung der deutschen Nation heranträten. „Es ist von der höchsten irdischen Angelegenheit die Rede. Fünfzehn Millionen gebildeter, sittlicher, durch ihre Anlagen und den Grad der erreichten Entwicklung achtbarer Menschen, die durch Grenzen, Sprache, Sitten und einen inneren unzerstörberen Charakter der Nationalität mit zwei anderen großen Staaten verschwistert sind!“ Hierauf schildert er in seinem markigen Lapidarstile, wie im alten Reiche, dank den Reichsgerichten und den Landständen, jedermann doch seiner Person und seines Eigentums sicher gewesen sei, und knüpft daran eine furchtbare Anklage gegen den Rheinbund, der diese fünfzehn Millionen der Willkür von sechsunddreißig kleinen

Despoten preisgegeben habe. „Einer Neuerungslust, einer tollen Aufgeblasenheit und einer grenzenlosen Verschwendung und tierischen Wollust ist es gelungen, jede Art des Glücks den beklagenswerten Bewohnern dieser einst blühenden Länder zu zerstören." Dauere diese Zerstückelung fort, so werde der Deutsche fortschreitend schlechter, kriechender, unedler werden, die Entfremdung der verschiedenen Länder drohe mit jedem Jahr zu wachsen, der Einfluß Frankreichs sich immer fester einzunisten. Darum muß mit dem Rheinbunde auch „die Despotie der sechsundreißig Häuptlinge" verschwinden. Damit kommt er auf seine Petersburger Pläne zurück und verlangt, da die vollständige Einheit der alten großen Kaiserzeiten unmöglich sei, die Bildung zweier großer Bundesstaaten, also daß Preußen, durch Sachsen, Mecklenburg und Holstein bis auf elf Millionen Einwohner verstärkt, den Norden, Österreich mit einem deutschen Besitze von zehn Millionen den Süden beherrsche. In diesem dualistischen Gemeinwesen sollen alle noch brauchbaren Institutionen des alten Reichs wieder aufleben. Daher Wiederherstellung der Mediatisierten von 1806 – die Opfer des Reichsdeputationshauptschlusses gab der Freiherr verloren – und Verkleinerung der Mittelstaaten, die zum Unheile des Reichs von Frankreich vergrößert wurden und dem deutschen Vaterlande weit gefährlicher sind als der ohnmächtige Partikularismus der Kleinen. Daher ferner Wiederaufrichtung des Kaisertums für Österreich; dieser halbfremde Staat muß durch sein Interesse an Deutschland gebunden werden, während in Preußen das deutsche Blut sich von selbst freier und reiner erhält. Heerwesen und auswärtige Politik gehören dem Reiche, dergestalt, daß ein von dem österreichischen verschiedenens deutsches diplomatisches Korps gebildet wird; desgleichen Münze und Zölle und die Reichsgerichte. Ein Reichstag in Regensburg mit drei Bänken wie voralters, jedoch seine Mitglieder sind nicht Gesandte, sondern Repräsentanten; die Bank der Reichsstädte wird verstärkt durch Abgeordnete der Landtage, die in allen deutschen Städten einzuberufen sind. Ein solcher Bund, meinte der Reichsritter, könne vielleicht dereinst den Franzosen des Land zwischen Rhein und Schelde wieder entreißen; auf die sofortige Befreiung des linken Rheinufers wagte selbst Stein in jenem Augenblick noch nicht zu hoffen.

Hardenberg, der Staatskanzler, zeigte sich mit mehreren Grundgedanken der Denkschrift einverstanden. Gleich Stein hielt er die Mittelstaaten für Deutschlands ärgste Feinde und dachte ihnen die schmählichen Erwerbungen der letzten sieben Jahre wieder abzunehmen, der Besitzstand von 1805 sollte wie für die Wiederherstellung der beiden Großmächte, so auch für die übrigen deutschen Staaten die Richtschnur bilden. Aber Hardenberg wollte das also gewonnene Land nicht an den Mediatisierten zurückgeben, sondern zur Verstärkung von Österreich und Preußen verwenden. Wie Stein war auch er überzeugt von der Notwendigkeit des Dualismus, und so ernsthaft, so uneigennützig verfolgte er diese alten Bartensteiner Pläne, daß er die österreichischen Staatsmänner wiederholt und dringend bat, die vorderösterreichischen Lande am Oberrhein wieder mit dem Kaiserstaate zu vereinigen; nur so werde Österreich in Wahrheit der Herr von Süddeutschland und durch sein eigenes Interesse genötigt, jeden Übergriff Frankreichs zurückzuweisen. Die Sicherung des deutschen Bodens gegen neue Gewalttaten des westlichen Nachbars blieb in Hardenbergs Augen der wichtigste Zweck des künftigen Deutschen Bundes. Dagegen verwarf er entschieden die Wiederherstellung des Kaisertums; in diesen Gedanken fanden sich Humboldt und, außer Stein, alle preußischen Staatsmänner mit dem Staatskanzler zusammen. So stark war das Selbstgefühl der norddeutschen Macht doch angewachsen, daß sie eine förmliche Unterordnung nicht mehr ertragen konnte; nur in voller Gleichberechtigung durften die beiden Großmächte an die Spitze der kleinen Staaten treten. Unter den norddeutschen Patrioten vernahm man sogar seit den Siegen der jüngsten Wochen immer häufiger die Frage: warum denn dies Preußen, das die Waffen Deutschlands führte, nicht selber an Österreichs Stelle die Herrschaft im Reiche übernehmen solle.

Wenn Metternichs Angst vor den norddeutschen Jakobinern überhaupt noch wachsen konnte, so mußte sie durch diese Denkschrift gesteigert werden. In jedem Satze fand er das genaue Gegenteil seiner eigenen Meinung. Was war entsetzlicher: Steins schonungslose Sprache gegen den Rheinbund oder das Verlangen nach der Einverleibung Sachsens oder die Forderung eines deutschen Parlaments? Der furchtsame Gentz, der alle die schönen Erinnerungen seiner kräftigen Jahre längst über Bord geworfen hatte, klagte bereits beweglich: dieser Befreiungskriege beginne einem Freiheitskriege ähnlich zu sehen, drohe mit der Revolution zu enden, statt mit einer Restauration! Das Angebot der kaiserlichen Würde reizte den österreichischen Staatsmann jetzt so wenig wie im Frühjahr. Auch England, Rußland, Schweden hatten ihm in den jüngsten Wochen wiederholt von der Erneuerung des Kaisertums gesprochen. Der konservative Zug ward an den Höfen immer stärker, seit das revolutionäre Weltreich ins Sinken kam; unwillkürlich regte sich überall der Wunsch nach einfacher Wiederherstellung der alten Zustände. Der Österreicher aber blieb bei seiner Weigerung; nimmermehr sollte sich das Haus Lothringen mit dem leeren Prunke einer Krone belasten, welche ihm jetzt nur noch den Haß Frankreichs und der Mittelstaaten zuziehen konnte.

Eben diese französischen Vasallen, denen alle Preußen Verachtung und Groll entgegentrugen, wollte Metternich um jeden Preis schonen. Er gedachte die deutsche Politik Napoleons mit ihren eigenen Waffen zu schlagen, spielte den Gönner der rheinbündischen Höfe, erklärte sich bereit, im Notfalle sogar einige der kleinsten Fürsten zum besten dieser Könige zu mediatisieren. Da er den Haß der Mittelstaaten gegen jede starke Bundesgewalt kannte, so durfte die deutsche Frage nur im freien Einverständnis mit den Rheinbundsfürsten entschieden werden. Die vertrauten englisch-hannoverschen Staatsmänner überraschte er sogar durch die Frage: wozu überhaupt eine deutsche Bundesverfassung, die doch nur böses Blut errege? wie viel einfacher doch, sich zu begnügen mit „einem ausgedehnten System von Verträgen und Allianzen," das die souveränen deutschen Staaten für den Kriegsfall zu gegenseitigem Beistande verbände! Die Haltung Metternichs ergab sich nicht bloß aus der natürlichen Ruheseligkeit und Gedankenarmut seines Geistes, der bei aller Schlauheit völlig unfruchtbar die Idee eines großen schöpferischen Verfassunsgplanes niemals hätte fassen können, sondern auch aus einer richtigen Würdigung der Leistungsfähigkeit seines Staates. Wie Preußen an seiner Schwäche, so krankte Österreich von jeher an seiner Stärke, an jener Überfülle grundverschiedener politischer Ziele, die ihm durch die bunte Mannigfaltigkeit seines Ländergewirrs gestellt wurden. Dieser alte Fluch des Kaiserstaates wurde jetzt erneuert durch die blinde Gier einer sich unendlich klug dünkenden Staatskunst. Das neue Österreich wollte zugleich Italien beherrschen, die Führung in Deutschland behaupten und das zwieträchtige Völkergewimmel an der Donau zusammenhalten – drei schwierige Aufgaben, denen kein Staat der Welt, und am allerwenigsten ein Staat von so geringen geistigen Kräften, auf die Dauer genügen konnte. Die Zeit sollte kommen, da die kurzsichtige Torheit dieser Politik sich grausam bestrafte; damals noch hatte niemand die tiefe Unsittlichkeit, die innere Unmöglichkeit der Pläne Metternichs durchschaut.

Der österreichische Staatsmann wollte sich also behutsam mit der mittelbaren Herrschaft über das gesamte Deutschland begnügen, ohne die Könige von Napoleons Gnaden durch die anspruchsvollen Formen kaiserlicher Majestät zu verletzen. An eine Mitherrschaft Preußens dachte er um so weniger, da er wohl wußte, daß die Mittelstaaten sämtlich die Hegemonie der aufstrebenden preußischen Macht im Norden noch weit mehr fürchteten als das österreichische Kaisertum. Allen irgend unterrichteten Diplomaten war diese Ansicht Metternichs wohl bekannt. Auch Hardenberg konnte sie leicht erraten, wenn er nur die Augen offenhielt; woher kam es denn, daß Österreich sich so beharrlich weigerte, die Herrschaft über die oberschwäbischen Lande von neuem zu übernehmen? Hier aber begann die lange Reihe der diplomatischen Fehler des Staatskanzlers. Seine Verträge mit England und Rußland waren, einzelner Mißgriffe ungeachtet, doch gerechtfertigt durch das Gebot der Not. Sein Verhalten gegen Österreich entsprang einem folgenschweren Irrtum. Er setzte leichtsinnig eine freundnachbarliche Gesinnung voraus, wovon in der Hofburg keine Spur vorhanden war; höchstwahrscheinlich ist er in solcher Meinung absichtlich bestärkt wurden durch seinen Vetter Graf Hardenberg, den hannoverschen Agenten in Wien, einen anrüchigen, zweizüngigen Menschen, der lange den Vermittler zwischen den beiden deutschen Großmächten spielte, doch in Wahrheit nur ein Werkzeug Metternichs war.

Geschickt wußte die österreichische Politik dies sorglose Vertrauen des Bundesgenossen zu mißbrauchen. Metternich hat wohl in späteren Jahren, als er ernster und arbeitsamer wurde, zuweilen ein kunstvoll angelegtes, fein durchdachtes Ränkespiel geführt; in jener Zeit war er noch ganz der leichtfertig frivole Lebemann, brachte den leidenschaftlichen Gentz, der den Kampf gegen Preußen und Rußland mit grimmigen Ernste führte, durch seine träge Sorglosigkeit und seine faden Liebesabenteuer oft zur Verzweiflung. Gegen Hardenbergs kindliche Arglosigkeit genügte aber schon ein gemächliches Zuwarten und gelegentlich eine freundliche Lüge. Da der Österreicher jeder Erörterung der deutschen Verfassungsfrage auswich, so blieb der preußische Staatsmann hartnäckig in dem Glauben, die Hofburg werde sich doch noch bewegen lassen, das gefährliche Wächteramt am Oberrheine zu übernehmen. Noch mehr, er handelte, als ob seine dualistischen Pläne bereits die Zustimmung des Wiener Hofes gefunden hätten, und bewilligte vertrauensvoll, daß Österreich als die führende Macht Süddeutschlands mit den Südstaaten über ihren Beitritt zur Koalition unterhandeln sollte; das schien sich ohnehin von selbst zu verstehen, da die österreichischen Truppen bereits an der bayrischen Grenze standen. So wurde das Schicksal der deutschen Verfassung in Österreichs Hände gelegt; und dies in einem Augenblick, da der Abfall der Rheinbündler an dem Gange des Krieges nichts mehr ändern konnte! Von den Verträgen mit den Königskronen des Südens hing die Form des künftigen Deutschen Bundes ausschließlich ab; in Norddeutschland, dem Machtgebiete Preußens, war nichts zu unterhandeln, dort galt es zunächst nur, den König Jerome und die napoleonischen Präfekten zu verjagen. Was die hoffenden Patrioten von der Hofburg zu erwarten hatten, das lehrte im Oktober ein zynischer Aufsatz von Gentz in der Prager Zeitung: der Sieg sei der Übergang aus einem Zustande der Entsagung in den Zustand der Ruhe und des Genusses! Das lehrten noch deutlicher die endlosen Verhandlungen über Steins Zentralverwaltungsrat.

Ein Unstern schwebte von Haus aus über dieser Schöpfung des Freiherrn; monatelang fand sie keine rechte Tätigkeit, da man noch wenig erobert hatte. Alle die fremden Mächte, die noch zu Deutschland gerechnet wurden, England, Schweden, Österreich äußerten wiederholt ihr Mißtrauen. Die entthronten Kleinfürsten dagegen drängten sich heran, und natürlich durfte der unaufhaltsame Gagern nicht fehlen; der alterprobte Lebensretter der Kleinstaaterei zeigte Vollmachten vor von dem Kurfürsten von Hessen und dem Fürsten von Oranien, forderte Sitz und Stimme für die beiden Herren ohne Land. Sobald Österreich der Allianz beigetreten war, verlangte Metternich sogleich gänzliche Umgestaltung der verdächtigen Behörde: sie durfte nichts sein als ein militärisches Verpflegungsamt. Der russische Gesandte Alopeus, der bisher die provisorische Verwaltung in Mecklenburg geführt, ein vertrauter Freund der preußischen Patrioten, mußte auf den Wunsch der Hofburg abberufen werden. In Teplitz legte Humboldt einen veränderten Entwurf vor, der aber zu Metternichs Entsetzen die Vorschrift enthielt, daß die Zentralverwaltung in den eroberten Ländern die Landstände einberufen solle. Neue Bedenken, neue Verschleppung. Auch Nesselrode, Alexanders neuer Ratgeber, der sich immer gelehriger in Metternichs Anschauungen einlebte, zeigte lauen Willen. Die Sache blieb liegen, und erst nach der Leipziger Schlacht, am 21. Oktober wurde ein neuer Vertrag unterzeichnet, welcher die mit so stolzen Erwartungen begründete Behörde jeder politischen Bedeutung beraubte. Stein und sein treuer Mitarbeiter Eichhorn wünschten, daß den zur Koalition übertretenden Kleinfürsten nur die vorläufige Fortführung der Regierung unter Aufsicht der Zentralverwaltung belassen würde; dann hätten sie jedes Hoheitsrecht, das ihnen die künftige Bundesakte zurückgab, als ein Geschenk von seiten des Deutschen Bundes betrachten müssen. Metternich wollte umgekehrt die kleinsten Fürsten dadurch gewinnen, daß er ihnen den Fortbestand ihrer durch die Beraubung des alten Reiches geschaffenen Machtvollkommenheit verbürgte; die Zentralverwaltung erschien ihm um so gefährlicher, weil er fürchtete, daß sie die Vereinigungs Sachsen mit dem preußischen Staate vorbereiten könnte. Seine Ansicht drang durch. Die Wirksamkeit der Zentralverwaltung wurde beschränkt auf die Leitung der Rüstungen und der Heeresverpflegung in den eroberten Gebieten; Stein mit einem Rate von Agenten der verbündeten Regierungen erhielt die oberste Aufsicht; die von ihm angestellten Militärgouverneure sollten immer nur durch die bestehenden Obrigkeiten ihre Befehle ausführen lassen. Wer freiwillig der Koalition beitrat, durfte durch Vertrag sein Land vor der Einmischung der Zentralverwaltung sicherstellen. In seinem also beschränkten Wirkungskreise hat der Zentralverwaltungsrat unter Steins kraftvollen Händen sehr Tüchtiges geleistet, obgleich er beständig mit dem bösen Willen der rheinbündischen Souveräne zu kämpfen hatte; aber der ursprüngliche kühne Plan, die Gebiete der Kleinfürsten als herrenloses Gut zu behandeln, wurde durch Österreich vereitelt.

Unterdessen hatte Metternich seine kostbare Vollmacht benutzt und mit Bayern abgeschlossen. Trotz der günstigen militärischen Lage der Alliierten hegte man in dem zaghaften Hauptquartiere drei Wochen vor der Entscheidungsschlacht noch so wenig feste Siegeszuversicht, daß selbst der Zar die kleine bayrische Armee als eine sehr wertvolle Verstärkung ansah. Noch höheren Wert legte Metternich auf den Zutritt Bayerns; er hoffte, durch eine rasche Verständigung mit dem Münchener Hofe die in den letzten acht Jahren verlorenen Westprovinzen, Tirol und die Umlande, sofort zurückzugewinnen und damit die Pforte Italiens dem österreichischen Heere zu öffenen, endlich allen Rheinbundsfürsten durch die Tat zu beweisen, daß sie in der Hofburg einen nachsichtigen Gönner fänden. Im September war das Münchener Kabinett endlich zu der Einsicht gelangt, daß es Zeit sei, das sinkende Schiff zu verlassen. Die beiden Kaiser ermutigten den König von Bayern durch freundliche Briefe; Hofrat Hruby, einer der gewandtesten österreichischen Diplomaten, dessen Wirksamkeit der preußische Staat noch oft schmerzlich empfinden sollte, reiste geschäftig hin und her. Am 8. Oktober schlossen Österreich und Bayern den Rieder Vertrag. Beide Teile konnten sich eines großen diplomatischen Erfolges rühmen, des größeren doch Österreich. Die Hofburg gewann für sich Tirol, Salzburg, das Inn- und Hausruckviertel und führte zugleich drei schwere Schläge gegen Preußen. Der Kernstaat des Rheinbundes trat als gleichberechtigte Macht in die Koalition ein, wurde feierlich aller vergangenen Schuld entlastet; und jetzt zeigte sich, welchen Sinn Österreich mit jenen verhängnisvollen Worten des Teplitzer Vertrages verband: die verheißene ganze und unbedingte Unabhängigkeit wurde kurzweg dahin erläutert, daß Bayern, von jedem fremden Einfluß befreit, „seiner vollkommenen Souveränität genießen" solle. Damit war den Bundesplänen Preußens die Spitze abgebrochen. Bayern erhielt ferner die Anerkennung seines Besitzstandes; das will sagen: Hardenbergs Plan, den Rheinbundsstaaten den Raub der jüngsten Jahre wieder abzunehmen, fiel platt zu Boden, und Ansbach-Bayreuth ging für Preußen verloren. Der Münchener Hof empfing endlich für die an Österreich abgetretenen Provinzen die Lande Würzburg und Aschaffenburg, sowie die geheime Zusage noch anderer deutscher Landstriche, die mit seinem Gebiete in ununterbrochenem Zusammenhange stehen sollten; durch diese Aussicht ward das Haus Wittelsbach für die nächste Zeit fest an Österreich gekettet.

Die geheimen Artikel des Rieder Vertrags wurden vor dem preußischen Kabinett noch längere Zeit verborgen gehalten und erregten, als sie endlich ans Licht traten, lebhaften Unwillen. Hardenberg und Humboldt hatten in Teplitz einen Artikel für den bayrischen Vertag vorgeschlagen, worin Bayerns Unterwerfung unter die deutsche Bundesgewalt ausbedungen war; sie waren damit weder bei dem Zaren noch bei Metternich durchgedrungen, und nun mußten sie erleben, daß Österreich den gefährlichsten und böswilligsten Staat des Rheinbundes von jeder Verpflichtung gegen Deutschland freisprach! Montgelas hielt es nicht einmal für nötig, seine ponapartistischen Neigungen zu verbergen; in der öffentlichen Erklärung, die den vollzogenen Fahnenwechsel verkündete, sprach er unbefangen die Hoffnung aus auf baldige Wiederherstellung der freundschaftlichen Beziehungen, denen der König nur im letzten Augenblicke und in höchster Bedrängnis entsagt habe. Und diesem Staate hatte Österreich die alten Stammlande der Hohenzollern preisgegeben!

Zu Anfang des Jahres, in einem Augenblicke, da Bayerns Abfall den ganzen Verlauf des Krieges ändern konnte, war der Staatskanzler allerdings bereit gewesen, auf die fränkischen Markgrafschaften zu verzichten. Jetzt in völlig verwandelter Lage dachte man gar nicht mehr daran, für geringen Gewinn ein solches Opfer zu bringen; vielmehr hatte Friedrich Wilhelm eben jetzt den Obersten Krauseneck beauftragt, von Böhmen aus einen Streifzug gegen Ansbach-Bayreuth zu unternehmen und die Franken zur Erhebung für ihren alten Fürsten aufzurufen. Da erfuhr man, daß Metternich die preußische Vollmacht mißbraucht hatte, um zu erreichen, was die Hofburg schon seit dem Hubertusburger Frieden unablässig erstrebte, um den norddeutschen Staat aus dem Süden zu verdängen und ihn der Position in der Flanke Böhmens zu berauben. Der König war nicht minder erbittert als das Volk der Markgrafschaften. Es bezeichnet die kindliche politische Bildung der Zeit, daß, sobald die Fesseln des Rheinbundes sich lockerten, alle deutschen Stämme ohne Ausnahme zu ihren altangestammten Fürstenhäusern zurückverlangten. Nirgendwo äußerte sich diese legitimistische Gesinnung so lebhaft wie unter den Franken; sie waren einst durch Hardenbergs Verwaltung aus tiefem wirtschaftlichen Verfalle emporgehoben worden und hatten dann unter der Willkürherrschaft der Präfekten Montgelas' schwer gelitten. Sie bestürmten den König, sie nicht aufzuopfern, beschworen nachher den Wiener Kongreß in einer rührenden Adresse um die Rückkehr des alten Fürsten, dessen weise Verwaltung allein das Land in den Stand gesetzt habe, die Leiden der letzten acht Jahre zu überstehen. Durch viele Jahrzehnte blieb im Fichtelgebirge die Erinnerung lebendig an die gute alte Zeit, da Königin Luise mit ihrem jungen Gemahl die Felsküste der Luxburg durchwandert hatte; die Kinder suchten in dem Walde nach dem Adlerfarnkraut, das im Querschnitt den brandenburgischen Adler zeigt. Der König empfand es bitter, so viel herzliche Treue zurückweisen zu müssen; sein Staatskanzler mußte, sobald die Rieder Verabredungen bekannt wurden, Preußens Ansprüche auf Ansbach-Bayreuth feierlich vorbehalten. Aber die Verwahrung war zu spät. Um doch nicht gänzlich leer auszugehen, besetzte Preußen bald nach der Leipziger Schlacht das Herzogtum Berg und behielt dies Land, das in München von jeher als das Äquivalent der fränkischen Markgrafschaften angesehen wurde, in seiner Verwaltung. –

Dergestalt war bereits entschieden, daß Österreich die Gestaltung der deutschen Zukunft in seiner Gewalt hielt. Indessen wuchs die Bedrängnis des Imperators. Neue, gewaltige Aushebungen wurden dem erschöpften Frankreich zugemutet: die Nation solle sich ein Beispiel nehmen an den ungeheuren Anstrengungen des kleinen Preußens, ihr Alles einsetzen gegen diesen Kriege gegen England; denn nur darum dauere der Krieg fort, weil der unversöhnliche englische Feind verlange, daß die Franzosen wie die Hindus allein für ihn arbeiteten. Das elende Weib, das in Napoleons Namen die Regentschaft führte, die Tochter des letzten deutschen Kaisers, hatte die Stirn, im Senate auszusprechen: „ich weiß mehr als irgend jemand, was unsere Bevölkerung zu gegenwärtigen hätte, wenn sie sich jemals besiegen ließe!" Umringt von den drei feindlichen Heeren versuchte Napoleon noch mehrmals durch einen Angriff sich Luft zu machen; zweimal wendete er sich gegen das schlesische Heer, das bis in die Lausitz vorgedrungen war, einmal gegen die böhmische Armee, aber Blücher wich ihm gewandt aus, und als der Imperator am 10. September von der Höhe des Geierberges in das Teplitzer Tal hinabschaute, da fand er doch nicht den Entschluß, dem böhmischen Heere die Schlacht anzubieten. Es war ein ewiges *va et vient*, wie Napoleon sagte. Das nutzlose Spiel drohte sich ins Unendliche zu verlängern. Die große Armee rührte sich nicht von der Stelle. Karl Johann benutzte den Sieg von Dennewitz nicht, wollte die Elbe nicht überschreiten, solange Wittenberg noch in französischen Händen war. Wohl vereitelte das Korps Wallmodens durch das Gefecht an der Göhrde einen Versuch Davousts, die Besatzung von Magdeburg zu verstärken; die Parteigänger Colomb und Thielmann errangen manchen schönen Erfolg im Rücken des Feindes, ja, den Kosaken Czernitscheffs glückte es sogar, für einige Tage Kassel zu besetzen und den König Jerome aus seiner Hauptstadt zu verjagen. Doch was bedeutete das alles für den Ausgang des großen Krieges? Clausewitz spottete, die beiden Teile ständen sich gegenüber wie der Hund und die Feldhühner, die einander starr ansehen, bis der Jäger sein Faß! ruft.

Von Blücher und Gneisenau ward endlich dieser fröhliche Jägerruf angestimmt. Sie hatten den wiederholten Befehl zum Abmarsch gegen Böhmen unbefolgt gelassen, weil sie der schlesischen Armee die Freiheit der Bewegung erhalten wollten. Als der Krieg völlig ins Stocken kam, entschlossen sie sich eigenmächtig, nordwestwärts über die Elbe zu ziehen und den Zauderer Bernadotte mit sich fortzureißen; gelang dies, so mußte das große Hauptquartier endlich den Mut finden, das Erzgebirge zu überschreiten, und etwa in der Gegend von Leipzig konnten die drei Armeen sich vereinigen. Zog Napoleon mittlerweile nach Schlesien, um so besser für die Verbündeten, dann verlegten sie ihm mit versmmelter Kraft den Rückzug; nicht die Sicherung einer Provinz, sondern das Lager des Feindes war Gneisenaus Ziel. Wir also, schrieb er stolz, wollen die Szene eröffnen und die Hauptrolle übernehmen, da die anderen es nicht wollen. Der

König war mit dem kühnen Entschlusse einverstanden, aber der russische Bevollmächtigte im Blücherischen Hauptquartier legte förmlich Verwahrung ein.

Am 26. September traf Bennigsen mit der russischen Reservearmee aus Polen im Teplitzer Tale ein; Schwarzenberg gebot fortan über eine gewaltige Übermacht, wenn er sie nur zu vereinigen verstand. Am selben Tage brach Blücher aus der Lausitz auf; es war die entscheidende Wendung des Feldzugs. Am 3. Oktober überschritt er die Elbe bei Wartenburg, in jener sumpfigen Niederung, wo die schwarze Elster sich mit dem Strome vereinigt. Drüben auf dem linken Ufer stand das Korps Bertrands, Franzosen, Italiener, Rheinbündner, zwischen Wartenburg und Bleddin, den Augen der Preußen völlig entzogen, geschützt durch hohe Dämme und durch die sumpfigen Altwasser der Elbe. Gegen diese fast unangreifbare Festung ließ Blücher das Yorcksche Korps vorgehen. Yorck fluchte wieder über die Tollheit der Pläne Gneisenaus, doch er übernahm das Wagnis, und nach wiederholtem, vergeblichem Sturme gelang es wirklich dem unvergleichlichen Mute seiner Truppen, die Dämme zu ersteigen, den Feind zum Abzug zu nötigen. Abermals war ein glänzender Sieg allein durch die Preußen erfochten, und abermals bekamen die unglücklichen Württemberger die Schärfe des preußischen Schwertes zu kosten. Der Kampf ward mit solcher Wut geführt, daß die schwarzen Husaren einmal gefangene italienische Kanoniere zwangen, das Geschütz auf ihre eigenen Kameraden zu richten. Glückselig focht General Oppen mitten im Getümmel; der war von der nahen Nordarmee herübergeritten und ließ sich's nicht nehmen, als gemeiner Reiter mit ins Feuer zu gehen. Ein grausiger Anblick, wie die armen Leineweber von der schlesischen Landwehr scharenweise mit durchschossener Brust auf dem nassen Boden lagen unter den Obstbäumen an den Elbdeichen; vor der Schlacht hatten sie sich noch gemächlich Pflaumen geschüttelt. Als Eichhorn diese kümmerlichen Leiber betrachtete, in denen so viel Liebe und so viel Heldenmut gewohnt, da durchschauerte ihn heilige Andacht und er erkannnte, was es heiße, daß der Herr auch in den Schwachen mächtig ist. Der höchste Preis gebührte doch dem Kolbergischen Leibregimente, jener tapferen Schar, die schon an Gneisenaus Seite gestanden, als das Gestirn des Helden zuerst aufging; vor dieser Truppe entblößte der gestrenge Yorck sein Haupt, wie einst König Friedrich vor den Ansbach-Bayreuth-Dragonern. Blücher aber rief, als abends im Wartenburger Schlosse der Becher kreiste, den Sohn Scharnhorsts an seine Seite, gedachte des Vaters in bewegten Worten, nannte sich selber bescheiden einen Handwerker, der nur ausführte, was jener Unvergeßliche geplant.

Die Elbe war überschritten. In einer persönlichen Unterredung bewog Blücher den schwedischen Kronprinzen, seinem Zuge zu folgen; derweil Bernadotte in den süßesten Artigkeiten sich erging, rief der Alte seinem Dolmetscher zu: Sagen Sie dem Kerl, der Teufel soll ihn holen, wenn er nicht will! Schon am 8. Oktober stand die schlesische Armee in der Nähe von Düben, wenige Meilen nördlich von Leipzig, hinter ihm bei Dessau das Nordheer. Blüchers Vormarsch brachte alles in Bewegung. Während das böhmische Heer sich endlich anschickte, auf Leipzig zu marschieren, nahm Napoleon seine Truppen vom rechten Elbufer zurück, mit dem Befehle, vorher alles bis auf den letzten Obstbaum zu zerstören, sicherte Dresden durch eine starke Garnison und eilte selber nordwestwärts, den beiden vereinigten Armeen entgegen. Doch Blücher wich abermals aus, zog sich westlich über die Saale, so daß ihm der Weg nach Leipzig offen blieb, und der dilpomatischen Kunst Rühle von Liliensterns gelang es auch, den Kronprinzen, der schon über die Elbe zurückweichen wollte, zu dem Marsche über die Saale zu bewegen. Napoleon erkannte zu spät, daß er in die Luft gestoßen hatte. Jetzt, in höchster Bedrängnis, kam er nochmals auf seinen Lieblingsplan zurück und dachte an seinen fünften Zug gegen Berlin: so leidenschaftlich war sein Verlangen, den Herd der deutschen Volksbewegung zu züchtigen. Seine Vortruppen drangen bereits über die Elbe, Tauentzien trat mit seinem Korps den übereilten Rückzug an, und am 13. Oktober befürchtete die preußische Hauptstadt noch einmal einen feindlichen Angriff. Doch inzwischen hatte der Imperator seinen Entschluß wieder geändert und wendete sich nach Leipzig zurück. Sein Stolz verschmähte die offene Rückzugslinie nach dem Rheine; er hoffte, dicht vor den Mauern Leipzigs der von Süden heranrückenden böhmischen Armee die Schlacht anzubieten, bevor die beiden anderen Heere eintrafen. Das edle Wild war gestellt; das gewaltige Kesseltreiben dieses Herbstes näherte sich dem Ende.

Gneisenaus Augen leuchteten, als er am Morgen des 18. Oktobers das ungeheure Schlachtfeld überblickte, wie vom Nordwesten und Norden, vom Südosten und Süden her die Heersäulen der Verbündeten im weiten Halbkreise gegen Leipzig heranzogen. Er wußte, die Stunde der Erfüllung hatte geschlagen, und wie er empfand das Volk. Wie oft hatten sich die Deutschen erfreut an den Schilderungen der Kaufleute von dem vielsprachigen Völkergewimmel, das von Zeit zu Zeit markend und schachernd die hochgiebligen Straßen der alten Meßstadt erfüllte; jetzt strömten wieder alle Völker des Weltreichs vom Ebro bis zur Wolga in den schlachtgewohnten Ebenen Obersachsens zusammen. Die große Zahlwoche kam heran, die Abrechnung für zwei Jahrzehnte des Unheils und der Zerstörung. Nach der Schlacht erzählte sich das Dorf in der Pfalz, wie die acht Kaiser aus den Grüften des Speier Doms sich erhoben hatten und nächtens über den Rhein gefahren waren, um bei Leipzig mitzukämpfen; nach vollbrachter Arbeit ruhten sie wieder still im Grabe. Die Verbündeten hatten für sich den dreifachen Vorteil der Überzahl an Mannschaft und Geschütz, des konzentrischen Angriffs und einer sicheren Flügelanlehnung. Napoleon stand im Halbkreise auf der Ebene östlich von Leipzig; hinter ihm lagen die Stadt und die Auen – jene wildreichen, dichten Laubwälder, die sich meilenlang zwischen der Elster, der Pleiße und ihren zahlreichen sumpfigen Armen ausdehnen, ein für die Entfaltung großer Truppenmassen völlig unbrauchbares Wald- und Sumpfland, das die beiden Flügel der Verbündeten gegen jede Umgehung sicherte. Gelang der Angriff, so konnte der Imperator vielleicht versuchen, irgendwo den eisernen Ring der alliierten Heere zu durchbrechen und sich ostwärts nach Torgau durchzuschlagen – ein tollkühnes Wagnis, das bei einiger Wachsamkeit der Verbündeten sicher scheitern mußte. Somit blieb ihm nur noch der Rückzug nach Westen offen, erst durch die enge Stadt, dann auf einer einzigen Brücke über die Elster, endlich auf dem hohen Damme der Frankfurter Landstraße quer durch die nassen Wiesen der Auen – der denkbar ungünstigste Weg für ein geschlagenes Heer.

Am 15. war Rühle von Lilienstern mit einer Botschaft des schlesischen Hauptquartiers bei dem Oberfeldherrn in Pegau angelangt. Gneisenau schlug vor, am ersten Schlachttage das Gefecht hinzuhalten, weil mindestens 80 000 Mann von der verbündeten Armee noch nicht zur Stelle waren. Sobald diese Verstärkungen eingetroffen, sollte der Angriff auf allen Stellen des Halbkreises mit entschiedener Übermacht wieder aufgenommen und indessen durch ein in Napoleons Rücken entsendetes Korps dem Feinde die einzige Rückzugsstraße gesperrt werden; dann war nicht nur ein Sieg, sondern eine Vernichtungsschlacht, eine in aller Geschichte unerhörte Waffenstreckung möglich. Zu so hohen Flügen vermochte sich freilich Schwarzenberg nicht aufschwingen. Eine Zeitlang hoffte er sogar, die Schlacht gänzlich zu vermeiden, schon durch das Erscheinen der drei vereinigten Armeen den Imperator zum Rückzuge zu nötigen. Auch als er sich endlich überzeugen mußte, daß ein Napoleon so leichten Kaufes nicht zu verdrängen sei, entwarf er einen überaus unglücklichen Schlachtplan. Da die böhmische Armee von Süden, die beiden anderen Heere vom Norden herankamen, so mußte der Oberfeldherr – das war die Meinung des schlesischen Hauptquartiers – die Entscheidung auf seiner rechten Flanke suchen, dort auf der Rechten sich mit der Nordarmee zu verbinden streben, um die Umklammerung des Feindes zu vollenden. Statt dessen ballte er eine Masse von 35 000 Mann, lauter Österreicher, auf seinem äußersten linken Flügel zusammen und ließ sie durch das unwegsame Buschland der Auen gegen Connewitz vorgehen, in der sonderbaren Hoffnung, dort auf ganz unzugänglichem Boden Napoleons rechten Flügel von der Stadt abzudrängen. Sein General Langenau hatte ihm diesen unseligen Anschlag eingegeben; der ehrgeizige Sachse, der erst im Frühjahr zugleich mit dem Minister Senfft in österreichische Dienste übergetreten war, brannte vor Begier, sich in der Gnade seines Kaisers festzusetzen und wollte darum den Hauptschlag durch die Österreicher allein ausführen, den Preußen, die er mit dem ganzen Ingrimm des Partikularisten haßte, eine untergeordnete Rolle zuweisen. Der kleinliche Gedanke sollte sich grausam bestrafen.

Napoleon sammelte die Hauptmasse seiner Streikräfte bei Wachau, drei Stunden südöstlich der Stadt. Da er von dem Zauderer Bernadotte nichts befürchtete und die schlesische Armee noch weitab im Nordwesten wähnte, so gab er dem Marschall Marmont, der im Norden bei Möckern stand, den Befehl, sich mit der Hauptarmee zu vereinigen, um die Niederlage des böhmischen Heeres vollständig zu machen. In der Tat entsprach Karl Johann den Erwartungen des Imperators. Die Nordarmee erschien am 16. gar nicht auf dem Schlachtfelde, dergestalt daß die Alliierten nur eine geringfügige Überzahl, 192 000 gegen 177 000 Mann, in das Gefecht führen konnten; eine weite Lücke blieb zwischen den beiden Hälften der verbündeten Heere offen, die Kämpfe des ersten Tages zerfielen in Wahrheit in zwei selbständige Schlachten, bei Möckern und bei Wachau.

Blücher dagegen kam nicht auf dem Umwege über Merseburg, sondern geradewegs von Halle auf der Landstraße am Ostrande der Auen heran und zwang Marmont durch sein unerwartetes Erscheinen, bei Möckern stehenzubleiben. Wie lieblich war den tapferen Schlesiern das Leben eingegangen die letzten Tage über, als sie jubelnd in Halle einzogen, von den Bürgern der endlich befreiten treuen Stadt auf den Händen getragen, und dann bei Becherklang und vaterländischen Gesängen, nach altem Burschenbrauche die Nacht verbrachten. Dem Rausche der jugendlichen Lust folgte die ernste Arbeit, die blutigste des ganzen Krieges, denn wieder fiel dem Yorckschen Korps die schwerste Aufgabe zu. Als Yorck am Morgen des 16. in Schkeuditz unter seinen Fenstern die Husaren zum Aufsitzen blasen hörte, da hob er sein Glas und sprach den Kernspruch seines lieben Paul Gerhardt: den Anfang, Mitt' und Ende, Herr Gott, zum besten wende! Wohl mochte er sich einer höheren Hand empfehlen, denn unangreifbar wie bei Wartenburg schien wieder die Stellung des Feindes. Marmont lehnte sich mit seiner linken Flanke bei Möckern an den steilen Talrand der Elster, hatte die Mauern des Dorfes zur Verteidigung eingerichtet, weiter rechts auf den flachen Höhen eine Batterie von 80 Geschützen aufgefahren. Gegen diese kleine Festung stürmten die Preußen heran auf der sanft aufsteigenden, baumlosen Ebene; sechsmal drangen sie in das Dorf und verloren es wieder; das Gefühl der einzigen Größe des Tages beschwingte beiden Teilen die Kraft. Endlich führte Yorck selber seine Reiterei zum Angriff gegen die Höhen unter dem Rufe: „marsch, marsch, es lebe der König," nach einem wütenden Häuserkampfe schlägt das Fußvolk den Feind aus dem Dorfe heraus; am Abend muß Marmont gegen die Stadt zurückweichen, 53 Kanonen in den Händen der Preußen lassen, und an den Wachtfeuern der Sieger ertönt das Lied: Nun danket alle Gott, wie in der Winternacht von Leuthen. Aber welch ein Anblick am nächsten Morgen, als die Truppen zum Sonntagsgottesdienst zusammentraten. Achtundzwanzig Kommandeure und Stabsoffiziere lagen tot oder verwundet; von seinen 12 000 Mann Infanterie hatte Yorck kaum 9000 mehr, seine Landwehr war im August mit 13 000 Mann ins Feld gezogen und zählte jetzt noch 2000. So waren an dieser einen Stelle die Verbündeten bis auf eine kleine Stunde an die Tore von Leipzig herangelangt.

Das Ausbleiben der Nordarmee hatte die üble Folge, daß Blücher seine Armee nicht schwächen durfte und nicht, wie seine Absicht war, ein Korps westlich durch die Auen auf die Rückzugslinie Napoleons entsenden konnte. Dort im Westen stand also Gyulay mit seinen 22 000 Österreichern den 15 000 Mann des Bertrandschen Korps allein gegenüber, und er verstand nicht, seine Übermacht zu verwerten; die große Frankfurter Straße blieb dem Imperator gesichert. Auch auf dem Hauptschauplatze des Kampfes, bei Wachau, fochten die Verbündeten nicht glücklich. Hier hatte zwei Tage vorher ein großartiges Vorspiel der Völkerschlacht sich abgespielt, ein gewaltiges Reitergefecht, wobei König Murat nur mit Not dem Säbel des Leutnants Guido v. d. Lippe von den Neumärkischen Dragonern entgangen war. Heute hielt Napoleon selber mit der Garde und dem Kerne seines Heeres die dritthalb Stunden lange Linie von Dölitz bis Seifertshain besetzt, durch Zahl und Stellung den Verbündeten überlegen, 121 000 gegen 113 000 Mann. Auf dem linken Flügel der Alliierten, zwischen den beiden Flüssen, vergeudeten die unglücklichen Opfer der Feldherrnkunst Langenaus ihre Kraft in einem tapferen, aber aussichtslosen Kampfe; eingeklemmt in dem buschigen Gelände vermochten sie ihre Macht nicht zu gebrauchen, General Merveldt selbst geriet mit einem Teil seines Korps in Gefangenschaft; mit Mühen wurden die Reserven dieser Österreicher aus den Auen über die Pleiße rechtsab auf die offene Ebene hinaufgezogen. Es war die höchste Zeit, denn hier im Zentrum konnten Kleists Preußen und die Russen des Prinzen Eugen sich auf die Dauer nicht behaupten in dem verzweifelten Ringen gegen die erdrückende Übermacht, die unter dem Schutze von 300 Geschützen ihre Schläge führte. Die volle Hälfte dieser Helden von Kulm lag auf dem Schlachtfelde. Schon glaubt Napoleon die Schlacht gewonnen, befiehlt in der Stadt Viktoria zu läuten, sendet Siegesboten an seinen Vasallen König Friedrich August, der in Leipzig angstvoll der Entscheidung harrt. „Noch dreht sich die Welt um uns" – ruft er frohlockend seinem Daru zu. Ein letzter zerschmetternder Angriff der gesamten Reiterei soll das Zentrum durchbrechen. Noch einmal dröhnt die Erde von dem Feuer der 300 Geschütze, dann rasen 9000 Reiter in geschlossener Masse über das Blachfeld dahin, ein undurchdringliches Dickicht von Russen, Helmen, Lanzen und Schwertern. Da kommen die österreichischen Reserven aus der Aue heran, und während die Reitermassen, atemlos von dem tollen Ritt, allmählich zurückgedrängt werden, setzen sich die Verbündeten nochmals in den verlorenen Dörfern fest, und am Abend behaupten sie fast wieder dieselbe Stellung wie am Morgen. Schwarzenbergs Angriff war gescheitert, doch der Sieger hatte nicht einmal den Besitz des Schlachtfeldes gewonnen.

Trat Napoleon jetzt den Rückzug an, so konnte er sein Heer in guter Ordnung zum Rheine führen; denn die schlesische Armee, die einzige Siegerin dieses ersten Schlachttags, stand von der Frankfurter Straße noch weit entfernt und war überdies tief erschöpft von dem verlustreichen Kampfe. Aber der Liebling des Glücks vermochte das Unglück nicht zu ertragen. Nichts mehr von der gewohnten Kälte und Sicherheit der politischen Berechnung; sein Hochmut wollte sich den ganzen Ernst der Lage nicht eingestehen, wollte nicht lassen von unmöglichen Hoffnungen. Der Imperator tat das Verderblichste, was er wählen konnte, versuchte durch den gefangenen Merveldt Unterhandlungen mit seinem Schwiegervater anzuknüpfen und gewährte also den Verbündeten die Frist, ihre gesamten Streitmassen heranzuziehen. Am 17. Oktober ruhten die Waffen, nur Blücher konnte sich die Lust des Kampfes nicht versagen, drängte die Franzosen bis dicht an die Nordseite der Stadt zurück.

Am 18. früh hatte Napoleon seine Armee näher an Leipzig herangenommen, ihr Halbkreis war nur noch etwa eine Stunde von den Toren der Stadt entfernt. Gegen diese 160 000 Mann rückten 225 000 Verbündete heran. Mehr als einen geordneten Rückzug konnte der Imperator nicht mehr erkämpfen; er aber hoffte noch auf Sieg, wies den Gedanken an eine Niederlage gewaltsam von sich, versäumte alles, was den schwierigen Rückmarsch über die Elster erleichtern konnte.

Die Natur der Dinge führte endlich den Ausgang herbei, welche Gneisenaus Scharfblick von vornherein als den einzig möglichen angesehen hatte: die Entscheidung fiel auf dem rechten Flügel der Verbündeten. Napoleon übersah von der Höhe des Thonbergs, wie die Österreicher auf dem linken Flügel der Alliierten abermals mit geringem Glück den Kampf um die Dörfer an der Pleiße eröffneten, wie dann das Zentrum der Verbündeten über das Schlachtfeld von Wachau herankam. Es waren die kampferprobten Scharen Kleists und des Prinzen Eugen; über die unbestatteten Leichen der zwei Tage zuvor gefallenen Kameraden ging der Heerzug hinweg, man hörte die Knochen der Toten unter den Hufen der Rosse und den Rädern der Kanonen knarren. Vor der Front der Angreifer lagen langhingestreckt die hohen Lehmmauern von Probstheida, auf beiden Seiten durch Geschütze gedeckt – der Schlüssel des französischen Zentrums. Unter dem Kreuzfeuer der Batterien begann der Angriff, ein sechsmal wiederholtes Stürmen über das offene Feld, doch zuletzt behauptete sich Napoleons Garde in dem Dorfe, und auch Stötteritz nebenan blieb nach wiederholtem Sturm und mörderischem Häuserkampfe in den Händen der Franzosen; man sah nachher in den Gärten und Häusern die Leichen von Russen und Franzosen, die einander gegenseitig das Bajonett durch den Leib gerannt, angespießt auf dem Boden liegen. Unmittelbar unter den Augen des Imperators ward auch heute den Verbündeten kein entscheidender Erfolg, obgleich sie dicht an den Schlüsselpunkt seiner Stellung herangelangten. Indessen rückte auf ihrem rechten Flügel das Nordheer in die Schlachtlinie ein, welche die böhmische Armee von der schlesischen trennte, schloß den großen Schlachtring, der die Franzosen umfaßte. Es hatte der Mühe genug gekostet, bis Karl Johann, der am 17. endlich bei Breitenfeld auf der alten Stätte schwedischen Waffenruhmes angelangt war, zur tätigen Teilnahme beredet wurde; um den Bedachtsamen nur in den Kampf hineinzureißen, hatte Blücher seiner eigenen Tatkraft das schwerste Opfer zugemutet, 30 000 Mann seines Heeres an die Nordarmee abgetreten und damit selber auf den Ruhm eines neuen Sieges verzichtet. Einmal entschlossen, zeigte Bernadotte die Umsicht des bewährten Feldherrn. Während Langerons Russen auf der äußersten Rechten der Angriffslinie durch wiederholten Sturm den Feind aus Schönefeld zu verdrängen suchten, traf die Hauptmasse der Nordarmee am Nachmittag auf der Ostseite von Leipzig ein. Bülow führte das Vordertreffen und schlug das Korps Reyniers aus Paunsdorf hinaus.

So stießen die alten Feinde von Großbeeren abermals aufeinander, doch wie war seitdem die Stimmung in den sächsischen Regimentern umgeschlagen! Wunderbar lange hatte die ungeheure Macht des deutschen Fahneneides die Truppen des Rheinbundes bei ihrer Soldatenpflicht festgehalten; außer einigen vereinzelten Bataillonen waren bisher nur zwei westfälische Reiterregimenter zu den Verbündeten übergegangen. Mit dem Glücke schwand auch das Selbstgefühl der napoleonischen Landsknechte; die Sachsen fühlten sich zudem in ihrer militärischen Ehre gekränkt durch die Lügen der napoleonischen Bulletins; sie sahen mit Unmut, wie ihre Heimat ausgeplündert, ihr König von Ort zu Ort hinter dem Protektor her geschleppt wurde; und sollten sie mit nach Frankreich entweichen, wenn Napoleon die Schlacht verlor und Sachsen ganz in die Gewalt der Verbündeten fiel? Selbst die Franzosen empfanden Mitleid mit der unnatürlichen Lage dieser Bundesgenossen; Reynier hatte bereits den Abmarsch der Sachsen nach Torgau angeordnet, als das Anrücken der Nordarmee die Ausführung des wohlgemeinten Befehls verhinderte. Nur König Friedrich August zeigte kein Verständnis für die Bedrängnis seiner Armee, noch für seine eigene Schande. Unwandelbar blieb sein Vertrauen auf den Glücksstern des Großen Alliierten; noch während der Schlacht verwies er seine Generale trocken auf ihre Soldatenpflicht, als sie ihn baten, die Trennung des Kontingents von dem französischen Heere zu gestatten. Die deutsche Gutmütigkeit wollte dem angestammten Herrn so viel Verblendung nicht zutrauen. Die Offiziere glaubten fest, ihr König sei unfrei; keineswegs in der Meinung, ihren Fahneneid zu brechen, sondern in der Absicht, das kleine Heer des Landesherrn zu erhalten, beschlossen sie das Ärgste, was der Soldat verschulden kann, den Übergang in offener Feldschlacht. In der Gegend von Paunsdorf und Sellerhausen schlossen sich etwa 3000 Mann der sächsischen Truppen an die Nordarmee an; mit ihnen eine Reiterschar aus Schwaben. Die Preußen und Russen nahmen die Flüchtlinge mit Freuden auf; nur den württembergischen General Normann, der einst bei Kitzen die Lützower verräterisch überfallen hatte, wies Gneisenau mit verächtlichen Worten zurück. Friedrich Wilhelms Ehrlichkeit aber hielt den Vorwurf nicht zurück: wie viel edles Blut die Sachsen dem Vaterlande ersparen konnten, wenn sie ihren Entschluß früher, vor der Entscheidung, faßten! Der traurige Zwischenfall blieb ohne jeden Einfluß auf den Ausgang der Völkerschlacht; doch warf er ein grelles Schlaglicht auf die tiefe sittliche Fäulnis des kleinstaatlichen Lebens. Das Gewissen des Volkes begann endlich irr zu werden an der Felonie des napoleonischen Kleinkönigtums; trotz aller Lügenkünste partikularistischer Volksverbildung erwachte wieder die Einsicht, daß auch nach dem Untergange des alten Reichs die Deutschen noch ein Vaterland besaßen und ihm verbunden waren durch heilige Pflichten.

Gegen 5 Uhr vereinigte Bülow sein ganzes Korps zu einem gemeinsamen Angriff, erstürmte Sellerhausen und Stüntz, drang am Abend bis in die Kohlgärten vor, dicht an die östlichen Tore der Stadt. Da währenddem auch Langeron auf der Rechten das hart umkämpfte Schönefeld endlich genommen hatte und ebenfalls gegen die Kohlgärten herandrängte, so war Ney mit dem linken Flügel der Franzosen auf seiner ganzen Linie abgeschlagen. Durch diese Niederlage ward Napoleons Stellung im Zentrum unhaltbar. Noch am Abend befahl er den Rückzug des gesamten Heeres. Nun wälzten sich die dichten Massen der geschlagenen Armee durch drei Tore zugleich in die Stadt hinein, um dann allesamt in entsetzlicher Verwirrung auf der Frankfurter Straße sich zu vereinigen. Daß dieser eine Weg noch offenblieb, war das Verdienst des unglücklichen Gyulay, der auch am dritten Schlachttage auf der Westseite nichts ausgerichtet hatte; bis zur Saale hin hielt Bertrand den Franzosen die Rückzugsstraße frei. Die Hunderttausende, die beim Feuerscheine von zwölf brennenden Dörfern auf dem teuer erkauften Schlachtfelde lagerten, empfanden tief erschüttert den heiligen Ernst des Tages; unwillkürlich stimmten die Russen eines ihrer frommen Lieder an, und bald klangen überall, in allen Zungen der Völker Europas, die

Dankgesänge zum Himmel auf. Die Sieger beugten sich unter Gottes gewaltige Hand; recht aus dem Herzen der frommen bewegten Zeit heraus sang der deutsche Dichter:

O Tag des Sieges, Tag des Herrn,
Wie feurig schien dein Morgenstern!

Nur der Feldherr, der von Amts wegen als der Besieger Napoleons gefeiert wurde, vermochte die Größe des Erfolgs nicht zu fassen. Schwarzenberg weigerte sich, die noch ganz unberührten russischen und preußischen Garden zur Verfolgung auszusenden – nicht aus Arglist, wie manche der grollenden Preußen annahmen, sondern weil sein Kleinmut die Geschlagenen nicht zur Verzweiflung treiben wollte. Blücher hatte den Tag über, wegen des verspäteten Eintreffens der Nordarmee, sein kleines Heer zusammenhalten müssen, um einen Ausfall in der Richtung auf Torgau, den man noch immer befürchtete, zurückweisen zu können; darum ward Yorck erst am Abend auf dem weiten Umwege über Merseburg dem fliehenden Feinde nachgesendet. Also konnte Napoleon noch 90 000 Mann, fast durchweg Franzosen, aus der Schlacht retten. Die Deckung des Rückzugs, die Verteidigung der Stadt überließ er seinen Vasallen, den Rheinbündnern, Polen und Italienern; mochten sie noch einmal für ihn bluten; dem Kaiserreich waren sie doch verloren.

So mußte denn am 19. der Kampf um den Besitz der Stadt selber von neuem begonnen werden. Während Blücher im Norden seine Russen gegen das Gerbertor führt und dort zuerst von den Kosaken mit dem Ehrennamen Marschall Vorwärts begrüßt wird, bricht Bülows Korps aus den Kohlgärten gegen die Ostseite der Stadt auf. Borstells Brigade dringt in den Park der Milchinsel, Friccius mit der ostpreußischen Landwehr erstürmt das Grimmaische Tor. Noch stehen die Regimenter des Rheinbundes dicht gedrängt auf dem alten Markte, da tönen schon die Flügelhörner der pommerischen Füsiliere die Grimmaische Gasse herunter, dazwischen hinein der donnernde Ruf: Hoch Friedrich Wilhelm! Bald blitzen Bajonette, lärmen die Trommeln und gellen die Querpfeifen auch in den andern engen Gassen, die nahe dem alten Rathause münden. Alles strömt zum Marktplatze; die Sieger von Katzbach, von Kulm und Dennewitz feiern hier in Gegenwart der gefangenen Feinde jubelnd ihr Wiedersehen. Neue stürmische Freudenrufe, als der Zar und der König selber einreiten; selbst die Rheinbündner stimmen mit ein; alle fühlen, wie aus Schmach und Greueln der junge Tag des neuen Deutschlands leuchtend emporsteigt. Während den König von Preußen sein tapferes Heer frohlockend umdrängt, steht nahebei – ein klägliches Bild der alten Zeit, die nun zum Grabe geht – Friedrich August von Sachsen entblößten Hauptes, mitten im Gewühle an der Tür des Königshauses. Der hat während der Stunden des Sturmes ängstlich im Keller gesessen, betrogen von den prahlerischen Verheißungen des Protektors, noch bis zum letzten Augenblicke auf die siegreiche Rückkehr des Unüberwindlichen gehofft. Nun würdigen ihn die Sieger keines Blicks, sein eigenes Volk beachtet ihn nicht, vor seinen Augen wird seine rote Garde von Friedrich Wilhelms Adjudanten Natzmer zur Verfolgung der Franzosen hinweggeführt. Mit naiver Freude wie ein Held des Altertums schreibt Gneisenau die Siegesbotschaft den entfernten Freunden in allen Ecken des Vaterlandes: „Wir haben die Nationalrache in langen Zügen genossen. Wir sind arm geworden, aber reich an kriegerischem Ruhme und stolz auf die wiedererrungene Unabhängigkeit."

Dreißigtausend Gefangene fielen den Siegern in die Hände. Die Umzingelung der Stadt von den Auen her war bereits nahezu vollendet, als die Elsterbrücke an der Frankfurter Straße in die Luft gesprengt und damit den wenigen, die sich vielleicht noch retten konnten, der letzte Ausweg versperrt wurde. Ein ganzes Heer, an hunderttausend Mann, lag tot oder verwundet. Was vermochte die Kunst der Ärzte, was die menschenfreundliche Aufopferung des edlen Ostfriesen Reil gegen solches Übermaß des Jammers? Das Medizinalwesen der Heere war überall noch nicht weit über die Weisheit der friderizianischen Feldscherer hinausgekommen, und über der wackeren, gutherzigen Leipziger Bürgerschaft lag noch der Schlummergeist des alten kursächischen Lebens, sie verstand nicht, rechtzeitig Hand anzulegen. Tagelang blieben die Leichen der preußischen Krieger im Hofe der Bürgerschule am Wall unbeerdigt, von Raben und Hunden benagt; in den Konzertsälen des Gewandhauses lagen Tote, Wunde, Kranke auf faulem Stroh beisammen, ein verpestender Brodem erfüllte den scheußlichen Pferch, ein Strom von zähem Kot sickerte langsam die Treppe hinab. Wenn die Leichenwagen durch die Straßen fuhren, dann geschah es wohl, daß ein Toter der Kürze halber aus dem dritten Stockwerk hinabgeworfen wurde, oder die begleitenden Soldaten bemerkten unter den starren Körpern auf dem Wagen einen, der sich noch regte, und machten mit einem Kolbenschlage mitleidig dem Greuel ein Ende. Draußen auf dem Schlachtfelde hielten die Aasgeier ihren Schmaus; es währte lange, bis die entflohenen Bauern in die verwüsteten Dörfer heimkehrten und die Leichen in großen Massengräbern verscharrten. Unter solchem Elend nahm dies Zeitalter der Kriege vom deutschen Boden Abschied, die fürchterliche Zeit, von der Arndt sagte: „dahin wollte es fast mit uns kommen, daß es endlich nur zwei Menschenarten gab, Menschenfresser und Gefressene!“ Dem Geschlechte, das solches gesehen, blieb für immer ein unauslöslicher Abscheu vor dem Kriege, ein tiefes, für minder heimgesuchte Zeiten fast unverständliches Friedensbedürfnis.

Am 24. Oktober besuchte König Friedrich Wilhelm seine Hauptstadt. Es drängte ihn, am Grabe seiner Gemahlin zu beten, denn überall auf seiner wilden Kriegsfahrt war ihr Bild ihm zur Seite gewesen, und auch unter den Truppen hieß es immer wieder: warum durfte die Königin das nicht mehr erleben? Dann erschien er im Theater; das Heil Dir im Siegerkranz brauste durch den Saal, diesmal mit besserem Rechte als einst, da das dünkelhafte Geschlecht der neunziger Jahre sich zuerst an den prächtigen Klängen weidete. Vor sieben Jahren, am nämlichen Tage war Napoleon durch das Brandenburger Tor eingeritten, und welch ein Wandel seitdem! Wie hatte sich doch dieser verstümmelte Staat mit seinen fünf Millionen Menschen wieder aufgeschwungen auf die Höhen der Geschichte! Mochten die Männer der Kriegspartei von 1811 geirrt haben in der Wahl des Augenblicks, zu groß hatten sie nicht gedacht von ihrem Volke. Jetzt galt er wieder, der alte Wahlspruch *Nec soli cedit*! In jenen Tagen schrieb eine englische Zeitung: „Wer gab Deutschland das erste Beispiel des Abfalls von Napoleon? Die Preußen. Wer hielt die Schlachten von Lützen und Bautzen? Die Preußen. Wer siegte bei Haynau? Die Preußen. Wer bei Großbeeren, bei Katzbach und Dennewitz? Immer die Preußen. Wer bei Kulm, Wartenburg, Möckern und Leipzig? Die Preußen, immer die Peußen.“ Wie eine Drohung klang dies stolze *the Prussians, ever the Prussians*! dem Kaiser Franz und den Fürsten des Rheinbundes. Welcher Zukunft ging Deutschland entgegen, wenn dieser Staat seine alte Macht zurückerlangte?

Durch die Leipziger Schlacht war das ursprüngliche Ziel des Krieges gesichert: die Auflösung des Rheinbundes und die Befreiung Deutschlands bis zum Rheine. Aber mit dem Erfolg wuchs die Hoffnung. Am Tage nach dem Sturme trafen sich Stein und Gneisenau auf dem Markte zu Leipzig und gaben einander die Hand darauf, daß dieser Kampf nicht anders enden dürfe als mit dem Sturze Napoleons und der Wiedereroberung des linken Rheinufers. Was vor wenigen Wochen noch den Kühnen selber unmöglich deuchte, erschien jetzt mit einem Male nah und erreichbar. Auf Steins Geheiß ging der getreue Arndt sofort an die Arbeit; er sammelte aus dem reichen Schatz seines Wissens alle die historischen Erinnerungen und romantischen Bilder, denen er bedurfte, um auf sein gelehrtes Volk zu wirken, und lebte sich ein in eine Anschauung, welche damals noch neu, bald eine treibende Kraft des Jahrhunderts werden sollte: in den Gedanken, daß am letzten Ende die Sprache und historische Eigenart der Nationen die Grenzen der Staaten bestimme. Und so, noch unter dem frischen Eindruck „der herrlichen Schlacht“, schrieb er das wirksamste seiner Bücher, die fröhliche Losung für die Kämpfe der nächsten Monate: der Rhein Deutschlands Strom, nicht Deutschlands Grenze!

Napoleon am Sarge Friedrichs des Großen
in der Garnisonskirche zu Potsdam

Karl August Fürst von Hardenberg

# V

# Ende der Kriegszeit

Die Schlacht von Leipzig brachte allen deutschen Landen bis zum Rheine die Befreiung, trotz der matten Verfolgung des geschlagenen Heeres. Der österreichischen Politik erschien der errungene Sieg fast allzu groß, sobald sich sein voller Umfang übersehen ließ. Die Vernichtung der napoleonisichen Macht stand in sicherer Aussicht, sie ward abgewendet durch die Schuld des großen Hauptquartiers. Die Armee Bennigsens ging an die Elbe zurück, das böhmische Heer rückte langsam durch Franken und Thüringen westwärts, die Nordarmee wendete sich nach Hannover und Westfalen. Blücher aber, der auf der Frankfurter Straße dem Feinde dicht auf den Hacken saß, nur einen Tagesmarsch hinter dem Hauptquartier des Kaisers, erhielt plötzlich Befehl, vom geraden Wege ab nach der Wetterau und dem Lahntale auszubiegen, weil Kaiser Franz mit seinen Österreichern zuerst in die alte Krönungsstadt einziehen wollte. So im Rücken unbelästigt, führte Napoleon seine Truppen durch die schwierigen Engpässe des Rhöngebirges. Tausende waren ausgetreten und trieben als Fricoteurs ihr Unwesen, mancher auch ward von den ergrimmten Bauern erschlagen. Der Kern des Heeres hielt noch zusammen, erreichte glücklich die Mainebene bei Hanau und schlug dort, aus dem Lamboy-Walde hervorbrechend, die bayrisch-österreichische Armee des Genrals Wrede, die den Flüchtigen den Weg zu verlegen suchte (30., 31. Oktober). Der bayrische Heerführer, der roheste Prahler unter den Landsknechten des Rheinbundes, dachte durch einen glänzenden Sieg seinem Staate die Gunst der verbündeten Mächte zu sichern. Jedoch hatte er kostbare Tage vor den Wällen von Würzburg versäumt und gelangte nicht rechtzeitig in die vorteilhafte Stellung an den Kinzigpässen, wo sich den Franzosen die Rückzugslinie leicht versprerren ließ. Er setzte voraus, daß die Verbündeten dem Feinde unmittelbar folgten, und durfte, als er seinen Irrtum endlich erkannte, die Schlacht doch nicht abbrechen, weil Bayern sich das Vertrauen seiner neuen Freunde erst zu verdienen hatte. Also ward dem Imperator die Genugtuung, daß er seine deutschen Heerfahrten mit der Demütigung eines abtrünnigen Vasallen beschließen konnte. An 70 000 Mann gelangten noch auf das linke Rheinufer. Hier aber brach die letzte Kraft der Unglücklichen zusammen; furchtbare Krankheiten lichteten ihre Reihen, und während einiger Wochen war Frankreich ohne Heer, widerstandslos gegen jeden Angriff. Die 190 000 Mann, die noch zerstreut in den Festungen Norddeutschlands und Polens standen, gab Napoleon selbst verloren; er erbot sich zur Räumung der Oder- und Weichsellinie, wenn nur die Garnisonen freien Abzug erhielten, aber die Verbündeten durchschauten die Kriegslist und weigerten sich, dem Verzweifelten ein neues Heer zu schenken.

Dem Korps Bülow wurde die Freude, die verlorenen westlichen Provinzen wieder in Besitz zu nehmen. Sobald die Kunde von der Leipziger Schlacht kam, holte der westfälische Steuerdirektor von Motz sofort seine alte Uniform hervor und trat in Mühlhausen als königlich preußischer Landrat auf; das Volk gehorchte, als verstünde sich's von selber. Überall wurden die Befreier mit offenen Armen aufgenommen, nirgends mit lauterem Jubel als in Ostfriesland, dem Lieblingslande des großen Königs. Die alten Fahnen und Embleme der friderizianischen Zeit, wohl geborgen in dem schönen Waffensaale des Rathauses zu Emden, kamen alsbald wieder zum Vorschein, als die Blücherischen Husaren einzogen und nach ihnen Friccius mit der ostpreußischen Landwehr. Wie viel Zorn und Kummer hatte der treue Vincke die letzten Jahre über hinuntergewürgt, während er still auf seinem Gute in der Grafschaft Mark saß. Die Franzosen witterten wohl, daß seine ökonomische Lesegesellschaft in Hamm sich nicht bloß mit der Landwirtschaft beschäftigen mochte; eine Zeitlang verwiesen sie ihn auf das linke Rheinufer, denn der Freund und Nachfolger Steins dürfe nicht diesseits des Rheins bleiben, solange die Russen diesseits der Oder ständen. Endlich wieder freigelassen, erwartete er stündlich eine neue Verhaftung. Da kam ein Eilbote von den roten Husaren aus Hamm; spornstreichs eilte Vincke hinüber, befahl sogleich in einem Rundschreiben allen Bürgermeistern bis zum Rheine, sich dem rechtmäßigen alten Herrn wieder zu unterwerfen, übernahm die Leitung der Verwaltung in allen ostpreußischen Gebieten Westfalens und dehnte seine Gewalt ohne weiteres auch über einige Enklaven, Dortmund, Limburg, Corvey aus. Ein Rausch der Freude ging durch das befreite Land; man erkannte die stillen, ernsthaften Menschen der roten Erde kaum wieder.

Dieselben herzerschütternden Auftritte opferfreudiger Erhebung, welche das Frühjahr in den östlichen Provinzen gesehen, wiederholten sich jetzt im Westen. Zwei der angesehensten Grundherren erließen einen Aufruf, natürlich mit dem preußischen Adler darüber, begrüßten die Befreier mit überschwenglichen Worten – „wer, biedere Landsleute, ward nicht von einem heiligen Wonneschauer durchdrungen, wie er die ersten Preußen als seine Erretter in unserer Mitte sah?" – und forderten die Markaner auf, nach dem Vorbilde dieser „wahren Hermannsöhne" Freiwillige zu stellen und eine Landwehr zu bilden. Auch in Kleve überall derselbe jubelnde Empfang. Es war ein großes häusliches Fest, ein fröhliches Wiedersehen lange getrennter Brüder, eine handgreifliche Widerlegung der in den Kleinstaaten landläufigen Ansicht, daß dieses Preußen ein künstlicher Staat sei. Nur unter dem Adel des Münsterlandes zeigte sich wieder der alte pfäffische Haß gegen die preußischen Ketzer. Die Jugend eilte frohlockend zu den Fahnen; am eifrigsten in den altpreußischen Gebieten – wie ja noch bis zum heutigen Tage jene Striche Deutschlands, die durch die harte Schule König Friedrich Wilhelms I. gegangen sind, die größte Bereitwilligkeit zum Waffendienste zeigen. In den meisten Kreisen von Kleve und der Grafschaft Mark war eine förmliche Aushebung nicht nötig, da die Zahl der Freiwilligen den Bedarf überreichlich deckte. Selbst die Ostfriesen, denen König Friedrich die Befreiung von der Kantonspflicht geschenkt hatte, überwanden den Widerwillen des Seemanns gegen den Landdienst und stellten sich zahlreich. Ein Teil der also in höchster Eile gebildeten Truppen konnte in der Tat noch rechtzeitig zur Einschließung der französischen Festungen abgehen. Den bibelfesten Markanern predigten die Pfarrer von dem eifrigen Herrn Zebaoth, der sein Volk aufruft zum heiligen Kampfe. Selbst der Landsturm kam mehrmals, öfter als im Osten, zur Verwendung. Die ostfriesischen Landstürmer nahmen teil an der Belagerung von Delfzyl, die klevischen lagen wochenlang vor Wesel; in dem altberühmten klevischen Dorfe Brünne, das schon im siebenjährigen Krieg seine Treue erprobt hatte, trugen nach dem Frieden alle Männer die Kriegsdenkmünze. –

Unter den nichtpreußischen Gebieten zeigte das Herzogtum Berg den freudigsten patriotischen Eifer. Das Land stand von altersher in freundschaftlichem Verkehre mit den preußischen Nachbarn in der Grafschaft Mark, seine Protestanten hatten schon in der friderizianischen Zeit immer zur preußischen Partei gehalten; jetzt war alles erbittert gegen die napoleonischen Präfekten, die schon zu Anfang des Jahres einen Aufstandsversuch mit blutiger Strenge niedergeworfen hatten. Das ganze Land fiel der deutschen Sache zu, als der Generalgouverneur Justus Gruner einzog und nach seiner leidenschaftlichen Weise mit schwungvollen, enthusiastischen Worten das Volk zur Rüstung aufforderte. Fast so schnell wie in den altpreußischen Gebieten versammelte sich die junge Mannschaft. Der Landsturm versuchte sogar, am 3. Januar bei Mühlheim und am Fuße des Siebengebirges den Übergang über den Rhein zu erzwingen, und lange noch blieben die Namen der beiden Führer des verunglückten Unternehmens, Boltenstern und Genger, dem bergischen Volke im Gedächtnis. Es war das erste Wiedererwachen eines ernsten politischen Wollens in diesen ermatteten rheinischen Landen. Das erbitterte Volk wollte alle Institutionen der Fremdherrschaft sogleich beseitigt sehen. Fort mit dem welschen Rechte! hieß es überall; am Jahrestage der Leipziger Schlacht wurde in Düsseldorf die Guillotine als das Symbol der fremden Tyrannei feierlich verbrannt. Gruner aber begnügte sich, das Heerwesen neuzugestalten und – bezeichnend genug für den idealistischen Zug der Zeit – das französische Wesen aus den Schulen auszutreiben. Auch die härtesten der napoleonischen Steuern, die berüchtigten *droits réunis* und die den rauchlustigen Deutschen besonders verhaßte Tabaksregie fielen dahin. Sonst blieb die Organisation der Verwaltung und der Gerichte vorläufig unverändert, nur daß den Kreisdirektoren, wie jetzt die Unterpräfekten hießen, nach deutscher Weise größere Selbständigkeit gewährt wurde. Im ganzen war das Volk zufrieden und ertrug willig die schweren Lasten dieses provisorischen Regiments, das in anderthalb Jahren dem ausgesogenen Lande noch 6½ Millionen Franken an Kriegssteurn und Zwangsanleihen abfordern mußte.

Wie anders die Stimmungen und Zustände am linken Ufer! Als die Verbündeten im Dezember das Elsaß betraten, begegnete ihnen überall ein finsterer, fanatischer Haß; das tapfere Volk war völlig berauscht von dem Kriegsruhme der napoleonischen Adler, der Bauer glaubte jetzt noch weit fester als in den neunziger Jahren, daß der Sieg der Koalition ihm den Jammer der Zehnten und der Herrendienste wiederbringen werde. Weiter abwärts am Rheine zeigte sich zwar solche offene Feindseligkeit nur selten; jedoch nach zwei Jahrzehnten der Fremdherrschaft baute alle Welt auf Frankreichs Unüberwindlichkeit. Wenige hielten den Untergang des napoleonischen Reiches schon für entschieden, niemand wünschte die alten Zustände zurück. Die unter dem Schutze des Kontinentalsystems emporgekommene Industrie fürchtete, den reichen französischen Markt zu verlieren; die Frauen der höheren Stände, die ja selbst im Innern Deutschlands sich nur zu oft schwach gezeigt hatten gegen die welsche Liebenswürdigkeit, verhehlten hier selten ihre Vorliebe für die leichte Anmut der französischen Sitten. Die Massen des Volkes waren des fremden Wesens müde; man bereitete da und dort den deutschen Truppen festlichen Empfang, ließ sich durch die Aufhebung der verwünschten *droits réunis* und den wieder eröffneten Verkehr mit den überrheinischen Landsleuten wohl gefallen, half auch wohl selber beim Niedereißen der verhaßten Zollhäuser.

In jenen Kreisen der gebildeten Jugend, die von dem Hauche der neuen christlich-germanischen Romantik berührt waren, herrschte fröhliche Begeisterung; freudestrahlend zog der junge Ferdinand Walter mit den Donischen Kosaken ins Feld, auch einzelne ältere Männer schlossen sich freiwillig den preußischen Bataillonen an. Doch von einer allgemeinen Volkserhebung war nicht die Rede. Die Sieger selbst wagten kaum, diese grunddeutschen Menschen schlechtweg als Deutsche zu behandeln. Der *Courrier d'Aix la Chapelle* schrieb noch fast ein Jahr lang französisch, das *Journal du Bas Rhin et du Rhin Moyen* brachte seine amtlichen Bekanntmachungen in beiden Sprachen. Der neue Generalgouverneur, Oberpräsident Sack, selbst ein geborener Rheinländer, verstand mit den Leuten umzugehen; soweit es anging, suchte er das Volk selber zu den Verwaltungsgeschäften heranzuziehen. Mehrmals wurden die alten Generalräte – Landesdeputierte hießen sie jetzt – nach Aachen berufen, um über die Verteilung der Kriegssteuern und Lieferungen zu beratschlagen. In jedem Kanton ward ein unbesoldeter Kommissär aus der Mitte der Eingesessenen ernannt, der die Wünsche und Beschwerden des Bezirks dem Gouvernement vortragen sollte. Aber die Masse der neuen Beamten, die in den Stellen der entflohenen Franzosen einrückten, der unvermeidliche Druck der Kriegssteuern und die Unsicherheit der provisorischen Zustände erweckten bald Unwillen in dem leicht erregbaren Volke. Nicht lange, und der Ruf: „da möchte man doch gleich provisorisch werden„ war eine beliebte rheinländische Verwünschung. Jetzt schon ließ sich erkennen, wie viel schwere Arbeit dereinst noch nötig sein würde, um diese halbverwelschten Krummstabslande wieder einzufügen in das neue deutsche Leben. Nur die altpreußischen Untertanen im linksrheinischen Kleve, in Mörs und Geldern, schlossen sich mit ungemischter Freude der vaterländischen Sache an und begannen bereits auf Bülows Aufforderung, ihre Landwehr zu bilden. Da fuhr plötzlich der Oberbefehlshaber Bernadotte, der noch immer auf Frankreichs Krone hoffte, mit einem Verbote dazwischen und erklärte: französische Untertanen dürften nicht gegen Frankreich fechten! –

Ebenso freudig wie die Bewohner der altpreußischen Provinzen empfingen die Hannoveraner, die Braunschweiger, die Kurhessen ihre wiederkehrende alte Herrschaft. Vor den Toren Braunschweigs prankte ein festlich geschmückter Tempel auf der Stelle, wo „Braunschweigs Welfe" Friedrich Wilhelm vier Jahre zuvor mit seiner schwarzen Schar gelagert hatte. Die Hannoveraner fühlten sich wieder stolz als Großbritannier und begeisterten sich für den geisteskranken englischen König, der während einer halbhunderjährigen Regierung ihr Land niemals eines

Besuches gewürdigt hatte. In Kassel zog der böse Kurfürst Wilhelm wieder ein, nachdem König Jerome zum zweiten Male geflohen war; die Bürger spannten ihm die Pferde vom Wagen ab und fuhren den Landesvater mit dem dicken Kopfe und dem langen Zopfe jauchzend vor das Schloß seiner Ahnen. Über seine Fürstentugend täuschte sich freilich das getreue Völkchen selber nicht; doch er war der angestammte Herr, und was fragte die Liebe nach Gründen? Treffender als die untertänigen Federn der amtlichen Blätter drückte ein alter Bauer von der Schwalm die Familiengefühle dieser verkommenen kleinstaatlichen Welt aus in den unwiderleglichen Worten: „und ob er schon ein alter Esel ist, wir wollen ihn doch wieder haben!" Das große, mit dem Blute der verkauften hessischen Soldaten erworbene Vermögen des kurfürstlichen Hauses war während der Jahre des Exils in Frankfurt bei Amschel Rothschild verwahrt worden, der mit diesen Geldern die Weltmacht seiner Firma begründete, und der geizige Fürst hatte nicht das mindeste von seinen Schätzen aufgeopfert für die Befreiung Deutschlands. Trotzdem nahmen ihn die Verbündeten als einen wiedergefundenen Freund auf.

Warmen Eifer für die deutsche Sache zeigten unter allen Fürsten des Nordwestens nur die kleinen mediatisierten Herren – weil sie hofften, sich durch ihren Kriegsmut ihre Kronen zurückzugewinnen. Im Schlosse zu Anhalt stickten die zarten Hände der Prinzessinnen bereits an der Fahne, welche der Kriegsmacht der Salm-Salmischen Nation zum Kampf und Sieg voranleuchten sollte; da drohte General Bülow, er werde alle westfälischen Kleinfürsten verhaften, wenn sie sich unterständen, wieder als regierende Herren aufzutreten. Glücklicher als diese Mediatisierten waren die Hansestädte. Schon am 5. November versammelte sich eigenmächtig der alte Bremische Senat, dann wurde die Wiederherstellung der alten Republik feierlich ausgerufen und der kluge Smidt in das Haupqurtier nach Frankfurt gesendet. Der gewandte Diplomat bewog sofort die Hamburger und Lübecker, ebenfalls Abgeordnete an die Monarchen zu senden, und verstand die österreichischen Staatsmänner so geschickt zu behandeln, daß sie ihr Mißtrauen gegen alles republikanische Wesen überwanden. Preußen hatte schon in den Friedensverhandlungen in Prag die Unabhängigkeit der Hansestädte gefordert, und wie konnte man Hamburg als eine feindliche Stadt behandeln, da die hamburgische Bürgergarde, geführt von dem tapferen Mettlerkamp, schon seit Monaten in den Reihen der Nordarmee kämpfte? Die drei Städte erhielten die Zusage der Wiederherstellung, und durch Steins Schuld wurde noch eine vierte Republik in das neue monarchische Deutschland eingeführt, die alte Krönungsstadt Frankfurt. So verschroben und hoffnungslos lagen bereits die deutschen Dinge, daß der stolze Vorkämpfer der nationalen Einheit sich mit Eifer und Erfolg für die Wiederaufrichtung eines lebensunfähigen Stadtstaates verwendete. Der Reichsritter hegte von jeher eine Vorliebe für das reichsstädtische Leben und wollte um jeden Preis die schöne Mainstadt erretten vor den benachbarten Rheinbundsfürsten, die schon allesamt ihre gierigen Hände nach der reichen Beute ausstreckten. –

Diese Rheinbündner drängten sich jetzt nach der Entscheidung geschäftig an die Verbündeten heran. Wieder wie einst in Rastatt, Paris, Polen bettelte Deutschlands hoher Adel um die Gnade der Sieger, und diesmal brauchte er kein Geld zur Handsalbe zu geben. Als Kaiser Franz in Frankfurt einzog, begrüßte ihn das jauchzende Volk als den Herrscher Deutschlands; der Name „unser Kaiser" übte wieder seinen mächtigen Zauber auf die deutschen Herzen. Er aber wollte von „diesem unbedeutenden Titel" nichts hören; „auf solche Weise" – gestand Metternich einem französischen Unterhändler – „gehört uns Deutschland noch mehr als früher." Die Beherrschung des deutschen Bundes durch eine dem Hause Österreich ergebene Fürstenmehrheit war das nächste Ziel der deutschen Politik der Hofburg. Darum blieb Metternich unerbittlich gegen die Mediatisierten; er erkannte richtig, daß die Freundschaft dieser alten Parteigenossen Österreichs wenig mehr bedeutete, seit die geistlichen Fürstentümer verschwunden waren, und wendete sein Wohlwollen ihren glücklichen Erben, den rheinbündischen Fürsten zu. Ebenso dachten alle fremden Höfe, denn sie alle wünschten Deutschlands Schwäche und waren zudem mit den Kleinkönigen verschwägert und vervettert.

Schon auf dem Marsche nach Frankfurt hatte Metternich mit Württemberg abgeschlossen. Der Vertrag von Fulda vom 2. November war dem Rieder ähnlich, nur wurde, aus Rücksicht auf

Preußen, ein Vorbehalt zugunsten des künftigen deutschen Bundes eingeschaltet. König Friedrich trat in die Koalition ein und behielt seine Souveränität sowie seine Besitzungen „unter der Garantie der politischen Beziehungen, welche sich ergeben werden aus den Anordnungen, die beim künftigen Frieden zur Herstellung und Sicherung der Unabhängigkeit und Freiheit Deutschlands getroffen werden sollen." Das einzig klare in diesen nichtsagenden gewundenen Sätzen war die Zusage der Souveränität und des Besitzstandes. Auf Steins Andringen wurde sodann für die Akzessionsverträge der übrigen Mittelstaaten eine etwas bestimmtere Klausel, die freilich noch immer unklar genug blieb, verabredet. Baden, Darmstadt, Nassau, Kurhessen mußten versprechen, sich den Pflichten zu fügen, welche die für die Unabhängigkeit Deutschlands notwendige Ordnung erfordern würde, sowie die für den obigen Zweck notwendigen Gebietsabtretungen gegen volle Entschädigung zu ertragen. Doch was wog dies Versprechen, da auch ihnen Besitzstand und Souveränität verbürgt wurde?

Unter den größeren Fürsten des Rheinbundes wurde, außer den beiden Napoleoniden, allein der Fürstprimas Dalberg entthront, keineswegs wegen seines unwürdigen Verhaltens, sondern weil er nicht fürstlichen Blutes und Eugen Beauharnais zu seinem Nachfolger bestimmt war. Mit ihm fiel sein Vetter, der Fürst von der Leyen; auch den Fürsten Isenburg mußte Österreich dem Zorne König Friedrich Wilhlems opfern, da er aus preußischen Deserteuren und Vagabunden ein französisches Regiment gebildet hatte. Jene kleinen westfälischen Rheinbundsfürsten, welche Napoleon erst vor drei Jahren entthront hatte, erlangten ihre Kronen nicht wieder, da niemand sich ihrer annahm. Man hielt sich an das bequeme *beati possidentes*, nahm alle zu Gnaden auf, die im Augenblicke noch regierten. Die Fürstenberg und Hohenlohe blieben mediatisiert, die Reuß und Bückeburg behielten ihre Throne; den Verrätern am Vaterlande ward aber die im Dienste des Landesfeindes erworbene schimpfliche Beute erhalten. –

So waren sechs Wochen nach der Entscheidungsschlacht die Fürstenrevolutionen von 1803 und 1805 durch eine große Amnestie gesühnt, Frankreichs deutsche Vasallen allesamt in die große Allianz aufgenommen. Einzelne der kleinen norddeutschen Fürsten freuten sich ehrlich der Erlösung vom fremden Joche, keiner aufrichtiger als Herzog Karl August. Der weimarische Hof war auch während dieser argen Jahre eine Heimstätte deutschen Geistes geblieben; Napoleon selbst hatte die fürstliche Haltung der Herzogin bewundert, als sie ihm nach der Jenaer Schlacht stolz und würdig entgegentrat. Ihr aber blieb ein tiefer Abscheu gegen den Imperator; sie erriet, wie Luise von Preußen und Karoline von Bayern, mit dem sicheren Instinkt des edlen Weibes den Zug der Gemeinheit in dem Wesen des großen Mannes. Wie sie empfand ihr Gemahl; die Franzosen wollten dem leichtlebigen, lustigen Herren nichts Arges zutrauen und ahnten nicht, daß er jahrelang mit den preußischen Patrioten in geheimem Verkehr stand. Sobald er die Hände wieder frei hatte,trat er als russischer General in das Heer der Verbündeten ein und sagte traurig über seinen noch immer hoffnungslos verstimmten Freund Goethe: „Laßt ihn, er ist alt geworden!"

Ganz anders war die Stimmung der süddeutschen Höfe. Sie taten nur, was sie nicht lassen, und ließen nur, was sie nicht tun durften. Unverhohlen sprach Montgelas seinen Groll wider „die fatale Deutschheit". Der württembergische Despot verbot bei Festungsstrafe alle politischen Gespräche, entließ sofort den bei Leipzig übergangenen General und herrschte einen seiner Landvögte, der sich im deutschen Sinne ausgesprochen hatte, mit der Weisung an: „Es ist die Pflicht eines jeden guten Dieners, nur die Sache, für welche sich sein Souverän erklärt hat, als die wahre gute Sache anzusehen." Von seinem Besuche im Frankfurter Hauptquartier kehrte er sehr unwirsch heim. Keinen Fetzen nachbarlichen Landes hatten ihm die Verbündeten zum Lohne für den Fahnenwechsel gewährt, wie viel einträglicher war doch der Dienst des Imperators gewesen! Sofort trat er wieder in geheimen, verräterischen Verkehr mit dem freigebigen Protektor. Auch in Baden währte es eine geraume Weile, bis die Karlsruher Staatszeitung statt des gewohnten „Seine Majestät der Kaiser" erst „Napoleon" und endlich „der Feind" schrieb; als der Übertritt unvermeidlich wurde, sprach Großherzog Karl dem Protektor noch sein lebhaftes Bedauern aus. Napoleon aber verstand seine Leute zu behandeln; er schwor, im Falle der Rückkehr ihre Länder zu verwüsten, wie einst Ludwig XVI. die Pfalz. Mit geballter Faust und einem grimmigen: „Du sollst mir's bezahlen, mein Fürst!" schied sein Gesandter Vendeuil von dem Großherzog Ludwig von Darmstadt, als dieser das Bündnis aufkündigte.

Die Drohungen des Imperators verfehlten ihren Zweck nicht, sie lähmten die Tatkraft auch der besser gesinnten Rheinbundsfürsten. Eine Volksbewaffnung nach preußischer Weise war in der Mehrzahl dieser Länder ohnehin unmöglich, da die Gewalthaber ihrem eigenen Volke nicht trauten. In Bayern wurden die Freiwilligen von den Behörden mit Hohn heimgeschickt. In Württemberg wollte der König weder Freiwillige noch eine Landwehr dulden; die Bildung des Landsturms benutzte er nur als einen willkommenen Vorwand, um seine Untertanen zu entwaffnen und bei Zuchthausstrafe die Einlieferung aller Gewehre anzubefehlen. Niemand war bei diesen Höfen schlimmer verrufen als Stein; wußten sie doch, daß der Freiherr in Frankfurt soeben beantragt hatte, ihre Regierungsgewalt vorläufig zu suspendieren. Auch die trefflichen Männer, die er in seiner deutschen Zentralverwaltung anstellte, hießen bald allesamt moskowitische Jakobiner: die Preußen Friesen und Eichhorn, der Russe Turgeniew, der Leiter des Hospitalwesens Graf Solm-Laubach, der Organisator der Volksbewaffnung Rühle von Lilienstern. Tagaus tagein versuchten der partikularistische Dünkel und die Niedertracht der süddeutschen Kabinette, die Wirksamkeit der Zentralverwaltung zu durchkreuzen, Montgelas bedrohte Steins Beamte mit Ausweisung, als sie sich vom Zustande der bayrischen Lazarette überzeugen wollten. Friedrich von Württemberg weigerte sich, „ausländische" Verwundete in seine Hospitäler aufzunehmen; als die Österreicher ihre Kranken aus dem überfüllten Dillingen nach Rottweil hinüberbrachten, ließen die württembergischen Behörden die Jammernden auf den Straßen liegen, bis man mit Gewalt die Türen des Krankenhauses öffnete. So erprobte sich die bundesfreundliche Gesinnung jener Höfe, denen Österreich bedingungslos die Souveränität zurückgab. Stein selber meinte jetzt traurig, man tue besser, die Verhandlungen über Deutschlands Verfassung bis zum Frieden zu vertagen, sonst könne die lockere Koalition sich ganz leicht auflösen. Um aber die Nation über die Denkweise ihrer Gewalthaber zu belehren, ließ er seinen treuen Eichhorn eine Schrift über die Zentralverwaltung veröffentlichen, welche ohne Umschweife die Sünden der Kleinkönige aufdeckte. Seitdem kannte der Haß der rheinbündischen Höfe gegen das preußische Deutschtum keine Grenzen mehr.

Während die Mächte mit den süddeutschen Höfen verhandelten, berieten sie zugleich unter sich über die Fortsetzung des Krieges. Frankreich lag wehrlos vor der Spitze ihres Schwertes; es stand wirklich so, wie Ney späterhin spottete: „Die Herren Alliierten konnten Marsch für Marsch ihre Nachtquartiere bis nach Paris im voraus bestimmen." Radetzky wies in einer lichtvollen Denkschrift auf die entscheidende Tatsache hin, daß Napoleon kein Heer mehr besitze und mithin der Winterfeldzug seine Schrecken verliere. Selbst Schwarzenberg war für den Einmarsch in Frankreich, schon weil er nicht absah, wie er diese ungeheuren Heeresmassen in den ausgesogenen deutschen Landen verpflegen sollte; "meine Basis", meinte er zuversichtlich,„ist Europa vom Eismeere bis zum Hellespont, für diese wird doch Paris das Operationsobjekt sein dürfen?" Noch weit nachdrücklicher mahnte Gneisenau seinen König zu raschem Vorgehen, bevor die lockere Koalition sich auflöse; wenn man sogleich von den Niederlanden und dem Mittelrheine her das französische Land an seiner verwundbarsten Stelle packe, so sei der gefürchtete dreifache Festungsgürtel der Ostgrenze für Napoleon nicht ein Schutz, sondern ein Nachteil, da dem Imperator die Truppen zur Besetzung der festen Plätze fehlten. Blücher endlich war von Haus aus nicht darüber im Zweifel gewesen, daß dieser Krieg nur an der Seine enden dürfe; „der Tyrann hat alle Hauptstädte besucht, geplündert und bestohlen; wir wollen uns so was nicht schuldig machen, aber unsere Ehre fordert das Vergeltungsrecht, ihn in seinem Neste zu besuchen."

Dem schlichten Verstande erschien die Lage so einfach, daß sogar Erzherzog Johann, ein keineswegs heroischer Geist, die Einahme von Paris als sicher ansah. Aber in der diplomatischen Welt herrschte seit Jahrhunderten unerschütterlich wie ein Glaubenssatz die Meinung, Frankreich sei auf seinem eigenen Boden unbesiegbar. Hatten doch selbst Karl V. und Prinz Eugen, die allezeit Glücklichen, nichts ausgerichtet, als sie in das Innere des Landes einzudringen wagten; und wie kläglich war der Feldzug von 1792 verlaufen, obgleich Frankreich auch damals kein schlagfertiges Heer besaß. Die Franzosen Bernadotte und Jomini schilderten die Gefahren des vermessenen Unternehmens in den dunkelsten Farben. Knesebeck riet besorglich, die Götter nicht zu versuchen. Yorck grollte über den elenden Zustand seines tapferen Korps und verlangte eine kurze Ruhe für die erschöpften Truppen. Auch König Friedrich Wilhelm unterlag für einige Zeit einem Anfalle seines Kleinmuts. Der Zweck, um dessentwillen er im Frühjahr das Schwert gezogen hatte, die Befreiung Deutschlands bis zum Rheine, war erreicht; seine langsame Natur bedurfte einer geraumen Weile, um sich in die gänzlich veränderte Lage zu finden und einzusehen, daß alles bisher Errungene nur durch die Vernichtung der französischen Übermacht gesichert werden konnte. Am lebhaftesten aber wünschte sich der Wiener Hof die schleunige Beendigung des unbequemen Krieges.

Indessen kam Stein nach Frankfurt und trat alsbald mit flammendem Eifer für die Fortsetzung des Krieges ein. Es gelang, den Zaren, dann auch den König zu gewinnen. Napoleons Stolz konnte sich nicht entschließen, sofort auf die übergünstigen Vorschläge Österreichs einzugehen. Als er sich endlich zu den Friedensverhandlungen bereit erklärte – freilich unter dem Vorbehalte, daß die Kleinstaaten Deutschlands und Italiens keiner Oberherrlichkeit irgendwelcher Art unterwerfen werden sollten – da war im Hauptquartier bereits der Entschluß gefaßt, zwar die Unterhandlungen nicht abzubrechen, doch gleichzeitig den Krieg weiterzuführen. Damit hatte Stein gewonnenes Spiel; denn jeder neue Waffenerfolg der Verbündeten mußte unvermeidlich die Friedensbedingungen verschärfen. Die Zuversicht wuchs von Tag zu Tag und bald galt es ohne förmliche Abrede als ausgemachte Sache, daß man nunmehr mindestens einen Teil des linken Ufers, etwa die Grenzen von 1792, zurückfordern werde. Die Kriegspartei triumphierte. Als Blücher in Frankfurt von dem Staatskanzler Abschied nahm, sagte er auf die Frage: „Wo werden wir uns wiedersehen?“ mit seinem fröhlichsten Lachen: „Im Palais Royal!“

Die Worte und Taten des großen Hauptquartiers ließen freilich von solcher frischen Entschlossenheit nichts erkennen. Das Manifest vom 1. Dezember, das den Franzosen den bevorstehenden Angriff ankündigte, schien geradezu darauf berechnet, den französischen Hochmut, der die Welt seit zwei Jahrzehnten nicht zur Ruhe kommen ließ, auf das äußerste zu steigern. Mit schmeichelnden Worten, derengleichen noch nie in einer Kriegserklärung vorgekommen, entschuldigten die Verbündeten ihr Unternehmen: sie wollten nicht Frankreich bekriegen, sondern die Übermacht Napoleons, sie wünschten, daß Frankreich groß, stark und glücklich sei, und versprachen dem französischen Staate einen größeren Gebietsumfang, als er jemals unter seinen Königen gehabt, denn eine tapfere Nation dürfe darum noch nicht von ihrer Höhe hinabsinken, weil sie in einem heldenhaften Kampfe unglücklich gewesen sei!

Kläglich, mattherzig wie diese Worte war auch der Kriegsplan. Vergeblich verteidigte Gneisenau die damals noch neue Ansicht, daß dieses zentralisierte Frankreich nur in seiner Hauptstadt ganz besiegt werden könne. Die k. k. Kriegstheoretiker hatten auf der Landkarte das Plateau von Langres entdeckt, jene bescheidene Bodenerhebung an den Grenzen Hochburgunds, welche die Wasserscheide dreier Meere bildet; sie nahmen an, daß auch Napoleon bei seinen Feldzügen sich durch die Erwägungen geographischer Gelehrsamkeit bestimmen lasse, und mithin eine Demonstration „eine Winterbewegung“ gegen diese merkwürdige Hochebene den Imperator zum Frieden zwingen werde. Im Dezember setzte sich die große Armee langsam in Bewegung, um auf dem ungheuren Umwege durch Baden, das Elsaß und die Schweiz nach Langres zu gelangen. Die lästigen Stürmer und Dränger des schlesischen Heeres wollte man durch die Belagerung von Mainz beschäftigen und dem Kriegsschauplatze fernhalten. Erst nach langem, heftigem Streite erwirkte sich Blücher die Erlaubnis, am Mittelrhein die französische Grenze zu überschreiten; von da sollte er durch die Saarlande und Lothringen ebenfalls jene wunderbare Hochebene zu erreichen suchen, wo man sein Wasser nach drei Meeren zugleich abschlagen konnte – wie der derbe Lagerwitz der erbitterten Schlesier spottete.

Also gewährte die Unfähigkeit einer altväterischen Politik und Strategie dem Imperator abermals eine Möglichkeit der Rettung. Sie schenkte ihm drei Monate Frist, um ein neues Heer zu schaffen, und berechnete ihre Kriegspläne auf das behutsame Vermeiden jeder durchschlagenden Entscheidung. –

Währenddes fielen einige der Festungen des Nordostens, die von den Franzosen allesamt mit ehrenhafter Ausdauer verteidigt wurden, so Danzig und Torgau. Am 13. Januar wurde Wittenberg von den Truppen Tauentziens erstürmt nach einer schweren Beschießung, die der junge Bardeleben umsichtig leitete; es war der einzige einigermaßen großartige Belagerungskampf in diesem schlachtenreichen Kriege. Ungleich wichtiger ward die Eroberung von Holland. Da Bernadotte schon im November von Hannover aus gegen Dänemark zog, um seine norwegische Beute in Sicherheit zu bringen, so machte sich Bülow von dem verhaßten Oberfeldherrn los, brach aus Westfalen in die Niederlande ein, und sofort erfuhr die Welt wieder, was die Nordarmee vermochte, wenn man sie frei gewähren ließ. General Oppen erstürmte das feste Doesborgh, das Kolbergische Regiment und die Königin-Dragoner, die alten Ansbach-Bayreuther, flochten sich ein neues Blatt in ihren Lorbeerkranz. Dann ward auch Arnheim mit stürmender Hand genommen, der Übergang über den Rhein und die Maas erzwungen, Herzogenbusch mußte seine Tore öffnen, und abermals, wie in den Tagen des großen Kurfürsten, war Frankreichs Machtstellung in den Niederlanden durch Preußens Waffen in Stücke geschlagen. Erst vor den Mauern von Antwerpen kam Bülows reißender Siegeszug ins Stocken. Hier befehligte Carnot; der unbeugsame Republikaner hatte seinen Parteienhaß hochherzig bezwungen um des Vaterlands willen und behauptete sich in dem wichtigen Platze standhaft bis zum Friedensschlusse.

Die klugen Holländer verstanden, das Glück an der Locke zu fassen. Die Mitglieder der alten Aristokratie, die Altregenten, hatten schon seit Jahren die Wiederherstellung des Staates vorbereitet. Auf ihren Wink erhob sich das Volk von Amsterdam, sobald die ersten Kosakenschwärme sich an der Grenze zeigten, und hißte die Orangeflagge auf (15. Nov.). Die französischen Beamten flohen, die Truppen zogen sich in die festen Plätze. Die Altregenten bildeten eine provisorische Regierung und riefen den Prinzen von Oranien zurück. Überall erklang das alte Oranje boven! und das neue: Met Willem komt de vrede! So konnte das unkriegerische Handelsvolk mit einigem Scheine behaupten, das Land habe sich selbst befreit, obgleich die Blutarbeit der Eroberung allein den Preußen und Russen überlassen wurde.

Da jedermann wußte, daß Österreich sich Belgiens zu entledigen wünschte, so war der Plan, die beiden Hälften der alten Niederlande zu vereinigen, bereits mehrmals während der Koalitionskriege besprochen worden; schon im Jahre 1794 hatte der Ratspensionär v. d. Spiegel diesen Vorschlag verteidigt. Der Gedanke lag in der Luft, er ergab sich von selbst aus dem Ideengange jener alten diplomatischen Schule, die ohne Verständnis für das historische Leben ihre Staatsgebilde allein nach den Rücksichten der geographischen Lage und Abrundung zurechtzuschneiden pflegte. Mit Eifer nahm die englische Handelspolitik jetzt den alten Gedanken auf. Die Briten hatten das holländische Kolonialreich erobert und wollten aus der reichen Beute die für die indische Herrschaft wichtigsten Plätze, Ceylon und das Kap, mitsamt der holländischen Flotte und einem Teile von Guyana behalten. Nach den Anschauungen des achtzehnten Jahrhunderts war das herrenlose Deutschland selbstverständlich verpflichtet, den Holländern diesen Verlust zu ersetzen; die Befestigung der englischen Seeherschaft sollte durch den burgundischen Kreis des deutschen Reichs bezahlt werden. Und wie nun überall die gute alte Zeit zurückzukehren schien, so lebten auch die wilhelminischen Überlieferungen, die Erinnerungen an das langlebige Bündnis der beiden Seemächte wieder auf. England gedachte in den verstärkten Niederlanden einen zuverlässigen Bundesgenossen, in den Antwerpener Hafen einen wohlbedeckten Brückenkopf für seine Festlandskriege zu finden; man hoffte, durch die Verheiratung des Erbprinzen von Oranien mit der englischen Krone diesen Bund noch fester zu begründen. Die Angst vor dem jakobinischen Geiste des preußischen Heeres bestärkte das Tory-Kabinett in solchen Anschauungen: diese „exaltierte" kriegerische Macht mußte um des Friedens willen durch einen friedfertigen Handelsstaat von dem unruhigen Frankreich abgetrennt werden.

So geschah es, daß die englischen Staatsmänner die Herstellung der Vereinigten Niederlande rührig wie eine britische Angelegenheit betrieben; sie zeigten noch mehr Eifer dafür als für die Vergrößerung des hannoverschen Welfenreichs. Schon seit dem Frühjahr 1813 stand das Londoner Kabinett mit dem Prinzen von Oranien in Verbindung und suchte die europäischen Höfe von der Notwendigkeit des oranischen Gesamtstaates zu überzeugen. Aber durch Bülows Siegeszug kam der preußische Hof zum ersten Male während dieses Krieges in die günstige Lage zu bieten; nicht bloß zu bitten; er konnte jetzt dem englischen Kabinett erklären, über diese durch Preußen miteroberten Lande dürfe erst verfügt werden, wenn England eine bindende Zusage für die Einverleibung Sachsens gäbe.

Sachsen war die naturgemäße Entschädigung für Preußen. Der Staat erhielt durch diese Erwerbung das Mittel, sich mit Rußland über die polnische Frage ganz zu verständigen; er gewann eine wohlgesicherte Südgrenze, die um so unentbehrlicher schien, da sein Gebiet gegen Osten hin offen blieb, und eine deutsche Provinz, die durch Stammesart und Bildung, durch das kirchliche Bekenntnis wie durch die Interessen des Verkehrs mit den nordischen Nachbarlanden eng verbunden war. Für das Gedeihen des künftigen Deutschen Bundes war die Entfernung eines Fürstenhauses, das fast in allen Krisen unserer neueren Geschichte schwer an dem großen Vaterlande gefrevelt hatte, ein unzweifelhafter Segen. Da man leider nicht alle Könige von Napoleons Gnaden nach Verdienst behandeln konnte, so blieb es doch notwendig, mindestens an einem Rheinbundsfürsten eine wohltätige Züchtigung zu vollstrecken; wie heilsam ein solches Beispiel auf die Gemüter des deutschen hohen Adels wirken mußte, ist durch die Erfahrungen des Jahres 1866 überzeugend erwiesen. Aber alle die guten Gründe, welche der preußisch-deutschen Politik die Einverleibung Sachsens empfahlen, konnten dem Wiener Hofe nur als dringende Warnungen erscheinen.

Der Gegensatz der Interessen der beiden Großmächte trat gerade in der sächsischen Frage mit so schneidender Schärfe hervor, daß nur Hardenbergs Vertrauensseligkeit sich darüber zu täuschen vermochte. Gneisenaus Scharfsinn war über die einfache Wahrheit keinen Augenblick zweifelhaft. Die Hofburg mußte wünschen, die norddeutsche Großmacht möglichst weit in den Osten zu schieben. Sie durfte nicht dem Staate, der schon durch die vorspringende Gebirgsfeste der Grafschaft Glatz das östliche Böhmen bedrohte, auch noch die Pässe des Erzgebirges ausliefern; Bernadotte hatte seinen dänischen Krieg beendigt und im Kieler Frieden den Besiegten die Abtretung von Norwegen abgezwungen; zur Entschädigung wurde dasselbe Schwedisch-Pommern, das der Kronprinz im letzten Sommer dem preußischen Staatskanzler zugesagt hatte, an Dänemark abgetreten. Hardenberg nahm sich fest vor, diesen Streich unter keinen Umständen zu ertragen.

Der langsame Marsch der Heere gewährte den preußischen Staatsmännern genügende Muße, um über die Friedensbedingungen zu beratschlagen. Zu Freiburg stellte Knesebeck in einer Denkschrift die Forderungen zusammen, die ihm, angesichts der Stimmungen der Hofburg, noch erreichbar schienen. Während im schlesischen Hauptquartiere bereits das Verlangen nach der Rückerwerbung der deutschen Thermopylen, der Vogesen, erhoben wurde, hielten sich die österreichischen Diplomaten streng an das Manifest vom 1. Dezember, das ihnen schon allzu kühn vorkam. Knesebeck meinte also: „da man einmal hingesprochen hat, daß Frankreich größer als unter den Königen sein, der Rhein einen Teil seiner Grenze ausmachen soll, so bleibe der Rhein Grenze von Basel bis Landau." Nur Straßburg hoffte er als eine freie Stadt für Deutschland zurückzugewinnen. Für Preußen forderte er: Sachsen, Westfalen, Berg, das linke Rheinufer und vor allem das gesamte polnische Land bis zum Narew. Die fixen Ideen der Russenfurcht ließen den pedantischen Mann nicht schlafen.

Hardenberg aber wollte sich zunächst über Rußlands Absichten Klarheit verschaffen. Daher bat er in Freiburg und nachher in Basel, wie es sein König schon oft getan, den Zaren dringend um die bündige Erklärung, wieviel polnisches Land Rußland für sich verlange. Erst als Alexander abermals jede bestimmte Antwort vor dem Friedensschlusse verweigerte, ging Preußen auf eigene Faust vor. Der Staatskanzler entwarf eine genaue Berechnung der für Preußen notwendigen Entschädigungen und übergab diese Denkschrift, während des Aufenthalt zu Basel im Januar 1814, dem österreichischen Hofe. Sie forderte ganz Sachsen, Vorpommern, die Rheinlande von Mainz bis zur niederländischen Grenze, sowie Polen bis zur Warthe; die Einwohnerzahl der Monarchie war auf 10–11 Millionen berechnet. Als einzige Antwort erhielt Hardenberg ein französisches Billet des Grafen Stadion. Im Tone vertraulicher Freundschaft, mit der wohlbekannten k. k. Gemütlichkeit bemerkt der Österreicher, die preußischen Zahlen seien doch gar zu hoch, über zehn Millionen dürfe man nicht hinausgehen. Dann wagt er eine schüchterne „Bemerkung zugunsten des unglücklichen sächsischen Kurhauses, dessen gänzliche Vertreibung aus Deutschland mir allzu sehr das Gefühl der politischen Moral zu verletzen scheint."

Schier unüberbrückbare Gegensätze! Es ließ sich leicht erkennen, daß selbst die gemeinsame Kriegsführung noch weniger Schwierigkeiten bot, als die Verteilung der Beute. Jedoch das alles lag noch in weitem Felde. Als der Krieg von neuem anhob, war Preußen wohl des Sieges sicher, doch nicht des Siegespreises. –

In der Neujahrsnacht von 1814 saßen zu Caub am Rhein die Offiziere des schlesischen Hauptquartiers beim vollen Römer und gedachten in froh bewegtem Gespräche des großen Wandels der Zeiten. Vor einem Jahre gerade hatte Yorck noch jenseits der deutschen Ostgrenze jenen Vertrag geschlossen, der den Preußen den Anbruch des Entscheidungskampfes ankündigte; heute stand Blücher mit Yorcks siegreichen Truppen vor den Toren der deutschen Westmark, an der nämlichen Stelle, wo er vor zwanzig Jahren den ersten Krieg um die Befreiung der linksrheinischen Lande eröffnet hatte. Mittlerweile schlugen die Russen draußen bei scharfem Froste eine Schiffbrücke hinüber nach der kleinen Insel, die das graue Gemäuer der alten Pfalz trägt; dort bestieg Graf Brandenburg mit den brandenburgischen Füsilieren in tiefer Stille die Kähne, und um Mitternacht erklang am linken Ufer der donnernde Hurraruf der Landenden. Die Glücklichen hatten das anbefohlene Schweigen doch nicht bewahren können; der Jubel mußte heraus, zu herrlich war die Stunde, die der Sehnsucht so vieler arger Jahre die Erfüllung brachte. Am nächsten Tage feierte drüben die fröhliche Pfalz ihr lustiges Neujahrsfest: Musik und Gesang und Freudenrufe überall, wo die Preußen einzogen; die treuen Protestanten auf dem Hunsrücken waren allzeit gut deutsch geblieben und begrüßten ihre Befreier mit wärmerem Danke als ihre Nachbarn in den Krummstabslanden. Gleichzeitig zog General St. Priest mit seinen Russen in Koblenz ein, und als er neben der Kastorkirche den neuen Brunnen sah mit der prahlerischen Inschrift zu Ehren der Einnahme von Moskau, ließ er vergnüglich sein „Gesehen und genehmigt" darunter schreiben.

Ohne ernsten Widerstand zu finden, marschierte das schlesische Heer durch Lothringen. Die mit Rekruten schwach bemannten Festungen konnten, wie Gneisenau vorausgesagt, den Verbündeten nicht gefährlich werden; und bald zog das große Publikum aus den außerordentlichen Erfahrungen dieses Feldzuges den übereilten Schluß, die Zeit der Festungen sei vorüber. In Nancy feierte Blücher zu seiner lebhaften Genugtuung das preußische Krönungsfest, in derselben Stadt, die zwei Jahre lang seine unglücklichen kriegsgefangenen Kameraden beherbergt hatte. Dann wendete er sich in kühner Schwenkung südwestwärts, überschritt die Marne und langte in den letzten Tagen des Januars bei Brienne an der Aube an. So schob er sein Heer mitten hinein zwischen den von Chalons heranrückenden Imperator und die Große Armee, die nach einem Marsche von mehr als einem Monat endlich das Plateau von Langres erreicht hatte. Der alte Held hoffte den zaudernden Schwarzenberg mit sich zum gewissen Siege fortzureißen.

Im großen Hauptquartier zu Langres herrschte wieder Zwietracht und Ratlosigkeit. Die wundersame Hochebene, von deren Besitznahme Langenau die Entscheidung des Krieges erwartet hatte, war glücklich erreicht, die Festung Langres selber hatte fast ohne Widerstand ihre Tore geöffnet, und doch war mit alledem gar nichts gewonnen. Die Torheit dieser gegen Berge und Flüsse gerichteten Kriegsführung drängte sich jedem unbefangenen Kopfe auf. Nur um so zäher hielten die gelehrten Strategen an ihren Prinzipien fest; nach ihrer Meinung war durch den Zug vom Rhein bis Langres „die zweite Kampagne" beendigt, und nun galt es erst zu erwägen, ob eine dritte Kampagne noch nötig sei. Knesebeck erklärte die Wasserscheide von Langres für den Rubikon, der nicht überschritten werden dürfe. General Duca empfahl, durch die Belagerung von Mainz einen methodischen Festungskrieg zu eröffnen. Schwarzenberg bemerkte verächtlich, mit welcher kindischen Wut Blücher und Gneisenau, alle Regeln der Kriegskunst verachtend, nach Paris drängten; er fand diese preußischen Köpfe „zu klein für ein so großes Ereignis": sie verfolgten ja doch nur den Zweck, sich's wohl sein zu lassen in den Restaurants des Palais Royal! Über Alexanders Kriegseifer urteilte er, ganz im Sinne seines Hofes: „nicht Gründe, sondern Lüsternheit leiten Alexanders Schritte"; denn jeder neue Sieg konnte nur noch die

Machterweiterung Rußlands und die Wiederherstellung Preußens sichern. Die zärtlichen Briefe, worin Marie Luise das Herz ihres Vaters bestürmte, richteten freilich bei der Gemütlosigkeit des Kaisers Franz nichts aus; jedoch sah er mit steigendem Unmute, daß er die Kräfte seines Staates und seine eigene Bequemlichkeit für fremde Zwecke opfern sollte. Die Wiederherstellung der getreuen geistlichen Kurfürsten war doch unmöglich; wie durfte man ihm zumuten, das linke Rheinufer für Preußen zu erobern? Er verlangte Frieden, schleunigen Abschluß mit Anerkennung jener „natürlichen Grenzen", welche Metternich ja schon in Frankfurt zugestanden hatte. Seine Unlust an dem Kriege steigerte sich bis zum Abscheu, seit er erfuhr, daß Alexander auf Napoleons Absetzung hinarbeitete. Denn der Sturz des Schwiegersohnes war nicht nur an sich gegen das Interesse des Hauses Österreich; es stand auch zu befürchten, daß der Zar auf die neue Regierung Frankreichs – wer immer die Erbschaft des Entthronten antrat – einen entscheidenden Einfluß gewänne.

Manche der österreichischen Staatsmänner hatten sich in die Schande jener Jahre so gemächlich eingelebt, daß ihnen der Todfeind des alten Europas bereits als die Stütze der öffentlichen Ordnung, seine Beseitigung als eine gefährliche revolutionäre Gewalttat erschien. Als die „Exaltierten" des schlesischen Hauptquartiers nachher den Zug gegen Paris durchsetzten, meinte Gentz ingrimmig: dieser Marsch sei „im Grunde wohl nicht weniger gegen uns, als gegen den Kaiser Napoleon gerichtet". Nur eine Hoffnung blieb seinem bekümmerten Herzen bei dem Vorwärtsstürmen der schlesischen Jacobiner: – daß der Imperator baldigst Frieden schlösse. „Jeden anderen Ausweg wird die mächtige Partei, die uns halb schon zum Weichen gebracht hat, nicht bloß als einen Sieg über Napoleon, sondern als einen Sieg über uns feiern. Daß die Koalition, die nun ausgedient und mehr als ausgedient hat, zerfalle, macht mir wenig Kummer. Aber wie sie endigen wird, kann uns nicht gleichgültig sein."

Einer solchen Gesinnung mußte freilich die französische Hauptstadt, die so dicht vor den Füßen des Eroberers lag, ganz uneinnehmbar erscheinen. Metternich selbst dachte nicht so napoleonisch wie sein Gentz. Aber er fürchtete „die Arndt, die Jahn" und alle die anderen preußischen Mordbrenner, welche die Hauptstadt mit Verwüstung bedrohten; er fürchtete die revolutionären Träume des Zaren, der bereits vorschlug, die französische Nation zur Einsetzung der neuen Regierung aufzurufen; er fürchtete zu allermeist Rußlands polnische Pläne. Hieß es doch schon, Alexander denke das Elsaß an Österreich zu geben und dann Galizien für sich zu fordern. Die Gewandtheit des österreichischen Ministers brachte bald fast die sämtlichen Diplomaten des Hauptquartiers auf seine Seite. –

Die Koalition war nahe daran, bevor noch eine Schlacht auf französischem Boden gewagt worden, den Frieden auf die Frankfurter Bedingungen hin abzuschließen. Und dies unter den denkbar günstigsten militärischen Aussichten, während man nur acht Märsche von Paris entfernt stand!

Das Heer Schwarzenbergs zählte 190 000, das Blüchers 83 000 Mann – eine erdrückende Übermacht, obgleich die Heerhaufen von Genf bis zur Mosel verzettelt waren. Napoleon war zwar nicht mehr, wie er im November selbst gestanden, zu jedem kriegerischen Unternehmen unfähig, sondern hatte, dank dem Zaudern der Alliierten, eine neue Feldarmee gebildet, aber nur 70 000 Mann, meistenteils ungeschulte, mutlose Rekruten, während die Truppen der Verbündeten aus kriegsgewohnten, siegesfrohen Soldaten bestanden. Der Schimpf eines Friedensschlusses in solcher Lage wurde durch die Monarchen von Rußland und Preußen, mit Steins Hilfe, abgewendet. Alexander drohte, den Feldzug nötigenfalls allein fortzuführen, und da der König erklärte, daß er sich von seinem Freunde nicht trennen werde, so gab Österreich zur Hälfte nach, und man einigte sich über ein Kompromiß: der Krieg sollte fortgesetzt, aber gleichzeitig eine große Friedensunterhandlung in Chatillon eröffnet werden.

Widerwillig nahm Metternich diese Beschlüsse an, widerwillig führte Schwarzenberg sie aus. Blücher hatte am 29. Januar bei Brienne mit geringem Glücke ein Gefecht gegen Napoleon bestanden; er brannte vor Begier, hier im Angesichte des Schlosses, wo der große Kriegsfürst des Jahrhunderts einst auf der Schule gewesen, sein Examen abzulegen: „die Franzosen sollen doch sehen, daß wir Deutschen in der Kriegskunst auch etwas gelernt haben!" Auf die dringenden

Vorstellungen der preußischen Generale gestattete der Oberfeldherr endlich, daß Blücher am 1. Februar, verstärkt durch zwei Korps der großen Armee, von den Höhen von Trannes hinabstieg und den Imperator in seiner weit ausgedehnten Aufstellung bei La Rothière angriff. Schwarzenberg selbst sah mit zwei Dritteln der vereinigten Armeen der Schlacht untätig zu. Aber schon jenes eine Drittel war den 40 000 Mann, welche Napoleon zur Stelle hatte, weitaus überlegen. Im Zentrum drang Sacken mit seinen Russen bei wildem Schneegestöber gegen La Rothière vor und behauptete sich dort wider die kaiserliche Garde. Dann ward auch der rechte Flügel der Franzosen durch Wrede und den Kronprinzen von Württemberg geschlagen, und obwohl der Unglücksmann Gyulay wieder, wie einst bei Leipzig, gegen die Linke des Feindes wenig ausgerichtet hatte, so war doch am Abend ein vollständiger Sieg erfochten. Ein großer Teil des französischen Heeres floh in wüster Verwirrung; wurde der Sieg von der Übermacht der Verbündeten recht benutzt, so konnten die Geschlagenen der Vernichtung nicht entgehen. Sakken schrieb triumphierend: „An diesem denkwürdigen Tage hört Napoleon auf, ein gefährlicher Feind der menschlichen Gesellschaft zu sein." Zum ersten Male hatte der Marschall Vorwärts in offener Feldschlacht selbständig dem Imperator gegenübergestanden, zum ersten Male seit Jahrhunderten war das stolze Frankreich auf seinem eigenen Boden in einer ernsten Schlacht besiegt. Gewaltig war der Eindruck bei Freund und Feind. Napoleon selber gab für jetzt das Spiel verloren und bevollmächtigte seinen Unterhändler in Chatillon, Caulaincourt, um jeden Preis die Hauptstadt zu retten und den Frieden abzuschließen.

Da bereitete die österreichische Politik dem Imperator nochmals die Rettung. Statt mit vereinten Kräften die Geschlagenen nachdrücklich zu verfolgen, teilte Schwarzenberg sein Heer – angeblich, weil er die gewaltigen Massen nicht zu verpflegen vermochte, in Wahrheit, weil die Österreicher sich der schlesischen Stürmer und Dränger entledigen wollten. Während die große Armee an der Seine entlangmarschierte, um den Hauptstoß gegen den Feind zu führen, sollte Blücher sich nordostwärts an die Marne wenden und von da die linke Flanke Napoleons umgehen. Wohlgemut zog der Alte seines Weges über die kahle, baumlose Hochfläche der Champagne, die im Norden von den rebenreichen weißen Kreidefelsen des Marnetals, im Süden von den lieblichen Hügeln der Seine begrenzt wird. Der Wind pfiff schneidend über das offene Land, der Regen strömte hernieder; mühselig wateten die Truppen durch jene berüchtigten Schlammwege der Champagne pouilleuse, die bei den älteren Offizieren noch vom Jahre 1792 in üblem Andenken standen. Nachher trat hartes Frostwetter ein und zwang die Soldaten, die von den Bauern verlassenen Häuser und Scheunen anzuzünden, wenn sie sich nur irgend wärmen wollten in dem holzarmen Lande. Ein Unstern hatte die Armee gerade in den häßlichsten Teil des schönen Frankreichs verschlagen. Doch ihr Sinn blieb fröhlich; sie wußten, daß der sieggewohnte Alte sie geradeswegs nach der Hauptstadt führte, zum glücklichen Ende aller Leiden und Kämpfe.

Ein unbändiges Selbstgefühl lebte in den tapferen Regimentern des Yorckschen Korps; war doch den Litauer Dragonern in diesem ganzen Kriege noch keine einzige Attacke fehlgeschlagen. Wer sollte den Heurichs des alten Isegrim etwas anhaben? An diesem Scherznamen, den die Welschen nicht nachsprechen konnten, erkannten die Yorckschen einander im Dunkel der Nacht. Soeben war Yorck mit seinen Reitern bei La Chaussee in die Marschkolonnen des Macdonaldschen Korps eingebrochen, und die Soldaten erzählten sich noch lange, wie die Eisenreiter der napoleonischen Kürassier- und Karabiniersregimenter dem Angriffe der leichten brandenburgischen Husaren nicht hatten widerstehen können, wie dann die Litauer und die Landwehrreiter den gefürchteten Weißmänteln, den polnischen Lanciers, der besten Reitertruppe Napoleons, die Standarte abgenommen hatten. Darauf hatte Yorck seinen alten Vorgesetzten Macdonald, den ein tückisches Schicksal immer wieder dem verhaßten Untergebenen in die Hände jagte, zum Abzuge aus Chalons gezwungen und sich wieder mit dem schlesischen Heere vereinigt.

Die einzelnen Korps der Armee zogen weit voneinander getrennt westwärts. Gneisenau hatte nichts getan, um die linke Flanke zu sichern; war doch mit Schwarzenberg verabredet, daß Wittgensteins Korps die Verbindung zwischen den beiden Armeen unterhalten, den weiten Raum zwischen dem rechten Seineufer und der Marschlinie der Schlesier decken sollte. Der

Oberfeldherr aber hielt sein Versprechen nicht, sondern wendete sich nach langsamen Märschen und wiederholter Rast südwärts auf das linke Seineufer, so daß zwischen seinem und Blüchers Heere eine weite Lücke offenblieb. Ein geheimer Befehl seines Monarchen zwang ihn dann am 13. Februar, auf dem linken Ufer der Seine zu verbleiben, ein Befehl, der dem Erfolge nach einem Verrate gleichkam; der gute Kaiser, dessen kindliche Unschuld die britischen Staatsmänner bewunderten, wollte verhindern, daß ein Sieg der vereinigten Armeen die schwebenden Friedensverhandlungen störe.

Wie durch ein Wunder sah sich Napoleon von dem sicheren Untergange gerettet. Er zog alle seine Streitkräfte sogleich nach Sezanne heran, in der Mitte zwischen den beiden Heeren der Verbündeten, brach dann plötzlich gegen die linke Flanke der überraschten schlesischen Armee vor und schlug ihre vereinzelten Korps mit seiner gesammelten Übermacht in einer Reihe glänzender Gefechte während der fünf Tage vom 10. bis 14. Februar. Zuerst zersprengte er Olsuwieffs schwache Division bei Champaubert und drängte sich also mitten in die Kolonnen des schlesischen Heeres hinein. Folgenden Tags entging Sackens Korps bei Montmirail dem Untergange nur durch Yorcks heroische Aufopferung; die verwegenen Litauer lernten hier zum ersten Male den Unbestand des Kriegsglücks kennen. Am 12. zogen sich die tags zuvor geschlagenen Generale bei Chateau-Thierry nach hitzigem Gefechte auf das rechte Ufer der Marne zurück. Am 13. hielt Napoleon seinen triumphierenden Einzug in die eroberte Stadt, um schon am 14. bei Etoges und Vauchamps dem letzten noch unberührten Korps der schlesischen Armee, das der Feldmarschall selber, noch ohne nähere Kenntnis von den Unfällen der letzten Tage, heranführte, einen unerwarteten blutigen Empfang zu bereiten. Auch diesmal war das Glück den Franzosen günstig. Während des Gefechtes kam ein furchtbarer Augenblick, der leicht dem ganzen Kriege ein schmähliches Ende bereiten konnte. Blücher, Gneisenau, Prinz August, Kleist, Grolman, fast alle die besten Männer des deutschen Heeres hielten eingepreßt in einem Viereck preußischen Fußvolks, von überlegenen feindlichen Reiterscharen rings umschwärmt. Blücher selbst suchte den Tod, lebendig sollte ihn der Feind nicht fangen. Grolman aber sprach mit mächtiger Stimme zu den Truppen, die sichere Ruhe der majestätischen Heldengestalt flößte den Verzweifelnden neuen Mut ein, mit dem Bajonette griffen sie die Reiter an und bahnten den Generalen den Weg bis zu dem nahen, schützenden Walde. Unerschütterlich wie nur je in den Zeiten des Glücks hatten die Regimenter während dieser Tage der Prüfung standgehalten. Selbst jener stumme, hagere Engländer, der immer mit demselben langweiligen, steifen Gesichte, mit dem Stocke die Luft durchfuchtelnd, neben Gneisenau einherzutraben pflegte, selbst Hudson Lowe fand kaum Worte genug, um den Löwenmut dieser abgerissenen, halbverhungerten Helden zu preisen. Aber wie ruhmvoll immer – das beste Heer der Verbündeten war geschlagen, hatte 15 000 Mann und an fünfzig Kanonen verloren, nicht ohne die Schuld seiner Führer, die doch die Zuverlässigkeit der österreichischen Bundesgenossen kennen mußten.

Noch einmal erhob sich strahlend das Gestirn des Kaiserreichs. Napoleon hatte mit seinen 30 000 Mann einen fast zweifach so starken Feind angegriffen und war doch überall auf dem Schlachtfelde mit Übermacht erschienen. Wieder wie in den Austerlitzer Zeiten wurden lange Züge von Gefangenen unter den Klängen der Feldmusik, den Parisern zur Augenweide, an der Vendomesäule vorübergeführt. Wieder wie damals jubelten die Truppen, wenn die prächtigen stahlblauen Ordonnanzoffiziere des Kaisers auf den reichgeschirrten Rossen mit den Tigerschabracken heransprengten, um einen Befehl des Unüberwindlichen zu überbringen. Selbst die schwächste Waffe der Franzosen, die Reiterei, konnte wieder von Siegen erzählen, da Schwarzenberg von seinen gewaltigen Reitermassen der schlesischen Armee nichts abgetreten hatte. Was Wunder, daß das Selbstvertrauen im Heere wie im Volke mächtig anwuchs. Die ermüdeten Massen hatten anfangs mit scheuem Staunen zugeschaut, wie die langen Züge hochgewachsener, blonder Männer ins Land hereinströmten, da und dort sogar ihre Freude kundgegeben, wenn die Eroberer die drückenden Steuern des Kaiserreichs beseitigten. Indes der ehrenhafte patriotische Stolz der Franzosen zeigte sich stärker als der Parteihaß. Nirgends fanden die Fremden zuverlässige Wegweiser und Spione, überall mußten die Reiter fürchten, daß der Hufschmied ihnen die

Rosse vernagelte; die Frauen bewahrten durchweg eine würdige Zurückhaltung, zeigten gar nichts von der gutmütigen Schwäche der Deutschen. Als der Krieg sich in die Länge zog, schwoll den Bauern der Kamm; nach den ersten Siegesnachrichten folgten sie dem Rufe ihres Kaisers, der alle erwachsenen Franzosen zum Kampfe aufbot, und scharten sich zusammen gegen den étranger. Allerdings beschränkte sich dieser kleine Krieg auf die unmittelbare Nachbarschaft der verödeten Dörfer. Napoleon selber wußte wohl, daß sein zentralisierter Beamtenstaat für einen Volksaufstand großes Stiles keinen Raum bot: eine levée en masse, sagte er oft, ist eine Schimäre in diesem Lande, wo Adel und Geistlichkeit durch die Revolution und die Revolution durch mich zerstört worden ist. Immerhin ward der Kampf mit dem aufsässigen Landvolke den Eroberern sehr beschwerlich; beide Teile verwilderten in der ruhelosen Fehde.

In dem Charakter der Franzosen zeigte sich seit jenen Tagen ein Zug rauhen Fremdenhasses, den sie in den Jahrhunderten ihrer übermütigen Selbstgewißheit nie gekannt hatten, und dieser Haß traf am schärfsten die Preußen. Napoleon pflegte in seinen Briefen von Preußen gar nicht mehr zu sprechen; sein Stolz sträubte sich zuzugeben, daß Frankreich seine schwersten Schläge durch das Schwert dieses mißachteten kleinen Staates erlitten hatte. Und doch wußte er so gut wie sein Volk, wer sein furchtbarster Gegner war. Dem Pariser Witze waren die Prussiens: les plus chiens, noch greulicher als les Rustres und les autres chiens. Die Siege der Russen, der Briten, der Österreicher nahm man hin als Unglücksfälle, die der Preußen erschienen wie ein Unrecht, eine unverschämte Überhebung. Es konnte nicht fehlen, daß solche Gesinnungen auf die Stimmung des preußischen Heeres zurückwirkten. Jene Gutmütigkeit, die der deutsche Soldat im vergangenen Jahre trotz seiner Erbitterung bewahrt hatte, verlor sich mehr und mehr.

Genug, bei der ersten Gunst des Kriegsglücks flammte der alte Nationalhaß wieder auf und die Friedenswünsche verflogen. Mit vollem Rechte fühlte Napoleon sich seines Thrones sicher. Von innen heraus drohte ihm keine Gefahr. Der Name der Bourbonen war überall verschollen, bis auf einige royalistische Gegenden des Südens und Westens; was über die Tage des Bastillesturmes hinauslag, lebte nicht mehr im Gedächtnis dieses durch und durch modernen Volkes. Kam je einmal die Rede auf das alte Königshaus, so dachte der Bauer grollend an den Druck der Zehnten und Fronden. Bernadotte galt allgemein als ein elender Landesverräter, und wer sonst sollte noch die Erbschaft des Imperators antreten? Wenn Napoleon die geschlagene schlesische Armee unaufhaltsam verfolgte, so stand außer Zweifel, daß die große Armee den Rückzug zum Rheine antrat, und dann war ein glorreicher Friedensschluß dem Kaiserreiche sicher. Aber wie Schwarzenberg aus Furchtsamkeit die Früchte des Sieges von La Rothière zu pflücken versäumt hatte, so unterließ jetzt Napoleon aus Übermut die Ausbeutung seiner Erfolge. Die schlesische Armee besteht nicht mehr – rief er frohlockend; er meinte wieder näher an München als an Paris zu sein und vermaß sich bald, nochmals die Weichsel zu erreichen. Von der sittlichen Widerstandskraft, die in Blüchers Hauptquartiere lebte, ahnte er noch immer nichts. Statt diese gefährlichsten Feinde bis zur Vernichtung zu bedrängen, warf er sein Heer plötzlich südwärts an die Seine, schlug einige vereinzelte Korps der großen Armee, zwang den Kronprinzen von Württemberg, die steilen Abhänge des Seinetals bei Montereau zu verlassen und bewirkte in der Tat, daß der erschreckte Schwarzenberg mit seinem ungeheuren Heere an der Seine aufwärts zurückwich und an Blücher dringende Bitten um Hilfe sendete.

Der Alte aber und sein genialer Freund zeigten sich nie größer als in diesen Tagen der Not. Freimütig gestanden sie die begangenen Fehler ein und versprachen, alles wiedergutzumachen; sie wollten vergessen, daß Schwarzenberg durch seinen Marsch über die Seine den Angriff Napoleons auf die Schlesier verschuldet und ihnen auch nachher, als zwei Tage lang der Kanonendonner von Champaubert und Montmirail zu der großen Armee hinüberklang, jeden Beistand verweigert hatte. Sie dachten nur an den Sieg. Vier Tage nach dem Gefechte von Etoges stand ihr Heer wieder in guter Ordnung, begierig, die Scharte auszuwetzen. In Eilmärschen ging es nun gen Süden, und schon am 21. Februar vereinigte sich Blücher bei Mery an der Seine wieder mit der großen Armee. Seine Soldaten erwarteten mit Zuversicht einen Tag wie den von Leipzig, eine Hauptschlacht, die mit einem Schlage den Krieg beenden mußte: stand man doch mit fast dreifacher Übermacht dicht am Feinde, 150 000 Mann gegen 60 000.

Frauentracht des 16. Jahrhunderts

Eine Braut des 16. Jahrhunderts

Philippine Welser vor Kaiser Ferdinand I. in Prag

Mittlerweile hatte die Diplomatie in Chatillon ihre Friedensverhandlungen eröffnet. Die Verbündeten verlangten die Grenzen von 1792, einige Berichtigungen vorbehalten, und stellten zugleich die Bedingung, daß die Mächte der Koalition allein, ohne Zuziehung Frankreichs, über die Verteilung der von Napoleon und seinen Bundesgenossen abgetretenen Gebiete entscheiden sollten. Erst nach lebhaftem Widerstreben schloß sich Metternich der Forderung an, daß die Verteilung der Eroberungen den Alliierten ausschließlich zustehen solle. Gleich beim Beginne des Kongresses von Chatillon benutzte England die Geldverlegenheit seiner Bundesgenossen, um einen Meisterstreich seiner Handelspolitik zu vollführen. Alle bedurften sie neuer Geldmittel für den Krieg, und der reiche Alliierte war bereit abermals zu zahlen. Daher setzte England durch, daß über die Angelegenheit des Seerechts nicht verhandelt werden dürfe. Außerdem kam im Hauptquartier zu Troyes ein Vertragsentwurf zustande, wonach die alte holländische Republik unter die erbliche Herrschaft des Hauses Oranien gestellt und durch Belgien, sowie durch ein Stück des deutschen Rheinufers mit Köln und Aachen vergrößert werden sollte.

Unterdessen waren die ersten Nachrichten von Blüchers Unglücksfällen im großen Hauptquartiere angelangt. Es fehlte nicht an spöttischen Bemerkungen: so hatte sich der Vorwitz der kleinen Köpfe des schlesischen Heeres doch bestraft! Stärker als die Schadenfreude war jedoch der Schrecken. In höchster Angst verlangte Metternich die schleunige Beendigung des unglückseligen Krieges; es kam so weit, daß Österreich geradezu drohte, sich von der Koalition loszusagen. Und im selben Maße wuchs Napoleons Starrsinn. Alsbald nach seinem ersten Erfolge nahm er die an Caulaincourt erteilte Vollmacht zurück und befahl dem Gesandten, auf keine Forderung der Alliierten einzugehen. Mit meinen Gefangenen, meinte er trotzig, pflege ich nicht zu unterhandeln. Die Koalition schien der Auflösung nahe. Die hochmütige Gönnermiene, welche der Zar zur Schau trug, verletzte den österreichischen Stolz. Auch Hardenberg geriet in Unruhe, als er erfuhr, wie die Russen sich in Danzig häuslich einrichteten und ihre preußischen Waffengefährten kaum in die Stadt einlassen wollten. Nur ein großer Waffenerfolg konnte die verstimmten Gemüter versöhnen. Schwarzenberg aber war auch jetzt, nach der Wiedervereinigung mit Blücher, nicht gewillt, seine offenbare Übermacht zu brauchen; er gab den Gedanken einer Entscheidungsschlacht wieder auf und befahl, sicherlich auf das Andringen der österreichischen Diplomaten, den Rückzug nach dem unglückseligen Plateau von Langres. Heftiger denn je gerieten die beiden Parteien aneinander. Der König sagte nach seiner ehrlichen Art dem Oberfeldherrn die härtesten Wahrheiten ins Gesicht, der Zar stritt sich lebhaft mit den Lords Aberdeen und Castlereagh.

Da kam Rettung durch die schlesischen Helden. Oberst Grolman stellte seinem Feldmarschall vor: angeschmiedet an den k. k. Kriegsrat gelange man doch nimmermehr ans Ziel; wie nun, wenn die schlesische Armee sich abermals von dem Hauptheere trennte, nochmals nordwärts an die Marne marschierte, dort die Korps von Bülow und Wintzingerode, die aus Belgien heranrückten, an sich zöge und also verstärkt geradeswegs gegen Paris vorginge? Es war, als ob Scharnhorst selber durch den Mund seines feurigen Schülers redete; so einfach, groß und kühn erschien der Plan. Blücher griff mit Freuden den glücklichen Gedanken auf, schrieb sofort an den König und den Zaren, bat sie um Genehmigung des Unternehmens. Am 25. Februar wurde zu Bar ein großer Kriegsrat gehalten und nach heftigem Streite der Antrag Blüchers angenommen. Jenes sonderbare Verhältnis, das im letzten Sommer nur tatsächlich bestanden hatte, erhielt jetzt die amtliche Anerkennung: das kleine schlesische Heer übernahm, den Hauptstoß zu führen, die große Armee verhielt sich abwartend. Der Ausgang des Feldzugs, schrieb Friedrich Wilhelm seinem Feldmarschall, liegt von nun an zunächst in Ihrer Hand.

Während Blücher seelenfroh, ohne erst die Erlaubnis der Monarchen abzuwarten, seinen zweiten Marsch gegen Paris antrat, wiederholte sich im großen Hauptquartiere tagaus tagein das alte Spiel. Unaufhörlich ließ der Imperator die Österreicher durch geheime Zuschriften bearbeiten, und Kaiser Franz ging auf diese vertragswidrigen Sonderverhandlungen mit verdächtigem Eifer ein. Um so ängstlicher ging Österreich der militärischen Entscheidung aus dem Wege. Hatte man den Zug Blüchers leider nicht verhindern können, so durfte mindestens Schwarzenberg nichts Entscheidendes wagen. Seine Truppen fühlten sich schon ganz niedergeschlagen von dem ewigen Rückzuge und den ziellosen Hin- und Hermärschen. In der zweiten Hälfte des Dezembers waren die Spitzen der großen Armee in Frankreich eingerückt, und jetzt, nach mehr als zwei Monaten, hatten diese gewaltigen Massen noch keine einzige Schlacht geschlagen. Wie ein Nebelbild schien die nahe Hauptstadt vor den Augen der Entmutigten zu verschwinden. Auch als am 27. Februar das Korps Oudinots, eine lächerliche Minderzahl, bei Bar auf den Höhen über der Aube erschien, vermied Schwarzenberg abermals die Schlacht, räumte Bar, ließ die Feinde sich gemächlich in der Stadt und im Tale der Aube ausbreiten. Da verlor endlich König Friedrich Wilhelm die Geduld, überwand seine Schüchternheit und zeigte wieder wie bei Kulm sein gesundes militärisches Urteil. Er zwang den Oberfeldherrn, den Angriff zu befehlen. Mit lautem Jubel vernahmen die Soldaten die heißersehnte Kunde. Obwohl der Österreicher allzu spät und nur mit einem Teile seines Heeres das Treffen begann, so wurde doch ein schöner Sieg erfochten. Es war ein froher Tag für das königliche Haus, denn heute ritt Friedrich Wilhelms zweiter Sohn, Prinz Wilhelm, an der Seite des Vaters zum ersten Male in die Schlacht. Die Offiziere lächelten zufrieden, als der schöne siebzehnjährige Jüngling im furchtbaren Kugelregen ganz unbefangen seinen Adjutantendienst versah und nachher mit dem altberühmtem russischen Regimente Kaluga den beherrschenden Hügel von Malepin hinaufstürmte. Sie meinten, aus dem könne noch einmal ein anderer Prinz Heinrich werden; Unehrerbietige stellten auch schon Vergleichungen an zwischen diesem frischen Heldensinne und der ästhetischen, ganz unsoldatischen Natur des geistreichen Kronprinzen.

Der Sieg wurde, nach der Gewohnheit des großen Hauptquartiers, nicht verfolgt; immerhin stellte er den Einmut der Koalition notdürftig wieder her. Wie einst der Teplitzer Vertrag auf die Kulmer Schlacht, so folgte auf die Schlacht von Bar der Vertrag von Chaumont. Am 1. März wurde die große Allianz feierlich auf zwanzig Jahre erneuert. Spanien, Italien, die Schweiz und die verstärkten Niederlande sollten beim Friedensschlusse ihre volle Unabhängigkeit erlangen, die deutschen souveränen Fürsten „vereinigt werden durch eine föderative Verbindung, welche die Unabhängigkeit Deutschlands sichert und verbürgt."

Indessen erreichte Blücher das Marnetal; aber da Napoleon, die Gefährdung der Hauptstadt rasch erkennend, ihm folgte, so wichen die Schlesier in Eilmärschen gen Norden aus und trafen bei Soissons mit Bülows Heer zusammen. Der Eroberer von Holland entsetzte sich, als er neben seinen vollzähligen, in den behäbigen flandrischen Winterquartieren wohlgenährten Scharen die schwachen Bataillone Yorcks, dies schmutzige, verwilderte und verwahrloste Kriegsvolk erblickte. Unwillkürlich gedachten die Generale an jene Tage vor der Zorndorfer Schlacht, da König Friedrich seine bissigen Grasteufel mit Dohnas frischen Truppen vereinigte. Und welche Aussichten für die Zukunft! Das preußische Heer hatte das Größte getan und das Schwerste gelitten, die Blüte der norddeutschen Jugend lag auf den Schlachtfeldern. Selbst Gneisenau verlor, wenn er die gelichteten Scharen musterte, zuweilen seinen königlichen Frohmut und fragte besorgt, wie dieser Staat mit erschöpftem Haushalt und geschwächter Kriegsmacht den schweren Kampf um die Teilung der Beute bestehen solle. Doch die Stunde drängte. Napoleon hatte die Russen bei Craonne, allerdings unter furchtbaren Verlusten, zum Rückzuge genötigt und schritt am nebeligen Morgen des 9. März durch die sumpfigen Niederungen der Lette zum Angriff vor gegen die Felsenstadt Laon, den Stützpunkt des Blücherschen Heeres. Der Schlachttag verlief ohne Entscheidung. Am späten Abend erst warfen sich Yorck und Kleist auf Marmonts Korps, den rechten Flügel des Feindes, und hier, bei Athis, entspann sich jenes schaurige Nachtgefecht, das den Preußen nach so vielen Mißerfolgen wieder die erste Siegesfreude schenkte. Zuerst führte Prinz Wilhelm seine ostpreußischen Bataillone im Sturmschritt, bei rauschender Feldmusik, alles niederschmetternd, durch das Dorf und darüber hinaus; dann räumten die Litauer, Sohrs brandenburgische Husaren und die schwarzen Reiter mit den Totenköpfen unter den erschreckten Feinden auf. Das ganze Korps ward zersprengt, ließ fünfundvierzig Geschütze in den Händen der Sieger. Yorck aber hatte in der wilden Hetzjagd dieser Tage einen Freund gefunden; das Herz ward ihm doch warm, wenn er den Mann von Nollendorf so neben sich schalten sah, immer klar, sicher, ganz bei der Sache. Noch eine Weile und die Heurichs erzählten sich verwundert, der harte Alte habe nach altem, germanischem Kriegsbrauche mit seinem Kameraden Kleist Brüderschaft getrunken. Am nächsten Morgen schien das Schicksal des Imperators entschieden. Keine Möglichkeit, nach der völligen Auflösung des rechten Flügels noch dem nunmehr dreifach überlegenen Heere der Verbündeten zu widerstehen; und dazu wieder wie bei Leipzig nur eine einzige Rückzugsstraße, durch das Sumpfland der Lette! Allem Anschein nach mußte dies alte Felsennest, das vor neunhundert Jahren der einzige Besitz und die letzte Zuflucht des jungen französischen Königtums gewesen, nun den Untergang des neuen Kaisertums sehen.

Jetzt aber zeigte sich, was Blüchers Flammenblick, was sein gebieterischer Wille dem deutschen Heere war. Der Feldmarschall war erkrankt, erschöpft an Leib und Seele von den furchtbaren Aufregungen dieser Wochen, und seit er nicht mehr befahl, erfüllte Haß und Streit das Hauptquartier. Jene Überfülle von schroffen, starken Charakteren, worin die Stärke des preußischen Heeres lag, wurde nun gefährlich. Weder Yorck noch Kleist noch Bülow wollte sich dem Phantasten Gneisenau unterordnen. Der alte Groll brach wieder aus; es kam so weit, daß Yorck die Armee zu verlassen drohte. Gneisenau aber ward durch diesen Zwist nur bestärkt in den vorsichtigen Erwägungen, die ihn schon während der letzten Tage beherrscht hatten; er mochte nach so vielen Opfern die Verantwortung für einen neuen blutigen Kampf nicht übernehmen. Es war die patriotische Sorge um Preußens Zukunft, was diesen einzigen großen Mißgriff seines Feldherrnlebens verschuldete. Durfte man jetzt, da Napoleons Sturz doch in sicherer Aussicht stand, die Truppen abermals schwächen und also dem Hause Österreich die Freude bereiten, daß Preußen beim Friedensschlusse kein Heer mehr besaß, wie dies Radetzky schon in Frankfurt freundnachbarlich gewünscht hatte? Boyen vornehmlich hob diese politischen Bedenken mit Nachdruck hervor und überzeugte seinen feurigen Freund. Noch einmal rettete den Imperator eine wunderbare Gunst des Glückes. Unverfolgt durfte er abziehen und alsbald wendete er sich, den Vorteil der inneren Operationslinie geschickt benutzend, wieder gegen die große Armee. Schwarzenberg war nach dem Siege von Bar, statt geradezu auf Paris loszugehen oder den Imperator im Rücken zu bedrohen, wieder nach Süden ausgewichen. Weitab von der offenen Siegesstraße, bis nach Sens im freundlichen Tale der Yonne, standen seine Heersäulen zerstreut. Die Preußen grollten: ob es denn wider die Natur eines österreichischen Generals sei, sein Ziel auf dem kürzesten Wege zu erreichen? Nachher drängte der Zauderer ein schwaches französisches Korps von der Seine zurück und getraute sich wieder eine kleine Strecke nordwärts, bis zur Aube vorzugehen. Das Elend dieses jämmerlichen Feldzugs wollte kein Ende nehmen.

Da wendete sich plötzlich die Politik des Wiener Hofes. Hatten vor sechs Wochen die Unglücksfälle der schlesischen Armee den Gang des Kongresses von Chatillon durchkreuzt, so wirkte jetzt umgekehrt der Abbruch der diplomatischen Verhandlungen stärkend und anfeuernd auf die Führung des Krieges zurück. Vergeblich warteten die Bevollmächtigten der Alliierten seit dem 17. Februar auf die Beantwortung ihres Ultimatums, vergeblich suchte Kaiser Franz noch am 10. März durch einen mahnenden Brief den Starrsinn seines Schwiegersohnes zu brechen. Erst am 15. März gab Caulaincourt eine bestimmte Erwiderung, und sie lautete in wesentlichen Punkten ablehnend, ja sie war für Österreich noch weniger annehmbar als für die anderen Mächte; denn während Napoleon die Abtretung der Rheinlande endlich zugestand, die Auflösung des Rheinbundes zugab und nur Berg und Sachsen ihren bisherigen Souveränen sichern wollte, behielt er andererseits den italienischen Königsthron seinem Stiefsohne Eugen vor. So stieß der Verblendete wie mit Absicht die einzige der verbündeten Mächte, die ihm aufrichtig wohlwollte, zurück, und mit gutem Grunde sagte Gneisenau: „Napoleon hat uns bessere Dienste geleistet als das ganze Heer der Diplomatiker." Metternich mußte endlich erkennen, daß dem Unseligen nicht mehr zu helfen, daß der Untergang des Kaiserreichs unvermeidlich war. Am 19. März erklärten die Verbündeten den Kongreß für beendigt, und sofort offenbarte sich der Umschwung der österreichischen Politik in der gehobenen Stimmung des Hauptquartiers. Mit ungewohnter Entschlossenheit zeigte sich Schwarzenberg am 20. März bei Arcis an der Aube bereit, eine Schlacht gegen den Imperator zu wagen. Die Ausführung des glücklichen Gedankens war freilich schlaff wie immer; nur die Truppen Wredes gelangten ins Gefecht. Immerhin wurde Napoleon genötigt, am nächsten Tage nach schweren Verlusten das

Schlachtfeld zu verlassen, und was das Beste war, die große Armee fing doch wieder an, sich zu regen.

Der Geschlagene faßte nun einen tolldreisten, auf den Charakter des Gegners berechneten Entschluß: er umging in weitem Bogen den rechten Flügel der Sieger und zog ostwärts nach St. Dizier, um in den Rücken der Verbündeten zu gelangen. Er hoffte, Schwarzenberg werde, besorgt für seine Rückzugslinie, sofort den Abmarsch nach dem Rheine antreten. Einige Wochen früher ausgeführt, wäre der kecke Anschlag sicherlich gelungen. Jetzt aber fühlten alle Mächte, auch Österreich, daß das unwürdige Schauspiel der zitternden Übermacht ein Ende nehmen mußte. Es stand wirklich so, wie Gneisenau nachher dem alten Rüchel schrieb: „So zogen wir endlich nach Paris, nicht aus Überlegenheit der dafür sprechenden Gründe, sondern weil nichts anderes übrig blieb und das Verhängnis die große Armee dahin stieß." Als der Zar in Sommepuis am 24. März aus einem Briefe Napoleons, den die Kosaken Blüchers aufgefangen, die Absichten des Feindes erfuhr, da forderte zuerst Toll das Selbstverständliche, das den Überklugen so lange unfaßbar gewesen: den Marsch auf Paris. Die Straße war nahezu offen. Vereinigt mit der nahen schlesischen Armee konnte man die schwachen Korps des Feindes, die noch im Wege standen, leicht überwältigen; ein starkes Reiterkorps unter Wintzingerode sollte zurückbleiben, um den Imperator, dessen Name jetzt doch allmählich seinen alten Zauber verlor, über den Zug der großen Armee zu täuschen. Alexander stimmte zu, er schmachtete nach Vergeltung für den Einzug in Moskau. Am selben Tage erklärten auch der König und Schwarzenberg in einem Kriegsrate zu Vitry ihre Zustimmung.

Aufatmend empfing Blücher die entscheidende Botschaft: „nun heißt es nicht mehr bloß bei uns, sondern überall vorwärts!" Dort in Vitry erließen die Verbündeten auch eine öffentliche Erklärung, worin sie die französische Nation geradezu aufforderten, durch ihren freien Willen dem verderblichen Systeme dieses Kaisertums ein Ziel zu setzen; nur dann sei der Frieden Europas gesichert. Die letzte Brücke war abgebrochen. Selbst Kaiser Franz hatte seinen Schwiegersohn aufgegeben, er blieb in Burgund zurück, um der Entthronung nicht persönlich beiwohnen zu müssen. So ging es denn endlich westwärts, quer über die unheimlichen Schlachtfelder des Februars, und noch einmal rasten über diese blutgedüngten Gefilde alle Schrecken des Krieges, als die Division Pacthod am 25. März bei La Fère Champenoise gleichzeitig von der schlesischen und der Hauptarmee ereilt wurde. Rettungslos verloren, verschmähte der tapfere General die Kapitulation, die ihm Friedrich Wilhelm anbot; so blieb nichts übrig als eine grausige Schlächterei. Schaudernd sahen der König und sein Sohn Wilhelm, wie die Kanonenkugeln durch den zusammengekeilten Menschenhaufen lange Furchen zogen und dann die Reiter mit der blanken Waffe hineinschmetterten. Ihrer viertausend ergaben sich endlich, fünftausend lagen tot am Boden. Es war ein Schauspiel der Vernichtung, wie es in prahlerischen Schlachtberichten oft geschildert, selten wirklich erlebt wird; alte wetterfeste Offiziere sah man erbleichen, wenn auf diesen Tag die Rede kam.

Wohl war es die höchste Zeit, daß den verstimmten Truppen endlich wieder die Zuversicht des Gelingens kam. Die denkenden Offiziere wußten allesamt, daß eine beispiellos mattherzige Kriegsführung das Blut der Deutschen und Russen in Strömen nutzlos vergossen hatte; die fade Schönfärberei der amtlichen Kriegsberichte des großen Hauptquartiers begann der Armee selber zum Ekel zu werden. Nun endlich war der Bann gebrochen, aller Groll verstummte vor der beseligenden Gewißheit der nahen, letzten Entscheidung. Napoleon blieb in der Tat einige Tage lang in dem Wahne, daß die große Armee ihm gen Osten folge; als er endlich seinen Irrtum erkannte und in Gewaltmärschen herbeieilte, konnte er die bedrohte Hauptstadt nicht mehr rechtzeitig erreichen, das Verhängnis nicht mehr wenden.

Auf dem Wege der Verbündeten standen nur noch die gelichteten Korps von Marmont und Mortier. Schwarzenbergs langsamer Marsch gewährte ihnen die Zeit, Paris zu erreichen. Die beiden Marschälle beschlossen, obgleich Marie Luise mit dem Könige von Rom an die Loire flüchtete, vor den Mauern der Hauptstadt eine letzte Schlacht zu wagen. Verstärkt durch Nationalgarden besetzten sie mit 34 000 Mann die Dörfer der Bannmeile und die steilen Anhöhen, welche die Stadtteile des rechten Seineufers auf der Nord- und Ostseite in weitem Bogen umkränzen. Marmont stand auf der Rechten bis hinüber zum Walde von Vincennes, dicht am Zusammenfluß der Seine und Marne, Mortier hielt jenseits des Ourcq-Kanals und lehnte sich mit dem äußersten linken Flügel an den Hügel des Montmartre. Der Kampf gegen die 100 000 Mann der Verbündeten war, trotz der festen Positionen der Franzosen, von vornherein aussichtslos; gleichwohl ward er überaus blutig, dank den unglücklichen Anordnungen des großen Hauptquartiers, das seine Übermacht wieder nicht rechtzeitig zur Stelle brachte. Schon seit dem Morgen des 30. März kämpfte Prinz Eugen mit seinen Russen gegen das Zentrum der Franzosen, nahm das Dorf Pantin, versuchte die Hochebene von Romainville zu erreichen, ward geworfen und hart bedrängt, bis endlich die russischen und die allzu lange pedantisch geschonten preußischen Garden ihm Luft machten. Die Garde erstürmte unter Oberst Alvensleben die Batterien bei Pantin, während die Russen den Bergkirchhof Père La Chaise mit der blanken Waffe nahmen. Weit später ward das Gefecht auf dem rechten Flügel der Franzosen eröffnet; der Kronprinz von Württemberg setzte sich im Walde von Vincennes fest, behauptete sich dort und drang am Nachmittage bis an das Ufer des Flusses vor. Auch die schlesische Armee gelangte erst kurz vor Mittag zum Kampfe gegen den linken Flügel des Feindes. Wer hätte dem kranken Blücher verbieten dürfen, an solchem Ehrentage dem Sturme der Deutschen auf den „Sankt Märten" beizuwohnen? Die entzündeten Augen mit einem Damenhut und Schleier bedeckt, hielt er mitten im Getümmel und sah mit an, wie seine vielgeprüften Schlesier noch einmal, wie einst bei Möckern, unter dem Kreuzfeuer der feindlichen Batterien kämpften. Am Nachmittage war die ganze Linie der Verbündeten im siegreichen Vorgehen; Prinz Wilhelm der Ältere hatte bereits die Barrieren der Stadt erreicht, nahebei erstürmten Kleists Truppen mit gefälltem Bajonett den Hügel mit den fünf Windmühlen neben dem Montmartre, und auf der Linken der Franzosen drangen Langerons Russen an den steilen Abhängen der Steinbrüche des Montmartre empor bis hinauf zu den staffelförmig aufgestellten Batterien. Da sprengten Adjutanten heran, weiße Tücher in den Händen; die Schlacht war beendet, Paris hatte kapituliert.

Lange hielten die Generale neben den Mühlen auf der Höhe und betrachteten schweigend die bezwungene Stadt; die stumpfen Türme von Notre Dame und die Kuppel des Pantheon glänzten im Abendlichte. Auch Oberst Below trabte herauf mit seinen Litauern; er mußte doch halten, was er in Tilsit versprochen, und seinen Jungen die Hauptstadt des Feindes zeigen. Neuntehalb Jahrhunderte waren vergangen, seit unser Kaiser Otto II. auf diesen Hügeln seine Adlerfahnen aufpflanzte und die Stadt da drunten durch die Hallelujarufe seiner Streiter schreckte; seitdem waren Engländer und Spanier und auch einzelne Reiterhaufen deutscher Landsknechte bis in das Herz der französischen Macht eingedrungen, doch niemals wieder ein deutsches Heer. Nun lag das neue Rom gebändigt, eine unabsehbare Zukunft voll friedlichen Völkerglücks schien sich aufzutun vor den entzückten Blicken der kampfesmüden Welt. Die Deutschen glaubten das Unrecht zweier Jahrhunderte gesühnt, als am nächsten Tage der Zar, der König und Schwarzenberg an der Spitze der verbündeten Heere ihren Eintritt hielten durch das Martinstor, das noch an König Ludwigs deutsche Eroberungsfahrten erinnerte; darauf ging der Zug unter dem rasenden Jubel der dichtgedrängten Volksmassen die breiten Boulevards entlang nach dem Platze Ludwigs XV., wo einst die Guillotine ihre Blutarbeit getan, dann auf die Elysäischen Felder zur prunkenden Heerschau. Wer hätte sich auch nur träumen lassen, daß dieselben preußischen Fahnen noch zweimal binnen zweier Menschenalter desselben Weges ziehen würden? Glücklicher war doch niemand als jene beiden großen Deutschen, die nun glorreich erfüllt sahen, was sie sich einst auf dem Leipziger Markte in die Hand versprochen hatten. Gneisenau schrieb: „was Patrioten träumten und Egoisten belächelten, ist geschehen"; Stein aber sagte in seiner wuchtigen Weise: „Der Mensch ist am Boden!"

Bei ihrem Einzuge bemerkten die Verbündeten mit Verwunderung, wie die Massen versuchten, das Bild des glorreichen Imperators von der Vendomesäule hinabzustürzen. Überall Verwünschungen gegen den Tyrannen, donnernde Jubelrufe für die Befreier. In dem preußischen Heere ward der alte Nationalhaß durch den Anblick solcher Untreue nur verschärft. Mit tiefer Geringschätzigkeit sprachen alle Norddeutschen von dieser herzlosesten aller Nationen. Ein ruhiges Verhältnis gegenseitiger Achtung stellte sich nicht her, zum Unheil für beide Nationen.

Jene ganze Generation preußischer Staatsmänner und Generale hielt immer die Überzeugung fest, daß eine letzte Abrechnung mit Frankreich noch bevorstehe; Gneisenau und Stein haben bis zu ihrem Todestage in solchen Ahnungen gelebt.

Den Parisern brachte die Eroberung durchaus kein Ungemach, da die Alliierten aus zärtlicher Schonung gegen die Gefühle der Besiegten ihre Truppen längere Zeit auf den Plätzen biwakieren ließen, sondern nur Gelegenheit zu leichtem Gewinne. Viele reiche englische Familien eilten an die Seine zu den lang entbehrten Genüssen der Stadt des Vergnügens. Das Gold floß in Strömen. Ganz unbegreiflich blieb den an die Roheit der Konskribierten gewöhnten Franzosen der Charakter des preußischen Volksheeres. Sie schüttelten den Kopf, wenn die preußischen Freiwilligen, fast so eifrig wie ihr Kronprinz, zu den Kunstschätzen des Louvre wallfahrteten.

Die französische Liebenswürdigkeit wendete sich dem Zaren zu. Die berechnete Schmeichelei berauschte den glücklichen Sieger, der Einfluß Steins sank von Tag zu Tag. Alexander wohnte im Palaste Talleyrands, und der schlaue Hausherr fand der Bewunderung kein Ende für den ersten Mann des Jahrhunderts, der allein die Befreiung Europas vollendet habe. Die Behörden, die Gelehrten der Akademie und vor allem die Damen schwangen wetteifernd ihre Weihrauchsfässer vor dem sanften, liebevollen „Engel des Friedens". Alexanders Eitelkeit fühlte sich lebhaft geschmeichelt, als die Vorsteherin einer weiblichen Irrenanstalt ihm erzählte, daß die Zahl der aus unglücklicher Liebe erkrankten jungen Damen seit der Anwesenheit des russischen Selbstherrschers bedenklich zugenommen habe. Der Zar gebärdete sich wieder als der mächtige Schirmherr der Völkerfreiheit und dachte die Welt durch seine Großmut in Erstaunen zu setzen, zumal da sein Rußland unmittelbar von Frankreich nichts gewinnen konnte. Das englische Kabinett, voll höchster Eifersucht gegen Rußland, suchte jetzt ebenfalls durch nachsichtige Schonung die Freundschaft der Franzosen zu gewinnen. Österreich, das schon längst den Frieden um jeden Preis wünschte, steuerte in derselben Richtung. So stand denn Preußen bald völlig einsam mit seinem Verlangen nach rücksichtsloser Benutzung des Sieges. –

Sogleich nach ihrem Einzuge erklärten die Alliierten, daß sie nicht mehr mit Napoleon unterhandeln würden, und forderten den Senat auf, eine vorläufige Verwaltung einzurichten. Die provisorische Regierung sprach die Absetzung des Imperators aus.

Napoleon wurde, als er nach dem Falle der Hauptstadt in Fontainebleau anlangte, bald von seinen eigenen Marschällen verlassen; er fand den Mut nicht, durch einen freiwilligen Tod ein Leben zu beenden, das nunmehr jedes Zwecks entbehrte, und unterzeichnete am 11. April seine Abdankung. Vergeblich riet Hardenberg, den Monarchen, den gefährlichen Mann, in ein entlegenes Exil zu verweisen, vergeblich empfahl das preußische Kabinett noch mehrmals während der folgenden Monate die Insel St. Helena als den bestgeeigneten Verbannungsort. Kaiser Franz war nicht gesonnen, den Schwiegersohn gänzlich ins Verderben zu stürzen, obgleich er unbedenklich seine Tochter von dem Gestürzten trennte; die Briten rechneten auf die Wachsamkeit ihrer Mittelmeerflotte. Den Ausschlag gab, daß Zar Alexander seinen Edelsinn zeigen wollte. Also wurde der unbegreiflich törichte Beschluß gefaßt, diesen gewaltigen Menschen mit seinem rastlosen Ehrgeiz auf die Insel Elba zu senden. Man ließ ihm Würde und Rechte eines souveränen Fürsten, also auch das Recht der Kriegsführung, und wähnte seine Laufbahn beendet.

Alexander hoffte nun, seinen neuen liberalen Grundsätzen gemäß, durch einen Beschluß der französischen Nation die Bourbonen zurückzurufen und sie sogleich auf eine Verfassung zu verpflichten. Der Prätendent dachte anders, desgleichen sein Bruder Artois, der sogleich als Monsieur, Fils de la France in Paris auftrat. Wer im Bourbonischen Hause hätte jemals bezweifelt, daß die Krone der Kapetinger am Todestage des unglücklichen Knaben, den man Ludwig XVII. nannte, von Gottes Gnaden auf den Roy Louis XVIII. übergegangen war? Ludwig vergaß es dem Zaren nicht, daß dieser ihn einst aus Mitau ausgewiesen, trug geflissentlich seine Vorliebe für England, den Nebenbuhler Rußlands, zur Schau; hier ward ihm wohl bei dem hart reaktionären Prinzregenten und seinen Hochtorys, die von dem göttlichen Rechte des französischen Königtums so fest überzeugt waren. Mit der Versicherung, daß er die Wiederherstellung seines Hauses nächst Gott diesem großen Reiche verdanke, verließ er England an Bord einer britischen Flotte, trat in Frankreich sofort als der rechtmäßige König auf und langte am

3. Mai in Paris an. Wie er so in seine Hauptstadt einfuhr, der dicke, gichtbrüchige Greis, auf dem Rücksitze die beiden noch älteren Herzöge von Condé und Bourbon, der eine von ihnen fest eingeschlafen, da fragten die verwundert zuschauenden preußischen Offiziere, ob dies Greisenregiment die Erbschaft eines Napoleon antreten solle. Und dann jenes sonderbare Gegenstück zu den majestätischen Siegesfesten des Soldatenkaisers, die Heerschau vor den Tuilerien: droben auf dem Altane der alte Herr in seinem Lehnstuhle, drunten die Truppen gehorsam ihr vive le Roy rufend, und zuletzt ein gnädiges Kopfnicken des Königs und ein herablassendes je suis content! Der Bourbone fühlte sich seines Thrones völlig sicher, trat den Verbündeten mit naiver Anmaßung entgegen, beanspruchte als vornehmster Fürst der Christenheit in seinem eigenen Schlosse den Vortritt vor den drei Monarchen, denen er alles verdankte.

Den Siegern dagegen entgingen die schweren Gefahren nicht, welche dies aus dem Grabe erstandene Regiment bedrohten. Sie sahen mit wachsender Sorge, wie weder das knechtische Betragen der sofort zum Royalismus bekehrten napoleonischen Marschälle, noch die Soldatenspielerei des Herzogs von Berry die napoleonischen Gesinnungen des Heeres unterdrücken konnte, wie die abgesetzten Beamten grollten und schürten, wie zwischen den heimkehrenden Emigranten und der Masse des Volkes eine tiefe, unübersteigliche Kluft sich auftat. Vom ersten Tage der neuen Regierung an hatten die Alliierten geringes Vertrauen zu ihrem Bestande. Aber statt aus solchen unheimlichen Anzeichen den Schluß zu ziehen, daß Frankreichs Nachbarn verstärkt und zum Widerstande gegen diese unberechenbare Macht instandgesetzt werden müßten, dachten die Staatsmänner von Rußland, England und Österreich, vielmehr durch milde Friedensbedingungen dem alten Königshause seine dornige Aufgabe zu erleichtern.

Nach allem, was geschehen, war eine Verschärfung der Friedensbedingungen in der Tat fast unmöglich. Der Zar hatte soeben noch, beim Einzuge, erklärt, daß die Verbündeten das alte Königtum und die alten Grenzen Frankreichs wiederherstellen wollten. Es ging kaum an, diese so oft wiederholte Zusage jetzt plötzlich zu brechen und den befreundeten Bourbonen härtete Zumutungen zu stellen, als dem Feinde Napoleon. Daher wagten die preußischen Diplomaten gar nicht, einen förmlichen Antrag auf die Wiedererwerbung von Elsaß-Lothringen zu stellen, obgleich der Staatskanzler persönlich diesen Wunsch hegte und alle seine Generale ihm eindringlich vorstellten, wie schwer die Sicherheit Süddeutschlands gefährdet würde, wenn jener mächtige Keil französischen Gebietes von Landau bis Hüningen tief in unser Oberland hineinragte. Hardenberg und sogar Stein begnügten sich, den Rückfall von Straßburg und Landau zu verlangen; denn diese Forderung durften sie stellen, ohne den früheren Versprechungen der Koalition untreu zu werden. Beim Ausbruche der Revolutionskriege war ja ein volles Viertel des Elsasses, 245 Gemeinden mit 252 000 Einwohnern, noch im Besitze deutscher Reichsstände gewesen. Gaben die Deutschen diese alten Ansprüche auf, verzichteten sie auf den Wiedergewinn der schönen Herrschaften Saarwerden, Lützelstein, Rappoltstein, Mömpelgard, Dagsburg, Hanau-Lichtenberg, so waren sie sicherlich berechtigt, zur Entschädigung die beiden gefährlichen Hauptfestungen des Oberrheins zu fordern. Aber einstimmig traten die drei verbündeten Mächte dieser bescheidenen Forderung Preußens entgegen.

Schon am 23. April wurde mit Monsieur ein vorläufiger Vertrag abgeschlossen, kraft dessen die Zivilverwaltung in allen den Gebieten, welche am 1. Januar 1792 französisch gewesen, sofort an die französischen Behörden zurückgegeben werden sollte; auch die Entfernung der verbündeten Heere aus diesen Landstrichen wurde zugesagt, sobald Frankreich die noch in Italien und Deutschland besetzten Festungen geräumt habe. Stein machte den Staatskanzler darauf aufmerksam, durch diesen Vertrag seien keineswegs ganz Elsaß-Lothringen und Burgund der französischen Verwaltung preisgegeben, vielmehr lägen dort überall noch eingesprengte altdeutsche Gebiete; als Leiter der Zentralverwaltung befahl er sogleich, daß im Moseldepartement alle die Ortschaften, die erst im Jahre 1793 erobert worden, den Franzosen nicht ausgeliefert werden sollten. Jedoch diese ehrliche Auslegung des Vertrags fand bei den Verbündeten Preußens keinen Anklang. Die schnellebige Zeit hatte in der Tat schon ganz vergessen, daß jenes deutsch gebliebene Viertel des Elsasses einst den ersten Anlaß zu den Revolutionskriegen gegeben hatte; allgemein glaubte man in der diplomatischen Welt, was die Franzosen geflissentlich aussprangten, das gesamte oberrheinische Land sei schon seit zweihundert Jahren französisch. Jedenfalls wollte man sich auf schwierige historische Untersuchungen nicht einlassen und beschloß, das ganze Elsaß sowie das ganze Moseldepartement sogleich den französischen Behörden auszuliefern. Damit war die Grundlage des Friedensschlusses bereits festgestellt, noch bevor der Friedenskongreß eröffnet wurde. Die Koalition hatte, gegen den Widerspruch Preußens, tatsächlich schon den Grundsatz anerkannt, daß die Grenzen vom 1. Januar 1792 zwar im allgemeinen die Regel bilden, doch im einzelnen zugunsten des Besiegten verändert werden müßten.

Die Verhandlungen über den Friedensvertrag konnten erst am 9. Mai beginnen, sobald wieder eine anerkannte Staatsgewalt in Frankreich bestand. Die Bevollmächtigten versammelten sich in Talleyrands Hause. Metternich und Stadion, Hardenberg und Humboldt, Nesselerde und Rasumowsky, endlich Castlereagh, Stewart, Aberdeen und Cathcert vertreten die Koalition. Talleyrand und Laforest verhandelten im Namen des allerchristlichsten Königs. Mit gewohnter Dreistigkeit sprach Talleyrand sein Befremden darüber aus, daß man dem unbefleckten Lilienbanner dieselben Zumutungen stellte, wie der revolutionären Trikolore. Aber bald beschränkte er sich auf den Versuch, die Grenzen von 92 möglichst vorteilhaft abzurunden. Er bewirkte nicht nur, daß alle von französischem Gebiete eingeschlossenen Herrschaften, Avignon und Venaissin, Mömpelgard und die elsässischen Reichslande, bei Frankreich verblieben, sondern erlangte auch noch einige köstliche Außenposten über die alten Grenzen hinaus: So Savoyen und einen Landstrich an der belgischen Grenze mit der wichtigen Maasfestung Givet. Man überließ die altpfälzischen Gebiete, die zwischen den Weißenburger Linien und der Enklave Landau lagen, an Frankreich, und um die Grenze bei Saarlouis abzurunden, wurde sogar Saarbrücken mit seinem unschätzbaren Kohlenbecken und der alten nassauischen Fürstengruft von St. Arnual preisgegeben. Besser ward für die Schweiz gesorgt, natürlich wieder auf Deutschlands Kosten.

Tag für Tag hatten die preußischen Staatsmänner mit der unerschöpflichen Freigebigkeit ihrer Verbündeten zu kämpfen, bis Humboldt sich endlich von Metternich und Nesselrode das Wort darauf geben ließ, daß es nun genug sei und kein Zollbreit deutschen Bodens mehr abgetreten werden solle. Talleyrand aber durfte mit Befriedigung sein Werk betrachten: Frankreich blieb nach einem viertelhundertjährigen Kriege, den allein sein Hochmut über die Welt verhängt, um hundert Geviertmeilen und mehr als eine Million Einwohner stärker denn zuvor.

Im Rausche seiner Großmut wollte der Zar, allem völkerrechtlichen Brauche zuwider, dem Besiegten die Bezahlung der Kriegskosten erlassen; er fand es unedel, diesem wohlhabenden, durch die Ausplünderung aller Länder bereicherten Frankreich einen bescheidenen Teil des ruchlosen Raubes wieder abzunehmen. Da auch Österreich und England dieser eigentümlichen Ansicht beistimmten, so mußten die Preußen nach lebhaftem Widerstreben sich fügen und verzichteten auf jede Vergeltung für die unerschwingliche Tilsiter Kontribution. Es war, als wollte man die Franzosen absichtlich bestärken in dem übermütigen Wahne, daß für sie allein das Völkerrecht nicht vorhanden sei. Außerdem hatte Preußen noch die Rückerstattung der von ihm an Frankreich bezahlten Vorschüsse zu fordern, zusammen 169,8 Millionen Fr. Die Zahlung dieser Summe war eine Lebensfrage für die preußischen Finanzen. Alle jene Millionen waren für den Unterhalt der französischen Armee verwendet worden. Hardenberg hielt die Berichtigung der Schuld jetzt um so mehr für unausbleiblich, da ja im letzten Frühjahr die vertragswidrige Verweigerung der Zahlung der unanfechtbare Rechtsgrund für Preußens Kriegserklärung gewesen war.

In der Sitzung vom 17. Mai verlangte Humboldt eine bestimmte Erklärung der Franzosen. Da erwiderte Laforest: sein König habe ihm unbedingt verboten, über diese Frage auch nur zu verhandeln – und zwar unmittelbar nach einem Gespräche mit dem Zaren. Nachher erfuhr der preußische Bevollmächtigte vertraulich von Metternich und Anstett: die beiden Kaisermächte seien einig, durchaus keine Geldforderungen an Frankreich zu stellen – sie allerdings hatten von Frankreich keine Schulden einzutreiben – und überließen den Preußen, was sie tun wollten. Also war Preußen von seinen Alliierten völlig preisgegeben. König Ludwig kannte den Haß seines Volkes gegen die Preußen und gab daher, sobald er von den drei Mächten nichts mehr zu befürchten hatte, die hochtrabende Antwort: „Lieber dreihundert Millionen aufwenden, um Preußen zu bekämpfen, als hundert, um es zu befriedigen!“ Sollte die norddeutsche Macht, mittellos wie sie war, mit ihrem gelichteten Heere den Krieg allein wieder aufnehmen? Die Alliierten verzichteten auf ihre Schuldforderungen. Das bedeutete für Preußen eine ungeheure Einbuße.

Überall bei den Beratungen des Kongresses erschienen die Preußen als die Dränger und Treiber und überall zogen sie den kürzeren. Friedrich Wilhelm nahm, wie sein treues Volk, als selbstverständlich an, daß die mit Verhöhnung alles Völkerrechts zusammengeraubten Kunstschätze jetzt zu ihren rechtmäßigen Eigentümern zurückkehren würden; er forderte alles zurück, was seinem Staate an Büchern, Kunstwerken und Trophäen abgenommen war, und erreichte in der Tat eine mündliche Zusage. Als aber Humboldt den französischen Minister ernstlich über das Wann und Wie zur Rede stellte, wurde Talleyrand sichtlich verlegen und meinte: er glaube wohl, daß sein Herr alles wieder herausgeben wolle; König Friedrich Wilhelm möge noch einmal mit dem Monarchen sprechen; wahrscheinlich habe der premier gentilhomme du Roy diese Sache zu besorgen. Auf erneutes Drängen kam endlich die Berliner Viktoria aus ihrem Schuppen hervor; wie jubelte Jacob Grimm, als er sich eines Morgens auf die eherne Quadriga setzte und dort sein Frühstück verzehrte. Auch der Degen Friedrichs des Großen fand sich wieder, und Grimm entdeckte mit dem Spürsinne des Sammlers noch einige Schätze der Kasseler Bibliothek in ihrem Versteck. Das war alles. Freiherr von Ölssen, den der König im Spätsommer zur Abholung der preußischen Kunstwerke nach Paris sendete, wurde monatelang mit Ausflüchten und leeren Reden hingehalten. Da die anderen drei Mächte für Preußens Ansprüche kaum einen Finger regten, so hielt sich König Ludwig seines Wortes entbunden.

Stand es also, wie durfte man hoffen, daß die Alliierten sogleich auf die von Preußen beanspruchte Gebietsentschädigung eingehen würden? Seinen eigenen Anteil an der Beute hatte Österreich soeben in Sicherheit gebracht. Am 20. April zogen die Österreicher nach einem schlaffen, unrühmlichen Feldzuge in Venedig ein; am selben Tage warf ein unbesonnener Aufstand der Mailänder das Königreich Italien über den Haufen. So erlangte Kaiser Franz fast mühelos durch eine seltene Gunst des Glückes den Besitz von Ober- und Mittelitalien und war daher weniger denn je geneigt, dem beargwöhnten Preußen gegenüber irgendeine Verpflichtung zu übernehmen.

Die Friedensurkunde, am 30. Mai unterzeichnet, enthielt über die Verteilung der Eroberungen nur einige kurze Sätze, das wenige, worüber man sich verständigt hatte: die Länder des linken Rheinufers sollten zur Entschädigung für Holland, Preußen und andere deutsche Staaten verwendet, Österreichs italienischer Besitz im Westen durch den Tessin und den Langen See begrenzt, das Gebiet der alten Republik Genua mit dem wiederhergestellten Königreich Sardinien vereinigt werden. Die anderen Fragen blieben sämtlich offen. Österreich sah also doch nicht alle seine ausschweifenden italienischen Hoffnungen erfüllt. Den Kirchenstaat überging der Friedensvertrag mit Stillschweigen; aber da der Papst soeben, am 24. Mai, in der ewigen Stadt wieder einzog und die romantisch aufgeregte Welt ihn überall mit Entzücken begrüßte, so war bereits sicher, daß er mindestens einen Teil seines Landes zurückerlangen würde. Auch die Auslieferung von Genua an den alten Nebenbuhler Piemont war für die Hofburg ein schwerer Schlag; England hatte die Stadt soeben erobert und erklärte sich unbedenklich bereit, sie an König Viktor Emanuel dahinzugeben, weil man ihn für die Abtretung von Savoyen entschädigen mußte. Rußland ergriff, seinen alten Überlieferungen getreu, die Partei der Piemontesen, und auch Frankreich erwies sich ihnen günstig; denn Talleyrand erkannte, scharfsinniger als die Diplomaten der Koalition, daß die Verstärkung der Zwischenstaaten für Frankreich eher vorteilhaft als gefährlich war. Wie er gegen die Bildung des Königreichs der Vereinigten Niederlande nichts einzuwenden hatte, so suchte er auch das Polsterkissen, das im Süden die Gebiete Österreichs und Frankreichs auseinanderhalten sollte, möglichst zu verstärken. Dem vereinigten Widerspruche dieser drei Mächte mußte Österreich nachgeben. Kaiser Franz ertrug die halbe Niederlage sehr unwirsch; auf den Besitz des Kirchenstaates hatte er bestimmt gerechnet, war doch schon im Jahre 1799 die Säkularisation des Patrimonium Petri von Thugut in vollem Ernst geplant worden. Metternich übergab dem englischen Kabinett einen feierlichen, auf die naive Unwissenheit der Torys berechneten Protest, erinnerte die Briten an die im vorigen Sommer zu Prag gegebenen Versprechungen und verwahrte die unbestreitbaren Rechte auf den Kirchenstaat, welche das Haus Österreich als König der Römer, sowie als erblicher Kaiser und Oberhaupt des deutschen Reichskörpers besitze. Immerhin waren Österreichs wesentliche Ziele erreicht; sein italienischer Besitz hatte sich vervierfacht, seine Vettern hausten wieder in Florenz und Modena, die Halbinsel lag jederzeit seinen Waffen offen. Ganz Italien, allein Piemont ausgenommen, stand fortan unter fremden Herrschern, die mit der Hofburg durch eine natürliche Interessengemeinschaft verbunden waren. Der gefährliche Name des Königreichs Italien wurde sofort beseitigt, das Vaterland Machiavellis sollte nicht mehr sein als ein Familiengut der Sippe des Hauses Österreich. Darum durften auch die altehrwürdigen Republiken Venedig und Genua nicht wieder aufleben; wie leicht hätte der durch Napoleon wieder erweckte Nationalgeist der Italiener hier eine Zuflucht finden können. –

Mit der üblichen offiziellen Glückseligkeit benachrichtigte der Staatskanzler den in Berlin zurückgebliebenen Minister des Auswärtigen, Graf Goltz, von dem Abschlusse des Friedens, worauf Goltz allen Diplomaten Preußens in einem Rundschreiben versicherte: wir können uns der gewissen Erwartung hingeben, unsere Wünsche für den Glanz und die Macht Preußens vollständig erfüllt zu sehen. In Wahrheit war aber die Stimmung der leitenden Kreise besorgt und gedrückt. Die Generale zürnten laut über die noch immer völlig ungesicherte Lage der Monarchie. Gneisenau schrieb dem Staatskanzler, ohne Mainz und Jülich sei Preußen schlechterdings nicht imstande, die deutsche Westgrenze zu decken. Müffling erzählte, wie Wrede bereits triumphierend von der künftigen Bundesfestung Mainz spreche, und fragte, ob denn das Elend der alten Reichsfestungen wiederkehren solle. „Welche Sicherheit für uns," fuhr er fort, „und welche traurige Aussicht, wenn die Krautfürsten trotzen und wir – nachgeben! Wenn wir nicht in demselben Verhältnis vergrößert werden wie Österreich und Rußland, wenn wir uns von dem österreichischen Systeme der Familien-Apanage täuschen und Mainz und Jülich entreißen lassen, so kann es die Nation, die so viel getan hat, nicht vergeben." Besser ein neuer Krieg als eine große Enttäuschung!

Der Masse des Volkes blieben solche Befürchtungen fern, ob auch einzelne denkende Patrioten über den faulen Frieden klagten. Den ganzen Sommer über lag der helle Sonnenschein dankbarer Freude über den altpreußischen Landen. Was hatte dies Volk gelitten! Vor wenigen Monaten erst hatte die Hauptstadt den Donner der Schlacht dicht vor ihren Mauern gehört, verwüstet lagen die Felder, kahl und schmucklos die Zimmer, kaum ein Haus, das nicht den Tod eines Sohnes, eines Bruders betrauerte, und nun war das Höchste doch gelungen, das welsche Babel war gebändigt, das den Daheimgebliebenen ganz unerreichbar, ganz aus der Welt zu liegen schien. Es war der Wunder genug für ein kurzes Jahr; wer hätte klagen mögen? So glückliche Stunden hatte Berlin seit Friedrichs Zeiten nicht mehr erlebt wie an jenem sonnigen Apriltage, da der Flügeladjutant Graf Schwerin die erste Nachricht von der Schlacht vor Paris überbrachte. Nach dem alten friderizianischen Brauche ritt der Kurier mit einem Geschwader blasender Postillone zum Potsdamer Tore ein; dann die Wilhelmsstraße hinunter, vorbei an dem Dönhoffschen Hause, wo seine schöne junge Frau im Fenster lag und vor Wonne fast vergehen wollte. Dann die Linden entlang zum Gouverneur, dem alten Lestocq; der alte Herr hatte dem Heere nicht mehr folgen dürfen und pries mit neidloser Freude die Jungen, die so viel glücklicher gewesen als er selber einst bei Eylau. Dann weiter zu den Palästen der Prinzessinnen und der Minister. Überall dicht gedrängte, jauchzende Massen, überall der Ruf: „der Kurier, der Kurier! Paris ist über!" – und nachher hieß es wieder: „das ist ja der Graf Schwerin," denn in diesen unschuldigen Tagen kannte man einander noch. Nur einer nahm an dem Jubel dieses großen Berliner Familienfestes nicht teil: der böse, alte Feldmarschall Kalckreuth, Tilsiter Andenkens; der war ein verstockter Franzose geblieben und ließ seinen Ärger aus durch frivole Späßchen wider das neue Teutonentum. Ein zweiter großer Freudentag kam im Juli. Ganz Berlin war auf den Beinen, Tausende harrten stundenlang in der warmen Sommernacht draußen im Tiergarten, bis endlich unter dem Hurraruf der Menge ein riesiger Lastwagen herankam, wohl von zwanzig

Rossen mühsam gezogen; obenauf stand ein großer Holzkasten, über und über bedeckt mit Namen, Versen, Inschriften aller Art von der Hand guter Preußen, die dem sonderbaren Gefährt unterwegs ihren Willkommgruß mit auf die weite Reise gegeben. Es war die Viktoria vom Brandenburger Tore. Wie oft hatten die Berliner Bürger, alle diese bösen Jahre über, ingrimmig aufgeblickt zu der langen Eisenstange auf dem Tore, woran einst die Quadriga befestigt gewesen; man erzählte gern, daß der Turnvater Jahn einmal einen kleinen Teutonen geohrfeigt hatte, weil der Junge nicht zu sagen wußte, was er sich bei dem Anblick der Stange denken sollte. Die entführte Siegesgöttin erschien dem Volke wie das Symbol altpreußischer Ehre; nun hatte man sie wieder nach ehrlichem Kampfe, und alles war in Ordnung.

Aller Jubel der Daheimgebliebenen reichte jedoch nicht heran an das unsagbare Gefühl freudigen Stolzes, das den heimkehrenden Kriegern die Seele schwellte. Mit einer Herzlichkeit, wie sie das barsche, alte friderizianische Heer nie gekannt, nahmen die Führer von ihren Truppen Abschied. „In jedem meiner bisherigen Waffenbrüder hoffe ich auch künftig einen Freund zu finden" – schrieb der greise General Putlitz, als er am Rhein von seiner märkischen Landwehrbrigade schied, – „und jeder von Ihnen, der mir Gelegenheit gibt, ihm zu zeigen, daß ich der seinige bin, wird mir eine wahrhaftige Freude machen." Noch in Paris wurde die Auflösung der Jägerdetachements angeordnet. Sodann stellte die Kabinettsordre vom 27. Mai 1814 die für die Dauer des Krieges aufgehobenen Exemtionen von der Kantonspflicht wieder her, „nachdem der Zweck der großen Anstrengungen so glücklich erreicht ist," und befahl allen Beamten und Lehrern die Rückkehr in ihre Ämter. Die Bedürfnisse des bürgerlichen Lebens forderten gebieterisch ihr Recht. Wie ging diesen Freiwilligen das Herz auf, als sie aus dem wüsten Getöse des Kriegslagers wieder hinübertraten in des Friedens heilige Sabbatstille. Da lag es strahlend in der Blütenpracht seines Frühlings, das herrliche Rheinland, und es war wieder unser, und die Glokken seiner alten Dome läuteten zur Feier deutscher Siege. Recht aus dem Herzen seiner Kameraden rief Schenkendorf:

Wie mir deine Freuden winken
Nach der Knechtschaft, nach dem Streit!
Vaterland, ich muß versinken
Hier in deiner Herrlichkeit!

Dem alten Blücher gönnten seine dankbaren Landsleute keine Erholung; fast in jeder Stadt mußte er zum Volke reden, immer fröhlich und hochgemut, aber auch fromm und tief bescheiden. Gott allein gab er die Ehre, die neue Fürstenwürde merkte ihm niemand an, und das Wörtchen „mir" bestrafte er als ein echter Niederdeutscher noch immer mit stiller Verachtung. Neuer Jubel in der Hauptstadt, als die Berliner Landwehr heimkehrte; die Massen ließen sich nicht halten, die Bataillone brachen auseinander, die Frauen stürzten den Gatten in die Arme, die Jungen trugen den Vätern die Flinten, und so wogte der lange Zug dahin, die Wehrmänner ganz mit Kränzen überdeckt, Soldaten und Bürger, Männer und Frauen in krausem Durcheinander – recht eigentlich ein Volk in Waffen. Nur der König war unzufrieden, in Sachen des Parademarsches verstand er keinen Scherz. Am 7. August endlich feierlicher Einmarsch der Armee, ein wenig gestört durch die Bescheidenheit Friedrich Wilhelms. Der Rücksichtsvolle hatte nicht nur, wie billig, den gefangenen Friedrich August schleunigst nach dem benachbarten Friedrichsfelde übersiedeln lassen, um ihm den kränkenden Anblick des Siegesfestes zu ersparen; sein demütiger Sinn nahm sogar Anstoß an den von Schinkel aufgestellten Siegessäulen und Trophäen, er wollte jede Beleidigung des geschlagenen Feindes vermeiden, und noch in der Nacht mußten die französischen Fahnen und Waffen unter dicken Kränzen verhüllt werden.

Vieles fanden die heimkehrenden Krieger in ihrer Heimat verändert, am meisten mußte ihnen auffallen, wie sich in den Massen des Volkes die Anschauungen über das Heerwesen von Grund auf verändert hatten. Der einst so gefürchtete blaue Rock war jetzt ein Ehrenkleid, und den meisten leuchtete ein, daß weder Geburt noch Reichtum von der schwersten der allgemeinen Bürgerpflichten befreien dürfe. In den Kreisen der Patrioten sprach man geringschätzig von der waffenscheuen alten Zeit. Rückert sang spöttisch:

Es galt die alte Regel:
Soldat ins Feu'r hinein!
Der Bauer mit dem Flegel
Sieht zu und läßt es sein.

Das Bild freilich, das sich die öffentliche Meinung von der Kriegsverfassung der Zukunft entwarf, hatte mit Scharnhorsts Ideen wenig gemein. Schon während des Krieges entstand in den Massen eine Fülle von Sagen über die Ereignisse des wunderbaren Jahres. Die Landwehr wurde, wie natürlich, der Liebling des Volkes; denn ganz war die alte Abneigung gegen die Berufsoffiziere doch nicht verflogen. Man wußte tausend Geschichten von der Angst der Franzosen vor dem peuple sauvage des Landwères, und bald schien es, als ob diese Kerntruppe eigentlich alles getan und die Linie nur ein wertloses Anhängsel gebildet hätte. Aus diesen volkstümlichen Vorstellungen und dem unendlichen Friedensbedürfnis der Zeit entwickelte sich nun die Ansicht, die technische Ausbildung des Soldaten sei leere Spielerei, ein Milizheer von möglichst kurzer Dienstzeit genüge am besten den Anforderungen des Krieges wie des Friedens. Bis in die höchsten Schichten des Beamtentums hinauf fand diese Meinung Anklang; Präsident Schön war ihr eifriger Anhänger.

Boyen, der neue Kriegsminister, stand vor einer schwierigen Aufgabe. Er hatte schon vor dem Kriege von 1806 den Gedanken der allgemeinen Wehrpflicht verteidigt und wollte jetzt diese große Errungenschaft bewahren, ohne doch in die dilettantischen Träume vom Milizwesen zu verfallen, dem Staate ein starkes, den größeren Nachbarmächten gewachsenes Heer sichern, ohne doch die erschöpften Finanzen völlig zu zerstören. Während der zwei letzten Jahrzehnte war eine für Preußen sehr ungünstige Verschiebung der militärischen Machtverhältnisse eingetreten. Das friderizianische Heer war das stärkste Europas gewesen, dank der Kantonpflicht Friedrich Wilhelms I. Seitdem aber hatten alle Nachbarstaaten, jeder in seiner Weise, das preußische System der Zwangsaushebung nachgeahmt. Die natürliche Überlegenheit der Kopfzahl trat in Kraft; die kleinste der Großmächte konnte nur noch hoffen, nicht allzu weit hinter den stärkeren Nachbarn zurückzubleiben, sie mußte versuchen, durch die höchste Anspannung der sittlichen Kräfte des Heeres die Ungunst der Zahlen einigermaßen auszugleichen. Boyen wußte wohl, mit wie unverhältnismäßigen Verlusten die Landwehr alle ihre Siege erkauft und wie mangelhaft ihre Mannszucht, namentlich in den furchtbaren Prüfungen des Wintefeldzugs, sich gezeigt hatte. Auf eine so massenhafte Verwendung der Landwehren im freien Felde war Scharnhorst selber anfangs schwerlich gefaßt gewesen. Erst die Not, erst das Mißlingen des Frühjahrsfeldzuges und wahrscheinlich Gneisenaus Rat hatten den König während des Waffenstillstandes bewogen, diese Truppen mit ihrem buntgemischten Offizierkorps kurzweg in die Feldarmee einzureihen. Nur durch ganz außerordentliche Ereignisse, durch den langjährigen harten Druck der Fremdherrschaft war jene wilde Glut des Nationalhasses und der patriotischen Leidenschaft möglich geworden, welche die ungeschulten Scharen der Landwehr zu so wunderbaren Erfolgen befähigt hatte. Der Kriegsminister kannte die Welt zu gut, um die Wiederkehr der gleichen Opferfreudigkeit auch in der Zukunft zu erwarten, wenn etwa ein den Massen der Nation unverständlicher Krieg dem Könige aufgezwungen würde. Und doch war Preußen durch seine zentrale Lage wie durch die stolzen friderizianischen Traditionen seines Heeres in jedem Krieg immer zur Offensive genötigt: der Staat brauchte eine starke Feldarmee, er mußte seine Landwehr zum Dienste außerhalb der Landesgrenzen verpflichten, um das feindliche Gebiet sogleich mit gewaltigen Massen überfluten zu können.

Aus alledem ergab sich die Notwendigkeit, die Landwehr eng an das stehende Heer anzuschließen. Nun gebot die Monarchie augenblicklich über viele Tausende ausgedienter, kampfgewohnter Soldaten, desgleichen über eine Menge erprobter Offiziere, die wieder in das bürgerliche Leben zurücktraten; es war die denkbar günstigste Stunde zur Bildung einer kriegstüchtigen Landwehr. Die Natur der Dinge führte die Reorganisatoren der Armee zurück zu jenen einfach großen Gedanken, von denen einst Scharnhorst ausgegangen und nur durch die Not des Tages wieder abgedrängt worden war; sie erkannten, daß die stehende Armee die militärische Schule für die gesamte Nation bilden, die Landwehr wesentlich aus ausgedienten Mannschaften bestehen müsse. Wie oft hatten Boyen, Gneisenau und Grolman einst mit Scharnhorst jede mögliche Form der Volksbewaffnung besprochen. Alle hier einschlagenden Fragen waren ihnen aus eingehenden Beratungen längst geläufig; hatte doch Boyen einst jahrelang die Organisation des Krümpersystems unmittelbar geleitet. Nur durch diese vieljährige Vorarbeit wird es erklärlich, daß die Kommission ihre schwierigen Verhandlungen in wenigen Wochen beendigte und der König ebenso schnell den Vorschlägen seine Genehmigung erteilte.

Schon am 3. September 1814 erschien das Gesetz über die Verpflichtung zum Kriegsdienste, von dem Könige und sämtlichen Ministern unterzeichnet – ein Grundgesetz des preußischen Staates, einer jener epochemachenden Akte der Gesetzgebung, welche mit siegreicher Beredsamkeit erweisen, daß alle Geschichte wesentlich politische Geschichte ist, daß die Historie nicht die Aufgabe hat, einen Volta unter seinen Froschschenkeln zu beobachten oder aus den Funden der Topfgräber die Entwicklung der Lampen und der Trinkgeschirre nachzuweisen, sondern die Taten der Völker als wollender Personen, als Staaten, erforschen soll. Das Wehrgesetz von 1814 hat die sittlichen und politischen Grundanschauungen der Preußen auf Generationen hinaus bestimmt, in alle ihre Lebensgewohnheiten tiefer eingegriffen als jemals eine wissenschaftliche Entdeckung oder eine technische Erfindung.

Das Gesetz begann, wie einst Scharnhorsts Entwurf, mit einer Wiederholung jener monumentalen Worte Friedrich Wilhelms I.: „jeder Eingeborene ist zur Verteidigung des Vaterlandes verpflichtet!" Doch jetzt machte man unerbittlich Ernst mit der altpreußischen Regel. Der König erinnerte nochmals daran, wie die allgemeine Anstrengung seines treuen Volkes ohne Ausnahme und Unterschied die Befreiung des Vaterlandes bewirkt und dem Staate seinen heutigen ehrenvollen Standpunkt erworben hätte. Die Einrichtungen also, die diesen glücklichen Erfolg hervorgebracht und deren Beibehaltung die ganze Nation wünsche, sollten als Grundlage für alle Kriegseinrichtungen des Staates dienen, doch so, daß die Fortschritte der Wissenschaften und Gewerbe nicht gestört würden; „denn in einer gesetzmäßig geordneten Bewaffnung der Nation liegt die sicherste Bürgschaft für einen dauernden Frieden." Statt der alten zwanzigjährigen Dienstzeit der Kantonisten ward allen Wehrfähigen für neunzehn Jahre die Waffenpflicht auferlegt. Sie dienten fünf Jahre im stehenden Heere, davon drei Jahre bei den Fahnen, zwei Jahre als beurlaubte Reservisten, und traten im sechsundzwanzigsten Lebensjahre auf sieben Jahre in das erste Aufgebot der Landwehr ein. Dies Aufgebot war in Kriegszeiten, wie das stehende Heer, zum Dienste im In- und Auslande verpflichtet, hielt an bestimmten Tagen in der Heimat kleinere Übungen ab und vereinigte sich jährlich einmal mit Abteilungen des stehenden Heeres zu längeren Manövern. Das zweite Aufgebot der Landwehr, ebenfalls mit siebenjähriger Dienstzeit, wurde während des Friedens nur in der Heimat und an einzelnen Tagen versammelt, diente im Kriege zunächst zur Verstärkung der Garnisonen; doch behielt sich der König vor, auch diesen Teil der Landwehr im allgemeinen „zur Verstärkung des Heeres" zu verwenden, so daß eine Verwendung im Auslande nicht ausgeschlossen war. Der Landsturm endlich, nur für den äußersten Fall zur Abwehr feindlicher Angriffe bestimmt, sollte alle irgend Waffenfähigen vom siebzehnten bis zum fünfzigsten Jahre umfassen. Die Söhne der gebildeten Stände, die sich selber ausrüsteten, dienten nur ein Jahr bei der Fahne, traten schon nach drei Jahren in die Landwehr ein und hatten den ersten Anspruch auf die Offiziersstellen der Landwehr. Die abgesonderten Jägerdetachements blieben aufgehoben, indes wagte man noch nicht, den demokratischen Gedanken der allgemeinen Wehrpflicht bis in seine letzten Folgerungen hinauszuführen: die gebildeten Freiwilligen wollte man vornehmlich den Elitekorps der Jäger und Schützen überweisen, obwohl ihnen freistand, sich auch ein anderes Regiment zu wählen. Erst die Erfahrung sollte lehren, wie heilsam die Mischung von feineren und gröberen Elementen für die sittliche Haltung der Truppen war.

Noch nie hatte ein moderner Staat in Friedenszeiten so harte Forderungen an sein Volk gestellt; die Blutsteuer, welche Preußen seinen Bürgern auferlegte, war unleugbar schwerer als alle anderen Steuern zusammengenommen. Selbst die Anhänger der allgemeinen Wehrpflicht wollten kaum ihren Ohren trauen, als sie erfuhren, daß alle Männer bis zum neununddreißigsten Jahre, allerdings bei völlig freier Wahl des Wohnsitzes wie des Berufes, sich zum Waffendienste bereithalten sollten. Es war ein radikaler Bruch mit allen Neigungen und Vorurteilen einer friedlich erwerbenden Gesellschaft, ein Wagnis ohne jeden Vorgang, das nur darum gelingen konnte, weil der Stamm der Landwehr bereits vorhanden war und die hochherzige Erregung der Kriegszeit noch nachwirkte. Der König verbarg sich nicht, welchem zähen passiven Widerstande die neuen Institutionen, namentlich in den neuen Provinzen, begegnen würden, und befahl daher eine schonende, schrittweis vorgehende Ausführung.

Überhaupt war noch alles im Werden. Das Gesetz selber erkannte an, daß unmöglich alle Wehrfähigen in das stehende Heer eintreten konnten und ein Teil davon sogleich der Landwehr zugeteilt werden mußte; doch über die Höhe der jährlichen Aushebung war noch nichts endgültig beschlossen. Nur soviel stand schon fest, daß die trostlose Lage des Staatshaushalts eine sehr starke Linienarmee nicht gestattete; neben diesen überwältigenden finanziellen Sorgen mußten die schweren militärischen und volkswirtschaftlichen Bedenken, welche gegen die unverhältnismäßige Vermehrung der Landwehr sprachen, vorläufig zurücktreten. Desgleichen konnte nur die Erfahrung zeigen, ob das Offizierskorps der Landwehr wirklich imstande war, wie dies Gesetz annahm, völlig selbständig neben den Offizieren der Linie zu stehen. Aber wie unfertig auch manches noch erschien, der große Wurf war doch gelungen. Mit diesem Volksheere war ein großartiges Mittel sittlicher Volkserziehung gefunden, trefflich geeignet, die alten Tugenden der Nation, Mut, Treue, Pflichtgefühl zu entwickeln, ihre natürlichen Schwächen, Eigensinn, Partikularismus, Verschwommenheit, zu bekämpfen. Der Staat wurde nun erst diesem staatlosen Geschlechte wahrhaft lebendig, wie den Bürgervölkern des Altertums, trat mit seiner begeisternden Majestät und seiner herben Strenge in jedes Haus hinein. Die kurze Dienstzeit zwang die Mannschaft und mehr noch die Offiziere zur Anspannung aller Kräfte; das Freiwilligenjahr bot das einfache Mittel, den höheren Ständen die ungewohnte Last erträglich zu machen. Der alte, mit dem Wesen dieses Staates fest verwachsene Gedanke Friedrich Wilhelms I. fand endlich die Gestaltung, welche den demokratischen Anschauungen des neuen Jahrhunderts entsprach und doch der unzerstörbaren Aristokratie der Bildung gerecht wurde.

Derweil in Wien der große Friedenskongreß zusammentrat, erhob sich in Preußen eine neue Größe der deutschen Geschichte: das Volk in Waffen. –

Hoftracht in der zweiten Hälfte des 17. Jahrhunderts

Königskrönung zu Königsberg am 18. Januar 1701

ZWEITES BUCH

# Die Anfänge des Deutschen Bundes 1814–1819

# I
# Der Wiener Kongreß

Als König Friedrich Wilhelm im Herbste nach Wien abreiste, rechnete er auf einen Aufenthalt von drei Wochen. Aber volle neun Monate sollten vergehen von der ersten Konferenz der Bevollmächtigten der vier alliierten Mächte am 18. September 1814 bis zu der endgültigen Unterzeichnung der Schlußakte des Kongresses am 19. Juni 1815. Wer hätte auch Kraft und Lust gefunden zur raschen Erledigung der Geschäfte? Die fünf Sinne forderten ihr Recht nach der krampfhaften Sorge und Unruhe dieser beiden wilden Jahrzehnte. Wie einst Paris nach dem Sturze der Schreckensherrschaft sich kopfüber in den Strudel des Genusses gestürzt hatte, so atmete das alte fürstliche und adlige Europa jetzt auf, froh seiner wiedergewonnenen Sicherheit. Der große Plebejer war gefallen, der einmal doch den Hochgeborenen bewiesen hatte, was eines Mannes ungezähmte Kraft selbst in einer alten Welt vermag; die Helden des Schwertes verschwanden vom Schauplatze, mit ihnen die große Leidenschaft, die unerbittliche Wahrhaftigkeit des Krieges. Wie Würmer nach dem Regen krochen die kleinen Talente des Boudoirs und der Antichambre aus ihrem Versteck hervor und reckten sich behaglich aus. Die vornehme Welt war wieder ganz ungestört, ganz unter sich.

Sie kehrte freilich nicht wieder, die naive Unbefangenheit jener guten alten Zeit, die so bestimmt gewußt hatte, daß der Mensch erst beim Baron anfängt, da die glückliche Einfalt des Pöbels von der Spötterei und den freigeisterischen Gedankenspielen der großen Herren niemals ein Wort erfahren kann. Dem neuen Geschlechte lag die Angst vor den Schrecken der Revolution noch in allen Gliedern; mitten in die rauschenden Lustbarkeiten des Kongresses drangen unheimliche Nachrichten von dem italienischen Geheimbunde der Karbonari, von der dumpfen Gärung in Frankreich, von den Zornreden der enttäuschten preußischen Patrioten, von den Verschwörungen der Griechen und dem Heldenkampfe der Serben wider ihre türkischen Tyrannen. Mochte man immerhin sorgsam die Türen schließen und das laute Anklopfen des demokratischen neuen Zeitalters überhören, ganz geheuer fühlte man sich doch nicht mehr. Wie sonst der Spott, so war jetzt der Glaube Modepflicht: ein paar salbungsvolle Worte über Christentum und göttliches Königsrecht mußte auch das Weltkind zur Verfügung haben. Die weibische Zierlichkeit des achtzehnten Jahrhunderts verriet sich noch, wenngleich Zopf und Puder nicht wieder auferstanden in den bartlosen Gesichtern, den Tabaksdosen, den Schuhen und seidenen Strümpfen, in der gesuchten Eleganz der männlichen Kleidung; doch war der Ton des Umgangs schon um vieles freier und formloser geworden. Auf dem Graben und auf den Basteien des alten Wiens, im Prater und an der großen Diplomatenbörse, dem Gasthofe zur „Kaiserin von Österreich" drängte sich das bunte Gewimmel von Fürsten und Prätendenten, Staatsmännern und Offizieren, Priestern und Gelehrten, Abenteurern, Gaunern und Bittstellern, untertänigst angestaunt und untertänigst ausgebeutelt von den gemütlichen Wienern, die sich an den hohen Herrschaften gar nicht satt sehen konnten. Die Erbsünde des gemeinen Durchschnittsschlages der Diplomaten, der Vermischung der ernsten Staatsgeschäfte mit der Tändelei, dem Ränkespiel und dem Klatsch des Salons, gedieh zur üppigsten Blüte. Häßlicher als die unvermeidliche Sittenlosigkeit dieses großen Fürstenbacchanals erschien die lächelnde Verlogenheit, die sich jetzt zur Virtuosität ausbildete; wer hier etwas gelten wollte, mußte sich auf die Kunst verstehen, morgens ein geheimes Kriegsbündnis gegen seine täglichen Tischgenossen abzuschließen und nachmittags mit den nämlichen Freunden wieder in ungetrübter Zärtlichkeit zu verkehren.

Unvermeidlich wirkte diese geistige Armseligkeit und Verlogenheit auf den ganzen Ton des Kongresses zurück. Das flache Vergnügen bot hier den einzigen Schutz gegen die Langeweile. Maskenzüge und Praterfahrten, Bälle und Spielpartien, Schmausereien und lebende Bilder drängten einander in eintönigem Wechsel, so daß die Arbeit der Diplomatie kaum beginnen konnte. Eine kaustische Bemerkung des Fürsten von Ligne oder eine Skandalgeschichte von Metternich, der niemals weniger als zwei Damen zugleich mit seiner Gunst beehrte, oder eine Witzelei über die neu erfundene Draisine des Barons Drais, deren humpelnde Bewegung dem Fortschreiten der Kongreßverhandlungen so verzweifelt ähnlich sah, oder ein Urteilsspruch jenes hohen Gerichtshofs der Feinschmeckerei, der an Talleyrands Tafel den Käse von Brie feierlich zum König des Käsegeschlechts ausrief – das waren die Silberblicke in dieser ungeheuren Fadheit. Es schien, als wollte der wiederhergestellte alte Fürstenstand den Völkern Europas recht gründlich zeigen, für welches Nichts sie geblutet hatten. Man hat viel von Napoleon gelernt, sagte Karl August bitter, unter anderem auch die Frechheit.

Nicht ohne Geschick spielte der Hausherr, Kaiser Franz, die Rolle des ehrwürdigen Patriarchen unter dem hohen Adel, obgleich er noch kaum siebenundvierzig Jahre zählte. Er ließ sich's nicht verdrießen, täglich fünfzigtausend Gulden für die kaiserliche Tafel, für den Kongreß insgesamt 16 Millionen Gulden auszugeben, während seine unbezahlten Invaliden auf den Landstraßen betteln gingen; der pfiffige Rechner wußte wohl, welche Vorteile ihm die Stellung des Wirtes bot. Wie rührend erschien den durchlauchtigen Gästen diese mehr als unscheinbare Gestalt in ihrem abgeschabten blauen Rocke, mit dem gemütlichen kleinbürgerlichen Wesen. Ein geborener Florentiner, war Franz erst als junger Mann an die Donau gekommen; aber die Maske des biederen, treuherzig groben Österreichers, die er damals vor sein Gesicht genommen, saß ihm jetzt wie angegossen, weil sie seinem Phlegma und seinen vulgären Neigungen entsprach. Niemand auf der Welt vermochte ihm jemals ein Gefühl herzlichen Wohlwollens zu entlocken; spurlos rauschten die Schicksalswechsel einer ungeheuren Zeit über den Stumpfsinn seiner Selbstsucht dahin. Er begnadigte niemals, außer wenn der Verbrecher selber um den Tod bat; er leitete in eigener Person die Mißhandlung der politischen Gefangenen, bestimmte jedem selber die Schwere der Ketten und die Zahl der Fasttage und kannte keine süßere Erholung als das Durchlesen erbrochener Briefe; er hatte schon zwei Frauen verloren und sollte bald auch die dritte begraben, um sofort wieder mit unwandelbarer Gemütsruhe die vierte zu heiraten; er umgab sich grundsätzlich nur mit Menschen von unsauberer Vergangenheit, die er jederzeit mit einem Fußtritt entlassen konnte.

Wenn es dem guten Kaiser nicht leicht fiel, aus seinen prunklosen Alltagsgewohnheiten hinauszutreten in die prächtige Gesellschaft des Kongresses, so schwamm sein vielgewandter Metternich vergnüglich wie ein Fischlein in dem glänzenden Strudel. So wohl war es ihm nie mehr geworden seit jenen lockeren Jugendtagen, da er an den leichtlebigen geistlichen Höfen der rheinischen Heimat seine Schule durchgemacht hatte. Niemand verstand wie er, in der Pause zwischen Diner und Maskenball eine diplomatische Intrige einzufädeln, vor der Fahrt zum Stelldichein noch rasch eine Depesche abzutun oder mit dem Ausdrucke wärmster Zärtlichkeit in den schönen blauen Augen einen Herzensfreund recht gründlich anzulügen. Auch sah er keineswegs ungern, wenn seine preußischen Freunde ihn für leichtfertiger hielten, als er war, und für Vergeßlichkeit und Nachlässigkeit nahmen, was aus böser Absicht hervorging. Denn wie er in seinem Hause bei allem Aufwande immer ein umsichtiger Wirt blieb, habsüchtig, genau bis zum Geize, so hielt er auch mitten im Gewirr der geselligen Zerstreuungen seine politischen Pläne mit zäher Ausdauer fest. Er sah in diesem großen Fürstentage auf österreichischem Boden einen glänzenden Triumph der habsburgisch-lothringischen Staatskunst, betrachtete die Beschlüsse der erlauchten Versammlung wie sein eigenes Werk und dachte durch sie der Bewegung des Völkerlebens ein für allemal eine feste Schranke zu setzen. Gleich seinem Kaiser sah er ein, daß sein Österreich nur noch eine konservative Politik verfolgen konnte, und wollte wie jener die revolutionären Ideen der Völker durch eine scharfe polizeiliche Aufsicht bändigen, den Ehrgeiz der beiden aufstrebenden jungen Ostmächte unter dem Scheine zärtlicher Freundschaft zügeln. Daher das feste Bündnis mit den gleichgesinnten englisch-hannoverschen Torys und das bereits vorbereitete, gute Einvernehmen mit dem bourbonischen Hofe. Der nationalen Politik Preußens hatten die Verträge mit den Rheinbundstaaten schon einen Riegel vorgeschoben; jetzt galt es zunächst durch die Errettung Sachsens die kleinen Kronen noch fester an das Haus Österreich anzuschließen und sodann die Türkei vor Rußlands Übergriffen sicherzustellen. Durch die Bekämpfung der Osmanen war Österreich einst emporgekommen und in Wahrheit erst zu einem Staate worden; der gedankenlosen Rührseligkeit dieser neuen Staatsweisheit erschien umgekehrt die Erhaltung der letzten Trümmer der Osmanenherrschaft als eine heilige Aufgabe. Aber vergeblich war Metternich seit dem Herbst des Jahres bemüht gewesen, den Zaren dahin zu überreden, daß der Sultan mit in die europäische Fürstenfamilie aufgenommen, sein Besitzstand durch alle Mächte insgesamt feierlich verbürgt werden sollte.

Diese Lücke in dem großen System der Stabilitätspolitik mußte jetzt noch ausgefüllt werden. Gelang dies und wurden auch die polnischen Pläne Alexanders vereitelt, so war nach Metternichs Meinung das Werk des Kongresses auf unabsehbare Zeiten hinaus sichergestellt. So spiegelte sich in diesem Kopfe die Welt. Genuß und Ruhe waren ihm das höchste Ziel der Politik, und nur die Furcht vor einer Ruhestörung vermochte ihm einen tapferen Entschluß zu entreißen. Ewige Zersplitterung Deutschlands, also daß die souveränen Kleinkönige freiwillig bei Österreich Schutz suchten gegen Preußen und „den höchstgefährlichen Gedanken der deutschen Einheit“; ewige Ohnmacht Italiens, das, wie Lord Castlereagh den klagenden Piemontesen trocken erwiderte, um der Ruhe Europas willen immer geteilt bleiben mußte und in den Augen der Hofburg nur ein geographischer Name war; Frankreich bewacht durch eine Reihe friedfertiger Mittelstaaten, die von Texel bis zum ligurischen Meere hin den gefährlichen Staat umgeben und von jeder Berührung mit den Großmächten absperren sollten; Rußland im Zaume gehalten durch das gesamte Europa, das die Türken unter seinen Schutz nahm; die Revolution zerschmettert durch den vereinten Widerstand der Höfe, wo und wie sie sich auch zeigte: in solchen Formen etwa stellte sich Metternich das neue von Österreich geleitete Europa vor. Es war ein System der Seelenangst, die Ausgeburt eines ideenlosen Kopfes, der von den treibenden Kräften der Geschichte nicht das mindeste ahnte; aber diese Politik entsprach dem augenblicklichen Bedürfnis der österreichischen Monarchie, sie entsprach der allgemeinen Schlummersucht der ermatteten Welt und sie ging ans Werk mit gewiegter Schlauheit, mit gründlicher Kenntnis aller gemeinen Triebe der menschlichen Natur, sie verstand sich meisterhaft auf jene kleinen Künste gemütlich lächelnder Verlogenheit, worin von alters her die Stärke der habsburgischen Staatskunst lag.

Der Anspruchslosigkeit König Friedrich Wilhelms war das ewige Gepränge bald unausstehlich; er sehnte sich heim zur geordneten Arbeit in seinem ruhigen Schlosse und langweilte sich gründlich auf den rauschenden Festen, kaum daß er schüchtern der schönen Gräfin Julie Zichy ein ganz klein wenig den Hof machte. Seine Meinung über die Unentbehrlichkeit der russischen Allianz stand fest, jedoch wagte er noch nicht den abweichenden Ansichten Hardenbergs und Humboldts ein entschiedenes Nein entgegenzustellen, und ließ sich sogar zum täglichen Umgang den erklärten Gegner Rußlands Knesebeck gefallen, der, allzeit eifrig österreichisch, sich wie Metternich für den Sultan begeisterte. Dem leichtlebigen Staatskanzler behagte das bunte Treiben wohl; er hörte es gern, wenn man ihm unter den älteren, wie dem Fürsten Metternich unter den jüngeren Männern des Kongresses den Preis der Anmut und Liebenswürdigkeit zuerkannte; seine abnehmenden Kräfte litten sichtlich unter der unablässigen Zerstreuung. Glücklicher wußte Humboldt die Strapazen des Genusses zu ertragen und im Taumel der geselligen Freuden seinen zähen Fleiß zu bewahren.

Den zahlreichsten und buntesten Teil der erlauchten Gesellschaft bildeten natürlich die deutschen Kleinfürsten. Da war keiner, von dem Bayern Max Joseph bis herab zu Heinrich LXIV. von Reuß, der nicht geschäftig um die Gnade der fremden Herrscher warb; die Russen erzählten mit unverhohlener Verachtung, welche Berge deutscher durchlauchtiger Bettelbriefe im Kabinett ihres Kaisers aufgeschichtet lagen. Da war keiner, der nicht seine angemaßte Souveränität als ein unantastbares Heiligtum betrachtete: seit den Verträgen des vergangenen Herbstes fühlte man sich dieses napoleonischen Geschenkes wieder so sicher, daß einer der Kleinsten unbefangen zu Stein sagen konnte: „Ich weiß es wohl, die Souveränität ist ein Mißbrauch, aber ich befinde mich wohl dabei.“ Zu den Souveränen gesellte sich die dichte Schar der Mediatisierten, die noch immer auf die Anerkennung ihres formell unbestreitbaren Rechts hofften, obgleich ihr Schicksal schon in Ried und Fulda entschieden war. Ihr Führer war die Fürstinmutter von Fürstenberg, eine tapfere und kluge Dame; unermüdlich vertrat sie die Interessen ihrer Leidensgenossen, im Verein mit dem Geheimen Rate Gärtner, dem viel verspotteten surchargé d'affaires, den sich die Entthronten auf gemeinschaftliche Kosten hielten.

Aber als die eigentlichen Vertreter der troisième Allemagne, wie die Franzosen sagten, erschienen die Häupter der Mittelstaaten. Allen diesen Kreaturen Napoleons war das Herz geschwollen von Neid wider das siegreiche Preußen. Das ließ sich doch nicht ertragen, daß der Staat Friedrichs den Deutschen wieder ein Vaterland, wieder ein Recht zu frohem Selbstgefühle gegeben hatte. Herunter mit dem waffengewaltigen Adler in den allgemeinen Kot deutscher Ohnmacht, Zanksucht und Armseligkeit – in diesem Gedanken fanden sich die Satrapen des Bonapartismus behaglich zusammen. Den Staat zu schwächen, der allein das Vaterland verteidigen konnte, schien allen eine selbstverständliche Forderung deutscher Freiheit. Selbst jener bürgerlichste aller Könige, der alltäglich, mit jedermann schäkernd und plaudernd, in den Straßen Wiens umherschlenderte, jener allbekannte gemütliche Herr, der mit seinem derblustigen Wesen bald an einen altfranzösischen Obersten, bald an einen bayrischen Bierbrauer erinnerte, selbst König Max Joseph betrieb den Kampf gegen Preußen mit schwerem Ernst, befahl seinem Bevollmächtigten in Gegenwart der Monarchen, schlechterdings nichts zu unterzeichnen, solange der König von Sachsen nicht wieder eingesetzt sei. Nicht anders dachte sein Sohn, der exzentrische Kronprinz Ludwig, obgleich er zum Ärger des Vaters sich zu den begeisterten Teutonen hielt und gern mit großen Worten von teutschen Sinnes teutschester Bewährung sprach.

Ungleich herausfordernder trat der württembergische Despot auf. Als Senior hatte er unter den gekrönten Häuptern überall den Vortritt und schloß daraus mit dem naiven Dünkel des deutschen Kleinfürstenstandes, daß er nun wirklich der Vornehmste von allen sei, gab stets die reichsten Trinkgelder, um die Großmächtigkeit der neuen Schwabenkrone zu erweisen, bemühte sich in Worten und Gebärden, dem gefallenen Imperator nachzuahmen, soweit sein ungeheurer Leibesumfang dies erlaubte, bekundete seinen Ingrimm über den Untergang der rheinbündischen Herrlichkeit ungescheut in rohen Zornreden. Auch sein Thronfolger war wie der bayrische ein Gegner der bonapartistischen Gesinnung seines Vaters. Ein rastloser Ehrgeiz arbeitete in der Seele dieses Kronprinzen Wilhelm; da er sich in dem letzten Winterfeldzuge als ein tapferer und geschickter Offizier gezeigt hatte, so hoffte er auf das Generalat der deutschen Bundesarmee. Seine Geliebte, die geistreiche Großfürstin Katharina, bestärkte ihn in seinen stolzen Träumen; das junge Paar verstand einen solchen Nimbus geistiger Größe um sich zu verbreiten, daß selbst nüchterne Männer meinten, von dem Stuttgarter Hofe werde dereinst ein neues Zeitalter über Deutschland ausgehen. Man überschätzte den Prinzen allgemein, und manche sahen in ihm schon den künftigen deutschen Kaiser; von den so ungleich größeren Leistungen der preußischen Generale wolle der deutsche Partikularismus schon nichts mehr hören. –

Also trabten die großen Kinder der Kleinstaaterei seelenvergnügt auf ihren Steckenpferden dahin und bosselten und feilten mit ihren feinen Händen so lange an dem Staatsbau ihres Vaterlandes, bis die deutsche Verfassung wieder ganz ebenso phrasenhaft, verlogen und sinnlos wurde wie einst das alte Reich. Durch Gagerns Vermittlung fanden sie sogar die Unterstützung der Niederlande, die doch nicht mehr zum Deutschen Reiche gehörten. Gegen Preußen hegte Gagern, dieser gutmütige Mensch, eine aus Todesangst und Verehrung sonderbar gemischte Empfindung. Wenn er in seinen historischen Phantasien sich bis in die Zeiten Wilhelms III. verstieg, dann hielt er sogar auf Augenblicke Brandenburg und Holland für natürliche Verbündete und beteuerte seinen preußischen Freunden inbrünstig, „wie sehr dem jetzigen Völkersysteme an dem guten Einvernehmen zwischen Berlin und dem Haag gelegen ist.“ Aber zu nahe an sein geliebtes Holland durfte ihm der streitbare Nachbarstaat nicht heranrücken; vollends die sächsi-

König Friedrich Wilhelm I. besichtigt die Bauten in der Berliner Friedrichstadt

Geist der Neuzeit an der Quelle der Natur

schen Ansprüche der preußischen Politik erschienen dem alten Vorkämpfer des Kleinfürstentums schlechthin ruchlos. Mit Feuereifer warf er sich ins Zeug, um die „heiligsten Rechte" des deutschen hohen Adels zu verteidigen, und schrieb den preußischen Staatsmännern nachdrückliche Briefe in jenem possierlichen Lehrtone, den diese Kleinen allesamt gern gegen die langmütigen Großen anschlugen. Seine Freunde betrachteten den Unermüdlichen nicht ohne Humor. Alopeus schrieb treffend: „Dieser unruhige Staatsmann, dem es gleichgültig ist, welcher Sache er seine Talente widmet, wenn er nur recht tätig erscheinen kann, ist jetzt zum Holländer geworden."

Unter Staatsmännern solchen Schlages mußte bald der Einfluß des Mannes fühlbar werden, der von allen Diplomaten des Kongresses der gewandteste, von allen Gegnern Preußens der entschlossenste war: des Fürsten Talleyrand. Unerschütterliche Sicherheit des Auftretens ist auf dem glatten Boden des Salons von jeher noch siegreicher gewesen als verbindliche Liebenswürdigkeit. Wenn Metternich und Hardenberg durch anmutig gewinnende Formen große Erfolge in der vornehmen Gesellschaft errangen, so wirkte Talleyrands zynische Schamlosigkeit noch unwiderstehlicher. Welch ein Eindruck, wenn die unförmliche Gestalt, angetan mit der altmodischen Tracht aus den Zeiten des Direktoriums, sich schwerfällig auf ihrem Klumpfuß in den glänzenden Kreis des Hofes hineinschob: dicht über der hohen Halsbinde ein ungeheurer Mund mit schwarzen Zähnen; kleine, tiefliegende graue Augen ohne jeden Ausdruck; abschrekkend gemeine Züge, kalt und ruhig, unfähig, jemals zu erröten oder die innere Bewegung zu verraten. Eine durchaus mephistophelische Erscheinung; in Hardenbergs Tagebuch heißt er stets: Talleyrand Bocksfuß. Die Damen lauschten ergötzt, wenn er ihnen mit faunischem Lächeln eine zweideutige Bemerkung oder ein boshaftes Witzwort zuwarf; auf die Fragen der Diplomaten gab er mit unverwüstlich kaltblütigem Phlegma salbungsvolle Antworten. Unsaubere Gewohnheiten, die man bei jedem anderen plebejisch genannt hätte, galten bei ihm als originell; der vornehme Herr aus dem uralten Hause der Fürsten von Perigord, das Orakel aller Feinschmecker des Weltteils, der gründlichste Kenner der Höfe gab sich selber die Gesetze des guten Tons. Er hatte sie alle kommen und gehen sehen, die Eintagshelden einer wirrenreichen Zeit; er kannte die Marquis des alten Regimes, wie die Redner der Revolution und die Glückskinder des Kaiserreichs. Er hatte den kleinen deutschen Souveränen bis ins innerste Herz geblickt, als er die Ländervertauschung der rheinbündischen Politik besorgte, immer bereit, das Gold aus jedermanns Hand zu nehmen, aber auch gutmütig ergebenen Freunden gefällig, tiefdurchdrungen von der Wahrheit, da eine Hand die andere waschen muß. So war er fast allein von den Zeitgenossen des alten Regimes immer obenauf geblieben auf den Speichen des Glücksrades und rühmte sich gern, die hinkende Schildkröte sei doch schneller zum Ziele gekommen als der napoleonische Hase. Geschickt wußte er die Meinung zu verbreiten, als ob er zu jedem Erfolge Napoleons geholfen, jeden Mißgriff des Kaisers widerraten hätte. Er besaß eine gemessene Haltung und sichere Menschenkenntnis, die den hochadligen Kirchenfürsten des achtzehnten Jahrhunderts eigentümlich war, und galt zudem für eingeweiht in alle persönlichen Geheimnisse der vornehmen Welt. Jeder Partei war er dienstbar gewesen; in dem berühmten „Wörterbuch der politischen Wetterfahnen" behauptete sein Name unbestritten den ersten Platz. Gleichmütig wie er einst als Bischof für das Heil des freien Frankreichs gebetet, stand er jetzt als Oberkammerherr hinter dem Stuhle des legitimen Königs und schwenkte die Oriflamme bei dem Krönungsfeste der Bourbonen; „ich habe stets die Erfahrung gemacht," sagte er würdevoll, daß noch jedes System, von dem ich abfiel, bald nachher zusammenbrach." Im Grunde des Herzens ist er doch immer ein eingefleischter Aristokrat geblieben. Darum wünschte er von jeher einen Bund mit den alten Mächten Österreich und England, denn mit dem stolzen Adel dieser Länder ließ sich's leben; das Regiment der russischen Emporkömmlinge und vollends die bürgerlich-soldatische Schlichtheit des preußischen Staates waren ihm verächtlich.

Also konnte er in Wien mit innerem Behagen die Rolle spielen, welche ihm durch die Interessen seines Hofes auferlegt wurde. Er trat auf als der Wortführer der rechtmäßigsten aller Dynastien, schilderte prahlerisch, wenige Monate vor den hundert Tagen, wie unerschütterlich fest die Macht seines Königshauses stehe, wie jedes bedrängte Recht an den Bourbonen einen sicheren Anker finde, und erfreute die Gedankenarmut der dynastischen Politik sogleich durch das geschickt erfundene Stichwort „Legitimität". Mit feierlicher Salbung verkündete er sofort die drei schon in seiner Instruktion bezeichneten Hauptziele der bourbonischen Staatskunst: Beseitigung „des Menschen, der in Neapel herrscht" – der Name Murats kam niemals über Talleyrands keusche Lippen –, Abwehr der russischen Übergriffe in Polen, endlich und vor allem Wiedereinsetzung des Königs von Sachsen. In dem sächsischen Handel erkannte der Franzose scharfblickend den Keil, der die Koalition zersprengen mußte; pathetisch nannte er die Sache Friedrich Augusts „die Sache aller Könige" und beklagte das unglückliche Europa, dessen öffentliches Recht durch Preußens und Rußlands Gewalttaten so schwer bedroht sei.

Schon die formelle Leitung einer so vielköpfigen und buntscheckigen Versammlung bot die größten Schwierigkeiten, zumal da ihre führenden Männer meistenteils nur als bescheidene Gehilfen der Monarchen auftreten durften. Da Rußland und Österreich die Entscheidung aller Streitfragen geflissentlich auf den Kongreß verschoben hatten, so waren die großen Mächte vorläufig noch über gar nichts einig, nicht einmal über die Frage, wer an den Beratungen teilnehmen dürfe. Daher konnte weder jemals eine förmliche Eröffnung des Kongresses stattfinden noch eine gemeinschaftliche Sitzung aller seiner Mitglieder noch endlich eine Prüfung der Vollmachten; nur wenn ein Sondervertrag unterzeichnet wurde, tauschten die Unterhändler unter sich ihre Beglaubigungen aus.

Um doch einige Ordnung in dies Chaos zu bringen, traten die Minister der vier verbündeten Großmächte schon in der Mitte Septembers, noch vor Ankunft der Franzosen, zu Vorberatungen zusammen. Die preußischen Staatsmänner wahrten eifersüchtig die neugewonnene Großmachtstellung ihres Staates; antifranzösisch von Grund aus, bekämpften sie zugleich die Napoleoniden und verlangten strenge Ausführung jenes geheimen Artikels, der den Bourbonenhof von allen Gebietsverhandlungen ausschloß. Aus beiden Gründen suchten sie die kleinen Staaten den wichtigeren Beratungen fernzuhalten, da die Teilnahme der Mindermächtigen unfehlbar den Einfluß Frankreichs verstärken mußte. In solchem Sinne entwarf Humboldt den Plan einer Geschäftsordnung, den er dem „Komitee der Vier" überreichte.

Die preußischen Vorschläge fanden sofort lebhaften Widerspruch, obgleich sie sich streng auf dem unzweifelhaften Rechtsboden des Pariser Vertrages hielten. Talleyrand hatte längst dafür gesorgt, daß man in der Hofburg von seiner geheimen Instruktion Kunde erhielt, und die Österreicher erkannten dankbar, welche löblichen Grundsätze der Tuilerienhof hinsichtlich der sächsischen und der polnischen Frage hegte. Sie fanden es jetzt höchst unbillig, Frankreich von irgendeinem wichtigen Teile der Verhandlungen auszuschließen. Lord Castlereagh stimmte ihnen zu; denn das Verhältnis zwischen den Höfen von Paris und London war inzwischen immer freundlicher geworden, und soeben erst, auf der Reise nach Wien, hatte sich Castlereagh nochmals in den Tuilerien aufgehalten. König Ludwig schätzte die Welfen sogar höher als die Lothringer, da diese sich doch durch das Ehebündnis mit dem Korsen eines unverzeihlichen Frevels gegen die Legitimität schuldig gemacht hatten. Nur Rußland hielt zu Preußen. So stand man denn ratlos, zwei gegen zwei, und einigte sich endlich über einen unglücklichen Mittelweg. Man beschloß: die deutschen Verfassungssachen werden von einem Ausschuß der fünf deutschen Königshöfe, alle europäischen Angelegenheiten von den vier verbündeten Großmächten und den beiden bourbonischen Mächten (Frankreich und Spanien) bearbeitet; jedoch blieb der Plan der Gebietsverteilung, nach der Pariser Abrede, zunächst den vier Mächten vorbehalten, diese sollten dann ihre Vereinbarungen an Frankreich und Spanien mitteilen und zuletzt auch die kleinen Höfe zur Äußerung auffordern.

Offenbar gewährte dies Kompromiß den Franzosen die Handhabe, alles bisher Beschlossene wieder umzuwerfen, und der mittlerweile eingetroffene Talleyrand säumte nicht, den Fehler zu benutzen.

Wie mächtig hatte sich doch in wenigen Tagen Talleyrands Ansehen gehoben! Als er ankam, wurde er in den Salons ängstlich gemieden. Jetzt suchten die Diplomaten den gewandten Franzosen eifrig auf, am eifrigsten natürlich die bedrängten Sachsen. Zugleich spielte Talleyrand den großmütigen Beschützer aller deutschen Souveräne. Er hob binnen kurzem seinen gedemütigten Staat wieder empor zu der althistorischen Führerstelle an der Spitze der deutschen Kleinstaaten.

Für Metternich ergab sich zunächst die Aufgabe, Hardenberg über den untrennbaren Zusammenhang der polnischen und der sächsischen Sache zu täuschen, die Lösung der sächsischen Frage hinauszuschieben und vorderhand mit Preußen und England vereint den Plänen Alexanders zu widersprechen; dann war das Bündnis zwischen Rußland und Preußen gesprengt und die Demütigung der norddeutschen Großmacht sicher. Die Falle war erstaunlich plump. Auf Befehl ihres Kaisers traten Metternich, Stadion und Schwarzenberg zu einem Rate zusammen und beschlossen, Preußen müsse durchaus wieder bis zur Weichsellinie vorrücken. Zur selben Zeit ließ Metternich dem Zaren vertraulich anbieten, Österreich sei bereit, in der polnischen Sache nachzugeben, wenn Rußland die sächsischen Ansprüche Preußens nicht mehr unterstütze. Da griff König Friedrich Wilhelm ein. Am 6. November hatte er mit dem Zaren eine lange Unterredung im engsten Kreise. Die beiden Freunde verständigten sich, und der König wagte nun endlich, seinen Diplomaten die Politik anzubefehlen, welche er schon seit Monaten für die einzig sichere hielt: er befahl dem Staatskanzler, fortan nicht mehr feindlich gegen Rußland vorzugehen.

Talleyrand gab daraufhin die Parole aus, welche bald von Metternich und Castlereagh nachgesprochen wurde: Preußen hat „die Sache Europas“ aufgegeben und darf darum Sachsen nicht erhalten! Dieser Abfall der falschen Freunde ist aber nicht durch den König verschuldet worden; er wäre vielmehr, auch ohne das Eingreifen Friedrich Wilhelms, unzweifelhaft nach einigen Wochen, und dann unter Mitwirkung des Zaren selber, eingetreten. Es bleibt das Verdienst des Monarchen, daß er seinem Staate den Beistand Rußlands sicherte.

Die preußischen Diplomaten bauten bis zur zwölften Stunde fest auf Österreichs Freundschaft. Bald aber ward offenbar, daß weder Österreich noch England eine feste Verpflichtung für Preußens Wiederherstellung übernehmen wollte. Hardenberg hat sich in unfruchtbaren Vermittlungsversuchen erschöpft; Preußen trug von seinem „Abfall“ zunächst nur den Haß davon, der jedem diplomatischen Frontwechsel zu folgen pflegt. Doch als nachher der Streit sich verbitterte, da führte die Natur der Dinge, halb wider den Willen der preußischen Staatsmänner, jene Parteigruppierung herbei, welche dem klaren Blick des Königs von vornherein als unvermeidlich erschienen war. Auf der einen Seite standen Preußen und Rußland, auf der anderen: Österreich, England, alle kleinen Neider des werdenden deutschen Staates und, als der Leiter der großen Verschwörung, Frankreich. Nur seinem Könige verdankte der aus tausend Wunden blutende Staat, daß er aus einem solchen Kampfe nicht völlig gedemütigt hervorging. –

Am 8. November übergab Fürst Repnin die Verwaltung von Sachsen an die preußischen Bevollmächtigten, General von Gaudy und Minister v. d. Reck. Jetzt änderte Metternich seine Taktik. Auch ihm, wie den Franzosen, war die sächsische Frage ungleich wichtiger als die Zukunft Polens. Schon am 11. November, in einem Gespräche mit Castlereagh und Hardenberg, nahm er das dem Staatskanzler gegebene Versprechen auf Besetzung Sachsens zurück und erklärte: Der allgemeine Widerstand gegen die Einverleibung Sachsens sei unüberwindlich, mindestens Dresden und der südliche Teil des Landes müßten den gefangenen Fürsten wieder zufallen. So wurde der Gedanke der Teilung Sachsens endlich als das Ziel der österreichischen Politik ausgesprochen. Ihre Absicht war, das ergebene albertinische Haus wieder auf der für Preußen lästigsten Stelle anzusiedeln und zugleich dem preußischen Freunde eine Wunde an seinem Leibe offenzuhalten. Die Einverleibung Sachsens, der Metternich und Castlereagh mit halben Worten zugestimmt, galt jetzt auf einmal als eine schwere Verletzung des Völkerrechts. Man hatte erkannt, daß Rußland ohne einen Krieg von seinen polnischen Plänen nicht abzubringen sei. Um so fester rechnete Metternich auf die Vereitelung der so ungleich schlechter gesicherten preußischen Ansprüche. Er stand jetzt mit Talleyrand in herzlichem Vereine, prüfte und genehmigte mit dem Franzosen gemeinsam eine neue Rechtsverwahrung des gefangenen Sachsen-Königs.

Solcher Erfolge froh trat Talleyrand täglich herausfordernder auf, ließ durch Dalberg und La Besnardie eine Apologie des sächsischen Königs verfassen, versicherte dem getreuen Gagern: niemals werde Frankreich die Preußen weder am linken Rheinufer noch in Sachsen dulden.

Das wüste Gezänk um Sachsen brachte alle anderen Arbeiten des Kongresses ins Stocken. Der deutsche Verfassungsausschuß war schon längst unverrichteter Dinge auseinandergegangen. Dazwischen hinein spielten erbärmliche persönliche Ränke. Metternich versuchte, den preußischen Staatskanzler bei Alexander zu verdächtigen, legte dem Zaren die antirussischen Noten vor, welche Hardenberg zu Beginn des Kongresses geschrieben hatte – und was der Jämmerlichkeiten mehr ist. Trotz aller solcher Proben der österreichischen Freundschaft ließ sich der Staatskanzler von Metternich bereden, noch einmal zwischen Rußland und England-Österreich zu vermitteln. Er stellte am 23. November nochmals die alten Forderungen auf: die Warthelinie, Krakau und Zamosz für Österreich – obgleich er durch den Befehl des Königs verpflichtet war, sich nicht von Rußland zu trennen. Zum Glück kam ihm der Freiherr vom Stein zu Hilfe. Der große Mann hatte inzwischen eingesehen, daß er bisher allzu einseitig den polnischen Plänen des Zaren entgegengetreten war; nach seiner herrlichen unbefangenen Weise beschloß er sofort den begangenen Fehler zu sühnen und bot fortan seine ganze Kraft auf, um Sachsen für Preußen zu retten. Ihm war es zu verdanken, daß Alexanders Antwort ziemlich günstig ausfiel. Der Zar versicherte (27. Nov.), daß er niemals den preußischen Bundesgenossen, der ihn so „kraftvoll, edel und ausdauernd unterstützt" habe, verlassen werde, und forderte ganz Sachsen für Preußen, Mainz für den Deutschen Bund; von seinen polnischen Ansprüchen gab er Thorn und Krakau auf, beide sollten als neutrale freie Städte anerkannt werden.

Durch diese Erklärung war die Mainzer Frage erledigt. Metternich verzichtete auf die Absicht, die Festung an Bayern zu geben, denn in der Bekämpfung dieses Planes waren Rußland und Preußen mit dem partikularistischen Neide der Kleinfürsten einig. Hardenberg wollte den Schlüssel der Rheinlande nicht treulosen Händen anvertrauen; die Kleinen aber befürchteten, wie die württembergischen Bevollmächtigten sich ausdrückten, daß ein starker Staat im Besitze von Mainz „das Schicksal aller übrigen deutschen Staaten von sich abhängig machen würde." So verfiel man denn auf ein Auskunftsmittel, das, unnatürlich und abgeschmackt wie es war, doch aus den chaotischen Zuständen des Deutschen Bundes sich mit einer gewissen Notwendigkeit ergab. Das goldene Mainz, dereinst der Sitz des vornehmsten deutschen Fürsten, wurde der Landeshoheit des Darmstädter Großherzogs unterworfen, weil dieser Machthaber seinen Nachbarn niemals bedrohlich werden konnte; die Festung ward ein fester Platz des Deutschen Bundes mit einer österreichisch-preußischen Garnison. Also behielt Preußen hier doch einen Fuß im Bügel. Von dem unendlichen Streite, welchen das Mitbesatzungsrecht Österreichs dereinst erregen sollte, ahnte man noch nichts; man träumte noch den Traum des friedlichen Dualismus. Ebenso künstlich war der russische Vorschlag, Thorn und Krakau zu freien Städten zu erheben; eine Republik Krakau mußte unfehlbar der Herd einer namentlich für Österreich hochgefährlichen polnischen Propaganda werden. Indes die Gedanken der Hofburg erhoben sich nur bis zu dem Wunsche, daß der beherrschende Platz des oberen Weichseltals den Russen nicht als Grenzfestung dienen dürfe. Metternich fand gegen den Plan wenig einzuwenden.

Die polnischen Händel boten nur noch geringe Schwierigkeiten, zumal da Alexander jetzt die Vereinigung von Litauen und Polen fallen ließ und allein die warschauischen Lande für das neue Polenreich bestimmte. Gleichviel, die sächsische Frage blieb fortan der einzige ernsthafte Streitpunkt zwischen den Mächten. Immer heftiger ward der allgemeine Widerspruch gegen die preußischen Pläne. In seiner Verlegenheit entschloß sich der Staatskanzler zu einem der größten diplomatischen Mißgriffe seines Lebens. Er schrieb an Metternich (3. Dez.) einen unbegreiflichen Brief, der das gute Herz des österreichischen Freundes durch bewegliche Worte rühren sollte: „teurer Fürst, retten Sie Preußen aus seinem gegenwärtigen Zustande."

Mit kaum verhehltem Hohne antwortete Metternich in einer vertraulichen Note vom 10. Dezember. Er nahm jetzt amtlich seine früheren Zusagen zurück, bot dem preußischen Freunde nur noch ein Fünftel des sächsischen Landes: erhalte der Albertiner seine Krone nicht wieder, so komme der Deutsche Bund nicht zustande und Frankreich übernehme wieder das Protektorat der Kleinstaaten. Während er also die Preußen vor den französischen Ränken warnte, übergab er selbst (16. Dezember) diese seine vertrauliche Note an Talleyrand, auf Befehl des Kaisers Franz, damit König Ludwig ersehe, welche „vollkommene Übereinstimmung der Ansichten" zwischen Österreich und Frankreich in der sächsischen Frage bestehe! Die Treulosigkeit der Hofburg enthüllte sich so ungescheut.

Die Lage wurde bald noch drohender, man begann auf beiden Seiten bereits die Möglichkeit eines Krieges zu erwägen. Die Erbitterung im preußischen Volke stieg zusehends. Man erfuhr durch Goltz, daß die französische Armee, auf Talleyrands Antrag, in der Stille verstärkt wurde. Man hörte von dem Plane, die sächsischen Truppen, welche unter preußischem Oberbefehle nördlich der Mosel standen, im rechten Augenblicke mit den Bayern und Österreichern auf dem rechten Moselufer zu vereinigen. Am 16. Dezember enthüllte Metternich dem Grafen Münster seine Absicht, einen Deutschen Bund ohne Preußen zu bilden, falls Preußen die sächsischen Ansprüche nicht aufgebe; Österreich beanspruchte selbstverständlich nur die bescheidene Stellung des Ersten unter Gleichen. Der welfische Staatsmann begriff sofort: das bedeute den Krieg und die Auflösung des Kongresses.

Der preußische Kriegsminister traf sofort seine Anstalten für die Gegenwehr. Am 26. Dezember übersandte Grolman den mit Boyen, Gneisenau und Schöler verabredeten Kriegsplan: zwei große Armeen in Sachsen und am Rhein sollten nach der guten friderizianischen Weise den Feldzug gleichzeitig durch eine kühne Offensive eröffnen, während ein Observationskorps Schlesien deckte. So bedrohlich erschien die Lage, daß man über alle Bedenken der militärischen Rangordnung hinwegsah und zu Feldherren der beiden Heere Blücher und Gneisenau vorschlug; neben diesen komme nur noch Bülow in Betracht, da Yorck, Kleist und Tauentzien doch nur treffliche Korpsführer seien. Oberst Krauseneck, der in Mainz unter dem österreichischen Gouverneur Frimont die preußische Garnison befehligte, erhielt Auftrag, sich sofort auf gegebenen Wink der Festungswerke am rechten Ufer zu bemächtigen; sie genügten, um den Platz in Schach zu halten, zur Besetzung der ganzen Festung reichten die bescheidenen Kräfte nicht aus. Auch die anderen Festungen ließ Boyen insgeheim ausrüsten. Die sächsischen Truppen am Rhein wurden ohne Aufsehen weiter nordwärts, in die Nähe preußischer Regimenter verlegt. Von den kleinen norddeutschen Kontingenten nahm Boyen an, daß sie allesamt, mit Ausnahme der Hannoveraner, den Fahnen Preußens folgen müßten. Die Monarchie war entschlossen, sogleich als der Herr von Norddeutschland aufzutreten; wer durfte in einem solchen Daseinskampfe nach dem Zetergeschrei und den Souveränitätsverwahrungen der Kleinfürsten fragen?

Inmitten dieser allgemeinen Verwirrung sah Talleyrand seinen Weizen blühen. Nachdem ihm Metternich die letzte österreichische Note über Sachsen amtlich mitgeteilt hatte, hielt sich der Franzose nunmehr berechtigt, selber von Amts wegen in die sächsischen Händel einzugreifen, und antwortete dem österreichischen Freunde am 19. Dezember. Da die polnische Frage zu einer einfachen Grenzfrage geworden sei, so sei die sächsische Angelegenheit gegenwärtig die wichtigste Prinzipienfrage für den Weltteil. Hier stehen die beiden Grundsätze der Legitimität und des Gleichgewichts zugleich auf dem Spiele. Man verbreitet heute die entsetzliche Lehre, daß die Strafe der Konfiskation wieder eingeführt werden darf, daß die Völker wie die Herden eines Meierhofes geteilt werden dürfen, daß es kein öffentliches Recht gibt, „daß für den Stärkeren alles gerecht ist". Aber Europa verflucht diese Grundsätze; „sie erregen den gleichen Abscheu in Wien, in Petersburg, in London, in Madrid und Lissabon" (also nicht in Berlin). Die Einverleibung Sachsens würde aber auch das Gleichgewicht Europas zerstören, inmitten des Deutschen Bundes „eine unverhältnismäßige Angriffsmacht" schaffen. Darum Herstellung des legitimen Königs; sind einige Abtretungen zur Entschädigung Preußens unvermeidlich, so wird Frankreich dem rechtmäßigen Herrscher dazu raten.

Durch diese Note warf Talleyrand den geheimen Artikel des Pariser Friedens den vier Mächten zerrissen vor die Füße. Nachdem er lange nur im Dunkeln gegen den Vertrag angekämpft, drängte er sich jetzt mit einer amtlichen Denkschrift in die Territorialverhandlungen ein, von denen Frankreich vertragsmäßig ausgeschlossen war, und unterstützte den österreichischen Vorschlag der Teilung Sachsens – was ihn freilich nicht abhielt, im selben Atemzuge den Fluch Europas wider die Politik der Länderverteilung auszusprechen. Eine zweite Note des Franzosen an Castlereagh (v. 26. Dez.) schlug jenen Ton legitimistischer Salbung an, welcher den Hochtorys unwiderstehlich war. Der Zweck des Kongresses ist, „die Revolution zu schließen"; früher bekämpften sich Republik und Monarchie, heute die revolutionären und die legitimen Dynastien; die revolutionären Dynastien sind alle verschwunden bis auf die eine, die in Neapel haust, die legitimen alle wiederhergestellt bis auf die eine des unglücklichen Königs von Sachsen; „die Revolution ist also noch nicht geschlossen" und Frankreich erwartet, daß der Kongreß seine Pflicht erfülle. – Schon die nächsten Tage lehrten, daß Frankreichs Vertragsbruch den österreichischen wie den englischen Staatsmännern hochwillkommen kam. Die drei Mächte waren einig; bereits am 14. Dezember hielt Metternich die werdende Tripel-Allianz für so gesichert, daß er den sächsischen Agenten Schulenburg beauftragte, er möge seinem königlichen Herrn schreiben: Sachsen ist gerettet! –

Während Metternich mit den Vertretern der Westmächte den Angriff auf Preußen besprach, ging der gesellige Verkehr der diplomatischen Welt in ungetrübter Munterkeit weiter; mit der gewohnten treuherzigen Gemütlichkeit bewirtete der gute Kaiser Franz seine fürstlichen Gäste, denen er das Messer in den Rücken zu stoßen hoffte. Noch am 2. Januar schrieb Metternich „seinem teuersten Fürsten" Hardenberg ein freundschaftliches Billet, bat ihn wegen dringender Geschäfte, die heutige Sitzung auf morgen zu verschieben; einige Stunden nachher kam er selber zu dem Staatskanzler, um Rücksprache zu nehmen wegen der Artikel über Thorn und Krakau. Von der Sitzung des 3. Januar berichten die Protokolle des Vierer-Ausschusses nur, daß Österreich, im wesentlichen mit den russischen Vorschlägen einverstanden, eine Vergrößerung seines polnischen Anteils verlangt habe. An demselben Tage, der sich so friedlich anließ, unterzeichnete Metternich mit Castlereagh und Talleyrand das Kriegsbündnis gegen Preußen und Rußland. Der Wortlaut dieses seltsamen Vertrages war ebenso dunkel wie die Absichten seiner Urheber; man hatte guten Grund, das Licht zu scheuen. „Infolge neuerdings offenbarter Ansprüche" verpflichten sich die drei Mächte, einander gegenseitig mit mindestens 150 000 Mann zu unterstützen, falls eine von ihnen wegen ihrer gemeinsam aufgestellten gerechten und billigen Vorschläge angegriffen oder bedroht werden sollte; ein Angriff auf Hannover oder die Niederlande gilt als ein Angriff auf England. Die drei Mächte haben zugleich „die Absicht, die Bestimmungen des Pariser Friedens in der seinem wahren Zwecke und Geiste möglichst entsprechenden Weise zu vervollständigen." Andre Mächte, namentlich Bayern, die Niederlande und Hannover, sollen zum Beitritt eingeladen werden. – Also zur Vervollständigung des Pariser Friedens, der jede Einmischung Frankreichs in die Gebietsfragen untersagte, schlossen Österreich und England ein Bündnis mit Frankreich! Der Vertrag sprach nur von einem Verteidigungsbündnis; sein wirklicher Zweck war der Angriff. Denn wollte man jenen „neuerdings offenbarten Ansprüchen" entgegentreten, so mußte man zunächst den Besitzstand Preußens in Sachsen angreifen. Ein geheimer Artikel enthielt übrigens die verständliche Drohung: wenn Bayern, Hannover oder die Niederlande der Einladung nicht folgten, so würden sie „jedes Recht auf die Vorteile verlieren, welche sie kraft des gegenwärtigen Vertrages beanspruchen könnten."

Nach der Absicht seines eigentlichen Urhebers, Talleyrands, war der Bund unzweifelhaft dazu bestimmt, mit überlegener Macht das erschöpfte Preußen zu überfallen und von seiner neu errungenen Großmachtstellung wieder herabzustürzen. Der Franzose stand am Ziele seiner Wünsche; er rühmte sich mit vollem Rechte: „ich habe für Frankreich eine föderative Stellung geschaffen, wie sie fünfzig Jahre glücklicher Unterhandlungen kaum hätten erreichen können," und ließ den General Ricard aus Paris kommen, um mit Schwarzenberg und Wrede den Feldzugsplan für das Frühjahr zu verabreden. Bereits wurden in Böhmen Truppen zusammengezogen, Wrede verkündete prahlend den unzweifelhaften Sieg, Münster aber zeichnete den Geist dieser unvergleichlich treulosen Politik mit dem frivolen Ausruf: „Wir spielen eine Partie en trois; ist der Feind geschlagen, so geht es gegen den Freund."

Das Kriegsbündnis vom 3. Januar ist von lang nachwirkenden mittelbaren Folgen gewesen. Es hat Frankreich wieder eingeführt in die Gemeinschaft der Staatengesellschaft und zwischen den Westmächten jene vielgerühmte entente cordiale begründet, welche seitdem, immer nur auf kurze Zeit unterbrochen, fortgewährt hat bis zum heutigen Tage. Es hat am Wiener Hofe den alten Choiseulschen Gedanken des Bundes der katholischen Großmächte wieder belebt, eine

Reichsfreiherr Heinrich Friedrich Karl vom und zum Stein

Tafel 26

Erzherzog Karl von Oesterreich

Andreas Hofer, Führer des Tiroler Aufstandes

Politik, der es fortan in der Hofburg niemals mehr an mächtigen Freunden fehlte. Er ließ zugleich eine natürliche Gruppierung der Mächte ahnen, die einer großen Zukunft sicher war; hier die Westmächte, Österreich und die Pforte; dort die jungen Staaten Preußen, Rußland und Nordamerika. Preußen lernte endlich, wessen man sich von Österreich selbst unter dem Segen des friedlichen Dualismus zu versehen habe. Hardenberg freilich hat die „unglückliche Übereilung" seiner österreichischen Freunde nur zu bald großmütig vergessen; doch unter den jüngeren kräftigeren Männern der Regierungskreise blieb die Erinnerung an jenen Treubruch lange lebendig. Die alten glorreichen friderizianischen Überlieferungen fanden wieder mutige Bekenner.

Es gibt aber ein letztes Maß des Unsinns, das in einer geordneten Staatengesellschaft auf die Dauer nicht überschritten werden kann. Kaum war der Vertrag unterzeichnet, so fragte sich Lord Castlereagh, wie er mit einer so ganz unenglischen Politik vor dem Parlamente bestehen sollte. Hatte England darum ein Vierteljahrhundert hindurch gegen Frankreichs Übermacht gekämpft, damit jetzt hundertfünfzigtausend napoleonische Veteranen unter dem Lilienbanner wieder den Rhein überschritten? Man kannte in Wien, trotz aller Ableugnungen Talleyrands, die bonapartistische Gesinnung des französischen Heeres. Und sollte der kaum erst blutig erkämpfte Friede wieder gestört werden – einem napoleonischen Satrapen zulieb? Die verbrecherische Torheit eines solchen Unterfangens begann dem Briten doch einzuleuchten; auch Metternich ward besorgt über den lauten Jubel der Franzosen und der Rheinbündler. Während der folgenden Wochen schlossen sich noch Sardinien, Bayern, Hannover, Darmstadt dem Bündnis vom 3. Januar an. Doch das Bündnis war totgeboren, eine wirkliche Kriegsgefahr bestand nur etwa sechs Tage lang.

Schon in der Sitzung vom 9. Januar taten Österreich und England, auf Castlereaghs Andringen, einen ersten Schritt zur Versöhnung. Sie gaben die feierliche Erklärung ab, daß die Verhandlungen über Sachsen lediglich den Zweck hätten, dem preußischen Staate die vertragsmäßige Entschädigung zu verschaffen, und darum die Entscheidung in keiner Weise von der Zustimmung Friedrich Augusts abhängig sei. Nur unter dieser Bedingung genehmigten Preußen und Rußland den jetzt unvermeidlichen Eintritt des französischen Ministers. Am 12. Januar trat Talleyrand in den Rat der Großmächte ein. Das Komitee der Vier erweiterte sich zum Fünferausschuß, und diese fünf bildeten den eigentlichen Kongreß, so daß die erlauchte Versammlung gerade vier Monate gebraucht hatte, um sich nur zu konstituieren.

In der Sitzung der Fünf vom 12. Januar verlangte Hardenberg zwar nochmals das ungeteilte Sachsen; aber schon am 13. Januar entwarf er einen Plan très confidentiel, worin er die Möglichkeit zugab, etwa achtundvierzigtausend Einwohner von Sachsen wieder an Friedrich August zu überlassen. Dafür forderte er Bayreuth, „die Wiege unserer Ahnen". Sobald dieser Entschluß dem Ausschusse der Fünf bekannt wurde, war der Boden geebnet für die Verständigung. Die sächsische Angelegenheit verlor den Charakter einer Prinzipienfrage, und es begann der unerquickliche Streit um die einzelnen Stücke des sächsischen Landes.

Der Zar unterstützte fest und nachdrücklich jeden Anspruch seines Freundes, und da die Gegner, mit einziger Ausnahme Frankreichs, den Krieg nicht ernstlich wollten, so haben sie schließlich den meisten der preußisch-russischen Forderungen nachgegeben. Lediglich der verständigen Politik des Königs war es zu verdanken, daß nach peinlichem Streite die Saalepässe und die nordthüringischen Lutherlande, die Festungen der Elblinie und Görlitz an Preußen kamen. Nur Leipzig wurde durch die englische Handelspolitik hartnäckig verteidigt. Als alle Einigungsversuche scheiterten, da entschloß sich Alexander auf Castlereaghs dringende Vorstellungen endlich zu einem „Opfer", das ihm hart ankam: er bot (8. Febr.) zum Ersatz das feste Thorn und dessen Umgebungen.

Nunmehr galt es, an anderen Stellen die zu Preußens voller Entschädigung noch fehlenden Landstriche zu suchen. Metternich ließ die so lange und hartnäckig festgehaltene Moselgrenze fallen; Preußen erhielt Koblenz und das Gebirgsland zwischen Saar und Nahe. Sodann bewilligte Castlereagh, daß die Landforderungen Hannovers und der Niederlande zu Preußens Vorteil etwas herabgesetzt wurden. Auch die polnischen Händel kamen während der nächsten Wochen ins gleiche. Durch den Vertrag vom 3. Mai 1815 wurde die neutrale Republik Krakau begründet.

Weder die Schlußakte des Kongresses noch der Vertrag der drei Teilungsmächte vom 3. Mai enthielt irgendein Wort, das die Polen zu politischer Selbständigkeit berechtigte.

Gegen Mitte Februar waren die Gebietsverhandlungen zwischen den Großmächten nahezu beendigt. Talleyrands Kriegslust hatte an dem tiefen Friedensbedürfnis der ermüdeten Zeit zuletzt doch einen unüberwindlichen Widerstand gefunden; in dem Komitee der Fünf gewann er keinen entscheidenden Einfluß, und die kläffende Meute seiner rheinbündlerischen Genossen wurde von den großen Mächten kurzweg zur Seite geschoben. Die deutsche Verfassung blieb freilich noch in tiefem Dunkel. Da kehrte Napoleon von Elba zurück, das von Talleyrand so prahlerisch geschilderte Kartenhaus der bourbonischen Herrlichkeit stob vor dem Hauche des Imperators in alle Winde. Jetzt führte die gemeinsame Gefahr die vier alliierten Mächte aufs neue zusammen, die letzten noch offenen Gebietsfragen wurden rasch abgetan. Vergeblich versuchte Napoleon, die erneute Koalition zu sprengen, indem er die Urkunde des Vertrages vom 3. Januar, die er in den Tuilerien im Schreibtische Ludwigs XVIII. vorgefunden, dem Zaren übersendete. Alexander verbrannte das unsaubere Aktenstück in Gegenwart Steins vor Metternichs unbeschämten Augen. Man wollte der vergangenen Untreue nicht mehr gedenken.

Gleichzeitig mit den Beratungen der Großmächte erledigte Hardenberg noch eine überaus verwickelte diplomatische Arbeit: Die Abrechnung mit Hannover, Schweden und Dänemark; sie brachte die Befreiung Pommerns von den letzten Resten der Fremdherrschaft. Jener harte Kampf, den die Hohenzollern fast zweihundert Jahre hindurch mit der Feder und dem Schwerte um ihr altes Erbe geführt, wird für immer beendigt.

Am 29. Mai kam der Tauschvertrag zwischen Preußen und Hannover zustande: Lauenburg für Hildesheim, Goslar, Ostfriesland, und ein Stück der Grafschaft Lingen; dazu zwei preußische Militärstraßen durch Hannover. Die alten Reichenbacher Forderungen der Welfen waren also doch, infolge der sächsischen Händel, um etwa fünfzigtausend Seelen herabgemindert worden. Am 4. Juni sodann trat Dänemark seine Rechte auf Schwedisch-Pommern an Preußen ab und erhielt dafür Lauenburg nebst zwei Millionen Talern. Endlich am 7. Juni gab Schweden, gegen dreieinhalb Millionen Taler, seine letzten Ansprüche auf deutschen Boden auf.

Unter solchen Kämpfen kam die Wiederherstellung der preußischen Monarchie zustande. Das Ergebnis der Wiener Verhandlungen war eine halbe Niederlage der preußischen Politik; weder am Rhein noch in Sachsen noch an der polnischen Grenze hatte sie ihre Ziele vollständig erreicht. Der Staat war gegen den Besitzstand von 1805 um volle 600 Geviertmeilen kleiner und nur um kaum eine halbe Million Einwohner stärker geworden, er hatte die versprochene Abrundung nicht erlangt, sondern zerfiel wieder wie vor alters in zwei weit entlegene Massen. Zudem war ein den Hohenzollern verfeindetes Fürstenhaus wieder eingesetzt, ein lebensunfähiger Mittelstaat, der niemals wieder zu gesunden politischen Zuständen gelangen konnte, aufs neue hergestellt. Die vier Kleinkönige beherrschten fast ein Viertel von dem Gebiete des Deutschen Bundes; die Lieblingsschöpfung Napoleons, die neue Macht der Mittelstaaten, hatte alle Stürme der Zeit überdauert. Im preußischen Volke erregte der Ausgang des diplomatischen Kampfes tiefe Verstimmung. Ganz im Sinne der öffentlichen Meinung schrieb Blücher: wir haben einen tüchtigen Bullen nach Wien hingebracht und uns einen schäbigen Ochsen eingetauscht. Die Gegner machten aus ihrer Schadenfreude kein Hehl. Nicht zufrieden mit dem wirklich errungenen Erfolge, sprengten sie das Märchen aus, der preußische Staat habe sich widerwillig statt der südlichen Hälfte von Sachsen die Rheinlande aufladen müssen, während doch Hardenbergs Absichten von Haus aus zugleich auf Sachsen und das Rheinland gerichtet waren. Alle aber begegneten sich in der frohen Hoffnung, ein so künstliches politisches Gebilde könne nicht dauern.

Und doch frohlockten Preußens Feinde zu früh. Das Künstliche dieses Staatsbaues lag nicht darin, daß er zugleich die äußersten Marken des Ostens und Westens beherrschte, sondern allein darin, daß er noch nicht fertig war, daß jene Landschaften, welche die natürlichen Mittelglieder zwischen seinen Provinzen bildeten, ihm noch nicht angehörten. Trotz aller Mißerfolge im einzelnen hatte Preußen durch die Wiener Verhandlungen die Möglichkeit einer gesunden, kräftigen Fortbildung gewonnen. Die Gefahr eines neuen Rheinbundes, die in Wien so drohend schien, wurde durch Napoleons Rückkehr und abermalige Niederlage auf lange hinaus beseitigt.

Die Schwäche der Bourbonen lag vor aller Augen; der von Preußen so hartnäckig bekämpfte Einfluß Frankreichs auf die kleinen Höfe blieb in der Tat während der nächsten Jahrzehnte sehr geringfügig. Und wie ganz anders stand Deutschland jetzt dem unruhigen Nachbarvolke gegenüber, da statt jener elenden, vom Versailler Hofe besoldeten geistlichen Fürsten der norddeutsche Großstaat die Wacht am Rhein übernahm. Des lästigen polnischen Besitzes ledig, verwuchs er jetzt fester denn je mit dem deutschen Leben; zu den jungen überelbischen Kolonien traten die alten Kulturlande des Rheins mit ihren mächtigen Städten und ihrem entwickelten Gewerbefleiße zu. Es gab fortan kein deutsches Interesse mehr, das den preußischen Staat nicht im Innersten berührte. Er besaß, wie König Friedrich Wilhelm sagte, kein Dorf anders als mit der Zustimmung des gesamten Europas und gewann dadurch die Sicherheit, deren er bedurfte, um seine buntgemischten neuen Gebiete mit seinem Geist und Wesen zu durchdringen. Wenn er diese unsäglich schwere Aufgabe löste, wenn er das schöne Wort bewährte, das sein König in jenen Tagen aussprach: „Deutschland hat gewonnen, was Preußen erworben hat," dann konnte der halbe Erfolg der Wiener Verhandlungen für ihn leicht ebenso segensreich werden wie einst die diplomatische Niederlage des Großen Kurfürsten auf dem Westfälischen Friedenstage. Nicht aus Übermut wahrlich hatte Hardenberg die Gegner gefragt: wollt ihr Preußen durchaus zwingen, nach neuen Vergrößerungen zu streben? Nur die Gedankenlosigkeit der Hofburg und der kleinen Staaten vermochte sich darüber zu täuschen, daß die neue Gestaltung des preußischen Gebietes keine Dauer versprach, daß eine Großmacht in so unnatürlicher Lage nicht verharren durfte. Die Hälfte Deutschlands gehorchte dem preußischen Zepter; war in dieser erst der deutsche Einheitsstaat fest und sicher begründet, so mußte früher oder später die Stunde kommen, da das Schwert Friedrichs wieder aus der Scheide fuhr, um auch die andere Hälfte, die noch in allen Gliedern die Nachwirkung der zweihundertjährigen Fremdherrschaft verspürte, zum Vaterlande zurückzuführen.

Über dem Zwischenspiele der Parteikämpfe um die Bundesverfassung gingen wieder vier Wochen verloren, und kaum war es zu Ende, so kam am 7. März die Nachricht von Napoleons Rückkehr. Das europäische Kriegsbündnis und die Rüstungen drängten viele Wochen lang alle anderen Fragen in den Hintergrund.

Die Mehrzahl der streitigen Gebietsfragen war ja erledigt, die Monarchen rüsteten sich zur Abreise, alle verlangten ungeduldig nach dem Schluß des Kongresses und horchten gespannt auf die Nachrichten aus Westen; die Rheinbündner erhoben wieder keck das Haupt, mehrere der Mittelstaaten verhehlten kaum, daß sie auf neue Siege des Imperators hofften. Das war die Stimmung nicht, die ein dauerndes nationales Werk zeitigen konnte. Aber wie würde die Nation, die jetzt abermals zu neuen schweren Opfern aufgeboten ward, ihre Fürsten und Minister empfangen, wenn sie ihr nach diesem Pomp endloser Feste nichts, rein nichts heimbrachten? Dies schien doch gar zu schmachvoll.

Am 22. Mai hatte König Friedrich Wilhelm die folgenschwere Verordnung über die Repräsentation des Volks unterzeichnet. Auch der König war seit Ende 1808 für die konstitutionellen Gedanken gewonnen und wünschte seinem treuen Volke sogleich ein Zeichen dankbaren Vertrauens zu geben. Aber mit welcher frevelhaften Fahrlässigkeit ging der Staatskanzler wieder zu Werke! Er ließ den König versprechen, daß die Provinzialstände wiederhergestellt oder, wo sie nicht mehr beständen, neu eingeführt werden und aus ihnen durch Wahl die allgemeine Landespräsentation hervorgehen solle. So band er der absoluten Krone im voraus die Hände, und dies in einem Augenblicke, da er selber über die provinzialständischen Rechte jenes bunten Ländergemisches, das in den preußischen Staat neu eintrat, nicht einmal oberflächlich unterrichtet war! Die öffentliche Meinung, dankbar für alles, was freisinnig hieß, nahm die königliche Verheißung mit heller Freude auf, vornehmlich gefiel ihr die der Modeansicht entsprechende Zusage einer schriftlichen Verfassungsurkunde. Bald genug sollte sich herausstellen, daß Hardenberg einen schweren politischen Fehler begangen, daß er das Unmögliche versprochen hatte.

Dem tragischen Niedergange unserer vaterländischen Hoffnungen durfte auch der Humor nicht fehlen. Das durch sieben Monate verschleppte deutsche Verfassungswerk mußte zuletzt in atemloser, unbedachter Hast übers Knie gebrochen werden. Als die so oft verheißenen Beratungen aller endlich eröffnet wurden, da hatte Gentz die Redaktion der Schlußakte des Kongresses schon nahezu beendigt; es galt zu eilen, wenn die deutsche Bundesakte darin noch Platz finden sollte. So wurde denn zwischen dem 23. Mai und dem 10. Juni, in elf kurzen Konferenzen, wovon zwei nur den Zeremonien der Eröffnung und des Schlusses galten, die schwerste aller europäischen Fragen abgetan. Frivoler ward niemals mit dem Schicksal eines großen Volkes gespielt. Bei der Eröffnung fehlte Württemberg. Freiherr von Linden entschuldigte sein Ausbleiben in einem französischen Billet mit einer Landpartie, sein Amtsgenosse Wintzingerode schützte Unpäßlichkeit vor, und auch allen folgenden Sitzungen blieben die Württemberger fern. Für die bereits abgereisten badischen Minister war zwar ein Stellvertreter anwesend, er hatte jedoch keine Vollmacht und erklärte nach einigen Tagen seinen Austritt.

So würdelos entstand die Bundesakte, die elendeste Verfassung, welche je einem großen Kulturvolke von eingeborenen Herrschern auferlegt ward, ein Werk, in mancher Hinsicht noch kläglicher als das Gebäude des alten Reichs in den Jahrhunderten des Niedergangs. Ihr fehlte jene Majestät der historischen Größe, die das Reich der Ottonen noch im Verfalle umschwebte. Blank und neu stieg dies politische Gebilde aus der Grube, das Werk einer kurzlebigen, in sich selbst versunkenen Diplomatie, die alle Erinnerungen des eigenen Volkes vergessen hatte; kein Rost der Jahrhunderte verhüllte die dürftige Häßlichkeit der Formen. Von Kaiser und Reich sang und sagte das Volk; bei dem Namen des Deutschen Bundes hat niemals ein deutsches Herz höher geschlagen. Unter den Bundesstaaten hatten nur sechs der kleinsten ihren Besitzstand seit zwanzig Jahren nicht verändert; selbst das geduldigste der Völker konnte an die Legitimität einer zugleich so neuen und so willkürlichen Länderverteilung nicht mehr glauben. Dieselbe Fremdherrschaft, die das alte Reich zugrunde gerichtet, belastete auch den neuen Bund. Österreichs Übermacht hatte sich seit den Tagen Friedrichs erheblich verstärkt, sie war jetzt um so schwerer zu brechen, da sie ihren Einfluß mittelbar, ohne die herrischen Formen des Kaisertums ausübte. Die auswärtigen Diplomaten lächelten schadenfroh: wie schön, daß wir Österreich und Preußen zusammengekoppelt und dadurch geschwächt haben! Das alte Reichsrecht sprach doch noch von einer deutschen Nation; die Vorstellung mindestens, daß alle Deutschen ihrem Kaiser treu, hold und gewärtig seien, war niemals ganz verschwunden. Die neue Bundesakte wußte gar nichts mehr von einem deutschen Volk; sie kannte nur Bayern, Waldecker, Schwarzburg-Sondershausener, Untertanen jener deutschen Fürsten, welche nach Gefallen zu einem völkerrechtlichen Vereine zusammengetreten waren. Die Nation mußte den Becher der Demütigung bis zur Hefe leeren; jene württembergische Mahnung: „man werde doch nicht aus verschiedenen Völkerschaften sozusagen eine Nation bilden wollen", hatte vollständig recht behalten. Die Deutschen standen außer jeder Beziehung zu der Bundesgewalt, waren nicht einmal verpflichtet, ihr zu gehorchen; nur wenn ein Souverän einen Bundesbeschluß als Landesgesetz zu verkündigen geruhte, mußten seine Untertanen diesem Landesgesetze sich fügen. Die Nation war mediatisiert durch einen Fürstenbund. Wie die Revolution von 1803, so ward auch diese neue Verfassung Deutschlands ausschließlich durch die Dynastien geschaffen.

Der neue Bundestag war der Regensburger Reichstag in etwas modernerer Gestalt, ganz ebenso schwerfällig und unbrauchbar; daß er bald als engerer Rat, bald als Plenum tagte, war eine leere Förmlichkeit, da auch im engeren Rate alle Neununddreißig mitstimmten. Der Widerspruch zwischen dem formalen Rechte und der lebendigen Macht trat im Deutschen Bunde sogar noch greller hervor als im Heiligen Reiche. Der durch den Genuß der Souveränität aufgestachelte Dünkel der kleinen Kronen bewirkte in Wien eine Stimmenverteilung, welche alle Ungeheuerlichkeiten des alten Reichsrechts weitaus überbot und nun ihrerseits dazu half, jenen Dünkel bis zum Wahnsinn zu steigern. Eine gewisse Bevorzugung der kleinen Bundesglieder liegt im Wesen jeder Föderativverfassung; das aber ging doch über jedes Maß erlaubter Unbilligkeit hinaus, daß im Plenum des Bundestages die sieben größten Staaten, Österreich, die Königreiche und Baden, die zusammen mehr als fünf Sechstel des deutschen Volkes umfaßten, mit nur 27 Stimmen die Minderheit bildeten neben den 42 Stimmen des letzten Sechstels. Das hieß die großen Staaten geradezu auffordern zur Umgehung der Bundesbeschlüsse oder zur gewaltsamen Einschüchterung der kleinen Genossen. Und dazu jenes Geschenk der Krone Sachsen, die Einstimmigkeit für alle wichtigen Beschlüsse – eine Vorschrift, die im Heiligen Reiche nur für Religionssachen und jura singulorum gegolten hatte. Jetzt konnte Reuß jüngerer Linie jede Entwicklung des Bundes verbieten. Diese Fortbildung ward aber vollends unmöglich gemacht durch die Begründung der landständischen Verfassungen. Denn sollte der Bund irgendwelches Leben gewinnen, so mußte er zunächst die Militärgewalt und die auswärtige Politik der Bundesstaaten zu beschränken suchen; dies waren aber gerade die einzigen Kronrechte, welche nach Einführung der Landstände den Kleinfürsten noch ungeschmälert verblieben, ein freiwilliger Verzicht darauf stand mithin ganz außer Frage.

Und diese vielköpfige Bundesversammlung ohne Haupt trug keine Verantwortlichkeit, weder rechtlich noch sittlich. Sie bestand aus Gesandten, welche lediglich ihre Instruktion zu befolgen hatten und also jeden Tadel von sich auf ihre Auftraggeber abwälzen konnten, während andererseits die kleinen Kronen nur allzubald die Kunst lernten, sich vor dem Zorne der öffentlichen Meinung hinter dem Bundestage zu verstecken. Deutschlands innere Politik ward zu einem Luftkampfe; niemand wußte mehr, wo er eigentlich seine Gegner suchen sollte. Die entsittlichenden Wirkungen solcher Unwahrheit zeigten sich rasch genug, an den Höfen wie im Volke: feige Angst auf der einen, Wolkenkuckucksheimer Träume und unklare Verbitterung auf der anderen Seite. Die heillose Verwirrung mußte um so unerträglicher werden, da ein schwerer Kampf zwischen dem Bunde und seinen Gliedern gar nicht ausbleiben konnte; denn die Zentralgewalt des Bundes war absolutistisch, war lediglich ein Organ der Fürsten, in den Einzelstaaten aber kam bald die Macht der Landtage empor.

Die Nation nahm das traurige Werk mit unheimlicher Kälte auf. Wer überhaupt davon redete, sprach seine grimmige Entrüstung aus. Die wenigen Artikel über Volksrechte, an denen der öffentlichen Meinung zumeist gelegen war, enthielten so leere, so windige Versprechungen, daß sogar diese gutherzige Nation anfangen mußte, an den bösen Willen ihrer Machthaber zu glauben. Wie sonderbar nahm sich neben den unbestimmten Phrasen über Preßfreiheit, Handelsfreiheit, Landstände die genaue Aufzählung der Privilegien der Mediatisierten und der Thurn- und Taxisschen Postrechte aus. Und zu alledem das Kläglichste: die Bundesakte war gar keine Verfassung, sondern enthielt nur die damals ausgeführten Grundzüge eines künftigen Bundesrechts. Vier Jahre später schrieb der ehrliche Gagern nicht ohne Reue einem konservativen Freunde: „Sie reden von der Erhaltung des Bestehenden. Ich suche vergeblich den Bestand. Ich sehe eine Bundesakte, die wir zu entwickeln zu Wien uns erst vornahmen!"

In den Gebietshändeln hatten Preußens Staatsmänner, durch die Festigkeit ihres Königs, doch einen halben Erfolg erreicht. In den Bundesverhandlungen wurden sie aufs Haupt geschlagen; nichts, gar nichts von ihren Absichten hatten sie durchgesetzt. Aber der Schild preußischer Ehre war ohne Makel geblieben. Die Haltung des Staates, der uns von den Fremden befreit, gereichte noch in Wien allen anderen Deutschen zur Beschämung – wenn in einem solchen harten Interessenkampfe die Scham überhaupt Raum fände. Zäh und redlich, konsequenter als Stein hatten Hardenberg und Humboldt einen bestimmten Plan eingehalten, immer nur Schritt für Schritt zurückweichend vor dem vereinten Widerstande nahezu des gesamten Deutschlands, einen Plan, der freilich auch an der allgemeinen politischen Unklarheit der Epoche krankte, aber jedenfalls ehrenhafter und verständiger war als alle anderen Wiener Vorschläge. Die beständig wechselnde Form ihrer Entwürfe war nicht ihre Schuld, sondern ergab sich unvermeidlich aus der Bedrängnis eines aussichtslosen Streites wider Gegner, die nicht durch das Wort, sondern allein durch den Schlag überzeugt werden konnten. Das einzige, was den beiden zur Last fiel, war das arglose Vertrauen zu den falschen Freunden Österreich und Hannover. Aber selbst ein vollkommener Staatsmann, der von solcher Schwäche frei blieb, konnte in diesem Kriege nicht siegen. Der gesamte Gang der deutschen Schicksale während der jüngsten Jahre führte unabwendbar zu der traurigen und doch notwendigen Folge, daß nach Napoleons Fall nicht sein tapferer Feind Preußen, sondern sein schwankender Gegner Österreich und dessen Bundesgenossen, die Rheinbündner, über die Gestaltung unseres Staates entschieden.

Selbst der Zar äußerte seinen Unwillen über den kläglichen Ausgang, und sogar Gentz hatte ein so lächerliches Machwerk doch nicht erwartet. Gleichwohl besaß die neue Ordnung der deutschen Dinge drei folgenschwere Vorzüge. Die welthistorischen Wirkungen der Fürstenrevolution von 1803 blieben unverändert, das fratzenhafte theokratische Wesen kehrte nicht wieder; das neue Deutschland atmete in der gesunden Luft weltlichen Staatslebens. Sodann ward durch die Bundesverfassung die Entstehung eines neuen Rheinbundes zwar keineswegs verhindert, aber wesentlich erschwert; deshalb allein, so gestanden Hardenberg und Humboldt oftmals, nahmen Preußens Staatsmänner ein Werk an, über dessen Mängel sie sich nicht täuschten. Preußen trat dem Bunde bei, um die Mittelstaaten an wiederholtem Landesverrate zu hindern, während diese und Österreich in der Bundesverfassung nur ein Bollwerk gegen den preußischen Ehrgeiz sahen. Endlich war der Deutsche Bund so locker und ohnmächtig, daß er den Staat Friedrichs in seiner inneren und äußeren Entwicklung kaum stören konnte. Sobald Preußen sich erst wieder auf sich selbst besann, bot ihm die schattenhafte Bundesverfassung tausend Mittel und Wege, um die kleinen Staaten durch Sonderbünde an sich zu ketten und durch die Tat zu beweisen, daß Österreich für Deutschland nichts leisten, Preußen allein der Sehnsucht der Nation und dem recht verstandenen Interesse der kleinen Höfe selber gerecht werden konnte. Und dies bleibt für uns, die wir die abgeschlossene Laufbahn überschauen, der historische Ruhm des Deutschen Bundes: er besaß nicht die Kraft, das Erstarken des einzigen lebendigen deutschen Staates zu hindern – des Staates, der berufen war, dereinst ihn selber zu zerstören und diesem unglücklichen Volke eine neue, würdige Ordnung zu schenken. –

# II

# Belle Alliance

So alltäglich es ist, daß kommende Ereignisse ihren Schatten vorauswerfen, ebenso selten geschieht es, daß die Helden einer abgeschlossenen, überwundenen Vergangenheit wieder auf der verwandelten Bühne der Zeit erscheinen. An solcher Wiederkehr vergangener Größe haftet immer ein wunderbarer, traumhafter Zauber, weil sie dem notwendigen ewigen Werden des historischen Lebens widerspricht. Phantastischer hat das Schicksal nie gewaltet als während jener hundert Tage, da mit einem Male wie ein Gespensterzug am hellen Mittag, die Männer und die Leidenschaften eines Zeitalters der Kriege wieder hereinbrachen über ein neues friedensfrohes Geschlecht und das grandiose Abenteuer des napoleonischen Kaisertums in einem stürmischen Nachspiele seinen würdigen Abschluß fand. Am 1. März landete Napoleon mit seinen neunhundert Getreuen an der Küste bei Cannes; am 20. abends, am Geburtstage des Königs von Rom, fuhr sein bestaubter Reisewagen durch die schweigende Hauptstadt nach den Tuilerien, und ein Schwarm von Veteranen begrüßte freudetrunken den heimkehrenden Helden am Portale des verlassenen Königsschlosses. „Der Kaiser hat sich gezeigt, und die königliche Regierung besteht nicht mehr" – schrieb er stolz an die Gesandten. Noch nie und nirgends hatten die dämonischen Mächte des Genies und des Ruhmes einen so glänzenden Triumph gefeiert; der unblutige Siegeszug schien wirklich, wie der Imperator den Fürsten Europas versicherte, „das Werk einer unwiderstehlichen Gewalt, des einstimmigen Willens einer großen Nation, die ihre Pflichten und ihre Rechte kennt."

Und doch ging diese wundergleiche Revolution fast allein von der Mannschaft des Heeres aus. Die alten Korporale und Sergeanten, die hier, wie in allen Berufsarmeen, den Geist des Heeres beherrschten, hingen mit abgöttischer Verehrung an dem Bilde des demokratischen Helden, sie waren die Apostel jener napoleonischen Religion, deren ungeheuerliche Legenden das stolze Volk über seine Niederlagen trösteten. Wie hätte das vierte Artillerieregiment, in dessen Reihen einst der Leutnant Bonaparte gedient, der feurigen Anrede des gros papa widerstehen sollen, der die glorreiche Trikolore und die weltbezwingenden Adler zurückbrachte, den verhaßten neuen Offizieren aus dem Emigrantenadel den Laufpaß gab? Hingerissen von einem Taumel der Begeisterung, überwältigt von der Macht wundervoller Erinnerungen folgte ein Regiment nach dem anderen dem lockenden Beispiele: die Zeit sollte wiederkehren, da der Prätorianer alles war, der Bürger nichts. Die alte Garde umwand ihre Adler mit Flor und gelobte, sie nicht eher zu enthüllen, als bis die Ehre des Kaiserreichs durch glänzende Siege an den Prussiens und den anderen Fremdlingen gerächt sei. Aber das Heer war nicht mehr Frankreich, wie einst in den Tagen des achtzehnten Brumaire. Wenn sogar ein Teil der Offiziere, darunter einige der tüchtigsten Marschälle, wie Oudinot und Macdonald, an dem großen Eidbruch teilzunehmen verschmähte, so sahen vollends die friedlichen Mittelklassen mit ratloser Bestürzung dem Wiederaufsteigen dieser demokratischen Tyrannis zu, deren sonderbar zweideutiges Wesen ihnen zugleich willkommen und bedrohlich schien. Die Restauration hatte an der napoleonischen Verfassung nichts Wesentliches geändert; sie zehrte, wie die Bonapartisten sagten, von „dem Kapitale von Autorität", das der erste Konsul allen seinen Nachfolgern hinterlassen. Die schlagfertige Maschine der Präfektenverwaltung arbeitete stetig weiter. Der wohlmeinende König aber, dem die Gunst der Torys die Kurbel in die Hand gegeben, blieb den Personen, den Gefühlen und Gewohnheiten der neuen demokratischen Gesellschaft völlig fremd, und um ihn drängten sich die Artois und Blacas, die begehrliche Meute der Emigranten, die den Augenblick der Wiederaufrichtung des alten Adelsregiments kaum erwarten konnten. Nicht allein die Mißgriffe der Krone, sondern mehr noch die unheimlichen Absichten, welche man ihren Anhängern zutraute und zutrauen mußte, erweckten den Haß des Volkes gegen die Bourbonen.

Neben jenen Pilgern des Grabes, die sich um das Lilienbanner scharten, erschien der rückkehrende Napoleon selbst den bürgerlichen Klassen als ein nationaler Held, ein Vertreter der vergötterten Ideen von 89. Aber sein Name bedeutete zugleich: Krieg. Der Instinkt der Geschäftswelt fühlte alsbald heraus, daß weder dieser Mann jemals Frieden halten, noch die Nachbarmächte ihn ruhig gewähren lassen konnten. Die Rückkehr Napoleons erfolgte zu früh; einige Jahre später, da die Erinnerung an die Schrecken der Kriegszeit schon mehr verblaßt und der Groll gegen die Emigranten noch mächtiger angewachsen war, hätte sie vielleicht Erfolg haben können. Wie jetzt die Dinge lagen, verhielt sich die Mehrheit der Nation skeptisch, ängstlich, verlegen. Nur die Bauern in den allezeit kriegerischen Ostprovinzen und die Arbeitermassen einiger großen Städte hießen den gekrönten Plebejer willkommen. In den Vorstädten von Paris tat sich eine Föderation zusammen, aber die jacobinischen Erinnerungen, die hier wieder auflebten, hatten mit dem Cäsarenkultus des Heeres wenig gemein.

Napoleon bemerkte schnell, wie sehr das Land sich verwandelt hatte; die Bourbonen, sagte er ingrimmig, haben mir Frankreich sehr verdorben. Um die Mittelklassen zu gewinnen, mußte er mit den liberalen Ideen liebäugeln: „Das Genie hat gegen das Jahrhundert gekämpft, das Jahrhundert hat gesiegt!" In geschickten Manifesten stellte er sich als den Erwählten des Volkes dar und hob den populären Charakter des Kaiserreichs hervor, das die Demokratie diszipliniert, die Gleichheit vollendet und die Freiheit vorbereitet habe. In Tricots und antikem Mantel zog er dann auf das Maifeld hinaus, um die Schaulust der Pariser durch ein großes volkstümlich-militärisches Spektakelstück zu befriedigen und öffentlich sein demokratisches Glaubensbekenntnis abzulegen: „als Kaiser, als Konsul, als Soldat verdanke ich alles dem Volke!" Seine Lieblingstochter Hortensia und ihr kleiner Sohn Ludwig wohnten dem prahlerischen Schauspiele bei; aber Marie Luise kehrte nicht wieder in die Tuilerien zurück: die Treue der Österreicherin gehörte nur dem Glückskinde, nicht dem Gatten.

Auf Schritt und Tritt erfuhr der Imperator, daß er nur noch der Bandenführer einer großen Soldatenmeuterei, nicht mehr das allgefürchtete Staatsoberhaupt war; Scham und Zorn übermannten seine stolze Seele, wenn er sich am Fenster zeigen mußte, um die Huldigungen der Föderierten aus den Arbeitervierteln entgegenzunehmen.

Das Ärgste blieb doch, daß Napoleon, um die Scheu der Bourgeois vor dem Kriege zu beschwichtigen, eine erheuchelte Zuversicht auf den Bestand des Friedens zeigen mußte. Nichts lag ihm in jenem Augenblicke ferner als der Wunsch nach Krieg; erst wenn die große Armee des Kaiserreichs wiederhergestellt war, durfte der Streit um die unveräußerlichen alten Grenzen von neuem beginnen. Wiederholt versicherte er den europäischen Höfen, daß sich in Frankreich nichts verändert habe, daß er auf alle Pläne kriegerischer Größe verzichte und nur noch einen Kampf anerkenne, den heiligen Kampf um das Glück der Völker. Niemand glaubte ihm. Unaufhaltsam rüstete sich das alte Europa zur Vernichtung des Usurpators, und doch mußte er noch eine Weile den Schein bewahren, als ob sein Kaisertum ein Reich des Friedens sei. Nach drei Wochen erst wagte er die Vermehrung des Heeres zu befehlen: die Armee, die er 115 000 Mann stark vorgefunden, wuchs bis Anfang Juni nur auf 198 000 Mann kriegsbereiter Truppen. Das nämliche Gefühl der Unsicherheit zwang ihn auch zu einer höchst gewagten Kriegsführung. Nach den Erfahrungen des letzten Jahres schien bei einem zähen Verteidigungskriege im Innern Frankreichs ein Erfolg nicht ganz unmöglich; doch da der Usurpator weder auf eine Massenerhebung rechnen, noch sich der Gefahr einer Niederlage auf französischem Boden aussetzen konnte, so mußte er den Angriff auf die Nachbarlande wagen, und für diesen verzweifelten Schlag standen ihm nur 128 000 Mann zu Gebote. Was übrig blieb, wurde an den weiten Grenzen entlang verteilt – eine völlig nutzlose Zersplitterung der militärischen Kräfte; der Argwohn der öffentlichen Meinung erlaubte dem Imperator nicht, irgendein Stück französischer Erde ganz ohne Verteidigung preiszugeben. Erst als der Krieg unvermeidlich ward, ließ Napoleon die friedliche Maske fallen und bekannte sich nochmals zu den hochmütigen Gedanken der alten Kaiserpolitik.

Ein Aufschrei des Zorns ging durch das preußische Land. Der alte Todfeind war wieder zur Stelle, war wie ein hungriger Wolf eingebrochen in die friedlichen Hürden der befreiten Völker; das deutsche Schwert mußte ihn nochmals herunterschleudern von dem angemaßten Throne – wer hätte das bezweifelt? Und mit dem grimmigen Hasse verband sich diesmal ein Gefühl freudigen Stolzes. Der alte Blücher sprach seinen Preußen wieder aus der Seele, da er auf die erste Nachricht jubelnd rief: „Das ist das größte Glück für uns, nun kann die Armee wiedergutmachen, was die Diplomaten verfehlten." Erst durch den Verlauf des Kongresses und Talleyrands feindselige Zettelungen hatte die Masse der Patrioten im Norden klar erkannt, wie matt und schwächlich der Pariser Friedensschluß gewesen und wie wenig gesichert unsere Westgrenze war. In tausend Tönen, weit lauter und bestimmter als ein Jahr zuvor, erklang die Forderung: heraus mit dem alten Raube, heraus mit Elsaß und Lothringen! –

Am 13. traten die acht Mächte, welche den Friedensschluß unterzeichnet hatten, zusammen und beschlossen eine öffentliche Erklärung, worin sie den Völkern Europas verkündeten, daß Napoleon Buonaparte sich selber außerhalb des bürgerlichen und politischen Rechts gestellt, als Feind und Störer der Ruhe der Welt sich der öffentlichen Verfolgung preisgegeben habe. Die vier Verbündeten von Chaumont erneuerten ihr altes Bündnis, luden alle Mächte Europas zum Beitritt ein und verpflichteten sich, die Waffen nicht eher niederzulegen, als bis Buonaparte außerstand gesetzt sei, neue Unruhen zu erregen und sich der Staatsgewalt in Frankreich abermals zu bemächtigen. Die Achtserklärung schloß eine Veränderung der französischen Grenzen nicht schlechthin aus, denn sie behielt den Mächten ausdrücklich das Recht vor, die Bestimmungen des Pariser Friedens zu vervollständigen und zu verstärken. Die Mächte behielten sich freie Hand vor gegenüber der künftigen Regierung Frankreichs. Sie hatten den Kampf gegen Buonaparte angekündigt und nachher versichert, daß sie nicht den Zweck verfolgten, die Bourbonen wiedereinzusetzen. Sie waren unbestreitbar im Zustande des Krieges gegen den französischen Staat, da das Völkerrecht nur Kriege zwischen Staaten kennt; ob sie sich aber selber als Feinde Frankreichs betrachteten, das blieb angesichts ihrer eigenen widerspruchsvollen Erklärungen durchaus zweifelhaft. Genug, diesem vieldeutigen Bündnis „gegen Buonaparte" traten nach und nach alle Mächte zweiten Ranges bei; Deutschland erschien, was seit drei Jahrhunderten nicht mehr erlebt worden, schon beim Beginne des großen Krieges vollkommen einig. Aber die Nation sollte schmerzlich genug erfahren, daß Einigkeit nicht Einheit ist.

Angesichts der ungeheuren Überlegenheit der Streitkräfte der Verbündeten verhieß die alsbaldige Eröffnung des Feldzuges sicheres Gelingen; fast alle namhaften Generale der Koalition, Blücher und Gneisenau, Wellington, Toll und Diebitsch stimmten darin überein. Die Zögerung, meinte Blücher, schafft Napoleon nur die Heere, die wir mit vielem Blute bekämpfen müssen. Nach Gneisenaus Ansicht konnten am 1. Mai drei große Armeen von je 200 000 Mann etwa am Ober-, Mittel- und Niederrhein zum Einmarsch in Frankreich bereitstehen. Sein staatsmännischer Blick sah voraus, was fast alle übrigen für unmöglich hielten, daß der Imperator die Offensive ergreifen würde. Um so dringender riet er den Alliierten, ihrerseits mit dem Angriff zuvorzukommen. Rückten die drei Armeen gleichzeitig gegen Paris vor und versammelte sich unterdessen in ihrem Rücken die vierte Armee, die aus Rußland herankam, dann konnte Napoleon nur einer von ihnen eine ebenbürtige Macht entgegenstellen; erlitt das eine Heer durch die Feldherrnkunst des Gegners einen Unfall, so zog es sich auf die große Reservearmee zurück, die beiden anderen aber blieben im Vorgehen auf Paris. Wieder wie vorm Jahre bezeichnete Gneisenau die feindliche Hauptstadt als das einzig mögliche Ziel des Kampfes, während selbst mutige Männer wie Humboldt bedenklich meinten, die Geschichte kenne keine Wiederholungen. Und wieder wie damals warnte er vor jeder Zersplitterung der Kräfte: mit dem Sturze Napoleons sei alles andere, auch das Schicksal Italiens von selbst entschieden.

In der Hofburg dagegen ward der italienische Kriegsschauplatz als so hochwichtig angesehen, daß selbst Radetzky erklärte: Österreich müsse die Schweiz zum Mittelpunkte seiner Operationen wählen, um mit der italienischen Armee in Verbindung zu bleiben. Auf der Halbinsel begann es zu gären. Die Mailänder fingen schon an, die übereilte Revolution des vergangenen Frühjahrs zu bereuen, murrten über die Herrschaft des bastone tedesco. Die phantastischen Manifeste Murats, die von der Einheit Italiens redeten, machten doch einigen Eindruck; auch die natürliche Teilnahme für den großen Landsmann, der soeben wieder die Wunderkraft des antico senno Italiens offenbart hatte, erwachte von neuem.

Aus alledem ergab sich ein ungeheuerlicher Kriegsplan, der selbst die Künsteleien von 1814 noch überbot: in den Niederlanden 210 000 Mann unter Blücher und Wellington, am Mittelrhein Barclay de Tolly mit 150 000 Russen, am Oberrhein und in der Schweiz 200 000 Österreicher, in Piemont endlich eine Armee von 60 000 Mann – eine Truppenmasse, die bis zu Ende Juli noch durch einen Nachschub von 170 000 Mann auf 800 000 Mann verstärkt wurde und dann dem Feinde um das Dreifache überlegen war. Als das nächste Ziel der Operationen dachte sich Schwarzenberg nicht Paris, sondern Lyon. Von Napoleon aber stand mit Sicherheit zu vermuten, daß er sich auf den zunächst stehenden Feind, auf das niederländische oder das mittelrheinische Heer stürzen würde; die k. k. Truppen waren also vor der Faust des Gefürchteten sicher.

Mit den Beratungen über den Kriegsplan verband sich ein lebhafter Streit über die Verteilung der kleinen deutschen Kontingente. Die Höfe der Mittelstaaten hielten es allesamt für ein Gebot kleinköniglicher Ehre, ihre Truppen lieber unter fremden als unter preußischen Oberbefehl zu stellen. Graf Münster meinte die Stunde gekommen, um sein altes Ideal, die englisch-hannoversche Hegemonie in Norddeutschland, zu verwirklichen, und warnte die kleinen Nachbarn dringend vor dem Anschluß an Preußen. In der Tat wurden außer den Niederländern auch die Hannoveraner, Sachsen, Nassauer und Braunschweiger dem englischen Heere Wellingtons zugeteilt; nur ein kleines norddeutsches Bundesarmeekorps, zumeist aus Kurhessen bestehend, trat unter preußischen Befehl. Die süddeutschen Truppen zogen zu den Österreichern und Russen am Ober- und Mittelrhein, so daß sich auch diesmal ein Gefühl nationaler Waffengemeinschaft nicht bilden konnte.

Napoleons Heer war das beste, das er je ins Feld geführt. Die aus der Kriegsgefangenschaft und den deutschen Festungen heimgekehrten Veteranen bildeten den Stamm seiner Regimenter. Mit abgöttischer Verehrung blickte der gemeine Mann auf seinen kleinen Korporal; noch niemals war die Mannschaft so ganz durchglüht gewesen von Prätorianerstolz und leidenschaftlicher Kampflust. Aber ihren Generalen trauten sie nicht über den Weg, da ein Teil der Marschälle den Bourbonen treu geblieben war; und kehrte das Glück dem Imperator den Rücken, so stand von diesen tapferen Graubärten, die allesamt ihren Fahneneid gebrochen hatten und von den Bourbonen das Ärgste befürchten mußten, wenig sittliche Widerstandskraft zu erwarten.

Wie anders die Stimmungen im preußischen Heere! Als der König in einem kräftigen Aufrufe seinen Preußen sagte: „Europa kann den Mann auf Frankreichs Thron nicht dulden, der die Weltherrschaft als den Zweck seiner stets erneuerten Kriege laut verkündigte" – da fand er überall in dem treuen Volke williges Verständnis. Abermals wie vor zwei Jahren eilte die Jugend zu den Waffen, der Landsturm und die Detachements der freiwilligen Jäger wurden von neuem errichtet, und abermals beseelte die Kämpfer der feste Entschluß, daß dieser heilige Krieg nicht anders enden dürfe als mit einem ganzen und vollen Siege. Das von den ungeheuren Anstrengungen der jüngsten Jahre noch ganz erschöpfte Preußen stellte wiederum 250 000 Mann unter die Fahnen; auch die kleinen norddeutschen Nachbarn zeigten diesmal regeren Eifer, stellten etwa 70 000 Mann. An kriegerischer Erfahrung und Sicherheit kam das Volksheer freilich dem Feinde nicht gleich. Die Armee befand sich gerade in einem gefährlichen Übergangszustande, als der unerwartete Kriegsruf erscholl. Das Wehrgesetz und die Gebietserwerbungen machten eine Neubildung eines großen Teiles der Gruppenkörper notwendig; noch auf dem niederländischen Kriegsschauplatze mußten einzelne Bataillone von ihren alten Regimentern abgetrennt werden. Die gesamte Reiterei wurde neu formiert, der Artillerie fehlte die Mannschaft; Blücher hatte für seine 304 Kanonen nur 5303 Mann, bei einem Armeekorps gar nur 11 Mann für das Geschütz, während das Reglement 30 Mann auf das Geschütz rechnete. Die Mehrzahl der Linientruppen, die bis zum Ende des vorigen Jahres noch am Rhein gestanden, hatte der Kriegsminister erst vor kurzem in die östlichen Provinzen zurückverlegt, teils weil er die schwer heimgesuchten Rheinländer von der Einquartierung entlasten wollte, teils weil er einen Krieg mit Österreich befürchtete. Als nun plötzlich das Unwetter im Westen aufstieg und der König der Niederlande dringend um sofortige Hilfe bat, da mußte man, was am nächsten zur Hand war, auf den Kriegsschauplatz werfen. Die 116000 Mann, die sich in Belgien versammelten, waren zur Hälfte Landwehren, und von diesen wieder bestand ein großer Teil, die Elblandwehr, aus Truppen der neuen, vormals westfälischen Provinzen – Mannschaften, die sich erst in den preußischen Dienst einleben mußten: hatten doch manche darunter vor kurzem noch unter Napoleon gefochten.

Den Oberbefehl über die Feldarmee hatte der König schon im März seinem greisen Feldmarschall wieder übertragen; auch Gneisenau übernahm wieder die schwere Vertrauensstellung an Blüchers Seite. Um der Wiederkehr der gehässigen Streitigkeiten zwischen den Führern vorzubeugen, wurde das Kommando der drei ersten Armeekorps, welche den belgischen Feldzug eröffnen sollten, den Generalen Zieten, Borstell und Thielmann anvertraut, die alle drei im Dienstalter hinter Gneisenau standen. Bülow erhielt das vierte Korps, das als Reserve dienen sollte; so kam der Eigensinnige nicht zu häufig mit seinem Gegner Gneisenau in Berührung. Yorck und Tauentzien endlich erhielten das Kommando der beiden Armeekorps in den östlichen Provinzen. General Grolman trat selbst als Generalquartiermeister in Blüchers Hauptquartier ein und wies den Korpsführern der belgischen Armee vier seiner fähigsten Offiziere, Reiche, Aster, Clausewitz und Valentini als Stabschefs zu. Der Held von Wartenburg fühlte sich in tiefster Seele gekränkt, forderte nochmals seinen Abschied, wollte in dieser Verteilung der Rollen nichts sehen als eine Parteigehässigkeit des „Tugendbundes". Wie Yorck dachten alle die alten militärischen Gegner der Reformpartei; sie klagten, durch Boyen und Grolman kämen die Phantasten und Demagogen in der Armee obenauf. Am Hofe begann wieder das arge Spiel der geheimen Verdächtigung gegen das schlesische Hauptquartier. In den Offizierskreisen versicherte man bestimmt: Herzog Karl von Mecklenburg, der den Feldmarschall bei der Abreise im Namen der Berliner Garnison noch einmal begrüßte, habe vergeblich um ein Brigadekommando in der Blücherschen Armee gebeten; der Schwager des Königs solle dem gefährlichen Einflusse Gneisenaus ferngehalten werden. General Knesebeck unternahm sogar, den Feldmarschall selbst zu freiwilligem Verzicht auf den Oberbefehl zu bereden; doch kaum fing er behutsam an, von Blüchers hohen Jahren zu sprechen, so lachte der Alte hell auf: was das für dummes Zeug ist!

Damit war alles abgetan; wer hätte den Helden der Nation von der Stelle, die ihm gebührte, verdrängen dürfen? Während der tatenarmen Monate letzthin war er wirklich nur ein gebrechlicher alter Mann gewesen, und eben jetzt traf den zärtlichen Vater noch ein grausamer Schlag: sein Lieblingssohn Franz, ein hochbegabter, verwegener Reiteroffizier, war im Kriege schwer am Kopfe verwundet worden und verfiel in unheilbare Geisteskrankheit. Aber sobald der Krieg entschieden war, raffte sich der herrliche Greis wieder auf, wie ein edles Schlachtroß beim Schmettern der Trompete; er fühlte die Last der Jahre und des Kummers nicht mehr. Wieder einmal hatte er alles voraus gewußt: warum wollten ihm die verfluchten Diplomatiker nicht glauben, als er ihnen vorm Jahre vorhersagte, der Bösewicht werde ganz gewiß aus seinem Käfig ausbrechen? Überall auf der Reise drängten sich die Massen um den volkstümlichen Helden. Frisch und jugendlich, leuchtend von Zuversicht trat er unter seine jubelnden Truppen. Wie tat es ihm wohl, das neue ostfriesische Regiment, die Landsleute seiner herzlieben Frau mit unter seinen Befehlen zu sehen. Den erbitterten sächsischen Offizieren hielt er aus der Fülle seines deutschen Herzens heraus eine mächtige Rede: hier kenne er nicht Preußen noch Sachsen, hier seien nur Deutsche, die für ihr großes Vaterland siegen wollten und müßten. Mit diesem Heere getraute er sich, Tunis, Tripolis und Algier zu erobern, wenn nur das Meer nicht dazwischen wäre. Die Stunde des Kampfes konnte er kaum erwarten und schrieb siegesgewiß an seinen getreuen Heinen, der ihm daheim seine Güter verwaltete: „Die Franzosen habe ich vor mich, den Ruhm hinter mich, balde wird es knallen!"

Er fand die Armeeverwaltung in peinlicher Verlegenheit. Denn der König der Niederlande, der so dringend um schleunigen Einmarsch der Preußen gebeten hatte, tat jetzt, da er sich in Sicherheit wußte, gar nichts für die Verpflegung der verbündeten Heere in dem reichen Lande;

er kannte die Verachtung, welche die preußischen Offiziere seit dem thüringischen Feldzug gegen ihn hegten, erwiderte sie durch unverhohlene Abneigung und zeigte so üblen Willen, daß ihn Gneisenau sogar französischer Sympathien beschuldigte. Bares Geld, woran Wellington Überfluß hatte, fehlte den Preußen gänzlich; schon seit anderthalb Monaten war der Armee kein Sold bezahlt worden. Der treffliche Generalintendant Ribbentrop wußte keinen Rat mehr. Blücher schrieb dem Staatskanzler zornig: „Der niederländische König ist der ungefälligste, heimlichste, interessierteste Mensch.“ Um der dringendsten Not abzuhelfen, stellte er eigenmächtig Wechsel aus, die von den Elberfelder Kaufleuten auf seinen großen Namen hin bezahlt wurden. Seine Truppen mußte er vorläufig von den Bauern verpflegen lassen und ebendeshalb weiter, als rätlich war, im Norden der Maas und Sambre zwischen Fleurus, Namur, Cinay und Hannut zerstreuen. Alle diese Sorgen fochten ihn in seiner Siegeszuversicht gar nicht an. Auf den ersten Blick durchschaute er die innere Schwäche des neuen Kaiserreichs: „Die Nation ist bei weitem nicht so vor Bonaparte portiert, wie die französischen Blätter es ausposaunen.“

Auch über die Forderungen, welche Deutschland nach dem Siege an die Franzosen zu stellen habe, war Blücher von Haus aus mit sich im reinen; „ich hoffe,“ so schrieb er schon zu Anfang Mai, „dieser Krieg wird sich so endigen, daß Frankreich in Zukunft Deutschland nicht mehr so gefährlich sein wird. Elsaß und Lothringen müssen sie hergeben.“ Und wunderbar, derselbe Mann, indem sich der nationale Stolz und Haß des norddeutschen Volkes verkörperte, war zugleich ein Kosmopolit im edelsten Sinne. Es wird in alle Zukunft eine stolze Erinnerung für unsere Nation bleiben, wie jener weitherzige deutsche Weltbürgersinn, der bisher nur unserer Bildung zugute gekommen, für unser Staatsleben ein Fluch gewesen war, jetzt einmal unter höchst außerordentlichen Verhältnissen auch politisch fruchtbar wurde und Deutschlands Feldherren befähigte, europäische Politik großen Stiles zu treiben. In Blüchers Augen war dieser Kampf ein heiliger Krieg der verbrüderten Völker Europas für die gemeinsame Freiheit, und nichts schien ihm selbstverständlicher, als daß der Bruder für den Bruder einstehen müsse bis zum letzten Blutstropfen. Mit einer rückhaltlosen Selbstvergessenheit, deren schlechterdings nur der deutsche Idealismus fähig war, erklärte er sich bereit, alle Kräfte seines Heeres für die Sache Europas einzusetzen. Vertrauensvoll kam er seinem englischen Waffengefährten entgegen und setzte treuherzig bei dem Briten die nämliche Gesinnung voraus. Als trotz seiner stürmischen Bitten und Vorstellungen der Beginn des Krieges von den Wiener Strategen immer weiter hinausgeschoben wurde, da drohte er dem Staatskanzler: „Wenn der Befehl zum Vorwärts ausbleibt, die Unruhen in Frankreich zunehmen, so mache ich es wie in Schlesien und schlage los. Wellington akkompagniert mich sicher.“ Gneisenau, gleich seinem greisen Freunde bereit zu jedem Opfer für die gemeinsame Sache, urteilte doch anders über den Charakter des Briten; er meinte, von dem lasse sich der zäheste und tapferste Widerstand gegen den Feind erwarten, aber weder eine kühne Unbotmäßigkeit, noch irgendeine Aufopferung für die Verbündeten. Und dies Urteil traf das Rechte; denn wenn im Blücherschen Hauptquartiere die hochherzige Begeisterung für die Freiheit Europas vorherrschte, so war Wellington ein Engländer vom Wirbel bis zur Zehe, im Guten wie im Bösen.

Er zählte zu jenen seltenen Männern, die ohne schöpferisches Genie, fast ohne Geist, allein durch die Kraft des Charakters, durch die Macht des Willens zu den Höhen historischen Ruhmes emporstiegen. Die nationalen Leidenschaften, die in den Völkern des Festlandes brandeten, betrachtete er halb mit Argwohn, halb mit Verachtung. Unter Iren, Hindus, Spaniern und Portugiesen hatte er den größten Teil seines Lebens verbracht; nach solchen Erfahrungen stand ihm die Meinung fest, daß keine andere Nation sich den Briten auch nur von fern vergleichen dürfe. Die altenglische Sünde der Geringschätzung fremden Volkstums zeigte sich bei diesem trockenen unliebenswürdigen Helden in so beleidigenden, kalt hochmütigen Formen, daß selbst die Spanier, die ihm so viel verdankten, ihn aus Herzensgrunde haßten. Wie er schon in Indien und Spanien die staatsmännische Fähigkeit mit der militärischen verbunden hatte, so war er nach dem Frieden in Paris und Wien als Gesandter wirksam und wurde von den Ministern so tief ins Vertrauen gezogen, daß man ihn geradezu wie ein Mitglied des Kabinetts betrachtete. Er teilte das Mißtrauen der Torys gegen die aufstrebenden Mächte Preußen und

Rußland, war in den Geheimnissen der Kabinette weit gründlicher bewandert als das Blüchersche Hauptquartier und übernahm sein Kommando sogleich mit einem festen, klar durchdachten politischen Plane – mit der Absicht, den legitimen König wieder in das Schloß seiner Väter zurückzuführen.

Unter den 94 000 Mann seines Heeres waren 32 000, etwa ein Drittel, Engländer, 37 000 Deutsche, 25 000 Niederländer. Von den Deutschen waren nur die ruhmreichen Regimenter der Deutschen Legion, etwa 7000 Mann, ebenso kriegserfahren wie die wohlgedrillten englischen Veteranen, die Mannschaft weniger roh, die Offiziere nach deutscher Weise höher gebildet; auch die schwarze Schar des Herzogs von Braunschweig bestand größtenteils aus geschulten Soldaten. Dagegen befand sich unter den Hannoveranern und Nassauern viel junge Mannschaft, desgleichen unter den neugebildeten niederländischen Regimentern; auf die französisch gesinnten Belgier war überdies kein Verlaß. Wellington betrachtete diese buntscheckige Armee mit geringem Zutrauen und suchte ihr mehr sittlichen Halt zu geben, indem er die alten Regimenter mit den jungen Truppen durcheinandermischte.

Wellington ging mit höchster Vorsicht zu Werke. Sobald der Kriegsrat in Wien die Vertagung des Kampfes beschlossen hatte, richtete sich der englische Feldherr auf eine behutsame Verteidigung ein. Während Blücher durch die Schwierigkeiten der Verpflegung genötigt ward, sein Heer nördlich der Sambre weit auseinanderzulegen – doch immerhin noch nahe genug, um die Armee bei der höchsten Pünktlichkeit allenfalls in starken vierundzwanzig Stunden versammeln zu können – zerstreute Wellington seine Truppen ohne Not, absichtlich über einen noch weit größeren Raum. So dachte er gegen jeden möglichen Angriff gerüstet zu sein. Aber durch diese weitgedehnte Aufstellung ward ein rasches Zusammenwirken mit Blücher verhindert; es blieb möglich, daß Napoleon, der jedem einzelnen der beiden verbündeten Heere überlegen war, sich plötzlich zwischen die beiden Armeen eindrängte und die Preußen, die ihm am nächsten standen, schlug, ehe Wellington zur Unterstützung herbeieilen konnte. –

Kurz bevor die Schwerter aus der Scheide fuhren, erlebte die deutsche Armee noch eine unheimliche Katastrophe. Selbst dieser erste Krieg, den die Deutschen in vollem Einmut führten, sollte nicht beginnen, ohne daß die Flammen des alten grimmigen Bruderzwistes noch einmal aus dem Boden emporschlugen. Den unglücklichen sächsischen Händeln folgte in Belgien noch ein tragisches Nachspiel: für die kleine sächsische Armee sollte der Starrsinn Friedrich Augusts verhängnisvoll werden. Der Kriegsherr als Gefangener in Preußens Händen, und seine Soldaten als Bundesgenossen im Lager der Alliierten, in diesem schiefen und unwahren Verhältnis waren die bedauernswerten Regimenter durch anderthalb Jahre verblieben. Ihr Unstern wollte, daß sie an dem Kriegsruhm der Verbündeten fast keinen Anteil gewannen; die Anschauungen des preußischen Heeres blieben diesen altgedienten Berufssoldaten ganz fremd, der Name Landwehr galt hier als Schimpfwort. Nach dem Frieden standen sie lange in Westdeutschland, der Heimat fern, doch von Dresden aus beständig durch Briefe und Sendboten bearbeitet. Die anhaltende Ungewißheit über die Zukunft des Landes rief Parteiungen im Offizierskorps hervor. Eine Adresse zugunsten des gefangenen Königs wurde eingereicht, unter lebhaftem Widerstreben der preußischen Vorgesetzten. Die Legitimisten wollten das grüne Kreuz, eine von dem russischen Gouvernement gestiftete Auszeichnung, nicht mehr auf der Brust ihrer Kameraden dulden; in Koblenz kam es zu gewaltsamen Auftritten zwischen Görres und sächsischen Offizieren. Die Mannschaft begann irr zu werden an ihren Führern; sie fühlte sich verraten und verkauft, da selbst der gemeine Soldat merkte, daß die plötzliche Verlegung des Armeekorps in die Nähe preußischer Garnisonen politische Gründe hatte. Aller Unsegen des Parteikampfes brach über die Truppen herein. Wer billig urteilt, wird sich nur darüber verwundern, daß in so ungesunden Zuständen die Bande der ehrenhaften deutschen Mannszucht nicht schon früher zerrissen. –

Diese heillosen Wirren zu beendigen, war für den König von Preußen unerläßliche Pflicht. Boyen sah schon im März unruhige Auftritte unter den sächsischen Truppen voraus. Der König befahl daher am 14. März dem General Gneisenau, ungesäumt aus den dem preußischen Anteile angehörigen Mannschaften neue Regimenter zu bilden: „Ich werde mich freuen, von jetzt an nie einen Unterschied zwischen meinen älteren Regimentern und ihnen zu machen." Den Offizieren blieb die Wahl des Dienstes freigestellt. Die Gewissenhaftigkeit des Königs ließ sich nicht ein auf die peinliche Frage, ob der alte Fahneneid der Sachsen nicht durch ihren Übertritt zu den Verbündeten aufgehoben sei. Er befahl einfach eine neue Formation der sächsischen Regimenter, wozu er unzweifelhaft befugt war, und wollte die Vereidigung der an Preußen kommenden Truppenteile so lange vertagen, bis Friedrich August sie des alten Eides entbunden hätte. Am 1. April schärfte Hardenberg dem General Gneisenau den königlichen Befehl nochmals ein, da nach dem Gange der Verhandlungen an der schließlichen Zustimmung des Wettiners nicht zu zweifeln sei. Die Mächte in Wien waren mit dem Verfahren des Staatskanzlers einverstanden; sie beschlossen, die bei der Krone Sachsen verbleibenden Regimenter der Armee Wellingtons zuzuteilen. Die preußischen Generale schoben dann die Ausführung schonend noch um einige Wochen hinaus. Um den Sachsen sein Vertrauen zu zeigen, nahm Blücher in Lüttich mitten unter ihnen sein Hauptquartier. Aber seine herzliche Ansprache fand taube Ohren; der Groll der Truppen stieg von Tag zu Tag, die ganz bonapartistisch gesinnten Quartierwirte des Lütticher Landes regten die Verblendeten noch mehr auf.

Als endlich auf einen neuen königlichen Befehl am 2. Mai die Teilung der Armee angeordnet wurde, da brach die so lange von Dresden her geschürte und unzweifelhaft auch durch einzelne gewissenlose Offiziere genährte Erbitterung der Mannschaft furchtbar aus. Trunkene Soldatenhaufen stürmten unter dem Rufe „wir lassen uns nicht teilen" das Haus des Feldherrn. Der alte Held mußte fliehen vor seinen eigenen Soldaten; nur durch die Tapferkeit seiner sächsischen Wachen entging er dem Tode. Auf die Willenskraft und das sittliche Ansehen der Offiziere kommt bei solchen Ausbrüchen der Roheit alles an. Die sächsische Wache vor Blüchers Tor tat ehrenvoll ihre Soldatenpflicht; die Reiterei und die Artillerie hielten sich dem wüsten Treiben ganz fern. Auch unter dem Fußvolk blieb die Mannschaft überall da ruhig, wo die Führer sie zu beherrschen verstanden; selbst solche Offiziere, die sich bereits für den preußischen Dienst gemeldet hatten, behaupteten ihr Ansehen, wenn sie nur tüchtig waren. Jenes Bataillon dagegen, das schon zur Zeit der Dennewitzer Schlacht, früher als die anderen Sachsen, zu den Preußen übergegangen war, zeichnete sich in Lüttich durch seine Zuchtlosigkeit traurig aus.*

Nachsicht gegen diese fast im Angesichte des Feindes begangene Meuterei wäre schimpfliche Schwäche gewesen. Das Kriegsrecht nahm seinen Gang, die Rädelsführer wurden erschossen, die Fahne der sächsischen Garde vor der Front verbrannt. General Borstell, der sich aus Mitleid mit den Unglücklichen geweigert hatte, die Verbrennung der Fahne vorzunehmen, büßte seinen Ungehorsam auf der Festung; an seiner Stelle übernahm General Pirch den Befehl über das zweite Armeekorps. Dann mußte das sächsische Korps den Rückmarsch in die Heimat antreten, da die preußischen Soldaten, wütend über die dem Marschall Vorwärts angetane Schmach, mit den Sachsen nicht zusammen fechten wollten, und Wellington sich weigerte, die meuterische Truppe in sein Heer aufzunehmen. Schuldige und Unschuldige gingen des Schlachtenruhms von Ligny und Belle Alliance verlustig. Auf dem Rückmarsch erfuhren die Sachsen vielleicht das entsetzlichste, was jemals deutsche Krieger ertragen haben. Überall am Rhein und in Westfalen grimmiger Haß und Abscheu gegen die Meuterer; in Aachen besetzten bewaffnete Bürger argwöhnisch die Wachen und Tore, als die sächsischen Regimenter vorbeikamen. Überall jubelte das Volk über den neuen strahlenden Sieg Blüchers und Gneisenaus. Die preußischen Freiwilligen, welche dem siegreichen Heere nachzogen, konnten ihre Verachtung gegen die „sächsischen Hunde" nicht bemeistern; nach wiederholten blutigen Raufhändeln mußte man mehrmals die Landstraße vermeiden, um schmählichen Begegnungen auszuweichen. Und dazu der gerade für die ehrenhaften Offiziere empörende Gedanke, daß sie an dem Kampfe von Belle Alliance hätten teilnehmen können und dort unzweifelhaft ihre Pflicht getan haben würden! Natürlich schob man alle Schuld auf die preußischen Generale, die doch nur den Befehl ihres Königs ausgeführt und den Sachsen durchaus keinen neuen Eid zugemutet hatten. Während in ganz

* Ich benutze hier u. a. die Aufzeichnungen meines Vaters, der als blutjunger Offizier bei einem sächsischen Regimente in der Nähe von Lüttich stand und seine Leute im Zaume zu halten wußte.

Ansprache des Generals York an die ostpreußischen Stände, 6. Februar 1813

Eine Schlittenfahrt des Herzogs Karl Eugen von Württemberg

Deutschland sich das Herz erhob an dem neuen Ruhme der preußischen Waffen, herrschte in Sachsen tiefe Trauer; man sang das Lied des sächsischen Tambours: „O Vaterland, daß du zerrissen bist! Wie sollt' ich noch leben zu dieser Frist?" Die kleine Armee hat nach der endlich vollzogenen Teilung noch jahrzehntelang unter den Folgen jenes bösen Tages gelitten; sie blieb mit Offizieren überfüllt, das Avancement stockte gänzlich. Die napoleonischen Veteranen, die alten Herren mit dem blaugelben und dem roten Bande, gaben den Ton an; aus diesen Kreisen ist dann der Todhaß gegen Preußen wie ein heiliges Vermächtnis auf die jüngere Generation übergegangen.

Der greise Feldmarschall aber fühlte sich unglücklich bis zur Verzweiflung. Seit fünfundfünfzig Jahren trug er den Degen und hatte niemals anderes Blut vergossen als das Blut der Feinde. Und nun diese Schmach! Nun mußte er, der Vater seiner Soldaten, Hinrichtungen vornehmen in der eigenen Armee und nachher noch sein ganzes Ansehen einsetzen, um die Meuterer vor dem Ingrimm der Preußen zu beschützen. Der gewaltige Mann war wie vom Fieber geschüttelt und horchte in furchtbarer Aufregung auf das Knattern des Gewehrfeuers, als draußen der Spruch des Kriegsgerichts vollstreckt ward. An den König von Sachsen aber schrieb er mit seinem mächtigen Freimut, in einer Sprache, wie sie nie ein Feldherr gegen ein gekröntes Haupt gewagt hat: „Ew. K. Majestät haben durch Ihre früher ergriffenen Maßregeln Ihre Untertanen, einen geachteten deutschen Völkerstamm, in das tiefste Unglück gestürzt. Durch Ihre späteren Maßregeln kann es dahin kommen, daß er allgemein mit Schande bedeckt wird. Das vergossene Blut wird dereinst vor Gottes Gericht über den kommen, der es verschuldet hat, und vor dem Allwissenden wird Befehle geben und Befehle dulden als ein- und dasselbe geachtet werden müssen. Ew. K. Majestät wissen, daß ein Greis von 73 Jahren keine anderen irdischen Absichten mehr haben kann, als daß die Stimme der Wahrheit gehört werde und das Rechte geschehe. So haben Ew. K. Majestät dieses Schreiben aufzunehmen!" Blücher mochte in seinem Zorne ein Wort zuviel sagen; es ließ sich nicht erweisen, daß die Meuterei planmäßig vorbereitet worden wäre. Doch im wesentlichen traf der Alte das Rechte: ohne das verblendete Zaudern Friedrich Augusts, ohne die schändliche Aufwiegelung, die von seinen Helfershelfern seit Monaten betrieben wurde, wäre das Blut der sächsischen Soldaten bei Lüttich nicht geflossen. –

In der zweiten Woche des Juni führte Napoleon seine Feldarmee, den Marsch geschickt verdeckend, gegen die belgische Grenze, um bei Charleroi die Sambre zu überschreiten. Von dort geht eine Straße nordwärts über Quatrebras nach Brüssel, eine zweite ostwärts in einem großen Bogen über Sombreffe nach Namur. Der Imperator wußte über die Aufstellung der Verbündeten ungefähr, daß Wellingtons Heer in der Gegend von Brüssel, das preußische bei Namur stand. Das Dreieck zwischen Charleroi, Quatrebras und Sombreffe bildete also den natürlichen Platz für die Vereinigung der verbündeten Armeen; gelang diese Vereinigung rechtzeitig, so war den 210 000 Mann der beiden Feldherren der Sieg über die 128 000 Franzosen von vornherein gesichert. Daher beschloß Napoleon, hier zwischen die beiden Heere einzubrechen, um sie dann getrennt zu schlagen. Obwohl er sich durch die Gärung in Frankreich, durch die fast hoffnungslose Schwierigkeit seiner militärischen Lage lebhaft beunruhigt fühlte und während dieses Feldzuges nach seinem eigenen Geständnis die gewohnte kalte Sicherheit nicht immer bewahrte, so war ihm doch die alte hochmütige Geringschätzung des Gegners geblieben. Er hoffte, sein plötzliches Erscheinen werde genügen, um Blücher gegen Osten abzudrängen, Wellington zum Rückzug nordwärts zu bewegen, so daß der Zwischenraum zwischen beiden sich erweiterte. Daß die Preußen sogleich, dicht an der Grenze, eine Schlacht annehmen würden, erwartete er nicht. Aber dies Unerwartete geschah. Sobald Gneisenau das Anrücken des Feindes gegen Charleroi erfuhr, befahl er sofort, in der Nacht vom 14. auf den 15. Juni, die Konzentration des gesamten Heeres bei Sombreffe, die am 16. vollendet sein sollte. Am 15. bei Morgengrauen begann der Anmarsch der Franzosen. Ihr rechter Flügel wendete sich gegen das Armeekorps Zietens, das unter blutigen Gefechten auf der Straße nach Sombreffe zurückging.

Schon bei diesen ersten Kämpfen zeigte sich die furchtbare Erbitterung der beiden Nationen. Wie oft hatten im vorigen Jahre die aus den deutschen Festungen heimkehrenden napoleonischen Veteranen in blinder Wut Raufhändel begonnen, wenn sie unterwegs preußischen Regimentern begegneten; jetzt galt es, Rache zu nehmen an diesen preußischen Hunden, die ihrerseits den Haß nicht minder herzhaft erwiderten. Gleichzeitig ging Napoleons linker Flügel nordwärts auf der Straße nach Quatrebras vor und gelangte, da die Spitzen der englischen Armee um eine bedeutende Strecke weiter zurückstanden als die Preußen, mit leichter Mühe bis nach Frasnes. Die Stellung des preußischen Heeres bei Sombreffe wurde dadurch in der rechten Flanke bedroht. Zudem ward auch schon zweifelhaft, ob Bülows Korps am nächsten Tage rechtzeitig bei der Armee eintreffen würde. Um die Empfindlichkeit des älteren Generals zu schonen, hatte Gneisenau dem Marschbefehle an Bülow eine so höfliche Fassung gegeben, daß er fast wie ein unmaßgeblicher Vorschlag klang. Bülow, immer geneigt zu eigenmächtigem Handeln und noch ohne Kenntnis von dem wirklichen Ausbruch der Feindseligkeiten, blieb unbesorgt in Lüttich und verschob die anbefohlene Vereinigung seines Korps bei Hannut auf den 16. Juni. Ein zweiter dringenderer Befehl zum Anmarsch traf in daher in Hannut nicht an. Das vierte Korps verlor in einem Zeitpunkte, da jede Minute kostbar war, einen vollen Tag und konnte am 16. nicht mehr bei der Armee eintreffen. Die Lage der drei preußischen Korps, die sich in der Gegend von Sombreffe zusammengezogen, gestaltete sich also sehr ernsthaft, und obwohl das Blüchersche Hauptquartier ungestüm nach einer raschen Entscheidung verlangte, so wurde doch am Morgen des 16. ernstlich die Frage erwogen, ob man nicht besser tue, die Armee weiter nördlich, näher an das rechts rückwärts stehende englische Heer heranzuführen; dort konnte die Vereinigung der Verbündeten sich ungestört vollziehen.

Während Gneisenau die Absicht Napoleons sogleich durchschaute, blieb Wellington bei seiner vorgefaßten Meinung, daß der Anmarsch der Feinde in mehreren Kolonnen erfolgen werde, und befürchtete einen Angriff auf seiner rechten Flanke, auf der Straße von Mons her. Die erste Nachricht von den Gefechten bei Charleroi ließ er unbeachtet, da er dort nur einen Teil der Armee Napoleons vermutete; und auch als er endlich am Abend des 15. von Brüssel aus, einen ganzen Tag später als Blücher, die Konzentration seiner Armee anordnete, befahl er nicht einfach den Linksabmarsch des gesamten Heeres nach dem wichtigen Knotenpunkte Quatrebras, wo die Straßen von Charleroi und Namur nach Brüssel zusammentrafen und eine Vereinigung mit den Preußen möglich war, sondern gab seinen Korps die Richtung auf die fünf Meilen lange Linie von Enghien im Westen über Nivelles nach Genappe im Osten, so daß die englische Armee nur mit ihrer äußersten Linken die Straße nach Charleroi berührte. Die völlig grundlose Sorge vor einer Umgehung im Westen bestimmte alle Anordnungen des englischen Feldherrn; seine Reserven, die nach Genappe, auf die Straße von Charleroi marschieren sollten, ließ er am 16. fünf Stunden lang bei Waterloo rasten, weil er im Zweifel war, ob er sie nicht noch weiter im Westen verwenden sollte. Zum Glück besetzte Prinz Bernhard von Weimar mit seiner nassauischen Brigade am Abend des 15. eigenmächtig den Kreuzweg von Quatrebras; aber selbst dieser schwache vorgeschobene Posten des linken Flügels der Engländer stand noch eine starke Meile rechts rückwärts hinter der preußischen Aufstellung und vermochte eine Umgehung der rechten Flanke Blüchers schwerlich zu verhindern.

Noch verderblicher wurde, daß der Herzog sich selber und den preußischen Feldherrn gründlich täuschte über die Stellung, welche sein Heer am 16. einnehmen konnte. Am 15. um Mitternacht ließ er an Blücher schreiben, nächsten Tags früh 10 Uhr würden 20 000 Mann des englischen Heeres bei Quatrebras stehen – was nach den getroffenen Anordnungen rein unmöglich war. Am 16. vor Tagesanbruch verließ er selbst das glänzende Ballfest, das die Herzogin von Richmond den englischen Offizieren gab, warf sich aufs Pferd und eilte auf der Straße nach Charleroi südwärts bis über Quatrebras hinaus auf die Höhen von Frasnes, dicht gegenüber dem linken Flügel der Franzosen. Von dort schrieb er um 10½ Uhr früh an Blücher: um 12 Uhr würden seine Reserven in Genappe, nur eine halbe Meile hinter Quatrebras eintreffen, die englische Reiterei in Nivelles, 1⅓ Meile westlich von Quatrebras. War dies richtig, so durfte Blücher mit Sicherheit auf die Unterstützung der Engländer am Nachmittage zählen. Um 1 Uhr hielten die beiden Feldherren auf dem Windmühlenhügel von Bussy, im Rücken der preußischen Aufstellung eine Zusammenkunft, und hier versprach Wellington, daß er nachmittags in die

Schlacht eingreifen, die Franzosen je nach Umständen über Marbais oder Frasnes im Rücken oder in der Flanke anfallen werde. Mit den Worten „um 4 Uhr werde ich hier sein“ trennte sich der Herzog von dem preußischen Feldherrn.

Im Vertrauen auf diese Zusage beschlossen Blücher und Gneisenau, die Schlacht anzunehmen. Die beiden Armeekorps von Zieten und Pirch standen mit der Front nach Süden auf dem Höhenzuge von Bruye und weiter vorwärts in dem tiefen feuchten Wiesengrunde des Lignebaches, der sich zu den Füßen dieser sanften Bodenerhebung ausdehnt; hier am Bache waren die Dörfer St. Amand la Haye rechts und Ligny links stark besetzt. Thielmann mit dem dritten Armeekorps traf erst um Mittag nach angestrengtem Marsche auf dem Schlachtfelde ein und stellte seine Truppen zwischen Sombreffe und Tongrinelle als linken Flügel mit der Front nach Westen auf, so daß die Linien des Zentrums und des linken Flügels fast senkrecht aufeinanderstießen und die Schlachtstellung einen nach Süden geöffneten Haken bildete. Der äußerste rechte Flügel bei Wagnelée stand überdies völlig ungedeckt, falls etwa vom Westen her, aus der Gegend von Frasnes ein Angriff erfolgte. Nur die bestimmte Erwartung, daß Wellington rechtzeitig zur Unterstützung des rechten Flügels herankommen werde, bewog die preußischen Heerführer, sich in so unvorteilhafter Stellung auf eine Schlacht einzulassen; sie hofften das Gefecht den Nachmittag über hinzuhalten, bis gegen Abend 40 000 Mann vom englischen Heere die Entscheidung brächten.

Aber der englische Feldherr konnte sein Wort nicht halten. Er sah sich selbst bei Quatrebras mit überlegener Macht angegriffen und hatte dort noch um 3 Uhr nachmittags nur 7000 Mann zur Stelle; dann erst trafen neue Zuzüge ein. Erst am späten Abend standen etwas über 30 000 Mann bei Quatrebras versammelt, gerade genug, um den Angriff notdürftig abzuschlagen; an die verheißene Unterstützung war also nicht mehr zu denken. Wellington hatte das Unmögliche versprochen, sicherlich nur aus Irrtum, in gutem Glauben; aber was verschlug es ihm auch, wenn er sein Wort nicht halten konnte und die Bundesgenossen durch seine Schuld eine Schlappe erlitten? Es waren ja doch nur Deutsche, und auf die fremden Nationen, mit denen ihn sein Kriegerleben zusammenführte, hatte er niemals Rücksicht genommen, mochten sie nun Hindus, Portugiesen oder Preußen heißen. Seine nächste Aufgabe war, das englische Heer zu erhalten – so faßte er seine Pflichten auf; und wenn die Bundesgenossen den Hauptstoß der Feinde aufnahmen, so gewann er um so sicherer Zeit, seine eigenen Truppen zu vereinigen. Der Herzog allein verschuldete – erst durch die verspätete und verfehlte Versammlung seiner Streitkräfte, dann durch eine unhaltbare Zusage – daß, statt einer Schlacht mit vereinten Kräften, zwei Schlachten zu gleicher Zeit und nur durch den Zwischenraum einer guten Meile getrennt, beide unter sehr ungünstigen Verhältnissen geschlagen werden mußten.

Der Imperator blieb noch am Vormittag des 16. in dem Wahne, daß die beiden Heere der Koalition sich nach Brüssel und Namur zurückzögen, er gönnte daher seinen durch das gestrige Gefecht und die starken Märsche der letzten Tage ermüdeten Truppen eine sehr lange Rast. Erst um Mittag überzeugte er sich, daß die Preußen in der Position von Ligny und St. Amand la Haye standhielten, und beschloß den Angriff mit der Hauptmasse seines Heeres, dem rechten Flügel und den Reserven. Ney aber, der mit dem linken Flügel bei Frasnes auf der Brüsseler Straße stand, erhielt Befehl, rechts abzumarschieren und den Preußen in die rechte Flanke zu fallen; so konnte am Abend des langen Sommertages das Heer Blüchers vernichtet werden. Dieser Schlachtplan setzte freilich voraus, daß Ney auf der Brüsseler Straße nur eine schwache feindliche Macht antraf, daß die Engländer wirklich auf Brüssel zurückgingen.

Napoleon hatte auf dem Schlachtfelde von Ligny etwa 75 000 Mann zur Stelle, Blücher 78–80 000 Mann. Die unglückliche hakenförmige Aufstellung der Preußen erlaubte aber dem Imperator fast seine gesamten Streitkräfte gegen La Haye und Ligny zu verwenden, wo die beiden Armeekorps von Zieten und Pirch, 56 000 Mann, allein den Angriff der Übermacht aushalten mußten. Thielmann, durch den gewundenen Lauf des Lignebachs von Ligny getrennt, wurde durch einige Scheinangriffe der Franzosen beschäftigt; er konnte wohl einige Truppenteile den beiden anderen Korps zu Hilfe senden, doch mit der Masse seines Korps nicht an dem Hauptkampfe teilnehmen. Die eigentliche Schlacht bewegte sich um den Besitz von La Haye und Ligny; hier auf diesem engen Raume lag die Entscheidung, und hier vermochte der linke Flügel der Preußen gar nicht einzugreifen. Beide Heere fochten mit verzweifeltem Mute, der Haß so vieler Jahre brach furchtbar aus. Kein Pardon hüben und drüben; ein französischer General drohte jeden erschießen zu lassen, der ihm einen gefangenen Preußen brächte. Im ganzen bewahrten die französischen Truppen mehr Ruhe und Sicherheit; die Offiziere behielten ihre Leute fest in der Hand, während die Leidenschaft ungestümer Kampflust, die in dem deutschen Volksheere flammte, die preußischen Führer oft zu vorzeitiger Vergeudung der Kräfte verleitete. Der wellige, erstarrten Meereswogen gleichende Boden, die mit manneshohem Getreide und dichtem Kartoffelkraut bestandenen Felder der üppigen Brabanter Ebene boten Gelegenheit zu mannigfachen Überraschungen, denen die Kaltblütigkeit der jungen preußischen Truppen, namentlich der Landwehr nicht immer gewachsen war. Es war ein drückend heißer Tag. Bei stechender Sonne und schwüler Gewitterluft mußte das preußische Fußvolk, das zum Teil schon tags zuvor gefochten hatte, zum Teil die Nacht hindurch marschiert war, sechs Stunden lang fast ununterbrochen das Nahgefecht um die Dörfer bestehen. Manchen stand der Schaum vor dem Munde von der Wut des Kampfes und der ungeheuren Anstrengung; hier schlürfte einer mit lechzenden Lippen das Kotwasser aus einer Mistlache, dort brach ein anderer unverwundet, vor Erschöpfung tot zusammen.

Kurz vor 3 Uhr begann Vandamme den Angriff auf den rechten Flügel der Preußen bei La Haye und nahm das Dorf nach zweistündigem, blutigem Ringen. Da führt Blücher selbst frische Truppen zum Angriff vor, das Dorf wird zurückerobert, geht aber von neuem verloren, da eine Attacke der preußischen Reiterei nebenan mißlingt. Gleichwohl kommt das Gefecht hier zum Stehen, die Franzosen werden in dem Dorfe festgehalten, gelangen keinen Schritt darüber hinaus. Vergeblich sendet Napoleon gegen Abend einen Teil seiner Garde zur Unterstützung Vandammes; das Korps Zietens behauptet sich sechs Stunden lang unerschütterlich. Trafen jetzt die Engländer zur Verstärkung des rechten Flügels ein, so war der Sieg entschieden. Unterdessen war Gerard mit dem rechten Flügel der Franzosen gegen das Dorf Ligny vorgegangen: dort hatten die Preußen das Schloß und die Häuser zur Verteidigung eingerichtet, ihre Batterien bestrichen wirksam die Fläche vor der Front. Viermal werden die Angreifenden zurückgeworfen, und als sie endlich in die Häuserzeile eindringen, gewinnen sie doch nur die Hälfte des Dorfes. In der anderen Hälfte, jenseits des Baches behaupten sich die Preußen, und nun entbrennt im Innern des Dorfes ein Gefecht von unerhörter Hartnäckigkeit, da beide Parteien aus den dichten Infanteriemassen in ihrem Rücken beständig Verstärkungen an sich ziehen. Bald steht das Schloß und ein großer Teil des Dorfes in Flammen; in der Dorfgasse türmen sich die Leichen auf; jedes Haus und jeder Stall wird zu einer kleinen Festung, bis auf die Treppen und in die Stuben der Wohnungen verfolgen die Wütenden einander mit dem Bajonett. So wogt der Kampf unentschieden dahin, durch fünf furchtbare Stunden. Aber die Preußen verbrauchen ihre ganze Kraft; 14 000 Mann, mehr als neunzehn Bataillone werden nach und nach in dies eine Dorf hineingeworfen, und zuletzt bleibt kein einziges frisches Regiment des Fußvolks mehr übrig für die Entscheidung. Noch war nichts verloren; noch mußte das Erscheinen der Engländer die Schlacht wenden. Hatte doch Wellington am Nachmittage dem Feldmarschall abermals durch Leutnant Wussow sagen lassen, er werde mit den soeben eingetroffenen Verstärkungen eine kräftige Offensive zugunsten der preußischen Armee versuchen; sein Bevollmächtigter im Blücherschen Hauptquartiere, Oberst Hardinge, versicherte noch um 7 Uhr bestimmt, in einer halben Stunde spätestens müßten seine Landsleute zur Stelle sein. Eine Stunde nachher ließ Gneisenau dem General Krafft sagen, nur noch eine kleine Weile solle er sich in Ligny behaupten, dann könne die englische Hilfe nicht fehlen.

Die Sonne neigte sich zum Untergange. Da führte Napoleon seine wohlgeschonten Reserven, die alte Garde und eine gewaltige Reitermasse persönlich gegen Ligny vor, um das Zentrum der Preußen zu durchbrechen. Während die Grenadiere unter dem wilden Rufe: „Es lebe der Kaiser! Kein Pardon!“ in die Dorfgasse eindringen und jetzt endlich die ermatteten Verteidiger zum Abzuge zwingen, umgehen einige Bataillone der Garde, von der Dämmerung begünstigt, das Dorf auf der Ostseite. Ihnen nach, den Bach durchreitend, sieben Regimenter schwerer

Reiter, der Kern der kaiserlichen Kavallerie, 5000 Pferde. Sie wenden sich an Ligny vorbei gegen den Windmühlenberg von Bussy, gegen die zweite Linie der preußischen Aufstellung. Blücher erkennt die Gefahr und versucht mit seiner Lieblingswaffe den Schlag abzuwehren. Soeben noch sah man den Alten erschöpft von der Anstrengung und dem quälenden Zweifel wie einen gebrochenen Mann dahertraben. Jetzt flammt er wieder auf in jugendlichem Feuer, läßt eine Reiterbrigade, welche seitwärts hinter Ligny hält, zum Angriff vorgehen. Die Reiter jubeln, als der alte Held, den Säbel in der Faust schwingend, in weiten Bogensätzen auf seinem prächtigen Schimmel heransprengt und sich selber an die Spitze stellt. Neben ihm führt Oberstleutnant Lützow, der Freischarenführer von 1813, das sechste Ulanenregiment mit lautem Marsch Marsch! vor; es folgen die westpreußischen Dragoner, die kurmärkischen und die Elb-Landwehrreiter; in gestrecktem Laufe jagen die Rosse durch das hohe Korn. Da stutzen die Tiere plötzlich vor einem tiefen Hohlwege, der die Felder durchschneidet, und während die Ulanen versuchen, das unvermutete Hindernis zu nehmen, schlagen zwei wohlgezielte Salven in ihre aufgelösten Reihen, Milhauds Kürassiere hauen nach, die Preußen machen Kehrt. Auch die Kürassiere müssen gleich darauf vor dem Feuer eines preußischen Bataillons umkehren; lachend sehen die Westfalen mit an, wie die schweren Reiter sich unter ihren gefallenen Pferden hervorwinden und, den Küraß mit beiden Händen haltend, zu Fuß das Weite suchen. Die Ulanen und die Landwehrreiter sammeln sich wieder, dringen von neuem vorwärts; herüber und hinüber fluten die Massen der Kämpfer. Mitten in dem wilden Getümmel trabt Gneisenau, zieht den Säbel, sagt fröhlich zu Major Bardeleben, der wehrlos, den Arm in der Binde, neben ihm reitet: „Halten Sie sich nur an mich; ein Hundsfott, wenn ich Sie nicht heraushaue!“ Zugleich drängen sich die aus Ligny vertriebenen Regimenter gegen Bruye zurück, langsam, unablässig feuernd, aber in ungeordneten Schwärmen. Die Mitte der Schlachtstellung ist schon nahezu durchbrochen.

Auch St. Amand la Haye wird endlich geräumt; unaufhaltsam dringt der Feind gegen die Höhe von Bussy. Kurz vor Einbruch der Nacht braust ein Gewitter über das Schlachtfeld; das Rollen des Donners und das Geheul des Sturmes übertäubt während einer halben Stunde den Lärm der Schlacht. Doch mitten in der Finsternis des Unwetters tobt der Kampf weiter; die erschöpften Soldaten atmen auf bei dem frischen Luftzuge. Die Geschlagenen sammeln sich um Bruye und den Hügel von Bussy, das Vorrücken des Feindes gerät hier ins Stocken. Währenddem war der Feldmarschall verschwunden. Schon bei jener ersten Attacke der Ulanen hatte eine Kugel sein Pferd getroffen, und er lag nun lange fast bewußtlos unter dem schweren Tiere; ohne ihn zu bemerken, stürmten Freund und Feind mehrmals dicht an ihm vorüber, nur sein getreuer Adjutant Graf Nostitz hielt bei ihm aus, bis endlich Major v. d. Busche von den Elb-Landwehrreitern herbeikam und den Betäubten auf einem Soldatenpferde hinwegführte. Aber in der Verwirrung der Nacht vergingen mehrere Stunden, bevor die Rettung des Feldherrn bekannt wurde.

Die Führung des Heeres lag für jetzt allein auf den Schultern Gneisenaus, der eine Weile schweigend in der Nähe von Bruye hielt. Die ihn so sahen in seiner majestätischen Ruhe, ahnten nicht, welche schweren Gedanken ihm Kopf und Herz bestürmten. Er hatte, wie Blücher und Grolman, der Zusage Wellingtons volles Vertrauen geschenkt, noch vor einer Stunde sicher auf den Sieg gerechnet und dachte mit Unmut an den englischen Feldherrn, der sein Wort so schlecht gehalten. Was schien natürlicher, als dem Beispiel des Briten zu folgen, nur für die Sicherheit des eigenen Heeres zu sorgen und den gefahrlosen Weg nach der deutschen Grenze einzuschlagen? Die alte Römerstraße, die im Rücken des Schlachtfeldes nordostwärts in das Maastal führte, bot den Geschlagenen die bequemste Rückzugslinie; hier mußte man bald mit Bülow, den von Osten herankam, zusammentreffen und konnte später Verstärkungen aus Deutschland an sich ziehen. Unwillkürlich hatte bereits ein Teil der Gruppen diesen Weg eingeschlagen, der auf den ersten Blick als der einzig mögliche erschien. Aber nahm die Armee die Richtung nach der Maas, so entfernte sie sich von den Bundesgenossen, und es stand mit Sicherheit zu erwarten, daß der behutsame englische Feldherr sich dann nach Antwerpen, vielleicht auf seine Schiffe zurückzog. So ging der belgische Feldzug mit einem Schlage zu Ende, und wer stand dafür, ob die Koalition mit ihren bösen Kongreßerinnerungen, mit ihrer mühsam verhaltenen Zwietracht, mit ihrem kleinmütigen Schwarzenbergischen Hauptquartiere dann noch den

Mut fand, den Krieg gegen Frankreich fortzusetzen, wenn ihre beiden besten Feldherren das Spiel verloren gaben? Ein Ausweg blieb noch: hatte Wellington nicht vorwärts zu den Preußen kommen wollen, so konnten diese rückwärts die Vereinigung mit dem englischen Heere suchen. Wenn die Armee ihre Verbindung mit dem Rheine aufgab und auf jede Gefahr hin den schwierigen Weg nach Norden, in der Richtung auf Wavre einschlug, so näherte sie sich den Verbündeten, und es blieb möglich, daß in zwei oder drei Tagen irgendwo in der Nähe von Brüssel die Schlacht mit vereinten Kräften noch geschlagen wurde, welche heute durch Wellingtons Schuld vereitelt war. In wenigen Minuten mußte der folgenschwere Entschluß gefaßt werden; das Schicksal der nächsten Monate europäischer Geschichte hing daran. Gneisenau entschied, wie er mußte, wie außer ihm von allen Heerführern jener Tage nur noch Blücher selbst entschieden hätte. Nach einem Blick auf die Karte befahl er den Marsch nordwärts über Tilly und Mellery nach Wavre.

Die Adjutanten flogen aus, um den Truppen in der Finsternis die Richtung anzugeben. General Jagow deckte den Rückzug, blieb noch bis 2 Uhr nachts auf dem Schlachtfelde. Die Franzosen trauten ihrem eigenen Siege nicht, die Garde stand die ganze Nacht hindurch unter den Waffen. Sie wagten weder zu verfolgen noch auch nur die Marschrichtung der Geschlagenen zu erkunden und verloren jede Fühlung mit dem Gegner. Die preußische Armee hatte 12 000 Mann verloren, etwas mehr als der Feind, das Korps Zieten sogar fast ein Viertel seiner Mannschaft. Aber so unerschütterlich war die sittliche Spannkraft dieses Heeres: nach wenigen Stunden der Nachtruhe standen die Regimenter schon bei Tagesanbruch wieder in guter Ordnung beisammen. Keine Spur von jener gedrückten Stimmung, die nach unglücklichen Kämpfen selbst den Tapferen überkommt; gleich lebhaft verlangten die Soldaten wie die Führer nach einer neuen Schlacht, um die Scharte auszuwetzen. Einige tausend Mann von den neugebildeten westfälischen Regimentern waren freilich versprengt, irrten an der Römerstraße entlang der Maas und dem Rheine zu. Doch von den erprobten Truppen aus den alten Provinzen fehlte fast niemand; die wenigen unter diesen Veteranen von 1813, die im Dunkel der Nacht von ihren Regimentern abgekommen, schlossen sich, sobald sie auf Bülows Korps trafen, diesem an und nahmen noch teil an der Schlacht von Belle Alliance.

Glücklicher hatte das englische Heer den heißen Tag überstanden. Als Ney gegen 2 Uhr mit dem linken Flügel des französischen Heeres befohlenermaßen auf der Brüsseler Straße nordwärts gegen Quatrebras vorging, mußte er bald erfahren, daß die englische Macht ihm gegenüber weit stärker war als Napoleon angenommen. Der niederländische General Perponcher war mit seiner Division, da er die Bedeutung der Stellung richtig erkannte, eigenmächtig, gegen Wellingtons Befehl, bei Quatrebras stehengeblieben und mußte jetzt den ersten Angriff abwehren. Zu Anfang des Gefechts war Ney den 7000 Nassauern und Niederländern, die hier standen, um reichlich das Doppelte überlegen, und da er überdies sein Fußvolk durch den Wald von Bossu, der links vor seiner Front lag, unbemerkt dicht an den Gegner heranschieben konnte, so gerieten die Alliierten eine Zeitlang in ernste Bedrängnis und waren bereits nahe daran, den wichtigen Kreuzungspunkt zu räumen. Da kamen zwischen 3 und 4 Uhr – mehrere Stunden später, als Wellington gerechnet hatte – die ersten Regimenter der Reserve von Brüssel heran: eine englische Division unter General Picton, dann Herzog Wilhelm mit seinen schwarzen Braunschweigern. Ihnen gelang, das Gefecht auf dem linken Flügel wiederherzustellen, und sie drangen schon über Quatrebras hinaus, als ein mächtiger Reiterangriff der Franzosen sie in Verwirrung zurückschleuderte. Wellington entging selbst nur durch die Schnelligkeit seines Rosses dem Tode. Der tapfre Welfe aber ward inmitten seines Leibbataillons von der tödlichen Kugel getroffen. Er starb zur rechten Zeit für seinen Ruhm; denn nun lebte er fort im Gedächtnis seines treuen Volkes als ein Held der Nation, als der Führer der schwarzen Schar, und jene häßlichen Züge welfischer Härte und Überhebung, die sich während der kurzen Monate seiner Regierung dem braunschweigischen Ländchen schon sehr fühlbar gemacht hatten, wurden gern vergessen.

In diesem gefährlichen Augenblicke trafen die englischen und hannoverschen Regimenter des Generals Alten auf dem rechten Flügel der Verbündeten ein; mehr als diese schwache Division wollte Wellington nicht von Nivelles heranziehen, da ihn noch immer der Wahn beherrschte, Napoleon werde eine Umgehung im Westen versuchen. Die Division Alten begann sich in dem Walde von Bossu auszubreiten, und mit ihrer Hilfe wurde Neys zweiter Angriff abgeschlagen. Marschall Ney hoffte längst nicht mehr, nach Überwältigung der englischen Streitkräfte sich auf das Schlachtfeld von Ligny werfen zu können; genug wenn ihm nur gelang, den Gegner hier von der Brüsseler Straße zu verdrängen. Der sonst allen anderen durch unbekümmerten Soldatenmut voranleuchtete, zeigte sich in diesem Feldzuge immer fieberisch unruhig; die Erinnerung an den Eidbruch der jüngsten Wochen, die Furcht vor einer schmachvollen Zukunft quälte ihn sichtlich. In leidenschaftlicher Erregung beschwor er seinen tapferen elsaßlothringischen Landsmann Kellermann, wieder wie einst bei Marengo durch einen wuchtigen Reiterangriff den Ausschlag zu geben; Frankreichs ganze Zukunft stehe auf dem Spiele. Auch dieser dritte Versuch scheiterte, vornehmlich an der Festigkeit der englischen Veteranen Pictons, die, wie einst ihre Vorfahren bei Minden, das Gewehr zur Attacke rechts nahmen und mit dem Bajonett den Reitern zuleibe gingen. Indessen nahmen Altens tapfere Regimenter den Wald von Bossu, und auf der Brüsseler Straße zogen neue Reserven heran: die englischen Garden und die letzten Braunschweiger. Wellington verfügte jetzt über mehr als 30 000 Mann gegen 21 000. Als die Dämmerung hereinbrach, war seine ganze Linie im langsamen Vorgehen, freilich nur eine kleine Strecke weit; die Schlacht endete fast auf der nämlichen Stelle, wo sie begonnen.

Ein seltsamer Glücksfall kam dem englischen Feldherrn zugute. Das Korps des Generals Erlon war der Armee Neys zugeteilt, aber am Nachmittage, noch bevor Erlon an dem Treffen von Quatrebras teilnehmen konnte, durch Napoleon nach dem Schlachtfelde von Ligny abberufen worden; die Regimenter langten in der Tat schon in der Nähe des rechten Flügels der Preußen an, als Ney sie nach Quatrebras zurückrief. So irrte dies Korps, das leicht gegen Wellington den Ausschlag geben konnte, während des Nachmittags zwischen den beiden Schlachtfeldern hin und her und vereinigte sich erst am Abend, als das Treffen bereits entschieden war, mit Neys Armee. Der Marschall hatte, wenngleich er den unmöglichen Zumutungen des Imperators nicht genügen konnte, doch einen wertvollen Erfolg erreicht: die Vereinigung der beiden Heere der Koalition war vorläufig verhindert. Wellington aber sprach mit unerquicklichem Hochmute von seinem wahrlich bescheidenen Siege; „wir haben geschlagen, die Preußen sind geschlagen" – wiederholte er mehrfach. Da er Napoleons Pläne noch immer nicht durchschaute, noch am 17., ja selbst am 18. Juni eine Umgehung von Westen her für möglich hielt, so konnte er auch nicht begreifen, daß er selber das ganze heillose Wirrsal dieser unnötigen Doppelschlacht hervorgerufen, und fand kein Wort der Dankbarkeit für die Preußen, deren uneigennützige Aufopferung ihm doch allein die Annahme des Gefechts bei Quatrebras ermöglicht hatte. –

Spät in der Nacht wurde Blücher von seinen Generalstabsoffizieren in einem Bauernhause zu Mellery, auf dem Wege nach Wavre, aufgefunden. Ruhig seine Pfeife rauchend lag der Alte auf der Streu; er fühlte sich an allen Gliedern zerschlagen von dem schweren Sturze, doch seine frohe Zuversicht war nicht gebrochen. Unbedenklich genehmigte er die Anordnungen seines Freundes; die beiden hatten sich so ganz ineinander eingelebt, daß Gneisenau sicher war, stets aus der Seele des Feldmarschalls heraus zu beschließen. Am Morgen ritt der Feldherr dem Heere voraus nach Wavre; die Soldaten jubelten, sobald sie des Geretteten ansichtig wurden, und antworteten mit einem fröhlichen Ja, als er im Vorüberreiten fragte, ob sie morgen wieder schlagen wollten. Auf den Sonnenbrand von gestern folgte ein grauer, schwüler Tag mit vereinzelten Gewitterschauern, dann am Abend strömender Regen, die ganze Nacht hindurch. Mühsam wateten die Soldaten, die nun seit drei Tagen im Marsch oder im Gefechte gewesen, in dem aufgeweichten schweren Boden und schoben die Räder der Kanonen durch den tiefen Schlamm. Auf der Beiwacht war der Schlaf fast unmöglich, und doch blieb der frohe Mut unverwüstlich; am Morgen des 18. sah man die schlesischen Füsiliere nach den Klängen der Feldmusik einen lustigen Walzer tanzen. Ein warmer Aufruf des Feldmarschalls mahnte die Truppen, ihre letzte Kraft aufzubieten für den neuen Kampf: „Vergesset nicht, daß ihr Preußen seid, daß Sieg oder Tod unsere Losung ist!"

In seinem Berichte an den König sprach Gneisenau offen die Anklage aus, daß Wellington „wider Vermuten und Zusage" seine Armee nicht rechtzeitig konzentriert habe, und in vertrauten Briefen äußerte er sich noch weit schärfer. Jedoch in dem veröffentlichten Berichte des Blücherschen Hauptquartiers wurde die peinliche Frage schonend übergangen, und auch nach dem Kriege verschmähte Gneisenau, um der Bundesfreundschaft willen, hochherzig jeden Federkrieg, obgleich die unaufrichtigen Erzählungen des Briten sein reizbares militärisches Ehrgefühl geradezu zum Widerspruche herausforderten. Erst zwanzig Jahre später wurde durch ein nachgelassenes Geschichtswerk von Clausewitz, der unzweifelhaft die Mitteilungen seines Freundes Gneisenau benutzt hatte, die geheime Geschichte dieses Feldzuges aufgeklärt. In jenem Augenblicke vollends lag dem kühnen Manne nichts ferner als unfruchtbares Hadern um vergangene Fehler; er meldete dem Könige, eine Schlacht mit geteilten Kräften sei jetzt nicht mehr möglich, und traf sofort seine Vorbereitungen für die Vereinigung mit dem englischen Heere. Die Stimmung im Hauptquartiere ward mit jeder Stunde zuversichtlicher, da die zuwartende Haltung des Feindes deutlich bewies, daß das Ergebnis des 16. Juni zwar eine verlorene Schlacht, aber keine Niederlage war. Blücher fühlte sich des Erfolges völlig sicher; er wollte, falls Napoleon die Engländer nicht angriff, selber mit Wellington vereint dem Feinde alsbald die Schlacht anbieten und hieß das wilde Regenwetter, „unseren alten Alliierten von der Katzbach", hochwillkommen. Der russische Militärbevollmächtigte Toll kam übel an, als er für nötig hielt, diese stolzen Preußen zu trösten, und beschwichtigend sagte, die große Armee unter Schwarzenberg werde alles wiedergutmachen. Blüchers Adjutant Nostitz erwiderte scharf: „Ehe Sie zu Ihrem Kaiser zurückkehren, ist entweder der belgische Feldzug ganz verloren oder wir haben die zweite Schlacht gewonnen, und dann brauchen wir eure große Armee nicht mehr!"

Auf Blüchers Anfrage erklärte sich der englische Feldherr bereit, am 18. an der Brüsseler Straße eine neue Schlacht anzunehmen, wenn er auf die Hilfe von etwa 25 000 Preußen zählen könne. Der Alte erwiderte, er werde kommen und hoffentlich mit seiner ganzen Armee. Nach einem kurzen glänzenden Reitergefechte, wobei Lord Uxbridge mit den Riesen der englischen Garde-Kavallerie die französischen Lanciers buchstäblich niederritt, ging Wellington am Nachmittage nordwärts zurück und versammelte sein Heer bei Mont St. Jean, rittlings auf der Brüsseler Straße, mit der Front nach Süden. Die Furcht vor einer Umgehung von rechts her gab er freilich noch immer nicht ganz auf und ließ daher bei Hal, zwei Meilen westlich vom Schlachtfelde, ein Korps von 17 000 Mann stehen, so daß in den Entscheidungsstunden fast ein Fünftel seines Heeres fehlte. Das preußische Heer war in der Nacht vom 17. auf den 18. vollzählig in der Gegend von Wavre versammelt, nur zwei starke Meilen östlich von Mont St. Jean, und auch die sehnlich erwartete Munitionskolonne traf noch ein. Aber diese kurze Entfernung, die ein Adjutant im Galopp wohl in einer guten Stunde zurücklegen konnte, bot bei dem entsetzlichen Zustande der Wege für die unbehilflichen Geschützmassen einer großen Armee erhebliche Schwierigkeiten. Zudem ward ein langer Aufenthalt unvermeidlich, da das noch unberührte Korps Bülows die Spitze nehmen sollte und die weiter vorwärts stehenden Heerteile erst durchkreuzen mußte. Beabsichtigte der englische Feldherr nur eine Demonstration, wie Gneisenau eine Zeitlang argwöhnte, so konnte die Lage der Preußen, die ihre linke Flanke bloßstellten, hochgefährlich werden; nur im festen Vertrauen auf die unerschütterliche Ausdauer des englischen Heeres durften sie das Wagnis unternehmen. Wellington getraute sich dem preußischen Feldherrn nur zuzumuten, daß er zur Verstärkung des linken Flügels der Engländer herankäme. Gneisenau aber wählte nach seiner großen Weise einen kühneren und schwereren Plan: er dachte vielmehr die Franzosen im Rücken und der rechten Flanke anzugreifen. Gelang dieser Schlag, so war Napoleons Heer vernichtet und der Krieg mit einem Male beendet.

Daß die Besiegten so verwegene Gedanken fassen durften, wurde nur möglich durch die Unterlassungssünden des Siegers. Gewiß war es für Napoleon nicht unbedenklich, den Preußen mit der Hauptmacht seines Heeres zu folgen. Aber seine verzweifelte Lage forderte kühne Entschlüsse. Blieb er dem rührigsten seiner Gegner auf den Hacken, so war möglich, daß die geschlagene Armee auf dem Rückzuge gänzlich aus den Fugen geriet, da die Wirkung eines Sieges sich durch unaufhaltsame Verfolgung zu verdoppeln pflegt. Ob Wellington dann noch einen Schlag gegen Ney wagte, erschien mindestens zweifelhaft; wahrscheinlicher doch, daß der Bedachtsame sich auf Antwerpen zurückzog. Es war nicht Kleinmut, was den Imperator hinderte, diesen Entschluß zu fassen, sondern der alte Fehler der Überhebung. Wie einst nach der Dresdner Schlacht und nach den Siegen in der Champagne, so dachte er auch jetzt zu niedrig von dem Gegner; er glaubte bestimmt, die Preußen eilten in voller Auflösung dem Rheine zu, und hielt nicht einmal für nötig, ihren Rückzug beobachten zu lassen. Stand es also, wie er wähnte, dann blieb ihm freilich Zeit vollauf, um das englische Heer zu schlagen. Gemächlich ließ er seine Truppen am Vormittag des 17. rasten. Seine Gedanken weilten mehr in Paris als bei dem Heere; er fragte seine Generale, was wohl die Jacobiner nach diesem neuen Siege des Kaiserreichs tun würden. Erst um Mittag befahl er dem Marschall Grouchy, den Preußen zu folgen, in der Richtung ostwärts nach Gembloux und der Maas, sie nicht aus den Augen zu lassen und ihre Niederlage zu vollenden; für diesen Zweck gab er dem Marschall 33 000 Mann, eine Macht, zu stark für ein Beobachtungskorps, zu schwach, um eine Schlacht gegen das gesamte preußische Heer zu wagen. Grouchy zog während der zweiten Hälfte des Tages nach Osten in die Irre, ohne der Preußen gewahr zu werden. Erst am Morgen des 18. fand er ihre Spur und wendete sich gegen Wavre; aber von Gneisenaus Plänen ahnte er nichts, sondern vermutete nunmehr die preußische Armee auf dem Rückzuge nach Brüssel. Er so wenig wie sein Kaiser hielten für denkbar, daß ein geschlagenes Heer sich sogleich nach der Schlacht wieder ordnen und zu einem neuen Angriffe rüsten könnte. Der Gedanke, sich zwischen die beiden Heere der Koalition einzuschieben, kam dem Imperator jetzt nicht mehr in den Sinn, da die Möglichkeit des Rückzuges der Preußen nach Norden durchaus außerhalb seiner Berechnung lag. Er selber vereinigte sich am Nachmittage des 17. in der Nähe von Quatrebras mit der Armee Neys, zog dann in voller Sicherheit nordwärts auf der Brüsseler Straße den Engländern nach, um sie morgen oder übermorgen diesseits oder jenseits von Brüssel zur Schlacht zu zwingen.

So verworren und unfertig die Doppelschlacht am 16. Juni verlaufen war, ebenso einfach großartig gestaltete sich der Gang der Ereignisse am 18. Wellington hatte mit Kennerblick eine feste defensive Stellung gewählt, wie er sie von Spanien her liebte. Sein Heer hielt auf einem langgestreckten niederen Höhenzuge, der, von Westen nach Osten streichend, etwa in der Mitte bei dem Dorfe Mont St. Jean von der wohlgepflasterten Brüsseler Landstraße senkrecht durchschnitten wird. Auf diesem engen Raume von kaum 5000 Schritt standen die Truppen dicht zusammengedrängt, mehr als 30 000 Deutsche, 24 000 Engländer, über 13 000 Niederländer, zusammen 68 000 Mann, auf der Rechten Lord Hill, im Zentrum der Prinz von Oranien, auf dem linken Flügel General Picton. Ein tiefeingeschnittener, von Hecken eingefaßter Querweg lief die Front entlang. Im Rücken des Heeres fiel der Boden sanft ab, so daß die Mehrzahl der Regimenter dem anrückenden Feinde verborgen blieb; weiter nördlich lag an der Landstraße der lichte, von zahlreichen Wegen durchzogene Wald von Soignes, der für den Fall des Rückzugs eine gute Deckung bot. Der Herzog blieb während vieler Stunden im Zentrum bei Mont St. Jean; hier unter eine Ulme, auf einer Bodenwelle neben der Landstraße konnte er fast die ganze Aufstellung überblicken und nach seiner Gewohnheit alles unmittelbar leiten. Einige hundert Schritt vor der Front lagen wie die Vorwerke einer Festung drei stark besetzte Positionen: vor der Rechten das Schloß Hougomont inmitten der alten Bäume seines Parkes, von hohen Mauern umschlossen; vor dem Zentrum an der Landstraße das Gehöft La Haye Sainte; vor dem äußersten linken Flügel die weißen Häusergruppen von Papelotte und La Haye. Die Straße fällt südlich von Mont St. Jean sanft ab, führt dann völlig eben durch offene Felder und steigt eine starke halbe Stunde weiter südlich, nahe bei dem Pachthofe La Belle Alliance wieder zu einem anderen niederen Höhenzuge empor, so daß das Schlachtfeld eine weite, mäßig eingetiefte Mulde bildet, die allen Waffen den freiesten Spielraum gewährt.

Auf diesen Höhen bei Belle Alliance stellte Napoleon sein Heer auf, Reille zur Linken, Erlon zur Rechten der Straße, dahinter bei Rossomme die Reserve; sein Plan war, einfach durch einen oder mehrere Frontalangriffe die Linien der Engländer zu durchbrechen, womöglich an der schwächsten Stelle, auf ihrem linken Flügel. Da die unsicheren Feuerwaffen jener Zeit dem Angreifer erlaubten, mit ungebrochener Kraft nahe an den Verteidiger heranzugelangen, so hoffte der Imperator durch ungeheure Waffenschläge den zähen Gegner niederzuringen. Seine Kriegsweise war während der letzten Jahre immer gewaltsamer geworden; heute vollends, in der fieberischen Leidenschaft des verzweifelten Spielers zeigte er die ganze Wildheit des Jacobiners, ballte viele Tausende seiner Reiter, ganze Divisionen des Fußvolks zu einer einzigen Masse zusammen, damit sie wie die Phalanxen Alexanders mit ihrem Elefantentritt alles zermalmten. So begann die Schlacht – ein beständiges Vordringen und Zurückfluten der Angreifer gleich der Brandung am steilen Strande – bis dann das Erscheinen der Preußen in Napoleons Rücken und rechter Flanke den Schlachtplan des Imperators völlig umstieß. Der Kampf verlief wie eine planvoll gebaute Tragödie: zu Anfang eine einfache Verwicklung, dann gewaltige Spannung und Steigerung, zuletzt das Hereinbrechen des alles zermalmenden Schicksals; unter allen Schlachten der modernen Geschichte zeigt wohl nur die von Königgrätz in gleichem Maße den Charakter eines vollendeten Kunstwerks. Der letzte Ausgang hinterließ in der Welt darum den Eindruck einer überzeugenden, unabwendbaren Notwendigkeit, weil ein wunderbares Geschick jeder der drei Nationen und jedem der Feldherren genau die Rolle zugewiesen hatte, welche der eigensten Kraft ihres Charakters entsprach: die Briten bewährten in der Verteidigung ihre kaltblütige, eiserne Ausdauer, die Franzosen als Angreifer ihren ritterlichen, unbändigen Mut, die Preußen endlich die gleiche stürmische Verwegenheit im Angriff und dazu, was am schwersten wiegt, die Selbstverleugnung des begeisterten Willens.

Napoleon rechnete mit Sicherheit auf einen raschen Sieg, da er die Preußen fern im Südosten bei Namur wähnte. Seine Armee zählte über 72 000 Mann, war dem Heere Wellingtons namentlich durch ihre starke Kavallerie und die Überzahl der Geschütze – 240 gegen 150 Kanonen – überlegen. Unter solchen Umständen schien es unbedenklich, den Angriff auf die Mittagszeit zu verschieben, bis die Sonne den durchweichten Boden etwas abgetrocknet hatte. Um den Gegner zu schrecken und die Zuversicht des eigenen Heeres zu steigern, veranstaltete der Imperator im Angesichte der Engländer eine große Heerschau; krank wie er war, von tausend Zweifeln und Sorgen gepeinigt, empfand er wohl auch selber das Bedürfnis, sich das Herz zu erheben an dem Anblick seiner Getreuen. Sooft er späterhin auf seiner einsamen Insel dieser Stunde gedachte, überkam es ihn wie eine Verzückung, und er rief: „Die Erde war stolz, so viel Tapfere zu tragen!" Und so standen sie denn zum letzten Male in Parade vor ihrem Kriegsherrn, die Veteranen von den Pyramiden, von Austerlitz und Borodino, die so lange der Schrecken der Welt gewesen und jetzt aus dem Schiffbruch der alten Herrlichkeit nichts gerettet hatten als ihren Soldatenstolz, ihre Rachgier und die unzähmbare Liebe zu ihrem Helden. Die Trommler schlugen an; die Feldmusik spielte das Partant pour la Syrie! In langen Linien die Bärenmützen der Grenadiere, die Roßschweifhelme der Kürassiere, die betroddelten Tschakos der Voltigeure, die flatternden Fähnchen der Lanciers, eines der prächtigsten und tapfersten Heere, welche die Geschichte sah. Die ganze prahlerische Glorie des Kaiserreichs erhob sich noch einmal, ein überwältigendes Schauspiel für die alten Soldatenherzen; noch einmal erschien der große Kriegsfürst in seiner finsteren Majestät, so wie der Dichter sein Bild kommenden Geschlechtern überliefert hat, mitten im Wetterleuchten der Waffen zu Fuß, in den Wogen reitender Männer. Die brausenden Hochrufe wollten nicht enden; hatte doch der Abgott der Soldaten vorgestern erst aufs neue seine Unbesiegbarkeit erwiesen. Und doch kam dieser krampfhafte Jubel, der so seltsam abstach von der gehaltenen Stille drüben im englischen Lager, aus gepreßten Herzen: das Bewußtsein der Schuld, die Ahnung eines finsteren Schicksals lag über den tapferen Gemütern. Zehn Stunden noch, und die verwegene Hoffnung des deutschen Schlachtendenkers war erfüllt, und dies herrliche Heer mit seinem Trotze, seinem Stolze, seiner wilden Männerkraft war vernichtet bis auf die letzte Schwadron.

Um ½12 Uhr begann Napoleon die Schlacht, ließ seinen linken Flügel gegen das Schloß Hougomont vorgehen, während er zugleich auf seiner Rechten die Anstalten für den entscheidenden Stoß traf. Vier Divisionen Fußvolk scharten sich dort zu einer riesigen Heersäule zusammen; eine bei Belle Alliance aufgestellte große Batterie bereitete durch anhaltendes Geschützfeuer den Angriff vor. Gegen ½2 Uhr führte General Erlon die gewaltige Infanteriemasse wider den linken Flügel der Briten heran. Aber noch bevor diese Bewegung begann, wurde der

Imperator bereits durch eine unheimliche Nachricht in der kalten Sicherheit seiner Berechnungen gestört. Er erfuhr um 1 Uhr durch einen aufgefangenen Brief, daß General Bülow auf dem Marsche sei gegen die rechte Flanke der Franzosen; und während er auf der Höhe bei Rossomme, im Rücken des Zentrums, an seinem Kartentische stand, glaubte er auch schon fern im Osten bei dem hochgelegenen Dorfe Chapelle St. Lambert dunkle Truppenmassen zu bemerken, die alsbald zwischen den Wellen des Bodens wieder verschwanden. Ein sofort ausgesendeter Adjutant bestätigte die Vermutung. Gewaltsam suchte sich der Kaiser zu beruhigen und schickte vorläufig zwei Kavalleriedivisionen ostwärts über den rechten Flügel der Schlachtstellung hinaus. Es war ja doch sicher nur das eine Korps Bülows, vielleicht nur ein Teil davon, und ehe die Preußen in die Schlacht eingreifen konnten, mußte Wellington geschlagen sein. Seinen Offizieren aber sagte Napoleon mit zuversichtlicher Miene, Marschall Grouchy ziehe zur Unterstützung der rechten Flanke herbei: die Armee durfte von der Gefahr nichts ahnen. Währenddem war Erlon mit seinen vier Schlachthaufen vorgerückt; schon während des Anmarsches erlitt er schwere Verluste, ganze Reihen in den tiefen Kolonnen wurden von den englischen Kanonenkugeln niedergerissen. Es gelang zuerst, eine niederländische Brigade in die Flucht zu schlagen; nur ein Teil der Truppen des jungen Königreichs bewährte sich; der alte Blücher hatte ganz recht gesehen, als er meinte, diese Belgier schienen „keine reißenden Tiere“ zu sein. Dann aber brach das englische und hannoversche Fußvolk hinter den schützenden Hecken hervor, umfaßte mit seinen langen Linien die unbehilflichen Klumpen der Franzosen. Nach einem mörderischen Gefechte, bei dem der tapfere Picton den Tod fand, mußten die Angreifer zurückgehen. Ponsonbys schottische Reiter setzten nach, sprengten die Weichenden auseinander, drangen in unaufhaltsamem Laufe bis in die große Batterie der Franzosen; hier erst wurden sie durch französische Kavallerie zur Umkehr genötigt.

Der große Schlag war mißlungen. Und jetzt ließ sich schon nicht mehr verkennen, daß jedenfalls ein beträchtlicher Teil der preußischen Armee im Anmarsch war, und zwar in der Richtung auf das Dorf Plancenoit, das im Rücken des rechten Flügels der Franzosen lag. Noch stand es dem Imperator frei, die Schlacht abzubrechen, aber wie hätte der Stolze einen so kleinmütigen Entschluß fassen können? Er sendete das Korps Lobaus über Plancenoit hinaus, so daß seine Schlachtstellung statt einer einfachen Linie nunmehr einen auf der Rechten rückwärts gebogenen Haken bildete. Die Preußen verdarben ihm die ganze Anlage der Schlacht, noch bevor von ihrer Seite ein Schuß gefallen war. Den gegen die Engländer fechtenden Heeresteilen wurde die auf der Rechten drohende Bedrängnis sorgsam verborgen gehalten. Darum ließ Napoleon die Truppen Lobaus nicht weiter nach Osten vorgehen, wo sie das Korps Bülows am Rande des breiten Lasnetals leicht aufhalten konnten, sondern hielt sie nahe bei Plancenoit zurück: der Zusammenstoß mit den Preußen sollte solange als möglich hinausgeschoben werden, damit die Armee nicht durch den Kanonendonner auf der Rechten in ihrer Siegeszuversicht beirrt würde. Aus Furcht vor dem Angriff der Preußen wagte der Imperator auch nicht mehr, die 24 Bataillone seiner Garde, die noch unberührt in Reserve standen, gegen die Engländer vorzuschicken, sondern beschloß, mit seiner gesamten Kavallerie das Zentrum Wellingtons zu durchbrechen: ein aussichtsloses Beginnen, da die Hauptmasse des Fußvolks der Verbündeten noch unerschüttert war.

Blücher war am Morgen von Wavre aufgebrochen. Die alten Glieder wollten sich noch gar nicht erholen von dem bösen Sturze vorgestern, doch wer durfte dem Helden heute von Ruhe und Schonung sprechen? „Lieber,“ rief er aus, „will ich mich auf dem Pferde festbinden lassen, als diese Schlacht versäumen!“ Wohlgemut ritt er inmitten der Regimenter, die sich mit unsäglicher Anstrengung durch den tiefen Schlamm hindurcharbeiteten; ein Brand in Wavre hatte den Marsch erheblich verzögert. Die Soldaten frohlockten, wo der Feldherr sich zeigte, traten mit lautem Zuruf an ihn heran, streichelten ihm die Knie; er hatte für jeden ein ermunterndes Wort: „Kinder, ich habe meinem Bruder Wellington versprochen, daß wir kommen. Ihr wollt mich doch nicht wortbrüchig werden lassen?“ Thielmann blieb mit dem dritten Armeekorps bei Wavre zurück, um den Rücken des Heeres gegen einen Angriff Grouchys zu decken, der in der Tat am Nachmittage auf Wavre heranzog. Die übrigen drei Korps nahmen den Marsch auf Chapelle St. Lambert; um 10 Uhr waren die Spitzen, um 1 Uhr die Hauptmasse der Armee dort auf den

Höhen angelangt. Nun teilte sich das Heer. Zieten mit dem ersten Korps marschierte gradaus, in der Richtung auf Ohain und weiter gegen den rechten Flügel der Franzosen. Bülow mit dem vierten Korps und dahinter das zweite Korps unter Pirch wendeten sich nach links, südwestwärts, gegen den Rücken der französischen Aufstellung. Das schwierige Defilee des Lasnetals war zum Glücke vom Feinde nicht besetzt, der Bach ward überschritten, und gegen 4 Uhr ließ Bülow seine Truppen wohl verdeckt in und hinter dem Walde von Frichemont antreten: erst wenn eine genügende Macht zur Stelle war, sollte der überraschende Vorstoß erfolgen. In tiefem Schweigen rückten die Regimenter in ihre Stellungen ein; die Generale hielten am Rande des Waldes und verfolgten mit gespannten Blicken den Gang der Schlacht. Als einer der Offiziere meinte, der Feind werde nun wohl von den Engländern ablassen und, um sich den Rückzug zu sichern, seine Hauptmacht gegen die Preußen werfen, da erwiderte Gneisenau: „Sie kennen Napoleon schlecht. Er wird gerade jetzt um jeden Preis die englische Schlachtlinie zu zersprengen suchen und gegen uns nur das Notwendige verwenden."

Und so geschah es. Noch ehe die Preußen bei dem Walde von Frichemont anlangten, zwischen 3 und 4 Uhr hatte der zweite große Angriff der Franzosen begonnen. Ney sprengte mit vierzehn Regimentern schwerer Reiterei auf der Westseite der Landstraße gegen die Vierecke der englischen Garde und der Division Alten im Zentrum heran. Lange wogte der Kampf unentschieden hin und her, aber das Fußvolk hielt unerschütterlich aus. Endlich zurückgeworfen, zog Ney auch die Kavallerie Kellermanns an sich, so daß er jetzt 26 Reiterregimenter zu erneutem Angriff heranführte, die größte Reitermasse, welche dies kriegerische Zeitalter jemals an einer Stelle tätig gesehen hatte. Der Boden dröhnte von dem Hufschlag von 10 000 Pferden, ein Wald von Säbeln und Lanzen bedeckte die Talmulde, stundenlang schwankte das Gefecht, zehn, zwölfmal ward die Attacke gegen einzelne Bataillone erneuert. Nochmals behielt die Standhaftigkeit des englischen und deutschen Fußvolks die Oberhand. Auch dieser Angriff scheiterte, die Schwadronen begannen zu weichen, ein kühnes Vorgehen der englischen und hannoverschen Reservereiterei brachte sie vollends in Verwirrung; aber auch die Sieger fühlten sich tief erschöpft.

Auf den anderen Teilen des Schlachtfeldes gestaltete sich unterdessen der Gang der Ereignisse weit günstiger für Napoleon. Die Division Quiot, die schon an dem großen Angriffe Erlons teilgenommen, ging von neuem auf der Landstraße vor und bestürmte die Meierei von La Haye Sainte. Dort stand Major Baring mit einem Bataillon der leichten Infanterie der Deutschen Legion und einigen Nassauern. Die grünen Jäger hatten schon um Mittag die Schlachthaufen Erlons abgeschlagen; die treuen Männer hingen mit ganzem Herzen an ihren Offizieren, alle bis zum letzten Gemeinen zeigten sich entschlossen, von diesem Ehrenposten nimmermehr zu weichen. Und welche Aufgabe jetzt! Schon brannten die Dächer des Gehöftes, die einen mußten löschen, die anderen führten aus den Fenstern, hinter den Hecken und Mauern des Gartens das Feuergefecht gegen die furchtbare Übermacht draußen. Pulver und Blei gingen aus; vergeblich sandte Baring wiederholt seine Boten rückwärts nach Mont St. Jean mit der dringenden Bitte um Munition. Erst als fast die letzte Patrone verschossen war, räumte die tapfere kleine Schar den Platz. Wie Rasende drangen die Franzosen hinter den Abziehenden in das Gehöft ein, durchsuchten brüllend alle Stuben und Scheunen: „kein Pardon diesen grünen Brigands!" – denn wie viele ihrer Kameraden waren heute mittag und jetzt wieder den sicheren Kugeln der deutschen Jäger erlegen! Das Vorwerk des englischen Zentrums war genommen, und bald ergoß sich der Strom der Angreifer weiter bis nach Mont St. Jean. Die Mitte der Schlachtlinie Wellingtons war durchbrochen. Da führte der Herzog selber die hannoversche Brigade Kielmannsegge herbei, und ihr gelang, die Lücke im Zentrum vorläufig zur Not wieder auszufüllen. Aber auch nur vorläufig; denn die Reserven waren schon herangezogen bis auf den letzten Mann, und La Haye Sainte, die beherrschende Position dicht vor dem Zentrum, blieb in den Händen des Feindes. Mittlerweile konnte auch der tapfere Bernhard von Weimar auf dem linken Flügel die Vorwerke La Haye und Papelotte gegen die Division Durutte nicht mehr behaupten. Er begann zu weichen. Wellingtons Besorgnis stieg. Schon seit mehreren Stunden hatte er wiederholt Adjutanten an Blücher gesendet mit der dringenden Bitte um Hilfe. Kalt und streng stand er unter seinen

Offizieren, die Uhr in der Hand, und sagte: „Blücher oder die Nacht!" Wenn Napoleon jetzt imstande war, seine Garden gegen Mont St. Jean oder gegen den erschütterten linken Flügel der Engländer zu verwenden, so konnte ihm der Sieg nicht fehlen.

In diesem verhängnisvollen Zeitpunkte begann der Angriff der Preußen. Bereits klang fern vom Osten her, beiden Teilen vernehmlich, Kanonendonner nach dem Schlachtfelde herüber – die erste Kunde von dem Gefechte, das sich bei Wavre, im Rücken der Blücherschen Armee, zwischen Thielmann und Grouchy entspann. Um die nämliche Zeit fiel vor dem Walde bei Frichemont der erste Schuß. Es war ½5 Uhr nachmittags; gerade fünf Stunden lang hatte die Armee Wellingtons den Kampf allein aushalten müssen. Bülows Batterien fuhren staffelförmig auf den Höhen vor dem Walde auf. Ein einzig schönes Schauspiel, wie dann die Brigaden des vierten Korps mit Trommelklang und fliegenden Fahnen nacheinander aus dem Gehölz heraustraten und zwischen den Batterien hindurch sich in die Ebene gegen Plancenoit hinabsenkten. Gneisenau fühlte sich in seinem ewig jungen Herzen wie bezaubert von der wilden Poesie des Krieges und unterließ selbst in seinem amtlichen Schlachtberichte nicht zu schildern, wie herrlich dieser Anblick gewesen sei.

Der Held von Dennewitz tat sein Bestes, um die Fehler vom 15. und 16. Juni zu sühnen, leitete den Angriff mit besonnener Kühnheit wie in den großen Zeiten der Nordarmee. Gleich im Beginne des Gefechts fiel der allbeliebte Oberst Schwerin, derselbe, der vor einem Jahre der Hauptstadt die Siegesbotschaft gebracht hatte. Das Korps Lobaus war zurückgedrängt, unaufhaltsam drangen die Preußen vorwärts auf Plancenoit. Etwas später, um 6 Uhr hatte General Zieten mit der Spitze des ersten Korps Ohain erreicht und ging dann, sobald er von der Bedrängnis des englischen linken Flügels unterrichtet war, rasch auf die Vorwerke La Haye und Papelotte vor, wo die Division Durutte sich soeben eingenistet hatte. Prinz Bernhard von Weimar rettete die Trümmer seiner Truppen, als die preußische Hilfe herankam, rückwärts in den schützenden Wald von Soignes; seine tapferen Nassauer waren durch das lange, ungleiche Gefecht völlig kampfunfähig geworden. Die Brigade Steinmetz warf nun die Franzosen aus den beiden Vorwerken wieder hinaus, die brandenburgischen Dragoner hieben auf die Zurückweichenden ein, die Batterien des ersten Korps bestrichen weithin den rechten Flügel des Feindes, und bis in das französische Zentrum hinein verbreitete sich schon die Schreckenskunde, dort auf der Rechten sei alles verspielt.

Gegen 7 Uhr war die Schlacht für Napoleon unzweifelhaft verloren. Ein linker Flügel hatte wieder und wieder vergeblich das Schloß Hougomont berannt, im Zentrum war der große Reiterangriff gescheitert, auf der Rechten und im Rücken drängten die Preußen von zwei Seiten her näher und näher; den einzigen Gewinn der letzten Kämpfe, die Meierei von La Haye Sainte, auf die Dauer zu behaupten, war nicht mehr möglich. Durch einen rechtzeitigen Rückzug konnte noch mindestens die Hälfte des Heeres gerettet werden. Es ergab sich aber notwendig aus dem Charakter des Imperators und aus seiner verzweifelten politischen Lage, daß er diesen Ausweg verschmähte und noch einen dritten allgemeinen Angriff versuchte – diesmal nach zwei Seiten zugleich. Er ließ um sieben Uhr die 24 Bataillone seiner Garde heranrufen, behielt nur zwei als letzte Reserve zur Hand, sendete zwölf nach Plancenoit gegen Bülow. Die übrigen zehn sollte Ney zu einem neuen Angriff gegen das englische Zentrum führen, abermals westlich der Landstraße, möglichst entfernt von den Scharen Zietens. Mit stürmischem Hochruf eilten die Bataillone bei Belle Alliance an dem Imperator vorüber: es war ja ihr Handwerk, den Sieg zu entscheiden. Sie tauchen dann in die unheimliche Bodenmulde hinab, wo dichte Haufen von Leichen und Pferden den Todesweg der französischen Reiter bezeichnen, stürmen unter Trommelschlag, unbekümmert um die Geschosse der englischen Batterien, über die Felder, ersteigen den Abhang dicht vor der Front der britischen Garde. Droben liegen indessen Maitlands Grenadiere im Grase verborgen. Als die ersten Bärenmützen auf der Höhe erscheinen, schallt weithin Wellingtons durchdringender Ruf: „Auf, Garden! fertig!" – und mit einem Male steigt dicht vor den Augen der entsetzten Franzosen eine rote Mauer auf, die lange Linie der englischen Garde, eine furchtbare Salve kracht auf wenige Schritte Entfernung in die Reihen der Angreifer hinein. Ein kurzes wütendes Handgemenge, dann werden die Blauen von den Roten mit dem Bajonett den

Abhang hinuntergeschleudert. Neys Pferd bricht von einer Kugel getroffen unter dem Reiter zusammen, und wie sie den Führer fallen sehen, wenden sich die Garden zur Flucht. Der aber macht sich von seinem Tiere los, springt auf, versucht mit zornigen Rufen die Weichenden zu halten. Umsonst; denn mittlerweile sind die übrigen Bataillone weiter links zwischen zwei Feuer geraten und gehen ebenfalls zurück. Die Kaisergarde stiebt auseinander; ihr unglücklicher Führer irrt barhaupt, mit zerbrochenem Degen auf dem Schlachtfelde umher und sucht vergeblich die Kugel, die ihn von seiner Gewissensangst und seinen finsteren Ahnungen erlösen soll.

Indem hatte Blücher schon den Schlag geführt, der die Vernichtung des napoleonischen Heeres entschied. Die Gruppen Bülows gingen in drei Kolonnen im Sturmschritt auf Plancenoit vor. In und neben dem Dorfe hielten jene zwölf frischen Bataillone der Kaisergarde; und sie fochten mit dem höchsten Mute, denn alle fühlten, daß hier die Entscheidung des ganzen Krieges lag. Die anstürmenden Preußen sahen sich im freien Felde den Kugeln der Verteidiger, die in den Häusern und hinter den hohen Mauern des Kirchhofs verdeckt standen, schutzlos preisgegeben. Dieser letzte Kampf ward fast der blutigste dieses wilden Zeitalters; das Korps Bülows verlor in viertehalb Stunden 6353 Mann, mehr als ein Fünftel seines Bestandes, nach Verhältnis ebensoviel wie die englische Armee während des ganzen Schlachttages. Der erste und der zweite Sturm ward abgeschlagen; da führte Gneisenau selbst die schlesischen und pommerschen Regimenter zum dritten Male vorwärts, und jetzt gegen 8 Uhr drangen sie ein. Noch ein letzter wütender Widerstand in der Dorfgasse, dann entwich die Garde in wilder Flucht; ihr nach Major Keller mit den Füsilieren des 15. Regiments, dann die anderen Bataillone. Auf der ganzen Linie erklang in langgezogenen Tönen das schöne Signal der preußischen Flügelhörner: Avancieren! Zu gleicher Zeit ward weiter nördlich das Korps Kobaus von Bülows Truppen in der Front, von Zietens Reitern in der Flanke gepackt und völlig zersprengt. Die beiden Heerteile der Preußen vereinigten sich hier; der furchtbare Ring, der den rechten Flügel der Franzosen auf drei Seiten umklammern sollte, war geschlossen. Von Norden drängten die Engländer, von Osten und Süden die Preußen heran. Den Truppen Zietens wies Grolman die Richtung nach der Höhe hinter dem Zentrum der Franzosen, nach dem Pachthof La Belle Alliance, der mit seinen weißen Mauern weithin erkennbar wie ein Leuchtturm über dem tiefen Gelände emporragte. Dorthin nahmen auch die Sieger von Plancenoit ihren Weg.

Über 40 000 Preußen hatten noch am Gefechte teilgenommen, und jetzt, da die Arbeit fast getan war, kam auch das Armeekorps Pirchs von den Höhen hinter Plancenoit herab. Napoleon war während dieser letzten Stunde nach La Haye Sainte vorgeeilt, um die Division Quiot noch einmal zum Angriff auf Mont St. Jean vorzutreiben. Sobald er zu seiner Linken die Niederlage Neys und gleichzeitig den Zusammenbruch des gesamten rechten Flügels bemerkte, sagte er wie vernichtet: „Es ist zu Ende, retten wir uns!“ Er eilte an der Landstraße zurück, nicht ohne schwere Gefahr, denn schon ward die Straße zugleich von den Engländern und von Zietens Batterien mit einem heftigen Kreuzfeuer bestrichen.

Schweigsam, unbeweglich, mit wunderbarer Selbstbeherrschung sah Wellington auf die ungeheure Verwirrung. Sein Heer war nicht nur völlig ermattet, sondern auch in seiner taktischen Gliederung ganz gebrochen; der lange Kampf hatte alle Truppenteile wirr durcheinandergeschüttelt, aus den Trümmern der beiden prächtigen Reiterbrigaden Ponsonby und Somerset stellte man soeben zwei Schwadronen zusammen. Keine Möglichkeit, mit solchen Truppen noch ein entscheidendes Gefecht zu bestehen. Der Herzog wußte wohl, daß allein das Erscheinen der Preußen ihn vor einer unzweifelhaften Niederlage bewahrt hatte; seine wiederholten dringenden Bitten an Blücher lassen darüber keinen Zweifel. Doch er war dem militärischen Ehrgefühle seiner Tapferen eine letzte Genugtuung schuldig; auch sah er mit staatsmännischer Feinheit voraus, wieviel gewichtiger Englands Wort bei den Friedensverhandlungen in die Waagschale fallen mußte, wenn man sich so anstellte, als hätten die britischen Waffen die Schlacht im wesentlichen allein entschieden. Darum ließ er, sobald er den rechten Flügel der Franzosen dem preußischen Angriffe erliegen sah, alle irgend verwendbaren Trümmer seines Heeres noch eine Strecke weit vorrücken. Auf diesem letzten Vormarsch trieb der hannoversche Oberst Halkett die beiden einzigen Vierecke der Kaisergarde, die noch zusammenhielten, vor sich her und nahm

Friedrich Wilhelm, Herzog zu Braunschweig-Lüneburg

Major Ferdinand von Schill

Friedrich Wilhelm III., König von Preußen, im Kreise seiner Familie

ihren General Cambronne mit eigenen Händen gefangen. Aber die Kraft der Ermüdeten versagte bald, sie gelangten nur wenig über Belle Alliance hinaus. Wellington überließ, nachdem er den Schein gerettet, die weitere Verfolgung ausschließlich den Preußen, die ohnehin dem Feinde am nächsten waren.

Die Geschlagenen ergriff ein wahnsinniger Schrecken. Kein Befehl fand mehr Gehör, jeder dachte nur noch an sein armes Leben. Fußvolk und Reiter wirr durcheinander, flohen die aufgelösten Massen auf und neben der Landstraße südwärts; die Troßknechte zerhieben die Stränge und sprengten hinweg, so daß die 240 Kanonen allesamt bis auf etwa 27 in die Hände der Sieger fielen. Selbst der Ruf L'Empéreur!, der sonst augenblicklich jeden Weg dem kaiserlichen Wagen geöffnet hatte, verlor heute seinen Zauber; der kranke Napoleon mußte zu Pferde davonjagen, obgleich er sich kaum im Sattel halten konnte. Nur um die Fahnen scharten sich immer noch einige Getreue; ihrer vier waren in der Schlacht verlorengegangen, die übrigen wurden allesamt gerettet. Niemals in aller Geschichte war ein tapferes Heer so plötzlich aus allen Fugen gewichen. Nach der übermenschlichen Anstrengung des Tages brach alle Kraft des Leibes und des Willens mit einem Schlage zusammen; das Dunkel der Nacht, die Übermacht der Sieger, der umfassende Angriff und die rastlose Verfolgung steigerten die Verwirrung. Entscheidend blieb doch, daß diesem Heere bei all seinem stürmischen Mute die sittliche Größe fehlte. Was hielt diese Meuterer zusammen? Allein der Glaube an ihren Helden. Nun dessen Glücksstern verbleichte, waren sie nichts mehr als eine zuchtlose Bande.

Die Sonne war schon hinter dicken Wolken versunken, als die beiden Feldherren eine Strecke südlich von dem Hofe von Belle Alliance miteinander zusammentrafen; sie umarmten sich herzlich, der bedachtsame Vierziger und der feurige Greis. Nahebei hielt Gneisenau. Endlich doch ein ganzer und voller Sieg, wie er ihn so oft vergeblich von Schwarzenberg gefordert; endlich doch eine reine Vergeltung für allen Haß und alle Schmach jener entsetzlichen sieben Jahre! Es sang und klang in seiner Seele; er dachte an das herrlichste der friderizianischen Schlachtfelder, das er einst von seiner schlesischen Garnison aus so oft durchritten hatte. „Ist es nicht gerade wie bei Leuthen?" – sagte er zu Bardeleben und sah ihn mit strahlenden Augen an. Und wirklich, wie einst bei Leuthen bliesen jetzt die Trompeter das Nun danket alle Gott! und die Soldaten stimmten mit ein. Aber Gneisenau dachte auch an die Schreckensnacht nach der Schlacht bei Jena, an jene Stunden beim Webichtholze, da er die Todesangst eines geschlagenen Heeres, die dämonische Wirkung einer nächtlichen Verfolgung mit angesehen. Noch gründlicher als einst an der Katzbach sollte heute der Sieg ausgebeutet werden. „Wir haben," rief er aus, „gezeigt, wie man siegt, jetzt wollen wir zeigen, wie man verfolgt." Er befahl Bardeleben, mit einer Batterie den Fliehenden auf den Hacken zu bleiben, immer aufs Geratewohl in das Dunkel der Nacht hineinzuschießen, damit der Feind nirgends Ruhe fände. Er selber nahm, was von Truppen zur Hand war, mit sich, brandenburgische Ulanen und Dragoner, Infanterie vom 15. und 25. und vom 1. pommerschen Regimente; Prinz Wilhelm der Ältere, der die Reservereiterei des Bülowschen Korps geführt, schloß sich ihm an.

So brauste die wilde Jagd auf der Landstraße dahin; nirgends hielten die Flüchtigen stand. Erst bei Genappe, wo die Straße auf einer engen Brücke das Tal der Dyle überschreitet, versuchten die Trümmer der kaiserlichen Garde den Ulanen zu widerstehen; doch kaum erklang, gegen 11 Uhr, der Sturmmarsch des preußischen Fußvolks, so brachen sie auseinander. General Lobau und mehr als 2000 Mann gerieten hier in Gefangenschaft; auch der Wagen Napoleons mit seinem Hut und Degen ward erbeutet. Welche Überraschung, als man die Sitzkissen aufhob; der große Abenteurer hatte sich die Mittel sichern wollen für den Fall der Flucht, den Wagen über und über mit Gold und Edelsteinen angefüllt. Die armen pommerschen Bauernburschen standen vor dem Glanze fast ebenso ratlos wie einst die Schweizer bei Granson vor dem Juwelenschatze des Burgunderherzogs; mancher verkaufte einen kostbaren Stein für wenige Groschen. Das prächtige Silbergeschirr des Imperators behielten die Offiziere der Fünfundzwanziger und schenkten es der Lieblingstochter ihres Königs als Tafelschmuck.

Gneisenau aber und Prinz Wilhelm ritten nach kurzem Verschnaufen rastlos weiter. Drüben jenseits der Dyle glaubten die Franzosen sicher zu sein und hatten sich zur Beiwacht gelagert.

Mindestens siebenmal wurden sie durch die nachsetzenden Preußen von ihren Feuern aufgescheucht. Als sein Fußvolk nicht mehr weiter konnte, ließ Gneisenau einen Trommler auf ein Beutepferd aufsitzen; der mußte schlagen, was das Kalbfell aushalten wollte, und weiter ging es mit Ulanen und etwa fünfzig Füsilieren, die noch aushielten. Wie viele Scharen der Franzosen sind dann noch vor dem Klange dieser einzigen Trommel auseinandergelaufen! Die Straße war übersäet mit Waffen, Tornistern und allerhand Getrümmer, wie einst der Weg von Roßbach nach Erfurt. Beim Morgengrauen ward das Schlachtfeld von Quatrebras erreicht, aber erst jenseits, in Frasnes, nach Sonnenaufgang hielten die erschöpften Verfolger ein. Sie hatten die Zerrüttung des feindlichen Heeres so bis zur völligen Auflösung gesteigert, daß sich von den Kämpfern von Belle Alliance nur 10 000 Mann, lauter ungeordnete Haufen, nachher in Paris wieder zusammenfanden.

Mit stolzen Worten dankte Blücher dem unübertrefflichen Heere, das ermöglicht habe, was alle großen Feldherren bisher für unmöglich gehalten hätten: „Solange es Geschichte gibt, wird sie Euer gedenken. Auf Euch, ihr unerschütterlichen Säulen der preußischen Monarchie, ruht mit Sicherheit das Glück Eures Königs und seines Hauses. Nie wird Preußen untergehen, wenn Eure Söhne und Enkel Euch gleichen!“ An Stein schrieb er einfach: „Ich hoffe, mein verehrter Freund, Sie sind von mich zufrieden“ und sprach die Hoffnung aus, seine alten Tage als Steins Nachbar „in Ruhe aufs Land zu verleben.“ Er befahl, die Schlacht zu nennen nach dem sinnvollen Namen des Hofes La Belle Alliance, wo die beiden Sieger, „durch eine anmutige Gunst des Zufalls“ zusammengetroffen waren – „zum Andenken des zwischen der britischen und preußischen Nation jetzt bestehenden, von der Natur schon gebotenen Bündnisses, der Vereinigung der beiden Armeen und der wechselseitigen Zutraulichkeit der beiden Feldherren.“ Wellington ging auf den schönen Gedanken, der beiden Völkern die verdiente Ehre gab, nicht ein. Die Schlacht sollte als sein Sieg erscheinen, darum taufte er sie auf den Namen des Dorfes Waterloo, wo gar nicht gefochten wurde; denn dort hatte er am 17. Juni übernachtet und von Spanien her war er gewohnt die Stätten seiner Siege mit dem Namen seines letzten Hauptquartiers zu bezeichnen. Während Gneisenaus Schlachtbericht durchaus ehrlich und bescheiden den wirklichen Hergang, soweit er schon bekannt war, erzählte, stellte der Herzog in seinem Berichte die Ereignisse so dar, als ob sein letzter Scheinangriff die Schlacht entschieden und die Preußen nur eine immerhin dankenswerte Hilfe geleistet hätten. Zum Glück wurde von solchen Zügen englischer Bundesfreundschaft vorderhand noch wenig ruchbar. Das Verhältnis zwischen den Soldaten der beiden Heere blieb durchaus freundlich; die tapferen Hochschotten, die auf dem Schlachtfelde den preußischen Vierundzwanzigern um den Hals fielen und mit ihnen gemeinsam das Heil Dir im Siegerkranz! sangen, fragten wenig, wem das höhere Verdienst gebühre.

In der Heimat hatte die Unglückspost von Ligny große Bestürzung erregt; man sah schon ein neues Zeitalter unendlicher Kriege emporsteigen. Um so stürmischer nun die Freude über die Siegesbotschaft. Wie war doch plötzlich das Machtverhältnis zwischen den beiden Nachbarvölkern verschoben! Schon jenseits der Grenze empfingen die Deutschen den Feind; die Hälfte des preußischen Heeres und ein Teil der norddeutschen Kontingente genügten, um, vereint mit etwa 60 000 Engländern und Niederländern, das französische Heer aufs Haupt zu schlagen; unabweisbar drängte sich der Gedanke auf, daß Preußen allein, selbst ohne Österreich, bereits stark genug war, die bösen Nachbarn zu bemeistern, wenn sich nur alle deutschen Staaten ihm anschlossen. Gneisenau sagte befriedigt: „Die Franzosen ahnen nicht bloß, sie wissen jetzt, daß wir ihnen überlegen sind.“ Im Bewußtsein solcher Kraft verlangte die Nation wie aus einem Munde rücksichtslose Ausbeutung des Sieges, gänzliche Befreiung des deutschen Stromes. Im Namen aller rief Arndt den Siegern zu:

Nun nach Frankreich, nun nach Frankreich!
Holt gestohlnes Gut zurück!
Unsre Vesten, unsre Grenzen,
Unsern Teil an Siegeskränzen,
Ehr' und Frieden holt zurück!

In gleichem Sinne rief ein anderer Poet:

Reißt Vaubans Stachelgurt von Frankreichs Grenze,
Legt ihn der euren an!

Die beiden Feldherren verständigten sich schnell über den gemeinsamen Einmarsch in das Innere Frankreichs, wobei die Preußen wieder die Spitze nehmen sollten; nur gingen beide von grundverschiedenen Absichten aus. Blücher wollte einfach die Unterwerfung des verhaßten Landes vollenden, bis die Monarchen das Weitere verfügten; Wellington wünschte den legitimen König schleunigst in die Tuilerien zurückzuführen. Und wieviel vorteilhafter war die politische Stellung des Briten! Während Blücher, ohne Kenntnis von den Plänen seines Hofes, sich begnügen mußte, seinen Generalen jeden amtlichen Verkehr mit den Bourbonen zu verbieten, ging Wellington, unbekümmert um die Wünsche der Bundesgenossen, ruhig auf sein sicheres Ziel los, forderte den Genter Hof auf, dem englischen Heere nachzuziehen.

Die Entscheidung des Krieges fiel so wunderbar rasch, daß jene Mächte, welche eine neue Restauration nicht wünschten, sich gar nicht auf die veränderte Lage vorbereiten konnten. König Ludwig war noch der von allen Mächten anerkannte König von Frankreich, das gesamte diplomatische Korps hatte ihn nach Gent begleitet, und den Vorstellungen der fremden Staatsmänner glückte es, den König für eine gemäßigtere Richtung zu gewinnen. Einer ersten, unklugen und übermütigen Proklamation folgte schon am 28. Juni eine zweite voll freundlicher Verheißungen. Der Bourbone versprach, sich abermals zwischen die alliierten und die französischen Armeen zu stellen, „in der Hoffnung, daß die Rücksichten, welche man mir zollt, zu Frankreichs Heile dienen werden"; er verwahrte sich feierlich gegen die Wiederherstellung der Zehnten und grundherrlichen Rechte, gegen die Rückforderung der Nationalgüter. Wellington trug kein Bedenken, den Friedensdeputationen, welche ihm die Hauptstadt zusendete, zu erklären, die Bedingungen der Sieger würden um vieles härter werden, wenn die Nation ihren König nicht zurückriefe. Und seltsam, der russische Gesandte Pozzo di Borgo unterstützte eifrig die Bestrebungen des englischen Feldherrn: ganz auf eigene Faust, denn der Zar selber dachte in jenem Augenblicke noch an die Thronbesteigung der Orleans. Pozzo hoffte durch Begünstigung der bourbonischen Sache auf Jahre hinaus der mächtigste Mann in den Tuilerien zu werden. Ein Teil der besitzenden Klassen neigte sich nun doch der Ansicht zu, daß eine neue Restauration der einzig mögliche Ausgang der ratlosen Verwirrung und namentlich für Frankreichs europäische Stellung vorteilhaft sei – eine kühle Berechnung, die freilich mit den Gefühlen dynastischer Treue nicht das mindeste gemein hatte.

Der Imperator mußte sogleich erfahren, daß Frankreich für einen unglücklichen Napoleon keinen Raum bot. Auf den Rat seiner Umgebung verließ er das Heer, das ihn doch allein stützen konnte, am 20. Juni und eilte nach Paris; dort sah er sich von aller Welt so gänzlich verlassen, daß er bereits nach zwei Tagen zugunsten seines Sohnes abdankte. Die provisorische Regierung, die sich unter Leitung des schlauen Fouché gebildet hatte, beachtete die Worte des Gestürzten nicht mehr. Er verbrachte dann noch einige Tage voll banger Zweifel in jenem Malmaison, wo einst die verstoßene Josephine in ihrer Einsamkeit gelebt hatte, bot der Regierung vergeblich seine Dienste als einfacher General an. Endlich sah er ein, daß seine Rolle ausgespielt war; der Gedanke, mit Hilfe der jacobinischen Föderierten in den Pariser Vorstädten wieder ans Ruder zu gelangen, schien dem Despoten zu unmilitärisch. Als die Preußen sich näherten, verließ er am 29. Juni das Schloß und eilte an die Küste nach Rochefort. Der große Schauspieler schlug nun noch einmal seine Toga in malerische Falten, erklärte dem Prinzregenten, er komme, um wie Themistokles Schutz zu suchen am gastlichen Herde des großmütigen Feindes, und begab sich am 15. Juli an Bord des englischen Kriegsschiffes Bellerophon. Hardenberg erlebte die Genugtuung, daß sein so oft wiederholter Vorschlag jetzt von allen Mächten unbedenklich gebilligt wurde; es blieb nichts übrig, als den unheilvollen Mann fern von Europa in sichere Haft zu bringen. Dort auf der einsamen Felseninsel hat der Gefangene mit eigenen Händen eine Strafe über sich verhängt, wie sie der bitterste Feind nicht grausamer ersinnen konnte. Dies titanische Leben nahm ein gaunerhaftes Ende. Mit wüstem Gezänk und der gewerbsmäßigen Verbreitung ungeheuerlicher Lügen füllte er seine letzten Jahre aus; er selber riß den Schleier hinweg von der bodenlosen Gemeinheit des Riesengeistes, der sich einst erdreistet hatte, der Welt den Fuß auf den Nacken zu setzen.

Über die Behandlung Napoleons hatten die beiden Feldherren sich nur schwer geeinigt. Der Gegensatz der britischen und der deutschen Politik brach überall hervor. Wellington wollte die Gefühle der Franzosen sorgsam schonen, und da er im Herzen völlig kalt blieb, so erkannte er auch richtig, daß es den Eroberern übel anstand, ihren Sieg durch eine Gewalttat zu beflecken. In Blüchers Hauptquartier dagegen flammte der alte Haß gewaltig auf: so viele deutsche Männer lagen abermals in ihrem Blute durch die Schuld dieses einen Mannes! Blücher vermaß sich, er wolle den Unhold, wenn er ihn finge, im Schlosse von Vincennes erschießen lassen, auf derselben Stelle, wo einst der Herzog von Enghien ermordet wurde; denn wozu sonst die Wiener Achtserklärung gegen den Störer der öffentlichen Ruhe? Erst auf Wellingtons dringende Bitten gab er den grimmigen Plan auf und fügte sich „der theatralischen Großmut", wie Gneisenau erbittert schrieb, „aus Achtung für den Charakter des Herzogs und – aus Schwäche". Dagegen setzte der preußische Feldherr durch, daß der Marsch bis nach Paris fortgesetzt wurde, während der Engländer der Hauptstadt die neue Demütigung lieber ersparen und seinen bourbonischen Schützling allein einziehen lassen wollte. Blücher blieb standhaft, stellte den Friedensgesandten der Pariser so strenge Bedingungen, daß die Fortsetzung des Krieges unvermeidlich wurde.

Das preußische Heer drang unaufhaltsam vor, den Engländern weit voran; auch der Festungskrieg ward mit Nachdruck begonnen, so daß noch vierzehn feste Plätze ihre Tore den Deutschen öffnen mußten. Das Volk betrug sich überall tief feindselig; die Franzosen ließen sich's nicht nehmen, daß dieser neue Krieg der Koalition ein himmelschreiendes Unrecht sei. Auch die Preußen traten härter und schroffer auf als im vorigen Jahre. Gneisenau hoffte die Armee Grouchys an der Oise vor Paris abzuschneiden. Dies gelang nicht; immerhin wurden die Truppen des Marschalls durch die rastlose Verfolgung fast ebenso vollständig aufgelöst wie die Besiegten von Belle Alliance. Der kühne Parteigänger Major Frankenhausen ließ ihnen nirgends Ruhe, er bewährte wieder den alten Ruhm der preußischen Reiterei, die sonst in diesem Kriege wenig Gelegenheit zur Auszeichnung fand. In den Gefechten von Compiegne und Villers Cotterets leisteten die Franzosen nur schwächlich Widerstand. Die Geschlagenen entkamen in aufgelösten Scharen in die Hauptstadt, und mit ihnen gebot Davoust, der Oberbefehlshaber von Paris, noch über 70 000 Mann; doch was war von diesen mut- und zuchtlosen Haufen zu erwarten? Am 29. Juni langte Blücher in Gonesse an, wenige Stunden nördlich von Paris; der liebliche Kessel des Seinetales lag dicht vor seinen Blicken. Sein Heer hatte die 36 Meilen von dem belgischen Schlachtfelde in elf Tagen, mit nur einem Ruhetage, zurückgelegt.

Hier im Hauptquartier zu Gonesse kam ein böser Tag für Gneisenau. Das zieht die Herzen so mächtig zu dem Bilde dieses großen Deutschen hin, daß er in allem so einfach menschlich war und darum auch einmal recht menschlich bitter und ungerecht werden konnte. So widerfuhr es ihm heute. Er wußte, daß er der eigentliche Feldherr dieses Krieges gewesen, daß der rettende Gedanke der Vereinigung der beiden Heere allein aus seinem Kopfe entsprungen war; nun mußte er hören, wie die Verbündeten Wellington als den ersten Helden priesen, diesen Briten, der wohl auf dem Schlachtfelde hohe Umsicht und Ausdauer gezeigt, doch bei der Leitung des Feldzugs Fehler auf Fehler gehäuft hatte. Eine tiefe Bitterkeit überkam ihn, wenn er sein ruhmlos verborgenes Wirken, alle die so lange schweigsam ertragenen Kränkungen der letzten Jahre überdachte. Wie abenteuerlich hatte das Schicksal mit ihm gespielt, von Kindesbeinen an! In Schilda, dem sächsischen Abdera war er zur Welt gekommen, mitten im Wirrwarr des Kriegslagers der Reichsarmee, unter den Feinden Preußens; die Preußischen Kanonen brummten dem Kinde das Wiegenlied, und wenig fehlte, so wäre der Knabe auf dem Rückzuge in der Nacht nach der Torgauer Schlacht von den Hufen der Pferde zertreten worden, hätte ihn ein mitleidiger Grenadier nicht aufgehoben. Nachher die öde freudlose Zeit, da er in Schilda barfuß die Gänse hütete, bis endlich die katholischen Verwandten in Würzburg sich seiner erbarmten. Der Heimatlose wußte niemals recht, zu welchem deutschen Stamme noch zu welcher Kirche er eigentlich gehörte. Dann die wilden tollen Studentenjahre in Erfurt, eine kurze Dienstzeit bei den österreichischen Reitern, eine Fahrt nach Amerika mit den Unglücklichen, die der Ansbacher

Markgraf den Briten verkaufte. Darauf der preußische Dienst: im Anfang glänzende, überschwengliche Hoffnungen, dann wieder die leere Nichtigkeit des subalternen Lebens, so armselig, so niederdrückend, daß dieser Feuergeist, der sich einst fast in seinen eigenen Gluten verzehrt hatte, jetzt ernstlich Gefahr lief, zum Philister zu werden. Als dann die weltverwandelnden Geschicke über Preußen hereinbrachen, da jauchzte der Genius in ihm auf; durch ihn errang das gedemütigte Heer den ersten Erfolg, seit Scharnhorsts Tode durfte sich niemand mehr mit ihm vergleichen. Und was war sein Lohn? Die Offiziere des Generalstabs, die den Zauber des Genies im täglichen Umgang empfanden, wußten freilich wohl, was Deutschland an diesem Manne besaß; sie kamen sich vor wie in der verkehrten Welt, wenn sie diesen geborenen Herrscher mit dem Federhute in der Hand ehrerbietig neben dem Zaren stehen sahen. Aber wenn die Soldaten den alten Blücher mit donnerndem Hurra begrüßten, so bemerkten sie kaum den unbekannten General an der Seite des Feldmarschalls. Bülow hatte seinen Namen in die Tafeln der Geschichte eingetragen, von Gneisenau wußte sie nichts. Er glaubte älter zu sein als alle Generale der Infanterie und war noch immer Generalleutnant, hatte nie ein selbständiges Kommando geführt, trug weder den schwarzen Adlerorden noch das große Eiserne Kreuz. Der König liebte ihn nicht, das boshafte Geflüster unter den Hofleuten hörte nicht auf; er fühlte sich seiner Stellung im Heere so wenig sicher, daß er erst kürzlich den Staatskanzler gebeten hatte, ihm doch für die Friedenszeiten das Amt des Generalpostmeisters zu verschaffen. Wie fern lag ihm alle Überhebung, wie oft nannte er sich nur einen vom Glücke begünstigen Soldaten; aber einmal doch mußte der Unmut heraus. In höchster Leidenschaft schrieb er dem Staatskanzler an einem Tage drei Briefe voll heftiger Anklagen, beschuldigte in seinem Zorne selbst Stein und Blücher des Undanks. Die Gerechtigkeit des Königs gab ihm bald Genugtuung; er trug nachher den Ordensstern, der im Wagen Napoleons gefunden worden. Doch über den historischen Ruhm, der ihm gebührte, ist die Mehrzahl der Zeitgenossen nie ins klare gekommen; erst ein späteres Geschlecht seiner Landsleute ward seiner Größe gerecht, und die Franzosen wissen bis zum heutigen Tage noch nicht, wer der erste Feldherr des verbündeten Europas war.

Der Unmut zog nur wie ein flüchtiges Gewölk über Gneisenaus freie Stirn hin. Noch an dem nämlichen 30. Juni war der Held wieder ganz bei der Sache, legte den beiden Heerführern seinen Plan für die Einnahme der Hauptstadt vor. Während Bülow die leidlich befestigte Nordseite von Paris durch Scheinangriffe beschäftigte, marschierte Blücher mit der übrigen Armee rechtsab, überschritt die Seine unterhalb der Stadt und schickte sich an, den Platz vom Süden her anzugreifen; am 2. Juli wurde Bülow von den nachrückenden Engländern abgelöst und folgte dem Feldmarschall. Die letzten Kämpfe an der offenen Südseite fielen wieder allein den Preußen zur Last. Umsonst versuchte Davoust in einem beweglichen Briefe Waffenruhe zu erbitten. Die Behauptung des Marschalls, nach dem Sturze Napoleons bestehe kein Grund mehr zum Kriege, klang dem deutschen Feldherrn wie Hohn; in einer geharnischten Antwort forderte er den verhaßten Peiniger der deutschen Bürger zur Kapitulation auf: „Wollen Sie die Verwünschungen von Paris ebenso wie die von Hamburg auf sich laden?“ Ein unglückliches Gefecht seiner Lieblingswaffe erschütterte den Alten tief. Die alterprobten brandenburgischen und pommerschen Husaren, 650 Pferde unter der Führung des kühnen Sohr, gerieten bei Versailles plötzlich in einen Hinterhalt, unter die elf Reiterregimenter des Generals Excelmans; als sie zurücksprengten, verirrten sie sich in dem Dorfe Chesnoy zwischen die hohen Mauern einer Sackgasse. Ein drittel schlug sich durch, die anderen wurden größtenteils niedergehauen. Unter ihnen auch der blutjunge Freiwillige Heinrich von Yorck, der Lieblingssohn des Generals; der rief, als die Feinde ihm Pardon anboten: „ich heiße Yorck!“ und hieb um sich, bis er zusammenbrach. So mußte der eiserne Mann, der einst den deutschen Krieg begonnen, dicht vor dem letzten Siege noch einmal mit seinem Herzblute zahlen.

Am 2. Juli drang das Korps Zietens nach einem heftigen Gefechte bis auf die Hochebene von Meudon vor. Als der wilde Vandamme in der folgenden Nacht versuchte, von Issy aus diese Position zurückzuerobern, ward er gänzlich geschlagen; die Überlegenheit der preußischen Waffen zeigte sich so glänzend, daß Davoust noch am selben Morgen sich zur Übergabe bereiterklärte. Blücher sendete den General Müffling als Unterhändler. Der hatte einst in Blüchers

Namen die unvergeßliche Kapitulation von Ratkau abgeschlossen; der Alte konnte ihn seitdem nie ohne stillen Ärger ansehen und hieß ihn jetzt eine andere Kapitulation zustande bringen, die den letzten Flecken von seinem Ehrenschilde tilgen sollte. Binnen drei Tagen mußte die Stadt übergeben werden, Davoust mit den Trümmern der Armee über die Loire zurückgehen. Triumphierend schrieb Blücher an Knesebeck: „Mein Tagewerk ist vollendet, Paris ist mein! Meinen braven Truppen, ihrer Ausdauer und meinem eisernen Willen verdanke ich alles!" Nachher ward noch der ganze Westen und Norden des Landes von den Heeren der Verbündeten besetzt. Welche Freude, als Scharnhorsts Schwiegersohn Friedrich Dohna seine Reiter ihre Rosse in der Loire tränken ließ; er dachte stolz an seine tapferen Ahnen, die in den Hugenottenkriegen gleichfalls den Schrecken der deutschen Waffen bis vor die Wälle von Blois und Orleans getragen hatten.

Diesmal wollte Blücher der verhaßten Stadt weder die Ehre seines Besuches noch die Augenweide eines feierlichen Einzugs gönnen. Sie sollten fühlen, was der Krieg ist. Die Regimenter rückten einzeln ein und wurden allesamt einquartiert, obgleich die Bourgeois über solche Beschimpfung leidenschaftlich klagten. Behörden und Bürgerschaft zeigten die höchste Gehässigkeit; daß diese Preußen in vier Tagen der französischen Kriegsherrlichkeit ein Ende gemacht, war ihnen eine unbegreifliche Unverschämtheit. Der Sieger verlangte die Zahlung von zwei Monaten Sold für die Armee und sofort zwei Millionen Kriegssteuer; die Klagenden verwies er an Daru: der verstehe, wie man das Geld zur Stelle schaffe. Gleich am ersten Abend wurde das Danziger Bild von preußischen Musketieren aus dem Louvre entführt, und nun begann die Zurücknahme des Raubes. Haarklein müssen sie alles herausgeben – meinte der Alte und trieb zur Eile, damit die verfluchten Diplomatiker nicht dazwischenkämen. Allein dem harten Willen des deutschen Feldherrn verdankte die Welt, daß der europäische Skandal des großen Pariser Plünderungsmagazins nun ein Ende nahm. Altenstein, Eichhorn und der junge Kölnische Kunstforscher de Groote zeigten den preußischen Soldaten das gestohlene Gut; doch trotz dem Spüreifer der deutschen Gelehrten ward ein Teil des unübersehbaren Raubes nicht wieder aufgefunden. Nachdem die Preußen das Werk der Sühne einmal in Gang gebracht, machten auch andere Staaten ihre Ansprüche geltend. Der Manuskriptenschatz der Heidelberger Palatina, den einst Tilly nach Rom, dann Bonaparte nach Paris entführt hatte, gelangte endlich wieder an den Neckar zurück; das kunstsinnige Volk von Florenz empfing mit Sang und Klang in bekränztem Zuge seine Götterbilder, die Venus und den Apollino, als sie wieder heimkehrten in die herrliche Tribuna der Ufficien. Die Brücke von Jena wollte Blücher in die Luft sprengen lassen – am liebsten, wenn sich Fürst Talleyrand vorher darauf gesetzt hätte; nur das Einschreiten der Monarchen vereitelte die Absicht.

Einen seltsamen Gegensatz zu dem scharfen, doch keineswegs gewalttätigen Auftreten der Preußen bildete Wellingtons berechnete Milde. Der Herzog ließ seine Truppen im Freien beim Boulogner Gehölz lagern, vermied alles, was die Pariser Eitelkeit irgend kränken konnte, und vollendete unterdes in aller Gelassenheit einen Meisterstreich britischer Diplomatie, der dem gewandtesten Londoner Stockjobber zur Ehre gereichte. Wie er die Dinge ansah, verstand sich's ganz von selbst, daß Englands Wille in diesem Koalitionskriege allein entscheiden mußte. Ohne bei den verbündeten Höfen anzufragen, ließ er den Bourbonen, unter dem Schutze der englischen Bajonette, in die Tuilerien einziehen. Als die drei Monarchen am Abend des 10. Juli in Paris eintrafen, saß König Ludwig schon seit zwei Tagen wieder auf seinem Throne und empfing sie als leutseliger Hausherr. Fouché, der rasch merkte, woher der Wind wehte, hatte sich den Bourbonen noch rechtzeitig angeschlossen und dafür gesorgt, daß die Kammern des Kaiserreichs sich nicht wieder versammelten. Was frommte es, daß Blücher jede Einladung König Ludwigs ausschlug, daß die preußischen Wachen in den Tuilerien den Hof gar nicht bemerken wollten? Die zweite Restauration war vollzogen, durch England allein; an die Wiedervertreibung der Bourbonen konnte keine der anderen Mächte im Ernst denken. Durch diese vollendete Tatsache vereitelte die britische Politik zugleich die gerechten Forderungen der deutschen Nation. Die Abtrennung von Elsaß-Lothringen war möglich, wenn die Alliierten sich zunächst unter sich einigten und dann den Bourbonen in das verkleinerte Königreich zurückriefen; sie war unerreichbar, wenn man darüber mit einem befreundeten Könige verhandeln mußte. Mit gutem Grunde klagte Hardenberg, das eigenmächtige Verfahren der Briten habe die Koalition in einen „amphibischen Zustand" versetzt.

Die beiden Kaiser wurden durch den glänzenden Erfolg des belgischen Feldzugs keineswegs angenehm überrascht. Das Heer des Zaren kam gar nicht mehr ins Feuer. Die Österreicher und die Süddeutschen begannen, nach einem unbedeutenden Gefechte bei Straßburg, einen sehr matten Belagerungskrieg gegen die elsässischen Festungen; Erzherzog Johann ward, von wegen der fast unblutigen Eroberung von Hüningen, durch die dankbaren Baseler wie ein anderer Napoleon gefeiert. Die anderen Plätze hielten sich sämtlich. Das Volk betätigte überall fanatischen Haß; mancher Nachzügler der verbündeten Heere ward unter unmenschlichen Martern umgebracht. In den Vogesen rotteten sich die Gebirgsschützen zusammen; die Schlettstädter ließen nachher die äußerst harmlosen Greuel der Belagerung auf ihrem Rathause in pathetischen Bildern verherrlichen. Genug, der österreichische Kriegsruhm hielt sich in den bescheidensten Grenzen. Kaiser Franz sagte zu den Offizieren des Blücherschen Hauptquartiers in seiner anbiedernden Weise: „Ihr Herren Preußen seid doch Taifelskerle"; und Metternich gestand dem Freiherrn vom Stein, ein österreichisches Heer hätte nach der Schlacht von Ligny mindestens sechs Wochen gebraucht, um sich zu erholen – worauf Stein nachdrücklich erwiderte: „Da sehen Sie, was die sittliche Kraft vermag."

Auch der Zar verbarg kaum, wie tief es ihn wurmte, daß die Bundesgenossen ihm allen Kriegsruhm vorweggenommen hatten. Obgleich Alexander nach seiner Weise wirklich ein treuer Bundesgenosse seines westlichen Nachbarn war, so wünschte er doch keineswegs, daß Preußen stark genug würde, um der russischen Freundschaft entraten zu können; darum sollte Deutschland an seiner Westgrenze verwundbar bleiben. Noch lebhafter als im vorigen Jahre trat der Zar daher für die Franzosen ein, blieb für Steins Mahnungen ganz unzugänglich. Metternich fand sich ebenfalls schnell in die neue, durch Wellingtons Rücksichtslosigkeit geschaffene Lage und kam den Bourbonen freundlich entgegen. Da er nach wie vor der Meinung blieb, daß Österreich die gefährliche Position am Oberrheine keinesfalls wieder übernehmen dürfe, so wünschte er einen schleunigen, milden Friedensschluß. Was fragte der Wiener Hof nach den gerechten Ansprüchen der deutschen Nation?

Diese Hoffnungen der Deutschen fanden nirgends wärmeren Ausdruck als in den Briefen der preußischen Generale. Schon vier Tage nach der Entscheidungsschlacht schrieb Gneisenau an den Staatskanzler: „Wehe denen und Schande ihnen, wenn diese einzige Gelegenheit nicht ergriffen würde, um Belgien, Preußen, Deutschland zu sichern für ewige Zeiten!" Er forderte für Belgien einige feste Plätze im französischen Flandern, für Preußen Mainz und Luxemburg, desgleichen Nassau und Ansbach–Bayreuth; Bayern sollte dafür in Elsaß-Lothringen entschädigt werden, das Haus Nassau im welschen Luxemburg. „Welche Sprache jetzt Preußen führen kann und muß, wissen Sie besser als ich. So hoch hat noch nie Preußen gestanden!" In ähnlichem Sinne bat Blücher den König, „die Diplomatiker anzuweisen, daß sie nicht wieder verlieren, was der Soldat mit seinem Blute errungen hat." Der Alte lebte, wie fast die gesamte deutsche Nation, des naiven Glaubens, daß die fremden Mächte den Preußen den so redlich verdienten Siegespreis gar nicht versagen könnten, wenn nur unsere Diplomaten fest blieben. Der König war mit den Wünschen seiner Generale persönlich durchaus einverstanden und beauftragte Gneisenau, neben Hardenberg und Humboldt als Bevollmächtigter an dem Friedenskongresse teilzunehmen; dem feurigen Helden tat es recht in der Seele wohl, daß derselbe Talleyrand, der in Wien den Vernichtungskrieg gegen Preußen geschürt hatte, ihm jetzt als demütiger Unterhändler für die Besiegten gegenübertreten mußte. Aber Friedrich Wilhelms Nüchternheit erkannte auch, wie wenig es in diesem harten Machtkampfe auf Vernunftgründe und auf die offenbare Gerechtigkeit der preußischen Forderungen ankam; „das alleinige Verfolgen meines Staatsinteresses", schrieb er beschwichtigend an den Feldmarschall, „findet Schwierigkeiten in den vielfach kombinierten Interessen der übrigen Staaten."

In der Tat war die Stellung der preußischen Unterhändler heuer sogar noch ungünstiger als ein dem ersten Friedenskongresse: in allen wesentlichen Fragen begegneten sie dem Widerspruche der anderen vier Mächte. Wohl traten die alten Gegner von Wien her, die Niederlande, Baden und Württemberg, diesmal mit Eifer für die preußischen Forderungen ein, da die Schwächung der französischen Ostgrenze für sie noch weit wichtiger war als für Preußen selber. Aber so scharf hatte sich das System der Pentarchie bereits ausgebildet – die Denkschriften der Staaten zweiten Ranges wurden von den großen Mächten als müßige Stilübungen angesehen, selten auch nur einer Antwort gewürdigt. Der preußische Staat stand allein; sein Heer hatte sich heldenhaft für die gemeinsame Sache des Weltteils aufgeopfert, um schließlich für das eigene Land nahezu nichts zu erringen.

Als Hardenberg am 15. Juli in Paris eintraf, fand er in dem großen Ministerrate Nesselrode, Capodistrias, Pozzo; Castlereagh, Wellington, Stewart; Metternich, Wessenberg, Schwarzenberg – keinen darunter, der den drei preußischen Bevollmächtigten entgegengekommen wäre. Die Präsidialmacht des neuen Deutschen Bundes hielt sich zu Anfang zurück, da sie dem einmütigen Verlangen der deutschen Nation doch nicht allzu laut widersprechen durfte, aber sie tat auch nicht das mindeste, um die Zurückforderung der Vogesengrenze zu unterstützen. Gentz sprach von vornherein mit giftigem Hohne über „die engherzigen Anschauungen“ der Preußen, die aus dem Kampfe gegen die Revolution selbstsüchtig Vorteil ziehen wollten. Der von Stein und seinen Freuden aufgeworfene Vorschlag, das Elsaß dem Erzherzog Karl zu geben, steigerte nur den Widerwillen des Kaisers Franz, der gegen diesen Bruder stets ein tiefes Mißtrauen hegte.

Zwischen den beiden Nebenbuhlern Rußland und England entspann sich nun ein stürmischer Wettlauf um den Preis der Großmut, beide hofften, sich für die drohende orientalische Verwicklung die Freundschaft Frankreichs zu sichern. Bei den Briten wirkte auch noch die Erinnerung an das Bündnis vom 3. Januar und die damals begründete entente cordiale mit, vor allem aber die den Hochtorys eigentümliche geistige Beschränktheit. Zu großen Gesichtspunkten der festländischen Politik vermochten sich diese Insulaner nicht zu erheben; Castlereagh sprach unbefangen aus: „wenn man für fünf oder sieben Jahre Vorsichtsmaßregeln ergriffe, so sei das Höchste geschehen, was die Diplomatie leisten könne.“ Die Sieger beschlossen, die Unterhandlung mit der Krone Frankreich erst dann zu beginnen, wenn sie sich untereinander geeinigt hätten. Das unglückliche Land lag waffenlos zu den Füßen der Eroberer. Überall die Raserei des Parteihasses; in Paris tiefer Groll gegen den König, den Schützling der Fremden; im Süden begann schon der Bürgerkrieg, der wütende Kampf des „weißen Schreckens“. Überdies wurden die Trümmer der napoleonischen Armee eben jetzt, auf Alexanders Rat, aufgelöst, weil der Zar den Verbündeten beweisen wollte, daß ihnen kein Feind mehr gegenüberstehe, daß die Stunde des Vergebens gekommen sei. Das Land war außerstande, den Bedingungen der Sieger irgendwelchen Widerstand entgegenzustellen. Um so schwerer hielt die Verständigung zwischen den Siegern selbst. So glatt und leicht die Verhandlungen über den ersten Pariser Frieden verlaufen waren, ebenso stürmisch gestaltete sich diesmal die Beratung. Zwei volle Monate lang führten die preußischen Staatsmänner den diplomatischen Kampf gegen das gesamte Europa, bis sie endlich nachgeben mußten und dann, nach der eigentlichen Entscheidung, die Friedensverhandlung mit Frankreich eröffnet wurde.

Schon am 15. Juli hatte Castlereagh die Grundsätze aufgestellt, von denen die Verbündeten ausgehen sollten: „Das Ansehen des König Ludwigs entehren oder schwächen heißt in der Tat die eigene Macht der Verbündeten verringern.“ Es ist auch die Pflicht der Mächte, die Nation mit Nachsicht und Versöhnlichkeit zu behandeln, dagegen den König bei der Neubildung des Heeres und der Unterdrückung der Verschwörer zu unterstützen. Im schärfsten Gegensätze zu dieser Ansicht, welche die Sieger von Belle Alliance in der Tat nur als die ergebene Polizeimannschaft des Allerchristlichen Königs betrachtete, sprach Hardenberg am 22. Juli seine Forderungen aus. Drei Ziele, sagt er, sind durch diesen Friedensschluß zu erreichen: Bürgschaft für die Ruhe Europas. Entschädigung für die Kriegskosten, endlich Ausführung der beim ersten Frieden gegebenen Versprechungen. Die Ruhe der Welt kann nur durch die Schwächung der französischen Ostgrenze gesichert werden, da die Franzosen spätestens nach Abzug unserer Heere sich wieder feindselig zeigen werden. Der letzte Krieg hat die Verwundbarkeit der Niederlande offenbart, wie die militärische Schwäche Oberdeutschlands durch die napoleonischen Feldzüge erwiesen ist. Also Verstärkung der Niederlande durch eine Reihe französischer Festungen; das Elsaß an Deutschland zurückgegeben, seine festen Plätze durch Österreich besetzt; für Preußen die Festungen an der Saar und der oberen Mosel; für die Schweiz einige Grenzfestungen im Jura, für Piemont ganz Savoyen. Von Dünkirchen bis hinauf nach Chambery und den savoyischen Seen sollte ein mehrere Meilen breiter Streifen, der die ganze Ostgrenze entlanglief und die vorderste der drei Vaubanschen Festungsreihen umfaßte, abgetrennt werden, wie eine Landkarte aus der Staatskanzlei näher angab.

Wie Preußen überall in diesem Kriege seine rücksichtslose Hingebung an die gemeinsame Sache Europas betätigt hatte, so forderte Hardenberg auch von dem Siegespreise für seinen eigenen Staat unmittelbar nur wenig: Metz, Diedenhofen und Saarlouis. Selbst Gneisenau hatte rasch eingesehen, wie stark das allgemeine Mißtrauen gegen Preußen sei, und riet daher jetzt, mehr für die Niederlande, Österreich und Süddeutschland als für Preußen selbst zu verlangen; den Briten müsse man vorstellen: so werde Preußen im Westen gesichert und könne gegen Rußland schärfer auftreten.

Hinsichtlich der Geldentschädigung erinnerte Hardenberg an die törichte, von Preußen vergeblich bekämpfte Großmut vom vorigen Jahre: „Es wäre Narrheit, noch einmal ebenso zu handeln.“ Er verlangte, obgleich der ängstliche Altenstein ihm geraten hatte, sich mit 800 Millionen zu begnügen, die Zahlung von 1200 Millionen Fr., davon 200 Millionen vorab für die Eroberer von Paris, Preußen und England. Eine Rechnung aus der Staatskanzelei wies sodann nach, daß Frankreich in den Jahren 1806 bis 1812 aus Preußen allein 1228 Millionen erhoben hatte – was noch um reichlich 300 Millionen hinter der Wahrheit zurückblieb. Endlich, für die Zurückgabe der Kunstschätze und die Einlösung der anderen noch unerfüllten Versprechungen des vorigen Jahres sollte eine europäische Kommission sorgen. Die preußischen Vorschläge waren streng, doch durchaus gerecht, angesichts der vollständigen Niederlage des napoleonischen Heeres und der unbelehrbaren Feindseligkeit der Franzosen. Ein Unglück nur, das die Entsagung, welche der preußische Staat für sich selber übte, die Behauptung der erhofften Beute erschwerte; denn wer anders als Preußen konnte die widerspenstigen Elsässer mit starker Hand festhalten während der bösen Übergangszeit, bis ein neues, gut deutsches Geschlecht heranwuchs?

Der Handel zog sich durch anderthalb Monate. Endlich entschloß sich der Staatskanzler, einen halben Schritt zurückzuweichen; er erbot sich am 28. August, das obere Elsaß aufzugeben, verlangte für Deutschland nur noch Diedenhofen und Saarlouis, Landau und Bitsch endlich Straßburg als freie Stadt.

Unterdessen hatte Gneisenau eine Denkschrift für den Zaren aufgesetzt, die am 31. August auf Befehl des Königs übergeben wurde; Friedrich Wilhelm versprach sich von den feurigen Worten des Generals einigen Eindruck und hoffte am nächsten Tage durch eine persönliche Unterredung seinen Freund vollends zuzustimmen. Ohne auf die preußischen Forderungen im einzelnen einzugehen, versuchte Gneisenau zunächst nur das Herz des Zaren für den Grundsatz der Gebietsabtretung zu gewinnen. Er zeigte, daß in der Tat Frankreich die Schuld an dem neuen Kriegsunglück trage; ohne die Hilfe aller energischen Männer Frankreichs, ohne die stumpfe Teilnahmslosigkeit der Masse hätte „der geächtete Abenteurer“ niemals den Zug von Cannes nach Paris vollenden können. „Europa erwartet von den Verbündeten mit Recht die Bestrafung solcher Untaten und wird mit Erstaunen erfahren, daß man einen neuen Utrechter Frieden schließen, die Leiden dieses beklagenswerten Deutschlands verewigen will; das wird die Regierungen zur Verzweiflung bringen und die Völker erbittern. Wenn von zwei Nachbarn der eine die Einheit der Staatsgewalt besitzt, physisch und moralisch auf den Angriff eingerichtet ist, während der andere durch die natürlichen Gebrechen einer Bundesverfassung und durch die Gestalt seiner Grenzen strenge auf die Verteidigung beschränkt wird, so läßt sich leicht vorhersehen, welcher von beiden unterliegen wird. Was in den Händen des einen ein Angriffsmittel ist, wird in der Hand des anderen ein Mittel zur Abwehr. Die bourbonische Regierung kann sich nicht sicherer die Volksgunst gewinnen, als wenn sie sich der abenteuerlichen Rachsucht ihrer Nation ganz hingibt. Ermutigt durch die Erfahrung, daß seine Grenze auch nach den größten

Niederlagen unverletzt bleibt, daß die Berechnungen einer engherzigen Politik ihm unter allen Umständen die Sicherheit seines Gebietes gewährleisten, wird das französische Volk bald keine Schranke mehr für seinen Übermut kennen. Und sollen wir der französischen Partei in Deutschland neue Gründe geben zu dem Glauben, daß man mehr gewinnt durch Anschluß an die Eroberungspläne Frankreichs als durch Erfüllung seiner Pflichten gegen das Vaterland und die gemeinsame Sache Europas? Das mächtige und furchtbare Rußland steht wahrlich zu hoch für kleinliche Erwägungen, welche dem großherzigen Charakter des Kaisers nicht entsprechen. Bleibt Frankreichs Grenze unverändert, so wird man allgemein sagen, England wolle den Kontinent in neue Wirren stürzen, damit er nicht Zeit habe, sich gegen die britische Handelspolitik zur Wehr zu setzen." So der Gedankengang des langen, in mangelhaftem Französisch, doch mit der höchsten rednerischen Kraft geschriebenen Memorandums. Gneisenau trug auch kein Bedenken, für Piemont, die Niederlande und die kleinen deutschen Staaten die Zulassung zu den Konferenzen zu verlangen, was in den Augen der anderen Großmächte eine arge Ketzerei war. Der Zar blieb taub. Auch seine Unterredung mit dem Könige führte zu keinem Ergebnis.

Mit großer Gewandtheit benutzte Metternich sofort die Gunst des Augenblicks, um als Vermittler zwischen die Streitenden zu treten. In einer Denkschrift vom 8. September erkannte er die gemäßigte und versöhnliche Haltung aller Höfe dankbar an und fand es sehr erklärlich, daß gleichwohl infolge der Verschiedenheit der geographischen Lage und der nationalen Stimmungen ihre Ansichten nicht gänzlich übereinstimmten. Österreich wünsche eine möglichst große Sicherheit, aber möglichst geringe Opfer für Frankreich und schlage daher vor, also vor allem die Zurückführung Frankreichs auf den Besitzstand von 1790. „Die Grenzen von 1790" – damit war sehr glücklich eines jener handlichen Schlagwörter gefunden, wie sie die noch ganz französisch gebildete Diplomatie jener Tage liebte. Die weiteren Vorschläge der Denkschrift paßten freilich zu diesem wohlklingenden Worte wie die Faust auf das Auge; sie zeigten deutlich, daß Metternich nicht ehrlich vermittelte, sondern die englisch-russische Partei ergriff. Von jenem Viertel des Elsasses, das im Jahre 1790 noch deutsch gewesen, war gar nicht mehr die Rede, vielmehr verlangte der Österreicher außer Landau und jenen niederländischen Grundsätzen, welche der Zar bereits zugestanden hatte, ausdrücklich nur noch Saarlauis, und selbst diesen Platz nicht unbedingt, da ja Frankreich zur Erbauung einer anderen Saarfestung Gelder an Preußen zahlen könne. Dazu endlich 1200 Millionen Kriegsentschädigung und eine siebenjährige Besetzung des Landes durch 150 000 Mann, welche unter Wellingtons Oberbefehl „die europäische Polizei" handhaben sollen.

Also von Österreich preisgegeben, erklärte Hardenberg endlich (8. September), daß sein König um der Eintracht willen auf seine weitergehenden Ansichten verzichte und die Grenzen von 1790 annehme; jedoch er verstand diesen Grundsatz ehrlich und verlangte – zum Ersatz für jene eingesprengten deutschen Gebiete im Elsaß außer Landau auch Saarlouis, Bitsch und den nördlichsten Streifen des Elsasses mit Fort Louis, Weißenburg, Hagenau. Selbst England fand jetzt gegen eine mäßige Gebietsforderung nichts mehr einzuwenden, und so endigte denn die Verhandlung, wie einst der Streit über Sachsen, mit einem widerwärtigen Feilschen um die einzelnen Städte und Festungen. Hardenberg verteidigte jede seiner letzten Forderungen mit der höchsten Hartnäckigkeit, doch da ihn keine der andern Mächte unterstützte, so konnte er nur Landau, Saarlouis und das Kohlenbecken von Saarbrücken für Deutschland retten. Von dem Metternichschen Vorschlage „Besitzstand von 1790" blieb zuletzt nicht mehr viel übrig als der Name, da der sogenannte Vermittler sein eigenes Wort nicht ernst nahm. Am 19. September beschlossen die vier Mächte, nunmehr mit Frankreich in Verhandlungen einzutreten. Tags darauf überreichten sie ihr gemeinsames Ultimatum. Sie nahmen an, der Friede sei gesichert, denn was konnte das waffenlose Frankreich wider ihre nur allzu milden Bedingungen ausrichten?

Voll steifen Hochmuts beantwortete Talleyrand am 21. September das Ultimatum der Verbündeten: Der Allerchristlichste König habe mit den vier Mächten, seinen Verbündeten, keinen Krieg geführt und könne ihnen folglich ein Eroberungsrecht nicht zugestehen. Eine solche Sprache aus dem Munde eines völlig entwaffneten Staates erschien doch sogar den Briten und den Russen unerträglich. Auf Talleyrands Note erwiderten die vier Mächte schon am folgenden

Tage scharf abweisend: von Eroberungen sei überhaupt nicht die Rede, sondern nur von Maßregeln für die Sicherheit Europas.

Ein Ministerwechsel in den Juilerien kam dem Abschluß des Friedenswerkes zustatten. Der Herzog von Richelieu bildete am 26. September das neue Kabinett. Richelieu hatte sich durch langen Aufenthalt in Rußland das Wohlwollen des Zaren erworben. Aber machtlos wie er in Frankreich war, allein angewiesen auf die Gunst Alexanders, fand er sich rasch in das Unvermeidliche, und schon am 2. Oktober kam die entscheidende Vereinbarung zwischen Frankreich und den vier Mächten zustande. Das Protokoll brauchte wieder den hochtrabenden Ausdruck, die Grenze von 1790 sollte die Regel bilden; doch in Wahrheit trat Frankreich nur ab, einen Landstrich an der belgischen Grenze mit Marienburg und Philippeville, ferner den Rest von Savoyen, endlich Landau und Saarlouis mit Saarbrücken.

Am 20. November ward endlich der Frieden unterzeichnet. Aber auch dieser Vertrag brachte den Deutschen noch nicht den endgültigen Abschluß ihrer inneren Gebietsstreitigkeiten. Landau ward an Österreich und von diesem an Bayern abgetreten, doch damit war den Forderungen der Wittelsbacher noch nicht Genüge geleistet. Da Österreich die Wiedererwerbung des Elsasses verschmäht und also das einfachste Mittel zur gänzlichen Befriedigung des Münchener Hofes aufgegeben hatte, so ließ sich Metternich, um doch ein Unterhandlungsmittel in den Händen zu haben, von den großen Mächten den dereinstigen „Heimfall" des Breisgaus und der badischen Pfalz zusichern – eine völlig rechtswidrige Verabredung –, und der unselige Gebietsstreit zwischen Bayern und Österreich blieb vorläufig unerledigt. Frankreich mußte, je nach seinem Wohlverhalten, drei bis fünf Jahre lang die militärische Besetzung seiner Nordostprovinzen ertragen und 700 Millionen Kriegsentschädigung zahlen. 500 Millionen wurden zu je einem Fünftel unter die vier Großmächte und die Gesamtheit der Kleinstaaten verteilt; England und Preußen erhielten außerdem noch je 25 Millionen für die Einnahme von Paris: Der Rest ward für die Befestigung der an Frankreich angrenzenden Landstriche bestimmt, dergestalt, daß Bayern 15 Millionen, der Deutsche Bund 25 Millionen für die rheinischen Festungen erhielt; Preußen mußte sich mit 20 Millionen begnügen, da ihm Saarlouis und das Besatzungsrecht in Luxemburg abgetreten wurde.

Am nämlichen Tage erneuerten die vier Mächte ihr altes Bündnis. Rußland setzte durch, daß die vier Mächte sich, ohne feste Zeitangebe, zur Erhaltung des legitimen Königshauses und der Charte verpflichteten. Die vier Mächte gelobten einander, durch wiederholte Zusammenkünfte der Monarchen oder der Minister die europäische Sicherheit zu überwachen. So ward denn der gesamte Weltteil, und Frankreich insbesondere, unter die polizeiliche Aufsicht der Koalition gestellt, die Bourbonen durften nicht ruhen, bis sie aus dieser, für eine stolze Nation demütigenden Lage wieder herauskamen und die Aufnahme Frankreichs in das Bündnis der großen Mächte durchsetzten. Voll schwerer Besorgnis verließen die Staatsmänner der Koalition Paris. Keiner von ihnen glaubte an die Lebenskraft des alten Königshauses, sie alle schätzten die Dauer der bourbonischen Herrschaft nur auf wenige Jahre. Und einem solchen Staate, dessen Zukunft völlig unberechenbar erschien, hatte das verbündete Europa die beherrschenden Plätze am deutschen Oberrhein wieder eingeräumt!

Jetzt schrieb Zar Alexander eigenhändig die Urkunde der Heiligen Allianz nieder. Die drei Monarchen von Österreich, Preußen und Rußland, so schrieb der Zar, betrachten sich als verbunden durch die Bande einer wehrhaften und unauflöslichen Brüderlichkeit, als Familienväter ihren Untertanen gegenüber; sie sehen sich an als von der Vorsehung beauftragt, drei Zweige einer Familie zu regieren, und erkennen als den einzigen Souverän der einen christlichen Nation allein „Gott, unsern göttlichen Erlöser Jesus Christus". Alle Staaten, welche sich zu diesen Heilswahrheiten bekennen, sind zum Eintritt in den Heiligen Bund brüderlich eingeladen. Nur drei hielten sich zurück: die alten Feinde Rußlands, der ungläubige Sultan, der Papst und England. Eine politische Bedeutung aber hat der heilige Bund nie gehabt, sie ward ihm nur angedichtet durch die Oppositionspresse aller Länder, die sich bald gewöhnte, von „dem System der Heiligen Allianz" zu sprechen und ihre Anklagen gegen die Politik der Ostmächte an diese imaginäre Adresse richtete.

Der große Augenblick, da das seit Richelieu so unnatürlich verrenkte Gleichgewicht Europas wiederhergestellt und den Deutschen ihr altes Erbteil zurückgegeben werden konnte, ward versäumt, weil alle Mächte des Ostens und Westens sich begegneten in dem Entschlusse, die Mitte des Weltteils beständig niederzuhalten. Durch schmerzliche Erfahrungen erkaufte sich die deutsche Nation die Erkenntnis, daß sie die Sühne des alten Unrechts allein von ihrem eigenen Schwerte erwarten durfte. Die Franzosen empfanden nicht nur, wie billig, die mehrjährige Anwesenheit der fremden Truppen als eine unauslöschliche Schmach; sie nahmen auch den beispiellos milden Frieden für eine grausame Beleidigung. Nicht Saarbrücken oder Landau lag ihnen am Herzen; was sie nicht vergessen konnten, war die Niederlage von Belle Alliance. Rache für Waterloo:– dies blieb für Jahrzehnte der Schlachtruf des französischen Volkes. Diesem Gedanken entsprangen die Revolution von 1830, die Kriegsdrohungen von 1840 und die Wiederherstellung des Kaiserreiches, bis dann nach einem halben Jahrhundert der alte Herzenswunsch in einem wüsten Eroberungskriege sich entlud und der deutsche Sieger die Unterlassungssünden von 1815 endlich sühnte.

So blieb das Verhältnis zwischen den beiden Nachbarvölkern auf Jahrzehnte hinaus krankhaft unsicher und gespannt. Die Deutschen empfingen die Kunde von dem faulen Frieden mit bitterem Zorne. So recht im Namen seines Volkes rief Blücher: „Preußen und Deutschland steht trotz seiner Anstrengungen immer wieder als der Betrogene vor der ganzen Welt da“ – worauf er dann abermals seinen Ingrimm gegen die Diplomatiker aussprach und zornig fragte, wie lange denn „diese sonderbare Versammlung von Untertanen, die ihre eigenen Monarchen beherrschen“, noch bestehen solle. In ihrer naiven Unkenntnis der politischen Verhältnisse hatten viele Deutsche alles Ernstes gehofft, in Paris würden nicht nur die alten Grenzen des Vaterlandes wiederhergestellt, sondern auch die Gebrechen der Bundesverfassung geheilt werden. Schenkendorf wollte die Hoffnung nicht aufgegen, daß man den Erben der Leopolde und Ferdinande, der die deutsche Krone so kaltblütig verschmähte, nun doch zwingen könnte, sich mit dem alten Purpur zu bekleiden. Der treue Mann konnte die Stunde gar nicht erwarten, da das versteinerte Birnengesicht des Kaisers Franz wieder mit dem Reife der Karolinger geschmückt würde, und sang:

O sei denn endlich weiser,
Du Herde ohne Hirt,
Und wähle schnell den Kaiser
Und zwing ihn, daß ers wird!

Welche Entrüstung nun unter diesem teutonischen Geschlechte, als sich ergab, daß alles beim alten blieb, daß die Kaiserherrlichkeit begraben war, daß Rappoltsweiler und Oberehnheim wieder Ribeauvillé und Obernay heißen, daß die alten schönen Heimatlande deutscher Gesittung wieder von dem Schlamme welscher Verbildung überflutet werden sollten, um vielleicht für immer darin zu versinken! In tausend deutschen Herzen hallte die Klage des Dichters wider:

Doch dort an den Vogesen
Liegt ein verlornes Gut.
Da gilt es, deutsches Blut
Vom Höllenjoch zu lösen!

Und was am tiefsten verwundete: dieselben verlorenen deutschen Länder, denen man die Freiheit hatte bringen wollen, frohlockten über den diplomatischen Erfolg des Auslandes. In heller Verzweiflung rief Rückert:

Wird unser Siegszug denn zur Flucht?
Ganz Frankreich höhnt uns nach.
Und Elsaß, du entdeutschte Zucht,
Höhnst auch! O ärgste Schmach!

Die Erbitterten wollten die so nahe liegenden Gründe des großen Mißlingens nicht sehen, schoben alle Schuld auf Hardenbergs Schwäche und auf die „deutsche Uneinigkeit“, welche fortan ein stehender Klagepunkt in den Beschwerden der enttäuschten Patrioten bleiben sollte. Und doch hatten der König wie seine Staatsmänner ihre Schuldigkeit in vollem Maße getan und bei den Ministern der meisten Mittelstaaten treue Unterstützung gefunden. Nicht die Deutschen waren uneinig gewesen, sondern Österreich war von Deutschland abgefallen. Jene alte habsburgische Hauspolitik, welche so oft deutsche Reichslande gegen kaiserliche Erblande an die Fremden dahingegeben, hatte diesmal, da für das Haus Lothringen nichts Wünschenswertes zu erwerben stand, die Deutschen einfach im Stiche gelassen.

Es war aber der Fluch des friedlichen Dualismus, daß die preußische Regierung fortan von der öffentlichen Meinung für die Sünden Österreichs verantwortlich gemacht wurde und, um nur den teuren Bundesgenossen nicht zu kränken, grundsätzlich unterließ, sich selber vor der Nation zu rechtfertigen. Und wie frech und schamlos log diese Hofburg jetzt dem deutschen Volke ins Angesicht! Gentz, der nachgerade jeden sittlichen Halt verlor, versicherte im Österreichischen Beobachter mit dreister Stirn, niemals hätte zwischen den großen Mächten irgendeine Meinungsverschiedenheit über die Friedensbedingungen bestanden, und schloß freilich: wäre dem nicht so, „dann haben wir das Publikum aus Unwissenheit oder geflissentlich falsch berichtet!"

Der unglückliche Friede verbitterte nicht nur die Stimmung der Nation dermaßen, daß dem jungen Deutschen Bunde von Haus aus auch nicht ein Schimmer freudiger Hoffnung entgegenstrahlte. Er förderte auch die während des Krieges erwachsene Selbstüberschätzung des Volks; darüber war ja gar kein Streit, daß „das Volk" alles ungleich herrlicher hinausgeführt hätte als die Diplomaten. Die Massen der Nation kehrten bald wieder allen politischen Gedanken den Rükken; sie wendeten sich den schweren Sorgen des Haushalts zu, um in treuer Arbeit die Wunden des ungeheuren Kampfes auszuheilen. Wer aber den feurigen Idealismus des Befreiungskrieges noch im Herzen bewahrte, der tröstete sich des Glaubens: jetzt sei die Stunde gekommen, da das Volk selber die Leitung des deutschen Staates übernehmen müsse. Es klang wie die Weissagung der Kämpfe und Leiden des kommenden Jahrzehnts, wenn einer der Besten aus dem jungen Geschlechte, der Kieler Historiker F. C. Dahlmann, zur Siegesfeier die in Form und Inhalt den Geist der Zeit bezeichnenden Worte sprach: „Frieden und Freude kann nicht sicher wiederkehren auf Erden, bis, wie die Kriege volksmäßig und dadurch siegreich geworden sind, auch die Friedenszeiten es werden, bis auch in diesen der Volksgeist gefragt und in Ehren gehalten wird, bis das Licht guter Verfassungen herantritt und die kümmerlichen Lampen der Kabinette überstrahlt."–

# III

## Die Eröffnung des Deutschen Bundestages

Das Weltreich war gefallen, über seinen Trümmern erhob sich wieder eine friedliche Staatengesellschaft. Aber jenes alte System der europäischen Politik, das durch wechselnde Bündnisse und Gegenbündnisse die fünf Großmächte im Gleichgewicht zu erhalten suchte, kehrte vorerst nicht wieder. Alle Staaten des Weltteils bildeten jetzt, wie Gentz sagte, eine große Union unter der Aufsicht der vier Mächte, welche den Krieg gegen Napoleon geführt und ihren Bund soeben in Paris erneuert hatten. So viele Jahre hindurch, in der argen Zeit des Harrens und des Leidens, war an diesem rettenden Bunde gearbeitet worden; nun hatte er in drei schweren Kriegsjahren seine Probe bestanden. Während ihres langen Zusammenlebens hatten sich die Monarchen und die leitenden Staatsmänner an einen vertrauten persönlichen Verkehr gewöhnt, wie er vordem unter gekrönten Häuptern unerhört gewesen; sie beschlossen, auch in Zukunft alle großen Fragen der europäischen Politik in persönlichen Zusammenkünften zu besprechen. Der Bund der vier Mächte betrachtete sich als den obersten Gerichtshof Europas; er hielt für seine nächste Pflicht, die neue Ordnung der Staatengesellschaft vor einem Friedensbrüche zu bewahren und darum das unberechenbare Frankreich, den Herd der Revolution und der Kriege, gemeinsam zu überwachen.

Noch niemals hatte das Staatensystem eine so fest geordnete bündische Gemeinschaft gebildet. Das Protektorat der vier Mächte beherrschte den Weltteil minder gewaltsam, aber ebenso unumschränkt wie einst der Wille Napoleons. Die Staaten zweiten Ranges sahen sich von allen Geschäften der großen Politik völlig ausgeschlossen; als der hochmütige spanische Hof, der die Zeiten Philipps II. nicht vergessen konnte, Zutritt zu der Pariser Gesandtenkonferenz verlangte, ward er scharf zurückgewiesen, am schärfsten von Preußen. Nirgends aber ward das Übergewicht der vier Mächte schwerer empfunden als in Frankreich. Die Herrschaft des alten Königtums konnte schon darum nicht wieder feste Wurzeln schlagen, weil sie dem Volke als eine Fremdherrschaft erschien. Nur zu bald bewährte sich die Warnung, welche Humboldt dem Pariser Friedenskongresse zugerufen hatte: die Revolution werde niemals endigen, wenn Europa die Franzosen unter seine Vormundschaft nehme.

Indessen zeigte sich bald, daß die Selbständigkeit der modernen Staaten eine so innige Gemeinschaft, wie sie der Vierbund begründet hatte, auf die Dauer nicht ertragen konnte. Der alte Gegensatz der russischen und der österreichisch-englischen Politik trat immer wieder zutage, und Zar Alexander tat das Seine, um den Argwohn des Wiener und des Londoner Hofes zu verschärfen. Ohne seine Verbündeten zu befragen, ließ er im Februar 1816 die Urkunde der Heiligen Allianz veröffentlichen: die Welt sollte ihn, ihn allein als den Heiland und den Führer des verbündeten Europas bewundern. Während die anderen Mächte abrüsteten, wurde das russische Heer verstärkt und in dichten Massen nahe der Grenze zusammengezogen. Metternich erklärte besorgt, die Wucht dieser Rüstungen und die orthodoxe Schwärmerei könnten den Zaren leicht zu kriegerischen Abenteuern verleiten; überall, in Frankreich und Spanien, in Italien und der Türkei meinte er den geheimen Umtrieben russischer Agenten auf der Spur zu sein. Und diese ruhelos ehrgeizige Politik segelte unter der liberalen Flagge dahin! Die russischen Gesandten sprachen sich an allen Höfen für ein System „weiser Freiheit“ aus, während die englischen ebenso eifrig vor dem „gefährlichen Unsinn“ liberaler Verfassungsversuche warnten. In seinem Polen ließ Alexander schon zu Weihnachten 1815 eine Verfassung verkündigen. Ob-

Maria Theresia

Ein Riesengardist Friedrich Wilhelms I.

Königin Sophie Charlotte, Gemahlin Friedrichs I. von Preußen

Abschied der Generale von Friedrich dem Großen

gleich dies Grundgesetz an dem Krebsschaden der polnischen Zustände, an der Unfreiheit des Landvolks nichts Wesentliches änderte und alle politische Macht in die Hände des Adels legte, so übte doch der Name Konstitution seinen mächtigen Zauber: triumphierend begrüßte der urteilslose Liberalismus das Gnadengeschenk des Kaisers und fragte ungeduldig: wann endlich würden Deutschlands Fürsten dem Beispiele des aufgeklärten Selbstherrschers folgen, der insgeheim schon eine Charte für Rußland selbst vorbereitete?

Derweil die Hofburg noch vor den geheimen Plänen des Zaren zitterte, war sie selber von aufrichtiger Friedensliebe beseelt. Wie wunderbar war doch dies alte Österreich nach so vielen Niederlagen und Verlusten wieder zu einer Machtfülle aufgestiegen, die an die Tage Wallensteins erinnerte; selten hatte ein Staat beim Ausgange eines Weltkrieges sich so ganz am Ziele aller seiner Wünsche befunden. Metternich durfte sich rühmen, wie viel er selbst durch kluges Aufsparen und rechtzeitiges Einsetzen der Kräfte des Reichs zu diesem glänzenden Erfolge beigetragen; und da er schon in seinen jungen Jahren stets alles vorausgesehen und vorausgesagt haben wollte, so steigerte sich jetzt sein Selbstgefühl zu unermeßlichem Dünkel. Die ganze neue Ordnung der europäischen Dinge erschien ihm als sein persönliches Werk, die Erhaltung dieser Ordnung als die einzige Aufgabe seines Lebens, da er selbst wie sein Staat bei jeder Änderung nur verlieren konnte.

Die fremden Diplomaten bemerkten jetzt schon, wie schwer es hielt, ein geschäftliches Gespräch mit ihm zu führen; in langen lehrhaften Vorträgen pflegte er den andächtig Lauschenden seine trügliche Meinung zu entwickeln. Eintönig, salbungsvoll, breit und hochtrabend verkündeten seine Briefe und Depeschen in unzähligen Umschreibungen immer nur den einen Gedanken der Erhaltung des Bestehenden. Und doch verbarg sich hinter der stolzen Zuversicht die stille Angst: Metternich fürchtete den Krieg, weil er die Schwäche des vernachlässigten österreichischen Heerwesens kannte, er fürchtete mehr noch die Revolution. Nicht als ob er jemals die Vortrefflichkeit des Systems, das den beiden großen Völkern Mitteleuropas die Adern unterband, irgend bezweifelt hätte; aber er sah die Partei des Umsturzes, die ihn sein Lebelang geängstigt, noch immer im Dunkeln schleichen, er sah sie bereit, den Feuerbrand in sein kunstvolles Gebäude zu schleudern.

Den deutschen Angelegenheiten stand die Hofburg zunächst noch ganz planlos und gedankenlos gegenüber: genug, wenn der Deutsche Bund notdürftig zusammenhielt und im Kriegsfalle dem Hause Österreich Heeresfolge leistete; dann mochten die Beratungen des Frankfurter Bundestages wieder ebenso leer und nichtig verlaufen, wie einst die des Regensburger Reichstags.

So lagen die Verhältnisse, als die ersten Bundestagsgesandten in der alten Krönungsstadt Frankfurt anlangten. Aber jener Fluch der Lächerlichkeit, welcher die Bundesversammlung durch ihr gesamtes Wirken begleiten sollte, verfolgte sie schon bei ihrer Geburt. Die auf den 1. September 1815 angekündigte Eröffnung wurde zunächst, infolge des Pariser Kongresses, um ein Vierteljahr verschoben. Darauf mußten die Gesandten, die sich im Laufe des Novembers einfanden, noch ein Jahr lang, unter dem Spotte der Frankfurter, auf den Beginn der Verhandlungen warten; denn die beiden Großmächte wünschten vorher erst die noch schwebenden deutschen Gebietsstreitigkeiten zu beseitigen, vor allen den hoffnungslos verfahrenen bayrisch-österreichischen Länderhandel.

Der Münchener Hof hatte auf dem Wiener Kongresse den verheißenen ununterbrochenen Gebietszusammenhang nicht verlangt und behielt daher Salzburg nebst den Landstrichen am Inn, die an Österreich ausgeliefert werden sollten, vorläufig noch in seinem Besitz. Metternich forderte den Austausch von Salzburg gegen die linksrheinische Pfalz. Als Bayern zögerte, verlor er die Geduld und sendete im Dezember den General Vacquant nach München, um die Herausgabe unter allen Umständen zu erzwingen; gleichzeitig rückte General Bianchi mit einem österreichischen Heere dicht an die bayrische Grenze.

In Altbayern erregte die Nachricht von Österreichs Forderungen leidenschaftlichen Zorn. Das Innviertel war seit Jahrhunderten, bis auf eine kurze Unterbrechung, immer wittelsbachisch gewesen, Salzburg hatte stets zum bayrischen Reichskreise gehört und mit den Nachbarn im

Kurfürstentume freundlichen Verkehr unterhalten. Und diese beiden Landschaften mit ihrer rein bayrischen Bevölkerung sollte man dahingeben für die entlegene überrheinische Pfalz, deren bewegliches, leichtlebiges Volk dem schweren altbayrischen Wesen von altersher widerwärtig war!

Fast schien es, als sollte die Geschichte des Deutschen Bundes mit einem Bürgerkriege beginnen. Aber das bayrische Heer befand sich in einem kläglichen Zustande, und Metternich hielt seine Forderungen unerschütterlich fest; daher wich der Münchener Hof einen Schritt zurück und gab Salzburg nebst dem Innviertel dahin gegen die linksrheinische Pfalz.

Nun endlich konnte der Bundestag zusammentreten, und wie zu erwarten stand, zeigte er sofort seine Unfähigkeit. In dem Verlangen nach Abrüstung vereinigten sich die gedankenlose Selbstsucht der kleinen Höfe und der Soldatenhaß des Liberalismus. Schon über die Einteilung des Bundesheeres vermochten sich die Unterhändler nicht zu einigen. Nur eine ganz allgemein gehaltene Übereinkunft, nur der Entwurf eines Entwurfs kam zustande: die Bundesstaaten verpflichten sich, in Kriegszeiten zwei Prozent der Bevölkerung zum Bundesheere, und außerdem ein Prozent Ersatztruppen zu stellen. Preußen forderte nun, Kurhessen solle, seiner geographischen Lage gemäß, einem norddeutschen Korps beitreten; der Kurfürst dagegen hielt die „verwandtschaftlichen Verhältnisse" für wichtiger und wollte mitsamt dem Darmstädter Vetter sich an Württemberg anschließen. Die Zänkerei ward völlig unerträglich, seit der neue Vertreter Österreichs in der Militärkommission, General Langenau, insgeheim das Feuer schürte; der gewandte Sachse hatte schon in Schwarzenbergs Hauptquartier und auf dem Wiener Kongresse seinen Haß gegen Preußen bewährt und zeigte sich in allen den kleinen Künsten, welche am Bundestage entschieden, dem gelehrten Preußen Wolzogen weitaus überlegen. Im August ward man endlich noch darüber einig, daß die Bevölkerung den Maßstab für die provisorische Bundesmatrikel bilden sollte; denn zu einer definitiven Matrikel ist der Deutsche Bund in einem halben Jahrhundert niemals gelangt. Aber nun begann wieder das Feilschen der Kleinen: Hildburghausen berechnete seine Bevölkerung nach einer Zählung vom Jahre 1807, Gotha und Altenburg wurden überführt, ihre Reiche um 12 000 Seelen zu niedrig geschätzt zu haben – und was des Schmutzes mehr war.

Als der Deutsche Bund sein drittes Jahr begann, war weder die Kriegsverfassung beschlossen, noch die Karlsbader Konvention über die Festung Mainz vom Bundestage genehmigt, noch Luxemburg und Landau dem Bunde überwiesen, noch über die vierte Bundesfestung irgend etwas vereinbart. Mittlerweile lagen die mit dem Blute der Waterloo-Kämpfer erkauften französischen Millionen gegen mäßigen Zins bei Rothschild und bereicherten dies Haus, das zuerst durch die Blutgelder des hessischen Kurfürsten seine Größe begründet, dann seit dem Jahre 1813 sich rasch zu der Stellung einer Weltmacht aufgeschwungen und in wenigen Jahren mehr denn 1200 Millionen Gulden an Subsidienzahlungen und Anleihen für die tief verschuldeten Höfe Europas übernommen hatte. Die deutsche Volkswirtschaft zog aus den Schätzen der Rothschilds wenig Gewinn; denn die Firma war nicht deutsch, wie einst die Fugger und die Welser, sondern zeigte von vornherein den weltbürgerlichen Charakter des modernen Judentums. Der Frankfurter Zweig des Hauses blieb der Hofburg ein treuer Helfer in ihrer ewigen Finanznot und ein mächtiger Bundesgenosse ihrer deutschen Politik; in Berlin war wenig zu gewinnen, da der preußische Staatshaushalt zehn Jahre nach dem Frieden bereits wieder in Ordnung kam.

Schleunige Erfüllung des Artikels dreizehn, der die Einführung von Landständen verhieß – so lautete der einstimmige Ruf aller Parteien der Opposition, und nichts wollte man dem Bundestag weniger verzeihen, als daß er sich um jene Zusage so wenig kümmerte.

Nebst der landständischen Verfassung war die Preßfreiheit der Lieblingswunsch der Liberalen; sie hofften um so sicherer auf die Erfüllung dieses Verlangens, da der Artikel achtzehn der Bundesakte dem Bundestag vorschrieb, bei seiner ersten Zusammenkunft gleichförmige Verfügungen über Preßfreiheit und Nachdruck abzufassen. Aber auch diese Hoffnung sollte trügen. Erst nach reichlich anderthalbe Jahren ermannte sich der Bundestag zu dem Beschlusse, eine Kommission zur Vorbereitung weiterer Beratungen einzusetzen. So ging die Zeit, da ein leidlich verständiges deutsches Preßgesetz noch möglich war, durch schimpfliche Saumseligkeit verloren. –

Den Massen des Volkes ward die hilflose Nichtigkeit des Bundestages erst fühlbar, als er an den Art. 19. der Bundesakte, der die Regelung der Verkehrsverhältnisse verhieß, endlich herantrat. Eine so anarchische Verwirrung, wie sie dieses verarmte, ausgesogene Volk jetzt in seinem Handel und Wandel ertragen mußte, hatte selbst die jammerreiche deutsche Geschichte noch nie gesehen. Die verhaßten Douanen und droits réunis der Franzosen waren sofort nach dem Sturze der Fremdherrschaft überall beseitigt worden und noch nicht durch ein neues System indirekter Steuern ersetzt. So lag denn ein großer Teil Deutschlands der übermächtigen Mitwerbung des reicheren Auslandes schutzlos offen. Die Fabriken des Rheinlandes verloren plötzlich ihren Markt in Frankreich, Holland, Italien und sahen sich von ihren Landsleuten abgesperrt durch die zahlreichen Staats- und Provinzial-Zollinien, welche das deutsche Land durchschnitten. Es war ein Stück verkehrter Welt. Sobald die Kontinentalsperre fiel, wurden sie seit Jahren aufgespeicherten englischen Waren in Massen auf das Festland geworfen. Dann schritt das Parlament zur Wiederherstellung des Bargeld-Umlaufs. Die gesamten Silbermünzen des Reiches wurde umgeprägt, Massen neuer Goldmünzen ausgegeben, die Bank zur allmählichen Wiederaufnahme der Barzahlungen verpflichtet. England bedurfte um jeden Preis der edlen Metalle und suchte den Bedarf durch gehäufte Warenausfuhr zu decken. Zudem hinderten die hohen Kornzölle Englands die Ausfuhr deutschen Getreides, und in den Hungerjahren von 1816 und 17 ging dem deutschen Fabrikanten auch der einzige Vorteil verloren, den er vor dem englischen Konkurrenten voraus hatte, der niedrige Arbeitslohn.

Erbittert durch so heillose Zustände warf sich die öffentliche Meinung in unreife extreme Ansichten. Besorgte Fabrikanten verlangten ein hartes Prohibitionssystem zum Schutze der deutschen Arbeit. In Berlin verschworen sich die Stadtverordneten mit einer großen Zahl angesehener Bürger, nur noch deutsche Kleider und Geräte zu kaufen; ähnliche Vereine entstanden in Schlesien und Sachsen. Auf der anderen Seite lärmten die radikalen Freihändler, welche wie der Bayer Brunner alle Zölle als einen Eingriff in die natürliche Freiheit verdammten. Beseitigung oder doch Beschränkung der Binnenmauten war der allgemeine Wunsch; schon im Jahre 1816 berief E. Weber auf der Leipziger Messe eine Versammlung von Fabrikanten und Kaufleuten, um dem Bundestage diese Bitte vorzutragen. Aber wenige verbanden einen klaren Begriff mit den großen Worten; wenige ahnten, welche ungeheuren Schwierigkeiten die Natur selbst der wirtschaftlichen Einheit Deutschlands entgegenstellte. Kein anderes Kulturvolk war in Gemüt und Charakter so gleichartig, aber auch keines umschloß in seinen Grenzen eine solche Verschiedenheit der klimatischen Verhältnisse, der Verzehrungs- und Arbeitsgewohnheiten. Welch ein Abstand von der Großindustrie des Niederrheins bis hinüber zu den halbpolnischen Provinzen, wo mit den steigenden Getreidepreisen der Arbeitslohn zu sinken pflegte, weil nur der Hunger das träge Volk zur Arbeit zwang; und wieder von dem nordischen Klima Ostpreußens, wo das Elentier in den Forsten hauste, bis zu den gesegneten Weingeländen des Rheines. Noch war der schöpferische Kopf nicht aufgetreten, der es vermochte, so grundverschiedenen Interessen gerecht zu werden.

Am wenigsten der Bundestag durfte sich zu einer solchen Arbeit erdreisten. Aber mindestens einen, schlechthin empörenden Übelstand der deutschen Verkehrsverhältnisse konnte und mußte die Bundesversammlung beseitigen, als im Sommer 1816 eine Hungersnot über das verarmte Land hereinbrach, derengleichen man seit dem bösen Jahre 1772 nicht mehr erlebt hatte. Monatelang strömte der Landregen vom Himmel, alle Flüsse traten aus ihren Betten, in Mittel- und Westdeutschland ging fast die gesamte Ernte zugrunde; noch im Frühjahr 1817 sah man am Rhein blasse, jammernde Menschen die Felder durchstreifen und die verfaulten Kartoffeln vom vorigen Jahre ausgraben. Die wenigen Landstaßen hatte der Krieg so gänzlich verwüstet, daß die Gereidezufuhr zu Lande auf weitere Entfernungen unmöglich war; konnten doch selbst die Postwagen im Winter mit sechzehn, zwanzig Pferden Vorspann oft kaum durchkommen. Daher stand im Jahre 1818 der Preis des Scheffels Weizen am Rhein um 2 Taler 9 Sgr. 6 Pfg. höher als in Posen, während in den fünfziger Jahren der höchste Preisunterschied innerhalb der preußischen Monarchie nur 10 Sgr. 7 Pfg. betrug. Und dieser ohnehin kümmerliche Verkehr war jetzt vollends zerstört durch die törichte Bosheit des Partikularismus. Österreich verbot, seinen altväterischen volkswirtschaftlichen Grundsätzen gemäß, sofort nach Eintritt der Teuerung die Ausfuhr des Getreides und gab damit das Signal zu einem allgemeinen Zollkriege in Süddeutschland. Auch Bayern, Württemberg, Baden, Darmstadt sperrten ihre Grenzen; der Getreidehandel im Oberlande stockte gänzlich. In Frankfurt ging das Futter aus, die Bundesgesandten zitterten für ihre Wagenpferde, und Graf Boul mußte im Namen seiner Genossen eine Bittschrift an die Krone Bayern schicken, damit eine Hafersendung, die bei Wertheim auf dem Maine lag, von der bayrischen Maut endlich durchgelassen wurde. Auch im Norden geschahen manche argen Mißgriffe. Immerhin zeigte sich die Mehrzahl der norddeutschen Regierungen ehrlich bemüht, durch Erleichterung des Verkehrs den Notstand zu bekämpfen. Nachdem die süddeutschen Höfe einander mehrere Monate hindurch mit widerwärtigen Vorwürfen überschüttet und ihre Länder wechselseitig ausgehungert hatten, wendete sich Württemberg endlich an den Bund und beantragte schleunige Aufhebung der Sperre durch Bundesbeschluß. Offenbar in der Absicht, alles zu vereiteln, stellte Bayern darauf den Gegenantrag: die Maßregel müsse auch auf die nichtdeutschen Provinzen Österreichs, Preußens und der Niederlande ausgedehnt werden. Preußen und die Mehrheit der übrigen Staaten stimmten dem Vorschlage Württembergs zu; die Hofburg aber ließ, nach ihrer Gewohnheit, den Präsidialgesandten acht Wochen lang ohne Instruktion.

Da kam die Güte der Natur dem Bundestage zu Hilfe; die Felder prangten in reichem Ährenschmucke, die Preise fielen, und befriedigt konnte Buol in seinem klassischen Deutsch der Versammlung verkünden: er kenne zwar noch immer nicht die Absichten seines Hofes, dies schade aber wenig, „da die Aussicht zu einer so gesegneten reichen Ernte die Sperre von selbst aufhebt“. Auch ein Nachspiel fehlte nicht, das nur auf deutschem Boden möglich war; denn es gibt eine Naivität der Dummheit und der Nichtswürdigkeit, welche allein in der Enge der Kleinstaaterei gedeihen kann. Der Kurfürst von Hessen hatte während der Hungersnot durch den getreuen Rothschild baltisches Gereide bestellt; die Sendung langte aber zu spät an, als die Preise schon wieder gefallen waren. Damit seine Kammerkasse keinen Schaden litte, zwang nun der reiche Fürst die Kasseler Bäcker, ihm das Ostseegetreide zu 12 Taler 2 Groschen für das Kasseler Viertel abzunehmen, während der Marktpreis im Lande nur auf 7 Taler stand. Also ward das Notjahr den Bürgern der hessischen Hauptstadt durch den liebevollen Landesvater noch um einige Monate künstlich verlängert.

Was konnte vollends der auswärtige Handel der Nation von dem Bundestage erwarten in einer peinllichen Angelegenheit, welche selbst von den Seemächten sehr schlaff behandelt wurde? Wie die Türkei selber, so verdankten auch ihre Schutzstaaten, die Barbaresken, ihren Bestand zumeist der Uneinigkeit der europäischen Mächte; die Überfülle von Gegensätzen, welche die vielgestaltige Kultur des Abendlandes umschloß, kam der Barbarei des Islam zustatten. Da keine europäische Macht der anderen ein rücksichtsloses Vorgehen gegen die Pforte gestatten wollte, so hatte man sich längst gewöhnt, die Raubfahrten der Barbaresken im Mittelmeer als rechtmäßige Kriegszüge zu betrachten; jede Seemacht schützte sich dawider durch die Waffen oder auch durch Tributzahlungen. Als der Seehandel nach dem Frieden wieder aufzublühen begann, wagten sich die Piraten auch in andere Meere hinaus; selbst in der Ostsee, im Angesicht der deutschen Küste wurden deutsche Schiffe ausgeplündert und die Mannschaft in die Sklaverei hinweggeführt, und zu alledem drohte die Gefahr der Ansteckung aus den verpesteten Landen Nordafrikas. Die Schiffe aus Hannover und Schleswig-Holstein genossen noch einige Sicherheit unter dem Schutze der englischen und der dänischen Flagge, da eine britische Flotte soeben den Dey von Algier in seiner Hauptstadt bedroht und zur Auslieferung der christlichen Sklaven gezwungen hatte. Um so schwerer litten die Hansestädte und die preußischen Häfen; ein großer Teil ihrer Schiffe mußte unter fremder Flagge segeln. Da verlangte endlich Zar Alexander in London die Bildung eines europäischen Seebundes zur gemeinsamen Bekämpfung der Seeräuber; die englische Regierung aber witterte wieder arge Hintergedanken und wollte das Erscheinen russischer Kriegsschiffe im Mittelmeer nicht dulden. Die langwierigen Verhandlungen führten zu keinem Ergebnis, obschon Preußen die russischen Vorschläge unterstützte und sich bereit erklärte, einige Fregatten für die europäische Flotte zu stellen. Österreich zeigte, wie in allen Fragen der Handelspolitik, eine unerschütterliche Gleichgültigkeit; als die Korsaren des Sultans von Marokko wieder einmal ein preußisches Schiff genommen hatten, schrieb Gentz höhnend: „Sollte denn dieser gute Mann nicht wie andere Souveräne das Recht haben, Feindseligkeiten auszuüben, wenn er beleidigt wird."

Währenddem riefen die Hansestädte die Hilfe des Bundes an, und der Bundestag erkühnte sich zur Einsetzung einer Kommission. Graf Goltz hielt für nötig, diese unerhörte Verwegenheit zu entschuldigen und beteuerte seinem Könige, „daß es die Absicht der Versammlung weder jetzt noch künftig sein kann und werd, sich unberufen in Beziehungen der europäischen Politik zu mischen; sie handelt nicht aus Anmaßung." Und wahrlich, demütig wie diese Entschuldigung lautete auch der Antrag der Kommission: der Bundestag möge Österreich und Preußen ersuchen, daß sie ihrerseits mit Hilfe Frankreichs, Rußlands und der anderen Seemächte den englischen Hof bewögen, gemeinsamen Maßregeln gegen die Barbaresken beizutreten. Unter allen deutschen Höfen fand sich nur einer, der die ganze Schmach eines solchen Antrags empfand. Vermutlich war dem Württemberger Mandelsloh, der die Stimme Badens führte, von Nebenius oder einem andern der zahlreichen fähigen jungen Beamten in Karlsruhe ein Gutachten zugesendet worden; genug, im Namen Badens regte Mandelsloh zuerst den Gedanken einer deutschen Flotte an, freilich noch in sehr unbestimmten Umrissen. Er fragte: ob man den Seemächten mit Anstand zumuten könne, den deutschen Handel auf ihre Kosten zu beschützen? ob das Volk, das einst den gewaltigen Seeräuberbund der Vitalienbrüder vernichtete, nicht imstande sei, einige Fregatten in See zu stellen und „ein paar elende Raubschiffe" aus den deutschen Meeren zu vertreiben? Verstand doch selbst das kleine Portugal, sich seiner Haut zu wehren gegen die Barbaresken! Der binnenländische Stumpfsinn der deutschen Bundespolitik fand auf solche Fragen keine Antwort. Nach einem halben Jahre ersuchte der Bundestag seine Kommission, in ihren Bemühungen fortzufahren, und damit war die Sache für den Bund erledigt, obgleich Preußen sich bereit erklärt hatte, einige Kriegsschiffe in das Mittelmeer zu senden. Die Barbaresken raubten fröhlich weiter.

Auch den zahlreichen Beschwerden und Bitten der mediatisierten Reichsstände begegnete der Bundestag mit unverwüstlicher Trägheit. Erst am 2. Oktober 1818 wurde wieder die unvermeidliche Kommission zur Aufstellung gemeinsamer Grundsätze eingesetzt. Da jene gemeinsamen Grundsätze nie zustande kamen, so blieb das Recht der Mediatisierten den Gesetzen der Einzelstaaten anheimgegeben. Der Patikularismus zwang sie, von dem politischen Leben sich schmollend zurückzuziehen.

In den ersten zwei Jahren seines Bestandes brachte der Bundestag überhaupt nur ein einziges einigermaßen brauchbares Gesetz zustande: die Austrägelordnung vom 16. Juni 1817. Es war schon ein Gewinn, daß die Bundesmitglieder sich verpflichteten, ihre gegenseitigen Streitigkeiten zunächst der Vermittlung des Bundestages zu übergeben; schlug diese Vermittlung fehl, so sollte der oberste Gerichtshof eines von den beiden Parteien gewählten Bundesstaates die Entscheidung fällen.

Das Geschwätz in Frankfurt ging weiter. Als Gagern wiederholt an die verheißenen landständischen Verfassungen erinnerte, als er den empfindlichen neuen König von Württemberg durch scharfe Bemerkungen über den schwäbischen Verfassungskampf reizte und sich ihm unberufen zum Vermittler anbot, als er gar von der kindlichen Unwissenheit der liberalen Presse wie ein Volkstribun verherrlicht wurde, da kam der treue Vorkämpfer des Föderalismus, der Lebensretter des Kleinfürstenlandes bald in den Geruch eines Jakobiners, und Metternich beschloß, den gefährlichen Demagogen zu beseitigen. Im April 1818 ward Gagern abberufen. An seiner Statt erschien Graf Grünne, ein Holländer, der die deutschen Dinge so gründlich kannte, daß er allen Ernstes vorschlug, Frankreich für das Elsaß mit in den deutschen Bund aufzunehmen. An dem fand die Hofburg nichts auszusetzen. Also war jene Drohung Metternichs vom Dezember 1817 zum ersten Male in Erfüllung gegangen. Der Bundestag wußte nunmehr, daß jedem „aufwiegelnden" Worte „die Abberufung des ungetreuen Gesandten" auf dem Fuße folgte.

Alsbald nach seinem Ausscheiden veröffentlichte Gagern in seiner unwandelbaren Gutmütigkeit eine Schrift „Über Deutschlands Zustand und Bundesverfassung" – um die Deutschen mit ihrem Bundestage zu versöhnen. Als Motto stand darauf: Ut ameris amabilis esto! Die Nation aber nahm den vertrauensvollen Zuruf mit grimmigem Spotte auf. Selbst die Gemäßigten hatten sich längst voll Ekels von dem Gespensterspuk der Eschenheimer Gasse abgewendet; und schon kam die Zeit, da diesem treuen, gesetzliebenden Volke kein Hohn zu frech, kein Schimpfwort zu roh schien für die einzige Behörde, deren Name noch an Deutschlands Einheit erinnerte. –

## IV

## Wiederherstellung des preußischen Staates

Nach dem Friedensschlusse begann für Preußen wieder, wie einst in den Tagen Friedrich Wilhelms I., ein Zeitalter stiller Sammlung, reizlos und nüchtern, arm an großen Ereignissen, reich an Arbeit und stillem Gedeihen, eine Zeit, da das gesamte politische Leben in der Tätigkeit der Verwaltung aufging und das königliche Beamtentum noch einmal seine alte staatsbildende Kraft bewährte. Trotz seiner diplomitischen Niederlagen war der preußische Staat jetzt enger als jemals mit dem Leben der gesamten Nation verbunden. Er beherrschte nur noch etwa zwei Millionen Slaven; er sah, mit Ausnahme der Bayern und der Schwaben, bereits alle deutschen Stämme in seinen Grenzen vertreten und ward auch von den Gegensätzen des religiösen Lebens der Nation stärker als sonst berührt, da nunmehr zwei Fünftel seiner Bevölkerung der katholischen Kirche angehörten; er empfing endlich in den großen Kommunen der Ostseegestade und des Rheinlandes ein neues Kulturelement, das ihn den deutschen Nachbarlanden näher brachte und gewaltig anwachsend nach und nach auf den gesamten Charakter des Staatslebens umbildend einwirken sollte. Aber welch eine Arbeit, diese neuen Gebiete, die fast allesamt nur widerwillig unter die neue Herrschaft traten, mit den alten Provinzen zu verschmelzen! Niemals in der neuen Geschichte hatte eine Großmacht so schwierige Aufgaben der Verwaltung zu lösen; selbst die Lage des Königreichs Italien nach den Annexionen von 1860 war unvergleichlich leichter.

Zu den fünf Millionen Einwohnern, die der Monarchie um das Jahr 1814 übrig geblieben, trat plötzlich eine Bevölkerung vom 5 ½ Millionen hinzu – ein Gewirr von Ländertrümmern, zerstreut von der Prosna bis zur Maas, vor kurzem noch zu mehr als hundert Territorien gehörig, seitdem regiert durch die Gesetze von Frankreich, Schweden, Sachsen, Westfalen, Berg, Danzig, Darmstadt, Nassau. Dazu noch eine Unzahl kleinerer Landstriche, die man zur Abrundung von den Nachbarn eingetauscht hatte; der kleinste der neuen Regierungsbezirke, der Erfurter, umfaßte allein die Bruchstücke von acht verschiedenen Staaten. Auch die altpreußischen Provinzen, welche jetzt zu dem Staate zurückkehrten, hatten unter der napoleonischen Herrschaft ihre alten Institutionen fast bis auf die letzte Spur verloren. Schon bei der Besitznahme der neuen Provinzen entspann sich überall Streit mit mißgünstigen Nachbarn. Das russische Gouvernement in Warschau befahl noch im Frühjahr 1815 umfassende Domänenverkäufe in Posen; ebenso Darmstadt im Herzogtum Westfalen; auch die österreichisch-bayerische Verwaltung in den Ländern an der Mosel und Nahe erhob zum Abschied Renten und Steuern im voraus und ließ die Wälder bei Boppard niederhauen. Nassau weigerte sich, den Verträgen zuwider, das Siegensche zu räumen, bis Hardenberg drohte, das Land ohne Übergabe besetzen zu lassen.

Nun erhob sich noch die Aufgabe, das also dem Neide Europas mühsam entrungene Gebiet einer gleichmäßigen Verwaltung zu unterwerfen, es galt, die Ausländerei im Inlande, die Kleinstaaterei im Großstaate zu überwinden, alle diese Trümmerstücke der deutschen Nation, die miteinander noch nicht viel mehr als die Sprache gemein hatten, mit einer lebendigen Staatsgesinnung zu erfüllen. Gelang das Werk der politischen Verschmelzung in dieser Hälfte Deutschlands, so war die Nichtigkeit des Partikularismus durch die Tat erwiesen und der Boden bereitet für den Neubau des deutschen Gesamtstaates; die Vollendung des preußischen Einheitsstaates gab dieser Epoche unserer politischen Geschichte ihren eigentlichen Inhalt. Die Aufgabe war um so schwieriger, da die Monarchie, als sie die neuen Provinzen erwarb, sich schon mitten in einem gefährlichen Übergangszustande befand: fast auf allen Gebieten der Gesetzgebung waren umfassende Reformen erst halb vollendet, und doch fehlte die in Wahrheit leitende Hand, stark genug, jene Überfülle von Talenten, die dem Staate diente, unter einen Willen zu beugen. Kein anderer Staat jener Tage zählte in den Reihen seiner Beamten eine solche Schar ungewöhnlicher Menschen: Verwaltungstalente wie Vincke, Schön, Merckel, Sack, Hippel, Bassewitz; Finanzmänner wie Maaßen und Hoffmann; Techniker wie Beuth und Hartig; Juristen wie Daniels und Sethe; unter den Diplomaten Humboldt, Eichborn, Niebuhr; dazu die Generale des Befreiungskrieges und die Größen der Kunst und Wissenschaft. Sie alle waren gewohnt, an den Taten der Staatsregierung eine rücksichtslos freimütige Kritik zu üben, die als ein Vorrecht des hohen Beamtentums, als ein Ersatz gleichsam für Volksvertretung und Preßfreiheit betrachtet wurde, und nahmen jetzt den alten Parteistreit, der während des Krieges nie ganz beruht hatte, eine Masse persönlichen Hasses und sachlicher Gegensätze als eine böse Erbschaft in die Tage des Friedens hinüber. Aus diesen Kreisen drang Tadelsucht und Klatscherei in alle Klassen der Gesellschaft; der Staat, der bei allen Gebrechen seiner Unfertigkeit doch die beste und sparsamste Verwaltung Europas besaß, ward in den Briefen und Gesprächen seiner eigenen treuen Diener so maßlos gescholten, als eilte er, geleitet durch eine Rotte von Betrügern und Toren, rettungslos dem Verderben entgegen.

So scharfe Gegensätze in fester Zucht zu halten, war der schonenden Gutherzigkeit König Friedrich Wilhelms nicht gegeben. Allzu rücksichtsvoll gegen seine Räte ließ er den Parteikampf am Hofe lange gewähren und fuhr nur zuweilen mit einer Mahnung dazwischen. Wurde eine neue Kraft in die Regierung berufen, so pflegte man ein Ministerialdepartement in zwei Teile zu zerlegen, nur um den alten Minister nicht zu kränken, der oft ein Gegner des neuen war. Vollständige Übereinstimmung unter den Ministern galt noch für entbehrlich, da der Monarch am letzten Ende stets nach seinem freien Ermessen entschied.

Wie viele Stürme waren über das Land dahingebraust in den kurzen zwei Jahrzehnten, seit Friedrich Wilhelm die Krone trug; den Rückschauenden war, als ob die Anfänge seiner Regierung um mehrere Menschenalter zurücklagen. Das treue Volk der alten Provinzen nannte den König jetzt schon, da er noch in der Kraft der Mannesjahre stand, kurzweg den alten Herrn und wußte tausend Geschichten von seiner verlegenen und doch so herzlich wohltuenden Leutseligkeit. Seine Berliner lebten mit ihm und erwarteten als ihr gutes Recht, daß er häufig in seinem einfachen Soldatenüberrocke durch den Tiergaten ging, daß er mittags, wenn die Wachtparade aufzog, an dem allbekannten Eckfenster seines unscheinbaren Palastes sich zeigte und abends halb versteckt in seiner Loge einem Lustspiel, einer Oper oder einem Ballett zusah – denn die Tragödie liebte er wenig, weil das Leben selbst des Traurigen genug biete. Die Erfahrungen einer großen Zeit hatten sein Selbstgefühl etwas gekräftigt; er erschien fester und sicherer, aber auch noch ernster und schweigsamer als vor Jahren. Eine stille Trauer lag auf seinen freundlichen Zügen und schwand nur selten, wenn er etwa seinen lebensfrohen Kindern und dem Großfürsten Nikolaus auf der Pfaueninsel ein ländliches Fest gab. Der bequeme Rationalismus seiner Jugendbildung genügte ihm längst nicht mehr: schon während der schweren Tage in Königsberg hatte er in einem festen Bibelglauben seinen Trost gefunden. Jetzt wuchs in ihm von Jahr zu Jahr die Sehnsucht nach dem Ewigen; fromme Betrachtungen und theologische Studien füllten einen guten Teil seiner freien Stunden aus. Obschon er den Gram um seine verlorene Gattin nie verwinden konnte, so widerfuhr ihm doch, was gerade den tief gebeugten Witwern häufig geschieht: die Einsamkeit des ehelosen Lebens ward ihm unerträglich. Er faßte eine lebhafte Neigung für eine liebenswürdige junge Französin, die Gräfin Dillon, die seine Liebe leidenschaftlich erwiderte, und dachte eine Zeitlang ernstlich an eine Ehe zur linken Hand – denn für sein Volk sollte Königin Luise immer die Königin bleiben. Aber er wollte nicht, daß seine Preußen an ihrem Könige irr würden, und da er in Gewissensfragen dem Rate seines leichtlebigen Staatskanzlers nicht traute, so ließ er zwei Männer, von denen er eine rückhaltslos freimütige Antwort erwartete, Gneisenau und Schön, vertraulich befragen, wie man im Heer und im Volke die Heirat mit der katholischen Französin aufnehmen würde. Als beide übereinstimmend abrieten, gab der König tief erschüttert seine Pläne auf. Trüb und eintönig verflossen ihm die Tage. Er erledigte jede Eingabe mit der alten Pünktlichkeit, nach gewissenhafter Prüfung, und behielt das

Ruder immer in der Hand, jedoch der persönliche Verkehr mit seinen höchsten Beamten blieb dem Schüchternen unbequem; den Staatskanzler sah er selten, noch seltener die Minister.–

Das Volk begann den geheimen Parteikampf am Hofe zuerst zu bemerken, als bald nach dem Frieden einige unerwartete Veränderungen in den rheinischen Provinzen erfolgten. Dort am Rhein war die festliche Stimmung der Kriegsjahre so schnell nicht verflogen. Die preußischen Offiziere und Beamten, die das teuer erkaufte Grenzland jetzt dem deutschen Staatsleben einfügen sollten, schauten mit dem Hochgefühle des Siegers um sich, sie schwelgten in den Reizen der schönen Landschaft und in der hellen Lebenslust der rheinischen Geselligkeit. Ihnen war, als ob die Heldenkraft des Nordens hier mit der Anmut des reichen Südens fröhlich Hochzeit hielte. Um Gneisenau, der in Koblenz befehligte, sammelte sich ein froher Kreis von bedeutenden Männern und schönen Frauen, der selbst die leichtlebigen Bewohner der alten Bischofsstadt zu dem Geständnis zwang, daß ihre neue Landesherrschaft doch über ganz andere geistige Kräfte gebot als weiland der kurtriersche Hof und der Präfekt Napoleons. Da waren Clausewitz und Bärsch, einer von Schills Gefährten, der tollkühne Husar Hellwig und der hünenhafte Graf Karl v. d. Gröben, der einst als Gneisenaus Vertrauter, fast so abenteuerlich wie sein Ahn, der afrikanische Held des großen Kurfürsten, von Land zu Land gezogen war, um den heiligen Krieg vorzubereiten; dann die romantischen Schwärmer Max von Schenkendorf, Werner von Haxthausen, Sixt von Arnim, der Pädagoge Johannes Schulze und der gelehrte Sammler Meusebach. Wenn Gneisenau abends die Damen in dem Wagen Napoleons, dem Beutestücke von Belle Alliance, zu einem Feste abholen ließ und nun in seiner heiteren Hoheit, gebieterisch und doch bescheiden, errötend vor dem eigenen Ruhm, inmitten der lauten Tafelrunde saß, wenn die Lieder Arndts und Körners erklangen, die Kriegsmänner von ihren Fahrten erzählten und Meusebach durch den urkräftigen Humor seiner geistreichen Verse alles zu stürmischem Gelächter hinriß, dann meinte Schenkendorf glückselig:

So hab' ich wohl im Knabentraume
Die alte Ritterschaft gesehn.

Auch im Lande hatte sich der freimütige Held bald alle Herzen gewonnen; als er die Mosel hinauffuhr, kamen aus jedem Dorfe singende Landleute herangerudert und reichten ihm den Ehrenwein.

Das fröhliche Nachspiel der großen Kriegszeit sollte nicht lange währen. Gneisenau hatte schon, als die Schmalzische Schrift erschien, den Staatskanzler gewarnt, diesem ersten Schlage würden schwerere folgen, und mußte nun erfahren, daß man bei Hofe ihn selber als das Haupt des Tugendbundes anschwärzte, seine heitere Tafelrunde „Wallensteins Lager" nannte. Die Verleumdung verstimmte ihn um so tiefer, da er eben jetzt von jener krankhaften Abspannung befallen wurde, welche die Männer der Tat beim Eintritt ruhiger Zeiten so häufig heimsucht; er fühlte sich im Friedensdienste wie der Fisch auf dem Sande und legte schon im Sommer 1816 sein rheinisches Kommando nieder, teils seiner Gesundheit wegen, teils um den Gegnern zu beweisen, daß er keine ehrgeizigen Absichten hege. Auch dann noch hörten die Afterreden am Hofe nicht auf; der König aber blieb den Einflüsterungen unzugänglich, und kaum zwei Jahre später übernahm Gneisenau, nachdem sein Körper sich in den schlesischen Bergen wieder erholt hatte, die Stelle des Gouverneurs von Berlin.

In denselben Tagen wurde der Oberpräsident Sack vom Rheine nach Stettin versetzt. Anderthalb Jahre lang hatte er die provisorische Verwaltung in seiner rheinischen Heimat mit Geschick und Umsicht geleitet; aber wie er einst als brandenburgischer Oberpräsident mit dem feudalen Adel zusammengeraten war, so konnte es dem derben, durchgreifenden Beamten auch jetzt nicht an Feinden fehlen. Die Minister Wittgenstein, Schuckmann, Bülow beschwerten sich über seine Unbotmäßigkeit; mit dem Militärgouverneur General Dobschütz lebte er in offener Fehde. Freiherr von Mirbach und andere aus dem stolzen niederrheinischen Adel verklagten ihn wegen bürokratischer Härte und Zurücksetzung der Edelleute; selbst seine Freunde konnten nicht leugnen, daß er sich in den Zeitungen mehr, als für einen preußischen Beamten schicklich war, loben ließ und seine zahlreiche Vetterschaft, „die Säcke", doch gar zu sorgsam in der rheinischen Verwaltung untergebracht hatte. Nach so zahlreichen Klagen fand es Hardenberg geraten, dem verdienten Manne einen anderen Wirkungskreis anzuweisen; er blieb bei seinem Entschlusse, obgleich Sack sich schwer beleidigt fühlte, die große Mehrzahl der Rheinländer ihren Landsmann ungern ziehen sah, und zahlreiche Gemeinden der Provinz dringend um Zurücknahme der Versetzung baten.

Auch der feurige Patriot Justus Gruner, der bisher im Namen der verbündeten Mächte das bergische Land verwaltet hatte, fand eine laue Aufnahme, als er jetzt, durch Gneisenau lebhaft empfohlen, wieder in den preußischen Staatsdienst einzutreten verlangte. Sonderbares Schicksal, daß gerade der Begründer der preußischen geheimen Polizei unter den Berichten der geheimen Agenten am schwersten leiden mußte. In der Hofburg galt er, neben Stein und Görres, als das Haupt der deutschen Jakobiner. Im Sommer 1812 war er auf Metternichs Befehl nach Peterwardein auf die Festung gebracht worden, weil er von Prag aus eine Schilderhebung gegen Napoleon vorbereitete und mit Jahns „Deutschem Bunde“ insgeheim verkehrte. Erst im Oktober 1813 freigelassen, hatte er dann als Gouverneur von Berg die Österreicher und die Rheinbündler durch die leidenschaftliche Sprache seiner Reden und Manifeste aufs neue erschreckt und bei dem Ausbruche des Krieges von 1815 gar einen geheimen Bund gestiftet, der zwar niemals zu einer Tätigkeit gelangt und alsbald nach dem Frieden wieder einging, aber schon durch seinen Wahlspruch „Deutschlands Einheit unter Preußen!“ alle ängstlichen Gemüter mit Entsetzen erfüllte. Nach alledem hielt es der Staatskanzler für unmöglich, dem Vielverleumdeten ein einflußreiches Verwaltungsamt anzuvertrauen, und Gruner wurde mit dem bescheidenen Gesandtschaftsposten in Bern abgefunden. Alle diese Vorfälle berührten die öffentliche Meinung sehr peinlich. Die Luft ward täglich schwüler. Derweil man bei Hofe von den geheimen Umtrieben der Demagogen erzählte, klagten die Liberalen über den Anbruch der Reaktion.–

Trotz dieser Reibungen innerhalb der Regierung ging die unscheinbare und doch so folgenreiche Arbeit der Neuordnung der Verwaltung stetig und sicher vorwärts. Sobald sich der Umfang der neugewonnenen Landschaften einigermaßen übersehen ließ, genehmigte der König, noch in Wien, am 30. April 1815 die Verordnung über die verbesserte Einrichtung der Provinzialbehörden, welche das Staatsgebiet in zehn Provinzen und achtundzwanzig Regierungsbezirke einteilte. Zwei dieser Provinzen, Niederrhein und Westpreußen, wurden später mit den Nachbarprovinzen Jülich–Cleve–Berg und Ostpreußen vereinigt: die sechs anderen, Brandenburg, Pommern, Schlesien, Posen, Sachsen, Westfalen, bestehen noch heute unverändert. Es war das Werk des Königs, daß die im Jahre 1810 durch Hardenberg aufgehobenen Ämter der Oberpräsidenten wiederhergestellt wurden. Friedrich Wilhelm wünschte, in großen, lebensfähigen Provinzen die Eigenart der Stämme und Landschaften sich frei entfalten zu lassen; er wollte, daß die bedachtsame Unparteilichkeit der kollegialischen Regierungen an der Tatkraft und dem persönlichen Ansehen der vorgesetzten Einzelbeamten ihre Ergänzung fände und die Verwaltung dergestalt die Vorzüge des kollegialischen und des bürokratischen Systems vereinigte.

Bei der Abgrenzung der neuen Verwaltungsbezirke verfuhr die Regierung mit höchster Schonung, mit jener Pietät für das historisch Gegebene, die von altersher im Charakter der preußischen Staatskunst lag. Sobald ein Dorf aus seinem alten Kreisverbande ausgeschieden werden sollte, mußten zwei Ministerien ihr Gutachten abgeben; der König selbst entschied und, wo irgend möglich, rücksichtsvoll nach dem Wunsche der Einwohner. Gleichwohl ließ sich die Störung mancher altgewohnten Verhältnisse nicht vermeiden, da die neuerworbenen Länderfetzen untereinander und mit den alten Gebietsteilen in krausem Gemenge lagen. Keine von den alten Provinzen konnte ihre alten Grenzen unverändert behalten, trotz stürmischer Gegenwehr.

Überall, im Volke wie auf den Thronen, überschätzte man noch unendlich den Gegensatz der Landschaften und Stämme. Wenn sogar die königlichen Beamten in Pommern sich nur bis zu der bescheidenen Hoffnung verstiegen, es werde im Verlaufe langer Jahre die allmähliche „Annäherung zwischen den beiden Nationen“ der schwedischen Pommern und der Altpommern möglich werden; wenn selbst Sack in seinen Verwaltungsberichten versicherte, der Jülicher, der Aachener, der Kölner und der Moselländer wichen in ihrem Charakter dermaßen voneinander ab, „als ob es ganz verschiedene Nationen wären“: so zeigte sich vollends im Volke die nachbarliche Abneigung oft bis zur leidenschaftlichen Gehässigkeit gesteigert.

Im Herzogtum Preußen war noch unvergessen, daß einst die Städte des Weichseltals zuerst das Banner des Aufruhrs gegen den Deutschen Orden erhoben und den Polen ins Land gerufen hatten; das tapfere Volk war gewohnt, auf die westpreußischen Nachbarn wie auf Verräter herabzusehen, und fühlte sich schwer gekränkt, als einige Striche Ostpreußens der Weichselprovinz zugewiesen wurden. Durch flehentliche Bitten beim Könige erlangten mindestens die Kreise Mohrungen und Neidenburg, daß sie bei Ostpreußen verblieben. Dagegen verlangte eine Petition des polnischen Adels in Michelau und dem Kulmerlande, daß dies alte Stammland der deutschen Ordensmacht zum Großherzogtum Posen geschlagen würde. Die treuen deutschen Städte aber widersprachen lebhaft, und die Regierung wies den verdächtigen Vorschlag ab.

Die weitaus größten Schwierigkeiten bot jedoch die Neuordnung der vormals sächsischen Gebiete, welche ohnehin der neuen Landesherrschaft anfangs fast ebenso feindselig wie die Polen gegenüberstanden. Alles wehklagte über den Untergang der sächsischen Nation; in Naumburg riß der Pöbel die schwarzen Adler in den Kot, selbst die Ruhigen bezeichneten sich wehmütig als Mußpreußen – ein Ausdruck, der in manchen Landstrichen noch viele Jahre im Schwunge blieb.

Die vormals sächsischen Landesteile kamen an drei Provinzen und sechs Regierungsbezirke. Was Wunder, daß sie laut klagten. Und doch ward auch hier durch die ausdauernde Geduld, die Pflichttreue und Gerechtigkeit des Beamtentums die feindselige Bevölkerung zu einem gesunden Gemeingeist erzogen. Es war die Idee der praktischen deutschen Einheit, die in einem täglich und stündlich erneuerten Kampfe sich durchsetzte gegen die Trümmer des Partikularismus.–

Durch die Verordnung vom 20. März 1817 wurde die seit dem Jahre 1808 wiederholt verheißene höchste beratende Behörde der Monarchie, der Staatsrat, endlich eingerichtet. Der Beratung des Staatsrats unterlagen alle Gesetzentwürfe sowie die allgemeinen Verwaltungsgrundsätze, desgleichen die Streitigkeiten über den Wirkungskreis der Ministerien, die Entsetzung der Beamten und alle die Beschwerden der Untertanen, welche der König ihm zuwies, so daß die leicht zu mißbrauchende Macht der neuen Fachminister jetzt eine wirksame Schranke fand. Den Vorsitz übernahm der König selbst oder der Staatskanzler, Mitglieder waren: die königlichen Prinzen, die Minister und die Chefs der anderen selbständigen Zentralbehörden, die Feldmarschälle, die kommandierenden Generale und die Oberpräsidenten, endlich vierunddreißig durch das Vertrauen des Königs berufene Männer aus allen Zweigen des öffentlichen Dienstes – die besten Kräfte des Beamtentums. Die beiden Kirchen waren durch die Bischöfe Sack und Spiegel, die Wissenschaft durch Savigny vertreten. So lebte der alte Geheime Staatsrat, der seit dem Kurfürsten Joachim Friedrich bis zu den Tagen Steins, zuletzt nur noch als ein Schatten bestanden hatte, jetzt wieder auf, in neuen Formen, welche den gesetzlichen Gang der Verwaltung sicherten, ohne ihre rasche Schlagkraft zu lähmen. Dem neuen Staatsrate verdankte Preußen, daß die Gesetze der letzten Jahre Friedrich Wilhelms III. gründlicher, brauchbarer, gediegener ausfielen als die zuweilen überhasteten Arbeiten der großen Reformperiode und doch, trotz der reiflichen Beratung, nicht wie späterhin die Gesetze der parlamentarischen Zeit den widerspruchsvollen Charakter mühseliger Parteikompromisse trugen. Es war die letzte glänzende Vertretung der alten absoluten Monarchie, eine Vereinigung von Talent, Sachkenntnis und unerschrockenem Freimut, wie sie außer England kein anderer Staat jener Tage aufweisen konnte.

Unterdessen ward in dem Ausschuß und im Plenum des Staatsrats ein Kampf durchgefochten, ernster, folgenreicher als manche vielbewunderte Parlamentsverhandlung jener Tage. Gleich nach dem Frieden hatte der König die Finanzminister aufgefordert, einen umfassenden Steuerreformplan vorzulegen; die neuen Untertanen, so schrieb er, sollen es fühlen, daß sie mir angehören. Sobald man der Aufgabe näher trat, zeigte sich schnell, daß nur eine billigere Verteilung, nicht eine Erleichterung der Steuerlast möglich war. Und welch ein Wagnis, diesem erschöpften Volke, das nach deutscher Art fiskalischen Druck stets ungeduldiger trug als polizeilichen Zwang, jetzt inmitten der allgemeinen Verarmung neue Lasten aufzuerlegen.

Das Ärgste blieb doch, daß niemand die Lage des Staatshaushaltes übersah. Die Massen der Rückstände, der Kriegsleistungen, der mannigfachen, mit den neuen Provinzen übernommenen

Verpflichtungen entzogen sich noch jeder Berechnung. Graf Bülow erklärte sich daher außer Stande, dem Staatsrat eine ins einzelne gehende Veranschlagung zu übergeben und schätzte ohne nähere Berechnung das Defizit für das Jahr 1817 auf 1,9 Millionen Taler. Die an das peinlich genaue altpreußische Rechnungswesen gewöhnten Kommissionsmitglieder wollten der unwillkommenen Mitteilung keinen Glauben schenken; sie suchten den Grund des Defizits allein in Bülows Nachlässigkeit und stellten eine Gegenrechnung auf, welche einen Überschuß von reichlich 4 Millionen an ordentlichen und 2 Millionen an außerordentlichen Einnahmen ergab. Bei einem Budget von etwa 50 Millionen wichen also die Schätzungen der tüchtigsten Finanzmänner um volle 8 Millionen von einander ab. Die Folge lehrte, daß Bülow die Lage richtig beurteilt hatte. Aber er vermochte seine Behauptungen nicht zu beweisen, und als nun der Referent der Kommission, Staatsrat Friese, den Staatshaushalt im einzelnen mit eindringender Sachkenntnis prüfte, da stellte sich in allen Zweigen der Finanzverwaltung eine arge Unordnung heraus, die mit den Wirren der Kriegsjahre allein nicht mehr entschuldigt werden konnte. Von Humboldt geführt nahm die gesamte Kommission wie ein Mann gegen den Finanzminister Partei und überhäufte ihn mit Vorwürfen. Der warf alle Schuld auf die unerschwinglichen Kosten des neuen Heerwesens.

Der Kriegsminister nahm sofort den Handschuh auf. Er bemerkte mit Besorgnis, daß jener geheime Kampf des Zivilbeamtentums gegen die Armee, der in dem Jahrzehnt vor 1806 so viel Unheil angerichtet, jetzt, da die Waffen ruhten, von neuem zu entbrennen drohte; er wußte auch, daß sich Bülow bereits bei dem General Lingelsheim ein Gutachten über die Wiederherstellung der friderizianischen Heeresverfassung bestellt hatte. Um solchen Bestrebungen einen Riegel vorzuschieben und den Staatsrat ein für allemal über die staatswirtschaftlichen Vorzüge des neuen Heerwesens aufzuklären, verfaßte Boyen eine geistvolle Denkschrift „Darstellung der Grundsätze der alten und der gegenwärtigen preußischen Kriegsverfassung“ (Mai 1817), die mit überzeugender Klarheit erwies, daß Preußen noch nie ein so starkes und zugleich so wohlfeiles Heer besessen hatte. Der Staat war doch allmählich ausgewachsen; mit jeder Vermehrung seines Gebietes verringerte sich die krampfhafte Überspannung seiner physischen Kräfte. Das Heer hatte unter Friedrich Wilhelm I. fünfmal, unter Friedrich dem Großen fast dreimal mehr gekostet als die gesamte übrige Verwaltung, jetzt zum ersten Male nahm der Zivildienst, allerdings mit Einschluß der kostspieligen Staatsschuldenverwaltung, die größere Hälfte der Staatseinnahmen in Anspruch. Boyen berechnete die Kosten des Heerwesens, etwas zu niedrig, auf 21 Millionen und zeigte, daß der Staat jetzt 238 000 Mann mehr ins Feld stellen könne als im Jahre 1806 und trotzdem in Friedenszeiten, wenn man die zahlreichen Naturalleistungen der alten Zeit zu Geld veranschlage, 2 Millionen Taler weniger für die Armee aufwende. Er schloß mit der energischen Erklärung: die Stärke des Heeres könne nicht allein durch finanzielle Rücksichten bestimmt werden, sie ergebe sich aus der Weltstellung des Staates, aus der Macht und der Gesinnung seiner Nachbarn.

Gleichzeitig führte der Staatsrat eine nicht minder stürmische Verhandlung über die Steuerreform. Von den zwei Gesetzentwürfen, welche der Finanzminister vorlegte, fand der eine, das Zollgesetz, fast auf allen Seiten Anerkennung, während der zweite, das Gesetz über die Besteuerung im Inneren des Staates, sofort mit Unwillen aufgenommen wurde. Der Finanzminister Bülow dachte außer der Gewerbe- und Stempelsteuer auch die bestehenden Grundsteuern vorläufig, bis zur Einberufung der Provinzialstände, aufrechtzuerhalten; die drückende alte Akzise hingegen, die sich nach Einführung der Gewerbefreiheit und des Zollgesetzes ohnehin nicht mehr halten ließ, wollte er beseitigen und an ihrer Stelle eine Mahl- und Fleischsteuer für Stadt und Land, ferner Steuern auf Tabak, Bier und Branntwein einführen. Der Monarch beantragte Annahme des Zollgesetzes und Vorlegung eines umfassenden neuen Planes für die gesamte innere Besteuerung und befahl weiterhin den Oberpräsidenten, zunächst angesehene Einwohner aus ihren Provinzen zu berufen, damit die öffentliche Meinung sich über den Steuerplan äußern könne. In allen zehn Provinzen wurden Notabelnversammlungen abgehalten. Sie sprachen sich allesamt gegen die Mahl- und Fleischsteuer aus. Die Mehrheit der Notabelnversammlungen befürwortete die Einführung einer abgestuften Personensteuer – einer „fixierten Konsumtionssteuer", – der gelehrte Statistiker J. H. Hoffmann entwarf daraufhin eine große Denkschrift über die Klassensteuer und wies damit der preußischen Steuerpolitik einen neuen Weg.

Bülow trat nun das Finanzwesen an Klewitz ab und behielt unter dem Titel eines Handelsministers nur noch die Leitung der Handelspolitik. Klewitz rettete aus dem Schiffbruch der Bülowschen Entwürfe den wervollsten Teil, das Zollgesetz, und führte die radikale Neuerung gelassen durch unter dem leidenschaftlichen Widerstande des In- und Auslandes.

In dem Sturm und Drang der großen Reformperiode war für die Umgestaltung des alten Akzisewesens wenig geschehen; man hatte sich begnügt, dem flachen Lande mehrere städtische Steuern aufzulegen und in Altpreußen die Einfuhr fremder Fabrikwaren gegen eine Akzise von achteindrittel Prozent des Wertes zu gestatten. Daneben bestanden in den alten Provinzen noch siebenundsechzig verschiedene Tarife, nahe dreitausend Warenklassen umfassend. Und diese unerträgliche Belästigung des Verkehrs gewährte doch, da eine geordnete Grenzbewachung noch fehlte, keinen Schutz gegen das Ausland. Auch in dem chaotischen Geldwesen zeigte sich die Abhängigkeit des verarmten Staates von den Fremden. Schon längst bemerkte der König mit Besorgnis, wie schwer der gesetzliche Sinn des Volkes durch die Fortdauer des überlebten Prohibitivsystems geschädigt wurde. Seit die bürgerlichen Gewerbe auf dem platten Lande sich ansiedelten, nahm der Schmuggel einen ungeheuren Aufschwung. Auf der anderen Seite lehrten die Frankfurter Erfahrungen, daß ein Bundeszollgesetz ganz unmöglich war und Preußen mithin zunächst im eigenen Hause Ordnung schaffen mußte.

Im Jahre 1816 erfolgten die ersten vorbereitenden Schritte. Das Verbot der Geldausfuhr ward aufgehoben, das Salzregal in allen Provinzen gleichmäßig eingeführt; dann sprach die Verordnung vom 11. Juni die Aufhebung der Wasser-, Binnen – und Provinzialzölle als Gundsatz aus und verhieß die Einführung eines allgemeinen und einfachen Grenzzollsystems. Zu Anfang des folgenden Jahres war der Entwurf für das neue Zollgesetz beendigt. Sobald aber von den reformatorischen Absichten des Entwurfes einiges ruchbar ward, erscholl der Notschrei der geängsteten Produzenten weithin durch das Land. Als das Plenum des Staatsrats am 3. Juli über das Zollgesetz beriet, stimmten von sechsundfünfzig Anwesenden nur drei gegen das Gesetz. Am 1. August genehmigte der König von Karlsbad aus „das Prinzip der freien Einfuhr für alle Zukunft". Am 26. Mai 1818 kam das Zollgesetz für die gesamte Monarchie zustande, sein Verfasser war der Generaldirektor Karl Georg Maaßen. Die beiden ersten Paragraphen des Gesetzes verkündigten die Freiheit der Ein-, Aus– und Durchfuhr für den ganzen Umfang des Staates. Die preußischen Finanzmänner stellten einen einfachen übersichtlichen Tarif, der die Waren in wenige große Klassen einordnete, auf. Maaßen schlug die Erhebung der Zölle nach dem Gewichte der Waren vor. Verboten wurde allein die Einfuhr von Salz und Spielkarten; die Rohstoffe blieben in der Regel abgabenfrei oder einem ganz geringen Zolle unterworfen. Von den Manufakturwaren sollte ein mäßiger Schutzzoll erhoben werden, nicht über zehn Prozent, ungefähr der üblichen Schmuggelprämie entsprechend. Die Kolonialwaren dagegen unterlagen einem ergiebigen Finanzzolle, bis zu zwanzig Prozent, da Preußen an seiner leicht zu bewachenden Seegrenze die Mittel besaß, diese Produkte wirksam zu besteuern.

Am 8. Februar 1819 erschien das ergänzende Gesetz über die Besteuerung des Konsums inländischer Erzeugnisse, wonach nur Wein, Bier, Branntwein und Tabaksblätter einer Steuer unterlagen, die ohne unmittelbare Belästigung der Verzehrer von den Produzenten zu erheben war.

Die neue Gesetzgebung hielt im ganzen sehr glücklich die Mitte zwischen Handelsfreiheit und Zollschutz. Nur nach einer Richtung hin wich sie auffällig ab von den Grundsätzen des gemäßigten Freihandels: sie belastete den Durchfuhrhandel unverhältnismäßig schwer. Der Transitzoll diente dem Berliner Kabinett als ein wirksames Unterhandlungsmittel, um die deutschen Kleinstaaten zum Anschluß an die preußische Handelspolitik zu bewegen.

Hardenberg sprach sich folgendermaßen über die Absicht des Gesetzes aus. Als die Fabrikanten von Rheydt und anderen rheinischen Plätzen den Staatskanzler um Beseitigung der deutschen Binnenzölle baten, gab er die Antwort (3. Juni 1818): Die Vorteile, welche aus der Vereinigung mehrerer deutscher Staaten zu einem gemeinschaftlichen Fabrik –und Handelssystem hervorgehen können, seien der Regierung nicht unbekannt, mit steter Rücksicht hierauf sei der Plan des Königs zur Reife gediehen. „Es liegt ganz im Geiste dieses Planes, ebensowohl auswärtige Beschränkungen des Handels zu erwidern als Willfährigkeit zu vergelten und nachbarliches Anschließen an ein gemeinsames Interesse zu fördern." Ebenso erklärte er den Elberfeldern: Die preußischen Zollinien sollten dazu dienen „eine allgemeine Ausdehnung oder sonstige Vereinigung vorzubereiten".

Damit wurde deutlich angekündigt, daß der Staat, der seit langem das Schwert des alten Kaisertums führte, jetzt auch die handelspolitischen Reformgedanken der Reichspolitik des sechzehnten Jahrhunderts wiederaufnahm und bereit war, der Nation nach und nach die Einheit des wirtschaftlichen Lebens zu schaffen, welche ihr im ganzen Verlaufe ihrer Geschichte immer gefehlt hatte. Er dachte dies Ziel, das sich nicht mit einem Sprunge erjagen ließ, schrittweis, in bedachtsamer Annäherung, durch Verträge von Staat zu Staat zu erreichen. Mars und Merkur sind die Gestirne, welche in diesem Jahrhundert der Arbeit das Geschick der Staaten vornehmlich bestimmen. Das Heerwesen und die Handelspolitik der Hohenzollern bildeten fortan die beiden Rechtstitel, auf denen Preußens Führerstellung in Deutschland ruhte.

Die letzte Epoche König Friedrich Wilhelms III. zeigte sich der Regierung des ersten Friedrich-Wilhelm auch darin ähnlich, daß die Rechtspflege von der reformatorischen Tätigkeit der Staatsgewalt am wenigsten berührt wurde. Da der Zivilprozeß sowie das Strafrecht dringend der Neugestaltung bedurfte, so wurde Beyme mit der Revision der friderizianischen Gesetzbücher beauftragt. Der aber erwies sich, trotz seines liberalen Rufs, unfruchtbar. Er brachte in den zwei Jahren seiner Amtsführung nichts Wesentliches zustande.

Über allen den anderen drängenden Sorgen der preußischen Politik stand die Frage, ob das vermessene Wagnis einer hochbegeisterten kriegerischen Zeit, das Wehrgesetz von 1814, jetzt in den Tagen der Abspannung und der Armut die Probe bestehen würde. Die große Mehrzahl der Generale hielt an den Gedanken Scharnhorsts und Boyens unerschütterlich fest. Gneisenau vornehmlich ward nicht müde, die Landwehr als die „Heil-Anstalt" zu rühmen, die allein den Staat inmitten überlegener Nachbarn aufrecht halten könne; keine andere Macht vermöge sich diesen Vorzug Preußens anzueignen, weil keine ein so treues, so opferwilliges und gebildetes Volk besitze. Die fremden Gesandten dagegen äußerten allesamt ihre Bedenken gegen die neue Wehrverfassung – die einen, weil sie den demokratischen Gedanken der allgemeinen Wehrpflicht und die unberechenbare Kraft dieses Volksheeres insgeheim fürchteten, die anderen, weil sie die kühne Neuerung wirklich für einen idealistischen Traum hielten. Denn noch hatten Scharnhorsts Ideen nirgends im Auslande Anklang gefunden. Die alten Berufssoldaten Frankreichs sahen, uneingedenk der empfangenen Schläge, das preußische „Kinderheer" über die Achsel an; und Zar Alexander sprach in gutem Glauben, wenn er immer wieder die preußischen Generale warnte: mit solchen Halbsoldaten lasse sich weder ein Krieg führen noch ein Aufstand niederschlagen.

Sogar die hohen Beamten waren durch jene beredte Denkschrift Boyens noch keineswegs ganz gewonnen. Während Bülow und Beyme offen die Rückkehr zu dem alten Heerwesen verlangten, ergingen sich andere, ohne Unterschied der Partei, in naiven Vorschlägen zur Erleichterung der höheren Stände. Schuckmann hielt für unzweifelhaft, daß ein gebildeter junger Mann in höchstens sechs Wochen zum brauchbaren Infanteristen erzogen werden könne, Solms-Laubach riet, die akademische Jugend von Bonn und Düsseldorf nur zu einigen Sonntagsübungen einzuberufen. Schön blickte mit philosophischem Hochmut auf die Paradekünste der Kriegshandwerker nieder; er wollte alle Offiziere der Landwehr bis zum Obersten hinauf durch die Kreisstände wählen lassen und meinte, drei Tage Übungen im Jahre genügten vollauf zur Schulung eines Freiwilligen. So tief war jene Geringschätzung der streng militärischen Ausbildung bis in die Kreise der Staatsmänner hineingedrungen.

Als man mit der Ausführung des Wehrgesetzes begann, zeigte sich wider Erwarten am Rhein der geringste Widerstand: die kleinen Leute dort begrüßten die kurze Dienstzeit als eine Erleichterung nach der harten napoleonischen Konskription, auch die höheren Stände ertrugen die Wehrpflicht ohne Murren, weil sie der Idee der allgemeinen Rechtsgleichheit entsprach. Um so

Ansicht von Möckern, nach der Beschießung und Eroberung am 16. Oktober 1813

Der Sieg bei Leipzig

lauter lärmten die vormals bevorrechteten Klassen im Osten: die kantonfreien großen Städte, der stolze Adel von Neuvorpommern und Sachsen. Dreimal baten die Stadtverordneten von Berlin trotzig um Wiederherstellung der alten Militärfreiheit ihrer Kommune, bis der König drohte, die Namen der Unterzeichner in den Zeitungen zu veröffentlichen; und als im Sommer 1817 die Breslauer Landwehr den Fahneneid schwören sollte, da brachen gar Straßenunruhen aus, an denen freilich das Ungeschick einzelner Beamten und die altberüchtigte Rauflust des Breslauer Pöbels mehr Anteil hatten als die Widersetzlichkeit der Wehrmänner.

Beim Fortschreiten des Werkes ergaben sich indes ernste technische Schwierigkeiten, welche alle Zweifel und Bedenken des Auslandes zu bestätigen schienen. Schon die Anschaffung der Waffenvorräte für die Landwehr konnte bei dem trostlosen Zustande der Finanzen nur langsam gelingen. Für das erste Aufgebot hatte Boyen in beständigem Kampfe mit dem Finanzminister endlich die nötigen Mittel gewonnen, so daß im Dezember 1819 an dem vorgeschriebenen Waffenbestande nur noch 8415 Gewehre fehlten; viele Kreise statteten ihre Wehrmänner freiwillig mit Seitengewehren und Ulanen-Tschapkas aus. Aber für das zweite Aufgebot war noch fast gar nichts geschehen, ihm fehlten von 174 080 Gewehren noch 135 559.

Dieselbe Not verschuldete auch, daß die Stärke des stehenden Heeres von vornherein zu niedrig bemessen wurde. Das Wehrgesetz hatte versprochen, die Zahl der Linientruppen werde sich nach den jedesmaligen Staatsverhältnissen richten. Die ergänzende neue Landwehrordnung vom 21. November 1815 sagte noch bescheidener: „An den mäßigen Umfang des stehenden Heeres schließt sich künftig die Landwehr." Die Friedensstärke des Heeres ward demnach vorläufig auf kaum ein Prozent der Bevölkerung festgestellt; sie betrug mit Einschluß, des Armeekorps in Frankreich, 115 000 Mann, nicht mehr als im Jahre 1806. Allerdings erhielt die eingestellte Mannschaft jetzt in dreijährigem ununterbrochenen Dienste eine weit sorgfältigere Schulung als einst in den letzten Zeiten der alten Heeresverfassung, wo die Beurlaubungen so sehr überhand nahmen, daß die Mehrzahl der Soldaten trotz der zwanzigjährigen Dienstpflicht nur etwa 22 Monate unter den Fahnen blieb. Aber für die militärische Erziehung der gesamten wehrfähigen Jugend reichte diese schwache Friedensarmee mit ihren 38 (später 44) Infanterie-Regimentern nicht entfernt aus. Sie konnte ihrer Aufgabe um so weniger genügen, da die Bevölkerung sehr schnell zunahm, wie dies bei kräftigen Nationen nach dem Abschluß verheerender Kriege regelmäßig geschieht.

Die Landwehr bestand daher zum Teil aus alten Soldaten, zum Teil aus wenig geübten Krümpern, und ihr Offizierkorps, das noch ganz selbständig neben der Linie stand, verschlechterte sich von Jahr zu Jahr: die Kriegskundigen schieden allmählich aus, die jungen Freiwilligen aber, welche nunmehr nach einjährigem Dienste und einigen kurzen Übungen in die Offiziersstellen einrückten, zeigten sich zuweilen noch unerfahrener als die Mannschaft selbst. Das einzige verbindende Glied zwischen der Linie und der Landwehr bildeten die den kommandierenden Generalen der Linie untergeordneten Landwehrinspekteure, je einer in jedem Regierungsbezirk. Der König tat das Seine, um das militärische Selbstgefühl der Landwehr zu heben; er verlieh ihr Fahnen, ernannte die königlichen Prinzen zu Chefs der Gardelandwehr-Schwadronen. Die Generäle gewöhnten sich, die Landwehr nach den Übungen mit reichen Lobsprüchen zu überhäufen, die von der strengen Zucht der Linie seltsam abstachen. Im Volke hatten sich die alten Märchen von den Landwehrschlachten des Befreiungskrieges allmählich fest eingenistet; die Landwehr galt als das eigentliche Volksheer, als die feste Säule der preußischen Macht; alle Welt stömte in festlichem Jubel zusammen, wenn sie ihre Übungen hielt, und die Bureaukratie teilte diese Vorliebe, da ein großer Teil der Landwehroffiziere aus dem Beamtentum hervorging.

Dem sicheren Soldatenblicke des Königs entging gleichwohl nicht, wie viel dieser volkstümlichen Truppe noch zur vollen Kriegstüchtigkeit fehlte; selbst General Kleist und andere Freunde der Landwehr konnten dem Kriegsherrn nicht verhehlen, daß die Reiterei wenig genügte und auch das Fußvolk bei größeren Übungen nur unter der Leitung abkommandierter Linienoffiziere Tüchtiges leistete. Und doch mußte die Reservearmee, wegen der Kleinheit des Linienheeres, beim Ausbruch eines Krieges sofort gegen den Feind geführt werden. Was im Sommer 1813 nur die äußerste Not erzwungen hatte, sollte jetzt die Regel bilden. Trat die Mobilmachung ein, so ward die Feldarmee sofort auf 298 000 Mann verstärkt, wovon die größere Hälfte aus Landwehren ersten Aufgebotes bestand; selbst wenn nur eine diplomatisch–militärische Drohung beabsichtigt war, sah sich der Staat gezwungen, sogleich alle Wehrpflichtigen bis zum zweiunddreißigsten Lebensjahre hinauf unter die Fahnen zu rufen, Tausende von Familien ihrer Ernährer zu berauben, das gesamte bürgerliche Leben schwer zu schädigen. Zwar mußte, bei dem schwerfälligen Verkehre jener Zeit, der größte Teil des Heeres volle fünf Wochen auf dem Märsche verbringen, bevor er den Feind erreichen konnte; aber genügte diese kurze Frist, um die mangelhafte Ausbildung der Landwehrrekruten zu ergänzen? Unablässig, in tiefer Besorgnis, suchte der König nach der rechten Antwort auf alle die militärischen, politischen- und volkswirtschaftlichen Fragen, welche das große Problem der allgemeinen Wehrpflicht umfaßte, und besprach sich darüber mit dem getreuen Witzleben. An dem häßlichsten Mangel des neuen Systems, an der Unmöglichkeit, die gesamte Jugend durch die Schule des Heeres gehen zu lassen, ließ sich leider für jetzt nichts ändern; eine so beträchtliche Vermehrung der Linie konnte weder der Staatshaushalt noch der Volkswohlstand ertragen. Aber gab es kein Mittel, um die Landwehr schon im Frieden so fest mit der Linie zu verbinden, daß die Feldarmee nicht mehr in zwei ganz ungleichartige Hälften zerfiel? Die Organisatoren des preußischen Heeres standen wieder vor der nämlichen Aufgabe, welche einst Carnot in seiner Weise gelöst hatte, als er aus den weißen Linienregimentern der Bourbonen und den blauen Nationalgarden der Republik seine neuen Halbbrigaden zusammenschmolz.

Mittlerweile wagte Herzog Karl von Mecklenburg den ersten offenen Angriff gegen die Grundlagen des neuen Heerwesens. Er überreichte um Neujahr 1818 seinem königlichen Schwager eine lange Denkschrift, welche, ohne eigene Vorschläge aufzustellen, mit düsteren Farben die schweren, den Thron bedrohenden Gefahren schilderte, die Zügellosigkeit der Presse, den Übermut der Studenten und vor allem die Boyensche Heeresverfassung: sie drücke den Aufrührern die Waffen in die Hände; selbst der Landwehrzeughäuser war nicht vergessen, die so leicht einem meuternden Haufen zur Beute fallen könnten. Die reaktionäre Partei wagte sich endlich mit ihren Herzenswünschen heraus. Auch Knesebeck stimmte dem Herzog bei, und sogar dem tapferen Prinzen August, der einst unter den ersten den Gedanken der allgemeinen Wehrpflicht verteidigt hatte, erschienen jetzt die unleugbaren Mängel der Landwehrordnung so bedenklich, daß er die Umkehr zu dem alten Beurlaubungssysteme empfahl. Der König ließ sich durch die Warnungen seines Schwagers nicht beirren, obwohl er in Augenblicken der Verstimmung allerdings gestand, ganz unbedenklich sei es nicht, alle zu Soldaten zu machen. Die Verantwortlichkeit für den schwierigen Versuch, der ihm als die weitaus wichtigste Aufgabe der preußischen Politik erschien, lastete drückend auf seinem Gewissen. Am Ende gab er doch zu, daß die neue Ordnung mit allen ihren Mängeln eine leidliche Mittelstellung einnehme zwischen dem alten Systeme und den Volksbewaffnungsträumen der Dilettanten. Niemals ward er den Gedanken Scharnhorsts untreu. Nur eine engere Verbindung zwischen Landwehr und Linie hielt er für unerläßlich; und da Boyen diesem wohlberechtigten Plane hartnäckig widerstrebte, so entstand allmählich eine Entfremdung zwischen dem Könige und dem Kriegsminister, welche schließlich zu Boyens Sturz führen sollte.

Überraschend schnell, nach wenigen Jahren schon söhnte sich das Volk mit der zuerst so widerwilig aufgenommenen neuen Heeresverfassung völlig aus. Die Gerechtigkeit des Grundsatzes der allgemeinen Wehrpfllicht sprang in die Augen; die mannhafte Ansicht, daß der Waffendienst eine Ehre sei, entsprach dem natürlichen Gefühle einer tapferen Nation; und so schwer die Last drückte, zerstörend wirkte sie nicht, da die Preußen bei der Eheschließung und Niederlassung, im Handel und Gewerbe sich einer Freiheit erfreuten, die den deutschen Kleinstaaten noch fast unbekannt war. Wie verwundert hatten die alten Berliner Bürger anfangs den Kopf geschüttelt, wenn sie einen gemeinen Soldaten im eleganten Wagen daherfahren sahen; bald ward der Einjährige eine gewohnte Erscheinung, und ganz von selber stellte sich die Regel her, daß die Freiwilligen nicht, wie der Gesetzgeber erwartete, bei den Jägern und Schützen, sondern bei dem nächstgelegenen Truppenteile eintraten und also die gebildete Jugend sich über das ganze Heer verteilte. Die allgemeine Wehrpflicht bewährte sich als das wirksamste Werkzeug zur Verschmelzung der alten und der neuen Provinzen. Die zahlreichen sächsischen, westfälischen, französischen, polnischen, schwedischen Offiziere, welche namentlich den Reiterregimentern zuströmten, verwuchsen in gemeinsamer ernster Arbeit rasch mit dem alten preußischen Stamme; denn seit alljährlich fast ein Drittel der Mannschaft neu eintrat, war der Friedensdienst der Offiziere nicht mehr wie einst ein beschäftigter Müßiggang. In der Schule des Heeres wurden die verwahrlosten Söhne der polnischen Landesteile zur Ordnung, Sauberkeit, Haltung erzogen, ihrer viele auch erst in die deutsche Sprache eingeführt. Mochte der rheinische Bauer immerhin von seinem im Heere dienenden Sohne bedauernd sagen: „Er ist bei de Prüß", und mancher Soldat aus der Provinz Sachsen wehmütig über den „fremden Dienst" klagen – die militärische Manneszucht schlug den Jungen doch gut an. Arndts völkerkundiger Blick bemerkte bald, wie auffällig sich die Jugend dieser Provinzen von den Stammesgenossen in den Kleinstaaten zu unterscheiden begann. Hier noch ein gemütliches, bequemes Philistertum, dort das bei den Nachbarn übel berufene, stramme „preußische Wesen", eine kurz angebundene, dreiste Entschlossenheit, die zuweilen sehr unliebenswürdig werden konnte, aber dem Charakter eines edlen Volkes besser anstand als die gedrückte Schüchternheit der alten Zeit des ungestörten häuslichen Lebens. Durch ihr Heer gewannen die Preußen wieder, was keine große Nation auf die Dauer entbehren kann, den nationalen Stil, die stolze Sicherheit des Auftretens. Und der Stolz dieses Volkes in Waffen war deutsch von Grund aus; er wurzelte in dem Bewußtsein, daß am letzten Ende Deutschlands Schicksal an den schwarzundweißen Fahnen hing.–

Der Gedanke der allgemeinen Wehrpflicht entsprang einem politischen Idealismus, der an die Energie des antiken Staatsbegriffs erinnerte. Dieselbe freie und weitherzige Auffassung der Pflichten des Staates bekundete sich auch in der Unterrichtsverwaltung. Bei allen, welche diese letzten Jahre mit Bewußtsein durchlebt hatten, stand die Überzeugung fest, daß die endlich vollzogene Versöhnung des preußischen Staats mit der neuen Bildung der Nation für immer dauern müsse. Es galt, das mit der Stiftung der Berliner Hochschule begonnene Werk weiter zu führen, die altpreußische Idee der allgemeinen Schulpflicht vollständig zu verwirklichen, auch die niederen und mittleren Lehranstalten mit dem Geiste der neuen Wissenschaft zu erfüllen und also dem Staate Friedrichs in dem geistigen Leben der Nation eine seines Waffenruhms würdige Stellung zu gewinnen. In den dreiundzwanzig Jahren der Verwaltung des Freiherrn von Altenstein ist diese Aufgabe im wesentlichen gelöst worden. Der Staat, der so lange in seinen harten Daseinskämpfen die Wissenschaft hatte darben lassen, gelangte allmählich dahin, daß er nach Verhältnis seiner Mittel für die Volksbildung mehr als irgendeine andere Großmacht aufwendete und seine Unterrichtsanstalten den besten Europas vergleichen durfte.

Bei seinem Eintritt fand Altenstein eine schwere Arbeit bereits dem Abschluß nahe, die Neugründung zweier Hochschulen. Die Friedrichs–Universität in dem treuen Halle war während der Fremdherrschaft zweimal geschlossen und sofort nach dem Einzuge der Preußen wieder eröffnet worden; sie bedurfte nach den Verwüstungen der Kriegsjahre einer gründlichen Umgestaltung, zumal da sie jetzt auch den thüringischen Landesteilen einen Ersatz für die längst aufgehobene Erfurter Hochschule bieten sollte. Mit dieser Aufgabe verkettete sich die peinliche Frage, ob neben der Heimstätte des reformatorischen Pietismus noch ihre alte Feindin, die kursächsische Fridericiana im nahen Wittenberg fortbestehen könne. Der Pietät des Königs lag nichts ferner als die Absicht, die Kultur der Provinzen zum Vorteil Berlins zu verkümmern; er hoffte womöglich in jeder Provinz eine blühende Hochschule als den geistigen Mittelpunkt des landschaftlichen Sonderlebens erstehen zu sehen, und am wenigsten die Wiege der Reformation wollte der treue Protestant ohne dringende Not antasten. Aber in dem unglücklichen Wittenberg war nichts mehr zu zerstören. Zweihundert Jahre lang war die weiland glorreichste aller deutschen Universitäten nur ein Zerrbild alter Größe gewesen, die Hochburg eines geistlosen Buchstabenglaubens, der ex cathedra Lutheri seine Bannstrahlen schleuderte und die Religion durch die Theologie ertötete. Als gegen Ausgang des achtzehnten Jahrhunderts endlich ein freierer Geist in den entweihten Hörsaal des Reformators einzog, war der Verfall der Hochschule nicht mehr aufzuhalten. Die Belagerung von 1813 gab der Universität den Todesstoß: die Studenten stoben auseinander, die Bibliothek war geflüchtet, die akademischen Gebäude gingen in Flammen auf, und das kleine Häuflein der Professoren, das sich nach Schmiedeberg gerettet hatte, legte dem sächsischen Hofe selber die Frage vor, ob nicht die Vereinigung mit Leipzig geboten sei.

Sollte Preußen jetzt auf dieser Trümmerstätte einen Neubau aufführen, in einer zur Grenzfestung bestimmten Stadt, so nahe bei den drei anderen sächsischen Universitäten, die einander ohnehin schon oft das Licht vertraten? Die lebendige Gegenwart forderte ihr Recht vor der ruhmvollen Vergangenheit; Halle besaß, trotz schwerer Verluste, doch noch einen leidlich vollständigen Lehrkörper, zahlreiche Institute und eine rasch wieder anwachsene Studentenschaft. Schweren Herzens befahl der König noch von Wien aus, im April 1815, die Vereinigung der beiden Friedrichs-Universitäten in Halle. Die Wittenberger Professoren selbst versuchten keinen Widerspruch, ihrer sieben traten im Frühjahr 1817 in die neue Universität Halle-Wittenberg ein: das war alles, was von der glänzenden Stiftung Friedrichs des Weisen noch übrig blieb. Das Volk aber im Herzogtume Sachsen klagte laut, als gerade im Jubeljahre der Reformation die Hochschule der alten Lutherstadt in das Magdeburgische übersiedeln mußte; jetzt haben die Preußen dem Sachsenlande das Herz ausgebrochen, sagte man zornig. Erst nach Jahren, als die neue Doppel-Universität unter Altensteins sorglicher Pflege kräftig aufgeblüht war, begann man einzusehen, daß der König das Notwendigste getan und die Provinz durch den Untergang von zwei verlebten Universitäten an geistigen Kräften nichts verloren hatte.

Den westlichen Provinzen hatte der König schon bei der Besitzergreifung eine Universität versprochen. Sie sollte paritätisch sein und sowohl das gänzlich verfallene reformierte Duisburg wie die aufgehobenen katholischen Hochschulen Köln, Bonn, Trier ersetzen, während dem Münsterlande seine katholische Akademie als theologische Fachschule erhalten blieb. Um den Sitz der rheinischen Universität entspann sich nun ein hitziger Streit, der die geheimen Wünsche der klerikalen Partei des Westens zum ersten Male an den Tag brachte. Köln war so lange im Besitze der größten Universität am Rheine gewesen und überstrahlte alle anderen Städte des Landes so weit durch seinen historischen Ruhm und durch die Fülle seiner Kunstdenkmäler, daß auch Unbefangene, wie Niebuhr, Schenkendorf und der wackere kölnische Sammler Wallraf meinten, nur hier könne das geistige Leben der Rheinlande seinen Brennpunkt finden. „Diejenigen" – schrieb dagegen ein einsichtiger Rheinländer an Hardenberg – „welche so entschieden für Köln reden, verhehlen es gar nicht in vertraulicher Mitteilung, daß sie dadurch den Mittelpunkt einer Opposition bilden möchten. Und welcher Opposition? Des katholischen Prinzips gegen das protestantische. Je näher die Regierung die Rheingegenden kennenlernen wird, desto weiter wird sie sich von dem Gedanken entfernen, nach Köln die rheinische Universität zu verlegen." Auch Arndt, der an seinem deutschen Strome rasch heimisch geworden war, und Süvern, der soeben die neuen Unterrichtsanstalten am Rhein einrichtete, warnten den Staatskanzler vor dem pfäffischen Geiste der Bischofsstadt und empfahlen dafür das liebliche Bonn mit seinen verödeten prächtigen Schlössern.

Dort in der reichen Talbucht, dicht vor dem Eingangstor des rheinischen Wunderlandes konnte vielleicht ein anderes Heidelberg entstehen, eine Stätte freier Forschung und froher Burschenlust, ein Sammelplatz für die deutsche Jugend aus allen Gauen. Selbst der trockene Schuckmann fühlte sich von einem Hauche der Jugend angeweht, als er einst auf der Höhe des Koblenzer Tores zu dem Standbilde des heiligen Michael hinaustrat und über dem grünen Strome und der üppigen Ebene die steilen Gipfel der Sieben Berge erblickte: „Hier ist unser Ort!" rief er entzückt. In der kleinen Stadt war die Universität die Herrin und einer ungestörten Freiheit sicher. Diese Erwägungen schlugen durch, und am 26. Mai 1818, an demselben Tage, da das neue Zollgesetz unterzeichnet wurde, bestimmte der König die Stadt Bonn zum Sitze der rheinischen Hochschule.

Es war bereits die vierte Universität, die unter der Regierung dieses Fürsten gegründet oder gänzlich neu gestaltet wurde – von allen Wohltaten, welche das Rheinland der Krone Preußens verdankte, vielleicht die größte. Hier wieder bewährte sich die alte Wahrheit, daß die Bildung des Volks am letzten Ende durch den Zustand der höchsten Unterrichtsanstalten bestimmt wird. In Bonn und in den anderen Lehranstalten, die sich der Hochschule anschlossen, entstand zuerst wieder ein freies Nebeneinanderleben der Glaubensbekenntnisse; die Mehrzahl der Rheinländer empfing jetzt erst Kunde von den Werken unserer klassischen Literatur, und das reichbegabte Volk lebte sich in diese neue Welt so schnell ein, daß der Spott der Nachbarn über die Unwissenheit der alten Krummstabslande bald ganz verstummte.

Die rheinische Hochschule erforderte während der ersten Jahre mehr Aufwand als alle anderen Universitäten insgesamt. Für die mittleren Lehranstalten blieben nur sehr bescheidene Geldmittel übrig. Eine ganze Reihe neuer Gymnasien ward gegründet, vornehmlich in Posen und am Rhein, im Jahre 1825 bestanden ihrer bereits 133, und während man anfangs die Philologen von auswärts hatte herbeirufen müssen, gewann der Name der preußischen Lehramtskandidaten bald überall ein gutes Ansehen, und Preußen konnte den Nachbarn von seinem eigenen Überfluß abgeben. Auch für den Elementarunterricht sorgte Altenstein zunächst durch die Erziehung tüchtiger Schullehrer. In den zahlreichen Seminarien wuchs ein Schulmeisterstand heran, der die abgedankten Unteroffiziere der friderizianischen Zeit an Kenntnissen weit übertraf, aber auch schon zuweilen die Unarten der vorlauten Halbbildung zeigte. Ebenso rührig, doch minder einseitig wirkte Diesterweg am Niederrhein. Nach einigen Jahren schon konnte Altenstein nachweisen, daß in Preußen mehr Kinder die Schule besuchten als in irgendeinem andern Großstaate.

Altenstein behandelte die Schulen gemäß der Vorschrift des Allgemeinen Landrechts durchaus als Veranstaltungen des Staates und hielt unverbrüchlich die drei Grundgedanken der friderizianischen Unterrichtspolitik fest: den allgemeinen Schulzwang, die Parität der Bekenntnisse, die Verteilung der Schullasten auf alle Hausväter des Schulverbandes. Der Religionsunterricht blieb nach wie vor die erste Pflicht der Elementarschule, und er sollte sich streng an das krichliche Bekenntnis der Mehrheit der Schulgemeinde anschließen; der Ortsgeistliche gehörte regelmäßig dem Schulvorstande an und war befugt, die Mängel zu rügen, aber die Entscheidung stand dem Staate allein zu. Die Simultanschulen begünstigte der philosophische Minister nicht. Die Juden blieben von den Lehrstellen der christlichen Unterrichtsanstalten gesetzlich ausgeschlossen. Also gelang es, die Souveränität des Staates zu wahren, ohne das gute Recht der Kirche zu verletzen.

Für das innere Leben der deutschen protestantischen Kirche wurden diese Friedensjahre ebenfalls eine Zeit der Verjüngung und Erneuerung, wesentlich durch das Verdienst der preußischen Krone. Der König erkannte, gleich seinem russischen Freunde, in den Siegen der letzten Jahre die Hand des lebendigen Gottes, ihm wollte er sich beugen; aber während Zar Alexanders phantastischer Sinn durch die andächtige Stimmung der Kriegszeit zu dem anspruchsvollen und doch leeren Plane der Heiligen Allianz begeistert wurde, ging der nüchterne Friedrich Wilhelm an ein unscheinbares und doch weit fruchtbareres Werk: er entschloß sich, die reife Frucht einer zweihundertjährigen friedlichen Gedankenarbeit endlich zu brechen, den frommen Lieblingsgedanken seiner Ahnen, die Union der evangelischen Kirchen Deutschlands zu verwirklichen. Der alte unselige Haß der beiden Schwesternkirchen des Protestantismus, der einst die Siege der Gegenreformation, die große Verwüstung des dreißigjährigen Krieges so mächtig gefördert hatte, erschien dem neuen Geschlechte schon längst fremd, fast unbegreiflich. Im bürgerlichen Leben ward der Gegensatz kaum noch bemerkt; die Mischehen zwischen Lutheranern und Reformierten, die noch in den Tagen des Thomasius so viele Stürme theologischer Entrüstung hervorgerufen, galten jetzt selbst in den Pfarrerfamilien für unbedenklich.

Von Jugend auf hatte Friedrich Wilhelm der Gedanke der Union mit Liebe ergriffen. Tief gemütlich wie er sein Verhältnis zu seinen Untertanen auffaßte , empfand er es als ein schweres Unglück, daß er trotz dem gemeinsamen evangelischen Glauben doch nicht der Kirche der Mehrheit seines Volkes angehörte, daß die Kirche Luthers, den er unter allen Reformatoren am höchsten stellte, nicht die seine war. Und dies Gefühl ward nur mächtiger, seit er in Königsberg sich dem Rationalismus abgewendet hatte. Die evangelische Weissagung „auf daß sie Alle eins seien gleich wie Du, Vater in mir" erschütterte ihn bis in die Tiefen des Herzens. Er betrachtete die Union als die Rückkehr zu dem Geiste des Evangeliums und erfuhr mit Freude, daß sein geliebter Bischof Borowsky, der fromme, glaubensstarke Lutheraner, dieser Ansicht ebenso günstig war wie sein reformierter Lehrer Sack. Der bibelfeste Greis, dessen freudiger Zuruf „dem Menschen geschieht wie er glaubt", den gebeugten Fürsten so oft in kummervollen Stunden getröstet hatte, war auch Kants Freund gewesen und stand der modernen Wissenschaft nahe genug, um zu erkennen, daß die Unterscheidungslehren der beiden protestantischen Kirchen für das christliche Bewußtsein der Gegenwart nicht mehr die alte Bedeutung besaßen. An seinem Berufe zur Begründung der Union zweifelte der König niemals.

Der König begnügte sich mit einfachen praktischen Vorschlägen. Genug, wenn das Abendmahl in sämtlichen evangelischen Kirchen gleichmäßig nach dem alten biblischen Ritus allen Protestanten gespendet und die Geistlichen beider Bekenntnisse ohne Unterschied zu allen Predigerstellen zugelassen wurden; aus dieser äußeren Vereinigung, die den Gewissen keine Gewalt antat, konnte dann im Laufe der Jahre die lebendige Gemeinschaft der Gemüter erwachsen.

Bei den Vorarbeiten ging dem Monarchen sein Hofbischof Eylert an die Hand, eine jener schmiegsamen Prälatennaturen, welche der Kirche bei einem Werke der Vermittlung unentbehrlich werden. Der gewandte Hofmann entwarf eine Ansprache des Monarchen an die Konsistorien, die den ersten Theologen Berlins zur Prüfung vorgelegt und darauf am 27. September 1817 veröffentlicht wurde. In schlichten Worten verkündigte der König seinen Entschluß, am Reformationsfeste gemeinsam mit den Lutheranern zum Abendmahl zu gehen; er denke damit im Geiste des Protestantismus, nach den Absichten seiner Vorfahren und der Reformatoren selbst zu handeln. Nicht der Übergang der einen Kirche zu der andern sei beabsichtigt, sondern beide sollten eine neu belebte evangelisch-christliche Kirche werden; aus der Freiheit eigener Überzeugung, nicht aus Überredung oder Indifferentismus müsse die Wiedervereinigung hervorgehn. Sein Beispiel, so hoffte er, werde wohltuend auf alle protestantischen Gemeinden im Lande wirken und eine allgemeine Nachfolge im Geiste und in der Wahrheit finden. Der Eindruck der herzlichen Ansprache war tief und nachhaltig. Die unter Schleiermachers Vorsitz versammelte brandenburgische Synode erklärte sofort ihre Zustimmung, und der ehrwürdige Sack, der während dieser bewegten Tage starb, schied von der Erde mit der frohen Ahnung, daß die Saat seines Lebens jetzt aufging.

Am 31. Oktober strömte überall im Lande das protestantische Volk zu den festlich geschmückten Kirchen. In Berlin reichte Schleiermacher nach dem gemeinsamen Abendmahle dem Lutheraner Marheineke vor dem Altar die Hand. In der Potsdamer Garnisonkirche empfing der König mit seinem Hause und unzähligen Genossen beider Bekenntnisse das Sakrament; tags darauf legte er in Wittenberg den Grundstein für das Standbild des Reformators. Welch ein Gegensatz zu den beiden ersten Jubelfesten der Reformation! Vor zweihundert Jahren stand das Unwetter des großen Krieges drohend am Himmel, hundert Jahre darauf war die Kirche völlig verarmt an geistiger Kraft, und jetzt gelang ihr wieder eine schöpferische Tat, eine Tat der Versöhnung. Luther erschien seinem Volke nicht mehr, wie in den Tagen des alten Rationalismus, bloß als der Bekämpfer Roms; das neue Geschlecht begann auch die aufbauende Tätigkeit der Reformation wieder dankbar zu würdigen. Ein frommer Sinn beseelte unverkennbar die meisten der Festschriften des Tages. Das katholische Volk nahm an der friedlichen Feier wenig Ärgernis, obgleich es an Hader nicht ganz fehlte und die Streitschrift des katholischen Pfarrers van Eß eine Reihe gereizter Erwiderungen hervorrief. Der Gedanke der Union ergab sich so notwendig aus der Geschichte des deutschen Protestantismus, daß Friedrich Wilhelms Beispiel bald fast in sämtlichen Gemeinden seines Landes und dann auch in anderen deutschen Staaten freiwillige Nachfolge fand. –

So schaltete fast auf allen Gebieten des Staatslebens eine reiche, heilsame Tätigkeit. An dem mächtigen Aufsteigen des Wohlstandes und der Bildung während dieser langen Friedenszeit hatte das einsichtige Schaffen des Beamtentums in Preußen wie im übrigen Deutschland ein großes, vielleicht das größte Verdienst. Während der Staatsrat über die Steuerreform verhandelte, begann in den Provinzen, überall unter der unmittelbaren Aufsicht des Staatskanzlers, die neue Verwaltung ihr Werk – eine Arbeit der Wiederherstellung, schwerer und mannigfaltiger als die Aufgaben, welche einst König Friedrich nach dem siebenjährigen Kriege gelöst hatte.

Nirgends mußte die Pflichttreue des Beamtentums so harte Proben bestehen wie in der Provinz Posen. Solange man noch auf die Erwerbung von Warschau hoffte, war Hardenberg gewillt, den polnischen Provinzen eine gewisse nationale Selbständigkeit zu gewähren. Diese gefährlichen Pläne fielen von selbst hinweg, als lediglich der schmale Landstrich bis zur Prosna, ein schon fast zu zwei Fünfeln von Deutschen bewohntes Gebiet, an Preußen zurückkam. Da die Wiener Verträge die Krone nur ganz im allgemeinen zur Schonung des polnischen Volkstums verpflichteten, so wurden die von Warschau abgetretenen Landschaften durchaus in derselben Weise wie die anderen Erwerbungen dem preußischen Staate eingefügt und leisteten denselben Huldigungseid. Man erkannte dies Gebiet nicht als unteilbar an, sondern vereinigte die Landstriche um Thorn wieder mit ihrer alten Heimat, dem Ordenslande, und bildete aus der Hauptmasse, nebst einigen westpreußischen Gebietsteilen, eine neue Provinz; sie erhielt den Namen des Großherzogtums Posen, der staatsrechtlich ebenso bedeutungslos war wie die neuen Titel des Großherzogtums Niederrhein und des Herzogtums Sachsen. Noch von Wien aus erließ der König eine Proklamation an die Einwohner, worin es hieß: „Auch Ihr habt ein Vaterland und mit ihm einen Beweis meiner Achtung für Eure Anhänglichkeit an dasselbe erhalten. Ihr werdet meiner Monarchie einverleibt, ohne Eure Nationalität verleugnen zu dürfen." Auch diese Worte enthielten, wie in der Vorberatung beim Staatskanzler ausdrücklich zu Protokoll erklärt wurde, in keiner Weise die Anerkennung einer Sonderstellung der Provinz. Um die besiegte Nation zu ehren, gewährte der König dem Großherzogtum ein besonderes Wappen, den weißen Adler im Herzschilde des preußischen, und einen Statthalter aus jagellonischem Blute, den Füsten Anton Radziwill. Die Leitung der Verwaltung blieb jedoch wie in den übrigen Provinzen ausschließlich dem Oberpräsidenten vorbehalten; der Statthalter war nur befugt, über den Gang der Geschäfte Auskunft zu verlangen, die Wünsche der Einwohner entgegenzunehmen und sie über die Absichten des Monarchen aufzuklären. Bei der Huldigung am 3. August 1815 warnte Fürst Radziwill seine Landsleute nachdrücklich vor gefährlichen Täuschungen und versprach ihnen vollen Anteil an der bürgerlichen Freiheit, welche Preußen allen seinen Untertanen gewähre, auch Schonung ihrer „Eigentümlichkeiten" in Sprache, Sitte und Gewohnheit, aber keinerlei Sonderrechte.

Die neue Provinz umfaßte die Kernlande des alten Großpolens. Hier in der viel besungenen Siebenhügelstadt Gnesen hatte einst der weiße Adler gehorstet, hier lagen mehrere der teuersten Heiligtümer der polnischen Geschichte, und von jeher war der Adel Großpolens durch die Wärme seines Nationalstolzes berühmt. Die Polen hatten unter allen Vasallen Frankreichs am längsten, bis zu der Schlacht auf dem Montmartre bei Napoleon ausgehalten. Während der hundert Tage eilten die Deutschen der Provinz mit hellem Jubel zu den Fahnen, der Posener Adel aber trat sofort in geheimen Verkehr mit den Tuilerien, und die Behörden mußten daran erinnern, daß das Gesetz den Landesverrat mit dem Tode bedrohe. Nach dem zweiten Sturze des Imperators richteten die Unzufriedenen ihre hoffenden Blicke auf das nahe Königreich Polen und seine neue Verfassung; die geheimen Sendboten der Warschauer Patrioten schürten die Flamme der nationalen Propaganda um so eifriger, da sie die Überlegenheit der preußischen Verwaltung kannten und ernstlich befürchteten, die Provinz könne durch ihren aufblühenden Wohlstand dem Mutterlande entfremdet werden. Nach Jahren noch tauchte immer wieder das Gerücht auf, der König denke die Provinz freiwillig an Polen zurückzugeben; immer wieder schwebte ein glückverheißender Glorienschein um das Haupt der Mutter Polens, der heiligen Jungfrau in der Posener Karmeliterkirche. Die Treue der polnischen Beamten erschien, nach dem großen Abfall von 1806, überaus zweifelhaft.

Nach kurzer Zeit schon fühlte sich der Statthalter Radziwill sehr unglücklich in seinem glänzenden und doch wenig einflußreichen Amte. Ein schöner Mann, geistreich, hochherzig, ritterlich, vereinigte er mit jener leichten geselligen Anmut, die den polnischen Edelmann auszeichnet, die gediegene deutsche Bildung: sein gastfreies Haus war fast das einzige des hohen Adels in Berlin, wo sich die vornehme Welt mit den Künstlern und Gelehrten zusammenfand, die Musiker bewunderten sein seelenvolles Spiel und die sinnige Romantik seiner Kompositionen. Die Radziwills waren seit zwei Jahrhunderten mit den Hohenzollern mehrfach verschwägert, Fürst Anton selbst hatte sich mit der liebenswürdigen Prinzessin Luise von Preußen vermählt und stand dem Könige persönlich nahe. Doch er blieb Pole und setzte die Treue, die ihn selbst erfüllte, arglos bei seinem Volke voraus. „Ich stehe Ihnen dafür„ – schrieb er nach der Huldigung an Hardenberg – „daß diese Provinz mit denen, welche seit Jahrhunderten dem Zepter Seiner Majestät unterworfen sind, in Liebe wetteifern wird." Hatte doch der Kanonikus Kawiecki in seiner Festpredigt so rührsam von dem Jagellonenblute der Hohenzollern gesprochen und der Adel so brünstig versichert: „Schwere Erfahrungen haben uns gereift!" Durch ein „System der Nationalität", durch liebevolles Eingehen auf alle Wünsche der Polen hoffte der Fürst die Provinz am sichersten für Preußen zu gewinnen; indes ward er bald irr an diesen Plänen, als Gneisenau ihn warnte und er allmählich selbst bemerkte, wie mißtrauisch und hinterhältig seine eigenen Landsleute ihm begegneten. Auch der Oberpräsident Zerboni di Sposetti gelangte niemals zu einer festen Haltung den Polen gegenüber. Der geistreiche, leicht erregte Feuerkopf hatte in seinen jungen Tagen für die Ideale der Revolution geschwärmt; er war noch immer ein erklärter Liberaler, dem Staatskanzler unbedingt ergeben, und meinte sich verpflichtet, die von der liberalen Welt gebrandmarkte Teilung Polens durch nachsichtige Milde zu sühnen. Im russischen Polen begütert, hatte er auch persönlich manche Rücksichten zu nehmen. Zuweilen ward er freilich, gleich dem Statthalter, selber besorgt über die Folgen seines Systems, da er den Charakter der Polen schon vor Jahren bei der Verwaltung Südpreußens gründlich kennengelernt hatte.

Unbefangene konnten über die Hintergedanken des polnischen Adels nicht im Zweifel sein. Mit unerhörter Dreistigkeit erklärten seine Führer der Regierung ins Gesicht, daß ihr Land einen Staat im Staate bilden solle bis zur dereinstigen Wiedervereinigung mit Warschau. Selbst einer der Gemäßigten, General von Kosinsky, der jetzt preußische Uniform trug und mit dem Statthalter viel verkehrte, forderte von seinem fürstlichen Freunde die Bildung einer rein „nationalen" Armee mit ausschließlich polnischen Offizieren, da die deutschen von den Polen doch nur als Agenten der geheimen Polizei betrachtet würden. Ein anderer Gemäßigter, Morawsky, sendete der Staatskanzlei eine lange Denkschrift über die polnische Nation. Er hob an mit der Versicherung: „Wer die jetzigen Polen mit denen von 1806 vergleicht, irrt um ein ganzes Jahrhundert." Zur Bestätigung dieses Ausspruchs führte er sodann aus: die polnische Kultur sei älter als die deutsche, wenngleich neuerdings die Tat das Wort verdrängt und die Fruchtbarkeit der polnischen Literatur sich vermindert habe. Darauf warf er der Krone Preußen „das System des Verdeutschens und Vernationalisierens" vor und beklagte namentlich, daß die polnische Geschichte in den Schulen nicht mehr als besonderer Lehrstoff behandelt würde: „Seitdem fangen die Mütter an, ihren Säuglingen die Nationalgeschichte einzuprägen." Ein anderer polnischer Edelmann übergab dem Vertrauten des Statthalters eine Denkschrift, worin kurzweg erklärt ward: diese Landschaft werde nicht eher eine preußische Provinz, als bis sie von Polen förmlich abgetrennt sei; bis dahin müsse sie als polnisches Land behandelt werden. Also dürfe man von den Polen keinen Eid fordern – denn „diesen verbrecherischen Eid zu halten wäre ein zweites Verbrechen" – auch keinen von ihnen irgend auszeichnen, da die Dekorierten sich im Kampfe gegen die Fremdherrschaft immer besonders hervorgetan hätten.

Nicht lange, und den frechen Worten folgte die verräterische Tat. Im Jahre 1818 entwarf General Dombrowsky den Plan zu einer geheimen polnischen Verbrüderung, die ein Jahr darauf unter dem Namen der nationalen Freimaurerei ins Leben trat. Die Behörden sahen dem gesetzwidrigen Treiben gelassen zu und schritten erst ein, als die Verschworenen, aus dem Dunkel ihrer Logen heraustretend, unter den Bauern Freischaren zu bilden versuchten, welche den unzweideutigen Namen Sensenmänner (Kosiniery) erhielten.

Die Absicht der Vernichtung des Deutschtums, die sich in jenen Denkschriften des polnischen Adels unverhohlen bekundete, fand bei dem Statthalter allerdings kein Gehör, aber auch für die Forderung deutscher Kultur tat die Verwaltung unmittelbar nichts. Mit peinlicher Gewissenhaftigkeit erfüllte die Regierung ihre den Polen gegebenen Verheißungen. Die alten Erinnerungen und Hoheitszeichen des Landes blieben, nach der großmütigen preußischen Art, unberührt; noch heute prangt am Ringe zu Posen das große polnische Wappen mit dem Herzschilde der Poniatowskys dicht über dem Schilderhause der preußischen Wache. Die polnischen Offiziere wurden pensioniert oder in das preußische Heer eingereiht; auch von den Warschauer Beamten nahm man eine große Zahl in den preußischen Dienst auf, obgleich viele des Schreibens, die meisten des Deutschen unkundig waren und fast alle sich unzuverlässig zeigten. Die Kreisverwaltung lag in den Händen gewählter Landräte, die zumeist dem polnischen Adel angehörten; nur die gutsherrliche Polizei wurde, zur großen Freude der Bauern, vorerst noch nicht wiederhergestellt. Die Geschäftssprache der Behörden war deutsch, aber alle für das Publikum bestimmten Verhandlungen und Bekanntmachungen erfolgten in der Sprache, die den Beteiligten verständlich war; so ward auch in den Volksschulen der polnischen Ortschaften nur polnischer Unterricht erteilt.

Gleichwohl schritt das Deutschtum selbst unter dieser bis zur Schwäche langmütigen Verwaltung unaufhaltsam vor. Sobald die bürgerliche Ordnung wiederhergestellt war, öffneten sich von selber die Schleusen dem Strome der deutschen Einwanderung, der schon im Mittelalter dies verwahrloste Land befruchtet hatte. Die Überlegenheit deutschen Fleißes und Kapitals zeigte sich überall, vornehmlich im Landbau. Der Morgen mittleren Bodens wurde zur Zeit der Besitzergreifung für 1 ½ Taler verkauft – etwa ebenso hoch wie die Urwaldländereien im fernen Westen Nordamerikas.

Von einem kräftigen Bürgertums fanden sich kaum Spuren in dieser städtereichsten Provinz der Monarchie; selbst die Stadt Posen war ein öder ungepflasterter Ort, ein Gewirr von niederen schindelgedeckten Häuschen, wie sie heute nur noch die Wallischei–Vorstadt zieren, mitten darunter verfallene Kirchen und unsaubere Adelspaläste. Auch dies begann sich zu ändern, seit die deutschen Bürger sich von Jahr zu Jahr vermehrten und in den zahlreichen neugegründeten Unterrichtsanstalten eine Stütze ihres Volkstums fanden. Das polnische Gnesen wurde nach einem furchtbaren Brande großenteils auf Kosten des Staates stattlicher wieder aufgebaut und ehrte seinen königlichen Restaurator durch eine Denkmünze; noch schneller hob sich das deutsche Bromberg, seit der Verkehr auf dem Netze-Kanal wieder frei ward. Während die Deutschen andern Nachbarvölkern gegenüber nur zu oft eine haltlose Empfänglichkeit zeigten, fühlten sie sich hier im Slavenlande allesamt stolz als Herrscher und Lehrer, als Träger einer überlegenen Gesittung; kein Deutscher lernte polnisch, wenn er nicht mußte, denn was hatte diese arme Literatur ihm zu bieten? Auch der verblendete Trotz der Polen arbeitete den Deutschen in die Hände. Der Statthalter hatte versprochen, daß den Eingeborenen bei gleicher Befähigung der nächste Anspruch auf die Ämter der Provinz zustehen solle. Statt diese unbedachte Zusage auszunutzen und sich in Breslau, der Landesuniversität der neuen Provinz, für den Staatsdienst vorzubereiten, vergeudete die polnische Jugend ihre Kraft in den schlechten Künsten der Geheimbünde. So geschah es, daß der Nachwuchs der Behörden fast allein aus Deutschen bestand und die unfähigen Warschauer Beamten allmählich zur Seite geschoben wurden.

Die Masse des Volks nahm an den Umtrieben des Adels geringen Anteil. Der polnische Bauer wußte wohl, daß sein Stand noch niemals, seit es ein Polen gab, glücklichere Tage gesehen hatte; dem adligen Pan traute er nicht, der grausame Vogt der alten Zeit und die Karbatsche mit dem eingeknoteten Blei blieben ihm unvergessen. Nur der konfessionelle Haß entfremdete das gutmütig harmlose Volk den preußischen Beamten. Denn der Klerus begegnete der ketzerischen Regierung von Haus aus mit stillem Groll; er verzieh ihr nicht, daß sie die Klöster den strengen Vorschriften des Landrechts unterwarf, daß sie überall Volksschulen anlegte, die in den katholischen Dörfern bisher fast unbekannt gewesen, und für die Bildung der jungen Priester durch neue Lehranstalten sorgte. Die Einflüsterungen der Kapläne ließen die Dankbarkeit für die Wohltaten der preußischen Herrschaft nicht aufkommen, und bald galten bei den Bauern die Namen: katholisch und polnisch, evangelisch und deutsch als gleichbedeutend. Das Feuer des Aufruhrs glimmte unter der Asche, aber erst nach wiederholtem Verrat der Polen entschloß sich die Krone zu der einzigen Politik, welche dies bedrohte Grenzland dem Staate sichern konnte, zur unverhohlenen Begünstigung der deutschen Kultur. –

Einfacher lagen die Dinge in Preußen. Wohl bestand auch in Westpreußen eine Adelspartei, welche sehnsüchtig nach dem Restitutor Poloniae hinüberblickte. Die Polnischen Edelleute in den zurückgewonnenen Gebieten Michelau und Kulmerland verhielten sich so zweideutig, daß der geistreiche Präsident Hippel kurz vor der Huldigung in Thorn dem Staatskanzler schreiben mußte: „Leider kann ich eigentlich keinen als würdig nennen, wenn nicht durch Gnadenbezeigungen Verirrte bekehrt und gewonnen werden sollen.“ Auch Danzig, furchtbar heimgesucht von den Nöten des Krieges, stand noch lange störrisch dem Staate gegenüber, der ihm Frieden und Wohlstand wiederbrachte. Wie hatte sich doch die schönste unserer alten Städte, fast den Holländern gleich, so ganz hinausgelebt aus der Gemeinschaft ihres Volkes. Der dreißigjährige Krieg, für uns die Zeit des tiefsten Zerfalls, war für Danzig wie für Holland das Zeitalter der Blüte. Trotzig wie nirgends auf deutschem Boden war hier, im beständigen Kampfe mit dem polnischen Adel, der reichstädtische Geist aufgeblüht; an dem Artushofe und den hochgiebeligen Patrizierhäusern prangten überall die Bilder der republikanischen Helden Maccabäus, Camillus, Scipio. Obwohl von den alten kriegerischen Stadtjunkergeschlechtern des nordischen Venedig nur wenige die Stürme der napoleonischen Kriege überstanden hatten, so gewöhnte sich die rührige Handelsstdt doch schwer an die Formen des modernen Beamtenstaates, und nach einem Menschenalter rechnete sich der Danziger von altem Schrot und Korn noch nicht zu „den Preußen“. Die Hauptmasse der Provinz dagegen gehörte nun schon seit vierzig Jahren dem deutschen Staate an und hatte – das polnische Landvolk nicht ausgeschlossen – in schwerer Zeit einst musterhafte Treue bewährt. Vollends in Ostpreußen gedachten Deutsche, Litauer und Masuren alle mit gleichem Stolze des Königsberger Landtags und ihrer tapfern Heurichs.

Beide Provinzen hatten unsäglich gelitten. Der König bewilligte den Grundbesitzern bedeutende Mittel zur Wiederherstellung ihrer Güter, für Ostpreußen allein 3,7 Millionen Taler, und ließ den Oberpräsidenten mit den Provinzialständen über die Verteilung verhandeln. Aber was wollen diese Summen bedeuten, da der Gesamtverlust der beiden Provinzen an Kriegsschäden und Leistungen seit 1806 von den Landständen auf 152 Millionen Taler geschätzt wurde? Manche Irrtümer und Mißgriffe liefen dabei mit unter, zumal in Westpreußen, wo Schön nach seiner despotischen Art rücksichtslos seinem eigenen Kopfe folgte. Die großen Grundherren zerspalteten sich in zwei Lager; die einen beschuldigten den liberalen Oberpräsidenten, daß er aus Haß gegen den Adel die alten Familien zugrunde gerichtet habe, während die andern ihn ebenso leidenschaftlich als den Erretter des Adels feierten und unbedingt auf die Worte des „großen altpreußischen Staatsmannes“ schwuren. Da der verarmte Staat schlechterdings nicht allen Provinzen gleichmäßig gerecht werden konnte, so gebot ihm die Pflicht der Selbsterhaltung, seine Hilfe zumeist den noch ungesicherten neuen Gebieten zuzuwenden und die alten getreuen darben zu lassen. Den grollenden Danzigern ward daher ein großer Teil ihrer Kriegsschulden vom Staate abgenommen, das seiner Schuldenlast fast erliegenden Königsberg rief vergeblich um Hilfe. In Ostpreußen stand bereits seit Anfang des Jahrhunderts der Landhofmeister von Auerswald an der Spitze der Verwaltung, ein warmer Freund der Bauern, der schon vor dem Gesetze von 1807 auf seinen Gütern die Erbuntertänigkeit aufgehoben hatte und unbefangen aussprach: der große Grundbesitz habe nicht das Vertrauen der Nation, er sei ärmer an Bildung als der Mittelstand. Unter seiner Leitung wurde die Auseinandersetzung zwischen den Grundherren und den Bauern während der nächsten Jahre durchgeführt. Schön dagegen beförderte in Westpreußen vornehmlich das Schulwesen und den Wegebau; darin erkannte er die beiden wirksamsten Mittel zur Hebung des Deutschtums. Vierhundert Volksschulen wurden unter seiner Verwaltung von den Gemeinden und den Grundherren gestiftet. Den polnischen Adel wußte er in Zucht zu halten; dem Klerus gegenüber vertrat er streng, nicht ohne Härte die Grundsätze des Landrechts und wahrte den öffentlichen Frieden um so erfolgreicher, da auch der Bischof Prinz von Hohenzollern, der noch heute unter dem Namen des guten Prinzen im Gedächtnis des strenggläubigen ermeländischen Volkes fortlebt, den nationalen Träumen der polnischen Kapläne nicht hold war. Trotz der umsichtigen Verwaltung vernarbten die Wunden des Krieges hier in der Ostmark nur sehr allmählich; abgetrennt von ihrem Hinterlande konnten die entlegenen Küstenstriche schwer gesunden. Wenn der deutsche Grundherr in Litauen von den Höhen des Memeltales die wenigen armseligen Flöße der polnischen Szimken drunten auf dem mächtigen Strome erblickte, dann klagte er, dies schöne Land gelte den Berliner Bureaus nur als der große

Remontemarkt für die Reiterregimenter. Mit bitteren Gefühlen dachten die Altpreußen an die bevorzugten westlichen Provinzen und fragten, ob sie denn wieder, wie in König Friedrichs Tagen, die Stiefkinder der preußischen Krone seien.–

In Pommern gewann der neue Oberpräsident Sack das Vertrauen der Bevölkerung bald noch vollständiger als vordem am Rhein; selbst das unzufriedene Neuvorpommern versöhnte sich nach und nach mit dem deutschen Staate. Als die Preußen in Greifswald einzogen, sang der Poet des Landes, Kosegarten, wehmütig:

Ja, unter den drei Kronen
Ließ es sich ruhig wohnen –

und allerdings, die Strenge der monarchischen Gerechtigkeit war dieser Kornkammer des armen Schwedenreichs, die nur 60,296 Taler Gold an direkten Steuern zahlte, bisher ganz unbekannt gewesen. Während im preußischen Pommern der Bauer durch die starke Hand des Königstums geschützt wurde, hatten hier die Krone, der Adel, die Universität und die Patriziate der reichen Städte fast die gesamte Bauernschaft ausgekauft und, ähnlich wie im nahen Mecklenburg, ein bequemes oligarchisches Regiment eingerichtet. Als im Westfälischen Frieden die Mündungen der Weser, Elbe und Oder an die Krone Schweden kamen, errichtete sie in Pommern die höchsten Ämter für ihre sämtlichen deutschen Provinzen, und die fetten Pfründen dieser für eine Million Untertanen bestimmten Behörden, ein willkommener Unterschlupf für die Söhne der guten Familien, bestanden nach anderthalb Jahrhunderten unverändert fort, als nur noch die Hunderttausend Deutschen zwischen der Peene und der Ostsee zu Schweden gehörten. Geringschätzig blickte der Adel auf seine preußischen Standesgenossen herab; hingen doch seine Wappen im Ritterhause zu Stockholm neben den Schildern der Torstenson und Oxenstierna. Breit und behäbig lebte die Universität Greifswald durch Verwaltung ihrer großen Güter, nur alle zwanzig Jahre einmal durch eine königliche Visitaiton gestört; von den akademischen Instituten der reichsten deutschen Hochschule stand freilich nur eines, die Reitbahn, in gutem Rufe. Das stolze Stralsund hatte sich mit der Pracht seiner Kirchen, Rathäuser und Beginenhöfe auch die alte hansische Freiheit treu bewahrt und beherrschte unumschränkt ein Gebiet von mehr als hundert Ortschaften. Behutsam traten die preußischen Behörden an dies zähe Sonderleben heran. Die meisten der alten Ämter wurden trotz der Proteste des Adels beseitigt, nur das Greifswalter hohe Tribunal blieb als bescheidenes Appellationsgericht bestehen; Stralsund und die anderen größeren Städte behielten ihre alte Verfassung, doch mußten sie, nach wiederholter Verwahrung, dem preußischen Kreisverbande sich einfügen. Nach zweijährigem Zögern wagte man auch das neue Zollgesetz einzuführen. Sicher und stetig vollzog sich die Verschmelzung. Die Mehrzahl der Pächter und Gutsuntertanen, namentlich auf Rügen, hatte von Haus aus das Mißtrauen der privilegierten Klassen nicht geteilt, und freute sich, bei den neuen Behörden einigen Schutz gegen die Willkür der Grundherren zu finden.

Weit härter als dies schwedische Land war das preußische Pommern durch den Krieg heimgesucht. Die Ruinen der Häfen von Leba, Stolpmünde, Rügenwalde, Kolberg erinnerten noch an die behaglichen Zeiten des Baseler Friedens. Stettin, das damals schon mit Hamburg gewetteifert, mußte sich jetzt seinen Platz auf dem Weltmarkte von neuem erobern; aber viele der reichen alten Firmen bestanden nicht mehr, der Hafen von Swinemünde wurde erst wieder neu gebaut, und zudem lähmte der Sundzoll den Aufschwung der pommerschen Plätze. Auf dem platten Lande erregten die junge Kultur und die patriarchalischen Lebensverhältnisse das Erstaunen des Oberpräsidenten: hier im Kreise Neu-Stettin nur 710 Einwohner auf die Geviertmeile, und daheim im Regierungsbezirk Düsseldorf ihrer 8537; und gleichwohl „sucht der gute Pommer noch immer seinen Reichtum im vielen Landbesitz“. Sack bat den Staatskanzler dringend, ihm die Ansiedlung von tüchtigen Neubauern zu gestatten, die dem guten Pommern das Beispiel intensiver Wirtschaft geben und ihm den Segen der neuen wirtschaftlichen Freiheit zum Bewußtsein bringen sollten. Aber wo waren die Mittel für eine Kolonisation im friderizianischen Stile? Die Provinz erholte sich von den Leiden der Kriegsjahre fast ebenso schwer wie die anderen baltischen Lande, nur daß die ruhigen Pommern die harte freudlose Zeit gleichmütiger ertrugen als die leidenschaftlichen Preußen., –

Der Oberpräsident von Schlesien, Merckel, war schon während des Krieges als Zivilgouverneur seinen Landsleuten teuer geworden. Sie vergaßen ihm nicht, daß er einst in einem verhängnisschweren Augenblicke durch sein festes Vertrauen auf ihre Opferwilligkeit die Fortsetzung des Rückzugs verhindert hatte; denn als die Monarchen zur Zeit des Waffenstillstandes über die Räumung des ausgesogenen Landes beratschlagten, da hatte er sein Wort dafür verpfändet, daß Schlesien die verbündeten Heere ein ganzes Jahr hindurch unterhalten werde. Und wie glücklich war nachher durch die kräftige Hilfe des Zivilgouverneurs das Werk Gneisenaus, die Bildung der schlesischen Landwehr gelungen. Der Sohn eines angesehenen Breslauer Kaufmannshauses, von Kindesbeinen an heimisch in allen Schichten der vielgestaltigen schlesischen Gesellschaft, erschien Merckel seinem Lande als der natürliche Führer. Seine ruhige, ernsthafte, streng sachliche Weise, die Geschäfte zu behandeln, flößte jedem Zutrauen ein, und wer mit einem dringenden Anliegen kam, konnte noch in später Nachtstunde den rüstigen kleinen Mann, dem der Schlaf entbehrlich schien, an seinem Schreibtisch finden. Er gehörte von jeher zu den eifrigen Förderern der Hardenbergischen Reformen, war ein Schüler der Kantischen Philosophie, reich gebildet, fast gelehrt und von dem Segen der freien Forschung tief überzeugt. Dem kirchlichen Leben stand der strenge Rationalist nicht ohne bürokratisches Mißtrauen gegenüber, ein wachsamer Vertreter der Souveränität des Staates. Bei Hofe galt er neben Schön für den radikalsten der Oberpräsidenten, obwohl er die bissige Kritik des Ostpreußen verschmähte und in Wahrheit niemals weit über die Gedanken des aufgeklärten Absolutismus hinausging.

Die Schlesier hatten in großer Zeit bewiesen, wie fest sie an ihrem Staate hingen; auch die verwahrlosten Wasserpolen Oberschlesiens zeigten sich der Krone tief ergeben, wenngleich die Begeisterung des Befreiungskrieges sie nur wenig berührte, und blieben völlig unempfänglich für die nationale Propaganda der Polen. Hier allein ward der König Friedrich wahrhaft geliebt; von der „vorpreußischen Zeit“ sprach das Volk selten und ohne Freude, selbst der Adel dachte nicht mehr an seine altständische Herrlichkeit. Gleichwohl lebte hier noch ein zäher Partikularismus, der in der „Schlesische Gesellschaft für vaterländische Kultur“ zu Breslau eifrige Pflege fand. Die alte Hauptstadt, die nunmehr, der Festungsmauern entledigt, das malerische Gewirr ihrer finsteren Gassen mit einem Kranze lieblicher Baumgänge zu umgürten begann, bildete den bewegten Sammelplatz eines reichen und mannigfaltigen landschaftlichen Sonderlebens. Sie war Kopf und Herz der Provinz, wie keine der anderen Provinzialhauptstädte, selbst Königsberg nicht ausgenommen. Hier lag die aufblühende Hochschule neben der Residenz des einzigen Fürstbischofs der Monarchie, der Schmutz der Judengassen neben den Palästen des lebenslustigen Adels; deutsches und polnisches Volkstum, protestantische und katholische Bildung, Beamtentum und Bürgertum, Großindustrie und Landbau stießen hier aufeinander. Über dies bunte Treiben blickten die Schlesier noch wenig hinaus: selten verließ einer die geliebte Heimat, wo alles so traulich verschwägert und vervettert war, jede Hochzeit und jeder Geburtstag unfehlbar von sanglustigen Oder-und Boberschwänen in behaglichen Reimen gefeiert wurde. Der stolze katholische Adel, der noch bis zum Jahre 1811 seine jüngeren Söhne in den Domherrenpfründen des reichen Bistums untergebracht hatte, war in der Armee wie im Beamtentum nur spärlich vertreten, er sonderte sich von den kleinen Soldatengeschlechtern der pommerschen und märkischen Ritterschaft vornehm ab und verkehrte fast häufiger in Wien als in Berlin. Die Städteordnung, die Gewerbefreiheit und die neuen agrarischen Gesetze hatten hier bisher mit einem starken Widerwillen kämpfen müssen, und Merckel bedurfte seiner ganzen Klugheit und Landeskenntnis, um die Einführung der Reformen nach und nach unter behutsamer Schonung der eigenartigen Verhältnisse durchzusetzen.

Und wie kläglich lag der Wohlstand des Landes, der sich einst nach dem Einzuge der Preußen so erstaunlich rasch gehoben, jetzt darnieder. Wo waren sie hin, die glücklichen Zeiten, da John Quincy Adams das Land bereiste, um die Wunder der friderizianischen Verwaltung kennenzulernen, da die Fürsten und Grafen in den Bädern von Warmbrunn und Salzbrunn ihr schwelgerisches Sommerleben führten, fast in jedem Landhause des Wadtenburger Tales ein reicher Fabrikant wohnte und droben auf dem rauhen Kamme des Gebirges, in Landeshut, bei den „Amerikanern“, den großen, nach Amerika und Spanien handelnden Kaufherren, der Ungarwein in

Strömen floß? Die Leinwandausfuhr erreichte nie mehr ihre alte Höhe, in den Weberdörfern des Gebirges herrschte ein Notstand, der endlich selbst der heitern Genügsamkeit dieses leichtlebigen Völkchens unerträglich schien; auch der Handel mit Polen, die Nahrungsquelle Breslaus, ward durch die neuen russischen Schlagbäume vielfach geschädigt. Indes hob sich die Baumwollmanufaktur, und die Wollmärkte gewannen an Bedeutung, seit Thaer seine Stammschäferei in Panten einrichtete. Die Königshütte in Oberschlesien stellte ihren großartigen Betrieb bald wieder her, und allmählich entstand dort, trotz der bedrohlichen Nähe der Zollgrenzen Österreichs und Rußlands, eine stattliche Zahl neuer Berg-und Hüttenwerke. Das alles vollzog sich sehr langsam. Die kühne Unternehmungslust aufstrebender Zeiten war diesem ermüdeten Volke nicht gegeben; in bedächtiger Arbeit und stiller Entsagung ging ihm das Leben auf. –

Wie eine Insel lag Berlin, die so rasch aufgestiegene Hauptstadt, inmitten des Staates, ganz abgetrennt von den Interessen des platten Landes. Der Charakter des Berliner Lebens war trotz seiner 188 000 Einwohner noch wesentlich durch den Hof und die Garnison, die Beamten und die Universität bestimmt. Nirgends in Deutschland konnte man feinere Urteile über Theater und Musik, Philosophie und Geschichte hören als in den einfachen Teegesellschaften der Berliner literarischen Kreise. Aber die Gesellschaft sonderte sich noch streng nach den Berufsständen. Selbst Gneisenau, der neue Gouverneur, verkehrte fast ausschließlich mit Offizieren, und alle Welt verwunderte sich über die unerhörte Neuerung, als der König im Jahre 1817 im Konzertsaale des Opernhauses einige Subskriptionsbälle für jedermann veranstalten ließ und selber mit dem Hofe einen Rundgang durch die bunte Gesellschaft hielt; der Eintrittspreis, 1 Tlr. 16 Gr., war allerdings der großen Mehrzahl ganz unerschwinglich.

Erst seit Giovanoli im Jahre 1818 seine Konditorei eröffnete, Spargnapani und andere Engadiner dem Beispiele folgten, gewöhnte sich die gebildete Welt an die Zeitungen. Dort in den dunklen Lesezimmern entspannen sich zuweilen politische Debatten, freilich erschienen die aufgeregten auswärtigen Blätter noch weit anziehender als die zahme Langeweile der preußischen. Großstädtisches Gedränge zeigte sich fast allein in den engen Gassen der inneren Stadt; die grünen Gendarmen behielten vollauf Zeit, jeden Frevler, der auf der Straße rauchte, unerbittlich einzufangen, und wenn der heiße Sommermittag auf die stillen geraden Häuserzeilen der Friedrichsstadt herniederbrannte, dann meinte man sie schnarchen zu hören – so hieß es draußen im Reiche, wo der Spott über Berlin immer willige Hörer fand. Nach dem zweiten Frieden stellte ein verwegener Unternehmer 32 echte Warschauer Droschken auf den öffentlichen Plätzen auf, und die Gelehrten von Voß und Spener stritten sich lebhaft über die Frage, woher die vielen Menschen zur Benutzung dieses Wagenparks kommen sollten; vor kurzem war erst ein ähnliches Unternehmen gescheitert, diesmal aber gelang das Wagnis. Den Briefverkehr in der Stadt vermittelte die „löbliche Kaufmannsgilde von der Materialhandlung"; in ihren Kramläden wurden die Stadtbriefe gesammelt, mit mächtigen Klingeln in der Hand zogen ihre Boten durch die Straßen. Die Masse der Bürgerschaft nahm an dem regen geistigen Leben der höheren Gesellschaft wenig Anteil, sie blickte mit Mißtrauen auf die Neuerungen der Gesetzgebung und verharrte zähe bei ihren schlichten kleinstädtischen Sitten. Sehr langsam, erst nach dem Kriege, verwischte sich der Unterschied zwischen den derben Niederdeutschen und den feiner gesitteten Familien der französischen Kolonie.

Im Hochsommer strömte alt und jung hinaus, um sich beim Stralauer Fischzuge an den Nationalgerichten, Aal, Gurken und Weißbier, zu erlaben. Das Königsschießen der Schützengilde stand noch in hohen Ehren, und das neue Reglement von 1813 hielt für nötig, ausdrücklich zu bemerken: auf Steuerfreiheit würden der Schützenkönig und seine beiden Ritter als gutgesinnte Bürger wohl selbst keinen Anspruch erheben. Die Kaufleute zerfielen in die zwei scharf getrennten Gilden der Material- und der Tuch- und Seidenhändler. Zweimal wöchentlich veröffentlichten die Makler einen Kurszettel, der nur wenige fremde Papiere aufzählte; der kleine Bürger aber rechnete nur nach Dreiern. Alle Massengüter langten zu Wasser an, da selbst mit Hamburg noch keine ununterbrochene Chausseeverbindung bestand; im Winter stockte das Geschäft, im Frühjahr und Herbst drängten sich die Kähne auf der Spree, doch genügte selbst dann der eine Kran im königlichen Packhofe, um die Waren der sämtlichen Fuhrleute und Schiffer abzuladen. Inmitten dieser beschränkten Verhältnisse verrieten sich doch schon die Anfänge eines reicheren Verkehrs. Die Gastwirte der großen Höfe, wo die Fuhrleute einkehrten und auf Ladung warteten, begannen selber die Vermittlung des Frachtverkehrs zu übernehmen; aus diesen Fuhrmannsherbergen entstanden seit 1816 die großen Speditionsgeschäfte, welche, begünstigt durch die glückliche Lage der Stadt, nach kurzer Zeit den besten Teil des nordostdeutschen Handels an sich zogen. Welch ein Aufsehen, als Cockerill im Jahre des Friedensschlusses auf der neuen Friedrichsstraße eine Fabrik erbaute, die der Wollmanufaktur alle Werkzeuge und Maschinen liefern sollte; dort arbeitete eine Dampfmaschine von beinahe dreißig Pferdekräften, und nicht lange, so erleuchtete man die Werkräume gar mit Kohlengas. Ein Jahr später ward der erste Jacquardsche Webstuhl in der Berliner Seidenwirkerei eingeführt. Zwar die Wollindustrie, die im Jahre 1803 schon 1465 Stühle beschäftigt hatte, war jetzt auf 420 Stühle herabgekommen, auch die Garnspinner konnten nach der Aufhebung der Kontinentalsperre kaum noch bestehen, da die Engländer das Geheimnis ihrer Spinnmaschine wohl bewahrten. Aber die Baumwoll-Weber und -Drucker, die Tuchwalker und viele andere Gewerbe schritten rüstig vorwärts. So ward durch die harte Arbeit eines genügsamen, sorgenvollen Geschlechts langsam der Grund gelegt für die Macht der ersten deutschen Fabrikstadt. –

In allen diesen Provinzen waren nur kleine Stücke neuerworbenen Landes einem festen Kern altpreußischen Gebiets anzuschließen; hingegen das wunderliche Gewirr von zweiunddreißig großen und ungezählten kleinen Herrschaften, das man jetzt die Provinz Sachsen nannte, bedurfte eines vollständigen Neubaus. Mittel- und niederdeutsches, altgermanisches und wendisches Land stießen hier aufeinander. Dazu die schärfsten Gegensätze des wirtschaftlichen und des kirchlichen Lebens. Hier die üppigen Niederungen der Goldenen Aue und des Magdeburger Landes, dort auf den rauhen Hochebenen und in den feuchten Talgründen des Eichsfeldes die armen, unter der schlaffen Herrschaft des Krummstabs ganz verwahrlosten Weberdörfer mit ihren zahllosen winzigen Feldstreifen. In dem neuen Regierungsbezirke Merseburg bestand nur eine einzige katholische Kirche; das Geburtsland von Luther, Paul Gerhardt, Rinckart, die Heimat der Reformation lebte und webte in protestantischen Erinnerungen. Auf dem Eichsfelde war den Jesuiten des Mainzer Kurfürsten die Arbeit der Gegenreformation, bis auf wenige Dörfer, vollständig gelungen, erst die Preußen hatten im Jahre 1804 in Heiligenstadt evangelischen Gottesdienst wieder eingeführt. Und bei alledem nicht einmal ein wohlabgerundetes Gebiet. Die Elbe bildete nur für einen kleinen Teil der Provinz, und bei weitem nicht in gleichem Maße wie der Rhein und die Oder, die gemeinsame Verkehrsader. Die neue Hauptstadt Magdeburg war herabgekommen wie ihr halb verfallener Dom, sie zählte mitsamt den Vororten nur 31 000 Einwohner, sie lebte dem Handel und konnte niemals den Mittelpunkt für das gesamte Kulturleben der Provinz bilden, denn die Zeit war längst vorüber, da hier einst die freie Presse der Protestanten ihre letzte Zuflucht gefunden hatte.

Die treuen Magdeburger und Altmärker verhehlten kaum, wie wenig ihnen an der Gemeinschaft mit den kursächsischen Rheinbündnern lag, und diese leisteten die Huldigung mit schwerem Herzen, obwohl manche beflissene Polizeibeamte dem Staatskanzler von lautem Volksjubel berichteten. In jedem Schlosse und jeder Kirche des Kurkreises erinnerte das Wappenschild mit dem Rautenkranze an die alte Geschichte eines Staates, der einst die stolze Vormacht des deutschen Protestantismus gewesen. Hier war man gewohnt, aus dem Behagen einer älteren Kultur und höheren Wohlstands auf die brandenburgischen Emporkömmlinge herabzuschauen; nun mußte man die Teilung des Königreichs und darauf noch die Abtrennung der Lausitzen erleben; dann wurden die Universität und die obersten Behörden der Provinz in das Magdeburgische verlegt, obgleich die Merseburger ihre Stadt doch so dringend dem Könige als die einzig geeignete Hauptstadt empfohlen hatten; und dazu noch die neue königlich preußische Religion, die das alte Luthertum zu verdrängen drohte. Der Groll äußerte sich anfangs so lebhaft, daß selbst in den Schulen die Söhne der preußischen Beamten beständig mit den Eingeborenen zu raufen hatten. Am heftigsten zürnte der Adel; denn obwohl die neue Herrschaft seine Interessen behutsam schonte und ihm auch die Pfründen der reichen Domstifte Naumburg und Merseburg beließ, so fühlte er doch, daß er in Sachsen der Herr gewesen und jetzt lernen mußte, in den

Friedrich der Große auf Reisen

Bürgerliches Paar in Rokokotracht

Kreis der Untertanen hinabzusteigen. Er gewöhnte sich so schwer an das monarchische Regiment, daß der Oberpräsident Bülow im Staatsrate dringend riet, die neuen Steuergesetze nicht ohne Genehmigung der sächsischen Stände zu erlassen: „Sonst würde vielleicht auf immer das leider noch wenig begründete Vertrauen der Bewohner verscherzt." Selbst die Einsichtigen zeigten überall jene gemütliche Vorliebe für das Althergebrachte, welche trotz allem Lärm der liberalen Schriftsteller die eigentliche Gesinnung der Deutschen blieb. Wie viele Kämpfe mußte Johannes Schulze mit dem Rektor von Schulpforta, dem trefflichen Ilgen, bestehen, bis er endlich durchsetzte, daß die alte Fürstenschule sich der preußischen Prüfungsordnung fügte und die städtischen Freistellen nicht mehr nach Gunst und Laune der berechtigten Stadträte besetzt wurden.

Die Provinz holte jedoch mit einem Sprunge nach, was das kursächsische Adelsregiment zwei Jahrhunderte hindurch versäumt hatte. Zuerst die Bürger und die Bauern, dann auch die Edelleute gewöhnten sich an die neuen Zustände und übertrugen die patriarchalische Verehrung, die sie bisher für König Friedrich August gehegt, auf den neuen Fürsten. Und wie viel einfacher und zugänglicher als der alte erschien der neue Herr, der den grollenden Merseburgern beim ersten Einzuge mahnend zurief: „Wir sind ja doch alle Deutsche." Das Mißtrauen der vormaligen Kursachsen gegen ihre altmärkischen und magdeburgischen Mitbürger verschwand nach und nach; aber da der Deutsche nicht ohne nachbarlichen Haß leben konnte, so begannen jetzt die Sachsen im Königreiche die zufriedenen Torgauer und Eilenburger des Verrates zu bezichtigen und die preußischen Sachsen als den Auswurf des „preußischen Stammes" zu verwünschen. Wenige Jahre nach der so schmerzlich beweinten Teilung sah man schon in manchen Grenzdörfern einen Sächsischen Hof und einen Preußischen Hof, beide in ihren Landesfarben prunkend, trutzig nebeneinander liegen. Die gewaltige Anziehungskraft des preußischen Staates fand, wie die Kenner des Landes schon auf dem Wiener Kongresse vorausgesagt, nirgends leichteres Spiel als bei dem bildsamen obersächsischen Stamme. –

Ebenso mannigfaltige und doch einfachere Verhältnisse traten der neuen Verwaltung in der Provinz Westfalen entgegen. Trotz der Verschiedenheit ihrer politsichen Schicksale hatten sich die Heimatlande des weißen Sachsenrosses zu allen Zeiten einen starken gemeinsamen Stammesstolz erhalten. Die uralte Völkerscheide auf den Höhen über Barmen, welche einst die Sachsen von den Franken trennte, blieb nachher Jahrhunderte lang die Grenze zwischen der Grafschaft Mark und dem Herzogtum Berg; mit einer Abneigung, die von drüben ebenso herzlich erwidert ward, blickte der ernste, verschlossene Niedersachse auf die leichtlebigen, redseligen Rheinfranken und spottete über den „bergischen Wind". Als nunmehr fast die gesamte rote Erde unter die preußische Krone kam, da ward die Wiedervereinigung der Lande Wittekinds doch selbst in den Krummstabsgebieten, die dem protestantischen Königtum mißtrauten, mit Freude begrüßt, und man beklagte nur, daß Osnabrück nebst einigen Strichen des Münsterlandes bei Hannover und Oldenburg verblieb.

Niemand empfand diese Freude lebhafter als der Oberpräsident Freiherr Ludwig von Vincke, der schon während des Krieges die provisorische Verwaltung geführt hatte und von allen Seiten als das einzig mögliche Oberhaupt der Provinz angesehen wurde. Ein Verwaltungstalent großen Stils, durch Reisen und Studien mit dem Staatsleben und der Volkswirtschaft des Auslandes gründlich vertraut, war er doch vor allem ein westfälischer Edelmann geblieben, derb, formlos, geradezu, so fest verwachsen mit dem Boden der Heimat, wie jener alte Soester Maler, der sich selbst das Abendmahl des Heilands nicht ohne einen saftigen westfälischen Schinken denken konnte. Wohin ihn auch der Staatsdienst führte, in Aurich wie in Potsdam hatte er stets das Ziel im Auge behalten, das ihm schon in jungen Jahren als höchster Lebenszweck erschienen war: „Mein Vaterland Westfalen soll dereinst das Bild der vollkommensten Einrichtungen abgeben."

Welch ein Glück, als er nun mit der Verwaltung des wiederveinigten Landes betraut wurde; nur „die unerträgliche Briefträgerei", die Abhängigkeit von den Ministern in Berlin fiel seinem trotzigen Sinne schwer. Von Jugend auf hatte er fast mit allen den ungewöhnlichen Männern, welche dies klassische Zeitalter des preußischen Beamtentums zierten, in enger Freundschaft gelebt und zwischen den beiden Reformparteien immer eine Mittelstellung eingenommen. Da er wie Stein die politische Freiheit vornehmlich in der Selbstverwaltung eines kräftigen, selbständigen Bürger- und Bauernstandes suchte, so bekämpfte er wie jener die unbeschränkte Teilbarkeit der Landgüter und die radikale Aufhebung der Zünfte. Aber seinen aristokratischen Neigungen hielt die streng monarchische Gesinnung des Beamten stets die Waage; von altständischen Rechten, welche die Einheit des Staatswillens gefährden könnten, wollte er nichts hören. Die Patrimonialgerichte verwarf er als ein „großes Ärgernis", die geplagten Untertanen der Mediatisierten fanden bei ihm und seinem Regierungsdirektor Keßler, einem erklärten Liberalen, jederzeit treuen Schutz, und obgleich er in Berlin oft zu schonender Behandlung der Katholiken mahnte, so trat er doch jeder Überhebung der Hierarchie mit rücksichtloser Strenge entgegen. Wenn der König mit jungen Referendaren sprach, so pflegte er ihnen den westfälischen Oberpräsidenten als das Muster der Pflichttreue vorzuhalten; denn unter allen den unermüdlichen Arbeitern dieses Beamtentums war Vincke der fleißigste. Wie oft sahen ihn die Münsterer um Mittag im Sturmschritt nach Hause eilen, wo er dann rasch sein einfaches Mahl verzehrte und sogleich wieder in die geliebten Akten versank. Und doch verachtete dieser gefürchtete Nummerntöter aus Herzensgrunde die Weisheit des grünen Tisches. All sein Wissen war erwandert und erlebt; überall im Lande war er zu Haus, in den Haubergen und Wiesengründen des Siegener Landes, in den Eisenwerken der Grafschaft Mark und den einsamen Bauernhöfen der münsterschen Heiden. Im blauen Kittel, die Pfeife im Munde, den Knotenstock in der Hand, zog der ungestüme kleine Mann mit dem klugen Kindergesichte oft meilenweit über Land, um bei seinen lieben Bauern nach dem Rechten zu sehen. In der ersten Zeit widerfuhr es ihm einmal, daß eine Bauernfrau, die er am Butterfasse traf, „dat Jüngesken" derweilen weiter buttern hieß, bis sie den Schulzen draußen zwischen den Wallhecken auf dem Felde aufgefunden hätte; in späteren Jahren kannte jedes Kind den Vater Westfalens.

Das Rheinland ausgenommen, ist keine andere deutsche Landschaft durch die Volkswirtschaft des neuen Jahrhunderts so von Grund aus neu gestaltet worden, wie dies Westfalen, das beim Beginne der Friedensjahre noch übel berüchtigt war als ein ödes, unwirtliches Land von großen Erinnerungen und armseliger Gegenwart. In dem mächtigen Soest, das einst seine herrischen Aldermänner bis nach Gotland gesendet und den meisten Städten Niederdeutschlands sein Stadtrecht geschenkt hatte, hauste jetzt ein armes Völkchen kleiner Ackerbürger zwischen den Trümmern der alten Prachtbauten. Stadtberge, die ehrwürdige Sachsenfeste Eresburg, war fast verschwunden, nur die Rolandssäule, der Pranger und zwei verfallene Kirchen schauten noch vom hohen Bergkegel auf das Diemeltal herab; und dicht vor dem Tore der stolzen Hansestadt Dortmund lag der Freistuhl des Femgerichts unter den alten Linden so einsam und weltverlassen, daß der Freigraf jetzt am hellen Tage das nackte Schwert und die Weidenschlinge auf den Steintisch hätte legen können. Nur in den altpreußischen Landstrichen der Provinz, in den überwiegend protestantischen Grafschaften Ravensburg und Mark regte sich schon ein schwungvoller Verkehr. Die Bielefelder hatten ihre altberühmte Leinenweberei selbst durch die Kontinentalsperre nicht ganz zerstören lassen und eroberten sich gleich nach dem Frieden den amerikanischen Markt für ihre Segeltuche. Den Kohlenwerken und Eisenhämmern des märkischen Sauerlandes war ein wichtiger neuer Absatzweg eröffnet, seit Stein die Ruhr schiffbar gemacht, und bereits gingen jährlich an 2 $^{1}/_{2}$ Mill. Ztr. Steinkohlen talwärts. Vincke aber sah in alledem nur die vielverheißenden Anfänge einer neuen Entwicklung; er wußte, welcher Reichtum in den Bodenschätzen seiner Heimat, in der zähen Kraft ihrer Bewohner verborgen lag, und wiederholte seinen Landsleuten gern den alten Lobspruch des Erasmus: kein Volk der Welt ist ausdauernder in der Arbeit. Er fühlte sich als Steins Erbe und wollte für ganz Westfalen vollenden, was dieser in der Grafschaft Mark begonnen hatte. Als das untere Ruhrtal mit der benachbarten rheinischen Provinz vereinigt wurde, erbat er sich vom Könige die Gnade, daß ihm die Aufsicht über den gesamten Stromlauf verblieb, und ruhte nicht, bis er die Mittel erhielt zum Bau des Ruhrorter Hafens, des großen Ausgangstores der westfälischen Bergwerke. Zugleich traf er die ersten Anstalten, um auch die Lippe bis nach Lippstadt hinauf der Schiffahrt zu erschließen.

Schwerere Aufgaben erwarteten den Unermüdlichen in den neuen Gebieten. Das Herzogtum Westfalen hatte Jahrhunderte lang unter dem trägen Regimente des kölnischen Bistums dahingeträumt, dann als darmstädtische Provinz die Willkür von fünf koordinierten Oberbehörden und zahllosen Unterbeamten ertragen; hier galt es „den Stall des Augias zu säubern". Unbekümmert um die Klagen der Grafschaft Mark setzte Vincke durch, daß die Hauptstadt des westlichen Regierungsbezirks nicht in das rührige Hamm, sondern mitten in das rauhe Bergland des Oberruhrtals auf den abgelegenen Felsriegel von Arnsberg verlegt wurde: Ihr Markaner, meinte er, helft Euch selbst, hier im Herzogtum müssen wir erst das Leben erwecken. Um die neue Beamtenstadt mit der Welt zu verbinden, wurde das Straßennetz, dessen Anfänge Stein in der Grafschaft Mark begründet hatte, rüstig ausgebaut, und schon im Jahre 1817 konnte Vincke nach Berlin berichten, daß der Arnsberger Regierungsbezirk 50 Meilen Chausseen und Kohlenwege zähle, während der gesamte Staat erst 523 Meilen Chaussee, die Provinz Pommern noch keine einzige Steinstraße besaß. Freilich pflegten die Straßen dieser Zeit noch grundsätzlich die gerade Linie zu vermeiden, dicht neben dem bequemen Tale in weiten Windungen bergauf, bergab zu klimmen, damit die Dörfer droben doch auch ihren Verdienst hätten von Fuhrmannszehrung und Vorspann. Da der Oberpräsident die Dürftigkeit des Staatshaushalts genugsam kannte, so versuchte er auch das Kapital aus dem Lande selbst für den Straßenbau zu gewinnen, und belehrte seine Westfalen in einer Provinzialzeitung: wie die Engländer, wenn ein neuer Verkehrsweg, eine Brücke, ein Kanal notwendig scheine, zuerst alle Beteiligten zu einer Versammlung einlüden, dann einen Ausschuß wählten und Gelder zeichneten. Aber der kühne Aufruf erschien zu früh. Für solche Wagnisse war dies gedrückte Geschlecht verarmter Kleinbürger noch nicht zu gewinnen; es galt schon als ein großer Erfolg, daß doch eine Brücke, auf der Altenaer Straße, durch Aktienzeichnung zustande kam.

Noch ärger als die kölnischen Kurfürsten hatten die letzten Bischöfe von Paderborn ihr Land vernachlässigt. Mit Entsetzen lernte Vincke dies Irland Westfalens kennen: überall kümmerliche Zwergwirtschaft und baufällige Hütten, wunderbar verschieden von den stattlichen Bauernhöfen am Hellweg: das Volk gutartig, aber trunksüchtig, verwildert, im ewigen Kriege mit dem Gesetze, so daß oft große Banden mit langen Wagenzügen in die Forsten einbrachen, ganze Waldstrecken in einer Nacht entblößten; und zu alledem „die Pest des Landes", die Wucherjuden in jedem Dorfe. Auch hier erwarb sich der Oberpräsident nach einiger Zeit stillen Kampfes das allgemeine Vertrauen, als er mit fester Hand die bürgerliche Ordnung wiederherstellte, neue Schulen anlegte, den alten Lehrern, die oft nur 30 Tlr. Gehalt bezogen, Zuschüsse verschaffte, die Ansiedlung der Juden erschwerte und der Hausindustrie neue Absatzwege eröffnete.

Nur der Adel des Münsterlandes wollte die stolze Geschichte seines reichsunmittelbaren Hochstifts nicht vergessen und bewahrte unversöhnt den alten Groll gegen die preußische Herrschaft. Man gab wohl zu, daß Westfalen geringere Steuerlasten trug als der Osten, und die einzige drückende Abgabe, die von den napoleonischen Beamten sehr ungerecht verteilte Grundsteuer, erst nach einer langwierigen Katastrierungsarbeit umgestaltet werden konnte; auch über den protestantischen Hochmut der Beamten und Offiziere, der in der bösen Zeit vor 1806 zuweilen verletzend hervorgetreten war, konnte man jetzt nicht mehr klagen. Gleichwohl blieb der Charakter dieses paritätischen Staates den klerikalen Edelleuten des Münsterlandes ebenso widerwärtig wie dem polnischen Adel. In dem munteren, schaulustigen und schönheitsfrohen Volke der rheinischen und süddeutschen Lande hat sich die katholische Bildung stets einen gemütlichen Zug naiver, harmloser Heiterkeit bewahrt; unter den schweren, grüblerischen Nordländern erschien sie oft hart, verbissen, fanatisch, und zu allermeist hier in Münster, wo die eisernen Käfige mit den Gebeinen der Wiedertäufer noch am Lambertiturme hingen und das bekehrte Volk täglich an die greulichsten Sünden der Ketzerei erinnerten. Grollend rechnete man nach: unter den Ministern sei kein einziger Katholik, unter den Oberpräsidenten nur einer, Zerboni, unter den Generalen höchstens zwei oder drei, wo bleibe da die Parität? Das Mißverhältnis erklärte sich leicht, da von den höheren Beamten, welche der Eroberer in den neuen Provinzen vorgefunden, nur sehr wenige in den preußischen Dienst übergetreten waren. Aber auch späterhin blieb die Zahl der Katholiken im Zivildienst und vornehmlich im Offizierkorps unverhältnismäßig gering; denn die Polen hielten sich dem Beamtenstande fern, das gebildete Bürgertum der gewerbfleißigen Westprovinzen erzog seine Kinder häufiger als im Osten üblich war für die wirtschaftlichen Berufe, auch der katholische Adel des Westens ging selten in den Staatsdienst. Am seltensten sicherlich die alten Geschlechter des Münsterlandes, denen der österreichische Kriegsdienst noch immer vornehmer schien als der heimische; sie saßen schmollend auf ihren Gütern, nur unter sich und mit dem Klerus verkehrend, und auch wenn sie zur Winterszeit in die Provinzialhauptstadt Münster zogen, blieben ihre Paläste den Offizieren und den Beamten fast unzugänglich.

Große Schwierigkeiten bot auch das anspruchsvolle Wesen der zahlreichen mediatisierten Fürsten, die allein im Regierungsbezirk Münster die volle Hälfte des Bodens besaßen. Manche von ihnen, die Arenberg, die Looz, die Croy, waren Belgier und erwiesen dem deutschen Staate eine gesuchte Mißachtung; aber auch die deutschen zeigten sich oft als harte Herren. Jahrelang stritt sich die Arnsberger Regierung mit den Fürsten des Hauses Sayn, um dem armen Wittgensteiner Völkchen die Lasten seiner zweifachen Untertanenschaft etwas zu erleichtern; denn die Regierungen fühlten sich alle stolz als Beschützer der kleinen Leute, sie rühmten, wie der wackere Keßler einst gegen Beyme aussprach, daß ihnen durch die freie kollegialische Beratung „eine Art von volkstümlichem Charakter gegeben" sei. Diesem Beamtentum war es auch zu verdanken, daß einige heilsame Neuerungen der Fremdherrschaft, die mit dem preußischen Landrecht nicht im Einklang standen, dem Lande zum Teil erhalten blieben. Die gutsherrliche Polizei wurde bloß in den Gebieten der Mediatisierten und des reichsunmittelbaren Adels wieder eingeführt, und die Grundherren vermißten sie nicht. So gründlich war die feudale Gesellschaftsordnung hier im Westen schon zerstört. –

Unter allen Arbeiten der preußischen Verwaltung ward keine für die Nation so fruchtbar wie die stille mühelose Tätigkeit, welche die beiden rheinischen Provinzen dem deutschen Leben zurückgewann. Wie zuversichtlich hatten noch auf dem Wiener Kongresse alle Gegner Preußens die Hoffnung ausgesprochen: an diesem deutsch–französischen Sonderleben müsse sich der norddeutsche Staat die Stirn einrennen. Der König verbarg sich die gefahrvolle Lage der entlegenen Westmark nicht und erklärte bei der Besitzergreifung offen: „Die höhere Rücksicht auf das gesamte deutsche Vaterland entschied meinen Entschluß; diese deutschen Urländer müssen mit Deutschland vereinigt bleiben, sie sind die Vormauer der Freiheit und Unabhängigkeit Deutschlands." Das Rheinland wurde für ein Menschenalter das Schoßkind der preußischen Krone, aus dem nämlichen Grunde wie einst Schlesien unter Friedrich II. Auch die Mehrzahl der in den Westen berufenen altländischen Beamten ging voll Besorgnis ans Werk und erkannte erst allmählich, wie dünn der gallische Firnis war, der über diesen kernhaften deutschen Stämmen lag.

Am sprödesten hatten die niederrheinischen Landschaften abwärts von Köln ihre deutsche Eigenart behauptet. Auf dem rechten Ufer in dem freien Lande der Berge erschienen die Preußen nicht als Fremde; hatte doch seine protestantische Kirche mehr denn hundert Jahre lang unter dem Schutze der preußischen Krone, sein Landtag mit dem benachbarten märkischen in ständischer Union gelebt. Der vaterländische Geist, den die bergischen Landstürmer im Jahre 1814 bewährt, stammte nicht von gestern. Noch erzählte man sich gern, wie der „bergische Held" Stücker und seine tapferen Bauern einst beim ersten Einfall der Ohnehosen, gegen den Willen des bayrischen Landesherrn, den kleinen Krieg geführt hatten; noch kannte jedes Kind im Lande das Schelmen-Vaterunser, das schon während der friderizianischen Kriege den französischen Plünderern zum Schimpf entstanden war. Der rührige, schon längst an die überseeische Ausfuhr gewöhnte Gewerbefleiß und die bunte Mannigfaltigkeit der kirchlichen Gegensätze gaben hier dem Leben einen freien, großstädtischen Zug. Die Fabrikanten des Wuppertales nannten ihre Doppelstadt Elberfeld–Barmen bereits das deutsche Manchester, die Solinger sprachen mit Selbstgefühl von dem Weltruhm ihrer Klingen, alle fühlten sich stolz, ihren Wohlstand allein sich selbst zu verdanken, und traten gutes Muts in die großen Verhältnisse des preußischen Staates hinüber, der ihrer rüstigen Kraft ein weites Arbeitsfeld eröffnete.

Noch williger als Berg fanden sich die altpreußischen Lande Cleve, Mörs und Geldern in die neue Ordnung: nicht bloß Wesel und Duisburg, die alten Burgen des streitbaren Calvinismus, sondern auch die strengkatholischen Landleute des linken Ufers, die bei der gnadenreichen Mutter Gottes von Kevelaer ihren Trost suchten. Das Volk dachte mit Stolz an die lange Reihe glänzender Talente, welche der Staat der Hohenzollern diesem entlegenen Winkel verdankte; eben jetzt hatte die kleine Stadt Cleve dem preußischen Beamtentum wieder vier seiner besten Männer geschenkt: Maassen, Beuth, Sack und Sethe. In dem treuen Krefeld trat die preußische Gesinnung so trotzig auf, daß die heimkehrenden französischen Gefangenen auf dem Durchmarsch kaum ihres Lebens sicher waren; die Seidenfabriken der rührigen Stadt erlitten durch die Trennung von Frankreich zunächst schwere Verluste, aber so große Firmen wie das Haus v. d. Leyen, so tätige, königliche Kaufleute wie de Greiff trauten sichs schon zu, daß sie die unvermeidlichen Leiden der Übergangsjahre überstehen würden.

Weiter aufwärts am linken Ufer ward den preußischen Beamten der alte Gegensatz der weltlichen und der geistlichen Landschaften bald fühlbar. Die Grafschafter in dem Saarbrückener Kohlenbecken gedachten noch immer mit Liebe des nassauischen Hauses, das so lange unter ihnen geherrscht und in der alten Kirche von St. Arnual seine Ruhestatt gefunden hatte; die Pfälzer auf dem Hunsrücken und im Nahetal vergaßen der glänzenden Tage nicht, da das kleine Simmern der Stammsitz des mächtigsten rheinischen Fürstengeschlechts gewesen; sie alle, Katholiken wie Protestanten, kannten die Wohltaten des deutschen Fürstenregiments und begrüßten mit Freuden die preußische Herrschaft, da die Rückkehr zu den alten Dynastien doch unmöglich war. In den alten Krummstabslanden dagegen, auch in Aachen und in Jülich regte sich überall eine mißtrauische störrische Unzufriedenheit. Hier fehlten gänzlich die monarchischen Überlieferungen, in denen die Staatsgesinnung der Deutschen wurzelte; denn auch Jülich, das der Düsseldorfer Hof immer als ein Nebenland behandelt hatte, kannte die dynastische Treue kaum. Bereits verstimmt durch die lange wirrenreiche provisorische Verwaltung, traten diese staatenlose Menschen jetzt unter ein völlig fremdes Herrscherhaus, das hier noch von den Zeiten des Krummstabs her als der arge Störenfried im Reiche galt und neuerdings durch das Gespött der Franzosen in den übelsten Ruf gekommen war. So viele politische Stürme waren in kurzen Jahren über den Rhein dahingebraust; warum sollte nicht auch dies so plötzlich ins Land geschneite Preußentum wieder verschwinden? Das Volk glaubte noch nicht an die Dauer der neuen Herrschaft, lauschte begierig auf das immer wieder auftauchende Gerücht, daß die Provinz gegen das Königreich Sachsen ausgetauscht werden solle, und betrachtete das rücksichtsvolle Vorgehen der preußischen Regierung, das von dem herrischen Gebaren der napoleonischen Präfekten so seltsam abstach, als ein Zeichen der Schwäche.

Was hier von nationalen Erinnerungen noch lebte, wies auf die Habsburger und das heilige Reich zurück. Wie dürftig erschien den Bürgern von Aachen das Huldigungsfest der beiden rheinischen Provinzen, nach allen den Kaiserkrönungen, welche die stolze Stadt einst gesehen. Im Kölner Lande meinte man die Preußen zu kränken durch den alten Spruch: „Halt fest am Reich du kölnischer Bauer, mag es fallen süß oder sauer"; wie lange noch, bis man erkannte, daß Preußen der Erbe des alten Reiches war! Obgleich das geistlose Regiment des Bonapartismus auch das kirchliche Leben verflacht hatte und der Klerus des Rheinlandes zu Anfang der Friedensjahre an Bildung weit ärmer war als die Geistlichkeit Westfalens oder Bayerns, so behauptete die Kirche noch immer ihr altes Ansehen. Es war doch nicht bloß das sinnliche Behagen der Krummstabsherrschaft und die reiche Pracht ihrer Hof- und Kirchenfeste, was die Kurkölner und Kurtrierer an ihre alte Kirche kettete. Der katholische Glaube wurzelte fest in den Gemütern, er galt hier wie bei den Romanen als die einzig mögliche Form des Christentums; der Geistliche war und blieb der verehrte Ratgeber des Volkes in allen Fragen des Lebens. Das hatten schon die Jakobiner erfahren, da sie einst, unter dem drohenden Murren der Rheinländer, die Göttin der Vernunft auf den Altar setzten und das Marienbild vom Bonner Schlosse herabzureißen versuchten. Als nun die neuen protestantischen Lehrer und Beamten ins Land kamen, als die paritätische Hochschule eröffnet wurde, als in dem heiligen Trier am Jubeltage der Reformation wieder die evangelische Predigt erklang, zum ersten Male seit den Tagen des Erzketzers Olevianus, da begann das katholische Volk zu klagen – nicht eigentlich aus Unduldsamkeit, sondern weil dies neue Wesen dem heimischen Brauche widersprach. Der Provinzialgeist hüllte sich in kirchliche Gewänder: „Wir sind Rheinländer", hieß es jetzt, „und darum gut katholisch."

Mit gewandten Händen schürte die kleine, aber im Stillen wachsende ultramontane Partei das Feuer des rheinischen Partikularismus; sie hatte die Hoffnung noch nicht aufgegeben, diese Kernlande der Priesterherrschaft dereinst der weltlichen Gewalt wieder zu entreißen. Wenn der Bischof von Trier jetzt zur Firmung seinen Sprengel bereiste, dann gaben ihm berittene Bauernburschen, mit kurtrierischen Fahnen in der Hand, das Geleite, was sie unter französischer Herrschaft nie gewagt hatten. Nicht minder laut als die Polen klagten die Rheinländer in den Bischofslanden über die Unmasse der fremden Eindringlinge, die ihre Heimat überschwemmten.

Froh ihres gesegneten Landes, ihrer um tausend Jahre älteren Kultur, noch gänzlich unbekannt mit der deutschen Welt, die ihnen bei Frankfurt aufhörte, meinten die Rheinländer den Altpreußen in allem überlegen zu sein; „Litauer seid Ihr" – rief einmal Görres seinen altländischen Freunden zu, und alle Koblenzer dachten wie er. Besonders anstößig erschien diesem ganz bürgerlichen Volke, daß sich unter den altländischen Beamten auch einige Edelleute befanden. Eine Denkschrift des liberalen Publizisten J. Weitzel erklärte dem Staatskanzler mit naivem Selbstgefühl: die Gerechtigkeit fordert, daß jeder von seinesgleichen gerichtet werde; am Rhein ist diese Wahrheit bereits allgemein anerkannt, „weil es hier eine öffentliche Meinung unter aufgeklärten Menschen gibt", daher dürfen im Rheinlande nur bürgerliche Beamte wirken. Gleichwohl kamen Fälle der Widersetzlichkeit gegen die Obrigkeit jetzt ungleich seltener vor als unter der französischen Regierung, die doch den Ungehorsam weit strenger bestrafte als das preußische Gesetz. Mochte man beim Schoppen über die steifen Preußen klagen, denen die liebenswürdige rheinische Kunst des Lebens und Lebenlassens noch so fremd war: die Natur forderte doch ihr Recht, im Stillen tat es diesen deutschen Menschen doch wohl, daß sie mit ihren Beamten wieder in der Muttersprache reden konnten. Unter dem Krummstabe wie unter den Präfekten glaubte alle Welt, jedes Gesetz könne durch List oder Gunst umgangen werden. Bequem war es nicht, daß die Rheinländer diese Meinung jetzt aufgeben und der Majestät des Rechts sich beugen mußten; aber die makellose Rechtschaffenheit des Beamtentums und seine trotz vereinzelter Mißgriffe unbestreitbare Einsicht erzwangen sich endlich die Achtung des Volks. Unter vier Augen hörte man schon zuweilen das halb widerwillige Geständnis: „Herb ist der Preuß, aber gerecht." Öffentlich durfte der Preuße freilich nicht gelobt werden.

Schon bei ihrem Einzuge waren die Verbündeten in den alten Krummstabslanden nicht mit so ungeteilter Freude aufgenommen worden wie in Berg; die Abgeordneten des linken Ufers verblieben damals allesamt in dem Pariser Gesetzgebenden Körper – um den Tyrannen desto sicherer zu stürzen, wie sie nachher behaupteten. Vollends jetzt, da man über die Preußen murrte, geriet der furchtbare Druck der napoleonischen Herrschaft bald in Vergessenheit; man dachte nur noch an ihre Wohltaten, man schwärmte wieder für die glorreichen Ideen von 89, man las mit Vorliebe französische oder belgische Zeitungen und schwor auf die neue Lehre, daß die Sonne über Europa im Westen aufgehe. Als der treffliche Landwirt Schwerz im Auftrage der Regierung die rheinischen Landgüter bereiste, vernahm er in seiner Vaterstadt Koblenz eine solche Fülle von Zornreden, daß er dem Staatskanzler gestand: „Kein Mensch ist mehr hier, der nicht Gott auf den Knieen danken würde, wenn das Land wieder unter französischer Botmäßigkeit stände." Andere wohlmeinende Beobachter verglichen die Provinz einem Vulkane, der jederzeit ausbrechen könne.

Erschreckt durch so düstere Berichte, glaubte Hardenberg eine Zeitlang ernstlich an einen möglichen Abfall. In Wahrheit wurde die Wiedervereinigung mit Frankreich nur von einer kleinen Minderheit am Rhein aufrichtig gewünscht. Die Rheinländer wußten wohl, wie kräftig ihr Wohlstand jetzt wieder aufwuchs, und dies Band der wirtschaftlichen Interessen erwies sich stärker als die französischen Sympathien. Von geheimen Verschwörungen stand hier ohnedies nichts zu fürchten; dafür bürgte die beste Tugend des rheinfränkischen Volks, sein offenherziger Gradsinn. Das Tadeln und Schelten freilich über „die Revolution", wie man den neuen Herrschaftswechsel nannte, nahm in den nächsten Jahren stets zu. Denn das ältere Geschlecht kannte noch aus Erfahrung die Plünderungen der republikanischen Löffelgarde; die Jungen aber, die jetzt heranwuchsen, hatten einst im Lyzeum am Napoleonstage und am Austerlitztage die Festreden auf die Glorie der weltbeherrschenden Trikolore mit angehört, sie hatten in den Jahren, welche der Mehrzahl der Menschen das Leben bestimmen, den großen Kaiser gesehen, wie er in der Poppelsdorfer Allee seine prächtigen Kürassiere musterte. Und da nun der Liberalismus überall die französische Freiheit wieder zu bewundern begann, so prunkte gerade dies Geschlecht, das in den zwanziger und dreißiger Jahren die Stimmung am Rhein beherrschte, gern mit seiner französischen Bildung; der welsche Befehl „Dutzwitt" klang ihm vornehmer als das deutsche „rasch", die Landsmannschaften der Rhenanen auf den westdeutschen Universitäten trugen allesamt die französischen Farben, und die alten landläufigen Geschichten von den Schandtaten der Sansculotten wurden jetzt den Kosaken nachgesagt.

Trotz alledem verwuchs dies bunte, aus altgeistlichem und neufranzösischem Wesen so eigentümlich gemischte landschaftliche Sonderleben unmerklich und sicher mit dem neuen Staate. Von den beiden Oberpräsidenten hatte der eine, Minister von Ingersleben in Koblenz, während des Krieges an der Spitze der pommerschen Verwaltung gestanden und die Rüstung der Landwehr mit Umsicht geleitet; den Rheinländern gefiel der alte Herr durch Wohlwollen und gastfreundliche Heiterkeit. Der andere, Graf Solms-Laubach in Köln, Steins Freund und Gehilfe bei der deutschen Zentralverwaltung, übernahm sein Amt aus patriotischem Pflichtgefühl, arbeitete sich mit großem Fleiß in die Verwaltungsgeschäfte ein und vergaß den mediatisierten Herrn so völlig über dem monarchischen Beamten, daß die begehrlichen Ritterbürtigen ihn bald als einen Abtrünnigen betrachteten; er kannte seine rheinischen Landsleute und verbot seinen Untergebenen den herrischen altpreußischen Ton, den das Selbstgefühl der Rheinfranken nicht erträgt. Keiner von beiden besaß die Selbständigkeit Vinckes; aber sie fanden kräftige Hilfe bei der Gesamtheit des Beamtentums, das fast durchweg aus tüchtigen Männern bestand und, von dem geistreichen trierschen Regierungspräsidenten Delius an bis herab zum letzten Gendarmen, inmitten der argwöhnischen Bevölkerung fest zusammenhielt.

Wer nur offenen Auges um sich schaute, konnte überall auf Märkten und Gassen bemerken, wie diesem Lande mit der Befreiung vom fremden Joche auch die bürgerliche Freiheit und die alten vaterländischen Bräuche zurückkehrten. Die Schmuggler und die Deserteure, die Landplage der napoleonischen Zeit, verschwanden sofort, mit ihnen das unselige Häscher- und Späherwesen. Die Städte schmückten sich wieder mit ihren stolzen Wappen, die bisher als Symbole des Föderalismus verfemt waren; auch die alten, von den Franzosen abgeschafften Kirmessen und Schützenfeste lebten wieder auf, freilich sah man in dem Fahnenschmucke der Festplätze fast niemals die Adlerfahne, der das Volk doch das Wiedererwachen der rheinischen Lustigkeit verdankte. Der Kölner Karneval hatte sich unter Napoleon schüchtern in die Häuser zurückgezogen; jetzt klangen die fröhlichen Rufe: Alaaf Köln! und Geck loß Geck elans! wieder auf den Gassen, die kölnischen Funken hielten ihre närrische Parade, und damit den Preußen doch der Dank nicht fehle, wurde wohl einmal ein großer, mit einem Lorbeerkranz geschmückter Stockfisch auf hoher Stange plötzlich über die Volksmenge emporgehoben und mit einem stürmischen „Heil Dir im Siegerkranz" begrüßt; der schweigsame König mißfiel den Rheinländern gründlich, wie viel besser lebte sichs doch mit der ausgelassenen Munterkeit des witzigen Kronprinzen. Im Jahre 1822 trat dann ein Verein zusammen, der die Leitung des schönen Volksfestes in die Hand nahm und in seinen glänzenden Maskenzügen den Reichtum und das Behagen der neu aufblühenden rheinischen Hauptstadt mit jedem Jahre deutlicher bekundete. Um dem Rheinlande ihre Duldsamkeit zu zeigen, gestattete die Regierung auch, gegen das napoleonische Gesetz, den öffentlichen Umzug kirchlicher Prozessionen; seit dem Jahre 1818 wurde das Fronleichnamsfest in Köln wieder mit dem alten Pomp unter freiem Himmel gefeiert. Wunderbar, wie die romantischen Ideen, die bisher nur in dem engen Kreise der Boisserees gelebt hatten, jetzt mit einem Male ins Volk drangen, wie die Rheinländer anfingen, sich ihrer großen Geschichte wieder zu erinnern. Als die Franzosen die Kunstwerke aus Köln und Aachen entführten, hatte niemand viel danach gefragt; jetzt da die Preußen den Raub zurückbrachten, veranstalteten beide Städte Freudenfeste. Drei Jahre später legte Kanonikus Wallraf durch eine großartige Schenkung den Grund für die Kunstsammlungen Kölns. Mit Eifer nahm sich die Regierung der alten Bauwerke des Landes an; als der König und der Kronprinz zum ersten Male nach Trier kamen, hielten sie ihren Einzug durch die Porta Nigra, die soeben wieder freigelegte Torburg der

Cäsaren. Ihr Beispiel wirkte heilsam auf die Geistlichkeit, und endlich kam die Zeit, da der bisher so übel berufene rheinische Klerus sich durch Kunstsinn und historische Bildung vor allen seinen deutschen Standesgenossen auszeichnete.

Im Rheintal begannen sofort mächtige Strombauten; der Leinpfad war unter französischer Herrschaft fast zerstört, das Strombett arg vernachlässigt, und es währte noch sechzehn Jahre, bis die Rheinschiffer bei Bingerbrück dem Könige ein Denkmal errichteten, weil er die berüchtigte Durchfahr durch das Bingerloch auf das Zehnfache hatte erweitern lassen. Etwas besser hatten die Präfekten für den Wegebau gesorgt; doch ist selbst die wichtigste Landstraße der Provinz, die Köln–Koblenzer, erst durch Preußen vollendet worden. Von Jahr zu Jahr ward es lebendiger auf dem Hafendamme am Baienturm zu Köln, wo vor kurzem noch Gras wuchs. Das verarmte Köln schickte sich schon an, das reiche Straßburg zu überflügeln, in dem einst so schmutzigen Koblenz sahen die Rheinschiffer jetzt eine lange Zeile stattlicher Häuser über die neue Festungsmauer aufragen; alle preußischen Städte in den Rheinlanden nahmen rascher zu als die französischen und die kleinfürstlichen. Der niederrheinische Gewerbefleiß erholte sich so schnell, daß die Wuppertaler schon im Jahre 1821 ihre rheinisch–westindische Kompagnie gründen konnten, und zu diesen altberühmten Industrieplätzen trat jetzt ein neuer hinzu: das Kohlenbecken von Saarbrücken. Die Staatsbergwerke dort förderten im Jahre 1815 mit 500 Arbeitern 1 Mill. Ztr. Kohlen und steigerten ihren Ertrag in kurzer Zeit auf das Zweifache – zur großen Befriedigung des wackeren Bergmeisters Bleibtreu, der einst zuerst dem Staatskanzler erklärt hatte, wie unentbehrlich dies zukunftsreiche Gebiet für Preußen sei. Dem rheinischen Weinbau war die Verbindung mit dem rebenreichen Frankreich nicht günstig gewesen; jetzt erschloß sich ihm der große norddeutsche Markt, und sobald die beiden fröhlichen Weinjahre 18 und 19 den Winzern nach schweren Mißernten wieder Mittel und Mut verschafft hatten, schritt man überall, vornehmlich an der Mosel, zum Anbau neuer Reben, so daß das Weinland in manchen Gemeinden sich verdoppelte und Trevir metropolis jetzt mit besserem Rechte denn je seinen geistlichen Ehrennamen Baccho gratissima führte.

Eine nahezu hoffnungslose Aufgabe erwuchs der neuen Regierung aus jener greulichen Waldverwüstung, welche der waldesfrohe Germane den Welschen unter allen ihren Sünden am wenigsten verzieh. Der bergische Bauer ballte die Faust, wenn ihm einer von dem alten Stolze des Landes, dem Königsforst und dem Frankenforst sprach. Von allen den hundertjährigen Eichen und Buchen stand keine einzige mehr; und was die Entwaldung der rauhen Höhen des Hunsrück und der Eifel für das Klima und den Bodenbau bedeutete, das lernte man erst jetzt mit Schrecken kennen, wenn plötzlich nach einem Gewitter die Gießbäche vom Gebirge ins Moseltal herunterstürzten und in wenigen Augenblicken die Fruchterde hinwegschwemmten, welche der arme Winzer in monatelanger Arbeit die steilen Schieferfelsen hinauf getragen. Und welche Massen von Raubzeug hatte die lässige Jägerei der Welschen aufwachsen lassen. Dicht hinter Bonn, im Kottenforst, schoß man noch Wölfe; noch 1817 wurden ihrer 159 im Regierungsbezirk Trier erlegt. Der erste deutsche Forstmann jener Tage, Landforstmeister Hartig, kam selbst von Berlin herüber; er hatte sich einst, in den Zeiten der großen Domänenverkäufe, ein bleibendes Verdienst um die alten Provinzen erworben, als er durchsetzte, daß die Wälder nicht mit veräußert wurden. Hier im Westen versuchte er zu retten, was noch zu retten war; manche Aufforderung ward begonnen, eine strenge Forstpolizei eingeführt, die unter den Bauern viel Groll erregte; aber wer konnte den Winden wehren, die über das kahle Schieferland der Eifel strichen? Die ungeheure Verwüstung war nie wieder ganz zu heilen.

Bessere Früchte trug die Umgestaltung des Unterrichtswesens. Als die Preußen einzogen, fand Joh. Schulze die Schule „ruchlos vernachlässigt“. Da der französische Staat den Volksschulen niemals eine Unterstützung gewährte, so besaß mehr als ein Drittel der Gemeinden gar keine Schule, viele Bauernschaften meinten genug zu tun, wenn sie einem Wanderlehrer im Winter vier Monate lang einen Platz auf einer Tenne einräumten. Drei Fünftel der Kinder wuchsen ohne jeden Unterricht auf. Auch die niederen Lehranstalten der Städte erhoben sich selten über die Leistungen jener verrufenen altbischöflichen Schulen, welche den bezeichnenden Namen Silentium führten; nur da und dort hatte ein tapferer Pädagog, wie der Kreuznacher Rektor Weinmann, in schwerem Kampfe mit den französischen Behörden, deutschen Geist unter seinen Schülern wacherhalten. Welch eine Arbeit, bis hier der preußische Grundsatz der allgemeinen Schulpflicht zur Wahrheit wurde. Die Wohltat kam vor allen den Katholiken zugute, deren Schulen am tiefsten darniederlagen; aber die neuen Lehrer aus dem Seminar zu Trier hatten oft einen harten Stand, da viele der rheinischen Pfarrer einst Mönche gewesen und den Anschauungen des Klosters nicht entwachsen waren.

Unhemmbar flutete der Strom deutscher Bildung wieder über das befreite Grenzland herein. Bis vor kurzem war das gesamte Rheinland, selbst das rechte Ufer, für den deutschen Buchhandel noch ein totes Gebiet, sogar das reiche Wuppertal besaß zu Anfang des Jahrhunderts keine einzige Buchhandlung; jetzt bildete sich in Bonn ein neuer Mittelpunkt für den literarischen Verkehr, und der rührige Perthes knüpfte sogleich seine Geschäftsfreundschaften an. Die alten Kölner Patrizier sprachen, wie die Straßburger heute, in Gesellschaft französisch, unter sich im Dialekt, die jungen mußten nun doch ein verständliches Hochdeutsch lernen. Manches Jahr ernsten Kampfes und gehässiger gegenseitiger Verkennung sollte noch dahingehen, bis die neue Provinz ihres Staates froh wurde. Wer aber die geistreichen, erregbaren, bildsamen, für alles Fremde empfänglichen Rheinfranken so gründlich kannte wie der treue Arndt, der bezweifelte schon jetzt nicht, daß diesem Volke die Berührung mit dem scharfen altpreußischen Wesen zum Heile gereichen mußte. Nur die Fäulnis seines Staates, nur die Unnatur der Theokratie und der Fremdherrschaft hatte diesen hochbegabten Stamm so tief herabgebracht; nur ein starker Staat konnte ihn emporheben, und das schönste und älteste aller deutschen Lande wieder mit der rüstigen Kraft des neuen nationalen Lebens befruchten. –

Dergestaltet befand sich das halbe, oder im Grunde das gesamte Staatsgebiet in einem Zustande der Umbildung. Der Staat bedurfte für einige Jahre der monarchischen Diktatur. Gewiß konnte das Werk der Verwaltungsreform seinen Abschluß nur in der Reichsverfassung finden, deren Notwendigkeit der König selbst in so vielen Kabinettsordres anerkannt hatte; gewiß konnten die unzähligen widerstrebenden Elemente des Staates nur durch die anhaltende Gemeinschaft politischer Arbeit und Parteiung zu lebendiger Staatsgesinnung erzogen werden; aber die Grundlagen der Verwaltung mußten doch erst feststehen, ehe man die Krone mit parlamentarischen Formen umgab. Diese Millionen schwedischer und polnischer, sächsischer und französischer Herzen beduften der Zeit, um ihren Kummer auszuweinen, in die neuen Verhältnisse sich zu finden.

Zu Preußens Unheil war der König nicht mehr in der Lage, den Zeitpunkt für die Begründung der Verfassung frei zu wählen. Er selber hatte sich der Freiheit beraubt, als er jene unselige Verordnung vom 22. Mai 1815 unterschrieb, welche die Berufung einer aus den Provinzialständen gewählten Repräsentation des Volkes verhieß.

Es zeigte sich bald, daß jene von den Liberalen so hoch gepriesene Verordnung nichts anders war als eine unverantwortliche Leichtfertigkeit Hardenbergs. Im Jahre 1808 hatten auf Steins Veranlassung Vincke, Schön und Staatsrat Rhediger einige Entwürfe und Vorschläge für die künftige Verfassung niedergeschrieben; doch von alledem war wenig mehr zu gebrauchen, seit das Staatsgebiet sich verdoppelt hatte. Die Provinzialstände sollten hergestellt und aus ihnen der allgemeine Landtag gewählt werden. Aber bestanden denn wirklich noch Stände, welche als eine Vertretung der soeben erst neugebildeten Provinzen gelten konnten? Besaßen sie noch unbestrittene Rechte? Wie sollte man die ständische Verfassung der neuen Provinzen erhalten und sie der allgemeinen Verfassung anschließen? Hieß das nicht, diese Provinzen als unabhängige Staaten anerkennen und sie zugleich einem neuen Staate einfügen? Und erhielt man ihre Verfassung, durften sie dann nicht fordern, daß die allgemeine Verfassung nur mit Zustimmung ihrer Stände geschaffen werde? Ein Gewirr verwickelter, unlösbarer Rechtsfragen erhob sich hier; der Staat selber forderte den ständischen Partikularismus seiner Landschaften heraus, die unbedachte Zusage der Krone gab das Signal zu einem Verfassungskampfe, der die Grundfesten der schwer errungenen Staatseinheit bedrohte.

So unglücklich die Form der Verordnung vom 22. Mai, ebenso umfassend war der Plan, der ihr zugrunde lag. Hardenberg nahm die weitgreifenden Reformgedanken aus Steins kräftigsten

Tagen wieder auf; er beabsichtigte eine neue Kreis- und Gemeindeordnung für den gesamten Staat, aus den Kreisständen sollten dann die Provinzialstände, aus diesen die Reichsstände hervorgehen. Die Absicht war, einen in drei Stände gegliederten Reichstag zu bilden, der aber gänzlich auf dem Boden des Staatsrechts stehen, nicht die wohlerworbenen Rechte einzelner privilegierter Klassen, sondern die Interessen des gesamten Volks vertreten sollte.

In Preußen hatten sich fast überall noch schwache Reste der alten Territoriallandtage erhalten. Da rief plötzlich die vieldeutige königliche Verheißung uralte längstvergessene Ansprüche in den kraftlosen Körpern wach. Der Kampf der Staatseinheit gegen die Kleinstaaterei, nahezu ausgefochten auf dem Gebiete der Verwaltung, erneuerte sich in der Verfassungsfrage. Während die Masse des Volkes in tiefer Abspannung verharrte, fanden allein die altständischen Ansprüche rührige, tatkräftige Verteidiger, und da den Völkern nur geschenkt wird, was sie sich selbst verdienen, so erschienen die alten Landstände mächtiger als sie waren und errangen schließlich noch einen halben Erfolg.

Welch ein Abstand, wenn man hinüberblickte von der monarchischen Verwaltung Preußens zu seinen Landständen! Dort alles Einheit, Ordnung, Klarheit, hier ein unübersehbares Durcheinander, fast jedes Recht bestritten. Die ständischen Landschaften deckten sich nirgends mit den Verwaltungsbezirken des Staats; ihre Verfassung ruhte durchgängig auf den privatrechtlichen Gedanken des Patrimonialstaats, war von den Rechtsbegriffen des modernen Staats durch eine weite Kluft getrennt; nirgends bestand eine Vertretung aller Klassen.

Wer durfte unter diesen Umständen auch nur daran denken, die preußische Verfassung mit zwanzig oder mehr altständischen Landtagen zu vereinbaren? Man bedurfte eines Neubaues. Die neuen Provinzialstände mußten sich anschließen an die modernen Provinzen, nicht an die alten Territorien, und neben dem Adel auch den Städten und dem kleinen Grundbesitze eine angemessene Vertretung bieten. Zugleich lehrte das Wiedererwachen des ständischen Partikularismus, wie stark die zentrifugalen Kräfte noch waren; darum schien unerläßlich, den Provinzialständen den Reichstag auf dem Fuße folgen zu lassen.

Dies alles hatte Hardenberg klar erkannt. Unter den Ministern aber herrschte vollständige Ratlosigkeit. Sie standen einem durchaus neuen Probleme gegenüber und betrachteten den zähen Widerstand der neuen Provinzen, den Lärm der alten Stände mit schwerer Besorgnis.

Unter solchen Umständen wurde am 7. Juli 1817 die Verfassungskommission zum ersten und einzigen Male versammelt. Sie bildete, wie sich von selbst verstand, eine Abteilung des Staatsrats und bestand aus zweiundzwanzig Mitgliedern desselben. Hardenberg teilte ihr mit, der König halte für einfacher und sicherer, statt die Eingesessenen nach Berlin zu berufen, vielmehr drei Kommissäre in die Provinzen zu senden. Altenstein war für die westlichen Provinzen bestimmt, Beyme für Pommern und Preußen, Klewitz für Brandenburg, Sachsen, Schlesien, Posen. Erst wenn die Berichte der drei Abgesandten vorlägen, sollte die Kommission ihr Gutachten abgeben.

Der Staatskanzler erklärte zugleich in einer längeren Aussprache: Die älteren Landstände seien wahre Hemmräder in der Staatsmaschine gewesen; seine Verbesserungen und seinen Flor verdanke der Staat dem Genie seiner Regenten; aber da der jetzige Zustand nicht ohne großen Nachteil fortdauern könne, da die Nation reif und würdig sei, eine dauernde Verfassung und Repräsentation zu erhalten, da sie durch die tapfere Verteidigung des Vaterlandes und die Erkämpfung der Selbständigkeit desselben ein seltenes Beispiel staatsbürgerlicher Tugend und Treue gegen den König gegeben habe, so sei der König zu dem freiwilligen Entschlusse gekommen, eine repräsentative Verfassung zu geben. Daran schloß sich die bestimmte Angabe der Schranken, welche der Monarch seiner Gewährung gesetzt habe: „S. Maj. wollen die künftigen Stände gern über die zu gebenden Gesetze hören, aber Höchst Ihr bestimmter Wille ist, ihnen nur eine beratende Stimme einzuräumen, mit ausdrücklicher Ausschließung von aller Einmischung in die Verwaltung."

Im Spätsommer und Herbst vollzogen die drei Minister ihre Rundreise. Sie waren beauftragt, sich über alle ständischen Institutionen, die jemals in den Territorien bestanden, genau zu unterrichten und für die Zukunft vornehmlich zwei Fragen zu stellen: ob eine Vertretung des Bauernstandes neben Adel und Städten möglich und nützlich sei, und ob man Reichsstände wünsche oder bloß Provinzialstände?

Zieht man die Summe aus dem Gewirr der zumeist treuherzig, mit deutschem Freimut vorgetragenen Ansichten, so erhellt unwidersprechlich: eine durchgebildete öffentliche Meinung oder gar ein leidenschaftlicher Volkswille, der auf die Krone hätte drücken können, bestand noch nicht, die altständische Bewegung fand nicht nur kein Gegengewicht im Volke, sondern eine starke Unterstützung an dem naiven Partikularismus der Provinzen. Provinzialstände wünschte man fast überall; sehr vereinzelt stand der Präsident von Motz, der um der Staatseinheit willen lediglich einen Reichstag verlangte.

Die Bereisung der Provinzen brachte ein dürftiges Ergebnis; ein unfruchtbares Gewirr von alten Erinnerungen und unsicheren Wünschen. Auch die wenigen Publizisten, welche sich mit der Verfassungsfrage beschäftigten, wußten keinen Rat.

Die ernste Frage: ob diese stolze absolute Krone, die soeben wieder durch die Neugestaltung des Heeres, der Verwaltung, der Steuern ihre ungebrochene Lebenskraft bewährte, ihre Vollgewalt ohne Gefahr mit einer Ständeversammlung teilen dürfe – dies große Rätsel erschien nach Vernehmung der Stimmen aus dem Volke fast noch dunkler denn zuvor. Denn trauriger als alle die anderen Beweise kindlicher politischer Unreife, welche die Rundreise an den Tag brachte, war doch die Erfahrung, daß mindestens die Hälfte des preußischen Volks noch gar nicht über die Grenzen der heimischen Provinz hinausblickte. Durchaus richtig schilderte Graf Edmund Kesselstadt, einer der einsichtigsten Patrioten am Rhein, die Stimmung der neuen Provinzen also: „Der Gedanke, einem großen Staate anzugehören, ist einem großen Teile der preußischen Untertanen fremd, da der Gedanke, Deutsche zu sein, ihnen gewissermaßen immer fremd war." Wenn einem Geschlechte von solcher Bildung das Repräsentativsystem gegeben wurde, so stand freilich zu hoffen, daß die Pflichttreue des gewissenhaften, verständigen Volks sich mit der Zeit einleben würde in die neue Staatsform. Doch eine Verfassung, jetzt verliehen, wäre nicht das Werk der Nation gewesen, sondern, wie einst die Städteordnung, ein freies Geschenk des dem Volke voranschreitenden königlichen Willens.

Der König aber begann eben jetzt, sich den konstitutionellen Plänen seines Staatskanzlers zu entfremden.

# V

## Burschenschaft und Turner

Zu allen Zeiten hat die Jugend radikaler gedacht als das Alter, weil sie mehr in der Zukunft als in der Gegenwart lebt und die Mächte des Beharrens in der historischen Welt noch wenig zu würdigen weiß. Es bleibt aber immer ein Zeichen krankhafter Zustände, wenn die Kluft zwischen den Gedanken der Alten und der Jungen sich allzusehr erweitert und die schwärmende Begeisterung der Jünglinge mit der nüchternen Tätigkeit der Männer gar nichts mehr gemein hat. Ein solcher innerer Zwiespalt begann sich nach dem Frieden in Norddeutschland zu zeigen. Die jungen Männer, die im Waffenschmucke den Anbruch ihres eigenen bewußten Lebens und den Anbruch ihres Vaterlandes zugleich genossen oder auf der Schulbank klopfenden Herzens die Kunde von den Wundern des heiligen Krieges vernommen hatten, waren noch trunken von den Erinnerungen jener einzigen Tage; sie führten den Kampf gegen das Welschtum und die Zwingherrschaft im Geiste weiter und fühlten sich wie verraten und verkauft, da nun die Prosa der stillen Friedensarbeit von neuem begann. Wie sollten sie verstehen, welche quälenden wirtschaftlichen Sorgen den älteren die Seele belasteten? In alten Zeiten – so etwa lautete die summarische Geschichtsphilosophie des jungen Volks – in den Tagen der Völkerwanderung und des Kaisertums war Deutschland das Herrenland der Erde gewesen; dann waren die langen Jahrhunderte der Ohnmacht und der Knechtschaft, der Verbildung und Verwelschung hereingebrochen, bis endlich Lützows milde, verwegene Jagd durch die germanischen Wälder brauste und die heiligen Scharen der streitbaren Jugend das deutsche Volk sich selber zurückgaben. Und was war der Dank? Statt der Einheit des Vaterlandes entstand „das deutsche Bunt", wie Vater Jahn zu sagen pflegte; die Alten aber, denen der Heldenmut der Jungen das fremde Joch vom Nacken genommen, versanken wieder in das Philistertum, saßen am Schreibtisch und in der Werkstatt, als sei nichts geschehen.

Stolz dagegen, mit erhobenem Nacken und trotzig gekräuselten Lippen schritt das kriegerische junge Geschlecht einher, durchglüht von dem Bewußtsein einer großen Bestimmung, entschlossen, nicht sich der Welt anzupassen, sondern die anderen für sich zurechtzulegen. Seine Sehnsucht war die Tat, die aus freier Selbstbestimmung entsprießende Tat, wie sie Fichte gepriesen, und jeder Blick der strafenden Augen schien zu sagen: „Was kommen soll, muß von uns kommen!" Niemals vielleicht ist ein so warmes religiöses Gefühl, so viel sittlicher Ernst und vaterländische Begeisterung in der deutschen Jugend lebendig gewesen; aber mit diesem lauteren Idealismus verband sich von Haus aus eine grenzenlose Überhebung, ein unjugendlicher, altkluger Tugendstolz, der alle Stille, alle Schönheit und Anmut aus dem deutschen Leben zu verdrängen drohte.

Wer darf sagen, ob Fichte bei längerem Leben versucht haben würde, diese tatendurstige Jugend in den Schranken der Bescheidenheit zu halten, oder ob die Enttäuschungen der Friedenszeit den radikalen Idealisten selber verbittert hätten? Er starb schon im Januar 1814, vom Lazarettfieber dahingerafft, ein Opfer des Krieges, dessen Sinn und Ziele er so groß und rein verstanden hatte; und nun geriet die Jugend, die immer nach einer Führung verlangt, unter den Einfluß anderer Lehrer, von denen keiner hoch genug stand, um den Übermut des jungen Geschlechts zu mäßigen. Unter den Lützowschen Jägern hatte der Turnvater Jahn wenig gegolten, der unbeständige Polterer paßte nicht in die strenge Ordnung des militärischen Dienstes. Erst während der Friedensverhandlungen machte er wieder von sich reden, als er zum Entzücken der Gassenbuben in den Straßen von Paris umherzog, den Knotenstock in der Hand, beständig scheltend und wetternd gegen die geilen Welschen. Das lange Haar, das dem treuen Manne einst nach der Jenaer Schlacht in einem Tage ergraut war, hing ungekämmt auf die Schultern hernieder; der Hals war entblößt – denn das knechtische Halstuch ziemte dem freien Deutschen so wenig wie die weichliche Weste; ein breiter Hemdkragen überdeckte den niedrigen Stehkragen des schmutzigen Rockes. Und diesen fragwürdigen Anzug pries er wohlgefällig als die wahre altdeutsche Tracht. Das Herz lachte ihm im Leibe, so oft ihn die Pariser mit feindseligen Blicken maßen und einander zuflüsterten: Le voila! Celui–ci!

Nach der Heimkehr eröffnete er wieder seine Turnschule: „Frisch, frei, fröhlich, fromm ist der Turngemein Willkomm!" In hellen Haufen eilte die Berliner Jugend auf den Turnplatz in der Hasenheide und zu der Schwimmschule des Obersten Pfuel am Oberbaum. Von den Studenten kam freilich nur ein Teil, den meisten ging es wider die Ehre, daß unter den Turnern vollkommene Gleichheit herrschen und man sich mit den Gnoten duzen sollte; auch bei den niederen Klassen fand die neue Kunst zunächst nur wenig Anklang, denn wer beständig mit dem Körper arbeitet, glaubt der Schulung des Leibes nicht erst zu bedürfen. Um so eifriger beteiligte sich das kleine Volk aus der Plamannschen Lehranstalt, wo Jahn einst Lehrer gewesen, aus den Gymnasien und den anderen Schulen der höheren Stände. Diese jungen Teutonen hatten dem heiligen Kriege fernbleiben müssen und brannten vor Begier, jetzt das Versäumte nachzuholen, durch trutzigen Mut und rüstige Fäuste ihre Deutschheit zu erweisen. „Leben und Weben soll beim Volksfeste vorwalten"; und wie lebte und webte es auf dem Turnplatze, wenn die Jungen, allesamt in grauen Jacken von ungebleichter Leinwand, mit nacktem Halse und langem Haar gleich dem Meister, ihre unerhörten Künste übten: den Kiebitzlauf und den Bratenwender, das Kippen und das Wippen, das Nest und den Schwebehang, die Affen-, Frosch- und Karpfensprünge, die Bein-, Bauch- und Rückenwellen und die Krone von allem, die Riesenwelle.

Wenn die Ferienzeit nahte, dann nahm Jahn gern seine Axt auf die Schulter und brach mit einer kleinen Schar von Getreuen zu einer weiten Turnfahrt auf; über Stock und Stein ging es dann vorwärts bei Wind und Wetter in gewaltigen Märschen, bis nach Rügen oder ins schlesische Gebirge. Nachts lagerten sich die Graujacken gern beim Wachfeuer unter freiem Himmel, alles zur Mehrung der frommen Deutschheit.

In tapferen Völkern müssen alle schulmäßigen Leibesübungen kriegerischen Zwecken dienen, wenn sie nicht zu läppischer Spielerei ausarten sollen. Eingefügt in den regelmäßigen Schulunterricht konnte das Turnen der überfeinerten Bildung der Zeit ein heilsames Gegengewicht bieten und die Durchführung der allgemeinen Wehrpflicht erleichtern. Jener wunderliche Heilige aber, der sich schon bei Lebzeiten durch seine Eulenspiegeleien zu einer sagenhaften Person erhoben sah, konnte auch das Vernünftige nur auf närrische Weise betreiben. Er war aufgewachsen im Hasse gegen den Gamaschendienst des alten Heeres und besaß weder die Bildung noch die Beweglichkeit des Geistes, um die Bedeutung des neuen Wehrgesetzes zu verstehen. Da nach dem Frieden manche unnützen Paradekünste wieder aufkamen und die eleganten Gardeoffiziere Berlins die langhaarigen Rüpel der Hasenheide ersichtlich nur mit mäßigem Wohlgefallen betrachteten, so meinte Jahn, die Armee sei wieder in den Zustand von 1806 zurückgesunken, und polterte nach seiner alten Weise wider „die geworbenen Söldnerscharen, die auf dem Prahlplatze gedrillt werden."

Die Turnplätze wurden die fruchtbaren Heimatstätten jener Parteilegenden, welche dem Volke die Geschichte seines Befreiungskrieges verfälschten: nicht die Künste der Männer des Korporalstockes, sondern die Begeisterung der Landwehr, des Landsturmes und vornehmlich die Freischaren hatten den Sieg errungen. Alle die Großtaten, welche Jahn mit seinen Lützowern vorgehabt, aber leider nicht zustande gebracht hatte, vollendeten sich jetzt nachträglich in den prahlerischen Gesprächen seiner Turngenossen.

So fromm und ehrlich er war, die unmäßige Bewunderung, die ihm von so vielen begabteren Männern gespendet ward, brachte ihn doch aus dem Gleichgewichte. Mußte er sich nicht endlich selber für den Schutzheiligen der deutschen Jugend halten, seit Schenkendorf über das schöne Lied: „Wenn alle untreu werden, so bleiben wir doch treu" die Aufschrift gesetzt hatte: „Erneuter Schwur an den Jahn!" Da stand es ja klärlich zu lesen, daß, wenn alle falschen Götzen trauen, der Jahn allein und seine Getreuen noch „predigen und sprechen vom heiligen deutschen Reich". Zwei Universitäten, Jena und Kiel, sendeten ihm fast gleichzeitig ihr Doktordiplom und feierten mit dem ganzen Pompe akademischer Amtsberedsamkeit den Erwecker der Jugend, den Retter deutscher Sprache, den anderen Martin Luther. Wenn geistreiche Gelehrte den handfesten Prignitzer Bauer so seltsam überschätzten, wie hätten die Jünglinge ihn nicht vergöttern sollen? Alles ahmten sie ihm nach, am gelehrigsten seine Untugenden: die barbarische Sprache, die Grobheit und Unfläterei.

An den Torheiten der Jugend sind die Erwachsenen immer mitschuldig. Die Anmaßung des jungen Volks wäre nie so hoch gestiegen, wenn nicht die Alten das kindische Spiel in Lob und Tadel mit einer Überschätzung behandelt hätten, die uns heute im Gedränge unserer ernsten Parteikämpfe schon unbegreiflich vorkommt. Das öffentliche Leben in Preußen schien ganz erstorben, die große Arbeit der Wiederherstellung des Staates spielte sich in der Stille der Amtsstuben ab. Die Zeitungen wiesen dem Vaterlande nur ein bescheidenes Plätzchen am Ende des Blattes, hinter den ausländischen Nachrichten. Nur die Turnplätze gaben noch Stoff zum Erzählen: die Blätter wurden nicht müde zu schildern, „wie tief gemütlich und kindlich fromm, wie starkmütig und voll sinniger Tiefe" diese streitbare Jugend sei, obgleich die Mehrzahl ihrer ruheseligen Leser im stillen „die ungebleichten Racker" verwünschte. Der prahlerische Lärm der Turnfahrten erinnerte stark an das aufgeregte Treiben der Geißlerscharen des Mittelalters; in manchem kleinen Orte empfing der gesamte Stadtrat die Turnerschar wie ein siegreiches Heer am Tore, und als Jahn seine Getreuen zum ersten Male nach Breslau hinüberführte, war ihm die halbe Stadt auf der Landstraße entgegengezogen, stundenweit schritten die schweißtriefenden, durch den langen Dauerlauf keineswegs verschönerten jungen Helden zwischen dem Spalier der gaffenden Bürger dahin.

Vor der Masse seiner Turner sprach Jahn selten über Politik, und manche strengkonservative junge Männer, wie die Gebrüder Ranke, nahmen an den Übungen teil, ohne irgendein Ärgernis zu bemerken. Um so schwerer versündigte sich Jahn durch unnütze Reden im Kreise seiner vertrauten Genossen: da schimpfte er unbändig auf Menschen und Dinge, welche weit über seinen Gesichtskreis hinausragten, da prunkte er mit nahenden Kämpfen gegen unbekannte Feinde. Dazwischen hinein heftige Angriffe auf die geheime Rechtspflege der „Schmiergerichte mit ihrem Förschlerverfahren", und ein ganzes Wörterbuch von Schimpfreden wider die Hofleute und Staatsmänner, diese Vorgemachshasen, Steigemänner, Schürzenkrebse, Kuppelpelze, Wettergänse. Zum Schluß rief er: „Gott segne den König, mehre die Deutschheit und verleihe gnädig uns bald das Eine, was not tut, eine weise Verfassung."

Was er sich unter der weisen Verfassung dachte, blieb ihm selber dunkel. Das junge Volk aber säumte nicht, im törichten Absprechen über unverstandene Fragen den Meister noch zu überbieten. Der Zynismus der Turnerei, ihr Haß gegen allen Glanz und allen Adel wurzelte freilich in unausrottbaren Eigenheiten des deutschen Charakters; die Sehnsucht nach der formlosen Einfachheit ursprünglichen Menschenlebens war unserem Volke immer geblieben. So ward der lautere Enthusiasmus der Jugend für die Einheit des Vaterlandes nach und nach durch radikale Phrasen getrübt. Für die bürgerliche Ordnung stand von solchem Wortschwall wenig zu fürchten; aber die Rechtschaffenheit des heranwachsenden Geschlechts ward gefährdet, wenn das junge Volk also in hochmütigen Drohungen zu schwelgen begann und ganz verlernte, daß Worte einen Sinn haben.

Minister Altenstein erkannte den Nutzen der Turnübungen unbefangen an und beschäftigte sich mit dem Plane ihrer Einführung in die Schulen. Er war bereit, dem Turnvater eine Versorgung, etwa als Landwirt, zu verschaffen; nur für das akademische Amt eines Lektors der deutschen Sprache, das er sich wünschte, fand er ihn nicht befähigt.

Der erste ernste Angriff auf die Turnerschaft ging von literarischen Kreisen aus. Nach dem Berliner Vorbilde wurden zuerst in Breslau, dann in vielen anderen Städten Turnplätze eingerichtet; Jahns Buch über die deutsche Turnkunst, das er mit seinem Schüler Eiselen herausgab, diente beim Unterricht überall als Leitfaden. Da erhob Steffens seine warnende Stimme gegen die Ausartung der Turnerei, und nun begann unter allgemeiner Teilnahme der große Breslauer

Blüchers Rheinübergang bei Kaub

Ernst Moritz Arndt

Friedrich Daniel Ernst Schleiermacher

Turnstreit, einer jener mehr literarischen als politischen Kämpfe, in denen sich die patriotische Leidenschaft dieser Übergangszeit zu entladen pflegte. Steffens urteilte über die fratzenhaften Unarten der Turner allzu hart; seine ästhetische Natur verkannte, wie selten ein echter Germane ohne ein vollgerütteltes Maß jugendlicher Roheit zu männlicher Kraft und Haltung gelangt; auch fehlte ihm der behagliche Humor, der doch nötig war, um den ehrenwerten Kern hinter Jahns Wunderlichkeit herauszufinden. Aber das schwere sittliche Gebrechen der Turnplätze, den heillosen Hochmut des jungen Geschlechts erkannte er richtig, und die ehrliche Gesinnung des feurigen Redners, der im Frühjahr 1813 die Breslauer Jugend durch Wort und Beispiel begeistert hatte, ließ sich nicht in Abrede stellen. Wackere Männer standen hüben und drüben, Freunde und Brüder gingen im Zorn auseinander.

Durch Steffens Auftreten wurden einige ängstliche Leute in Berlin, welche schon längst unheimliche demagogische Zwecke hinter der Turnerei gewittert hatten, zu neuen Angriffen ermutigt. Die Gehässigkeit der Denunziationen vergiftete nun vollends den unbefangenen Sinn der Jugend. Jahn polterte wider „diese vielköpfige Otter, dies Gezücht". Eine krankhafte, völlig ziellose politische Aufregung nahm auf den Turnplätzen mehr und mehr überhand. Mit Bedauern sah Altenstein diese Wendung. Er wußte, daß der Unwille des Königs täglich zunahm, und schrieb dem Staatskanzler besorgt: „Wenn schon das Turnen so mißbraucht und so falsch aufgefaßt wird, so verliert man die Hoffnung auf Größeres, auf die Verfassung u. a." So lange als möglich bewahrte er seine wohlwollende Haltung; erst als das lärmende Treiben der akademischen Jugend die Reaktion entfesselt hatte, brach die Verfolgung auch über die Turnplätze herein. –

Die Turnerei ging von Berlin aus, die Wiege der Burschenschaft stand in Thüringen. Wie konnte die akademische Jugend ruhig bleiben in dieser wunderlich erregten Zeit? In keiner anderen Universitätsstadt herrschte der Student so unumschränkt wie in Jena; noch in den neunziger Jahren war das junge Volk einmal in hellen Haufen ausgezogen, um nötigenfalls nach Erfurt überzusiedeln, und erst als ihm die geängsteten Behörden alle seine Wünsche erfüllten, triumphierend zurückgekehrt. In scharfem Gegensatze zu dem galanten Leipzig behielt das Jenenser Leben immer einen derben, naturwüchsigen, jugendlichen Ton, der den einfachen Sitten des Landes entsprach. Wie der Ziegenhainer Knotenstock, damals noch der unzertrennliche Begleiter des deutschen Studenten, nur im Saaletal echt zu finden war, so stand auch der reichhaltige Jenenser Komment auf allen Kneipen und Fechtböden Deutschlands in hohem Ansehen; manche uralte Burschenbräuche, wie das Blutbrüderschaft–Trinken, erhielten sich hier noch bis in das neue Jahrhundert hinein. Trotz aller Roheit lag doch ein idealistischer Hauch über dem lauten Treiben, ein romantischer Reiz, welcher der hagebüchenen Grobheit des Berliner Turnplatzes gänzlich fehlte. Unter der Fremdherrschaft zeigte dabei die Universität ihre deutsche Gesinnung so unerschrocken, daß Napoleon einmal nahe daran war, dies verhaßte Nest der Ideologen und Radoteurs verbrennen zu lassen.

Es konnte nicht fehlen, daß diese vaterländische Begeisterung nur noch heißer aufflammte, als jetzt die jungen Krieger in die Hörsäle zurückkehrten, mancher mit dem Eisernen Kreuze geschmückt, fast alle noch wie berauscht von dem Heldenzorne des großen Kampfes, voll glühenden Hasses gegen „die äußeren und inneren Unterbrüder des Vaterlandes" – weitaus die beste Studenten–Generation seit langen Jahren, aber leider schon zu ernst für die harmlose Träumerei und die überschwengliche Freundschaft, welche dem Studentenleben seinen eigentümlichen Zauber geben. Die dringend nötige Reform der verwildeten akademischen Sitten konnte nur von einem Geschlechte ausgehen, das so viel reifer war als der Durchschnitt des Studenten vordem; und doch hatte diese ritterliche Jugend in zwei schweren Kriegen schon zu viel erlebt, um sich wieder in die bescheidene Rolle des Schülers finden zu können; die Gefahr hochmütiger Überhebung, die ohnehin in der Zeit lag, war für sie fast unentrinnbar.

Wie verächtlich mußte das verrottete Verbindungswesen der Universitäten dem abgehärteten, sittenstrengen neuen Geschlechte erscheinen. Von der Barberei der alten Renommisten war nur zu vieles noch übrig, die Völlerei und die Unzucht zeigten sich oft mit einer Frechheit, die uns heute schon unmöglich scheint; das Hazardspiel ward überall selbst auf offener Straße betrieben, und die unausrottbre deutsche Rauflust ging soweit über alles erlaubte Maß hinaus, daß die 350 Mann starke Jenenser Studentenschaft im Sommer 1815 in einer einzigen Woche 147 Duelle ausfocht. Die frischen volkstümlichen Trink- und Wanderlieder der sangeslustigen alten Zeiten waren fast verschollen; man sang zumeist schmutzige Zoten oder die weinerlichen Ergüsse einer platten Sentimentalität, die einer längst überwundenen literarischen Epoche angehörte.

Wie oft hatte Fichte einst in Jena und in Berlin gegen dies Unwesen geeifert. Unter seinen Getreuen entstand bereits im Jahre 1811 der Plan einer Burschenschaft oder Deutsch–Jüngerschaft; der Philosoph billigte das Unternehmen und fügte nur, da er seine Leute kannte, die besonnene Mahnung hinzu: die Burschen sollten sich hüten, mittelalterlich und deutsch zu verwechseln, und das Mittel, die Verbindung nicht höher stellen als den Zweck, die Belebung deutschen Sinnes. An diese Berliner Entwürfe knüpften jetzt die Jenenser wieder an. Sie kannten den Ernst des Waffenhandwerks und wollten durch Ehrengerichte die rohe Rauflust bändigen; sie hatten im Kriege als eines Volkes Söhne Schulter an Schulter gekämpft und forderten völlige Gleichheit aller Studenten, Abschaffung des Pennalismus und aller der Vorrechte, welcher der Grafenbank noch auf manchen Universitäten zustanden. Ihr letzter und höchster Gedanke aber blieb die Einheit Deutschlands: in einem einzigen großen Jugendbunde, der alle landsmannschaftlichen Sonderbünde vernichtete, sollte sich die Macht und Herrlichkeit des Vaterlandes verkörpern.

Arndts Vaterlandslied bildete das eigentliche Programm der Burschenschaft, Freund und Feind betrachteten den Dichter als den Führer der teutonischen Jugend, obgleich er an den Entwürfen des jungen Volks unmittelbar gar keinen Anteil nahm. Seit er einst tapfer für die Aufhebung der Leibeigenschaft in seiner vorpommerschen Heimat eingetreten war, stand er bei der reaktionären Partei im Rufe eines Gleichheitspredigers. Durchaus mit Unrecht. Arndts Wünsche gingen niemals über die Ideen seines Gönners Stein hinaus; er wollte eine lebendige Gliederung der Stände, einen angesehenen Adel, freie Bauerschaften, ein kräftiges, in Zünfte geordnetes Bürgertum und betrachtete selbst Hardenbergs Agrargesetze nicht ohne romantischen Widerwillen.

In diesem liebreichen Herzen, das dem Überschwang seiner Gefühle nur durch gehäufte Superlative zu genügen wußte, in dieser offenen, heiteren Natur fand der politische Fanatismus keine Stätte. Nur die Urteilslosigkeit der Jugend konnte „Vater Jahn und Vater Arndt" wie zwei Brüder feiern, und nur Arndts rührende Bescheidenheit konnte sich diese Vergleichung gefallen lassen. In Wahrheit gehörten die beiden ganz verschiedenen Schichten der geistigen und der sittlichen Kultur an.

Ursprünglich war eine unbestimmte patriotische Sehnsucht der einzige politische Gedanke der Jenenser Burschen. Sie schwärmten für ein abstraktes Deutschtum, so wie es einst in den Reden an die deutsche Nation verherrlicht worden; von der lebendigen preußischen Staatsgesinnung, welche sich Fichte am Abend seines Lebens gebildet hatte, ahnten sie nichts. Jeder Unterschied von Preußen, Bayern und Sachsen sollte verschwinden in dem einen Begriffe der Deutschheit; und da nun unter allen deutschen Einzelstaaten keiner ein so handfestes Leben besaß wie der preußische, so gerieten diese jungen Träumer, die doch beständig von der Herrlichkeit des Befreiungskrieges redeten, unmerklich auf den Abweg: sie begannen den Staat, der jenen Krieg fast allein geführt hatte, mit Anklagen zu überhäufen.

Unter den Begründern der Burschenschaft befand sich ein einziger Preuße: der Berliner Maßmann, ein ehrlicher, sehr mäßig begabter junger Schwärmer, der unklarste Kopf von allen den Berserkern aus Jahns engerem Kreise. Die anderen waren sämtlich Thüringer, Mecklenburger, Kurländer, Hessen, bayrische Franken, und ihnen allerdings fiel es nicht schwer, ihren heimatlichen Staat in einer allgemeinen Deutschheit einfach untergehen zu lassen. Auf den preußischen Universitäten schlug die Burschenschaft nur langsam Wurzeln, zunächst in Berlin. In Breslau wendeten sich ihr zuerst die neupreußischen Lausitzer zu; den Schlesiern wollte es lange nicht in den Sinn, daß der Staat Friedrichs des Großen einem gesinnungstüchtigen Teutonen nicht mehr gelten sollte als Bückeburg oder Darmstadt. Die Jenenser dagegen und die radikalen Gießener, die sich der burschenschaftlichen Bewegung am frühesten anschlossen, bekämpften nicht nur jede berechtigte Regung preußischen Selbstgefühls als „undeutsches Preußentum", sie scheuten sich auch nicht, aus der Geschichte des Befreiungskrieges alles preußische, alles, was ihr Farbe und Leben gab, auszustreichen.

Immerhin war in diesen ersten Jahren von krankhafter Aufregung unter den jungen Leuten noch wenig zu spüren. Anmaßlich genug zogen sie freilich daher, in ihrer wunderlichen christlich–germanischen Tracht, im Barett, dunklen Rock und Weiberkragen, und der neue Turnerbrauch, der auch nach Jena bald hinüberdrang, ließ sie nicht liebenswürdiger erscheinen. Aber unter der rauhen Schale lag ein gesunder Kern. Die Behörden selbst waren verwundert, als der beständige Krieg gegen die akademischen Gesetze, worin die Landsmannschaften ihren Ruhm gesucht hatten, jetzt plötzlich aufhörte; und wieviel edler ward der ganze Ton des akademischen Lebens, seit die Gesänge Arndts und Schenkendorfs auf den Kommersen erklangen und eine ganze Schar junger Poeten immer neue kräftige Burschenlieder aufbrachte. Fast alle die ernsten Lieder, welche der deutsche Student heute zu singen pflegt, sind erst damals aufgekommen; auch das Weihelied der Studenten, der Landesvater, erhielt erst jetzt durch eine glückliche Umarbeitung seinen schönen vaterländischen Sinn. Die christliche Frömmigkeit, die sich allerdings oft prahlerisch zur Schau stellte, war bei den meisten echt und innig; mancher der jungen Träumer erschien wie verklärt durch die fromme Freude über alle die Wunder, welche Gott an diesem Volke getan. -

Einen wesentlichen Charakterzug des neuen Teutonentums bildete der eingefleischte Judenhaß. Da die gewaltige Erregung des Befreiungskrieges alle Geheimnisse des deutschen Gemüts an den Tag brachte, so ward in der allgemeinen Gärung auch der alte tiefe Widerwille gegen das orientalische Wesen wieder laut. Von Luther an bis herab auf Goethe, Herder, Kant und Fichte waren fast alle großen germanischen Denker in dieser Empfindung einig. Unmittelbar nach dem Frieden begann ein heftiger Federkampf über die Stellung der Juden, der fünf Jahre hindurch den deutschen Büchermarkt mit einer Masse von Flugschriften bedeckte und namentlich von der Jugend mit leidenschaftlicher Teilnahme verfolgt wurde. Scharf wurde die Haltung der Juden während der Kriegszeit verurteilt. Als die Franzosen einzogen, bekundete sich in manchen jüdischen Kreisen eine leicht erklärliche Teilnahme für das Volk, das ihnen zuerst die volle Gleichberechtigung geschenkt hatte, und Napoleon verstand dem jüdischen Kosmopolitismus geschickt zu schmeicheln; das eifrigste Werkzeug der französischen Polizei in Berlin war Davidsohn–Lange, der Herausgeber des berüchtigten „Telegraphen".

Auch in dem Befreiungskriege zeigte nur ein Teil der Juden patriotischen Eifer. Die Söhne jener gebildeten Häuser, die sich schon ganz als Deutsche fühlten, taten ehrenhaft ihre Soldatenpflicht; aber viele andere wurden durch Körperschwäche und tiefeingewurzelte Waffenscheu dem Heere ferngehalten. Von den Juden Westpreußens, die sich eben erst mühsam aus dem polnischen Schmutze herausarbeiteten, war deutsche Gesinnung billigerweise noch gar nicht zu erwarten; sie bekundeten eine solche Angst vor dem Waffendienst, daß der König ihnen auf ihre dringenden Bitten den Loskauf von der Wehrpflicht gestattete, und dies Privilegium ward dann so massenhaft benutzt, daß ein großer Teil der Kosten für die Einrichtung der westpreußischen Landwehr aus den jüdischen Loskaufsgeldern bestritten werden konnte. Die einzige vorhandene amtliche Liste der jüdischen Soldaten, welche die große Mehrzahl der preußischen Regimenter umfaßt, weist für das Jahr 1813 nur 343 Juden im Heere nach; und im Jahre 1815, als das Heer seinen höchsten Stand erreichte, standen nach der höchsten Berechnung nicht mehr als 731 Juden unter den Fahnen, eine ganz unverhältnismäßig niedrige Ziffer. Nach dem Kriege sank ihre Zahl wieder auf 2–300. Was hätte sie auch zu den Fahnen locken sollen? Von den Offiziersstellen waren sie durch das Gesetz von 1812 ausgeschlossen. Inzwischen begann die Geldmacht einiger großer jüdischer Firmen im Wien, Frankfurt und Berlin schon fühlbar zu werden, und sie zeigte sich oft mit protzenhaftem Übermut; der vertraute Verkehr der Rothschilds mit Metternich und Gentz erregte auch politischen Unwillen. Dann kamen die Hungerjahre; gräßliche Geschichten, wahre und falsche, von der Grausamkeit jüdischer Wucherer liefen durch das Land. Der alte Rassenhaß regte sich wieder.

In dem literarischen Kampfe, der sich nun entspann, offenbarte sich auf jüdischer Seite nicht selten eine erschreckende Verlogenheit und Überhebung; sie bewies klarer als alle Reden der Gegner, welche ernsten Bedenken der vollständigen Emanzipation des Judentums noch im Wege standen. Saul Ascher in Berlin bewitzelte „die Germanomanie" des jungen Geschlechts in einer Reihe hämischer Schriften, die einen fanatischen Haß gegen alles Deutsche, namentlich auch gegen Goethe bekundeten. Er rühmte von den glaubenlosen Juden, daß sie von der Weltgeschichte bestimmt seien, dereinst allen positiven Glauben zu einer freieren Form zu leiten, und hatte die Stirn, seinen Stammesgenossen sogar das Hauptverdienst an den Siegen des Befreiungskrieges zuzuschreiben: „Man vergißt, daß Deutschlands Heere in dem Kampfe gegen Frankreich unterlagen, ehe noch die Juden in ihrer Mitte teil daran nahmen, und erinnert sich nicht, wie folgenreich sie in den Jahren 1813 und 14 kämpften, als die Juden aus Rußland, Polen, Österreich und Preußen mit ihnen in Reihe und Glied standen." Ein anderer jüdischer Schriftsteller versicherte dreist, nur ein Jahr nach dem belgischen Feldzuge, daß bei Belle Alliance allein 55 jüdische Offiziere gefallen seien, während die preußische Armee dort insgesamt nur 24 Offiziere verloren hatte. Ein dritter, der es offenbar wohl meinte, richtete ein „Freundliches Wort an die Christen" und meinte gemütlich: die eigensinnigen jüdischen Köpfe würden doch nicht von ihren alten Bräuchen lassen; am klügsten also, wenn die Christen um der Eintracht willen ihren Sonntag auf den Sabbat verlegten. Der jüdische Lehrer Heß in Frankfurt erklärte alle seine christlichen Gegner einfach für Phantasten oder für Werkzeuge eines gemeinen Eigennutzes.

Einem solchen Hochmut gegenüber konnten auch in dem anderen Lager ungerechte und gehässige Worte nicht ausbleiben; indes bewahrte die große Mehrzahl der christlichen Schriften eine würdige Haltung. Die Verständigeren gingen fast alle von dem Grundsatze aus, daß der Aufenthalt im Lande allein noch keinen Anspruch auf das Bürgerrecht gebe; sie wollten den Israeliten wohl die Gleichheit auf dem Gebiete des Privatrechts zugestehen, aber nicht das volle Maß der staatsbürgerlichen Rechte. Und so hart diese Meinung den gebildeten Juden erscheinen mußte, die Masse ihres Stammes befand sich unbestreitbar in einem verwahrlosten Zustande, der die vollständige Emanzipation nicht ratsam erscheinen ließ; richtete doch einer von ihnen selbst an die deutschen Fürsten die wehmütige Bitte, durch Verbesserung des jüdischen Schulwesens „meine Nation aus der geistigen Trübheit zu erheben". Das preußische Gesetz von 1812, das den Juden, mit Ausnahme der Zulassung zu den Staatsämtern, alle staatsbürgerlichen Rechte gewährte, ging über die engherzigen Vorschriften der meisten anderen deutschen Gesetze weit hinaus und bezeichnete ungefähr das Maß dessen, was die Liberalen jener Zeit vorläufig für erreichbar hielten; Hardenberg selbst, der sich der Juden überall gütig annahm, wollte diese Grenze durchaus nicht überschreiten.

Der Haß wider die Juden war so stark und allgemein, daß die öffentliche Meinung selbst in einem Falle, wo ihnen Unbill widerfuhr, fast einstimmig gegen sie Partei nahm: in dem häßlichen Frankfurter Judenstreite. Wie schwer hatten sich doch die verbündeten Mächte an unserer alten Kaiserstadt versündigt, als sie ihr den leeren Titel einer unhaltbaren Souveränität verliehen. Frankfurt war zur Zeit des Reichs, trotz seines reichsstädtischen Namens, immer die Stadt des Kaisers gewesen, den Befehlen des Monarchen unmittelbar unterworfen, und zeichnete sich vor allen andern deutschen Städten durch den lebendigen Gemeinsinn eines reichen, tätigen, gebildeten Bürgertums rühmlich aus. Die schöne Stadt konnte unter der Hoheit einer kräftigen Staatsgewalt das Musterbild einer deutschen Kommune werden. Nun aber erhielt sie mitsamt den achtehalb Ortschaften ihres Gebiets die volle Unabhängigkeit eines souveränen Staats, nur für Verfassungsstreitigkeiten war dem Deutschen Bunde ein Schiedsrichteramt vorbehalten, das hinter den monarchischen Herrschaftsrechten der alten Kaiser weit zurückblieb; nun drang mit der Gesandtenschar des Bundestags ein höfisches Element ein, das den ehrenfesten bürgerlichen Geist verfälschte, viele der alten Patriziergeschlechter und die gesamte Börsenwelt in das Ränkespiel der Diplomatie verwickelte.

Aus so unnatürlichen Verhältnissen erwuchs ein krankhafter Dünkel. Die Bürgerschaft betrachtete „die Vaterschaft" als die Hauptstadt Deutschlands und mißbrauchte ihre neugewonnene Souveränität mit der ganzen Unbefangenheit jener sozialen Selbstsucht, welche in den Gemeinden fast immer das große Wort führt, wenn sie nicht durch die Gerechtigkeit einer monarchischen Staatsgewalt gebändigt wird. Die neue Verfassung von 1816 sicherte den eingesessenen Bürger sorgsam vor dem Wettbewerb der Ausheimischen; nur wer 5000 Gulden einbrachte oder eine Frankfurterin heiratete, sollte das Bürgerrecht erlangen. Derselbe Sinn pfahlbürgerlicher Engherzigkeit verschuldete auch, daß die Juden des Bürgerrechts, das sie sich von Dalberg erkauft hatten, wieder beraubt wurden. Mit ungeheurem Geschrei setzten sie sich sofort zur Wehre, der junge Ludwig Börne trat mit seiner scharfen Feder für die bedrängten Stammgenossen ein. Die Rechtsfrage lag allerdings so einfach nicht, wie Börne mit rabulistischer Keckheit behauptete. Die 440 000 Gulden, welche die israelitische Gemeinde dem Großherzog von Frankfurt gezahlt, konnten nach strengem Rechte nur als die Ablösung des alten Judenschosses von 22 000 Gulden jährlich, nicht als ein Kaufgeld für das Bürgerrecht, betrachtet werden, und da die Bundesakte den Juden nur die ihnen von den deutschen Bundesstaaten bereits eingeräumten Rechte gewährleistete, so war rechtlich gegen das Vorgehen der Frankfurter Bürgerschaft wenig einzuwenden. Die Klage der israelitischen Gemeinde wurde daher von dem Spruchkollegium der Berliner Fakultät als unbegründet abgewiesen.

Als die Juden sich nunmehr mit einer Beschwerde an den Bundestag wandten, da trat die politische Macht des Hauses Rothschild zum ersten Male aus dem Dunkel heraus, und es geschah das Unerhörte: der Bundestag zeigte sich liberaler als die öffentliche Meinung. Hardenberg ließ, gemäß den alten Traditionen preußischer Duldsamkeit, von vornherein erklären, daß den Frankfurter Juden mindestens ein beschränktes Bürgerrecht gebühre, und zum Erstaunen der Unkundigen schloß sich Österreich dieser Meinung an, weil die Hofburg der Rothschildschen Gelder nicht entraten konnte. Als Metternich und Gentz im Jahre 1818 nach Frankfurt kamen, boten sie, wie schon früher auf dem Wiener Kongresse, ihre ganze Beredsamkeit für ihre reichen Schützlinge auf. Mit der üblichen Langsamkeit ward nun weiter verhandelt, und im Jahre 1824 erhielten die Frankfurter Juden durch Vermittlung des Bundestages einen Teil ihrer Rechte wieder. Freilich nur einen Teil. Sie wurden als „israelitische Bürger“ anerkannt, blieben jedoch von den Gemeindeämtern ausgeschlossen und standen nur im Privatrechte den christlichen Bürgern gleich.

In den Kreisen der akademischen Jugend ward die Stimmung der Zeit noch verschärft durch die Romantik christlicher Schwärmerei. Die Burschen fühlten sich als eine neue christliche Ritterschaft und zeigten ihren Judenhaß mit einer groben Unduldsamkeit, die oft stark an die Tage der Kreuzzüge erinnerte. Von Haus aus stand die Absicht fest, alle Nicht–Christen von dem neuen Jugendbunde auszuschließen. Gelang dies, so waren die jüdischen Studenten in Wahrheit ihres akademischen Bürgerrechts beraubt, da die Burschenschaft ja der Gesamtheit der Studenten ihr Gesetz auferlegen, alle anderen Verbindungen beseitigen wollte. –

Bereits im Sommer 1814 hatte sich in Jena eine Wehrschaft gebildet, die ihre Leute durch ritterliche Übungen für den vaterländischen Waffendienst vorbereitete. Im folgenden Frühjahr traten dann die Mitglieder von zwei Landsmannschaften, die des schalen alten Treibens müde waren, mit einigen Wilden zusammen, und am 12. Juni 1815 ward die neue Burschenschaft, nach altem Jenenser Brauch, durch einen feierlichen Aufzug über den Marktplatz eröffnet. An der Spitze standen zwei Theologen aus Mecklenburg, Horn und Riemann, und ein begeisterter Schüler von Fries, Scheidler aus Gotha, durchweg stattliche, brave, junge Männer, die sich im Kriege tapfer geschlagen hatten. Die neue Verbindung brach sofort mit allen Unsitten des Pennalismus und wurde nach rein demokratischen Grundsätzen durch einen freigewählten Ausschuß und Vorstand regiert, ihr Ehrengericht brachte die Duelle auf eine bescheidene Zahl herab und wachte streng über ehrenhafte Sitte.

Schon ein Jahr nach der Stiftung hatten sich alle anderen Verbindungen in Jena aufgelöst, und die Burschenschaft erschien nunmehr wirklich, wie sie es wollte, als ein Bund der gesamten christlich–deutschen Studentenschaft. In diesen ersten Tagen herrschte noch durchaus der gute Ton einer warmen vaterländischen Begeisterung. Zum Feldzeichen ihres Bundes und der deutschen Einheit, die er symbolisch darstellen sollte, nahmen die Burschen auf Jahns Vorschlag ein schwarzrotgoldenes Banner an. Es waren vielleicht die Uniformfarben der Lützower Freischar, die auch eine goldgestickte schwarzrote Fahne geführt haben sollte. Einzelne Burschenschaftler stellten freilich die kühne Behauptung auf: daß sich in diesem Banner die schwarzgelben Farben des alten Reichs, verschönt durch das Rot der Freiheit oder auch des Krieges, erneuerten, denn Rot war einst die Kriegsfarbe der Kaiserlichen gewesen; die Eifrigsten aber wollten von solchen historischen Erinnerungen nichts hören und meinten kurzab: aus der Knechtschaft Nacht durch blutigen Kampf zum goldenen Tage der Freiheit. So ist aus den Träumen der Studenten jene Trikolore entstanden, die durch ein halbes Jahrhundert die Fahne der nationalen Sehnsucht blieb, bis sie endlich, im Toben der Parteikämpfe entwürdigt und durch die Farben des nationalen Staates verdrängt wurde.

Die patriotischen Zorn- und Prachtreden erklangen immer kräftiger und schlossen schon zuweilen mit dem Triumphe: „Unser Urteil hat das Gewicht der Geschichte selbst, es ist vernichtend." Wie viele alte Burschenschafter sind bis zur Grube in dem glücklichen Wahne geblieben, daß die Burschenschaft eigentlich das neue deutsche Reich gegründet habe; Arnold Ruge schilderte noch ein halbes Jahrhundert später den langen Einheits- und Freiheitskampf der neuen deutschen Geschichte wie eine einzige große Pro–patria–Paukerei zwischen Burschenschaften und Korps. Und sicherlich hat mancher redliche junge Mann die erste Ahnung von der Herrlichkeit des Vaterlandes auf der Burschenkneipe gewonnen; aber der politische Idealismus jener Tage war zu gestaltlos, um eine bestimmte Gesinnung hervorzurufen.

Vorderhand war die Burschenschaft in Jena obenauf. Ihr Ruhm ward auf allen Universität verkündet und lockte neue Genossen herbei, so daß sich die Studentenzahl in kurzer Zeit verdoppelte. Auch an anderen Hochschulen taten sich Burschenschaften auf, so in Gießen und in Tübingen, wo die Stiftler schon 1813 einen Tugendbund zur Bekämpfung der akademischen Roheit gebildet hatten; und ganz von selbst erwachte der Wunsch, die neue Gemeinschaft auf einer feierlichen Zusammenkunft aller deutschen Burschen zu befestigen. In solchen freien, über die Grenzen des Einzelstaates hinausreichenden sozialen Verbindungen findet der Einheitsdrang zerteilter Völker seinen natürlichen Ausdruck; in Deutschland wie in Italien sind die Kongresse der Gelehrten, der Künstler, der Gewerbetreibenden wie Sturmvögel den blutigen Einheitskämpfen vorausgezogen. Unter den Deutschen schritten die Studenten allen voran, und nichts bezeichnet so deutlich das harmlose politische Stilleben jener Tage. Lange bevor die Männer auf den Gedanken kamen, sich über ihre ernsten gemeinsamen Interessen zu verständigen, regte sich in der Jugend der Drang, die gemeinsamen Träume und Hoffnungen auszutauschen, in phantastischem Spiele der idealen Einheit des Vaterlandes froh zu werden. –

Das Jubelfest der Reformation erweckte überall unter den Protestanten ein frohes Gefühl dankbaren Stolzes; die Studentenschaft ward von dieser Stimmung der Zeit um so stärker ergriffen, da ihr der christlich–protestantische Enthusiasmus des Befreiungskrieges noch in der Seele nachzitterte. Als der Gedanke eines großen Verbrüderungsfestes der deutschen Burschen zuerst in Jahns Kreise aufgetaucht war, beschloß die Jenenser Burschenschaft den Versammlungstag auf den 18. „des Siegesmonds" 1817 zu verlegen, um damit zugleich das Jubelfest der Reformation und die übliche Jahresfeier der Leipziger Schlacht zu verbinden. Armin, Luther, Scharnhorst, alle die hohen Gestalten der Führer des Deutschtums gegen das welsche Wesen flossen in den Vorstellungen der jungen Brauseköpfe zu einem einzigen Bilde zusammen.

Schon lange zuvor hatte die Presse mit mächtigen Trompetenstößen den großen Tag angekündigt. Eine freie Zusammenkunft von Deutschen aller Länder allein um des Vaterlandes willen war diesem Geschlechte eine so erstaunliche Erscheinung, daß sie ihm fast wichtiger vorkam als die weltbewegenden Ereignisse der letzten Jahre. Im Laufe des 17. Oktobers langten an fünfhundert Burschen in Eisenach an, etwa die Hälfte aus Jena, dreißig aus Berlin, die übrigen aus Gießen, Marburg, Erlangen, Heidelberg und anderen Universitäten der Kleinstaaten; die rüstigen Kieler hatten nach Turnerbrauch den weiten Weg zu Fuß zurückgelegt. Auch vier der Jenenser Professoren fanden sich ein, Fries, Oken, Schweitzer und Kieser. Anderen Tags in der Frühe stieg der „heilige Zug" bei hellem Herbstwetter durch den Wald hinauf zu der Burg des

Reformators: voran der Burgvogt Scheidler mit dem Burschenschwerte, darauf vier Burgmänner, dann, von vier Fahnenwärtern umgeben, Graf Keller mit der neuen Burschenfahne, welche die Jenenser Mädchen ihren sittenstrengen jungen Freunden kürzlich gestickt hatten, dann endlich die Burschen, Paar an Paar, viele schöne germanische Reckengestalten darunter, mancher im Vollbart, was bei ängstlichen Gemütern schon als ein Zeichen hochverräterischer Gesinnung galt. Allen lachte die Freude aus den Augen, jene glückliche Selbstvergessenheit der Jugend, die noch ganz im Genusse des Augenblicks aufzugehen vermag; ihnen war, als ob ihnen heute zum ersten Male die Herrlichkeit ihres Vaterlandes leibhaftig entgegenträte.

Droben im Rittersaale der Wartburg, den der Großherzog gastfreundlich geöffnet hatte, wurde zuerst unter Pauken- und Trommelschall „Eine feste Burg ist unser Gott" gesungen. Darauf hielt der Lützower Riemann aus der Fülle seines ehrlichen Herzens heraus eine Festrede, die in hochpathetischen, überschwenglichen Sätzen von den Taten Luthers und Blüchers sprach und dann bei den Geistern der erschlagenen Helden die Burschen mahnte zum „Streben nach jeglicher menschlichen und vaterländischen Tugend". Einige der landläufigen Schlagwörter von den vereitelten Hoffnungen des deutschen Volks und dem einen Fürsten, der sein Wort gelöst, liefen zwar mit unter; das Ganze war ein jugendlich unklarer, durchaus harmloser Gefühlserguß.

Nach dem Mittagsmahle gingen die Burschen zur Stadt hinab in die Kirche, wo auch der Eisenacher Landsturm dem Gottesdienste beiwohnte; dann gaben noch die Kämpen des Berliner und des Jenenser Turnplatzes den staunenden Landstürmern ihre Künste zum besten. Als die Dämmerung hereinbrach, zog man mit Fackeln wieder hinauf nach dem Wartenberge, der Wartburg gegenüber, wo mehrere große Siegesfeuer brannten, die mit patriotischen Reden und Liedern begrüßt wurden. Bis dahin war das Fest in glücklicher Eintracht verlaufen; hier aber ward zum ersten Male offenkundig, daß sich bereits eine kleine extreme Partei innerhalb der Burschenschaft gebildet hatte: jene fanatischen Urteutonen aus Jahns Schule, die man die Altdeutschen nannte. Diese köstliche Gelegenheit für eine fratzenhafte Eulenspiegelei konnte sich der Turnmeister doch nicht entgehen lassen. Er regte zuerst den Gedanken an, dies Lutherfest durch eine Nachäffung der kühnsten Tat des Reformators zu krönen und, wie einst Luther die Bannbulle des Papstes verbrannt hatte, so jetzt die Schriften der Feinde ins Feuer zu werfen. Da die Mehrheit des Festausschusses, klüger als der Alte, den Vorschlag ablehnte, gab Jahn gleichwohl seinen Berlinern ein Verzeichnis der zu verbrennenden Bücher mit auf den Weg, und diese Getreuen, Maßmann voran, beschlossen nunmehr den Plan des Meisters auf eigene Faust auszuführen, was der Ausschuß um des Friedens willen nicht geradezu verbieten wollte. Kaum war auf dem Wartenberge das letzte ernste Lied der die Flammen umringenden Burschen verklungen und die eigentliche Feier beendet, so trat Maßmann plötzlich hervor und forderte in einer schwülstigen Rede die Brüder auf, zu schauen, wie nach Luthers Vorbilde in zehrendem Fegefeuer Gericht gehalten werde über die Schandschriften des Vaterlandes. Jetzt sei die heilige Stunde gekommen, „daß alle deutsche Welt schaue, was wir wollen; daß sie wisse, wes sie dereinst sich von uns zu versehen habe".

Darauf trugen seine Gesellen einige Ballen Druckpapieres herbei, die mit den Titeln der verfemten Bücher beschrieben waren. Auf eine Mistgabel aufgespießt, flogen dann die Werke der Vaterlandsverräter unter tobendem Gejohle in das höllische Feuer: eine wunderlich gemischte Gesellschaft von etwa zwei Dutzend guten und schlechten Büchern, alles, was grade in jüngster Zeit den Zorn der Isis und ähnlicher Blätter hervorgerufen hatte. Da brannten natürlich drei Schriften von dem verhaßten Schmalz („Gänse-, Schweine- und Hundeschmalz" brüllte der Chor) und der Kodex der Gendarmerie von seinem Genossen Kamptz. Neben dem Code Napoleon, Kotzebues Deutscher Geschichte und Saul Aschers Germanomanie, der ein „Wehe über die Juden" nachgerufen ward, wanderte auch Hallers Restauration in die Flammen: – „der Gesell will keine Verfassung des deutschen Vaterlandes", hieß es zur Erläuterung, da doch keiner von den Burschen das ernste Buch gelesen hatte. Aber auch die Liberalen Benzenberg und Wangenheim mußten den Grimm der Jugend erfahren, weil die Jenenser Publizisten ihre Schriften nicht verstanden. Zuletzt wurden noch ein Ulanenschnürleib, ein Zopf und ein Korporalstock verbrannt, als „Flügelmänner des Gamaschendienstes, die Schmach des ernsten heiligen Wehrstandes“, und mit einem dreimaligen Pere–Pereat auf „die schuft'gen Schmalzgesellen“ gingen die Femrichter auseinander.

Es war eine unbeschreiblich abgeschmackte Posse, an sich nicht ärger als viele ähnliche Ausbrüche akademischer Roheit, bedenklich nur durch den maßlosen Hochmut und die jakobinische Unduldsamkeit, die sich in den Schimpfreden der jungen Leute ankündigten.

Trotz allen Torheiten einzelner war die Feier im ganzen harmlos, glücklich, unschuldig. Als man am Abend unter strömenden Tränen sich trennte, blieb den meisten eine Erinnerung für das ganze Leben; strahlend wie ein Maientag der Jugend – so gesteht Heinrich Leo; sie hatten sich brüderlich zusammengefunden mit den Genossen aus Süd und Nord, sie meinten, die Einheit des zerrissenen Vaterlandes schon mit Händen zu greifen, und wenn die öffentliche Meinung verständig genug war, die jungen Feuerköpfe sich selber und ihren Träumen zu überlassen, so konnten die guten Vorsätze, welche mancher wackere Jüngling in jenen erregten Stunden gefaßt hatte, noch heilsame Früchte bringen.

Aber in der tiefen Stille, die über dem deutschen Norden lagerte, hallten die kecken Reden der Burschen nur allzu laut wieder; es war, als ob Freund und Feind sich verschworen hätten, die Todsünde der Jugend, die ihr den ehrlichen Enthusiasmus verdarb, die krankhafte Selbstüberschätzung bis zum Unsinn zu steigern, als ob jedermann mit einstimmte in die ruhmredige Versicherung eines der Wartburg–Redner, der die Universitäten als die natürlichen Verteidiger der Volksehre gefeiert hatte. Mit lächerlicher Ernsthaftigkeit priesen die liberalen Zeitungen dies erste Erwachen des öffentlichen Lebens der Nation, „diesen Silberblick unserer Geschichte, diesen Blütendurchbruch unserer Zeit“; die alte Angst des gezähmten Philisters vor dem nachtwächter–prügelnden Studenten kleidete sich in politische Gewänder.

Am Wiener Hofe war nur eine Stimme der Angst und der Entrüstung. Durch die Nachrichten aus Eisenach wurde Metternich zum ersten Male bewogen, sich der deutschen Dinge, die er bisher so gleichgültig behandelt hatte, ernstlich anzunehmen; er erkannte mit Schrecken, daß sich hinter dem phantastischen Treiben der Jugend doch der Todfeind seines Systems, der nationale Gedanke verbarg. Sofort erklärte er dem preußischen Gesandten, jetzt sei es an der Zeit, „gegen diesen Geist des Jakobinismus zu wüten“, und ersuchte den Staatskanzler, gemeinsam mit Österreich wider den Weimarischen Hof vorzugehen. Im ersten Schrecken wollte er sogar alle österreichischen Studenten sogleich aus Jena abberufen. Im Österreichischen Beobachter veröffentlichte Gentz eine Reihe geharnischter Artikel über das Wartburgfest, ein kunstvolles Gemisch von Scharfsinn und Torheit. Nur mit Zittern, rief er aus, könne ein Vater heute noch seinen Sohn auf die Hochschule ziehen sehen; an solche Klagen nervöser Ängstlichkeit schloß sich dann eine meisterhafte, aus der Fülle überlegener Sachkenntnis geschöpfte Widerlegung der ruhmredigen Burschenmärchen von den Wundertaten der Freikorps und „der heiligen Scharen“.

In Berlin zeigte sich der König weit besorgter als die Minister. Friedrich Wilhelm hatte selbst nie studiert und kannte den derben Humor des Burschenlebens nicht; das Poltern und Prahlen des jungen Volks ekelte ihn an. Der Unterrichtsminister erhielt den strengen Befehl, sofort alle Verbindungen bei Strafe der Relegation zu verbieten, auch das Turnwesen scharf zu beaufsichtigen. „Ich werde“, schrieb ihm der König, „nicht den mindesten Anstand nehmen, diejenige Universität, auf welcher der Geist der Zügellosigkeit nicht zu vertilgen ist, aufzuheben.“ Altenstein entledigte sich des Auftrags mit wohlwollender Schonung; er hatte das Zutrauen zu dem guten Sinne der Jugend nicht verloren.

Auf die Stimmung der Studenten wirkte die Ängstlichkeit der Kabinette sehr schädlich ein: die Burschen meinten, auf der Höhe der Weltgeschichte zu stehen, seit alle Großmächte des Festlandes wider sie auftraten. Die demokratischen Ideen, die bisher unter der Decke der christlich–germanischen Phantasterei geschlummert hatten, traten jetzt keck hervor; neben Körners Liedern ward schon die vom alten Voß verdeutschte Marseillaise häufig gesungen:

Wir nahn, wir nahn! Beb, Mietlingsschwarm,
Entfliehe oder stirb! –

und niemand fragte mehr, welchem Volke denn dieser „Mietlingsschwarm“ Rouget de Lisles angehört hatte. Die radikale Partei der „Altdeutschen“ sonderte sich allmählich schärfer von der unschuldigen Masse der Burschen ab. Während diese, des ewigen politischen Geschwätzes müde, sich in Lichtenhain ein lustiges Bierherzogtum einrichteten, saßen jene „ruhigen republikanischen Staatsmänner“, wie Arnold Ruge sie nennt, in ihrer Republik Ziegenhain feierlich beisammen und untersuchten in pathetischen Reden, ob die Einheit Deutschlands besser durch Ermordung oder durch friedliche Mediatisierung der Fürsten zu erreichen sei. Ein neues Lied „Dreißig oder dreiunddreißig, gleichviel!“ – sprach sich sehr aufrichtig für den ersteren Weg aus, doch gab es auch noch einzelne sanfte Naturen, welche dem König von Preußen ein Gnadengeld von 300 Tlr. jährlich vergönnen wollten. Die Torheit begann doch recht zuchtlos zu werden.

Bald nach dem Wartburgfeste goß ein häßlicher literarischer Zank abermals Öl ins Feuer. Seit langem war Kotzebue den Burschen ein Dorn im Auge; sie haßten die weichliche Lüsternheit seiner Dramen und fürchteten ihn als einen gewandten Widersacher. In seinem Literarischen Wochenblatte, das sich der besonderen Gunst Metternichs erfreute, vertrat er die Anschauungen des aufgeklärten Absolutismus, feierte Rußlands Ruhm mit untertäniger Schmeichelei und bekämpfte den Idealismus der Jugend, wie alles, was über den platten Verstand hinausging, hämisch und boshaft. Aber auch sein frecher Witz und seine behende Feder waren dem alten Schelm treu geblieben; über den unduldsamen Hochmut der Jugend sagte er manches treffende Wort, für ihre Ungezogenheit hatte er ein scharfes Auge. Kotzebue lebte als russischer Legationsrat in Weimar, und schon diese diplomatische Stellung erregte Ärgernis; denn er war ein Weimarer Kind, er verdankte den Deutschen allein seinen literarischen Namen und erlaubte sich in seinem Wochenblatte, ganz wie ein deutscher Staatsbürger über die vaterländischen Angelegenheiten mitzureden. Aber wer durfte auch von diesem Manne Feingefühl des nationalen Stolzes verlangen? Es war ein offenes Geheimnis, daß überall in Deutschland geheime Agenten der Petersburger Polizei lebten. Auch Kotzebue schickte von Zeit zu Zeit Berichte nach Petersburg, doch zählte er keineswegs zu den gefährlichen Spähern. –

Inzwischen gingen die auf der Wartburg ausgestreuten Saaten auf; an vierzehn Universitäten bildeten sich Burschenschaften nach dem Jenenser Muster. Ihre Abgesandten traten im Oktober 1818 in Jena zusammen, und am Jahrestage des Wartburgfestes kam dort die Allgemeine Deutsche Burschenschaft zustande, die freie Vereinigung der gesamten deutschen Studentenschaft zu einem Ganzen, „gegründet auf das Verhältnis der deutschen Jugend zur werdenden Einheit des deutschen Vaterlandes“. Alljährlich sollte im Siegesmonde ein allgemeiner Burschentag von Abgeordneten aller Hochschulen sich vereinigen. Die Bestimungen des Grundgesetzes über den Zweck der Verbindung lauteten durchaus unverfänglich: Einheit, Freiheit, Gleichheit aller Burschen untereinander, christlich–deutsche Ausbildung aller Kräfte zum Dienste des Vaterlandes.

Während die Burschenschaft also sich immer weiter ausbreitete, wurde ihre innere Kraft und Einheit bereits durch ein wüstes Parteitreiben erschüttert. Für die Ideen Rousseaus war ein Geschlecht, das sich an Schillers Freiheitspathos begeisterte, von vornherein empfänglich, und nachdem man mehrere Jahre beständig in aufgeregtem, politischem Gerede verbracht hatte, mußte die demagogische Partei unvermeidlich an Boden gewinnen. Den Herd des akademischen Radikalismus bildete die Universität Gießen. Dort im Westen hatten die Doktrinen der französischen Revolution längst feste Wurzeln geschlagen; die Willkür des bonapartistischen Beamtentums von Darmstadt und Nassau erbitterte die jungen Gemüter, und als endlich auch für diese Lande die Stunde der Befreiung schlug, da fügte es ein unfreundliches Schicksal, daß die Gießener Studenten, die sich eifrig zu den Fahnen drängten, den Feind fast niemals zu Gesicht bekamen. Sie lernten auf anstrengenden Märschen nur die Prosa des Krieges, nicht seine begeisternden Freuden kennen, hatten viel zu leiden von der Grobheit ihrer rheinbündischen Offiziere, die mit gebildeten Mannschaften nicht umzugehen wußten, und kehrten verstimmt heim, voll Abscheus gegen das „Söldnerwesen“, ohne jede Ahnung von der königstreuen Gesinnung des preußischen Volksheeres, das sie nie gesehen hatten; sie schworen darauf, daß Deutschland den Krieg nur um der Verfassung willen geführt habe und alles Blut umsonst geflossen sei.

An ihrer Spitze standen die Gebrüder Follen, Adolf, Karl und Paul, drei bildschöne, hochgewachsene junge Männer voll Feuer und Leben, allesamt streng republikanisch gesinnt. Für die unschuldigen Kaiserträume der Tübinger und Jenenser Burschen, die sich die Krone der Staufer gern auf dem Haupte ihres Wilhelm oder Karl August dachten, hatte Karl Follen nur ein Lächeln; auch ihr Franzosenhaß und ihre Deutschtümelei schienen ihm kindisch, obgleich er sich wohl hütete, seine weltbürgerlichen Ansichten, die ihn um allen Einfluß gebracht hätten, offen einzugestehen. Er war Jakobiner schlechtweg. So enthielt denn auch der Entwurf einer deutschen Reichsverfassung, der von Adolf Follen niedergeschrieben, von seinem Bruder Karl verbessert und im Herbste 1818 dem Jenenser Burschentage vorgelegt wurde, bis auf einige teutonische Redensarten nichts weiter als eine freie Nachbildung des Grundgesetzes der französischen Republik, und für die Volksfreiheit erschien alles erlaubt, die Lüge, der Mord, jedes Verbrechen, da ja niemand ein Recht habe, die Freiheit dem Volke vorzuenthalten.

Dergestalt hielt das Evangelium vom Umsturz aller sittlichen und politischen Ordnung zum ersten Male in Deutschland seinen Einzug, jene furchtbare Lehre, die in mannigfacher Verkleidung wiederkehrend das Jahrhundert stets von neuem beunruhigen und schließlich in der Doktrin der russischen Nihilisten ihre höchste Ausbildung empfangen sollte.

Follen hatte sich schon einen Plan entworfen, den er mit den Unbedingten wiederholt besprach: da eine Revolution vorderhand unmöglich sei, so müsse man zunächst einige Verräter ermorden, um das zage Volk zugleich zu schrecken und anzufeuern; er selber wollte sich diesen vorbereitenden Taten fern halten, nicht aus Furcht, sondern weil er dereinst bei der allgemeinen Volkserhebung als Führer aufzutreten dachte. Zugleich betrieb er rastlos die Wühlerei im Volke.

Die Jenenser verhielten sich lange ablehnend gegen das demagogische Gebaren der Gießener und verwarfen auch Follens Reichsverfassungsplan; freilich nur gegen eine starke Minderheit. Nach und nach fanden die revolutionären Lehren der Schwarzen doch Eingang an der Saale, namentlich durch die Vermittlung Robert Wesselhöfts, eines derben, kräftigen Thüringers von diktatorischem Wesen. Es bildete sich im Schoße der Altdeutschen, der Masse der Burschen völlig verborgen, ein Geheimbund von Unbedingten, der auf den unschuldigen, großen Haufen der Burschenschaft verächtlich herabsah und durch vertraute Boten mit den Gesinnungsgenossen auf anderen Hochschulen insgeheim verkehrte. Zu ihm gehörte auch Jens Uwe Lornsen, ein unbändiger, nordischer Berserker von den friesischen Inseln, späterhin berühmt als Vorkämpfer für die Rechte Schleswig–Holsteins.

Der Ton unter diesen Schwarzen war unbeschreiblich frech; die Jugend, das stand fest, hatte den geknechteten Völkern Anstoß und Richtung zu geben. Ein witziger Kopf in Bayern veröffentlichte soeben, unter der Maske eines begeisterten Schülers von Fries, einen offenen Brief, worin er das ganze Menschengeschlecht in Burschen, Burschinnen, Lehr-, Vor- und Nachburschen einteilte. Die Satire war so treffend, daß viele der Burschen selber, und noch heute manche Historiker, den Brief für echt hielten. Die Schwarzen begnügten sich schon längst nicht mehr mit solchen Äußerungen albernen Übermuts, wie Lornsen, der in Gegenwart des jungen Herzogs von Meiningen ein Pereat auf die Dreißig oder Dreiundreißig ausbrachte. Sie besprachen alltäglich und mit unheimlicher Gelassenheit die Frage, wer zunächst um der Freiheit willen „kalt gemacht" werden solle; da Metternich so schwer zu erreichen und keiner der deutschen Fürsten ungewöhnlich verhaßt war, so kam das wüste Gerede immer wieder auf Kotzebue als das nächste Opfer zurück. Als im Herbst 1818 Zar Alexander auf der Durchreise in Jena erwartet wude, beriefen die Führer der Unbedingten eine tief geheime Sitzung und fragten kurzweg, ob jetzt der Mordstreich gegen den Despoten gewagt werden sollte; wer bei der Antwort sich irgendwie unsicher zeigte, ward fortan von den Beratungen der Eingeweihten stillschweigend ausgeschlossen. Der Zar war inzwischen schon weitergereist, und man behauptete nachträglich, daß die Führer der Schwarzen dies gewußt hätten. Dies mochte vielleicht wahr sein; aber wohin war es mit unserer Jugend gekommen, wenn sie den feigen, der deutschen Gradheit ekelhaften Meuchelmord bereits als den Prüfstein zuverlässiger Gesinnungstüchtigkeit betrachtete?

Im Herbst 1818 siedelte Karl Follen als Dozent nach Jena über. Er wurde der Totengräber der Burschenschaft, er zerstörte den unbefangenen jugendlichen Sinn, der über ihren Anfängen gewaltet hatte. Vergeblich suchte Fries dem unheilvollen Manne die Waage zu halten; in den Redekämpfen seines philosophischen Vereins zeigte sich der junge Dozent dem Professor weit überlegen, die Studenten zogen sich mehr und mehr von dem gemäßigten Alten zurück. Wohl blieb die Zahl der unmittelbaren Vertrauten Follens sehr gering, da der gesunde Sinn der Jugend das Grauen vor dem Apostel des Meuchelmords nicht ganz überwinden konnte; zu seinen Schülern gehörten vornehmlich sein blind ergebener Sklave Karl Sand, und Wit von Dörring, ein liederlicher Abenteurer, der nachher zum Verräter wurde. Doch weit über diesen engen Kreis hinaus reichte der verderbliche Einfluß seiner Lehren. Immer lauter ward über das „Abhacken der Zwingherrnköpfe" geredet. Im Laufe des Winters besetzten die Schwarzen durch einen häßlichen Betrug, da den Unbedingten ja alles erlaubt war, den Vorstand der Burschenschaft mit ihren Getreuen; dann bildete sich ein Geheimbund, dessen Schwurgenossen nach der Art der Karbonari in Venten geteilt waren und einander selber zum Teil unbekannt blieben. Solche Bünde konnten zwar, da der offenherzige Germane für die geheimen Künste des Verschwörers verloren ist, nicht über einen törichten Mummenschanz hinausgelangen; doch unbedenklich war es nicht, daß so viele einzelne junge Männer in roher Prahlerei mit dem Gedanken des politischen Verbrechens spielten und von Follen gradezu die Weisung empfingen: wer sich opfern wolle, müsse die befreiende Tat ohne Mitwisser vollbringen.

Viel Unheil ließ sich noch verhindern, wenn Follen und der eine oder der andere seiner älteren Genossen rechtzeitig aus Deutschland entfernt wurden; so urteilten in späterer Zeit Männer, welche einst den Schwarzen angehört hatten. Die Regierungen aber blieben ohne nähere Kunde von dem unruhigen Treiben und sahen ihm mit scheuer Besorgnis zu. Jene Handvoll Demagogen führte ihr schlechtes Handwerk fort, und einmal doch mußte der Tag kommen, da die so reichlich ausgestreute Saat frevelhafter Worte in Halme schoß und irgendein Unseliger mit dem Dolche in der Faust die Lehre des politischen Mordes verwirklichte.

Als das verhängnisvolle Jahr 1819 anbrach, war die Wiener Hofburg zum Vernichtungskampfe gegen die Bewegung fest entschlossen. Die Liberalen taten indessen das Ihre, um die Pläne ihrer Feinde zu fördern. Ungeheuerliche Gerüchte liefen um und fanden allgemeinen Glauben, während doch bisher noch niemand einem Liberalen ein Haar gekrümmt hatte. Die Presse erging sich in unheimlichen Schilderungen von der hoffnungslosen Knechtschaft Deutschlands und ward nicht müde, den Teufel der Reaktion so lange an die Wand zu malen, bis er leibhaftig erschien.

Aus jedem Nichts schöpfte die Kleinmeisterei der Tadler neuen Stoff für fanatische Anklagen. Wer nur irgend mit den Regierungen in Verbindung trat, ward als Verräter verdächtigt. Um Weihnachten 1818 wurde Steffens im tiefsten Geheimnis von dem Staatskanzler nach Berlin gerufen und dort vertraulich befragt, ob er etwas von politischen Umtrieben der Turnplätze wisse; er antwortete als ehrlicher Mann, seine Angriffe hätten nur den sittlichen Verirrungen der Turner, ihrem Übermute, ihrer Roheit, gegolten, politische Verschwörungspläne traue er ihnen keineswegs zu. Aber kaum war sein Besuch bei dem Staatskanzler ruchbar geworden, so sah er sich von den Turngenossen mit wütenden Vorwürfen überhäuft und, ohne daß man ihn nur angehört hätte, aus den Kreisen der Patrioten ausgeschlossen; sein tagelang konnte er den Makel dieses ungerechten Verdachts nicht mehr ganz von sich abwaschen, selbst mit seinem alten Freunde Schleiermacher kam er nie wieder auf guten Fuß. So drängte sich ein finsteres, grund- und zielloses Mißtrauen trennend zwischen dies Volk und die Krone, die soeben erst in ritterlicher Treue gemeinsam einen heiligen Kampf durchgefochten.

Da trat ein Ereignis ein, das alle Höfe mit panischem Schrecken betäubte und zu einem Wendepunkte in der Geschichte des Deutschen Bundes werden sollte. Am 23. März 1819 wurde Kotzebue durch den Jenenser Burschenschafter Sand ermordet. Freund und Feind empfanden sofort, daß in der blutigen Tat nicht die Ruchlosigkeit eines Einzelnen, sondern der lang angesammelte Parteihaß der radikalen Sekten der Studentenschaft sich entladen hatte. Der dämonische Reiz des Unbegreiflichen verführt die Welt leicht, in den Urhebern schwerer Verbrechen einen Zug von Größe zu suchen; das Leben dieses Mörders aber bot zwar der krankhaften Züge genug und manchen Anlaß zu menschlichem Mitleid, bewunderungswert war nichts an ihm als jene finstere, gesammelte Willenskraft, die den Fanatiker macht.

Karl Sand war der Sohn eines vormals preußischen Beamten und im Fichtelgebirge unter den treuen brandenburgischen Franken aufgewachsen, in einem Lande, wo jedermann über die neue Ordnung der deutschen Dinge grollte. Das starre Auge und die niedere, von langem, dunklem Haar umrahmte Stirn verrieten einen beschränkten Geist, der bei eisernem Fleiße nur langsam faßte und dann die schwer errungene Erkenntnis mit zähem Eigensinn gegen jede Einrede behauptete. Eine tugendstolze Mutter erfüllte den Sinn des Knaben schon frühe mit unkindlicher Selbstgerechtigkeit. Also vorbereitet trat er als Student in jene teutonischen Kreise, wo die grüne Jugend sich so zuversichtlich im Bewußtsein ihrer eignen Kraft und Keuschheit sonnte und wider die geile Schlaffheit des alten Geschlechtes eiferte. Der heidnische Dünkel, der rationalistische Stolz auf die unbefleckte Wüde des freien, sich selber behauptenden Ich vertrug sich aber in diesem armen Kopfe mit einer mystischen Schwärmerei, die verzückt zu Jesu Vorbild aufblickte und den Finger Gottes in jedem kleinen Tageserlebnis zu erkennen wähnte: mit Gebet und frommen Betrachtungen bereitete er sich selbst auf die harmlosen studentischen Quellspiele vor, und oft lud er nach einem geringfügigen Wortwechsel seinen Gegner feierlich vor Gottes Gericht.

Erfahrenen Menschenkennern hinterließ der verschlossene, im persönlichen Verkehr freundliche und gutmütige Jüngling doch einen unheimlichen Eindruck; als Wangenheim, sein alter Gönner von Tübingen her, eines Tages in Frankfurt erfuhr, Karl Sand habe ihn auf der Durchreise besuchen wollen, da überkam ihn sofort die Ahnung, daß etwas Gräßliches im Werke sei, er warf sich aufs Pferd und eilte dem Wanderer auf der Bergstraße nach, ohne ihn zu finden. Sand hatte als bayrischer Freiwilliger an dem Feldzuge von 1815 teilgenommen, aber den Feind nie zu Gesicht bekommen und voll Verachtung gegen die Soldaterei alsbald nach der Heimkehr den bunten Rock wieder ausgezogen. Um so eifriger stürzte er sich mit Leib und Seele in das Treiben der Burschenschaft; die Verbindung war ihm Staat und Kirche, Haus und Liebe, eines und alles, die ganze Welt sah er zerteilt in zwei große Heerlager: hier die reinen, freien, keuschen Burschen, dort die feilen Schergen der Zwingherrschaft. In Tübingen, in Erlangen, endlich in Jena war er überall mit dabei, wo feurige Teutonen Rütli-Schwüre tauschten und von St. Georgen-Taten schwärmten, ein unbeholfener Redner, wenig angesehen bei den Genossen, nur als rüstiger Turner wohl gelitten; aber was der laute Schwarm gedankenlos herauspolterte, das erschütterte diese schwere Natur bis ins Mark, ihm war es kein leeres Wort, wenn die Burschen sangen:

> Und in der Widerischen Herzen tauchen,
> Tuts not, das deutsche Schwert!

In solcher Stimmung kam der Unglückliche nach Jena. Eine abstrakte Begeisterung für Heldentum und Opfertod erfüllte ihm die Seele, und er mahnte einen Freund: „Unser Tod ist Heldenlauf; kurzer Sieg, früher Tod tut nichts, wenn wir nur wirklich Helden sind. Früher Tod bricht nicht die Siegesbahn, wofern wir nur auf ihr als Helden sterben." Dann geriet er unter das Joch Karl Follens und sog mit Begierde die Mordlehren der schwarzen Brüder ein. Jetzt endlich – so schrieb er bald nachdem er Follen kennengelernt – habe er ein Ziel für sein Leben gefunden. Sein geistiges Vermögen reichte nicht aus, um den schülerhaften Denkfehler, der dem Moralsysteme Follens zugrunde lag, zu durchschauen. Er brachte es über sich, sein Gewissen gleichsam zu teilen, blieb im täglichen Leben treu, wahrhaft, hilfreich, nur gegen die Tyrannen schien ihm alles erlaubt. Seine theologischen Studien, die er über dem Verbindungsleben arg vernachlässigt hatte, boten ihm die Mittel, um die Lehre der Gewissenlosigkeit auf religiöse Gründe zu stützen; aus der Bibel und dem Thomas a Kempis wähnte er den Satz herauszulesen: „Wenn der Mensch die Wahrheit so erkannt hat, daß er vor Gott sagen kann: das ist wahr – so ist es auch Wahrheit, wenn er es tut!" Und als er nun täglich „den Meister der

Vaterlandserretter“ Karl Follen mit beredtem Munde die sittliche Notwendigkeit des Meuchelmordes preisen hörte, da kam ihm der Gedanke, sich selbst zu opfern für die gute Sache und zu erproben, ob er das Volk durch den Schrecken einer heiligen Mordtat aus seinem Schlummer aufrütteln könne.

Kalt, sicher, ganz mit sich einig traf er seine Vorbereitungen; die niedrige Feigheit einer Gewalttat gegen einen wehrlosen Greis kam ihm ebensowenig zum Bewußtsein, wie die sinnlose Torheit eines Verbrechens, das an der bestehenden politischen Ordnung schlechterdings nichts bessern konnte. Auch die Todsünde des neunzehnten Jahrhunderts wirkte mit, jener impotente Größenwahnsinn, der fast bei allen berufenen Verbrechen der modernen Geschichte seine Rolle spielt. Sand war nicht bloß aufgebläht durch den sittlichen Dünkel seiner Sekte, sondern auch persönlich eitel: derweil er über seinen ruchlosen Gedanken brütet, zeichnet er sich auf ein Blatt sein eigenes Bild, wie er auf den Stufen einer Kirche knieend sich den Dolch ins Herz drückt, an der Kirchtür aber hängt mit einem anderen Dolche angeheftet das Todesurteil über Kotzebue. Ob Karl Follen als Anstifter zu betrachten sei, dies wird wohl für immer verborgen bleiben. Ein Mitwisser des gefaßten Entschlusses war er unzweifelhaft; er verschaffte, wie die Untersuchung herausstellte, dem Mörder das Reisegeld für die Wanderfahrt nach Mannheim. Auch Wit von Dörring und wahrscheinlich noch ein Dritter aus jener radikalsten Sekte der Unbedingten, die man die Haarscharfen nannte, waren mit im Geheimnis; aber gewiß keine größere Anzahl.

Mit der Ruhe des guten Gewissens trat Sand seine Reise an und betrachtete unterwegs wißbegierig alle Sehenswürdigkeiten. In Mannheim fand er ohne Mühe Zutritt bei seinem arglosen Opfer, nach einigen gleichgültigen Worten stieß er dem alten Manne plötzlich mit einem wilden Anruf den Dolch in die Kehle. Er war darauf gefaßt, sich durch Selbstmord der Strafe zu entziehen, aber auch die Flucht hielt er sich bis zuletzt offen. Erst da Kotzebue in seinem Blute schwamm und der kleine Sohn des Ermordeten zu der Leiche des Vaters heranstürzte, überfiel den Mörder auf einen Augenblick die Scham, und mit unsicherer Hand führte er einen Dolchstoß gegen seine eigene Brust – „dem Sohne gleichsam zum Ersatze“, wie er nachher gestand. Als man den Schwerverwundeten festnahm, rief er noch laut: „Hoch lebe mein deutsches Vaterland und im deutschen Volke alle, die den Zustand der reinen Menschheit zu fördern streben!“ Neben dem Leichnam fand sich ein Schriftstück „Todesstoß dem A. von Kotzebue“, darin die Worte: „Ein Zeichen muß ich Euch geben, muß mich erklären gegen diese Schlaffheit, weiß nichts edleres zu tun, als den Erzknecht und das Schutzbild dieser feilen Zeit, dich, Verderber und Verräter meines Volks, A. von Kotzebue niederzustoßen“ – und dann die blasphemischen Verse Follens: „Ein Christus kannst Du werden.“ Auf seinem Schmerzenslager im Gefängnis zeigte er die höchste Standhaftigkeit, unerschütterlichen Gleichmut, keine Spur von Reue.

Die Kunde von der Bestrafung des Mannheimer Spottbuben ward in den Kreisen der Unbedingten mit unverhohlener Freude aufgenommen. Die jungen Leute waren fieberisch aufgeregt und berieten sich insgeheim über neue Tollheiten; jetzt war es an der Zeit, die Mahnung von Karl Follens Bundeslied zu erfüllen:

Nieder reißt der Bosheit Damm,
Der Gewaltherrn ganzen Stamm!

Doch immer, wenn ein bestimmter Vorschlag auftauchte, regte sich auch die Stimme des Gewissens. Karl Follen riet seinen Jenenser Freunden, in hellen Haufen nach Mannheim zu ziehen, die Stadt anzuzünden und den gefangenen Märtyrer zu befreien; aber die Mehrheit widersprach. Zu Pfingsten kamen Burschen aus Jena, Gießen, Göttingen in Fritzlar und auf dem Brocken zusammen, um über einen zweiten Gewaltstreich zu verhandeln. Man ward nicht einig. Die besseren, wie Heinrich Leo, waren der wüsten Frechheit müde und zogen sich angeekelt zurück. Auch den Rohen fiel jetzt, nachdem der erste Rausch der Schadenfreude verflogen, die kopflose Torheit der Untat Sands schwer auf das Herz; sie sahen, wie die Regierungen sich zur Abwehr rüsteten, wie die Burschenschaft selbst mit dem Untergange bedroht war; der alte Übermut wich einer tiefen Entmutigung.

Nur in Gießen, der Hochburg der Schwarzen, erloschen die Flammen der revolutionären Leidenschaft so schnell nicht. Dort führte Paul Follen, unterstützt von einigen älteren Freunden, das schlechte Handwerk seines Bruders fort. Um zu vollenden, was auf den Pfingstversammlungen mißlungen war, traf er einmal nachts in einer Dorfschenke mit einem Pfarrer aus der Wetterau und einem jungen Apotheker Löning aus Nassau zusammen. Präsident Ibell in Wiesbaden sollte das nächste Opfer sein. Was kümmerte es diese Wütenden, daß Ibell der tüchtigste und im Grunde auch der liberalste der nassauischen Beamten war? Er diente den Gewaltherren und hatte den Zorn der Unbedingten gereizt. Die drei Mordgesellen warfen das Los; da forderte Löning als nächster Landsmann Ibells die Bluttat für sich. Er war ein geistloser, unwissender Mensch, vor kurzem erst in Heidelberg unter die Schwarzen geraten, grade roh genug, um das einleuchtende Evangelium des politischen Mordes handgreiflich zu nehmen. Am 1. Juli ließ er sich, ganz nach Sands Vorbilde, bei Ibell zum Besuch anmelden und warf sich dann plötzlich mit rasender Wut auf sein Opfer. Der Stoß ging fehl, Ibell ward nur leicht verwundet, seine tapfere Frau und andere Herbeieilende retteten ihm das Leben. Der Mörder zeigte im Gefängnis dieselbe dämonische Kraft der Selbstbeherrschung wie Sand; um seine Genossen zu sichern, gab er sich selbst den Tod auf die gräßlichste Weise, durch verschluckte Glasscherben. – Unheimlicher noch als die beiden Bluttaten selber war der Eindruck, den sie in der Nation zurückließen. Zwar von Löning sprach man selten, da Ibell außerhalb Nassaus wenig bekannt war; den Mörder Kotzebues aber umstrahlte ein Glorienschein.

Die Massen des Volkes freilich, denen die Ideale der teutonischen Jugend immer fremd blieben, verhielten sich gleichgültig. In jenen gebildeten Kreisen aber, die sich als die Träger der öffentlichen Meinung fühlten, herrschte eine Unsicherheit des sittlichen Urteils, die zu den traurigsten Verirrungen unserer neuen Geschichte zählt. Nicht bloß die akademische Jugend begrüßte Sands Tat als „ein Zeichen dessen, was kommen wird und kommen muß". Selbst reife Männer verglichen den Mörder mit Tell, mit Brutus, mit Scävola. Während die französische Presse verwundert fragte, wie unter den gewissenhaften Deutschen eine solche Banditentat möglich geworden sei, zitierten deutsche Gelehrte das alte Griechenlied:

> Verbirg den Dolch, der dem Tyrannen droht,
> Im Myrtenkranze wie Harmodios –

und der Stralsunder Konrektor hielt in der Schule einen Vortrag über die großen Tyrannenmörder der Hellenen. Der im Zeitalter der klassischen Dichtung gepflegte Kultus der freien Persönlichkeit stimmte die öffentliche Meinung empfänglich für die sophistische Überzeugungsmoral der Unbedingten: Sand sollte schuldlos sein, weil er wie Jesus nach seiner Überzeugung gehandelt habe – eine entsetzliche Ansicht, die schließlich dahin führen muß, jeden verhärteten Verbrecher freizusprechen und nur den schwankenden, dessen Gewissen noch nicht erstorben ist, zu verdammen. In Nasses medizinischer Zeitschrift führte der Irrenarzt Grohmann aus: „Sands Tat hatte nur die äußere, scheinbare Form des Meuchelmords; es war offene ausgemachte Fehde, es war die Tat eines bis zum höchsten Grade der Moralität, der religiösen Weihe erhöheten und verlebendigten Bewußtseins."

Eine solche Verwirrung aller sittlichen Begriffe in einem ernsten Volke würde unbegreiflich sein, wenn sie sich nicht aus der politischen Verstimmung erklärte. Der allgemeine Mißmut über Deutschlands Ohnmacht hatte sich endlich in einem gräßlichen Aufschrei Luft gemacht; den Patrioten war, als ob der Mörder nur ausgedrückt, was in unzähligen Herzen lebte. Auf Kotzebues Namen lastete eine ungeheure wohlverdiente Verachtung. Alle Welt wähnte zudem, daß die deutsche Reaktion von Rußland ausgehe, in einem Augenblicke, wo der Zar in Wahrheit nur sehr geringen Einfluß auf Deutschlands Geschicke ausübte. In Kotzebue sahen die Aufgeregten den Vertreter der russischen Macht auf deutschem Boden, obgleich er am Petersburger Hofe gar nichts galt. So erschien Sand wie der Wahrer des deutschen Hausrechts, seine Tat wie ein feierlicher Protest der Nation gegen eine eingebildete Fremdherrschaft. Schon in den ersten Wochen war das Gefängnis von aufgeregten Volkshaufen umringt. Je länger die Untersuchung währte, um so lauter äußerte sich die Teilnahme für den frommen Dulder, der, unbeugsam in seinem Wahne, alle Qualen mit stoischer Ruhe ertrug.

Friedrich der Große

Georg Friedrich Händel

Johann Sebastian Bach

Wolfgang Amadeus Mozart

Friedrich Gottlieb Klopstock

1820 wurde die Hinrichtung auf einer Wiese vor den Toren Mannheims vollzogen; die Burschen aus Heidelberg waren in Scharen herübergekommen und ließen abends in ihrer Musenstadt manch kräftiges Pereat auf König Friedrich Wilhelm erschallen. Die mit dem Blute des heiligen Sand bespritzten Späne wurden eifrig gekauft und die Stätte seines Todes hieß im Volke „Sands Himmelfahrtswiese".

Was die liberale Presse über die beiden Mordtaten sagte, lief auf mehr oder minder versteckte Anklagen gegen die Regierungen hinaus. Eine anonyme Schrift „Betrachtungen über die Ermordung Kotzebues" pries gradezu die heilsame Wirkung der Tat Sands und schrieb alle Schuld den Kronen zu. Görres schilderte in Börnes „Wage" mit mystischem Wortschwall die göttliche Fügung, welche die alte und die neue Zeit einander habe blutig begegnen lassen, und legte dann im Sommer, als die Demagogenverfolgung bereits begonnen hatte, die neuesten Einfälle seines beweglichen Kopfes in einem Buche „Deutschland und die Revolution" nieder, einer Schrift, die auf die Masse der Leser nur aufreizend wirken konnte. Unter den vielen geheimen Verschwörungen, so begann er, übersieht man die eine große, die murrend an jedem Herde sitzt, auf Märkten und Straßen sich laut ausspricht. Dann folgte ein Schauergemälde der neuen deutschen Geschichte: seit drei Jahrhunderten alles nur ein Welken, eine Dürre; das Ganze ruht, nachdem Liebe und Vertrauen gestorben sind, einzig auf dem Instinkt des Gehorsams. Von bestimmten Gründen des deutschen Elends wußte er freilich nur zwei anzugeben: die Vernichtung des alten Kaisertums der Habsburger und die stehenden Heere, diese Müßiggänger, die den Staat im Frieden aussaugen, im Kriege ihn unverteidigt lassen. Für die preußische Rheinprovinz aber war niemand gefährlicher als ein demagogischer Kapuziner wie Görres, und König Friedrich Wilhelm wußte wohl, warum er diese Schrift als einen Versuch, die Rheinländer gegen den preußischen Staat aufzuwiegeln, betrachtete.

Während also eine unklare, ziellose, ingrimmige Erbitterung in den gebildeten Klassen sich zeigte, gerieten im Verlaufe des Sommers mit einem Male auch die Massen in Unruhe. Der alte Rassenhaß wider die Juden und der Groll über die schweren Wuchersünden der jüngsten Jahre brachen furchtbar aus; in Würzburg, in Karlsruhe, Heidelberg, Darmstadt, Frankfurt rottete sich der Pöbel zusammen, stürmte einzelne jüdische Häuser, mißhandelte die Bewohner. Weithin durch die germanische Welt, bis nach Kopenhagen und Amsterdam hinauf pflanzte sich die Bewegung fort. Ein Zusammenhang zwischen den christlich-germanischen Träumen der Burschenschaft und jenen einer lange verhaltenen Volksleidenschaft ist weder nachweisbar noch wahrscheinlich; die politischen Ideen der akademischen Jugend blieben den Massen unverständlich, in Heidelberg scharten sich sogar die Studenten zusammen, um die Juden mit Lebensgefahr gegen den wütenden Pöbel zu verteidigen. Die Regierungen aber, erschreckt wie sie waren, sahen in diesen Tumulten nur einen neuen Beweis für die geheime Wirksamkeit einer revolutionären Partei. In höchster Angst befahl Metternich dem Grafen Buol, nach Verabredung mit den zu Karlsbad versammelten Staatsmännern: nötigenfalls müsse der Bundestag selbst aus den benachbarten Garnisonen Truppen herbeirufen, da der Frankfurter Senat sich gegen die Unruhestifter allzu schwach zeige. –

Wer die anstreckende Kraft des politischen Verbrechens kennt, wird nicht bestreiten, daß die Kronen, nach allem, was geschehen, so berechtigt wie verpflichtet waren, durch eine strenge Untersuchung die letzten Gründe der beiden Gewalttaten zu erforschen und gegen einige Schriftsteller, welche den Meuchelmord offen verteidigten, scharf einzuschreiten. Da beide Mörder den Unbedingten angehörten, so war auch die Schließung der Burschenschaft mindestens für einige Zeit unvermeidlich.

Weit folgenreicher aber ward der Umschwung der Meinungen am Berliner Hofe. Wie alle wichtigen Entschlüsse dieser Regierung, so ging auch die reaktionäre Wendung des Jahres 1819 von dem Monarchen persönlich aus. Als Sands Tat kund wurde und der Mord so viele verblendete Verteidiger fand, da fühlte sich der gewissenhafte König in seinen heiligsten Empfindungen verletzt; er hielt es für Fürstenpflicht, mit unnachsichtiger Strenge einzuschreiten, gab den Polizeibehörden außerordentliche Vollmachten (4. Mai) und setzte dann noch eine Ministrerial—Kommission ein zur Leitung der Untersuchungen gegen die Demagogen. Den in Jena studierenden Preußen befahl er, diese Universität zu verlassen, und obgleich die jungen Leute anfangs viel von einem heroischen Widerstand gegen den tyrannischen Befehl redeten, so gehorchten doch als die Frist ablief alle bis auf den letzten Mann.

Derweil die deutschen Höfe also von blindem Schrecken überwältigt wurden, schwelgte Metternich im Gefühle befriedigter Eitelkeit: wieder einmal hatte er alles vorausgewußt, die teuflischen Pläne der Verworfenen, die von deutscher Einheit träumten, waren aufgedeckt; nun galt es die Angst der deutschen Kronen auszubeuten, „der Sache die beste Folge zu geben, die möglichste Partie aus ihr zu ziehen".

Ohne nach Beweisen auch nur zu fragen, hielt er für ausgemacht, daß die „Jenenser Feme" ihre Mordgesellen nach dem Lose über Deutschland aussende; gegen eine so furchtbare Verschwörung reichte die Macht der einzelnen deutschen Staaten nicht aus. Durch das gemeinsame Handeln aller Bundesstaaten, unter Österreichs Führung sollten die Presse, die Universitäten, die Kammern geknebelt werden: „Mit Gottes Hilfe hoffe ich die deutsche Revolution zu schlagen, ganz so, wie ich den Eroberer der Welt besiegt habe!" An seinem Monarchen fand er einen festen Rückhalt. Kaiser Franz wollte, wie immer, Ruhe haben; nimmermehr durfte das Stilleben seiner Presse, seiner Postulatenlandtage und jener Schulen, die man im alten Österreich Universitäten nannte, durch die Tollheiten der deutschen Nachbarn gestört werden. Er billigte aus ganzer Seele die Theorie seines Ministers, daß jeder Bundesfürst „Felonie gegen den Bund" begehe, wenn er der Presse Freiheiten gestatte, die bei der Gemeinsamkeit der Sprache auch das deutsche Österreich anstecken konnten. Mit zynischer Offenheit sprach er aus, daß man die Furcht dieser schwachen Regierungen benutzen müsse, und bevollmächtigte seine Staatsmänner, nötigenfalls mit dem Austritt Österreichs aus dem Bunde zu drohen.

Eine Zeitlang schien es, als ob der erste Schlag durch den Bundestag geführt werden sollte. Der Wiener Hof beabsichtigte durch den Bund einen Schlag wider die Universitäten zu führen. Es sollten die Studenten jeder Ausnahmestellung verlustig gehen. Ferner sollten alle deutschen Regierungen sich verpflichten, keinen akademischen Lehrer, der wegen gefährlicher Lehren abgesetzt worden sei, jemals wieder anzustellen. Der Antrag Österreichs auf Nichtwiederanstellung der entlassenen Professoren wurde gegen Preußens Widerspruch angenommen. Aber rasche, durchgreifende Entschlüsse, wie sie der Wiener Hof brauchte, waren vom Bundestag nicht zu erwarten. Daher riet Gentz, man solle zunächst eine vertrauliche Verständigung mit den größeren Höfen herbeiführen. Metternich ging auf diesen Vorschlag ein. Seine Absicht war, im Juli in Böhmen zu erscheinen und zunächst dem König von Preußen das Programm einiger provisorischer Bundesgesetze vorzulegen. War man mit Preußen einig, dann sollten die Vertreter der beiden Großmächte in Karlsbad mit den Ministern der größeren Bundesstaaten die Ausnahmegesetze vereinbaren, welche der Bundestag ohne weitere Beratung anzunehmen und zu verkünden hätte.

Mittlerweile, im Laufe des Juli, erfolgten in Berlin und Bonn die ersten Verhaftungen und Haussuchungen; am 13. erstattete Geh. Rat Kamptz dem Staatskanzler Bericht über das Ergebnis. Plump und roh, mit frevelhafter Leichtfertigkeit hatte er seine Meute gegen alle losgelassen, die nur möglicherweise in einer entfernten Beziehung zu der Burschenschaft stehen konnten. Und doch blieb die Zahl der verhafteten namhaften Männer sehr gering; denn Metternich log mit Bewußtsein, wenn er Preußen als die Brutstätte der revolutionären Pläne bezeichnete. Gerade die preußischen Universitäten waren an der teutonischen Bewegung nur wenig beteiligt. Was der Österreicher mit seinem preußischen Anhang verfolgte, war nicht die revolutionäre Gesinnung, sondern der deutsche Nationalstolz, und dieser fand allerdings an Preußens Volk, Heer und Beamtentum den stärksten Rückhalt. In Berlin war Jahn das erste Opfer; er wurde nach Spandau, dann nach Küstrin auf die Festung gebracht und hatte einen schweren Stand, weil sich in den Papieren der verhafteten Studenten und Schüler die „Goldsprüchlein" sowie andere närrische, für ängstliche Subalternbeamte hochbedenkliche Herzensergüsse des Turnvaters vorfanden.

Da der Staat in Gefahr sein sollte, so galt das Erbrechen, das Perlustrieren der Briefe, wie der amtliche Ausdruck lautete, für erlaubt. Eine ganze Schar junger Leute ward monatelang wegen einzelner törichten oder auch ganz harmlosen brieflichen Äußerungen von einem Verhör in das andere geschleppt. Auch einer der angesehensten Bürger Berlins, der Buchhändler G. A. Reimer, mußte eine Haussuchung über sich ergehen lassen. Schleiermachers Predigten wurden polizeilich überwacht.

Grausam ward Arndts Schicksal. Seine Wanderfahrten im Dienst des Vaterlandes wurden dem Monarchen als Beweise abenteuerlicher Unstetigkeit verdächtigt, und der König, der noch lange von dem Dasein eines alle Ordnung der Gesellschaft bedrohenden Geheimbundes fest überzeugt blieb, untersagte ihm vorläufig die Fortsetzung seiner Kollegien. Der Mann, der einst zuerst für die Wiedereroberung des deutschen Flusses seine Stimme erhoben hatte, empfand es als „eine fürchterliche Ironie", daß er hier am befreiten Rheinstrom das Opfer eines außerordentlichen Gerichtsverfahrens werden mußte. Noch zwei Jahrzehnte hindurch sollte er unter einer Ungerechtigkeit leiden, die von allen Sünden dieser Demagogenjagd die häßlichste bleibt.

Für Preußen und sein Verhältnis zur Nation ward der Unsinn dieser Demagogenverfolgung wahrhaft verhängnisvoll, obwohl die Mehrheit am Bundestage die heilsame Strenge der preußischen Regierung mit untertänigem Danke anerkannte. Wörtlich erfüllte sich, was Niebuhr weissagte: „Welches Leben ohne Liebe, ohne Patriotismus, ohne Freude, voll Mißmut und Groll entsteht aus solchen Verhältnissen zwischen Untertanen und Regierungen!" Hatten die partikularistischen Liberalen die preußische Monarchie bisher schon ohne Grund verunglimpft, so stürzten sie sich jetzt vollends mit urkräftigem Behagen auf die offene Wunde am Leibe des deutschen Staats. Da die Deutsch-Österreicher der nationalen Bewegung vollkommen fremd blieben und Metternich mithin wenig Gelegenheit zu Verhaftungen fand, so galt Preußen nunmehr als die Macht der Finsternis im deutschen Leben, und in den Köpfen der selbstgefälligen Konstitutionellen des Südwestens nistete sich ein Vorurteil ein, das, wie töricht immer, doch eine reale Macht, ein schweres Hindernis unserer politischen Entwicklung geworden ist.

Am 22. Juli traf Metternich zu Karlsbad ein, in dem stolzen Bewußtsein, daß „von hier entweder das Heil oder die endgültige Vernichtung der sozialen Ordnung ausgehen werde."

Auf Befehl des Königs von Preußen hielten Hardenberg, Bernstorff und Wittgenstein mit Metternich vertrauliche Beratungen. Der Staatskanzler legte dem Wiener Freunde seinen Verfassungsentwurf vor und fand dessen vollkommene Billigung. Am 1. August unterzeichneten sodann Hardenberg und Metternich eine unverkennbar von letzteren verfaßte Punktation über die gemeinsamen Grundsätze der Bundespolitik der beiden Großmächte. Die Vertragschließenden erklärten, daß sie als europäische Mächte berufen seien, über dem politischen Dasein des Bundes zu wachen, als deutsche Bundesstaaten aber verpflichtet, für die Befestigung der Bundesverfassung zu sorgen. Daher dürften im Innern des Bundes keine mit seiner Existenz unvereinbaren Grundsätze angewendet, alle Beschlüse des Bundestages müßten als Gesetze des Bundes unverbrüchlich ausgeführt werden. Der Artikel der Bundesakte, welcher dem Bunde die Sorge für die innere Sicherheit Deutschlands auferlegte und unzweifelhaft nur bestimmt war, der Gefahr des Landfriedensbruchs vorzubeugen, erhielt also eine ganz neue, völlig willkürliche Auslegung: er sollte dazu dienen, auch die inneren Verhältnisse der Bundesstaaten einer gleichmäßigen Regel zu unterwerfen. Der gegenwärtige Augenblick, da die revolutionäre Partei das Dasein aller Regierungen bedrohe – so sagte die Punktation weiter – müsse benutzt werden, um eine engere Verbindung der deutschen Höfe herbeizuführen und am Bundestage die Herrschaft der Mehrheit zu sichern. Dazu bedürfe es zunächst einer Verabredung über den Artikel dreizehn der Bundesakte, und hier folgte eine erstaunliche Zusage, welche für Metternich den Kern der Punktation bildete. „Preußen", hieß es im Artikel sieben, „ist entschlossen, erst nach völlig geregelten inneren Finanzverhältnissen den Artikel dreizehn in seinem reinen Begriffe auf seine eigenen Staaten anzuwenden, d. h. zur Repräsentation der Nation keine allgemeine, mit der geographischen und inneren Gestaltung seines Reiches unverträgliche Volksvertretung einzuführen, sondern seinen Provinzen landständige Verfassungen zu erteilen und aus diesen einen Zentralausschuß von Landespräsentanten zu bilden."

Wie ein reuiger Sünder, ohne jede förmliche Gegenleistung gab die Monarchie Friedrichs des Großen einer fremden Macht eine Zusage über innere Angelegenheiten, deren Regelung jeder selbstbewußte Staat sich selbst vorbehalten muß; und frohlockend meldete Metternich seinem Kaiser „das Engagement Preußens, keine Volksvertretung zu geben." Es war die schimpflichste Demütigung, welche Hardenberg jemals über Preußen gebracht hat; die Politik des friedlichen Dualismus bestand jetzt ihre Probe und sie erwies sich als die Unterwerfung Preußens unter Österreichs Leitung.

Den zweiten Gegenstand der Karlsbader Beratungen sollte die Presse bilden. Die beiden Großmächte vereinigten sich über die Grundsätze einer Gentzschen Denkschrift. Jeder Fürst, welcher den Presseunfug in seinem Lande dulde, begehe Hochverrat gegen den Bund.

Zum dritten sollte sich die Konferenz mit den Universitäten und Schulen beschäftigen. Hardenberg verstand sich zu der Abrede, „daß notorisch schlechtgesinnte und in die Umtriebe des heutigen Studentenunfugs verflochtene Professoren alsbald von den Lehrstühlen entfernt weden, und daß kein ähnliches von einer deutschen Universität entferntes Individuum auf den Universitäten in anderen deutschen Staaten Anstellung erhalte." Zum Schluß ward noch ausbedungen, daß diese Maßregeln auch auf das Schulwesen erstreckt werden sollten.

So der Inhalt des unseligen Vertrags. Manche traurige Verirrungen der deutschen Patrioten in späteren Jahren lassen sich nur erklären aus der vollkommenen Verwirrung aller politischen Begriffe, welche der unnatürliche Bund der beiden Großmächte notwendig hervorrufen mußte. Die beiden Mächte beabsichtigten der Gewalt des Deutschen Bundes die unzweifelhaft dringend nötige Verstärkung zu bringen; sie erweiterten seine Befugnisse weit über die Vorschriften der Bundesakte hinaus; sie gestatteten ihm Eingriffe in das innere Leben der Einzelstaaten, welche sich mit dem Wesen eines völkerrechtlichen Staatenbundes nicht mehr vertrugen. Aber diese unitarische Politik entsprang nicht der nationalen Gesinnung, sondern dem österreichischen Partikularismus: nur darum sollte der Deutsche Bund die Machtbefugnisse einer Staatsgewalt erhalten, damit den Deutschen die Lust „sich in ein Deutschland zu vereinigen" für immer verginge.

Verderblich, undeutsch wie die Ziele dieser Politik, waren auch ihre Mittel. Der Deutsche Bund besaß noch weder ein Bundesheer, noch ein Bundesgericht, überhaupt keine gemeinsame nationale Institution außer dem Bundestage; und ein solcher Bund, der die Deutschen nicht einmal gegen das Ausland zu schützen verstand, sollte jetzt – nach den Worten der Teplitzer Verabredung – „im reinen Begriffe der Föderation" befugt sein, das Allerheiligste der Nation Martin Luthers, die freie Bewegung der Gedanken durch Verbote und Verfolgungen zu stören. So sank die deutsche Politik, wie ein treffendes Wort sagt, zur deutschen Polizei herab; jahrzehntelang ging fast das gesamte Leben des Bundestages in polizeilichen Notmaßregeln auf.

Das Entsetzlichste blieb, daß der Staat, der den Deutschen ihre Freiheit wiedergewonnen, der von der nationalen Einheit alles zu hoffen, nichts zu fürchten hatte, jetzt zuerst und freiwillig das Joch der österreichischen Fremdherrschaft auf seinen Nacken nahm und also dem Teile der Nation, der nicht über den nächsten Tag hinaus sah, als ein geschworener Feind erschien. Das lichte Gestirn des friderizianischen Staates war verdunkelt durch das Gewölk des Argwohns; die Besorgnis eines edlen, durch verblendete Ratgeber belogenen Monarchen und die altersschwache Ratlosigkeit Hardenbergs lenkten ihn ab von den Bahnen, auf denen er zur Größe aufgestiegen war; und zufrieden erklärte Metternich dem russischen Gesandten: „Preußen hat uns einen Platz überlassen, welchen ein Teil der Deutschen dem preußischen Staate zudachte!" –

Sobald die beiden Großmächte sich ohne Vorbehalt geeinigt hatten, war der Sieg der österreichischen Politik entschieden. In der Karlsbader Versammlung fand sie keinen einzigen grundsätzlichen Gegner.

Als Metternich am 6. August die erste der dreiundzwanzig Konferenzen, welche fortan bis zum 31. August fast allabendlich gehalten wurden, mit einer langen Rede eröffnete, legte er der Versammlung eine Punktation vor, welche mehrere Sätze der Teplitzer Verabredung wörtlich wiederholte, aber alles, was sich auf die beiden Großmächte allein bezog, wohlweislich verschwieg. Alle Anwesenden erklärten mit lebhaftem Dank ihre Zustimmung; nur Witzingerode beantragte für Württemberg, auch die Auslegung des Artikels dreizehn unter die dringenden Gegenstände der Beratung aufzunehmen.

Man beschloß, wie Österreich ursprünglich beabsichtigt hatte, die bundesgesetzliche Auslegung des Artikels dreizehn auf die Wiener Konferenzen zu verschieben und sich vorderhand mit der Aufstellung eines allgemeinen Grundsatzes zu begnügen, welchem alle Bundesstaaten beistimmen könnten. Gentz mußte seine Denkschrift vorläufig zurücklegen und arbeitete nunmehr einen Präsidialvortrag aus, der als Einleitung der Karlsbader Beschlüsse dem Bundestage vorgelesen werden sollte: darin ward feierlich Verwahrung eingelegt gegen die demokratischen Grundsätze, mit denen man das unzweideutige landständische Prinzip fälschlicherweise verwechselt habe, und die Erwartung ausgesprochen, daß die deutschen Regierungen, bis zum Erlaß eines Bundesgesetzes, dem Artikel dreizehn nur eine „der Aufrechterhaltung des monarchischen Prinzips und des Bundesvereins vollkommen angemessene Auslegung" geben würden. Diese neue Formel fand einstimmige Annahme. Dergestalt ward der Versuch einer gänzlichen Umdeutung des Artikels dreizehn für diesmal vereitelt, allerdings durch den Widerspruch der süddeutschen Höfe, aber wahrlich nicht durch ihre Verfassungstreue, sondern durch ihre Furcht vor den alten Ständen.

Um die Ausführung der Notgesetze wider die Demagogen zu sichern, wurde zunächst eine provisorische Exekutionsordnung beschlossen, welche den Bundestag ermächtigte, die Vollziehung aller Bundesbeschlüsse durch eine Kommission zu überwachen und nötigenfalls gegen einen widersetzlichen Bundesstaat militärische Zwangsmittel zu gebrauchen. So erhielt denn der Bundestag eine Befugnis zugewiesen, welche scharf gehandhabt, wohl zur Bändigung des Partikularismus führen konnte; aber selbst diese an sich heilsame Verstärkung der Zentralgewalt erregte im Volke nur Unwillen, weil sie lediglich den Zwecken der Demagogenverfolgung dienen sollte.

Darauf folgte der zweite Gesetzentwurf über die Universitäten. Das Gesetz verlangte an jeder deutschen Universität die Anstellung eines außerordentlichen Regierungsbevollmächtigten, der die Ordnung zu überwachen, den Geist der Lehrer zu beobachten und ihm „eine heilsame Richtung zu geben" hätte. Wer wegen Pflichtverletzung oder Verbreitung verderblicher Lehren vom Katheder entfernt würde, sollte in keinem deutschen Staate jemals ein Lehramt erhalten. Endlich wurden die alten Gesetze gegen die akademischen Verbindungen wieder eingeschärft und insbesondere auf die Burschenschaft ausgedehnt. Also ward der naturgemäße Verkehr zwischen den einzigen Staatsanstalten Deutschlands, welche noch nicht gänzlich dem Partikularismus anheimgefallen waren, jetzt von Bundes wegen verboten. Das Gesetz war nach Form und Inhalt eine rohe Beleidigung der deutschen Universitäten und würde die akademische Freiheit vernichtet haben, wenn ihm nicht die meisten Regierungen, ihren guten alten Traditionen getreu, eine ziemlich milde Auslegung gegeben hätten. Man nahm die österreichischen Vorschläge fast unverändert an.

Um sich selber vor den Angriffen der deutschen Presse zu schützen, beantragte Österreich, daß „die Notwendigkeit vorbeugender Maßregeln", die Zensur, als Regel anerkannt würde. Alle Zeitschriften und alle Bücher unter zwanzig Bogen sollten während der nächsten fünf Jahre der Zensur unterliegen. Jede deutsche Regierung sollte dem Bunde wie den einzelnen Bundesstaaten für das Wohlergehen ihrer Presse verantwortlich sein. Auf Anrufen einer beleidigten Regierung oder nach freiem eigenen Ermessen sollte der Bundestag auch seinerseits Zeitschriften und Bücher verbieten; der Herausgeber einer also unterdrückten Zeitung aber durfte binnen fünf Jahren nicht wieder zu einer Redaktion zugelassen werden. Diese Verantwortlichkeit der souveränen deutschen Fürsten vor einer Gesandtenkonferenz war allerdings eine staatsrechtliche Ungeheuerlichkeit; aber da die Karlsbader Staatsmänner allesamt die Presse als ihren gemeinsamen Feind betrachteten, so nahmen sie selbst diesen Eingriff in das Heiligtum der Souveränität ohne Widerspruch hin.

Eine Zentralkommission sollte die Untersuchung gegen die Demagogen leiten, doch behielt man dem Bundestage das Recht vor, ihr nötigenfalls auch richterliche Befugnisse beizulegen. Vierzehn Tage nach gefaßtem Bundesbeschlusse sollte die Kommission in Mainz zusammentreten, sofort den gesamten Tatbestand der demagogischen Umtriebe festzustellen suchen, Weisungen an die Untersuchungsbehörden der Einzelstaaten erteilen, die Akten von ihnen einfordern, auch nach Gutdünken einzelne Verdächtige selber verhören und schließlich zur Aufklärung der Nation einen umfassenden Bericht über die Ergebnisse erstatten. Die neue Zentraluntersuchungskommission, die durch Anzeigen, Befehle und Verhaftungen in die regelmäßige Rechtspflege eingreifen durfte, erschien als ein Werkzeug der Tyrannei, sie erhielt im Volke sogleich den Namen der schwarzen Kommission, wurde durch die widersprechenden Urteile der Landesgerichte Tag für Tag Lügen gestraft und verfiel dem allgemeinen Abscheu. –

Die vier Gesetze waren allesamt genehmigt.

Auch in Frankfurt auf dem Bundestag wurde unter dem Druck der Großmächte mit einer gefälschten Abstimmung Stimmeneinheit erzielt. Der Bundestag unterwarf sich den Beschlüssen der Neun. Erschütternd aber war der Eindruck in der Nation.

Die Nation ward irr an ihrem Staate, an ihren schönsten historischen Erinnerungen. Die edle vaterländische Begeisterung der letzten Jahre verrauchte. Von aller Lippen klang die bittere Klage, das Blut von Leipzig und Belle Alliance sei umsonst geflossen. Wenn die deutschen Liberalen vorher nur halb unbewußt einzelne jakobinische Grundsätze bei sich aufgenommen hatten, so zogen sie jetzt, da man ihnen unter dem Namen des alten deutschen Rechtes Druck und Verfolgung bot, mit fliegenden Fahnen in das französische Lager hinüber und berauschten sich an einer konstitutionellen Theorie, welche das republikanische Ideal kaum noch notdürftig verbarg.

Unverzüglich begannen die Zensoren und die Universitätsbevollmächtigten überall ihre Tätigkeit. Die neuen geheimen Burschenschaften, die sich nach Auflösung auf allen Universitäten zusammentaten, trugen, da sie mit der Polizei in beständigem Kampfe lebten, von Haus aus eine radikalere Färbung als der alte allgemeine Burschenbund.

Die Ausführung der neuen Bundesgesetze erfolgte überall unter der unmittelbaren Aufsicht der Gesandten Österreichs und Preußens. Dem Bundestage wollten die beiden Großmächte diese Überwachung nicht überlassen. Er war durch Zank und Untätigkeit und zuletzt noch durch die erzwungene Abstimmung vom September gänzlich entwürdigt; in Wien und an den befreundeten Höfen erwog man schon seit Monaten die Frage, ob es nicht geraten sei, alle wichtigen Bundesgeschäfte unmittelbar durch die Regierungen zu erledigen und die Bundesversammlung als eine bescheidene Tagsatzung alljährlich nur auf drei Monate nach Mannheim einzuberufen. Die k. k. Gesandten erhielten demnach gemessenen Befehl, die Handhabung der Zensur und der akademischen Disziplin in den kleinen Staaten sorgsam zu beaufsichtigen. In seinen eigenen Bundeslanden konnte Kaiser Fanz freilich für die Vollziehung der Karlsbader Beschlüsse gar nichts tun; in dieser friedsamen österreichischen Welt war weder ein Demagog noch ein Burschenschafter noch eine liberale Zeitung aufzutreiben.

Eifriger zeigte sich der Berliner Hof. Der König war und blieb von der Notwendigkeit der Ausnahmegesetze tief durchdrungen, befahl allen seinen Gesandten in Deutschland, die Ausführung zu überwachen, und ließ den größeren Bundesstaaten mitteilen, daß er fest auf ihre tätige Mitwirkung zähle.

Bald nachher, am Jahrestage der Leipziger Schlacht, befahl der König die Bekanntmachung der Karlsbader Beschlüsse. Am nämlichen Tage genehmigte er das Zensur–Edikt, das der Staatskanzler in höchster Eile hatte ausarbeiten lassen. Das neue Edikt ging noch weit über die Karlsbader Vorschriften hinaus und bestimmte gleich im Eingang, daß alle Druckschriften ohne Ausnahme, wie bisher, der Zensur unterliegen sollten; sogar die alte Zensurfreiheit der Akademie und der Universitäten ward für die fünfjährige Dauer des Edikts aufgehoben. Auch über die Disziplin der Universitäten ergingen einige scharfe Verordnungen, denen Altensteins Wohlwollen zum Glück durch milde Auslegung die Spitze abbrach.

Trotzig trat Görres gegen die scharfen preußischen Maßnahmen auf. Von einem Freunde rechtzeitig gewarnt, entzog er sich, als sein Buch über Deutschland und die Revolution erschienen war, der drohenden Verhaftung durch die Flucht und forderte dann von Straßburg aus freies Geleit: nur vor den Geschworenen seiner rheinischen Heimat wollte er Rede stehen. Auf solche

Verhandlungen mit einem Angeklagten durfte die Krone sich nicht einlassen, Görres aber weigerte sich, Straßburg zu verlassen.

Die ohnehin verstimmte öffentliche Meinung brauste in hellem Zorne auf, als der Herausgeber des Rheinischen Merkurs dergestalt – zwar nicht ohne Grund, aber doch nur wegen unbedachter Worte und unter Verletzung der Rechtsformen – von dem preußischen Staate ausgestoßen und von seinen alten Todfeinden, den Franzosen, denen er jetzt freilich nicht mehr schaden konnte, mit unverhohlener Schadenfreude großmütig beschützt wurde. Im Verkehr mit den Straßburger Jesuiten ward Görres bald gänzlich für jene klerikalen Bestrebungen gewonnen, denen er sich schon in Koblenz genähert hatte; der unstete Romantiker, der einst in mächtigen Dithyramben die Siegesflüge des schwarzen Adlers gefeiert, entwarf sich jetzt, durch kirchlichen und politischen Haß verblendet, ein gräßliches Zerrbild von der preußischen Monarchie, dem Staate der protestantischen Verstandesdürre und der toten bürokratischen Regel. Diesen „ungestalten starren Knochenmann" im Namen deutscher und katholischer Freiheit zu bekämpfen, blieb fortan sein Stolz.

Wie Görres einst im Rheinischen Merkur die Idee der politischen Macht und Einheit des Vaterlandes vertrat, so verfocht List die Idee der handelspolitischen Einheit. Im April 1819 stiftete List mit mehreren Industriellen der Kleinstaaten den Verein deutscher Kaufleute und Fabrikanten, dem sich bald die Mehrzahl der großen Firmen in Süd- und Westdeutschland anschloß. Der neue Handelsverein richtete sogleich an den Bundestag eine Bittschrift um Ausführung des Artikels neunzehn, Beseitigung aller Binnenmauten und Erlaß eines deutschen Zollgesetzes, das den Zöllen des Auslandes mit strengen Retorsionen begegnen sollte. In Frankfurt abgewiesen, bestürmte sodann List die Höfe und Geschäftsmänner. Er dachte an eine gemeinsame Gewerbegesetzgebung, an ein deutsches Postwesen, an nationale Industrieausstellungen, er sah die Zeit voraus, da eine freie Verfassung, ein deutsches Parlament aus der Handelseinheit hervorgehen würde.

Unterdessen hatte auch der beste Kopf unter den badischen Finanzmännern, Nebenius, seine Gedanken über die Bedingungen der deutschen Verkehrsfreiheit in einer geistvollen Denkschrift niedergelegt. Nebenius fordert Bundeszölle, eine vom Bundestage abhängige Zollverwaltung. Er will mithin genau das Gegenteil der Politik, welche den wirklichen Zollverein geschaffen hat; der erste Schritt auf dem von Nebenius vorgeschlagenen Wege mußte offenbar zur Aufhebung des preußischen Zollgesetzes führen, also gerade die Grundlage des späteren Zollvereins vernichten. Mit großer Klarheit aber entwickelt Nebenius den Satz, daß ohne Zollgemeinschaft die Freiheit des Verkehrs nicht möglich sei. Dieser Gedanke, der uns heute trivial und selbstverständlich erscheint, war der Diplomatie der Kleinstaaten jener Zeit völlig neu. Den Berliner Staatsmännern war er wohlbekannt; denn nur jenen Staaten, die sich dem preußischen Zollsystem einfügen wollten, hatte Preußen freien Verkehr angeboten.

Zur rechten Stunde fanden die Urheber des preußischen Zollgesetzes einen mächtigen diplomatischen Bundesgenossen an dem neuen Referenten für die deutschen Angelegenheiten, J. F. F. Eichhorn, den sein Chef Graf Bernstorff auf dem Gebiete der Handelspolitik völlig frei schalten ließ. Seine Hoffnung war, das preußische Zollsystem durch Verträge mit den deutschen Nachbarstaaten allmählich zu erweitern.

Indem Eichhorn die Kleinstaaten einlud zu freundnachbarlichen Verträgen über die Behandlung der Enklaven, erklärte er zugleich die Bereitwilligkeit des Königs, auch über den Anschluß nichtenklavierter Gebiete zu verhandeln. Er betonte den nationalen Charakter des Zollgesetzes, er hob hervor, dies Gesetz sei im Sinne des Artikels neunzehn der Bundesakte gedacht, sei bestimmt, zunächst in einem Teile von Deutschland die Binnenmauten aufzuheben, sodann auch anderen Bundesstaaten den Anschluß zu erleichtern; der König verdiene den Dank der Bundesgenossen, da er begonnen habe, den deutschen Markt von der Herrschaft des Auslandes zu befreien. An dieser nationalen Richtung hat Preußens Handelspolitik seitdem unerschütterlich festgehalten. Nicht kosmopolitische Verkehrsfreiheit war Preußens Ziel, sondern die Handelseinheit des Vaterlandes.

Am 25. Oktober 1819 wurde der erste Zollanschlußvertrag unterzeichnet, kraft dessen der Fürst von Sondershausen „unbeschadet seiner landesherrlichen Hoheitsrechte" seine Unterherrschaft dem preußischen Zollgesetz unterwarf und dafür nach dem Maßstabe der Bevölkerung seinen Anteil an den Zolleinnahmen – vorläufig eine Bauschsumme von fünfzehntausend Talern – erhielt.

Jener Zollvertrag aber, der uns heute so selbstverständlich erscheint, sollte während mehrerer Jahre der einzige bleiben. Der siegreiche Kampf um die Behauptung, dann um die Erweiterung des Zollgebiets, blieb auf Jahre hinaus die wichtigste Aufgabe der preußischen Staatskunst. Durch die friedlichen Eroberungen dieses Kampfes hat König Friedrich Wilhelm gesühnt, was in Karlsbad gefehlt war, und die Marksteine gesetzt für das neue Deutschland.

DRITTES BUCH

# Das Eindringen des französischen Liberalismus 1820–1840

# I

## Die letzten Reformen Hardenbergs

Die sogenannte Schlußakte, welche auf der Wiener Konferenz zusammengestellt wurde, enthielt in den 34 Artikeln ihres ersten Teiles ausführliche Vorschriften über Wesen und Wirkungskreis des Bundes. Fast jeder Satz dieser allgemeinen Bestimmungen war ein Triumph des Partikularismus.

Der Artikel 6 gestattete die Abtretung von Souveränitätsrechten zugunsten eines Mitverbündeten, und damit erhielt Preußen, ohne daß die Mehrheit es gewahr ward, freie Hand für seine Zollanschlußverträge.

Der Bundestag sollte den Bund „in seiner Gesamtheit vorstellen"; seine Mitglieder blieben von ihren Souveränen „unbedingt abhängig", ihnen allein für die Befolgung ihrer Instruktionen sowie für ihre Geschäftsführung verantwortlich. Artikel 8 verbot den Landständen nur, die Bundesgesandten zur Verantwortung zu ziehen, doch er verbot ihnen nicht, ihre konstitutionellen Minister wegen des Inhalts der nach Frankfurt gesendeten Instruktionen zur Rede zu stellen, und bald genug sollte man erfahren, daß die Konferenz das Bundesrecht nur um ein neues unlösbares Rätsel bereichert hatte. Die schwierige Frage, ob den Landtagen eine mittelbare Einwirkung auf den Gang der Bundespolitik zukomme, hat, solange dieser Bund bestand, niemals eine klare Antwort gefunden.

Es blieb im wesentlichen bei der Vorschrift jenes Artikels 7 der Bundesakte, der für alle Grundgesetze und organischen Einrichtungen Einstimmigkeit verlangte.

Man blieb „einstweilen" bei der bestehenden Austrägalordnung von 1817, welche die Entscheidung der Streitigkeiten dem obersten Gerichtshofe eines von beiden Parteien gewählten Bundesstaates anheimgab.

Auch die neue Exekutionsordnung, welche fortan statt der Karlsbader provisorischen Vorschriften galt, war in demselben Geiste partikularistischer Behutsamkeit gehalten. Der Regel nach sollte der Bundestag nur mit den Regierungen verkehren und nur gegen sie Exekution verhängen; nur wenn eine Bundesregierung selber seine Hilfe nachsuchte oder im Falle offenen Aufruhrs durfte er unmittelbar gegen die Untertanen einschreiten. –

In den „militärisch-politischen Fragen" vertrat Preußen jetzt wie immer die Sache der Bundeseinheit; wirksamer Schutz gegen das Ausland blieb nach Hardenbergs Ansicht der einzige Segen, welchen die im Innern so unfruchtbare Bundespolitik der Nation noch zu gewähren vermochte. König Friedrich Wilhelm wünschte jetzt ein ewiges Verteidigungsbündnis zwischen dem Deutschen Bunde und den Gesamtstaaten Österreich und Preußen abzuschließen; vermöge man dies nicht zu erlangen, so verlangte er zum mindesten eine bündige Antwort auf die noch immer offene Frage: was eigentlich ein Bundeskrieg sei? Wenn eine der beiden Großmächte in ihren nichtdeutschen Provinzen angegriffen würde, dann müsse der Bund befugt sein, durch einfachen Mehrheitsbeschluß den Krieg zu erklären, und käme ein solcher Beschluß nicht zustande, so dürfte doch den Staaten der Minderheit nicht verwehrt werden, ihrerseits dem Angegriffenen Hilfe zu leisten. Nach einem hartnäckigen und kleinlichen Streite einigte sich die Konferenz zunächst dahin, daß Kriegserklärungen des Bundes nur durch Zweidrittelmehrheit im Plenum beschlossen werden dürften. Angriffskriege dagegen, welche ein Bundesstaat mit außerdeutschen Besitzungen als europäische Macht begönne, sollten „dem Bunde ganz fremd" bleiben. Nun erst folgte im Artikel 47 die Vorschrift für den Fall eines Angriffs wider die außerbündischen Provinzen deutscher Bundesstaaten; in solchem Falle konnte der Bundestag mit einfacher Mehrheit im Engeren Rate beschließen, daß Gefahr für das Bundesgebiet vorhanden sei, und dann in der gewöhnlichen Weise den Bundeskrieg erklären. Daß einzelne Bundesstaaten an den europäischen Kriegen der deutschen Großmächte teilnähmen, wurde nicht förmlich untersagt und blieb mithin erlaubt, da ihnen das Recht der Bündnisse zustand. Erst in weit späterer Zeit, als die Politik des friedlichen Dualismus in die Brüche ging, sollte man in Berlin erkennen, welche Rute Preußen sich selber mit diesem Artikel 47 aufgebunden hatte, wie leicht er von der Bundestagsmehrheit mißbraucht werden konnte, um die norddeutsche Großmacht in die Kriege des Hauses Österreich hineinzureißen.

Das Bundesheerwesen gelangte auch in Wien noch nicht zum Abschluß, da Österreich diese Angelegenheit mit gewohnter Lässigkeit betrieb; man verabredete nur, daß die Kontingente der kleinsten Bundesstaaten ausschließlich aus Infanterie bestehen sollten. Über die Bundesfestungen mußte der wackere Wolzogen wieder, wie früher in Frankfurt, mit sienem Kollegen Langenau endlose Verhandlungen führen. Mit Mühe und Not erreichte Preußen endlich den Beschluß, daß Mainz, Luxemburg und Landau vom Bunde übernommen werden sollten. Über die vierte Bundesfestung hingegen vermochte man sich wieder nicht zu einigen, Oberdeutschland blieb noch immer ohne militärischen Schutz, und das Haus Rothschild wucherte mit den deutschen Festungsgeldern fröhlich weiter.

Der dritte Teil der Schlußakte (Artikel 53–65) begann sogleich mit dem Satze, daß „die Unabhängigkeit der Bundesglieder im allgemeinen jede Einwirkung des Bundes in die innere Staatseinrichtung ausschließe". Nur über die Untertanenrechte, welche bereits in der Bundesakte versprochen waren, gab die Schlußakte einige „allgemeine Anordnungen", deren Anwendung aber ausdrücklich den Einzelstaaten überlassen blieb. Hier stand dann natürlich der verhängnisvolle Artikel 13 der Bundesakte obenan. Daß die Handhabung dieses Artikels nur im streng monarchischen Sinne erfolgen dürfe, war allen Mitgliedern der Konferenz unzweifelhaft.

Die Versammlung fühlte, daß man die Nation mindestens über die ehrliche Erfüllung des Artikels 13 endlich beruhigen müsse. Daher beantragte Preußen, der Bund solle eine allgemeine Gewährleistung für die landständischen Verfassungen übernehmen. Man begnügte sich aber mit der unbestimmten Vorschrift (Artikel 54): der Bundestag habe darüber zu wachen, daß der Artikel 13 in keinem Bundesstaate unerfüllt bleibe; indes ward jedem Bundesgliede das Recht vorbehalten, für seine Verfassung die Garantie des Bundes nachzusuchen. Daran schloß sich der wohlgemeinte Vorschlag, die bestehenden Verfassungen dürften nur „auf die durch die Verfassung selbst bestimmte Art" abgeändert werden.

Hierauf folgte der Hauptsatz des neuen deutschen konstitutionellen Staatsrechts. Das monarchische Prinzip wurde förmlich als Regel für alle deutschen Landesverfassungen anerkannt. Der Artikel 57 bestimmte: „Die gesamte Staatsgewalt muß in dem Oberhaupte des Staates vereinigt bleiben, und der Souverän kann durch eine landständische Verfassung nur in der Ausübung bestimmter Rechte an die Mitwirkung der Stände gebunden werden."

Unklarheit der staatsrechtlichen Begriffe bekundete sich wieder, als die Konferenz über das Geldbewilligungsrecht der Landtage verhandelte. Die Beratenden ahnten dunkel, daß jede geordnete Staatsverwaltung unmöglich wird, sobald die Volksvertretung alle Posten der Staatsausgaben nach Gutdünken streichen kann. Man fand ratsam, die heikle Streitfrage mit Stillschweigen zu übergehen und ließ es bewenden bei der selbstverständlichen Bestimmung (Artikel 58), daß die Souveräne durch keine landständische Verfassung in der Erfüllung ihren bundesmäßigen Verpflichtungen beschränkt werden dürften.

Unter allen Vorschriften der neuen Verfassungen erschien keine der diplomatischen Seelenangst so gefährlich wie die Öffentlichkeit der Landtagsverhandlungen. Der Artikel 59 verfügte, die Geschäftsordnung der Landtage müsse dafür sorgen, daß die gesetzlichen Grenzen der freien Äußerung weder bei den Verhandlungen selbst noch bei deren Bekanntmachungen durch den Druck überschritten würden.

Am 8. Juni hielt der Bundestag endlich, zum ersten Male in diesem Jahre, eine öffentliche Sitzung. Die Versammlung „bildete sich zu einem Plenum", die Wiener Schlußakte ward verlesen, und am fünften Jahrestage des Bundesakte wurde das zweite und letzte Grundgesetz des Deutschen Bundes angenommen.

Die Nation befand sich nach den Konferenzen nicht besser und nicht schlechter denn zuvor und nahm die Schlußakte sehr gleichgültig entgegen. Der schon in der Anlage verfehlte Bau der Bundesverfassung war für den Abbruch reif; einige wohlgemeinte Nachbesserungen konnten ihn nicht festigen.

Die Hauptverhandlung der Konferenzen endete mit einem farblosen Kompromiß, das ohne tiefe Nachwirkung blieb. Weit folgenreicher wurde eine Episode der Wiener Beratungen; der Kampf um das preußische Zollgesetz.

Fast die gesamte deutsche Diplomatie lief Sturm wider das preußische Zollgesetz. Sobald auf die Fragen des Handels die Rede kam, verschob sich die Stellung der Parteien vollständig. Der preußische Bevollmächtigte, der fast in allen anderen Fragen die Mehrheit der Versammlung nach sich zog, stand in den handelspolitischen Beratungen ebenso vereinsamt, wie in den militärischen, er erschien als der Störenfried der deutschen Einigkeit. Dieselben Höfe, die überall sonst den Wirkungskreis des Bundes ängstlich zu beschränken suchten, hofften durch einen rechtswidrigen Bundesbeschluß jene segensreiche Reform, welche dem preußischen Deutschland den freien Verkehr geschenkt hatte, wieder umzustoßen. Aber Preußen siegte und setzte sich mit seinen Reformen und seinem Beispiel durch.

Inzwischen war in ganz Süddeutschland die konstitutionelle Staatsreform zur Herrschaft gelangt, und so gewiß diese Wendung der Dinge notwendig und heilsam war, ebenso gewiß bereitete sie der Einigung der Nation ernste Gefahren. Erst durch Napoleon und die Siege des Rheinbundes war in den zerstückelten Gebieten des Südens ein Gemeingefühl, ein Bewußtsein oberdeutscher Eigenart, das im achtzehnten Jahrhundert noch geschlummert hatte, erweckt worden. Jetzt verschärfte sich dieser Sondergeist, seit man anfing, die schöne Heimat als das klassische Land deutscher Freiheit zu preisen und die großen nationalen Erinnerungen des waffenstarken Nordens zu mißachten. Die Kluft zwischen Nord und Süd verbreitete sich während der nächsten Jahre, und erst nach schmerzlichen Enttäuschungen erkannten die Oberdeutschen, daß nur die Einheit Deutschlands ihnen die politische Freiheit sichern konnte. –

Derweil die Wiener Konferenzen den Sisyphusstein der Bundesverfassung auf und nieder wälzten, gelangte in Berlin eine Arbeit zum Abschluß, die, außerhalb Preußens wenig beachtet, für Deutschlands Zukunft ungleich folgenreicher werden sollte, als alle Verhandlungen der Bundespolitik. Der greise Staatskanzler legte die letzte Hand an das Werk der inneren Reformen, er dachte jetzt die Neuordnung des Staatshaushaltes mit einem Schlage zu beendigen. Eine Kommission des Staatsrats unter dem Vorsitz von Klewitz und Bülow hatte mittlerweile die Entwürfe der neuen Steuergesetze vollendet, eine andere unter der eigenen Leitung des Staatskanzlers den Stand des Staatshaushaltes und des Schuldenwesens geprüft.

In drei langen Vorträgen entwickelte er dem Könige seinen Finanzplan, und sobald er am 12. Januar den Monarchen im wesentlichen überzeugt hatte, stellte er sofort den Antrag, daß die sämtlichen Gesetze über das Steuer- und Schuldenwesen unverzüglich veröffentlicht würden; dann sollten noch im Laufe dieses Jahres die Gemeinde-, Kreis- und Provinzialordnung und schließlich die Reichsverfassung folgen.

Die Finanzreform war mit allen ihren Mängeln ein gutes und tüchtiges Werk, wenngleich sie die blinden Verehrer der altpreußischen Ordnung ebensowenig befriedigte, wie die doktrinären Verteidiger eines wissenschaftlich vollkommenen Abgabensystems. Diese Großmacht, die unter den Schlägen des Krieges am schwersten gelitten, hatte mit tapferem Entschluß ihren Kredit wiederhergestellt, während das reichere, besser geschonte Österreich noch jahrelang vor dem Abgrunde des Bankrotts stand; sie hatte, obwohl sie noch immer das Königreich der langen Grenzen war, sich ein zugleich freies und schützendes Zollwesen gebildet, das alle die wohlabgerundeten anderen Mächte beschämte; sie hatte endlich ein völlig neues Abgabensystem geschaffen, das die Steuerkraft des verarmten Volkes an allen faßbaren Stellen packte, ohne doch in die unmäßige Zersplitterung der alten Akzise zu verfallen, das dem Staate sein Dasein, seine Wehrbarkeit sicherte, ohne die Volkswirtschaft in ihrem gesunden Wachstum zu hemmen, und schon nach wenigen Jahren selbst von den grollenden Sachsen und Rheinländern als erträglich anerkannt wurde.

Nach solchen Erfolgen durfte Hardenberg sichs wohl zutrauen, daß er auch das letzte Ziel aller seiner Reformen noch erreichen und sein Tageswerk mit der Berufung des ersten preußischen Landtags abschließen werde. Durch die neuen Finanzgesetze war das Versprechen von 1815 förmlich erneuert und bekräftigt, die Staatsschuld unter die Obhut der Reichsstände gestellt, den Provinzialständen die Mitwirkung bei der Ausgleichung der Grundsteuer zugesagt. Von so feierlichen Verheißungen wieder abzugehen, schien unmöglich.

Auch der König schien des langen Zauderns müde. Nachdem er schon durch die Kabinettsordre vom 17. Januar das Staatsministerium an die schleunige Ausarbeitung der Kommunalordnung erinnert hatte, befahl er am 12. Februar die Bildung einer besonderen Kommission, welche die gesamte erste Hälfte des Hardenbergschen Verfassungsplanes, Gemeinde- und Kreisordnung, binnen vier Wochen ins reine bringen und sodann ihre Arbeit „wegen des innigen Zusammenhanges mit der allgemeinen ständischen Verfassung" dem Ausschusse für die ständischen Angelegenheiten vorlegen sollte. Aber ihr Werk mißriet, und dies Mißlingen ward verhängnisvoll: sobald der Unterbau der Verfassung sich als morsch erwies, stürzte das ganze Gebäude. An die feudale Verwaltung des flachen Landes war selbst der reformatorische Wille der großen Könige des achtzehnten Jahrhunderts immer nur behutsam herangetreten; hier in den breiten Niederungen des Staates hatte die unzähmbare Lust der Deutschen an örtlichem Sonderbrauche von jeher freies Spiel, hier lag das letzte und stärkste Bollwerk der altländischen Macht, hier herrschte noch ungebrochen ein uraltes Herkommen, und es war kein Zufall, daß an der zähen Kraft dieses örtlichen Kleinlebens, das dem alten absoluten Königtum so lange getrotzt hatte, auch der erste Versuch konstitutioneller Reformpolitik zerschellte. –

Noch einmal mußte Preußen die verderblichen Folgen von Steins frühem Sturze schwer empfinden. Der große Reformer hatte, als er fiel, den Entwurf einer Landgemeindeordnung fast vollendet hinterlassen. Wäre dies Werk damals ins Leben getreten, was nur Steins eisernem Willene gelingen konnte, so hätte die Gesetzgebung jetzt das Kommunalleben der alten Provinzen in leidlicher Ordnung und damit einen festen Anhalt für weitere Reformen vorgefunden. Wie nun die Dinge lagen, stand die Kommission ratlos einer unübersehbaren Mannigfaltigkeit örtlicher Sonderrechte und Sonderbräuche, einem schlechthin chaotischen Zustande gegenüber. In den östlichen Provinzen bestanden etwa 25 000 Landgemeinden und 15 000 Rittergutsbezirke. Unter dieser ungeheueren Zahl befanden sich zwar manche starkbevölkerte, halbstädtische Ortschaften, wie Langenbielau und die anderen gewerbreichen Dörfer, die sich stundenweit in den Tälern des Riesengebirges hinaufzogen; doch die große Mehrzahl der Landgemeinden des Nordostens war über die einfachen Zustände der ersten Zeiten deutscher Ansiedelung noch kaum hinausgekommen. Das kleine, um den Herrenhof planmäßig angesiedelte Kolonistendorf bildete noch immer die Regel; Gemeinden von hundert, ja fünfzig Köpfen waren nicht selten, eine Ortschaft von vierhundert Einwohnern galt schon für ein großes Dorf. Dies Kleingemeindetum hatte den Bedürfnissen des Landvolks genügt, solange die Landgemeinde wesentlich den wirtschaftlichen Zweck des gemeinsamen Feldbaues verfolgte und die Kirche für Armenpflege und Unterricht notdürftig sorgte. Seit aber die Reformation das Armen- und Schulwesen säkularisiert und die Landgemeinde sich nach und nach aus einer wirtschaftlichen Genossenschaft in eine politische Gemeinde verwandelt hatte, zeigten sich die zwerghaften Kommunalgebilde des Nordostens völlig hilflos. Wie konnten sie mit ihren dürftigen Mitteln Wege bauen, Schulen unterhalten und alle die anderen Leistungen für das gemeine Wohl aufbringen, welche der erstarkte Staate jetzt von ihnen heischte? Zumal in Altpreußen und Posen, wo das Dorf durchschnittlich kaum zweihundert Köpfe zählte, war von modernen Kommunalanstalten noch fast gar nichts vorhanden.

Einige Beihilfe leistete freilich der Grundherr, dem hier im Osten noch fast überall die Patrimonialgerichtsbarkeit, die niedere Polizei und das Kirchenpatronat zustanden: er war in seinem Gutsbezirke selber der Gemeindevorstand und ernannte den Schulzen für sein Dorf. Dies patriarchalische Verhältnis, das noch im allgemeinen Landrecht als die normale Dorfverfassung be-

Kaiser Franz I. von Oesterreich

Zar Alexander I. von Rußland

Tafel 42

August Graf Neithardt von Gneisenau

trachtet wurde, begann sich indes seit der neuen Agrargesetzgebung gänzlich zu verschieben. Durch die Ablösung der bäuerlichen Lasten und Dienste ward das Dorf von dem Rittergutsbesitzer wirtschaftlich unabhängig. Die Verbindung obrigkeitlicher Rechte mit dem Besitz der Scholle widersprach nicht nur den ersten Grundsätzen moderner Rechtsgleichheit; die Grundherrschaft vermochte auch ihren polizeilichen Pflichten nicht mehr zu genügen, seit die Fabriken auf das flache Land drangen und die Freizügigkeit viele Heimatlose in die Dörfer warf; ohne die Hilfe der Gendarmerie des Staates hätten sich die Ortsobrigkeiten nicht einmal der Vagabunden erwehren können. Und während der wachsende Verkehr seine Ansprüche an die landliche Polizei täglich steigerte, ging der Grundherr ganz in den Sorgen seiner eigenen Wirtschaft auf. Wer sich jetzt noch auf dem verschuldeten und verwüsteten väterlichen Gute behaupten wollte, mußte hart arbeiten und die neue Lehre der rationellen Landwirtschaft gründlich kennen. Wo blieb da noch Zeit und Kraft für die Pflichten der Ortsobrigkeit?

Und wie selten hegte der Bauer jetzt noch zu seinem Grundherrn das herzliche Zutrauen, das allein die Macht der Ortsobrigkeit erträglich machen konnte! Schon früherhin hatte sich der arme Adel des Nordostens bei den ewig wiederkehrenden Kriegsnöten nur selten lange in seinem Besitz behauptet, und es galt schon als Merkwürdigkeit, daß noch einzelne alte Geschlechter, wie die Bredows im Havellande, die Brandts von Lindau in dem kursächsischen Brandtswinkel, seit Jahrhunderten auf ihren Stammgütern hausten. Neuerdings, seit die Rittergüter frei veräußert werden durften, ward der Besitzwechsel noch häufiger und die Überlegenheit des bürgerlichen Kapitals auch auf dem Lande bald bemerkbar. Zuerst die Amtmänner der Domänen, dann auch andere Bürgerliche siedelten sich in den alten Rittersitzen an; in Ostpreußen war schon jetzt die Mehrzahl der großen Güter in bürgerlichen Händen, hier und da regte sich auch schon die gewerbsmäßige Güterspekulation. Mancher der neuen Besitzer blieb seinen Bauern ganz fremd, und war er hartherzig, so versuchte er sich der Ortsarmen mit jedem Mittel zu entledigen, auch wohl die kleinen Nachbarn, die ihm zur Last fallen konnten, auszukaufen.

Trotzdem waren diese verschrobenen Zustände im Volke keineswegs unbeliebt. Der Bauer haftete zäh am alten Herkommen und fand es bequem, Gericht und Polizei so nahe vor der Tür zu haben. Der Adel andererseits betrachtete die Grundherrschaft als ein teueres Ehrenrecht seines Standes, und es war nicht bloß Junkerhochmut, was aus solchen Ansichten sprach. Die Gundherren durften sich rühmen, daß sie sich ihre Machtstellung auf dem flachen Lande durch schwere Opfer täglich neu erwarben; viele von ihnen empfanden wirklich den Drang nach freier gemeinnütziger Tätigkeit, der in der Aristokratie gesunder Völker immer lebendig ist. Mit Entrüstung hatten sich schon im Jahre 1809 die Stände des Mohrunger Kreises, voran die Grafen Dohna und Dönhoff, wider die geplante Aufhebung der gutsherrlichen Polizei verwahrt, weil sie es für eine unwürdige Zumutung hielten, daß der Grundherr fortan untätig von seinen Einkünften leben solle.

Wie anders ging es in den Landgemeinden der westlichen Provinzen zu! Hier hatte die Gesetzgebung Frankreichs und seiner Vasallenstaaten jeden rechtlichen Unterschied zwischen Stadt und Land, Rittergut und Bauerngut beseitigt. Am Rhein waren die großen Güter fast allesamt zerschlagen; in Westfalen bestanden zwar noch einige ritterschaftliche Gutsbezirke, doch sie waren Gemeinden, wie die anderen auch, nur daß dem Grundherrn das Amt des Gemeindevorstandes zustand, und übten kein Herrenrecht über die Nachbardörfer.

Ebenso schroffe Unterschiede zeigten sich auch im Städtewesen. In den alten Provinzen war Steins Städteordnung, nachdem sie die schwere Prüfungszeit des Befreiungskrieges glücklich überstanden, den Bürgern allmählich fest ans Herz gewachsen, und Stein hoffte, sein erprobtes Werk mit einigen unwesentlichen Änderungen bald auch in den neuen Provinzen eingeführt zu sehen, weil die Selbstverwaltung die beste Schule preußischer Staatsgesinnung sei. Die Rheinländer aber ließen sichs nicht träumen, wieviel freier die Städteverfassung des verachteten Ostens war. Die formale Gleichheit der französischer Munizipalitäten genügte ihnen; bei uns, sagte man stolz, gehen alle Klassen der Gesellschaft in dem einen Begriffe des Bürgers auf. Der ernannte Bürgermeister mit seinen Beigeordneten war nach rheinischer Anschauung den deutschen Magistraten des Ostens ebenso überlegen wie der napoleonische Präfekt den preußischen Regierungskollegien. Der rheinländische Bürger freute sich, daß ihm die vielen lästigen Ehrenämter der Steinschen Städteordnung erspart blieben, und niemand bemerkte, daß ein Gemeinderat, der nicht selbst verwaltete, auch keine wirksame Kontrolle über den allmächtigen Bürgermeister ausüben konnte. Gewählte Magistrate wünschte man schon darum nicht, weil man die Wiederkehr des Kölnischen Klüngels und seiner Vetternherrschaft befürchtete. Die tiefsinnige Auffassung vom Staate und seinen Pflichten, welche der Städteordnung Steins zugrunde lag, erschien hier im Westen, wo alles für die Ideen von 89 schwärmte, ganz unverständlich.

Auch in der Kreisverwaltung verriet sich überall der Gegensatz von Ost und West. Gleichzeitig mit den Provinzen und den Regierungsbezirken war auch die altbewährte brandenburgische Kreiseinteilung mitsamt dem Landratsamte in die neuen Gebiete eingeführt worden, und im Jahre 1816 hatte der König den Kreisständen wieder gestattet, für die erledigten Landratsstellen drei Kandidaten aus den Grundbesitzern des Kreises vorzuschlagen. Nach dem Buchstaben des Gesetzes war der Landrat fortan nur noch ein Staatsbeamter, und Hardenberg erklärte ausdrücklich: wenn der Landrat aus den Kreiseingesessenen ernannt würde, so „liege dem keineswegs die Vorstellung von einem repräsentativen Verhältnis zugrunde, sondern nur die Idee, daß ein solcher mit seinem Grundeigentum für die Vermutung bürge, daß er kennen und befördern werde, was zum Wohle der Kreisinsassen gereicht.“ Tatsächlich blieb der Landrat im Osten doch wie von alters her zugleich Organ der Regierung und Vertrauensmann seines Kreises.

Erst nach einem halben Jahre hatte die Kommission den ungeheuren Stoff notdürftig, und nicht ohne Überstürzung bewältigt, und am 7. August konnte sie ihre Pläne für die Verfassung der Kreise, Städte und Landgemeinden vorlegen. Die Arbeit war wesentlich das Werk des Vorsitzenden Friese, der sich gegen die Ortsobrigkeit der Gutsherren aussprach. Liberal durch und durch, erkannte er in dem schroffen Gegensatz der Stände einen Hauptgrund des Unglücks von 1806 in der Beseitigung aller wirtschaftlichen und politischen Privilegien des Grundadels die Vorbedingung eines freien Gemeindewesens.

In der Tat hatte der Staatsrat mittlerweile die Agrargesetzgebung von 1811 rüstig weitergeführt. Am 25. September 1820 erschien ein in einzelnen Bestimmungen fast allzu radikales Edikt, das die Ablösung der bäuerlichen Lasten für die Länder zwischen Elbe und Rhein regelte. Darauf folgte am 7. Juni 1821 nach langen und schwierigen Beratungen das tief einschneidende Gesetz über die Gemeinheitsteilungen, die letzte große Reform der Hardenbergschen Epoche. Seit Friedrich der Große die Aufhebung der Gemeinheiten begonnen hatte, waren schon über zweieinhalb Millionen Morgen Gemeindeländereien aufgeteilt; jetzt wurden die Auseinandersetzungen in größerem Umfange weitergeführt und unter die Aufsicht der Generalkommissionen gestellt.

Bis zum Jahre 1848 wurden noch fast dreiundvierzig Millionen Morgen Gemeindeland aufgeteilt oder von Servituten befreit. Fast überall schämten sich die Bauern ihres Widerstandes, sobald das Werk gelungen war, und die verhaßten Generalkommissionen gelangten nach und nach zu hohem Ansehen. Das Landvolk begann einzusehen, daß die Gemeinheitsteilung ein unentbehrliches Glied war in der langen Kette jener Reformen, welche den fronenden Scharwerker zum freien Eigentümer erheben sollten. Mit den Gemeinheiten fiel auch der Flurzwang. Nun erst ward auf den Dorffluren ein leidliches Bewässerungs- und Wegenetz möglich, dessen gerade Linien allerdings die Landschaft oft beeinträchtigen. Nun erst konnte der Bauer die altväterische Dreifelderwirtschaft aufgeben und auf seinem abgerundeten Gut einen intensiveren Anbau versuchen. Er war jetzt seines Besitztums völlig Herr und durfte bei Fleiß und gutem Glück auf steigenden Wohlstand zählen. Im Mißgeschick bekam er freilich die Härten des Systems der freien Konkurrenz schwer zu fühlen; dann fehlte ihm der Notpfennig der Gemeindenutzung, und da die landwirtschaftlichen Kreditinstitute nur den großen Grundbesitzern zugute kamen, so lief er leicht Gefahr, von den benachbarten Grundherren ausgekauft zu werden. Die Gemeinheitsteilung verstopfte einen Quell ewigen Haders zwischen den Grundherren und den Bauernschaften, wie andererseits die meisten der Grenzstreitigkeiten, welche die prozeßlustigen Bauern untereinander verfeindet hatten, durch Zusammenlegung der Güter beseitigt wurden.

Sie wirkte auf das Kommunalleben des flachen Landes in ähnlicher Weise wie einst die Aufhebung der Zunft- und Bannrechte auf die Städte. Der Gemeinheiten entledigt, konnte das Dorf nunmehr in Wahrheit zu einer politischen Gemeinde werden.

Auf diesen großen Umschwung der ländischen Verhältnisse hatte die Kommission ihre Entwürfe berechnet. Die Mehrheit beschloß, eine einzige Landgemeindeordnung für den ganzen Staat auszuarbeiten, obgleich sie selber eingestehen mußte, daß dies allgemeine Gesetz unvollständig sei und der Ergänzungen durch Provinzialgesetze bedürfe. Durch diesen schweren Mißgriff ward die Grundlage des Hardenbergschen Verfassungsplanes unrettbar verdorben, außer dem Kastengeiste der Privilegierten auch der berechtigte Partikularismus der Provinzen zu erbittertem Kampfe herausgefordert.

Der Entwurf der Landgemeindeordnung nahm den Fortbestand der vorhandenen Einzelgemeinden als Regel an, gestattete jedoch benachbarten kleinen Ortschaften, sich durch freie Übereinkunft zu einer größeren Gemeinde zusammenzutun. In jeder Gemeinde ein freigewählter, vom Landrate bestätigter Schulze mit Schöppen und eine Gemeindeversammlung, die aus allen Gemeindebürgern, in größeren Ortschaften aus Repräsentanten bestehen soll; das Gemeindebürgerrecht sehr weit ausgedehnt, so daß es der Regel nach keinem selbständigen Hausvater, wenn er nicht Knecht oder Tagelöhner ist, versagt werden darf.

Der Grundherr sollte einstweilen behalten, was ihm von Gerichtsbarkeit und Polizeigewalt noch zustand, aber der Landrat war befugt, in Polizeisachen dem Dorfschulzen unmittelbar zu befehlen. Der Gutsherr durfte ferner beim Landrat Einspruch erheben gegen die Schulzenwahl und zur Wahrung seiner Rechte sich das Gemeindebuch vorlegen lassen; er konnte endlich verlangen, daß sein Gut, wenn er bisher dem Dorfverbande noch nicht angehört hatte, auch fernerhin einen besonderen Gutsbezirk unter seiner persönlichen Leitung bilden solle.

Minder tief griffen die Vorschläge der Kommission in die Städteordnung ein. Hier galt es nur einige Mängel des Steinschen Gesetzes zu beseitigen, welche sich in der Erfahrung erwiesen hatten und von Stein selbst nicht abgeleugnet wurden.

Jedermann gab zu, daß die Städteordnung die grundverschiedenen Verhältnisse der einzelnen Kommunen allzu gleichmäßig regelte; darum forderte die Kommission für jede Stadt die Befugnis, mit Genehmigung des Staates ein Ortsstatut zu vereinbaren. Sodann hatte das Bürgerrecht seit der Einführung der Gewerbefreiheit seine wirtschaftliche Bedeutung verloren; Gewerbe zu treiben, städtische Grundstücke zu erwerben, stand jetzt einem jeden frei. Das einzige wesentliche Recht des Bürgers blieb fortan die Teilnahme an der Gemeindeverwaltung. Demgemäß verlangte die Kommission, daß fortan den sogenannten Notabeln, den Staatsdienern, Geistlichen, Gelehrten, die bisher zumeist Schutzverwandte geblieben waren, die Erwerbung des Bürgerrechts erleichtert würde.

Die Kommission beschloß, daß Aufsichtsrecht des Staates scharf zu beschränken: besser immerhin, daß die Kommunen einige Mißgriffe begehen, als daß die Regierung verhaßte Willkür übe; nur die Landesgesetze und die Grundgedanken des neuen Steuersystems durfte die Kommunalverwaltung nicht antasten. Erst ein späteres Geschlecht sollte erfahren, daß diese allgemeinen Sätze keineswegs genügten, um die Grenzen zwischen Staat und Gemeinde abzustecken. Das Besteuerungsrecht der Kommunen bedurfte einer genauen gesetzlichen Regelung, sonst konnte der Staat auf die Dauer sein eigenes Steuersystem nicht zugleich sicher und beweglich erhalten. Aber solche Erwägungen lagen noch ganz außerhalb des Gesichtskreises der Zeit.

Die Kommission beantragte, daß der Magistrat der Regel nach nur die Beschlüsse der Stadtverordneten auszuführen habe und lediglich bei Anleihen, bei Veräußerung der Gemeindegüter sowie bei ungesetzlichen Zumutungen seine Beistimmung verweigern dürfe. Der Antrag schoß weit über das Ziel hinaus, und vergeblich warnte Geh. Rat Köhler: das heiße die Magistrate jeder Kraft berauben, die Gemeinden demokratisieren. Von so radikalen Absichten war die Mehrheit allerdings weit entfernt; sie gab vielmehr zu, daß die kurze Amtsdauer der städtischen Ämter viele tüchtige Kräfte von der Kommunalverwaltung fernhalte, die städtischen Beamten allzusehr der Volksgunst unterwerfe, und beantragte daher lebenslängliche Anstellung der besoldeten Stadträte.

Die Kommission hielt die nachbarschaftlichen Stadtbezirke des Steinschen Gesetzes aufrecht; sie wußte, daß die Gemeindeverwaltung die Bürger als Bürger vereinigen, nicht als Gewerbsgenossen trennen soll.

Aus allen diesen Vorschlägen sprach ein lebendiges Verständnis für deutsche Selbstverwaltung. In auffälligem Gegensatze dazu stand der bürokratische Geist des Kreisordnungsentwurfes, der lebhaft an das unselige Gendarmerieedikt erinnerte. Dem Städtewesen hatte Steins gewaltiger Wille den Grundsatz „Selbstverwaltung ist Selbsthandeln" so unvertilgbar eingeprägt, daß keiner seiner Nachfolger daran noch viel ändern konnte. Die Kreisverwaltung aber, die er nicht mehr hatte neugestalten können, blieb noch während eines halben Jahrhunderts der Spielball wechselnder gesetzgeberischer Versuche; nichts stand hier fest, nicht einmal die leitenden Grundsätze.

Friese und seine Kommission begnügten sich damit, die Bildung von Kreisversammlungen vorzuschlagen, welche über Kreisangelegenheiten beraten, Mißbräuche und Mängel rügen, die Landesabgaben verteilen und über gemeinnützige Anstalten beschließen, aber sich jeder Einmischung in die Kreisverwaltung unbedingt enthalten sollten.

Damit ward die lebendige Selbstverwaltung aufgegeben, und was frommte es noch, daß die Zusammensetzung dieser ohnmächtigen Kreistage allen Wünschen des Liberalismus entsprach? Neben der Grundherrschaft hielt der Adel des Ostens keines seiner Standesrechte so hoch wie die alte Kreisstandschaft. Er hatte es schon schwer genug verwunden, daß jetzt auch Bürgerliche in die Ritterschaft eintraten; seine Virilstimmen auf den Kreistagen wollte er sich aber nimmermehr nehmen lassen, darüber waren alle Grundherren einige, in den alten Provinzen, in Sachsen und Vorpommern. Gegen dies alte Recht der Ritterschaft führte nun die Kommission einen verwegenen Schlag. Sie beseitigte die Virilstimmen der Ritterschaft und gewährte den Großgrundbesitzern nur das Recht, ein Drittel der Kreisverordneten zu wählen. Die übrigen zwei Drittel sollten von sämtlichen Gemeinden des Kreises nach der Kopfzahl erwählt werden. Wählbar waren außer den Grundheeren, den Staats- und Kommunalbeamten alle Kreisinsassen von fünfhundert Talern Einkommen.

Wie schablonenhaft vollends war der Versuch, den Großgrundbesitzern überall, trotz der ungeheuren Verschiedenheit der sozialen Verhältnisse, dasselbe Drittel der Stimmen zu gewähren. Um diesen künstlichen Gedanken auch nur auf dem Papier durchzuführen, mußte die Kommission alle Eigentümer, die 1000 Taler Grundsteuer zahlten, zu den großen Grundbesitzern rechnen, sonst konnte sie in vielen Kreisen der westlichen Provinzen gar keine Großgrundbesitzer auftreiben. Das verfehlte Unternehmen bewies unwiderleglich, daß eine gemeinsame Kreisordnung für den Osten und den Westen ebenso unmöglich war wie eine Landgemeindeordnung für das ganze Staatsgebiet.

Die Arbeit der Kommission war verunglückt. Ein Werk aus einem Gusse, einen haltbaren Unterbau für Preußens Verfassung, hatte sie nicht geschaffen. Gerade die beiden wichtigsten Entwürfe, Landgemeinde- und Kreisordnung, beruhten auf falschen Grundgedanken, während die minder erheblichen Vorschläge zur Reform der Städteordnung auch minder anfechtbar waren.

Als die Entwürfe vollendet vorlagen, da erhob sich ein allgemeiner Sturm am Hofe, unter dem Adel, im Ministerium selbst.

Alle diese Feinde ließen sich überwinden, solange der König seinen Kanzler hielt. Der Staatskanzler fühlte sich ganz sicher und ließ noch zu Ende August in der Staatszeitung das Gerücht, daß man sich mit Provinzialständen begnügen wolle, als eine böswillige Erfindung scharf zurückweisen. Doch fast im nämlichen Augenblick erhielt der König die unglücklichen Entwürfe der Kommunalordnungskommission. Er sah sofort, daß die preußische Verfassung auf so schwankem Boden unmöglich aufgeführt werden konnte, und von Stund an begann er sich von Hardenberg wieder abzuwenden. Diesmal für immer.

Verdrießlich und mutlos richtete der König ein eigenhändiges Schreiben an den Staatskanzler und forderte ihn auf, sich nochmals über die Verfassungssache auszusprechen. Damit erhielt Hardenberg das bestimmte Anzeichen, daß der König an dem Verfassungswerke bereits zu verzweifeln begann; denn mit der Kommunalordnung fielen auch die Reichsstände, wenn nicht ein entschlossener Wille die ganze Arbeit von vorn begann. Der Kanzler sah, was auf dem Spiele stand und sendete zur Antwort eine ausführliche Denkschrift. Noch einmal entwickelte er hier den Plan seines Zweikammersystems: eine erste Kammer, gebildet aus den Standesherren, der hohen Geistlichkeit, einigen Abgeordneten des Adels und einer bestimmten Anzahl von Männern des königlichen Vertrauens; eine zweite Kammer für die drei Stände, gegliedert in drei Bänke, die für sich beraten und nur bei den Hauptabstimmungen sich vereinigen. Um die Bedenken der Altständischen zu beschwichtigen, schlug er ferner vor, daß sich die Provinziallandtage so nah als möglich an die alten Territorien anschließen sollten. „Mit administrativen Gegenständen" – so schloß er – „würde die allgemeine ständische Versammlungen gar nichts zu tun haben, sondern sich bloß mit allgemeinen, ihr von E. K. Majestät zugesandten Gesetzen und Sachen beschäftigen. Ihr von Höchstdenselben ernannter Präsident hätte in allen Dingen die Initiative. Die Versammlung wäre nicht öffentlich, nur die Resultate würden öffentlich bekanntgemacht. Rein militärische Angelegenheiten, Polizei und auswärtige Angelegenheiten, gehören nicht für sie. Die königlichen Minister und Staatsbeamten könnten bloß vor dem Throne Ew. K. Maj. angeklagt und zur Verantwortung gezogen werden. So dürfte eine allgemeine reichsständische Versammlung wohl Nutzen, aber auf keine Fall Nachteil bringen." Eine Antwort auf dies Schreiben erfolgte vorläufig nicht, Friedrich Wilhelm stand mit seinem Kanzler kaum noch im Verkehr. –

Je schweigsamer der König sich abschloß, um so stärker verspürte Hardenberg den Einfluß des jungen Kronprinzen, der jetzt zum erstenmal in die Geschicke des Staates einzugreifen begann.

Am 19. Dezember befahl der König die Berufung einer neuen Kommission zur Durchsicht jener Entwürfe. Unzweifelhaft bedurften die Entwürfe einer gründlichen Umgestaltung, aber die Zusammensetzung des neuen Ausschusses bewies, daß die Prüfung nicht im Sinne des Staatskanzlers erfolgen sollte. Es war bereits die vierte Kommission, die in diesem unglücklichen Verfassungskampfe gebildet wurde, ohne daß man die älteren auflöste. Den Vorsitz erhielt der Kronprinz; Mitglieder waren: Wittgenstein, Schuckmann, Ancillon, Oberpräsident Bülow, Kabinettsrat Albrecht, samt und sonders altständische und absolutistische Gegner Hardenbergs. Unter der Führung des Thronfolgers hatten die beiden Parteien der konservativen Opposition ihren ersten Sieg über den Kanzler erfochten.

Der König hielt nicht einmal für nötig, dem Staatskanzler das Geschehene amtlich mitzuteilen; er hatte ihm sein Vertrauen gänzlich entzogen und duldete ihn nur noch im Amte, weil er den Hochverdienten nicht allzu bitter kränken wollte. Was weiter geschehen mußte, ließ sich erraten. Das Schicksal der Kommunalordnung war entschieden; lag diese erst in Trümmern, so war wieder eine lange Frist gewonnen, und dann konnten vielleicht dieselben Hände, welche den Unterbau der Hardenbergschen Verfassung zerstörten, nach neuem Plane ein altständisches Gebäude aufrichten.

In Berlin tagte die neue Verfassungskommission unter dem Vorsitze des Kronprinzen und schickte sich an, über Hardenbergs Gemeindegesetzen den Stab zu brechen.

Die zur Prüfung der Kommunalordnungsentwürfe eingesetzte Kommission beantragte die Verwerfung der sämtlichen Entwürfe und fügte den Vorschlag hinzu: der König möge vorläufig von der Verkündigung einer Gesamtstaatsverfassung absehen und zunächst nur eine neue Kommission berufen, welche mit Eingesessenen aus Provinzen das Gesetz über die Provinzialstände zu beraten hätte. Steins Städteordnung sollte aufrecht bleiben und in den neuen Landesteilen mit einigen Änderungen eingeführt, die Kreis- und Landgemeindeordnung dagegen für jede Provinz besonders mit dem Beirat der Provinzialstände festgestellt werden. Das bedeutete also Vertagung des Reichsverfassungsplanes auf unbestimmte Zeit, vielleicht auf immer, und Mitwirkung der Stände bei der Reform des Kommunalwesens, die doch nur durch das Niederhalten der ständischen Selbstsucht gelingen konnte. Die Gegner der Verfassung hatten ihr letztes Wort gesprochen; der Krieg gegen den Staatskanzler war erklärt.

Der Staatskanzler nahm alsbald den Handschuh auf. In der ländlichen Stille seines Schlosses Neu-Hardenberg entwarf er einen langen Bericht, der am 24. Mai dem Monarchen eingereicht wurde. Er mahnte drängend: kein Zeitpunkt könne günstiger sein, „um eine Verfassung aus freiem Willen zu geben". Auf das bestimmteste sprach er aus, daß die Verordnung vom 22. Mai 1815 „als eine öffentlich ausgesprochene königliche Zusage aufrechterhalten werden müsse"; daraus folge notwendig die Verkündigung der verheißenen Verfassungsurkunde und die Einberufung der allgemeinen Stände. Er erkannte die Mängel der Kommunalgesetze an und schlug sogar vor, einen neuen Verfassungsausschuß zu bilden, der unter dem Vorsitze des Kronprinzen die Kommunalgesetze endgültig festsetzen und sodann unter Mitwirkung von Notabeln auf den altständischen Territorien die Provinzial- und die Reichsverfassung zum Abschluß bringen solle.

Die Kommission aber hielt ihre Ansicht aufrecht und beschloß, der Krone die Entscheidung anheimzustellen. Die beiden Parteien der modernen Staatseinheit und des altständischen Partikularismus traten endlich mit geöffneten Helmen vor den Thron. Der König entschied im Sinne der Kommission des Thronfolgers. Er genehmigte die Anträge der Kommission und befahl eine abermalige Beratung, die sich ausschließlich mit der Einrichtung der Provinzialstände beschäftigen sollte. Eine Kabinettsordre vom 11. Juni 1821 gab dem Staatskanzler zu wissen: „Das Weitere wegen Zusammenberufung der allgemeinen Landstände bleibt der Zeit, der Erfahrung, der Entwicklung der Sache und Meiner landesväterlichen Fürsorge anheimgestellt." So ist der Plan der preußischen Reichsverfassung erst im siebenten Jahre nach der gegebenen Zusage, und auch dann nur vorläufig, beseitigt worden.

Am 30. Oktober wurde eine neue Kommission – die fünfte und letzte – einberufen, um über die Bildung der Provinzialstände zu beraten. Der König berief den Kronprinzen zum Vorsitzenden, zu Teilnehmern die sämtlichen Mitglieder jenes vierten Ausschusses, welcher soeben die Verwerfung der Kommunalordnung gegen Hardenberg durchgesetzt hatte. Am 21. Mai einigte man sich endlich über ein schwächliches Kompromiß: Das neue Gesetz sollte weder der Verordnung vom 22. Mai noch dem Wahlrecht für den Reichstag gedenken, doch dafür aus jener entscheidenden Kabinettsorder vom 11. Juni 1821 den Satz aufnehmen, welcher aussprach, das Wann und Wie der Reichsstände bleibe „Unserer landesväterlichen Fürsorge vorbehalten".

Ein allgemeines Gesetz von wenigen Zeilen, das niemand für eine Verfassungsurkunde halten konnte, verkündigte die Errichtung der Provinzialstände; darauf folgten acht umfängliche Provinzialverfassungen, welche, bis auf kleine Abweichungen, achtmal dieselben Sätze wiederholten, und diese „Charten" standen leider auch auf Papier!

Die offenbare Unmöglichkeit, allen widersprechenden partikularistischen Wünschen zugleich zu genügen, und das gebieterische Bedürfnis geordneter Verwaltung zwangen die Kommission endlich doch, die ständischen Landschaften im wesentlichen den Grenzen der neugebildeten Provinzen einzufügen. Nur das Stammland der Monarchie sollte in seiner althistorischen Herrlichkeit wiederhergestellt werden: die Altmark und die pommerschen Teile der Neumark traten wieder in den Verband der brandenburgischen Provinzialstände, mit ihnen freilich auch Jüterbog und die Niederlausitz, die niemals zu den Marken gehört hatten. Also haben die Verehrer des historischen Prinzips in Wahrheit nicht eine Restauration der alten Stände vollzogen, sondern acht völlig neue ständische Körper geschaffen.

Die „Kommunalverfassungen" der einzelnen Territorien sollten bis auf weiteres unverändert fortdauern. Doch nur in der Kur-, Alt- und Neumark, in den beiden Pommern und den beiden Lausitzen sind die alten Landtage als Kommunallandtage wieder aufgelebt. In allen anderen Provinzen verschwanden die Trümmer altständischen Sonderlebens spurlos vor den neuen Provinzialständen. Wer hellen Blicks verfolgte, wie rasch der Gegensatz der Landschaften innerhalb der Provinzen sich ausglich, der mußte erkennen, daß dies Volk fähig war, den vollen Segen des Einheitsstaates zu ertragen.

Ebenso unmöglich wie die Wiederherstellung der historischen Territorien war die einfache Erneuerung der alten ständischen Gliederung. Die Provinzialstände wurden, so sagte das Gesetz, „im Geiste der älteren deutschen Verfassungen" errichtet, sie waren „das gesetzmäßige Organ der verschiedenen Stände Unserer getreuen Untertanen". Gleichwohl waren die Provinzialstände nichts anderes als eine einseitig verbildete moderne Interessenvertretung. Da die alten ständischen Korporationen überall vernichtet waren, so konnte man auch die Erwählten nicht an die Aufträge ihres „Standes" binden; die Abgeordneten stimmten, wie Volksvertreter, nach persönlicher Überzeugung. Jeder Provinziallandtag beratschlagte in einer Versammlung und faßte gültige Beschlüsse mit einfacher oder Zweidrittelmehrheit aller Stimmen. Da die ländliche Selbstverwaltung noch nicht durchgeführt war, mithin die Grundlage für ein billig abgestuftes Wahlsystem noch fehlte, so wurde die Kommission von selbst zu den drei Ständen der Hardenbergschen Entwürfe zurückgeführt – zu einer ständischen Gliederung, die nach Lage der Dinge unvermeidlich, doch ganz gewiß nicht historisch war.

Man beschloß, alle „Rittergutsbesitzer" ohne Unterschied der Geburt in den ersten Stand aufzunehmen. Der erste Stand war eine Vertretung des Großgrundbesitzes. Auf den Vorschlag der Kommission behielt sich die Krone jedoch das Recht vor, den adligen Besitzern großer Fideikommißgüter ein verstärktes Stimmrecht zu gewähren. Dazu in vier Provinzen ein besonderer oberster Stand für die Standesherren und die Domkapitel.

Der Satz „Das Grundeigentum ist Bedingung der Standschaft" stand schon seit Hardenbergs erstem Entwurfe fest. Auch für die Wählbarkeit in den Städten wurde Grundbesitz verlangt, und mit Recht zürnte Stein über die Ausschließung der bestgebildeten Kräfte der städtischen Bevölkerung. Die Kommission nahm als Regel an, daß dem großen Grundbesitz die Hälfte, den Städtern ein Drittel, den Bauern ein Sechstel der Stimmen gebühre; nur im Westen und in Ostpreußen sollten die unteren Stände stärker vertreten werden. Von den fünfhundertvierundachtzig Stimmen der acht Landtage kamen zweihundertachtundsiebzig auf die Standesherren und Ritter, einhundertzweiundachtzig auf die Städte, einhundertvierundzwanzig auf die Bauern. Die bescheidene Stimmenzahl der Städte entsprach ungefähr dem Verhältnis der Kopfzahl, da die Städte der Monarchie im Jahre 1820 erst drei Millionen Einwohner umfaßten, neben achteinviertel Million Landbewohnern. Doch sie entsprach mitnichten der Machtstellung, welche die Bildung und die längst über das flache Land verbreiteten Kapitalkräfte der Städte in der neuen Gesellschaft behaupteten; sie zeigte handgreiflich, daß die staatsrechtliche Trennung von Stadt und Land ihren Sinn verloren hatte in dem modernen Verkehrsleben. Noch schwerer war der Bauernstand benachteiligt; galt es doch noch als ein Wagnis, dem neuen Stande irgendeine Vertretung zu geben. Und dieser zurückgesetzte Stand trug im Osten ungleich schwerere Steuerlasten als die Ritterschaft!

Die Verordnung vom 22. Mai und das Staatsschuldenedikt verhießen den Reichsständen bestimmte Rechte, den Provinzialständen gar nichts. Schönberg verfiel nun in guter Absicht auf den Vorschlag, daß die den Reichsständen zugesagten Rechte vorderhand, solange kein Reichstag bestehe, von den Provinzialständen ausgeübt werden sollten. Natürlich nicht alle jene verheißenen Rechte; nur das Recht der Beratung über alle Gesetze, „welche Veränderungen in Personen- und Eigentumsrechten und in den Steuern zum Gegenstande haben", sollte jedem Provinziallandtage zustehen, „soweit sie die Provinz betreffen". Ancillon warnte: „Durch eine solche Dotation der Provinzialstände wird man in der öffentlichen Meinung die künftigen allgemeinen Stände dermaßen schon berauben und enterben, daß sich daraus ergibt, die letzteren sollten nie stattfinden." Die Kommission nahm trotzdem den Antrag an, in der arglosen Meinung, die bescheidene Befugnis zur Beratung könne wenig schaden. So erhielten die Provinzialstände ein hochgefährliches Recht, das ihre Macht nicht vermehrte, doch die Tätigkeit der Gesetzgebung ins Stocken brachte.

Während oft die rechte Hand allzu reichlich spendete, kargte die linke. Steins Gutachten verlangte für die Stände durchaus das Recht entscheidender Mitwirkung bei allen Provinzialsteuern und Provinzialgesetzen. Die Kommission ging zuerst auf den Vorschlag ein. Nachher erwachten doch berechtigte Zweifel. Solange das Gegengewicht des Reichstages fehlte, waren mächtige Provinzialstände eine Gefahr für die Staatseinheit; unmöglich konnte man ihnen überlassen, ob sie eine Last selber tragen oder sie auf den Staat abwälzen wollten. Daher wurde ihnen schließlich auch für Provinzialsachen nur das Recht der Beratung zugestanden. Alles in allem erhielten die Provinzialstände, die man für althistorisch ausgab, eine Kompetenz, welche nur wenig hinausging über die Befugnisse der napoleonischen Generalräte, dieser Musterschöpfungen nivellierender Bürokratie. Wie diese standen sie dem Staatsbeamtentum nur mit unmaßgeblichen Ratschlägen zur Seite. Politische Körper aber, die keine wirkliche Verantwortlichkeit für ihr Tun tragen, verwildern entweder oder sie verfallen in Schlummer.

Dagegen erhielten die Provinziallandtage ein beschränktes, aber fruchtbares Gebiet der Selbstverwaltung, das sie bei einiger Rürigkeit leicht erweitern konnten, zugewiesen: „die Kommunalangelegenheiten" der Provinzen, die Sorge für Armenwesen, Straßenbau, Irrenhäuser und andere gemeinnützige Anstalten, wurden ihren Beschlüssen überlassen, unter Vorbehalt königlicher Genehmigung. Noch weit folgenreicher aber war die Zusage, daß die Reform der Kreis- und Gemeindeordnung nur unter Mitwirkung der Stände, für jede Provinz besonders, stattfinden solle. Das war der Triumph des ständischen Partikularismus. Indem die Krone das Kreis- und Gemeindeleben acht ständischen Körperschaften preisgab, verzichtete sie auf ein unveräußerliches Recht der Staatsgewalt; sie ließ die ständische Selbstsucht schalten auf einem Gebiete, das nur durch eine die Klasseninteressen kraftvoll bändigende Macht mit Gerechtigkeit geordnet werden kann.

Daß die Recht der Standschaft an das christliche Bekenntnis geknüpft wurden, schien den Zeitgenossen selbstverständlich; nur wenige Stimmen unter den Notabeln sprachen dawider. Ancillon gab sich sogar der harmlosen Hoffnung hin, die Juden würden, von der Standschaft ausgeschlossen, fortan seltener als bisher versuchen, christliche Grundherren auszuwuchern.

Was war das Ergebnis dieser langen Kämpfe? Der Versuch, den in der Verwaltung schon vollendeten Einheitsstaat auch in die Verfassung einzuführen, war einfach gescheitert. Das alte Verhältnis, das schon im 18. Jahrhundert bestanden, stellte sich in modernen Formen vorläufig wieder her: in den Provinzen ständische Körper ohne Macht und Leben, über ihnen eine Staatsgewalt, die alle aufstrebenden Kräfte des Gemeinwesen in sich vereinigte. Die errungene Staatseinheit ward mitnichten aufgelockert, es gelang nur für diesmal nicht, sie zu verstärken. Die ohnmächtigen Provinziallandtage vermochten nur wenig zu leisten, aber auch den Werdegang der praktischen deutschen Einheit nicht zu hemmen. Die unverwüstliche Gesundheit dieses Staates ließ das Fieber des Partikularismus nicht aufkommen. Verwaltung und Wehrpflicht, Verkehr und Unterricht verbanden die Bewohner der Monarchie zu treuer Gemeinschaft, zerstörten in stiller Arbeit alle die Kräfte des Widerstandes, welche der Einheit des deutschen Staates noch im Wege standen. Als endlich nach einem Vierteljahrhundert die Provinzialstände zum Vereinigten Landtag zusammentraten, da versammelten sich um den Thron nicht die Vertreter von acht Provinzen, sondern die Bürger eines Staates, die Söhne eines Volkes. Der alte Haß der Landschaften war vernichtet.

Der König sendte dem Staatskanzler (16. September) die von der Kommission vollendeten Entwürfe, das allgemeine und das brandenburgische Gesetz, und verlangte sein Urteil. Hardenberg veranlaßte den getreuen Friese, das Gutachten auszuarbeiten. Dieser faßte nun in einer Denkschrift vom 2. November die leitenden Gedanken des alten Hardenbergischen Verfassungsplanes nochmals ausdrücklich zusammen. Er riet auf das bestimmteste zur Verwerfung der Kommissionsbeschlüsse, zur Ausarbeitung eines neuen Planes, der von unten nach oben aufsteigend, von den Gemeinden bis zu den Reichsständen, die Gesamtheit der ständischen Institutionen umfassen müsse. Hauptzweck der Arbeit sei, das Übergewicht des Adels zu brechen, den Gegensatz der Stände zu mildern; darum ein ehrliches Drittel für jeden Stand, darum auch Vertretung aller Stadtbürger, nicht bloß der Grundbesitzer. Vor allem aber Einführung der Kommunal- und Kreisordnung durch königlichen Befehl, nicht durch die Provinzialstände.

Also ließ der Reformer von 1810 noch einmal aussprechen, welche Kluft ihn sein lebenlang von der feudalen Staatsansicht getrennt hatte. Es war sein politisches Testament. Noch bevor die Denkschrift dem König zu Händen kam, hatte Hardenberg geendet. Welche Fülle von Taten drängte sich in der kurzen Frist seiner Kanzlerschaft zusammen: erst der Umsturz der feudalen Gesellschaftsordnung, dann Sieg und Erhebung, dann die Wiedererwerbung der Hälfte des Staatsgebietes, dann der Neubau der Verwaltung und die Befreiung des Marktes, endlich die Steuergesetze und jenes Staatsschuldenedikt, aus dem dereinst die preußischen Reichsstände hervorgehen mußten; und alle diese Erfolge waren gewiß nicht durch Hardenberg allein, aber auch nicht ohne ihn möglich geworden. Wir Nachlebenden erkennen die Schranken seiner Begabung, wenn wir ihn neben den ersten Kanzler des Deutschen Reiches stellen, und wir ermessen den Wert seines fruchtbaren, noch heute fortwirkenden Schaffens, wenn wir ihn mit seinem österreichischen Nebenbuhler vergleichen, der, glücklicher im Augenblick, zuletzt noch selber das ganze Werk seines Lebens spurlos zusammenbrechen sah. Der Idealismus unseres Volkes urteilt anspruchsvoll über die Männer der Tat. Die Deutschen wollen lieben, wenn sie ehren sollen; das hatte König Friedrich in der tiefen Einsamkeit seiner letzten Jahre erfahren müssen. Doch sie wollen auch achten, wo sie lieben sollen; und weil der weiche, leichtlebige Jüngling im Greisenhaar so wenig Achtung erzwingt, darum wird sich die Liebe der Deutschen, wenn sie der Befreiungskriege gedenken, immer den Helden des Willens, den Stein und Scharnhorst, Blücher und Gneisenau zuwenden und Hardenbergs eigentümliche Größe allezeit nur einem kleinen Kreise politische Köpfe ganz verständlich bleiben. Das Gewissen des Volkes empfindet, daß der Charakter, nicht das Talent, die Geschicke der Staaten bestimmt. –

Schier unvereinbar waren also die Gegensätze im neugebildeten Preußen, und nur sehr langsam wurden sie überwunden.

Die Politik der Vermittlung, die alle Parteien still unter der Glocke hielt und in der Gesetzgebung nur Schritt für Schritt behutsam vorging, ergab sich nicht bloß aus dem Charakter Friedrich Wilhelms, sondern auch aus dem krausen Durcheinander politischer Gegensätze, das in den Verhandlungen der neuen Provinziallandtage zutage kam. Am Geburtstage des König, 3. Aug. 1823, wurden das allgemeine Gesetz über die Provinzialstände vom 5. Juni und die besonderen Gesetze für Brandenburg, Preußen, Pommern vom 1. Juli verkündigt. Dann folgten, 27. März 1824, die Gesetze für die übrigen fünf Provinzen. In den Jahren 1824 bis 1827 wurden sodann die Provinziallandtage versammelt, zuerst in Brandenburg, zuletzt in Posen. Von der Richtigkeit der getroffenen Entscheidung war der König tief überzeugt.

Die Wahlen zu den ersten Landtagen verliefen ohne Lärm, aber überall unter sehr lebhafter Beteiligung. Die Teilnahme, welche die ersten Landtage begrüßte, erkaltete indes sehr schnell, da die neuen, schon in der Anlage verfehlten Institutionen sich nur kümmerlich entwickelten. Wohl kam die Krone ihren getreuen Ständen mit Vertrauen entgegen. Sie gab der Kurmark ihr altes Landhaus und, unter einigen Beschränkungen, auch die Verwaltung des Landarmenwesens wieder. Sie ernannte, um die Landtage zu ehren, alle Landtagsmarschälle zu Mitgliedern des Staatsrats: so kam es, daß jetzt endlich auch Stein die ihm längst gebührende Stellung erhielt und gleichzeitig mit Marwitz in den Staatsrat berufen wurde, nachdem der König sich zuvor durch Herzog Karl behutsam hatte erkundigen lassen, ob der stolze Freiherr den Gnadenbeweis auch annehmen wolle. Der letzte Verfassungsausschuß, der die Provinzialstände geschaffen hatte, bestand in etwas veränderter Zusammensetzung fort als „Immediatkommission" für die ständischen Angelegenheiten, um alle Vorlagen für die Stände, alle Landtagsabschiede und Wahlprüfungen zu begutachten. Der Kronprinz behielt den Vorsitz, das Protokoll führte Geh.-Rat v. Voß-Buch, des alten Ministers gleichgesinnter Sohn, der sich das volle Vertrauen des Thronfolgers erwarb und in der Regel mit seiner gewandten Feder die politischen Denkschriften des Prinzen entwarf. Dreiundzwanzig Jahre lang, bis nach der Berufung des Vereinigten Landtags, blieb diese Immediatkommission die Vermittlerin zwischen der Krone und den Landtagen; an Wohlwollen ließ sie es nicht fehlen, da der Kronprinz seine deutschrechtlichen Stände so fest ins Herz geschlossen hatte. –

Am erfreulichsten verliefen die Beratungen in Preußen und Westfalen. Dort im Osten erwachten wieder die stolzen Erinnerungen an den Königsberger Landtag und an das reichbewegte ständische Leben der Ordenszeit. Ein frischer Hauch jugendlicher Hoffnung und provinzialen Selbstgefühles durchwehte die Reden; man sprach gern, wie Schön, von „dem Königreich Preußen und Sr. Majestät übrigen Staaten". Die Stände freuten sich der wiedergewonnenen altpreußischen Freiheit und hätten am liebsten ihres Sitz im Remter der Marienburg, dem Heiligtum des Landes, aufgeschlagen, statt abwechselnd in Danzig oder Königsberg zu tagen. Die patriotische Gesinnung des Adels und der allen gemeinsame starke Provinzialstolz ließen den Sondergeist der Klassen nicht aufkommen. Als ein Vertreter der Städte einmal mit der itio in partes drohte, da stürzte alles entrüstet über ihn her, und die Stände erklärten dem Könige: von dem Rechte, in

Teile zu gehen, würde der Landtag des Königreichs Preußen wohl niemals Gebrauch machen, da die Preußen verständen, sich über das Interesse einzelner Stände und Landesteile zu erheben. Die entlegene Pronvinz stand zusammen gleich einer großen Familie. Im Ständesaale wurde Graf Alexander Dohna, der erste Landwehrmann von 1813, wie ein Patriarch verehrt; das ganze Land trauerte mit ihm, als während des Landtags von 1827 die Nachricht von dem Tode seiner Schwägerin Julie Dohna, der Tochter Scharnhorsts, einlief; mit Tränen in den Augen umdrängten ihn die tapferen Preußen, da er nach seiner Gewohnheit noch eine Abschiedsrede hielt und mit den Worten Paul Gerhards schloß: Gott gebe uns allen ein fröhliches Herz!

Die würdige Haltung des westfälischen Landtags war vornehmlich dem Einfluß Steins zu verdanken. Lieber als in seinem schönen Nassau, wo ihn alles an den Verlust seiner Freiheit erinnerte und die Vielgeschäftigkeit des rheinbündischen Beamtentums ihn beständig reizte, lebte der Freiherr jetzt auf seinem preußischen Dotationsgute, der alten Prämonstratenserpropstei Cappenberg. Hier fühlte er sich heimisch. Mitten im Hofe seines einsamen Schlosses stand die ehrwürdige Kirche des heiligen Norbert, und wenn er auf seinen „braunen Hengst" gestützt auf der Terrasse luftwandelte, dann blickte er über die alten Eichen seiner Forsten hinweg ins Tal der Lippe und zum fernen Gebirge, weithinaus in das Land der roten Erde, dem er einst die Kraft seiner ersten Mannesjahre gewidmet hatte. Auf Vinckes Vorschlag wurde er als der anerkannt erste Mann der Provinz zum Landtagsmarschall ernannt. Schwer heimgesucht von den Plagen des Alters und auf einem Auge schon erblindet, nahm er doch willig an und eröffnete in dem prächtigen Friedenssaale des Rathauses zu Münster den ersten Landtag mit einer Rede, worin er noch einmal auf den sittlichen Zweck der politischen Freiheit hinwies. Er hieß die neue Verfassung willkommen, weil sie helfen werde, das Volk zur Selbsttätigkeit zu erziehen: „sie wird binden, bilden, heben, sie wird die Gemüter vereinen, indem sie alle nach einem Ziele streben, der Verherrlichung des Vaterlandes; sie wird dem einzelnen ein Gefühl seines Wertes geben, indem sie seine edleren und besseren Kräfte in Anspruch nimmt." Leicht war es nicht, unter Steins Vorsitz zu tagen, seine Heftigkeit hatte sich mit den Jahren nicht gemildert. Sobald er eintrat, verstummten alle Gespräche, und wehe dann jedem, der durch unnützes Geschwätz die Verhandlung erschwerte; auch ungerecht konnte er werden, wenn er etwa zu bemerken glaubte, daß ein „Bauernadvokat" die Landleute gegen das bewährte alte Sachsenrecht aufwiegelte; selbst mit Vincke, dem Landtagskommissar, geriet er wegen der Einrichtung des Katasters hart aneinander, und die beiden Eisenköpfe konnten sich niemals wieder ganz versöhnen. Aber die sittliche Hoheit des gewaltigen Mannes hob die ganze Versammlung; aus jedem seiner Worte sprach die warme Liebe zu seiner anderen Heimat. In der Leitung der Geschäfte bewährte er noch die alte Meisterschaft, alle Lebensverhältnisse des Landes kannte er aus dem Grunde, und die Bauern wußten wohl, daß sie doch auf der Welt keinen besseren Freund besaßen, als diesen Stolzen, der jetzt im Alter seine aristokratische Gesinnung so oft mit verletzender Schroffheit aussprach.

Auch in den anderen Landtagen bekundete sich viel Menschenverstand und praktische Lebenserfahrung; die Anhänglichkeit an den König, die sich in den Adressen der Stände oft mit kindlicher Einfalt äußerte, schloß den ehrlichen Freimut keineswegs aus. An die Verwaltung der ihnen überlassenen Kommunalanstalten gingen die Landstände fast überall mit freudigem Eifer; die germanischen Freiheitsgedanken, denen Steins Städteordnung entsprungen war, wurzelten doch sehr tief in diesem Boden. Und wie überraschend schnell hatte dieser Staat sein Volk für seinen Dienst erzogen! Gegen die allgemeine Wehrpflicht, die noch vor zehn Jahren so leidenschaftlichen Unwillen erregt, erhob sich jetzt auf sämtlichen Landtagen keine einzige Stimme mehr; ja die Stände von Brandenburg und Posen baten den König sogar, er möge die Juden, zu ihrer Besserung, womöglich alle durch die Schule des Heeres gehen lassen.

Nur in Posen wurde die Eintracht durch nationale Feindschaft gestört, und am Rhein führte der Gegensatz der alten und der neuen Gesellschaft, der auch in den anderen Provinzen, doch minder gehässig, hervortrat, schon zu bedenklichen Kämpfen. Die am grünen Tisch erklügelte ständische Gliederung erschien nirgends so ungerecht, wie in den ganz bürgerlichen, modernen Lebensverhältnissen des Rheinlandes. Man berechnete, daß der Stand der Ritterschaft nur etwa vier Prozent des Bodens der Provinz besaß; mehrere der größten Grundbesitzer sahen sich von den Wahlen ausgeschlossen oder sie mußten im Stande der Städte stimmen, wenn sie, wie es hier häufig vorkam, in der Stadt wohnten und ihre im Lande zerstreuten Güter verpachtet hatten. Der Kastengeist des rheinischen Adels verstärkte noch die Unzufriedenheit. Diese Domherrengeschlechter trugen jetzt, da die Krone ihren Standeswünschen so weit entgegenkam, wieder eine dynastische Gesinnung zur Schau, welche freilich sofort verschwand, als der Staat nachher mit der Kirche in Streit geriet; sie sprachen herausfordernd von ihrem Berufe, den Thron gegen die Revolution zu beschützen.

Es war allein das Verdienst des Königtums, daß Hardenbergs Reformen im wesentlichen aufrechterhalten und behutsam in die neuen Provinzen eingeführt wurden. Nicht in allem freilich zeigte sich der Monarch seinen Ständen überlegen. Die Kreisordnungen, welche er den Landtagen vorlegen ließ, schlossen sich der mißratenen Bildung der Provinzialstände würdig an; sie waren das Werk der Immediatkommission, und dort hatte der Kronprinz den Ausschlag gegeben. Das Wesen deutscher Selbstverwaltung ward gänzlich verkannt; der Kreistag sollte nur beratend und begutachtend, also völlig machtlos, neben dem allein handelnden Landrat stehen. Jeder Rittergutsbesitzer erhielt eine Virilstimme auf dem Kreistag, jede Stadt des Kreises ebenfalls nur eine Stimme, während die gesamte Bauernschaft sich mit drei Stimmen begnügen mußten.

Also ward im Namen des historischen Rechts schweres Unrecht gegen die Städter und die Bauern begangen und der Ritterschaft eine Machtstellung geschenkt, welche ihr vordem niemals zugestanden hatte. An der Spitze des Kreistages stnad der Landrat; er blieb Staatsbeamter und zugleich Vertreter des Kreises als einer selbständigen Korporation, da er der kreiseingesessenen Ritterschaft angehören mußte und durch den König aus drei vorgeschlagenen Kandidaten ernannt wurde.

Als diese Entwürfe an die Landtage gelangten, erhob sich sofort eine stürmische Bewegung.

So kamen denn in den Jahren 1825–1828 sieben neue Kreisordnungen zustande, eine gemeinsame für Rheinland-Westfalen und je eine für die östlichen Provinzen. Die neuen Kreistage hatten „die Kreisverwaltung des Landrats“ zu begleiten und zu unterstützen, Wünsche und Ratschläge kundzugeben, auch für die Verteilung einiger Staatssteuern zu sorgen, jedoch die erste Vorbedingung lebendiger Selbstverwaltung, die Verfügung über selbständige eigene Einkünfte blieb ihnen versagt. Nur dieser Ohnmacht der Kreistage war es zu verdanken, daß die Virilstimmen der Ritterschaft den Bürgern und Bauern nicht völlig unerträglich wurden.

Wer in damaliger Zeit die preußischen Städte besuchte, dem fiel auf, daß sie sich sehr von den übrigen deutschen unterschieden. Der Grund zu dem veränderten Wesen war die Gewerbefreiheit. In den kleinen Staaten des Nordwestens wurde das Zunftwesen nach dem Sturze der Fremdherrschaft überall wiederherstellt, zur Freude der großen Mehrzahl des seßhaften Bürgerstandes. Auch der süddeutsche Liberalismus bekannte sich noch nicht zu den wirtschaftlichen Theorien der französischen Revolution, weil der gewaltige Bahnbrecher der Gewerbefreiheit, die Großindustrie, noch kaum in das Oberland eingedrungen war. Rotteck warnte nachdrücklich vor der schwindelhaften Pfuscherarbeit des freien Gewerbes und hielt die Vorzüge des Zunftwesens noch für überwiegend. Dazu die allgemeine Furcht dieses verarmten Geschlechts vor dem Gespenste der Übervölkerung. Jener freudige Glaube an den ewigen Fortschritt der Menschheit, der das achtzehnte Jahrhundert so mutig und so leichtsinnig stimmte, war unter den Stürmen der Revolution längst verflogen. Der aufgeklärte Absolutismus hatte einst der Rekruten und Steuerzahler nie genug haben können; diese neue, durch tausend Drangsale heimgesuchte Zeit fragte besorgt, wie alle die Neugeborenen ihr Brot finden sollten. Malthus' Bevölkerungslehre fand in Deutschland zahlreiche Gläubige und ward von der kleinbürgerlichen Ängstlichkeit vielfach mißverstanden: statt durch die Entfesselung der wirtschaftlichen Kräfte freien Raum zu schaffen für ein unternehmendes junges Geschlecht, sollte der Staat vielmehr die vorhandenen Hausstände in ihrem Erwerbe schützen, die Eheschließung erschweren und sich der Nahrungslosen allenfalls durch die Auswanderung zu entledigen suchen – ein verzweifelter Rat, der schon manchen Kleinmütigen als das letzte Heilmittel für alle sozialen Nöte galt.

Selbst Unbefangene mußten zugestehen, daß auf dem preußischen Markte neben dem Segen auch der Fluch der Freiheit sich schon zeigte. Der unbeschränkte Wettbewerb stachelte die Tätigkeit, beförderte die Fortschritte der Technik. Die großen, auf Vorrat arbeitenden Geschäfte blühten, aber der kleine Meister war durch die Übermacht des Kapitals erdrückt; im Jahre 1831 konnten von den 1088 Tischlermeistern Berlins 640 keine Gewerbesteuer zahlen. Und wie leichtsinnig hatte Hardenberg mit den unhaltbaren Vorrechten der alten Zünfte auch alle die sittlichen Bande zerstört, welche das Handwerk noch zusammenhielten. Die Zünfte, die jetzt noch da und dort als freie Genossenschaften fortbestanden, entbehrten des Ansehens und der Lebenskraft; der tapfere Handwerksstolz, die alte strenge Zucht und Sitte verfielen, die Erziehung der Lehrlinge blieb dem guten Glücke anheimgestellt.

Stein schien solche Folgen geahnt zu haben; denn er hatte immer nur eine Reform des Zunftwesens gewünscht. Indessen war es zu spät, es blieb die Gewerbefreiheit, mit Ausnahme der kursächsischen und schwedischen Landesteile, im ganzen Bereiche der Monarchie ungestört, der alte Unterschied von Handwerk und Fabrik wurde durch den überhandnehmenden Großbetrieb mehr und mehr verwischt, die von den Altländischen erhoffte Rückkehr zu den alten Zuständen erwies sich bald als unmöglich. –

Härter noch verhielten sich die Provinzialstände gegenüber den Juden. Das befreiende Edikt vom 11. März 1812 war in den neuen Provinzen noch nicht eingeführt, nur seine Vorschriften über den Staatsdienst galten selbstverständlich für den gesamten Staat und wurden überall streng eingehalten: auch in den Rheinlanden, wo man einige von Frankreich übernommene jüdische Subalternbeamte in der Stille pensonierte. Nach dem Kriege bemühte sich Hardenberg mehrmals, den jüdischen Freiwilligen, zumal den Rittern des Eisernen Kreuzes, eine Anstellung oder doch eine Entschädigung zu erwirken; jedoch das gesamte Staatsministerium wollte von dem Buchstaben des Gesetzes nicht abweichen, da den Juden beeits „ohne alle Aufopferung die früheren Rechte so bedeutend erweitert“ worden seien, und einigte sich schließlich zu dem Beschlusse, daß jüdischen Soldaten niemals ein Zivilversorgungsschein gegeben werden dürfe, nur in besonderen Fällen Unterstützung oder Pension. Der König hegte, wie den Ministern wohl bekannt war, im Grunde seines Herzens eine ebenso lebhafte Abneigung gegen das Judentum wie einst Friedrich der Große. Auswärtigen Juden erteilte er das Staatsbürgerrecht nur selten und nach sorgfältiger Prüfung. Er hoffte, durch die religiöse Bekehrung den alten Gegensatz allmählich verschwinden zu sehen und schenkte seine besondere Gunst dem neuen Vereine „zur Verbreitung des Christentums unter den Juden“, der im Jahre 1824 mehrere hundert Bekehrungen verzeichnen konnte, doch gegen den Stamm des strengen Altjudentums nichts ausrichtete. Indes von dem bereits Gewährten dachte Friedrich Wilhelm nicht wieder abzugehen, und nur einmal ließ er sich zu einer Zurücknahme bewegen: im Dezember 1822 wurde den Juden der Zutritt zu den akademischen und Schulämtern wieder untersagt, „wegen der bei der Ausführung sich zeigenden Mißverhältnisse“. Unterdessen bestanden in den neuen Provinzen des Ostens noch die harten kursächsischen und schwedischen Judengesetze, im Westen die Vorschriften des Code Napoleon. Um diese unerträgliche Ungleichheit zu beseitigen, verlangte die Krone den Rat der Provinzialstände.

Da brach auf allen acht Landtagen stürmische Entrüstung los. Der Groll, der hier redete, entsprang nicht, wie vormals der Judenhaß der Burschenschaft, einer unklaren christlich-germanischen Schwärmerei, sondern der wirtschaftlichen Bedrängnis des Landvolks; denn unsägliches Elend hatten jüdische Wucherer und Güterschlächter während der schweren Krisis, die um die Mitte der zwanziger Jahre die deutsche Landwirtschaft heimsuchte, über Grundherren und Bauern gebracht. Angesichts solcher Erfahrungen hielten die Grundbesitzer fast allesamt für ausgemacht, daß die Gesetzgebung der napoleonischen Zeit die Juden weder veredelt, noch sie ihren christlichen Mitbürgern näher geführt habe. Kein einziger der acht Landtage empfahl die allgemeine Einführung des Edikts von 1812. Alle verlangten vorbeugende Maßregeln zum Schutze des Grundbesitzes; schade nur, daß die Vorschläge wieder sehr weit auseinander gingen. Die einen wollten den Juden den Ankauf von Landgütern, die anderen den Hausierhandel und alle Darlehnsgeschäfte untersagen. Auch sollte ihnen nicht erlaubt sein, sich die Namen geachteter christlicher Familien anzueignen; diese Bitte kehrte fast auf allen Landtagen wieder, da die großen altgermanischen Geschlechter der Lehmann und Meier sich über ihre neue morgenländische Namensvetterschaft gar nicht trösten konnten. Die drei Grenzprovinzen des Ostens forderten außerdem noch strenges Einschreiten wider die Landplage der schnorrenden und schachernden Einwanderer, die aus der polnischen Wiege des deutschen Judentums jahraus jahrein westwärts zogen und zumal in Ostpreußen die öffentliche Sicherheit ernstlich gefährdeten. Die Erregung war allgemein. Kaum minder heftig als die konservativen Brandenburger redeten die liberalen Preußen. Selbst die Rheinländer schlossen sich nicht aus; sie wollten die einheimischen Juden nur als Schutzverwandte in den Gemeinden dulden, den nichtrheinischen den Zuzug in die Provinz der Regel nach ganz verbieten und empfahlen dem Könige namentlich das napoleonische Gesetz vom 17. Mai 1808, das für die Schuldverträge der Israeliten harte, zum Teil ehrenkränkende Ausnahmevorschriften aufstellte.

Leicht war es nicht, allen diesen Begehren zu widerstehen, denn sie sprachen nur aus, was die große Mehrheit des Landvolks dachte, und sie standen auch im Einklang mit der Volksmeinung außerhalb Preußens. Gleichwohl ließ sich die preußische Krone nicht fortreißen; sie versprach nur die Ratschläge der Landtage bei der Neuordnung der Judengesetze sorgfältig zu prüfen. Aber diese Neuordnung unterblieb, weil der König fühlte, daß sie jetzt die Lage der Juden nur verschlimmern konnte. Noch lange Jahre lebten die preußischen Juden in den einzelnen Landesteilen nach verschiedenem Rechte. Abermals sah sich die Krone durch das Wirrsal der achtfachen ständischen Verhandlungen in ihren freien Entschlüssen behindert. Dieser Staat, dessen unnatürliche Zentralisation die Liberalen der Kleinstaaten zu tadeln pflegten, litt in Wahrheit unter der Lockerheit seines Gefüges; wichtige Gebiete der Gesetzgebung blieben ungeordnet, weil die Staatsgewalt der zentrifugalen Kräfte nicht Herr wurde. –

Am bedrohlichsten erschien die staatsfeindliche Opposition, die sich auf dem Posener Landtage schon zuweilen hinauswagte. Der polnische Adel verdankte der Fürsorge des preußischen Beamtentums die Rettung seiner Güter, denn ohne den Beistand der neuen landwirtschaftlichen Kreditanstalt hätte er in diesen Jahren der Not seinen Grundbesitz unfehlbar verloren; doch was wogen ihm die Segnungen des deutschen Regiments neben dem Traumbilde der Wiederherstellung Polens? Die schonende Nachsicht des Prinzen Statthalters und des Oberpräsidenten Zerboni bestärkte die Junker und ihre geistlichen Bundesgenossen nur in ihrem Trotze. Zerboni gestand selber, die Regierung müsse sich hier einen Stamm treuer Lehrer erziehen, da die polnischen Gymnasien bisher „weniger Stätten des Unterrichts als Stätten des Preußenhasses" gewesen seien, er ließ auch unter der Hand einige der gefährlichsten Ruhestörer aus den Schulen entfernen; aber er tat das Notwendige nur zögernd und mit stillem Bedauern. Statt die polnischen Bauern unter die scharfe und gerechte Zucht deutscher Beamten zu stellen, gewährte man dem Adel vertrauensvoll einen Anteil an der Verwaltung des flachen Landes: der Grundherr sollte, allerdings nicht mehr kraft eigenen Rechtes, sondern im Auftrage des Staates, die Polizeigewalt auf seinen Gütern ausüben. Da und dort ward einmal ein polnischer Zweigverein in geheimer Sitzung überrascht, ein Haufen Briefschaften oder eine zertrümmerte Büste des Königs aufgefunden; doch zu durchgreifender Wachsamkeit konnte weder Zerboni noch sein Nachfolger v. Baumann sich entschließen. Ungeschreckt durch das Schicksal des Generals Uminski, der seine Umtriebe auf der Festung Glogau büßen mußte, vermittelte Graf Titus Dzialynski jahrelang den geheimen Verkehr mit den Verschworenen in Warschau. Die alten reichen Grundherren hielten sich meist vorsichtig zurück; um so eifriger nahm die Jugend an dem geheimnisvollen Treiben teil, und wer noch zauderte, ward durch die feurige partriotische Beredsamkeit der polnischen Edelfrauen hingerissen.

Die Berufung des Provinziallandtags war dem Adel hochwillkommen, weil die belobte ständische Gliederung den Polen eine erdrückende Mehrheit sicherte; am Wahltage fehlte fast niemand, denn auch die deutsche Minderheit wehrte sich tapfer. Auf eine alleruntertänigste Dankadresse folgte sofort der kleine Krieg gegen das deutsche Beamtentum. Da man der milden Verwaltung schlechterdings kein erhebliches Unrecht nachweisen konnte, so klagten die Stände nur ganz im allgemeinen wegen der gefährdeten „Nationalität des Großherzogtums", als ob das deutsche Drittel in der Provinz gar nicht vorhanden wäre. Sie baten, die Landräte von den Sitzungen der Kreisstände ganz auszuschließen, damit der Kreistag frei beraten könne; sie beschwerten sich über die große Zahl der deutschen Beamten und empfingen die trockene Antwort, der König werde sehr gern Eingeborene anstellen, allein bisher habe sich noch kein einziger Pole zur großen Staatsprüfung für den Verwaltungsdienst gemeldet. Die heftigsten Angriffe galten dem Schulwesen, das unter ein besonderes Ephorat gestellt werden müsse, damit die deutsche Sprache nicht die Oberhand erlange. Auf dem zweiten Landtage, im Januar 1830, war die Luft schon schwüler, man spürte den nahenden Sturm. Die Stände erinnerten den Monarchen an die Verheißungen vom Jahre 1815, die er doch alle mit peinlicher Gewissenhaftigkeit gehalten hatte; sie erhoben eine Menge neuer unbestimmter Anklagen und verlangten unter anderem die Beseitigung eines der polnischen Sprache unkundigen Richters, der in der wesentlich deutschen Stadt Posen angestellt war – worauf ihnen der König scharf erwiderte: er werde die Provinz Posen, unbeschadet der Rechte ihrer verschiedenen Volksstämme, „auch ferner nur als einen Bestandteil seines Reichs betrachten" und untersage jede willkürliche Deutung seines königlichen Wortes, jeden Versuch politischer Absonderung.

Der stille Kampf zwischen den hochkonservativen Ratschlägen der Stände und den freieren Anschauungen der Krone ward um so lästiger, da er zuletzt die Eintracht der höchsten Behörden selber gefährdete. Im Ministerium überwog die bürgerliche Gesinnung des altpreußischen Beamtentums. Im Staatsrate dagegen war durch die Neuberufungen der letzten Jahre nach und nach eine neue Mehrheit herangewachsen. Herzog Karl von Mecklenburg, Ancillon, Kamptz, die Generale Knesebeck, Müffling, Marwitz und die Mehrzahl der Landtagsmarschälle schlossen sich dem Kronprinzen an. Diese streng aristokratische Partei kam den Wünschen der Landtage, insbesondere den Bitten der getreuen Kurmark, sehr freundlich entgegen, noch freundlicher sogar als die Immediatkommission, und da sie schon zuweilen den Ausschlag gab, so entstand allmählich eine Spannung zwischen den Ministern und dem Staatsrate. Die Folge war, daß die Gutachten des Staatsrates jetzt noch seltener denn bisher eingeholt wurden.

Friedrich Wilhelm hatte den Streit seiner höchsten Räte schon längst mit Unmut betrachtet. Nun beschloß er, ein Ende zu machen und ließ eröffnen: er behalte sich selber vor, nach freiem Ermessen zu bestimmen, welche Gesetze dem Staatsrate zur Beratung überwiesen werden sollten. Damit wurde dem Staatsrate die Wirksamkeit, die ihm die Verordnung von 1817 zugewiesen, erheblich beschränkt: er hatte nicht mehr über alle neuen Gesetzentwürfe zu beraten, sondern konnte fortan nach dem Belieben des Königs auch unbefragt bleiben. Die Änderung lag unbestreitbar in den Befugnissen der absoluten Krone, nur geschah sie leider in anfechtbarer Form, durch einfachen mündlichen Befehl. Allen unerwartet, aber ganz unvermeidlich, ergab sich also aus der Berufung der Provinzialstände das sinkende Ansehen des Staatsrats. Er wurde zwar nicht, wie Herzog Karl befürchtete, zu einem leeren Namen, seine Verhandlungen blieben noch in den dreißiger Jahren gehaltreich und fruchtbar; doch der Höhepunkt seiner Macht war überschritten, ein abschüssiger Weg war betreten, der schließlich in der konstitutionellen Epoche dahin führte, daß die einst so einflußreiche Behörde ihre Tätigkeit fast ganz einstellte.

Die Masse des Volks war trotz so mancher wirtschaftlichen Nöte unverkennbar zufrieden mit der sorgsamen Verwaltung; sie lebte ihrer Arbeit, noch fast unberührt von politischen Gedanken, und hing mit kindlicher Treue an dem königlichen Hause. Allgemein war die Teilnahme, als der König im Jahre 1824 mit der Gräfin Auguste Harrach, die er zur Fürstin v. Liegnitz erhob, eine morganatische zweite Ehe einging; seit auch seine beiden jüngsten Töchter das väterliche Haus verlassen hatten, war ihm die Einsamkeit seines Witwerlebens zur Qual geworden. „Nun wird das Richten angehen," sagte er zum Bischof Eylert, als er ihm den gänzlich unerwarteten Entschluß mitteilte. Aber das Gerede der bösen Zungen verstummte, sobald der König selbst in einer veröffentlichten Urkunde seinem Volke treuherzig erzählte, wie einfach menschlich alles zugegangen war. Die junge Fürstin blieb der Politik ganz fern, sie verstand mit feinem Takte, sich in ihrer schwierigen Stellung unter den stolzen Hohenzollern zu behaupten, und als sie dann ihren Gemahl nach einem gefährlichen Beinbruch monatelang mit aufopfernder

Mozart und seine Schwester vor Maria Theresia

Straßenleben im 18. Jahrhundert

Hingebung pflegte, da war jedermann ihres Lobes voll; man fühlte, wie die edle Frau dem Vielgeprüften den Abend seines Lebens verschönte. Damals schloß Friedrich Wilhelm mit dem Leben ab, auf dem Krankenlager schrieb er sein Testament; jeden Tag der dreizehn Jahre, die ihm noch beschieden wurden, nahm er demütig hin wie eine besondere Gnade Gottes. Der Mißmut, der ihm vordem so oft die Tage verdorben, war von ihm gewichen; in der stillen Heiterkeit seines frommen Alters erschien er noch gütiger als sonst, freilich auch schwer zugänglich für neue Gedanken. Einige Zeit nach der Vermählung trat die Fürstin v. Liegnitz zur evangelischen Kirche über und erfüllte damit einen Herzenswunsch ihres Gemahls, der auf die Dauer in einer gemischten Ehe sein Glück nicht hätte finden können.

Wie schwer war es ihm gefallen, seinem Thronfolger die Verlobung mit einer katholischen Fürstin zu gestatten. Schon vor Jahren hatte der Kronprinz für die vielumworbene liebenswürdige Tochter des Königs von Bayern, Prinzessin Elisabeth, eine schwärmerische Neigung gefaßt, wie sie dem Manne auf den Höhen des Lebens selten vergönnt wird. Seine Liebe ward erwidert, und der Prinz wähnte sich bereits am Ziele. König Max Joseph, der den Gedanken dieser Familienverbindung zuerst aufgebracht hatte, begünstigte den Freier aufs wärmste; ein Weltkind des aufgeklärten Jahrhunderts legte er gar keinen Wert auf konfessionelle Unterschiede und fand es ganz in der Ordnung, daß die künftige Königin von Preußen, nach der alten Überlieferung der Hohenzollern, evangelisch sein müsse. Seine Tochter selbst dachte ernster; sie war unter den Augen ihrer frommen evangelischen Mutter Königin Karoline zwar in duldsamem Geiste, aber gut katholisch erzogen und hatte in dieser Kirche bisher ihren Frieden gefunden. Durch einen Glaubenswechsel sich eine glänzende Zukunft zu erkaufen, schien ihr unwürdig. Der König von Preußen aber blieb unerbittlich; nachdem er schwach genug gewesen, seiner ältesten Tochter den Übertritt zur griechischen Kirche zu gestatten, meinte er jetzt um so fester auf dem Brauche seines Hause bestehen zu müssen. So vergingen den beiden Liebenden vier kummervolle Jahre; ihr Unglück erregte an den Höfen allgemeines Bedauern, mehrere Fürsten und Fürstinnen versuchten zu vermitteln. Endlich gab der König seine Zustimmung, und das tiefe Herzensglück des jungen Paares beschwichtigte seine Besorgnisse bald gänzlich.

Da die Ehe des Kronprinzen kinderlos blieb, so mußte man bereits mit der Möglichkeit rechnen, daß die Krone dereinst auf den Prinzen Wilhelm übergehen könne. An diesem zweiten Sohne erlebte der König die Freude, die jedem Vater die liebste ist: er sah in ihm ein helleres Abbild seines eigenen Wesens. Ebenso schlicht, verständig und pflichtgetreu, nur ungleich heiterer, entschlossener, frischer als sein Vater, war der ritterliche junge Prinz schon jetzt die Hoffnung der Armee, ein geborener Heerführer, streng und gütig zugleich, wie es dem Soldatenherzen wohltut; Offiziere und Mannschaften gingen für ihn durchs Feuer. Sein Vater hatte ihn ganz zum Soldaten erziehen lassen, da die unkriegerische Natur des Kronprinzen sich bald offenbarte. Prinz Wilhelm widmete sich seinen militärischen Aufgaben mit anhaltendem Eifer; er führte gleichzeitig zwei große Kommandos, über das brandenburgische Armeekorps und über eine Gardedivision. Er lebte und webte in den Überlieferungen des Befreiungskrieges und erwies den Helden jener großen Zeit herzliche Verehrung, auch dem bei Hofe arg verlästerten greisen Yorck; die Flüsterreden der Verleumder fochten sein freies Gemüt nicht an. Gleich seinem Vater betrachtete er den Bund der Ostmächte als die Bürgschaft des Völkerfriedens, und gleich ihm gab er den Russen vor den Österreichern den Vorzug; mit ihnen hatte er einst seinen ersten Waffengang getan, und seit er seine Lieblingsschwester, die Großfürstin Charlotte, auf ihrer Vermählungsreise begleitet, blieb er mit dem Petersburger Hofe in vertraulichem Verkehr.

Seit der Aufhebung des Jesuitenordens im Jahre 1773 war überall das Verhältnis der beiden christlichen Bekenntnisse zueinander überaus friedlich, stellenweise sogar herzlich gewesen; nun aber, da der Papst ihn wieder gestattet hatte, bereiteten sich folgenschwere Wandlungen in der katholischen Welt vor, und die evangelische Kirche sah sich bald überall bedroht.

Auf dem boden der Wissenschaft konnte die römische Kirche dem deutschen Protestantismus freilich nie gefährlich werden, weil sie die voraussetzungslose Forschung nicht zu ertragen vermochte. Um so wirksamer bewährte sie ihre alte Kunst der Menschenbeherrschung in einer emsigen sozialen und politischen Tätigkeit. Aus vielen Anzeichen ließ sich bereits die unterirdische Arbeit des wiederhergestellten Jesuitenordens erkennen, und die Zukunft versprach ihm noch reichere Erfolge; denn schon war das Kollegium Germanicum von neuem eröffnet, und die deutschen Jesuitenzöglinge wandelten wieder in ihren roten Talaren sittsam zu drei und drei durch die Straßen der ewigen Stadt. In Österreich wurden bereits einzelne Jesuiten unter dem harmlosen Namen der Redemptoristen zugelassen.

Die Milden und Versöhnlichen unter dem deutschen Klerus bemerkten noch kaum, was dies Wiedererwachen der streitbaren Mächte der Gegenreformation für den konfessionellen Frieden unseres paritätischen Volkes bedeutete. Wohl erhoben einige bayrische Geistliche ihre warnende Stimme gegen die Jesuiten; ihre Streitschriften wurden aber wenig beachtet; denn viele keineswegs ultramontan gesinnte Priester fühlten sich durch die Greuel der Revolution noch tief erschüttert und hießen die Jesuiten als Bundesgenossen wider den Unglauben willkommen.

Mit bewunderungwürdiger Gewandheit bemächtigte sich die klerikale Partei der neuen Machtmittel, welche ihr die revolutionäre Gesetzgebung darbot. Die Vereine und die Zeitungen, beide hundertmal von der Kurie verflucht, wurden bald zu furchtbaren Waffen in der Hand der ultramontanen Propaganda. In dem bigotten dreizehnten Jahrhundert hatte Rom die Bettelorden gegründet, um die Massen an sich zu ketten; jetzt, in dem verweltlichten Zeitalter der Revolutionen erstand die neue Größe der ultramontanen Presse und erfüllte die Pflichten des kirchlichen Demagogentums mit der gleichen Rührigkeit und dem gleichen Erfolg. Der erste Anstoß kam aus Frankreich. In Paris bestanden, mittelbar oder unmittelbar durch die Jesuiten geleitet, drei große klerikale Gesellschaften, die im Volksmunde mit dem Gesamtnamen der Kongregation bezeichnet wurden. Aus diesen Kreisen empfing die Presse der Ultras ihre Weisungen.

In Deutschland wurde Mainz die Heimat der klerikalen Presse. Dort ließen zwei junge Geistliche, Weis und Räß, der spätere Straßburger Bischof, seit 1820 die Zeitschrift „Der Katholik“ erscheinen, ein gut geschriebenes Blatt, das den Kampf wider den souveränen Staat und den Protestantismus mit wachsender Aufrichtigkeit führte. Eine ganze Schule streitbarer Theologen verdiente sich in diesen Spalten die Sporen. Dem Staate gegenüber benutzte die Partei zwei neue Schlagworte: Duldung und Kirchenfreiheit. Beide Gedanken waren erst auf dem Boden des Protestantismus möglich geworden; jetzt wurden sie von seinen Gegnern verwertet, um das eigenste Werk der Reformation, die Souveränität des verweltlichten Staates wieder zu zerstören.

Noch stand dieser neue Romanismus, dem Fernstehenden kaum bemerkbar, ganz in den ersten Anfängen; er gebot nur über wenige Blätter und besaß in den süddeutschen Landtagen erst vereinzelte Anhänger, die nur selten Farbe zu bekennen wagten. Ein großer Teil der älteren Priester war noch in der Schule des Rationalismus aufgewachsen. In dem Breslauer Diözesenblatt, das während der Jahre 1803–19 dem schlesischen Klerus als Sprachsaal diente, äußerte sich häufig eine reformatorische Gesinnung, namentlich ward die Einführung der deutschen Sprache in den Kultus nachdrücklich gefordert, und der junge Domherr Graf Sedlnitzky durfte ungestört die deutsche Bibel unter seinen Gläubigen verbreiten. Aber nach dem Tode des milden Fürstbischofs v. Hohenlohe-Waldenburg (1817) zog ein anderer Geist in das schlesische Kirchenregiment ein, das Diözesanblatt ging unter, und hier wie überall begann die streng konfessionelle Gesinnung unter dem jüngeren Klerus überhandzunehmen.

Schwach an Zahl, war die klerikale Partei doch schon im Aufsteigen, sie übertraf die letzten Vertreter der alten milderen Richtung an Talent, Tatkraft, Zuversicht und fand an der ganzen Weltanschauung dieses Zeitalters der Romantik einen überaus dankbaren Boden. Welche eine Handhabe bot ihr die Furcht vor der Revolution. Wie leicht ließ sich die Tatsache verdunkeln, daß die Revolution des sechzehnten Jahrhunderts nicht bloß zerstörend, sondern mehr noch erhaltend gewirkt, daß Martin Luther den ursprünglichen Geist des Christentums für die moderne Welt gerettet hatte; wie verlockend klang die Lehre, daß die Wogen der Empörung allein an der festesten aller Autoritäten, an dem Felsen Petri sich brechen könnten.

Zu alledem noch die ratlose publizistische Tätigkeit des großen Wiener Konvertitenkreises und der unversöhnte Groll des katholischen Reichsadels, der den Raub von 1803 nicht verzeihen konnte; die geheime Bekehrungsarbeit in der vornehmen Welt und die zweideutige Haltung der österreichischen Regierung, die in ihrem eigenen Lande den Klerus mißtrauisch in Schranken hielt, in Deutschland dagegen alle ultramontanen Umtriebe insgeheim unterstützte - und dies in einer Zeit, da der Protestantismus zwar an wissenschaftlichen Kräften der alten Kirche unermeßlich überlegen, aber durch Parteien zerrissen, in seinen Kultusformen vertrocknet, in seiner Verfassung unfertig und mithin keiner Ausbreitung fähig war. Also flossen aus vielen schmalen Rinnsalen und Bächen unmerklich die Wasser zusammen, welche dereinst zur ultramontanen Hochflut anschwellen sollten.

In Preußens westlichen Provinzen bekundete sich die zunehmende Schroffheit der konfessionellen Gesinnung schon durch manche bedenklichen Reibungen. Das Jubelfest der Reformation und die persönliche Mitwirkung des Königs erregten am Rhein viel böses Blut, die Blätter der französischen Kongregation wurden fleißig gelesen, und aus den nahen Niederlanden kamen beständig aufregende Nachrichten von den Kämpfen des belgischen Klerus wider das Haus Oranien. In dem gläubigen Aachener Volke lebte noch von den Geusenkämpfen her ein tiefer Haß gegen die Protestanten, „die Güß"; selbst die Beamtenkinder in den Schulen hatten darunter zu leiden. Da viele der jungen evangelischen Offiziere und Beamten an den liebenswürdigen Rheinländerinnen Wohlgefallen fanden, so entstanden in mehreren Städten Vereine von alten und jungen Mädchen, die einander gelobten, niemals einen Protestanten zu heiraten. –

Mittlerweile hatte Kardinal della Genga, das Haupt der kirchlichen Eiferer, der leidenschaftliche Feind des klugen Consalvi, als Leo XII. den heiligen Stuhl bestiegen. Es war ein Zeichen der Zeit, daß eine Schrift des Abbate Fea „Die Lehnsherrschaft des Papstes über die weltlichen Fürsten", die den Zensoren des milden Pius VII. bedenklich gewesen, jetzt ungehindert erscheinen durfte. Der neue Papst kannte die schwierigen deutschen Verhältnisse noch aus den Zeiten seiner Münchener Nuntiatur und hütete sich vor unbedachtsamen Eingriffen; aber die wachsende Dreistigkeit der ultramontanen Presse ließ erraten, daß ein schärferer Wind von Rom her wehte. Im „Katholiken" führte Görres das große Wort. Der wurde neuerdings, seit er die Märtyrerkrone des Verbannten trug, von den Rheinländern höher geehrt als vormals in der Heimat, und verlor sich immer tiefer in die phantastischen Irrwege des klerikalen Demagogentums. Für das deutsche Elend war ihm kein Wort mehr zu schlecht; die Krummstabsherrschaft dagegen, die er einst selber so köstlich verhöhnt, wußte er jetzt nicht genug zu preisen, wie auch den neuerstandenen Kirchenstaat. Selbst die Hunde – so versicherte er in einem Aufsatz „Rom wie es ist" – zeigten in der erlesenen Stadt des obersten Reichspflegers Gottes mildere Sitten als anderswo; und nun gar die unschuldige Sittsamkeit der römischen Menschen spottete jeder Beschreibung, denn jeder Römer ging allsonntäglich zum Abendmahle, was doch ganz unmöglich war, wenn die frommen Seelen sich mit einer Todsünde belastet fühlten!

Fast in jeder größeren Stadt bestand eine geschlossene klerikale Oppositionspartei, die dem Erzbischof unter der Hand entgegenarbeitete und namentlich sein Bonner Konvikt als eine Pflanzschule kirchenfeindlicher Gesinnung verleumdete, und der reizbare rheinische Partikularismus ergriff begierig jeden Anlaß, um den evangelischen Landesherrn der Bedrückung des Katholizismus zu bezichtigen.

Begründet war allerdings die Klage der Katholiken über die Kirchenparaden. Nach dem alten, gedankenlos beibehaltenen Herkommen wurden die Truppen auch jetzt noch an einem Sonntage jedes Monats in die evangelischen Garnisonkirchen geführt, obgleich in manchen Regimentern der westlichen Provinzen die Mannschaft fast durchweg aus Katholiken bestand. Der König hatte angeordnet, daß in solchen Fällen nur eine kurze, für beide Konfessionen unverfängliche Predigt gehalten würde, und meinte arglos: wenn sein Heer vor der Schlacht gemeinsam bete, warum nicht auch am Sonntage? Er lebte selber so ganz in den Ideen des allgemeinen evangelischen Christentums, daß er sich die Anschauungen einer Kirche, welche ihren Mitgliedern die Teilnahme am Gottesdienste anderer Christen streng verbietet, gar nicht vorstellen konnte. Das katholische Volk aber fühlte sich in seinen heiligsten Empfindungen verletzt.

Alle diese Mißhelligkeiten bedeuteten wenig neben dem Streite über die gemischten Ehen, der sich von Jahr zu Jahr bedenklicher gestaltete. Da die römische Kirche die Ehe für ein Sakrament hält, so betrachtet sie jede Ehe, welche den kanonischen Vorschriften widerspricht, als ein Konkubinat, und kann dem Staate niemals die Befugnis zugestehen, nach seinem Ermessen das Eherecht zu ordnen. In den alten Zeiten der Staatsallmacht hatte sie sich wohl den weltlichen Gesetzen gefügt, doch immer mit dem stillen Vorbehalte, ihre niemals aufgegebenen Grundsätze zur günstigen Stunde wieder geltend zu machen. Und diese Stunde schien jetzt gekommen, da das Schiff des Apostelfürsten wieder so fröhlich daherfuhr; zum mindesten war der römische Hof entschlossen, der weltlichen Gewalt kein neues Zugeständnis mehr zu gewähren. Eine reine unzweideutige Verständigung zwischen diesen herrischen Ansprüchen und den unveräußerlichen Rechten der souveränen Staatsgewalt blieb unmöglich. Es gab für den Staat nur einen Weg, um zugleich seine Hoheitsrechte zu wahren, die Gleichberechtigung der Bekenntnisse zu schützen und den katholischen Priestern Gewissensbedrängnisse zu ersparen: wenn er die Eheschließung durch seine eigenen Beamten vollzog und der Kirche frei stellte, der rechtsgültigen Ehe nachträglich ihren Segen zu geben oder zu versagen. Dies einzig wirksame Mittel lag in Preußen nahe zur Hand, da die Zivilehe in den Ländern des rheinischen Rechts bereits bestand, aber weder die Krone noch der Klerus wollte davon ernstlich Gebrauch machen.

Erst weit später, erst durch die bitteren Erfahrungen des preußischen Kirchenstreits gelangte die öffentliche Meinung zu der Einsicht, daß ein paritätisches Volk um des konfessionellen Friedens willen der Zivilehe bedarf. Damals galt der großen Mehrheit der Deutschen nur die kirchlich eingesegnete Ehe für vollkommen rechtmäßig. Auch die Rheinländer dachten nicht anders, und die preußische Krone hielt sich daher für befugt, die Bedingungen der kirchlichen Eheschließung auch in den Ländern des rheinischen Rechts durch Staatsgesetze vorzuschreiben. In den östlichen Provinzen galt seit dem Jahre 1803 unangefochten die gesetzliche Vorschrift, daß die Kinder gemischter Ehen dem Bekenntnis des Vaters folgen sollten; in den Landschaften des Westens dagegen bestand noch eine Fülle von verschiedenen kirchlichen Vorschriften, welche die Einsegnung gemischter Ehen erschwerten oder sie nur gegen das Versprechen katholischer Kindererziehung gestatteten.

## II

# Altständisches Stilleben in Norddeutschland

In jenen matten Zeiten, da die Deutschen an ihrer Zukunft mit Gelassenheit verzweifelten, pflegte die Geschichtsphilosophie des Partikularismus aus der Not eine Tugend zu machen und die Zersplitterung des Vaterlandes gradeswegs aus dem Charakter unseres Volkes herzuleiten. Und doch lehrte der Augenschein, damals noch deutlicher als heute, daß die bunte Mannigfaltigkeit unserer Staatsgebilde keineswegs in der natürlichen Anlage der deutschen Stämme und Stammessplitter ihren Grund hatte. Bis zum Jahre 1830 standen die kleinen Territorien des Nordens in ihrer politischen Entwicklung dem preußischen Staate ferner als die konstitutionellen Staaten des Südens; sie verharrten in einer veralteten Gesellschaftsordnung, welche die norddeutsche Großmacht schon seit den Tagen des Großen Kurfürsten, Süddeutschland seit dem napoleonischen Zeitalter überwunden hatte. In Preußen wie in Bayern, Württemberg, Baden, war der altständische Staat im wesentlichen zerstört. Hier wie dort bestand, wenn auch in sehr verschiedenen Formen, ein modernes Gemeinwesen, das auf dem Gedanken des gemeinen Rechtes und der Staatseinheit ruhte. Hier wie dort schaltete eine lebendige monarchische Gewalt über den sozialen Gegensätzen und suchte Adel, Bürger, Bauern zu gemeinsamer Arbeit für den Staat heranzuziehen. Hier wie dort wurde der Staat durch die Erwerbung neuer, schwer zu versöhnender, kirchlich gemischter Provinzen zu rühriger Verwaltungstätigkeit und zu einer wachsamen Kirchenpolitik genötigt.

Wie anders der Zustand der norddeutschen Klein- und Mittelstaaten, die durch Nachbarschaft und Verkehr, durch die Gemeinschaft des Blutes und der protestantischen Bildung, auch durch die Macht ihres Großgrundbesitzes und die Ähnlichkeit der sozialen Zustände ganz auf Preußen angewiesen schienen und gleichwohl durch die unheimliche Erstarrung ihres politischen Lebens dem mächtigen Nachbar völlig entfremdet waren. Sie bewahrten sich mit ihrem alten Gebiete, ihren angestammten Fürstenhäusern und ihrem protestantischen Sonderleben auch die Verfassungsformen des alten Jahrhunderts: Kurhessen seinen höfischen Absolutismus, Sachsen, Hannover, Mecklenburg ihre ständische Vielherrschaft, die Hansestädte ihre bürgerliche Oligarchie. In Sachsen und Mecklenburg war die alte Ordnung inmitten der Stürme einer ungeheuren Zeit unwandelbar geblieben, in Hessen, in den welfischen Gebieten und den freien Städten wurde sie nach der kurzen Episode einer verhaßten Zwischenherrschaft fast unverändert wiederhergestellt. Ängstlich sperrten sich alle diese Territorien gegen jede Neuerung ab. Auf Hannover und Holstein lastete zudem noch die Fremdherrschaft, die selbst, wo sie willig ertragen wird, überall lähmend wirkt, und den Hansestädten erschwerten die weltbürgerlichen Interessen ihres Freihandels die Teilnahme an der nationalen Politik.

Von keinem seiner kleinen Nachbarn durfte Preußen zur Zeit weniger Vertrauen erwarten als von dem Königreich Sachsen, dem alten unglücklichen Nebenbuhler, der die schwere Hand der Hohenzollern so oft gefühlt hatte und jetzt in ihnen nur die lachenden Erben seiner eigenen Macht sah. Mit den Gefühlen eines schwer und ungerecht Gekränkten kehrte der greise König von Sachsen im Juni 1815 in sein verkleinertes Land zurück, und der Empfang überstieg seine Erwartungen. Zur Zeit der Leipziger Schlacht hatte ein großer Teil der Gebildeten die undeutsche Politik des Königs hart verurteilt. In der langen Zeit der Ungewißheit nachher ward die dynastische Anhänglichkeit wieder lebendig, und sie gewann gänzlich die Oberhand, als die Nachricht von der Teilung des Landes und der bevorstehenden Rückkehr des Monarchen kam.

Die wenigen, die sich offen für Preußen ausgesprochen, hielten sich jetzt behutsam zurück; das Volk nannte sie die Preußen oder auch die Deutschen. Die ungeheure Mehrzahl des Volks war in ihren jubelnden Huldigungen unzweifelhaft aufrichtig; man hatte sich in das unbewegliche Regiment des alten Herrn so ganz eingewöhnt, als ob man nicht mehr ohne ihn leben könnte, und nannte ihn schon bei Lebzeiten allgemein den Gerechten. Die nämlichen Auftritte wiederholten sich nach drei Jahren beim Jubelfeste der Regierung Friedrich Augusts; auch mehrere der an Preußen abgetretenen Ortschaften sendeten inbrünstige Glückwünsche, und der neue Landesherr ließ sie gewähren.

Mit der glühenden Verehrung verkettete sich leider unzertrennlich ein ebenso leidenschaftlicher Haß gegen Preußen. Unter allen Deutschen mußte es den Kursachsen am schwersten fallen, sich zurechtzufinden in dem Wirrsal unserer neuen Geschichte und ihre schöpferischen Kräfte anzuerkennen. Es stand nicht anders: weil Kursachsen sank, war Preußen aufgestiegen, fast jeder deutsche Ruhmestag der jüngsten anderthalb Jahrhunderte war eine Niederlage der kursächsischen Politik. Wie sollte man dies einsehen in einem Lande, das von der nationalen Begeisterung der jüngsten Jahre nur einen leisen Hauch verspürt hatte?

Als nun die Landesteilung so viele altgewohnte nachbarliche Verhältnisse zerstörte, da war die Erinnerung an den Freiheitskrieg und die Untaten der Franzosen bald völlig vernichtet. Niemand fragte mehr, was Preußen auch für die Befreiung Sachsens getan; niemand bedachte, daß Talleyrand und Metternich die Teilung des Landes verschuldet, Preußen sie nur widerwillig angenommen hatte. Ein maßloser Haß richtete sich, menschlich genug, gegen den nordischen Nachbar, und er ward fast zur Wut, als die entsetzliche Kunde von der Lütticher Meuterei eintraf.

Dauernd wurde der Haß wach gehalten durch den Anblick der schönen Ländereien, die Jahrhunderte zu Sachsen gehört hatten und nun durch die Teilung losgerissen waren. Tatsächlich hatte das Land unermeßliche Einbußen erlitten. Verloren war außer den schönen thüringischen Stiftslanden und dem größten Teile der Lausitzen auch der Stolz Obersachsens, der Kurkreis; ein gerechtes Geschick brachte die Heimat der Reformation wieder unter ein treues protestantisches Herrscherhaus. Und wie viele köstliche geistige Kräfte kamen dem Staate allein mit den beiden Gelehrtenschulen Pforta und Roßleben abhanden! Jedoch die schönere und wertvollere Hälfte des Landes, die dem albertinischen Staate von jeher seinen Charakter gegeben hatte, blieb der Dynastie erhalten – ein Gebiet, lächerlich klein für die Ansprüche der neuen Königskrone, aber noch immer stark genug, um im deutschen Bunde den ersten Platz hinter Bayern zu behaupten. Welche erstaunliche Mannigfaltigkeit der Bildung und des Verkehrs drängte sich hier auf engem Raume zusammen; fast an allem, was Deutschlands Leben ausmachte, nahm das fleißige Land seinen Anteil. Halb Residenz, halb Fremdenort, bewahrte sich die Hauptstadt noch fast unverändert die harmonische Schönheit ihrer barocken Pracht, wie einst, da Canaletto sie malte. Der Saus und Braus jener polnischen Zeiten war freilich längst verklungen, nur noch selten wurden die Damen des Adels in altfränkischen Portechaisen zu einem Feste des ehrbaren Hofes aufs Schloß getragen; nur noch die Kunstschätze und die Reize der Natur lockten die Schar der Fremden an die Elbe. Ein selbständiges Bürgertum hatte in dieser einschläfernden Luft niemals aufkommen können. Hier gediehen jene göttlichen Philister, unter denen der junge Ludwig Richter seine lustigsten Gestalten fand: die Kalkulatoren und Hofsekretäre, die nachmittags nach maßvoller Büroarbeit mit Kind und Kegel in die Baumblüte wanderten; der Kleinadel und die höheren Beamten, die im Frühjahr auf Sommerpläsier in ihre Loschwitzer Weinbergshäuschen zogen; und nicht zuletzt die Hofräte, die ästhetischen Gelehrten vom Theater und von den Sammlungen, im alten Dresden ebenso angesehen wie die Geheimen Räte im alten Berlin – allesamt ein seelenvergnügtes, ewig spazierengehendes Völkchen von makelloser politischer Unschuld und Zahmheit.

Mit ähnlichen freundnachbarlichen Gefühlen wie Frankfurt auf das goldene Mainz, blickte das reiche Leipzig auf diese höfische Nachbarin herunter, der andere Pol des vielgestaltigen obersächsischen Lebens, eine Stadt des Bürgertums, aller Schönheit bar, aber von alters her mächtig durch die lebendige Verbindung kaufmännischer und wissenschaftlicher Tätigkeit. Seit dem Ausgang des siebzehnten Jahrhunderts hatte der deutsche Buchhandel, aus Frankfurt hinweggescheucht durch die gestrenge kaiserliche Zensur, an der Pleiße seinen Markt aufgeschlagen; die Universität und die schriftstellerische Emsigkeit der Kursachen arbeiteten ihm in die Hände. Um 1820 wurde fast ein Drittel aller deutschen Bücher in Leipzig gedruckt, jeder angesehene deutsche Verleger hielt sich dort seinen Kommissionär und besuchte die Ostermesse.

Als Meßplatz war Leipzig, obgleich es nicht einmal einen schiffbaren Strom besaß, seit dem Anfang des achtzehnten Jahrhunderts allen anderen deutschen Städten vorangekommen: vornehmlich durch die Überlegenheit des erzgebirgischen Gewerbefleißes und durch den rührigen Unternehmungsgeist seiner Kaufmannschaft, der von der läßlich bequemen kursächsischen Verwaltung wenig belästigt wurde, während die friderizianische Handelspolitik durch ihre wohlgemeinte Bevormundung den Meßhandel von Frankfurt a/O. zugrunde richtete. Das am weitesten ostwärts vorgeschobene deutsche Industrieland bildete den natürlichen Markt für die halbgesitteten, den Gewohnheiten des Karawanenhandels noch nicht entwachsenen Völker Osteuropas; und solange der deutsche Verkehr noch durch die Binnenmauten, durch die Anarchie des Maß- und Münzwesens, durch die Zunft- und Bannrechte der Städte unterbunden war, fand auch er noch seinen Vorteil bei der stoßweise wiederkehrenden Handelsfreiheit der Messen. Was die preußische Regierung jetzt noch versuchte, um ihre eigenen Meßplätze Naumburg und Frankfurt a/O. zu heben, war verlorene Arbeit und förderte nur ärgerlichen Nachbarzwist. So oft in Naumburg die Messe eröffnet wurde, tat sich in Leipzig eine Winkelmesse auf, von den Behörden unter der Hand geduldet; zur Wiedervergeltung hielten preußische Geschäftsleute während der Leipziger Messe in Lützen eine Nebenledermesse. Aber die Überlegenheit Leipzigs war entschieden, und mit dem großstädtischen Verkehre, der sich hier dreimal im Jahre aufstaute, erweiterte sich auch der Gesichtskreis der Bürgerschaft. Wie eine freie Reichsstadt, nicht unbotmäßig, aber selbständig und mit dem Bewußtsein, daß sie nicht bloß dem kleinen Königreiche angehöre, stand Deutschlands zweite Handelsstadt dem Hofe und dem Beamtentum gegenüber.

Aber diese Fülle von Kräften ward unterbunden und darniedergehalten durch eine Verfassung, die hierzulande wie ein Stück verkehrter Welt erschien. Alles, was diesem Lande Bedeutung gab, Wissenschaft, Handel und Gewerbefleiß, war bürgerlich. Zwar bestand hier noch wie in allen germanischen Slawenländern eine Unzahl von Rittergütern, doch der Grundadel war mit seltenen Ausnahmen arm, nur in der Lausitz leidlich wohlhabend; die große Mehrzahl der adligen Familien mußte im Hof- und Staatsdienste ein Unterkommen suchen. Mit seiner dichten Bevölkerung und dem überwiegend städtischen Charakter seiner Kultur stand Sachsen dem deutschen Westen weit näher als den aristokratischen Ackerbaulanden an der Ostsee; und doch behauptete sich in diesen ganz modernen Wirtschaftsverhältnissen unwandelbar wie eine wohl erhaltene politische Versteinerung noch eine Adelsherrschaft, deren Starrheit kaum in Mecklenburg überboten wurde. Eine gründliche Neugestaltung war hier durch die Landesteilung ganz ebenso unabweisbar gebotenwie einst in den süddeutschen Rheinbundslanden durch die Vergrößerung des Staatsgebiets; der weite Mantel der alten Verfassung hing dem verkleinerten Staate schlotternd um die Glieder. Doch wer konnte von dem bedächtigen Friedrich August jetzt in seinen hohen Jahren noch kühne Entschlüsse erwarten? Wer hätte auch nur gewagt, solche Forderungen auszusprechen inmitten der überschwänglichen Huldigungen dieser Tage des Wiedersehens?

Sofort nach der Heimkehr stellte er die alte steife Hofetikette wieder her, die einst den Berlinern, als er dort in Kriegsgefangenschaft weilte, so viel Anlaß zu schnöden Witzen gegeben hatte. Wie er, durch und durch Gewohnheitsmensch, sein schönes musikalisches Talent noch immer auf dem alten Silbermannschen Kielflügel übte, als wäre das Piano nicht schon längst erfunden gewesen, so wollte er auch seinen Hof streng auf dem Stande von 1780 erhalten und entschloß sich nur ungern, einige der vermessenen Neuerungen, deren der russische Gouverneur Fürst Repnin sich erdreistet, stillschweigend anzuerkennen. Der hatte die kostbare gelbblaue Schweizergarde aufgelöst, den Großen Garten der öffentlichen Benutzung übergeben, die Brühlsche Terrasse durch eine Freitreppe mit dem Schloßplatze verbunden. Diese Frevel der

Fremdherrschaft ließen sich nicht mehr rückgängig machen. Späterhin wurden sogar einige der Dresdner Kunstsammlungen dem Publikum geöffnet; sie waren bisher als Hofgeheimnis behandelt und, den Eingeborenen fast unbekannt, nur von einzelnen Künstlern und von Fremden, gegen das herkömmliche altsächsische Douceur, besucht worden. Im übrigen blieb der Hof so unnahbar wie je. Tag für Tag standen bei Tafel zwei Kammerherren hinter dem Könige, hoben ihm erst den linken, dann den rechten Frackschoß in die Höhe und schoben ihm den Stuhl unter; Abend für Abend erschien er mit dem gesmten Hofstaate im Theater, wo Morlachi die italienische Oper leitete. An jedem Wintersonntag nach der Messe harrten die wohlerzogenen Knaben der höheren Stände in den Gängen des Schlosses, um den würdevollen Zug der heimkehrenden „Herrschaften" zu bewundern: voran schritt eine Schar von Läufern, Hofkurieren, Kammerherren und Adjutanten, dann der König in seiner altväterlichen Tracht, bezopft und gepudert, die Hände in einen großen Muff vergraben, darauf die fast ebenso alten Prinzen Anton und Max, ebenfalls mit Muffs, den Chapeau-bas unter dem Arme – ein wundersames Schauspiel, dem nur ein Dresdener Gemüt mit ungetrübter Andacht beiwohnen konnte. Niemals erschien der König zu Fuß in den Straßen; das schöne, soeben wiederhergestellte Denkmal seines Ahnherrn Moritz bekam er nie zu Gesicht, weil es in den Anlagen hundert Schritt von der Fahrstraße entfernt stand. Wollte er eine durchreisende Menagerie sehen, so mußten die Elefanten und die Schlangen zu ihm in den Schloßhof kommen. Wie erstaunten die Dresdener, als König Max Joseph, auf Besuch bei ihrem Hofe, vergnüglich nach seiner Münchener Gewohnheit in der Stadt umherschlenderte und sogar mit Bürgersleuten redete: der sächsische König sprach mit keinem, der nicht Oberstenrang hatte.

Nicht nur gesellschaftlich wurde der Adel bevorrechtet; ihm war auch ein Teil der Justiz- und Verwaltungsstellen gesetzlich vorbehalten, da die Landesregierung und das Appellationsgericht nach altständischem Brauch noch in eine adlige und eine gelehrte Bank zerfielen. Der Regel nach gingen die hohen Staatswürden reihum in einem kleinen Kreise einflußreicher Adelsfamilien, der seit der Landesteilung sich noch mehr verengte und jedem im Lande wohlbekannt war. Auch in das Adelige Kadettenkorps durfte der Bürgerliche bloß als Volontär eintreten, nur der Besuch der Artillerieschule stand ihm frei. Dem entsprach es auch, daß die Soldatenwerbung hier erst im Jahre 1825 durch ein Konskriptionssystem nach französisch-rheinbündischem Muster ersetzt wurde. Noch länger, bis 1829, erhielten sich die alten Bräuche an der Universität, die noch aus den vier Nationen der Meißner, Sachsen, Franken und Polen bestand. Ihr Rektor hatte Fürstenrang; ihre Beamten führten, vom Staate unbeaufsichtigt, nach altväterlicher Weise die kostspielige und schleppende Verwaltung der großen Universitätsgüter. Ihre Gerichtsbarkeit erstreckte sich zwar nicht mehr über alle studierten Leute, die in Leipzig wohnten – dies hatte ein Machtspruch Napoleons abgeschafft –, aber noch immer über alle Angehörigen des Corpus academicum.

Natürlich war auch der geistliche Herr in dieser Welt von Privilegien und Sonderrechten nicht ohne weiteres der Gerichtsbarkeit des Staates unterworfen. Als der Pfarrer Trinius (1814) des Raubmordes bezichtigt wurde, da mußte erst der Leipziger Schöppenstuhl durch ein vorläufiges Erkenntnis beschließen, daß gegen den Inkulpaten mit der Inquisition zu verfahren sei; dann wurde der arme Sünder in der Nikolaikirche öffentlich seines geistlichen Gewandes entkleidet und nunmehr als ein Weltlicher dem weltlichen Richter übergeben. Die alten Vorrechte der Lutheraner hatten allerdings dem Unwetter der neuen Zeit nicht standgehalten. Nachdem Napoleon im Posener Frieden den Katholiken die bürgerliche Gleichberechtigung geschenkt, waren bald darauf die Reformierten – nicht ohne die landesüblichen Douceurs – derselben Gunst teilhaftig geworden. Dann gab der Gouverneur Repnin auch den griechischen Katholiken die Rechtsgleichheit, und der Leipziger Judenschaft, die bisher ihre Toten hatte nach Dessau fahren müssen, gestattete er, mindestens sich einen eigenen Friedhof anzulegen. Der russische General erschien in diesem Lande, bezeichnend genug, überall als ein Bahnbrecher der Reform. Dabei blieb es freilich, daß die Juden nur in Leipzig und Dresden wohnen durften.

Die starren Formen des alten Zunftwesens wurden durch Adel und Bürgertum im Wetteifer behütet. Während die Städte beharrlich über den Mitbewerb der Landkrämer klagten und das

Heiraten der Gesellen zu verhindern suchten, hielt die Ritterschaft streng darauf, daß kein Bauernsohn zu einem Handwerker in die Lehre ging, wenn er nicht zuvor vier Jahre in der Landwirtschaft, zwei Jahre davon im Gesindedienst der Gutsherrschaft, verbracht hatte. Uneheliche Kinder blieben anrüchig und von den Zünften wie von jedem anderen ehrenhaften Gewerbe ausgeschlossen, falls sie nicht durch den König, gegen hohe Gebühren, legitimiert wurden.

Eine durchdachte Handelspolitik war seit dem alten Kurfürsten August nicht mehr versucht worden. Das Merkantilsystem drang in Sachsen niemals ein und ward auch nie vermißt, da der kräftige heimische Gewerbefleiß des Schutzes entraten konnte. Die polnischen Auguste wirtschafteten lustig darauf los, in dem angenehmen Wahne, daß die Verschwendung des Landesvaters das Geld unter die Leute bringe, und auch als die Ordnung dann endlich wiederkehrte, blieb dies mächtige Industrieland ohne geregelte Grenzbewachung. Seine Volkswirtschaftspolitik trachtete nur dahin, den Leipziger Messen starke Zufuhr, dem konsumierenden Adel wohlfeile Waren zu verschaffen. Darum wurde die Einfuhr durch einen sehr niedrigen Grenzzoll begünstigt, der inländische Vekehr durch Akzisen und Geleitsgelder – in Leipzig auch noch durch das Stapelrecht und bis 1823 durch eine lästige Torfsperre – erschwert. Die Verbrauchssteuern waren ungleich für Stadt und Land, die Rittergüter und die Geistlichen genossen mannigfache Begünstigungen. Und dies gedankenlose fiskalische System, das für die Lebensbedürfnisse der heimischen Industrie gar kein Auge hatte, pries man als die weise „sächsische Handelsfreiheit". Als nun Preußen dicht an den Grenzen des Leipziger Weichbildes seine Zollhäuser errichtete, die Ausfuhr nach Norden erschwert und in manchen Industriezweigen der preußische Mitbewerb schon bemerklich wurde, da fühlte man sich freilich beunruhigt. Jedoch der Zorn richtete sich allein gegen Preußen, nicht gegen die väterliche Regierung, der man es auch geduldig nachsah, daß sie an den schweren alten Konventionsmünzen eingensinnig festhielt, obgleich die leichteren preußischen Taler längst das gesamte Land überschwemmt hatten. Die Industrie des Erzgebirges sah sich bald großenteils, die der Lausitz fast ausschließlich auf den Schmuggel nach Österreich angewiesen, und die Geschäftsleute der alten Schule fanden diesen Schleichhandel segensreich. Wer aber die Verwilderung des Volkes an der Grenze beobachtete, mußte doch bedenklich werden und besorgt fragen: ob man so weiter leben könne, abgetrennt von der See und dem nordischen Markte? –

Als König Friedrich August starb (1827), erwartete man im Volke wie am Hofe allgemein, seine beiden greisen Brüder würden so viel Selbsterkenntnis haben, zugunsten des jungen rüstigen Prinzen Friedrich August auf die Krone zu verzichten. Aber König Anton ließ sich sein Recht nicht nehmen, und Graf Einsiedel blieb im Amte, unter der ausdrücklichen, bereitwillig zugestandenen Bedingung, daß nicht das mindeste an dem Bestehenden geändert werden dürfe. Der neue König war ein herzensguter Mann, weniger steif als sein ältester Bruder, aber der Geschäfte unkundig, da man ihn einst für den geistlichen Stand erzogen hatte, und so unbedeutend, daß ihn selbst die Dresdener Ehrfurcht nur mit dem Beinamen des Gütigen zu schmücken wußte. So ging denn das greisenhafte Regiment schläfrig und langweilig weiter; im Volke begann aber allmählich die Stimmung umzuschlagen. Während der ersten Friedensjahre nahm die wirtschaftliche Not hier wie in Preußen alle Gedanken in Anspruch; denn furchtbar hatte das Volk gelitten. Die Verluste der Dörfer auf dem Leipziger Schlachtfelde schätzte man amtlich auf mehr als dritthalb Millionen Taler – was unzweifelhaft noch zu niedrig war. In Dresden wurde nach dem Frieden manches der Gartengrundstücke, auf denen heute die freundlichsten Villen der Antonstadt stehen, für fünf oder zehn Taler verkauft; mancher Hausherr war allein schon durch die ungeheure Einquartierung zugrunde gerichtet: hatte doch das Körnersche Haus, zu 1085 Tlr. Mietwert eingeschätzt, im Sommer 1813 binnen 6½ Monaten eine Einquartierung von 7532 Mann ertragen müssen. Die gesamten Kriegsschäden vom Jahre 1813 beliefen sich auf mindestens 100 Mill. Tlr. Jetzt waren diese Wunden endlich ausgeheilt, und nun da die bittere Not aufhörte, regte sich doch die Frage, ob Staat und Volk die Stellung in Deutschland behaupten, die sie nach ihrer Geschichte verlangen durften. Auf die Dauer kam man nicht mehr aus mit dem beliebten Selbstlobe, Deutschland sei das Herz Europas, Sachsen das Herz von Deutschland, Dresden das Herz von Sachsen.

Wohl blieb die dynastische Ergebenheit unerschüttert. Mit Spannung blickte fast das ganze Land auf die Zukunft des königlichen Hauses, die eine Zeitlang sehr unsicher schien, weil die Ehen der beiden jungen Prinzen kinderlos blieben. Auf die Ermahnungen des Papstes und der Hofbeichtväter schloß Prinz Max noch in seinen hohen Jahren eine zweite Ehe mit einer jungen lucchesischen Prinzessin, aber der Kindersegen blieb aus. Um so größer die Freude, als einige Jahre darauf dem jungen Prinzen Johann doch noch eine Erbe geboren wurde; da standen begeisterte Dresdner mit Champagnerflaschen auf der Brücke und nötigten jeden Vorübergehenden, mit ihnen auf den Stammhalter anzustoßen. Bei aller Untertänigkeit ließ sich jedoch nicht mehr verkennen, daß die Unnatur der überlebten Staatsformen schon das gesamte Volksleben zu lähmen begann. Die Industrie im Erzgebirge vermochte nicht zu gesunden, und wenn der Glanz der Leipziger Messen sich noch hielt, so war es dafür in der übrigen Jahreszeit um so stiller an der Pleiße; die Landkundschaft gewöhnte sich bereits, ihren Bedarf an Kolonialwaren über Magdeburg zu beziehen, weil dort keine Akzise bezahlt wurde.

Mittelmäßigkeit und Verknöcherung überall, und dazu mußte man noch die grausame Ironie des Schicksals erleben, daß gerade der Anblick der preußischen Zustände den politischen Groll unter den Bürgern und Bauern wachrief. Mochte man die Preußen verfluchen – das ließ sich jedoch mit Händen greifen, daß die Provinz Sachsen sich in jeder Hinsicht glücklicher befand als das Königreich und dort niemand mehr ernstlich nach dem Rautenkranze zurückverlangte. Drüben besaß man alles, was hüben fehlte: eine gescheite schlagfertige, bürgerfreundliche Verwaltung; dazu ein freies Städtewesen, das von der Vetternschaft der kursächsischen Stadträte seltsam abstach und daher auch an dem Sachsen Streckfluß seinen eifrigsten Verteidiger fand. Während drüben die Entlastung der Bauerngüter stetig fortschritt, wurden im Königreiche die bestehenden Grundlasten sogar noch erhöht; noch im Jahre 1828 bestimmte eine neue Verordnung über die Hutungen: der Hutungsleidende dürfe die Mitweide auf seinem eigenen Boden nur dann beanspruchen, wenn er dies Recht seit verjährter Zeit geübt habe!

So begann man im Lande sich nach der Städteordnung und den Agrargesetzen Preußens zu sehnen, und zu diesem wohlberechtigten Unmut gesellte sich noch ein völlig grundloses konfessionelles Mißtrauen gegen die ultramontane Gesinnung des königlichen Hauses. Es war der Lauf der Welt, daß in diesem erzlutherischen Lande, wo man einst ernstlich daran gedacht hatte, neben der christlichen noch eine lutherische Zeitrechnung – von 1517 an – einzuführen, beständig finstere Gerüchte über den katholischen Hof umgingen. Je dienstfertiger sich man sonst den Befehlen des Königs unterwarf, um so reizbarer ward dieser Argwohn, er blieb lange fast die einzige politische Leidenschaft des kursächsischen Volkes. König Anton war dazu noch bigotter als sein verstorbener Bruder, der von Katholiken im Vertrauen zu sagen pflegte: il est de notre religion.

Gleich den Obersachsen waren auch die Hessen immer rechte Mitteldeutsche geblieben, durch Stammensart und Sprache den Oberländern verwandt, durch Verkehr, kirchliche und politische Geschichte mit dem Norden verbunden. Die Katten allein unter allen Germanen teilten mit den Friesen den Ruhm, daß sie sich durch die Stürme der Völkerwanderung hindurch mit unverändertem Stammensnamen in ihren alten Sitzen behauptet hatten. Nur noch in Friesland und einigen Strichen Niedersachsens blieb das germanische Blut so völlig unvermischt. Die Hessen haben eine Geschichte so ruhmvoll und gehaltreich, wie sie selten einem Kleinstaate beschieden wird.

Mit etwas Gerechtigkeit und Wohlwollen ließ sich kein deutsches Land leichter regieren als dieses Kurhessen. Wie war man so glücklich, der verfluchten westfälischen Herrschaft endlich entledigt zu sein; aus der Hand des Kurfürsten Wilhelm, des Nestors der deutschen Fürsten, wollte man nun dankbar alles hinnehmen. Aber selbst die hessische Treue begann zu verzweifeln, als der alte „Siebenschläfer" die Geschichte der jüngsten sieben Jahre mit einem Federzuge zu vernichten versuchte. Alles sollte zurückkehren auf den Stand vom 1. Nov. 1806, die damals beurlaubten Regimenter sich in ihren alten Garnisonen sofort zu versammeln, die Staatsdiener ihre alten Ämter wieder übernehmen; der Major ward wieder Leutnant, der Rat Assessor – wenn der Kurfürst nicht vorzog, ihm gegen die Zahlung neuer Taxen seine neue Würde zu bestätigen. Der Code Napoleon und die gesamte westfälische Gesetzgebung verschwanden mit einem Schlage: tausende von Mündigen wurden entmündigt, weil die Volljährigkeit fortan wieder mit dem fünfundzwanzigsten Jahre statt des einundzwanzigsten beginnen sollte. Als die Truppen zu Neujahr 1816 aus dem französischen Festungskriege heimkehrten, mußten sie alsbald die alten 15 Zoll langen Zöpfe wieder anlegen; 1 Zoll Abstand vom Kopfe, 13 Zoll gewickelt, 1 Zoll Haardollen, so lautete der Befehl.

Wenn sich nur in dem Aberwitz dieser Restauration mindestens die Ehrlichkeit des Fanatismus gezeigt hätte! Der legitimistische Feuereifer dieses Fürsten aber vertrug sich sehr wohl mit kaufmännischer Berechnung. Wie er die Domänenkäufer beraubte, aber die neuen Erwerbungen König Jeromes für sich behielt, so führte er auch die althessischen Steuern wieder ein und ließ daneben die schwersten westfälischen Abgaben fortbestehen. Die westfälische Staatsschuld wurde für nichtig erklärt, doch von der althessischen Schuld wollte der alte Herr auch nur ein Drittel anerkennen, weil sein Verwalter Jerome ihren Betrag gewaltsam herabgesetzt hatte. Welch ein Gegensatz zu der peinlichen Ehrlichkeit des Königs von Preußen!

Die Staatsdiener, die unter der Fremdherrschaft doch mit einiger Sicherheit auf den Bezug ihrer Gehalte hatten rechnen können, sahen sich jetzt dem Geize des Landesherrn wieder schutzlos preisgegeben. In der Armee ward es bald zur Regel, daß die Beförderten ihr bisheriges Gehalt beibehielten; es gab Generale mit Rittmeistersgehalt, kein einziger General erhielt, was ihm gebührte. Durch diese Begaunerung seiner eigenen Beamten gelangte der Landesvater nach vier Jahren so weit, daß er in jedem Monat über 36 000 Tlr. an Gehalten einsparte und in seiner unergründlichen Kammerkasse verschwinden ließ. Nun gar die Verabschiedeten nagten fast allesamt am Hungertuche. Wenn es galt, einen verdienten alten General um seine Pension zu betrügen, dann ward sein Dienstleben mit allerhand verlogenen Verdächtigungen bemängelt, und klagte einer, daß er nur Kartoffeln zu essen habe, so hieß es kurzab: ich esse auch gern Kartoffeln. Der Präsenzstand der Armee wurde, da England keine Subsidien mehr gab, bald auf 1500 Mann (80 Mann im Bataillon) herabgesetzt; das Land aber muß noch immer für 20 000 Mann Steuern zahlen. Um noch etwas herauszuschlagen, ließ der Kurfürst die Fuhren bei seinem Schloßbau durch die Pferde der Artillerie besorgen. Selbst die Stiftungen waren vor den diebischen Händen des alten Herrn nicht sicher. Am besten fuhr noch die Judenschaft; sie verstand sich auf diesen fürstlichen Charakter, zahlte rechtzeitig eine gute Summe bar und erhielt einige der Rechte, welche ihr der Code Napoleon gewährt hatte, von neuem bestätigt.

Es war den hessischen Untertanen wahrhaftig kein leichtes Leben beschieden, dazu kamen am Hofe ewige Händel zwischen dem Kurfürsten, seinem Sohne und seiner Hauptmätresse, greuliche Wuchergeschäfte des Günstlings Buderus v. Carlshausen und beständige Ungezogenheiten gegen das diplomatische Korps, das sich erst durch Drohungen eine anständige Behandlung erzwingen mußte. Wie gern hätte der preußische Gesandte, der gute alte Hänlein, diesen Hof geschont, der seinem königlichen Hause so nahe stand; als ehrlicher Mann konnte er doch von Sultanslaunen und Unsauberkeiten berichten. Der Landesherr selbst war in seiner zynischen Menschenverachtung so eingerostet, daß er den Jammer ringsum gar nicht bemerkte. Bei einem patriotischen Feste lasen die Kasseler über dem Portale seines Schlosses die Flammeninschrift: Der Vater seinen Kindern! –

Kein Wunder, daß es im Lande zu gären begann. Der Erbkämmerer Frhr. v. Berlepsch, ein ehrlicher, etwas überspannter Radikaler, führte in einer Druckschrift den Nachweis, daß viele Bauern jetzt im Frieden zweimal mehr Abgaben zahlten als vordem unter der kriegerischen Fremdherrschaft, und das Landvolk wußte, daß er die Wahrheit sprach. Die Bauern vom Diemelstrom (131 Gemeinden) sendeten dem Landtage ihre Klagen über die erdrückende Steuerlast: „Die Franzosenzeiten waren schlimm, aber die jetzigen sind, wenn man alles Geben zusammenrechnet, noch schlimmer, und wenn es nicht unser lieber Kurfürst wäre, der ein Hesse ist so gut wie wir, so hätte das Land nicht so lange still geschwiegen.“ Dann baten sie kindlich, der Landtag möge untersuchen: was von dem vielen Gelde, das Hessen ausstehen hat, dem Lande gehört und wohin das viele Geld, das wir zahlen müssen, kommt. Ähnliche Eingaben waren auch an den vier anderen Strömen schon im Umlauf. Auch einige Offiziere wendeten sich im Namen ihrer Kameraden an die Stände, um über die widerrechtlich vorenthaltenen Gehalte Bericht zu erstatten, da die Unglücklichen kaum mehr leben könnten.

Das alles hätte sich noch abhelfen und ausgleichen lassen, aber ganz unmöglich war die Verständigung über das Landvermögen, welche der Landtag unter sehr bescheidenen Bedingungen verlangte. Schroff und höhnisch, offenbar in der Absicht, die Dinge zum Bruch zu treiben, erklärte der landesherrliche Kommissar Joh. Hassenpflug: was dem regierenden Hause durch Erbschaft und Subsidien zugefallen, gehöre dem Landesherrn allein. Es lag ein Fluch auf dem alten englischen Blutgelde; an dieser Klippe scheiterte schon der erste Versuch konstitutioneller Ordnung. Im Mai schickte der Kurfürst seine Stände unverrichteter Sache nach Hause. Der Landtag trennte sich unter feierlicher Verwahrung seines Steuerbewilligungsrechts sowie der Ansprüche des Landes auf das Staatsvermögen. Bald nachher wurden die beiden Offiziere, welche vor den Ständen das Wort geführt hatten, ohne Urteil und Recht auf den Spangenberg geschickt, eine kleine Bergfeste, die in der Geschichte des deutschen Kleinstaatenglücks seit langem eine ähnliche Rolle spielte wie der Königstein oder der Hohenasperg; den untersten Kerker dort, die Karthause, hatte noch niemand lebend verlassen. Das Offizierskorps aber war, auf äußerste gebracht, schon nahe daran, Mann für Mann um Entlassung zu bitten. Als der Kurfürst dies erfuhr, hielt er doch für geraten, die Gefangenen frei zu geben.

Im übrigen regierte er fortan bis zu seinem Tode wieder als absoluter Herr und konnte sich ungestört die Freude gönnen, durch Herabsetzung der sämtlichen Gehalte im Großherzogtum Fulda wieder einige Tausende monatlich für seine Kabinettskasse zu ersparen. Die ständische Schuldenkommission, welche als einziger Überrest der alten Verfassung noch fortbestand, war völlig machtlos; sie vermochte nicht einmal zu verhindern, daß die Steuern gelegentlich eigenmächtig erhöht wurden. Einfluß besaß niemand, nur in Geldsachen wurde Amschel Rothschilds bewährter Rat gern berücksichtigt; selbst Hassenpflugs Macht reichte nur so weit, daß er seinem strebsamen Sohn Hans Daniel die Anfänge eines wechselreichen Dienstlebens erleichtern konnte. Jedes Hessen Wohl und Wehe hing allein ab von den unberechenbaren Tücken des greisen Fürsten, der jetzt kränkelnd immer gerissener und auffahrender wurde.

Man hatte zu hoffen verlernt, wo blieb auch die Zeit für politische Gedanken in der wirtschaftlichen Not dieses verkümmerten und verwahrlosten Landes? Wenn der Wanderer zuerst die Wälder und die roten Felsen des Werra- oder Fuldatales erblickte mit dem glitzernden Fluß dazwischen oder die malerischen Basaltkuppen an der Eder und Schwalm, dann meinte er hier den stillen Frieden zu finden, der den Zauber aller dieser mitteldeutschen Hügellandschaften ausmacht. In den ärmlichen Dörfern aber überraschte ihn die seltsame Ernsthaftigkeit der Menschen; zumal in den vergrämten Gesichtern der alten Bauernfrauen, in den strengen großen Augen, die aus den schwarzen Hauben hervorblickten, lag oft ein tragischer Zug, der von einer langen Leidensgeschichte erzählte.

An Helden der Kultur und Wissenschaft war dieser Stamm nie sehr reich, seine Stärke lag von jeher in der Tapferkeit und dem unbeugsamen Rechtsgefühl; kam freilich einmal die Kraft des Genies empor, wie in dem Hause der Grimm, dann zeigte sich auch die unverstümmelte Großheit des ursprünglichen germanischen Wesens. So still wie jetzt war das geistige Leben des Landes doch kaum je gewesen.

In jedem Bauernhause arbeiteten die Weiber am Rocken und Webstuhl, um dem Bauern seinen Hausbedarf und vielleicht etwas Leinwand für den Markt zu verschaffen; aber ein irgend rühriger Gewerbefleiß hatte sich in dem Lande der großen Töpfe und des saueren Weines, wie es die Rheinfranken nannten, noch nirgends entwickelt, mit der einzigen Ausnahme Hanaus. Die schwachen Regungen wirtschaftlicher Unternehmungslust wurden darniedergehalten durch ein veraltetes Zollsystem, durch Binnenmauten mitten im Kurfürstentum und durch unzählige lächerliche Quälereien: wieviele Jahre vergingen, bis man das enge Stadttor in Gelnhausen, das die große Leipzig-Frankfurter Handelsstraße versperrte und alljährlich Hunderte von Fuhrwerken zum Umladen zwang, endlich abtrug. Vierzig Prozent des Bodens waren Waldland. Der Landmann lebte in der höchsten Einfachheit. An der Schwalm, wo die größten Bauernhöfe des Landes lagen, war der Kaffee noch ganz unbekannt und der Covent, ein altberüchtigtes Dünnbier, der einzige Labetrank.

Überall Verfall und Armut; auch die Aasvögel des deutschen Bauernelends, die Wucherjuden, hatten sich längst in Scharen eingenistet. Auf dem erinnerungsreichen Marburger Schlosse, der Geburtsstätte Phillips des Großmütigen, saßen die Eisengefangenen; die schöne Elisabethkirche drunten, das älteste Werk deutscher Gothik, lag verschmutzt und halb verfallen, und von der stausischen Kaiserpfalz auf der Kinziginsel bei Gelnhausen wurden um diese Zeit die besterhaltenen Teile auf den Abbruch verkauft. Selbst für Kassel geschah gar nichts, obgleich sich doch sonst die Residenz selbst in den schlecht regierten deutschen Kleinstaaten der landesfürstlichen Gnade zu erfreuen pflegte.

Verzweifelt war das ganze Volk; es empfand als einzigen Trost, daß der greise und kranke Kurfürst nicht unsterblich war.

Wenige Tage vor dem Tode des Kurfürsten hielt ihm ein aus Hessen gebürtiger preußischer Beamter seine Frevel vor, mit einem schonungslosen Freimute, der an den kleinen Höfen unfaßbar schien. Es war Motz, damals Präsident in Erfurt. Der hatte sich für seinen Oheim, einen alten, willkürlich seiner Pension beraubten General, verwendet, und als er die übliche Antwort empfing, die sieben Jahre der westfälischen Herrschaft würden nicht anerkannt, da scheute er sich nicht, dem alten Herrn den Namen des Siebenschläfers, der im Lande überall umlief, ins Gesicht zu schleudern. Die Untertanen und die Diener des Kurfürsten, so schrieb er, wären sehr glücklich zu preisen, wenn sie dasselbe von sich sagen könnten, „wenn sie mit Frau und Kindern in einen siebenjährigen Schlaf verfallen und auf diese Weise nur zu neuen Dienstleistungen für Ew. K. Hoheit erstarkt, unter den veränderten Verhältnissen hätten wieder erwachen können“. Dann fuhr er fort: „Ew. K. H. sind reich, Ihre Diener und Untertanen arm“ und forderte den alten Sünder auf, noch am Abend seines Lebens einen würdigen Gebrauch zu machen von seinen reichen Glücksgütern und die Not des treuen Hessenvolks zu lindern, bevor er erscheinen müsse „vor dem Herrn über uns alle, der auch den Mächtigen der Erde den Stuhl bereitet“. So urteilte der größte politische Kopf, den Kurhessen zur Zeit besaß, über das Treiben dieses Fürsten. Als Wilhelm I. bald nachher, im Februar 1821, starb, fand sich in seinem Nachlaß ein politisches Testament, das den Thronfolger ermahnte, immerdar als ein wahrer Selbstherrscher zu regieren.

Die Mahnung war kaum nötig. Noch fester als bisher verketteten sich unter der neuen Regierung die Schicksale des Landes mit den persönlichen Verhältnissen des Fürstenhauses. Kurfürst Wilhelm II. war von Natur weder dumm noch bösartig, aber schlecht erzogen, ohne Sinn für geistiges Leben, unfähig sein wildes Blut zu zügeln, ein gewöhnlicher Lebemann und Paradesoldat. Nun wollte sein Unstern, daß er noch bei Lebzeiten des Vaters unter die Herrschaft eines gemeinen Weibes, Emilie Ortläpp aus Berlin, geriet und um ihretwillen seine edle Gemahlin Auguste, eine Schwester des Königs von Preußen, roh beleidigte. Mit seiner Thronbesteigung begann ein Dirnenregiment, beispiellos in der Geschichte des neuen Jahrhunderts.

Kaum hatte der Leichenzug den Sarg des alten Herrn auf die Löwenburg hinaufgeführt, so erfolgte die erste befreiende Tat der neuen Regierung, das Abschneiden der Zöpfe. Das Land frohlockte; zu hunderten lagen die Symbole der schlimmen alten Zeit, ein Spiel der Gassenbuben, auf dem Pflaster und in den Rinnsteinen der Hauptstadt. Ebenso freudig berührte die Nachricht, daß der Bau der Kattenburg eingestellt sei; das anspruchsvolle Gebäude blieb fortan, solange der Kurstaat bestand, als eine unheimliche Ruine liegen, Bettler und Landstreicher suchten nachts ein Obdach unter den hohen Gewölben. Noch im selben Jahre erschien eine vom Ministerialrat Krafft entworfenen Verwaltungsorganisation, welche das Ländchen, nach der prahlerischen Weise der deutschen Kleinstaaten, in vier Provinzen einteilte, vier Regierungen, vier Finanzdirektionen und außerdem noch eine besondere schaumburgische Regierungsbehörde über eine Bevölkerung von 600 000 Seelen stellte. Trotz ihrer Kostspieligkeit war die neue, dem Muster Preußens nachgebildete Ordnung immerhin besser als die alte, heilsam insbesondere die scharfe Trennung von Verwaltung und Rechtspflege.

Aber mit diesen Reformen gingen die löblichen Taten Wilhelms II. zu Ende. Noch während der Huldigung zog die Ortläpp mit ihren Kindern in den Palast des Liebhabers ein und genoß nunmehr, zur Gräfin Reichenbach erhoben, alle Rechte einer kurfürstlichen Gemahlin. Die Einberufung des Landtags unterblieb, obgleich die Ritterschaft mehrmals darum mahnte. Im Genusse der unbeschränkten Selbstherrschaft und im Verkehre mit dem verworfenen Gesindel, das sich an die Reichenbach anhing, verwilderte der Kurfürst bald gänzlich; tierisch ward sein Jähzorn, niemand war vor seinen Mißhandlungen sicher, wenn er sich nicht das Herz faßte, dem furchtsamen Wüterich selber mit der Faust zu antworten. Bald kam es so weit, daß der Landesvater beständig eine Peitsche im Wagen bei sich führte, und man war schon froh, wenn auf seinen Reisen durchs Land weiter nichts vorfiel als „einige an verschiedenen Postmeister höchst eigenhändig ausgeteilte Kantschuhiebe". Die Reichenbach selber mußte auf ihrer Hut sein, und sie wußte sich zu helfen: wenn er sie angriff, dann warf sie mit teuren Vasen und Tassen so lange um sich, bis der Wütende die Kostspieligkeit dieser Wurfgeschosse zu merken begann und die Habsucht den Zorn besiegte. Sobald ein solcher Auftritt überstanden war, konnte sie von ihrem Geliebten alles erreichen. An ihrer Gunst sonnte sich ihr Bruder, ein vollendeter Taugenichts, dem der Kurfürst zum Entsetzen seiner Ritterschaft den Namen der ausgestorbenen Freiherren Heyer von Rosenfeld verlieh. Auch die altbefreundeten Rothschilds sahen ihren Weizen blühen, da der Sohn vom Vater nur die Habgier, nicht den Geiz geerbt hatte und trotz seiner Schätze immer freundlicher Aushilfe bedurfte, die sein Vermögensverwalter Finanzrat Deines bei dem Frankfurter Hause gewandt zu vermitteln wußte.

Neue widerrechtliche Steuern, Taxen und Polizeistrafen sollten die leeren Staatskassen füllen. Sogar die Wachsbilder seiner Ahnen im Kasseler Museum ließ der Kurfürst einschmelzen, um den Preis des Wachses einzustreichen. Sein Hausvermögen legte er teils in ausländischen Kapitalien an, teils in böhmischen Landgütern für die Kinder der Reichenbach; Hessen hatte keinen Vorteil davon.

Dem bedrückten und vernachlässigten kleinen Mann versperrte der törichte Zollkrieg gegen Preußen auch noch den nachbarlichen Verkehr. Die Unzufriedenheit war allgemein. Schmuggel und Wilddieberei nahmen überhand. Das letzte Bollwerk gegen die Willkür bildeten die Gerichte, die in dieser argen Zeit ihren guten Ruf abermals bewährten. Wie einst Gerichtsrat Pfeiffer noch unter dem alten Kurfürsten für die Domänenkäufer eingetreten war, so widerlegten jetzt der wackere Präsident Wiederhold und das Kasseler Oberappellationsgericht durch die Tat das liberale Vorurteil, das eine freie Rechtspflege in höfischer Luft nicht für möglich hält; wo sie nur konnten, nahmen sie sich des guten Rechts der Beamten, der Staatsgläubiger, der Steuerzahler an, doch ihre Macht reichte nicht weit. Die zwecklose Nichtigkeit des politischen Lebens hatte der hessische Kurstaat mit allen deutschen Kleinstaaten gemein; eigentümlich war ihm eine gewissenlose Tyrannei, die von der wohlmeinenden Beschränktheit der meisten andern deutschen Höfe häßlich abstach und fast an Neapel oder Modena erinnerte. Noch unaufhaltsamer als Sachsen trieb dieser Staat einer gewaltsamen Erschütterung entgegen.

Kurhessen litt unter der Willkür seiner Fürsten; die kaum minder krankhaften Zustände des Königreichs Hannover entsprangen dem entgegengesetzten Grunde, der Schwäche der monarchischen Gewalt. Ungeheure Schicksalswechsel, wie sie nur Deutschlands Geschichte kennt, waren über dies niedersächsische Gebiet dahingegangen, bis es nach langer Ohnmacht einen Teil seiner historischen Machtstellung zurückerlangt hatte.

Die Befreiung des Landes vom französischen Joch erfolgte allein durch die Heere der Verbündeten; dagegen hielt sich Hannover sehr rühmlich in dem Feldzuge von 1815, und mit stolzer Zuversicht blickten die Althannoveraner in die Zukunft ihres neuen Königreichs. Nüchterne Beobachter konnten freilich nicht verkennen, daß sich der vergrößerte Welfenstaat, gleich dem anderen Staatsgebilde der englischen Diplomatie, dem Königreich der vereinigten Niederlande, auf der Landkarte weit kräftiger ausnahm als in der Wirklichkeit. Die Hoffnung des Londoner Hofes, in diesen beiden Tochterstaaten den englischen Interessen ein weites Machtgebiet auf dem Festlande zu sichern, erwies sich bald als ein Irrtum, da Holland selbstgenügsam seines eigenen Weges ging. Das Königreich Hannover war, trotz der langen Grenzlinie gegen Holland, ein deutscher Kleinstaat wie andere auch, und trotz seiner 700 Geviertmeilen volkswirtschaftlich

Fürst Blücher von Wahlstatt

Fürst Schwarzenberg

W. von Bülow

ungleich schwächer als das kleine Königreich Sachsen, da der weite Raum nur von 1,4 Mill. Menschen bewohnt wurde, zwei Fünftel des Bodens Heide, Moor und Gemeinweide unbebaut lagen.

Die altwelfischen Gebiete empfingen durch Hildesheim und Goslar die längst ersehnte Abrundung, obwohl das Göttinger Land noch immer durch einen braunschweigischen Streifen davon geschieden blieb. Aber neben dieser leidlich geschlossenen Masse lag völlig abgetrennt die neu erworbene Westhälfte des Königreichs, das friesich-westfälische Land an der Ems und Hase, das durch Verkehr und Geschichte auf das preußische Westfalen angewiesen, mit dem Welfenlande nur auf der Landkarte durch den schmalen Sumpfstrich am Dümmersee scheinbar verbunden war. Keiner der neuen Landesteile trat gerne unter das welfische Szepter. In Hildesheim stand die kurze Zeit des preußischen Regiments, das so kräftig und maßvoll mit der Erbschaft des Krummstabs aufgeräumt hatte, bei der lutherischen Mehrheit der Bürgerschaft noch in gutem Andenken. Die treue Ghibellinenstadt Goslar war von jeher, wie ihr Wappenspruch sagte, sonder Wahn dem Heiligen Reiche zugetan und den Welfen verfeindet. Auch in Osnabrück, das hundertfünfzig Jahre lang abwechselnd von katholischen Bischöfen und von welfischen Prinzen regiert worden war, hatte sich Kurhannover wenig Freunde erworben; die stolze, ihrer uralten Geschichte frohen Kommune fühlte sich als ein Staat im Staate, noch in den fünfziger Jahren wurden „die hannoverschen Kinder" der Offiziere und Beamten von den eingeborenen Westfälingern in den Schulen wie Eindringlinge angesehen. Nun gar die tapferen Preußen in Ostfriesland wollten, zum Erstaunen der welfischen Beamten, schlechterdings nicht begreifen, daß die Vereinigung mit Hannover für sie ein Segen und selbst eine Standeserhöhung sein sollte; sie stemmten sich mit friesischer Hartnäckigkeit gegen die neue Regierung und setzten durch, daß ihnen mit allen ihren alten Landesbräuchen auch das Preußische Landrecht erhalten blieb. Ein Glück nur, daß der lutherische Welfenstaat von seinen neuen katholischen Untertanen keine kirchliche Feindseligkeit zu befürchten hatte. Die Katholiken in Osnabrück und Hildesheim waren gläubig, aber durch die protestantische Nachbarschaft an Duldsamkeit gewöhnt und hatten sogar nach dem Vorbilde der Lutheraner den deutschen Gemeindegesang in ihren Kultus aufgenommen. Nur das blutarme Volk im oberen Emslande, die viel verspotteten Muffrikaner, die von mühsam gedämpften Sanddünen oder aus verbranntem Moorboden ihre kärglichen Ernten gewannen und die nicht minder armen Kleinbauern im Eichsfelde standen ganz unter der Leitung des Klerus, der sich aber auch hier behutsam zurückhielt. –

Unbegrenzte Verehrung brachte ganz Hannover dem Prinzregenten und Könige Georg IV. entgegen, obgleich der Sohn sich um sein deutsches Land noch weniger bekümmerte als der Vater. Wie weit zurück schien schon die Zeit zu liegen, da dieser Prinz einst mit dem Beau Brummell im Erfinden neuer Pomaden, Krawatten, Schuhschnallen gewetteifert und um den Namen des ersten Gentleman von Europa gerungen hatte. Jetzt war der Abgott der Mode nur noch ein früh gealteter Wüstling und Trunkenbold, einer der leersten Menschen, welche jemals einen Thron geschändet haben. Selbst die einzige unbestrittene Tugend seines Hauses, die Tapferkeit, hatte der Weichling nie bewährt, und nur wenn er über seine eigene Gebrechlichkeit frivole Witze riß, zeigte sich auf Augenblicke noch ein matter Abglanz der entschwundenen Lebenskraft. Als Prinz von Wales hatte er nach der Gewohnheit der Tronfolger den Oppositionsführer gespielt, mit Fox und Sheridan, dem tollen Sherry, sich in Freiheitsreden überboten. Seit er die Regentschaft führte, war er längst ein steifer Tory geworden, ein warmer Bewunderer Metternichs; wo ihm aber ein starker Wille entgegentrat, wagte er niemals Farbe zu bekennen.

Die langweiligen Regierungsgeschäfte überließ er dem diplomatischen Schöpfer des neuen Königreiches, dem Grafen Münster, der fortan als Kabinettsminister in London lebte. Auf Münsters Rat wurde die Würde des Generalgouverneurs nicht dem halsstarrigen Herzog von Cumberland verliehen, der das Land im Herbst 1813 für den König in Besitz genommen hatte, sondern dem gefügigen jüngeren Bruder, dem Herzog von Cambridge. Dieser mäßig begabte, gutmütige Prinz bezauberte alle Herzen durch seine Leutseligkeit, er mußte aber späterhin selber gestehen, daß ihm die Zustände und Stimmungen in Hannover fünfzehn Jahre hindurch ganz unbekannt geblieben seien.

Es war auch wenig von dem geistigen Leben des Landes zu spüren; wer es besuchte, der mußte es für das zurückgebliebenste Gebiet Deutschlands halten. Den unreifen wirtschaftlichen Zuständen Hannovers antsprach die altväterische Handelspolitik, die sogleich nach dem Frieden überall die alten Binnenmauten wieder aufrichtete und nach der Gewohnheit wohlhabender Ackerbauländer, durch niedrige Zölle die Verzehrung der besitzenden Klassen zu erleichtern suchte. Das Welfenland stand den englischen Waren offen, diente ihnen als wohlgelegene Schmuggelstätte für den Verkehr mit dem inneren Deutschland. Die Leinenindustrie des Osnabrücker Stifts ging fast zugrunde durch den Wettbewerb der englischen Baumwollwaren; aber die Mehrzahl des Volkes war zufrieden, der wohlgenährte Küstenbewohner betrachtete es als sein natürliches Recht, billigeren Rotwein zu trinken als der Binnenländer. Das preußische Zollsystem ward allgemein als gehässige fiskalische Quälerei verwünscht; nicht einmal den unbrauchbaren alten Zwanzigguldenfuß wollte man mit dem preußischen Münzwesen vertauschen. Die Regierung nannte ihr Land gern den deutschen Nordseestaat; doch sie erkannte nicht, daß für die deutsche Nordseeküste jetzt erst die Zeit des Erwachens gekommen war, während die Handelskräfte der Ostsee sich schon vor Jahrhunderten entfaltet hatten. Mit seinen beiden großen Emporien Hamburg und Bremen lebte Hannover von alters her in Unfrieden; alsbald nach der Rückkehr der Welfenherrschaft wurde die Pfahlbrücke abgetragen, welche Davoust über die Elbe hatte schlagen lassen. Die Häfen an der Ems wollten neben diesen übermächtigen Nebenbuhlern nicht recht gedeihen; die Regierung tat einiges, um ihnen ihren Strom schiffbar zu erhalten, aber der unentbehrliche Kanal zwischen Elbe und Weser kam nicht zustande. Auch für die Eindeichung der Küste wurde selbst nach der schrecklichen Sturmflut von 1825 nur notdürftig gesorgt; niemals ist unter welfischer Herrschaft dem Meere ein so großes Gebiet entrissen worden wie der Preußische Polder, den die treuen Ostfriesen als ein Vermächtnis ihres großen Königs bewunderten.

Hannover besaß wie wenige andere deutsche Landschaften das Zeug zu einem tüchtigen Bauernstande. Nur in Göttingen und auf dem Eichsfelde war der Grundbesitz übermäßig zersplittert; fast überall sonst bestanden stattliche Bauernhöfe, deren Unteilbarkeit meist durch Gesetz, in Ostfriesland und den Bremer Marschen durch eine unverbrüchliche Sitte gesichert war. Wie der königliche Domänenpächter seine Fuhren nie anders als durch Viergespanne besorgen ließ, so lebte auch der Bauer breit und behäbigt, selbst in der verrufenen Lünerburger Heide gewann er durch die großen Herden seiner Heidschnucken leidlichen Wohlstand. Überall wo die sächsischen Roßköpfe auf dem Hausgiebel prangten, versammelten sich die Bauern noch wie vor tausend Jahren unter der Linde auf dem Ti zur Beratung; und fast noch stolzer hielten sich die Friesen, denn auf dem gefahrvollen Marschboden gedeiht die Unfreiheit so wenig wie im Hochgebirge. Aber die wirtschaftliche Kraft dieses selbstbewußten, kernhaften Volkes wurde gelähmt durch mannigfache Grundlasten und ein oft sehr drückendes Meierrecht. Vorzügliches leistete die Landwirtschaft nur in der Pferdezucht, die durch das treffliche Celler Landgestüt gefördert wurde. Mit Neid sah der Bauer auf den adligen Grundherrn, der zu den Staatssteuern wenig, zu den Gemeindelasten nichts beitrug, und bei schlechter Wirtschaft sich durch den Lehnskonkurs seinen Gläubigern entziehen konnte.

Von Kindesbeinen an genoß der Edelmann einer unbilligen Begünstigung, welche selbst den gesetzlichen Sinn der Niedersachsen endlich erbittern mußte. Auf der Lüneburger Ritterakademie, der Pflanzstätte des welfischen Junkerhochmuts, wurden zwölf adlige Freischüler durch vierzehn Lehrer schlecht, aber standesgemäß unterrichtet. Trat der junge Edelmann als Auditor in der Verwaltung, so erhielt er nach kurzer Zeit den Titel Drost und damit das Recht, seine bürgerlichen Genossen zu überspringen. Dazu noch die adlige Bank am Celler Obergerichte und die adligen Stellen im Forstdienst. Sogar für die Hausdienerschaft des Adels war durch die berüchtigte Livree-Karriere gesorgt; die Stellen der Subalternbeamten wurden in der Regel nicht mit ausgedienten Soldaten besetzt, sondern nach englischer Weise mit Leuten, die von einem vornehmen Herrn eine Empfehlung beibrachten. Auch das reiche Klostergut, das bei dem friedlichen Verlaufe der Reformation hier fast ungeschmälert geblieben war, half mit zur Versorgung der regierenden Familien; in der lieblichen Waldeinsamkeit von Mariensee und in anderen stillen Winkel versteckt lagen achtzehn Damenklöster, wo die Töchter des Adels, der Offiziere, der hohen Beamten als Chanoinessen eine Unterkunft fanden. Das Land war übersät mit Privilegien und Exemptionen; von Gunst und Gnade zog jedermann seinen Vorteil, bis herab zu den Göttinger Buchhändlern, die sich im Gnadenwege die Postmoderation für ihre Pakete errangen.

In der Armee hatte der Adel nie soviel gegolten wie im Beamtentum. Sie besaß an den Offizieren der Deutschen Legion kampferprobte und welterfahrene Führer. Diese Helden von Torres Vedras, Salamanca, Waterloo schworen auf Wellington, „den Herzog", und hingen an den englischen Bräuchen noch treuer sogar als die Hofgesellschaft, die jeden vornehmen Mann mit dem Lobe beehrte: er sieht aus wie ein Engländer. Der tapfere General Hartmann ward als Kommandeur des Bath-Ordens allgemein „Sir Julius" genannt. Minder behaglich empfand der gemeine Soldat die Anmut britischer Sitte, wenn er mit der neunschwänzigen Katze „gestripft" wurde.

Im Jahre 1821 feierte das Welfenland ein großes dynastisches Freudenfest, das auf die politische Bildung und Gesinnung der deutschen Kleinstaaterei ein grelles Licht warf. Seit zwei Menschenaltern lernten die hannoverschen Kinder in den Schulen, sie sollten ihren König lieben, denn den lieben Gott könne man ja auch nicht sehen; da kam die erstaunliche Nachricht, daß der Unsichtbare sich den Augen seiner deutschen Untertanen zeigen wolle. Georg IV. hatte in England die Wandlungen der Volksgunst genugsam erfahren.

O wünsche jede Träne, die du weinst,
Von deinem Vater einen Frevel ab –

so hatte ein Lord Byron der weinenden Prinzessin von Wales zugerufen, und wie viele andere Verwünschungen edler und freier Männer waren seitdem auf das Haupt des Fürsten herniedergefallen. Als er den Prozeß gegen seine unglückliche Gemahlin führte, durfte er sich kaum auf die Straßen Londons hinauswagen. Dann schlug die Stimmung plötzlich um, bei seiner pomphaften Krönung begrüßte ihn die schaulustige Menge mit donnerndem Hochruf. Froh dieser Huldigungen wollte er sich nunmehr auch den beiden Trabantenvölkern der englischen Sonne, den Iren und den Deutschen, im Glanze der Majestät zeigen. Lärmend war die Freude der Iren, fast noch herzlicher der Empfang in Hannover. Ein fragwürdiger Anblick allerdings; diese unbehilfliche Gestalt mit dem gedunsenen Gesicht und der jugendlichen braunen Kakadu-Perücke; der rote Hals war von dem roten Uniformkragen schwer zu unterscheiden, und der gerühmte königliche Anstand ließ sich auch nur dann bemerken, wenn der Landesvater nüchtern war. Einerlei, das Volk konnte sich an seinem lebendigen König nicht satt sehen; und als er nun gar, in sehr gehobener Stimmung, den Bürgern seiner deutschen Hauptstadt versicherte: „Ich bin stets Hannoveraner gewesen, ich will für immer als Hannoveraner leben und sterben" – da flammte die Begeisterung voll auf. Wenige Wochen zuvor hatte er, ebenfalls in sehr gehobener Stimmung, den Iren beteuert, sein Herz sei stets irisch gewesen. Überall im Lande dieselbe Glückseligkeit, zahllose Reden und Gedichte, bald welfisch stolz, bald deutsch gemütlich. Ein wackeres Bäuerlein hatte mit seinem Verständnis den einzigen Charakterzug Georgs, der deutschen Gemütern zusagte, herausgefunden und über seiner Tür einen gefüllten Humpen abmalen lassen, darunter die Inschrift: „Hei kümmt, hei kümmt; ob hei wohl enen nümmt?" Die Georgia Augusta feierte in prachtvoller Ode das Glück der vereinten gens Britannica und gens Guelphica, und Heeren schilderte nachher mit historischer Gründlichkeit in einer besonderen Schrift die Empfangsfeier in der Musenstadt. Das politische Ereignis dieses Triumphzuges aber wurde von einem patriotischen Dichter sinnig zusammengefaßt in den Versen:

Heil mir, spricht jeder hochbeglückt,
Daß ich den König hab' erblickt!

Das alles konnte nicht darüber hinwegtäuschen, daß in dem seltsamen Staat eine Fülle unversöhnlicher Gegensätze aufwucherten, noch mehr allerdings in Braunschweig, dem zweiten deutschen Welfenstaate.

Der üble Ruf, dessen die Welfen seit dem Prozeß der Königin Karoline in Deutschland genossen, verschlimmerte sich noch, als bald nachher die beiden Hauptlinien des Hauses von neuem öffentliches Ärgernis gaben. Die ältere herzogliche Linie hatte aus den Länderverteilungen der Welfen nur einige Fetzen niedersächsischen Landes davon getragen, die von Holzminden an der Weser bis zum Magdeburgischen verstreut lagen. Obgleich die sozialen Verhältnisse dieses Ländchens denen der benachbarten lüneburgischen Gebiete glichen, so gelangte doch der Adel hier niemals zu so unumschränkter Herrschaft wie in Hannover, weil die Herzoge daheim blieben. Braunschweig lernte unter seinem geistreichen Herzog Karl manche Sünde des Absolutismus, den Hofprunk, den Soldatenhandel,die französische Verbildung gründlich kennen, aber auch viele Wohltaten dieser Staatsform. Unter Karl Wilhelm Ferdinand wurde sodann der arg zerrüttete Staatshaushalt durch einen trefflichen bürgerlichen Minister, Feronce, neu geordnet, und es begann eine Epoche sorgsamer Verwaltung, freier Presse, blühenden Schulwesens, die von dem Volke noch lange nachher als die gute alte Zeit gesegnet wurde. An Talent und Heldensinn war die ältere Linie den englischen Welfen weit überlegen. In der deutschen Politik ging sie fast immer andere Wege als ihre königlichen Vettern. Sie verschwägerte sich mit den Hohenzollern und schloß sich eng an Preußen an; mehrere Prinzen starben den Heldentod unter Preußens Fahnen; auch jener Leopold, der als Menschenretter in den Wellen der Oder sein Grab fand, war preußischer Offizier. Das Verhältnis begann sich zu ändern, nachdem auch Karl Wilhelm Ferdinand seine preußische Treue mit dem Leben bezahlt hatte. Sein Nachfolger, Friedrich Wilhelm, der Held der schwarzen Schar, konnte als Fürst ohne Land und Todfeind Napoleons zunächst nur bei England Hilfe suchen. Dirch Englands Fürsprache erhielt er so dann im Befreiungskriege seine Erblande zurück. Als er bei Quatrebas fiel, hinterließ er ein Testament, das die Regentschaft sowie die Vormundschaft über seine beiden minderjährigen Söhne dem Prinzregenten von Großbritannien übertrug und zugleich den Grafen Münster bat, sich des Herzogtums anzunehmen.

Der Regent überließ die braunschweigischen Geschäfte, unter Münsters Aufsicht, dem herzoglichen Geheimrats-Kollegium. Dessen Seele war Geh. Rat v. Schmidt-Phiseldeck, ein einsichtiger, gewissenhafter Beamter, der schon das Vertrauen des verstorbenen Herzogs besessen hatte und sich bald allgemeine Achtung im Lande erwarb. Die vollständige Wiederherstellung der alten Ordnung erregte hier, wo das Königreich Westfalen unsäglich verhaßt war, keinen Unwillen. Die vormundschaftliche Regierung verfuhr nach der wohlwollenden, bedachtsam hannoverschen Weise; doch die Dinge lagen hier einfacher, da Braunschweig keine neuen Gebiete erworben hatte, notwendige Reformen waren leichter durchzusetzen. In einzelnen Dingen ließ sich allerdings erkennen, daß die kalte Hand eines fremden Verwesers über dem Land waltete.

Immerhin erschien die neue stille Zeit dem Volke nicht unbehaglich. Die Finanzen waren wohlgeordnet, die Steuerlast mäßig, für Wegebau und Schulwesen geschah viel, und das Hausvermögen des jungen Herzogs nahm unter Schmidt-Phiseldecks sparsamen Händen beträchtlich zu. Auf Bitten der Ritterschaft wurde 1819 der alte Landtag einberufen, dessen Privilegien zuletzt im Jahre 1770 festgestellt waren, und mit Zustimmung der Stände kam am 25. April 1820 die Erneuerte Landschaftsordnung, eine zeitgemäße Verbesserung des alten Landrechts, zustande. Diese neue braunschweigische Verfassung stand den Grundsätzen des hannoverschen Patents vom Dezember 1819 nahe, aber sie ruhte auf unanfechtbarem Rechtsboden und sie gewährte den freien Bauern, die sich in Hannover mit einem Versprechen begnügen mußten, sofort eine Vertretung von zwanzig Abgeordneten. Den bäuerlichen Hintersassen war auch in Braunschweig kein Wahlrecht verliehen; an diese Reform wagten überall im altständischen Norddeutschland nur einzelne zu denken. Im wesentlichen entsprach die neue Ordnung den Wünschen des Landes.

So gewissenhaft der braunschweigische Geheime Rat die politischen Geschäfte der Regentschaft besorgte, ebenso gleichgültig vernachlässigte König Georg die persönlichen Pflichten seiner Vormundschaft. Der frühe Tod der Mutter und das abenteuerliche Schicksal des Vaters hatten den beiden Prinzen längst allen Frieden der Kindheit verkümmert; auf unsteten Wanderfahrten durch Deutschland, Schweden, England waren sie nirgends recht heimisch geworden. Herzog Friedrich Wilhelm mochte dies fühlen; in seinem Testamente bestimmte er, daß seine Söhne in Zukunft unter der Aufsicht ihrer Großmutter, der ehrwürdigen Markgräfin Amalie von Baden erzogen werden sollten. Der Vormund aber mißachtete diese Vorschrift, vermutlich, weil er die jungen Welfen ganz in welfischen Händen behalten wollte. So fiel denn niemals ein Strahl weiblicher Güte in die dunkle Jugend des Herzogs Karl; seine Base, die Prinzessin Johanna von Sachsen, und deren Schwägerin, die gute Prinzessin Amalie, waren wohl die beiden einzigen edlen Frauen, die ihm jemals nahe traten, und auch sie erst, als sein Charakter schon verhärtet war. Auf Befehl des Vormunds wurde er sehr streng erzogen. Seine eigenen, von Unwahrheit überströmenden Erzählungen verdienen keinen Glauben; niemand kann mit Sicherheit sagen, was alles verfehlt wurde bei der Behandlung des jungen unbändigen Fürsten, der neben dem Hochmut und Eigensinn des Welfenblutes von früh auf liederliche Neigungen und eine unbezwingliche Vorliebe für schlechte Gesellschaft zeigte. Gewiß ist nur, daß der Herzog seine beiden Erzieher tödlich haßte und in dem kleinen Kriege, den er täglich wider sie führte, seine natürliche Bosheit zur abgefeimten Tücke ausbildete; ebenso gewiß, daß er auf seinen fürstlichen Beruf nur sehr mangelhaft vorbereitet, weder militärisch geschult, noch über die Zustände und das Recht seines Landes unterrichtet wurde. Nach englischer Ansicht schien ein solcher Unterricht überflüssig, da dort alle Institutionen darauf berechnet sind, daß der König niemals selbst regiere. König Georg verbarg es kaum, daß ihm seine deutschen Mündel lästig fielen; genug wenn sie Ruhe hielten. Waren sie doch die Neffen seiner Gemahlin, und diese namenlos gehaßte Frau bekämpfte ihren Gemahl noch über das Grab hinaus: ihr Sarg trug die Inschrift: „Hier ruht Karoline von Braunschweig, die mißhandelte Königin von England“ und wurde auf ihren Befehl aus der feindlichen Insel in die braunschweigische Welfengruft übergeführt.

Nicht eigentlich durch die böse Absicht, wohl aber durch die frivole Trägheit des lieblosen Vormunds wurde die Erziehung des jungen Herzogs arg verwahrlost – wenn anders dieser unglückliche Charakter zu erziehen war. Der Zwang und die Langeweile brachten ihn auf, mit brennender Ungeduld zählte er die Stunden bis zu dem Tage der Befreiung. Da beging König Georg noch einen letzten, unbegreiflichen Mißgriff. Nach einem alten Familienvertrage, dem Pactum Henrico-Wilhelminum vom Jahre 1535, wurden die braunschweigischen Prinzen mit dem vollendenten achtzehnten Jahre mündig. Diese Regel war zwar nicht immer unverbrüchlich eingehalten worden; in dem Testamente des verstorbenen Herzogs befand sich auch eine unklare Stelle, welche sich zur Not so verstehen ließ, als hätte der Vater die Mündigkeit seines Nachfolgers noch um einige Jahre herausschieben wollen. Weit überwiegende Gründe sprachen jedoch für die Gültigkeit des alten Hausgesetzes, und da der König den stillen Groll seines Neffen kannte, mußte er alles vermeiden, was dem Herzog einen Vorwand für rechtliche Beschwerden bieten konnte. Gleichwohl wünschte Graf Münster die Vormundschaft um ein Jahr zu verlängern. Unlautere Absichten bestimmten ihn nicht, denn die Braunschweigische Regentschaft brachte ihm nur Arbeit, keinen Vorteil; er war aber gewohnt, über Rechtsfragen vornehm hinwegzugehen und fand den jungen Welfen noch nicht reif für die Regierungsgeschäfte. Bei einiger Menschenkenntnis hätter er freilich vorhersehen müssen, daß dieser Fürst mit zwanzig Jahren schwerlich klüger sein würde als mit achtzehn.

Damit schien alles in Ordnung. Im Oktober 1823 hielt der nunmehr Neunzehnjährige seinen Einzug als regierender Fürst, jauchzend begrüßt von seinem Völkchen, das die Welfen abgöttisch verehrte. Er vermied, die neue Landschaftsordnung zu beschwören, ließ zunächst die Dinge gehen, verbrachte die nächsten drei Jahre zumeist auf Reisen, um nach dem langen Zwange die Freuden des Lebens von Grund aus zu genießen. Als er endlich heimkehrte, hatte er nichts gelernt, aber im Strudel wüster Ausschweifungen die letzte Scham verloren und zudem durch die Lehren Metternichs, der diesen Welfen zärtlich liebte und mit Schmeicheleien überhäufte, eine überspannte, fast wahnwitzige Vorstellung von der Schrankenlosigkeit seine souveränen Fürstengewalt gewonnen. Sofort begann nun ein System gehässiger Verfolgung, das selbst der Geduld der ergebenen Braunschweiger zu arg ward; aus jedem Worte und aus jeder Tat des Herzogs sprach die Frechheit eines zuchtlosen Knaben. Am 10. Mai 1827 erklärte Karl in einer Verordnung, er erkenne die Handlungen der Regentschaft nur insoweit an, als sie nicht über wohlerworbene Regen- oder Eigentumsrechte verfügt hätte; alles aber was in dem Jahre der verlängerten Regentschaft geschehen sei, behalte er noch einer besonderen Prüfung und Genehmigung vor. Er beabsichtigte durch diesen Staatsstreich zugleich seinen Oheim öffentlich zu beschimpfen und die erneuerte Landschaftsordnung umzustoßen. Sein Unrecht war unzweifelhaft.

Mittlerweile wurde Schmidt-Phiseldeck von den Geschäften entbunden, im Gehalte verkürzt, durch Anfragen, Vorwürfe, Drohungen dermaßen mißhandelt, daß er seine Entlassung forderte. Sie ward ihm versprochen, aber trotz wiederholter Mahnungen nicht gewährt. Der geängstigte Mann fürchtete das Ärgste und entfloh nach Hannover, wo er, gemäß einer früheren Zusage, einen Platz im Geheimen Rat erhielt. Die vom Herzog nachgesendeten Steckbriefe wies man in Preußen und Hannover als offenbar willkürlich zurück. Nunmehr war das braunschweigische Geheimrats-Kollegium mit willfährigen Männern ganz neu besetzt; ein vormaliger Schreiber, Bitter, erhielt die Leitung des Finanzwesens. Im herzoglichen Kabinett, wo fortan der Schwerpunkt der Geschäfte lag, tauchten unheimliche Gestalten auf: so Wit v. Dörring, der Verräter der Demagogen, und Dr.Klindworth, ein geheimer Agent, der während eines halben Jahrhunderts von der Gräfin Lichtenau und dem Fürsten Wittgenstein, nachher von Metternich, Guizot, Wilhelm von Württemberg, Manteuffel zu Späherdiensten verwendet wurde und sich zumeist in der einträglichen Rolle des Doppelspions wohlgefiel; auch die verrufene Gräfin Görtz-Wrisberg hatte die Hände mit im Spiele. Mit Hilfe dieser Menschen ließ Herzog Karl eine Reihe unsauberer Libelle anfertigen, welche den König, Münster, Schmidt-Phiseldeck, alle Räte der Regentschaft mit Schmähungen überschütteten und dem Vormund namentlich vorwarfen, er sei darauf ausgegangen durch seine tyrannische Erziehung die Willenskraft des jungen Herzogs zu ertöten.

Der hochmütige englische Hof wurde durch die Angriffe des Braunschweigers aufs äußerste gereizt. Die politischen Beschwerden des Herzogs ließen sich leicht widerlegen, aber der Vorwurf der verfehlten Erziehung war nicht grundlos, wie seltsam er sich auch im Munde des Erzogenen selber ausnahm. Weil König Georg dies empfand, verlor er alle Haltung und ließ sich von dem alten Hasse gegen die Sippe seiner Gemahlin gänzlich übermannen. In seinem Auftrage schrieb Münster eine „Widerlegung der ehrenrührigen Beschuldigungen des Herzogs von Braunschweig", ein Libell, dessen maßlose Sprache den braunschweigischen Brandschriften nichts nachgab. Der Graf scheute sich nicht, dem jungen Welfen mit der Revolution zu drohen; „es scheint," schrieb er höhnisch, „der Herzog will sich in seiner unglücklichen Laufbahn nicht aufhalten lassen." Auch mit der Kriegsmacht des Großbritannischen Königs drohte er hochfahrend, wenn der Deutsche Bund nicht imstande sei, Genugtuung zu schaffen, und wiederholt versicherte er seinen „Ekel über die schwärzeste Undankbarkeit" des Braunschweigers. Welch ein Schauspiel! Was mußte die radikale Jugend, die schon längst an der monarchischen Ordnung zu zweifeln begann, jetzt empfinden, wenn diese beide Fürsten – neben dem Kurfürsten von Hessen zurzeit die verächtlichsten Mitglieder des deutschen hohen Adels – also vor aller Welt ihre schwarze Wäsche wuschen; wenn der hochkonservative welfische Staatsmann von einem Welfenfürsten öffentlich in einem Tone sprach, den sich die Redner des Burschenhauses kaum erlaubten? Herzog Karl beantwortete Münsters Schrift durch eine Forderung; zur Vorübung schoß er täglich stundenlang nach dem Bilde des Feindes.

Es war höchste Zeit, daß der Bund einschritt, bald rührten sich die Feinde Karls.

Der entschiedenste Gegner des Herzogs war die Krone Preußens, die neuerdings mit England-Hannover sehr freundlich stand. Der junge Fürst hatte am Berliner Hofe allgemein mißfallen. Stein fand ihn unsittlich, dünkelvoll, frech und leer; die Generale verziehen ihm nicht, daß er sich gegen die alten Überlieferungen seines ganzen Hauses an Österreich anschloß und unzweifelhaft auf Metternichs Rat, nicht um eine Stelle im preußischen Heere nachsuchte. König Friedrich Wilhelm empfand den Abscheu eines ernsten Mannes gegen ein kindisches Treiben, das zugleich den Frieden im Deutschen Bunde und das Verfassungsrecht in Braunschweig gefährdete.

Nunmehr hielt der König für unerläßlich, daß der Bundestag sein Ansehen gebrauche. Zeigte der Bund diesmal Ernst, so konnte Herzog Karl vielleicht vor weiteren Torheiten behütet werden; jedenfalls ward dem Volke bewiesen, daß in Deutschland noch eine letzte Schranke fürstlicher Willkür bestehe. Der König betrachtete die Beilegung dieses Handels als eine Ehrensache des deutschen Fürstenstandes.

Aber welche Machtmittel standen gegenüber dem starrsinnigen Herzog dem Bundestage zur Verfügung? Ihm blieb schließlich nichts übrig als die Androhung der Exekution (März 1830). Das wirkte. Herzog Karl nahm am 22. April, nach dreijährigem Gezänk, die verhängnisvolle Verordnung zurück; doch sogar jetzt noch verfuhr er unritterlich und hinterhältig, er versteckte seinen Widerruf in einem Ministerialerlaß, der auch einige andere Verordnungen für unwirksam erklärte. Mit einer so spöttischen Genugtuung wollte Preußen sich nicht zufrieden geben; der Bundestag aber folgte diesmal den Winken Österreichs und nahm das Geschehene ruhig hin.

Durch diese zaudernde Schlaffheit des Bundes war der Welfe intwischen schon zu neuen Gewalttätigkeiten ermutigt worden und auch mit seinen Landständen in Händel geraten. So ging es fort; jeder Monat brachte neue Willkürhandlungen – lauter Nichtigkeiten in dem armseligen Stile der deutschen Kleinstaaterei. Dem gesamten Beamtentum wurde durch förmliche Verordnung der Umgang mit dem abgesetzten Kammerherrn v. Cramm untersagt. Als ob er seinen nahen Sturz ahnte, befahl der Herzog eigenmächtig Verkäufe aus dem Kammergute, die selbst der gefügige Kammerdirektor v. Bülow widerrechtlich fand, und sammelte den baren Erlös ein. Eine fieberische Unruhe verzehrte ihn; eines seiner Siegel aus späterer Zeit zeigte ein von den Wellen umtostes Schiff ohne Segel und Steuer, dazu die Inschrift: voilà mon sort! In einem schwarzen Buche hatte er sich einige „Strafmanieren" aufgezeichnet: wie man gefährliche Menschen durch Verbot des Theaterbesuchs, Wartenlassen, polizeiliche Aufsicht, Wechselarrest, Prozesse quälen oder durch einen dritten auf Pistolen fordern lassen könne. Auch eine dreifache Form für seine Unterschrift hatte er sich ersonnen: die eine – „gültig", die zweite – „gilt nicht", die dritte – „gilt gerade das Gegenteil". Nach der alten Gewohnheit der Despoten kühlte er zunächst seinen Mut an dem Adel und den höheren Ständen; die Masse des Volkes wurde nicht gedrückt, die Steuerlast nicht verstärkt. Jedoch die abstoßende Persönlichkeit des Herzogs, der niemals durch einen Zug der Großmut für seine Narrheit entschädigte, und das freche Gesindel im Schlosse erbitterten auch den geringen Mann. Kopfschüttelnd sah der ehrbare Bürger dem tollen Wesen zu und glaubte die wunderbarsten Gerüchte, denn dieser Fürst forderte die mythenbildende Kraft des Volksgeistes geradezu heraus. Schon im Februar 1830 schilderte der Abgesandte der Landstände am Bundestage den Zustand als völlig unhaltbar. Trat aber hier ein Umschwung ein, so mußte sich alter Groll unfehlbar gegen den Fürsten selber richten, und dann konnte, da der englisch-hannoversche Hof noch immer unversöhnt blieb, leicht ein Sturz erfolgen, wie ihn die geduldige Kleinstaatenwelt noch nie erlebt hatte. –

In keinem dieser Kleinstaaten war die Gewalt des Landesherrn durch die Macht der Stände völlig vernichtet worden; ein kräftiger Fürst vermochte hier überall noch Unheil oder Segen zu stiften. Allein in Mecklenburg stand die ständische Oligarchie so fest, daß auf die Persönlichkeit der Landesherren wenig oder nichts mehr ankam. Zur selben Zeit, da fast überall sonst in Deutschland die Fürstengewalt ihre Machtvollkommenheit erreichte, erlebte sie in Mecklenburg ihren tiefsten Fall. In klassischen Worten verkündete dies Grundgesetz die patrimoniale Staatsansicht, welche Haller späterhin ins System brachte: der Staat erschien hier nur als ein Nebeneinander wohlerworbener Sonderrechte, das gemeine Recht ward grundsätzlich verleugnet, selbst das gemeine Wohl nur nebenher anerkannt. Die Landesordnungen, so hieß es, teilen sich in zwei Klassen: solche die das herzogliche Kammergut und solche, die das gesamte Land, Ritter- und Landschaft angehen. Unter den letzteren wieder werden unterschieden solche Ordnungen, welche die wohlerworbenen Rechte von Ritter- und Landschaft berühren, und „solche Gesetze, welche gleichgiltig, jedoch zur Wohlfahrt und zum Vorteil des gesamten Landes absichtlich und diensam sind."

Diesen Rechtsbestand fand Herzog Friedrich Franz von Schwerin vor, als er im Jahre 1785 seine lange Regierung begann, ein Fürst so recht nach dem Herzen des Volkes, derb und geradezu, fröhlich und neckisch, nicht sonderlich gebildet, aber von kerngesundem Verstande, ein abgesagter Feind aller Frömmelei. Wer hätte ihm zürnen mögen, weil er den Weibern, dem Weine, den Karten und nahezu allen Freuden des Lebens noch über das ländlich sittliche Maß hinaus ergeben war? Sein Mutterwitz und sein Wohlwollen machten alles wieder gut. In Doberan, dem ersten deutschen Seebade, das er eingerichtet hatte, sah man ihn oft stundenlang mit den Rostocker Studenten trinken oder auch mit irgendeinem Handwerksmeister zusammen an der Spielbank sitzen, bis sie gründlich ausgebeutelt selbander heimgingen. Mit jenen „gleichgiltigen" Gesetzen für die gemeine Wohlfahrt nahm er es sehr ernst, und mehrmals versuchte er, fast immer umsonst, sich der Bauern gegen den Adel anzunehmen. Die demütige Stellung, die ihm das Landesrecht anwies, war der kräftigen Natur des Herzogs widerwärtig. Er sprach seinen Unwillen über das Adelsregiment so derb aus, daß er noch lange nach seinem Tode von den Liberalen als der mecklenburgische Reformfürst verehrt wurde. Als er durch den Rheinbund die Souveränität erlangt hatte, erklärte er den Ständen seine Absicht, dem gesamten Lande eine Verfassung zu geben. Der Landtag aber kannte die Geldnot des leichtlebigen Fürsten und vereitelte die Reform durch rechtzeitige Bewilligung eines erhöhten Hufenschosses.

So kam denn der Erbvergleich, als das älteste der bestehenden deutschen Verfassungsgesetze, ganz unverändert in die neue Zeit hinüber und ward auch vom Bundestage anerkannt, obwohl sein Inhalt mit den Vorschriften der Bundesakte nicht recht übereinstimmte. Das Großherzogtum Mecklenburg-Strelitz, das die Bundesgesetze unter den souveränen deutschen Bundesstaaten aufführten, war dem mecklenburgischen Staatsrechte ganz unbekannt. Hier kannte man nur das Herzogtum Schwerin, das den mecklenburgischen Kreis umfaßte und das Herzogtum Güstrow, dem neben dem wendischen Kreise auch das Großherzogtum Strelitz unter dem Namen des Stargardischen Kreises angehörte; beide Serenissimi führten nach altständischem Brauche genau den gleichen Tiel als Großherzoge von Mecklenburg, Fürsten zu Wenden, Schwerin und Ratzeburg. In dieser ständischen Union war aber keineswegs das gesamte Land der beiden mecklenburgischen Großherzoge enthalten. Stadt und Gebiet von Wismar, welche die Krone Schweden erst im Jahre 1803 pfandweise zurückgegeben hatte, wurden nicht wieder in die Ritter- und Landschaft aufgenommen, und das Fürstentum Ratzeburg blieb als neue Erwerbung von vornherein ausgeschlossen: die Stadt Ratzeburg sandte ihren Vertreter auf den Landtag des dänischen Herzogtums Lauenburg, der dem mecklenburgischen ähnlich war, aber vor dem Eingang ihres herrlichen alten Doms verkündeten zwei blaugelbrote Laternenpfähle, daß hier die unbschränkte Herrschaft des Strelitzer Großherzogs begann. Was hier einmal der historische Zufall geschaffen hatte, blieb für alle Zukunft unabänderlich. Dicht an der preußischen Grenze lag ein Rittergut Wolde, das seit grauer Vorzeit weder Steuern zahlte noch Soldaten stellte, weil Pommern und Mecklenburg sich um die Staatshoheit stritten und Preußen den kleinen Nachbarn schlechterdings nicht zu einem gütlichen Vergleiche bewegen konnte.

Ob ein Staat Mecklenburg überhaupt bestehe, blieb dem Rechtskundigen zweifelhaft; gewiß war ein Staatsbürgerrecht nicht vorhanden. Die beiden Großherzoge herrschten in ihrem Kammergute, das reichlich zwei Fünftel ihres gesamten Gebietes umfaßte, ebenso unumschränkt wie die Ritter auf ihren Dörfern, die Magistrate in den Städten. Jede dieser Ortsobrigkeiten durfte Fremde in den Verband ihres Dorfes oder ihrer Bürgerschaft aufnehmen, und die also Aufgenommmenen nannten sich Mecklenburger, obgleich sie im ganzen übrigen Land heimatlos waren. Auch im Handel und Wandel bestand keine Einheit. Die beiden Seestädte Rostock und Wismar erhoben ihre eigenen Zölle, und mitten im Lande mußten an 83 fürstliche Zollstellen Abgaben gezahlt werden – nach verschiedenen Zollrollen, von denen keine jünger war als zweihundert Jahre. Da aber die Ritter, ihre Pächter, sowie viele andere Priviligierte steuerfrei waren und in den Genuß des trefflichen unverzollten Lübecker Bordeauxweins zu ihren wohlerworbenen Standesrechten zählten, so warf dieses wundersame Zollwesen nicht mehr als etwa 60 000 Taler jährlich ab. Einmal im Jahre kamen die Stände mit prächtigen Gespannen nach einer der beiden Landtagsstädte Sternberg oder Malchin herübergefahren; die adligen Vasallen prangten in den roten Röcken, die den Bürgerlichen hartnäckig versagt blieben. Die Ritterschaft zählte an

700 Virilstimmen; die Landschaft war durch 45 Bevollmächtigte der Magistrate vertreten. Keine Rede von einer Geschäftsordnung, von einer geregelten Verhandlung; oft sprachen zwei, drei Redner zugleich. Jeder Landstand konnte nach Belieben Gäste mitbringen, die sich, ganz wie auf den polnischen Reichstagen, mitten unter den Ständen umhertrieben; man erkannte sie an ihrer schüchternen Haltung. Auch die gewaltigen Landtagsgelage am Abend erinnerten an die sarmatische Adelsherrlichkeit.

Die ständischen Ämter der Landräte und Landmarschälle waren dem alteingesessen Adel vorbehalten; denn auf die Kunst des Herrschens verstand sich diese Aristokratie aus dem Grunde. Viele ihrer Söhne erlangten im Staatsdienste Dänemarks, England-Hannovers, Württembergs hohe Ämter. Namentlich in Österreich war der mecklenburgische Adel, von Stralendorff an bis herab auf Graf Lützow, fast jederzeit durch einflußreiche Staatsmänner vertreten. So gewann er Weltkenntnis und mächtige Verbindungen. Großherzog Friedrich Franz wußte, daß seine Junker ihn nur als den Ersten unter Gleichen betrachteten; während der ständischen Wirren des achtzehnten Jahrhunderts hatten beflissenen Federn der Adelspartei das durchsichtige Märchen aufgebracht, daß Herzog Pribislav kein Nachkomme des alten Obotritenfürsten gewesen sei, sondern ein einfacher wendischer Edler. Friedrich Franz begnügte sich, in seinem Domanium, wo er Herr war, für die Bauern zu sorgen. Zum Landtage wagte er nur noch selten mit fürstlicher Strenge zu reden, so einmal, als die Stände nahe daran waren, ihm die Kosten seines Bundeskontigents zu verweigern.

Noch schwächer war der monarchische Ehrgeiz am Strelitzer Hofe. Dort regierten nacheinander die Großherzöge Karl und Georg, der Vater und der Bruder der Königin Luise – beide sehr wohlmeinende Herren, aber auch beide so fest verwachsen mit dem alten Landesbrauche, daß sie die Lächerlichkeit ihres Schattenfürstentums gar nicht mehr empfanden. Der leitende Minister Klein-Mecklenburgs war August v. Örtzen, einer der Tüchtigsten aus diesem obotritischen Geheimratsgeschlechte, ehrenhaft, tätig, gescheit und doch ganz unfähig, über den Gesichtskreis seiner Standesgenossen hinauszublicken. Wie grimmig ging er einem bürgerlichen Vasallen zu Leibe, der sich unterfangen hatte, dem Großherzoge Georg zur vollständigen Ausführung des Art. 13 der Bundesakte die Berufung einer allgemeinen Volksvertretung, ja sogar die Abschaffung des Erbadels anzuempfehlen. Da hieß es in der großherzoglichen Antwort: Du hast durch Deinen Brief „das Maß gegeben, nicht was von der ehrwürdigen Verfassung Unseres Landes, wohl aber was von Dir als Vasallen zu halten sei! Wir geben Dir unsere große und gerechte Unzufriedenheit zu erkennen, verweisen Dich an Deine Stelle, verbieten Dir andurch ähnlichen Vorwitz für die Zukunft aufs Nachdrücklichste, ermahnen Dich aber zugleich, Deine Ansichten und Meinungen zu läutern, vor allem aber Dich der alles gute tötenden Arroganz zu entäußern." So urkräftig und väterlich nahm sich diese kleine Krone des Erbvergleichs an, der das Ansehen der Landesherren kaum weniger schädigte als die Gemeinfreiheit des Bauern.

Der Trotz der Adelslibertät konnte nur durch die Macht einer starken Krone, wie die preußische war, gebrochen werden, und eine solche Wendung war jetzt ganz unmöglich, da das mecklenburgische Haus, früherhin oftmals mit Preußen verfeindet, seit der Heirat der Königin Luise eine innige Familienfreundschaft mit den Hohenzollern geschlossen hatte. In Berlin wie in allen anderen deutschen Höfen stand die Meinung fest, daß man dies deutsche Abdera sich selber und seinen ständischen Händeln, die doch draußen niemand schadeten, überlassen müsse. Von dem heimischen Bürgertum konnte der Anstoß zu Neuerungen auch nicht ausgehen. Das derbe Volk, das dem Fremden so bequem und genußsüchtig erschien, war keineswegs arm an guten Köpfen; eine kerngesunde, aus freiem Gemüte quellende heitere Laune behauptete hier immer ihr Recht. Weit stärker wirkte noch die vaterländische Begeisterung der Freiheitskriege auf die Heimat Blüchers und der Königin Luise; die „Franzosentid" war dem Mecklenburger der Greuel aller Greuel. Das Land brachte willig schwere Opfer, zahlreiche Freiwillige traten ein, namentlich in die Lützower Freischar; auch ein Bürgermädchen zog mit in den Kampf und brachte das Eiserne Kreuz heim. Nach dem Frieden standen die gemütlichen, warmherzigen Patrioten von der Warnow auf allen deutschen Universitäten in gutem Ansehen; zwei von den drei Stiftern der Burschenschaft und ihr Geschichtsschreiber Haupt waren Mecklenburger. Aber wenn diese liebenswerten jungen Leute nachher zurückkehrten in die behagliche Heimat, dann begannen die Dämonen des Landes, der Kartentisch, der Rotwein und Wittköppe, die Champagnerflaschen, ihren einschläfernden Zauber zu zeigen, und der Mann hielt selten ganz, was der Jüngling versprochen hatte; ohne die Ideale seiner Jugend zu verleugnen, ergab er sich doch mit einem seufzenden „Jeja“ in Verhältnisse, die sich so leicht nicht ändern ließen.

Was vermochte diese bürgerliche Geduld gegen den dreist zugreifenden Mut der Junker, die noch immer nicht anders dachten wie jener alte Bülow, dessen Grab in Doberan die Inschrift trug: „ik bin en mecklenborgsch Edelmann, wat geit di Düwel min Supen an?“ Rostock, die stolze Greifenstadt, die noch eigene Münzen schlug und das Recht der Begnadigung übte, ging auf den Landtagen meist mit dem Adel Hand in Hand, weil sie also ihre eigenen Privilegien sicherte. Auch der einflußreiche, ungemein tüchtige Advokatenstand fand seine Rechnung bei dem Privilegienwust dieses Streitländchens. Denn ganz wie einst in Polen galt hier das Sprichwort, ein Edelmann ohne Prozeß sei wie ein Hund ohne Schwanz. Ohne einen Rechtsbeistand ließ sich kaum das kleinste Geschäft abschließen, und wie viele Sporteln fielen dann noch ab.

Mit den wirtschaftlichen Kräften des Großgrundbesitzes konnte sich das Bürgertum auch nicht messen. In den Landstädten hantierte der Handwerker, durch Zunft- und Bannrechte wohl geschützt, gemächlich nach der Väter Weise. Der Fürstenhof, das Schwarze Kloster und die anderen Prachtbauten des alten Wismar lagen verwahrlost in verödeten Gassen, und obwohl Rostock die größte Handelsflotte der Ostsee besaß, so blieb sein deutsches Handelsgebiet doch nur klein, da die Zölle und die sprichwörtliche Erbärmlichkeit der Straßen den Verkehr mit dem Binnenlande erschwerten. Ein mecklenburgischer Weg war nie schrecklicher, als wenn ihn die Nachbarn auf Befehl der ständischen Behörden soeben „gebetert“ hatten. Die erste Steinstraße, ein Stück der großen Hamburg–Berliner Chaussee, wurde erst 1826 durch eine englische Gesellschaft erbaut. Also von ihrem Hinterlande fast abgeschnitten, fühlten sich die Rostocker Reeder ganz als hanseatische Weltbürger und ließen sich viele ihrer Schiffe, unter der Führung wetterfester Kapitäne aus dem Fischlande, jahrelang zwischen den Häfen Ostindiens oder Chinas segeln. Die seemännische Tüchtigkeit des Küstenvolkes bereicherte wohl einzelne große Firmen, dem Verkehr des Landes brachte sie wenig Vorteil.

Nicht einmal einer überlegenen Bildung durfte das Bürgervolk sich rühmen. Die bürgerlichen Ritter wetteiferten meist mit dem Adel in plumpem Übermut; die alten, die sich gern als „Fetthämmel“ in Rostock zur Ruhe setzten, blieben jedem neuen Gedanken unzugänglich, nur einzelne der jüngeren, die noch nichts galten, waren von den liberalen Ideen erfüllt. Die Landesuniversität hatte von jeher unter den deutschen Hochschulen nur eine bescheidene Rolle gespielt, und in der lutherischen Landeskirche wurde der herrschende flache Rationalismus von einer ebenso geistlosen Orthodoxie, die an den Führern des Adels ihre Gönner fand, gröblich bekämpft.

Noch weniger als dies unentwickelte Bürgertum vermochte der Bauernstand aus eigener Kraft sich der Übermacht der Ritter zu erwehren. Der lange, grausame Vernichtungskampf der mecklenburgischen Grundherren wider die Bauernschaft füllt wohl das dunkelste Blatt in der Geschichte des deutschen Adels. Ungehindert von der schwachen Landesherrschaft hatte sich der Adel seit 1621 völlig willkürlich das Recht angemaßt, seine Bauern zu „legen“, ihre Güter einzuziehen, falls sie kein Erbzinsrecht nachweisen konnten. Nach dem Dreißigjährigen Kriege wohnten noch an 12 000 freie Bauern im Lande; da stürzte ein großer technischer Fortschritt des Landbaus, die Einführung der holsteinischen Koppelwirtschaft durch v. d. Lühe, den Bauernstand gänzlich ins Verderben. Ums Jahr 1730 begannen die Grundherren wetteifernd ihre Bauern um- und niederzulegen, bis schließlich nur noch etwa ein halb Dutzend freier Bauerndörfer übrig blieb; die schönen Rinderherden, die nunmehr auf den wohlumhegten Koppeln der Edelleute weideten, waren die reißenden Tiere, welche den Bauer aufgefressen hatten – wie die Schafe in England zur Zeit des Thomas Morus. Der Erbvergleich bestätigte der Ritterschaft ihr angemaßtes Recht und verlangte nur, daß ganze Dorfschaften nicht ohne Erlaubnis des Herzogs und des ständischen Ausschusses gelegt werden sollten – ein Verbot, das der Grundherr leicht umging, wenn er die Bauernhöfe einzeln niederlegte. So brach über das unglückliche Land eine wirtschaftliche Katastrophe herein, wie sie auch Brandenburg ohne die starken Hände seiner Monarchen leicht hätte erleben können. Die Güter der Ritterschaft umfaßten beim Beginne des neuen Jahrhunderts etwa 45 Prozent vom Landesgebiete, aber kaum ein Drittel seiner Bevölkerung; nur 1300 Menschen lebten dort noch auf der Geviertmeile. Und doch strebte das Volk hinaus aus dem gewaltsam verödeten, fetten Lande; wiederholte strenge Gesetze mußten den Leibeigenen, „die ihrer Leiber nicht mächtig sind", die Auswanderung untersagen. Der dienstpflichtige Landmann arbeitete oft sechs Tage in der Woche für den gnädigen Herrn, der, wie der Pächter im Domanium, mit Stock und Peitsche das Recht des Dienstzwanges übte und bei schlechter Wirtschaft den Bauer unnachsichtlich abmeiern ließ.

Dies Bauernelend hatte Stein im Auge, wenn er das Schloß des mecklenburgischen Edelmanns mit der Höhle des Raubtiers verglich, und Schlözer, wenn er diese Ritter priviligierte Landesverräter nannte. Unter solchen Eindrücken bildete sich Voß seinen leidenschaftlichen Haß gegen den Erbadel, „dies stinkende Ehrenkleid aus der Lade der Ahnen". Bei der Nahrhaftigkeit des Landes war dabei die Lage der Bauern nicht überall unerträglich. Im „Hahnschen" hausten die Gutsuntertanen behaglicher als anderswo die Freien; auch die Maltzan und andere durch ihren Ahnenstolz bekannte Familien sorgten immer väterlich für ihre Leute. Durch die milderen Sitten der neuen Zeit ward allmählich der Dienstzwang etwas erleichtert. Die Mehrzahl der kleinen Leute aber lebte in arger Roheit, vielfach mißhandelt, in elenden Schulen kaum notdürftig unterrichtet.

In dem Jahrzehnt der Revolution bekundete sich der Groll des armen Mannes zum Schrekken des Adels in mehrfachen Aufläufen, und als der Befreiungskrieg das gesamte Volk unter die Fahnen gerufen hatte, da fühlte man endlich, daß man einlenken mußte. Auf dem Landtage von 1815 nahmen sich die Städte „der edlen Unfreien" an, die für Deutschland so wacker gefochten, und nach langen stürmischen Verhandlungen ward am 18. Januar 1820 die Aufhebung der Leibeigenschaft verkündigt – seit unvordenklicher Zeit die erste soziale Reform in diesem Lande. Doch die Selbstsucht der Ritterschaft hatte dafür gesorgt, daß der Bauer seiner Freiheit nicht froh wurde. Er erlangte nur die Befreiung von der Scholle, durchaus keinen Anspruch auf Grund und Boden. Wagte er seinem Dienstherrn zu kündigen, so ward er heimatlos und erfuhr, was der landläufige Jammerruf „ken Hüsung!" bedeutete; von einer Gutsherrschaft zur anderen abgeschoben, mußte er schließlich in dem großen Landarmenhause zu Güstrow eine Zuflucht suchen. Schon nach Jahresfrist war das gewaltige alte Obotritenschloß zu klein, um die Masse der neuen Heimatlosen zu beherbergen, und der Landtag beschloß, die Grundherren sollten fortan den befreiten Leibeigenen ein Obdach geben – aber was war solch ein Obdach, von widerwilligen Händen gewährt? Von diesen Ständen, Friedrich Franz wußte es längst, stand eine ernstliche Erleichterung des Bauernstandes nicht zu erwarten; darum beschloß der Großherzog mindestens selber mit gutem Beispiele voranzugehen und ließ seit 1822 auf seinen Kammergütern eine umfassende Auseinandersetzung vornehmen. Er wünschte der Mehrzahl seiner bäuerlichen Hintersassen eine wohlgesicherte Erbpacht zu verschaffen, aber der Schlendrian der Behörden und die wundersam verfilzten Rechtsverhältnisse bewirkten, daß die wohlgemeinte Reform nur sehr langsam fortschritt.

Unter allen den hocharistokratischen Staaten, welche einst das Ostseebecken umgaben, hatte sich Mecklenburg allein, noch zäher sogar als Rußlands baltische Provinzen, sein Adelsregiment ganz unverändert erhalten. Hier galt es erst den Grund zu legen für ein modernes Gesellschaftsrecht; für eine Volksvertretung fehlten noch alle Vorbedingungen, und für Preußens deutsche Handelspolitik, die auf ein geordnetes Beamtentum zählen mußte, kam dies Land noch gar nicht in Betracht. –

Der Adel allein war es nicht, der die seltsame Unbeweglichkeit der norddeutschen Kleinstaaten verschuldete. In Oldenburg, dem Lande der Stedinger Ketzer, wo die streitbaren Bauern den Adel schon vor Jahrhunderten fast vernichtet hatten und auf freien Höfen hinter ihren Eichkämpen saßen, zeigte sich die nämliche Erstarrung. Dies unnatürliche aller deutschen Staatsgebilde war allerdings nicht leicht zu regieren. Das neue Großherzogtum umfaßte außer den hartprotestantischen Bauernländern an der Hunte und Jade, die hundert Jahre lang unter dänischer

Herrschaft gestanden hatten, noch ein Stück vom katholischen Münsterland, dazu die Fürstentümer Lübeck an der Ostsee und Birkenfeld an der Nahe. Ein straffes bürokratisches Regiment schien der wohlmeinenden Dynastie allein fähig, diese Friesen, Westfalen, Holsten und Rheinländer unter einem Herrscherhute zusammenzuhalten. Der großherzogliche Amtmann war allmächtig; die neugewonnene Herrschaft Jever verlor ihre uralte Gemeindefreiheit, welche selbst die russischen Landesherrn nicht angetastete hatten, und die verheißene Verfassung blieb aus. In der deutschen Politik machte sich Oldenburg nur bemerklich durch seine kleinlichen handelspolitischen Kämpfe wider die Hansestadt Bremen.

An den widerspruchsvollen, unhaltbaren Zuständen der drei Hansestädte ließ sich der ganze Jammer des deutschen Förderalismus erkennen. Die drei Städte hatten sich einst, als der große Hansebund zerfiel, verpflichtet, den alten Namen und die alte Verbindung aufrecht zu erhalten, sie hatten während des Befreiungskrieges durch gemeinsame rührige diplomatische Arbeit ihre Wiederherstellung durchgesetzt und hielten auch im Frieden freundnachbarlich zusammen. Sie behielten ihre Rangordnung bei, so daß Lübeck obenan, Hamburg zuletzt stand, sie hüteten getreulich die letzten Besitztümer, die noch im Auslande von der althansischen Herrlichkeit übrig waren, den Londoner Stahlhof und das Östersche Haus in Antwerpen; sie suchten häufig durch gemeinsame Konsulate und Handelsverträge ihre Interessen zu wahren und errichteten in Lübeck ein Oberappellationsgericht, das etwas langsam, aber sehr tüchtig arbeitete. Wohl war es ein Unheil, fortwirkend durch Jahrhunderte, daß einst, wie Dahlmann klagte, Schleswig-Holsteins beide Augen sich geschlossen, Hamburg und Lübeck sich ihrer transalbingischen Heimat entfremdet und auch Bremen, gepeinigt durch die Willkür seiner Erzbischöfe, den politischen Verband mit dem Hinterlande zerrissen hatte. Aber solange Schleswig-Holstein dänisch, Hannover englisch war, konnte die Wiedervereinigung keinen Segen bringen.

Also führten diese stolzen Kommunen, die als freie Glieder eines mächtigen Staates eine Zierde Deutschlands sein konnten, ein krankhaftes Zwitterleben; sie waren halb Städte, halb Staaten, halb deutsch, halb weltbürgerlich, und obgleich es auch in ihren Mauern nicht an Patrioten fehlte, welche die wirtschaftliche Zerrissenheit des Vaterlandes beklagten, so übte doch die Gewohnheit bald ihre unwiderstehliche Gewalt. Man lebte sich ein in das handelspolitische Sonderdasein und sprach den Landsleuten im Binnenlande, die allerdings oft sehr ungerecht über die verwickelten Interessen der Hansestädte urteilten, hochmütig jedes Recht ab, in Sachen des Küstenlandes mitzureden. Man bezeichnete die Absonderung vom Vaterlande, die sich doch nur als Notwehr gegen die Binnenzölle vorläufig entschuldigen ließ, mit dem tönenden Namen der Handelsfreiheit und machte nach deutscher Weise aus der Not nicht bloß eine Tugend, sondern eine Theorie: während London, New York, Marseille, alle großen Hafenplätze der Welt sich unter dem Schutze nationaler Zollinien wohl befanden, sollte – so hieß es jetzt – die Natur selber die Mündungen der Elbe, Weser und Trave so eigenartig gestaltet haben, daß sie ein Zollwesen nicht ertragen könnten. Man versicherte oft und inbrüstig, einer gesamtdeutschen Handelspolitik würden sich Hansestädte gerne unterwerfen. Aber die große Mehrzahl ihrer Kaufherren scheute jede Änderung, sie fühlten sich glücklich in der bequemen internationalen Freihafenstellung, die ihnen gestattete, unbekümmert um das Hinterland, immer den nächsten Handelsvorteil wahrzunehmen.

Der lange Friede bewahrte die Städte vor der Versuchung, wieder, wie im achtzehnten Jahrhundert, durch eine ängstliche Neutralität sich zu bereichern; aber auch die Zeiten kehrten nicht wieder, da die Hansen ihren Handel mit wohlbewehrten Friedenskoggen geschützt hatten. Waffenlos wie sie jetzt waren, außerstande dem Auslande wertvolle Gegenvorteile zu bieten, mußten sie durch gewandte, nicht immer würdevolle diplomatische Verhandlungen um die Gunst der fremden Mächte werben und es ruhig hinnehmen, daß ein nordamerikanischer Präsident ihnen sagte: die Hansestädte sind Hühner, die das Pferd der Vereinigten Staaten nur aus Mitleid nicht zertritt. In solcher Lage war das Leben der drei Stadtstaaten an grellen Gegensätzen überreich. Größe und Kleinlichkeit, Fortschritt und Schlendrian, Handelsfreiheit und Zunftzwang, Bürgerstolz und Beamtenwillkür, deutscher Sinn und Ausländerei lagen dicht beieinander. Neben königlichen Kaufleuten und ehrenfesten republikanischen Staatsmännern gediehen hier auch die dünkelvollen Vertreter eines philisterhaften, aus Weltbürgertum und Pfahlbürgertum seltsam gemischten Partikularismus.

Am lebendigsten war die deutsche Gesinnung in dem aufstrebenden Bremen, das überhaupt in diesen ersten Friedensjahren rascher und kräftiger vorwärts schritt als die reichere Schwesterstadt an der Elbe. Die Stadt war im Mittelalter in ihren nordischen und niederländischen Handelsbeziehungen ganz aufgegangen und erst durch die Reformation in die Strömung des nationalen Lebens hineingerissen worden, dann aber auch mit Heldenmut für die gemeinsame Sache des Protestantismus eingetreten. Sie erlangte dann auch die Reichsstandschaft durch die Gunst von Kaiser und Reich, unter beständigen Kämpfen mit Schweden und Kurhannover, den Rechtsnachfolgern der alten Erzbischöfe. Erst der Reichsdeputationshauptschluß sicherte ihr die Herrschaft in ihrem eigenen Mauerring: der kurhannoversche Oberhauptmann zog ab, und der lutherische Dom, der so lange mitten in der reformierten Stadt unter schwedischer und hannoverscher Hoheit gestanden, wurde dem bremischen Gebiete einverleibt. Diese Händel mit unfreundlichen Nachbarn bestärkten die Bürgerschaft in der Reichstreue, die ihr schon Friedrich der Rotbart nachgerühmt hatte.

Mit heller Freude wurde der Untergang der verhaßten Fremdschaft begrüßt, und die Wiederherstellung der erprobten alten Verfassung, der Eintracht vom Jahre 1433 schien allen selbstverständlich. Der vollmächtige Rat, der sich selber ergänzte, führte wieder das Regiment, verpflichtete seine Mitglieder wieder auf den alten niederdeutschen Eid „ik will en recht Radmann sin" und berief von Zeit zu Zeit, nach freiem Ermessen eine beliebige Anzahl rechtfertiger Bürger zu wichtigeren Verhandlungen. Ward eine Steuer ausgeschrieben, so schätzte jeder Bürger sich selber ein, und die großartige Einfalt dieser althansischen Selbstbesteuerung bewährte sich auch jetzt noch ebenso rühmlich wie vor drei Jahrhunderten, als Macchiavelli sie staunend lobte. Da nahe Verwandte nicht gleichzeitig im Rat sitzen durften und das kaufmännische Vermögen sich selten durch viele Geschlechter erhält, so war trotz der aristokratischen Verfassung kein geschlossenes Patriziat entstanden, einzelne reiche Familien, die Meier, Wachmann, Bentheim genossen wohl hohen Ansehens, aber den unbemittelten Talenten war der Zutritt zum Rate keineswegs verschlossen. –

In Hamburg war schon die Bevölkerung weit bunter gemischt als in dem rein deutschen Bremen; die zahlreichen eingewanderten Engländer, Franzosen, Niederländer, portugiesischen und polnischen Juden erfüllten sich alle sehr schnell mit dem ungeheuren Selbstbewußtsein des Hamburger Bürgers, fühlten sich aber selten als Deutsche. Auch der Handel trug hier mehr als in Bremen einen internationalen Charakter. Seit dem Sinken Antwerpens war dieser Platz allmählich der mächtige Zwischenmarkt für die Völker des Nordens geworden; große Fabriken verarbeiteten hier im Freihafen die Rohprodukte des Auslands und schädigten den deutschen Gewerbefleiß durch einen erdrückenden Wettbewerb. Noch mehr als die anderen Hansestädte hatte Hamburg der Neutralität zu verdanken. Mit Sehnsucht dachte jedermann der goldenen Tage der Revolutionskriege, da der Ertrag der Zölle sich vervierfacht, die Häusermiete sich verachtfacht hatte und die Zahl der eingelaufenen Schiffe in acht Jahren von 1504 auf 1960 gestiegen war. Zudem war Hamburg eine Stadt des Genusses – in scharfem Gegensatze zu dem ehrbar nüchternen Bremen. Die Reize seiner Austernkeller, die Schaubuden und Tanzsäle des Hamburger Bergs lockten weither aus Niederdeutschland Vergnügungslustige herbei; der reichsstädtische Freiheitsstolz seiner Bürger war von jeher mit einem Gefühle angenehmer Sättigung unzertrennlich verbunden. Ein Lied, das in den glücklichen Zeiten der Neutralität viel gesungen wurde, rühmte:

> Wir sind ganz frei! Wir klirren nicht mit Ketten
> Des Elends und der Sklaverei.
> Wir ruhen sanft auf federreichen Betten
> Und achten nicht der Tyrannei.
> Wir sind ganz frei!

Durch die Heimsuchungen der Fremdherrschaft wurde dies selbstgenügsame Bürgertum dann sehr fühlbar an sein großes Vaterland erinnert. Bei der Befreiung im Frühjahr 1813 regte sich mächtig das deutsche Blut, der wackere Mettlerkamp und die hanseatische Legion schlugen sich nach alter Hansenart, aber die Schlaffheit des kaufmännischen Regiments war den Anforderungen des kriegerischen Zeitalters nicht gewachsen. In zehn kostbaren Wochen tat der wiederhergestellte Senat sehr wenig für die Verteidigung des Platzes, die befreite Stadt geriet noch einmal unter das französische Joch, und mit Recht sagte Niebuhr, selber ein Holste: mit dem tiefen Ernst der preußischen Anstrengungen dürfe die Hamburger Erhebung nicht verglichen werden. Unbarmherzig hielt er in einem schönen Aufsatze des Preußischen Korrespondenten dieser staatlosen Bürgerherrlichkeit den Spiegel vor: „Schon längst hatte Hamburg wie alle seine Schwestern kein anderes als ein gefristetes Leben ohne alle politischen Regungen gehabt. Solche Bürgerschaften waren mit dem Glücke des Schiffes sehr zufrieden und sahen es als ein Vorrecht an, sich vor dem Winde zu beugen. Männlichkeit besteht nur bei den Bürgern eines Staates voll freien Lebens, der als Gesamtheit mit eigener Kraft sich behaupten kann." Er wagte, die dem Partikularismus so widerwärtige Wahrheit auszusprechen, Bristol und Liverpool würden als abgesonderte Städte tief unter dem stehen, was sie jetzt als freie Munizipalstädte seien, und verhehlte nicht seine Herzensmeinung, daß Hamburg und Schleswig-Holstein nur unter Preußens Herrschaft zur vollen Entwicklung ihrer natürlichen Kräfte gelangen könnten.

Die günstige Lage der Stadt am Eingang des größten rein deutschen Flußgebietes und die altbewährte Handelstüchtigkeit ihrer Bevölkerung kamen trotz aller dieser Hemmnisse doch zur Geltung. Erstaunlich schnell verharrschten die Wunden, welche Davousts unbarmherzige Hand geschlagen; der Verkehr wuchs, und die große Mehrzahl der zufriedenen Bürger verspürte keine Lust, auf die Reformvorschläge einzugehen, welche Perthes mit einigen andern weiterblikkenden Männern im Jahre der Befreiung aufgestellt hatte. Die wiederhergestellte alte Verfassung von 1528 blieb im wesentlichen unverändert. Der halb aus Juristen, halb aus Kaufleuten gebildte hochedle und hochweise Senat führte wieder die Herrschaft in gutem Einvernehemen mit den beiden Kollegien der Oberalten und der Hundertachtziger, die auch in den seltenen Versammlungen der erbgesessenen Bürgerschaft stets den Ausschlag gaben. Wie so oft in der Geschichte der Hansa zeigte der Rat auch jetzt mehr Einsicht als die Bürgerschaft; er hielt einige kleine Verbesserungen für unumgänglich und erlangte mindestens die Gleichstellung der christlichen Bekenntnisse, doch die Emanzipation der Juden vermochte er bei der Bürgerschaft nicht durchzusetzen. Leicht war das Regiment ihrer Wohlweisheiten keineswegs. Die unberechenbare patriachalische Willkür der Hamburger Polizeiherren, ihre Nachsicht gegen die öffentliche Unzucht und die Grobheit ihrer bestechlichen Unterbeamten genossen weithin in der Nachbarschaft eines schlimmen Rufes. In ganz Deutschland gab es keinen so ganz unbeschränkten Gewalthaber, wie jenen Senator, der als Prokonsul in dem schönen alten Schlosse von Ritzebüttel hauste und die Elbmündung durch eine Batterie unbrauchbarer Kanonen bewachte.

Und doch waren die Hamburger stolz auf ihre Stadt; am lautesten äußerte sich die vaterländische Begeisterung bei den Übungen des „Bürgermilitärs", das aus sieben Linien-Bataillonen, Jägern, Reitern und Artillerie bestand und mit grenzenloser Verachtung auf „die Hanseaten", die armen Teufel des stehenden Heeres herniederblickte. Welch ein Fest, wenn am Morgen die Trommler ihr „Kamerad komm" durch die Straßen ertönen ließen und dann der regierende Bürgermeister – „der hohe Herr" hieß er beim Volke – mit Dreimaster und Galanteriedegen feierlich angetan, draußen vor den Toren die große Heerschau über das Bürgerheer abhielt; nach einem ungeheuren Zechgelage wälzten sich schließlich die Bataillone wieder zur Stadt herein, die meisten Krieger stark angetrunken, manche auch mit einer Marketenderin am Arm, nebenher die Straßenjugend, die nach der Melodie „bringt dat Swin na'n Swinmarkt hen" das stolze Nationallied sang: „De Hamborgers hebbt den Sieg gewunnen, ho, ho, ho, ho!" Unbedenklich war es doch nicht, daß in der dritten Stadt des deutschen Bundes das edle Handwerk der Waffen so undeutsch, so ganz nach der Weise der geldstolzen Pariser Bourgeoisie behandelt wurde: für die Armen der Ernst und die Last der Landesverteidigung, für die Wohlhabenden die behagliche Spielerei der Nationalgarde!

Von Deutschland war bei diesen Bürgerfesten nie die Rede. Und doch ließ sich nicht verkennen, wie eng der Reichtum des großen Handelsplatzes mit dem Gedeihen des Hinterlandes

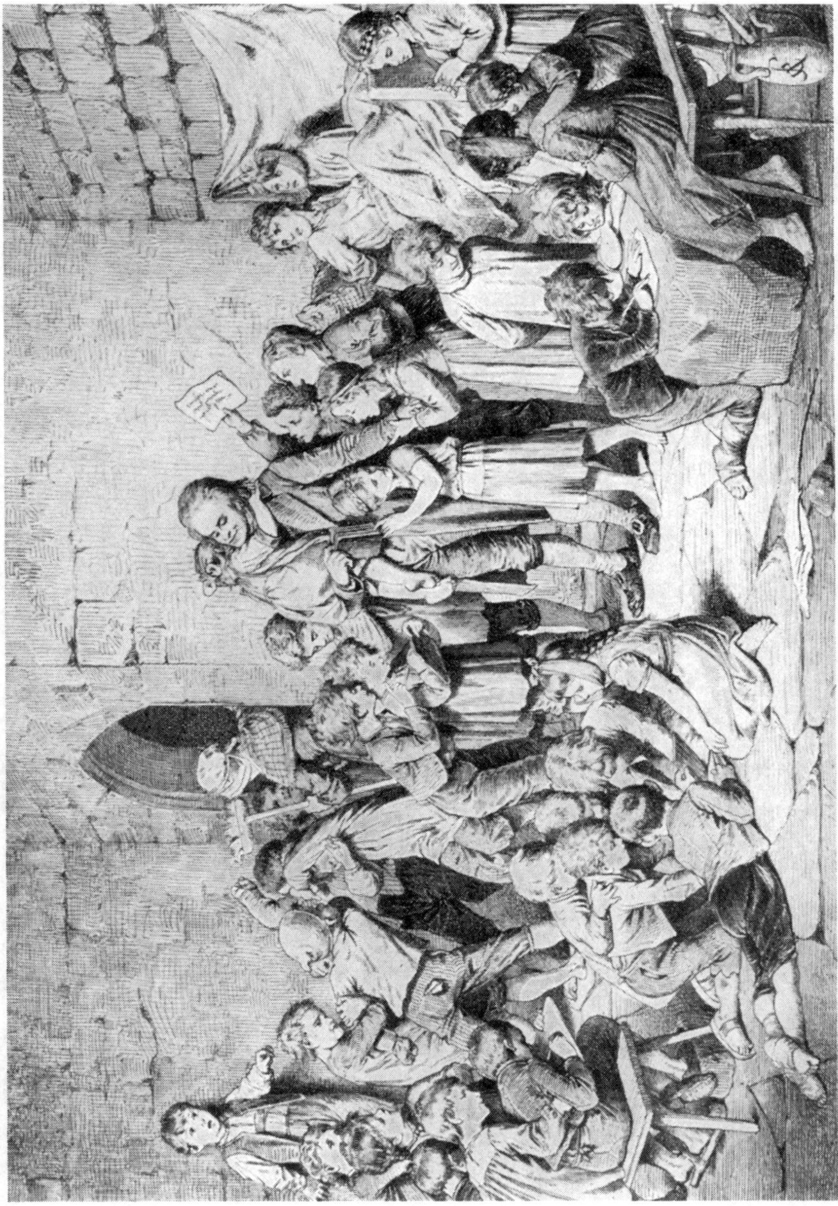

Pestalozzi unter den Waisenkindern von Nidwalden, 1798

Tafel 48

Gründung des Hainbundes

zusammenhing. Der scheinbar so glänzende Zustand des Hamburger Handels beruhte keineswegs auf gesunden wirtschaftlichen Verhältnissen. Im transatlantischen Handel stand die Elbestadt unverhältnismäßig hinter Bremen zurück. Noch im Jahre 1840 gingen nach den Vereinigten Staaten nur 38 Schiffe aus Hamburg ab, darunter 22 nordamerikanische und 11 hamburgische, während ihrer 70 einliefen. Ungleich stärker war der Verkehr mit Frankreich, aber auch dorthin die Ausfuhr mäßig, bedeutend nur die Einfuhr, zumal der Bordeauxweine, die erst seit Mitte des achtzehnten Jahrhunderts durch die Hamburger Kaufleute in Deutschland bekannt geworden waren und allmählich den spanischen wie den Rheinwein aus unserem Norden fast verdrängt hatten. Aber der weitaus größte Teil der Hamburgischen Einfuhr kam aus England. Von da liefen im Jahre 1840: 1610 Schiffe in Hamburg ein, worunter 826 englische, 151 hamburgische. Nah England gingen nur 1190 Schiffe – eine bedenklich niedrige Ziffer, da mindestens neun Zehntel der deutschen Ausfuhr nach Großbritannien den Weg über Hamburg und Altona nahmen. Der in Süddeutschland übliche Vorwurf, die Hanseaten seien nur englische Agenten, war Hamburg gegenüber damals nicht ganz unbegründet. Mancher Hamburger Kaufherr machte kein Hehl daraus, daß er das Erstarken des deutschen Gewerbefleißes nicht wünsche, weil die gewohnte englische Einfuhr zu verlieren fürchte. Erst die Zukunft sollte zeigen, wie kurzfristig solche Berechnungen waren. Erst durch die Segnungen des Zollvereins, durch die wachsende Ausfuhr deutscher Industriewaren ist Hamburg in den Stand gesetzt worden, seinen transatlantischen Verkehr zu erweitern. –

Neben den beiden Schwesterstädten erschien das ehrwürdige Lübeck starr und tot. Von ihrer Bevölkerung hatte die Königin der Ostsee wohl zwei Drittel, von ihrem Handel an fünf Sechstel verloren. Die Turmpaare des Doms und der Marienkirche ragten noch weithin sichtbar über die wagrische Bucht, aber die alten Landmarken wurden nicht mehr wie sonst von siegreich heimkehrenden Orlogsflotten jubelnd begrüßt.

Schwer lastete die Hand des dänischen Nachbarn auf der transalbingischen Nordmark. Es war ein Schicksalstag, entscheidend für vier Jahrhunderte, jener 3. März 1460, da die Landräte Schleswig-Holsteins in Ripen den Dänenkönig Christian I. zum Herzog von Schleswig und Grafen von Holstein kürten. „So wurden die Holsten Dänen", klagte der Lübecker Chronist. Manchen der Tagenden mochte das dänische Gold bestimmen, manchen die Hoffnung, der ferne Landesherr, der Karsten aver'n Belte, werde die heimische Adelsfreiheit wenig stören; den Ausschlag gab doch die Einsicht, daß die alte, in soviel blutigen Kämpfen gegen die Unionskönige des Nordens behauptete Verbindung zwischen dem dänischen Lehen Schleswig und dem deutschen Reichslehen Holstein nur durch diese Wahl gesichert werden konnte. Ausdrücklich „nicht als ein König zu Dänemark", sondern als ein Herr dieser Lande wurde Christian gewählt und mußte durch die Magna Charta und ihre Tapfere Verbesserung das Staatsrecht der beiden vereinten Lande feierlich sicherstellen. Er beschwor – und nach ihm die lange Reihe seiner Nachfolger – dat se bliven up ewig tosamede ungedelt, daß nur deutsche Holstenkinder angestellt, nur mit Bewilligung der Stände Steuern erhoben, nur im Lande selbst Kriegsdienste geleistet werden sollten. Hoch war der Preis, der für diese Freiheitsbriefe gezahlt wurde. Das altholsatische Hamburg trennte sich nun erst, wie vor ihm Lübeck, von seinem Heimatstaate. Statt des glorreichen heimischen Grafengeschlechtes der Schauenburger herrschten jetzt fremde Fürsten, die mit leerer Tasche kamen, um mit gefüllter davonzugehen. Das deutsche Reichsland Holstein geriet durch die Vereinigung mit dem dänischen Schleswig in unhaltbare Rechtsverhältnisse, die nur darum erträglich schienen, weil der Reichsverband so wenig mehr bedeutete. Beide Länder wurden durch ihre dänischen Herrscher der deutsche Politik entfremdet und in die Händel Skandinaviens verwickelt.

Gleichwohl blieb das eine gewahrt, worauf hier die ganze Zukunft deutschen Rechts und deutscher Gesinnung ruhte: die Untrennbarkeit der Herzogtümer. Zwar ist auch Schleswig-Holstein dem gemeinen deutschen Schicksal wiederholter Landesteilungen nicht entgangen. Aber niemals wurde Schleswig von Holstein abgetrennt; die Gottorper Herzöge, die sich solange mit ihren königlichen Vettern in die Herrschaft der Nordmark teilten, besaßen stets Stücke von Holstein und Stücke von Schleswig zugleich, und die Anwesenheit dieser deutschen Fürsten im Lande selbst bot zugleich eine Gewähr gegen dänische Übergriffe. Jahrhunderte lang landtagten beide Herzogtümer gemeinsam in deutscher Sprache, und unter dem Schutze dieses deutschen Staatsrechts drang die überlegene deutsche Kultur unaufhaltsam gegen Norden vor. Das Deutsche war die Sprache der Bildung und herrschte in allen Städten bis nach Hadersleben hinauf; Hamburg, „die Stadt", wie man kurzweg sagte, bildete den Mittelpunkt für den Verkehr des ganzen Landes. Wohl hatte sich Schleswig noch aus den Anfängen seiner Geschichte her manche altnordische Einrichtung erhalten, so das Jütische Lov und die Einteilung des Landes in Harden; doch die gesamte neuere Rechtsbildung war auch hier deutsch, während Holstein aus dem dänischen Rechte schlechterdings nichts aufnahm als einige Danismen in der Amtssprache – so den nordischen Ausdruck „unbeikommend" für unbefugt. Selbst die Bauern Nordschleswigs, die unter sich ihr Rabendänische sprachen, lebten mit den deutschen Nachbarn noch in ungestörter Eintracht. Alles Land von der Königsau bis zur Elbe gehörte zusammen – man wußte es gar nicht anders – und seit das Haus Gottorp auf seine Mitherrschaft verzichtet hatte (1773), war auch die staatsrechtliche Einheit wieder vollkommen gesichert.

Ein Gefühl der Bedrückung konnte hier um so weniger aufkommen, da der dänische Gesamtstaat sehr oft durch Männer aus dem schleswig-holsteinischen Adel regiert wurde, der sich, also in größeren Verhältnissen geschult, durch Weltkenntnis und freieren Blick vor den Standesgenossen in Sachsen und Hannover vorteilhaft auszeichnete. Die Könige waren deutschen Blutes und früherhin meist deutsch gebildet. Seit sie sich durch das Königsgesetz (1665) die unumschränkte Gewalt in Dänemark errungen hatten, erfreuten sich die neuen Alleingewaltserbkönige des Vorteils, welcher den Absolutismus zur Beschwichtigung nationaler Gegensätze vorzüglich befähigt: sie konnten, was ein konstitutioneller Fürst fast niemals kann, zwischen den verschiedenen Nationen, die ihr Szepter beherrschte, eine neutrale Mittelstellung einnehmen, so daß sie keiner von ihnen schlechthin als Fremde erschienen. Bis in den Anfang des achtzehnten Jahrhunderts bestand auch noch das Vermächtnis der Hansa, die alte Gemeinschaft baltischer Kultur, die erst allmählich durch das Erstarken des skandinavischen Volkstums zerstört wurde: deutsche Sprache und Wissenschaft behaupteten das Übergewicht in allen Ostseelanden, die Universitäten Lund und Kopenhagen waren ihren deutschen Schwestern Kiel, Rostock, Greifswald, Königsberg in Art und Unart noch nahe verwandt, selbst im dänischen Heere herschte noch die deutsche Kommandosprache. Mit Selbstgefühl, aber ohne Groll, standen die Schleswig-Holsteiner neben den verbrüderten Dänen. Wohl schied ein scharfer Gegensatz die beiden Nationen. Den schwerfälligen, langsamen erwarmenden, grundehrlichen Holsten mißfiel das bewegliche und verschlagene dänische Wesen; seit dem Königsgesetze herrschte auch im dänischen Staate ein bürgerlich-bürokratischer Geist, der sich mit der aristokratischen, altständischen Selbstverwaltung der Herzogtümer schwer vertrug. Aber noch waren diese Gegensätze dem deutschen Grenzvolke nicht zum Bewußtsein gekommen. Man hatte solange Freud und Leid miteinander geteilt, so lange in gemeinsamer Verehrung emporgeblickt zu den langweiligen oldenburgischen Friedrichen und Christianen, die sich zumeist nur durch die Ziffer hinter ihren Namen voneinander unterschieden, und noch in den zwanziger Jahren sagte mancher ehrliche Deutsche in Schleswig arglos: Seeländer und Jüten, Holsten und Isländer seien allesamt gute Dänen.

Da der abwesende König seine deutschen Herzogtümer der Regel nach sich selber überließ, so wurde Schleswg-Holstein, in noch höherem Maße sogar als Hannover, ein Land des Herkommens und der uralten Gewohnheiten. Wie viele natürliche Gegensätze drängten sich hier auf dem schmalen Raume zwischen zwei Meeren zusammen. Der schleswigsche Bauer verglich sein schönes Land einem Schweine mit dürrem Rücken und fetten Flanken. In der Mitte die schauerliche Einsamkeit der schwarzen Heide. Im Westen die Geest und weiter abwärts hinter dem güldenen Ring ihrer Deiche die reichen Marschen; davor zwischen der stillen grauen Wattensee und der brandenen Nordsee die mächtigen Dünenreihen der friesischen Inseln und die flachen, wie auf den Wogen schwimmenden Halligen. Im Osten an den tief eingeschnittenen Buchten und Förden des blauen baltischen Meeres köngliche Buchenwälder auf welligem Boden, fette Weiden, üppige Felder, alle von den lebendigen Hecken der Knicks umschlossen. Dazu im östlichen Holstein große adlige Güter, in Schleswig und den Marschen fast überall bäuerlicher Besitz.

In dieser Mannigfaltigkeit der Bodenverhältnisse war ein unabfehlbares Gewirr kommunaler Sonderrechte aufgewuchert, das der schleswig-holsteinischen Kanzlei in Kopenhagen selber fast unbekannt blieb. Daß dies Land mit seinen 700 000 Menschen jemals eine gemeinsame Kreisordnung erhalten könnte, hielt jedermann für unmöglich, und es war auch unmöglich, so lange nicht eine starke deutsche Staatsgewalt ordnend dazwischenfuhr. Da gab es Landschaften, Ämter und Harden, in den eingedeichten Marschbezirken oktronierte Kooge, daneben selbstständige Städte, adlige Gutsbezirke und vier adlige Klosterbezirke unter ihren Pröbsten und Verbittern; hier demokratische, da aristokratische, dort monarchische Ordnung; hier Urversammlungen der gesammten Dorfschaften, da erwählte Bauernschaftsvollmachten, dort durch den Amtmann ernannte Vorsteher. Dithmarschen, die glorreiche Bauernrepublik, die dreihundert Jahre lang ihre Freiheit mit Heldenmut verteidigt hatte, war auch, als sich die Landschaft nach der unglücklichen „letzten Fehde" dem Dänenkönige unterwerfen mußte, noch im Besitze kostbarer Sonderrechte geblieben. Nur Landeskinder aus den Marschen durften hier angestellt werden, nur mit Zustimmung der erwählten Räte aus den Kirchspielen konnten die beiden Landvögte ihre Verordnungen erlassen. Und welche Verschiedenheit wieder innerhalb dieser kleinen Landschaft: in Süderdithmarschen, das lange unter den Gottorpern gestanden, war alles verwahrlost, in Norderdithmarschen hatten die königlichen Landvögte jederzeit gute Ordnung gehalten. Auf Sylt besaßen die Landesbevollmächtigten mit ihrem Landvogte ein wenig beschränktes Recht der Autonomie, sie verfügten, was ihnen gut dünkte, durch Landesbeliebungen. Auf den adligen Gütern dagegen übte der Bauernvogt die niedere Polizei und verkündete den Hintersassen die Befehle der Gutsobrigkeit; wohlmeinende Gutsherren errichteten häufig gute Schulen und Armenhäuser, ordneten die kommunalen Beitragspflichten durch Kontrakte, aber eine Dorfordnung wurde den hintersässigen Bauern auch nach der Aufhebung der Leibeigenschaft nur selten gewährt.

Die Entwicklung dieses buntscheckigen Kommunalwesens lag gutenteils in der Hand der königlichen Amtleute, Landdrosten, Landvögte und Hardesvögte. Die Beamten waren hochbesoldet, fast durchweg sehr gebildet und in den Formen der guten Gesellschaft heimisch, aber auch meist wenig geneigt, sich übermäßig anzustrengen. Mannigfache Privilegien sorgten für die Behaglichkeit der höheren Stände; der Kieler Professor zahlte weder Steuern noch Zölle, und auch der wohlhabende Student konnte, da er doch unfehlbar mit irgend einem Amtmann oder Landvogt vervettert war, mit Sicherheit auf die Erteilung eines Armutszeugnisses rechnen. Im Privatrechte bestand noch der uralte Brauch des Einlagers: mancher Schuldner blieb jahrelang freiwillig in Haft, lediglich durch sein Ehrenwort gebunden. Der Regel nach wurden alle Rechnungen des vergangenen Jahres im Januar auf dem Kieler Umschlage ausgeglichen; da schleppte man Massen von Silbergeld in großen Karren durch die Straßen. Die Holsten duldeten keine Minderung des harten Schuldgesetzes, der Kieler Umschlagsstrenge; es war ihr Stolz, daß nirgendwo in der Welt Manneswort so hoch gehalten wurde.

Unter diesen altväterischen Verhältnissen konnte die wirtschaftliche Kraft des Landes sich nur wenig entwickeln. Der Günstling zweier Meere, wie Dahlmann sein Transalbingien nannte, zog aus seiner glücklichen Lage geringen Vorteil, da der freie Verkehr mit Dänemark keinen Ersatz bot für die Abtrennung von dem großen deutschen Hinterlande. Die Eintagsblüte der beiden Plätze Husum und Tönningen, die während der Kontinentalsperre einen einträglichen Schmuggelhandel mit Helgoland getrieben hatten, verschwand gleich nach dem Frieden. Der Eiderkanal, der beide Meere verband, trug nur kleine Schiffe. Der schönste Hafen der Ostsee, Kiel, zählte kaum 12 000 Einwohner, und selbst Altona gelangte trotz der Sorgsamkeit seines trefflichen Oberpräsidenten, des Grafen Blücher, nicht zu selbständiger Handelsgröße; die Stadt zehrte doch nur von den Brocken, die von Hamburgs reichen Tische fielen. Erstaunlich, wie das vormals so kunstgeübte Handwerk der Herzogtümer im Schlendrian des Zunftwesens heruntergekommen war. Die wohlhabenden Landwirte fragten wenig nach alledem; sie waren reich genug, um sich ihren Hausbedarf trotz der hohen Zölle aus Hamburg zu verschreiben. Not litt hier doch niemand. In Dithmarschen geschah es wohl, daß der Almosenempfänger dem besuchenden Armenvogt eine Flasche Bordeaux vorsetzte; das gehörte zum Leben. So lebte das reiche Ackerbauland still und gemütlich dahin, recht nach dem Spruche des alten Dithmarschen Neocorus: nik flegen sündern stahn, dat is in Gott gedan. In ähnlichem Zustande hatten sich achthundert Jahre zuvor, ehe der normannische Eroberer sie schüttelte, die nächsten Blutverwandten der Holsten, die britischen Angelsachsen befunden – ein tapferes, treues, ehrenfestes Volk, reich im Gemüte und zu allem Großen fähig, aber befangen in sattem Behagen, ohne Ehrgeiz, noch ohne Ahnung von seinem historischen Berufe.

Nur offene Willkür und Rechtsverletzungen konnten dies Land des Beharrens zu einem nationalen Kampfe aufstacheln. Schon seit langem bemühte sich die dänische Krone, die Vollgewalt, die ihr in Dänemark seit dem Königsgesetze zustand, auch über Schleswig-Holstein zu erstrecken. Der einst so mächtige Landtag der Herzogtümer war in Verfall geraten, weil er nach altständischer Unart nicht verstanden hatte, durch rechtzeitge Erhöhung der Steuern den gesteigerten Ansprüchen des modernen Staates gerecht zu werden. Im Jahre 1675 trat er zum letzten Male ordnungsgemäß zusammen. Die Städte zogen sich von ihm zurück. Die Prälaten und Ritter tagten noch einmal vollzählig im Jahre 1711. Dann schliefen die altehrwürdigen Institutionen allmählich ein, und am Ende des achtzehnten Jahrhunderts war nichts mehr davon übrig als die fortwährende Deputation der Prälaten und Ritterschaft. Diese sieben Männer mit ihrem Sekretär sorgten, ähnlich wie der ständische Ausschuß der Kurmark, für die gemeinsamen Standesangelegenheiten des Grundadels. Aber auf dem Bestande dieses unscheinbaren Ausschusses und dem nexus socialis der Ritterschaft beruhte wesentlich die alte staatsrechtliche Untrennbarkeit der beiden Herzogtümer. Die Krone stand auch nicht an, das Landesrecht bei jeder Thronbesteigung feierlich zu bestätigen, und hütete sich weislich, die von den Ständen einmal allemal bewilligte ordinäre Kontribution zu erhöhen.

Insgeheim bestand aber am Kopenhagener Hofe längst der Wunsch, mindestens Schleswig unbedingt mit Dänemark zu vereinigen, da das Königsgesetz und seine neue Erbfolgeordnung in den deutschen Herzogtümern nicht galt. Schleswig war seit 1658 ein souveränes Herzogtum, und als König Friedrich IV. im Jahre 1721 den gottorpischen Anteil des Landes mit dem königlichen vereinigte, ließ er die huldigenden Prälaten, Ritter und Beamten den zweideutigen, offenbar in hinterhältiger Absicht ersonnenen Eid leisten: sie wollten „ihm und seinen Erbsukzessoren in der Regierung secundum tenorem legis regiae treu, hold und gewärtig sein“. Er dachte bereits daran, ganz Schleswig förmlich dem dänischen Königreiche einzuverleiben; auf die Vorstellungen seiner behutsamen Räte gab er jedoch den Vorsatz auf und getröstete sich in der Hoffnung, die Einverleibung werde von selber, peu après peu, erfolgen. Nachher wurde ein gemeinsames Indigenat für Dänemark und Schleswig-Holstein eingeführt; die Urkunden besorgte die dänische Kanzlei allein. Mittlerweile erwachte in Dänemark, weit früher als in Schleswig-Holstein, der nationale Ehrgeiz; das Inselvolk ward es müde, ständig von deutschen Ministern regiert zu werden. Schon an dem tragischen Sturze Struensees hatte der Haß der Dänen gegen die Deutschen starken Anteil. Unter dem weisen Regimente der beiden älteren Grafen Bernstorff kam dann noch einmal eine maßvolle Staatskunst ans Ruder, die sich redlich bemühte, die Angelegenheit Dänemarks, Schleswig-Holsteins, Norwegens auseinanderzuhalten. Aber schon der dritte Bernstorff, Graf Christian – der spätere preußische Minister – hatte einen schweren Stand gegenüber der dänischen Nationalpartei, die sich unter Rosenkrantz' Führung scharte.

Während er die auswärtigen Angelegenheiten leitete, bagann die Krone ihre offenen Angriffe gegen das Landesrecht Schleswig-Holsteins mit einem Patente, das für den König das unbedingte Besteuerungsrecht in Anspruch nahm (1802). Die Ritterschaft protestierte und schickte sich an, eine Klage bei den Reichsgerichten einzureichen. Da brach das Heilige Reich zusammen, die alte Inschrift am nördlichen Tore von Rendsburg Eidora Romani terminus imperii wurde abgenommen, und ein Patent vom 9. Sept. 1806 vereinigte Holstein „mit dem gesamten Staatskörper der Monarchie als einen in jeder Hinsicht ungetrennten Teil derselben.“ Dadurch war die alte Landesverfassung und Erbfolgeordnung noch nicht unmittelbar gefährdet; denn auf Bernstorffs Einspruch unterblieb die anfangs beabsichtigte Einführung des Königsgesetzes in Holstein.

Aber nunmehr folgten, da das deutsche Land nicht mehr durch die Reichsgerichte geschützt wurde, Schlag auf Schlag die Gewalttaten wider die Selbständigkeit der Herzogtümer. Die Verordnungen erschienen in beiden Sprachen, alle Bestallungen wurden dänisch ausgefertigt, die theologischen Kandidaten in der dänischen Sprache geprüft, der Unterricht im Dänischen in allen höheren Schulklassen eingeführt, endlich sogar die dänische Reichsbank gegründet (1813) und alle liegenden Gründe in Schleswig-Holstein bis zu sechs Prozent ihres Wertes mit der Bankhaft belastet. Zugleich wirkte die schwere Finanznot Dänemarks verderblich auf die deutschen Herzogtümer zurück; das angemaßte Besteuerungsrecht ward unerbittlich gehandhabt, ganze Dorfschaften erlagen der Last und verfielen in Konkurs.

Der Widerstand gegen die dänischen Übergriffe ging zunächst von der Kieler Universität aus. Zum zweiten Male seit der Stiftung des Deutschen Bundes trat das Professorentum auf die politische Bühne. Der politische Kampf der Kieler Professoren war durchaus berechtigt und heilsam. Sie weckten dem schlummernden Volke der deutschen Nordmark das helle Bewußtsein seines Volkstums; sie gaben, indem sie das historische Recht verteidigten, der nationalen Bewegung in Schleswig-Holstein jenen Charakter besonnener Mäßigung, der sie so auffällig von den anderen nationalen Erhebungen des Jahrhunderts unterscheidet. Das Haupt dieser streitbaren Gelehrten war Dahlmann. In Wismar als schwedischer Untertan geboren, hatte er den Unsegen der Fremdherrschaft von Kindesbeinen an kennengelernt und hoffte schon damals, daß ganz Schleswig-Holstein dereinst in den Deutschen Bund eintreten werde.

Ein Versuch der Grundbesitzer, sich zur Verweigerung der widerrechtlichen Abgaben zu vereinigen, wurde stren untersagt; Dragoner trieben auf den Gütern die Steuern ein. Jahr um Jahr verstrich. Da endlich prostestierte die Ritterschaft förmlich, und Dahlmann gab seine urkundliche Darstellung des Steuerbewilligungsrechts der schleswig-holsteinischen Stände heraus. Auf neue Proteste, Bitten, Vorstellungen erfolgte als Antwort nur die Drohung, der König werde die Deputation der Ritterschaft auflösen. So blieb denn nichts mehr übrig als eine Beschwerde beim Bundestage.

Am 4. Dezember 1822 wurde die Beschwerde der holsteinischen Prälaten und Ritter in Frankfurt übergeben. Sie ging dahin: der Bundestag möchte auf Grund des Artikels sechsundfünfzig der Wiener Schlußakte die alte Verfassung Schleswig-Holsteins unter seinen Schutz nehmen und darüber wachen, daß die notwendige zeitgemäße Umgestaltung des Landesrechts nur auf verfassungsmäßigem Wege erfolge.

Zum ersten Male erklärte die deutsche Nordmark feierlich, daß sie bei Deutschland bleiben wolle. Schleswig aber gehörte nicht zum Deutschen Bunde, der Bundestag war nicht befugt, sich um dieses Land zu kümmern. Für eine kühne, weitausschauende deutsche Politik war dies freilich kein Hindernis. Wenn der Bund für die Untrennbarkeit Schleswig-Holsteins entschieden eintrat, so wahrte er zugleich ein unstreitbares Recht des Bundeslandes Holstein und bereitete vielleicht für die Zukunft den Eintritt Schleswigs vor, das schon einmal, im Dreißigjährigen Kriege, zu den Reichslasten beigesteuert hatte. Aber zu solchen Gedanken vermochte sich weder der Bundestag noch die Nation zu erheben.

In Frankfurt aber herrschte eine rein formalistische Ansicht vom Bundesrechte. Da Österreich, Preußen, Luxemburg dem Bunde aus guten Gründen jede Einmischung in die Angelegenheiten Ungarns, Polens, Hollands versagten, so wollten sie den Bundestag auch den schleswigschen Händeln fernhalten. Überdies war man in der Eschenheimer Gasse schon längst geneigt, jede Beschwerde von Untertanen wider die Obrigkeit als gefährliche Widersetzlichkeit zu betrachten.

Wenn Preußen zugab, daß der Bundestag – im Widerspruch mit dem einheitlichen Sinne des Artikels sechsundfünfzig der Schlußakte – die alte Verfassung Schleswig-Holsteins anerkannte, so konnten jederzeit auch die alten Stände der Lausitzen oder der Kurmark in Frankfurt erscheinen, um mit Hilfe der Bundesversammlung die neue Provinzialständeverfassung der Monarchie über den Haufen zu werfen. Darum erteilte Bernstorff dem Bundesgesandten die Weisung (22. April 1823): von einer „anerkannten Wirksamkeit" der alten schleswig-holsteinischen Verfassung könne gar nicht die Rede sein; mit besserem Rechte hätten die Ritter sich auf den Artikel vierundfünfzig der Schlußakte berufen sollen, der den Bundestag anwies, darüber zu wachen, daß die verheißene Einführung einer landständischen Verfassung „in keinem Bundesstaate unerfüllt bleibe". Wie gänzlich verkannte er die Lage, wenn er nicht einmal versuchte, die Untrennbarkeit der Herzogtümer zu sichern, sondern dem Bundesgesandten einfach beauftragte, für die Abweisung der Klagenden zu stimmen! Und doch wußte man in Berlin bereits aus den Berichten des Gesandten in Kopenhagen, daß König Friedrich VI, beabsichtigte, durch eine neue Verfassung für Holstein allein die Verbindung der beiden Herzogtümer aufzuheben. Was die Einheit Schleswig-Holsteins für Deutschlands Macht im Norden bedeutete, war dem preußischen Hofe noch ganz dunkel. Man wußte nicht, daß dieser unscheinbare neueste Handel nur ein Glied war aus einer Kette vielhundertjähriger nationaler Kämpfe.

Wenn Preußen für den Ernst der Sache so wenig Verständnis zeigte, so ließ sich das Schicksal der Beschwerde leicht vorhersehen.

Österreich aber sah in den Bittenden einfach Revolutionäre. Graf Münch beantragte, die Ritterschaft abzuweisen und sie zu vertrösten auf die von Dänemark versprochene dereinstige Verleihung einer neuen Verfassung.

In einem ruhiger gehaltenen Vortrage stimmte Goltz der Ansicht Österreichs zu, wofür König Friedrich VI. dem Berliner Hofe seinen gerührten Dank aussprechen ließ; desgleichen die Mehrheit der übrigen Gesandten.

Als man am 27. November 1823 abstimmte, wagte niemand mehr dem Antrage Österreichs zu widersprechen.

Also klopfte die bedrängte Nordmark zum ersten Male an die Pforten des Bundestages. Niemand wollte sie hören. Die Nation verstand den Sinn des Streites noch nicht, am Bunde herrschten Willkür und subalterner Formalismus. Von Deutschland verlassen, mußte die Ritterschaft der Übermacht weichen.

Das absolute Regiment währte fort, von der verheißenen neuen Verfassung hörte man bald nichts mehr. Aber die Saat, welche jene wackeren Kieler Gelehrten ausgestreut, trug in der Stille ihre Frucht. Freudig wie nie zuvor schloß sich das heranwachsende Geschlecht dem großen Deutschland an; die Zeit der bewußtlosen politischen Unschuld war für Schleswig-Holstein vorüber.

So kläglich stand es mit den Kleinstaaten des Nordens. Fast überall unhaltbare Verhältnisse, überreif zum Untergange, und nirgends auch nur ein Verständnis für das nächste erreichbare Ziel der nationalen Politik, für die wirtschaftliche Einheit des Vaterlandes.

# III
# Die Juli-Revolution und der Weltfriede

Das Fortwirken der Vergangenheit in der Gegenwart bewährt sich unerbittlich auch in den Geschicken solcher Völker, welche an dies historische Gesetz nicht glauben wollen. Durch die erste Revolution hatten die Franzosen mit ihrer Geschichte gebrochen; sie wähnten ihrer Vorzeit ledig zu sein und sahen nicht, daß Napoleon nur in vereinfachten, demokratischen Formen den alten zentralisierten Beamtenstaat Richelieus wiederherstellte, als er dem neuen Frankreich seine dauernde Verfassung gab. Noch weniger wollten sie im Jahre 1830 erkennen, daß die Juli-Revolution ihre welterschütternden Folgen großenteils der Nachwirkung der Vergangenheit verdankte. Seit den Wiener Verträgen besaß Frankreich weder die kriegerische Macht noch die geistigen Kräfte mehr, um die Führerstellung unter den Völkern zu beanspruchen; der Tag von Belle Alliance hatte die Überlegenheit der deutschen Waffen erwiesen, in Kunst und Wissenschaft war Deutschland längst zu neuen, eigenen Idealen gelangt, auch die prunkenden Redekämpfe der französischen Volkstribunen und Tagesschriften bewegten sich immer noch in den ausgefahrenen Geleisen der Ideen von 89, sie warfen keinen schöpferischen politischen Gedanken in die Zeit. Aber die Erinnerungen an die hundertjährige Weltherrschaft der französischen Bildung, an die Propaganda der Jakobiner, an das napoleonische Reich blieben noch überall lebendig; auf das Heimatland der Revolution richtete sich unverwandt die Besorgnis der Höfe, die Hoffnung aller Unzufriedenen.

Als dort das wiederhergestellte legitime Königtum zusammenstürzte, urplötzlich, wie durch eine unabwendbare Naturgewalt, da schien die gesamte neue Ordnung der Staatengesellschaft zu wanken. Ermutigt durch Frankreichs Vorbild erhoben sich fast in allen Nachbarlanden die Mächte der Revolution, die Schlagworte der Menschenrechte waren in aller Munde. Selbst die sonst fremdem Einfluß so unzugänglichen Briten verspürten den Zauber der demokratischen Ideen Frankreichs und begannen durch die Reformbill den ehrwürdigen Bau ihrer parlamentarischen Aristokratie zu zerstören. Die Franzosen nannten sich wieder die große Nation und wähnten, ihre Trikolore halte von neuem den Rundgang um den Erdkreis. Achtzehn Jahre darauf sollten sie dann nochmals durch einen Straßenkampf den Anstoß geben zu einer europäischen Bewegung, aber auch nur den Anstoß von außen her: Frankreichs Gedanken beherrschten die Welt nicht mehr, die nationale Bewegung in Deutschland und Italien verfolgte Ziele, welche mit den weltbürgerlichen Lehren der Revolution wenig gemein hatten. Nach vierzig Jahren war endlich die nachwirkende Kraft der alten Größe gänzlich gebrochen; die ernüchterte Welt sah in diesem Volke nicht mehr den Lichtbringer, sondern den Friedensstörer der Staatengesellschaft, die republikanische Schilderhebung der Pariser im September 1870 weckte in Europa kaum noch ein Echo.

Im Sommer 1830 konnten freilich nur vereinzelte scharfblickende Staatsmänner den beginnenden Verfall Frankreichs erkennen. Die „große Woche" der Pariser veränderte die ganze Lage der Welt: sie erschütterte das politische System der legitimen Großmächte weit stärker als zehn Jahre früher die Revolutionen Südeuropas; sie beschleunigte überall die längst schon begonnene Zerstörung der alten Ständeherrschaft. Der Untergang des Adels und die Herrschaft der Bourgeoisie in Frankreich entflammten das erstarkte Selbstgefühl der bürgerlichen Klassen zu neuen Hoffnungen und Ansprüchen. Unterdessen begann das zweite große Zeitalter der Entdeckungen und Erfindungen zu tagen, Wohlstand und Verkehr nahmen einen unerhörten Aufschwung.

Die neuen Weltmächte der Großindustrie, der Börse, des Judentums traten ihre Herrschaft an, und zugleich regte sich schon der Klassengegensatz von Kapital und Arbeit. Die Zeit der Restauration stand mit ihrer feinen Sitte, ihren romantischen Träumen und ihrer andächtigen geistigen Arbeit, mit ihren Diplomatenkongressen und höfischen Festen dem aristokratischen alten Jahrhundert noch sehr nahe. Erst seit der Juli-Revolution, vollständig erst seit dem Jahre 1848 zeigt die Gesittung des neunzehnten Jahrhunderts ihr eigenes Gepräge. Ein neues Geschlecht kommt herauf, demokratisch in Sitten und Gedanken, formlos und kurz angebunden, unersättlich in seinen Ansprüchen, tief überzeugt von seiner eigenen Güte und noch tiefer von der Verworfenheit seiner Gegner, unternehmend und arbeitsam, kühn und erfinderisch im Kampfe mit den Elementen, durch die Weite seines Gesichtskreises und die Vielseitigkeit seiner Interessen allen früheren Zeiten überlegen, aber auch hastig, unstet, ohne Sammlung des Geistes, ohne Sicherheit der Weltanschauung. Alles Leben der Völker drängt sich auf den Markt hinaus. Die Wahlen und die Redeschlachten der Parlamente, die Beratungen der Vereine, die großen neuen wirtschaftlichen Unternehmungen nehmen die Kraft des Mannes in Anspruch, im Kaffeehaus und bei der Zigarre sucht er seine Erholung. Der häusliche Verkehr verödet, die Frauen behaupten nicht mehr die unbestrittene Herrschaft im geselligen Leben und versuchen dafür schon zuweilen mit der Männerarbeit den ungleichen Wettkampf aufzunehmen. Die Zeitungen und die rasch ins Kraut schießende populäre Literatur wecken in weiten Kreisen den Sinn für das öffentliche Leben, aber auch eine begehrliche, glaubenlose, dünkelhafte Halbbildung; manches schöne Talent verflüchtigt sich in Eintagswerken, nur wenige starke Geister vermögen noch sich herauszuretten aus der unmutigen Hast der Zeit, in Kunst und Forschung Dauerndes zu schaffen. Der demokratische Charakter der Epoche spiegelt sich treulich wider in ihrer Männerkleidung, der häßlichsten, aber auch der zweckmäßigsten und bequemsten, welche je in Europa getragen wurde. Haar- und Barttracht bleiben den persönlichen Belieben überlassen, im übrigen herrscht unverbrüchlich das demokratische Anstandsgesetz, das keinem erlaubt, sich von den anderen zu unterscheiden; jedermann trägt den nämlichen Schmutz- und mischfarbigen, taschenreichen Sackrock, der dem beschäftigten Manne so viel Zeit erspart; das lange Beinkleid und die Stiefel bringen jetzt bis in den Salon, der demokratische Frack läßt auch hier alle, Gäste und Diener, vollkommen gleich erscheinen.

Das verarmte Deutschland vermochte dem Umschwunge des Verkehrs und der Lebensgewohnheiten nur langsam zu folgen. Um so mächtiger strömten die politischen Gedanken der Franzosen in unser Leben ein, war ihnen doch längst der Boden bereitet durch die radikale Literatur der zwanziger Jahre. Unabhängig von den Franzosen, zumeist im Kampfe mit ihnen, hatte der deutsche Genius in den Jahren der klassischen Dichtung, in den Befreiungskriegen, in den schönen Jugendtagen der historischen Wissenschaft in Wort und Tat seine Wege gefunden. Nun erfolgte ein ungeheurer Rückschritt; die alte Aufklärung, die seit Herders Zeiten überwunden schien, kam wieder empor, und sie trug französische Gewänder. Jene tiefsinnige historische Anschauung vom Staate, die sich in der deutschen Wissenschaft still vorbereitet, aber noch nicht durchgebildet hatte, trat in den Hintergrund. Die alte Naturrechtslehre von dem vernunftgemäßen Staate der Gleichheit, von der Unfehlbarkeit der öffentlichen Meinung, von der Staatsgewalt, die nicht regieren, sondern der Mehrheit dienen sollte, führte das große Wort und verfiel bald in leere Phrasen, da sie nichts Neues mehr zu sagen wußte. Die vaterländische Begeisterung der Befreiungskriege ward verdrängt durch einen liberalen Weltbürgersinn, der im Namen der Freiheit die Feinde Deutschlands im Osten wie im Westen verherrlichte und das eigene Volk mit Schimpf überhäufte. Auf das geistvolle Kunstverständnis der Romantiker folgte wieder ein flacher, mit Freiheitsworten prunkender Rationalismus, der ganz in Nicolais Weise, in alle Werke des Genius den Zollstock der Nützlichkeit, diesmal des politischen Nutzens, legte und die Lehrer der Nation nur nach ihrer zeitgemäßen Gesinnung beurteilte. Wüster Radikalismus, zuchtlose Leidenschaft, hohler Wortschwall und dann wieder harte Verfolgung schändeten das deutsche Leben.

Gleichwohl hat selbst in diesem Jahrzehnte widerwärtiger Verirrungen die still wirkende Macht des nationalen Gedankens, die unser Volk zur Einheit drängte, unwiderstehlich gewaltet.

Nach dem tiefen Schlummer der letzten Jahre war eine Aufrüttelung doch notwendig, wenn die zähe Masse der deutschen Politik wieder in Fluß kommen sollte; und wer durfte die unerfahrenen Deutschen schelten, wenn sie, gleich allen anderen Völkern, das Land überschätzten, das ihnen das Signal gegeben hatte? Die kleinen Volksaufläufe und Straßenkämpfe in den Residenzen unseres Nordens mochten den Fremden nur wie ein kindisches Nachtspiel der großen Woche erscheinen; doch ihr Ergebnis war dauerhafter als das Julikönigtum der Franzosen. Sie führten die wichtigsten der norddeutschen Kleinstaaten in das konsttutionelle Lager hinüber; so ward der Gegensatz von Nord und Süd gemildert, ein gemeinsamer Boden gewonnen für die politische Arbeit der Nation. Alle diese winzigen Umwälzungen waren durch örtliche Beschwerden veranlaßt, sie verfolgten nur den Zweck, die altständische oder höfische Willkürherrschaft in dem heimischen Kleinstaate durch ein liberaleres Regiment zu verdrängen; aber die reife Frucht der partikularistischen Revolution fiel der Einheitspolitik der Krone Preußen zu. Als Sachsen und Kurhessen die in Preußen und Süddeutschland längst verwirklichten modernen Grundsätze der Staatseinheit und des gemeinen Rechts anerkennen mußten, da wurden sie erst fähig, mit den deutschen Nachbarn in Zollgemeinschaft zu treten, und nun erst schloß sich der Ring, welchen Preußens Handelsverträge um Deutschland geschlungen hatten. Die Siege der liberalen Parteien ermöglichten erst die Gründung des großen Deutschen Zollvereins, den die Mehrzahl der Liberalen leidenschaftlich bekämpfte; und seit dem blieb es ein Menschenalter hindurch das seltsame Schicksal des deutschen Liberalismus, daß alle großen Erfolge unserer nationalen Politik nicht durch ihn, aber auch nicht ohne ihn errungen wurden. Der Zollverein war die größte politische Tat des Jahrzehnts, folgenreicher für Europas Zukunft als alle die vielbewunderten Parteikämpfe in den Nachbarlanden, das letzte köstliche Vermächtnis des alten unbeschränkten preußischen Königtums an die deutsche Nation.

Auch das zerfahrene deutsche Parteileben ward durch den scharfen Luftzug dieses Jahres etwas gekräftigt. Klarer, bewußter denn zuvor traten die Gegensätze auseinander, seit in Frankreich das Banner der Volkssouveränität erhoben wurde. Die Konservativen hatten bisher, vertrauend auf ihre Machtstellung in den Landtagen und auf die Gunst der Höfe, den Federkrieg gegen die liberale Presse sorglos den Regierungsblättern überlassen; jetzt scharten sie sich fester zusammen und bekämpften die Lehren der Revolution in unabhängigen Zeitschriften. Bald darauf trat die ultramontane Partei, eine geschlossene, weithin über Deutschland verzweigte Macht, mit einem Schlage auf dem Kampfplatz. In der liberalen Welt wogten die Wünsche und Gedanken noch wirr durcheinander, aber einzelne Sätze der Parteidoktrin wurden allmählich zum Gemeingut aller, und selbst dem noch völlig unklaren Einheitsdrange der Nation zeigte sich in weiter Ferne endlich ein erkennbares Ziel, seit süddeutsche Liberale zuerst von einem deutschen Parlamente und von der preußischen Hegemonie zu reden wagten.

In so krankhaft erregter Zeit mußte die Dichtung verwildern. Der gespreizte, grelle und dennoch kraftlose Feuilletonist verdrängte den Adel der Form, die rohe Tendenz den künstlerischen Gedanken, alles was deutschen Herzen heilig, wurde von den literarischen Helden des Tages beschmutzt und verhöhnt. Doch bis zu den Höhen der deutschen Bildung schlugen die schlammigen Wellen dieses Radikalismus nicht empor. Eben jetzt erschien Goethes letzte und tiefsinnigste Dichtung; unbeirrt durch das Geschrei des Marktes schritten Böckh und Ritter, die Brüderpaare Grimm und Humboldt ihre Bahn; in Rankes Werken bewährte die Kunst der Geschichtsschreibung ihre Meisterschaft; Dahlmann vertiefte die liberale Parteidoktrin und befruchtete sie mit den Ideen der historischen Rechtsschule; die Theologie wurde durch einen leidenschaftlichen Parteikampf aufgerüttelt und gezwungen, den historischen Unterbau ihrer Lehren einer schonungslosen Kritik zu unterwerfen; auch in den exakten Wissenschaften traten junge Talente auf, den Wettlauf mit dem Auslande zu wagen. Also blieben auch in diesem Jahrzehnt, das selber friedlos so viel Unfrieden säte, die schöpferische Kräfte unserer Geschichte noch immer wirksam.

Das Nahen einer großen Umwälzung war von einsichtigen Beobachtern der französischen Zustände längst vorausgesehen. Sobald König Karl X. das gemäßigte Ministerium Martignac hatte berufen müssen, erlangte der Liberalismus wieder die Herrschaft über die öffentliche Meinung, und er griff um sich mit unwiderstehlicher Gewalt; denn eine gänzlich demokratisierte Gesellschaft gleicht einer Herde, die beiden lebendigsten Kräfte des modernen französischen Charakters, der Nationalstolz und die sittliche Feigheit, führen jeder augenblicklich obenauf kommenden Partei täglich neue Anhänger zu. Damals schon schrieb der preußische Gesandte von Werther: „Jetzt die ultramontane Partei zur Macht berufen, das heißt Frankreich einen unverzeihlichen und ungeheuren Schritt zur Revolution hin machen lassen; denn diese Partei würde, verabscheut von der Nation und unfähig sich am Ruder zu halten, bald gezwungen sein, entweder einem ultraliberalem Ministerium zu weichen oder dem Könige den Umsturz der gegenwärtigen Verfassung anzuraten. Eine solche Tat muß aber unfehlbar die Regierung des Königs, die Bourbonen und Frankreich selbst in den Abgrund reißen." Jener unverzeihliche Schritt zur Revolution geschah, und die Verblendung der liberalen Parteien trug die Schuld daran.

Von Stund an änderte sich die Lage. Der König war in den ersten Jahren seiner Regierung nicht unbeliebt gewesen; jetzt sah er sich von allen Seiten her mit Schmähungen und Verwünschungen überhäuft. Der Schatten der Emigration stellte sich trennend zwischen Thron und Volk. Man entsann sich wieder, daß dieser König und die Polignacs einst, gleich nach dem Bastillesturme, zuerst das böse Beispiel der Auswanderung gegeben, daß sie jahrelang gegen ihr Vaterland gekämpft, daß die Sendboten des Pavillons Marsan noch lange nach der Restauration die fremden Mächte beständig zur Einmischung in Frankreichs innere Händel aufgestachelt hatten. Eine furchtbare Vergeltung sollte die beiden ersten Emigranten noch einmal für den alten Frevel des Landesverrats züchtigen. Vergeblich verwahrte sich Polignac in der Kammer dawider, daß man zwei feindliche Völker in der einen Nation schaffen, das neue Frankreich von dem alten trennen wolle. Diese Trennung bestand schon längst. Die Kluft zwischen der alten und der neuen Zeit tat sich sofort wieder gähnend auf, als dieser Mann ans Ruder trat, der beschränkte, ehrliche, bigotte Ultra, der einst seine Verschwörungen gegen Bonaparte mit langer Haft gebüßt und in der Einsamkeit des Kerkers seine hart reaktionäre Gesinnung bis zum religiösen Fanatismus gesteigert hatte. Die Blätter der Opposition übertrieben stark, als sie nach der Juli-Revolution höhnisch bekannten, Frankreich habe fünfzehn Jahre lang Komödie gespielt; wahr blieb doch, daß die belebende Kraft der Monarchie, die Gesinnung angestammter Treue, trotz aller Huldigungen für „die unbestrittene Familie", der ungeheuren Mehrzahl der Franzosen verloren gegangen war. Den Bourbonen fehlte alles, was das Wesen der wirklichen Legitimität ausmacht: sie konnten sich weder auf eine große, dem ganzen Volke heilige Vergangenheit stützen noch mit Gelassenheit in die Zukunft blicken. Zu dem war jetzt, da das Land sich neu gekräftigt fühlte und die Wirren im Orient die Aussicht auf eine europäische Verwicklung zu eröffnen schienen, die übermütige keltische Kriegslust wieder erwacht. Vernichtung der Verträge von 1815 – so lautete der Ruf des Tages, und die Schuld dieser Verträge schrieb die von allen Parteien umschmeichelte und verwöhnte Nation nicht sich selber und ihrer eigenen Verblendung zu, sondern den Bourbonen, den Schützlingen des Auslands. –

Als der König am 2. März die Tagung der Kammern eröffnete, erklärte er in der Thronrede feierlich: er werde die geheiligten Rechte seiner Krone ungeschmälert seinen Nachfolgern vermachen und strafbare Umtriebe zu unterdrücken wissen. Er sagte nichts, was ihm nicht zustand, jedoch den erregten Hörern klangen seine Worte wie eine Drohung. Die Kammer antwortete durch eine unehrerbietige Adresse; sie beschwerte sich über das Mißtrauen des Monarchen und stellte den Grundsatz auf: die fortwährende Übereinstimmung der Ansichten der Regierung mit den Wünschen des Volkes ist die unerläßliche Bedingung des regelmäßigen Ganges der öffentlichen Angelegenheiten. Sofort befahl der König die Vertagung der Kammern. Welch ein wüster, unaufrichtiger, gegenstandsloser Zank brodelte wieder einmal aus dem Hexenkessel der keltischen Leidenschaften empor! Die Kammer verlangte von der Krone die Entlassung eines Kabinetts, das noch nichts getan, und der König trieb die Volksvertreter auseinander, bevor sie noch irgendeinen Vorschlag der Regierung verworfen hatten! Aus einem heftigen Wahlkampfe ging die bisherige Mehrheit, erheblich verstärkt, als Siegerin hervor, was außer dem König und seinen Vertrauten jedermann vorausgesehen hatte. Der Minister aber ließ sich nicht beirren, fester denn je war er von seinem Rechte überzeugt. Er sagte: der König würde wie sein Bruder das

Schafott besteigen, wenn er uns entließe! – und betrieb nun erst ernstlich den Plan eines Staatsstreiches.

Am 25. Juli unterzeichnete der König die verhängnisvollen Ordonanzen, die das Wahlgesetz abänderten, die Pressefreiheiten suspendierten, die neugewählte Kammer auflösten. Die Krone setzte sich selber ins Unrecht, gab ihren Feinden den erwünschten Vorwand, als unschuldige Verteidiger der Verfassung aufzutreten. Am übernächsten Tage brach der Aufruhr in der Hauptstadt los. Während die Besitzenden, nach der unverbrüchlichen Gewohnheit der Pariser Bourgeoisie, sich in ihren Häusern versteckten, eilten die napoleonischen Veteranen und die republikanische Jugend aus den Schulen, den Fabriken, den Werkstätten freudig auf die Barrikaden.

Am ersten Tage des Aufstandes erklang noch der Ruf: Es lebe die Charte; am zweiten hieß es schon: nieder mit den Bourbonen, es lebe die Freiheit, die Republik – oder auch Napoleon II.; dreifarbige Fahnen wehten überall, und zugleich begann der dem französischen Gemüte so wohltuende Kampf gegen Stein und Erz, die königlichen Lilien wurden, wo sie sich nur zeigten, herausgehauen, abgerissen, besudelt, verbrannt. Nach drei Tagen gaben die schlecht geführten und nicht ganz zuverlässigen Truppen das Spiel verloren. Ein maßloses Selbstgefühl schwellte den Siegern die Herzen.

Im Siegesrausche wagte es Thiers samt seinen Freunden, die Absetzung des Königs auszurufen und die Krone für den Herzog Louis Philipp von Orleans zu verlangen.

Ludwig Philipp hatte sich im Parke von Neuilly verborgen gehalten und nur durch seine Schwester Madame Adelaide, den einzigen Mann der Familie Orleans, mit den Sendboten seiner Anhänger unterhandeln lassen. Schwankend zwischen Angst und Begehrlichkeit ließ er sich endlich bereden, in die Stadt zu kommen. Dort übernahm er das Reichsverweseramt, das ihm die Kammern antrugen, und erschien mit der dreifarbigen Fahne in der Hand auf der alten Heimstätte der Pariser Aufstände, auf dem Altane des Rathauses, wo er den General Lafayette vor allem Volk umarmte.

Mit reißender Schnelligkeit eilte nun das Ränkespiel dem Schlusse zu; schon am 7. August wurde das Bürgerkönigtum Ludwig Philipps förmlich eingesetzt. Währenddes führte der entthronte König selber den Leichenzug der alten Monarchie zum Lande feierlich hinaus; langsam, in kurzen Tagereisen zog er, umgeben von dem königlichen Hause und einer Schar getreuer Truppen, nach Cherbourg, um dann in England eine Zuflucht zu suchen. Unbekümmert um ihre Eide traten Heer und Beamtentum sofort in das Lager der Sieger über. Die Kurbel der ungeheuren Verwaltungsmaschine wurde jetzt von anderen Händen bewegt: von den Händen der wohlhabenden Mittelklasse, die ihr Übergewicht in der Kammer gewandt ausbeutete, um eine bürgerliche Klassenherrschaft zu begründen, wie sie so unbeschränkt noch in keinem Großstaate der Geschichte bestanden hatte. Die goldenen Tage der Bourgeoisie brachen an. Die Demokratisierung der Gesellschaft brachte den Franzosen nicht, wie ihre Doktrinäre so oft geweissagt, die Herrschaft des Talents, sondern die Herrschaft des Geldbeutels. Mit der legitimen Krone fiel auch die adelige Pairskammer hinweg; jedes politische Recht ward an einen hohen Zensus geknüpft und damit jeder Unzufriedene gezwungen, seinen Widerspruch zuletzt gegen das Eigentum selber zu richten. Dank dem Wahlgesetze, dank der Dreistigkeit amtlicher Wahlbestechung und Wahlbeherrschung gelangten fortan fast nur noch die Mitglieder der herrschenden Klasse in die Kammer; das parlamentarische Leben verflachte sich, die Beredsamkeit ward matter; der Parteienkampf verlor Sinn und Inhalt, er bewegte sich nur noch um die Frage, welchen der ehrgeizigen Fraktionsführer die Ministersessel zufallen sollten. Ebenso hart und hochmütig wie einst der alte Ritteradel schaute diesem pays légal des neuen Geldadels auf die breiten Massen des Volks hernieder und schmähte sie als die gefährlichen Klassen.

Der vierte Stand aber hatte schon einmal, in den Tagen des Konvents, Frankreich beherrscht und jetzt wieder durch seinen Barrikadenkampf das alte Königtum gestürzt; er hegte ein frühreifes Selbstgefühl und unauslöschlichen Groll gegen die escamoteurs de juillet, gegen die Reichen, die ihm das Heft aus der Hand gewunden hatten. Bedrückt und verwahrlost konnte er nichts hoffen von einer Klassenherrschaft, die das Elend der kleinen Leute nicht einmal bemerken wollte, und erwartete sein Heil von den hochtönenden Verheißungen der neuen sozialistischen und kommunistischen Lehren. Blutige Arbeiteraufstände in Paris und Lyon bekundeten bald, welche Fülle des Jammers und des Hasses in diesen Niederungen der Gesellschaft angesammelt lag.

Die Regierung der Bourgeoisie war wie jede Geldherrschaft friedfertig, und sie entstammte doch einer Revolution, deren treibende Kraft in dem streitbaren Radikalismus lag. Erst unter diesem friedlichen Bürgerkönigtum hat der kriegerische Übermut der Franzosen seine höchste Ausbildung und auch, nach einem glücklichen Lustspiel Scribes, den neuen Namen Chauvinismus empfangen. Alle Völker der Welt brachten dem Heldenvolke der großen Woche wetteifernd ihre Huldigungen dar; so einstimmig war selbst der Bastillesturm nie gepriesen worden. Wie hätten diese Weihrauchwolken den Franzosen nicht das Hirn betören sollen? Die große Mehrheit der Nation glaubte im Ernst, daß ihr als dem auserwählten Volke nicht bloß das Recht des Aufstandes, sondern auch das Recht des Krieges ohne jede Beschränkung zustehe; denn rings an ihren Grenzen wohnten Sklaven, die von ihr die Befreiung erhofften; Frankreichs Eroberungszüge galten immer nur dem Siege der Idee, sie ließen, wie der Nil den befruchteten Schlamm, überall den Segen der Gesittung und der Freiheit zurück; der junge Stamm des revolutionären Könighauses mußte mit Blut gedüngt werden, damit er festwurzele, und jedes Volk sollte es als eine Wohltat dankbar hinnehmen, wenn die Franzosen ihm sein Herzblut für einen so erhabenen Zweck abzapften. So klang es tausendstimmig durch die Presse in ehrlicher Begeisterung. –

Unter allen den Erschütterungen, welche der Juli-Revolution folgten, bedrohte keine den Weltfrieden so unmittelbar wie die Erhebung der Belgier gegen die holländische Herrschaft. Bisher war trotz so mancher Wirren doch mindestens der Länderbestand der neuen Staatengesellschaft unverändert geblieben – denn für Griechenland und die Türkei galten die Wiener Verträge nicht: – jetzt ward er plötzlich an seiner verwundbarsten Stelle zerstört. Das vielgerühmte, von den Diplomaten der großen Allianz im Wetteifer gehegte und verstärkte Bollwerk des europäischen Gleichgewichts, das neue Königreich der Vereinigten Niederlande brach bei der ersten Prüfung morsch zusammen, nicht ohne die Mitschuld seiner Regierung, doch vornehmlich durch die unheilbare Schwäche einer verfehlten künstlichen Staatsbildung. Ihrer stolzen Geschichte froh, konnten die Holländer in dem belgischen Lande, das seit den Tagen Philipps II. immer fremden Herrschern gehorcht hatte, nur seinen Gebietszuwachs ihres wiederhergestellten nationalen Staates sehen, wie es die europäischen Verträge auch ausdrücklich aussprachen. Durch die Begehrlichkeit des Hauses Oranien und seiner englischen Gönner war aber der Zuwachs stärker geworden als das Hauptland selber: drei und eine viertel Million Belgier standen zwei Millionen Holländern gegenüber. Ein Gefühl der Gemeinschaft konnte sich zwischen den beiden feindlichen Landeshälften von vornherein nicht bilden, und die Gegensätze führten bald zum Haß.

In solcher Gärung ward das Land von der Julirevolution überrascht. Am 25. August erklangen die feurigen Aufruhrlieder der Stummen von Portici im Brüsseler Theater, in der nämlichen Nacht brach die Empörung aus, eine rohe, noch ziellose Pöbelbewegung; aber nicht lange, so flatterte auf dem gotischen Turme des Rathauses schon die dreifarbige Fahne von Brabant. Überall im Lande züngelte der Aufruhr empor; französische Agenten, Offiziere, Soldaten schlossen sich den Aufständischen an. Dem holländischen Heere fehlte die feste Leitung; der König selber begann zu fühlen, daß die Verwaltung der beiden Landeshälften getrennt werden mußte, und verhandelte darüber mit den Generalstaaten. Da wurden seine Truppen, vier Wochen nach dem ersten Aufruhr, durch einen dreitägigen wilden Straßenkampf von den Brüsselern gezwungen, die Hauptstadt zu räumen. Seitdem riß im Heere die Fahnenflucht ein, die Belgier verließen ihre Regimenter, hüben und drüben flammte der alte Stammeshaß furchtbar auf; unter den Trümmern von Antwerpen ward das Vereinigte Königreich begraben.

Die zur Hilfe herbeigeilten Franzosen und ihr Anhang erwarteten zuversichtlich den Anschluß Belgiens an das freie Frankreich; die Mehrheit der Belgier aber wies diese Anschläge weit von sich. Darum wurden auch die republikanischen Pläne kurzerhand abgelehnt; denn nur durch Frankreichs Hilfe, nur durch einen Weltkrieg konnte sich vielleicht die Republik behaupten, nur unter dem Schutze einer monarchischen Verfassung durften die Belgier auf die Zustimmung der großen Mächte hoffen. Schon zu Anfang November faßte der neuberufene nationale Kongreß die verständigen, durch die Lage der Dinge gebotenen Beschlüsse: Unabhängigkeit, Monarchie, Lossagung vom Hause Oranien.

Die so lange niedergehaltenen Parteien der deutschen Opposition atmeten fröhlich auf, als die erste Kunde von der großen Woche über den Rhein drang. Heinrich Heine nahm der radikalen Jugend das Wort von den Lippen, da er in übermütigem Jubel die Pariser Zeitungen als in Papier gewickelte Sonnenstrahlen begrüßte: „Lafayette, die dreifache Fahne, die Marseillaise – fort ist meine Sehnsucht nach Ruhe. Ich weiß jetzt wieder, was ich will, was ich soll, was ich muß. Ich bin der Sohn der Revolution und greife wieder zu den gefeiten Waffen, worüber meine Mutter ihren Zaubersegen ausgesprochen. Blumen, Blumen! Ich will mein Haupt bekränzen zum Todeskampf. Ich bin ganz Freude und Gesang, ganz Schwert und Flamme!" Mächtig wie die Freude im liberalen Lager war der Schrecken an den großen Höfen. Die Niederlage, welche Prinz Friedrich der Niederlande im Straßenkampfe zu Brüssel erlitten hatte, wirkte am Berliner Hofe wie ein Donnerschlag. Der Kronprinz konnte diese Erinnerung nie ganz verwinden; nach langen Jahren noch, in den Fieberträumen seiner letzten Krankheit, sprach er wehmütig von dem guten Freunde, der die Hälfte seiner Kinder verloren habe.

Über die Unhaltbarkeit des künstlichen niederländischen Gesamtstaates waren die preußischen Staatsmänner noch keineswegs einig. Wohl hatte Hardenberg, als es zu spät war, ein Jahr nach dem Wiener Kongresse, ärgerlich geäußert: Bataver und Belgier würden sich doch nie vertragen; wieviel klüger, wenn man Belgien an die Welfen und dafür Hannover an Preußen gegeben hätte. Aber solche Ansichten standen vereinzelt; die Mehrzahl am Hofe betrachtete es als eine Ehrenpflicht, die wichtige Position an der Maas und Schelde dem befreundeten Fürstenhause zu erhalten. Die alten Helden des Befreiungskrieges sahen den längst erwarteten dritten punischen Krieg jetzt unaufhaltsam herannahen; und er mußte kommen, war es dann nicht würdiger, das Schwert sogleich zu ziehen zur Wahrung der Rechte eines alten Bundesgenossen? So dachte Clausewitz; so Gneisenau, obwohl er zuweilen friedlicheren Stimmen nachgab.

In diesem Gewoge kriegerischer Leidenschaften stand der König, minder weitsichtig und eben deshalb nüchtern die Lage des Augenblicks erwägend. Auch er hielt den Krieg für nahezu sicher; aber die Schuld daran wollte er nicht auf sein Gewissen nehmen. Durfte er seinem Volke, das die Nöte des letzten Krieges noch kaum verwunden hatte, jetzt zumuten, im Auslande einen Aufstand niederzuschlagen, der diesmal besiegt, nach einigen Jahren unfehlbar abermals ausbrechen mußte? Schon begann das Nachspiel der Juli-Revolution auf deutschem Boden; in Braunschweig, in Kassel, in Dresden erhob sich der Aufruhr; wer konnte vorhersehen, ob Preußen nicht bald gezwungen sein würde, hier in seinem nächsten Machtgebiete mit den Waffen die Ruhe herzustellen? Auf die Treue seine Heeres verließ er sich unbedingt, doch die freudige Begeisterung der Befreiungskriege – das ward in den Denkschriften des Auswärtigen Amtes beständig wiederholt – konnte nur dann wiederkehren, wenn er sein Volk in einen gerechten, allen verständlichen Verteidigungskampf führte; und den Einmarsch in Belgien hätten mindestens die gesinnungstüchtigen Liberalen der Kleinstaaten kurzerhand als einen Rückfall in die alte Toppauer Interventionspolitik verdammt. Die Festungen, auf deren Schutz der Vierbund einst gerechnet, waren mit wenigen Ausnahmen schon in den Händen der belgischen Aufständischen. Von England stand keine, von Österreich nur späte und geringe Hilfe zu erwarten. Frankreich hingegen war entschlossen, falls Preußen in das östliche Belgien einrückte, sogleich den westlichen Teil des Lande zu besetzen.

Die Entscheidung dieser ernsten Fragen behielt sich Friedrich Wilhelm selber vor; nur Witzleben und Bernstorff, der trotz der Schmerzen einer schweren Krankheit immer klar und ruhig blieb, genossen sein Vertrauen. Und es war dringend nötig, daß der Monarch die Leitung der auswärtigen Politik in seine Hände nahm; denn die Kriegspartei am Hofe gewann an dem russischen Feldmarschall Diebitsch einen kräftigen Bundesgenossen.

Und nun zeigte sich, was Friedrich Wilhelms feste und offene Haltung für den Weltfrieden bedeutete. Mit gutem Grunde sagte Lord Heytesbury in Petersburg zu General Schöler: „Ihre

Regierung ist die vernünftigste von allen," und desgleichen Nesselrode: „Die besonnene Politik Ihres Königs ist das einzige, worauf Europa noch seine Hoffnung bauen kann." Durch Preußen allein wurden die kriegerischen Pläne des Zaren in Schach gehalten. Nikolaus fand es entsetzlich, daß der König der Barrikaden in den hohen Rat Europas eintreten solle; sein Diebitsch machte in Berlin den naiven Vorschlag, Frankreich dürfe nur zugelassen werden, wenn es sich verpflichte, die Verhältnisse Belgiens, wie sie vor der Revolution bestanden, aufrecht zu erhalten – worauf Friedrich Wilhelm kurzab erwiderte: „Dies wird niemals erreicht werden können." Aber ohne Preußen vermochte Rußland in diesem Handel nichts. Wie hart es ihm auch ankam, am 25. Oktober erwiderte Nkolaus dem Oranier: er selbst sei bereit, die verlangte Waffenhilfe zu leisten, doch sein vereinzeltes Auftreten würde nur schaden, die Verständigung mit den Großmächten könne allein noch retten.

Da trat ein Ereignis ein, das die Leidenschaften der Parteien überall in Europa von neuem aufstachelte und doch zugleich der Erhaltung des Friedens zu statten kam. Die in aller Welt verbreiteten überspannten Vorstellungen von Rußlands kriegerischer Macht hatten schon durch die Erfahrungen des Türkenkrieges einen ersten Stoß erlitten; sie schwächten sich noch mehr ab, seit in Europa etwas ruchbar ward von den Verheerungen der asiatischen Cholera. Die furchtbare Seuche, die erst im Jahre 1817 in ihrem uralten Heimatlande Ostindien von englischen Ärzten beobachtet worden war, drang seit dem Sommer 1829, zumeist den Wasserläufen folgend, im Innern Rußlands unaufhaltsam vor. Da die Heilkunde noch ratlos vor der geheimnisvollen Krankheit stand, so griff der Staat zu den härtesten Vorsichtsmaßregeln: ganze Provinzen wurden abgesperrt, alle Briefe durchstochen, die Reisenden durchräuchert und in Quarantäne gehalten; aber die Roheit des Volks und die Unzuverlässigkeit der Beamten brach allen Vorschriften die Spitze ab. Im September 1830 kam die Cholera nach Moskau; der Pöbel wütete gegen die Polen und die anderen Fremden, die den Giftstoff eingeschleppt haben sollten; nur das persönliche Eingreifen des furchtlosen Zaren stellte die Ruhe wieder her. In manchen Teilen des ungeheuren Reiches war alle bürgerliche Ordnung so aufgelöst, wie einst in Westeuropa, als der schwarze Tod durch die Lande raste. Freund und Feind begannen schon zu ahnen, ein also heimgesuchter Staat werde schwerlich ein großes Heer über seine Grenzen hinaussenden können. Und diese Vermutung ward zur Gewißheit, als am 29. November plötzlich der Aufruhr in Warschau ausbrach.

Auch Polen erlebte seine große Woche. Nach wenigen Tagen war der letzte Russe aus den Landen des weißen Adlers vertrieben und der Zar durch einen furchtbaren Feind vom Westen abgetrennt. Wieder wie in den Niederlanden brach eine der willkürlichen Staatsbildungen der Wiener Verträge plötzlich zusammen; hier lag die Schuld jedoch mehr an den Menschen als an den künstlichen Institutionen. Der wohlgemeinte Versuch Kaiser Alexanders, die Unabhängigkeit Polens unter russischem Schutze teilweise wiederherzustellen, scheiterte an der unheilbaren Zuchtlosigkeit des polnischen Adels. Seit fünfzehn Jahren besaß das Königreich sein eigenes, durch die napoleonischen Veteranen wohl geschultes Heer und eine nationale Verwaltung, die fast ebenso wohltätig wirkte wie einst die preußische: sie brachte den Staatshaushalt in treffliche Ordnung, gründete eine Universität, eine Bank, eine Pfandbriefs-Anstalt, ein gutes Postwesen, einige Kunststraßen und Kanäle. Das schwerste Leiden des Landes, die Rechtlosigkeit der mißhandelten Bauern, erschien dem Adel, der hier allein das Wort führte, keineswegs als ein Übel. Wohl unterlag die Presse einer harten Zensur, doch erst seit sie ihre Freiheit maßlos mißbraucht hatte; auch die Öffentlichkeit der Reichstagsverhandlungen wurde beseitigt, doch erst seit das Geschrei der radikalen Jugend auf den Galerien die Beratungen fast unmöglich machte. Im übrigen bestand die Verfassung unangetastet; unter den rohen Wutausbrüchen des Statthalters Großfürsten Konstantin litten nur einzelne, meist Offiziere, da der Statthalter lediglich militärische Befugnisse besaß.

Wie ungern immerhin der herrische Nikolaus die Erbschaft seines völkerbeglückenden Bruders antreten mochte: er beschwor die Verfassung, und den Buchstaben des Rechts zu verletzen war seine Sache nicht. Zwar verschob er anfangs die Berufung des Reichstags über die gesetzli-

Goethe am Hofe des Markgrafen Karl Friedrich von Baden 1775 bei Anwesenheit des Herzogs Karl August von Weimar

König Friedrich Wilhelm III. und Königin Luise mit ihren Kindern in Luisenwahl 1809

che Frist hinaus – was sich durch die Kriege und die inneren Wirren seiner ersten Regierungsjahre zur Not entschuldigen ließ – aber im Frühjahr 1830 kam er selbst nach Warschau, um den Reichstag zu eröffnen. „Es hängt von euch selber ab," rief er der Versammlung zu, „das Werk des Wiederherstellers eures Vaterlandes zu befestigen, indem ihr die Befugnisse und Vorrechte, welche er euch auferlegt hat, mit Weisheit und Mäßigung gebraucht." Mit schauspielerischem Geschick zeigte er sich in Warschau nur als König von Polen und versäumte keine Gelegenheit, den nationalen Erinnerungen seine Huldigung zu erweisen; er errichtete ein Denkmal für den Volkshelden Sobieski, als seinen Vorgänger auf dem Throne, verteilte reiche Geschenke, gab glänzende Feste, denen auch einige der jungen preußischen Prinzen beiwohnten, und mit der Geduld eines konstitutionellen Fürsten ertrug er schweigend die Ausfälle der radikalen Mehrheit der Landboten. Als der Reichstag nach stürmischer Tagung wieder nur ein einziges, unerhebliches Gesetz zu stande brachte, sprach Nikolaus kalt und hochmütig sein Bedauern aus: „Auch in der Ferne," so schloß er, „werde ich nicht aufhören, für euer wahres Glück zu sorgen." Feindseliger Worte enthielt er sich, weil ihm Nesselrode vorstellte, welchen üblen Eindruck ein öffentlicher Tadel in Europa hinterlassen würde.

Was man auch zu klagen hatte, eine unerträgliche Willkürherrschaft lastete nicht auf dem Lande. Durchaus der Wahrheit gemäß gestanden späterhin Mochnacki und andere Führer der radikalen Emigranten: nicht gegen russischen Druck hätten die Polen sich erhoben, sondern um ihre alte Unabhängigkeit und die Grenzen von 1772 zurückzugewinnen. Von dem Tage an, da dies halb sebständige Königreich aufgerichtet wurde, waren alle namhaften Männer des Adels einig in der Hoffnung auf völlige Wiederherstellung, auf Wiedervereinigung mit den verlorenen Brüdern in Posen und Westpreußen, in Litauen und Podolien. Redlich, ohne Hintergedanken schloß sich fast niemand der neuen Herrschaft an.

In den langen Jahrhunderten, da die Nachbarn zu sagen pflegten: „Polen besteht nur durch Unordnung," waren diesem unseligen Volke die schlichten Tugenden des Bürgers ganz verloren gegangen; der polnische Edelmann verstand nur für sein Vaterland zu kämpfen, zu leiden und Verschwörungen zu schmieden, nicht ihm zu dienen in nüchterner Arbeit. Sogar Alexanders Freund Fürst Adam Czartoryski wiederholte dem Kaiser unablässig: dies Königreich, das um ein Drittel kleiner sei als das Herzogtum Warschau, könne nur als eine Abschlagszahlung, eine pierre d'attende gelten; und er handelte nach seinen Worten, er mißbrauchte sein Amt als Kurator der Universität Wilna, um seinen Lehrbezirk zu polonisieren und für die Einverleibung vorzubereiten – bis sein nachsichtiger Gönner ihm endlich doch das gefährliche Handwerk legen mußte. Die ganze Geschichte dieser anderthalb Jahrzehnte war nur eine Kette von Verschwörungen. Erst der nationale Freimaurerbund, nachher die Patriotische Gesellschaft beherrschte das Königreich sowie die Nachbargebiete durch Sendboten und geheime Vereine. Bald waren die gesamte gebildete Jugend, der Landadel und der größte Teil der Offiziere für die Verschwörung gewonnen; nur die Bauern hielten sich fern, desgleichen das neue Bürgertum, dessen erste Keime jetzt unter dem Schutze einer geordneten Verwaltung aufzusprießen begannen. Vergeblich suchte sich die Krone durch eine spüreifrige geheime Polizei zu decken. Als es im Jahre 1827 endlich gelang, einige der Häupter, Mitwisser der russischen Dekabristen, aufzugreifen, da wurden sie trotz erwiesener Schuld von dem höchsten Staatsgerichtshofe, dem Senate, teils freigesprochen, teils zu lächerlich geringen Strafen verurteilt; und Adam Czartoryski selbst, der liebenswürdige, feingebildete Füher der gemäßigten aristokratischen Partei, verfaßte dies Urteil, das jedem Rechte ins Gesicht schlug, jedem Hochverrat einen Freipaß ausstellte. Der Adel frohlockte, er war längst gewohnt alle Staatsverbrecher als Patrioten zu verherrlichen. Die Krone aber nahm die Verhöhnung ohne Widerstand hin, und seitdem führten die Polen mit wachsender Dreistigkeit jenen kleinen Krieg gegen die Behörden, dessen Neckereien ihnen ebenso geläufig waren wie den geknechteten Völkern Südeuropas; Händel anzufangen mit der Obrigkeit und dann den Märtyrer zu spielen, gehörte zum guten Tone unter den jungen Männern.

Als nun Lafayette, der alte Waffengefährte Kosciuszkos, die geliebte Trikolore wieder schwenkte, da wirbelte die Begeisterung hoch auf. In der Jugend wurden die Träume der neunziger Jahre, im Heere die napoleonischen Erinnerungen wieder lebendig; niemand in diesen Adelskreisen bezweifelte, daß jetzt auch für Polen die Stunde der Befreiung geschlagen habe. Sendboten der französischen Radikalen mahnten zu rascher Tat, aus Petersburg aber kam das Gerücht, daß Zar Nikolaus gegen Frankreich kämpfen, das polnische Heer als Vorhut voraussenden wolle. Noch bestand kein fester Plan für den Aufruhr, jedoch bei der allgemeinen Untreue genügte ein Funke, den Brand zu wecken. Die Entscheidung fiel, als eine Handvoll junger Offiziere, Fähnriche, Studenten einen Mordversuch gegen den Statthalter unternahm, dann einige Generale meuchlings niederstieß und den Warschauer Pöbel zu den Waffen rief. Großfürst Konstantin verlor Mut und Fassung; er hatte die Polen auf seine Weise lieb gewonnen und scheute sich, in ihre Händel einzugreifen. „Ich und die Meinen, wir wollen rein aus diesen Wirren hervorgehen" – so entschuldigte er seine Schwäche. Ohne einen Widerstand zu wagen, zog er mit seinen russischen Regimentern heimwärts und überließ das Land seinem Schicksale. Das ganze Königreich mitsamt den starken Festungen des Weichseltals schloß sich sofort der Sache der Sieger an. Das war kein Aufstand mehr. Ein selbständiger Staat mit geordneten Behörden, mit vollem Schatze und wohlgerüstetem Heere trat Macht gegen Macht dem Zarenreiche gegenüber; nur durch einen Krieg konnte er bezwungen werden.

Inzwischen nahmen die Dinge in Warschau den herkömmlichen Verlauf aller polnischen Revolutionen: Kampflust und Opfermut im Überschwang, flammende Reden und brüderliche Umarmungen, zeternde Priester und hochsinnige schöne Frauen, dazu Punsch und Mazurka, soviel das Herz begehrte, aber daneben auch Parteihaß, Unbotmäßigkeit, wütende Anklagen herüber und hinüber, und in diesem Gewoge tapferer begeisterter Männer kein einziger staatsmännischer Kopf, kein einziger großer Charakter. Für die Massen des Volks und ihre Leiden hatten die Freiheitsredner dieser Adelsverschwörung kein Auge; der Antrag, die Fronden abzulösen, den Bauern Grundeigentum zu geben, ward vom Reichstage verworfen. Eine Zeitlang wiegte man sich noch in dem kindlichen Wahne, der Zar könne durch friedliche Verhandlungen beschwichtigt, ja sogar zur Einverleibung von Litauen und Podolien bewogen werden. Bald aber errang sich der Radikalismus das Herrenrecht, das ihm bei Aufständen gebührt.

Die große Woche der Polen ward von der gesamten liberalen Welt Europas kaum minder freudig begrüßt als die Julirevolution selber. Der alte Haß gegen die russische Selbstherrschaft, der schon in den ersten Friedensjahren sich geregt und erst während des Türkenkrieges sich etwas verloren hatte, flammte wieder auf; niemand wollte bemerken, daß der römische Klerus in Polen fast ebenso eifrig wie in Belgien die Sache des Aufstandes gefördert hatte. Der sarmatische Adel erschien den erhitzten Köpfen wie ein Vorkämpfer der Freiheit. Die Polen teilten mit dem römischen Stuhle das Schicksal, daß die ihnen gewidmete Verehrung mit der räumlichen Entfernung wuchs. Ihre Nachbarn in den preußischen Grenzlanden wußten wohl, wie tief der polnische Bauer unter dem russischen stand; im Westen aber, wo niemand je ein polnisches Dorf betreten hatte, hielt man sich an die herkömmlichen Begriffe von lateinischer und byzantinischer Kultur und glaubte treuherzig, diese willenlose, von Junkern, Pfaffen, Juden getretene Masse bilde ein starkes Bollwerk gegen die asiatische Barbarei. Die Freiheit der Völker und die Gesittung Europas fochten unter den Fahnen des weißen Adlers – so lautete das allgemeine Urteil.

Der Zar aber ließ sich in seinen vermessenen Entwürfen nicht beirren. Nikolaus verachtete die Polen, wie jeder echte Moskowiter; auf dem Durchmarsch, in wenigen Wochen sollte sein unbesiegliches Heer diese Empörer zermalmen, um dann hinauszufluten über das rebellische Westeuropa. Auch Diebitsch beharrte in seiner Verblendung. Der meinte selbstzufrieden: wäre man in Berlin meinem Rate gefolgt, so ständen heute das polnische Heer am Rhein, das russische an der Weichsel; und einem Abgesandten der Warschauer Regierung erwiderte er spöttisch: Ihr habt die Zeit schlecht gewählt, die Kriegsmacht des Kaisers rückt bereits nach dem Westen vor! Der Feldmarschall erhielt den Oberbefehl und hoffte schon im Februar unter den polnischen Empörern aufzuräumen; war dort die Revolution gebändigt, so sollte Preußen in den großen Kreuzzug für die Legitimität hineingerissen werden und im Mai das Heer des Türkenbesiegers am Rheine eintreffen. Darum erging Marschbefehl an die Garden, die erst im März, also nach der erhofften Unterwerfung, in Polen anlangen konnten, auch die kaiserliche Feldequipage war schon unterwegs. Die Russen zogen freudig in den Kampf gegen die alten Feinde ihrer Nation; überall ging die Rede: den einzigen Lohn, den Rußland aus seinem siegreichen Kriege wider ganz Europa davongetragen hat, lassen wir uns nicht rauben. Nachhaltigen Widerstand befürchtete niemand; die meisten Offiziere der Garde erwarteten gleich dem Feldmarschall einen raschen Siegeszug bis zur Seine, und mancher sagte beim Abschied, erst aus Paris werde er heimschreiben. Der Übermut der Moskowiter sollte sich hart bestrafen.

Diebitsch begann den Krieg zu früh, mit ungenügenden Mitteln; um nur rasch fertig zu werden, führte er sogar die litauischen Truppen, deren Treue längst verdächtig war, gegen ihre polnischen Landsleute ins Feuer. Das herrische Manifest, das vor ihm herging, verschärfte lediglich den Haß; auf dem Schlachtfelde vergaßen die Polen ihre Zwietracht und bewährten überall den alten Mut. Als Diebitsch geradeswegs gegen Warschau vorgedrungen, bei Grochow auf dem alten Schlachtenboden des rechten Weichselufers die Polen geschlagen hatte (25. Febr.), da fühlte er sich nicht mehr stark genug, den Sieg zu benutzen, er wagte nicht, nach dem Rate seines kühnen Generalstabschefs Toll, den Brückenkopf der Hauptstadt, Praga zu stürmen und also mit einem Schlage den Krieg zu beendigen. Das russische Heer mußte den Rückzug antreten, durch weglose Gelände, bei unerwartet frühem Tauwetter; die Cholera wütete in seinen Reihen. Zu Ende März brachen die Polen, jetzt von dem tapferen Skrzynecki geführt, aus den Wällen Pragas hervor, schlugen das unzuverlässige litauische Korps des Generals Rosen, und bald sah sich Diebitsch genötigt, noch weiter ostwärts zurückzugehen. Die Garden trafen auf ihrem Pariser Siegeszuge gerade noch rechtzeitig ein, um in Polen das Verderben aufzuhalten. Ein langer und schwerer Krieg stand bevor; mit heller Schadenfreude verkündeten die europäischen Zeitungen, wie schwach der gefürchtete nordische Koloß sich erwiesen habe.

Aber auch die beiden anderen Teilungsmächte wurden durch die polnische Revolution gelähmt. Wieder wie einst beim Beginne des ersten Revolutionskrieges stand Preußen in Gefahr, zwischen zwei Feuer zu geraten; kein preußischer Staatsmann durfte verkennen, was die Pflicht der Selbsterhaltung gebot. Blieb der Aufstand in Warschau siegreich, so waren Posen und Westpreußen schwer gefährdet, und in Frankreich gelangte voraussichtlich die Partei der revolutionären Propaganda ans Ruder. An dieser handgreiflichen Wahrheit konnten die glatten Worte der Polen nichts ändern. Graf Titus Dzialynski, das Oberhaupt der Posener Verschwörer, eilte, sobald die Revolution ausgebrochen war, nach Warschau, um anzufragen, ob eine Schilderhebung in Posen ratsam sei. Die provisorische Regierung aber, die noch unter Czartoryskis behutsamer Leitung stand, wies ihn ab und beeilte sich, in einem um einen Tag vordatierten Briefe dem preußischen Konsul Schmidt unaufgefordert zu erklären: sie hege „die feste Absicht, gewissenhaft die Grenzen aller Staaten Se. Maj. des Königs von Preußen zu achten." Zum Überfluß kam der harmlose Posener Graf selber zu dem Konsul und versicherte gemütlich, er sei nur nach Warschau gereist, um seine Mutter zu besuchen. Wen sollten solche Künste täuschen? Während Tag für Tag Überläufer aus Preußen in das polnische Heer eintraten – darunter auch der aus Glogau entflohene General Uminski – und sogar eine Posener Reitertruppe gebildet wurde, rechneten die Warschauer Gewalthaber noch immer auf die deutsche Gutherzigkeit und ließen den König durch General Kniaziewicz um seine Vermittlung bitten. Friedrich Wilhelm lehnte das Gesuch schroff ab und gab den Aufständischen den Rat, sich ihrem Könige zu unterwerfen.

Als die Dinge ernster wurden, ließ er die 130 Meilen lange Grenzlinie durch Truppen der vier östlichen Armeekorps besetzen. Gneisenau übernahm den Oberbefehl über diese vier verstärkten Korps, und er entledigte sich des peinlichen Auftrages nach seiner großen Weise. Selbst die grollenden Edelleute in Polen beugten sich vor der milden Hoheit des alten Helden. Er begegnete ihnen nicht ohne geringschätzige Ironie, da er ihre unausrottbare Vorliebe für krumme Wege kannte. In Kleinigkeiten nachsichtig, hielt er doch streng darauf, daß der Zuzug zu den Aufständischen aufhörte; und es ward hohe Zeit, denn es hatten sich schon an 12 000 Mann aus der Provinz den Polen angeschlossen. Der Feldmarschall war angewiesen, dem russischen Heere die Verpflegung zu erleichtern, aber nur im äußersten Notfall in den Kampf einzugreifen, da die Russen selbst, um ihres Ansehens willen, dies Einschreiten nicht wünschten.

Also mußte fast die Hälfte des preußischen Heeres zur Sicherung der Ostgrenze verwendet werden. Nicht ganz so schwer hatte Österreich unter den polnischen Wirren zu leiden. Für Galizien stand wenig zu befürchten, weil die ruthenische Bauernschaft ihre sarmatischen Herren verabscheute und auch die polnischen Edelleute dieses Landstrichs bei weitem weniger Eifer für den Aufstand zeigten als die preußischen Polen. Von jeher war das katholische Österreich den Polen minder verhaßt gewesen als die beiden anderen Teilungsmächte, und da nun der mächtige magyarische Adel jede Niederlage seiner russischen Todfeinde mit stürmischer, fast drohender Freude begrüßte, da der Statthalter von Galizien, Fürst Lobkowitz, seine polnische Gesinnung kaum verbarg und selbst das stille Wien für die sarmatischen Helden sich begeisterte, so verfielen die Polen in leichtsinnige Selbsttäuschungen. In der argen Schule ihres Verschwörerlebens hatten sie längst gelernt, Hoffnung für Wirklichkeit, leere Worte für Taten zu nehmen; an allen Höfen arbeiteten ihre Sendboten, und jede hingeworfene Äußerung menschlichen Mitgefühls klang ihnen wie ein Versprechen kriegerischer Hilfe. Adam Czartoryski warf unter seinen aristokratischen Freunden die Frage auf, ob man nicht den Erzherzog Karl zum Könige der Polen wählen und also Österreichs Beistand gewinnen solle; und doch mußte er wissen, daß gerade dieser Name den mißtrauischen Kaiser Franz nur abschrecken konnte. Als der Aufstand schon im Erlöschen war, kam Czartoryskis Neffe Graf Zamoiski nach Wien, bat nochmals um Österreichs Hilfe und erbot sich, die Krone der Jagellonen irgendeinem Erzherzoge, welcher es auch sei, zu verschaffen.

Kaiser Franz gab den Polen fast dieselbe Antwort wie König Friedrich Wilhelm; nur dem Fürsten Czartoryski, der bei Hofe wohlgelitten war, und einigen seiner Standesgenossen versprach man unter der Hand ein Asyl in Österreich. Die galizische Grenze wurde stark besetzt und dem russischen Heere die Zufuhr von Lebensmitteln freundnachbarlich gestattet. –

Um die Verwirrung der europäischen Lage zu vollenden, brach endlich im Februar 1831 auch in Italien der längst erwartete Aufruhr aus. Die Verschworenen dort glaubten fest, Österreich könne keine Einmischung wagen, weil Frankreich die Revolution mit seinen Waffen schirmen würde – dies versicherte ihnen der alte Unheilstifter Lafayette heilig –, und mit den elenden Truppen ihrer Kleinfürsten und Priester meinten sie leicht fertig zu werden.

Also auf Frankreichs Schutz vertrauend, wagten sie den Kampf. Im Laufe des Februar wurden die kleinen Despoten von Modena und Parma verjagt; die Romagna, Umbrien, die Marken, volle vier Fünftel des Kirchenstaates schüttelten das unerträgliche Joch des Papsttums ab. In Bologna wie in Modena trat eine revolutionäre Regierung zusammen, und aus den wirr durcheinander flutenden Hoffnungen und Entwürfen der Patrioten ließ sich doch schon erkennen, daß der nationale Gedanke in diesem edlen Volke klarer, greifbarer, bestimmter wurde, seit er aus dem aufgeregten Süden nach dem ruhigeren Norden hinüberdrang. Keine Rede mehr von den Parteifarben der Carboneria, die vor zehn Jahren in Neapel geprangt hatten. Das nationale Banner des Königreichs Italien wehte überall in den befreiten Landen, die sich stolz die Vereinigten Provinzen Italiens nannten.

Wunderbar, wie nun plötzlich dem Wiener Hofe die Schwingen wuchsen. In der Beherrschung der Halbinsel sah Kaiser Franz die stärkste Stütze seines Reichs. Metternich suchte, da er für die Leiden Italiens nie ein Auge hatte, den einzigen Grund der Bewegung in der heillosen Doktrin der Nichteinmischung; er wollte, indem er die Revolution niederschlug, zugleich diese neue Völkerrechtslehre durch die Tat widerlegen, und als ihm sein Schlag gelungen war, rief er stolz: Das erste österreichische Battaillon in Italien hat die Lehre der Nichteinmischung zu Boden geschmettert. Sobald der Papst und die vertriebenen Fürsten ihren Hilferuf nach Wien erschallen ließen, rückten die Österreicher ein, und ehe der März zu Ende ging, war das gesamte aufständische Gebiet wieder unterworfen.

In der Menge dieser Gegensätze, welche den Weltteil erfüllten, lag jedoch einige Gewähr für den allgemeinen Frieden. Nur die Selbstüberhebung des Zaren Nikolaus mochte sich's zutrauen, alle diese Knoten zugleich mit dem Schwerte zu durchhauen. Vorderhand waren die Ostmächte durch Polen und Italien beengt, die Westmächte durch innere Verlegenheiten.

Am 20. Januar 1831 einigten sich die Großmächte auf der europäischen Konferenz in London über die Grundlagen der Trennung der Niederlande; auf Bülows Antrag wurde die Neutralität des künftigen belgischen Staates angenommen, der alle Landschaften südlich der alten holländischen Grenze, mit Ausnahme des deutschen Bundeslandes Luxemburg, umfassen sollte.

Der König der Niederlande erklärte sich mit den Vorschlägen der Konferenz einverstanden. Der Brüsseler Kongreß hingegen erließ, verwöhnt durch die seltene Gunst des Glücks, eine leidenschaftliche Verwahrung und berief sich zum Schluß auf den großen Grundsatz der Nichteinmischung. Schon diese Wendung ließ erkennen, daß die Belgier auf französischen Beistand rechneten, und in der Tat erhob Frankreich plötzlich Bedenken gegen die Genehmigung der Konferenzbeschlüsse. Währenddessen wurden große Truppenmassen in Lothringen, dicht an der Grenze, angehäuft, und am 28. Januar meldete der Kommandierende des rheinischen Armeekorps, General Borstell, er müsse jederzeit einen plötzlichen Einfall in die Mosel- und Saarlande erwarten. Nach einer Beratung Bernstorffs mit den höchsten Führern des Heeres befahl der König nunmehr, das rheinische, das sächsische und einen Teil des westfälischen Armeekorps auf Kriegsfuß zu setzen, so daß jetzt volle zwei Drittel des preußischen Heeres zur Bewachung der Grenzen im Osten und im Westen aufgeboten waren. Mit großer Offenheit ließ das Auswärtige Amt diese Vorsichtsmaßregeln dem Pariser Hofe mitteilen; selbst der Schein einer Herausforderung sollte vermieden werden.

Da erfolgte in Paris eine friedliche Wendung, welche deutlich zeigte, daß die Dinge so verzweifelt doch nicht standen. Das Julikönigtum begann sich im Innern zu befestigen. Bereits war Lafayette von seiner gefährlichen Stellung an der Spitze der Nationalgarde verdrängt. Im März wurde das Ministerium der Bewegungspartei gestürzt, und der Führer des Juste milieu, Casimir Perier, trat ans Ruder, ein reicher Kaufherr, der aus Erfahrung wußte, daß große Geschäfte durch kleine Schliche nicht gefördert werden, ein Mann der strengen gesetzlichen Ordnung, stolz und unbiegsam, herrisch genug, um zugleich die Ränke des Monarchen und die Leidenschaften der Radikalen niederzuzwingen, friedliebend von Grund aus, aber auch fest entschlossen, der Würde seines Landes nichts zu vergeben – alles in allem der größte politische Charakter unter den Staatsmännern des Julikönigtums.

Ludwig Philipp versuchte unter der Hand seinem Neffen, dem blutjungen Prinzen Karl von Neapel, die belgische Krone zu verschaffen, stand aber sogleich davon ab, als er den Unwillen der Ostmächte bemerkte. Inzwischen übernahm der Baron Surlet de Chokier die Regentschaft. Seine Räte verfielen auf den glücklichen Gedanken, dem Witwer der Prinzessin von Wales, dem Prinzen Leopold von Koburg, die Krone anzubieten. Es konnte nicht fehlen, daß der englische Hof dieser Kandidatur zustimmte. Den Ostmächten erschien der deutsche Prinz nicht unannehmbar; auch Ludwig Philipp stimmte bald zu und benutzte die Gelegenheit zu einem vorteilhaften Geschäfte, indem er dem Koburger die Hand seiner Tochter Luise versprach. Der kluge, ehrgeizige Prinz war bereit, dem Rufe zu folgen und bewährte sogleich seine diplomatische Meisterschaft. Er sah ein, daß Belgien ohne Verständigung mit der Londoner Konferenz seine Unabhängigkeit nicht behaupten konnte. Es gelang ihm, erst Palmerston, dann auch die anderen Bevollmächtigten zu überreden, und am 27. Juni entschloß sich die Konferenz, ihre früheren Beschlüsse über die Teilung des Gebiets und der Staatsschuld zugunsten Belgiens etwas abzuändern. Die neuen Vorschläge für die Friedenspräliminarien wurden in achtzehn Artikeln zusammengefaßt und von dem belgischen Kongresse angenommen. Nunmehr durfte Leopold mit einiger Sicherheit auf die Anerkennung der großen Mächte hoffen; am 21. Juli zog er als König in Brüssel ein.

König Wilhelm verwarf nicht nur die achtzehn Artikel, er entschloß sich auch zu einem neuen Waffengange, um schlimmstenfalls die Ehre seiner Fahnen wiederherzustellen. Am 1. August ließ er den Waffenstillstand kündigen. In einem Feldzuge von zehn Tagen warf sein tapferes Heer, unter der Führung des Prinzen von Oranien und des Herzogs Bernhard von Weimar, die erbärmlichen belgischen Milizen gänzlich über den Haufen; nach dem Gefechte von Hasselt war der neue König selbst in Gefahr, gefangen zu werden. Da kam Hilfe aus Frankreich. Leopold hatte sich alsbald nach London und Paris gewendet.

Während die englische Flotte sich bei Dover versammelte, rückte Marschall Gerard mit vierzigtausend Mann in Belgien ein. Am 12. August erschien der Herzog von Orleans in Brüssel. Auf die erste Aufforderung der Franzosen hielten die Holländer in ihrem Siegeszuge inne und räumten das belgische Gebiet. Zugleich ließ Perier nach allen Seiten hin beschwichtigende Erklärungen ergehen. Doch anders dachten die französischen Truppen. Hier träumte man nur von einem großen Kriege; General Lawoestine trat gegen die Holländer, als er die Einstellung der Feindseligkeiten verlangte, anmaßend und höhnisch auf; seine Offiziere meinten in den Reihen der Holländer schon preußische Bataillone zu bemerken und forderten laut Vergeltung für Waterloo.

Sobald die Waffenruhe wiederhergestellt war, forderte König Friedrich Wilhelm auf der Londoner Konferenz sehr nachdrücklich den ungesäumten Abmarsch der Franzosen; er drohte, nötigenfalls seine rheinischen Regimenter einrücken zu lassen. Da alle Mächte das Verlangen Preußens unterstützten, so sah sich Frankreich gezwungen, diesmal Wort zu halten. Wenige Tage nach dem Einmarsch begann schon der Rückzug der französischen Truppen, zu Ende September war Belgien wieder geräumt. Die Pariser tobten über die erlittene Schmach.

In Wahrheit hatte Periers ruhige Entschlossenheit den Ostmächten eine empfindliche Schlappe beigebracht. Frankreich allein war, ohne daß die anderen Mächte zu widerstehen wagten, tatkräftig für den Frieden eingetreten, sein Bürgerkönig erschien, für den Augenblick mindestens, als der mächtige Schirmherr Belgiens.

Die Londoner Konferenz nahm ihre Versöhnungsversuche wieder auf. Am 14. Oktober stellte die Konferenz in vierundzwanzig Artikeln neue Friedenspräliminarien fest: der Streit über die Grenzen sollte dadurch geschlichtet werden, daß Belgien einen Teil der Provinz Limburg abtrat und dafür die westliche Hälfte von Luxemburg eintauschte – immer mit Vorbehalt der Rechte des Deutschen Bundes. Die Belgier murrten; ihr König aber sah weiter, er verkannte nicht, daß sein ungerüsteter Staat keinen Widerstand wagen durfte, und nahm die vierundzwanzig Artikel an. König Wilhelm hingegen hatte aus den Erfolgen seines Heeres neuen Mut geschöpft und ließ in Berlin durch Prinz Albrecht von Preußen schroff erklären, „den schmachvollen Untergang Hollands" könne er nimmermehr genehmigen.

Der kluge Koburger hatte also nochmals die großen Mächte auf seiner Seite. Am 15. November ward ihm der Triumph, daß die Bevollmächtigten der Londoner Konferenz mit seinem Gesandten van de Weyer einen Vertrag schlossen und das Königreich Belgien, auf Grund der vierundzwanzig Artikel, förmlich anerkannten. –

Derweil der belgische Staat sich zu befestigen begann, nahm die Revolution im Osten ein jammervolles Ende. Beim Ausbruch des polnischen Krieges hatte Nikolaus beschlossen, nach der erhofften raschen Unterwerfung die polnische Verfassung aufzuheben, „die großen Schuldigen, Czartoryski, Lelewel und andere ähnliche Schufte" furchtbar zu bestrafen, die Warschauer Studenten „und die andere Canaille" zur Zwangsarbeit zu verurteilen. Als die Polen zu unterhandeln versuchten und ihm die Wiedereinsetzung der Romanows anboten, schrieb er höhnisch: „Ich bin sehr gerührt und dankbar!" Wie anders war nun alles gekommen. Nach dem unbenutzten Siege von Grochow befand sich Diebitsch in peinlicher Bedrängnis. In seinem schlecht verpflegten Heere wütete die Cholera, derweil die Zuversicht der Polen durch Skrzyneckis unerwartete Erfolge und den begeisterten Beifall Europas gesteigert wurde. Die Ungunst des Wetters erschwerte jede Bewegung in dem unwegsamen Lande; und kaum minder belästigte den Feldherrn die pedantische Kleinmeisterei des Selbstherrschers, der ihn aus seinem Kabinett heraus bald mit herrischen Befehlen, bald mit freundschaftlichen Vorwürfen überschüttete, ihm die Schonung der glänzenden Garderegimenter, die richtige Verwendung seiner neuerfundenen Dragoner, einer wenig brauchbaren „Infanterie zu Pferd", anempfahl. Im Mai brach Skrzynecki wieder aus Praga hervor, um sich über den Bug nordwärts gegen die russischen Garden zu wenden. Diebitsch eilte ihm nach und schlug ihn unter schweren Verlusten bei Ostrolenka (26. Mai). Doch abermals wagte der Sieger nicht seinen Erfolg auszubeuten; abermals gestattete er dem zerrütteten polnischen Heere hinter den schützenden Wällen von Praga zu verschwinden und sich dort von neuem zu verstärken. Da riß dem Zaren die Geduld, er beschloß den unglücklichen Heerführer abzurufen.

Der schleppende Gang des Feldzuges hatte das Ansehen der russischen Waffen überall in der Welt erschüttert, und da fast alle höheren Befehlshaber in diesem erfolglosen Kriege gleich dem

Feldherrn selber Deutsche waren, so brach der alte Haß der Moskowiter gegen die Deutschen wieder übermächtig aus. Die Nation forderte stürmisch die Züchtigung der verachteten Polen, aber nur ein Russe durfte diesen nationalen Krieg führen. Die polnische Revolution ward ein Wendepunkt der russischen Politik. Die Begünstigung des alten Moskowitertums, die sich schon in Nikolaus' ersten Jahren zuweilen gezeigt hatte, blieb fortan der leitende Grundsatz seiner Regierung. In schneidendem Gegensatze zu seinem Bruder Alexander, dem Gönner der Deutschen und der Polen, wies er alles westländische Wesen feindselig ab.

Noch bevor ihn die Nachricht seiner Abberufung ereilte, starb Diebitsch plötzlich an der Cholera; die Lorbeeren seiner Türkenkämpfe waren verwelkt. Mittlerweile bereitete General Toll, der kühnste und einsichtigste Kopf des Hauptquartiers, schon die entscheidende Bewegung vor: das russische Heer sollte in einem weiten Flankenmarsche nach Nordwesten bis dicht an die preußische Grenze zurückgehen, dort den so oft geplanten Übergang über die Weichsel vollführen, um dann auf dem linken Ufer des Stromes wieder südostwärts gegen Warschau vorzurücken. Nun erst ward offenkundig, was Preußens Freundschaft für Rußland bedeutete; ohne die Mitwirkung der Nachbarmacht konnte der Plan nicht gelingen. Der König gestattete, daß auf der preußischen Weichsel die Kähne und was sonst noch für den Brückenbau der Russen nötig war, herbeigeschafft wurden; er ließ an der Grenze entlang Märkte anlegen, mit Vorräten jeder Art für die russischen Einkäufer, und obwohl der Oberpräsident Schön gleich der Mehrzahl seiner liberalen Beamten die Russen verabscheute, so wurden doch die erhaltenen Befehle mit altpreußischer Pünktlichkeit ausgeführt.

Zu Diebitschs Nachfolger wurde der Held des letzten kleinasiatischen Feldzugs Paskiewitsch ernannt – ein echter Moskowiter, erschreckend roh, hart, hochmütig, als Feldherr zäh ausdauernd, doch überaus vorsichtig. Er durfte ernten, was andere gesäet. Durch die nahe preußische Grenze in seiner rechten Flanke gedeckt, überschritt er die Weichsel bei Ossiek, wenige Stunden oberhalb Thorn (17. Juli) und zog dann, da die Cholera im Erlöschen war, mit seinen gesunden, durch die preußischen Zufuhren wohlversorgten Truppen langsam der Hauptstadt entgegen, während die Polen schon durch Diebitschs Siege den Kern ihres Heeres verloren hatten und der beständige Wechsel im Oberbefehle ihre zunehmende Ratlosigkeit bekundete. Er hoffte die Unterwerfung ohne Schlacht zu erzwingen. Noch am 4. September ließ er, endlich vor Warschau angelangt, den Aufständischen überraschend günstige Bedingungen anbieten: eine wenig beschränkte Amnestie, Wiederherstellung der Verfassung, Abzug der polnischen Garnisonen, ja die polnischen Offiziere sollten sogar ihre im Kampf gegen Rußland erworbenen neuen Grade behalten! So tief war der Hochmut des Zaren durch diesen langen Krieg gebeugt. In dem unglücklichen Warschau aber hatte der wilde Radikalismus soeben durch einen gräßlichen Aufruhr des Pöbels die Herrschaft wieder an sich gerissen; Fürst Czartoryski war entflohen, die Gemäßigten wagten sich nicht mehr zu regen, die siegreiche Partei beschloß, den aussichtslosen Kampf fortzusetzen. Am 6. September begann Paskiewitsch den Angriff auf dem weiten Blachfelde von Wola; am folgenden Tage erstürmten die Russen unter Tolls Führung nach wütendem Kampfe die Tore der Hauptstadt. Warschau ergab sich, die Trümmer des polnischen Heeres flüchteten nach Preußen, ein kleiner Teil nach Galizien. –

Der verblendete Trotz der Polen bewirkte, daß die bald ausgesprochene Amnestie ihnen wenig Vorteil brachte. Die einen wollten den Verheißungen des erzürnten Zaren keinen Glauben schenken, andere bauten noch immer auf die leeren Verheißungen Lafayettes und hofften über kurz oder lang mit Hilfe der französischen Radikalen den allgemeinen Umsturz herbeizuführen. Diese Fanatiker, allen voran der nach Dresden geflüchtete General Bem, übten die Künste des allen Polen geläufigen Parteiterrorismus mit solchem Erfolge, daß die Mehrzahl der Harmlosen eingeschüchtert und die Heimkehr von den Offizieren bald als Verrat angesehen wurde. Tausende freiwilliger Auswanderer, die sich fälschlich für Verbannte ausgaben, überschwemmten Westeuropa; sie verschmähten, daheim friedlich für ihr Vaterland zu arbeiten, was den meisten straflos gestattet war, und verfielen dem schlechten Handwerke der Verschwörer. Die polnische Emigration ward von jetzt ab ein Fluch Europas, ein Herd des Unfriedens, wie die preußische Regierung vorausgesagt. Zwei Jahrzehnte hindurch bildeten die polnischen

Flüchtlinge die verbindende Kette zwischen den radikalen Parteien aller Länder; sie schürten den Aufruhr und fochten auf jeder Barrikade.

Zar Nikolaus aber blieb fortan neben Metternich der verhaßteste Mann Europas. Er verdankte diesen Ruf zum Teil den ungeheuerlichen Märchen der polnischen Flüchtlinge, mehr noch dem harten Strafgerichte, das er über die Unterworfenen verhängte. Nach seiner Überzeugung waren alle Freiheiten der Polen durch die Empörung verwirkt, und ihm allein stand es zu, einen neuen Rechtszustand anzubefehlen. Einige der Aufständischen mußten am Galgen, viele in Sibirien büßen; die Verfassung ward vernichtet, das Heer und die Universität aufgehoben, das herrliche Schloß der Czartoryskis in Pulawy seiner Kunstschätze beraubt. In der Hauptstadt gebot der zum Fürsten von Warschau erhobene Paskiewitsch mit eiserner Strenge; er verhöhnte die Geschlagenen ins Angesicht, feierte seine Siege in prunkenden Festen, und als ihm der Zar das von Thorwaldsen soeben vollendete Reiterstandbild des polnischen Poniatowski schenkte, ließ er der Bildsäule den Kopf abschlagen, seinen eigenen Kopf darauf setzen, und dann dies unvergleichliche Denkmal moskowitischer Barbarei vor einem seiner Schlösser aufstellen.

Bei alledem spielten die Westmächte eine klägliche Rolle. Jahraus, jahrein ergingen sich nun die Parlamente von England und Frankreich in Kundgebungen einer unfruchtbaren Entrüstung. Der furchtsame Bürgerkönig nahm die polnischen Flüchtlinge gastlich bei sich auf. Im stillen fühlte er sich doch erleichtert durch die Unterdrückung eines Aufstandes, der ihm nur Verlegenheit bereitet hatte. Sein Vertrauter Sebastiani plauderte dies Herzensgeheimnis unvorsichtig aus, als er in der Kammer die Äußerung fallen ließ: „Die Ordnung herrscht in Warschau" – ein Wort, das von den Liberalen aller Länder begierig aufgegriffen und jahrelang beständig wiederholt wurde, um die Ruchlosigkeit der Kronen zu brandmarken. –

## IV

# Die Bewegung in Norddeutschland

Kleine Staaten erscheinen leicht lächerlich; denn der Staat ist Macht, und die Ohnmacht wiederspricht sich selber, sobald sie als Macht auftreten will. Wo aber die Tatkraft einer großen Nation sich nur in den armseligen Händeln kleiner Gemeinwesen zu äußern vermag, da werden folgenschwere Wandlungen des Völkerlebens oft vorbereitet durch unscheinbare partikularistische Bewegungen, die für sich allein wenig, insgesamt viel bedeuten. Neue politische Gedanken können ihre Notwendigkeit nicht überzeugender erweisen, als wenn sie in einem zersplitterten Volke, zur selben Zeit an verschiedenen Stellen auftreten und durch mannigfaltige Hemmnisse hindurch sich ihre Bahn brechen; der gleiche Erfolg, die ungewollte und doch unverkennbare innere Verwandtschaft solcher Einzelkämpfe bekunden dann zugleich die schöpferische Naturgewalt der nationalen Einheit. Derweil Europa die Pariser Barrikadenhelden mit Huldigungen überschüttete, wurden die Straßenunruhen der kleinen norddeutschen Hauptstädte im Auslande nur mit spöttischem Lächeln angesehen, ja manche der Führer dieser winzigen Revolutionen betrachteten sich selber nur als bescheidene Schüler der unerreichbaren Franzosen. Und doch war diese verzettelte deutsche Bewegung mit aller ihrer kleinstädtischen Abgeschmacktheit besser berechtigt und in ihrer letzten Nachwirkung fruchtbarer als ihr vielbewundertes Vorbild. Durch die Juli-Revolution nur gefördert, keineswegs verursacht, entsprang sie naturgemäß aus einer veralteten Gesellschaftsordnung, die weit schwerer drückte als die politischen Mißgriffe der Bourbonen, und verwirklichte in den altständischen Gemeinwesen des Nordens die Ideen der Rechtsgleichheit und des Staatsbürgertums, welche im übrigen Deutschland sich schon längst durchgesetzt hatten, so daß jetzt erst eine allen Deutschen gemeinsame Staatsgesinnung, ein über die Grenzen der Einzelstaaten hinausreichendes Parteileben, ein bewußter Kampf um die Reform des nationalen Gesamtstaates nach und nach möglich wurde.

Unter allen diesen kleinen Staatsumwälzungen erregte der Braunschweiger Aufstand das größte Aufsehen; denn hier allein wurde der notwendige Aufschwung durch revolutionäre Mittel, durch offenbaren Rechtsbruch bewirkt, und hier zeigte sich zugleich mit erschreckender Klarheit, daß die Unsicherheit unseres öffentlichen Rechtes in der schimpflichen Ohnmacht des Bundestages ihren letzten Grund hatte. Gegen die Winkeltyrranei der schwächsten Reichsstände bot die alte Reichsverfassung immerhin einigen Schutz; mehrmals schritten Kaiser und Reich zur Absetzung unverbesserlicher kleiner Despoten, noch zur Zeit der französischen Revolution erschien zuweilen eine kaiserliche Debitkommission in einem überschuldeten Fürstentume, um von Reichs wegen die Ordnung herzustellen. Seit aber die Bundesakte diesen kleinen Herren die Souveränität gewährt hatte, bestand für fürstliche Willkür keine Schranke mehr, und einmal doch mußte an einem ungeratenen Sohne des deutschen Adels offenbar werden, wie tief der Genuß einer anspruchsvollen Würde ohne Macht ihren Träger entsittlichen kann.

Trotzend auf seine fürstliche Unverantwortlichkeit war Karl von Braunschweig von Stufe zu Stufe gesunken. Er wußte, daß die Deutschen ihn verabscheuten, und fand bald eine boshafte Freude daran, seinen selbstverschuldeten schlechten Ruf immer aufs neue zu rechtfertigen. Schon vier Jahre vor seinem Sturze schrieb er seiner gütigen Freundin, der Prinzessin Amalie von Sachsen, die ihm vergeblich ins Gewissen redete: „Man hält es am Ende für einerlei, etwas zu sein, wofür man schon lange gegolten hat. Jung, hübsch, mächtig und ganz unabhängig mir selbst überlassen – wie konnte ich anders werden?“ Die schlaffe Nachsicht des Bundestags, der sich in dem Streite der beiden Welfenhäuser mit einer beinahe possenhaften Genugtuung zufrieden gab, mußte den dreisten Übermut des verblendeten Fürsten noch erhöhen.

Seine fröhlichen Tage brachte er meist in Paris zu; er schlenderte auf den Boulevards umher und verhandelte nebenbei mit dem Hause Rothschild über Börsengeschäfte. Als ihn dort der Ausbruch der Juli-Revolution überraschte, zeigte sich der Erbe des braunschweigischen Heldengeschlechtes als ein elender Feigling; er verlor den Kopf, obwohl ihn die Pariser kaum beachteten, und floh unter seltsamen Abenteuern. Unterwegs sah er in Brüssel noch jene Vorstellung der Stummen von Portici, welche den belgischen Aufruhr einleitete. Zweimal warnte ihn das Schicksal, doch in diese glatte Stirne grub die ernste Zeit keine Furchen. Mit seinem Völkchen daheim dachte der Welfe schon fertig zu werden. Als er zurückkam, brachte er einen neuen Günstling mit, den französischen Abenteurer Alloard, und prahlte laut, ihm solle man das Schicksal Karls X. nicht bereiten. Eine Handvoll Unterbeamten und Hofhandwerker begrüßte den Heimgekehrten mit einem Fackelzuge; aber die Bürgerschaft sah mit Unmut der gemachten Huldigung zu und sendete ihre Vertreter auf das Schloß, um die Einberufung des Landtags zu erbitten. Dahin hatte es der Herzog durch die knabenhafte Willkürherrschaft dieser sieben Jahre gebracht, daß er in seinem durch und durch welfisch gesinnten Völkchen unter den gebildeten Klassen fast gar keine Anhänger mehr besaß; selbst die Offiziere murrten, weil er sie bald launisch beleidigte, bald ihnen das Gehalt beschnitt oder erledigte Stellen unbesetzt ließ.

Die Masse des Volkes nahm an dem Verfassungskampfe der Landstände geringen Anteil; doch sie wußte genug von dem wüsten Treiben im Schlosse, um den Herzog zu hassen, sie litt unter dem Drucke der Binnenmauten, sie klagte, daß kein Fremder mehr den verrufenen Hof besuchte, daß der geizige Fürst die öffentlichen Bauten einstellen ließ und also die Not noch steigerte, die nach einer schlechten Ernte, einem harten Winter überall in Deutschland empfunden wurde. Karl ahnte das nahende Unwetter und ließ in seiner Angst Kanonen vor dem Schlosse auffahren, Pulvervorräte in die nahe Ägidienkirche schaffen. Während er am Abend des 6. Septembers im Theater weilte, sammelten sich einige Volkshaufen um die beiden Wagen, die ihn und seine Dirne, eine bekannte Schauspielerin, zur Heimfahrt erwarteten; sobald er aus dem Schauspielhause heraustrat, begrüßte ihn wüstes Geschrei, ein Hagel von Steinen folgte dem davoneilenden Wagen. Vor dem Schlosse stand eine Schar von Gaffern und Schreiern. Ein Offizier fragte: „Kinder, was wollt ihr denn eigentlich?“ Die Leute sahen sich verwundert an, bis endlich ein liberaler Advokat das neue Pariser Feldgeschrei anstimmte: „Brot und Arbeit!“ – und einige wohlgenährte Schüler des Carolineums den Jammerruf wiederholten. Zwei Züge Husaren vertrieben dann ohne Kampf die Menge vor dem Bohlwege, gegenüber dem Schlosse.

Am nächsten Morgen wurden die Kanonen und das Pulver hinweggeschafft. Auf die Bitten der Bürger versprach der Herzog auch einen kleinen Steuererlaß, sowie einige Geldsummen für Straßenbau und Lebensmittel; er gestattete sogar, daß eine mit Piken bewaffnete Bürgerwehr zusammentrat, nur von der Berufung des Landtags wollte er nichts hören. Am Abend stürmte wieder ein Pöbelhaufe gegen das Schloß heran, berauscht und heulend, höchstens tausend Köpfe stark; die Pikenmänner der Bürgerwehr wurden bald zur Seite gedrängt. Der Herzog aber wagte nicht, seine im Schloßhofe versammelten Truppen feuern zu lassen; er ergriff nochmals die Flucht und ließ sich von seinen Husaren zur Landesgrenze geleiten, um dann nach England zu reisen. Mittlerweile drang der Pöbel in das Schloß ein und begann Feuer anzulegen; während die Strolche plünderten, sah man einige offenbar verkleidete Männer geschäftig die geheimen Papiere des Herzogs durchsuchen. Der kommandierende General von Herzberg, ein tapferer Veteran aus Wellingtons spanischen Feldzügen, versäumte seine Soldatenpflicht, stundenlang ließ er die Truppen ruhig im Schloßgarten stehen. Eine einzige ohne seinen Befehl abgegebene Salve, die unschädlich über die Köpfe des Haufens hinwegfuhr, genügte, um den Hof zu säubern und selbst die Räuber aus dem Schlosse zu verjagen; aber als die Truppen dann wieder unbeweglich blieben, wagte sich der Pöbel nochmals vor und begann sein Werk von neuem. Die ganze Nacht hindurch währte die rohe Verwüstung, kein Menschenleben fiel ihr zum Opfer; die Spritzen ließ der Haufe nicht an das Schloß heran, und als die Grenadiere noch einen schwachen Angriff auf die Meuterer unternahmen, versuchten sie nicht ihren leichten Sieg zu verfolgen. Beim Grauen des Tages lag das schöne Bauwerk fast ganz in Asche.

Unverkennbar standen mehrere Männer aus dem Adel und dem Beamtentum hinter diesem seltsamen unblutigen Aufruhr; gedungene Banden und wüstes Gesindel besorgten die Arbeit, die erbitterte Bürgerschaft sah halb schadenfroh, halb erschrocken der Zerstörung zu. Die Namen der Verschwörer sind, obgleich einige Vermutungen sehr nahe liegen, bis zum heutigen Tage verborgen geblieben, da die gerichtliche Untersuchung nachher ungründlich geführt, manche wichtige Zeugen gar nicht vernommen wurden. Der Handstreich der wenigen konnte offenbar nur gelingen, weil das ganze Land den Herzog verwünschte. Die vollbrachte Tat erschien allen als ein Gottesgericht, obwohl man ihre Roheit tadelte. Wohl hatte sich seit der großen Woche der Pariser überall in der Welt der Wahn verbreitet, daß die Masse im Straßenkampfe unbesiegbar sei; alle Zeitungen wiederholten beständig den Ausspruch, welchen einst Napoleon auf Grund der spanischen Erfahrungen seiner Marschälle getan haben sollte: wehe dem General, der sich in der Enge der Gassen auf ein Gefecht einläßt. Aber Furcht war es nicht, was den Offizieren der ruhmreichen schwarzen Schar die Hände lähmte, sondern Haß und Verachtung. Dürfen wir Bürgerblut vergießen um einen Elenden, der uns feige verlassen hat, sein Schloß zu behüten? – dies Bedenken drängte sich allen auf und stimmte sie unsicher gegenüber einem weder mutigen noch zahlreichen Meutererhaufen. Berechneter Verrat der Offiziere ist nie erwiesen worden, und es bedarf auch dieses Verdachtes nicht, um die schlechte Haltung der Truppen zu erklären.

In den Trümmern des Schlosses – das fühlte jedermann – hatte Karls Herrschaft ihr Grab gefunden, und als nun gar einiges aus den geraubten Briefschaften und dem schwarzen Buche des Herzogs veröffentlicht wurde, da ward die Rückkehr des Vertriebenen ganz unmöglich. Die erbaulichen Geständnisse dieser schönen Seele gingen von Mund zu Mund, die kleinstädtische Klatscherei schwelgte in gräßlichen Erfindungen, und der leere knabenhafte Tor galt bei seinem ergrimmten Völkchen bald für einen Wüterich und Giftmischer. Rasch handelten die Landstände; einigen ihrer Führer kam der Schloßbrand offenbar nicht unerwartet. Schon am 9. September versammelte sich der Große Ausschuß und richtete an den Bruder des Herzogs, den letzten noch übrigen Sprossen des Fürstenhauses, eine von vielen Bürgern mitunterzeichnete Adresse, um ihn zu bitten, daß er „die Zügel der Regierung schleunigst übernehme."

Herzog Wilhelm von Braunschweig-Öls stand in Berlin bei den Gardedragonern und galt bei den Kameraden für einen Lebemann, der sein großes Vermögen gründlich zu genießen verstehe; Talente hatte man an dem vierundzwanzigjährigen Prinzen bisher noch nicht bemerkt. Auf Friedrich Wilhelms dringenden Rat reiste er eilends ab, um daheim vorläufig die Ordnung aufrecht zu erhalten. Allen unerwartet, erschien er am 10. im Schlosse Richmond, vor den Toren Braunschweigs, während die Adresse des ständischen Ausschusses noch nach Berlin unterwegs war. Wie frohlockten die friedfertigen Revolutionshelden, als sie nun wieder hoffen durften, von einem laibhaftigen Welfen beherrscht zu werden. Im Triumphe wurde „Wilhelm, der Gesegnete" von der Bürgerwehr und jauchzenden Volkshaufen in die Stadt seiner Väter eingeholt.

Welch eine lächerliche Rolle spielte unterdessen der Bundestag! Die Abstimmungen über den Bundesbeschluß, welcher den Herzog Karl zur Anerkennung der neuen Verfassung nötigen sollte, waren noch immer nicht alle eingelaufen; da kam schon die Nachricht von der Vertreibung des Bösewichts. Unbeschreiblich war der Schrecken. Alle fühlten, daß Karls Sturz selbstverschuldet und unwiderruflich sei. Doch so leichthin wollte Österreich seinen Schützling nicht preisgeben. Die kleinen Höfe, zumal die weitverzweigte Verwandtschaft des braunschweigischen Hauses, zitterten vor der Zumutung, daß sie die Revolution anerkennen, das legitime Fürstenrecht verleugnen sollten. Wirr wogten die Meinungen durcheinander, an rasches Handeln war gar nicht zu denken.

Karl, der inzwischen nach England geflohen war, schien auf einmal dort verschwunden. Acht Tage später tauchte er in der Frankfurter Gegend wieder auf; der Jude Henrici, der soeben aus dem Londoner Schuldgefängnis entlassene vormalige bayrische Leutnant Bender von Bienenthal und einige andere Abenteurer gleichen Schlages bildeten sein Gefolge. Er kam mit gefüllten Taschen und war entschlossen, sich mit einer Freischar die Krone zurückzuerobern.

Auf die Kunde von dem Herannahen des verabscheuten kleinen Tyrannen geriet das Land wieder in fieberische Unruhe. Die Bürgerwehr gelobte in einer stürmischen Versammlung feierlich, nur dem Herzog Wilhelm zu gehorchen, und das gleiche beschlossen – ein in Deutschland unerhörter Fall – auch die Offiziere des kleinen Heeres. Das war der Fluch der Trägheit des Deutschen Bundes. Fast ein Vierteljahr lang hatte er das unglückliche Land sich selber überlassen, und nun waren alle Rechtsbegriffe schon dermaßen verwirrt, daß selbst der Fahneneid dieser durch Mut und Treue gleich berühmten Truppe nicht mehr standhielt.

Herzog Karl war unterdessen in dem preußischen Städtchen Ellrich am südlichen Abhange des Harzes eingetroffen. Dort warb er einen Haufen müßigen Volkes, ließ das Gesindel tellergroße französische Kokarden, die er aus Metz mitgebracht, auf die Mützen stecken, und führte seine Bande am 30. November gegen die nahe braunschweigische Grenze. Er spielte jetzt ganz den internationalen Demagogen, versprach seinem Volke in aberwitzigen Manifesten Abschaffung des Heeres, Ablösung der Zehnten, Steuerfreiheit für die niederen Klassen, Schwurgerichte, gewählte Volksvertreter und Beamte. Auch einen gefälschten Aufruf seines Bruders führte er in zahlreichen Abzügen mit sich: darin mahnte Herzog Wilhelm die Untertanen, „ihre Gemüter nur den Verheißungen und dem guten Willen Unseres Bruders zu öffnen." An der Grenze, bei Zorge, standen die schwarzen Jäger, die noch den Namenszug Karls auf den Tschakos trugen; doch weder die Offiziere noch die Mannschaft wollten dem Kriegsherrn folgen, als dieser halb berauscht und weinend sie zu überreden suchte. Sobald die Truppen sich zum Feuern fertig machten, ergriff der Welfe zum dritten Male die Flucht, ehe noch ein Schuß gefallen war; seine Bande stob auseinander, und die aufgefundenen blauweißroten Kokarden wurden nachher den Depeschen der Diplomatie beigelegt, um die jakobinischen Pläne dieses legitimen Fürsten handgreiflich zu erweisen. Mit dem Stolze des Helden berichtete sodann der Jägerhauptmann Berner von der unblutigen Schlacht, die sich an „diesem in der Geschichte ewig denkwürdigen Platze" abgespielt hatte. Karl eilte westwärts, und als sich unterwegs in Osterode drohendes Volk vor seinem Gasthause zusammenrottete, suchte er zum vierten Male sein Heil in der Flucht, bis er endlich die Grenzen Frankreichs erreichte.

Diese widerlichen Narrenstreiche stießen dem Fasse doch den Boden aus. Daß ein solcher Mensch dem deutschen hohen Adel nicht mehr angehören durfte, leuchtete schließlich allen ein.

Am 3. Dezember einigte sich der Bundestag über einen Beschluß, dem nur einzelne Regierungen nach altem Bundesbrauche noch einen Vorbehalt anhingen. Herzog Wilhelm wurde ersucht, „die Regierung bis auf weiteres zu führen", den Agnaten aber ward „anheimgegeben, die definitive Anordnung für die Zukunft zu bewirken" und sie dem Deutschen Bunde zur Anerkennung mitzuteilen. Der junge Herzog atmete auf und beeilte sich, den ersten Teil des Beschlusses seinem Lande mitzuteilen. Nun hatte er doch wieder einen Rückhalt: er regierte fortan im Auftrage des Deutschen Bundes.

Die Agnaten ließen am 10. März im Bundestage erklären: Nachdem sie die Überzeugung von der absoluten Regierungsunfähigkeit des Herzogs Karl gewonnen hätten, sei die Regierung des Herzogtums als erledigt anzusehen und nunmehr definitiv auf den nächsten Agnaten Herzog Wilhelm übergegangen.

Als Schutzmacht des deutschen Nordens konnte Preußen es nicht verantworten, daß der unsichere Zustand in dem Herzogtume noch länger währte. Darum sollte Herzog Wilhelm sofort als rechtmäßiger Erbe des durch die Agnaten für regierungsunfähig erklärten Herzogs die Krone übernehmen und noch vor seinem Geburtstage den Untertanen die Eidesleistung anbefehlen.

Des preußischen Beistandes sicher, überraschte der junge Herzog am 20. April sein Land durch die Veröffentlichung eines Patents, das Eichhorn in Berlin entworfen hatte. Eichhorn hatte die Worte so gewählt, daß der Bundestag an der vollendeten Tatsache nichts mehr ändern konnte. Nachdem der Herzog seinen Regierungsantritt verkündigt und vor dem Lande gerechtfertigt hatte, schloß er einfach: mit der Ableistung des neuen Huldigungseides werde die definitive Anordnung, wozu der Bund die Agnaten eingeladen, „bewirkt sein" und die Bundesversammlung davon benachrichtigt werden. Die Braunschweiger frohlockten. Wie alle die freiheitsstolzen Bürger der konstitutionellen Kleinstaaten waren sie gewohnt, auf die preußische Knechtschaft tief herabzublicken; sie ließen sich's nicht träumen, daß das Patent ihres volksfreundlichen Wilhelm im Berliner Auswärtigen Amte geschrieben war.

Zweiundvierzig Jahre lang hat Herzog Karl dann noch im Auslande gelebt, eine Schande des deutschen Namens. Die gute Gesellschaft zog sich in London wie in Paris bald von ihm zurück; nur einzelne überspannte Radikale, wie der ehrliche Thomas Duncombe, schenkten seinen demokratischen Kraftworten Glauben. Halb Geizhals, halb Verschwender, vermehrte er den geretteten, sehr ansehnlichen Teil seines Vermögens durch glückliches Börsenspiel und legte sich die schönste Juwelensammlung der Erde an; dann praßte er wieder mit einem Gesindel von Dirnen und Glücksrittern. Die Engländer fanden übrigens den Vollbart des „Diamantenherzogs" noch weit anstößiger als seinen sittlichen Wandel. Unablässig arbeitete er für seine Rückkehr, obgleich er daheim gar keinen Boden mehr hatte und nur ein einziges Mal eine ganz unbedeutende karlistische Verschwörung in Braunschweig entdeckt wurde. Er plante mit einer französischen Freischar in Deutschland zu landen. Da die Regierung Ludwig Philipps diese Anschläge vereitelte, ließ er seine Leute wieder den gewohnten demagogischen Federkrieg beginnen und schilderte selber seine Erlebnisse nicht ohne schriftstellerisches Geschick, aber mit schamloser Verlogenheit, in den Denkwürdigkeiten Karls von Este. In London lernte er einen anderen Prätendenten kennen, von reicherem Kopfe und ärmerem Beutel, den Prinzen Ludwig Napoleon. Die beide fanden sich zusammen und verpflichteten sich durch einen förmlichen Vertrag, einander durch Geld und Waffen zu ihren Rechten zu verhelfen; Karl versprach außerdem, „womöglich aus dem ganzen Deutschland eine einige Nation zu machen und ihm eine dem Fortschritt des Zeitalters angemessene Verfassung zu geben." Als aber sein Bundesgenosse den Staatsstreich des 2. Dezembers wagte, da floh der Welfe wieder vor dem Donner der Kanonen; zurückgekehrt fand er bei dem neuen Kaiser nur laue Unterstützung, weil er ihm selber von seinem Reichtum wenig abgegeben hatte. Und als nachher die Heere des geeinten Deutschlands gegen Paris zogen, da flüchtete er sich nochmals vor seinen Landsleuten und eilte nach Genf. Dieser Stadt vermachte er sein ganzes Vermögen, denn seinem Vaterlande gönnte er nichts, und um sein verlorenes Leben noch mit einer höhnischen Bosheit abzuschließen, legte der kleine deutsche Despot den Schweizer Republikanern die Verpflichtung auf, ihm ein prächtiges Denkmal, gleich den Gräbern der Scaliger, zu errichten. –

Dem braunschweigischen Land gereichte der Thronwechsel zum Segen.

Nicht ganz so gewaltsam vollzog sich der Umschwung in Kurhessen.

Im Juli 1830 reiste Kurfürst Wilhelm nach Wien, um der Reichenbach, seiner Mätresse, den österreichischen Fürstentitel zu verschaffen. Die Hessen fürchteten schon, er werde dann dem Beispiele Philipps des Großmütigen folgen und das dämonische Weib förmlich zur Nebengemahlin erheben. Metternich aber fand diese Zumutung doch bedenklich und verließ die Hauptstadt plötzlich, kurz vor der Ankunft des Gastes. Als der Kurfürst einige Tage darauf in Karlsbad eintraf, von der Hitze erschöpft, wütend wegen der vergeblichen Reise, wurde er von seiner enttäuschten Geliebten sehr übel aufgenommen und verfiel in schwere Krankheit. Daheim verbreiteten sich unheimliche Gerüchte; man glaubte an den Tod des Kurfürsten, da der Bruder der Reichenbach, Heyer von Rosenfeld, unvermutet in Kassel erschien, Juwelen und Staatspapiere hastig einpackte und dann mitsamt den Kindern seiner Schwester bei Nacht und Nebel aus dem Lande floh. Die Bürgerschaft sendete drei Stadträte nach Karlsbad, um sich von dem Zustande des Landesherrn zu überzeugen. Mittlerweile war das längst erbitterte Volk durch die Pariser und Brüsseler Revolution stark aufgeregt. der Groll wider die Tyrannei und das wüste Treiben des Hofes ließ sich nicht mehr bändigen. Überall erklang ein Gassenhauer, der die Raubgier der Reichenbach verwünschte: „Von dem Blutgeld jener Millionen wußt' die Bestie sich zu lohnen" – und mit dem Kehrreime schloß: „Alles seufzt zum Gott des Lichts: Ach die Hure läßt uns nichts!" Schon begannen die Bauern ihre Frondienste einzustellen; die Wilddieberei nahm überhand, mehr noch der Schmuggel, denn das Zollwesen war durch die törichte Handelsspolitik des Kurfürsten gänzlich in Verruf gekommen; ein Schlagwort des Tages lautete: „Die Maut ist ein Kind der Finsternis." In Kassel traten die Zunftmeister zusammen, um über die Landesbeschwerden zu beratschlagen; ein Küfer Herbold führte das große Wort und ward mit dem Namen des hessischen Masaniello geehrt, denn diese deutschen Bürgerhelden fühlten sich nur im Schmucke ausländischer Federn stolz und herrlich. Als der Pöbel dann die Bäckerläden zu stürmen versuchte, bewaffneten sich die Bürger und stellten die Ordnung her. Die erschteckte Regierung ließ sie gewähren und öffnete die kurfürstlichen Kornmagazine; das Getreide des Landesvaters ward aber auch jetzt noch, nach dem alten Brauche des Kurhauses, zu erhöhten Preisen verkauft, und erst nachdem Abgesandte der Bürgerschaft dem Finanzminister drohend ins Haus gerückt waren, entschloß er sich bis zum Marktpreise herabzugehen.

So aufgestört fand der Kurfürst seine friedliche Hauptstadt vor, als er am 12. September, abgespannt und kaum genesen, endlich heimkehrte; seine Geliebte hatte er jenseits der Landesgrenze zurücklassen müsse, weil die Minister sonst das Ärgste befürchteten. Nach seiner Rückkehr fuhren die Kasseler fort, dem Verbote zum Trotz, ihre Bürgerversammlungen abzuhalten und offenbarten hier sehr laut ihr Mißtrauen gegen den Kurfürsten, gegen den österreichischen Gesandten, gegen die Minister, die allesamt nur für Geschöpfe der Reichenbach galten. Die Rückkehr dieser tödlich verhaßten Frau wollte man nimmermehr dulden; auf das Gerücht von ihrem Nahen strömte eines Tages das Volk in Scharen auf die Arolsener Landstraße hinaus, um den Weg zu sperren. Welch einen kläglichen Anblick bot der Kurfürst in seiner stumpfen Verzweiflung; er verging vor Sehnsucht nach der Geliebten und rief jammernd: jetzt weiß ich erst, was ein Aufstand ist! Die militärischen Schnurrbärte der Kasseler Bürgergarde verletzten sein heiligstes Gefühl; nun mußte er diesen Unholden aus seinem Zeughause sogar Waffen geben. Allerdings bekundete sich das Selbstgefühl der Bürgergarde unzweideutiger als ihre Waffentüchtigkeit; es war der Fluch des alten Stellvertretungssystems, daß die Kriegsspieler sich für besser hielten als die wirklichen Krieger. Sie verlangten bei den Paraden stets den Vortritt und gerieten mit den Truppen oft in Händel.

Trotz dieser Unzahl von Sicherheitswächtern kam das Land nicht zur Ruhe, weil die Regierung Kopf und Herz verloren hatte. Das Landvolk wähnte, mit der verheißenen neuen Freiheit sei auch die Entlastung des Bodens vollendet; tobende Banden stürmten die Schlösser der Grundherren und verbrannten, meist ohne zu plündern, die Zehnten- und Giltenregister. Am lautesten lärmten diese „Papierstürmer" in dem armen Isenburgischen Ländchen auf der Rhön, das seine doppelten Steuern, für den Kurfürsten und den Standesherrn, kaum noch erschwingen konnte. Die geängsteten Fürsten des Hauses Isenburg drohten schon, sich unter preußische Landeshoheit zu stellen, damit sie doch Schutz für ihre Habe fänden. In Hanau wurde das Mauthaus von einem Volkshaufen zerstört; alle Papiere und selbst die Kasse flogen ins Feuer, denn mit Mautgeldern wollte sich niemand die Hände beflecken.

Es ward hohe Zeit, daß ein von allen Teilen anerkannter Rechtszustand diese gemütliche Anarchie verdrängte. In solchem Sinne schrieb Bernstorff an Hänlein: „Wir bedauern die jetzt maßlose Ungebühr des Volks als die unausbleibliche Folge einer bis dahin ebenso maßlosen Verfahrungsweise des Fürsten erkennen zu müssen. Wohl haben die Massen dem Kurfürsten seine Versprechungen abgetrotzt; aber diese Zugeständnisse sind erteilt, und es ist nicht denkbar, daß ihre Zurücknahme ohne die größte Gefahr und Zerrüttung aller noch betehenden Verhältnisse erfolgen könnte. Ale Wünsche müssen sich vielmehr dahin vereinigen, daß die einmal betretene Bahn mit möglichster Schnelligkeit und Ruhe zu einem Ziele fester gesetzlicher Ordnung führe."

Auf preußische Ratschläge hörte der Kurfürst niemals; nur die Angst vor den beständig wiederholten lärmenden Kundgebungen der Kasseler bewog ihn, sein Wort zu halten. Am 16. Oktober traten die althessischen Stände zusammen und verstärkten sich sogleich durch Abgeordnete der übrigen Landesteile. Klug und rücksichtsvoll beseitigten sie zunächst das Hemmnis, an dem bisher jede Versammlung gescheitert war, den alten Streit um das fürstliche Hausgut. Der Kurfürst ließ ihnen eine Übersicht über den Bestand des Landesvermögens vorlegen, deren Ziffern sehr weit – um mindestens 6 Millionen, Mißtrauische behaupten gar um 16 Mill. Taler – hinter der allgemeinen Erwartung zurückblieben. Der ständische Ausschuß verschmähte jedoch im einzelnen zu untersuchen, was wohl alles in den Taschen der Reichenbach und Amschel

Graf Yorck von Wartenburg

Friedrich Ludwig Jahn

Graf Kleist von Nollendorf

Rothschilds verschwunden sein mochte, und willigte in die Teilung der also angegebenen Kapitalien. Aus der einen Hälfte ward ein Staatsschatz gebildet; die andere, mit einem Ertrage von wenigstens 0,4 Mill. Tlr. jährlich, verblieb der Dynastie als unveräußerlicher Hausschatz. Außerdem erhielt der Kurfürst für seinen Hofhalt 392 000 Tlr. jährlich aus den Einkünften der vom Staate verwalteten Domänen, und da er endlich noch ein großes Schatullvermögen besaß, dessen Höhe nur ihm selber und dem getreuen Hause Rothschild bekannt war, so blieb er nach wie vor einer der reichsten deutschen Fürsten.

Am 5. Januar 1831 ward die neue Verfassung vom Kurfürsten unterzeichnet – eines der denkwürdigsten deutschen Grundgesetze, bedeutsam nicht bloß durch seine stürmischen Schicksale, sondern auch durch seinen Inhalt; denn nirgends sont zeigte sich so klar die nationale Eigenart des älteren deutschen Repräsentativsystems, die seltsame Verquickung der noch immer fortwirkenden altständischen Rechtsüberlieferungen mit der Doktrin des modernen Naturrechts. Die Landstände betrachteten das neue Grundgesetz als einen Vertrag zwischen Fürst und Volk.

Den Landtag bildeten die Abgeordneten der drei alten Stände; sie waren aber fortan allesamt Vertreter des ganzen Volkes und sollten in einer Kammer nach Köpfen abstimmen, weil man einsah, daß die Ritterschaft des Landes schwach und zu arm war, um in einem Oberhause eine angesehene Stellung zu behaupten. Die Stände erhielten außer dem Rechte der freien Steuerbewilligung und der Zustimmung zu allen Gesetzen auch die Befugnis der Initiative, die noch keinem deutschen Landtage unbeschränkt zustand. Sobald die Mandate der Stände nach drei Jahren abliefen, erfolgte sofort die Neuwahl, auch ohne die Aufforderung der Regierung. Wenn der Landtag nicht versammelt war, sollte nach altständischem Brauche ein erwählter Ausschuß von drei bis fünf Mitgliedern mit einem lebenslänglichen Syndikus die Rechte der Stände vertreten und nötigenfalls auch andere Abgeordnete zu Rate ziehen.

Den Staatsbürgern wurden einige Menschenrechte der persönlichen Freiheit gewährt, auch die Ablösung der Grundlasten sowie andere wirtschaftliche Erleichterungen versprochen. Zur Sicherung dieser ständischen und bürgerlichen Rechte waren Bollwerke aufgerichtet, die in Deutschland nicht ihresgleichen fanden. Jeder männliche Hesse sollte in seinem achtzehnten Lebensjahre das Grundgesetz beschwören; auch das Heer und die Bürgergarde wurden mithin auf die Verfasszng vereidigt, die Offiziere den übrigen Staatsdienern rechtlich gleichgestellt, obgleich dem Kurfürsten der Name des „obersten Militärchefs“ blieb. Bei jeder Ausschreibung einer Steuer mußte die ständische Zustimmung ausdrücklich angegeben werden; wo nicht, so war niemand berechtigt, die Abgabe zu erheben, niemand verpflichtet, sie zu zahlen; nur sechs Monate lang nach einer Auflösung des Landtags durfte die Regierung die früher bewilligten Steuern forterheben. Im Falle des Verfassungsbruchs sollten die Stände nicht bloß berechtigt, sondern verpflichtet sein, die Minister vor dem Oberappellationsgericht anzuklagen. Auch alle anderen Beamten konnte der Landtag vor Gericht verklagen, wegen Verletzung der Verfassung, wegen Veruntreuung, Bestechung und Mißbrauch der Amtsgewalt. Also den Landständen verantwortlich, erlangten die Staatsdiener dem Kurfürsten gegenüber eine Unabhängigkeit, die von ihrer bisherigen völlig rechtlosen Stellung seltsam abstach; sie durften nur durch Urteil und Recht abgesetzt, nur wegen Altersschwäche oder anderer Gebrechen pensioniert werden.

So folgerecht war die neue Lehre, welche die belebende Kraft des konstitutionellen Staates in dem Geiste des Mißtrauens suchte, auf deutschem Boden noch nie verwirklicht worden; und nach allem, was dies Land an senen Fürsten erlebt, mußte sich der hessische Landtag allerdings in einem Zustande beständiger Notwehr fühlen.

Unter allen deutschen Verfassungen war keine durch Rechtsschranken jederart so wohl geschützt wie die kurhessische, und doch wurde keine so oft und so frevelhaft gebrochen.

Am 8. Januar 1831 versammelte sich der Landtag vor dem Throne. Der Kurfürst, der seinen Ingrimm nur mühsam verbiß, übergab dem Erbmarschall die Verfassungsurkunde und stammelte verlegen: ich wünsche Hessen Glück dazu; dann baten die Stände in überströmender Untertänigkeit um die Erlaubnis, diesem Fürsten, als dem zweiten Gründer des Landesglücks seit Philipp dem Großmütigen, ein Standbild errichten zu dürfen. Tags darauf zogen die Bürger mit Fackeln nach dem Schlosse, denn die geliebte Kurfürstin war soeben zurückgekehrt; und als nun der Landesvater mit seiner Gemahlin am Arme auf dem Altane erschien, da jubelte alles, mit der neuen Freiheit schien auch der häusliche Friede des Kurhauses endlich gesichert. Doch leider hatte Wilhelm schon dafür gesorgt, daß jenes würdige Gegenstück zu dem Standbilde des menschenverkaufenden pater patriae nie zustande kam. Noch in derselben Nacht fuhr ein Wagen Amschel Rothschilds auf Wilhelmshöhe vor, und ihm entstieg die Gräfin Reichenabch. Augenblicklich schlug die Stimmung in Kassel um, und abermals begann der „Krawall" – so lautete der neue Ausdruck, der damals zuerst in diesen mitteldeutschen Landstrichen aufkam. Sie muß aus dem Lande – hieß es überall; der Schutz des neuen Grundgesetzes sollte der verhaßten Frau nicht zugute kommen. Nach drei Tagen sah sich die Gräfin gezwungen, Wilhelmshöhe zu verlassen.

Unterdessen bemerkten die Kasseler bald, daß der Landesvater etwas im Schilde führte. Auf Wilhelmshöhe wurde unaufhörlich gepackt; Silberzeug und Kostbarkeiten, selbst Türschlösser, Öfen und Parkettböden verschwanden in großen Frachtwagen, die nach Frankfurt zu der Reichenbach abgingen; zugleich ließ das Hofmarschallamt eine Menge kurfürstlicher Pferde versteigern. Und wieder rotteten sich die Krawaller zusammen, um die Abfahrt der Wagen zu verhindern. Der Kurfürst selbst war in der Stadt vor beleidigenden Zurufen nicht sicher; seine Gemahlin aber erschien auf den Bürgerbällen, wie die anderen Damen in die weißblauen Stadtfarben gekleidet, und empfing die ehrfurchtsvollen Huldigungen der Herren, die allesamt die „Konstitutionsschleife" im Knopfloch trugen. Sobald der Landtag geschlossen war, am 10. März, verschwand der Kurfürst mit seinem Meysenburg aus Wilhelmshöhe und fuhr nach seinen Schlössern im Hanauer Lande, wo er mit seiner Geliebten zusammentraf. Die radikalen Hanauer wußten sich vor Freuden kaum zu lassen, als der Landesvater leibhaftig in ihrer Mitte erschien, auch gegen die Gräfin hatten sie nichts einzuwenden; sie hofften, ihre Stadt werde wieder wie vorzeiten Residenz werden und gewannen Wilhelms Herz durch untertänige Beflissenheit so gänzlich, daß er sich selber zum Chef ihrer Bürgergarde ernannte.

Während die Minister in Kassel redlich an den neuen organischen Gesetzen arbeiteten, bildete der Kurfürst mit der Gräfin und ihrem Meysenburg eine geheimnisvolle absolutistische Gegenregierung im schönen Schlosse Philippsruhe am Main.

Um dem würdelosen Zustand ein Ende zu machen, beschloß der Landtag, noch einmal sein Glück bei dem grollenden Landesherrn zu versuchen. Gegen Ende August reisten ständische Abgeordnete nach Hanau, und einer von ihnen ward vorgelassen: Präsident Wiederhold, jener ehrwürdige alte Richter, der an der Spitze des Obergerichts so viele Jahre hindurch gegen fürstliche Willkür angekämpft hatte. Freimütig und doch ehrfurchtsvoll setzte er dem Kurfürsten auseinander, daß der Souverän in der gegenwärtigen Lage mit den Ministern regelmäßig zusammen arbeiten müsse, die Gräfin aber in Kassel ihres Lebens schwerlich sicher sei; schließlich stellte er ihm die Wahl: Trennung von der Reichenbach oder Verzicht auf die Regierung. Wilhelm wählte wie er mußte: er zog die Geliebte vor und sendete den Präsidenten nach Fulda, um dort mit dem Kurprinzen, dem nach der Verfassung die Regentschaft gebührte, weiter zu verhandeln. Am 4. September wurden die Stände zu einer geheimen Sitzung berufen, und mit Zustimmung des Landtags kam nunmehr ein Gesetz zustande, das dem Kurprinzen als Mitregenten die alleinige Besorgung aller Regierungsgeschäfte übertrug, bis der Kurfürst seine bleibende Residenz wieder in Kassel nehmen würde.

Diesen Ausgang der Wirren hatte niemand erwartet, niemand gewünscht. Kurprinz Friedrich Wilhelm hieß im Volke längst der böse Junge. Die Verfassung durfte er nicht brechen, schon weil er ihr allein die Regentschaft verdankte und weil sein Vater jederzeit zurückkehren konnte; doch er haßte sie wie einen persönlichen Feind.

Die ersten Wochen der neuen Regierung verliefen leidlich. Wiederhold übernahm die Leitung des Ministeriums. Zum Unheil des Landes starb Minister Wiederhold schon im Februar 1832, der einzige Mann, dessen Stimme zugleich am Hofe und im Landtage gehört wurde. Nun trat Hans Daniel Hassenpflug in den Ministerrat ein. Mit ihm begann der lange boshafte Kampf wider die Verfassung. Vorderhand trug Kurhessen aus so vielen Erschütterungen nur drei wertvolle politische Güter davon: die Teilung des Landesvermögens, die rechtlich gesicherte Ordnung des Beamtentums, vor allem aber die Verbindung mit dem Zollvereine, die im Sommer 1831 endlich zustande kam, und, weil sie allein dem zerrütteten Staatshaushalt aufhelfen konnte, auch die Genehmigung der Stände fand. Zu Neujahr 1832 wurde das preußische Zollwesen eingeführt.

In Hessen wie in Braunschweig richtete sich der Aufruhr gradeswegs gegen die Willkür pflichtvergessener Fürsten. Im Königreich Sachsen brach eine wohlwollende, aber altersschwache und völlig entgeistete Regierung haltlos zusammen vor den ersten Schlägen einer kleinbürgerlichen Volksbewegung, welche, ohne ein politisches Ziel zu verfolgen, ihren Unmut zunächst nur an einzelnen verhaßten Behörden und örtlichen Mßständen ausließ. Die Unruhen begannen hier schon vor der großen Woche der Pariser, als im Juni drei Tage lang das Jubelfest der Augsburgischen Konfession gefeiert wurde. Ein geistliches Lied mahnte die Sachsen, auch das kommende Jahrhundert hindurch der Kirche heilige Güter treu zu schirmen: „dann jubeln frei wie ihr der Enkel freie Scharen"; und manche der Festreden klang wie ein Protest des lutherischen Volkes gegen die jesuitischen Umtriebe, die man den ausländischen Hofgeistlichen des greisen Königs zutraute. Da die Behörden in Dresden und Leipzig sich dem volkstümlichen Feste unfreundlich zeigten, so kam es in beiden Städten zu kleinen Aufläufen und Straßenhändeln; zuweilen erklang aus der aufgeregten Menge sogar der in Sachsen unerhörte Ruf: Hoch Friedrich Wilhelm, der protestantische König! Die eingeleitete Untersuchung hüllte sich in tiefes Geheimnis, und eine heftige Flugschrift, die das Gebaren der wachsamen, aber groben Leipziger Polizei kurzweg als „Schatten ohne Licht" brandmarkte, mußte zur Beschämung der Kursachsen außer Landes, unter dem Schutze der strengen preußischen Zensur erscheinen.

In den ersten Septembertagen brach der Groll von neuem aus; an zwei Abenden hintereinander trieb der Leipziger Pöbel argen Unfug. Die Wohnungen mehrerer Ratsherren und Polizeibeamten wurden „demoliert" – so lautete die ausgegebene Losung – desgleichen einige verrufene Häuser, deren Damen sich der geheimen Gunst der Stadtbehörden erfreuten; die Schlosser grollten, weil der Rat die eisernen Bettstellen für ein Krankenhaus auswärts bestellt hatte, die Drucker wollten die neue Schnellpresse zerstören, die ihnen das Brot vom Munde nahm, die Lohnkutscher den Eilwagen im königlichen Poststalle. Am folgenden Morgen tat sich die Bürgerschaft zusammen und bildete eine Kommunalgarde; Rektor Krug berief die Studenten in die Paulinerkirche und ermahnte sie in feuriger Rede, mit den Bürgern vereint die Ordnung herzustellen. Dies gelang denn auch sogleich und ohne Widerstand. Die Kommunalgarde und die akademische Legion bezogen gemeinsam die Wachen – denn kraft alter Privilegien brauchte Leipzig außer der Schloßwache der Pleißenburg keine Garnison aufzunehmen. Die Bürger trugen die weiße Armbinde, die Studenten ihre Schläger und die bunten Verbindungsuniformen, die sich nunmehr dem Verbote zum Trotz an den Tag hinauswagen durften; während die einen patrouillierten, saßen die anderen vor den Torwachen, tranken Gose und spielten Sechsundsechzig.

Inzwischen hatten die Leipziger Unruhen schon in Dresden ihr Echo gefunden. Auch hier galt die Wut des Volkes vorerst nur dem allmächtigen Stadtrate, obgleich dann und wann im Getümmel die Marseillaise gesungen wurde. Ein Pöbelhaufe zerstörte das Ploizeihaus vom Fuß zum First, verbrannte die Akten aus dem nahen Rathause, und die Bürgerschaft ließ ihn gewähren. Die schwarzen Schützen, eines der besten Regimenter des kleinen Heeres, durften auf Befehl der furchtsamen Regierung nicht in den Haufen feuern, und als sich auch hier eine Bürgerwehr mit weißen Armbinden zusammengeschart hatte, mußten die Truppen ohne Hörnerklang durch ein Spalier der Kommunalgarde aus der Stadt abziehen, während die Masse den schwarzen Bluthunden ihre Verwünschungen nachrief. Nun ergoß sich auch über das stille Dresden ein Abglanz neufranzösischer Bürgerherrlichkeit. Die Kommunalgardisten grüßten einander stolz: „Guten Morgen, Pariser!", wenn sie auf den Trommelruf „Kamerad komm!" zum Sammelplatze eilten. Bei ihren Festen sangen sie die sächsische Marseillaise; der Kehrreim Aux armes citoyens! lautete hier minder blutdürstig:

Wohlauf, wohlan, streut Blumen hin
Wo Zwist und Unheil war!

Ganz so kindlich wie dies Bürgerlied war die Stimmung des Landes freilich nicht. In Chemnitz und mehreren kleinen Städten rottete sich das Volk zusammen; selbst die Freiberger Bergleute, die sonst ihren Rautenkranz so teru in Ehren hielten, zogen drohend vor das Tor der freien Bergstadt und wurden nur durch das Versprechen höheren Lohnes beschwichtigt. Hier ward das Haus eines katholischen Kaufmanns geplündert, dort ein Ratsherr wegen seiner Strenge, ein Fabrikant wegen seiner Maschinen, ein Kirchenpatron wegen des unbilligen Preises der Kirchenstühle bedroht; alle Herzensneigungen des Philistertumes kamen an den Tag, denn die Zügel des Regiments schleiften am Boden.

Dem König waren die Unruhen ganz unbegreiflich; ich habe ja, sagte er ganz traurig, alles beim alten gelassen und keinem je etwas zuleide getan! Endlich begann er doch einzusehen, wie gänzlich Graf Einsiedel ihn und sich selber über die Stimmung des Volkes getäuscht hatte. Am 13. September fuhr der Geheime Rat von Lindenau mit dreien seiner Amtsgenossen nach Pillnitz hinaus und bewog dort den König, den Prinzen Friedrich August zum Mitregenten zu ernennen. Der Vater des jungen Prinzen, der alte Prinz Max, hatte dawider nichts einzuwenden und erklärte sogar unaufgefordert, daß er zu Gunsten seines Sohnes auf die Thronfolge verzichte: Ich mag gar nicht regieren – meinte er gemütlich – der Fritz ist gut, er wird schon nach meinem Sinne regieren.

So übernahm den Friedrich August die Herrschaft, die ihm nur selten durch eine Bedenklichkeit des alten Königs erschwert wurde – seit lange her der liebenswürdigste Fürst des albertinischen Hauses, vielseitig gebildet, gütig, leutselig und von einer treuherzigen Aufrichtigkeit, welche die Hofleute zuweilen erschreckte. „Heute kein Wort von Politik,“ so sagte er oft, wenn er sich einen guten Tag machte und mit einem Adjudanten allein hinausfuhr in die Felsengründe des Meißener Hochlandes; fast alle Gebirge Europas hatte er durchwandert bis in ihre entlegenen Schluchten, und im vertrauten Kreise erzählte er von seinen Reisen mit dichterischer Anschaulichkeit. Am wohlsten fühlte er sich auf seinem bescheidenen Weinberge in Wachwitz, wo ihn kein Hofstaat, nicht einmal eine Wache störte.

Es währte aber noch ein volles Jahr, bis das aufgewühlte Land sich wieder beruhigte. Als die Regierung im April 1831 einige Verhaftungen vornahm, bagann der Straßenlärm in der Hauptstadt von neuem; der Pöbel befreite die Gefangenen, die Kommunalgarde benahm sich feig, ihr Führer Prinz Johann ward verhöhnt, und erst am zweiten Tage trieb das Feuer der Truppen die Aufrührer auseinander. Auch in Leipzig kam es zu Unruhen, den die Weihrauchspenden der liberalen Presse hatten den Hochmut der bewaffneten Volksmänner bedenklich gesteigert. Im August meuterte ein Teil der Leipziger Kommunalgardisten, weil ihnen ein neuer Wachsaal nicht behagte; sellbst die Studenten nahmen Partei gegen die Aufsässigen, und den schwarzen Schützen, die jetzt, nach Aufhebung der städtischen Privilegien, ihr Standquartier in Leipzig hatten, fiel die undankbare Aufgabe zu, den Aufruhr mit Waffengewalt niederzuschlagen. Seitdem fühlte die Krone sich wieder sicherer. –

Mittlerweile hatte der Landtag seine weitläufigen Beratungen über das Grundgesetz beendigt. Auch die neue Verfassung ruhte auf dem Grundsatze der ständischen Gliederung. Die erste Kammer war in Wahrheit nur ein verkleinertes Abbild des alten Landtags und ebenso selbständig wie dieser gegenüber der Krone, die nur zehn Grundherren auf Lebenszeit ernennen durfte; in der zweiten Kammer behauptete der Grundbesitz ebenfalls das Übergewicht; die Ritterschaft war hier noch einmal durch zwanzig Abgeordnete vertreten; dazu fünfundzwanzig Bauern, ebensoviel Städter und fünf Vertreter des Gewerbefleißes. Die Kammern standen mithin, obgleich sie nicht nach Kurien stimmten, den altständischen Institutionen näher als dem neufranzösischen Repräsentativsystem; die Stände erhielten das Recht, die Minister vor einem besonderen Staatsgerichtshofe anzuklagen, sie bewilligten das Budget für drei Jahre und faßten Beschluß über die Gesetzentwürfe, wlche die Regierung allein vorlegen durfte. Ein Gesetz und selbst ein Budget sollte aber nur dann als abgelehnt betrachtet werden, wenn in einer der beiden Kammern mindestens zwei Drittel dagegen gestimmt hatten; überdies konnte die Krone nötigenfalls die bisherigen Abgaben noch ein Jahr lang fort erheben. Ebenso behutsam war auch der Abschnitt über die Menschenrechte gehalten, der als Zugeständnis an den aufgeklärten Zeitgeist doch nicht ganz fehlen durfte.

Die ersten zehn Jahre der neuen Verfassung waren unzweifelhaft die glücklichsten, welche das Königreich unter dem deutschen Bunde verlebt hat.

Der neue weltbürgerliche Radikalismus, der überall in der Luft lag, drang unmerklich aber auch in Sachsen ein. Im Erzgebirge war der Notstand groß, und es zeigten sich schon die ersten Keime sozialen Unfriedens; die Regierung aber tat wenig, um die Arbeiter vor Ausbeutung zu schützen, sie stand noch ratlos vor der so plötzlich aufschießenden Macht der Großindustrie. Wenn sich dereinst die rechten Demagogen fanden, so konnten die kleinen Verstimmungen leicht in wüsten Radikalismus ausarten.

Später als in Kursachsen entbrannte in Hannover der Kampf gegen die Adelsherrschaft. „Bei uns bleibt alles ruhig, wir haben ja auch keinen Grund zur Klage" – so sprach man stolz in den Göttinger Professorenkreisen, als die ersten Nachrichten von den Kasseler Unruhen anlangten. Die von der letzten Mißernte schwer heimgesuchten Bauern dachten anders; man sah sie häufig auf dem Ti zusammentreten, um über die Barschheit der Beamten, den Hochmut der Gutsherren, die Zehnten, die Fronden, die Jagdrechte zu klagen; in einzelnen kleinen Amtsstädten bildeten die Bürger schon im Herbste Sicherheitswachen, weil sie Angriffe des aufgeregten Landvolks befürchteten. Der dumpfe unklare Groll bedurfte eines Namens, dem sich alle Sünden des Adelsregiments aufbürden ließen; und dieser Feind ward ihm gewiesen, als gegen Weihnachten 1830 eine Schmähschrift „Anklage des Ministeriums Münster vor der öffentlichen Meinung" unter der Hand verbreitet wurde, bald nachher auch gedruckt erschien – ein schwülstiges Machwerk aus der Feder des jungen Advokaten König in Osterode.

Am 5. Januar 1831 unternahmen Königs Landsleute in Osterode, einen revolutionären Gemeinderat und eine Kommunalgarde zu errichten; sie wollten dann „dem Bürgerkönig die unter allen nichtbeamteten Staatsbürgern herrschende Not" nachdrücklich vorstellen und verkündeten in einem Manifeste neufranzösischen Stiles: „Möge unseren Enkeln und Urenkeln der 5. Januar als ein heiliges Geschenk ihrer edlen Väter und Urväter erhalten werden!" Der kleine Aufruhr ward sogleich unterdrückt. Da zeigte sich plötzlich, daß die stürmische Zeit auch an dem gelehrten Stilleben der Georgia Augusta zu Göttingen nicht spurlos vorübergegangen war. In den Kreisen dieser jungen Dozenten und Advokaten entstand der tolle Plan, hier auf dem denkbar ungünstigsten Boden eine Revolution zu wagen. Daß die Hofräte des akademischen Körpers sich mit wenigen Ausnahmen grundsätzlich der Politik fernhielten, war weltbekannt; auch unter den Studenten bestand nur eine kleine radikale Partei. In der Bürgerschaft aber hatte sich, seit die heruntergekommene Stadt nur noch von den Studenten lebte, jener aus Geldgier, Bedientensinn und Durst gemischte Charakter, welcher die Bewohner kleiner Badeorte und Universitätsstädte gemeinhin auszeichnet, ungewöhnlich stark ausgebildet. Gleichwohl konnte ein Handstreich leicht gelingen; denn das Jägerbataillon in der Kaserne zählte nur achtzig Mann.

Am 8. Januar stürmten die Advokaten Seidensticker und Eggeling mit einer kleinen Schar Verschworener in das alte Rathaus. Der verhaßte Polizeikommissar machte sich aus dem Staube, auch die anderen Behörden stellten gehorsam ihre Arbeit ein; ein neuer, aus Bürgern, Doktoren und Studenten zusammengesetzter Gemeinderat übernahm die Herrschaft. Während ein Studentenschneider auf der steinernen Brüstung der Rathausstiege drohend seinen Hirschfänger wetzte, schritt der Leiter der Bewegung, der Privatdozent von Rauschenplatt, im Schlapphut und hohen Kanonenstiefeln auf dem Marktplatze einher – ein beherzter, stämmiger, kleiner-Mann mit schiefgeschlitzten schlauen Augen, dichtem Haarwuchs und struppigem, blondem Vollbart; vier Pistolen, ein Schleppsäbel und ein Dolch prangten an seinem Gürtel. Auf den Ruf: „Es gibt Revolution" eilten die Studenten mit ihren Schlägern herbei, glückselig über den ungeheuren Ulk.

Eine ganze Woche hindurch blieb die Stadt in der Hand des „Katers" – so hieß der kleine Mann mit den großen Stiefeln. Die Tore waren verrammelt, die schönen Baumgänge des Walles wurden scharf bewacht, weil man die Beamten und Professoren als Geiseln zurückhalten wollte. Auf dem Marktplatze lagerten die Helden der beiden Legionen um große Feuer, das nichtswürdige Administrationsbier der alleinberechtigten städtischen Brauerei floß in Strömen, und stolz rauchte jedermann auf der Straße; denn die ertrotzte Rauchfreiheit galt in allen diesen kleinen norddeutschen Revolutionen für das Sinnbild des neuen Völkerfrühlings. Von bestimmten politischen Plänen war keine Rede. Man sang radikale Lieder, ließ Freiheit, Gleichheit, Brüderlichkeit hoch leben; einzelne empfahlen auch eine Republik Göttingen unter dem Schutze des Deutschen Bundes. Die hannoversche Regierung meldete dem Bundestage sofort, sie sehe sich außerstande, Truppen zur Bewachung der deutschen Westgrenze zu stellen, da sie ihrer bewaffneten Macht im eigenen Lande bedürfe. Die geängsteten Landdrosten und Amtmänner versprachen „den biedere Bewohnern" ihrer Bezirke demütig, daß allen Beschwerden „fördersamst" Abhilfe gewährt werden solle. An die Göttinger erließ der Generalgouverneur Herzog von Cambridge ein abmahnendes Manifest nach dem anderen und fragte sie väterlich: „Ist es recht, mit Aufruhr und Widersetzlichkeit anzufangen?" Er faßte sich erst wieder ein Herz, als ihm Dahlmann, der mit einigen Abgesandten des akademischen Senats nach Hannover gekommen war, entschlossen erklärte: die Aufständischen seien ihrer Torheit müde, eine mäßige Truppenmacht könne ohne Blutvergießen die Ordnung herstellen.

So geschah es auch. Als die Truppen am achten Morgen nach dem Beginne des Aufruhrs endlich einrückten – über 700 Mann, mehr als die Hälfte der hannoverschen Armee – da waren die Barrikaden an den Toren bereits verschwunden, desgleichen die akademische und die bürgerliche Legion. Rauschenplatt aber floh mit einigen seiner Genossen nach Straßburg, wo ihm die Studenten einen festlichen Empfang bereiteten.

Wohl mochte Jakob Grimm über diesen „dürren und widerwärtigen Aufstand" klagen; dem Lande brachte der kindliche Spuk doch Segen, denn er öffnete dem Generalgouverneur die Augen, den Bürgern die Lippen. Der gutmütige Herzog entdeckte mit einem Male, wie wenig er die Zustände gekannt hatte; er bereiste das Land, hörte in Münden die bitteren Klagen der zinspflichtigen Bauern, ließ sich von den Clausthaler Bergleuten in rührsamen Versen schildern:

wie schlecht man jetzt auf dem Harze lebt
und mit tränenvollen Herzen
trocknes Brot halb kalt genießt.

Zugleich liefen aus Lüneburg, „der Erbstadt des Reichs", und vielen anderen Städten Bittschriften ein, die allesamt „eine freie Voksvertretung" forderten; „so gewiß ein Gott über uns alle wacht", schrieb der radikale Advokat Gans in Celle – „so gewiß wird auch für sämtliche Staaten Europas diese Herrlichkeit, diese Krone aller Wohlfahrt aufgehen."

Hier wie in Sachsen verkettete sich mit der Volksbewegung ein Parteikampf innerhalb der Regierung. Der Minister Graf Bremer, Kabinettsrat Rose und die anderen arbeitenden bürgerlichen Räte waren es längst müde, von der Deutschen Kanzlei in London gegängelt zu werden, sie beschlossen, sich an den Monarchen zu wenden; aber noch ehe ihre Vertrauensmänner bei Hofe eintrafen, hatte König Wilhelm schon den Vorstellungen des Herzogs von Cambridge nachgegeben und die Entlassung des Grafen Münster verfügt (12. Februar). Die unheilvolle Doppelregierung konnte freilich, solange die Fremdherrschaft bestand, nicht gänzlich verschwinden; an Münsters Stelle trat Ludwig von Ompteda, jener treue Mann, der in den napoleonischen Tagen so rastlos für die Befreiung Deutschlands gearbeitet hatte, ein ehrenhafter Aristokrat von gemäßigten Grundsätzen. Indes der Schwerpunkt des Regiments lag fortan in Hannover, der Herzog wurde zum Vizekönig erhoben und mit erweiterter Vollmacht ausgestattet.

Die Regierung gab dem allgemeinen Wunsche des Landes nach, als sie dem Landtage vorschlug, daß die königliche Domänenkasse mit der ständischen Generalsteuerkasse vereinigt werden, der König aber zur Bestreitung der Kosten seines Hofhalts sich eine Anzahl Domänen als Krondotation auswählen solle. Damit ward die Einheit des Staatshaushaltes hergestellt.

Auch dem Gesetzgebungsrecht der Stände ward eine feste Schranke gezogen. Sie sollten zwar über den ganzen wesentlichen Inhalt neuer Gesetze entscheiden und auch selber nach Belieben Gesetzentwürfe vorlegen; der Regierung aber blieb überlassen, das also Vereinbarte „näher zu bearbeiten".

Schwer gelang die Verständigung über die Zusammensetzung der beiden Kammern. Das Ergebnis verworrener Beratungen war, daß der unversöhnliche Gegensatz der beiden Kammern, der so lange schon diesen Landtag gelähmt hatte, auch fernerhin fortbestand. Die erste Kammer blieb wie bisher ausschließlich eine Adelsvertretung; der zweiten Kammer aber, die fortan aus zehn Prälaten, siebenunddreißig städtischen und achtunddreißig bäuerlichen Abgeordneten bestand, trat sie mit zunehmender Schroffheit entgegen.

Die Vorrechte der Ritterschaft wagte man nur behutsam anzutasten; das Staatsgrundgesetz versprach nur für die Zukunft die Beschränkung des privilegierten Gerichtsstandes, die Anschließung der Rittergüter an die Landgemeinden. Aber die von langer Hand her vorbereitete Ablösung der bäuerlichen Dienste, Zehnten und Meiergefälle, damit der uralte niedersächsische Grundsatz „frei Mann, frei Gut" endlich zur Wahreit würde, wurde dennoch durchgesetzt.

So kam das Staatsgrundgesetz zustande, unzweifelhaft die bescheidenste unter den neuen norddeutschen Verfassungen; bei allen Mängeln doch ein achtungswertes Werk erfahrener Einsicht und behutsamer Mäßigung.

Aber über der neuen Verfassung schwebte kein glücklicher Stern.

Am 26. September 1833 unterzeichnete der König endlich das Staatsgrundgesetz, nachdem er etwa 14 unwesentliche Paragraphen des vereinbarten Entwurfs einseitig abgeändert hatte. Der neue Landtag beeilte sich zwar, die Änderungen nachträglich gutzuheißen; immer blieb es ein verhängnisvoller Fehler, daß dieser Staat, der seit dem Kriege aus einem zweifelhaften Rechtszustande in den anderen taumelte, nun schon zum dritten Male eine Verfassung erhielt, deren Gültigkeit sich mindestens mit Scheingründen anfechten ließ.

Der Abschluß des Verfassungswerkes wurde hier nicht wie in Nachbarländern mit lauter Freude begrüßt. Den eifrigen Liberalen genügte diese maßvolle Reform mitnichten, die Masse des Volkes aber war aus der Aufregung des Revolutionsjahres längst wieder in die alte Gleichgültigkeit zurückgefallen. Kurhessen und Sachsen traten bald nach ihrer politischen Neugestaltung dem Zollvereine bei, und die öffentliche Meinung wähnte in begreiflicher Selbsttäuschung, daß man das kräftig aufblühende wirtschaftliche Leben nicht der Freiheit des deutschen Marktes, sondern der Verfassung verdanke. In Hannover dagegen wurden die handelspolitischen Folgerungen, die sich aus der Kassenvereinigung und der Steuerreform unabweisbar ergaben, nicht gezogen, das Land verharrte bei seiner selbstmörderischen englischen Zollpolitik, an dem schläfrigen Gange des Handels und Wandels änderte sich nichts. So bemerkte das Volk wenig von dem Segen der neuen Ordnung.

In Schleswig-Holstein waren eng die liberalen und die nationalen Ideen der Zeit miteinander verkettet. Als die Juli-Revolution hereinbrach, regte sich in weiten Kreisen das Verlangen nach einer Verfassung, welche das historische Recht neu beleben und fortbilden sollte. Die Regierung in Kopenhagen benahm sich überaus furchtsam, weil ihr das Gewissen schlug. Sie wußte wohl, wie schwer an den Rechten der deutschen Nordmark gesündigt worden war. An einen Abfall jedoch dachte in den Herzogtümern noch niemand. Selbst das Verlangen nach gesetzlicher Reform ward niedergehalten durch die tiefe Ehrfurcht vor „dem edelsten, besten, gütigsten König, dem innig und heiß geliebten Landesvater", der sich doch die Mühe gegeben hatte, so viele Jahre zu leben; und schwerlich wäre den bescheidenen Wünschen der gebildeten Klassen irgendeine Frucht entsprossen, wenn nicht ein tapferer Mann die Angst der Krone benutzt hätte, um zur rechten Zeit mit lauter Stimme zu fordern.

Jens Uwe Lornsen hatte nach einem stürmischen Studentenleben die letzten Jahre hindurch auf der schleswig-holsteinischen Kanzlei in Kopenhagen gearbeitet und dort – so ganz entfremdet war diese Behörde ihrer Heimat – weder von der Geschichte noch von dem alten Staatsrechte Schleswig-Holsteins irgend etwas erfahren. Aber die glühende Begeisterung für sein deutsches Vaterland blieb dem alten Burschenschafter unverloren; sein innerstes Gefühl empörte sich, wenn die dänischen Beamten ihm das alte Hohnwort entgegenhielten, die Schleswig-Holsteiner sollten sich doch freuen, lieber etwas, nämlich Dänen zu sein, als gar nichts, nämlich Deutsche. Durch seine amtliche Tätigkeit lernte er dann den Schlendrian und die verständnislose Ungerechtigkeit der aus der Ferne wirkenden Regierung gründlich kennen. Auch die konstitutionellen Gedanken der Zeit ergriffen ihn mächtig, er meinte die Stunde gekommen für die europäische Herrschaft des Bürgertums. In solchem Sinne äußerte sich Lornsen oft gegen seine deutschen Amtsgenossen; alle hörten bewundernd zu, wenn er sich erhob, ein hochgewachsener Nordlandsrecke mit buschigem, blondem Haar, geistvollem Munde, tiefen blauen Augen, und in unwiderstehlicher Rede, feurig zugleich und würdevoll, seine Gedanken entfaltete. Der Stolze fühlte, daß er vor vielen voraus hatte, was seine Friesen als höchste Mannestugend preisen: rum Hart, klar Kimming, das weite Herz, den freien Gesichtskreis; er hoffte dereinst noch für ganz Deutschland politisch zu wirken.

Als er nun im Herbst 1830 nach den Herzogtümern zurückkehrte, um das Amt des Landvogts auf seiner heimatlichen Insel Sylt anzutreten, da erkannte er sofort, daß jetzt der Augenblick gekommen sei, den eingeschüchterten König-Herzog durch Petitionen und Versammlungen zur Verleihung einer Verfassung zu bewegen. In Kiel und Flensburg verständigte er sich mit angesehenen Männern des Bürgertums, während der geistreiche junge Nationalökonom Georg Hanssen unter den Bauern im östlichen Holstein Anhänger warb. Um die Bewegung auf ein festes Ziel zu richten, schrieb Lornsen sodann ein Schriftchen von elf Seiten „über das Verfassungswerk in Schleswig-Holstein". Er verwies darin auf die Gebrechen der Verwaltung, auf die Heimlichkeit des Staatshaushalts und forderte kurzab einen gemeinsamen Landtag für beide Herzogtümer, da die Bundesakte den Holsten Landstände verheiße, die Trennung der Herzogtümer aber „jedem Schleswig-Holsteiner schlechthin undenkbar" sei.

Mehr als ein Viertel der Volksvertretung wollte er dem Adel nicht gönnen. Dazu Verlegung aller Behörden in die deutschen Lande, ein oberster Gerichtshof für Schleswig-Holstein, in jedem Herzogtum ein Regierungskollegium und über beiden ein Staatsrat nach dem Vorbilde Norwegens; mithin Unabhängigkeit von Dänemark in allen inneren Angelegenheiten.

Das kühne Unternehmen brach zusammen. Die Ritterschaft erklärte sich dawider, weil sie den bürgerlichen, liberalen Zug der Bewegung fürchtete, und versicherte dem Könige in einer Ergebenheitsadresse, die Anforderungen der Zeit müßten allerdings berücksichtigt werden, aber ohne Übereilung. Selbst die Bürger und Bauern wurden scheu, sobald der Kieler Stadtrat den kleinmütigen Beschluß gefaßt hatte, für eine Eingabe an den König sei der gegenwärtige Zeitpunkt nicht geeignet. Keine einzige Petition ging nach Kopenhagen ab. Lornsen aber, der Feldherr ohne Heer, wurde noch im November verhaftet, und dem kranken Manne versagte die Kraft; er wagte weder die Einleitung eines öffentlichen fiskalischen Verfahrens zu fordern, noch die Akten seines Prozesses zu veröffentlichen, sondern ließ sich geduldig zur Festungsstrafe verurteilen, da er ja unleugbar seine Amtspflicht verletzt hatte.

Und doch wirkte Lornsens Schrift mächtig nach; sie ward wirklich, wie die dänischen Beamten grollend sagten, eine in die Herzogtümer geschleuderte Brandfackel, sie verbreitete den Gedanken der Selbständigkeit des unteilbaren Schleswig-Holsteins in weiten Kreisen des Mittelstandes, welche einst dem Kampfe des Adels um das alte Landesrecht gleichgültig zugeschaut hatten.

Der greise König, der in seiner Angst dem Statthalter der Herzogtümer schon außerordentlich Vollmachten zur Unterdrückung von Ruhestörungen erteilt hatte, erkannte nun doch, daß er einlenken müsse. Durch ein Gesetz vom 28. Mai 1831 verkündete er seine Absicht, in jedem der beiden Herzogtümer, ebenso in Jütland und auf Seeland, einen beratenden Provinziallandtag nach preußischem Muster einzuführen.

Nun war die erste Bresche in das schrankenlose Alleingewalt-Erbkönigtum des dänischen Königsgesetzes geschlagen. Am 15. Mai 1834 wurde die Bildung der beiden Provinziallandtage für die Herzogtümer angeordnet. In beiden erhielten Ritterschaft und Großgrundbesitz nur etwa ein Drittel der Stimmen; je ein Drittel der Abgeordneten sollte von den städtischen und den ländlichen Grundbesitzern unmittelbar gewählt werden. Diese kühne Neuerung überraschte allgemein; denn fast in allen anderen deutschen Staaten bestand das System der indirekten Wahlen. Noch größer war das Erstaunen, als der König nicht nur den alten nexus socialis der schleswig-holsteinischen Ritterschaft sowie alle die anderen, beide Herzogtümer verbindenden

Rechtsverhältnisse ausdrücklich anerkannte, sondern sogar neue hochwichtige gemeinsame Institutionen einführte: ein Oberappellationsgericht, das in Kiel, eine gemeinschaftliche Provinzialregierung, die auf dem Schlosse Gottorp hausen und das schleswig-holsteinische Wappen führen sollte. In demselben Augenblicke, da man die Landstände der Herzogtümer trennte, wurde also die Einheit ihrer Rechtspflege und Verwaltung neu befestigt.

In Kopenhagen aber wurde die Gefahr erkannt. Die Nationalisten, die Eiderdänen, wie man sie späterhin nannte, verdammten die Bildung der schleswig-holsteinischen Provinzialregierung als einen argen Mißgriff und verlangten die gänzliche Trennung der beiden Herzogtümer; sie wollten im Notfall auf das deutsche Holstein, das man doch nicht danisieren könne, verzichten, Schleswig aber bedingungslos dem Einheitsstaate Dänemark einverleiben und auch die reindeutsche Südhälfte dieses Herzogtums gewaltsam der skandinavischen Gesittung unterwerfen. Noch ward die neue Losung „Dänemark bis zur Eider“ nur von wenigen übermütigen jungen Männern nachgesprochen; aber die Zahl ihrer Anhänger wuchs, und gelangten die Eiderdänen je zur Herrschaft, so wurden unfehlbar alle die drei politischen Kräfte, welche im Volke Schleswig-Holsteins noch halb unbewußt arbeiteten, zugleich aufgeregt und zu unversöhnlichem Widerstande gezwungen: das Rechtsgefühl, der Freiheitsmut, der deutsche Nationalstolz.

Wieder war es Lornsen, der zuerst in der Nordmark die Zeichen der verwandelten Zeit erkannte. Der hatte sich während seiner Haft rastlos forschend in die Geschichte der Herzogtümer eingelebt und mit freudigem Erstaunen entdeckt, wie fast alles, was er einst aus politischen Gründen für seine Heimat verlangt, schon in den alten Freiheitsbriefen des Landes begründet war. „Die Schleswig-Holsteiner“, so sagte er nunmehr, „haben nichts zu wünschen, was sie nicht auch zu fordern ein recht haben.“ Froh dieser neugewonnenen Erkenntnis arbeitete er nun an einem Buche über „Die Unionsverfassung Dänemarks und Schleswig-Holsteins“, um seinen Landsleuten zu zeigen, wie sie auf dem Boden ihres alten Rechtes den neuen Staat Schleswig-Holstein aufbauen sollten. Er warnte die Holsten vor dem gutmütigen Wahne, als ob sie durch ihre Verbrüderung mit den Schleswigern den dänischen Gesamtstaat stärken, der Krone einen Dienst erweisen könnten, und enthüllte ihnen schonungslos die Hintergedanken der Dänen, die offenbar darauf ausgingen, Schleswig zu verschlingen, die Verbindung der Herzogtümer zu zerreißen. Ebenso scharf faßte er auch die Erbfolgefrage ins Auge und zeigte, daß in Schleswig-Holstein allein dem Mannesstamme die Thronfolge gebühre, in Dänemark aber seit dem Königsgesetze auch dem Weiberstamme, und mithin, da das dänische Haus nur noch auf sechs Augen stand, leicht eine Trennung der beiden Staaten eintreten könne. Die formlose Schrift zeigte vielfach die Mängel überhasteter Forschung, aber auch überall die große Leidenschaft eines geborenen Publizisten, der mit festem Griff das Wesentliche aus der Fülle des Stoffes heraushob und dem Leser unerbittlich eine Entschließung aufzwang. Lornsen schrieb daran unter unsäglichen Qualen, in der Sonnenglut Brasiliens, wo er nach überstandener Haft vergeblich Heilung für seine Krankheit suchte.

Nach Europa zurückgekehrt, gab er sich in den Wellen des Genfer Sees selbst den Tod (1838), der Edelsten einer aus der langen Reihe der Kämpfer und Dulder, welche dem Tage der deutschen Einheit vorangingen.

Die Umtriebe der Dänen nötigten die Deutschen zur Abwehr. Auf beiden Landtagen, in Schleswig wie in Itzehoe, wurde die Bitte um Vereinigung der schleswig-holsteinischen Landstände, die vor drei Jahren noch zu kühn erschienen war, jetzt beschlossen. Angesichts dänischer Gewaltstreiche verschwand allmählich die alte sorglose Selbstgenügsamkeit; die Holsten fühlten sich als Markmannen des großen Deutschlands.

In den benachbarten kleinen niederdeutschen Gebieten stiegen aus dem Strudel der europäischen Revolution nur schwache Blasen auf. Etwas ernsthafter war eine konstitutionelle Bewegung im Jeverlande, die bald auch in anderen Landesteilen des buntscheckigen oldenburgischen Staates Anklang fand. Aber ihr fehlte der rechte Boden; denn Oldenburg hatte fast allein unter allen deutschen Gebieten niemals einen wirklichen Landtag gesehen, da Prälaten und Adel früh verschwunden waren, die Städte wenig bedeuteten, die Bauern frei auf ihren stattlichen Höfen saßen und die Landesherren für ihre sparsame Kammergutsverwaltung keiner Beihilfe bedurften. Nach einigem Lärm ergab man sich darein, daß der wohlmeinende Großherzog die Warnungen seines dänischen Vetters beherzigte und seinem Lande statt der erhofften Verfassung nur eine neue Gewerbeordnung gab. Oldenburg blieb nach wie vor der einzige unter den größeren deutschen Staaten, der für die Verwirklichung des Art. 13 der Bundesakte gar nichts tat. Die Bürokratie der Amtmänner führte ihr scharfes, aber sorgsames Regiment ungestört weiter.

Preußen bestand die Stürme der Zeit unter allen deutschen Ländern am glücklichsten. Dieser Staat mit seinem vielgeschmähten unbeschränkten Königtum zeigte eine jedes liberale Gemüt beleidigende Kraft und Gesundheit. Ein Felsen im brandenden Meere, stand er inmitten des Aufruhrs, der alle seine Grenzen umtobte. Während er mit seinen Waffen die Marken des Vaterlandes am Rhein und an der Prosna schirmte, rettete er den Deutschen durch die unerschütterliche Strenge seines Rechtes einen fruchtbaren Schatz altüberlieferten Ansehens, monarchischer Treue, gesetzlichen Sinnes, nationalen Stolzes.

Von politischen Unruhen blieb Preußen so gänzlich verschont, daß die Staatsgewlt ugewöhnlicher Vorkehrungen kaum bedurfte. Ein roher Aufruhr des Aachene Pöbels im August 1830 war offenbar durch die Arbeiterbewegung im nahen Verviers veranlaßt; die Meuterer richteten ihren Groll nur gegen die arbeitsparenden Maschinenen Cockerills und wider die Häuser einiger verhaßten Fabrikanten, die bewafffnete Bürgerschaft trieb sie bald zu Paaren. Noch weniger bedeutete das wüste Geschrei, das an einigen Septemberabenden in den Straßen Berlins, selbst vor den Fenstern des Königs erklang; die Schneidergesellen, die über die Kargheit ihrer Meister, über den freien Wettbewerb der Näherinnen zürnten, führten den lärmenden Haufen an, und auch hier riefen die Arbeiter: Nieder mit den Maschinen! Aber der Spuk verflog, sobald die Truppen, ohne zu feuern, einige Hiebe mit der blanken Waffe ausgeteilt hatten, und der Berliner Schneiderkrawall wäre rasch der Vergessenheit anheimgefallen, wenn nicht Chamisso dem „Kleidermacher-Mute“ in seinem Liede: Courage, Courage! ein dauerndes Denkmal gesetzt hätte. Selbst in Posen wurde die Ordnung nirgends gestört, trotz der fieberischen Aufregung des Adels und trotz der Zuzüge, die heimlich über die polnische Grenze gingen. –

Überall, wo die schwarzweißen Fahnen wehten, behauptete das Königtum noch sein altes Ansehen. Mit Erstaunen bemerkten Freund und Feind, wie treu das katholische Rheinland zu seinem Herrscher stand; die schwerste unter allen den schweren Aufgaben, welcher der Wiener Kongreß diesem Staate gestellt, schien glücklich gelöst. Zahllose Sendboten aus Frankreich und Belgien trieben am Rhein ihr Wesen; überall fanden sie taube Ohren, überall wurden die vaterländischen Truppen, als sie zum Schutze der Westgrenze heranzogen, mit offenen Armen aufgenommen, und Prinz Wilhelm der Ältere, der als Gouverneur an den Rhein kam, gewann sich in Köln bald die allgemeine Verehrung. Nur die dreistere Sprache des Klerus ließ zuweilen schon erraten, daß die Nachbarschaft der belgischen Priesterherrlichkeit mit der Zeit vielleicht den Frieden der preußischen Rheinlande stören würde. Begreiflich also, daß die harmlosen preußischen Zeitungen im Selbstlobe schwelgten und der rheinische Pädagog Aldefeld in zweifelhaften Versen weissagte, das starke Preußen werde fortan das Land der Ruhe heißen. Aber auch einsichtige Beobachter erkanten an, wie überlegen dieses Volk mit seiner Zucht und Treue inmitten der aufgeregten Nachbarn stand.

Wieder wie in den Zeiten der ersten Revolution fühlten sich die Preußen stolz als Mannen ihres Königs und begrüßten den alten Herrn,wo er sich zeigte, mit stürmischen Huldigungen. Und wie damals zur Antwort auf den Marseiller Marsch das Heil dir im Siegerkranz erklungen war, so machte jetzt das neue Preußenlied, gedichtet von Rektor Thiersch, die Runde auf allen vaterländischen Festen. Mochten die Liberalen des Südens über den preußischen Hochmut schelten, sie fühlten doch mit stillem Neide, daß diese stolzen Klänge ganz etwas anderes bedeuteten als alle jene läppischen Farbenlieder auf das Weiß der Unschuld und das Grün der guten Hoffnung, welche die kleinen Hofpoeten zum Preise ihrer geschichtslosen Landeskokarden anfertigten; sie ahnten die Wahrheit der Verse: „daß für die Freiheit meine Väter starben, das deuten, merkt es, meine Farben an.“ Die Erinnerungsfeiern der alten Landwehrmänner und

Kriegskameraden verliefen meist anspruchslos und ohne Wortprunk, nur in Berlin pflegte Fouqué schmetternde Husarenreden zu halten; aber sie hielten unter den Versammelten das Gefühl der Staatseinheit wach. Als dem Prinzen Wilhelm 1831 am siegverheißenden Jahrestage der Leipziger Schlacht ein Sohn geboren wurde, der vermutliche Thronfolger, da erklang in allen Provinzen ein Freudenruf, der offenbar aus den Tiefen der Herzen kam. Und da man sich so stolz und sicher fühlte, so gewann auch der Traum der deutschen Einheit in einzelnen Kreisen der preußischen Jugend schon eine festere Gestalt. Die Bonner Burschenschafter schwärmten für das preußische Kaisertum, und es war ein Sohn des linken Rheinufers, der diesen Gedanken zuerst im Liede aussprach. Karl Simrock hatte soeben die Ängstlichkeit der Regierung am eigenen Leibe erfahren – denn die alte Furcht vor den Demagogen war noch immer nicht verschwunden, und das Justizministerium hielt für nötig, seinen Beamten alle absprechenden Urteile an öffentlichen Orten zu untersagen; er hatte den Staatsdienst verlassen müssen wegen eines Gedichtes auf Frankreichs drei Tage und drei Farben, das ihm in der ersten Aufregung der Juliwochen entstanden war. Doch die Unbill focht den Treuen nicht an. Gleich darauf schilderte er in einem feurigen Liede, wie der Siegeswagen vom Brandenburger Tor durch Land und Volk dahinfuhr; er sah „das Zepter Karls des Großen in Friedrich Wilhelms Hand" und hörte den alten Blücher sprechen:

Es möge sterben,
Was nicht zu leben weiß.
Und fragt ihr nach dem Erben?
Das junge Preußen sei's!

Bei solcher Gesinnung vermochten die konstitutionellen Kämpfe der kleinen Staaten nur wenig Teilnahme zu erwecken, und die Süddeutschen klagten bitterlich über die politische Unreife der preußischen Nachbarn. Allerdings nahm die Sorge um Haus und Wirtschaft in dem langsam wiederaufblühenden, verarmten Lande noch immer die besten Kräfte der Männer in Anspruch, die praktischen Fragen der Steuerverteilung und der Ortsverwaltung standen diesem hart arbeitenden Geschlechte weit näher als der Gedanke an die verheißenen Reichsstände. Der eigentliche Grund der unwandelbar ruhigen Haltung des Landes lag jedoch in der kräftigen Staatsgesinnung, welche dies Volk vor den anderen Deutschen voraus hatte. Zwei Jahre lang blieben die Preußen in der Erwartung eines Weltkrieges; sie wußten, daß sie fast allein diesen Kampf würden entscheiden müssen, denn auf die Kriegsmacht ihrer kleinen deutschen Bundesgenossen blickten sie mit wohlberechtigter Geringschätzung. Sie trugen ohne Murren die schwere Einquartierung und alle die anderen drückenden Lasten des bewaffneten Friedens. Wie hätte ein kriegerisch erzogenes Volk den Gedanken fassen sollen, in so drangvoller Zeit, gleichsam im Angesichte des Feindes, die Krone mit Bitten zu bestürmen, welche doch nicht durch drängende Not geboten waren?

Aber die Zufriedenheit war bei weitem nicht so ungetrübt, wie man aus der allgemeinen Stille wohl schließen mochte. Es konnte nicht fehlen, daß die Gelehrten und Beamten aus den eifrig gelesenen ausländischen Zeitungen neue Gedanken einsogen, und wenngleich die Zahl der Konstitutionellen noch sehr gering blieb, so bekundete sich doch der altpreußische Widerspruchsgeist oft in scharfer Kritik, und die österreichischen wie die kleinfürstlichen Diplomaten vermochten sich über die liberale Gesinnung dieser Bürokratie nicht genug zu verwundern. Im Volke aber mußte die Beamtenherrschaft, wie Tüchtiges sie auch leistete, zuletzt manches Mißtrauen erregen, weil sie unbeschränkt schaltete. Selbst Reaubes Jahrbücher der preußischen Provinzialstände – die einzige Zeitschrift, die sich mit dem Stilleben der Provinziallandtage befaßte – brachten unter einem Wuste stillvergnügter Philisterbetrachtungen zuweilen schon einen heftigen Ausfall wider dies ungeheuere Beamtenheer, das sich stets nur aus sich selbst ergänze, während in England und Frankreich auch ein Kaufmann oder Grundbesitzer Minister werden könne: in Preußen müssen immer 49 Menschen arbeiten, um einen Beamten zu ernähren!

Noch bitterer äußerte sich der Adelshaß der bürgerlichen Kreise. Der einzige der altgermanischen Geburtsstände, der sich inmitten der Berufsstände der neuen Gesellschaft noch erhalten hatte, konnte der in sich selbst verliebten modernen Bildung nur widerwärtig erscheinen. Da der Adel zudem auf den Provinzial- und Kreistagen ein ganz unbilliges Übergewicht behauptete, so klagte alle Welt über die Macht des Junkertums und zählte mit widerwärtigem Kleinsinn nach, wie viele Edelleute in den hohen Staatsämtern säßen. Die vorletzten Minister der Justiz und der Finanzen, Kircheisen und Klewitz, waren bürgerlich geboren, ihnen folgten die Edelleute Danckelmann und Motz; als diese starben und jetzt wieder zwei Bürgerliche, Mühler uns Maassen, eintraten, da jubelte die gesamte Presse, wie liberal Preußen geworden sei. Und doch war unter den drei Finanzministern der Edelmann unzweifelhaft der freieste Kopf, und bei allen diesen Ernennungen hatte der König die Frage der Geburt gar nicht in Betracht gezogen. Ja sogar als Ancillon nachher ins Ministerium berufen wurde, erhoben die Zeitungen ein Freudengeschrei über den bürgerlichen Minister, dessen reaktionäre Gesinnung man doch kannte. Vornehmlich im Heere sollte der Adel ungebührlich bevorzugt sein; aber auch bei dieser landläufigen und nicht ganz grundlosen Klage spielten gehässige Übertreibungen und Unkenntnis mit. Unter den Generalen und Obersten des stehenden Heeres konnten sich nur vereinzelte Bürgerliche befinden, weil erst Scharnhorst die alten Vorrechte des Adels beseitigt, erst der Befreiungskrieg eine größere Anzahl bürgerlicher Offiziere in die Regimenter der Infanterie und der Reiterei eingeführt hatte. In den mittleren Stellen hingegen war der Adel schwächer vertreten als in den untersten; von den Stabsoffizieren war fast ein Fünftel, von den Hauptleuten und Rittmeistern beinahe die Hälfte bürgerlich, von den Sekondeleutnants nur ein Zwanzigstel, weil der Kriegsdienst in diesen stillen Friedensjahren nichts Verlockendes hatte und der junge Nachwuchs mithin ganz überwiegend von jenen alten Soldatengeschlechtern gestellt wurde, welche das Waffenhandwerk als den Beruf ihres Hauses betrachteten.

Im übrigen ward der mildere und freiere Geist, der seit dem Ende der zwanziger Jahre in der Regierung vorherrschte, durch die Julirevolution nicht erschüttert. Während Bernstorff die Kriegspläne des Zaren vereitelte, die konstitutionelle Bewegung in den norddeutschen Nachbarstaaten mit wohlwollender Zurückhaltung gewähren ließ, die Erhebung der Braunschweiger sogar selbst zum glücklichen Abschluß brachte, führte Maassen die von Motz eingeleiteten Zollvereinsverhandlungen fort, und der Staatsrat arbeitete weiter an den Reformgesetzen. Die seit Jahren mit den Provinzialständen besprochene Landgemeindeordnung kam freilich noch immer nicht zustande, da das unabsehbare Gewirr der örtlichen Interessen sich jeder Neuerung entgegenstemmte. Aber am 17. März 1831 wurde die revidierte Städteordnung veröffentlicht. Stein selbst begrüßte diesen Umbau seines eigenen Werkes mit Freuden, weil das neue Gesetz an den bewährten Grundsätzen der Selbstverwaltung nichts änderte, sondern nur einige durch die Erfahrung erwiesene Übelstände behutsam hinweggräumte. Die Städte erhielten fortan eine erhöhte Selbständigkeit, indem sie durch Ortsstatute das allgemeine Gesetz ergänzen, zum Teil selbst abändern durften; die Befugnisse des Magistrats, der bisher von den Stadtverordneten ganz abhängig gewesen, wurden etwas erweitert; die Regierungen sollten bei Streitigkeiten zwischen Magistrat und Stadtverordneten entscheiden und überhaupt ein schärferes Aufsichtsrecht ausüben, was dringend nötig war, da in einzelnen heruntergekommenen kleinen Städten sich arge Mißbräuche eingenistet hatten.

Stein blickte voll schwerer Sorge in die Zukunft, als er am 29. Juni 1831 verschied. Ihm waren die Franzosen seit ihrer letzten Revolution nur noch verächtlicher geworden; er sprach „diesem Volke ohne Liebe und Treue" die schöpferische Kraft des Geistes gänzlich ab, da alle bahnbrechenden Taten der neueren Gesittung von den germanischen Völkern, den Italienern oder den Spaniern ausgegangen seien, und mahnte seine Leute noch auf dem Todesbette, sich gegen den alten Feind als gute Preußen für König und Vaterland zu schlagen. So ging er dahin, noch ganz erfüllt von dem Feuer jener edlen Leidenschaft, welche seine größten Tage durchleuchtet hatte. Überall auf der roten Erde und drüben im heimischen Lahngau, wo man den Letzten des alten Freiherrngeschlechts in der Gruft seiner Ahnen bestattete, wurde der Leichenzug mit hohen Ehren empfangen; auch die altpreußischen Städte gedachten dankbar des Schöpfers ihrer Bürgerfreiheit. Die übrigen Deutschen hatten seiner so ganz vergessen, daß Dahlmann zürnend sagte: „Die Zeit wird kommen, da man ihm seine Tugenden verzeiht."

Stein war früh gealtert, Gneisenau aber fühlte noch die frohe Tatkraft seiner Mannesjahre in den Adern, als er einundsiebzigjährig von der asiatischen Seuche dahingerafft wurde (August 1831). Ganz so hoffnungsvoll wie er einst am Main als Jüngling von Kolonien und Städtegründungen in der neuen Welt geträumt hatte, dachte er jetzt in Posen an einen dritten Siegeszug nach Paris und an einen schönen Kriegertod: Napoleon der Zweite bei der preußischen Avantgarde, das sollte der Helfer sein, um das Bürgerkönigtum zu zerschmettern. Wie Stein hatte er alles längst verwunden, was ihn einst von König Friedrich Wilhelm getrennt, und sich in aufrichtiger Dankbarkeit dem Könige angeschlossen. Seinem Jugendfreunde Professor Siegling schrieb er noch kurz vor dem Tode mit seiner alten wunderbaren Bescheidenheit: „Du bist ein Sohn deines Fleißes, ich ein Sohn des Glücks." Noch drängender als Gneisenau forderte Clausewitz, der dem Freunde nach wenigen Wochen ins Grab folgen sollte, den unvermeidlichen Krieg gegen die Revolution: jeder Hader mit Österreich müsse für jetzt abgetan bleiben, damit der Bund der Ostmächte im Entscheidungskampfe fest stehe.

So die Stimmung der Helden des Befreiungskrieges. Wie Arndt beharrlich den Feldzug gen Brabant verlangte, so donnerte Jahn in seinen „Werken zum deutschen Volkstum" wider das neu eindringende welsche Wesen. „Wohl zu keiner Zeit," rief er grimmig, „hat der Deutsche weniger gewußt, als jetzt nach der großen Pariser Hundswoche, das eine was not tut. Vor lauter Empfindseligkeit überfließet sein fremdbrüderliches Herz; er pfeift, er singt, er spielt in den Mißtönen aller Nachbarvölker; er schwatzt, redet und schreibt, wie die Sachwalter seiner Erbfeinde; er glaubt das Grüne vom Himmel, das Blaue von der Erde was die Eingelogensten der Welschen, Walen, Wenden und Irren ihm weismachen." Dann schilderte der Alte anschaulich den Unfug der anonymen Zeitungsschreiber, „das beschreibfederte Zwerggesindel, was überall Klatschbuden aufschlägt und auf dem Trödelmarkte schmutzige Lumpen feilbietet. Mit lautem Geschrei bekennt sich diese namenlose Schreiberschaft zur Öffentlichkeit und Preßfreiheit und spielt heimlich und unvermerkt ein falsch Wort nach dem andern – diese Hinz-Hunze, so das Kneipviehtolle für Laune, Geläpsche für Witz, Flegelgeklappe für Jugendfrische und tappisches Hineinplumzen für feine Redeblumen halten." Mit Stolz hielt er endlich diesem fremdbrüderlichen Wesen der kleinen Nachbarländer sein Preußen entgegen, dessen Krone „nicht den Beherrscher allein, auch die Beherrschten zum Volke gekrönt hat."

Indes begannen die vereinzelten Liberalen Preußens sich allmählich zu sammeln, zunächst infolge der polnischen Wirren. Nichts konnte offener sein als Preußens Politik während dieser verwickelten Händel. Ohne alle Hintergedanken erhoffte man in Berlin nichts weiter als die rasche Beendigung des Aufruhrs. Gneisenau sprach nur die allgemeine Meinung der Regierungskreise aus, als er sagte: der preußische Staat müsse zwar um seiner Selbsterhaltung willen seinen polnischen Besitz behaupten; doch eine neue Teilung Polens könne er nicht wünschen, denn „die Verhältnisse der Polen zu den Deutschen haben sich sehr verbittert seit jener Zeit vor sechsunddreißig Jahren; sie sind unfähig, durch eine sanfte und gerechte Regierung wie die unsrige sich leiten zu lassen."

Die treuen Deutschen an der Grenze standen den Dingen nahe genug, um die ungeheure Verlogenheit der aus Warschau verbreiteten Kriegsberichte zu würdigen; sie wußten, daß der Kampf in Polen keineswegs ungleich war, da die geringe Überzahl der Russen durch die wohlgesicherte Stellung der Polen an der Weichsellinie reichlich ausgeglichen wurde. Sie konnten nur mit Lächeln das an allen Läden ausgehängte Bild „der letzten Zehn vom vierten Regiment", die nach ununterbrochenem Bajonettkampf den Russen entronnen sein sollten, und die schwülstigen Verse Julius Mosens darunter betrachten; denn sie hatten mit eigenen Augen gesehen, wie die heldenmütigen „letzten Zehn", noch 1800 Köpfe stark, bei Strasburg über die Grenze flüchteten, und das gesamte vierte Regiment vor einer Handvoll Preußen ohne Widerstand die Waffen streckte. In Berlin aber und in den entfernteren Provinzen begann die von Jahn gebrandmarkte deutsche Fremdbrüderlichkeit bald hohe Wellen zu schlagen. Ein Gefühl der Wahlverwandtschaft verband den modernen Radikalismus mit der sarmatischen Adelsanarchie; dazu der Russenhaß und die zauberische Macht der Pariser Zeitungsphrase. Eine polenfreundliche Literatur schoß ins Kraut, deren Anmaßung nur durch ihre Unwissenheit überboten ward; durch diese Polenschwärmer geriet Preußen, das im Herbst 1830 von den Liberalen nicht ohne Achtung behandelt wurde, zuerst wieder in Verruf.

In Berlin bildeten die Polenfreunde den ersten schwachen Stamm einer liberalen Oppositionspartei. Sie versammelten sich täglich in der Konditorei von Steheli hinter dem Schauspielhause, lasen dort den Courrier polonais sowie das deutsche Warschauer Blatt und eiferten weidlich wider die russisch gesinnten Diplomaten und Offiziere des Adligen Kasinos am Pariser Platze, zumal wider den treuen Stägemann, der als guter Ostpreuße den alten Markmannenhaß gegen die Sarmaten in seinen antimessenischen Oden ungescheut aussprach und kurzweg sagte:

Glimme der Feuerball,
Der Polen hieß, zur Nacht geschleudert,
Unter der Asche die letzte Glut aus!

Außer Ed. Gans schürte namentlich Varnhagen mit seiner Rahel das Feuer der polnischen Begeisterung. Er war neuerdings von dem gutmütigen Minister eine Zeitlang im Auswärtigen Amte beschäftigt, aber wegen seines unheilbaren politischen Dilettantismus bald wieder beseitigt worden und spielte nunmehr den Freiheitshelden. Im stillen übten diese polenfreundlichen Stimmungen der gelehrten Welt eine starke Wirkung. Auch die Berliner Börse, die jetzt gute Tage sah, da die Staatsschuldscheine auf 82–83 gesunken waren, und bereits anfing, auf die öffentliche Meinung einen fühlbaren Druck auszuüben, pflegte jede Siegesnachricht der Polen mit einem Steigen der Kurse zu begrüßen. Selbst im Heere war die Stimmung keineswegs ungeteilt; das rohe russische Wesen mißfiel den preußischen Offizieren ebenso gründlich wie den österreichischen.

Die Aufregung wuchs noch, als das Verderben über Polen hereinbrach, im Juli 1831 das Korps Gielguds, 7000 Mann stark, im Oktober General Rybinski mit 17 000 Mann auf preußischem Boden die Waffen streckten; zur Feier des Einzugs wurde Gielgud sogleich von einem seiner Offiziere als Verräter niedergeschossen. Welch eine Aufgabe, dies verwilderte, durch Ungeziefer und ekelhafte Krankheiten stark heimgesuchte Kriegsvolk so lange zu beherbergen, bis der Zar ihm die straffreie Rückkehr gestattete! General Krafft und die preußischen Provinzialbehörden entledigten sich der peinlichen Pflicht mit musterhafter Geduld. Die Leute wurden ganz nach preußischer Weise verpflegt, bekleidet, sogar abgelöhnt; die Mannschaft betrug sich leidlich, die Offiziere aber schlemmten im Hochmeister zu Marienburg und im Goldenen Hirsch zu Elbing dermaßen, daß selbst die deutschen Polenschwärmer sich der Frage nicht erwehren konnten, ob das die Trauer sei um ein verlorenes Vaterland. Nach und nach kehrte die Mehrzahl heim, nach zugesicherter Begnadigung; beim Abmarsch erklangen meist stürmische Hochrufe auf den guten König, der sich der Unglücklichen so menschlich annahm, obgleich sie auch seine Feinde waren.

Doch unterdessen gab das Pariser Nationalkomitee die geheime Weisung aus: der Stamm des polnischen Heeres müsse beisammen bleiben, um von Frankreich aus an dem nahen Rachekriege teilzunehmen. Sendboten des Generals Bem (er war eigentlich ein Deutscher namens Böhm) stachelten die Zurückgebliebenen auf; unter nichtigen Vorwänden verweigerten auch solche Offiziere, denen jede Strafe erlassen war, die Heimkehr. Am unsäuberlichsten betrugen sich „die letzten Zehn vom vierten Regiment“; sie waren, nachdem ihrer viele heimgekehrt, noch an 800 Köpfe stark und lebten in ewigen Händeln mit ihren Quartierwirten. Als man sie im Jahre 1832 zu Fischau bei Elbing versammelte, um ihnen neue Kantonierungen anzuweisen, drangen sie mit Knütteln und Stangen auf die schwache preußische Wachtmannschaft ein, und der kommandierende Offizier ließ nach wiederholten Mahnungen endlich in den meuternden Haufen schießen. Augenblicklich fielen die Tapferen allesamt platt auf die Erde, und ein gutmütiges Bäuerlein rief schon klagend: „Ach Gott, die armen Leute sind alle tot“; aber alsbald erhob sich die Mehrzahl wieder, um das Weite zu suchen. Neun lagen tot, etwa zwölf verwundet auf dem Platze; die Flüchtlinge wurden von den erbitterten Bauern wieder eingefangen und ließen sich nunmehr geduldig abführen. So endeten die letzten Zehn vom vierten Regiment. Endlich im Frühjahr war das Land von den ungebetenen Gästen befreit. Bis zuletzt hielt der König streng darauf, daß

Joseph Haydn

Christoph von Gluck

Friedrich Hegel

Ludwig van Beethoven

Tafel 54

Friedrich Schiller

keiner ausgeliefert wurde, dem die Begnadigung nicht sicher war, „da es nicht in der Absicht liegen kann, diese schutzsuchend ins preußische Gebiet hinübergekommenen Mannschaften einem ungewissen Schicksal entgegenzusenden." Vergeblich verlangte Zar Nikolaus nehrmals, daß man ihm mindestens die Hauptschuldigen übergeben möge. Etwa 700 Mann, die von der Amnestie ausgeschlossen waren oder jede Gnade verschmähten, wurden schließlich zu Schiff nach Amerika gebracht und meuterten auf der See abermals, so daß man sie in Havre absetzen mußte.

Ebenso schonend verfuhr Preußen gegen seine eigenen polnischen Untertanen. Die Stimmung unter den Slachtizen und Kaplänen in Posen war eine Zeitlang sehr schwierig, die erhitzten Köpfe sahen den weißen Adler auf dem Rathausturme, den die Zeit längst geschwärzt hatte, schon wieder weiß werden. Der König tat nur das Notwendige, als er die Teilnahme am Aufstande für Landesverrat erklärte. Nach dem Kriege aber verkündete er eine Amnestie für alle, die in bestimmter Frist heimkehrten. Trotzdem mußten die Gerichte noch gegen mehr als 1600 Personen einschreiten. 1200 davon wurden gänzlich begnadigt, 180 Verurteilten erließ man die Geldstrafen ganz, die Freiheitsstrafen zur Hälfte.

Was war der Lohn für diese beispiellose, offenbar unvorsichtige Milde? Ein unermeßliches Wutgeschrei in der gesamten liberalen Presse Europas. Das Pariser polnische Nationalkomitee klagte den König vor aller Welt an wegen des schauderhaften Meuchelmordes von Fischau: „Niemals werden wir es vergessen, daß diese Frevel auf einem Boden stattfanden, der einst polnisch war, daß die Ahnen derer, die unsere Mitbürger meuchelmorden, einst Polen zinsbar gewesen!" Und um diesen Anspruch auf Preußens Zinsbarkeit näher zu erläutern, zeichnete der Vorsitzende des Komitees Lelewel (auch er war ein Deutscher, des Namens Löllhöfel) eine Karte des wiederhergestellten Polenreiches, welche nicht nur das Ordensland, sondern auch große Stücke von Brandenburg und Pommern für den weißen Adler beanspruchte. Ebenso roh und verlogen äußerte sich J. Czynski in der Schrift „Preußen im Jahre 1831" über die Behandlung seiner Landsleute. Mickiewicz aber, der gefeierte Dichter, teilte in den „Büchern des polnischen Volks" die ganze Weltgeschichte in zwei Abschnitte: „von Erschaffung der Welt bis zum Leidenstode der polnischen Nation", und dann die Zeit nachher. Den Charakter des Deutschen schilderte er also: „Sein Vater ist der Arbeitsplatz und seine Mutter die Kneipe". Er schloß mit dem Gebete: „Erlöse uns, Herr, durch das Blut der Soldaten, totgeschlagen in Fischau von den Preußen!" Und diese wütenden Angriffe der Todfeinde Deutschlands wurden von den süddeutschen Kammerrednern und Zeitungsschreibern eifrig nachgesprochen, obgleich zwei preußische Offiziere, Dankbahr und Brandt, beide Augenzeugen, in verständigen Schriften den wirklichen Hergang längst wahrheitsgetreu geschildert hatten. Was galten auch diesen fremdbürgerlichen Herzen die schlichten Worte deutscher Landsleute neben den Prahlereien „edler Polen"? So lautete das unerläßliche schmückende Beiwort in den liberalen Zeitungen, unedle Polen gab es nicht.

# V

## Landtage und Feste in Oberdeutschland

Die Nachwirkung der Pariser Ereignisse zeigte sich im deutschen Süden etwas später als in den kleinen Staaten des Nordens, dann freilich um so stärker. Volksbewegungen gegen die altständische Gesellschaftsordnung fanden hier, wo längst moderne Verfassungen bestanden, keinen Boden. Im Spätjahr 1830 blieb noch alles leidlich still, nur Darmstadt wurde durch die kurhessische Nachbarschaft in die mitteldeutschen Unruhen verwickelt. Der greise Großherzog Ludwig war im April 1830 verschieden. Ihm folgte Ludwig II., ein wohlwollender, ehrenhafter Herr, nicht ganz unbegabt, aber weder tätig noch selbständig; er stand bereits in den fünfziger Jahren und hatte Zeit genug gehabt, mit Hilfe seiner badischen Gemahlin, einer geistreichen, stolzen, für größere Verhältnisse geschaffenen Fürstin, bedeutende Schulden anzusammeln, die unter Amschel Rothschilds sorgsamer Pflege schon auf 2 Mill. Gulden angeschwollen waren – eine ansehnliche Summe für ein Ländchen von 700 000 Einwohnern. Als tüchtiger Finanzmann bestand nun Minister du Thil darauf, daß diese unerfreulichen Verhältnisse des fürstlichen Hauses dem Landtage enthüllt wurden; er verlangte von den Kammern entweder Erhöhung der Zivilliste oder Übernahme der Schulden auf den Staatshaushalt.

Mittlerweile begann es in Oberhessen zu gären. Aufrührerische Banden aus dem Großherzogtum schlossen sich den kurhessischen Mautstürmern an. Der Pöbel zerstörte die Zollhäuser und zündete da und dort einem verhaßten Amtmann das Dach über dem Kopfe an. Hier wie in Kurhessen lärmten die schwer belasteten Untertanen der mediatisierten Fürsten am lautesten. Die Lage ward im September recht bedenklich. Da befahl du Thil auf eigene Faust die Einberufung der Beurlaubten und ließ zugleich in Frankfurt um Beistand bitten, während der Kurfürst von Hessen jede Bundeshilfe höhnisch zurückwies. Prinz Emil wurde an die Spitze der Armee gestellt und also mit dem Minister versöhnt. In wenigen Tagen trieb der Prinz die Aufrührer auseinander; bei Södel kam es zu einem kleinen Gefechte, und auch einige der braven Bauern, welche die Ruhestörer bekämpft hatten, bekamen im Getümmel die Klingen der erbitterten Reiter zu fühlen. Die Ordnung war hergestellt.

Die Regierung von Baden stand fortwährend unter dem Kreuzfeuer der überlegenen Nachbarhöfe. Gleich seinem Vorgänger wollte auch Großherzog Leopold sich treu an Preußen anschließen, schon weil er Schutz brauchte gegen die bayrischen Anschläge; er bat den König herzlich um die Bewahrung „der gütigen Gesinnungen, die meinem Hause und Lande von jeher als Stützpunkt zugewendet waren.“ Doch wirkte der österreichische Gesandte Graf Buol, den man auch nicht verletzen wollte, heimlich dagegen; dazwischen hinein kamen scharfe Drohungen vom Bundestage, der Münchener Hof meldete seine Erbansprüche an, und der französische Gesandte empfahl beharrlich einen neuen, neutralen Rheinbund.

Und dazu die Macht der unaufhaltsam aus dem Auslande eindringenden revolutionären Ideen. Hier an der langgestreckten offenen Grenze war selbst die Karlsbader Zensur machtlos. Die radikalen Schweizer Zeitungen überschwemmten das Oberland, sie predigten allesamt den Fürstenhaß und vornehmlich den Kampf wider den preußischen Zollverein. Noch schädlicher wirkte die Nachbarschaft Frankreichs. Nunmehr, da die übermütige Kriegslust der Franzosen wieder auflebte, empfand man erst ganz, welch ein Pfahl im deutschen Fleische das französische Straßburg war. Dies drohende Ausfallstor dicht vor dem schutzlosen deutschen Oberlande raubte den süddeutschen Höfen allen die ruhige Sicherheit, und zugleich ward die alte Reichsstadt der

Herd einer gewissenlosen Propaganda, welche jetzt weit erfolgreicher arbeitete als einst in den Tagen der ersten Republik. Der Straßburger „Nationalgardist Gradaus" schilderte dem Bauern Vetter Michel die Wunder der neuen Zeit in jenem behaglichen Biedermannstone, der seit Hebels Volkskalender den Badenern geläufig war. Dann erschien der „Widerhall deutscher Volksstimme in Grüßen an das deutsche Vaterland", ein Libell voll wütender Anklagen gegen die „Spürnasen und gefütterten Hundsnaturen" der Fürsten, gegen „das servile Korps einexerzierter Potsdamer Gamaschenknechte", das an den Grenzen Polens stehe, statt „im Staube knieend den größten aller Soldaten, Kosciuszko", zu verehren – und so weiter eine ganze Reihe wüster Brandschriften, zumeist aus dem Verlage von Silbermann in Straßburg. Der König von Württemberg erfuhr bald durch seine wachsame Polizei, daß in Straßburg ein Revolutionskomitee bestand, das allwöchentlich zwei Boten nach Karlsruhe und Stuttgart sendete; er befahl aber „dem liberalen Minister Winter nichts zu sagen", weil er ihm nicht traute.

Der Straßburger Niederrheinische Kurier brachte eine Beilage „das konstitutionelle Deutschland", die offenbar zur Aufwiegelung des deutschen Südens bestimmt, von dem jungen Stralsunder Cornelius geleitet, durch badische und pfälzische Radikale mit Beiträgen versorgt wurde. Hier erklang wieder das alte Rheinbundslied, nur in neuer Tonart, zu Ehren deutscher Macht und Herrlichkeit: „Gebt Deutschland eine Verfassung, die es zur sechsten Großmacht erhebe. Laßt Preußen und Österreich, deren Interessen nicht die unseren sind, ihre eigenen Bahnen gehen, aber vereinigt euch zu einem einzigen, herrlichen und mächtigen Volke" unter einem auf Zeit gewählten Oberhaupte und Reichsständen. Auch die französischen Zeitungen, zumal die bonapartistische Révolution, verstanden klüglich, bald dem Einheitsdrange der Deutschen zu schmeicheln und die schmähliche, allein durch die kleinen Tyrannen verschuldete Zersplitterung des großen deutschen Vaterlandes zu verhöhnen, bald für sich die natürlichen Grenzen zurückzufordern: dann werde „Frankreich durch eine heilsame, großmütige Einmischung, nötigenfalls mit den Waffen, den Kampf der beiden großen Staatsgedanken zugunsten der Völker entscheiden."

Bei so frischem Westwinde mußten dem badischen Liberalismus wohl die Segel schwellen. Die neue zweite Kammer, die im März 1831 zusammentrat, bestand fast durchweg aus Liberalen. Nach dem glorreichen Vorbilde der Franzosen sollte auch das badische Volk seine Freiheit zurückfordern und die vor sechs Jahren abgeänderten Artikel seiner Verfassung wiederherstellen. Schaden hatte jene Verfassungsänderung allerdings nicht angerichtet; nach ihren jüngsten Wahlerfolgen durften die Liberalen am wenigsten bestreiten, daß der Volkswille jetzt, da die Kammer aller sechs Jahre vollständig erneuert wurde, sich weit kräftiger äußern konnte als früherhin, da immer nur ein Viertel der Abgeordneten ausgeschieden war. Aber das badische Grundgesetz galt nun einmal für ein Heiligtum; daß die finsteren Zeiten der Reaktion je daran gerührt hatten, durfte nicht ungerochen bleiben, und so ward denn einstimmig beschlossen, jene unzweckmäßigen Vorschriften der Verfassung wörtlich wieder einzuführen.

Dann legte Winter ein wohldurchdachtes Gemeindegesetz vor, das mit dem alten Systeme rheinbündischer Bevormundung entschlossen brach. Die Kammer ging darauf ein; sie veränderte jedoch die Vorschriften über das Wahlrecht in so radikalem Sinne, daß der politische Parteikampf sofort in die Gemeindewahlen eindrang und die neue Selbstverwaltung während der nächsten Jahre sich noch nicht ruhig entwickeln konnte.

Noch heftiger flammten die Leidenschaften auf, als Welcker die sofortige Verkündigung eines Preßgesetzes verlangte. Das daraufhin am 1. März in Kraft tretende neue liberale Preßgesetz widersprach offen dem Bundesrechte.

Zwei Ablösungsgesetze, über die Fonden und den Neubruchzehnten, kamen zustande, andere standen in sicherer Aussicht.

Das für die Zukunft folgenreichste Ereignis dieser Tagung war ein Antrag Welckers auf „organische Entwicklung des Deutschen Bundes". Der beherzte Mann wagte hier zum ersten Male feierlich ein deutsches Parlament zu fordern – ein fruchtbarer Gedanke, der jetzt freilich, wie alle neuen Ideen, noch in nebelhaft verschwommener Gestalt erschien, aber fortan nicht mehr aus dem Leben der Nation verschwinden sollte.

Den badischen Abgeordneten war aber an der Glückseligkeit ihres badischen Musterlandes ungleich mehr gelegen als an der Zukunft Deutschlands; durch vertrauliches Zureden ließen sie sich bewegen, den Welckerschen Antrag, „in die Abteilungen zu verweisen", das will sagen: ihn in der Stille zu beerdigen. Welch ein unheimliches Schauspiel! Der Bundestag verbot den Deutschen, ihm politische Adressen zu senden, und nun bestritt eine sehr nachgiebige Regierung selbst den Landtagen das Recht, über Bundesangelegenheiten auch nur mitzureden. Wenn man also der Nation jeden gesetzlichen Weg zur Bundesreform versperrte, was blieb ihr schließlich noch übrig als die Bahn der Revolution?

Konnten die großen Mächte diesen selbstzufriedenen Liberalismus, der sich so dreist über die Bundesverfassung hinwegsetzte, auf die Dauer gewähren lassen? Der Berliner Hof zeigte sich anfangs sehr geduldig. Er mahnte den Großherzog zu kräftiger Haltung, doch er warnte ihn auch vor verfassungswidrigen Schritten und versicherte wiederholt, daß Preußen sich in die badischen Händel nicht einmischen werde. Erst als das Preßgesetz erschien, schlug die Stimmung um. Eine Verhöhnung des Bundesrechts wollte sich der König nicht bieten lassen. Bald nach der Entlassung der Kammern berichtete der badische Gesandte aus Berlin verzweifelnd: „Preußen vertraut uns nicht mehr!" Er ahnte, daß sich über seiner Heimat ein Unwetter zusammenzog, dem sie schwerlich widerstehen konnte. –

Unterdessen ward auch der Nassauer Landtag von Stürmen heimgesucht. Es war der alte widerliche Zank um das Eigentum des Kammerguts, der die ganze Verfassungsgeschichte dieses mißhandelten Landes ausfüllte. Einige Volksaufläufe in Wiesbaden und anderen Städten wurden leicht unterdrückt; aber im Lande herrschte allgemeine Empörung. Ein so persönlicher Streit zwischen der Habgier des Fürstenhauses und dem Rechtsbewußtsein des Landes mußte selbst dies friedfertige Völkchen erbittern. So flammte hier, dicht vor den Toren des Bundestages, ein gefährliches Feuer auf. –

Württemberg blieb von parlamentarischen Kämpfen vorerst noch verschont, obwohl der scharfe Luftzug der neuen Zeit auch hier bald empfunden wurde. Überall im Lande erklang der Ruf nach schleuniger Einberufung der Stände. Einen bestimmten Zweck verfolgten die Unzufriedenen freilich nicht; sie wünschten nur, daß die übervollen Herzen sich irgendwie aussprechen sollten. Die schwäbischen Liberalen waren in ihrer Mehrheit gut deutsch gesinnt, für die Pariser Heilslehren minder empfänglich als die Badener, aber nach Landesbrauch sehr eigensinnig, und sobald sie bei den Wahlen zu Anfang 1832 den Sieg davongetragen hatten, forderten sie den sofortigen Zusammentritt des Landtags als ihr unbestreitbares Recht. Der König aber hielt ebenso hartköpfig an dem Wortlaut der Verfassung fest und ließ nach der Wahl alle Versammlungen, die sich noch mit Landtagssachen befassen wollten, streng verbieten. Das Volk klagte: so werde den Schwaben gewaltsam der Mund verschlossen. –

In peinlicher Lage befand sich auch König Ludwig von Bayern. Nach seiner ganzen Weltanschauung konnte er die Juli-Revolution nur verabscheuen. Man sah ihn finster, schweigsam einhergehen und bemerkte bald, daß jener klerikale Kreis, welchen die Liberalen nach Pariser Muster die Kongregation nannten, in der Stille Einfluß gewann.

Lange blieb es in Bayern ruhig. Da wurde die Ruhe der Hauptstadt in der Weihnachtswoche mehrmals durch rohen Unfug der Studenten gestört. Es war ein gemeiner Straßenlärm, ohne politischen Zweck, nur mittelbar gefördert durch den unbestimmten Tatendrang der aufgeregten Zeit. König Ludwig aber hörte auf die Einflüsterungen seiner Umgebung, er wähnte einer furchtbaren Verschwörung gegenüberzustehen, befahl zahlreiche, zum Teil ungesetzliche Verhaftungen, er schloß die Universität auf einige Zeit und benutzte nunmehr die Vollmacht, die er sich vom Bundestage erbeten hatte. Am 28. Januar 1831 erließ Minister Schenk eine Preßverordnung, welche die Besprechung innerer Angelegenheiten der Zensur unterwarf und den Zeitungsschreibern unter anderem auch verbot, die Striche der Zensoren durch Lücken im Druck anzudeuten: diese oft sehr drastische wirkenden „Zensurlücken" waren neuerdings als ein willkommenes Mittel der Notwehr bei der mißhandelten liberalen Presse in Gebrauch gekommen. Die Verordnung entsprach den Verfassungsgesetzen; aber sie stand in grellem Widerspruche mit dem seit Jahren herrschenden milderen Brauche und mit des Königs eigenen Worten. Wie oft hatte er sich doch in früheren, hoffnungfrohen Jahren gerühmt, daß seine Bayern über bayrische Dinge unbeschränkt ihre Meinung sagen dürften!

Diese Schritte der Regierung erregten überall so tiefen Unmut, daß die Stadträte von Nürnberg und Bamberg sich berechtigt hielten, an den König selbst unehrerbietige Eingaben zu richten. Die Nürnberger versicherten, im Lande herrsche „eine kaum je erlebte Gärung: die Bewohner Nürnbergs blickten mit wahrem Schauder in die nächste Zukunft." Der König erwiderte sehr mild: es sei ihm schmerzlich, verkannt zu werden, aber wie er die Freiheit der Wahlen gewahrt habe, so wolle er auch seine eigenen Rechte wahren. Die versöhnliche Antwort beschwichtigte nicht. Aus den Bergen des Allgäus lief eine noch weit heftigere Adresse an den Landtag ein: „Wir sollen eine bloße Schein-Repräsentation besitzen und doch so gutmütig sein, zu glauben, wir hätten eine wahre. Die Minister eilen, sich die traurige Verlassenheit Karls X. anzueignen; doch auch sie haben falsch gerechnet wie das deplorable Ministerium. Repräsentanten! Enthüllet dem Könige den furchtbaren Abgrund, an den heuchlerische Frömmlinge ihn führten!"

Nach langen erbitterten Kämpfen wurde den Ständen eine neue, sehr gemäßigte Preßverordnung vorgelegt: sie gab die Besprechung bayrischer Angelegenheiten völlig frei und widersprach also schnurstracks den neuen, durch Bayern selbst veranlaßten Bundesbeschlüssen.

Erst in ihrer hundertsten Sitzung begann die Kammer die Beratung des Budgets und bewährte sogleich ihre Gesinnungstüchtigkeit durch umfassende Streichungen, obgleich Armansperg durch seine übersparsame Verwaltung das Defizit von fast drei Millionen Gulden beseitigt und einen Überschuß von sieben Millionen gewonnen hatte. Die ohnehin viel zu knapp bemessenen Ausgaben für das verwahrloste Heer sollten noch einmal beschnitten werden. Aber auch die Zivilliste des Königs dachten die Liberalen um fast ein Viertel zu kürzen, und die Verhandlungen darüber mußten den Monarchen tief kränken, da jedermann wußte, daß er von seinem Einkommen nichts für sich, alles für die Kunst verwendete. Für die Kunstpflege, die unter König Ludwig doch allein dem bayrischen Staatsleben Würde und Inhalt gab, zeigte der aufgeklärte Liberalismus wenig Verständnis; fast alle Ausgaben für Neubauten wurden verworfen.

Nach langem Feilschen kam das Budget zustande; die Abstriche waren so stark, daß man ein Fünftel der direkten Steuern erlassen konnte. Im übrigen leistete die lärmende Versammlung sehr wenig. Als die Stände um Weihnachten mit wenigen trockenen Worten heimgeschickt wurden, da trennte man sich zwar noch in leidlichem Frieden. Aber der König verhehlte nicht seinen Zorn über die törichten und aufreizenden Reden dieses „langen und leidigen Landtags". Er ward irr an den konstitutionellen Idealen seiner Jugend. Nach der Weise enttäuschter Enthusiasten wendete er sich schroff von diesen holden Träumen ab und ließ den selbstherrlichen Neigungen seines Charakters die Zügel schießen, obgleich er an die förmliche Aufhebung der Verfassung niemals dachte.

Noch eifriger als die Landtage bemühte sich die rasch ins Kraut geschossene Presse Süddeutschlands, die Höfe in die Bahnen der Reaktion hineinzuzwingen.

Am schlimmsten waren die Zeitungen in der bayrischen Rheinpfalz. Wieder einmal schuf sich das zerfahrene politische Leben der Nation für kurze Zeit einen unnatürlichen Mittelpunkt, denn nirgends ward der Jammer der deutschen Zerrissenheit so handgreiflich empfunden. Eingeklemmt zwischen den Zollinien Frankreichs und des preußisch-hessischen Vereins, abgesperrt von dem bayrischen Hauptlande, lernte die Pfalz den Segen des freien Verkehrs fast nur an den falschen Sechsern kennen, mit denen der Koburger Herzog von St. Wendel aus sie freundnachbarlich überschwemmte. Der Absatz stockte; die Auswanderung nach dem gelobten Eldorado des fernen Westens nahm hier noch bedenklicher Überhand als in den anderen Kleinstaaten des Südens, und die öffentliche Meinung, die vor der neuen Erscheinung des Massenelends noch ganz hilflos stand, pries dies Abströmen köstlicher nationaler Kräfte als ein wirksames soziales Heilmittel. Die fröhlichen Pfälzer betrachteten ihre barschen, schwerfälligen bayrischen Beamten immer noch als Fremde, obgleich die Verwaltung neuerdings unter der Leitung des Präsidenten Stichaner etwas rühriger arbeitete; sie lebten nach ihren französischen Gesetzen und hingen daran mit deutscher Treue. Noch im Jahre 1799, als in Frankreich selbst der Idealismus der Revolution sich längst verflüchtigt hatte, waren die Freiwilligen aus der gebildeten pfälzischen Jugend frohlockend zum französischen Heere gezogen, um für die Freiheit gegen die Despoten zu kämpfen.

Was Wunder also, daß der neue Freiheitsruf der Pariser grade hier ein schallendes Echo fand und die unzufriedenen Pfälzer mit den Radikalen im nahen Straßburg sogleich einen freundschaftlichen Verkehr anknüpften? Aber, so stark blieb immerhin die Stimme des Blutes in diesem grunddeutschen Stamme, die förmliche Vereinigung mit Frankreich wünschten nur wenige, etwa mit Ausnahme des Advokaten Savoye und des kleinen Kreises seiner radikalen Freunde. Man fühlte doch, daß die ungeliebte bayrische Verwaltung milder verfuhr als die napoleonischen Präfekten, und trug auch kein Verlangen nach welsch redenden Beamten. Die Mehrzahl der Pfälzer schwärmte für ein einiges, freies Deutschland, das mit dem freien Frankreich treu verbündet, ihnen den Druck der Binnenmauten, die Plackereien der Zensur und der Polizei von den Schultern nehmen sollte; in ihrer Harmlosigkeit legten sie sich kaum die Frage vor, um welchen Preis die Freundschaft der Franzosen feil sei.

Jedermann sah die Gefahr, nur nicht König Ludwig, der sein stolzes Wort von „der Bayern Treue" nimmermehr anzweifeln ließ und am wenigsten in der geliebten Wiege seines Geschlechts aufrührerische Gedanken vermuten wollte. Die zuversichtliche Stimmung des Münchener Hofes änderte sich aber bald, als Dr. Siebenpfeiffer seine demagogische Wirksamkeit begann, ein Rabulist des gemeinen Schlages, von zweifelhaftem Charakter, federfertig, unermüdlich, grade geistreich genug, um den halbgebildeten Philistern als ein großer Mann zu erscheinen.

Zu Siebenpfeiffer gesellte sich der fränkische Jurist Wirth, der so lange in der Münchener Kammer hinter den Kulissen gestanden hatte und nun doch geraten fand, seine streitbare Feder unter den Schutz des französischen Gerichtsverfahrens zu flüchten, ein schwärmerischer Teutone von gutem Rufe und ehrlicher Vaterlandsliebe, aber fast noch radikaler als sein Genosse. In seiner „Tribüne" wurde nicht nur das amerikanische Staatsideal verherrlicht, sondern auch schon ein verschämter Sozialismus gepredigt: eine große Assoziation sollte die Kinder der Armen, je nach ihrer Begabung, für höhere Berufe erziehen, eine Nationalkasse den kleinen Geschäftsleuten Darlehen gewähren.

Bald wurden sogar die Truppen bearbeitet; im Zweibrücker Allgemeinen Anzeiger setzte ein angeblicher Unteroffizier seinen Kameraden auseinander, daß sie sich gegen Bürger nicht gebrauchen lassen dürften, da „als Bürger alle Erdbewohner gleiche Rechte" hätten. Um die preußischen Rheinländer ebenfalls aufzuwiegeln, ließ man in Zweibrücken eine Schrift erscheinen „Rheinpreußische Glückseligkeit", ein hohles Machwerk, das an der preußischen Verwaltung eigentlich nichts zu tadeln fand als die Tyrannei der Zensoren, denen „der Staat ihre Ketten von dem Bürgerschweiße vergoldete", und gleichwohl zu dem Schlusse gelangte, die Rheinländer seien Waisenkinder, zwar nicht ohne Mutter, aber ohne Vater. Hier war die Mühe freilich umsonst. Die Rheiländer standen, bis auf verschwindende Ausnahmen, fest zum preußischen Staate. –

Mittlerweile begannen die bayrischen Pfälzer vom Zeitungslesen zu Tätlichkeiten vorzuschreiten. In jedem Wirtshause des weinseligen Landes saßen die politisierenden Krischer zusammen. Da und dort ward ein Freiheitsbaum aufgerichtet und durch die Massen gegen die Polizeimannschaft verteidigt, oder auch ein Hund gekrönt und dann feierlich ausgeprügelt. Wirth bildete im Anschluß an die Polenvereine einen Vaterlandsverein zum Schutze der freien Presse, der sich bald über mehrere Städte des Südwestens verzweigte, und stellte den Genossen zur höchsten Aufgabe die Neugestaltung des Deutschen Bundes: an der Spitze der Nation steht eine erwählte Nationalkammer und ein ausführender Präsident, auf zwei Jahre gewählt, den Volksvertretern unbedingt unterworfen; jede deutsche Provinz darf sich durch Volksabstimmung als selbständiger Bundesstaat einrichten, mit einer republikanischen oder konstitutionellen Verfassung. Ein solches Programm erschien der Mehrzahl der Vereinsmitglieder doch bedenklich, es ward für jetzt noch verworfen; aber wohin sollte das wüste Treiben aller dieser Zeitungen und Vereine noch führen, hier dicht vor den Toren der radikalsten deutschen Stadt, Mainz, an der Grenze des begehrlichen Frankreichs? Schon wußte man in Berlin, daß der französische Gesandte Mortier dem bayrischen Minister Gise vertraulich erklärt hatte: fremde Truppen – das will sagen: Bundestruppen – könne Frankreich in der Rheinpfalz unmöglich dulden.

Wie hätte das badische Land von dem Lärm der Nachbarn unberührt bleiben können! Sobald man im Frühjahr 1832 erfuhr, daß der Bundestag gegen das badische Preßgesetz einzuschreiten denke, veranstalteten die Liberalen in Mannheim, Freiburg und anderen Orten große Volksversammlungen und beschlossen unter stürmischen Reden, den Großherzog um die Wahrung der Preßfreiheit zu bitten.

Die süddeutsche Bewegung mußte den großen Mächten um so bedenklicher erscheinen, da die Polen ersichtlich überall die Hände im Spiele hatten. Mit rührendem Eifer, als gälte es dem eigenen Lande, hatten viele süddeutsche Städte den Polen während des Krieges Gelder zugesendet; in Mainz entstand sogar ein Mädchenverein, der für die Helden des Ostens Scharpie zupfte. Seit dem Herbst 1831 ergossen sich die Scharen der Warschauer Flüchtlinge selber über Süddeutschland. Den stärksten Haufen führten, mit rotweißen Schärpen prächtig angetan, drei polnische Generale: der Italiener Ramorino und die Deutschen Langermann und Schneider – der letztere hatte sich freilich in einen Polen Sznayde verwandelt. Sie wurden in Regensburg und Augsburg von den Offizierkorps als Kameraden aufgenommen, in Stuttgart bereitete ihnen der Brauer Denninger, ein Straßburger Jude, festlichen Empfang, in Freiburg veranstalteten Rotteck, Welcker und die Offiziere ein großes Polenbankett. So stark war die Macht der napoleonischen Erinnerungen und der liberalen Phrase, so schwach das nationale Ehrgefühl im Bundesheere, daß deutsche Offiziere mit den Todfeinden Preußens sich verbrüdern konnten. Überall im Süden sang man „Noch ist Polen nicht verloren" oder „Denkst du daran, mein tapferer Lajenka" oder „Die freie keusche Maid im rot und weißen Kleid". Andachtsvoll lauschten die badischen und bayrischen Liberalen den tollen Prahlereien der nordischen Gäste; sie verwunderten sich auch nicht, als das Pariser Nationalkomitee der Polen in einem Manifeste an die deutsche Nation die bescheidene Behauptung aufstellte, „die bürgerliche Emanzipation aller Volksklassen" sei bisher nur in einem Lande der Welt verwirklicht worden: in Polen, durch die Verfassung von 1791. In allen Vereinen und Zeitungen der süddeutschen Radikalen hieß man die Polen willkommen; den aufhetzenden Reden dieser Fremdlinge war es vornehmlich zu verdanken, daß der sinnlose Haß gegen Preußen im Süden wieder überhand nahm.

Erst nach und nach, sobald man die wenig säuberlichen Sitten der freien keuschen Maid Polonia genauer kennen lernte, begannen einzelne Verständige an ihrer fremdbrüderlichen Begeisterung irr zu werden; in der breiten Masse der Partei blieb aber die polnische Legende noch lange, und als eine wirksame Macht, lebendig. Die deutschen Flüchtlinge in Paris saßen in ihren Geheimbünden mit den Polen zusammen und ließen sich von den gewiegten Verschwörern gern über Mochnatzkis „Wissenschaft der Revolution" belehren; nach der Meinung dieses sarmatischen Apostels schien es ja „weit leichter eine Revolution zu machen als Hegels Phänomenologie zu verstehen". Nur in Heinrich Heine war der Dichter und der Schelm doch stärker als der Radikale. Als er die schäbige Eleganz dieses großsprecherischen Bummlerlebens aus der Nähe betrachtet hatte, da konnte er dem Reize des Lächerlichen nicht mehr widerstehen und besang die „Polen aus der Polakei" in dem lustigen Gedichte vom großen Eselinski. –

Durch die Torheit der pfälzischen Demagogen wurde der bisher so geduldige preußische Hof genötigt, die liberale Bewegung in Oberdeutschland zu bekämpfen, und er führte den Kampf mit solcher Schärfe, daß im Süden bald wieder ein tödlicher Haß gegen die norddeutsche Macht aufflammte.

Um der Bewegung neuen Schwung zu geben, beschlossen Wirth und Siebenpfeiffer die Einberufung großer Volksversammlungen, und dies überall zweischneidige Kampfmittel konnte hier, wo man eigentlich gar keinen bestimmten Zweck verfolgte, nur Unfug und Ruhestörung bewirken. Ein von Siebenpfeiffer verfaßter Aufruf lud alle Deutschen ein, am 27. Mai auf dem Hambacher Schlosse bei Neustadt an der Hardt „der Deutschen Mai" zu feiern, ein Fest der Hoffnung, am Geburtstage der bayrischen Verfassung; in diesem Wonnemonat hätten sich einst die freien Franken auf ihrem Maifeld versammelt und dann die freien Polen ihre Verfassung erhalten.

Sofort rüstete sich alles an beiden Ufern des Mittelrheins für die Feier des „Allerdeutschenfestes". In Mainz, wo viele der alten Gießener Schwarzen lebten, zeigten sich plötzlich schwarzrotgoldene Kokarden und Bänder; die Farben der Burschenschaft hießen fortan die deutschen Freiheitsfarben. Dreifarbig, nach Frankreichs Vorbold, mußte das Banner der nationalen Einheit und Freiheit sein, im Gegensatz zu den zweifarbigen Fahnen der alten Dynastien. Am 26. Mai waren alle die Landstraßen, die rheinauf und rheinab durch die Ebene oder aus dem Odenwalde und dem Westrich nach dem lieblichen Neustadt führen, dicht bedeckt mit langen Zügen von Wagen und Fußgängern; überall prangten die deutschen Farben. Mindestens 25 000 Köpfe strömten in der Feststadt zusammen, die Glocken läuteten, die Geschütze donnerten, auf dem Gebirge brannten Freudenfeuer. Zum zweiten Male sollte eine Bergfeier für die Geschichte des Deutschen Bundes bedeutungsvoll werden; aber welch ein Abstand zwischen der christlich-vaterländischen Begeisterung der Burschen auf der Wartburg und dem weltlichen Radikalismus dieser neuen Tage. Von dem romantischen Zauber, der einst das Burschenfest durchleuchtet hatte, ließ sich in dieser Massenversammlung trinkender und lärmender Menschen nur wenig bemerken, und auch die politische Bildung war in fünfzehn Jahren leider kaum fortgschritten: auf den überspannten Idealismus der Jugend folgte der falsche Idealisamus der Erwachsenen.

Am Morgen des 27. setzte sich der Festzug in Bewegung; dreihundert Handwerksburschen sangen nach der Melodie des Schillerschen Reiterliedes ein Gedicht von Siebenpfeiffer: „Hinauf Patrioten, zum Schloß, zum Schloß!" Inmitten der Frauen, die ausdrücklich geladen und dem Rufe zahlreich gefolgt waren, schritt ein Fähnrich mit dem weißroten Banner Polens, dann folgten die Festordner mit einer deutschen Fahne, worauf geschrieben stand: „Deutschlands Wiedergeburt"; die armen Winzer trugen ein schwarzes Trauerpanier und beklagten in einem schwermütigen Gesange den schlechten Absatz der pfälzischen Weine. Droben auf dem Schlosse wurden die Fahnen Deutschlands und Polens feierlich aufgepflanzt; die alten Feinde, der schwarze und der weiße Adler, gesellten sich gemütlich zusammen – ein bedenkliches Vorzeichen für die Zukunft dieser deutschen Trikolore, die niemals mehr als ein Parteiabzeichen werden sollte. Die Menge lagerte sich unter den schönen Kastanienbäumen am Abhang, mancher begrüßte mit Jubelruf die Türme von Speyer und Mannheim, die fern aus der üppigen Ebene aufragten. Der Wein floß in Strömen. Vaterländische Lieder erklangen, alle frei nach Schiller – alle voll Zornes über „der Deutschen schandenvolle Lage":

Tyrannei, auf Gold gebettet,
Lachte deiner Hoffnung Hohn,
Hat sich schimpflicher gekettet
An des Nordens blut'gen Thron.

Zahlreiche Adressen ferner Freunde waren eingelaufen, aus mehreren deutschen Orten, von dem polnischen Nationalkomitee zu Paris, von dem radikalen Vereine der Amis du peuple in Straßburg. Auch einige Rheinpreußen hatten ihren Festgruß gesendet; sie beklagten bitterlich, „das muntere Vöglein des Rheines, daß zu dem alten, finsteren Uhu in den Käfig gesperrt" sei, wollten aber ihre Namen nicht nennen, „um der guten Sache nicht zu schaden". Dann schilderte Siebenpfeiffer in langer Rede „den Gedanken des heutigen Festes, des herrlichsten und bedeutungsvollsten, das seit Jahrhunderten in Deutschland gefeiert ward." Er sah den Tag kommen, „wo die Fürsten die bunten Hermeline feudalistischer Gottstatthalterschaft mit der männlichen Toga deutscher Nationalwürde vertauschen; wo das deutsche Weib, nicht mehr die dienstpflichtige Magd des herrschenden Mannes, sondern die freie Genossin des freien Bürgers, unseren Söhnen und Töchtern schon als stammelnden Säuglingen die Freiheit einflößt", und schloß mit einem Hoch auf Deutschland, Polen, Frankreich, auf jedes Volk, das seine Ketten bricht, auf Vaterland, Volksfreiheit, Völkerbund. Noch kräftiger ging Wirth mit der Sprache heraus. Der ließ „die vereinigten Freistaaten Deutschlands, das konföderierte republikanische Europa" hoch leben und verlangte, daß einige entschlossene Männer die gemeinsame Leitung der deutschen Opposition übernähmen.

Während er dann das Schwert des Preßvereins, ein Geschenk aus Frankfurt, stolz nach allen vier Winden schwang, fluteten die Reden und die Lieder unaufhaltsam weiter. Zuletzt verhallten alle Worte in der allgemeinen Trunkenheit.

Am nächsten Morgen ließen die Führer drunten in Neustadt Vertrauensmänner aus den einzelnen deutschen Gauen wählen und legten ihnen die Frage vor, ob man nicht sogleich eine provisorische Regierung für das freie Deutschland einsetzen solle. Der Vorschlag ward verworfen, weil man zu solchen Beschlüssen von daheim keinen Auftrag habe. So verlief das Fest ohne unmittelbares Ergebnis, aber der wilde Lärm nach so langen Jahren tiefer Stille regte das Land weithin auf. Als die Mainzer von Hambach heimkehrten, gerieten sie unterwegs zu Worms in einen rohen Pöbelaufruhr hinein; die Wormser meinten einfach, jetzt sei Freiheit. Unverkennbar hatten die französischen Geheimbünde auf das Maifest der Deutschen große Hoffnungen gesetzt. Am Tage des Hambacher Festes veranstalteten die deutschen Radikalen in Paris ein Bankett unter Lafayettes Vorsitz, und einige Tage nachher brach dort ein gefährlicher Aufstand aus.

Auch in den anderen Landschaften am Ober- und Mittelrhein wurden zur selben Zeit überall, offenbar nach Verabredung, Volksversammlungen abgehalten; der Frühling war so schön, der Verkehr so leicht, der Wein so wohlfeil und das deutsche Elend unbestreitbar schwer. In Weinheim an der Bergstraße, in Bergen und Wilhelmsbad bei Frankfurt, in der Nebelhöhle der Rauhen Alb versammelten sich die Patrioten, mit schwarzrotgoldenen Kokarden geschmückt; da und dort genügte schon die Einladung eines unternehmenden Gastwirts, um das souveräne Volk anzulocken.

Seit diesen Hambacher Tagen gewöhnte sich das süddeutsche Bürgertum an eine patriotische Kneipseligkeit, die, zuweilen einmal durch ein Verbot der Obrigkeit gestört, fast zwei Jahrzehnte lang anhielt und auf das Volksgemüt ebenso unwiderstehlich wirkte wie ein halbes Jahrtausend zuvor der Kyrieleis-Ruf der Geißler. Beim vollen Becher das Kauderwelsch der Zeitungen nachzusprechen, das gehörte zum Leben des süddeutschen Bürgers; der Idealismus, aber auch die Zuchtlosigkeit des Jahres 1848 hat sich gutenteils in dem beständigen Rausche dieser Zwekkessen angesammelt. Niemand kante dies revolutionäre Philistertum besser als der liebenswürdige Heidelberger Dialektdichter K. G. Nadler, selber ein fröhlicher Pfälzer in allem, nur nicht in seiner politischen Gesinnung. Er wollte sich kein Herz fassen zu den beharrlichen weingrünen Hochs auf Deutschland – solange unsere Fahne noch nicht in Straßburg wehe, unsere Kriegsflotte noch nicht nach Kronstadt gehe – und ließ den gesinnungstüchtigsten aller liberalen Schoppenstecher, den Bürgergrenadierkapitän und Schuhmachermeister Hackstrumpf also reden:

Jetzt weeß ich's erscht!
Ich bin ein Mensch, ein teutscher Mann, ein Bürger,
Dausch nit mit dir, des Nordens Automat,
Satrapospotenknecht, der Freiheit Würger,
Der du die Geißel schwingst ii Kschlavenstaat!

Wie lächerlich auch dies lärmende Unwesen heute einem erfahreneren und abgehärteten Geschlecht erscheinen mag: eine Zeit, welche öffentliche Versammlungen noch kaum kannte, mußte durch die aufrührerischen Rufe der Hambacher Volksredner erschreckt werden. Der Bund durfte nicht dulden, daß Deutschlands gefährdete Westmark den Revolutionären dreier Völker zum Sammelplatze diente. –

# VI
# Wiederbefestigung der alten Gewalten

Deutschlands Zustand war seit dreizehn Jahren völlig verändert; der Liberalismus hatte an Anhang und Zuversicht, freilich auch an unlauteren und gefährlichen Kräften, erheblich zugenommen, während die Mächte des Beharrens durch den Siegeszug des konstitutionellen Systems in Norddeutschland wie durch die veränderte Parteiung der europäischen Staatengesellschaft sich geschwächt sahen. Wer aber nur oberflächlich hinblickte, konnte allerdings glauben, daß der Deutsche Bund sich wieder in der gleichen Lage befinde, wie zur Zeit der Karlsbader Konferenzen. Wieder wie damals hatte sich die Opposition arge Blößen gegeben, wieder war die öffentliche Ordnung gefährdet, das Gefühl ratloser Besorgnis an allen kleinen Höfen lebendig, ein kräftiges Einschreiten der Staatsgewalten unabweisbar geboten. Begreiflich also, daß überall in der diplomatischen Welt die Frage laut ward, ob man sich nicht wieder nach der alten Karlsbader Weise Ruhe verschaffen solle durch Zwangsmaßregeln gegen die Universitäten, die Landtage, die Presse, die Vereine.

Erschreckt durch den Göttinger Aufruhr, an dem die Studenten doch nur helfend, nicht leitend teilgenommen hatten, beantragte die hannoversche Regierung schon im März 1831 den Erlaß eines neuen Bundesgesetzes gegen die Universitäten: wer jemals einer Burschenschaft angehört, sollte zwei bis vier Jahre lang von allen deutschen Universitäten entfernt bleiben und unter keinen Umständen von seinem Landesherrn begnadigt werden. Diese drakonischen Vorschläge erregten selbst am Bundestage Entrüstung und blieben voräufig liegen.

Bernstorff erkannte dagegen, daß man mit den gehässigen Zeitungsverboten sich nicht begnügen, sondern endlich das so oft verheißene definitive Bundespreßgesetz gewähren müsse. Darum ließ er durch Eichhorn den Entwurf eines preußischen Preßgesetzes ausarbeiten, der allerdings nicht allen Wünschen der Liberalen genugtat, aber große Erleichterungen gewährte: wissenschaftliche Werke sollten fortan gänzlich frei sein, die Zensur nur für politische Zeitungen fortbestehen und der Aufsicht eines unabhängigen, aus Mitgliedern der Akademie und hohen Beamten gebildeten Oberzensurkollegiums unterworfen werden. Diese preußische Reform sollte dann die Grundlage für ein neues Bundespreßgesetz bilden, und die Gesandtschaften erhielten den Auftrag, sich darüber zunächst mit den süddeutschen Höfen zu verständigen. Auch die Frage der Öffentlichkeit der Bundesversammlungen hatte Bernstorff schon seit dem Jahre 1829 ernstlich ins Auge gefaßt. Daß die Bundesprotokolle gar nicht mehr kundgemacht wurden, widersprach den Absichten des preußischen Hofes durchaus. Man schlug daher vor, daß die Bundesprotokolle, mit wenigen Ausnahmen, jedesmal bei Beginn der Ferien in einem Bande veröffentlicht werden sollten.

Mit solchen Plänen bedachtsamer Zugeständnisse trug sich der preußische Minister, als ihn der Wiener Hof im September 1831 zu vertraulichen Besprechungen über Deutschlands bedrängte Lage auffordern ließ. Seit der Falle von Warschau begann Metternich aufatmend sich zu neuer Tätigkeit zu ermannen. Er wechselte mit den Gesandten der beiden anderen Ostmächte Denkschriften über das gemeinsame System, das man fortan gegen die Revolution einhalten wolle, und bezeichnete diesen wenig fruchtbaren Gedankenaustausch mit dem hochtrabenden Namen „Verhandlungen der Wiener Konferenz", damit Wien doch wieder als der Mittelpunkt der konservativen europäischen Politik erschiene. Über die Bändigung der deutschen Revolution beriet sich Metternich mit dem preußischen Gesandten Frhr. von Maltzahn allein. Nach der Meinung des österreichischen Staatsmannes mußte jetzt ein für allemal aufgeräumt werden mit den sämtlichen deutschen Verfassungen neufranzösischen Stiles; Maltzahn dagegen hatte gemessenen Befehl, jeden rechtswidrigen Eingriff in die Landesvefassungen zurückzuweisen. Er erklärte: die Vorschriften der Schlußakte genügten vollauf, wenn man sie nur entschlossen handhabe; der Bundestag solle sich begnügen, den Sinn seiner Grundgesetze deutlich auszusprechen und ihre Befolgung den Regierungen nachdrücklich einzuschärfen. Dem Unfug der Presse und der versammlungen lasse sich steuern, wenn der Bund und die Landesbehörden auf Grund der vorhandenen Gesetze sofort mit strengen Verboten einschritten. Da ein neues organisches Bundesgesetz nur durch einhelligen Beschluß zustande kommen konnte, so mußte Metternich dem Preußen schließlich nachgeben, und man einigte sich über sechs dem Bundestage vorzulegende Artikel, welche im wesentlichen nichts Neues enthielten, sondern nur den bestehenden Gesetzen eine scharfe Auslegung gaben.

Dergestalt hatte Preußen noch einmal den reaktionären Anschlägen des Wiener Hofes den Kern ausgebrochen. Dafür mußte es aber auch auf seine eigenen bescheidenen Reformpläne verzichten. –

Unterdessen kam aber die erschreckende Kunde von dem Hambacher Feste. Metternich frohlockte über diesen „unerhörten Skandal"; er sah voraus, jetzt würde die Angst auch die Zaudernden fortreißen, und er täuschte sich nicht. Nachdem Münch in einem langen Vortrage die Schrecknisse der „mit starken Schritten ihrer Reife entgegengehenden" deutschen Revolution geschildert hatte, nahm der Bundestag sofort, am 28. Juni 1832 die Sechs Artikel einstimmig an, nur mit dem einen durch Bayern beantragten Zusatze, daß die Bundeskommission zur Überwachung der Landtage vorläufig bloß für sechs Jahre eingesetzt werden sollte.

Am 5. Juli folgte sodann eine mächtige Sturzwelle außerordentlicher Sicherheitsmaßregeln, die großenteils auch schon in Wien verabredet waren. Alle politischen Vereine wurden verboten, desgleichen alle Volksversammlungen und Volksfeste ohne besondere Erlaubnis, ebenso die Freiheitsbäume und die deutschen Kokarden. Zugleich wurden die Gesetze über die Universitäten wieder in Erinnerung gebracht, die Regierungen zu strenger Handhabung der Polizei ermahnt, der badische Hof endlich aufgefordert, binnen vierzehn Tagen sein bundeswidriges Preßgesetz außer Kraft zu setzen.

In den nächsten Wochen verbot der Bundestag auf Grund des Karlsbader Preßgesetzes nahezu alle entschiedenen Oppositionsblätter. Den namhaftesten Publizisten der süddeutschen Liberalen ward untersagt, binnen der nächsten fünf Jahre eine Zeitschrift herauszugeben.

Die Karlsbader Schreckenstage schienen wiederzukehren, und stärker noch als damals war die Erbitterung in den gebildeten Klassen. Die liberale Presse des Südens benutzte die kurze ihr noch vergönnte Galgenfrist, um die volle Schale ihrer Entrüstung über den Bundestag und die beiden Großmächte auszuschütten. Die deutschen Kleinstaaten – so rief der Freisinnige – sind Knechte der Knechte; „verwischt für immer ist jede achtungsvolle Erinnerung an Österreichs Erhebung im Jahre 1809 und an jene Preußens im Jahre 1813." Auch jene gemäßigten norddeutschen Liberalen, welche das lärmende Treiben der Pfälzer entschieden mißbilligten, erschraken über die Härte der hereinbrechenden Reaktion; Sahlmann meinte traurig: „Es schwebt einmal ein Unglücksstern über allem was deutsch ist."

Unleugbar war die Ruhe Deutschlands diesmal weit ernstlicher bedroht als in den Zeiten der burschenschaftlichen Bewegung; der Bund hatte bessere Gründe zum Einschreiten und ging auch nicht, wie damals, über die Schranken des formalen Rechtes hinaus. Die Sechs Artikel waren kein Ausnahmegesetz, wie die Liberalen behaupteten, sie enthielten im wesentlichen nur die authentische Interpretation bestehender Bundesgesetze. Wurden sie gerecht und verständig angewendet, so widersprachen sie auch nicht den Landesverfassungen, denn kein deutsches Staatsgrundgesetz gewährte den Landständen das Recht der unbeschränkten Steuerverweigerung. Die Zeitungsverbote standen im Einklang mit dem Bundespreßgesetze, und wenn der Bund „zur Erhaltung der inneren Sicherheit" auch die Vereine und Versammlungen überwachte, so durfte er sich auf die freie Zustimmung der sämtlichen deutschen Souveräne berufen.

Doch unmöglich konnte die tief enttäuschte liberale Partei sich bei der formalen Gesetzlichkeit der Bundesbeschlüsse beruhigen. Die Sechs Artikel erschienen vier Wochen nach dem Hambacher Feste; sie wurden daher, obgleich sie schon seit Monaten vorbereitet waren, allgemein als die Antwort des Bundestages auf die Hambacher Drohreden, als ein Werk schimpflicher Angst betrachtet, und alle Welt erzählte sich, daß Metternich geäußert haben sollte: „Das Hambacher Fest, wenn es gut benutzt wird, kann das Fest der Guten werden, die Schlechten haben sich mindestens zu sehr übereilt!" Wie zuversichtlich hatte man gehofft, der neue Tag, den der schmetternde Weckruf des gallischen Hahnes angekündigt, werde auch den Deutschen die Preßfreiheit und die Parlamentsherrschaft bringen, und nun legte der Bundestag die vorhandenen bescheidenen Rechte der Landtage im strengsten monarchischen Sinne aus. Immer nur der Stein statt des Brotes: statt der Preßfreiheit eine gehässige Verfolgung, die neben den revolutionären Schriften doch auch gebildete und wohlmeinende Blätter mit ihren Peitschenschlägen traf. Wie schwärmerisch hatte man sich nach der Herrlichkeit eines großen Vaterlandes gesehnt, und nun ward der Nation sogar ihre in ehrlicher Begeisterung entfaltete neue Trikolore verboten.

Und welch ein grelles Schlaglicht fiel jetzt wieder auf die grundfalsche Richtung, welche die Bundespolitik von Anbeginn eingeschlagen hatte! Für die Einheit, deren die Nation wie des lieben Brotes bedurfte, für die Einheit des Heerwesens und der Handelspolitik tat der Bund gar nichts; für sie mußte Preußen mit Umgehung des Bundestags sorgen. Auch in allen anderen gemeinnützigen Geschäften zeigte der Bundestag eine schimpfliche Trägheit. Soeben erzählte man sich wieder hohnlachend ein neues Stücklein aus der Geschichte des Bundesjammers: jahrelang hatte sich eine Kommission des Bundestags über die Staatsangehörigkeit eines Jägers Lemnitzer in Thüringen gestritten; da berichtete endlich der Gesandte Leonhardi, daß nicht Preußen oder Reuß, sondern Meiningen den Mann aufzunehmen schuldig sei, und fügte die schmerzliche Mitteilung hinzu, der Arme, der über dem Gezänk achtzig Jahre alt geworden war, sei leider soeben gestorben. Wenn es aber galt, die ständischen Verfassungen, die sich doch nach der Eigenart der Landschaften richten mußten, alle über einen Kamm zu scheren oder durch den Zwang der Polizei das politische Leben der Nation darniederzuhalten, dann entfaltete diese träge Versammlung eine fieberische Tätigkeit, dann erließ sie Verbote und Befehle an souveräne Fürsten, dann übte sie ungescheut alle die Machtbefugnisse einer Staatsgewalt, welche weit über die bescheidenen Rechte eines Staatenbundes hinausgingen. Da der Bundestag seine Aufgabe so ganz verkannte, so wurden ihm auch notwendige und gerechtfertigte Sicherheitsmaßregeln zur Schuld angerechnet; er erschien der Nation nur noch als eine kleinlich gehässige Polizeibehörde.

Die Unzufriedenheit war allgemein. Selbst die Preußen, die sonst nach dem Bundestage wenig fragten, zeigten sich unwillig; sie fanden es kränkend, daß alle diese neuen Verbote auch für sie, die Königstreuen, gelten sollten. Am Hofe wehte die Luft seit einigen Monaten schärfer. Der König sprach sich über den Lärm der pfälzischen Demagogen sehr unwillig aus.

Als Friedrich Wilhelm im September die Bundesbeschlüsse veröffentlichen ließ, beteuerte er aber zugleich mit warmen Worten: damit erfülle er nur seine Pflicht als Bundesfürst, in Preußen sei die Ruhe nie gestört worden, in dem Vertrauen und der erprobten Zuneigung seines Volkes besitze er die zuverlässigste Bürgschaft für die Erhaltung des inneren Friedens.

Noch größer war die Verlegenheit der konstitutionellen Fürsten. Im Gefühle ihrer Ohnmacht schaukelten sie sämtlich schon seit Jahren zwischen dem Bundestage und den Landtagen hin und her; daß der Bund ihnen einen Rückhalt bot gegen die Ansprüche der Landstände, war ihnen allen hochwillkommen. Aber an einen Verfassungsbruch dachten sie nicht; nur der Herzog von Nassau und der kurhessische Prinzregent mochten sich insgeheim mit Staatsstreichplänen tragen. Als ihnen nun überall die Klage entgegenscholl, durch die sechs Artikel würden die Landesverfassungen in ihren Grundfesten bedroht, da fühlten sie sich im Gewissen bedrängt, denn eine solche Absicht hatten sie bei der Annahme der Bundesbeschlüsse wirklich nicht gehegt, und suchten ihre aufgeregten Völkchen zu beschwichtigen.

König Ludwig von Bayern schwankte lange, bevor er mit sich ins reine kam. Schmerzlich überrascht durch das aufrührerische Treiben seiner Pfälzer, hatte er sich endlich zur Strenge entschlossen und den Feldmarschall Wrede mit einer ansehnlichen Truppenmacht nach der unruhigen Provinz gesendet. Alsbald zeigte sich, wie wenig revolutionäre Kraft hinter den prahlerischen Reden der Demagogen stand. Der alte Kriegsmann trat fest und versöhnlich auf; er versprach Berücksichtigung aller begründeten Klagen, ließ die Vereine schließen, die Freiheitsbäume beseitigen, zahlreiche Verhaftunge vornehmen und stellte ohne ernstlichen Widerstand die Ordnung wieder her. Aber zur Bekanntmachung der Beschlüsse, bei denen er doch selbst mitgewirkt hatte, konnte er sich schwer entschließen. Erst im Oktober überwand er sich und ließ die Beschlüsse veröffentlichen, doch mit der Erklärung, daß dadurch die bayrische Verfassung nicht abgeändert, sondern vielmehr „deren treue Beachtung erkräftigt werde".

Nirgends äußerte sich der öffentliche Unwille so stürmisch, wie in Württemberg. Da die Schwaben bisher noch gar nicht zu Worte gekommen waren und noch immer vergeblich auf die Einberufung ihres Landtags warteten, so warfen sie allen Groll, den sie in diesen zwei Jahren angesammelt hatten, auf die neuen Bundesbeschlüsse.

Eingeschüchtert durch das allgemeine Mißtrauen, versicherten die Minister und Geheimen Räte, als sie die Bundesbeschlüsse veröffentlichten, feierlich, daß diese Vorschriften die Verfassung und namentlich das Steuerbewilligungsrecht der württembergischen Landstädte in keiner Weise gefährden sollten (28. Juni).

Den beiden Großmächten kamen diese Winkelzüge der konstitutionellen Höfe sehr ungelegen, indes sahen sie darin mit Recht nur ein Zeichen der Schwäche, nicht der Widersetzlichkeit. Zu Frankfurt wurde die Frage in vertraulichen Besprechungen lebhaft, aber ohne Bitterkeit erörtert. Dann beschloß der Bundestag sein Ansehen zu wahren und erklärte am 8. November: die der Bekanntmachung beigefügten „erläuternden Beisätze" könnten, „wie sich von selbst verstehe", der Verbindlichkeit der Bundesbeschlüsse keinen Eintrag tun, „sowie solches ohnehin auch nicht in der Absicht der einzelnen Regierungen gelegen" habe. Diesem Beschlusse, der ihnen doch selber einen starken Backenstreich gab, stimmten die Gesandten der fünf Höfe, welche mit Vorbehalt veröffentlicht hatten, sämtlich zu. So drehten sich die Staatsgewalten im Kreise, und die argwöhnische Opposition mußte zu der Meinung gelangen, daß die Höflinge mit deutscher Redlichkeit ein frevelhaftes Spiel trieben.

Alle anderen konstitutionellen Fürsten, außer jenen fünf, veröffentlichten die Bundesbeschlüsse ohne Vorbehalt.

Der hessische Mitregent benutzte sogleich den willkommenen Vorwand, um sich seiner Stände für einige Zeit zu entledigen. Es war allein die Schuld des Regenten, daß der Landtag in einer Tagung von sechzehn Monaten nur ein einziges wohltätiges Gesetz zustande brachte: das Gesetz über die Ablösung der Reallasten und die Bildung einer Landeskreditkasse. So tat Kurhessen endlich den ersten Schritt auf der Bahn der befreienden Agrargesetzgebung, die in den Nachbarstaaten längst betreten war. Fast alles aber, was die Stände sonst noch beantragten, blieb im Kabinett unerledigt liegen.

Erbittert standen die Parteien einander gegenüber, als die neuen Bundesbeschlüsse ruchbar und gleich darauf vom Kurprinzen amtlich verkündigt wurden. Die Stände tobten. Jordan erklärte die Bundesbeschlüsse für ungültig und forderte, daß die Minister angeklagt werden sollten. Das war es, was der Kurprinz wünschte. Am 26. Juli wurde der Landtag aufgelöst. Das Land blieb ruhig. Jedermann aber fühlte, unter dieser Regierung werde das hessische Land niemals zum Frieden gelangen.

Auch die badische Regierung veröffentlichte die sechs Artikel ohne Vorbehalt. Nur zu der vollständigen Aufhebung des Preßgesetzes mochte der Großherzog sich nicht entschließen. Er schwankte lange. Am Bundestage aber ließ er seine Ansicht mehrere Monate hindurch hartnäkkig verteidigen: Baden erkenne das Bundespreßgesetz, daß die Zensur vorschrieb, als rechtsverbindlich an und sei gleichwohl befugt, durch sein eigenes Preßgesetz die Zensur aufzuheben. Kein einziger der Bundesgesandten stimmte dem Badener bei. Das formale Recht war zu klar, und als der Bundestag auf seiner Forderung beharrte, mußte die Karlsruher Regierung endlich am 28. Juli die Zensur wieder einführen. Schlag auf Schlag folgten nun die Unterdrückung der vom Bundestage bereits verbotenen liberalen Blätter und zahlreiche Untersuchungen gegen die Redner der Volksversammlungen. In Freiburg wurden die sechs Artikel mit unbeschreiblicher Entrüstung aufgenommen.

Alles in allem aber war der Widerstand, dem die sechs Artikel begegneten, überaus schwächlich, und wer den Dingen näherstand, konnte nicht verkennen, daß die entschiedene Opposition erst geringen Anhang besaß.

Im Auslande aber erregten die lauten Wehrufe der liberalen Presse den Eindruck, als ob Deutschland dem Bürgerkrieg entgegentriebe.

Am 7. September richtete Palmerston an die Gesandschaften in Deutschland eine Depesche, die für England als einen Mitunterzeichner der Wiener Verträge das Recht beanspruchte, in deutschen Bundesangelegenheiten mitzureden. Im Tone des besorgten Freundes bat der Lord die deutschen Regierungen, „dem unbedachten Eifer des Bundestags einen Zügel anzulegen und die Annahme von Maßregeln zu verhindern, welche nur allzu wahrscheinlich zu Erschütterungen und zum Kriege führen müßten.“ Zugleich warnte Lord Erskine in München dringend vor den sechs Artikeln, namentlich vor der Bundeskommission, welche die Landtage überwachen sollte.

Fast noch verdächtiger erschien die Haltung der französischen Diplomaten, die überall mit den Engländern Hand in Hand gingen. Mortier in München, ein prahlsüchtiger, leichtfertiger Chauvinist, und der junge Reinhard in Dresden wiederholten den alten Rheinbundsgenossen beständig, daß Frankreich bereit sei, sie wider die Tyrannei ihrer deutschen Vormünder zu schützen. Und dazu das rätselhafte Treiben der zahlreichen französischen Agenten am Rhein.

Nach solchen Erfahrungen hielten beide deutsche Großmächte für geboten, die englische Zudringlichkeit gründlich abzufertigen.

Als der Geschäftsträger Abercrombie dem preußischen Minister die Depesche Palmerstons vorlas, da erwiderte Ancillon mit ungewohnter Schärfe: er wolle ein für allemal das absichtliche oder unabsichtliche Vorurteil zerstören, als ob die zwei Großmächte Deutschland beherrschten; in Frankfurt seien die sechs Artikel einmütig beschlossen, dort möge England seine Beschwerden vorbringen, der König von Preußen nehme sie gar nicht an. Trotzdem erdreistete sich der Engländer, noch eine Abschrift der Depesche an Ancillon zu senden; sofort ward ihm das Schriftstück ungelesen mit einem kurz abweisendem Briefe zurückgeschickt. Nunmehr wendete sich Cartwright in Frankfurt an die Bundesgenossen und empfing die schroffe Antwort, daß der Bund sich jede Einmischung des Auslands verbitten müsse.

Ein ernsthafter parlamentarischer Kampf gegen die sechs Artikel wurde nur in Württemberg gewagt. Die Folge war die Auflösung des Landtags.

So war auch der letzte Sturm auf die sechs Artikel abgeschlagen. Nur die Wissenschaft stritt sich noch lange über die rechtlichen Grenzen der Bundesgewalt. Aber feste rechtliche Grundsätze wußte niemand zu finden, denn sie waren unfindbar. Die Theorie des Bundesrechts mußte ebenso unfruchtbar bleiben wie die praktische Bundespolitik. Der Widerspruch zwischen der absolutistischen Zentralgewalt und den landständischen Verfassungen der Gliederstaaten ließ sich durch wohlgemeinte Doktrinen nicht lösen, und seit der Bundestag sich in eine gesamtdeutsche Polizeibehörde verwandelt hatte, kamen alle Grundgedanken des Bundesrechts ins Schwanken. Für einen Staatenbund konnte diese Föderation kaum noch gelten, und ebenso gewiß war sie kein geordneter Bundesstaat. –

Extreme Parteien verfallen selten in Kleinmut, sobald sie sich in einer aussichtslosen Minderheit sehen; die Regel ist, daß sie durch das Gefühl ihrer Schwäche zu keckeren Reden, zu dreisteren Wagnissen aufgestachelt werden. Je weniger die Liberalen mit ihrem Einspruch gegen die sechs Artikel ausrichteten, um so schärfer sonderte sich die kleine radikale Partei von ihnen ab; sie schaute mit Hohn auf den gesetzlichen Widerstand und baute nur noch auf die Macht der Faust. Die Straßburger Drucker warfen immer neue Brandschriften über den Rhein. Sauerwein in Frankfurt schrieb ein Abc-Buch der Freiheit in jenem jüdisch witzelnden Stile, der durch Heine und Börne in die Mode gekommen war; er schloß mit einer Verherrlichung der roten Mütze.

Gewandter, aber noch frecher redete Heine in dem Vorworte zu seinen „Französischen Zuständen“. Erstaunlich, wie dieser vaterlandslose Jude gleich einem Chamäleon beständig die Farbe wechselte, ohne seine angestammte orientalische Eigenart jemals aufzugeben.

Johann Wolfgang Goethe

Heldentod der elf Schillschen Offiziere vor den Toren von Wesel am 16. September 1809

Heines alter Haß gegen die Preußen hatte sich in der Pariser Luft bis zur blöden Wut gesteigert, denn er ahnte insgeheim, daß die begehrlichen Träume seiner Franzosen keinen ärgeren Feind zu fürchten hatten als den preußischen Degen.

Auch jetzt wie zu allen Zeiten spiegelte sich das nationale Leben in den Zuständen der Universitäten getreulich wider. Nach den Julitagen hatten sich die Burschenschaften überall verstärkt oder neu aufgetan. Auf den gemeinsamen Burschentagen übernahmen die Süddeutschen die Führung; die preußischen Burschenschaften beteiligten sich wenig und blieben endlich ganz aus, die Breslauer wurde sogar förmlich zurückgewiesen, weil sie sich auf politische Umtriebe nicht einlassen wollte. Unaufhaltsam drang nunmehr der Geist des neufranzösischen Radikalismus in diese jugendlichen Kreise ein. Auf dem Frankfurter Burschentage, im September 1831, wurde beschlossen, daß jeder Bursch sich verpflichten müsse, selbst mit Gewalt, ein freies und gerechtes, in Volkseinheit geordnetes Staatsleben herbeizuführen; die Burschenschaft sollte fortan ihren alten christlich-germanischen Charekter ablegen und auch Juden aufnehmen. Auf einem neuen Tage zu Stuttgart, um Weihnachten 1832, kündigte man schon an, daß im Frühjahr die Revolution bevorstehe und die Burschen sich darauf vorzubereiten hätten. Nun traten die Eifrigsten der Heidelberger Burschenschaft zu einem geheimen Vereine zusammen. Zwei ihrer alten Herren in Frankfurt erteilten ihnen Nachricht und Befehl: der hitzköpfige, schon im polnischen Revolutionskriege erprobte Arzt Gustav Bunsen und Dr. Georg Körner, ein junger Anwalt von ungewöhnlicher Begabung. Die Burschen schwelgten in der Hoffnung, den Bundestag in voller Sitzung aufzuheben; der Frankfurter Soldateska meinten sie sicher zu sein durch einen Hauptmann, der kein Wort von ihren Plänen wußte, und überdies lagen im Taxisschen Palaste augenblicklich 400 000 Gulden Mainzer Festungsgelder – Geld genug, um den Freiheitskrieg weiter zu führen. Am 2. April waren etwa zwanzig Studenten aus Heidelberg, Würzburg, Erlangen, auch zwei aus Göttingen in der Bundesstadt eingetroffen, dazu die Frankfurter, mehrere Polen und der unvermeidliche Rauschenplatt mit einigen älteren Genossen, alles in allem kaum mehr als fünfzig Verschworene. Auf einer Versammlung in Bokkenheim wurden die Rollen verteilt; nächsten Tags wollte man losbrechen.

Am Abend versammelte sich der eine Haufe der Verschworenen, fast durchweg Studenten, in Bunsens Wohnung; wohlbewaffnet und mit schwarzrotgoldenen Binden geschmückt brachen sie auf; Rauschenplatt schritt voran, heute nicht in seinen großen Stiefeln, sondern in einer schönen polnischen Uniform. Um halb zehn Uhr drang die Schar aus den engen Gassen neben der Zeil hervor und stürzte sich auf die Hauptwache. Im Nu waren die in der Vorhalle aufgehängten Gewehre genommen, die Schildwache verwundet und gefangen. Der Befehlshaber, ein blutjunger Leutnant, sprang aus dem Hinterfenster und suchte das Weite; die waffenlose Mannschaft in der Wachstube mußte sich nach einigen Schüssen ergeben. Umsonst versuchten die Sieger das heranströmende Volk zu überreden; niemand wollte die erbeuteten Flinten anrühren, niemand – so klagt einer der Verschworenen – „mit uns helfen an der Befreiung Deutschlands“. Selbst die befreiten politischen Gefangenen im oberen Stockwerk blieben zum Teil ruhig sitzen; andere, unter ihnen die gefürchteten Demagogen Freieisen und Sauerwein, stellten sich am nächsten Tage freiwillig wieder ein.

Unterdessen hatte eine andere Abteilung der Aufständischen sich des Pfarrturms bemächtigt und ließ Sturm läuten. Ein dritter Haufe trat in einem Gasthofe zusammen, nahe der Konstablerwache am andern Ende der Zeil. Eine Kellnerin, die alles mit ansehen durfte, fiel vor Schrekken in Ohnmacht, als die Verschworenen ihre Flinten luden und sich die Gesichter schwärzten. Sie wurde auf ein Bett gelegt, und jeder der Abziehenden küßte gerührt das schöne Kind. Von dem polnischen Major Michalowski geführt marschierten die deutschen Freiheitshelden sodann nach der Konstablerwache. Der Pole gab in französischer Sprache den Befehl zum Sturme, und auch hier ward ein leichter Sieg erfochten; nach einem kurzen Handgemenge verkroch sich die Wachmannschaft in einen nahen Schuppen. Jetzt aber eilte das Linienbataillon aus der Kaserne herbei; die Aufrührer leisteten noch eine Zeitlang tapferen Widerstand, dann flohen sie vor der erdrückenden Übermacht. Der ganze Kampf währte kaum eine Stunde; die Straßen neben der

Zeil blieben durchaus still, im nahen Theater wurde die Oper ruhig zu Ende gespielt, und die Zuschauer erfuhren erst auf der Heimkehr, daß Frankfurts Annalen um eine Revolution reicher waren. Aber die frevelhafte Torheit hatte sechs Soldaten und einem der Aufständischen das Leben gekostet, etwa vierundzwanzig waren verwundet. Die Führer und die Polen entkamen sämtlich, nur die unvorsichtigen jungen Leute wurden größtenteils verhaftet; mehrere der Studenten waren vom Schlachtfelde arglos in ihre Gasthöfe zurückgekehrt und ließen sich in der Nacht von den Polizeibeamten wecken. Schon die nächsten Tage lehrten, daß dieser Aufruhr doch nicht bloß ein jugendliches Torenspiel war, sondern mit den internationalen Aufstandsplänen der polnischen Flüchtlinge irgendwie zusammenhing. Am 7. April zogen, der Abrede gemäß, 300 Polen aus Besançon in die Schweiz, und nur die Unglücksbotschaften aus Frankfurt verhinderten sie, ihren Marsch nach Baden fortzusetzen; zur selben Zeit brach eine Shar Aufständischer aus Galizien in das russische Polen ein, und gleich darauf wurde in Piemont eine gefährliche Soldatenverschwörung unterdrückt, welche dem polnischen General schwerlich unbekannt war.

Der tolle Streich der Radikalen eröffnete einer neuen Zeit politischer Verfolgung die Tore. Gleichwohl ließ sich leicht bemerken, daß selbst der Bundestag der verwandelten Zeit einige Zugeständnisse hatte gewähren müssen. Die Mittelstaaten, Bayern voran, wollten dem Bunde unmittelbare Eingriffe in ihre Rechtspflege nicht mehr gestatten, und die Großmächte wagten den Stolz der Bundesgenossen nicht zu reizen. Darum erhielt die neue Zentralbehörde weit geringere Befugnisse als die alte; sie durfte nicht selbst Untersuchungen führen, sondern nur von den Untersuchungen in den Einzelstaaten Kenntnis nehmen. Ganz so gehässig und verfolgungssüchtig wie einst die Mainzer Kommission wagte sie nicht aufzutreten.

Mit dem Frankfurter Attentate ging die liberale Bewegung vorläufig zu Ende. Nur da und dort züngelten noch einzelne Flammen aus dem verlöschenden Brande aus. Die Pfälzer ließen sich's nicht nehmen, den ersten Jahrestag ihres Hambacher Festes durch eine neue Volksversammlung auf der Kästenburg zu feiern. Das Fest wurde verboten, Truppen rückten an, und die durch wiederholte Neckereien längst erbitterten Soldaten verfuhren mit entsetzlicher Roheit, verwundeten und mißhandelten eine Menge harmloser Leute. Die Pfalz beruhigte sich darauf scheinbar, der stile Groll gegen die Altbayern blieb freilich unversöhnt. Auch im rechtsrheinischen Bayern und in Württemberg wurde durch zahlreiche Verhaftungen wiederhergestellt, was man am Bundestage Ordnung nannte.

Während aller dieser Wirren wurde am Bundestage viele Jahre lang der Streit um Luxemburg dahingeschleppt, ein elender Handel, bei dem alles, was im deutschen Staatswesen faul war, zutage trat: die Lüge der gesamten Bundesverfassung, die zerfahrene Unklarheit der öffentlichen Meinung, die Selbstsucht der kleinen Höfe, die Feigheit des Bundestags, die Ränke der Westmächte, und leider auch die Schwäche der verständigen Friedenspolitik Preußens. Das luxemburgische Land hatte seit Jahrhunderten die Schicksale der übrigen Provinzen Belgiens geteilt, mit ihnen gemeinsam nacheinander die Herrschaft Spaniens, Österreichs, Frankreichs, Hollands ertragen. Nur die Westhälfte des Landes war wallonisch, aber auch in der deutschen Osthälfte konnte sich unter der beständigen Fremdherrschaft ein deutsches Nationalgefühl unmöglich ausbilden. Die Beschlüsse des Wiener Kongresses, welche das Großherzogtum in den Deutschen Bund einfügten, wurden im Lande selbst kaum bemerkt; wie hätten auch die Massen des Volks diese diplomatische Künstelei verstehen sollen? Die Einwohner fühlten sich als Angehörige der katholischen Niederlande, und sobald in Brüssel der Aufruhr gegen Holland begann, wehte auch in Luxemburg überall die Fahne von Brabant. Die Hauptschuld an dieser unheilvollen Wendung der Dinge trug unzweifelhaft der König der Niederlande selber; er hatte die allerdings schwierige Doppelstellung des Großherzogtums niemals beachtet, sondern dies deutsche Bundesland stets als eine belgische Provinz behandelt und ihm weder eine eigene Verfassung gewährt noch das vorgeschriebene deutsche Bundeskontingent gebildet. Wäre das Land, nach der Vorschrift der Bundesgesetze, durch luxemburgische Bundestruppen behütet worden, so ließ sich der Aufstand, der anfangs nur schwächlich auftrat, mit leichter Mühe ersticken. Völlig ungehindert, griff die Bewegung rasch um sich. Deutsch bleib in dem Grenzlande nur die

Bundesfestung, dies kleine nordische Gibraltar, das freilich nach Gneisenaus Urteil schon damals für die Kriegführung großen Stiles wenig mehr bedeutete; das uneinnehmbare Felsennest wurde von der preußischen Garnison scharf bewacht und schloß den Aufrührern seine Tore.

Am 15. Okt. 1830 bat Graf Grünne im Namen des König-Großherzogs den Deutschen Bund um Hilfe, da schon das ganze Land, mit Ausnahme der Festung und ihrer nächsten Umgebung in den Händen der Empörer sei; zum Troste fügte der luxemburgische Bundesgesandte hinzu, daß sein König fortan dem Bunde freundlich entgegenkommen und darum den Proviant für die Bundesfestung zollfrei einlassen wolle.

Nach langen Erwägungen kam der Bundestag zu der Einsicht, daß man den Krieg unter allen Umstänen vermeiden, also die luxemburgischen Wirren nicht als den Einfall einer feindlichen Macht, sondern als einen Aufruhr im Bundesgebiete behandeln und dawider durch Bundesexekution einschreiten müsse. Dies gab den erwünschten Anlaß zu neuen Verzögerungen; nun sollte erst der luxemburgische Gesandte über die Lage des Landes ausführlich berichten und dann General Wolzogen selbst hinüberreisen um ebenso gründlich zu begutachten, wie viele Truppen wohl für die Bundesexekution nötig seien. Darüber mußten Monate vergehen, und unterdessen, so hoffte man in Frankfurt, konnte der ganze Handel glücklich begraben sein. Am 18. März 1831 beschloßder Bundestag endlich, durch ein Exekutionsheer von 24 000 Mann das Ansehen der rechtmäßigen Obrigkeit in Luxemburg wiederherzustellen und zugleich die Besatzung der Bundesfestung auf Kriegsfuß zu setzen.

Der Beschluß erfolgte viel zu spät; denn in diesen sechs Monaten hatten die Aufständischen, ermutigt durch das Zaudern des Bundes, überall im Lande ihre Behörden eingerichtet. Nur die Bundesfestung blieb in der festen Hand des preußischen Gouverneurs; und Preußen vermehrte freiwillig seine Besatzungstruppen fast auf das Doppelte, da das luxemburgische Kontingent, das in Kriegszeiten die kleinere Hälfte der Garnison bilden sollte, nirgends vorhanden war. Aber welch ein Anblick, als nun die anderen Bundestruppen, welche der Bundestag zur Verteidigung der Festung bestimmt hatte, die Kriegsscharen von Detmold, Bückeburg und Waldeck langsam eintrafen. Sie erwiesen sich als würdige Bundesbrüder des Frankfurter Kriegsheeres. Schon unterwegs hatten sie gemeutert, und in der Festung betrugen sie sich so zuchtlos, daß der preußische Gouverneur scharf eingreifen mußte; er ließ ihnen den höheren preußischen Sold geben und sie unter preußischer Aufsicht in der ihnen fast unbekannten Kunst des Schießens üben. Über diese Eigenmächtigkeit des preußischen Generals geriet der Bundestag in vaterländischen Zorn und erörterte nunmehr mit gewohnter Gründlichkeit die leider ganz unlösbare Frage: wer solle die Kosten der Soldzahlungen und Schießübungen tragen? der Bund, oder Preußen, oder die Souveräne der gebesserten Kriegsheere? Schließlich konnte das preußische Gouvernement den Jammer nicht mehr ansehen und erklärte der Bundesversammlung geradezu: mit solchem Gesindel sei in einer rings von Rebellen umgebenen Festung nichts anzufangen. Neue Verlegenheit in Franfkurt. Man sah wohl ein, daß der Rückmarsch der drei Heere unvermeidlich war, aber den wahren Grund wollte man den drei Souveränen nicht mitteilen, das hätte sie zu tief gekränkt; darum beschloß man am 27. Oktober, die drei Kontingente sollten heimkehren, da „die Veranlassung ihres Ausmarsches nicht mehr vorhanden sei". So väterlich sorgte der Bund nicht für die Kriegstüchtigkeit des deutschen Heeres, sondern für die Gemütsruhe seiner Kleinfürsten. Für die Bundesfestung stand allerdings nichts zu fürchten; denn König Friedrich Wilhelm befahl sofort, daß sein rheinisches Armeekorps im Notfall den Ersatz für die 1400 Lipper und Waldecker stellen solle.

Um so trostloser gestalteten sich die Aussichten für die Bundesexekution. Die Exekution wurde also dem zehnten und einem Teile des neunten Bundesarmeekorps unter der Führung Hannovers übertragen. Die hannoversche Regierung zeigte sich jedoch wenig dankbar für solche Auszeichnung; sie erhob vielmehr lebhafte Beschwerden über die unerschwingliche Last und verlangte endlich einen Vorschuß von zweihundert- bis dreihunderttausend Taler, der nach Bundesbrauch unmöglich vor einem halben Jahre gezahlt werden konnte. Damit besorgte Hanover die Geschäfte Lord Palmerstons. Beide Westmächte wünschten, aus zärtlicher Rücksicht für ihren belgischen Schützling, die Einmischung des Bundes womöglich zu hintertreiben, und da sie die Rechtmäßigkeit der Bundesexekution schlechterdings nicht bestreiten konnten, so trieben sie ihr Spiel verdeckt. England-Hannover warf die Fackel der Zwietracht in den Bundestag. Der hannoversche Gesandte steigerte seine Geldforderungen; er verlangte sogar, der Befehl zum Ausmarsch der Exekutionstruppen dürfe nicht eher erteilt werden, als bis alle beteiligten Staaten gehört und die Geldfragen erledigt seien.

Holstein und mehrere andere kleine nordische Kontingentsherren beeilten sich, dem löblichen Beispiel Hannovers zu folgen und forderten ebenfalls Sicherheit wegen der Kosten. Das Jahr 1831 ging über dem unwürdigen Geldgezänk dahin, ohne daß ein Mann der Bundesexekutionstruppen sich in Marsch setzte. Und mittlerweile ward durch die Londoner Konferenz schon dafür gesorgt, daß die ganze Bundesexekution überflüssig schien, wie es der Bundestag von Haus aus so inbrünstig wünschte.

Die Londoner Konferenz hatte sich über den Grundsatz der Teilung des niederländischen Gesamtstaats geeinigt. Die holländischen Bevollmächtigten begannen selbst zu fühlen, daß sie an dieser vollendeten Tatsache nichts mehr ändern konnten, und versuchten nur noch, ihrem Lande eine möglichst günstige Grenze zu gewinnen. Die holländischen Unterhändler erklärten dem preußischen Gesandten vertraulich, ihr König sei geneigt, die Westhälfte von Luxemburg an Belgien auszuliefern, wenn Belgien dafür das rechte Ufer der Maas und die Nordspitze der Provinz Limburg an Holland und den deutschen Bund abträte. Sobald dieser Vorschlag der Londoner Konferenz bekannt wurde, fand er sofort allgemeine Zustimmung, und auch der Bundestag hegte keine Bedenken. An sich war ein solcher Gebietstausch für Deutschland keineswegs unannehmbar. Der einzige militärisch wichtige Platz Luxemburgs, die Bundesfestung, sollte deutsch bleiben, das limburgische Maasland grenzte unmittelbar an preußisches Gebiet, und da das Großherzogtum bisher nur dem Namen nach zum Deutschen Bunde gehört hatte, so kam leider sehr wenig darauf an, ob fortan statt der hundertfünfzigtausend luxemburgischer Wallonen ebensoviel limburgische Niederdeutsche zu den Einwohnern des Bundesgebiets gerechnet wurden. Der junge belgische Staat war für neutral erklärt worden, folglich durfte sein König nicht in den deutschen Bund eintreten, und Deutschland mußte durch holländisches Gebiet für den Verlust der Westhälfte Luxemburgs entschädigt werden.

Nach alledem erschien der in London gefundene Ausweg als der einzige, der aus der Verwirrung herausführte. Schmachvoll war dabei nur, daß die Belgier, vom Bunde ungehindert, das deutsche Bundesland schon besetzt hielten und sich mithin rühmen konnten, das große Deutschland zu einer Abtretung gezwungen zu haben. Die Londoner Konferenz beachtete diese häßliche Kehrseite des Handels nicht, und in den vierundzwanzig Artikeln, welche die Großmächte am 15. November 1831 mit Belgien vereinbarten, wurde der Gebietsaustausch an der deutschen Grenze förmlich beschlossen, imer unter ausdrücklichem Vorbehalt der Rechte des Bundes.

Der einzige Mann, der in dieser Bundesschande eine rühmliche Rolle spielte, war General Dumoulin, der preußische Festungskommandant von Luxemburg. Ihm allein und seinen braven Soldaten verdankte Deutschland, daß in dieser Westmark, wo alle Welt des Deutschen Bundes spottete, mindestens die schwarzweiße Fahne noch verhaßt und gefürchtet blieb.

Und welch eine Aufgabe hatte er zu lösen! Neun Jahre lang blieb die Festung in beständigem Belagerungszustande, rings von Feinden eingeschlossen.

Um die Verwirrung zu vollenden, mischten sich auch noch die Westmächte ein. Da der Bundestag die Bevollmächtigten des noch nicht anerkannten Königs der Belgier mehrmals zurückgewiesen hatte, so betrachteten sich England und Frankreich als die natürlichen Vertreter ihres Schützlings. Und diese Westmächte, die den Deutschen Bund durch anmaßende Einmischungsversuche belästigten, wurden von der liberalen Presse fort und fort als Deutschlands natürliche Bundesgenossen verherrlicht.

Unterdessen war über Luxemburgs Zukunft noch immer nichts entschieden. Der König der Niederlande wollte sich zur Annahme der in London von den Mächten vereinbarten 24 Artikel nicht entschließen, er hoffte noch auf einen allgemeinen Krieg; Palmerston aber wünschte den Streit in die Länge zu ziehen; der Waffenstillstand, der die Belgier im Besitz des größten Teiles von

Luxemburg und Limburg ließ, war ja für Englands neues Schoßkind überaus vorteilhaft, und wehe dem britischen Handel, wenn das Festland je ganz zur Ruhe kam!

Menschlich genug, daß König Wilhelm in diesen langen Jahren der Ungewißheit seinem Grolle gegen den untätigen Deutschen Bund zuweilen die Zügel schießen ließ. Im November 1833 zeigte er dem Bundestage an, er sei bereit, die Westhälfte Luxemburgs an Belgien abzutreten; eine Entschädigung in Land und Leuten könne er dem Bunde freilich nicht bieten, indessen denke er die auf dem ungeteilten Großherzogtum ruhenden Bundespflichten nach wie vor vollständig zu erfüllen, und er hoffe – so sagte er wie zum Hohne –, man werde in dieser Zusage „einen Beweis seiner föderativen Gesinnungen" erkennen. Durch heftige Beschwerden über die Untätigkeit des Bundestags suchte er sodann diese ehrenrührige Zumutung, die seinen eigenen früheren Verheißungen offenbar widersprach, wohl oder übel zu rechtfertigen. Die beiden deutschen Großmächte aber waren jetzt so ganz erfüllt von dem Wunsche, den leidigen Streit zu begraben, daß sie den kleinen Höfen die Annahme der niederländischen Vorschläge dringend empfahlen. Da geschah das Unerhörte: König Ludwig von Bayern und mehrere der deutschen Höfe zeigten sich patriotischer als Preußen selbst; sie bestanden darauf, daß Deutschland eine Entschädigung durch Landgebiet erhalten müsse. Zweimal, in den Jahren 1834 und 1836, verlangte der Bundestag demnach feierlich vollen Ersatz für das westliche Lützelburg. König Wilhelm gab endlich nach. Am 19. April 1839 wurde der Friede zwischen Holland und Belgien, auf Grund der Vierundzwanzig Artikel, unterzeichnet. Am 5. September genehmigte der Bundestag, daß dies neugebildete holländische Herzogtum Limburg, mit Ausschluß der Festungen Mastricht und Venloo, in den Bund eintreten sollte; dafür wurde das etwa gleich große wallonische Luxemburg, das allerdings auch die deutsche Stadt Arlon und insgesamt etwa 32 000 deutsche Bewohner umfaßte, an Belgien ausgeliefert.

Dergestalt wurde eine Schmälerung des Bundesgebietes noch glücklich vermieden. Das neue sogenannte Herzogtum Limburg war, genau wie der abgetretene Landstrich, eine niederländische Provinz, die dem Namen nach zu Deutschland gehörte. Da das verkleinerte Luxemburg nunmehr von dem Königreich der Niederlande weit entfernt lag, so sah sich der König gezwungen, alte Unterlassungssünden endlich zu sühnen; das Großherzogtum wurde fortan als ein selbständiger, nur durch Personalunion mit den Niederlanden verbundener Staat eingerichtet, erhielt sein besonderes Bundeskontingent, im Jahre 1841 auch seine eigene Verfassung und trat also scheinbar dem deutschen Leben näher als bisher.

Doch was wollte dieser deutsche Trost bedeuten neben der furchbaren moralischen Niederlage, welche der Deutsche Bund sich selbst bereitet hatte? Als der Bundestag die Widersetzlichkeit Hannovers hinnahm und die beschlossene Bundesexekution gemächlich einschlafen ließ, da bekundete er vor aller Welt, daß er der ersten seiner Pflichten nicht entsprechen konnte. An dieser Schande waren alle deutschen Staaten mitschuldig, auch Preußen und Bayern, denn wohlgemeinte Worte genügten in solchem Falle nicht. Das geringe Ansehen, das der Bund in Europa bisher noch behauptet hatte, verschwand fortan gänzlich; das kleine Belgien, das ängstliche Julikönigtum, und Palmerston wagten ihn offen zu verhöhnen.

Wie verderblich wirkte der Anblick deutscher Schwäche auf die Gesinnung der deutschgebliebenen Lützelburger. Das Völkchen konnte in jenem Beschlusse der Londoner Konferenz, der ihr Heimatland zerteilte, nur ein salomonisches Urteil, in dem geduldig zuwartenden Deutschland nur die Rabenmutter sehen. Neun Jahre lang hatte man sich an die belgische Verwaltung gewöhnt; was Wunder, daß die guten deutschen Kleinbürger in Diekirch, Wasserbillig, Grevenmachern die Wiedervereinigung mit dem freien Belgien ersehnten? Auch die Stadt Luxemburg war belgisch gesinnt, denn sie hatte zwar an der preußischen Garnison viel Geld verdient, aber noch mehr gelitten durch die Absperrung von der Nachbarschaft. Außerdem bestand noch, wie in Belgien, selbst eine kleine Partei von Fransquillons, die mit Frankreich buhlte, und eine Partei stillvergnügter Partikularisten, die am liebsten für sich bleiben wollten. Eine deutsche Partei bestand nicht. Die Besitzer der großen Bergwerke und Fabriken wünschten zwar freien Verkehr mit ihrem natürlichen Absatzgebiete im Osten; da und dort saß wohl auch ein junger Anwalt, der sich in Bonn oder Heidelberg deutsche Ideen angeeignet hatte. Sonst erklang im

Lande nur Hohn und Spott über alles deutsche Wesen. Preußen allein ward gefürchtet, aber als ein Feind. Die schwarzweiße Fahne auf den Festungswällen Luxemburgs, die doch zum Schutze des Landes dort aufgerichtet stand, erschien jetzt dem Volke als das Feldzeichen der Tyrannei, nachdem sie neun Jahre hindurch der Trikolore von Brabant den Einzug gewehrt hatte. Ohnehim war der paritätische deutsche Staat diesem bigott-katholischem Volke, das alljährlich am Pfingsdienstage den widerlichen Mummenschanz der Echternacher Springprozession aufführte, von alters her verdächtig, und der mächtige, noch ganz von hispanischen Gedanken erfüllte Klerus versäumte nicht, diese Gesinnung aufzustacheln. Verachtung gegen den deutschen Namen und Haß gegen Preußen – das war die Saat, welche der Bundestag auf den Boden dieses altdeutschen Grenzlandes streute. Sie ging üppig auf und wuchert fort bis zum heutigen Tage. –

## VII

# Der Deutsche Zollverein

Radikale Theorien leiten den Staat aus dem freien Willen des souveränen Volkes ab. Die Geschichte lehrt vielmehr, daß in einfachen Verhältnissen die Staaten meist gegen den Willen der Mehrheit des Volkes durch Eroberung und Unterwerfung entstehen; und wie der Krieg selbst in Zeiten bewußter Gesittung immer seine staatenbildende Kraft bewahrt, so wird auch die innere Politik freier Völker keineswegs allein durch die Wandlungen der öffentlichen Meinung bestimmt. Die folgenreichste politische Tat dieses Zeitraumes, die alle die kleinen Kämpfe um konstitutionelle Rechte gänzlich in den Schatten stellte, vollzog sich unzweifelhaft gegen den Willen der Mehrheit der Deutschen; die Nation wirkte nur mittelbar und halb bewußt mit, da die Zornreden der Liberalen wider das deutsche Elend und die berechtigten Klagen der Geschäftswelt den Regierungen einen rettenden Entschluß aufzwangen. Der größte praktische Erfolg der Idee der deutschen Einheit war das Werk der nämlichen Kronen, welche die deutschen Farben verfolgten und den Vorschlag eines Deutschen Reichstages als eine revolutionöre Ketzerei zurückwiesen. So unerbittlich zwang die Vernunft, die in den Dingen lag, auch die Widerwilligen und die Ahnungslosen in ihre Dienste.

Nach dem Tode Motz', des einzigen Staatsmannes, der die politischen Folgen des preußischen Handelsbundes von vornherein ganz übersah, erhielt sein Freund Maassen, der Begründer des Zollgesetzes, die Leitung des Finanzwesens. Die Wahl des Königs konnte keinen würdigeren Mann treffen. Maassen überragte den Verstorbenen durch umfassende Sachkenntnis; klug, gerecht, wohlwollend verstand er bei den Unterhandlungen sich das Vertrauen der argwöhnischen kleinen Kronen stets zu erhalten. Freilich fehlten ihm der kühne Wagemut und der weite staatsmännische Blick des Vorgängers; er ließ die Dinge gern an sich kommen und hegte nicht wie jener den Ehrgeiz, auf die Leitung der gesamten preußischen Politik einzuwirken, obgleich er als der bedeutendste Kopf des Ministeriums klar erkannte, wie gemächlich die Mittelmäßigkeit in den anderen Departements sich wieder einzunisten begann. Wenn sein getreuer Mitarbeiter, der feurige Ludwig Kühne, ihn beschwor, daß er seine geistige Überlegenheit den anderen Ministern zeigen möge, dann erwiderte Maassen achselzuckend: dazu fühle er sich mit seinen einundsechzig Jahren schon zu alt. Überdies hatte der Finanzminister vollauf zu tun, um die außerordentlichen Mittel für die Rüstungen zur Stelle zu schaffen, die Tätigkeit des Auswärtigen Amtes aber ward durch die Kriegsgefahr und die deutschen Unruhen ganz in Anspruch genommen. So erklärt es sich, daß die mühselige Arbeit der handelspolitischen Einigung zwar stetig vorwärts schritt, aber zunächst nicht so schnell gefördert wurde, wie man wohl erwarten konnte, nachdem Motz Schlag auf Schlag die letzten Enklaven aufgenommen, den Zollverein mit Darmstadt, den Handelsvertrag mit Bayern-Württemberg abgeschlossen, den feindlichen Handelsverein der Mitteldeutschen nahezu zersprengt hatte.

Die Nachspiele der Juli-Revolution gereichten der preußischen Handelspolitik zum Vorteil; sie räumten plötzlich alle die Hemmnisse hinweg, welche das alte System in den norddeutschen Mittelstaaten dem Zollverbande entgegenstellte. Durch den Untergang der ständischen Anarchie in Sachsen, der despotischen Willkür in Hessen war die Verwaltung beider Länder den preußischen Institutionen angenähert worden; früher oder später mußte die Verständigung erfolgen. In Kurhessen zunächst wurde die Morschheit des alten Mautwesens offenbar. Nicht zuletzt die wirtschaftliche Not hatte die Volksbewegungen im Herbst 1830 hervorgerufen. Das Ländchen mit seinen 154 Geviertmeilen besaß 154 Meilen Zollgrenze. Frecher als irgendwo auf deutschem Boden gedieh hier der Schmuggel; in geschlossenen Scharen zogen hier die Schwärzer aus, maßen sich mit den Zollwächtern in offenem Gefechte. Während die Kosten der Zollverwaltung den Ertrag der Eingangsabgaben fast verzehrten, begann jetzt auch der ergiebige Durchfuhrzoll zu versiegen, da der Transit sich nach der neuen Thüringer Straße hinüberzog. Als die Unruhen ausbrachen, verließen alle Mautbeamten im Hanauischen und Fuldischen ihre Amtshäuser; Massen fremder Waren strömten unverzollt ins Land, und der Bundesgesandte Meyerfeld erklärte dem Bundestage, die Regierung dürfe nicht wagen, die Zollämter wiederherzustellen.

Unterdessen hatte Motz, ein Verwandter des preußischen Ministers, das hessische Finanzministerium übernommen. Die Anarchie im Zollwesen ward unhaltbar; Motz bewog endlich den Kurfürsten, daß er die Geheimräte Ries und Meisterlin im Juli nach Berlin schickte, um mit Preußen-Darmstadt und Bayern-Württemberg zugleich einen Zollverein zu schließen. Doch unerbittlich hielt Eichhorn den beiden Bevollmächtigten den alten preußischen Grundsatz entgegen: Verhandlungen mit mehreren Staaten zugleich sind aussichtslos. Vergeblich sträubte sich der Kurfürst; man mußte sich der Forderung des Berliner Hofes fügen, mit Preußen-Darmstadt allein zu verhandeln. Die Kurhessen drängten dabei zur Eile; denn sie befürchteten einen neuen Umschwung an ihrem heimischen Hofe, wo Österreich und England-Hannover alle Minen springen ließen, und sie wollten, geängstigt durch die nahende Cholera, den unheimlichen Boden Berlins schleunigst wieder verlassen. Um dem zollvereinsfreudigem Könige von Bayern eine Ehre zu erweisen, wurde der Vertrag auf den Ludwigstag (25. Aug.) zurückdatiert. Kurhessen trat dem preußischen Zollsysteme bei, im wesentlichen unter denselben Bedingungen wie einst Darmstadt.

Der Vertrag war für Kurhessen eine politische Notwendigkeit, er rettete das Land aus namenlosem Elend. Für Preußen war ebenfalls ein klarer Gewinn errungen. Wie die Gotha-Meininger Straße den Verkehr mit dem süddeutschen Vereine gesichert hatte, so wurde jetzt die langersehnte Verbindung zwischen dem Osten und dem Westen hergestellt.

Die sächsischen Höfe waren längst nicht mehr in der Lage, frei zu entscheiden. Die Not des Haushalts, das laute Murren des Volkes zwang sie, wie Motz vorausgesagt, demütig bittend in Berlin anzuklopfen. Die sächsische Regierung begann mit Preußen zu verhandeln.

Nachdem das Dresdener Kabinett schon im August 1830 bei den süddeutschen Kronen leise angefragt, mußte sich der alte König Anton endlich entschließen, an den König von Preußen selber zu schreiben. Er beteuerte, daß er längst die Absicht gehabt, mit Preußen in kommerzielle Verbindung zu treten, „und somit im Sinne des hochwichtigen und wohltätigen Zwecks zu handeln, dessen Erreichung von Ew. Majestät bereits seit längerer Zeit beabsichtigt wird. Daß diese Verhandlung von Preußen begonnen und eingeleitet werde, scheint die notwendige Bedingung des Erfolges zu sein."

Noch kläglicher war die Demütigung Weimars. Derselbe Minister Schweitzer, der seit Jahren das preußische Zollsystem als den Todfeind deutscher Handelsfreiheit bekämpft hatte, versicherte im Juli 1830 dem Auswärtigen Amte, „daß zur Förderung des von dem König von Preußen begonnenen, in seinen Zwecken und seinen Gründen immer klarer hervortretenden deutschen Werkes, also zur Förderung eines freien Handels und Verkehrs im deutschen Vaterlande von Preußen aus, der Großherzog von Weimar im Einverständnis mit dem Königreich Sachsen mit Vergnügen die Hand bieten wird."

Friedrich Wilhelm antwortete dem Könige von Sachsen sehr freundlich, er sei bereit, Sachsens Anträge zu erwägen, und sprach sich zugleich offen aus über die nationalen Ziele seiner Handelspolitik. Dem weimarischen Hofe drückte der Minister des Auswärtigen seine Freude aus, daß „unser Werk auch in den Augen Weimars immer klarer als ein deutsches Werk hervortritt"; dann wiederholte er in schneidenden Ausdrücken die hundertmal von Preußen ausgesprochene Ermahnung: die Thüringer sollten sich erst unter sich verständigen, bevor Preußen mit ihnen verhandeln könne.

Nach solchen Erfolgen stand in Berlin fester denn je die Überzeugung, daß der eingeschlagene Weg der Einzelverhandlungen allein zum Ziele führe. Seit dem Zerfalle des mitteldeutschen Sonderbundes schien die Bahn frei für die vollständige Vereinigung der beiden befreundeten Zollvereine des Südens und des Nordens. Was sollte jetzt noch hindern, da beide Teile die Unhaltbarkeit des bestehenden Zustandes lebhaft empfanden? da die zwischenliegenden Staaten nicht mehr feindlich im Wege standen, sondern selbst um ihre Aufnahme baten? da das Grundgesetz des preußisch-hessischen Vereins sich von selber darbot als die Regel für den großen Verein? Und dennoch mußte Preußen wieder und wieder durch den Flugsand waten, der im Wüstenwinde der deutschen Kleinstaaterei emporwirbelte. Fast drei Jahre lang, von 1830 bis 1833, spielte in Berlin, vielfach unterbrochen, eine dreifache Reihe mühseliger Verhandlungen: mit Bayern-Württemberg, mit Sachsen, mit den thüringischen Staaten; und das Geschäft wäre nie zum Abschluß gelangt, wenn man nicht, dem alterprobten Grundsatz getreu, die Unterhandlungen mit den einzelnen Gruppen scharf auseinandergehalten hätte. Der Vergleich drängt sich unwillkürlich auf: der Deutsche Zollverein ging aus dem preußisch-hessischen hervor unter ähnlichen Kämpfen und Bedenken, wie späterhin das Deutsche Reich aus dem Norddeutschen Bunde. Der Zollverein wie der Norddeutsche Bund stieß auf die höchsten Schwierigkeiten, erst als die größeren Mittelstaaten, mit ihrem festgewurzelten und nicht ganz unberechtigten Partikularismus, mit der Fülle ihrer scheinbar oder wirklich abweichenden Interessen in die Verhandlungen eintraten. In Versailles wie vierzig Jahre zuvor in Berlin gebärdeten sich die süddeutschen Kronen anfangs, als stände man vor einem Neubau, als sei noch gar kein Grundgesetz vorhanden; erst nach langem, peinlichem Zögern erkannten sie die im Norden bestehende Ordnung an.

Der Handelsvertrag zwischen Preußen-Hessen und Bayern-Württemberg war von vornherein in der Absicht fortschreitender Erweiterung abgeschlossen. In München aber begann die ultramontane Partei sofort an dem neuen Bunde zu zerren und zu nagen. Ihre Führer, Schenk, Görres, Ringseis, standen mit der Hofburg im Verkehr; der Gesandte in Wien, Graf Bray, war für Metternich gewonnen, desgleichen neuerdings auch der alte Feldmarschall Wrede. Angesichts dieser mächtigen Gegner und der unberechenbaren Launen König Ludwigs hielt Bernstorff für nötig, allen Begehren Bayerns soweit als möglich entgegenzukommen. Der Münchener Hof wünschte zunächst den Eintritt Badens in den bayrisch-württembergischen Verein; denn das badische Gebiet ragte als ein trennender Keil zwischen die bayrische Pfalz und die Hauptmasse der Vereinslande hinein, und unter dem Schutze der gerühmten Karlsruher Freihandelspolitik, die für die Grenzbewachung wenig tat, blühte auf dem Schwarzwalde wie am Rheinufer ein gefährlicher Schmuggelhandel. War der kränkelnde süddeutsche Zollverein durch Badens Zutritt neu gekräftigt, dann erst sollte – so rechnete König Ludwig – über die völlige Verschmelzung der beiden Vereine des Nordens und des Südens verhandelt werden. Motz hatte diesen etwas künstlichen und umständlichen Plan gebilligt, und aus Rücksicht auf Bayern hielt Bernstorff auch jetzt noch daran fest, obwohl Maassen ihm versicherte, man könne getrost weiter gehen und mit Bayern, Württemberg und Baden sogleich einen wirklichen Zollverein nach dem Muster des preußisch-hessischen abschließen.

Eine handelspolitische Verständigung zwischen Bayern und Baden blieb lange aussichtslos.

Überall in Baden sprach man begeistert von einem gesamtdeutschen Zollverbande; denn soviel Boden hatte die Idee der deutschen Handelseinheit durch Preußens Siege doch gewonnen, daß niemand mehr sie schlechthin zu verwerfen wagte. Freilich benutzten viele badische Liberale das schöne Wort vom allgemeinen deutschen Zollvereine nur als ein Schurzfell, um die Blöße ihrer partikularistischen Selbstsucht zu verdecken. Wie behaglich lebte sich's doch unter der badischen Handelsfreiheit – auf Kosten der lieben Nachbarn! Mit Stolz sah der Badener – so sagte eine Flugschrift des Rastatter Kaufmanns F. Meyer „über die Zollverhältnisse Badens" – wie die Nachbarn aus dem Elsaß, aus Schwaben, aus der Rheinpfalz in „das wohlfeile, gastfreie" Ländle kamen, um dann ihre billigen Einkäufe über die heimatliche Grenze hinüberzuschmuggeln. Nimmermehr sollte diese gemütliche Unordnung durch eine gewissenhafte Grenzbewachung beseitigt werden.

So schleppte sich der Zank durch fast anderthalb Jahre dahin. Die beiden vermittelnden Höfe boten alle ihre Beredsamkeit auf. Der Berliner sprach sanft, der Stuttgarter schroff; denn König

Wilhelm sah sein Land unmittelbar unter dem badischen Schmuggel leiden, er drohte dem Karlsruher Hofe geradezu: Bayern und Württemberg würden „dem bisherigen ganz feindseligen Betragen Badens gemeinschaftlich ein jedes Mittel entgegensetzen, um nicht mitten in unserem Verein das System einer Regierung zu sehen, das mit Vorbedacht Unzufriedenheit und Unruhe in unserer so bedenklichen Zeit stiftet."

Baden, früherhin immer ein wackerer Vorkämpfer der deutschen Handelseinheit, wurde teils durch die Torheit seiner Kammern, teils durch eine seltsame diplomatische Verwicklung, ganz in das Hintertreffen gedrängt und von den entscheidenden Verhandlungen der Zollvereinspolitik mehrere Jahre hindurch ausgeschlossen.

Eine Verständigung zwischen Bayern und Baden war vorläufig undenkbar. Der deutschen Handelseinheit aber kam der ablehnende Beschluß der badischen Kammern seltsamerweise zugute. Der künstliche Gedanke, zunächst den süddeutschen Verein zu vergrößern und dann erst die Vereinigung mit dem Norden zu suchen, war fortan beseitigt. Die oberdeutschen Königshöfe, außerstande, ihren unergiebigen Sonderbund aufrecht zu halten, sahen sich genötigt, statt des Notbehelfs gleich das durchschlagende Mittel zu wählen; sie stellten jetzt bei dem preußischen Kabinett den Antrag auf völlige Vereinigung. Im Dezember 1831 wurden die Verhandlungen in Berlin eröffnet. Doch sofort ergab sich eine Fülle wichtiger Bedenken. Preußen hatte schon durch die Aufnahme der beiden Hessen ein fühlbares finanzielles Opfer gebracht; der Ertrag seiner Zölle, der um 1829 gegen 25,3 Sgr. für den Kopf der Bevölkerung abwarf, begann bereits zu sinken. Durfte man auch die oberdeutschen Lande, die von Kolonialwaren noch weit weniger verzehrten als die beiden Hessen, zu den gleichen Bedingungen aufnehmen? Die Finanzpartei in Berlin fürchtete schwere Verluste, wie denn in der Tat Preußen im Durchschnitt der Jahre 1834-39 nur 22 Sgr. auf den Kopf erhalten hat. Sie verlangte entschieden ein Präzipuum zugunsten Preußens; ein Ausfall in den Einnahmen schien hochbedenklich in so unruhiger Zeit. Die bayrisch-württembergischen Finanzmänner dagegen lebten in dem wunderlichen Wahne, daß die Konsumtion im Süden stärker sei als in Preußen; sie meinten schon seltene Großmut zu zeigen, wenn sie auch nur die Verteilung nach der Kopfzahl zugeständen.

Die Einführung der preußischen Konsumtionssteuern war in Hessen ohne Schwierigkeit erfolgt; Bayern aber sah sich außerstande, seine Malzsteuer abzuändern. Während Preußen kaum 1,3 Mill. Tlr., 3 Sgr. auf den Kopf, durch die Besteuerung des Bieres bezog, gewann Bayern allein in seinem rechtsrheinischen Gebiete 5 Mill. fl., 21 Sgr. auf den Kopf, und aus diesem Ertrage mußte nach der Verfassung die Staatsschuld verzinst werden. Unmöglich konnte Preußen seine Biersteuer zu der gleichen Höhe hinaufschrauben. Der angestamte Durst ließ sich ebensowenig in den Norden verpflanzen wie die Realgerechtigkeiten der bayrischen Brauer, die jenen reichen Steuerertrag erst ermöglichten, aber den Grundsätzen der preußischen Gewerbefreiheit widersprachen. Da die gleichmäßige Besteuerung der inländischen Konsumtion mithin unausführbar blieb, so bestand die preußische Finanzpartei hartnäckig auf der Einführung von Ausgleichungsabgaben. Die an sich richtige Meinung, daß jede Zollgemeinschaft die annähernde Gleichheit der indirekten Steuern voraussetze, war seit dem Jahre 1818 eine der leitenden Ideen der preußischen Handelspolitik. Die Berliner Finanzmänner hatten sich so tief in diesen Gedanken eingelebt, daß sie ihn alsbald mit fiskalischer Härte auf die Spitze trieben. Die Ausgleichungsabgaben sind lange, wesentlich durch Preußens Schuld, ein wunder Fleck der Zollgesetze geblieben; sie belästigten den Verkehr und brachten geringen Ertrag, auch nachdem sie späterhin die rein fiskalische Gestalt der „Übergangsabgaben" annahmen.

Irrte Preußen in dieser Frage, so erhoben auch die Südstaaten höchst unbillige Ansprüche. Im Mai 1832 brach man die Verhandlungen ab.

So verging das Jahr in leidiger Verstimmung. Da raffte sich endlich König Ludwig auf und ließ am Silvesterabend eine derbe Note schreiben: Der süddeutsche Verein sei tatsächlich aufgelöst, die Wiederaufnahme der preußischen Verhandlungen schlechthin unvermeidlich. Zu Ende Januars 1833 wurde der bayrische Finanzminister von Mieg als gemeinsamer Bevollmächtigter der beiden Kronen nach Berlin gesendet. Er erschien am 6. Februar in der preußischen Hauptstadt. Eichhorn und Maassen kamen ihm herzlich entgegen. Noch boten sich der Bedenken viele; allein da Preußen auf seinen erprobten Tarif, seine festbegründete Zollverwaltung verweisen konnte, so blieb nur übrig, die im Norden bestehende Ordnung mit einigen Änderungen anzunehmen. Preußen verzichtete auf jedes Präzipuum, trotz der Warnungen der Finanzpartei. Die Einnahmen wurden nach der Kopfzahl verteilt; nur für die Schiffahrtsabgaben auf der Oder und Weichsel, die ja gar nicht zur Zollgemeinschaft gehörten, bezog Preußen eine Bauschsumme. Auch der teuerste Herzenswunsch des bayrischen Großmachtbewußtseins fand Erfüllung: jeder Staat erhielt das Recht, Handelsverträge zu schließen, lediglich die Verträge mit dem russischen Polen blieben dem preußischen Staate vorbehalten. Zum Entgelt für so große Zugeständnisse wagte Mieg in einem Punkte seine Instruktionen zu überschreiten; er bewilligte, daß die preußische Zollverwaltung des rascheren Übergangs halber sofort im Süden provisorisch eingeführt würde, noch bevor die Zollgemeinschaft in Kraft trat.

Am 4. März wurden die bayrischen Bevollmächtigten zur ersten Plenarversammlung gerufen, am 22. kam der Vertrag zustande: die verbündeten Staaten, „in fortgesetzter Fürsorge für die Beförderung der Freiheit des Handels zwischen ihren Staaten und hierdurch zugleich in Deutschland überhaupt“, bilden einen „Gesamtverein“, der am 1. Januar 1834 für acht Jahre ins Leben tritt. Das Grundgesetz entsprach im wesentlichen den hessischen Verträgen, nur daß die Selbständigkeit der Bundesgenossen erheblich verstärkt wurde. Für jede Änderung der Zollgesetze wurde Einstimmigkeit der Verbündeten gefordert. Das schlimmste Gebrechen des Vereins lag weniger in seinen Satzungen als in der Verschiebung der Machtverhältnisse. Durch den Zutritt mehrerer größerer Staaten mit gleichem Stimmrecht wurde die freie Tätigkeit der preußischen Handelspolitik unvermeidlich erschwert. Die neuen Rechte dagegen, die man den Zutretenden einräumte, schienen bedenklicher als sie waren. Die Befugnis, Handelsverträge zu schließen, dies von Bayern mit so leidenschaftlichem Eifer erstrebte Kleinod, erwies sich als ein ebenso harmloses Spielzeug, wie jener unfindbare Bundesratsausschuß für die auswärtigen Angelegenheiten, welchen Preußen dem Männerstolze der Königskronen zugestand. Preußen allein galt im Auslande als Haupt und Vertreter des Zollvereins; daher sind alle irgend wichtigen Handelsverträge durch Preußen im Namen des Vereins abgeschlossen worden.

Mieg kehrte heim in der festen Erwartung, daß der so überaus vorteilhafte Vertrag ihm die Verzeihung für sein eigenmächtiges Vorgehen verbürge, da er sich nicht genau an seine Weisungen gehalten hatte. Er täuschte sich schwer. König Ludwig konnte selbständigen Willen nicht ertragen, empfing ihn mit bitteren Vorwürfen; daß die preußische Zollordnung sofort provisorisch eingeführt werden sollte, schien ihm eine Entwürdigung der bayrischen Krone. Der Minister wollte, tief verletzt, sein gegebenes Wort nicht zurücknehmen; er forderte und erhielt seine Entlassung. Die österreichische Partei jubelte. „So gewinnt das eigentlich wahre Bundessytem wieder das Übergewicht,“ schrieb Blittersdorff befriedigt. Nunmehr nahm der König die Akten an sich, und lange blieb das Schicksal des Vertrages zweifelhaft. Miegs Nachfolger Lerchenfeld erkannte zwar, nachdem er die Papiere eingesehen, die Notwendigkeit des Abschlusses, doch rückte er nicht recht mit der Sprache heraus. Eichhorn eilte sofort nach München, gewährte noch das letzte Zugeständnis, gab zu, daß kein Provisorium stattfinden solle; seine gewinnende Freundlichkeit brachte in wenigen Tagen alles ins reine. Jetzt brach des Königs gute Natur wieder durch; er wünschte sich Glück zu der Wiederkehr der friderizianischen Tage, ließ eine Denkmünze prägen auf das Gelingen seines eigensten Werkes und sagte zu dem Nassauer Röntgen: „Österreich ist ein abgeschlossener Staat, mit dem wir wohl Handelsverträge, doch keinen Zollverein schließen können; Preußen ist ein Blitz, der mitten durch Deutschland hindurchfährt.“

Kaum war die Krone Bayern gewonnen, so begann der Kampf mit dem württembergischen Landtage. Die schwäbischen und badischen Liberalen hatten sich zu Anfang des Jahres in Pforzheim versammelt und dort beschlossen, dem vordringenden preußischen Absolutismus mannhaft zu widerstehen. Die Schutzzöllner beweinten den nahen Untergang der schwäbischen Industrie; die Partikularisten bewiesen, daß Württembergs Absatzwege nach Frankfurt und der Schweiz, nicht nach dem Norden führten; manche pessimistische Radikale gönnten dem verhaßten Ministerium nicht ein Verdienst, das der Regierung allein gebührte, sie wünschten noch weniger, daß ein wichtiger Grund der allgemeinen Unzufriedenheit beseitigt werde. Die gemütlichen Leute wollten die geforderten Opfer nur einem gesamtdeutschen Vereine bringen. Selbst den gemäßigten Liberalen schien es hochbedenklich, einer absoluten Krone mittelbare Einwirkung auf den württembergischen Haushalt zu gestatten. In solchen tragischen Widerspruch war der süddeutsche Liberalismus geraten. Endlich, im November genehmigte der Landtag den Vertrag nach harten Kämpfen. Nur einzelne waren überzeugt durch die treffliche Denkschrift über Badens Beitritt, welche Nebenius in der elften Stunde veröffentlicht hatte, um die Schwaben zu gewinnen. Die Mehrzahl gab ihr Ja nur aus gedankenlosem Gehorsam; die Führer der Liberalen, Pfizer, Uhland, Römer, stimmten dawider. Es war ein vollständiger Triumph des geschäftskundigen Beamtentums über den schwärmenden Liberalismus.

Neue unerquickliche Händel folgten, da nun das preußische Zollwesen durch eine gemeinsame Vollziehungskommission im Süden eingeführt wurde. Wie oft mußte der preußische Kommissär L. Kühne von den gemütlichen bayrischen Beamten bittere Klagen hören über diese verwünschte Berliner Strammheit; er bestand darauf, daß in den Grenzbezirken, wo offenkundiger Schmuggel blühte, drei Monate lang eine strenge Binnenkontrolle gründlich aufräumte. Die unfreie soziale Gesetzgebung der Mittelstaaten fand so leicht nicht den Übergang zur preußischen Freiheit. Das erste Jahr des neuen Zollvereins (1834) brachte dem bayrischen Volke ein neues, höchst unverständiges Gewerbegesetz, das die „Inländer“ kleinlich begünstigte. Als der preußische Gesandte Einspruch erhob und an die im Vertrage zugesagten „gleichförmigen Grundsätze“ der Gewerbepolizei erinnerte, verbat sich der Münchener Hof ärgerlich die preußische Einmischung. Doch der wesentliche Inhalt des Vertrags wurde redlich ausgeführt. Jeder neue Tag der Erfahrung erwarb dem Zollvereine neue Anhänger im Süden; die besseren Köpfe des Liberalismus gestanden beschämt ihren Irrtum. Ein befremdender unnatürlicher Anblick: dies Doppelleben unseres Volkes unter dem Deutschen Bunde! Der Bundestag ein Spott der Welt, eine Schande des Vaterlandes; und dieselben Regierungen, die ihn halten, arbeiten zugleich an der Einigung der Nation. Wenige Tage nach jenem Berliner Märzvertrage stürmte die erhitzte Jugend die Frankfurter Wachen; die Idee der deutschen Einheit erhob sich gegen die Höfe, welche soeben eine der folgenreichsten Taten unserer nationalen Politik vollzogen hatten. –

Als Bayern und Württemberg ihre Zollvereinsverhandlungen in Berlin eröffneten, faßte man sich in Dresden wieder ein Herz. Im März 1832 erschien Zeschau zum zweiten Male in Berlin. Abermals kam man einen Schritt weit vorwärts; Sachsen erklärte sich bereit, das preußische System der indirekten Steuern anzunehmen. Doch über die Messen konnte man sich wieder nicht verständigen. Ohne die süddeutschen Höfe, die jetzt ihre Verhandlungen abbrachen, wollte das Dresdner Kabinett, wie begreiflich, nicht beitreten. Im Mai wurde die letzte Beratung gehalten; der Sommer verlief in peinlicher Verlegenheit.

Endlich (30. März 1833) schlossen Eichhorn, Maassen, Zeschau und Watzdorf den Zollvereinsvertrag, der wörtlich mit dem soeben beendigten bayrischen übereinstimmte. Einige Separatartikel ordneten den Zustand der Messen. Der Meßhandel erhielt eine große Erleichterung durch die Einrichtung der Meßkontierung; für Leipziger Großhandlungen von gutem Rufe wurde sogar ein über die Meßzeiten hinaus fortdauerndes Steuerkonto zum Abschreiben eröffnet – eine wichtige Vergünstigung, die noch manchen Mißbrauch veranlassen sollte. Auch die Herabsetzung einiger Zollsätze, namentlich für Woll- und Baumwollwaren, wurde vereinbart. Preußen verpflichtete sich, die Ermäßigung der Elbschiffahrtsabgaben, welche Anhalt dem preußischen Elbhandel zugestanden hatte, auch dem sächsischen Verkehre zuzuwenden; der gute Vorsatz scheiterte freilich an Anhalts Kleinsinn.

Nicht ohne Zagen unterschrieb Maassen den Vertrag, der den preußischen Markt den Fabriken des Erzgebirges öffnete. Die Besorgnis des Staatswirts hatte zurücktreten müssen vor den Hoffnungen der Politiker. Sachsen stand gerade in den Flitterwochen seines konstitutionellen Lebens; der Eintritt dieses Staates mußte die öffentliche Meinung günstig stimmen. Leider verging wieder eine geraume Frist, bis die deutsche Welt mit der vollendeten Tatsache sich versöhnte. Die preußischen Fabrikanten lärmten, die gute Stadt Leipzig überließ sich einer maßlosen

Verzweiflung. Aber ein Jahr darauf begann schon für die Pleißestadt eine neue Epoche glänzender Handelsblüte: das kleine Frankfurt wurde durch den überlegenen Nebenbuhler ganz zurückgedrängt, die mächtigen Leipziger Firmen lernten bald den Frankfurter Meßrabatt für sich selber zu benutzen. Auch die Klagen der preußischen Fabrikanten verstummten.

Während diese verwickelte zweifache Verhandlung in wiederholten Ansätzen erledigt wurde, hatte Eichhorns unverwüstliche Geduld zugleich ein drittes schwieriges Geschäft zu führen: die Unterhandlungen mit den thüringischen Staaten. In Thüringen wie in Sachsen und Kurhessen wurde die beginnende Bekehrung gefördert durch den unruhigen Sommer von 1830, durch die Angst vor den murrenden Massen. Hier wie in Sachsen hoffte man anfangs, sogleich einseitige Handelserleichterungen von Preußen zu erlangen. Der weimarische Minister Gersdorff kam im Januar 1831 zugleich mit Lindenau nach Berlin, überbrachte ein Handschreiben seines Großherzogs, das um solche Vergünstigung bat: „Dies würde in einer Periode mannigfacher Aufregungen Übelgesinnten einen Vorwand zu schlechten Einwirkungen entnehmen." Auf wiederholte ähnliche Anfragen kleiner thüringischer Höfe antwortete das Berliner Kabinett (5. Juli 1831): man sei bereit, über einen Zollverein zu verhandeln, doch nur mit allen thüringischen Staaten gemeinsam, und nur, wenn diese Höfe sich nicht mehr gebunden glaubten an den mitteldeutschen Verein. Erst als Kurhessen zu dem preußischen Vereine übergetreten war, erklärten die ernestinischen Höfe: der mitteldeutsche Verein sei tatsächlich aufgelöst.

Im Dezember 1832 begannen die Konferenzen mit den Thüringern. Die preußischen Staatsmänner schlugen vor, eine Zentralbehörde für das thüringische Zollwesen zu bilden. Große Bestürzung; keiner der Kleinen wollte eine solche Beschränkung seiner Souveränität zugeben. Da meinten die Preußen begütigend: es werde genügen, einen Generalinspektor einzusetzen; der müsse freilich in Erfurt wohnen, als dem Mittelpunkte des Landes, doch solle er nicht von Preußen, sondern von der thüringischen Hauptmacht Weimar ernannt werden. Hiermit schien jeder Widerspruch entwaffnet. Wenn Preußen sein Zollwesen einem weimarischen Beamten unterstellte, so durfte auch der Reußenstolz und der Gothaerdünkel nicht klagen. Gleichwohl erhoben Altenburg und Meiningen neue Bedenken; sie konnten sich nicht in den Gedanken finden, daß ihre Verwaltung fremder Aufsicht unterliegen solle. Schon war man nahe daran, ohne Meiningen abzuschließen. Da drohte Kühne: wenn man die preußischen Beamten als Spione betrachte, dann müsse Preußen sein gefürchtetes Enklavensystem gegen die kleinen Nachbarn anwenden. Das schlug durch. Am 10. Mai 1833 wurde der „Zoll- und Handelsverein der thüringischen Staaten" gebildet, am folgenden Tage erklärte der neue Verein, der das gesamte System der preußischen indirekten Steuern annahm, seinen Zutritt zu dem Deutschen Zollvereine. Ein weimarischer Generalbevollmächtigter vertrat die Thüringer auf den Konferenzen des Zollvereins, gab in Tarifsachen nur eine Gesamtstimme ab; in einigen anderen Fällen sollte er die Meinung jedes einzelnen thüringischen Staates gesondert vortragen. Dieser Bund im Bunde, welchen Preußens Staatsmänner seit dem Jahre 1819 erstrebt hatten, erwies sich als so einfach und naturgemäß, daß niemals, auch nicht in den schwersten Krisen des Zollvereins, an die Auflösung des thüringischen Vereins gedacht worden ist. –

Also war des großen Werkes schwerster Teil gelungen. Ein unerhörter Ordenssegen belohnte die treue Arbeit des Beamtentums; die Jahrgänge der deutschen Gesetzessammlungen schwollen zu unförmlichen Bänden an, von allen den neuen Verträgen und Gesetzen. Dann kam jene folgenschwere Neujahrsnacht des Jahres 1834, die auch den Massen das Nahen einer besseren Zeit verkündete. Auf allen Landstraßen Mitteldeutschlands harrten die Frachtwagen hochbeladen in langen Zügen vor den Mauthäusern, umringt von fröhlich lärmenden Volkshaufen. Mit dem letzten Glockenschlage des alten Jahres hoben sich die Schlagbäume; die Rosse zogen an, unter Jubelruf und Peitschenknall ging es vorwärts durch das befreite Land. Ein neuse Glied, fest und unscheinbar, war eingefügt in die lange Kette der Zeiten, die den Markgrafenstaat der Hohenzollern hinaufgeführt hat zur kaiserlichen Krone. Das Adlerauge des großen Königs blickte aus den Wolken, und aus weiter Ferne erklang schon der Schlachtendonner von Königgrätz. Glücklicher als sein leidenschaftlicher Freund hat Maassen die Stunde der Genugtuung noch genossen. Er starb am 4. November 1834. Einen ebenbürtigen Nachfolger fand er nicht;

nur in Eichhorn und den Geheimen Räten des Finanzministeriums lebten die Überlieferungen von 1818 fort.

Der erweiterte Handelsbund nahm jetzt den Namen des Deutschen Zollvereins an. Aus dem dunstigen Nebel des Deutschen Bundes traten schon erkennbar die Umrisse jenes Kleindeutschlands hervor, das dereinst den Ruhm und die Macht des heiligen römischen Reiches überbieten sollte.

Im Kampfe mit dem deutschen Liberalismus errang die Krone Preußen ihre handelspolitischen Erfolge, und nur weil sie selbst nicht durch Reichsstände beschränkt war, konnte sie ihr Ziel erreichen. Ebensowenig wie die süddeutschen Oppositionsparteien ahnte Zar Nikolaus, was dies beginnende Anwachsen der preußisch-deutschen Macht bedeutete. Da er noch immer auf den großen Krieg gegen die Revolution hoffte, so suchte er sich seinem Schwiegervater in allem, was Rußlands Interessen nicht unmittelbar zu bedrohen schien, freundlich zu erweisen und vermied sorgsam jeden Schritt, der die Bahnen des Zollvereins durchkreuzen konnte. Die unverhohlene Feindschaft, welche England und Frankreich dem werdenden Handelsbunde erwiesen, konnte den Zaren nur in seiner Gesinnung bestärken. Wie hochmütig hatten bisher die Westmächte herabgeblickt auf dies zerrissene Deutschland, das in den Wettkämpfen der Handelsvölker niemals mitzählen könne. Welch ein Eindruck, als jetzt die neue Größe des deutschen Handelsbundes sich erhob, und der Gesamtwert der Aus- und Einfuhr des Zollvereins schon im ersten Jahre (1834) 249,5 Mill. Tlr., 10 Tlr. auf den Kopf der Bevölkerung betrug! Der Handel des Zollvereins blieb in sicherem, stetigem Aufsteigen, er wuchs in zehn Jahren auf 385 Mill. Tlr., 3 ½ Tlr. für den Kopf der Bevölkerung. Auch die industrielle Kraft des Vereins erstarkte zusehends, die Ausfuhr von deutschen Ganzfabrikaten hob sich im ersten Menschenalter der Zollvereinsgeschichte um 52 %. Und dieser Verein umfaßte noch bei weitem nicht das gesamte Deutschland; die ganze Nordseeküste, die größten deutschen Seeplätze gehörten ihm nicht an. In Rouen und St. Etienne, in London und Manchester mußte man lernen mit einem neuen Konkurrenten zu rechnen.

Die Regierung der Orleans, kleinlich, neidisch, mittelmäßig von Haus aus, die geborene Feindin aller schöpferischen neuen Gedanken, eifrig bestrebt, ihre Hand in dem Spiele der deutschen Politik zu halten, trat den Plänen Preußens durch hundert kleine Mittel entgegen. Ihre Gesandten Bresson in Berlin, d'Alleye in Frankfurt, Mornay in Karlsruhe, und am rührigsten von allen ihr berüchtigter Konsul Engelhardt in Mainz, zogen von einem deutschen Diplomaten zum andern, oftmals insgeheim durch die Agenten Österreichs unterstützt; sie warnten vor Preußens Herrschsucht, boten Handelsverträge mit dem freien Frankreich an. Zum Glück war das starre französische Prohibitivsystem völlig unfähig, den Nachbarn lockende Vorteile zu bieten.

Auch England suchte durch Handelsverträge mit den Kleinstaaten das nationale Werk zu stören. Der Gesandte in Berlin, Lord Minto, haßte die beiden großen Bundesmächte mit dem Ingrimm des Radikalen, und wie er den Beschlüssen des Bundestags laut und rücksichtslos entgegentrat, so hielt er auch für Pflicht, die Kleinstaaten vor dem preußischen Joche zu bewahren. Indes war England mit seinem hohen Zolltarife ebensowenig wie Frankreich imstande, den Deutschen lockende Vorteile zu bieten, und seit der für die britischen Kaufleute so vorteilhaften Rheinschiffsakte begann seine Teilnahme an unserem handelspolitischen Streite langsam zu erkalten.

In welchem Lichte der preußische Handelsbund der österreichischen Partei des Bundestages erschien, das erhellt aus einigen Briefen Blittersdorffs. Im März 1833, als die Waage noch schwankte, schrieb er höhnisch: „Es wird sich doch zeigen, ob man die preußischen Finanzen dem politischen Systeme des Herrn Eichhorn opfern wird." Nach der Entscheidung bereiste er Mitteldeutschland, sprach mit vielen sächsischen und thüringischen Staatsmännern und berichtete traurig: „Die Zollvereinigung gibt dem Bundessysteme gleichsam den Gnadenstoß. Den gegenseitigen Schutz, welchen die kleinen Staaten bisher durch den Bund empfingen, erhalten sie jetzt durch den Zollverein; auch in anderen politischen Fragen werden sie sich auf Preußen

Gerhard von Scharnhorst

Johann Gottlieb Fichte

Theodor Körner

stützen müssen. Alle mitteldeutschen Staatsmänner, die ich sprach, gestanden: Wir konnten nicht anders. Österreich hat sich uns versagt. Preußen war ebenso willfährig als beharrlich, hat durch das Zugeständnis des gleichen Stimmrechts alle Bedenken entwaffnet." Nun bleibt nur übrig, fährt er schmerzlich fort, daß Österreich auch in den Zollverein träte. – Noch düsterer klingen seine Berichte vom Dezember 1833: „Der Zollverein ist ein Hauptnagel im Sarge des Deutschen Bundes. Herr Eichhorn will die Einheit Deutschlands durch Separatverträge erreichen, mit Ausschluß Österreichs, das, wie man in Berlin stets behauptet, uns nur Opfer auferlegt. Preußen übernimmt jetzt die Führung der positiven Politk Deutschlands, Österreich behält nur noch die formelle Leitung. Vielleicht kann im Deutschen Bunde nur dann ein neues Leben erwachen, wenn Preußen an die Spitze träte und Österreich sich auf ein Schutz- und Trutzbündnis beschränkte, wozu aber wenig Aussicht vorhanden ist." Und derselbe Mann, der mit so scharfem Auge in das Dunkel der Zukunft blickte, hat gleichwohl dem hereinbrechenden Schicksal mit seiner ganzen Kraft sich entgegengestemmt; er hat noch im November 1847 vorgeschlagen, die Hofburg solle die politische Führung des Zollvereins antreten, da sie die staatswirtschaftliche Leitung allerdings nicht übernehmen könne!

Ähnliche Sorgen regten sich in Österreich selbst. Jetzt erst begann das starre Greisenregiment zu Wien die folgenschwere Bedeutung der preußischen Handelspolitik zu ahnen, die man bisher wohl aufzuhalten, doch nicht mit voller Kraft zu bekämpfen gewagt hatte. Und auch jetzt noch erhob sich die staunenswerte Gedankenarmut des Nestors der europäischen Diplomatie nur zu Angstrufen, Warnungen und kleinen Ränken, nicht zu irgendeinem ausführbaren Gegenplane. Seit nahezu zwanzig Jahren verhandelten Bayern und Österreich über Handelserleichterungen. Immer vergeblich. Daß solche Zugeständnisse nur durch Gegenleistungen zu erlangen sind, war den Köpfen der k. k. Hofräte nicht beizubringen. Die Agenten Österreichs in München pflegten dann am lebhaftesten um Bayerns freundnachbarliche Gefälligkeit zu bitten, wenn das k. k. Prohibitivsystem den Verkehr der Nachbarn recht empfindlich geschädigt hatte. So wurde im Jahre 1829 die Getreideeinfuhr aus Bayern, die den Tirolern unentbehrlich war, mit erhöhten Zöllen belegt, und gleich darauf verlangte man in München die Herabsetzung der bayrischen Zölle. Im Jahre 1832, als die Zollvereinsverhandlungen schwebten, kam der Hofrat von Münch, ein Bruder des Bundesabgesandten, nach München, um den Verlauf zu beobachten und durch das Anerbieten eines bayrisch-österreichischen Handelsvertrages den Abschluß der Berliner Verträge zu hintertreiben. Er riet dringend, nicht über den Handelsvertrag, der seit 1829 den Süden mit Preußen verband, hinauszugehen; alle Vorteile eines preußischen Zollvereins würden überboten durch einen Handelsvetrag mit Österreich. Schärfer befragt, verlangte er für Österreich wesentliche Vergünstigungen, so die Herabsetzung der Zölle auf das böhmische Eisen; irgend nennenswerte Gegenleistungen hatte er nicht zu bieten.

Die politischen Wirkungen des Zollvereins, dem nach schwierigen Verhandlungen auch Baden, Nassau und Frankfurt beitraten, sind, dank der unvergleichlichen Schwerfälligkeit des deutschen Staatslebens, nicht so rasch und nicht so unmittelbar eingetreten, als manche kühne Köpfe meinten. Schon zu Anfang der dreißiger Jahre hoffte Hansemann, ein Parlament des Zollvereins und daraus vielleicht einen deutschen Reichstag erstehen zu sehen, und wie viele andere wohlmeinende Patrioten haben nicht ähnliche Erwartungen an den deutschen „Zollstaat" geknüpft. Aber der Handelsbund war kein Staat, er bot keinen Ersatz für die mangelnde politische Einheit und konnte noch durch Jahrzehnte fortdauern, ohne die Lüge der Bundesverfassung zu zerstören. Als Minister du Thil im Jahre 1827 seinem Großherzoge den Rat gab, jenen entscheidenden Schritt in Berlin zu wagen, da sprach er offen aus: Wir dürfen uns nicht darüber täuschen; indem wir den Handelsbund schließen, verzichten wir auf die Selbständigkeit unserer auswärtigen Politik; bricht ein Krieg aus zwischen Österreich und Preußen, so ist Hessen an die preußischen Fahnen gebunden. Desgleichen Dahlmann, der nach seiner großen und tiefen Art den Zollverein sofort als das einzige deutsche Gelingen seit den Befreiungskriegen begrüßte, erklärte zuversichtlich, der Handelsbund stelle uns sicher vor der Wiederkehr bürgerlicher Kriege. Auch diese Weissagungen sind nicht buchstäblich eingetroffen. Der Zollverein hat die oberdeutschen Staaten nicht verhindert, die Waffen zu ergreifen gegen Preußen. Und dennoch sollte gerade das

Jahr 1866 die gewaltige Lebenskraft dieses handelspolitischen Bundes erproben. Der rasche Siegeszug der preußischen Fahnen überhob unseren Staat der Mühe, seine wuchtigste Waffe zu schwingen, durch die Aufhebung der Zollgemeinschaft die oberdeutschen Höfe sofort zu bekehren.

Das Bewußtsein, daß man zueinander gehöre, daß man sich nicht mehr trennen könne von dem großen Vaterlande, war durch die kleinen Erfahrungen jedes Tages in alle Lebensgewohnheiten der Nation eingedrungen, und in dieser mittelbaren politischen Wirkung liegt der historische Sinn des Zollvereins. Mochten die Schulen der Albertiner und der Welfen der Jugend die Märchen des Stammeshasses und der partikularistischen Selbstzufriedenheit künden – es ging doch zu Ende mit dem Philistertum der alten Zeit, das an die Herrlichkeit der Kleinstaaten kindlich glaubte. Der Geschäftsmann folgte mit seinen Gedanken den Warenballen, die er frei durch die deutschen Länder sandte; er gewöhnte sich, wie schon längst der Gelehrte, über die Grenzen des heimischen Kleinstaates hinauszublicken; sein Auge, vertraut mit großen Verhältnissen, sah mit ironischer Gleichgiltigkeit auf die Kleinheit des engeren Vaterlandes. Der Gedanke selbst, daß die alten trennenden Schranken jemals wiederkehren könnten, wurde dem Volke fremd; wer einmal in dem Handelsbunde stand, gehörte ihm für immer. Eine unerbittliche Notwendigkeit stellte nach jeder Krisis die alten Grenzen des Zollvereins wieder her; kalte politische Köpfe konnten stets mit mathematischer Sicherheit den Verlauf des Streites im voraus berechnen.

Das Ausland gab den aussichtslosen Kampf gegen unsere Handelseinheit bald auf. Französische Staatsmänner gestanden achselzuckend: wir haben leider den deutschen Staaten nichts zu bieten, was ihnen die Vorteile des preußischen Zollvereins ersetzen könnte. Die Briten gewöhnten sich fortan, Preußen als den Vertreter des deutschen Handels zu betrachten. Österreich mußte nach stets vergeblichen Störungsversuchen immer wieder dem Nebenbuhler freie Hand lassen im deutschen Verkehrsleben; nur dieser stillschweigende Vertrag zwischen den beiden Großmächten sicherte notdürftig den Bestand des Deutschen Bundes. Dem preußischen Staate aber waren die Wege seiner Handelspolitik so fest und sicher vorgezeichnet, daß auch die Zagheit sie nicht mehr verlassen konnte. Die Aufgabe war, den Handelsbund auszudehnen; über alle deutschen Staaten, aber keinen Schritt weiter. Schon im Jahre 1834 wurde in Brüssel, durch die Sorge vor Frankreichs Eroberungslust, die Frage aufgeworfen, ob nicht Belgien dem Deutschen Zollvereine beitreten solle. Preußen wies den Gedanken zurück, und auch späterhin, als das unreife Nationalgefühl deutscher Publizisten wiederholt für einen Handelsbund mit der Schweiz oder mit Holland sich erwärmte, wahrte Preußen unbeirrt den nationalen Charakter des Zollvereins. Also entstanden zwei Gemeinwesen im Deutschen Bunde: ein Deutschland des Scheines, das in Frankfurt, ein Deutschland der ehrlichen Arbeit, das in Berlin seinen Mittelpunkt fand. Der preußische Staat erfüllte, indem er Deutschlands Handelspolitik leitete, einen Teil der Pflichten, welche dem Deutschen Bunde oblagen, wie er zugleich allein durch sein Heer die Grenzen des Vaterlandes sicherte. So ist er durch redlichen Fleiß langsam emporgewachsen zur führenden Macht des Vaterlandes; und nur weil die europäische Welt es nicht der Mühe wert hielt, das Heerwesen und die Handelspolitik Preußens ernstlich kennen zu lernen, bemerkte sie nicht das stille Erstarken der Mitte des Festlandes.

Die wirtschaftliche und die politische Einigung Deutschlands zeigen eine überrraschende Verwandtschaft in ihrer Geschichte. Beide Bewegungen gleichen einem großen dialektischen Prozesse: erst nachdem durch wiederholte vergebliche Versuche die Unmöglichkeit jeder anderen Form der Einheit zweifellos erwiesen war, errang die preußische Hegemonie den Sieg. Ein reiches Erbe monarchischer und im guten Sinne föderalistischer Überlieferungen ist aus den Erfahrungen des Zollvereins übergegangen auf den Norddeutschen Bund und das Deutsche Reich. In dem Zollvereine lernte Preußen einen vielköpfigen, fast formlosen Bund, der sich in keine Kathegorie des Staatsrechts einfügen wollte, monarchisch zu leiten, mehr durch Einsicht und Wohlwollen und durch das natürliche Übergewicht der Macht als durch förmliches Vorrecht. Zwei grundverschiedene Schulen deutscher Staatsmänner wuchsen auf seit den dreißiger Jahren. Auf der einen Seite die Politiker des Bundestags, diese bejammernswerten Geschöpfe, denen die Erbsünde der Diplomatie, die Verwechslung von Geschäft und Klatscherei, zur anderen Natur geworden war, die mit so feierlichem Ernst von den Formen und Formeln des hohlen Bundesrechts zu reden wußten. Und daneben die Geschäftsmänner des Zollvereins, nüchterne praktische Leute, gewohnt, ernsthafte Interessenfragen umsichtig zu erwägen, die Wünsche und Bedürfnisse der Nachbarn mit Gerechtigkeit und Milde zu beachten. Auf der hohen Schule der Zollkonferenzen und die mannigfachen Beratungen über die Fragen des Verkehrs, lernten Preußens Staatsmänner die Methode neuer deutscher Politik: die Kunst, reizbare, kleine Bundesgenossen ohne Gehässigkeit und Gewalttat zu leiten, unter bündischen Formen das Wesen der Monarchie zu wahren.

Der Gedanke des Zollvereins war nicht eines Mannes Eigentum, er entstand gleichzeitig in vielen Köpfen unter dem Drucke der Not des Vaterlandes; daß der Gedanke Fleisch und Blut gewann, war allein Preußens Werk, war das Verdienst von Eichhorn, Motz und Maassen und nicht zuletzt das Verdienst des Königs. Nicht die Anstandspflicht monarchischer Staatssitten, sondern die Pflicht historischer Gerechtigkeit nötigt zu dem Urteil, daß nur das feste Vertrauen auf Friedrich Wilhelms unverbrüchliche Treue die deutschen Fürsten bewegen konnte, ihre Souveränität freiwillig zu beschränken. Eben die anspruchslose Schlichtheit seines Wesens, welche diesen Hohenzollern in den wilden napoleonischen Tagen so oft kleinmütig erscheinen ließ, befähigte ihn in stiller Zeit, den Samen einer großen Zukunft auszustreuen. –

# VIII
## Das junge Deutschland

Veränderungen seines Länderbestandes hat jedes große Volk von Zeit zu Zeit erlebt, aber nur den Deutschen beschied eine wechselreiche Geschichte, daß sich die Marken ihres Vaterlandes die Jahrhunderte hindurch fast unaufhörlich verschoben und niemand zu sagen wußte, welchen Gebieten eigentlich der große Name Deutschland gebühre. Derweil das alte Reich seine welschen Vorlande im Süden und Westen verlor, Österreich, die Schweiz, die Niederlande ihrem Sonderleben überließ, erwuchs ihm ein köstlicher Ersatz in den Kolonien jenseits der Elbe, und aus diesen Landen des Nordostens, die zum guten Teile dem Reichsverbande nicht angehörten, erhoben sich die staatenbildenden Kräfte unserer neuen Geschichte. Auch der Deutsche Bund war gleich dem Heiligen Reiche noch ein unfertiges politisches Gebilde ohne feste Grenzen, halb weltbürgerlich, halb national, zugleich zu weit und zu eng, mit Österreich und noch drei anderen undeutschen Mächten wunderlich verkettet und doch den preußischen Staat nicht ganz umschließend. Erst durch den Zollverein begann sich's zu entscheiden, welche Teile der ewig beweglichen Ländermassen Mitteleuropas fortan das politische Deutschland der neuen Geschichte bilden sollten. Er umfaßte, Österreich in weitem Bogen umklammernd, das deutsche Land vom Memelstrom bis zum Bodensee – denn da die Küste immer dem Binnenland gehört, so war der Zutritt der Staaten des hannoverschen Steuervereins nur noch eine Frage der Zeit – nicht alle die Gebiete, auf denen einst der Ruhm des deutschen Namens geruht hatte, aber ihren edlen Kern, die fröhliche Heimat deutscher Kunst im Südwesten und die waffenstolzen Adlerlande des Nordens, herrliche Kräfte, die im treuen Verein dereinst eine neue Zeit vaterländischen Glanzes heraufführen konnten. An den idealen Mächten der Sprache und Gesittung, des rechtsbildenden Gemeingeistes, der Hoffnungen und Erinnerungen hatte die Nation bisher das Bewußtsein ihrer Größe genährt; jetzt erlangte sie auch die Gemeinschaft des wirtschaftlichen Lebens, den natürlichen Unterbau der politischen Einheit, der ihr immer gefehlt hatte. In denselben schicksalsschweren Januartagen des Jahres 1834, da der Wiener Hof den hohen Rat der deutschen Bundespolizei zum letzten Male zu unfruchtbaren Verhandlungen um sich versammelte, erstand im Westen und Norden das neue in Arbeit geeinigte Deutschland, scharf abgegrenzt gegen Österreich wie gegen das Ausland. Das letzte Ziel der friderizianischen Politik, die Lösung des deutschen Dualismus, schien jetzt nicht mehr unerreichbar, und hoffnungsvoll sagte Karl Mathy: „Noch niemals ist Deutschland so einig gewesen wie seit der Stiftung des Zollvereins."

Der junge Tag, der über Deutschland heraufdämmerte, ward aber nur von wenigen Einsichtigen bemerkt; die emporsteigende Sonne verbarg sich hinter dem Gewölk langweiliger und widerwärtiger diplomatischer Zwistigkeiten. Wie oft hatten die Patrioten gesungen und gesagt von der Stunde des Heiles, da die Raben nicht mehr den Kaiserberg umkreisen, da der Birnbaum auf dem Walserfelde wieder grünen, der alte Rotbart seinen Flamberg schwingen und den Reichstag der freien deutschen Nation einberufen würde – ein Gedanke, der noch kaum greifbarer war als weiland die Weissagungen des Simplizissimus von dem „deutschen Helden" und seinen Parlamentsherren. neben diesen strahlenden Traumbildern eines Volkes, das schon in zorniger Ungeduld seine künstlich niedergedrückte Kraft zu fühlen begann, erschien das neue wirtschaftliche Gemeinwesen der Nation in seinem Werktagskleide unscheinbar und nüchtern. Die Deutschen wußten ihrem Beamtentum für seine treue Arbeit wenig Dank; denn immer ist es das tragische Los neuer politischer Ideen, daß sie zuerst von der gedankenlosen Welt bekämpft und dann, sobald der Erfolg sie rechtfertigt, als selbstverständlich mißachtet werden. Eben in den Tagen, da der deutschen Politik Preußens endlich wieder ein großer Wurf gelungen war, verfiel die öffentliche Meinung nochmals in einen Zustand der Ermattung und Verstimmung, wie zehn Jahre zuvor, und fast allein in den Kämpfen des literarischen Lebens entlud sich noch die verhaltene politische Leidenschaft der Zeit.

Erst seit Goethe die Augen schloß, gelangte die neue radikale Literatur, die sich in Börnes und Heines Schriften zuerst angekündigt hatte, für kurze Zeit zur unumschränkten Herrschaft. Der neue Radikalismus, der jetzt, ohne die Spitzen unserer Bildung zu berühren, in der Jugend und den Mittelklassen überhandnahm, war undeutsch vom Wirbel bis zur Sohle; er verhöhnte schlechthin alles, was den Helden von Leipzig und Belle-Alliance heilig gewesen, unsere Dichtung und Wissenschaft, unseren christlichen Glauben, selbst die Taten des Befreiungskrieges, und suchte seine Ideale in demselben Lande, das jene Älteren mit glühendem Hasse verfolgt hatten. Es war ein Unheil für die beiden Nachbarvölker, und leider eine notwendige Folge der vielen zwischen ihnen noch schwebenden ungelösten Machtfragen, daß sie niemals in ein ruhiges Verhältnis gegenseitiger Achtung gelangten; das Urteil der Deutschen über die Franzosen schwankte unsicher zwischen Haß und Überschätzung. In Frankreich wuchs ein junges Geschlecht heran, die blutigen Greuel der Revolution waren vergessen, alle Welt sprach wieder von der Glorie der Bastillestürmer, und in dies Selbstlob der Franzosen stimmte eine Schar von Deutschen, die mit jedem Jahre wuchs, begeistert ein. Unwiderstehlich drangen seit der Mitte der zwanziger Jahre Frankreichs politische Ideen über den Rhein hinüber.

Ein rühriger Bundesgenosse erwuchs dem neuen Radikalismus in der jungen Macht des literarischen Judentums. Die moderne Judenschaft besaß schon längst nicht mehr die geistige Kraft, um aus sich heraus eine gesunde eigenartige Bildung zu erzeugen, wie vor Zeiten inmitten der orientalischen Kultur des spanischen Maurenreichs. In den alten Kulturvölkern Westeuropas stand die nationale Gesittung so fest, daß die Juden dort gar nicht wagen durften, in Politik und Literatur als eine selbständige Macht aufzutreten. Die Judenschaft war aber in Deutschland weit zahlreicher als in den westlichen Nachbarlanden, und da der deutschpolnische Judenstamm sich von jeher schwerer an das abendländische Wesen gewöhnt hatte als die spanischen Juden, die in England und Frankreich damals noch überwogen, so geschah es, daß in Deutschland – und hier allein – eine eigentümliche halbjüdische Literatur aufkam, welche ihre orientalische Weltanschauung, ihren ererbten Christenhaß in abendländische Formen hüllte. Ein durchgebildeter Nationalstolz, der solche Versuche von Haus aus verhindert hätte, war hier nicht vorhanden; dieser geduldige deutsche Boden hatte schon allen Nationen Europas zum Tummelplatz gedient, hier durfte auch das Judentum noch sein Glück versuchen.

Die schnellfertigen jüdischen Talente, welche in der Tagespresse das Wort führten, trugen ihre jüdische Sonderart hochmütig zur Schau und verlangten gleichwohl als Wortführer der deutschen öffentlichen Meinung geachtet zu werden. Dies vaterlandslose Judentum, daß sich als Nation innerhalb der Nation gebärdete, wirkte auf das noch unfertige nationale Selbstgefühl der Deutschen ebenso zerstörend und verletzend, wie vormals auf die versinkenden Völker des römischen Kaiserreichs.

Soweit der jüdische Kosmopolitismus abendländische Völker verstehen konnte, fühlte er sich zunächst zu den Franzosen hingezogen, nicht bloß durch eine berechtigte Dankbarkeit, sondern auch durch das Bewußtsein innerer Verwandtschaft. Einer Nation, die seit Jahrhunderten keine politische Geschichte mehr besaß, war nichts so fremd wie der historische Sinn. Die Pietät der Germanen erschien ihr lächerlich, das moderne Frankreich aber hatte mit seiner Geschichte gebrochen, hier fand sie sich leichter zurecht, denn hier war der Staat blank und neu, scheinbar rein aus dem Verstande heraus erschaffen. Das jüdische Literatentum bestärkte daher den deutschen Radikalismus in seiner urteilslosen Vorliebe für Frankreich. Auch das gellende Zetergeschrei, das die jüdischen Publizisten nach ihrer nationalen Gewohnheit anzustimmen liebten, diente nicht zur Veredlung unserer politischen Sitten, zumal da die Deutschen selber im Streite leicht geschmacklos werden. Der berechtigte politische Groll der Zeit verfiel in maßlose Übertreibungen, seit der jüdische Christenhaß die Flammen schüren half.

Am verderblichsten aber wurde dem deutschen Radikalismus die sonderbare jüdische Unart der Selbstverhöhnung. Dies Volk ohne Staat, das weithin durch die Welt zerstreut, Sprachen und Sitten anderer Völker annahm, ohne doch sich selber aufzugeben, lebte in einem ewigen Widerspruche, der, je nachdem man sich stellte, bald tragisch bald komisch erschien. Dem behenden jüdischenWitze konnte die Lächerlichkeit des Kontrastes morgenländischer Natur und abendländischer Form nicht entgehen. Seit langem waren die europäischen Juden gewohnt, sich selber mit der äußersten Rücksichtslosigkeit zu verspotten; das Grausamste, was jemals über die Juden gesagt wurde, stammt aus jüdischem Munde. Der Rassenstolz des auserwählten Volkes gegenüber den Gojim war freilich so tief eingewurzelt, daß er selbst durch die frechste Selbstverspottung nicht erschüttert werden konnte. Jetzt drang diese jüdische Unsitte auch in die deutsche Literatur ein, wo ihr durch die spielende Ironie der Romantiker und die politische Verbitterung der Liberalen der Boden schon bereitet war; es galt für geistreich, über das Vaterland schamlos, ohne jede Ehrsucht, so von außen her abzusprechen, als gehörte man selber gar nicht mit dazu, als schnitte der Hohn gegen Deutschland nicht jedem einzelnen Deutschen ins tiefste Herz. Die Deutschen verstanden sich aber wenig auf den Scherz, am wnigsten auf diese orientalische Witzelei, sie nahmen manche Schmähung, die gar nicht bös gemeint war, in vollem Ernst. Die radikale Jugend begann die freche Verunglimpfung des Vaterlandes bald für das sichere Kennzeichen der Gesinnungstüchtigkeit zu halten, weil der durch tausend Hemmnisse beengte deutsche Staat ihren ungeduldigen Wünschen so schnell nicht zu folgen vermochte; sie schimpfte so lange auf deutsche Hundedemut und Schafsgeduld, bis sie selber an dies alberne Zerrbild deutschen Wesens glaubte und sich wirklich einbildete, das leidenschaftlichste Volk Europas, das Volk der *furia tedesca* sei phlegmatisch.

In diesen Jahren der Besudelung alles deutschen Wesens erhielt auch das nationale Scherzbild des deutschen Michels eine neue widerliche Gestalt. Der deutsche Michel der alten Zeit war, seinem kriegerischen Namen gemäß, ein gewaltiger Schlagetot, grob und plump, aber tapfer und geradezu, ein lebensfroher Gesell, wie John Bull oder Robert Macaire, nicht unwürdig eines großen Volkes, das an sich selber glaubte und darum auch einmal über sich selber lachen durfte. Neuerdings wurde in Bild und Wort unter dem alten Namen ein feiger und fauler Philister dargestellt, der von aller Welt mißhandelt sich die Schlafmütze über die Ohren zog. Die zerreibende und verhetzende Wirksamkeit des radikalen Judentums war um so gefährlicher, da die Deutschen sich über den Charakter dieser neuen literarischen Macht lange täuschten. Sie hielten arglos für deutsche Aufklärung und deutschen Freisinn, was in Wahrheit jüdischer Christenhaß und jüdisches Weltbürgertum war.

Der Ahnherr dieser jüdischdeutschen Zwitterliteratur war der Frankfurter Ludwig Börne, der zwischen Vaterlandsliebe und Kosmopolitismus haltlos hin und hergeschleudert, weder einen bestimmten Glauben noch ein wirkliches Volkstum zu finden vermochte und schließlich der Roheit eines wüsten, polternden Radikalismus anheimfiel. In der Zeit einfacher, kräftiger Gesittung hätte ein so unharmonischer Charakter nur pathologische Teilnahme erweckt; in der Verwirrung und Verbitterung der deutschen Parteikämpfe konnte er eine Weile die Rolle des Volkstribunen spielen.

Gleichzeitig begann er in der Wage, den Zeitschwingen und anderen Blättern über Politik und Gesellschaft zu schreiben. Diese Tätigkeit nahm ihn bald ganz in Anspruch, als Politiker entfaltete er alle Künste seines Hohnes. Der Hohn ist aber nur dann berechtigt, wenn er dem edlen Zorne eines überlegenen Geistes entspringt, und diesem Manne fehlte schlechterdings alles, was den Publizisten macht: der Sinn für das Wirkliche, das Machtgefühl, die Voraussicht und sogar die gewöhnliche Sachkenntnis. Den Fleiß, der seine Stammesgenossen sonst auszeichnet, hielt er in der Politik für überflüssig. Seine politischen Aufsätze sind samt und sonders leichte Feuilletonartikel, kein einziger darunter, der eine ernsthafte Beschäftigung mit dem Stoffe verriete. Durch Börne kam bei uns „das souveräne Feuilleton“ in Schwang, das der unfertigen politischen Bildung der Deutschen unsäglich schadete. Der vorwitzige Dilettantismus erdreistete sich, mit einigen Späßen, Wortspielen, Bildern und Entrüstungsrufen über alle ernsten Fragen der Staatskunst abzusprechen.

Wo der Witz allein ausreichte, da war Börne in seinem Element, sobald er aber versuchte, sich aus diesem Philisterjammer in die Politik zu erheben, dann zeigte sich die erschreckende Gedankenarmut eines dürren Verstandes, der bei jedem verwickelten politischen Probleme nur ein kahles Entweder – Oder aufzufinden vermochte. „Ist der Staat Zweck oder der Mensch in ihm?" – dies erschien ihm die große Frage der Zukunft; den Unsinn dieser Fragestellung, den schon Kant erwiesen hatte, vermochte er nicht zu durchschauen. So erging er sich denn, ohne je ein bestimmtes, greifbares Ziel zu weisen, in hohlen Lobpreisungen der Anarchie, der Mutter aller Freiheit, und in ebenso gehaltlosen Zornreden wider das unabänderliche deutsche Elend. „Wir sind eisernes Vieh, das die Vergangenheit der Gegenwart zugezählt, und das die Gegenwart, wie sie es erhalten, der Zukunft überliefern muß."

Der einzige klare politische Zweck, den er im Auge behielt, war die Emanzipation seiner Stammverwandten. Er selber war zum Christentum übergetreten, nicht aus religiöser Überzeugung, auch nicht um ganz ein Deutscher zu werden, sondern lediglich um des leichteren Fortkommens willen. Trotz seines Übertritts bewahrte er sich den Rassendünkel des auserwählten Volks und verhehlte kaum, daß er die Juden für das Salz der deutschen Erde ansah – was ihn freilich nicht hinderte, gelegentlich mit roher Selbstverhöhnung über Juden und Deutsche zugleich herzufallen und die deutschen Juden als Hasen mit acht Füßen zu verspotten. Gleichwohl wollte er nicht dulden, daß die Christen auch nur den Namen „Juden" in den Mund nahmen, und schrie über empörende Unduldsamkeit, wenn die Zeitungen der Wahrheit gemäß einfach berichteten, daß der jüdische Kaufmann Levi Bankrott gemacht habe. Unter den Beschwerden, die er unermüdlich vorbrachte, waren viele nur durch die Empfindlichkeit krankhafter Selbstüberhebung eingegeben. Trotz aller Übertreibungen machten die beharrlich wiederholten Klagen doch Eindruck; die radikale Jugend begann die vor kurzem noch so grimmig gehaßten Juden als edle Freiheitskämpfer zu schätzen.

Im Jahre 1822 reiste Börne nach Paris, und schon in Straßburg rief er glückselig: „Ich fühle mich frei!" Wie weitab lag schon die Zeit, da Rückert den Deutschen geweissagt hatte, hier in der alten Reichsstadt werde und müsse dereinst ein deutsches Fürstenschloß sich erheben! Dieser neue Prediger deutscher Freiheit schrieb aus Paris: „Mich fröstelte nicht mehr unter Fischen, ich war nicht mehr in Deutschland!"

Durch Börnes Bücher wurden die Blicke der deutschen Jugend wieder nach Paris gelenkt. Wie vormals die höfische Geselligkeit, so lockte jetzt der parlamentarische Kampf nach der Seine. Bald ward es zur Regel, daß jeder junge radikale Schriftsteller eine Pilgerfahrt nach dem Mekka der Freiheit unternehmen mußte, um sich den wahren politischen Glauben anzueignen; immer wieder zogen deutsche Literaten über den Rhein, denen schon auf der Kehler Brücke das Herz höher zu schlagen begann; sie brachten sämtlich schon den Vorsatz mit, alles Welsche zu bewundern, und da sie nur Paris kennen lernten, und auch dort nur einen kleinen Kreis radikaler Journalisten, so versorgten sie die deutschen Zeitungen mit völlig falschen Berichten. Die preußischen Offiziere, die während des Krieges in Frankreich in Quartier lagen, hatten wohl bemerkt, daß die große Mehrzahl dieser Nation aus sparsamen, fleißigen, furchtsamen Geschäftsleuten bestand und der militärische Geist dort ungleich schwächer war als in Preußen. Diese richtige Erkenntnis ging den Deutschen jetzt wieder verloren, seit die Schüler Börnes ihnen beharrlich erzählten: die ritterliche französische Nation kümmere sich wenig um die niederen, wirtschaftlichen Sorgen, sie glühe vor Begierde, sich selber die Freiheit zu sichern, um sie dann anderen Völkern großmütig mitzuteilen. Der Kultus der sogenannten Ideen von 89, der sich während der Revolutionsjahre doch nur auf kleine Kreise der deutschen Gelehrtenwelt beschränkt hatte, wurde erst durch diese deutsch-französische Publizistik in die breiten Massen unserer Mittelstände hineingetragen. Es war die denkbar schlechteste politische Schule für ein Volk, das sich ohnehin zum Doktrinarismus neigte.

Nach seiner Rückkehr aus Paris zeigte sich Börne fieberisch aufgeregt. Er ersehnte die Revolution. Woher sie kommen und was sie bringen sollte, das wußte er selber nicht. Da die Deutschen ruhig blieben, so schimpfte er sie aus, ebenso unflätig wie einst Saul Ascher. In den Jahren nach dem Freiheitskriege hatte die Nation noch ihr Hausrecht gebraucht und Aschers jüdischer

Frechheit die Türe gewiesen. Jetzt war die Stimmung umgeschlagen. Die gesinnungstüchtigen Radikalen schauten einander mit verständnissinnigem Lächeln an, wenn Börne mit immer neuen Schimpfworten denselben Gedanken wiederholte: die Deutschen seien ein Volk von Bedienten und brächten auf den Ruf Apporte! schweifwedelnd ihren Herren die verlorenen Kronen zurück. Sie fanden es witzig, wenn er die Verbrennung der Göttinger Bibliothek anempfahl und den Vorsatz aussprach, die Deutschen durch Schimpfen zum Nationalärger zu stacheln. Sie riefen ihm Beifall, als er mit einer Gehässigkeit, die dem Eifer der Demagogenverfolger nichts nachgab, der politischen Gesinnung der namhaften Zeitgenossen nachspürte, jeden Vertreter gemäßigter Grundsätze kurzerhand der Knechtsgesinnung beschuldigte und vornehmlich die edlen Geister der Nation, weil er sie nicht begriff, mit niedrigen Verdächtigungen verfolgte. Goethe nannte er den gereimten Knecht, Hegel den ungereimten. Börne tat mehr. Er eiferte nicht nur gegen die volksfeindliche Gesinnung Goethes und selbst Schillers, der sogar ein noch ärgerer Aristokrat gewesen sein sollte. Er zog auch den Freundschaftsbund der beiden Dichter in den Kot und besudelte ihre menschliche Größe, die gerade aus diesen Briefen so überwältigend zu allen deutschen Herzen sprach. „Traurig", rief er aus, „daß unsere zwei größten Geister in ihrem Hause so nichts sind, nein weniger als nichts, so wenig!"

Das Gepolter war so sinnlos, daß man kaum noch wußte, was eigentlich ernst gemeint sei, und eben hierin lag die Gefahr. Die deutsche Jugend aber, die sich, wider die Natur, an dieser jüdischen Selbstverhöhnung berauschte, verlor alle Ehrfurcht vor dem Vaterlande, und so ward Börnes Wirksamkeit, obgleich sie aus den gegebenen Zuständen mit einer gewissen Notwendigkeit hervorging, durchaus unheilvoll für das heranwachsende Geschlecht. Er tränkte die Jugend mit Galle; einen neuen Gedanken wußte er ihr nicht zu bieten. –

Nicht weniger verheerend wirkte Heinrich Heine, der Düsseldorfer Jude. Von der menschlichen Größe unserer klassischen Dichter besaß er nichts. Geistreich ohne Tiefe, witzig ohne Überzeugung, selbstisch, lüstern, verlogen und doch zuweilen unwiderstehlich liebenswürdig, war er auch als Dichter charakterlos und darum merkwürdig ungleich in seinem Schaffen. Oft mißbrauchte er sein Formtalent, um seelenlos das Anempfundene nachzudichten. Noch öfter überwältigte ihn der Drang der Selbstverhöhnung also, daß er sich von der Höhe des idealen Gefühles plötzlich mit einem Bocksprunge in die Plattheit der Zote oder des schlechten Witzes hinabstürzte und den Lesern grinsend die Unwahrheit seiner eigenen Empfindung eingestand.

Er nannte sich selber einen aufopfernden Schwärmer, im Gegensatz zu Goethes Selbstsucht; indes war er doch zu weltklug und auch zu sehr ein Künstler, um, wie Börne, den Altmeister öffentlich zu lästern. Seine beflissenen journalistischen Kameraden priesen ihn als den Dichter mit der lachenden Träne im Wappen, der das Geheimnis entdeckt habe, zugleich durchnäßt und verbrannt zu sein, und nannten es erhabenen Weltschmerz, wenn er zwischen Spott und Sehnsucht haltlos schwankte. Dieser Weltschmerz aber entstammte nicht der Verzweiflung eines starken und trotzigen Geistes, sondern der Unfähigkeit, die poetische Stimmung ausdauernd festzuhalten.

Mit dem Schatten Napoleons trieb er einen Götzendienst, der selbst die Schmeichelreden des napoleonischen Senats noch überbot, und diese Bedientengesinnung erschien um so ekelhafter, da sie offenbar gutenteils der Gefallsucht entsprang; durch diese Verherrlichung des Genius wollte der eitle Dichter zugleich seine eigene Größe verklären.

Der einzige politische Gedanke, den er sein Lebelang treulich festhielt, war der Todhaß gegen Preußen, und dieser Haß war nicht ganz frivol, nicht ohne naturwüchsige Kraft; in ihm verriet sich der Rheinländer. Wenn Heine über die preußischen Soldaten spottete: „Der Zopf, der ehemals hinten hing, der hängt jetzt unter der Nase", so meinte man einen Düsseldorfer Gassenbuben oder einen Kölnischen Karnevalsgecken zu hören. Die radikale Jugend fand es witzig, wenn er ihr die freche Albernheit ins Gesicht warf: der Engländer liebe die Freiheit wie sein rechtmäßiges Weib, der Franzose wie seine Braut, der Deutsche wie seine alte Großmutter.

Wie Börne ließ auch Heine sich taufen, aus verächtlichen Gründen und ohne jeden Erfolg; die duldsame öffentliche Meinung aber ließ es sich wohlgefallen, daß diese beiden abtrünnigen Juden mit ihrem „großen Judenschmerze" prunkten. Heine haßte das Christentum noch weit ingrimmiger als Börne. „Es gibt schmutzige Ideenfamilien" – schrieb er einmal. „Zertritt man eine dieser Ideenwanzen, so läßt sie einen Gestank zurück, der jahrtausendelang riechbar ist. Eine solche ist das Christentum, das schon vor achtzehnhundert Jahren zertreten worden und das uns armen Juden seit der Zeit noch immer die Luft verpestet." Während große Künstler mit den Jahren sich läutern, sank er, haltlos und friedlos, immer tiefer herab zur gemeinen Spötterei. Sein Evangelium der Lebenslust, das er in seiner Jugend noch durch den Kultus der Schönheit geadelt hatte, verflachte und vergröberte sich zu einer schmutzigen und prosaischen Religion des Fleisches, und bald setzte er seiner Selbstverhöhnung die Krone auf durch das behagliche Geständnis:

Selten habt Ihr mich verstanden,
Selten auch verstand ich Euch.
Nur wo wir im Kot uns fanden,
Da verstanden wir uns gleich!

Mit Börne und Heine, mit dem Einbruch des Judentums, kündigte sich eine neue literarische Epoche an, die zum Glück nicht lange währen sollte, die häßlichste und unfruchtbarste Zeit unserer neuen Literaturgeschichte.

Weitab von den lichten Höhen der Poesie trieb das neue Geschlecht, das sich um Heines Banner scharte, sein lautes Wesen. Es nannte sich das „Junge Deutschland", obwohl kaum einer davon jung oder deutsch empfand. Die Namen, die damals überall genannt wurden, sind heut fast vergessen. Seit Heine nach Paris übergesiedelt war, begann sein lyrisches Talent rasch zu versiegen, in einem wüsten, zerstreuten Leben ward sein Herz leerer, sein Gefühl stumpfer. Um sein zerstückeltes Schaffen zu beschönigen, verkündete er der Welt prahlerisch, daß er sich berufen fühle, zwischen der Gesittung der beiden Nachbarvölker zu vermitteln, und die deutschen Liberalen glaubten ihm treuherzig.

Richtiger beurteilten ihn die Franzosen. Sie merkten bald, daß er von französischer Politik nicht das mindeste verstand. Doch waren sie klug genug, diesen „neuen Alliierten Frankreichs" durch Schmeicheleien warm zu halten, denn so untertänig hatte ihnen noch nie ein Ausländer den Staub von den Schuhen geküßt. Engländer und Franzosen pflegten, wenn sie zu uns kamen, sich darüber aufzuhalten, daß unser Volk nicht ihre Sprache redete; den gutmütigen Deutschen aber beschlich eine scheue Ehrfurcht, sobald er bemerkte, wie in Frankreich jeder dumme Bauer französisch sprechen konnte. Und ganz so wie der naive deutsche Philister empfand auch dieser geistreiche Jude. Alles in Frankreich erschien ihm feiner, schöner, vornehmer als daheim. Derweil er unter seinen Fenstern den Pariser Pöbel brüllen hörte: „Warschau ist gefallen, Tod den Russen, Krieg den Preußen!" – versicherte er dreist, nur die Feinde der Demokratie hetzten die nationalen Vorurteile auf, der französische Patriotismus umfasse das gesamte Land der Zivilisation mit seiner Liebe, der deutsche ziehe das Herz zusammen wie Leder.

Zugleich gebärdete er sich als politischer Flüchtling und sprach weinerlich von seinem Exile, während er in Wahrheit allein durch seine Genußsucht und seine französischen Neigungen in Paris zurückgehalten wurde. Bald sank er noch tiefer und verkaufte sich dem französischen Hofe; er erbat und empfing viele Jahre hindurch einen Gehalt aus dem geheimen Fonds. Zum Danke fuhr er fort, sein Vaterland zu begeifern. Die deutschen Liberalen aber ließen sich in ihrer Bewunderung nicht stören, als im Jahre 1848 das geheime zwischen Guizot und Heine abgeschlossene Handelsgeschäft endlich an den Tag kam; der entlarvte Söldling Frankreichs blieb ihnen nach wie vor ein Apostel deutscher Freiheit, und wer etwa noch schüchtern zu behaupten wagte, die Grundsätze der Ehre und der Rechtschaffenheit müßten doch wohl auch für Heine gelten, wurde von der herrschenden Literatenschule als ein geistloser Mensch abgefertigt.

# IX
# Stille Jahre

Seit der literarische Streit sich mit dem politischen verkettete, Dichtung und Philosophie von der Tendenz beherrscht wurden, stand unter den deutschen Liberalen die Meinung fest, daß der Kampf der Freiheit wider die Knechtschaft, des Lichtes wider die Finsternis den ganzen Inhalt der neuen Geschichte ausmache. Der Gang der europäischen Politik, die zunehmende Spannung zwischen dem Westen und dem Osten des Weltteils schien diese Ansichten zu bestätigen. Die Stärke unserer Kultur liegt aber in dem beständigen Wechsel ihrer mannigfaltigen Interessen, Ideen und Machtverhältnisse. Immer war es nur ein Zeichen verschrobener, unhaltbarer Zustände, wenn einmal ein einziger kahler Gegensatz, wie im Zeitalter der Religionskriege, die Parteiung dieser vielgestaltigen Staatengesellschaft bestimmte. Nun gar der Gegensatz von Ost- und Westeuropa, der jetzt von nahezu allen Parteien als eine historische Notwendigkeit angesehen wurde, bestand in Wahrheit nicht; er beruhte wesentlich auf der Einbildung, auf den formalen Lehrsätzen konstitutioneller und absolutistischer Theorien, welche die lebendigste Kraft des Jahrhunderts, den Drang nach nationaler Staatenbildung, völlig verkannten. Doch diese Doktrinen beherrschten und betörten die Welt – denn nichts ist sicherer, als die niederschlagende Wahrheit, daß die öffentliche Meinung ganzer Zeitalter sich im Irrtum bewegen kann – und weil die Zeit im Doktrinarismus befangen war, darum konnte Palmerstons kaufmännisches Geschick das Festland beständig in Unruhe halten, die Kluft zwischen dem Osten und dem Westen arglistig erweitern.

Alles war im Wanken, fest hielten nur die Ostmächte gegen die Polen zusammen; hier standen sie einer für alle. Was sie im Jahre 1831, nach der Niederwerfung des polnischen Aufruhrs, versucht hatten, um auch in Krakau die Ordnung wiederherzustellen, erwies sich bald als verlorene Arbeit. Die kleine Republik fuhr fort, ihre Neutralität beharrlich zu brechen, die polnischen Flüchtlinge zu beherbergen, die Nachbarlande zu beunruhigen; und wie konnte dieser heillose Zustand sich ändern, solange der halbselbständige polnische Kleinstaat noch bestand? Daher sprachen die drei Schutzmächte schon in Münchengrätz ihre Meinung dahin aus, daß die Bildung dieses Herdes ewiger Unruhen ein schwerer Mißgriff des Wiener Kongresses gewesen sei, und auf der ersten Teplitzer Zusammenkunft (1835) beschlossen sie einmütig, die Republik zunächst durch Waffengewalt zu beruhigen, um sie sodann bei günstiger Gelegenheit zu vernichten. Es war der einzige greifbare Erfolg der unfruchtbaren Teplitzer Unterredungen.

Nach allen den Umtrieben der Pariser Propaganda konnten die drei Teilungsmächte in den Polen nur noch ihre unversöhnlichen Feinde sehen. Auf der Rückreise von Teplitz hielt Nikolaus den Vertretern der Stadt Warschau eine drohende Rede; ihre demütige Ansprache, so herrschte er sie an, wolle er nicht annehmen, um sie nicht zum Lügen zu verführen; Gehorsam, Unterwerfung, das allein verlange er, bei Strafe der Vernichtung. Während die Presse der Westmächte noch in Entrüstung schwelgte wegen dieser Worte des Zaren, wurde in Berlin am 14. Okt. 1835 ein in Teplitz verabredeter geheimer Vertrag unterzeichnet, der rundweg aussprach, der Bestand der Krakauer Republik sei für ihr eigenes Volk wie für die Sicherheit der Nachbarstaaten schädlich. Demnach verpflichteten sich die Schutzmächte zu erwägen, wie auf den freien Wunsch der Republik selber die Einverleibung Krakaus in den österreichischen Staat herbeigeführt und der Widerspruch der anderen Mächte beschwichtigt werden solle.

Darauf, im Frühjahr 1836, besetzten Truppen der Ostmächte das Krakauer Gebiet. Die Flüchtlinge verschwanden, die Behörden und die Volksvertretung wurden umgestaltet, und unter der strengen Aufsicht von Kommissären der drei Schutzmächte beruhigte sich die Stadt wieder, so daß die letzten Russen nach einigen Monaten abziehen konnten. In der Presse und den Parlamenten der Westmächte ertönte alsbald wieder der herkömmliche polnische Schmerzensschrei. Die Kabinette aber fühlten beide, wie wenig sich gegen diese Besetzung einwenden ließ; denn das neutrale Krakau war durch die Verträge ausdrücklich verbunden, Flüchtlingen und Verbrechern keine Zuflucht zu gewähren, und hatte diese Verpflichtungen mit Füßen getreten. Daher ließ Ludwig Philipp in Wien unter der Hand mitteilen, er hoffe die leidige Sache still zu begraben. Palmerston glaubte, aus Furcht vor dem Unterhause, einen Schritt weitergehen zu müssen. Er versuchte durch Lord William Russell dem Berliner Hofe einen förmlichen Protest zu übergeben und sendete den drei Ostmächten eine mit Vorwürfen und Verwahrungen stattlich ausgeschmückte Depesche. Zugleich verkündigte er seine Absicht, in Krakau einen englischen Konsul anzustellen, der dort natürlich nur Unruhen anzetteln konnte. Während er also wieder einmal den Beifall der liberalen Welt einerntete, schrieb er vertraulich an Metternich: England könne nicht anders verfahren, indessen werde der Handel hoffentlich keine Folgen haben; und dem bayrischen Gesandten gestand er gar: ich würde in Krakau ganz wie die Teilungsmächte handeln! Die Folge war, daß die Ostmächte Palmerstons Einspruch ebenso schnöde zurückwiesen, wie sie einst Englands Proteste gegen die Sechs Artikel, gegen die Besetzung Frankfurts abgefertigt hatten; und gewohnt, vor jedem entschlossenen Feinde zurückzuweichen, nahm der Lord die Demütigung gelassen hin. Immerhin genügten diese Erfahrungen, um die drei Schutzmächte besorgt zu stimmen. Wenn schon die vorübergehende Besetzung Krakaus so viel Lärm erregte, wie mußte dann gar die verabredete Einverleibung wirken? Man beschloß also, bessere Zeiten abzuwarten, und der Berliner Vertrag blieb ein unverbrüchliches Geheimnis, bis er nach elf Jahren zur allgemeinen Überraschung plötzlich ausgeführt wurde. –

Wie Metternich, trotz seines dringenden Wunsches dem Zaren zu gefallen, doch durch die Unbehilflichkeit des österreichischen Staatswesens zu einer Haltung gezwungen wurde, welche dem moskowitischen Selbstherrscher nur halb genügte, so war auch König Friedrich Wilhelm mitnichten geneigt, sich einer fremden Leitung zu fügen. Seine Politik verfolgte nur den bescheidenen Zweck, die neuerrungene wirtschaftliche Einheit der Nation durch die Erhaltung des Weltfriedens und den Ausbau der Zollvereinsverträge zu sichern; sie verfuhr behutsam und bescheiden, aber preußisch war sie. Im Frühjahr 1837 starb Ancillon, und Metternich rief dem getreuen Verehrer wehmütig nach: „Mir ist, als hätte ich die Deckung meiner rechten Flanke verloren." An seine Stelle trat Werther, der vor sechs Jahren in richtiger Selbsterkenntnis den Ministerposten abgelehnt hatte; und es zeigte sich bald, daß dieser kluge diplomatische Beobachter zum Befehlen nicht geschaffen war. Neue Gedanken vermochte er der großen Politik Preußens nicht einzuflößen; ihre Unabhängigkeit jedoch wahrte er weit strenger als sein Vorgänger, weil er in Paris die diplomatischen Umtriebe der beiden Kaiserhöfe zur Genüge kennen gelernt hatte. Das Verhältnis zu der Hofburg blieb, wie streng man auch die freundschaftlichen Formen einhielt, ziemlich kalt. Metternich konnte den Ingrimm über Preußens Handelspolitik nicht verwinden, und doch vermochte er nichts dawider, da Erzherzog Ludwig zu keiner Verbesserung des Zollwesens zu bewegen war. Überall in Österreich sagte man schon gleichmütig, seit der Stiftung des Zollvereins habe Preußen die Herrschaft in Deutschland erlangt. Als Rotteck im Jahre 1838 nach Wien kam, fragte ihn Metternich gemütlich: woher kommt dieser wachsende Einfluß Preußens? Der ehrliche Liberale antwortete: Von seiner verständigen, beharrlich fortschreitenden Verwaltung. – Und wie können wir dem entgegenwirken? – Wenn Sie dem preußischen Vorbilde folgen! Am Ende der langen Unterredung waren die beiden nur darin einig, daß sie Preußens steigende Macht und die Bedrängnis der katholischen Kirche inbrünstig bedauerten.

Ebensowenig wie der Hofburg gelang es dem russischen Kabinett, die preußische Politik zu beherrschen. Der Zar persönlich wurde vom Hofe wie vom Volke mit Ehrenbezeigungen überhäuft. Als er im Jahre 1838 wieder einmal nach Berlin kam, ernannte ihn der untertänige Magistrat zum Ehrenbürger der Hauptstadt, was den boshaften Großfürsten Michael zu der Äußerung veranlaßte: „Wenn mein Bruder seine Krone niederlegen sollte, so kann ihn niemand hindern, in Berlin Schornsteinfeger zu werden." Nikolaus bedankte sich durch eine reiche Geldspende und ließ Unter den Linden den Russischen Palast erbauen, um vor aller Welt zu zeigen, wie heimisch er sich an der Spree fühle. Aber bei diesem Austausch persönlicher Höflichkeiten blieb es auch. Daß Preußen in der polnischen Frage mit Rußland Hand in Hand ging, ergab sich von selbst aus der natürlichen Interessengemeinschaft der beiden Höfe. Desgleichen war es ein altbewährter Grundsatz der preußischen Politik, die Russen am Bosporus so weit als irgend möglich frei gewähren zu lassen. Noch zuversichtlicher als die Hofburg glaubte der Berliner Hof, daß die Pforte unter Rußlands freundlicher Schirmherrschaft wieder erstarken würde, und als der Gesandte in Konstantinopel, von Martens, einmal eigenmächtig versuchte, mit den Westmächten zusammenzugehen, erhielt er sofort eine scharfe Zurechtweisung.

Unterdessen begann sich in Preußens inneren Zuständen bereits jene Abspannung zu zeigen, welche am Ende einer langen Regierung fast immer eintritt. Wohl verdiente der festgeordnete alte Beamtenstaat nicht den galligen Tadel der Freunde Varnhagens, die ihn schon seit zwanzig Jahren beständig auf dem Wege von Jena nach Auerstädt zu sehen glaubten, und noch weniger die rohen Schmähreden der Demagogen. Seit dem Zollvereine nahm der Preußenhaß in den Kreisen des Radikalismus gewaltig überhand. Wer für Deutschlands künftige Einheit schwärmte, hielt sich verpflichtet, die werdende Einheit, den lebendigen deutschen Staat zu beschimpfen.

Unverkennbar nahte ein großer Umschwung langsam heran. Mit seiner letzten großen Tat, mit der Schöpfung des Zollvereins, war die Lebenskraft des alten Systems erschöpft. Es hielt sich nur noch, weil überall an zweiter Stelle ausgezeichnete Kräfte tätig waren; aber ihm fehlte die feste Leitung. Der König alterte sichtlich; was er noch an Tatkraft besaß, ging völlig auf in den peinlichen diplomatischen Händeln um die Erhaltung des Weltfriedens. Seit dem Tode von Motz und Maassen saß im Ministerium niemand mehr, der den Namen eines Staatsmannes verdiente. Die Leitung des Staatsrats erhielt nach dem Tode des Herzogs Karl General Müffling, der sein Amt ganz in dem hochkonservativen Sinne seines Vorgängers führte, aber wenig Einfluß gewann, da der Staatsrat seine alte Macht verloren hatte.

An dem neuen Finanzminister fand er keine feste Stütze. Als Maassen starb, wurde im Publikum der unermüdliche Unterhändler der Zollvereinsverträge, Kühne, allgemein als der gegebene Nachfolger betrachtet. Er stand aber am Hofe des Kronprinzen im Rufe eines Jakobiners, weil er gegenüber den Ansprüchen der Mediatisierten sehr scharf für das Recht der Staatseinheit eingetreten war, und hatte auch sonst, dank seiner scharfen Zunge, zahlreiche Feinde. Nach langen Erwägungen fiel die Wahl des Königs auf den Grafen Alvensleben, denselben, der soeben auf den Wiener Konferenzen den Minister des Auswärtigen vertreten hatte. Für sein neues Amt war Alvensleben keineswegs geeignet. Wie die meisten Edelleute der Altmark, hegte er ein stilles Mißtrauen gegen die liberalen Beamten, die mit ihrer Zollvereinspolitik das gewohnte Getriebe altpreußischer Sparsamkeit so bedenklich störten. Subalterne Naturen waren dem neuen Minister bequem; sie bestärkten ihn auch in seiner Scheu vor der Öffentlichkeit. Wie oft war Motz, schon als Oberpräsident, gegen den Unfug der summarischen, nur auf Grund zweifelhafter Vermutungen zusammengestellten Budgets aufgetreten. Noch kurz vor seinem Tode hatte er durch ein freimütiges Rundschreiben die anderen Minister aufgefordert, ihm jetzt endlich ganz genaue Etats vorzulegen, damit die Preußen „auch ohne konstitutionelle Formen" die wirkliche Lage ihres Staatshaushalts kennenlernten. Damals war die Reform an der Ängstlichkeit des Grafen Lottum gescheitert, und seit Alvensleben am Ruder stand, wagte das Finanzministerium selbst nicht mehr, auf seine wohlberechtigte Forderung zurückzukommen.

Und doch bestand durchaus kein Grund, mit der Wahrheit hinter dem Berge zu halten. In den Jahren von 1830 bis einschließlich 1840 betrugen die außerordentlichen Ausgaben nur 27,8 Mill. Taler, wovon beinahe 15 Mill. für die Chausseebauten daraufgingen. Dies ergab, da Rußland die Verpflegung der übergetretenen Polen mit 3,9 Mill. vergütete, insgesamt für elf Jahre einen außerordentlichen Aufwand von 63 222 527 Taler. Die Summe war keineswegs bedenklich; denn unvermeidlich mußten sich die Bedürfnisse des Staatshaushalts allmählich vermehren, weil der Verkehr wuchs und die Bevölkerung bis zum Jahre 1840 auf nahezu 15 Mill. Köpfe stieg.

Der Ertrag der neuen Abgaben überschritt die Voranschläge des Budgets bei weitem, und die Generalstaatskasse deckte den größten Teil der außerordentlichen Ausgaben (fast 41 Mill.) aus ihren baren Beständen: über 25 Mill. durch die Steuerüberschüsse, über 15 Mill. durch den Verkauf von Domänen und Grundzinsen. Außerdem wurden in diesen elf Jahren mehr als 31 Mill. von der Staatsschuld getilgt. Die Schuld verminderte sich in den Jahren 1820-33 von 217 auf 175 Mill., wovon 163 1/2 Mill. verzinslich; die verzinsliche Staatsschuld sank dann bis zum Jahre 1843 weiter bis auf 138 1/2 Mill., die Verzinsung von 9,3 auf 7,74 Mill. jährlich. Gleichwohl konnte sich Alvensleben in seiner bürokratischen Ängstlichkeit nicht entschließen, diese durchaus günstigen Ergebnisse vollständig bekannt zu machen. Der veröffentlichte Etat für 1838 schloß in Einnahme und Ausgabe mit 52,681 Mill. netto ab; mit Zurechnung der Erhebungs- und Betriebskosten stellte sich also der Bruttobetrag der Ausgaben etwa auf 84 Mill. Niemand hielt diese Zahlen für ganz richtig; denn wer sollte glauben, daß sich die Ausgaben seit 1820 wirklich nur um 1,8 Mill. vermehrt hätten?

Ein eigener Unstern waltete auch über dem Kriegsministerium. Während der Revolutionsjahre trug die falsche Sparsamkeit des Ministers von Hake schlimme Früchte: die Mobilmachung ward nur darum so kostspielig, weil man jetzt in Eile Vorräte anschaffen mußte, die schon im Frieden hätten vorhanden sein sollen.

Die Unzufriedenheit darüber aber war nichts gegen die schwere Frage, wie die allgemeine Wehrpflicht vollständig verwirklicht werden sollte. Da die Armeekorps alle gleich stark waren, so konnte es nicht ausbleiben, daß die einzelnen Provinzen, je nach der Vermehrung und der körperlichen Tüchtigkeit ihrer Bevölkerung verschieden belastet wurden, und wiederholt beschwerten sich die Zivilbehörden über diese Ungleichheit. Auf solche Klagen legte der König mit Recht wenig Wert; er meinte, der Übelstand werde „vollkommen ausgeglichen“ durch die große Erleichterung, die darin liege, daß die Mehrzahl der Mannschaften in ihrer Heimat diene. Weit bedenklicher erschien ihm, wie allen seinen Generalen, die übergroße Zahl der Dienstpflichtigen, welche, gegen den Sinn und Wortlaut des Gesetzes, tatsächlich zurückgestellt werden mußten. Bisher hatte man sich damit beholfen, die Überschüssigen notdürftig eine kurze Zeitlang bei der Landwehr auszubilden. Diese „Landwehrrekruten“ bewährten sich leider sehr schlecht, als sie während der polnischen Wirren an die Grenzen berufen wurden, und alle Sachverständigen stimmten darin überein, daß die Wehrpflichtigen fortan allesamt durch die Schule des Heeres gehen müßten. Aber an eine Erhöhung des regelmäßigen Militärbudgets ließ sich jetzt gar nicht denken, nachdem die Rüstungen der Revolutionsjahre so große Summen verschlungen hatten; also blieb nur noch ein überaus gefährliches Auskunftsmittel übrig, die Herabsetzung der Dienstzeit. Unter den Laien herrschte noch immer die Meinung, daß die Handgriffe des Exerzierplatzes sich spielend erlernen ließen; selbst die harmlosen Reaubeschen Jahrbücher fragten: warum wolle man nicht jedem Wehrpflichtigen gestatten, sich selber auf die militärischen Übungen vorzubereiten, und ihn dann befreien, falls er gut bestünde?

In solcher Lage hielten die tüchtigsten Generale, Prinz Wilhelm, Witzleben, Natzmer, Müffling trotz schwerer Bedenken für ratsam, den Versuch der zweijährigen Dienstzeit zu empfehlen; selbst General Boyen, der jetzt endlich die Gunst des Königs wieder erlangt hatte und zu den Verhandlungen zugezogen wurde, stimmte dem Vorschlage bei. Am 15. Oktober 1833 bestimmte der Kriegsminister durch eine vorläufige Verfügung, daß die Dienstzeit bei der Linieninfanterie fortan zwei Jahre währen solle, bei der Fußartillerie 2 1/2, bei der Garde und allen reitenden Truppen, wie bisher, drei Jahre. Die Landwehrrekruten fielen hinweg, dafür traten bei der Linie mehr Wehrpflichtige ein. Das Bataillon der Linieninfanterie zählte nunmehr im Frieden 522 Mann: 200 aus dem ersten, 200 aus dem zweiten Jahrgang, dazu 122 Unteroffiziere und Kapitulanten. So ward es möglich, trotz der vermehrten Rekruteneinstellung den Aufwand für das Heer fast unverändert zu erhalten: er betrug im Jahre 1838 nahezu 23 1/2 Mill. Taler, wenig mehr als im Jahre 1820. Aber dieser finanzielle Gewinn wurde durch schwere militärische Nachteile erkauft. Die Überzahl der Rekruten nahm die Kräfte der Offiziere und Unteroffiziere unmäßig in Anspruch. Während bisher, unter der Regel der dreijährigen Dienstzeit, der tüchtige Infanterist hoffen konnte, zum Lohne für seine gute Führung schon bald nach Ablauf seines zweiten Dienstjahres beurlaubt zu werden, fiel dieser Stachel des Ehrgeizes, der in Volksheeren besonders wirksam ist, jetzt hinweg, da jeder ohne Ausnahme seine zwei Jahre abdienen mußte. Sehr bald bemerkten die Generale, daß die dreijährige Lehrlingszeit, die in den meisten deutschen Handwerken bestand, auch im Kriegerhandwerke der Regel nach nicht entbehrt werden konnte. Die günstigen Erwartungen, welche der Chef des Generalstabs, General Krauseneck, bei der Einführung der zweijährigen Dienstzeit gehegt hatte, erfüllten sich nicht.

Wohl wurde die Ausbildung des einzelnen Mannes eifrig gefördert und namentlich das Scheibenschießen mit einer Sorgfalt gepflegt, welche die Bewunderung der französischen Offiziere erregte. In den Kadettenhäusern hatte ihr langjähriger Leiter, der Freund des Prinzen Wilhelm, General Brause, ein kräftiges Leben erweckt; sie lieferten der Linie fast immer guten Ersatz. Um so schlimmer stand es bei der Landwehr, unter ihren 3000 Offizieren vermochte wohl nur noch die Hälfte strengen militärischen Anforderungen zu genügen, da die Kriegserfahrenen nach und nach ausschieden, die Landwehrübungen um der Ersparnis willen sehr verkürzt wurden; und doch konnte eine Truppe, die im Frieden nur aus Cadres bestand, ausgezeichneter Offiziere am wenigsten entbehren.

Früherhin hatte der König selbst durch sein scharfes Eingreifen bei den Manövern manchen Mißstand beseitigt; jetzt im Alter wurde er nachsichtiger und zeigte sich mit allem zufrieden. Erstorben war der Geist der Befreiungskriege nicht. Das erkannte jedermann, als die alten freiwilligen Jäger am fünfundzwanzigsten Jahrestage des Aufrufs vom 3. Febr. ihre Erinnerungsfeste hielten. Im Gürzenich zu Köln waren ihrer dreihundert versammelt, General Pfuel kommandierte den Aufmarsch, Immermann feierte in einem schwungvollen Festgedicht die silberne Hochzeit des Volkes in Waffen: „Borussia blieb frisch und schön, und unser Mut blieb auch bestehn.“ Als darauf der alte Arndt, feierlich eingeladen, im Saale erschien, da drängten sich die Generale und die hohen Beamten mit warmen Grüßen zu dem bescholtenen Demagogen. Gleichwohl blieb auch dies volkstümlichste aller Heere von der Schlaffheit der langen Friedenszeit nicht unberührt. Geborene Helden wie Hauptmann Moltke und Leutnant Göben vemochten das mechanische Einerlei des Garnisondienstes auf die Dauer nicht zu ertragen und suchten sich im Auslande ein Ziel für ihren Tatendrang.

Den denkenden älteren Offizieren hingegen brachten diese stillen Jahre ein unschätzbares Geschenk, das nachgelassene Buch des Generals Clausewitz „Vom Kriege“. Es war das theoretische Vermächtnis der Befreiungskriege, das Meisterwerk der Militärwissenschaft des Jahrhunderts.

Den westlichen Provinzen begegnete die Regierung mit Schonung, in Posen aber ging, nach allem, was man an den Polen erlebt, selbst die preußische Langmut zu Ende. Dahin waren jene hoffnungsvollen Tage, da die deutschen Beamten mit den polnischen Edelleuten sich in dem gastfreundlichen Hause des Fürsten-Statthalters harmlos zusammengefunden hatten. Fürst Radziwill fühlte selbst, wie gänzlich er sich über die Gesinnung seiner Landsleute getäuscht; er legte seine Statthalterwürde nieder und starb bald darauf.

Fortan war der Oberprädident der alleinige höchste Vertreter der Staatsgewalt, und auf dies wichtige Amt berief der König den tapferen Mann, der dem preußischen Namen in den Landen des weißen Adlers zuerst ein festes Ansehen verschaffen sollte. Oberpräsident Flottwell war in Ostpreußen geboren, zu Königsberg in der Schule von Kant und Kraus erzogen und hatte dann unter Schöns Leitung in der altpreußischen Verwaltung die Polen gründlich kennengelernt. Aufrichtig sprach er aus, das alte System der Nachsicht und der Zugeständnisse habe sich überlebt, der Adel und der Klerus seien Preußens geschworene Feinde; nicht die Liebe, nur die Achtung der Polen könne sich eine deutsche Regierung erwerben; dies werde ihr gelingen, wenn sie ohne Ungerechtigkeit die deutsche Kultur fördere und damit die menschliche Gesittung der Provinz hebe.

Die Deutschen und die polnischen Bauern verehrten ihn als ihren Beschützer, und mit ihm seinen Freund, den kommandierenden General Grolman, der von den Polen fast noch grimmiger gehaßt wurde. Grolmans freiem Heldensinne waren die Untreue und die Undankbarkeit dieser

Brüder Jakob und Wilhelm Grimm

Tafel 60

Der Wiener Kongreß, 1814-1815

„unwürdigen" Provinz ein Greuel; er konnte nicht, wie Gneisenau, mit vornehmer Verachtung über die krummen Wege der Sarmaten hinwegblicken, er verabscheute „diese Bande der Gesetzlosigkeit, der Liederlichkeit und des Schmutzes" und wollte mit dazu helfen, daß „ihre polnische Natur sich zu einer menschlichen ausbildete". Was kümmerte es ihn, daß die Liberalen, die ihn zur Zeit der Karlsbader Beschlüsse auf den Schild gehoben hatten, ihm jetzt reaktionäre Gesinnung vorwarfen? Die Armee betrachtete ihn seit Gneisenaus Tode als ihren ersten Mann.

Während des polnischen Aufstandes hatte man die Landwehrzeughäuser ausräumen und die polnischen Regimenter aus der Provinz entfernen müssen; auf Grolmans Rat wurde jetzt bestimmt, daß die niederschlesischen Regimenter des fünften Armeekorps fortan in Posen, die posener regelmäßig im deutschen Schlesien Garnison erhielten.

Um Neujahr 1833 ging Flottwell nach Berlin, um dem Ministerrate die Ergebnisse seiner Beobachtungen vorzulegen. In den nächsten Monaten erschien dann Schlag auf Schlag eine Reihe tief einschneidender Verordnungen. Alle Klöster der Provinz wurden säkularisiert, die Einkünfte nebst einem erheblichen Zuschusse des Staats für die Schulen und die geistlichen Lehranstalten verwendet. Da viele Edelleute durch die Teilnahme an dem Aufstande ihr Vermögen zugrunde gerichtet hatten und zahlreiche Landgüter unter den Hammer kamen, so wurde dem Oberpräsidenten 1 Mill. Taler zur Verfügung gestellt, um diese Güter anzukaufen und an „Erwerber deutscher Abkunft" zu veräußern. Der Erfolg war günstig, etwa dreißig deutsche Rittergutsbesitzer kamen neu ins Land; an eine gründliche Auskaufung des polnischen Großgrundbesitzes, wie sie Grolman dringend anriet, konnte der bedrängte Staatshaushalt freilich nicht denken.

Schlimmer stand es um die ländliche Polizei. Viele der adligen Woyts mißbrauchten ihre Amtsgewalt, um die Bauern zu bedrücken; Willkür und Nachlässigkeit überall; es kam vor, daß der Woyt nicht bloß politische, sondern selbst gemeine Verbrecher vor der drohenden Verfolgung vertraulich warnte. Nachdem ein vermittelnder Reformversuch keine Besserung gebracht, entschloß sich die Krone endlich (1836) durch einen radikalen Eingriff Wandel zu schaffen. Die Kreise wurden in Distrikte von 6-9000 Einwohnern geteilt; in jedem Distrikte übernahm ein vom Oberpräsidenten ernannter königlicher Kommissär, unter der Aufsicht des Landrats, die Polizeiverwaltung. Unter dem Distriktskommissär standen mit beschränkten Befugnissen die kleinen Ortsobrigkeiten. Den Schulzen erwählte in den Dörfern, welche die bäuerlichen Lasten noch nicht abgelöst hatten, der Gutsherr, in den bereits regulierten Ortschaften die Gesamtheit der selbständigen Grundbesitzer; denn Flottwell wußte, daß der polnische Bauer seit Jahrhunderten gewöhnt war, in dem adligen Plan seine Obrigkeit zu sehen, und diese Meinung erst, wenn er von allen Herrendiensten befreit sei, aufgeben würde. Der strenge Beamtenstaat verdrängte nun die Adelsherrschaft. Die Selbstverwaltung des flachen Landes ward nahezu vernichtet; wie konnte sie auch hier gedeihen, da ihre Vorbedingungen, Treue und gesetzlicher Sinn, dem polnischen Adel gänzlich fehlten? –

Durch die rasche Beseitigung der grundherrlichen Abgaben in den Städten wurde auch das Ablösungswerk auf dem flachen Lande beschleunigt. Im Jahre 1837 waren schon 21 000 dienstpflichtige Bauern zu freien Eigentümern geworden, und der Segen dieser Reform ließ sich mit Händen greifen; schon am Anblick der Häuser und der Felder konnte der Wanderer ein reguliertes Dorf von einem zinspflichtigen sofort unterscheiden.

In den Dörfern wurden binnen zehn Jahren über zweihundert Volksschulen errichtet, die meisten mit polnischer Schulsprache und mangelhaftem deutschen Unterrichte – denn weiter wagte auch diese wegen ihrer Strenge verrufene Regierung noch nicht zu gehen –, dazu zwei neue Gymnasien mit geistlichen Alumnaten, ein katholisches Predigerseminar und eine Reihe evangelischer Pfarreien. Bei seinem Amtsantritt fand Flottwell vier Meilen Chausseen vor; nach einem Jahrzehnt war das große Straßennetz, das die Stadt Posen mit Berlin, Altpreußen, Schlesien verband, nahezu vollendet.

Noch niemals war dies Land so gerecht, so einsichtig, so sorgsam regiert worden; doch die Nachsicht, welche der König den Teilnehmern an dem polnischen Aufstande erwies, galt dem Adel nur für ein Zeichen der Schwäche.

Unablässig waren die Verschwörer am Werke. Unter den Flüchtlingen in Paris hatte die Partei der Roten das Übergewicht erlangt und einen polnisch-demokratischen Verein gegründet mit Sektionen und Bundesgerichten, mit regelmäßigen Abgaben und der eidlichen Verpflichtung zu unbedingtem Gehorsam. Seine geheimen Agenten trieben überall ihr Wesen, in den Kasinos zu Posen, Gnesen, Samter und auf allen Adelsschlössern, wo sich die Edelleute nach altpolnischem Brauche zur Winterszeit wechselseitig zu besuchen pflegten, bis in Küche und Keller die letzten Vorräte verzehrt waren.

Gefährlicher als alles andere blieb jedoch die unversöhnliche Feindseligkeit des katholischen Klerus, an dessen Spitze erst der eifrige polnische Patriot Wolicki, nachher der unberechenbare schwache Erzbischof Dunin stand. Fast in jedem Lande gemischten Volkstums begünstigt das römische Priestertum die minder gebildete Sprache; wie viel mehr hier, wo das Polnische zugleich die Sprache der katholischen Mehrheit war. Auch die deutschen Priester konnten sich der vorherrschenden Gesinnung des Klerus so wenig entziehen, daß Flottwell, nachdem er ein halb Jahr im Lande war, zum Entsetzen des allzeit vertrauensvollen Ministers Altenstein ehrlich eingestand: einen ganz zuverlässigen Geistlichen habe ich bisher noch nicht gesehen. Alle katholischen Deutschen saßen zwischen zwei Stühlen. Unter den Bambergern, den aus Franken eingewanderten katholischen Bauern, wühlte der Klerus schon im stillen, vorerst noch ohne sichtbaren Erfolg; und wenn ein Deutscher eine Polin heiratete, so ging die Nachkommenschaft regelmäßig dem Deutschtum verloren, weil in den Ehen der Durchschnittsmenschen die Frau über Volkstum und Glauben der Kinder zu entscheiden pflegt. Auch die sozialen Verhältnisse der Bevölkerung waren den Deutschen nicht günstig; denn die Mehrzahl der Polen gehörte den niedersten Schichten der Gesellschaft an, sie rechtfertigte hier wie überall den Namen der Proletarier und vermehrte sich schneller als der deutsche Mittelstand.

So geschah es, daß die deutsche Gesittung trotz der beträchtlichen Einwanderung doch nur langsam vorwärts schritt, und ungeduldige Deutsche schon an schärfere Mittel dachten. General Grolman empfahl gleich nach dem polnischen Aufstande die Vernichtung der Provinz Posen dergestalt, daß ihre Trümmerstücke den drei benachbarten treuen Provinzen zugeteilt würden; und der vom Bundestag her bekannte Legationsrat Küpfer, ein geborener Posener, riet der Krone, unter der Oberleitung einer königlichen Immediatkommission eine große Aktiengesellschaft zu bilden, welche den gesamten Grundsitz des polnischen Adels aufkaufen sollte. Es war der Schatten kommender Ereignisse; das gegenwärtige Geschlecht mit seinem knappen Staatshaushalte konnte sich so kühner Pläne nicht unterwinden. Aber der Zustand in der Provinz ward immer unleidlicher. Die beiden Nationen haßten sich nicht nur, sie verachteten einander auch; wie der Deutsche alle Niedertracht und Unredlichkeit mit dem Worte „polnische Wirtschaft“ bezeichnete, so konnte sich der Pole den sparsamen Ordnungssinn der Deutschen nur aus einem angeborenen Bedientengeiste erklären.

Dennoch wuchs das neue Deutschland kräftig heran, zum Schrecken aller Mächte, die auf Mitteleuropas Schwäche zählten. Leider aber war der Bestand des Zollvereins gerade in diesen ersten Jahren seines fröhlichen Aufblühens ernstlich bedroht. Diesmal kam die Gefahr aus Preußen selbst. Das fiskalische Interesse, das durch den Idealismus der Politik unleugbar schwer geschädigt war, erhob sich zur Abwehr. Die für Süddeutschland so günstigen Ergebnisse der Zollvereinsabrechnungen brachten den preußischen Staatskassen zunächst nur Verluste; die Verteilung der Einnahmen nach der Kopfzahl erwies sich als eine offenbare Ungerechtigkeit, zu Preußens Schaden. Preußens Zolleinnahmen betrugen im Jahre 1833 auf den Kopf der Bevölkerung 20 Sgr.; im folgenden Jahre, nach der Gründung des Zollvereins sanken sie fast um ein Viertel, auf 15 1/2 Sgr., und erst im Jahre 1838 wurde der frühere Satz annähernd wieder erreicht. In fünf Jahren einer unerhörten Verkehrssteigerung erlitt Preußens Finanzverwaltung also nur Einbußen. Von den 12,18 Mill. Tlr., welche der Zollverein in seinem ersten Jahre unter die Bundesgenossen verteilte, warf Preußen allein 8,99 Mill. Tlr. ein, während Bayern nur 950 000, Württemberg nur 270 000 Tlr. an Reinertrag eingenommen hatte. Und dies ungeheuerliche Mißverhältnis zwischen den Einnahmen der Verbündeten steigerte sich sogar mit den Jahren.

Angesichts dieser Tatsachen ließ sich gar nicht leugnen, daß Preußens Staatshaushalt von den süddeutschen Verbündeten beständig übervorteilt wurde, wenngleich ein Teil der in Preußen verzollten Waren späterhin nach dem Süden weitergehen mochte, und mithin eine genaue Abrechnung unmöglich war. Minister Rother, der seit 1835 das Handelsamt als ein selbständiges Ministerium verwaltete, und die anderen gestrengen Finanzmänner der alten Schule fragten empört: ob jemals ein mächtiger Staat solche Opfer gebracht habe für eine erhabene Idee? Wo waren denn die erhofften politischen Vorteile des Zollvereins? Wer nur von oben hin sah, konnte sie nirgends entdecken; die Professoren der Staatswissenschaft waren mit ihrem Urteil längst im reinen und diktierten in ihren Kollegien allesamt, der Zollverein sei lediglich ein wirtschaftlicher Bund, ohne jede politische Bedeutung. Er verhinderte ja nicht, daß die Abstimmungen der Vereinsstaaten am Bundestage oft sehr weit auseinandergingen, daß Preußen und Bayern während der kirchlichen Wirren sich scharf befehdeten.

Trotz allem ließ sich schon vorhersehen, daß der Zollverein auch diese Krisis überstehen und der preußische Staat fortfahren würde, der nationalen Handelspolitik schwere Opfer zu bringen. Auf den Dank der Nation konnte er freilich nicht zählen. Die Zeitungen kümmerten sich noch weniger um statistische Tabellen, und der liberale Philister lebte nach wie vor des Glaubens, daß die pfiffigen Preußen vom Zollvereine den Rahm abschöpften.

Trotz der großen Fortschritte dieser Jahre blieb Deutschland, den Westmächten gegenüber, noch immer ein armes Land. Der Zinsfuß stand hoch, auf 4 1/2 bis 5 Prozent; größere Unternehmungen mußten ihre Kapitalien oft aus England entleihen, wo sie für 2 1/2 bis 3 Prozent zu erlangen waren. Der gesamte Verkehr mit dem Auslande, zumal der überseeische, hing noch, völlig ungeordnet, von tausend Zufällen ab. Wenn der alte Goethe seinem getreuen Carlyle ein Kästchen mit Geschenken senden wollte, so mußte er oft monatelang warten, bis ein befreundeter Hamburger Reeder ein Schiff nach Edinburgh abgehen ließ; im Winter hörte dieser Verkehr gänzlich auf. Und dazu die schlechthin unberechenbaren Kosten. Wer sich nicht vorsah, konnte Wunder erleben. Im Jahre 1834 kaufte der sächsische Konsul zu Neuyork im Auftrage seiner Regierung die neuesten Schriften über das amerikanische Eisenbahnwesen; die Bücher kosteten 17 1/2 Tlr., als aber die Kiste endlich über Havre in Sachsen anlangte, war sie mit einer Frachtrechnung von 265 Tlr. 18 Gr. 3 Pf. belastet. Der Schiffsverkehr des Zollvereins unterlag jenen plötzlichen, rätselhaften Schwankungen, welche immer das Kennzeichen unfertiger Zustände sind. Im Pillauer Hafen waren im Jahre 1830 mehr als tausend Schiffe ein- und ebenso viele ausgegangen; dann sank der Verkehr beständig, im Jahre 1834 liefen nur 354 Schiffe ein, erst gegen das Ende des Jahrzehnts wurde der frühere Stand wieder erreicht. An den Odermündungen erstarkte die Schiffahrt nach langem Siechtum wieder, da die Getreideausfuhr nach England und Amerika zunahm, und die Raubzüge der Barbaresken seit der Eroberung Algiers aufhörten. Bisher hatte der Stettiner Reeder seine Schiffe nie über Bordeaux hinausgehen und sie regelmäßig daheim überwintern lassen; fortan segelten sie zur Winterszeit, dank den Franzosen, im sicheren Mittelmeere. Auf der Elbe fuhren seit 1837 Dampfschiffe zwischen Magdeburg und Hamburg; sie beförderten aber bloß Personen, Güter nur nebenbei, auch die kräftig anwachsende rheinische Dampfschiffahrt diente noch fast ausschließlich dem Personenverkehre.

Jetzt, da das Verkehrsbedürfnis überall erwachte, empfanden die Deutschen sehr schmerzlich, daß ihr Land in dem klassischen Zeitalter der Kanalbauten, im siebzehnten Jahrhundert so ganz verarmt und hilflos dagestanden hatte. Deutschland besaß keine Kanäle – mit einziger Ausnahme der Marken und ihrer östlichen Vorlande, denen die Tatkraft des großen Kurfürsten und des großen Königs trotz der Ungunst der Zeiten einige brauchbare künstliche Wasserwege geschenkt hatte. Der größte Teil seines weiten Gebiets sah sich also allein auf den Wagenverkehr angewiesen, und die Kosten der Verfrachtung auf der Achse stellten sich auch auf den neuen Chausseen noch so hoch, daß umfängliche, schwer ins Gewicht fallende Waren, Steine, Kohlen, Holz, selbst das Getreide im Binnenlande nur auf kurze Entfernungen versendet werden konnten. Das reiche Leipzig entbehrte noch immer der Bürgersteige, weil man die schweren Granitplatten aus den entlegenen Steinbrüchen nur zu unerschwinglichen Preisen herbeizuschaffen vermochte. Was frommten der Landwirtschaft die befreienden Agrargesetze, was der Zollverein, solange ihre Erzeugnisse vom großen Verkehre fast ausgeschlossen waren?

Und wie dürftig, eng, kleinstädtisch blieb noch immer die Industrie, trotz der besseren Zeiten. An Stahl erzeugte ganz Preußen im Jahre 1826 nur 62 000 Ztr., an Gußstahl 1832 gar nur 94 Ztr. Schienen und andere Eisenwaren, die nur mit Koks hergestellt werden konnten, kamen aus England, weil die deutschen Werke meist mit den Holzkohlen aus den nahen Waldungen heizten und die Fracht für die Steinkohlen nicht zu zahlen vermochten. Von Westfalens mächtigen Steinkohlenlagern wurde, wieder wegen der Frachtkosten, nur ein kleiner Teil ausgebeutet. Im Bochumer Revier waren 130 Gruben im Betrieb, 400 ruhten; so rechnete 1833 Friedrich Harkort, der beliebte Volksmann Westfalens. Harkort selbst leitete in Wetter an der Ruhr, Aston in Magdeburg eine große Maschinenfabrik. Jedoch im Jahre 1837 besaß Berlin erst 29 Dampfmaschinen mit 392 Pferdekräften, ganz Preußen ihrer 419 mit 7355 Pferdekräften; das Wagnis der kostspieligen Anschaffung erschien auch mutigen Gewerbetreibenden oft zu groß. Bis gegen das Ende des Jahrzehntes merkte die Masse des Volkes noch sehr wenig von dem Nahen einer neuen Zeit. Der Bauer ging dreimal jährlich in die Stadt auf den Jahrmarkt, um neue Stiefel oder was an Werkzeugen fehlte einzukaufen; in der Tabaksbude fand er den Bedarf für seine lange Pfeife, und nebenan hielt, mit der Schwammütze auf dem Kopfe, der vom Volksliede viel besungene „arme Schwammann“ seine Zündwaren feil; dann gasb es noch Pulsnitzer, Thorner oder Braunschweiger Pfefferkuchen für die Kinder, und wenn es hoch herging, zeigten eine starke Dame oder ein Affe auf dem Kamel ihre Künste. –

Erst die Eisenbahnen rissen die Nation aus ihrem wirtschaftlichen Stilleben, sie vollendeten, was der Zollverein nur begonnen hatte, sie griffen in alle Lebensgewohnheiten so gewaltig ein, daß Deutschland schon in den vierziger Jahren einen völlig veränderten Anblick darbot; und immer wird es eine frohe Erinnerung unseres Volkes bleiben, wie rasch, tatkräftig, entschlossen dies arme, politisch zersplitterte Geschlecht sich der weltumgestaltenden neuen Erfindung bemächtigte. Vieles traf zusammen, was den Deutschen den Entschluß erschwerte. Vor wenigen Jahren erst hatte man die neuen preußischen Schnellposten wie ein Wunderwerk angestaunt; der Chausseebau war überall erst im Gange; ganze Landesteile, selbst das reiche Vorpommern, entbehrten noch völlig der Steinstraßen. Dies neue Straßennetz auszubauen und mit Schnellposten auszustatten, erschien allen als die nächste Aufgabe; und sie war schwierig genug. Wer hätte es nicht für tollkühn halten sollen, in einer solchen Zeit der wirtschaftlichen Umwälzung auch noch eine Erfindung einzuführen, welche den Postbetrieb völlig umzugestalten, die Chausseen zum alten Eisen zu werfen drohte?

Mit feuriger Begeisterung, wie er jeden neuen Gedanken ergriff, wendete sich König Ludwig von Bayern den Eisenbahnplänen zu. Er ließ sich auch nicht beirren, als sein Ober-Medizinal-Kollegium ihm beweglich vorstellte, der Dampfbetrieb werde bei den Reisenden wie bei den Zuschauenden unfehlbar schwere Gehirnerkrankungen erzeugen, und damit mindestens die Zuschauer Schutz fänden, müsse der Bahnkörper mit einem hohen Bretterzaune umgeben werden. Ludwig sendete seinen Architekten Klenze nach England, Belgien und Frankreich, um sich über das Eisenbahnwesen zu unterrichten. Wichtiger als alle Eisenbahnen erschien ihm doch der so lange geplante Ludwigskanal. Der große Gedanke, das Werk Karls des Großen zu vollenden, die Nordsee mit dem Schwarzen Meere zu verbinden, übte auf sein romantisches Gemüt einen unwiderstehlichen Zauber; und als nun Rothschild dienstbeflissen 8 Mill. fl. Kanalaktien an der Börse unterbrachte, auch der Landtag sich dem königlichen Lieblingsplane willfährig zeigte, da wurden die Eisenbahnpläne über der *Fossa Carolina* bald fast vergessen.

Gleichwohl erlebte er die Genugtuung, daß in seinem Bayern die erste deutsche Dampfbahn eröffnet wurde, die Bahn von Nürnberg nach Fürth, eine Strecke von einer Meile, die man mit Dampf in 15, mit Pferden in 25 Minuten durchlaufen konnte. Sie war das Werk des wackeren Nürnberger Bürgertums. Aber mit dieser kleinen, nur für Personen bestimmten Stadtbahn, die sich bald mit 6 % verzinste, war die Frage nach der Möglichkeit großer Eisenbahnen noch nicht beantwortet.

Alle diese wohlgemeinten Entwürfe waren doch nur auf das Wohl einzelner Städte oder

Landschaften berechnet, und fast schien es, als sollten die Deutschen durch den Fluch ihres Partikularismus verhindert werden, die große Erfindung mit großem Sinne zu benutzen. Da trat Friedrich List hervor mit dem Plane eines zusammenhängenden, ganz Deutschland umfassenden Eisenbahnnetzes und zeigte durch die Tat, durch die glückliche Vollendung einer großen Bahnlinie, daß sein den Durchschnittsmenschen fast unfaßbares Ideal verwirklichen ließ. Als der Bahnbrecher des deutschen Eisenbahnwesens erwarb er sich sein größtes Verdienst um die Nation, seine Stellung in der vaterländischen Geschichte. Als er vor Jahren für die deutsche Zolleinheit gearbeitet, hatte er doch nur mutig ausgesprochen, was die Mehrzahl der Zeigenossen schon ersehnte, und in der Wahl der Mittel vielfach fehlgegriffen; jetzt aber, mit seinen Eisenbahnplänen, eilte er allen Landsleuten weit voraus und bewährte überalle die geniale Sicherheit seines Seherblicks.

Ein gütiges Geschick führte ihn nach Leipzig, eben in dem Augenblicke, da die Bürgerschaft dem Anschluß an den Zollverein entgegensah und, ohne Wasserstraßen wie sie war, ängstlich nach neuen Verkehrswegen suchte. Hier oder nirgends, das sah er auf den ersten Blick, mußte der Grundstein des deutschen Eisenbahnnetzes gelegt werden; wenn hier mit den Kapitalien der bedrängten reichen Handelsstadt eine große Verkehrsbahn entstand, so konnte ihr in dem gewerbereichen Lande der Erfolg nicht fehlen, und der Anschluß neuer Bahnen nach dem Norden und Westen ergab sich dann fast von selbst aus Leipzigs zentraler Lage. Sofort ließ er nun sein Büchlein „Über ein sächsisches Eisenbahnsystem als Grundlage eines allgemeinen deutschen Eisenbahnsystems“ (1833) erscheinen. In großen Zügen entwarf er hier, mit wunderbarem Scharfblick fast überall das Rechte treffend, ein Bild von dem Eisenbahnwesen der Zukunft: Lindau und Basel, Bremen und Hamburg, Stettin, Danzig und Breslau sollten vorläufig die Endpunkte des deutschen Bahnnetzes bilden, ganz wie es sich nachher erfüllte. In Berlin, das er nur oberflächlich kannte, sah er doch schon den Mittelpunkt des deutschen Verkehrs; sechs große Bahnlinien, die allesamt späterhin gebaut worden sind, wollte er dort einmünden lassen. Sein Plan galt nur dem Zollvereine und dessen Vorlanden; Österreich ließ er, mit Ausnahme der einen Linie Dresden-Prag, vorläufig unberücksichtigt, weil er einsah, daß dort ganz eigenartige Verhältnisse vorlagen.

Durch diese Schrift wurden vier unternehmende junge Leipziger Kaufleute für den Plan der Leipzig-Dresdener Eisenbahn gewonnen. Sie veranstalteten eine Versammlung, dann eine Eingabe an die Regierung, und König Friedrich August ging gütig und einsichtig auf die Pläne ein. Glücklicherweise unterschätzte man beträchtlich die Kosten, sonst wäre das Wagnis in der armen Zeit schwerlich begonnen worden. List, der wie alle Prophetennaturen von abenteuerndem Leichtsinn nicht frei war, meinte mit einer halben, höchstens mit einer Million Taler auszukommen. Das vorsichtigere Komitee gab für 1 1/2 Mill. Aktien aus und mußte sich bald überzeugen, daß man der dreifachen Summe bedurfte. Mittlerweile war aber das Unternehmen schon weit gefördert, niemand wollte mehr zurück, und auch „die Drillinge“ fanden jetzt Abnehmer.

List empfahl den geraden Weg über Meißen durch das schöne, volkreiche Bergland der Mulde; ein englischer Ingenieur J. Walker warnte jedoch vor den Schwierigkeiten einer Gebirgsbahn, und man wählte den Umweg durch die Ebene über Riesa, weil man der jugendlichen deutschen Technik nicht zuviel zumuten wollte. Dann begann das schwere Werk des Bodenankaufs, das der Staat durch ein verständiges, den Vorschlägen Lists entsprechendes Enteignungsgesetz erleichterte. Zahllose Prozesse mußten überstanden werden. Ein Windmüller klagte, weil ihm die Bahn den Wind abfange, ein anderer, weil sie die Ackerflur seiner Bauern und dadurch seinen Verdienst geschmälert habe; in einigen Dörfern leistete das Landvolk sogar tätlichen Widerstand. Eine Lokomotive, der Komet, wurde in England angekauft und eine Weile für Geld zur Schau gestellt; auch der Wagenbauer und der erste Lokomotivführer kamen aus England. Im April 1837 konnte endlich die erste Strecke von Leipzig nach einem nahen Dorfe befahren werden; dicht gedrängt standen die Massen zu beiden Seiten der Bahn, kein lautes Wort ließ sich hören, so schreckhaft wirkte der unerhörte Anblick. Dann mußte der „Einschnitt“ bei Machern ausgeschaufelt werden, durch eine Bodenwelle, welche der Reisende heute kaum bemerkt; von weither kamen die Fremden, auch der länderkundige Frhr. von Strombeck, um das Wunderwerk zu betrachten und gründlich zu beschreiben. Der schwierigste Kunstbau der Bahn, der Tunnel bei Oberau, wurde durch Freiberger Bergleute ganz nach Bergmannsbrauch wie ein Stollen von vier niedergesenkten Schachten aus in Angriff genommen; als alles beendet war, bildeten die Knappen in ihrem Paradeanzug, mit Fackeln in der Hand, im Tunnel Spalier, um den ersten durchbrausenden Zug mit dem alten Glückauf-Ruf des Erzgebirges zu begrüßen. –

Die eigentümliche Wagelust des Jahrhunderts trat immer zuversichtlicher auf, hoffnungsvoll sah das heranwachsende Geschlecht einer unermeßlichen Zukunft entgegen. Derweil die Deutschen sich noch an ihrer ersten großen Eisenbahn abmühten, versuchte schon eine andere folgenschwere Erfindung, die deutsche Erfindung der elektro-magnetischen Telegraphie sich Raum zu schaffen. Das alte optische Telegraphenwesen hatte in Preußen während der jüngsten Jahre eine hohe Ausbildung erlangt. Auf eine Anfrage aus Berlin traf die Antwort aus Koblenz schon binnen vier Stunden ein, freilich nur bei hellem Wetter. Wenn das hohe Balkengerüst auf dem Turmhause in der Dorotheenstraße einmal den ganzen Tag hindurch ununterbrochen seine rätselhaften Bewegungen ausführte, dann meinten die Berliner bedenklich, die Zeiten würden schlimm. Aus Petersburg konnten die Nachrichten durch den Telegraphen und durch Kuriere in fünfzig Stunden befördert werden, und man hoffte noch auf größere Beschleunigung, da der Zar soeben bei Fraunhofer in München 450 Fernrohre für die russischen Telegraphen bestellte hatte. Aber der optische Telegraph diente ausschließlich den Behörden. Ein rascher Nachrichtendienst für den allgemeinen Gebrauch ward erst möglich, als der junge Wilhelm Weber nach Göttingen kam und Gauß entzückt ausrief: der Stahl schlägt auf den Stein. Der Physiker und der Mathematiker verfolgten selbander die geniale Entdeckung Soemmerings weiter; sie verbanden den elektro-magnetischen Apparat ihrer Sternwarte durch einen 3000 Fuß langen Draht, über den Turm der Johanniskirche hinweg, mit dem Physikalischen Kabinett (1833). Ein echt deutsches Bild: diese gewaltige Erfindung zuerst in einer stillen Gelehrtenstadt, deren behäbige Bürgerschaft sich vom Welthandel gar nicht träumen ließ! Die beiden Gelehrten behaupteten, ihr Telegraph müsse auch auf weite Entfernungen, Länder und Völker verbindend, mit der gleichen Sicherheit wirken, und Wilhelm Weber erbot sich (1836), neben der Leipzig-Dresdener Bahn, zunächst bis Wurzen, eine Drahtleitung anzulegen; die Kosten des Versuchs schätzte er auf 2000 Tlr. Das sparsame Komitee wollte aber eine solche Summe nicht an einen zweifelhaften Erfolg wagen. So blieb die deutsche Erfindung liegen, bis die Amerikaner nach Jahren sich ihrer bemächtigten und sie dem Weltverkehre dienstbar machten.

Am 7. April 1839 wurde die ganze Bahn eröffnet, und noch lange erzählte sich das Volk von den Abenteuern dieser ersten Fahrten. Auf einer Station war ein Leipziger Student mitsamt einem unbezahlten Glase Bier dem Kellner hohnlachend davongefahren; in dem gefürchteten Tunnel pflegten die Damen reiferen Alters eine Stecknadel zwischen die Lippen zu nehmen, um sich gegen die Liebkosungen ausschweifender Jünglinge zu sichern. Vorsichtige Ärzte wollten von der Tunnelfahrt, die fast eine Minute währte, überhaupt nichts hören; sie befürchteten, bei dem plötzlichen Luftwechsel müsse ältliche Leute der Schlag rühren, und allerdings waren die Wagen der dritten Klasse noch unbedeckt, die der zweiten ohne Fenster. Daß die Schienen und die Räder durch die ungeheure Reibung notwendig in Brand geraten müßten, war die allgemeine Ansicht; erst die vollendete Tatsache schlug alle Befürchtungen zu Boden. Der Erfolg übertraf die kühnsten Erwartungen. Erstaunlich wie diese erste große Eisenbahn auch auf den benachbarten Landstraßen Mitteldeutschlands sofort die Reiselust belebte; im Jahre 1828 beherbergten die Dresdner Gasthöfte 7000 Fremde, in den ersten drei Vierteljahren 1839 bereits 36 000. Schon in ihrem ersten Jahre beförderte die Bahn 412 000 Personen und 3,85 Mill. Meilen-Zentner. Im zweiten Jahre sank der Personenverkehr um ein Geringes, weil sich die erste Neugierde etwas gelegt hatte; der Güterverkehr aber stieg mit einer ganz ungeahnten Schnelligkeit. Anfangs waren viele Frachtfuhrleute noch gemächlich auf der Landstraße neben dem Dampfwagen hergefahren, weil die Spediteure die Kosten des Umladens scheuten. Erst seit die Bahn Anschlüsse erhielt und die Anfuhr zu den Bahnhöfen erleichterte, riß sie auch den Güterverkehr an sich, und nach einer Reihe von Jahren ergab sich, daß sie von den Gütern mehr einnahm als von den Personen. Dies widersprach allen Vorhersagungen; hatte doch selbst der berühmte Arago versichert, eine Eisenbahn könne vielleicht Personen, doch unmöglich große Gütermassen befördern.

List arbeitete rastlos weiter. Er gründete ein Eisenbahn-Journal, das sich freilich nicht lange halten konnte, weil es in Österreich verboten wurde, und zwang durch sein Beispiel die Presse, auf die so lange vernachlässigten volkswirtschaftlichen Fragen gründlich einzugehen. Um seiner Bahn die Fortsetzung nach Norden zu sichern, begab sich List 1835 nach Magdeburg, und die Kaufmannschaft, die erst vor sechs Jahren alle Eisenbahnpläne abgewiesen hatte, nahm ihn jetzt mit offenen Armen auf. Die Magdeburger rühmten sich: unsere Eisenbahn nach Leipzig wird die erste Bahn der Welt sein, welche die Grenzen verschiedener Staaten durchschneidet! So brachte List auch in Preußen die Kugel ins Rollen.

Mehrere andere Anfragen lagen bereits vor, wegen der Bahnen Berlin-Potsdam, Köln-Aachen, Düsseldorf-Elberfeld, Düsseldorf-Minden, Berlin-Stettin, und es ließ sich jetzt schon erkennen, daß der preußische Verkehr vornehmlich einer rascheren Verbindung des Ostens mit dem Westen bedurfte; die von Bayern befürwortete nord-südliche Linie erschien zunächst noch minder dringend. Minister Rother aber konnte zu keinem der Entwürfe ein Zutrauen fassen. Während fast jedermann noch glaubte, die Eisenbahnen seien Wege wie andere auch, für alle benutzbar, und könnten den Unternehmern nur ein hohes Wegegeld einbringen, erkannte der welterfahrene Bankdirektor sogleich, daß die Eisenbahngesellschaften das gesamte Transportgeschäft auf ihren Linien an sich reißen würden; ein solches Vorrecht wollte er Privatgenossenschaften nicht gewähren, er fürchtete den Mißbrauch des Monopols und einen schlimmen Aktienschwindel. Aber auch der Staatsbau schien ihm nicht ratsam, denn er bezweifelte noch die Einträglichkeit der Eisenbahnen und hielt den Staat für verpflichtet, weder die Post noch die bestehenden Land- und Wasserstraßen zu schädigen. Daher schloß er seinen Bericht an den König mit der Erklärung: „Die Staatsregierung hat jetzt noch keine Veranlassung, Eisenbahnen, welche als Handelsstraßen dienen sollen, auf eigene Kosten anzulegen, durch Beteiligung mit verhältnismäßig ansehnlichen Summen zu unterstützen oder ihnen andere namhafte Opfer zu bringen und Vorrechte einzuräumen."

Der König selbst zeigte sich den Eisenbahnen anfangs abgünstig; er war zu alt, um sich noch für eine Erfindung zu erwärmen, welche die Freude seiner letzten Jahre, den Chausseebau, zu stören drohte. Der Thronfolger dagegen schwärmte für die Eisenbahnen, und da der Thronfolger so stürmisch drängte und die Anfragen der Eisenbahngesellschaften sich mehrten, so befahl der König eine gründliche Beratung über ein umfassendes Eisenbahngesetz, das die Stellung der Staatsgewalt zu der neuen Erfindung endgültig regeln sollte.

Aus vielen Erwägungen entstand, noch bevor die erste große deutsche Eisenbahn vollendet war, das preußische Eisenbahngesetz vom 3. Nov. 1838, eines der letzten denkwürdigen Werke des alten Beamtenstaates, ein Gesetz, das zur Regelung ganz unbekannter Verhältnisse bestimmt war und doch ein halbes Jahrhundert voll ungeahnter Wandlungen lebenskräftig überdauert hat. Seine Stärke lag darin, daß die Staatsgewalt sich ein sehr weit ausgedehntes Aufsichtsrecht über die Privatbahnen, auch die Möglichkeit eines künftigen Staatseisenbahnsystems vorbehielt und doch sich weislich hütete, durch gehäufte Einzelvorschriften einer noch nicht übersehbaren Entwicklung vorzugreifen. Alle Eisenbahnen unterlagen der königlichen Genehmigung, desgleichen im einzelnen die Bahnlinie, der Bau der Bahn und seine Fristen, die Einrichtung der Wagen und Maschinen; sie mußten jederzeit in sicherem und dem Zwecke entsprechenden Zustande erhalten werden. Der Staat erteilte ihnen das Recht der Enteignung, wie den Chausseen, er prüfte ihre Rechnungen und beaufsichtigte sie durch ständige Kommissäre. Er behielt sich vor, die Bahnen nach dreißig Jahren anzukaufen und belegte sie mit einer noch näher zu bestimmenden Steuer. Außerdem behielt die Krone das Recht, die Bestimmungen des Gesetzes nach freiem Ermessen abzuändern oder zu ergänzen, und die bestehenden Gesellschaften mußten sich im voraus solchen Änderungen unterwerfen. Also war dem Monopolgeiste ein starker Riegel vorgeschoben.

Inzwischen hatte auch in Preußen der Bahnbau begonnen. Zuerst wurde die kleine Strecke von Düsseldorf nach Erkrath eröffnet; dann folgte, noch im Jahre 1838, die Berlin-Potsdamer

Bahn, und groß war das Erstaunen, als dort täglich 2000, an Festtagen sogar 4000 Menschen verkehrten. Schon nach Jahresfrist mußte man dieser Gesellschaft gestatten, daß ihre Züge auch in der Dunkelheit fahren durften, natürlich langsam und unter mannigfachen Vorsichtsmaßregeln. Dem Könige war das neue Wesen noch immer nicht recht geheuer; er fuhr noch eine Zeitlang in seinem Wagen neben der Bahn her. Dann merkte er doch, daß selbst seine edlen Trakehner Rappen mit der Lokomotive nicht Schritt halten konnten, und eines Tages erfuhren die Berliner zu ihrer freudigen Überraschung, Seine Majestät sei heute früh mit dem Bahnzuge nach Potsdam gereist.

Die Größe der beginnenden sozialen Umwälzung ließ sich am sichersten daran erkennen, daß schlechterdings niemand ihre Folgen genau vorhergesehen hatte. Nicht bloß der Gesamtverkehr wuchs über alle Vorhersagungen hinaus; hatten doch selbst mutige Männer höchstens gehofft, die Eisenbahnen würden den Chausseen etwa ebenso weit überlegen sein wie diese vormals den alten Landwegen. Auch im einzelnen kam fast alles anders als die klügsten Leute erwarteten. Der Betrieb der Eisenbahnen war unzweifelhaft ein Monopol, und jener Paragraph des preußischen Eisenbahngesetzes, welcher auch anderen, nicht zur Gesellschaft Gehörigen den Transport gestatten wollte, erwies sich sogleich als ein toter Buchstabe. Die Güter brachten mehr ein als die Personen, der Lokalverkehr mehr als der große, die dritte Wagenklasse mehr als die beiden ersten zusammen; und wie verwundert hatte man noch vor kurzem dem wackeren Friedrich Harkort zugehört, als er voraussagte, der kleine Mann würde die Eisenbahnkassen füllen wie den Steuersäckel, schon, um Arbeitslohn zu gewinnen, das Fußwandern aufgeben. Die Gewerbestraßen trennten sich nicht ab von den Kriegsstraßen, wie Aster fürchtete, sondern sie zwangen den Krieg, ihren Bahnen zu folgen. Auch der Pferdebestand nahm nicht ab, wie jedermann glaubte; sondern die Deutschen erfuhren, daß in einem fleißigen Volke jedes befriedigte Bedürfnis neue Bedürfnisse in unendlicher Folge weckt: die Nebenstraßen beschäftigten fortan mehr Pferde als früher die Hauptstraßen.

Nun da die Macht des Raumes überwunden ward, begann die Welt auch erst den Wert der Zeit zu schätzen, ja zu überschätzen. Ein hastiges, atemloses Treiben nahm überhand, eine fieberische Begehrlichkeit nach dem Neuen und Unbekannten, ein Drang nach Genuß und Gewinn, der von dem überspannten Idealismus des älteren Geschlechts unheimlich abstach. Die Geselligkeit verödete. Je mehr die Zahl der Briefe zunahm, um so dürftiger wurde ihr Inhalt, und seit die Zeitungen sich mehrten, schrieb der gebildete Mann fast nur noch Geschäftsbriefe. Der anschwellende Verkehr wirbelte alle Stände dermaßen durcheinander, daß der Kastendünkel sich kaum mehr halten konnte. Die Gesellschaft demokratisierte sich, die Umgangssprache ward kürzer, geschäftlicher, aber auch grob und ungemütlich. Der Durchschnittsmensch empfing eine Masse neuer Eindrücke und Kenntnisse, doch je mehr sie sich drängten, um so weniger hafteten sie. Das neue Geschlecht krankte an einer vielseitigen, oberflächlichen Bildung, an Übersättigung, Zerstreutheit, Anmaßung. Die großen Städte wuchsen unaufhaltsam, manche der kleinen sanken, eine krampfhafte Lust an den großstädtischen Genüssen verbreitete sich weithin im Volke, und mit der Macht der Massenkapitalien stieg auch das Massenelend.

Für das zerrissene Deutschland war der Segen dieser neuen Verhältnisse doch ungleich größer als ihre Nachteile. Der schreiende Widerspruch geistiger Größe und wirtschaftlicher Armseligkeit konnte nicht fortdauern, ohne den Charakter des Volkes zu gefährden. Die werdende politische Macht des neuen Deutschlands bedurfte des Wohlstandes und der kecken Unternehmungslust, das verhockte und verstockte Treiben der Kleinstädter einer kräftigen Aufrüttelung. Der unwürdige polizeiliche Druck, der auf dem deutschen Leben lag, konnte weder durch Kammerreden noch durch Zeitungsartikel überwunden werden, sondern nur durch die physische Macht eines aller Überwachung spottenden gewaltigen Verkehres. Seit man das engere Vaterland in drei Stunden durchfuhr, kam auch dem schlichten Manne die ganze verlogene Niedertracht der Kleinstaaterei zum Bewußtsein, und er begann zu ahnen was es heiße, eine große Nation zu sein. Die Grenzen der Stämme und der Staaten verloren ihre trennende Macht, zahllose nachbarliche Vorurteile schliffen sich ab, und die Deutschen erlangten allmählich, was ihnen vor allem fehlte, das Glück einander kennen zu lernen. Auch dem Auslande gegenüber bewährte sich dies erstarkende Selbstgefühl. Die ersten Eisenbahnen wurden noch zum guten Teile mit englischem Kapital erbaut. Nach und nach versuchte der deutsche Geldmarkt selbständiger zu werden und, was unendlich mehr bedeutete, seit die deutschen Eisenwerke wohlfeilere Kohlen erhielten, begannen sie die englischen Schienen zu verdrängen. Erst durch die billigen Eisenbahnfrachten gelangte die Nation wirklich in Besitz ihrer Eisen- und Kohlenschätze. Große Fabriken entstanden, die den Bahnen ihre Wagen und Maschinen bauten. In Berlin gründete der junge Schlesier Borsig, nachdem er eine Zeitlang die Eisengießerei der Firma Egells geleitet, eine Maschinenfabrik für den Bau von Lokomotiven; mit 50 Arbeitern begann er, nach wenig Jahren beschäftigte er ihrer schon tausend; er wußte, daß dem Mutigen die Welt gehört. In Nürnberg erweiterte sich die kleine Wagenbauanstalt der Fürther Eisenbahn zu der großen Fabrik von Klett und Cramer. Ein neuer Stand von Ingenieuren und Eisenbahntechnikern kam empor, sehr reich an Talenten, unternehmend, stolz im Bewußtsein einer großen Kulturaufgabe. Es war eine schöne friedliche Arbeit nationaler Befreiung; erst im nächsten Jahrzehnt sollte sie ihre ganze Stärke offenbaren. –

Unter jeder großen Umgestaltung des sozialen Lebens müssen einzelne Klassen und Gewerbe unfehlbar leiden. Eben in diesen hoffnungsvollen ersten Jahren des Zollvereins und der Eisenbahnen bekundeten sich schon die Anzeichen des beginnenden Massenelends. An dem allgemeinen Aufschwunge der Volkswirtschaft nahm auch das Kleingewerbe teil. Doch nur die Zahl der Gehilfen wuchs beträchtlich, die der Meister wenig; ein selbständiges Geschäft zu behaupten ward bei dem verschärften Wettbewerbe immer schwieriger. Die Kleingewerbe der Seifensieder, der Gerber, der Töpfer, der Handschuhmacher gingen schon zurück, weil sie den Kampf mit den großen Fabriken nicht aushalten konnten. Die Berliner Stadtverordneten klagten, daß die Kosten ihrer Armenverwaltung in den Jahren 1821-38 von 104 000 auf fast 374 000 Tlr., weit schneller als die Bevölkerung, gestiegen seien. Während die höheren Stände den ärmlichen Gewohnheiten der Kriegsjahre nach und nach entwuchsen, lebte der kleine Mann kaum besser denn zuvor; in vielen großen Städten nahm die Fleischverzehrung durchschnittlich ab. Das Wachstum der Städte verhalf manchem Hausbesitzer plötzlich zu Reichtum, doch die Mieten, vornehmlich die kleinen Wohnungen, wurden unerschwinglich. Großen Talenten, wie Borsig, eröffnete die junge Großindustrie eine glänzende Laufbahn; der Durchschnitt der Arbeiter aber befand sich in hilfloser Lage. Der neue Stand der Fabrikanten, der sich soeben erst selbst seine Stellung in der aristokratischen alten Gesellschaft erobert hatte, gebrauchte seine Macht noch mit der ganzen Rücksichtslosigkeit des Emporkömmlings. Es waren die Tage, da die englischen Fabrikanten sich in ihren Versammlungen gegen ihre Arbeiter geradezu verschworen, einen höchsten Satz für den Arbeitslohn, einen niedersten für den Preis der Waren untereinander verabredeten. Das Elend der Arbeiter galt für ein unwandelbares Naturgesetz, von Pflichten der Arbeitgeber war kaum die Rede.

Auch die Staatsgewalt, die in Preußen so oft schon durch ihre zwingende Gerechtigkeit soziale Mißverhältnisse ausgeglichen hatte, beachtete diese neuen Zustände noch wenig: denn überall lebt der Staat langsamer als die Gesellschaft, er vermag ihren Wandlungen nur zu folgen. Was die Regierung durch ihre Schutzzölle, ihre technischen Lehranstalten, durch die Darlehen der Bank und der Seehandlung für den Gewerbefleiß tat, kam unmittelbar fast allein den Unternehmern zugute. Zumal die Not der Hausindustrie in den Hungergebirgen Mitteldeutschlands blieb den Blicken der Behörden noch beinah ganz verborgen. Dort war das Elend schon sehr groß, Tausende fleißiger Menschen litten unter den unberechenbaren Preisschwankungen des Weltmarktes; in den armen Weberdörfern am Landshuter Kamme ließ sich schon bemerken, wie die durchschnittliche Lebensdauer von Jahrzehnt zu Jahrzehnt abnahm. Alle diese sozialen Gefahren waren erst im Werden; selbst in Englands unvergleichlich höher entwickelter Industrie gelangten die Arbeiter erst nach dem Siege der Reformbill auf den Gedanken, eine eigene Arbeiterpartei zu bilden. Doch unverkennbar nahte die Zeit heran, da die arbeitenden Massen durch den Druck unverschuldeter Not zum Selbstbewußtsein erwachen, ganz neue Ansprüche an Staat und Gesellschaft erheben mußten.

Noch blieb aber der soziale Friede überall ungestört; nur die Pforzheimer Goldarbeiter wagten einmal (1839) wegen Verlängerung der Arbeitszeit einen Aufruhr, den die Truppen niederschlagen mußten. Was sich aber von langer Hand her vorbereitete, das lehrte die Haltung der deutschen Arbeiter im Auslande. Die große Mehrzahl der deutschen Handwerksburschen in Paris und der Schweiz ging nach und nach in das Lager des extremen Radikalismus über. Ein solcher Umschwung ließ sich nur durch das soziale Unbehagen erklären, da politische Sorgen diese Volksschichten wenig bekümmerten. Handwerksgesellen bildeten den Stamm des Jungen Deutschlands, das sich im Jahre 1834 mit Mazzinis Jungem Europa förmlich verbrüderte und den Wahlspruch führte: Freiheit, Gleichheit, Humanität.

Als Mittel zum Zweck hieß Mazzini jede Aufwiegelung willkommen; er hatte nichts dawider, wenn die Gebildeten unter den deutschen Flüchtlingen, die sich in Biel und Zürich zusammenfanden, ihre Landsleute aus dem Handwerkerstande durch rohe Brandschriften bearbeiteten. Es waren meist alte Burschenschafter aus der Schule der Unbedingten.

Weniger als in der Schweiz hatten die deutschen Verschwörer in Paris zu bedeuten. Unter den 13 000 Flüchtlingen aller Länder, die in Frankreich zusammengeschneit waren, spielten die Deutschen nur eine bescheidene Rolle, obgleich sie die Bildung revolutionärer Geheimbünde fast so eifrig wie die Polen betrieben.

Da England alle politischen Verschwörungen gegen das Ausland grundsätzlich unverfolgt ließ, so entstand dort nach und nach noch eine Anzahl anderer deutscher Geheimbünde, die mit Mazzinis Jungem Italien, mit der französischen Gesellschaft der Menschenrechte, der Demokratischen Gesellschaft der Polen im Verkehr blieben. Machtlos für den Augenblick, wurden die Geheimbündler doch für die Zukunft bedeutsam; ihre langjährige, still wühlende Arbeit half die Aufstände des Jahres 1848 vorbereiten. –

Auch die Auswanderung nach Nordamerika wurde durch den Unfrieden der Revolutionsjahre mächtig gefördert. Es gibt im Völkerleben Zeiten der Seßhaftigkeit, und wieder andere, in denen der Wandertrieb wie eine dunkle elementarische Macht auf das Gemüt der Menschen wirkt. Wie einst das Lied „Naar Oostland wille wi varen“ verführerisch durch die Dörfer Flanderns klang, so träumten jetzt Unzählige von dem märchenhaften Glück, das jenseits des großen Wassers jedem Tüchtigen winken sollte; und so wenig nüchterne Belehrung die Kreuzfahrer von der heiligen Reise zurückhalten konnte, ebensowenig vermochten jetzt Vernunftgründe gegen die unbestimmte Sehnsucht nach dem Westen.

Dort in der Fremde erfuhren die Deutschen täglich, wie stark die innere Einheit unseres Volkstums ist. Alle Auswanderer deutscher Zunge, auch die Elsaß-Lothringer, die Schweizer, die Österreicher, schlossen sich unwillkürlich als Landsleute aneinander, während die Schotten und Iren den Engländern fern blieben. Dem alten Vaterlande gingen aber alle diese tüchtigen Kräfte unrettbar verloren.

# X

# Der welfische Staatsstreich

Trotz der allgemeinen Ermattung und trotz seiner parlamentarischen Niederlagen blieb der Liberalismus im Wachstum. Seine sozialen Ideen verbreiteten sich in der Stille, sie wurden allmählich zu Standesvorurteilen des gebildeten Bürgertums, das sich jetzt, seit zu dem Wissen der neue Wohlstand hinzukam, ganz unbedenklich für den Kern der Nation hielt. Die scheinbare gesellschaftliche Gleichheit der Franzosen und das Gesetzbuch der durchgebildeten Geldwirtschaft, der Code Napoleon, fanden Bewunderung nicht bloß im Südwesten, auch in Thüringen, in Sachsen, in den Städten der alten preußischen Provinzen. In diese demokratisierte, den alten Standesunterschieden entfremdete Gesellschaft schlug nun eine Gewalttat hinein, welche auch die schlummernden politischen Leidenschaften wieder erweckte und von der häßlichen Lüge des deutschen Bundesrechts den letzten Schleier hinwegriß, ein Staatsstreich, so frevelhaft, so unentschuldbar, so gemeinverständlich in seiner Rohheit, daß der sittliche Ekel fast alle irgend selbständigen Männer zum Widerspruche zwang und den Reihen der liberalen Opposition mit einem Male neue Kräfte zuführte.

Am 20. Juni 1837 starb König Wilhelm IV., und da nach deutschem Rechte der Mannesstamm den Weibern vorging, so zerriß jetzt, zum Segen für beide Teile, das unnatürliche Band, das Hannover durch vier Menschenalter an Großbritannien gekettet hatte. Für die Briten hatte diese Verbindung längst allen Wert verloren. Die hannöverschen Truppen für englische Zwecke zu verwenden, war unter dem Deutschen Bund kaum noch möglich; seit der Entstehung des preußischen Volksheeres bedeutete die kleine Armee ohnehin nicht mehr so viel wie im alten Jahrhundert. Seit der Zollverein gesichert war, konnte auch die handelspolitische Dienstbarkeit Hannovers den Engländern nichts mehr nützen. Einzelne kleine Gewinnste vermochte Palmerstons geschickte Hand wohl noch aus dem deutschen Nebenlande herauszuschlagen; mit Hannovers Hilfe hatte er vor kurzem die Bundesexekution in Luxemburg vereitelt. In der Regel empfand er die Doppelstellung der Krone nur als eine Last; wenn der König von Hannover andere Wege ging als der König von England und die Bundespolitik der Hofburg unterstützte, dann mußte die britische Staatskunst vor den Augen der Welt noch treuloser erscheinen als sie wirklich war. Gesättigt von den Erfolgen des napoleonischen Zeitalters, hatte sich der Ehrgeiz der Nation seit einigen Jahren fast ausschließlich den überseeischen Interessen, dem Oriente und den Kolonien, zugewendet. Die öffentliche Meinung verstand den Grundsatz der Nicht-Einmischung, der von Palmerston so mannigfach ausgelegt wurde, in buchstäblichem Sinne; sie wollte von den festländischen Wirren wenig hören, sie verlangte, daß England wieder ein Inselreich würde, und schon darum hieß sie die Trennung von Hannover willkommen.

Mit der Thronbesteigung der Königin Viktoria errang die Politik der Reform für lange Zeit einen vollständigen Sieg. Die unerfahrene junge Fürstin sah sich außerstande, die schattenhafte monarchische Gewalt durch die Kraft eines selbständigen Willens neu zu beleben, sie konnte sich nur von dem Strome der vorherrschenden nationalen Gesinnung treiben und tragen lassen. König Wilhelm war den liberalen Ideen halb widerstrebend gefolgt, Viktoria gehörte ihnen schon durch die Geburt an, da ihr väterliches Haus mit den Hochtorys stets in Feindschaft gelegen hatte. Sie überließ sich willig der Führung des Hauptes der Whigpartei, Lord Melbourne, und wurde zugleich von ihrem Oheim, König Leopold, mit politischen Ratschlägen unterstützt. Der kluge Koburger arbeitete bereits seit Jahresfrist an einem neuen Heiratsplane, der seinem Hause die dritte Königskrone einbringen sollte; er dachte seinem Neffen Albert die Stellung des englischen Prinz-Gemahls, die er einst für sich selbst erhofft hatte, zu verschaffen. Durch die koburgische Verwandtschaft wurde die Königin auch dem Tuilerienhofe näher geführt; das gelockerte Bündnis der Westmächte schien sich wieder zu befestigen, mit donnernden Hochrufen empfing das Londoner Volk bei der Krönung den französischen Botschafter Marschall Soult, der sich in Spanien so oft mit den Briten gemessen hatte. Die Reformbill hatte den Umbau des alten aristokratischen Staatswesens nicht vollendet, sondern erst begonnen; eine Zeit großer sozialer Neugestaltungen nahte unverkennbar heran. Das ahnte jedermann, als die Königin in den ersten Tagen ihrer Regierung den reichen, menschenfreundlichen Moses Montefiore als Sheriff von London in den Ritterstand erhob – den ersten Juden, dem solche Ehre widerfuhr.

Während also in England unter einem willenlosen Königtum die öffentliche Meinung ihre unbeschränkte Herrschaft antrat, erhoffte das hannöversche Volk von der Gnade des einheimischen Landesherrn ein unbestimmtes Glück. Unablässig arbeiteten die schöpferischen Kräfte der neuen deutschen Geschichte an der Zerstörung der seit zwei Jahrhunderten eingedrungenen Fremdherrschaft. Was in Pommern, in Preußen, in Schlesien nur unter schweren Opfern und Kämpfen erreicht war, das gelang in Hannover durch die Gunst des Zufalls, und alsbald zeigte sich, wie wenig die lange Verbindung mit dem Auslande den Kern des niedersächsischen Volkstums verändert hatte. Die starke englische Kolonie in der Stadt Hannover, einige britische Sitten und Familienverbindungen in der vornehmen Gesellschaft, dazu die kriegerischen Erinnerungen der Veteranen und ein hohes Maß von Selbstgenügsamkeit, das war in Wahrheit alles, was von dem ausländischen Wesen noch übrigblieb.

Ein Glück nur, daß sie trotz ihrer britischen Neigungen selten englische Zeitungen lasen und von dem schlimmen Rufe ihres neuen Herrschers wenig wußten. Mit der einzigen Ausnahme des Selbstmords hat der Herzog von Cumberland schon jedes erdenkliche Verbrechen begangen – so schrieb um jene Zeit ein radikales englisches Blatt und sprach damit aus, welchen furchtbaren Haß dieser unbeliebteste aller englischen Prinzen im Verlaufe eines sechsundsechzigjährigen Lebens auf sich geladen hatte. König Ernst August war schlecht erzogen, nicht bloß aller Bildung bar, sondern ein abgesagter Feind der Wissenschaft, die er „dem Federvieh der Tintenkleckser“ überließ; nur wer wohl geboren, wohl gekleidet und mäßig gelehrt war, galt ihm, wie einst den Römern, für einen anständigen Mann. Auf der Göttinger Hochschule hatte er nicht einmal die deutsche Sprache gelernt, um so gründlicher die Reitkunst. Als er dann in den niederländischen Feldzügen ein hannöversches Dragonerregiment befehligte, zeigte er sich sehr tapfer, aber auch so roh und grausam, daß Scharnhorst seinen Abscheu kaum bezwingen konnte. Wiederholt verbot er seinen Reitern, ihm die verfluchten französischen Republikaner gefangen einzubringen; alles wollte er niedersäbeln, in einem wilden Handgemenge verlor er selbst ein Auge.

Die Briten kannten ihn, sie sagten, aufrichtig wäre er nur, sobald er unter Kameraden gemeine Witze riß oder seine Gegner mit schmutzigen Schimpfreden überflutete. Seine geschmacklosen Ausschweifungen und seine tolle Verschwendung hätte man ihm gern verziehen, wenn sich in dem wüsten Treiben auch nur ein Zug menschenfreundlichen Humors gezeigt hätte. Er aber fand seine Lust daran, den Freund gegen den Freund, den Gatten gegen die Gattin, die Geliebte gegen den Liebhaber aufzustacheln. Das eine kurzsichtige Auge, das ihm noch geblieben war, bemerkte jede Unordnung, jede Schwäche, jede Lächerlichkeit, und feige, unritterlich den Vorteil seiner hohen Stellung mißbrauchend, hechelte er dann mit seiner feinen Stimme seine Opfer durch. Wenn er einen gebrechlichen greisen Herrn recht lange stehen ließ oder einen Feinschmecker durch eine plötzliche Einladung vom leckeren Mahle hinwegscheuchte oder an einer hellgekleideten alten Dame sich den Rücken wärmte, als ob er sie für einen weißen Ofen hielte, dann fühlte er sich behaglich. Aber eine stattliche Erscheinung, wenn der starke große Herzog mit dem meisterhaft gewichsten grauen Schnurr- und Backenbarte auf seinem edlen Rosse dahergeritten kam; die Husarenuniform saß ihm wie angegossen, aber in den scharfgeschnittenen soldatischen Gesichtszügen lag ein so widerwärtiger Ausdruck von Hohn und Härte, daß viele den unleugbar schönen Mann für abschreckend häßlich erklärten.

Die ihn näher kannten, wußten wohl, daß Ernst August auch ungewöhnliche Herrschergaben besaß. Wenn es ihm ernst war, dann arbeitete er mit eisernem Fleiße, wachsam, sicher, sorgfältig; sein scharfer natürlicher Geschäftsverstand ersetzte vollauf die mangelnde Bildung, und wo der Vorteil seines Hauses nicht ins Spiel kam, zeigte er sich sogar gerecht. Selbst sein Gemüt war doch nicht ganz verödet, wie hätte er sonst seine Gemahlin Friederike so zärtlich lieben können. Die schöne Schwester der Königin Luise hatte schon zwei Gatten beglückt, den Prinzen Ludwig von Preußen, nachher den Fürsten von Solms-Braunfels, und im Witwenstande auch noch manche süße Stunde verlebt. In ihrem leichten, lachenden, liebreichen Wesen lag ein bestrickender Zauber, dem selbst der sittenstrenge König Friedrich Wilhelm nicht widerstand; wenn man in früheren Jahren seine muntere Schwägerin bei ihm verklagte, dann sagte er ärgerlich: Ach was! Andere auch nichts taugen! In den napoleonischen Zeiten hatte sie sich stets als gute Preußin gezeigt und mit den Führern der Patrioten fest zusammengehalten. Jetzt war sie längst gesetzter geworden, streng kirchlich, wohltätig, eine sorgsame Gattin. Ihre dritte Ehe wurde durch die Weihe eines großen Schmerzes geadelt. Der einzige Sohn Prinz Georg konnte von der Wiege an mit dem einen Auge nicht sehen und verletzte sich dann, als er einen Geldbeutel im Kreise wirbeln ließ, das gesunde Auge so schwer, daß er rettungslos dem Erbleiden der Welfen, der Blindheit zu verfallen schien. Dies Unglück bestärkte den Vater in seiner religiösen Empfindung. Der alte Eisenkopf liebte den Gottesdienst, nicht bloß aus englischer Gewohnheit; nur mußte die Predigt kurz sein, kräftig, ohne Prunk und Salbung.

So war der seltsame Sterbliche, der jetzt einen friedlichen, ihm fast ganz unbekannten deutschen Kleinstaat regieren sollte, ein geborerener Tyrann, gewohnt, sich selber alles, anderen nichts zu erlauben. Den Deutschen war er schon darum ein furchtbarer Gegner, weil sie diesen sonderbar gemischten, durchaus englischen Charakter nicht sogleich durchschauten. In Deutschland ist die Grobheit fast immer ehrlich. Dem polternden alten Husaren traute niemand eine Falschheit zu; darum konnte er auch die hannöverschen Minister so leicht überlisten, als er einst die Annahme des Staatsgrundgesetzes zusagte und dann wieder hinausschob. Erst nachdem das Lügenspiel vollendet war, erkannte unser Volk, wie viel durchtriebene Arglist sich hinter den rohen Formen des Briten versteckte.

Gleich nach dem Tode seines Bruders huldigte Ernst August knieend der neuen Königin; sonst hätte er seine Prinzenrechte und die Apanage von 21 000 £ verloren. Dann reiste er ab, und die große Mehrzahl der englischen Zeitungen geleitete ihn mit dem Segenswunsche: hoffentlich würde man einander niemals wiedersehen. Er war jetzt englischer Thronfolger und, solange Viktoria kinderlos blieb, hielt er eigensinnig die Hoffnung fest, ihr plötzlicher Tod könnte ihm doch noch die englische Königswürde verschaffen. Die kleinere Krone aber, die ihm vorläufig genügen mußte, sollte ganz selbständig dastehen: unabhängig nach außen – darum nannte er sich fortan mit Stolz einen souveränen deutschen Fürsten, obgleich er den englischen Sitten treu blieb und immer nur ein gebrochenes Deutsch sprach – unabhängig auch im Innern.

Wie die neue Verfassung Hannovers beschaffen sein sollte, das wußte er selbst noch nicht, da er sich um das Land nie bekümmert hatte; genug, wenn sie die Macht der Krone befestigte. Ein anderes Recht außer der Satzung seines eigenen Willens erkannte der Welfe nicht an. Gegen die Verfassungsgesetze von 1814 und 1819 hatte er protestiert – allerdings nur heimtückisch, in der Tasche; das Staatsgrundgesetz hatte er nicht förmlich angenommen. Folglich hielt er sich an die Gesetze seiner Vorfahren nicht gebunden und rüstete sich wohlgemut zu einem Staatsstreiche, dessen Frechheit durch keinerlei Notstand beschönigt werden konnte. Wenn der neue König seiner Pflicht gemäß die zu Recht bestehende Verfassung beschwor, dann mochte er fast alle seine Wünsche auf gesetzlichem Wege durchsetzen. Das Staatsgrundgesetz bestand erst seit vier Jahren und hatte noch keine tiefen Wurzeln geschlagen; nicht bloß der Adel murrte, auch das Volk fand wenig Freude an den langweiligen, unfruchtbaren Landtagsverhandlungen.

Drei Tage vor seiner Ankunft schritt die Bürgerschaft von Hannover abends in langem, schweigendem Zuge hinaus nach dem Schlosse Montbrillant, um von dem geliebten Herzog von Cambridge Abschied zu nehmen. Ihrem Wortführer, dem Bürgermeister Rumann, und dem guten Vizekönig versagte fast die Stimme; alles fühlte, die gemächliche, alte Zeit ging zu Ende.

Am Abend des 28. Juni zog der neue König ein, beantwortete die Anrede des Bürgermeisters mit kurzen, wenig freundlichen Worten und behielt die überreichten silbernen Schlüssel der Stadt bei sich; so tat er fortan immer, in seiner Hut sollte das Land sicher aufgehoben sein. Ohne die Beleuchtung der Hauptstadt eines Blickes zu würdigen, arbeitete Ernst August bis in die Nacht hinein zusammen mit Schele. Am nächsten Tage versammelte sich der Landtag; jedermann erwartete, der König werde nunmehr, wie das Staatsgrundgesetz vorschrieb, durch ein Patent seinen Regierungsantritt anzeigen und die Aufrechterhaltung der Verfassung geloben. Statt dessen erschien plötzlich eine königliche Verordnung, welche die Landstände vertagte.

Dergestalt hatte der schlaue Welfe durch eine wohlberechnete Überraschung die Stände verhindert, das Recht des Landes feierlich zu verwahren. Inzwischen wurde Schele zum Kabinettsminister ernannt, und obwohl er selbst schon als Geheimer Rat den Verfassungseid geleistet hatte, so ließ er sich's doch wohl gefallen, daß der König aus seinem neuen Diensteide die Verpflichtung auf das Staatsgrundgesetz eigenhändig ausstrich. Schele blieb vor der Hand der einzige vertraute Ratgeber des Welfen.

Am 5. Juli unterzeichnete Ernst August ein Patent, das den getreuen Untertanen zu wissen gab, der König halte das Staatsgrundgesetz nicht für bindend und in vielen Bestimmungen für ungenügend; er wolle daher prüfen lassen, inwiefern Abänderungen nötig seien, und dann seine Entschließung dem Landtage eröffnen. Daneben stand noch – offenbar als ein Zugeständnis an Scheles ursprüngliche Absicht – die vieldeutige Bestimmung: es solle auch erwogen werden, ob man nicht zu der glücklichen alten angeerbten Landesverfassung zurückkehren solle. Tags darauf wurde das Patent durch Schele den anderen Ministern vorgelegt. Diese beanstandeten einzelne Stellen und verlangten namentlich, daß ausdrücklich gesagt würde, der König beabsichtige nur verfassungsmäßige Änderungen. Ernst August erwiderte barsch: „Ich fühle es Meine Würde nicht gemäß" darauf einzugehen, und die Minister unterwarfen sich. Sie nahmen es auch geduldig hin, daß ihnen ein nicht auf die Verfassung beeidigter Minister an die Seite gestellt wurde, und dieser allein dem Monarchen Vortrag hielt. Nachher (14. Juli) erstatteten sie auf Befehl des Königs noch ein Gutachten über die Verfassungsfrage und gelangten, wie sich von selbst verstand, zu dem Ergebnis, das Staatsgrundgesetz bestehe zu Recht, könne also auch nur auf verfassungsmäßige Weise abgeändert werden. Damit glaubten sie ihre Pflicht erfüllt zu haben. Ein vollendeter Verfassungsbruch lag ja noch nicht vor, und warum sollten sie auch, allen Grundsätzen kurhannöverscher Anständigkeit zuwider, ohne Not Ombrage erregen? Sie blieben behaglich im Amte und beruhigten sich mit dem Troste, daß sie den Unzufriedenen kein böses Beispiel geben dürften.

Demnach erschien das Patent unverändert, und so viel ging aus den gewundenen Sätzen doch klar hervor, daß der König, ohne irgendeinen Grund anzugeben, die Verfassungsgesetze seiner Vorfahren kurzerhand für unverbindlich erklärte. Ward ihm dies gestattet, dann stand keine deutsche Verfassung mehr fest. Daher erhob sich sofort ein Sturm in der gesamten deutschen Presse. Mit der einzigen Ausnahme der von Schele beeinflußten unsauberen Hannöverschen Landesblätter war alle Welt derselben Meinung. Die Nation empfand es wie einen Faustschlag ins Angesicht, daß dieser Fremdling sich erdreisten wollte, nach seinem Gutdünken zu entscheiden, ob in einem gesetzlich geordneten deutschen Lande die gegenwärtige Verfassung bestehen sollte oder die ältere oder vielleicht auch eine dritte. Auch alle die Landtage, die gerade versammelt waren, regten sich sogleich, weil sie sich in ihrem eigenen Recht bedroht sahen. In Karlsruhe verlangten Itzstein, Rotteck, Duttlinger, daß man am Bundestage Einspruch erhebe, und einstimmig pflichtete ihnen die Kammer bei. In diplomatischen Kreisen nannte man den welfischen Staatsstreich beim rechten Namen und sagte voraus, welch ein unheimliches Mißtrauen nunmehr in der Nation überhandnehmen würde. Der sächsische und der bayrische Landtag schlossen sich dem badischen an. Auch in Dresden suchten die Minister nur mit verlegenen Worten zu beschwichtigen. Einen Verteidiger fand Ernst August nirgends, und er verstärkte nur den allgemeinen Unmut, als er dem sächsischen Hofe die herrische Erklärung zusandte: er könne „keiner Regierung, geschweige denn einer Ständeversammlung gestatten", sich in hannöversche Angelegenheiten einzumischen.

Leopold von Ranke

Georg Gottfried Gervinus

Artur Schopenhauer

Friedrich von Bodenstedt

Heinrich Heine

Gegen die beiden deutschen Großmächte hingegen zeigte sich Ernst August sehr verbindlich. Er wünschte sich ihren Beistand für alle Fälle zu sichern und sagte zu dem preußischen Gesandten beim ersten Empfange: „Ich werde die viele Gnade, welche der König für mich gehabt hat, nie vergessen, und es wird stets mein Stolz sein, mich auch künftig zu seiner Armee zu zählen." Aber irgendeinen Einfluß auf den Willen des alten Eisenkopfes konnte niemand, auch der Freund nicht, gewinnen. Er hatte sich vermessen, aus dem offenbaren Unrecht einen neuen Rechtszustand hervorgehen zu lassen, daher wurden seine Entschließungen bald unberechenbar. Da sein Staatsministerium sich für die Rechtsgültigkeit des Staatsgrundgesetzes ausgesprochen hatte, so berief er am nächsten Tage (15. Juli) eine besondere Kommission, welche die Rechtsfrage von neuem prüfen sollte. Sie bestand aus Schele und drei anderen hohen Beamten, Graf Wedel, Jacobi, von Bothmer, und gelangte nach kaum vierzehn Tagen schon zu dem Schlusse: der König möge den gegenwärtigen Ständen erklären, daß er unter gewissen Bedingungen das Staatsgrundgesetz annehmen wolle. Mit diesem Rate war dem Welfen wieder nicht gedient. In seinen Gesprächen mit Schele, der in der Kommission überstimmt worden war, hatte er sich bereits einen neuen Plan gebildet: er dachte jetzt die gegenwärtigen Stände einzuberufen und ihnen dann zuzumuten, daß sie die alte Verfassung von 1819 wieder einführten. Dieser zweite Plan war fast noch ungeheuerlicher als der erste, denn gegen die Verfassung von 1819 hatte Ernst August ja selbst protestiert!

Was ließ sich wider den Starrsinn und die unergründliche Verlogenheit eines solchen Mannes mit friedlichen Mitteln ausrichten? Der preußische Gesandte Canitz tat sein Bestes. Er beschwor den Welfen gleich bei der ersten Audienz „jeden Schein von unrechtmäßiger Gewalt zu vermeiden", und erläuterte seine Ansicht als Kavallerist: bei einer Reiterattacke dürfe man dem Feind nie die Flanke bieten. Ernst August stimmte zu und versicherte: ich werde mich schon vorsehen. Canitz war in schwieriger Lage: er wollte sich das Vertrauen Scheles, den er für ehrlich hielt, nicht verscherzen, um nicht jeden Einfluß zu verlieren; und doch konnte sich der streng konservative Diplomat nicht verbergen, daß hier in Hannover die Gefahr nicht von der Nachgiebigkeit, sondern von der Willkür des Fürsten drohte, daß die konstitutionellen Formen doch den Vorzug besäßen, die in kleinen Staaten besonders schwer drückende Tyrannei zu verhindern. In solchem Sinne äußerte er sich, immer sehr behutsam, denn der preußische Hof wußte noch gar nicht, was Ernst August eigentlich beabsichtigte – aus dem einfachen Grunde, weil es der Welfe selbst noch nicht wußte. Aber sogar diese vorsichtigen Andeutungen machten den alten Herrn ungeduldig; er zeigte sich bald verstimmt und behandelte den preußischen Gesandten so kühl, wie es die Freundschaft der beiden Höfe irgend erlaubte.

Im Hochsommer reiste Ernst August zur Kur nach Karlsbad. Er hoffte dort mit Metternich und einem der preußischen Staatsmänner zu sprechen. Da er mit seinem getreuen Ratgeber noch nicht handelseinig war, so ließ er sich, zu Scheles Ärger, nicht von dem Minister selbst begleiten, sondern von dessen Sohne; dieser junge Mann führte den wohllautenden Titel Legationsrat, welchen die Mittelstaaten den unbrauchbaren Söhnen ihres Adels anzuheften liebten. Metternich, der durch die hannöverschen Nachrichten kaum minder peinlich betroffen war als der Berliner Hof, hatte sich unterdessen in Teplitz mit König Friedrich Wilhelm und Minister Werther besprochen. Die beiden Kabinette beschlossen, in der heiklen Sache gemeinsam vorzugehen; sie wollten sich aber auch nicht vorzeitig die Hände binden, sondern zunächst nur vertrauliche persönliche Ratschläge erteilen. Demgemäß schrieben Metternich und Werther beide (7. Aug.) an den älteren Schele, der ihnen eine Denkschrift über das Patent gesendet hatte. Der Preuße mahnte freundschaftlich, man möge in Hannover alles vermeiden, was den Bundestag zum Einschreiten zwingen könnte. Der Österreicher versicherte ebenso behutsam, „jedes rechtmäßige Streben" nach Befestigung des monarchischen Prinzips sei willkommen; man dürfe aber nicht vergessen, daß die konstitutionellen Bundesregierungen sich auf dem Wiener Konferenzen von 1834 sehr entschieden für die Unverbrüchlichkeit der bestehenden Verfassungen ausgesprochen hätten.

So war die Stimmung der Höfe, als Maltzan und bald nachher Metternich bei dem Könige in Karlsbad vorsprachen. Beide waren freudig überrascht, den gefürchteten Welfen so ruhig, einsichtig, maßvoll reden zu hören; er versprach, bestimmt nur auf gesetzlichem Wege vorzugehen, und da sie beide von den früheren Verhandlungen nichts kannten, so mußten sie ihm auch Glauben schenken, als er heilig beteuerte, daß er gegen das Staatsgrundgesetz von vornherein protestiert hätte. Wer konnte auch für möglich halten, daß ein deutscher Fürst so schamlos löge? Nunmehr war Metternich, dessen staatsrechtliche Kenntnisse nicht sehr weit reichten, fest davon überzeugt, daß Ernst August an das Staatsgrundgesetz nicht gebunden sei; er rechnete es dem Welfen sogar zur Ehre an, daß er die Verpflichtung auf dies Gesetz so ritterlich von der Hand gewiesen hatte.

Die Zurückhaltung der Höfe ließ sich wohl begreifen; sie wußten nicht, wo der Welfe hinaus wollte. Auch in Hannover blieb alles still. Man fühlte sich gedrückt und verstimmt, aber selbst die Abgeordneten taten nichts. Als die Georgia Augusta im September das Jubelfest ihres hundertjährigen Bestehens feierte und fast alle namhaften Männer des Landes in Göttingen zusammentrafen, bot sich fast von selbst die Gelegenheit, gemeinsame Schritte zur Abwehr des drohenden Staatsstreichs zu besprechen. Auch dies ward versäumt. Das Fest verlief mit der gewohnten akademischen Pracht, Alexander Humboldt empfing die Huldigungen aller Fakultäten, und die Philologen verabredeten sich nach dem Vorbilde der Naturforscher, regelmäßig wiederkehrende Wanderversammlungen zu halten. Auch der König erschien auf einen Tag und bemühte sich wenig, der Professorenwelt seine Verachtung zu verbergen.

Mit seinen politischen Plänen war Ernst August noch immer nicht im reinen. Je länger er zögerte, um so gewisser ward es, daß ihm der gegenwärtige Landtag keine wichtige Verfassungsänderung mehr bewilligen konnte. Da bot sich ein Helfer. Weil die Gutachten des Ministeriums und der Kommission nicht nach Wunsch ausgefallen waren, so wurde der Kanzleidirektor Leist mit einer dritten Prüfung der Rechtsfrage beauftragt, ein gelehrter alter Reichsjurist, der einst wie Schele in westfälische Dienste gegangen und auf höheren Befehl zu jeder Rechtsverdrehung gern bereit war. Der bewies jetzt, das Staatsgrundgesetz sei ungültig, weil die Zustimmung der Agnaten fehle und König Wilhelm IV. nachträglich noch einige Paragraphen einseitig geändert habe. Nun endlich begann dem Welfen einzuleuchten, daß Scheles ursprüngliche Absicht doch das Rechte getroffen hätte. Am 1. November wurde durch ein zweites Patent das Staatsgrundgesetz aufgehoben, die alte Verfassung von 1819 wieder eingeführt, das Beamtentum – oder, wie es fortan hieß: die königlichen Diener – des Verfassungseides entbunden, endlich, als ob man das Volk bestechen wollte, den getreuen Untertanen die Summe von 100 000 Tlr. jährlich an den direkten Steuern erlassen.

So maßte sich der welfische König das Recht an, seine Beamten eines nicht ihm geleisteten Eides zu entbinden – ein Recht, das in der römischen Kirche nur dem Papste, in der evangelischen keinem zusteht. Auf einen solchen Frevel war trotz allem, was geschehen, niemand gefaßt. An jeden einzelnen Beamten trat jetzt die Frage heran, ob er sein Gewissen der Gewalt unterwerfen, den neuen Diensteid schwören und damit den alten brechen dürfe. Während das Land unter dem Schlage noch wie betäubt lag, unterzeichneten am 19. November sieben der namhaftesten Göttinger Professoren eine Vorstellung an das Universitätskuratorium, worin sie einfach erklärten, daß sie sich auch jetzt noch an ihren Verfassungseid gebunden hielten. Es war eine Protestation des Gewissens, nur durch den Gegenstand ein politischer Protest. Neben Dahlmann und Albrecht unterzeichneten noch die Gebrüder Grimm, Wilhelm Weber, Ewald und der junge Gervinus. Von allen den Sieben hatten bisher nur Dahlmann und Gervinus am politischen Kampfe teilgenommen, und auch sie standen bei den Liberalen der Rotteck-Welckerschen Schule im Rufe übertriebener Mäßigung.

Der alte Welfe geriet in furchtbare Wut, als er von dieser Tat erfuhr, die doch nicht einmal offene Widersetzlichkeit war; ihm fehlte jedes menschliche Verständnis für den Edelsinn der Gegner. Er selbst hatte fünf Monate lang geschwankt und erst zwei andere Pläne verworfen, bevor er die Verfassung umstieß; aber sobald seine Entscheidung gefallen war, meinte er alles erledigt und forderte schweigenden Gehorsam. So faßte er seine königliche Machtvollkommenheit auf. Alsbald verfügte er (28. Nov.) eigenhändig in seinen rohen Schriftzügen: er habe vernommen, wie „sich die Professoren nach erfolgter Aufhebung des Staatsgrundgesetzes dasselbe gewissermaßen noch als giltig zu betrachten und aufrecht zu erhalten herausnehmen", und ersehe daraus, daß sie „augenfällig eine revolutionäre, hochverräterische Tendenz verfolgen, welche sie persönlich verantwortlich macht: sie scheinen daher der Macht des peinlichen Richters verfallen"; demnach sollten die Behörden „diesem verbrecherischen Beginnen" steuern und die Schuldigen zur Strafe ziehen. Schele stimmte freudig zu: ein abschreckendes Beispiel sei nötig, damit die Übelwollenden sich nicht an die Erklärung der Sieben „als an ein Panier" anschlössen; aber statt der aussichtslosen peinlichen Untersuchung empfahl er ein kürzeres Verfahren. Vergeblich baten die Minister Arnswald und Stralenheim als Kuratoren der Universität, man möge mindestens die Vorschriften der Bundesgesetze achten und zunächst den Bericht des Regierungsbevollmächtigten einfordern.

Ein kurzes Reskript verfügte die fortige Entsetzung der Sieben, und der König befahl nachträglich noch selbst, daß ihnen ihr Gehalt nur bis zum Tage der Entlassung ausgezahlt werden dürfe. Dahlmann, Jakob Grimm und Gervinus erhielten außerdem die Weisung, das Land binnen drei Tagen zu verlassen, weil sie die Erklärung einigen Freunden mitgeteilt hatten. Die Studenten hatten das Schriftstück längst überall verbreitet, sie nahmen nach dem schönen Vorrechte der Jugend ungescheute Partei für die gute Sache und begrüßten Dahlmann als „den Mann des Wortes und der Tat"; es kam schon zu Händeln mit der bewaffneten Macht. In der Nacht, bevor die drei Verbannten, von Kürassieren bewacht, abreisten, wanderten die Burschen in Scharen hinaus – denn den Lohnkutschern hatte die Polizeigewalt zu fahren verboten – und drüben in Witzenhausen, auf dem freieren hessischen Boden, nahmen sie Abschied von ihren Lehrern. Als der kleine Sohn im Grenzwirtshause sich vor Jakob Grimms majestätischem Kopfe hinter dem Rocke der Wirtin versteckte, sagte die Mutter mitleidig: gib dem Herrn die Hand, es sind arme Vertriebene.

Mit alledem war Ernst Augusts Rachgier noch nicht ersättigt. Kaum erfuhr er, daß Dahlmanns Berufung nach Rostock im Werke sei, so ließ er alsbald nach Schwerin und Strelitz schreiben, was dieser Mecklenburger alles verbrochen habe. Die mecklenburgischen Regierungen fürchteten sich vor der drohenden Sprache des Welfen; sie beteuerten, der Wahrheit zuwider, die Verhandlungen seien längst abgebrochen, und erklärten, nunmehr könne von der Berufung „natürlich gar nicht die Rede sein". Auf die Nachricht, daß Jakob Grimm die Seinigen in Göttingen heimlich besuchen wolle, erging sofort der Befehl, den Verbrecher durch Landdragoner über die Grenze zu schaffen. Um die offenbare Ungesetzlichkeit ihrer Entlassung auf dem einzigen gerichtlichen Wege, der ihnen noch offen stand, zu erweisen, klagten die Sieben auf Auszahlung ihres rückständigen Gehalts für das letzte Halbjahr. Da befahl der König der Justizkanzlei in Hannover durch ein Kabinettsschreiben des allzeit willigen Leist: sie solle die Klage einfach abweisen. Der Welfe hoffte noch lange, die Federfuchser würden sich demütigen, und sagte in Alexander Humboldts Gegenwart: Professoren, Huren und Ballettänzerinnen kann man für Geld überall haben.

Leider gab die Haltung der anderen Professoren dem Könige einigen Grund, so niedrig zu denken von dem Mute der Gelehrten. Die Gelehrsamkeit der Georgia Augusta hatte sich den Kämpfen des öffentlichen Lebens von jeher grundsätzlich fern gehalten; manche der alten Hofräte empfanden es wie eine Beleidigung ihrer Amtsehre, daß sie jetzt in die Wirren der Politik hineingerissen wurden. Wenige Tage, nachdem die Erklärung der Sieben ruchbar geworden, fuhren der Prorektor und die Dekane nach dem Jagdschlosse Rotenkirchen im Solling, um dem Könige untertänig auszusprechen, „daß sie in dem Vertrauen zu den landesväterlichen Absichten Sr. Maj. überall nicht wanken und niemals Gesinnungen hegen werden, welche dem entgegen sind." Sie wagten sogar kein Wort der Erwiderung, als die amtliche Hannöversche Zeitung nachher dem Prorektor eine völlig gefälschte, die Tat der Sieben entschieden verwerfende Rede unterschob. Nur sechs jüngere Professoren, Otfried Müller voran, entschlossen sich, angeekelt durch dies Übermaß der Lüge, zu der öffentlichen Erklärung, daß sie den Schritt ihrer entlassenen Kollegen nicht mißbilligten. Aber niemand wollte sich den Sieben rückhaltlos anschließen. Der schon durch Rauschplatts Revolution verdunkelte Glanz der Universität verblich jetzt gänzlich, für viele Jahre; die auswärtigen Studenten mieden den verrufenen Ort, der Abgang so trefflicher Lehrkräfte ließ sich nicht ersetzen. Umsonst baten die Universität und die Stadt in wiederholten Eingaben um die Rückkehr der Sieben; Ernst August blieb unerbittlich. Als man im Herbst 1846 erzählte, Dahlmann, Jakob Grimm und Gervinus wollten auf Besuch nach Göttingen kommen, entschied der Welfe kurzab: es bleibe bei den früheren Befehlen.

Wie gründlich täuschte er sich, als er in der ersten Schadenfreude zu Canitz sagte, „diese Leute haben meiner Sache eher genützt als geschadet". Es währte nicht lange, da rief er zornig: hätt' ich gewußt, was mir die sieben Teufel für Not machen würden, so hätt' ich die Sache nicht angefangen. Seit der Juli-Revolution hatte kein Ereignis mehr eine solche Aufregung hervorgerufen. Die Frage lag so einfach, sie berührte so unmittelbar die empfindlichste Seite des deutschen Gemüts, die Treue, daß die schlichten Leute mit ihrem Urteil rasch fertig wurden. Der Nation war zumute, als sei ein englischer Räuber plötzlich in ihren Garten eingebrochen. Der burschikose junge Poet Hoffmann von Fallersleben sagte nur grob heraus, was Tausende empfanden, als er sang: „Frisch Knüppel aus dem Sack! Aufs Lumpenpack! Aufs Hundepack!" Und wer noch irgend zweifelte, den mußten die Verteidigungsschriften der Sieben gewinnen. Dahlmanns Büchlein „zur Verständigung" war ein Meisterwerk deutscher Publizistik; die leidenschaftlich bewegte Sprache blieb immer würdig und vornehm, und nirgends verleugnete sich die gemäßigte Gesinnung des Monarchisten. Albrecht beleuchtete die Rechtsfrage in einer scharfsinnigen Erörterung, die um so stärker wirken mußte, weil der große Jurist nie verhehlte, daß er die landläufigen liberalen Lehren vom sogenannten Widerstandsrechte für eitle Zirkelschlüsse hielt. Auch Gervinus und Ewald sprachen sich freimütig aus, und von allen Seiten her kam ihnen Beistand.

Georg Beseler, der sich als Kampfgenosse wider die Dänen das Vertrauen Dahlmanns erworben hatte und jetzt an der Rostocker Hochschule lehrte, rechtfertigte die Sieben in volkstümlichen Briefen. Anastasius Grün richtete an Jakob Grimm ein begeistertes Gedicht und wünschte,

> Daß bis Hannover hin der Sang sich schwänge wundertönig
> Ans Ohr des Herzogs Cumberland, der jetzt Hannovers König,
> Versteht er auch des Deutschen Lied von deutscher Ehre schwerlich,
> Wird sich wohl einer finden dort, ihm's zu verwelschen ehrlich.

Ein Märchen „Anno 1937" schilderte, wie die Großmutter dem Enkel von dem bösen König, dem zerrissenen Freiheitsbriefe, den Sieben und den Dreien erzählte, und der Bube verwundert antwortete: „Das kann unmöglich sein!" Überall hatten die Vertriebenen Mühe, sich den Huldigungen und Zuschriften zu entziehen. Die Bewegung ergriff alle deutschen Gaue, bis zu den fernen Grenzmarken. Die Kieler überschickten an Dahlmann, den alten Vorkämpfer des Holstenrechts, eine Dankadresse; die Elbinger Bürger sprachen ihrem Landsmann Albrecht ihre Zustimmung aus und die Königsberger philosophische Fakultät sendete ihm ein von Lobeck verfaßtes Doktordiplom. Ein Hamburger Reeder ließ in Cuxhaven ein auf Dahlmanns Namen getauftes Schiff vom Stapel laufen. An den Fenstern der Spielwarenläden sah man den Witzenhausener Abschied in Bleifiguren dargestellt, auf den Jahrmärkten wurden Pfeifenköpfe mit dem Bilde der Sieben feilgeboten. Und es blieb nicht bei den Worten und Bildern. Zum ersten Male seit dem Befreiungskriege veranstalteten die Deutschen wieder eine Geldsammlung für ihre eigenen politischen Zwecke; in den letzten zwanzig Jahren hatten sie nur zugunsten der Griechen und der Polen freiwillig gesteuert. In Leipzig entstand der Göttinger Verein, der sich bald über ganz Deutschland verzweigte und den Sieben bis zu ihrer Wiederanstellung ihr altes Gehalt zahlte.

In der amtlichen Welt waren die Meinungen geteilt.

In Berlin äußerte sich Eichhorn sehr freimütig; er hoffte, der König würde die Brüder Grimm, vielleicht auch Dahlmann oder Albrecht an eine preußische Hochschule berufen. Bettina von Arnim ergriff den Gedanken mit ihrem hochherzigen Eifer und suchte, unterstützt von ihrem Schwager Savigny, den Kronprinzen dafür zu erwärmen. Minister Rochow dachte anders und sagte: „Dem Untertanen ziemt es nicht, die Handlungen des Staatsoberhauptes an den Maßstab seiner beschränkten Einsicht anzulegen und sich in dünkelhaftem Übermut ein öffentliches Urteil über die Rechtmäßigkeit derselben anzumaßen." Die Torheit sollte sich schwer bestrafen. Die Fama gestaltete aus diesen Sätzen das geflügelte Wort vom „beschränkten Untertanenverstande“, und fortan haftete an Rochows Namen unaustilgbar der Fluch der Lächerlichkeit.

Den konstitutionellen Höfen war übel zu Mute. Alle Welt rief, jetzt sei es an ihnen, durch sofortige Berufung der Sieben den alten Ruhm deutscher akademischer Gastfreiheit von neuem zu bewähren und dem beleidigten Gewissen der Nation Genugtuung zu geben. Aber als entschiedene Protestanten konnten die Sieben von Bayern und Baden wenig erwarten, seit dort die klerikale Luft wehte. Der gütige König Friedrich August von Sachsen dagegen und seine Minister wünschten lebhaft, die zur Zeit etwas erstarrte Landesuniversität durch eine großartige Verstärkung der Lehrkräfte zu heben – wenn sie sich nur nicht vor der Grobheit des Welfen, vor dem Unwillen der Hofburg gar so sehr gefürchtet hätten. Man sagte den Sieben in Dresden freundliche, unzweifelhaft ehrlich gemeinte Worte, allein man wagte nichts.

Nach langen Erwägungen erhielt Albrecht in der Stille die Erlaubnis, an der Leipziger Universität Vorlesungen zu halten; nachher empfing er auch Gehalt, als geheimer Professor, wie die Kollegen spotteten, und erst nach längerer Zeit, als die Luft wieder rein war, wurde er förmlich angestellt. Dahlmann freilich schien den Kursachsen zu gefährlich; der politische Führer der Sieben lebte fortan mehrere Jahre lang ohne Amt in Jena und leitete von dort aus unverdrossen den Federkrieg wider die hannöverschen Gewalthaber. Unter allen deutschen Fürsten wagte allein König Wilhelm von Württemberg, dem Welfen offen entgegenzutreten. Er berief Ewald nach Tübingen, der als der einzige geborene Hannoveraner unter den Sieben dem welfischen Hofe besonders verhaßt war. Natürlich verbot Ernst August seinen Landeskindern sofort den Besuch der schwäbischen Hochschule. Als die beiden Könige nachher in Berlin zusammentrafen, fragte der Welfe grob: Warum haben Sie einen Professor angestellt, den ich fortgejagt habe? Darauf der Württemberg: „Ebendeswegen!“

Der welfische Staatsstreich rüttelte die halb entschlummerte öffentliche Meinung wach und zwang die Deutschen, ihre politische Leidenschaft wieder dem Vaterlande zuzuwenden. Seit dies Schandmal auf Deutschlands eigener Stirn brannte, begann die Presse die Fragen des Bundesrechts wieder ernstlich zu erörtern. Leider wurde die dringend nötige Klärung unseres verworrenen Parteilebens durch diesen wohlberechtigten sittlichen Unwillen mehr gehemmt als gefördert. Die wilden Brandschriften der Flüchtlinge aus Frankreich und der Schweiz mußten jedem Besonnenen zeigen, daß die deutsche Opposition längst zwei grundverschiedene Parteien umschloß, die auf die Dauer nicht zusammenwirken konnten. Jetzt aber warf eine rein menschliche Entrüstung alles, was nicht schlechthin servil war, Radikale, Liberale, gemäßigte Konservative wieder in einen Haufen zusammen. Seit es auch im Norden konstitutionelle Märtyrer gab, verbreitete sich die doktrinäre Überschätzung der Verfassungsformen weithin über Deutschland.

Die Vertreibung der Sieben verwirrte und verwischte nicht bloß die Parteigegensätze, sie begründete auch die politische Macht des deutschen Professorentums, die erst durch den Krieg von 1866 gebrochen werden sollte. Aus dem Göttinger Gewaltstreiche entwickelte sich ein großer Kampf der deutschen Gelehrtenwelt wider einen Despoten, der seine Geringschätzung der Wissenschaften höhnisch zur Schau trug; keine deutsche Universität, die den Sieben nicht irgendwie ein Zeichen der Zustimmung gegeben hätte. In diesem Kampfe war alles Recht unzweifelhaft auf seiten der Gelehrten; an ihrer Spitze standen tapfere, makellose, schuldlos verfolgte Männer, während der Welfe sich nur auf gemeine Knechte und auf die Ängstlichkeit der deutschen Höfe stützen konnte.

Wenn je im politischen Streite ein moralischer Sieg erfochten wurde, so war es hier. Ein solcher Erfolg mußte das ohnehin starke Selbstgefühl der Gelehrten mächtig heben; von den Sieben blieben fünf als Menschen schlicht, edel, liebenswert, in Gervinus aber und in Ewald verkörperte sich der unausstehliche Professorendünkel. Die einmal erregte politische Leidenschaft hielt an; die Gelehrten begannen durch Schriften und Reden unmittelbar an der politischen Erziehung der Deutschen zu arbeiten, und da sie gewohnt waren, zur ganzen Nation zu reden, so drangen ihre Stimmen weiter als die Reden der Landtagsabgeordneten. Die Gelehrtenversammlungen der nächsten Jahre wurden zu Vorparlamenten, in denen die Nation die großen

Tagesfragen erörterte, und als nachher das wirkliche Parlament zusammentrat, da drangen die Gelehrten in Scharen ein, weil sie fast die einzigen Männer waren, welche ganz Deutschland kannte. Es war eine tragische, durch keines Menschen Willen abzuwendende Notwendigkeit, daß diese idealistische Nation, indem sie von den Höhen des literarischen Schaffens langsam zur politischen Arbeit hinabstieg, auch noch die Durchgangsstufe der Professorenpolitik überschreiten mußte. Durch dies Übergewicht des Professorentums wurde der doktrinäre Zug, der die Politik der deutschen Liberalen von jeher auszeichnete, ungebührlich verstärkt, und es entstand auch der falsche Schein, als ob der Liberalismus die Sache der Bildung verträte, während in Wahrheit die Helden der deutschen Kunst und Wissenschaft, Goethe, Cornelius und Rauch, Niebuhr, Savigny und Ranke, großenteils dem konservativen Lager angehörten.

Zu Taten vermochte diese Gelehrtenpolitik sich nicht zu erheben, denn in der Stille der wissenschaftlichen Arbeit bilden sich nicht leicht politische Charaktere; unter den Sieben selbst war Dahlmann der einzige politische Kopf, auch er mehr ein Denker als ein Mann der Tat, während Gervinus' staatsmännisches Talent nur in seiner eigenen Einbildung beruhte, und die übrigen allesamt gar keinen politischen Ehrgeiz hegten. Aber an Ideen, an groß und tief gedachten Ideen war dies Menschenalter des politisierenden Professorentums sehr fruchtbar. Bei der Lampe deutscher Gelehrten sind die Pläne für die Einheit des Vaterlands zuerst erdacht worden, welche nachher durch die schöpferischen Hände großer Praktiker ihre Gestaltung empfangen sollten. Die deutsche Wissenschaft – so stark und unverwüstlich war ihr Wachstum – erlitt durch die politische Leidenschaft der Gelehrten durchaus keinen Schaden. Die historische Wissenschaft gewann sogar durch die politische Tätigkeit der Gelehrten. Ganz wertlose historische Tendenzschriften erschienen während der nächsten Jahre selten, seltener sicherlich als in dem Zeitalter des Rotteck-Welckerschen Liberalismus; wohl aber viele tüchtige Werke, welche den Deutschen ihre Vergangenheit wissenschaftlich erklärten. Die Blüte der politischen Geschichtsschreibung in den vierziger und fünfziger Jahren, die Vertiefung unserer historischen Selbsterkenntnis ward nur darum möglich, weil die Historiker der Welt der politischen Taten so nahe, oft allzu nahe, getreten waren. –

Dem Verfassungskampfe der Hannoveraner konnte die Tat der Sieben nur dann Vorschub leisten, wenn sie Nachahmung fand, wenn die Mehrzahl der Beamten den verfassungswidrigen Diensteid verweigerte, wenn die Wahlen für den unrechtmäßigen Landtag nicht zustande kamen und nach Ablauf der gesetzlichen Frist auch die Steuerzahlung unterblieb. Aber für solchen Einmut passiven Widerstandes fehlten alle Vorbedingungen. Es war das Verhängnis dieses welfischen Staatsstreichs, daß er fast alle Gebrechen der bestehenden Ordnung an den Tag brachte, den Aberwitz der Zensur so gut wie die sittliche Schwäche des alten Beamtenstaats.

Die Masse der Beamten erwies sich als unterwürfig; sie war bereit, wie Dahlmann sagte: „Alles zu lassen, was ihr Herz hoch hielt, um nur mit den Ihren das bittere Brot der Kränkung essen zu dürfen." Ich unterschreibe alles, sagte einer verzweifelnd, Hunde sind wir ja doch. Auch an überzeugten Absolutisten fehlte es nicht.

Im Volke zeigte sich die Widerstandskraft noch schwächer. Parteien bestanden noch nicht, eine Verabredung hatte man arglos unterlassen; begreiflich also, daß die Entschlüsse der Wählerschaften sehr verschieden ausfielen. Von den 78 berechtigten Wahlkorporationen wählten schließlich doch 61, die meisten, weil sie Schlimmeres zu verhindern hofften, andere weil sie auf ihr Wahlrecht nicht verzichten wollten oder den Verlust der Garnison, des Gerichts, der Landdrostei befürchteten, einige auch unter ausdrücklicher Verwahrung des Verfassungsrechtes.

Als der Landtag im Februar 1838 eröffnet wurde, erschienen in der zweiten Kammer 48 Abgeordnete. Die Kammer war also beschlußfähig, aber sie bemerkte sofort, daß der König nicht einmal auf dem Rechtsboden vom Jahre 1819, den er angeblich wiederherstellen wollte, ehrlich bestand.

Währenddes ward es im Lande lebendiger. Die Städte Osnabrück, Hannover, Stade, Lüneburg, Hildesheim, Harburg, Celle, Münden sprachen sich in Verwahrungen und Adressen für die Rechtsgültigkeit des Staatsgrundgesetzes aus. An der Spitze dieser volkstümlichen Bewegung stand Stüve, jetzt Bürgermeister von Osnabrück, und wie heillos mußte dies Land zerrüttet sein, wenn ein solcher Mann sich zu demagogischer Tätigkeit gezwungen sah. Er hatte mitsamt seinem Magistrate, nach vergeblichen Gegenvorstellungen, den neuen Huldigungsrevers eingereicht, doch zugleich vor Notar und Zeugen gegen die Aufhebung des Staatsgrundgesetzes protestiert, und da die Regierung immer neue Vorwände ersann, um ihn vom Landtage auszuschließen, so bewog er seine Stadt, sich klagend an den Bund zu wenden. Andere Städte und Wahlkorporationen folgten dem Beispiele Osnabrücks.

Trotz aller Widerstände schritt Ernst August vorwärts. Bei der Eröffnung des Staatsrates, den er sich nach preußischem Muster gebildet hatte, verkündete sein Stiefsohn Prinz Bernhard zu Solms: unter der glorreichen Regierung König Ernst Augusts, in der patriarchalischen christlich-germanischen Monarchie sollten „gleich beschirmt die Rechte des Königs von Gottes Gnaden, des Edlen, des Bürgers und des Bauern, in organischer Gliederung nebeneinander jedes in eigener Bahn, Wurzel fassen, blühen und gedeihen". Und diese Zuversicht war nicht grundlos. Eine leidenschaftliche Volksüberzeugung, die den Welfen erschrecken konnte, offenbarte sich nirgends. Sobald die Rechtsgutachten der drei Fakultäten erschienen, verweigerten etwa hundert Osnabrücker Bürger die Steuerzahlung und ließen sich dann gemütlich auspfänden. Dabei blieb alles ruhig. Bei seinen Reisen durch das Land fand der König überall jubelnden Empfang.

Aus eigener Kraft konnte dies halb gleichgültige, halb ratlose Volk nicht zu seinem Rechte gelangen. Stüve fühlte das lebhaft und setzte darum seine ganze Hoffnung auf den Deutschen Bund; durch die Petition der Stadt Osnabrück erzwang er, was Österreich und Preußen so ängstlich zu verhindern gesucht hatten. Den beiden Großmächten kam der vollendete Staatsstreich ganz unerwartet. Das hatten sie, nachdem Ernst August in Karlsbad so versöhnlich gesprochen, unmöglich voraussehen können; auch der englische Gesandte Sir Fred. Lamb war dort in Böhmen von dem biderben Welfen völlig überlistet worden und fühlte sich jetzt seinem eigenen Hofe gegenüber schmählich bloßgestellt. Nachdem das Unglück geschehen war, bemühte sich Canitz redlich, den König vor weiteren Gewaltsamkeiten zu warnen und ihm eine rasche Verständigung mit dem Landtage zu empfehlen. Er sah ganz richtig, daß die Mißstimmung wuchs, je länger die Ungewißheit währte, daß Leist als Regierungsbevollmächtigter weder Achtung noch Vertrauen erwecken konnte, daß der Landtag für die künftige Volksvertretung wirksame Rechte, namentlich das Recht der Gesetzgebung, fordern mußte, daß „die Autokratie" nirgends gefährlicher war als in diesem Lande, das keinen regierungsfähigen Thronfolger besaß.

Wie bei den beiden Großmächten, war auch an den kleinen Höfen die Bestürzung allgemein. Sogar der holsteinische Gesandte Pechlin, der eifrigste Reaktionär des Bundestags, beschwor den Welfen, mit seinem Landtage schleunigst abzuschließen, sonst könne der Bund nicht länger schweigen. Von allen Fürsten Europas lobten nur zwei den Staatsstreich: der Kurprinz von Hessen, der seelenvergnügt zu Canitz sagte: „Jetzt will ich meine Verfassung auch ändern", aber von dem Preußen sogleich zur Ruhe verwiesen wurde – und Kaiser Nikolaus. Der Zar traf mit Ernst August im Sommer 1838 auf den preußischen Manövern zusammen und überhäufte ihn mit Danksagungen. Wirklichen Einfluß gewann auch er nicht; wer hätte den alten Herrn in seinem unermeßlichen Welfendünkel stören können?

Nun war der Handel trotz allen Verzögerungen doch noch vor den Bundestag gelangt, und über die Rechtsfrage konnten ehrliche Männer kaum streiten. Daß die Verfassung von 1833 in anerkannter Wirksamkeit bestanden hatte, ließ sich nicht leugnen; folglich war der Bund verpflichtet, sie zu schützen. Wie nachdrücklich hatte die preußische Regierung einst gegen Karl von Braunschweig den Satz verfochten, daß der Thronfolger an die rechtmäßigen Handlungen des Vorgängers gebunden sei. Durfte sie sich jetzt selber ins Gesicht schlagen? Staatsrechtlich betrachtet war Ernst August weit schuldiger als Karl; er hatte den Staatsstreich, welchen dieser nur plante, wirklich vollführt, und auch die menschliche Niedertracht des welterfahrenen alten Parlamentariers wog schwerer als die halbnärrischen Bubenstreiche seines Neffen. Dennoch schwankte König Friedrich Wilhelm. Er wollte seinen Schwager nicht eigentlich unterstützen – das erlaubte sein Gewissen nicht – aber um jeden Preis schonen.

Unzweifelhaft wirkten bei dem verhängnisvollen Entschlusse des Königs persönliche Rücksichten mit. Er liebte den Welfen wenig, doch seine teure Schwägerin Friederike dem Verderben preiszugeben, war ihm ein furchtbarer Gedanke; Scheles Schwager, General Müffling und die anderen Genossen der mecklenburgischen Partei setzten auch alle Hebel ein. Den Ausschlag gab indes eine ernste politische Besorgnis. Wenn der Bundestag dem hannöverschen Hofe die Wiederherstellung des Staatsgrundgesetzes anbefahl, dann war völlig sicher, daß der alte Welfe sich nicht fügte, sondern entweder der Bundes-Exekution mit den Waffen entgegentrat – den Plan hatte er bereits entworfen – oder die Krone niederlegte und nach England heimkehrte. Was ward dann aus Hannover? Wer sollte für den unmündigen blinden Thronfolger die Regentschaft führen? Ganz gewiß keiner der beiden Oheime; denn der Herzog von Cambridge fürchtete sich vor dem gewalttätigen Bruder nicht weniger als der Herzog von Sussex, obgleich beide alte Herren den Staatsstreich mißbilligten. Ebenso dachte der Herzog von Braunschweig, der ja seines eigenen Thrones nicht ganz sicher war; er zeigte sich in diesen Händeln ganz als Welfe und wollte den hannöverschen Oheim unter keinen Umständen preisgeben. Demnach drohten dem hannöverschen Lande unzweifelhaft ernste Wirren, falls das gute Recht siegte. Und durfte man die Grundlagen des monarchischen Bundesrechts untergraben, einen souveränen deutschen König zur Abdankung zwingen? Durfte man deshalb das ausdrücklich verabredete Einvernehmen mit dem Wiener Hofe preisgeben, der die Taten des Welfen auch nicht billigte, aber weit milder beurteilte als der preußische? Ein Aufruhr, der wie einst der braunschweigische, mit jedem Mittel gedämpft werden mußte, war in Hannover nicht zu besorgen.

Solche Erwägungen bestimmten den Entschluß Friedrich Wilhelms. Wie nichtig erschienen sie neben der unabweisbaren Forderung der Gerechtigkeit! Wenn der Bund in dieser sonnenklaren Sache für die nackte Gewalt Partei nahm, dann mußte die Nation an ihm verzweifeln; und wenn der preußische Hof hier das offenbare Unrecht unterstützte, dann verlor er mit einem Schlage das wohlverdiente Ansehen, das er sich durch die kluge Politik dieser letzten zehn Jahre erworben hatte. Was er einst für die Braunschweiger getan, lag in den Archiven vergraben; diese hannöverschen Händel aber konnten nicht verborgen bleiben.

Die Staaten, welche den Zollverein stützten, waren im wesentlichen einig, und wenn Preußen die Bundespolitik der Hofburg und der Welfen ebenso entschlossen zu bekämpfen wagte wie ihre Handelspolitik, so konnte ihm ein glänzender Erfolg nicht fehlen. Der König aber hatte schon anders entschieden: der Welfe sollte geschont werden.

Sobald die Osnabrücker Beschwerde dem Bundestage vorlag, versuchte der hannöversche Hof die Mitglieder der Reklamationskommission für die sofortige Abweisung der Petition zu gewinnen und bat die Wiener Hofburg, ihn bei seinen geheimen Bemühungen zu unterstützen. Diese Zumutung fand selbst Metternich allzu schamlos; er lehnte sie rundweg ab, schon weil er für die Verhandlungen des engeren Rats freie Hand behalten wollte.

Als endlich im Juli 1838 zur Abstimmung geschritten wurde, brach der verhaltene Groll heftig aus; Vorwürfe und Verwahrungen, selbst persönliche Grobheiten wurden ausgetauscht. Die Brutalität des Welfen schien ansteckend zu wirken. Bei ruhigerem Blute beschloß man nachher, diese anzüglichen Bemerkungen wechselseitig zurückzuziehen, so daß die Protokolle von den stürmischen Auftritten nichts verrieten. Am 6. Septbr. entschieden neun Stimmen gegen sieben, daß die Petition des Osnabrücker Magistrats wegen mangelnder Legitimation der Beschwerdeführer zurückzuweisen sei. Durch diesen Beschluß war noch nichts verdorben; Stüve selbst erwartete als gewiegter Jurist kaum eine andere Entscheidung, denn mit guten Gründen ließ sich bezweifeln, ob eine einzelne Stadt befugt sei, vor dem Bundestage im Namen eines ganzen Landes zu sprechen. Der Welfe hatte sein eigenes Volk unritterlich entwaffnet, wie Canitz bitter sagte, er hatte durch die Auflösung des rechtmäßigen Landtags die einzige Körperschaft vernichtet, welche unzweifelhaft berechtigt war, beim Bundestage die Wiederherstellung des Staatsgrundgesetzes zu verlangen. Doch unmöglich konnte der ernste Streit mit solchen Formbedenken erledigt werden.

Demnach sprach der Bundestag, indem er die Osnabrücker abwies, zugleich die Erwartung aus, daß Hannover noch eine weitere Erklärung über seine Verfassungsverhältnisse abgeben werde. Die entscheidende Abstimmung stand also noch bevor. Aber die Frist verstrich; Ernst August hoffte noch immer die Dinge so lange hinzuhalten, bis er die Bundesversammlung durch die vollendete Tatsache einer neuen hannöverschen Verfassung zur Seite schieben könnte. Erst am 29. November, in dem Augenblicke, da der Bundestag sich auf mehrere Monate vertagte, zeigte Stralenheim an, die versprochene Erklärung sei jetzt den Bundesregierungen zugegangen; er hatte sie während der Sitzung den Bundesgesandten ins Haus gesendet, und diese konnten, da sie weder das Aktenstück selber kannten noch von daheim eine Weisung erhalten hatten, nicht einmal mehr gegen diese Verhöhnung des Bundestags sich verwahren. Es war unmöglich, eine schlechte Sache mit schlechteren Mitteln zu verteidigen.

Die überraschte Versammlung trennte sich ohne einen Beschluß, der Unmut vermochte sich nur in leidenschaftlichen Gesprächen zu äußern.

Die lange Pause, die nun eintrat, benutzte König Friedrich Wilhelm, um dem Welfen nochmals ins Gewissen zu reden: „Erwägen Ew. Majestät, daß die Stellung Preußens als eines Bundesstaats ihm Pflichten auferlegt und ihm Rücksichten vorschreibt, von denen es sich nicht lossagen kann, ohne von den Grundsätzen abzuweichen, welche alle deutschen Fürsten übereinstimmend angenommen haben." Das klang fast so, als ob Preußen nunmehr entschlossen sei, die unzweideutigen Vorschriften der Schlußakte zu verteidigen. Auf den Welfen aber konnten so sanfte, rücksichtsvolle Mahnungen keinen Eindruck machen. Er glaubte doch, und leider mit Recht, daß sein gütiger Schwager ihn bei der letzten großen Entscheidung nicht im Stich lassen würde.

Als Münch endlich eingetroffen war, stellte Bayern, unterstützt von allen süddeutschen Höfen und von beiden Linien des sächsischen Hauses, am 26. April den Antrag, daß Hannover aufgefordert werden solle, den Rechtszustand aufrecht zu halten und etwaige Änderungen nur auf verfassungsmäßigem Wege vorzunehmen. Der Antrag verlangte nur, was schon längst hätte geschehen sollen, aber noch einmal wurde dem hannöverschen Hofe eine Frist bewilligt. Er überschritt sie, wie das seine Art war, und reichte erst am 27. Juni eine Denkschrift ein, die alle seine früheren Leistungen noch überbot. Ihr Verfasser war Geh. Rat Falcke, ein zierlicher, eleganter alter Junggesell, berühmt durch die Schar seiner schönen Hunde; der hatte im Jahre 1831 mit Ernst August wegen des Staatsgrundgesetzes verhandelt und nachher jahrelang die Regierung des Herzogs von Cambridge vor dem Landtage vertreten. Diese Vergangenheit hinderte ihn keineswegs, sich auch dem neuen Gewalthaber schmiegsam unterzuordnen, und jetzt wagte er, der die Verhandlungen selbst geführt hatte, dem Bundestage zu beteuern, daß Ernst August über das Staatsgrundgesetz nicht rechtzeitig unterrichtet worden sei. Die Bundesregierungen waren freilich nicht in der Lage, die ganze Verlogenheit dieser welfischen Märchen zu erkennen, indessen fühlten sie alle heraus, daß Hannover ihnen keinen reinen Wein einschenkte; auch die wiederholten Schimpfreden wider „den konstitutionellen Schwindel der heutigen Zeit" konnten die süddeutschen Höfe nur beleidigen.

Doch was galten hier Gründe? Die Mehrheit war entschlossen, den Welfen nicht preiszugeben, weil er sonst in eine ganz unhaltbare Stellung geraten müsse. Als endlich abgestimmt wurde, da beschlossen am 5. Sept. zehn Stimmen gegen sechs, dem bayrischen Antrage „keine Folge zu geben", sie sprachen aber zugleich die Erwartung aus, daß König Ernst August mit seinen Landständen noch eine Vereinbarung treffen werde.

Wie man sich auch drehen und wenden mochte, die furchtbare Tatsache blieb doch bestehen, daß der Bundestag sich pflichtwidrig geweigert hatte, das ganz unzweifelhafte Recht eines deutschen Landes zu beschützen. Von einer solchen Schmach konnte die längst entwürdigte deutsche Zentralgewalt sich nicht mehr erholen; die „Inkompetenz-Erklärung des Bundestags", wie das Kauderwelsch der Zeitungen sagte, blieb fortan der Lieblingsstoff für alle Unzufriedenen. Und an diesem schweren Unrecht war Preußens Regierung mitschuldig. Sie hatte, ihre eigenen Grundsätze, ihre natürlichen Bundesgenossen verleugnend, zusammengewirkt mit den alten Feinden ihrer Handelspolitik und also die köstliche Gelegenheit versäumt, „das in Wahrheit verbündete Deutschland", das einst Motz in dem Zollverein geahnt hatte, zu befestigen und vor der Nation zu rechtfertigen.

Der welfische Hof versäumte nicht, den Bundesbeschluß mit gewohnter Unredlichkeit auszunutzen. Er verkündete durch eine Bekanntmachung vom 10. Sept., daß der Bundestag die Verfassung von 1819 als zu Recht bestehend anerkannt habe. Gegen diese offenbare Lüge verwahrten sich wieder Bayern und die anderen Staaten der Minderheit in sehr heftigen Erklärungen.

In Wahrheit ging der hannöversche Verfassungsstreit schon zu Ende. Ohne die Hilfe des Bundes – das hatte Stüve längst vorausgesehen – konnte die schwache, weithin zerstreute Oppositionspartei nicht mehr auf Erfolge zählen. Das Volk war der Händel müde. Die Regierung benutzte jedes Mittel, um wieder eine vollzählige Kammer zustande zu bringen; sie scheute sich nicht, sogar die Wahlen der Minderheit der Korporationen für gültig zu erklären, so daß selbst der Landtagsmarschall Graf Münster sich nicht mehr fügen wollte. Christiani und andere liberale Abgeordnete wurden von Polizei wegen aufgefordert, im Landtage zu erscheinen, widrigenfalls die Behörde sie aus der Stadt Hannover ausweisen würde. Dergestalt erlebte Deutschland das wunderbare Schauspiel, daß man seine Volksvertreter auf dem Schub in die Kammer brachte. Durch solche Künste ward der Landtag endlich beschlußfähig, und im Sommer 1840 erklärte er sich bereit, auf einen neuen Verfassungsentwurf der Regierung einzugehen. Ernst August empfing jetzt seine getreuen Stände sehr freundlich und sagte: „Ich fühle als einen Stein vom Herzen zu hören das was Sie mir sagen." Wenn man ihm nur seinen Willen tat, war er ja kein Bösewicht.

Am 6. August 1840 kam das Landesverfassungsgesetz zustande. Die neue Verfassung gewährte dem Welfen alles, was er wünschte: ein den Ständen nicht verantwortliches Ministerium, einen Landtag mit sehr beschränkter gesetzgeberischer Befugnis, und vor allem die längst ersehnte Kassentrennung. Sie bestimmte auch, was ihm fast noch wichtiger war, daß nur Geisteskrankheit vom Throne ausschließen, und mithin der blinde Kronprinz, dem alten Brauche des Welfenhauses zuwider, dereinst die Regierung antreten sollte. Also geschah das Wunderbare, daß ein Fürst, der anfangs selbst nicht wußte, was er wollte, von keinem einzigen bedeutenden Manne unterstützt, gegen das Recht und gegen die öffentliche Meinung schließlich doch seine Macht behauptete. Der Sieg war freilich teuer erkauft. Unter dem Staatsgrundgesetze herrschte tiefer Friede; der neue Landtag, den sich Ernst August gebildet hatte, lebte in ewigem Hader mit der Regierung, und bald machte der Welfe auch die unliebsame Erfahrung, daß seine selbstständige königliche Kasse aus der Geldnot nicht herauskam.

Für Deutschland bedeuteten diese hannöverschen Händel fortan wenig. Unvergeßlich aber blieb der Nation der Bundesbeschluß vom 5. Sept. 1839. Seitdem begannen auch die Gemäßigten zu fühlen, daß unter dem Deutschen Bunde kein Recht mehr fest stand, und in immer weiteren Kreisen verbreitete sich die Hoffnung auf einen gewaltsamen Umschwung, der mit einem Schlage dem deutschen Elend Wandel schaffen sollte. –

# XI
## Der Kölner Bischofsstreit

Seit jenen Tagen, da der Freiherr vom Stein den Sultanismus der Könige von Napoleons Gnaden anklagte, war die Zerrüttung des öffentlichen Rechts, die Zuchtlosigkeit der souveränen Fürstengewalt dem kaiserlichen Deutschland nicht wieder so beschämend vor die Augen getreten wie in den Zeiten des welfischen Staatsstreichs. Ein Frevel, der nicht wie einst die Gewalttaten der Rheinbundsfürsten durch das Gebot der Selbsterhaltung entschuldigt werden konnte, fand in Deutschland keinen Richter; die höchste deutsche Behörde versagte sich feig ihrer Pflicht. Was man an den Höfen Ordnung nannte, war in Wahrheit die verewigte Anarchie, und das Verlangen nach einer starken nationalen Zentralgewalt, welche die Willkür der kleinen Gewalthaber bändigen sollte, entsprang nicht der revolutionären Leidenschaft, sondern dem gesetzliche Sinne. Wer jetzt noch die Stirn hatte, den inkompetenten Bundestag zu verteidigen, konnte sich mit denen nicht mehr verständigen, die an der friedlichen Entwicklung dieses entwürdigten Bundes verzweifelten. Die politischen Parteien bekämpften einander so unversöhnlich, wie in der Literatur Heine und die Schwaben, Schlosser und Hurter, Strauß und die Orthodoxen. Und in dieser Welt des Unfriedens entbrannte auch noch ein kirchenpolitischer Streit, der alle Leidenschaften des Dreißigjährigen Krieges wieder zu erwecken, das teuerste Gut der Nation, den schwer erkauften Frieden der Glaubensbekenntnisse zu vernichten drohte.

Der preußische Staat geriet zum ersten Male in offenen Krieg mit dem wieder erstarkten Papsttum und mußte nach einem kurzen Waffengange den Rückzug antreten. Er kämpfte, im Geiste seiner Geschichte, für den Gedanken der Parität, aber er kämpfte mit den Waffen des polizeilichen Zwanges und einer gänzlich veralteten Kirchenpolitik, so daß er vor der Welt als ein Bedränger der Gewissensfreiheit erschien und überdies durch das Ungeschick seiner Diplomaten in den Ruf der Zweizüngigkeit kam. Die alte Beamtenregierung genügte nicht mehr. In derselben Zeit, da sie durch das Eisenbahngesetz noch einmal ihre alte Geschäftstüchtigkeit bewährte, zeigte sie sich ängstlich gegenüber den welfischen Gewalttaten, völlig ratlos gegenüber der römischen Kirche.

Inmitten der Wirren des Aufruhrs von 1831 hatte der neue Papst Gregor XVI. den heiligen Stuhl bestiegen. Seine Weltanschauung blieb mönchisch; noch schroffer und härter als seine beiden Vorgänger trat er der weltlichen Gewalt entgegen.

Solange die französische Revolution den Klerus unterdrückte und beraubte, stand die Kurie im Lager der konservativen Höfe; jetzt aber erhoben sich überall revolutionäre Mächte, welche der Kirche günstig schienen, und sofort zeigte sich, daß die römische Politik nur kirchliche Ziele verfolgen darf, mithin alle politischen Parteien lediglich als Mittel behandeln kann.

Derweil geheime ultramontane Umtriebe die ohnehin verstimmte Rheinprovinz beunruhigten, war die Krone Preußen bemüht, den einzigen Streit, der zwischen ihr und dem Papste bestand, endlich zu beseitigen. Auf Bunsens Rat hatte sie die Torheit begangen, über die Behandlung der gemischten Ehen, in Wahrheit also über die Gültigkeit ihrer eigenen Landesgesetze, mit dem römischen Stuhle zu verhandeln und schließlich das Breve vom 25. März 1830 erlangt, das aus der Feder des Kardinals Cappellari, des späteren Papstes Gregor XVI., stammte. Bunsens Eitelkeit schmeichelte sich, dadurch einen glänzenden Sieg über die Kurie davongetragen zu haben. Als man aber in Berlin schärfer prüfte, entdeckte man bald, daß dieses Breve schlechterdings kein unzweideutiges Zugeständnis an die Rechte des paritätischen Staates enthielt. Dem Könige schienen vornehmlich zwei Stellen des Breves unannehmbar; er hielt es für unchristlich und der Würde der evangelischen Kirche widersprechend, daß die katholische Braut vor der Todsünde der gemischten Ehe feierlich verwarnt werden sollte; und wenn er sich auch zur Not mit der passiven Assistenz des römischen Priesters begnügen wollte, so verlangte er doch, daß die kirchliche Einsegnung der gemischten Ehen nicht geradezu verboten würde. Darum ließ er das Breve nach Rom zurücksenden, und Bunsen bemühte sich nunmehr, durch langwierige Verhandlungen die Kurie umzustimmen. Der Versuch scheiterte. Rom hatte gesprochen, und eine Milderung ließ sich um so weniger erwarten, da der neue Papst Gregor selbst der Verfasser des Breves war.

Trotzdem verlor der allezeit hoffnungsvolle Gesandte nicht den Mut. Er riet, die Krone möge sich insgeheim mit den Bischöfen der westlichen Provinzen über eine milde Auslegung und Handhabung des Breves verständigen. Nur Bunsens Leichtsinn konnte hoffen, daß in dieser Epoche der anonymen Zeitungen und der ultramontanen Wühlerei die Vereinbarung mit den Bischöfen auf die Dauer geheim bleiben würde.

Im Frühjahr 1834 wurde der erfindungsreiche Diplomat nach Berlin berufen. Er erhielt den Auftrag, zunächst mit dem Erzbischof Spiegel zu verhandeln, und fand seinen greisen Gönner zu jeder Nachgiebigkeit bereit. Der Erzbischof schwankte lange und fühlte sich in seinem Gewissen schwer bedrängt. Der Domkapitular München bewies in einem schwer gelehrten Gutachten, das Breve erlaube alles, was nicht ausdrücklich darin verboten sei.

Nunmehr war Spiegels Gewissen beruhigt, und nach kurzen Verhandlungen unterzeichnete er mit Bunsen einen geheimen Vertag, welcher alles gewährte, was der Staat für den konfessionellen Frieden der westlichen Provinzen zu wünschen hatte, aber weder mit dem neuen Breve des Papstes noch mit den alten kanonischen Vorschriften übereinstimmte. Die kirchliche Einsegnung der gemischten Ehen sollte fortan die Regel bilden, ohne Rücksicht auf die Erziehung der Kinder, und nur wenn die katholische Braut einen mutwilligen, sträflichen Leichtsinn zeigte – „also vernünftigerweise niemals", wie Bunsen frohlockend schrieb – mußte sich der Priester auf die passive Assistenz beschränken. Für diese großen, noch keinem Staate gewährten Zugeständnisse gab die Krone ein Versprechen, das kaum für eine Gegenleistung gelten konnte, weil König und Papst sich darüber schon seit Jahren geeinigt hatten. Sie verhieß, die bürgerliche Eheschließung, die dem Monarchen längst ein Greuel war, auf dem linken Rheinufer abzuschaffen; und in der Tat legte sie im Frühjahr 1837 dem rheinischen Provinziallandtage einen Gesetzentwurf dieses Inhalts vor. Der Erzbischof übernahm, seine Suffraganen für den geheimen Vertrag zu gewinnen. Er brauchte in Paderborn zwei, in Münster drei Tage, um die kirchlichen Bedenken des Bischofs zu überwinden; auch der greise Bischof Hommer von Trier stimmt zu, und der Abrede gemäß erließen die vier Prälaten hierauf gleichlautende Instruktionen an ihre Generalvikariate. Spiegel hoffte auf die ausgleichende Macht der Zeit; er wollte die neue milde Übung sich erst eine Weile friedlich einbürgern lassen und dann zur guten Stunde den Papst um nachsichtige Genehmigung bitten. Er starb aber schon am 2. Aug. 1835, und nur, wenn sich ein gleichgesinnter Nachfolger fand, konnte der so mühsam, durch so zweideutige Mittel gewahrte Friede zwischen Staat und Kirche erhalten bleiben.

Für seinen Nachfolger Droste-Vischering war die weltliche Gewalt einfach nicht vorhanden. Gleich nach Spiegels Tode erschien das „Rote Buch", ein in den Kreisen der Aachener Klerisei entstandenes Libell, das von lügnerischen Anschuldigungen gegen die preußische Krone überfloß und den Berliner Staatsmännern ehrgeizige Pläne, welche ihnen nur zu fremd waren, andichtete: „Preußen und Deutschland scheinen ihnen schon identisch."

Der wieder ausbrechende ernstere Streit um die gemischten Ehen zwang die langmütige preußische Regierung zum Bruche. Kurz bevor Droste sein Amt antrat, veröffentlichte ein klerikales belgisches Blatt den Hauptinhalt jener von den Bischöfen an die Generalvikariate erlassenen geheimen Instruktion; die Angaben waren im wesentlichen richtig, nur glaubte der anonyme Einsender, das Aktenstück sei eine Weisung Spiegels an seine Suffraganen. Welch eine Genugtuung für den römischen Stuhl. Mit hoher sittlicher Entrüstung fragte Kardinal Lambruschini den preußischen Gesandten, ob diese Weisung nicht den Vorschriften des Breves offenbar zuwiderlaufe. Zugleich sprach er die Hoffnung aus, ein päpstlicher Nuntius in Berlin könne die Wiederkehr solcher Irrungen leicht verhindern. Dieser letztere Wunsch wurde sofort entschieden zurückgewisen. Auf keinen Fall wollte der König in seiner Hauptstadt einen römischen Prälaten dulden, um den sich die Oppositionspartei des polnischen und westfälischen Adels vielleicht versammeln konnte. Ebenso offen mußte der preußische Hof, wenn er richtig rechnete, auch die erste Anfrage wegen der Instruktion beantworten. Das Geheimnis war verraten, und nun blieb nur übrig, dem Papste ehrlich herauszusagen: da er über das rätselhafte Breve keine genügende Erklärung hätte abgeben wollen, so sei die Krone genötigt gewesen, sich mit ihren Landesbischöfen zu verständigen. Bunsen aber dachte auch jetzt noch mit seinen beliebten kleinen Mitteln durchzukommen und erlaubte sich eine ebenso unwürdige als törichte Sophisterei.

In seiner Antwort beteuerte er feierlich, niemals habe Spiegel eine solche Weisung erlassen. Die Versicherung war buchstäblich wahr, der Sache nach grundfalsch. Was nicht ausbleiben konnte, geschah. Die Kurie ließ unter der Hand durch ihre Getreuen am Rhein weitere Nachforschungen anstellen, und als im November der ehrwürdige Bischof von Trier auf dem Todesbette lag, unterschrieb er, wahrscheinlich durch seine geistlichen Umgebungen überredet, einen reuigen Brief, der den heiligen Vater um Verzeihung bat wegen jener geheimen Instruktion. Bald darauf kannte der römische Stuhl schon den vollständigen Wortlaut der Vereinbarung zwischen Spiegel und Bunsen. In welchem Lichte stand nun Preußens Krone da!

Wer hätte nach solchen Erlebnissen den Erzbischof zurückhalten können auf seiner abschüssigen Bahn? In Köln wie einst in Münster befahl er seinen Geistlichen ganz unbedenklich, keine gemischte Ehe ohne das Versprechen katholischer Kindererziehung einzusegnen, und dem Papste gab er schon im September 1836 die Zusage, daß er dem Breve unverbrüchlich nachkommen werde. Als die Regierung ihm vorhielt, er habe doch feierlich gelobt, die Instruktion im Geiste der Liebe zu befolgen, da erteilte er die unerwartete Antwort, diese Instruktion hätte er gar nicht gekannt. Nach den gewöhnlichen Ansichten menschlicher Rechtschaffenheit war er freilich verpflichtet, seine Würde niederzulegen, wenn er die Bedingungen nicht zu halten vermochte, unter denen sie ihm anvertraut war.

So warf er kurzerhand alle Kirchengesetze der Monarchie über den Haufen, und schon im Frühjahr 1837 ließ der preußische Hof der Kurie mitteilen, daß er sich vielleicht gezwungen sehen würde, den Unbelehrbaren, der freilich nicht durch die Torheit der Regierung sein Amt erlangt hatte, wieder zu entfernen. Am 31. Oktober schrieb Droste dem Minister: an die Instruktion halte er sich nicht gebunden, sofern sie dem Breve widerspreche. Eine solche Widersetzlichkeit durfte der Staat nicht dulden. Eine Revolution wünschten die Rheinländer freilich nicht, sie wußten trotz aller Schmähungen nur zu wohl, wie viel sie dem preußischen Staate verdankten. Aber ernste Ruhestörungen schienen allerdings zu befürchten. Ein am Tore des Doms angeschlagener Aufruf mahnte die rheinischen Katholiken, das protestantische Joch abzuschütteln.

Am 14. November wurde ein großer Ministerrat unter dem Vorsitze des Königs abgehalten. Die Minister beschlossen, den Erzbischof aus seiner Diözese zu entfernen, wenn er sein Amt nicht freiwillig niederlege; er sollte in seine Münstersche Heimat, oder falls er sich hartnäckig widersetze, nach einem festen Platze abgeführt werden. Der Befehl wurde am 20. November durch Bodelschwingh und General Pfuel gewandt, ohne unnütze Härte ausgeführt; Droste verblieb vorläufig auf der Festung Minden, da er nicht in seine Heimat gehen wollte. Unzweifelhaft gebrauchte die Krone nur ihr gutes Recht. Da die altpreußische Gesetzgebung für politische Vergehen auch im Rheinlande galt, so war der König befugt, den widersetzlichen Erzbischof durch einen Verhaftsbefehl unschädlich zu machen.

Dem Papsttum blieb der preußische Staat der Todfeind, der Hort und Halt des Protestantismus, und bot sich die Gelegenheit, das Vaterland Martin Luthers in seinem politischen Kerne anzugreifen, dann mußten alle die so lange verhüllten Empfindungen des Vatikans zu Tage treten. Sofort nach den ersten Kölnischen Nachrichten versammelte Gregor die Kardinäle, ohne auch nur die ihm aus Berlin zugesagten näheren Mitteilungen abzuwarten, und sagte am

10. Dez. in einer grimmigen Allokution: „Was niemand sich vorstellen oder aussinnen konnte, was auch nur leichthin zu mutmaßen ein Verbrechen gewesen wäre, das ist auf wohlberechneten Antrieb der weltlichen Gewalt geschehen." Darum erhob er seine Stimme „um die verletzte kirchliche Freiheit, die verhöhnte bischöfliche Würde, die mit Füßen getretenen Rechte der katholischen Kirche und dieses heiligen Stuhles öffentlich klagend zurückzufordern". Ein Ton urkräftigen Behagens klang durch diese Verwünschungen; jedermann fühlte, hier sprach das Herz des christlichen Pontifex. Seit der Wiederherstellung des Kirchenstaates geschah es zum ersten Male, daß die Kurie einen mächtigen Staat also zu beleidigen wagte; und da das leere Pathos der Allokutionen noch nicht, wie unter Gregors Nachfolger, durch beharrliche Wiederholungen vernutzt war, so hallten die Flüche des Papstes weithin in der katholischen Welt wider.

Auf solche Beschimpfungen gab es nur eine Antwort. Die Krone Preußen mußte ihren Gesandten aus Rom abberufen und, ohne den Vatikan eines Wortes zu würdigen, sofort die bürgerliche Eheschließung einführen – ein entscheidender Schlag, worauf man in Rom am wenigsten gefaßt war. Dann bot die Lage des verwaisten Erzbistums wenig Schwierigkeiten. Die Mehrheit des Kölner Domkapitels folgte den Ratschlägen jenes Kapitulars München, welcher einst die kunstvolle Auslegung des Breves verfaßt hatte. Das Kapitel übernahm auf Verlangen der Staatsgewalt unbedenklich die vorläufige Verwaltung der Diözese, wählte den Domkapitular Hüsgen zum Generalvikar und beschwerte sich bei der Kurie, natürlich nicht ohne die herkömmlichen Wehklagen, über die Härte des gefangenen Erzbischofs. Ein scharfer Verweis des Papstes hatte keine fühlbaren Folgen. Als der Nuntius Spinelli in Brüssel versuchte, die Wahl Hüsgens für unkanonisch zu erklären, da schritt der König mit einem scharfen Verbote ein, und die Kurie erwiderte verlegen, Spinelli habe ohne Auftrag gehandelt. Auch die Vorlesungen am Bonner Konvikt durften mit Erlaubnis des Domkapitels, wieder eröffnet werden. So ließen sich die Zustände in der Erzdiözese wohl noch eine gute Weile hinhalten, wenn nur der Stein des Anstoßes, der Streit um die gemischten Ehen, aus dem Wege geräumt wurde.

Die Regel der kirchlichen Eheschließung wurde in einem paritätischen Staate schlechterdings unhaltbar, sobald die Eintracht zwischen Papst und Krone aufhörte. Der König hielt aber die Fortdauer der kirchlichen Eheschließung für ganz selbstverständlich. Nun sah er seine katholischen Untertanen von schweren Gewissensbedenken gepeinigt, und er mußte anerkennen, daß die bürgerliche Ordnung, trotz der starken Aufregung, welche namentlich die Frauen ergriffen hatte, in den Rheinlanden fast ganz ungestört blieb. Die Gewissen zu bedrängen war ihm ja niemals in den Sinn gekommen, er hatte nur nach seiner königlichen Pflicht die freche Verhöhnung der Landesgesetze verhindern wollen. Um die erregten Gemüter zu beschwichtigen, unterzeichnete er Januar 1838 eine Kabinettsordre, welche in milden Worten aussprach, den Geistlichen sei nur untersagt, „sich ein förmliches Versprechen für die Erziehung der Kinder in der katholischen Religion geben zu lassen"; bescheidene Erkundigungen blieben den Priestern unverwehrt, und in zweifelhaften Fällen sollten die Bischöfe entscheiden „ohne daß ein Verfahren bei den Staatsbehörden stattfände". Dieser offenbar wohlgemeinte Erlaß war doch nichts anderes als ein vollständiger Rückzug der Staatsgewalt; er bewies nur, wie wenig man in Berlin den Sinn des Streites zwischen dem souveränen Staate und der kirchlichen Herrschsucht verstand. Den Bischöfen blieb fortan die letzte Entscheidung über die gemischten Ehen vorbehalten. Mehr wollte ja Droste selbst nicht; warum hielt man also den ultramontanen Heißsporn noch gefangen?

Währenddem reiste Bunsen auf seinen römischen Posten zurück. So wenig kannten die Minister den Vatikan: sie ahnten gar nicht, wie der römische Stuhl die Verhaftung des Erzbischofs aufnehmen mußte, und da der Gesandte noch immer seine alte stolze Zuversicht zur Schau trug, so begriffen sie nicht einmal, daß Bunsen nach den Enthüllungen der jüngsten Monate in Rom ein unmöglicher Mann war. Er erhielt Befehl, die Kurie über das Verfahren des Königs aufzuklären und mit ihr wegen der Wiederbesetzung des Kölner Stuhles zu verhandeln. Ausdrücklich ward beschlossen, „daß auf keine Weise je wieder an ein Abfinden mit dem Erzbischof und an ein Wiederzulassen desselben in seine Wirksamkeit zu denken sei". Bunsen nahm den Weg über

Clemens Lothar Wenzel Fürst von Metternich

Wartburgfest am 18. Oktober 1817

Wien. Dort hatte er mit Metternich mehrere lange Unterredungen und mit gewohnter Selbstgefälligkeit bildete er sich wieder ein, den Fürsten fast ganz gewonnen zu haben. Allerdings befand sich der Österreicher in einiger Verlegenheit, da der Preuße ganz bestimmt versicherte, Droste würde den Kölner Dom niemals wiedersehen. Gegen den erklärten Willen des befreundeten Königs von Preußen offen vorzugehen, wagte Metternich nicht. Wer aber den Wiener Hof und die dort herrschende klerikale Gesinnung näher kannte, mußte sofort bemerken, daß der Staatskanzler mit allen seinen Wünschen auf seiten der Kurie stand.

An Maltzan richtete Metternich bald nach Bunsens Abreise ein langes Schreiben über die Kölnischen Händel und schlug darin jenen orakelhaften Ton an, der ihm immer zu Gebote stand, wenn er seine Gedanken verbergen wollte. Als Maltzan darauf den Staatskanzler bat, Österreich möge die Bemühungen des preußischen Gesandten in Rom kräftig unterstützen, da erwiderte Metternich: das können wir nicht; wir wollen neutral bleiben, um späterhin für eine Aussöhnung zu wirken. Noch deutlicher sagte er nachher in einem Vortrage an seinen Kaiser: die Kirchenpolitik und die Handelspolitik des Berliner Hofes hingen eng zusammen, durch die evangelische Union und durch den Zollverein suche Preußen die Suprematie im deutschen Bunde zu erlangen.

Gleichwohl war er kein unbedingter Gegner; einen förmlichen Bruch hätte er, nach seinen friedlichen Neigungen, gern vermieden gesehen. Darum gab er Bunsen den freundschaftlichen Rat, jetzt nicht nach Rom zu gehen; in Wien wußte man besser als in Berlin, welche Luft im Vatikan wehte. Bunsen ließ sich jedoch in seinem kühnen Tatendrange nicht aufhalten. Er reiste weiter, und als er in Ancona anlangte, fand er dort die Nachricht von der Allokution des Papstes. Diese dem preußischen Gesandten völlig unerwartete Wendung warf alle seine Berechnungen über den Haufen, und tat er bescheiden seine Pflicht, so mußte er zunächst in Berlin anfragen, wie er sich in der gänzlich veränderten Lage zu verhalten habe. Solche Selbstverleugnung war ihm fremd, und doch fühlte er sich durch die herausfordernde Sprache der Kurie eingeschüchtert. Am 17. Dez. schrieb er in Ancona eine Note an Lambruschini; er stellte sich an, als ob er die Allokution, die jetzt in jedem Caféhause auflag, noch nicht genau kenne, und sprach die Hoffnung aus, daß sie wohl nicht das endgültige Urteil des Papstes enthalten, weitere Verhandlungen nicht abschneiden solle. Dann versicherte er – seinen Weisungen schnurstracks zuwider – der König habe den Erzbischof nur auf Zeit aus Köln entfernt und wolle sich als klagender Teil dem kanonischen Urteil des Papstes unterwerfen. Welch eine Schmach für Preußen, wenn die Kurie auf diese Anerbietungen einging! Zum Glück war Lambruschini zu hochmütig; vielleicht schenkte er auch der unerwarteten Demut des vordem so zuversichtlichen Gesandten keinen Glauben. Genug, erwiderte er schroff: zuerst müsse Droste wieder eingesetzt werden, dann erst könne von neuen Verhandlungen die Rede sein.

In Rom ward dem Gesandten sogleich mitgeteilt, daß der Papst ihn nicht empfangen wolle – eine Nachricht, die nur ihn selber überraschte. Zuerst fühlte er sich ganz niedergeschmettert, dann raffte er sich in leichtfertiger Hoffnungsseligkeit wieder auf, versuchte nochmals mit Lambruschini anzuknüpfen und erteilte der preußischen Regierung unerbetene Ratschläge für ihre Kirchenpolitik. Aber seine Rolle in Rom war ausgespielt; von allen den Nadelstichen, welche einen mißliebigen Diplomaten peinigen, blieb ihm keiner erspart. Der Papst und die Kardinäle zeigten sich ganz unversöhnlich; selbst Capaccini fiel in Ungnade, weil er in den Kölner Händeln zu vermitteln gesucht hatte. Den Ministern in Berlin gingen nun endlich die Augen auf; sie wußten, daß Metternich mit unverhohlener Schadenfreude von der Demütigung des gelehrten preußischen Diplomaten sprach. Bunsen erhielt zuerst den Auftrag, sich jeder weiteren Erklärung zu enthalten, sodann scharfe Verweise wegen der Übertretung seiner Instruktionen, schließlich den gemessenen Befehl, die Anerbietungen seiner Anconer Note förmlich zurückzunehmen (rétracter). Auch dieses Auftrags entledigte er sich nicht mit der Würde eines Mannes, der einen begangenen schweren Fehler freimütig eingesteht; er sagte dem Kardinal-Staatssekretär nur in gewundenen Sätzen, die früheren Vorschläge seien durch die Erwiderung des römischen Stuhls jetzt hinfällig geworden. So blieb sein Verhalten unaufrichtig vom Anfang bis zum Ende. Im April 1838 ward er abberufen.

Am Berliner Hofe herrschte allgemeine Beklommenheit, der Bankbruch des alten Systems der Kirchenpolitik kündigte sich an. Wie fest hatte der König auf Bunsens zuversichtliche Ratschläge gebaut. Nun kam alles anders, nun mußte er erleben, wie die Wegführung des Erzbischofs in stiller Zeit mehr Lärm erregte als einst die Gefangennehmung des Papstes in den aufgeregten napoleonischen Zeiten. Daß seine katholischen Untertanen ihm Unduldsamkeit und Gewissenstyrannei zutrauten, bekümmerte ihn tief.

Weit entfernt, das Benehmen seines Schützlings zu billigen, sagte der Thronfolger in einem bald veröffentlichten Schreiben an einen rheinischen Geistlichen sehr scharf, hier handle es sich einfach um die Erfüllung eines feierlich gegebenen Versprechens. Die unschickliche Sprache der päpstlichen Allokution verletzte sein fürstliches Selbstgefühl so tief, daß er im ersten Unwillen vorschlug, der König möge die Zahlung der Dotation an die katholische Kirche vorläufig einstellen. Gleichwohl äußerte er sich mit der höchsten Verachtung über das schlechte, elende, verständnislose Benehmen der Regierung. Was er eigentlich wollte, wußte noch niemand, er selbst wohl am wenigsten; nur so viel war sicher, daß er den Ansprüchen des Klerus sehr weit entgegen zu kommen dachte. Dies genügte, um den greisen Altenstein mit ernsten Besorgnissen zu erfüllen. So geschah es, daß diese schwierige Frage mit einer in Preußen beispiellosen Schlaffheit behandelt wurde. Ebenso schwerfällig und zögernd verfuhr man auch gegen den gefangenen Erzbischof. Der getreue Kaplan Michelis hatte unmittelbar vor der Verhaftung die wichtigsten Briefschaften Drostes verbrannt. Er selbst wurde nachher nach Magdeburg abgeführt, und es fanden sich auch einige Briefe, welche seine feindselige, landesverräterische Gesinnung außer Zweifel stellten und darum von der Regierung sofort bekannt gemacht wurden. Doch der Tatbestand des versuchten Hochverrats lag nicht vor.

Ohne jede Spur von Reue schrieb er im August 1838 an den König, um sich über seine Gefangenschaft zu beklagen: „Ob es vor Gott gerecht sei und zum Guten führen könne, wenn Ew. Maj. jene Zwangsgewalt, welche Gott Eurer Maj. insbesondere zur Beschützung jedes Rechts, also auch zur Beschützung der katholischen Kirche, ihres Episkopats und ihrer Mitglieder anvertraut hat, noch fernerhin gebrauchen, um sich zu verhindern nach Köln zurückzukehren." Als ihm darauf der Regierungspräsident im Namen des Königs eröffnete, seine Gefangenschaft sei nach dem Gesetze gerechtfertigt, seine Rückkehr unmöglich, da erwiderte der Erzbischof: vergeblich habe er gehofft, daß Fürst Metternich den König umstimmen würde; jetzt liege ihm nichts mehr an einem Amte, das er nicht mit Freudigkeit führen könne; nur auf vierundzwanzig Stunden wolle er nach Köln zurück, um dort mit Zustimmung des heiligen Stuhls seine Würde feierlich niederzulegen. Dabei blieb er: die Krone solle sich vor ihm demütigen und, indem sie ihm den Einzug in Köln gestattete, ihr Unrecht förmlich eingestehen.

Auf solche Zumutungen einzugehen, fiel keinem der Minister ein. Auf Grund eines Gutachtens gelangten die drei Minister zu dem Ergebnis, eine gerichtliche Untersuchung scheine zulässig, aber nicht ratsam, es sei denn, daß Droste endlich in seine Heimat Darfeld bei Münster verwiesen, wo er still seinen mönchischen Gewohnheiten lebte. Nach alledem mußte das katholische Volk wohl zu dem Verdachte gelangen, die Krone selbst glaube nicht an ihr Recht. Die Bischöfe von Paderborn und Münster erklärten im Januar 1838, nach der Allokution des Papstes könnten sie sich an den geheimen Vertrag über die gemischten Ehen nicht mehr binden. Als sie nachher noch eine Fürbitte für Droste wagten, wurden sie vom König scharf abgewiesen.

Bald schlug die klerikale Bewegung auch in die östlichen Provinzen hinüber, wo man bisher ohne jedes Bedenken das Gesetz vom Jahre 1803 befolgt hatte. Am Rhein war die Mehrzahl der Geistlichen dem widersetzlichen Erzbischof abgeneigt. In Polen wurde der Erzbischof Martin von Dunin durch den niederen Klerus fortgerissen, ein schwacher, sehr wenig begabter, nachgiebiger Mann, der bisher dem Könige eine kriechende Unterwürfigkeit gezeigt hatte und darum auch nicht im Stande war zu widerstehen, als jetzt der polnische Adel und die Kapläne die Allokution des Papstes benutzten, um gegen das verhaßte Deutschtum vorzustürmen. In tiefem Geheimnis, nur von dem Offizial Brodziszewski und einigen polnischen Laien beraten, verfaßte Dunin im Januar 1838 einen Hirtenbrief, der den Geistlichen bei Strafe der Absetzung verbot, gemischte Ehen ohne das Versprechen katholischer Kindererziehung einzusegnen. Die Regierung beschloß, ihn wegen Verletzung der Staatsgesetze vor Gericht zu stellen und seine Verordnung für nichtig zu erklären. Dunin stellte sogar die Justizhoheit des Staates in Abrede und erklärte, daß er nur einem kanonischen Gerichte Rede stehen werde. Nunmehr fällte das Posener Oberlandesgericht seinen Spruch; er lautete auf Amtsentsetzung und sechs Monate Festungshaft.

Der Erzbischof war unterdessen im April 1839 nach Berlin gerufen worden. Erst als er auch hier allen Mahnungen unzugänglich blieb, verkündigte man ihm das Urteil und stellte ihm frei, die Gnade des Monarchen anzurufen. Darauf schrieb Dunin einen höchst untertänigen, nichtssagenden Brief, den der König in seiner Langmut als ein Gnadengesuch ansah und mit dem Erlaß der Festungsstrafe beantwortete. Vorläufig sollte er ohne Beschränkung seiner Freiheit in Berlin bleiben, bis die Angelegenheiten seiner Diözese geordnet seien. Auf Grund der bestehenden Gesetze konnte man ihn unmöglich milder behandeln. Aber dies harmlose Mißgeschick ihres Oberhirten genügte den polnischen Edelleuten nicht; sie brauchten nach dem rheinischen Muster einen kirchlichen Märtyrer, um das Landvolk gegen den protestantischen König aufzuwiegeln, und bereiteten mit gewohnter schauspielerischer Gewandtheit ein erschütterndes Rührstück vor. Am 3. Oktober verschwand der Erzbischof aus Berlin und eilte mit untergelegten Pferden, die ihm seine adligen Freunde stellten, schnurstracks nach Posen; dort ward er vom Grafen Kwilecki und anderen Edelleuten empfangen und sofort in den Dom geleitet, wo er zur tiefen Erbauung der Damen vom *Sacré Coeur* inbrünstig betete. In einem schwülstigen Briefe an den König berief er sich auf das „Beispiel des heiligen Apostelfürsten Petrus, des großen Weltapostels Paulus und vieler heiligen Bischöfe der ersten christlichen Jahrhunderte". Auch die übrigen Akte der Komödie verliefen genau nach dem Plane der samartischen Dramaturgen. Am Frühmorgen des 6. Okt. erschienen die Beamten, um die unvermeidliche Verhaftung vorzunehmen. Der erzbischöfliche Palast auf der stillen Dom-Insel war fest verriegelt und mußte mit großem Lärm geöffnet werden. Die Eintretenden empfing Dunins Schwester Scholastica mit jenem schrillen Jammergeschrei, dessen nur polnische Lungen fähig sind; der Erzbischof aber rief: „Holen sie Gendarmen! Die Welt muß wissen, daß ich mit Gewalt von hier weggeführt werde." Dann wendete er sich zu dem Hauptmann Hacke, der ihm leise die Hand auf die Schulter legte: „Sie sind zu zart!" Als ihm der Polizeidirektor den Arm bot, um ihn die Treppe hinabzugeleiten, sagte er nochmals. „Das ist eine Gefälligkeit, das ist keine Gewalt. Fassen Sie mich nur an!"

Nun wurde er nach Kolberg abgeführt und schrieb von dort sogleich an den König im alleruntertänigsten Stile: er sehe seine Haft als eine gerechte Fügung Gottes an und bitte nur, ihm eine andere Festung anzuweisen, wo sich eine katholische Kirche befinde, „damit ich wenigstens den Trost haben könnte, in einem, nach dem katholischen Ritus Gott geweihten Hause für das Wohl Ew. K. Majestät und für meine verwaiste Herde tagtäglich und inbrünstiglich zu beten." Als ihn aber der König nunmehr aufforderte, wegen der vorläufigen Verwaltung des Erzbistums Vorschläge zu machen, die man gern berücksichtigen wolle, da ward er wieder störrisch und antwortete: meine Vorschläge gehen dahin, daß ich nach Posen und mein ebenfalls entfernter Offizial Brodziszewski nach Gnesen zurückkehren muß. Wie häßlich erschien dies bald kriechende, bald trotzige Benehmen des Polen neben der ehrenhaften Mannhaftigkeit des westfälischen Starrkopfs. Die Posener Katholiken veranstalteten Kirchentrauer und andere Kundgebungen der Wehmut; die Dekanate der Erzdiözese erklärten dem Ministerium fast allesamt in tief unterwürfigen Eingaben, daß sie den Weisungen ihres Oberhirten folgen müßten. Unter den Deutschen aber konnte Dunins Schicksal wenig Teilnahme erwecken, während das blindgläubige Landvolk der Marienburger Gegend von den Kaplänen aufgeregt, schon für den nächsten Karfreitag die Wiederherstellung Polens erwartete. Nachdem der Papst so vernehmlich gesprochen hatte und der Erzbischof von Posen vorangegangen war, konnten die Bischöfe Hatten von Ermeland und Sedlag Culm nicht zurückbleiben. Beide verlangten in Rundschreiben an ihren Klerus, daß bei der Einsegnung gemischter Ehen das päpstliche Breve befolgt werden müsse, und die Regierung sah sich genötigt, auch diese Hirtenbriefe für unverbindlich zu erklären.

Als der König gegen Dunins Widersetzlichkeit zuerst einschritt, legte Kardinal Lambruschini sofort Verwahrung ein wider diesen Mißbrauch der weltlichen Gewalt. Dann hielt der Papst, am 13. September 1838, eine zweite Allokution, die noch gehässiger klang als der erste: er empfahl Dunins „unbesiegte Mannhaftigkeit" allen preußischen Bischöfen als Vorbild. Im Juli 1839 folgte eine dritte Allokution ähnlichen Inhalts, und alle diese feindseligen Ansprachen sendete Lambruschini an den preußischen Geschäftsträger. Buch erhielt zwar endlich Befehl, dergleichen Zusendungen in Zukunft nicht mehr anzunehmen, aber der diplomatische Verkehr ward nicht abgebrochen; denn Altenstein warnte vor einer offenen „Kriegserklärung", und der König stimmte ihm bei, gegen den Rat der anderen Minister. So mußte Buch ausharren, obgleich Verhandlungen vorderhand ganz unmöglich waren, und nur weil er persönlich vom Papste hoch geschätzt wurde, konnte er diesen widerwärtigen Zustand eine Weile ertragen.

Der König fühlte sich tief unglücklich und suchte seine Posener Untertanen durch eine ernste Aussprache zu beruhigen. Er hatte die unbestimmte Empfindung, daß irgend etwas geschehen müsse, und seine Minister „im Finstern tappten". „Zur legislativen Feststellung der zweifelhaft gewordenen staats- und kirchenrechtlichen Verhältnisse" bildete er schon im Februar 1838 eine Kommission, welcher neben anderen hohen Beamten auch der Rechtshistoriker K. F. Eichhorn angehörte. Ihre Arbeiten wurden dann im Staatsrate wie im Staatsministerium begutachtet; zur weiteren Beratung berief man noch sechs Oberpräsidenten nach Berlin, denn nur zwei von den acht Provinzen, Brandenburg und Pommern, waren von dem Kirchenstreite unberührt geblieben. Nach Jahresfrist etwa lagen sechs Gesetzentwürfe fertig vor, darunter zwei Strafgesetze wider solche Geistliche, welche die Kanzel mißbrauchten oder den öffentlichen Frieden störten, und ein sehr strenges Gesetz über die gemischten Ehen, das nicht nur, nach dem Gesetze vom Jahre1803, die Erziehung aller Kinder im Bekenntnis des Vaters anbefahl, sondern auch jede Abweichung von dieser Regel unbedingt verbot; selbst die freie Übereinkunft beider Eltern sollte daran nichts ändern dürfen – eine furchtbar harte Vorschrift, welche in vielen Fällen zu schwerem Gewissensdrucke führen mußte.

Da die Meinungen unter den Beamten weit auseinandergingen und Altenstein keinen durchschlagenden Entschluß fand, so wurde der König immer unsicherer. Um sich genau zu unterrichten, ließ er bei den befreundeten deutschen Höfen Erkundigungen über ihre Kirchenpolitik einziehen. Diese wohlgemeinten Anfragen sollten für Preußen auf lange hinaus verhängnisvoll werden. König Friedrich Wilhelm empfahl auf die Ratschläge des schwäbischen Königs hin seinen Ministern, eine katholische Abteilung im Kultusministerium zu bilden. Die Leitung sollte der Unterstaatssekretär Düesberg, ein katholischer Westfale, erhalten.

Währenddem bemühte sich der König eifrig, die anderen evangelischen Fürsten Deutschlands zu einem gemeinsamen Vorgehen in Rom zu bewegen. Dies war es, was die Kurie am meisten fürchtete. Sie wünschte vor allem, den preußischen Staat zu vereinzeln. Die große Mehrzahl der evangelischen Fürsten war mit dem Verfahren des Berliner Hofes einverstanden; aber an irgendeine Beihilfe dachte niemand.

Der Versuch, die kleinen Kronen zur Parteinahme zu bewegen, scheiterte gänzlich, und er mußte scheitern, weil die deutsche Kirchenpolitik seit dem Wiener Kongresse dem nackten Partikularismus verfallen war. Auch von den geplanten Kirchengesetzen kam in den dritthalb Jahren bis zum Tode des Königs nichts mehr zustande. Die beiden Erzbischöfe durften nicht zurückkehren, und doch hatte die Krone in dem Streite über die gemischten Ehen schon fast alles zugestanden, was der römische Stuhl verlangte. Gleichwohl ward die Verwirrung unerträglich. Jedermann fühlte, die Regierung verfuhr zugleich zu hart und zu nachgiebig; das Steuerruder der Kirchenpolitik war ihrer Hand entfallen. –

Unmöglich konnten die benachbarten katholischen Mächte diesen Wirren fern bleiben. Von Brüssel stand am wenigsten zu fürchten. Ganz anders stand es in Bayern. Welch ein seltsames Zusammentreffen! In denselben Novembertagen des Jahres 1837, da Droste Vichering verhaftet wurde, trat das Ministerium Abel seine Herrschaft in München an. An die Wiederherstellung der rheinischen Herrschaft des Hauses Wittelsbach mag König Ludwig wohl nie im Ernst gedacht haben. Aber jener Gedanke, den im einst Görres bei seiner Thronbesteigung ans Herz gelegt hatte, erfüllte ihn jetzt ganz und gar: er wollte als Nachfolger des gewaltigen Kurfürsten Maximilian der Schirmherr des deutschen Katholizismus werden. Vor diesem Ideale verblaßten alle die anderen Traditionen seines Hauses: er vergaß, daß er auch der Erbe der evangelischen Pfalzgrafen war, daß sein Bayern – wie oft hatte er es doch selbst ausgesprochen! – nur im Bunde mit Preußen sich seine Stellung in der neuen deutschen Geschichte erworben hatte. Kopfüber stürzte er sich in eine klerikale Weltanschauung, die seinem freien Sinne ursprünglich fremd war.

Mit schamloser Parteilichkeit begünstigte der Münchener Hof von vornherein alle Feinde der preußischen Regierung.

Auch das bayrische Volk bekam zu fühlen, was klerikale Parteilichkeit ist. Wie maßlos hatten die bayrischen Ultramontanen auf die preußischen Kirchenparaden gescholten; auf Befehl Friedrich Wilhelms war dieser Mißbrauch nunmehr abgeschafft. Zur Erwiderung gleichsam befahl König Ludwig durch eine Verordnung vom 14. Aug. 1838 den bayrischen Truppen, daß sie auf der Wache und beim Gottesdienste vor dem Sanktissimum niederknien sollten. Die Armee bestand zu einem vollen Drittel aus evangelischen Mannschaften, und ihnen ward eine kirchliche Zeremonie zugemutet, welche jeder strenge Protestant als sündhaften Baalsdienst verabscheuen mußte! Hier verriet sich der wahre Geist der Partei, welche der preußischen Krone gegenüber die Gewissensfreiheit zu verteidigen behauptete. Allgemein war die Erbitterung in den evangelischen Landesteilen; ängstliche Gemüter fürchteten schon, aus dem Streite zwischen Staat und Kirche werde ein Krieg der Konfessionen hervorgehen. –

Durch diesen Bischofsstreit wurde eine grundtiefe Verwandlung des deutschen Parteilebens bewirkt. Seit die neue ultramontane Partei sich zusammenscharte, begann der süddeutsche Partikularismus sich zu verändern. Bisher hatte er liberale Farben getragen; die alten Rheinbündler und nachher die Genossen der Rotteck-Welkerschen Schule sahen verächtlich hernieder auf das zurückgebliebene Preußen, aber auch auf das zurückgebliebene Österreich. Jetzt wurden plötzlich die halbverschollenen österreichischen Traditionen des deutschen Südens wieder lebendig, und wenngleich Metternich sich noch zurückhielt, so mußte doch früher oder später die Zeit kommen, da die Wiener Politik sich diesen Vorteil zunutze machte. Der erste Grund war gelegt für die großdeutsche Partei der kommenden Jahre. Auch in Preußen bereitete sich eine neue Parteibildung vor. Die rheinischen Juristen, die schon so lange für die Rechtsgleichheit des Code Napoleon stritten, meinten jetzt auch allgemein zu wissen, was wahre Kirchenfreiheit sei, und und unmerklich begannen ihre belgischen Anschauungen den Liberalismus der östlichen Provinzen anzustecken. Das Schlimmste blieb doch, daß jedermann fühlte, die alte Regierung habe sich überlebt.

Ernst, fast düster schloß König Friedrich Wilhelms vielgeprüftes Leben. Beinah alle die reichbegabten Männer, die ihm einst bei der Erhebung und Wiederbefestigung des Staates zur Seite gestanden, waren vor ihm dahingegangen. In diesen letzten Jahren folgte ein Mißgriff dem anderen. Der Bundestag entwürdigte sich durch die hannöverschen Beschlüsse dermaßen, daß niemand mehr an eine friedliche Zukunft des Deutschen Bundes glauben konnte; die preußische Kirchenpolitik suchte vergeblich einen Ausweg aus unleidlicher Verwirrung; und im Volke stieß das gestrenge alte Beamtenregiment auf einen stillen, beständig wachsenden Widerwillen, den allein die Ehrfurcht vor dem greisen Monarchen noch darnieder hielt. Als Friedrich von Gagern im Jahre 1839 den Berliner Hof besuchte, da gewann er den Eindruck, diese Regierung halte sich nur, weil das Schicksal sie neuerdings vor allzu heftigen Stößen bewahrt habe.

Der alte König selbst verstand die Zeit nicht mehr. Wie er den treuen Arndt, der doch neuerdings bei den Liberalen als reaktionärer Franzosenfreund verrufen war, noch immer unversöhnlich dem Lehrstuhle fern hielt, so wollte er auch von den konstitutionellen Ideen jetzt sogar noch weniger hören als in früheren Jahren.

In einem um das Jahr 1838 niedergeschriebenen Testamentsentwurfe verpflichtete er den Thronfolger zur Aufrechterhaltung der Union, der Konsistorialverfassung und erklärte sodann nachdrücklich, daß er die von den Vorfahren ererbte unbeschränkte königliche Gewalt unbeschränkt seinen Nachfolgern hinterlassen wolle. Die Erfahrung lehre, daß die Fürsten, welche auf einen Teil ihrer Rechte verzichteten, oft auch den anderen Teil einbüßten und selbst die Möglichkeit Gutes zu tun verlören. Seine Untertanen besäßen in den Institutionen, die er ihnen aus freiem Willen erteilt, in der geregelten Staatsverwaltung, in dem Staatsrate, in den Provinzialständen, in der Städteverordnung, in den Kommunalverfassungen die Bürgschaft für ungestörte Ordnung und Gesetzlichkeit. Auf dieser Unbeschränktheit der königlichen Gewalt beruhe vorzugsweise die Stellung Preußens im Staatensystem; und da eine Änderung dieses Grundpfeilers der Monarchie letztere selbst wankend machen würde, so bestimme er hierdurch, „daß kein königlicher Regent befugt sein soll, ohne Zuziehung sämtlicher Agnaten in dem königlichen Hause irgendeine Änderung oder Einleitung zu treffen, wodurch eine Veränderung in der Verfassung des Staates, namentlich in Beziehung auf die ständischen Verhältnisse und die Beschränkung der königlichen Gewalt bewirkt oder begründet werden könnte." Im Falle der Aufnahme einer neuen Anleihe – so fuhr der König fort – werde er nach der Vorschrift des Staatsschuldengesetzes von 1820 handeln, in jedem der acht Provinziallandtage je vier Abgeordnete wählen lassen, diese Gewählten durch eine gleiche Anzahl von Mitgliedern des Staatsrates verstärken und der also gebildeten reichsständischen Versammlung das Anleihegesetz – aber schlechterdings keine andere Frage – zur Beratung vorlegen. Durch einen Landtag von vierundsechzig Köpfen – und auch nur im Notfalle – sollten mithin die alten Verheißungen, die einst so viel Hoffnungen erweckt hatten, erfüllt werden. Friedrich Wilhelm wollte diese Vorschriften den königlichen Prinzen als ein bindendes Hausgesetz auferlegen, und er hatte schon den Fürsten Wittgenstein beauftragt, die Aufzeichnungen zu einer förmlichen Urkunde zusammenzustellen – ein Befehl, der nur durch den Tod des Monarchen vereitelt wurde. Mit solchen Grundsätzen ließ sich die verwandelte Welt nicht mehr regieren.

Währenddem begann auch in der europäischen Politik eine gefährliche Verwicklung. Die orientalische Frage entlud sich noch einmal. Unter allen den Ratgebern, welche den bedrängten Sultan umringten, war Preußen allein uneigennützig dank seiner geographischen Lage, und darum allein ehrlich. Dem König von Preußen verdankte die Pforte den immerhin erträglichen Friedensschluß von Adrianopel, und ihm auch die einzige Reform, welche dem versinkenden Staate noch halb gelang. Durch Hauptmann von Moltke und einige andere ausgezeichnete Offiziere des preußischen Generalstabs wurde die Kriegstüchtigkeit des deutschen Heeres wiederhergestellt. Aber noch bevor die neue Ordnung vollendet war, entbrannte der Kampf mit Mehemed Ali vom neuem, und mit einem Male gewann es den Anschein, als sollte der seit zehn Jahren so mühsam abgewendete Weltkrieg nun doch über Europa hereinbrechen. So drängten sich von innen und außen her neue Aufgaben an die Krone heran. Der greise König war ihnen leider nicht gewachsen, und als das Schicksalsjahr der preußischen Geschichte, das Jahr 40 heraufzog, da ahnte man im Volke überall, diese lange Regierung gehe zu Ende.

Nun an dem Schicksal langlebiger Männer kann das befangene Urteil der Menschen zuweilen deutlich erkennen, daß dem Sterblichen wird, was er verdient, und selten hat sich das Walten der göttlichen Gerechtigkeit vornehmlich offenbart wie in dem Leben dieses Königs. Als ein Friedensfürst hatte er einst seine Laufbahn angetreten. In den Bekenntnissen, die er als Kronprinz niederschrieb, sagte er einfach: „Das größte Glück eines Landes besteht zuverlässig in einem fortdauernden Frieden", und obwohl er den Wert „einer formidabeln Armee" sehr hoch anschlug, so wünschte er doch aufrichtig, diese schreckliche Waffe niemals gebrauchen zu müssen. Ganz so waren ihm nach einem halben Jahrhundert die Lose gefallen. Er war der erste der hohenzollernschen Könige, der sein Landgebiet kleiner hinterließ als er es von den Vorfahren überkommen hatte; und ob Preußens Stimme im Rate der Völker jetzt ebenso schwer wog, wie in den Zeiten, da der Ruhm des großen Königs noch nachwirkte, das ward im Ausland mindestens bestritten. Auch der Ruf der Unbesieglichkeit der schwarzweißen Fahnen war trotz der strahlenden Siege des Befreiungskrieges nicht wieder hergestellt; denn immer noch blieb den Nachbarn der Zweifel, was Preußen ohne Bundesgenossen leisten könne. Der Glanz des preußischen Namens hatte sich unter der Herrschaft dieses schlichten Landesvaters nicht erhöht, aber wie wunderbar war die innere Kraft des Staates gewachsen. In keinem Staate der Welt bestand eine so menschliche, so sorgsame, so gerechte Vewaltung, in keinem eine so volkstümliche, so ganz unerschöpfliche Wehrbarkeit. Das deutsche Sparta war zu einem Lande der Bildung geworden, einer Bildung, die unendlich weit über des Königs anerzogene Nützlichkeitsbegriffe und doch von ihm nach seiner gewissenhaften Weise gefördert wurde. In glücklicher Sicherheit lagen die Fluren, die seit zwei Jahrhunderten immer und immer wieder den Hufschlag fremder Rosse zerstampft hatte; eine Gemeinschaft der Arbeit, wie sie unsere Geschichte nie gekannt, verbannt die Deutschen, und alle wußten, daß ein Rückfall in das Elend der Fremdherrschaft unmöglich war, daß die Nation sich wieder selbst angehörte und nur noch vorwärts schreiten konnte. Und wie fest war der preußische Staat jetzt mit dem Leben der Nation verwachsen. Auf ihn, auf seine Schuld und sein Verdienst schauten grollend oder freudig alle Deutschen. Ihm dankten sie den Frieden, ihm die Anfänge ihrer Einheit; denn alle fühlten, daß dieser Staat berufen sei, überall das deutsche Recht zu beschirmen.

Dem Könige zeigte das Volk der alten preußischen Provinzen eine zutrauliche Herzlichkeit, die sich unter den beiden gewaltigen Herrschern des achtzehnten Jahrhunderts nie recht herausgewagt hatte. Was er in den Jahren der Kriege gefehlt, war vergessen; man rechnete ihm nur zu, was er gelitten, und erkannte dankbar an, daß er mit allen Schwächen und Schranken seines Wesens doch für die stille Arbeit dieser Friedensjahre der rechte Leiter blieb, daß seine unerschütterliche Rechtschaffenheit so viele Gegensätze der Stämme und der Landschaften freundlich versöhnte. Den großen Kurfürsten stellte Schlüter als einen mächtigen Cäsar auf feurigem Rosse dar, denn in solcher Gestalt lebte der kleine Fürst mit der großen Seele im Gedächtnis seines Landes. Bald nach dem Tode des dritten Friedrich Wilhelm schuf Drake das andere der beiden Hohenzollerndenkmäler, welche das Volk allein wirklich liebt und täglich betrachtet: ein Bild der Güte und der Treue erschien der anspruchslose König in seinem einfachen Uniforms-Überrocke, am Rande des stillen Gewässers, inmitten der alten Bäume des Tiergartens, und unter seinen Füßen spielten glückliche Kinder.

Tief und aufrichtig war der Schmerz, als sich im Frühjahr 1840 die Kunde von der Erkrankung des Königs verbreitete. Am 1. Juni ließ er noch den Grundstein legen für das so lange geplante Standbild Friedrich des Großen. Der Kronprinz mußte den Vater bei der Feier vertreten; nur als die Trommler drunten anschlugen und die zerschossenen alten Adlerfahnen sich senkten, erschien der kranke König im weißen Nachtkleide auf einen Augenblick an seinem Eckfenster. So sahen ihn die Berliner zum letzten Male. Am Nachmittage des Pfingstfestes, 7. Juni, standen die Massen dichtgedrängt auf dem weiten Platze vor dem kleinen Palaste und harrten in tiefem Schweigen, bis von der Rampe verkündet wurde, der König habe vollendet.

Sobald diese beiden Augen sich schlossen, brachen alle die lang verhaltenen Klagen und Hoffnungen der Preußen übermächtig hervor, sprudelnd und schäumend wie das flüssige Metall, wenn der Zapfen ausgestoßen wird. Eine neue Zeit war gekommen, sie forderte neue Männer.

VIERTES BUCH

# König Friedrich Wilhelm der Vierte
# 1840–1848

# I

# Die frohen Tage der Erwartung

Am 9. Juni 1840 versammelte Fürst Metternich die sämtlichen in Wien anwesenden deutschen Gesandten zu einem Festmahle und gedachte in bewegter Rede jenes schönen Bundes, der nunmehr seit einem Vierteljahrhundert den Deutschen Glück und Frieden sichere. In der Nation ward der Erinnerungstag des Deutschen Bundes niergends beachtet.

Wer sollte auch jubeln über die Saat des Unfriedens, die in diesen fünfundzwanzig Friedensjahren aufgeschossen war? Schroffer, unversöhnlicher denn je traten die alten großen Gegensätze unserer Geschichte einander entgegen. Während die deutsche Bundesverfassung nur durch die Freundschaft der Großmächte aufrecht erhalten werden konnte und der Gesandte in Wien, Graf Maltzan, zur lebhaften Befriedigung des alten Königs, den Grundgedanken der korrekten preußischen Staatskunst in dem Satze zusammenfaßte: „nicht unter, aber stets mit Österreich“, hatte derselbe Monarch bereits einen Weg eingeschlagen, welcher unausweichlich zur Trennung von Österreich führen mußte. Das stolze Werk dieser neu aufgenommenen friderizianischen Politik, der Zollverein, stand schon so fest, die Gemeinschaft der Arbeit zwischen den Deutschen außerhalb Östrreichs erschien so unzerreißbar, daß Michel Chevalier eben jetzt, nach einer Reise durch Deutschland, bewundernd sagte: „In der europäischen Politik weiß ich nichts Merkwürdigeres als die Wiederherstellung der Einheit Deutschlands. Welch ein prächtiges Schauspiel, das eines großen Volkes, dessen Trümmer sich nähern, das zur Nationalität, das heißt zum Leben, zurückkehrt!“

Der grelle Widerspruch zwischen diesem jungen vollsaftigen wirtschaftlichen Leben und den Formen des starren, jeder Verbesserung spottenden Bundesrechts mußte die öffentliche Meinung verwirren. Die einen träumten noch dahin in dem Stilleben eines gedankenlosen Partikularismus, der durch die großen Verhältnisse des neuen nationalen Marktes schon überwunden war; andere wiederholten noch wie vor zehn Jahren die Schlagworte des radikalen Weltbürgertums; in den besten Klassen des Volkes aber erwachte allmählich ein leidenschaftlicher, reizbarer Nationalstolz. Sie ahnten, daß hier eine ungeheuere Volkskraft durch tausend verfitzte und verschrobene politische Rücksichten künstlich unterbunden war. Verwegene Ansprüche, wie sie vordem nur vereinzelte Schwärmer gewagt hatten, wurden zum Zeitungsgespräche. Man begann zu fragen, warum dieser junge Zollverein nicht, wie einst die Hansa, seine Flagge auf dem Weltmeere entfalte und durch seine Orlogsschiffe beschütze, warum er nicht teilnehme an der Eroberung der transatlantischen Welt. Nach allen entfremdeten Tochterlanden unseres Volkes, bis nach Flensburg, bis nach Riga und Reval schweiften die verlangenden Blicke der patriotischen Schriftsteller; und als in diesem wechselreichen Sommer die Rheingrenze von neuem bedroht schien, da erhob sich mit elementarischer Gewalt ein Sturm nationalen Zornes, der deutlich bekundete, daß der Geist der Befreiungskriege nicht erstorben war, daß die Zeiten der Erfüllung unserem ringenden Volke endlich nahten. Mit dem nationalen Stolze wuchsen auch die Freiheitshoffnungen. Nach so vielen Kämpfen und Enttäuschungen begannen sich die Liberalen um diese Zeit das theoretische Ideal des parlamentarischen Staates zu formen, das sie seitdem festhielten, bis mit dem Jahre 1866 der monarchische Staatsgedanke wieder erstarkte.

Wie weitab von solchen beständig steigenden doktrinären Ansprüchen des Liberalismus lag die Wirklichkeit der deutschen Zustände: die überaus bescheidene Macht der süddeutschen Landtage und die dreiste Willkür des Welfenkönigs, der ungestraft sein Landesrecht mit Füßen trat. Ebenso unfriedlich gestalteten sich die wirtschaftlichen Zustände. Kaum begann unter dem Schutze des Zollvereins die junge Großindustrie aufzublühen, so zeigte sich auch schon die finstere Schattenseite der neuen Verhältnisse; weiterhin durch die lange Kette der mitteldeutschen Hungergebirge erklang der Jammerruf der Arbeiter; die grimme Not stimmte die Massen empfänglich für kommunistische Träume.

Eine schwere soziale Erschütterung schien im Anzuge, und sie drohte um so verheerender zu wirken, da auch das kirchliche Leben tief zerklüftet war. Derweil das römische Priestertum seit dem Kölnischen Bischofsstreite seine Macht täglich wachsen sah und der Glaubensernst der wiedererwachten evangelischen Frömmigkeit sich in fruchtbaren Liebeswerken betätigte, verhöhnten die Kritiker der junghegelschen Schule jede Form des Christentums; der Bodensatz der alten Aufklärung wirbelte wieder empor, weite Kreise der Gebildeten vermochten noch gar nicht zu begreifen, daß es mit der Religion wieder Ernst ward. Und welche Gegensätze erst in der Literatur. Neben der strengen Forschung der historischen und der Naturwissenschaft trieb eine freche und flache Tagesschriftstellerei ihr Wesen, durch und durch tendenziös, in Vers und Prosa alle überlieferte Ordnung verspottend, immer nur auf den flüchtigen Erfolg des Augenblicks bedacht.

Deutschland war in einem Zustande bedenklicher Gärung, und einer der wenigen Franzosen, welche den Schicksalen des Nachbarlandes mit Verständnis folgten, Saint-René-Taillandier, meinte besorgt: solche Anarchie der Geister erinnere an die Zustände Frankreichs vor der Revolution. Aber in den deutschen Wirren offenbarte sich nicht, wie einst in Frankreich, die Fäulnis einer sittlich zerfetzten Gesellschaft, sondern der unklare Jünglingsmut eines edlen aufstrebenden Volkes, das seine Kraft zu fühlen begann. Wie leicht eine große Idee alle diese hadernden Köpfe unter einen Hut zwingen, alle diese durcheinander flutenden Gedanken, von denen keiner die Nation ganz beherrschte, völlig überschatten konnte, das lehrte jener wunderbare Einmut kriegerischer Begeisterung, der die Deutschen ergriff, als sie ihre Westmark gefährdet sahen. Wenn der Nachfolger Friedrich Wilhelms III. durch freien königlichen Entschluß, durch eine rechtzeitige weise Gewährung seine heimischen Verfassungshändel schlichtete, wenn er also zugleich das Ansehen seiner Krone stärkte und die Kluft überbrückte, welche sein Preußen von den kleinen deutschen Staaten abschied, wenn er das edle Vermächtnis der Befreiungskriege, das erstarkte religiöse Leben treu behütete, ohne die freie Forschung von sich zu stoßen, dann durfte er wagen, die friderizianischen Gedanken in einem großen und freien Sinne wieder aufzunehmen, das Werk des Zollvereins zu vollenden und mit dem Degen in der Hand für den Staat, der das Arbeitsleben der Nation bereits beherrschte, auch die Leitung der deutschen Politik zu fordern. –

Selten hat sich so fühlbar die alte Wahrheit bestätigt, daß Männer den Lauf der Zeiten beherrschen. Friedrich Wilhelm der Vierte blieb acht Jahre hindurch der Mann des Schicksals für Deutschland; die Kräfte, die er weckte, und weit mehr noch die Gegenkräfte, die er wider sich aufrief, trieben unser Volk der Revolution entgegen. Aber selten auch ward so anschaulich, daß die Zeit sich ihre Männer bildet. Der rätselhafte Charakter des neuen Königs war selbst nur eine letzte feine Blüte der langen, kaum erst überwundenen Epoche ästhetischer Überschwenglichkeit; erst den tatkräftigen Söhnen eines anderen abgehärteten Geschlechts, das die Greuel der Revolution durch die Gassen hatte rasen sehen, sollte gelingen, was diesen weichen Händen mißraten mußte. In der gedrückten und beengten Zeit rief jedermann nach Freiheit, niemand lauter als der neue König. Aber vor allen wollte er selber frei sein, um auf den Höhen des Lebens sich auszuleben, die Fülle seiner königlichen Weisheit und Gestaltungskraft zu bestätigen. Er glaubte an eine geheimnisvolle Erleuchtung, die den Königen vor allen anderen Sterblichen durch Gottes Gnade beschieden sei; er hegte ein warmes Zutrauen zu den Menschen und meinte die Zeit zu verstehen, weil er allem Schönen und Großem, was sie bot, mit feinsinniger Empfänglichkeit gefolgt war. Darum dachte er Kraft seiner königlichen Vollgewalt seinem geliebten Volke mehr wahre Freiheit zu schenken, als jemals eine geschriebene Verfassung gewähren könne.

Friedrich Wilhelm hatte das fünfundvierzigste Lebensjahr fast erreicht, und seine gedunsene Gestalt mit den geistreichen, aber schlaffen bartlosen Gesichtszügen erschien trotz der jugendlich unruhigen Bewegungen schon etwas gealtert. Wie viel hatte er auch schon erlebt in diesen langen Jahren des Wartens, welche Huldigungen waren ihm zuteil geworden von jenen fernen Tagen an, da die alte Albertina den dreizehnjährigen Knaben zu ihrem Rektor erwählte, und am letzten Geburtstage seiner Mutter „des Vaterlandes blühende Hoffnung" durch eine Denkmünze geehrt wurde, bis herab zu den späteren Zeiten, da Goethe weissagte, dies große Talent müsse neue Talente wecken, und jedermann die Geisteshoheit des Kronprinzen bewunderte. Seit langem schon führte er den Vorsitz im Staatsrate wie im Ministerium und glaubte daher, das ganze Getriebe des Staats zu übersehen. Sein Vater sorgte jedoch mit seinem schlichten Menschenverstande dafür, daß diese einem Thronfolger wenig angemessene Stellung nicht zu einer Mitregentschaft entartete. Der alte König war in seinem Hause weit mehr der Herr als im Staate; seine Kinder blickten zu ihm alle empor mit jener scheuen Ehrfurcht, welche ernste, wortkarge Väter selbst begabteren Söhnen einzuflößen wissen. Der politische Einfluß des Kronprinzen reichte nicht sehr weit. Einzelnen Personen, zumal rechtgläubigen Geistlichen konnte er wohl durch seine Fürsprache vorwärts helfen, auch die wenig erheblichen Verhandlungen mit den Provinzialständen blieben fast ausschließlich seiner Leitung überlassen. Aber alle entscheidenden Beschlüsse faßte der alte Herr so ganz nach eigenem Ermessen, daß der Thronfolger seine Ohnmacht bald sehr schmerzlich empfand und einem stillen, beständig wachsenden Groll gegen das alte Regiment faßte.

Er haßte nicht nur die bürokratische Formenstrenge, die er als „Diener - Anmaßung" abzufertigen liebte, ohne ihre großen Vorzüge zu würdigen; er verabscheute noch mehr den ganzen Geist dieser Regierung, der ihm von der Aufklärung des achtzehnten Jahrhunderts nur wenig abzuweichen schien. Wenn er als Kronprinz in Charlottenhof dicht unter dem Hügel von Sanssouci weilte, in der rosenumrankten Villa, die ihm der Vater geschenkt und Schinkel mit italienischer Anmut ausgeschmückt hatte, dann verglichen die Gäste zuweilen in erregten Gesprächen Vergangenheit und Zukunft. Das aufstrebende junge Geschlecht meinte der alte Zeit durch den Schwung, die Gläubigkeit, die Gemütstiefe, die Ironie der Romantik weit überlegen zu sein.

Bald nch der Thronbesteigung schlug der neue König selbst in dem Schlosse des großen Friedrich sein Hoflager auf, was keiner seiner beiden Vorgänger gewagt hatte. Die unausbleiblichen, erdrückenden Vergleiche erschreckten ihn nicht , denn erhoffte, daß jetzt zum zweiten Male von diesem „historischen Hügel" herab ein neuer Geist sich über das Land ergießen würde, ein anderer freilich als der friederizianische, der Geist des christlichen Staates. In ernster Arbeit und schweren Seelenkämpfen hatte er die rationalistischen Lehren seiner Jugenderzieher längst überwunden und den Glauben als die höchste Potenz der Vernunft begriffen. Nichts war ihm darum hassenswürdiger als „die Drachensaat des hegelschen Pantheismus"; tiefinniger als Hegel erkannte er, daß jedes Zeitalter nicht bloß als eine Entwicklungsstufe für die Zukunft etwas bedeutet, sondern seinen selbständigen Wert, seine eigene Beziehung zu Gott hat. Die neue Zeit aber, die jetzt heraufgraute, sollte mit der Erbschaft der alten Aufklärung gründlich aufräumen, die christliche, den mechanischen durch den christlichen Staat überwinden.

Eine Welt herrlicher Pläne hatte er sich mit künstlerischer Phantasie schon ausgesonnen, und nun, da er der Herr war, drängte ihn sein liebevolles Gemüt, das überall augenblicklich Freude bereiten, überall glückliche Gesichter um sich sehen wollte, sie alle zu verwirklichen. Er dachte die provinzialständische Verfassung durch die Einberufung eines ständisch gegliederten Reichstags zu vollenden, nimmermehr durch eine papierene Konstitution; denn obwohl er allen politischen Theorien seine Verachtung auszusprechen liebte, so war er doch selbst ganz durchdrungen von einer unwandelbaren politischen Doktrin. Die Idee der Staatseinheit galt ihm gar nichts, genug wenn alle Stände und alle Landschaften seines weiten Reichs sich frei und farbenprächtig in ihrer historischen Eigenart entfalteten, auch die Wenden, auch die Litauer, die Kassuben, die Masuren sich ungestört ihrer volkstümlichen Sprache und Sitte erfreuten.

Alle Härten des alten Systems dachte er zu mildern; also Verzeihung für die Demagogen, auch für die Polen, die er als widerrechtlich Unterdrückte bemitleidete; Freiheit für die Presse, und vornehmlich für die Kirche. Den Groll der Katholiken über den Kölnischen Bischofsstreit hoffte er durch hochherzige Zugeständnisse zu versöhnen. Die evangelische Landeskirche aber und die oberstbischöfliche Gewalt des Königtums betrachtete er kaum als zu Recht bestehend: wenn der Protestantismus nur erst alle ungläubigen Elemente ausgestoßen hätte, dann sollten sich die Gemeinden der Gläubigen aus eigener Kraft, ungestört von der Staatsgewalt, ihre Kirche neu erbauen, und also die unsichtbare Kirche sichtbar werden. Auch die knappe Sparsamkeit des alten Regiments betrachtete er längst mit Unwillen: um eine prächtige, geschmackvolle, des hohenzollernschen Namens würdige Hofhaltung hoffte er alles zu versammeln, was Deutschlands Kunst und Wissenschaft an großen Namen besaß. Schon als Kronprinz hatte er den Ausbau der Marienburg und des Kölner Doms gefördert; jetzt sollten überall die halb zertrümmerten Bauten der deutschen Vorfahren prächtig auferstehen und zugleich den schöpferischen Talenten des jungen Künstlergeschlechts eine Fülle neuer Aufgaben gestellt werden. Jeder frischen Kraft des vaterländischen Lebens wollte der christliche Monarch sorgsam gerecht werden: dem Handel, dem Gewerbefleiß, dem Verkehre und nicht zuletzt den arbeitenden Massen, deren wachsende Macht er schon als Kronprinz, früher als die meisten Zeitgenossen, scharfsichtig würdigte.

Von der überlieferten auswärtigen Politik war er nicht gemeint, sich gänzlich loszusagen; er betrachtete den Bund der Ostmächte als den Schutzwall wider der Revolution, seine alte Verehrung für Metternichs Weisheit hatte sich mit den Jahren nur gesteigert, und gegen den russischen Schwager zeigte er sich schwächer als sein Vorgänger. Der alte Herr hatte „den lieben Niks“ wie einen Sohn geliebt, aber ihn in seiner stillen Weise immer in Schranken gehalten. Dem neuen Könige war die Härte des Zaren tief zuwider, und vor Vertrauten äußerte er sich oft sehr bitter über „Seine Autokratische Majestät“, doch er empfand vor ihm jene geheime Furcht, welche der überlegene Wille dem überlegenen Geiste aufzwingt. Dabei fühlte er doch sehr lebhaft, daß seine innere Politik weder mit dem gemütlichen Seelenschlafe des alten Österreichs, noch mit der knechtischen Stille des Zarenreichs irgend etwas gemein haben durfte, und ersehnte die Zeit, da England wieder in den alten Vierbund eintreten, Preußen aber, gestärkt durch ein engeres Bündnis der beiden protestantischen Großmächte, etwas freiere Hand in Europa erhalten würde. Diesem stammverwandten Inselvolke widmete er seit einigen Jahren eine feurige Bewunderung. Mit Freuden nahm er wahr, wie die Anglomanie seit dem Ende der dreißiger Jahre überall in Mitteleuropa, bis nach Ungarn hinein, unter dem Adel überhandnahm, Trachten und Sitten der englischen Sportsmen von der britischen Verfassung das Musterbild jener organischen Entwicklung, die er, in anderen Formen freilich, für seinen eigenen Staat erhoffte, und teilte die unter dem liberalen Adel wie im Bürgertum weit verbreitete Meinung, daß England unser natürlicher Bundesgenosse sei.

Noch lebhafter beschäftigte ihn Preußens deutsche Politik. Er rechnete nicht auf ein langes Leben und sagte bald nach seiner Thronbesteigung: ob diese kurze Regierung ruhmreich werde, das wisse er nicht, aber einen deutschen Charakter solle sie tragen. Da er „die Vorurteile“ des friderizianischen Zeitalters verachtete und dem alten Kaiserhause neidlos den Vortritt überließ, so hielt er den Deutschen Bund mitsamt der friedlichen Zweiherrschaft für eine höchst segensreiche Einrichtung, und sein Ehrgeiz ging nur dahin, daß Preußen diese trefflichen Institutionen beleben, dem Bunde die wirksame Leitung des Heerwesens, der Verkehrsverhältnisse, der Handelspolitik verschaffen müsse. Wie die erweiterte Bundesgewalt sich mit dem Zollvereine vertragen sollte, der doch ohne und gegen den Bund entstanden war – solche Fragen legte er sich kaum vor; denn sein preußisches Staatsgefühl blieb allezeit schwächer als die unbestimmte Begeisterung für Deutschlands Einigkeit, und der Gedanke, im Kampfe mit Österreich die Führung der Nation für Preußen zu fordern, lag gänzlich außerhalb seines Gesichtskreises. Unter allen hohenzollernschen Königen war er der friedfertigste, friedfertiger noch als sein Vater und darum auch der einzige, der nie einen Krieg geführt hat. Er war kein Mann des Degens; nur ungern bestieg der Kurzsichtige ein Roß, und wenngleich er bei den Manövern die Offiziere oft durch seine scharfsinnigen kritischen Bemerkungen überraschte, so fühlten sie doch alle, daß er diese kriegerischen Pflichten nur aus Gewissenhaftigkeit, ohne Freude erfüllte. Sein Herz hing an dem Glücke des Friedens. Alle die friedlichen Segnungen aber, welche sein Volk unter der christlich-ständischen Monarchie zu erwarten hatte, sollten allein ausgehen von der Weisheit der Krone;

Alexander von Humboldt

Tafel 66

Königin Luise mit den Prinzen Friedrich Wilhelm und Wilhelm

denn wie ein Patriarch des alten Testaments verstand er seine Würde, recht eigentlich als eine väterliche, von Gott selbst zur Erziehung der Völker eingesetzte Gewalt erschien ihm das Königtum. Auf die Person des Monarchen bezog er alles, was im Staate geschah.

Wenn sich nur unter allen diesen vielverheißenden Plänen des Thronfolgers ein einziger völlig ausgereifter, staatsmännisch durchdachter Entwurf befunden hätte! Indes jene leidenschaftliche Lust am Erfolge, selbst am verkümmerten Erfolge,welche den Mann der Tat bezeichnet, war ihm völlig fremd. Er liebte, an der Fülle seiner Gedanken wie an einem künstlerischen Spiele sich weiden, und in den langen Jahren des Harrens verlernte er faßt zu fragen, wie alle diese Herrlichkeit ins Lebens mehr hingab als sie selbst bestimmte.

Und seltsam, während sonst Naturen von so vielseitiger Empfänglichkeit sich anderen anzuschmiegen pflegen, stand Friedrich Wilhelm ganz auf eigenen Füßen. Hier lag das Rätsel dieses seltsamen Charakters, hier der Grund, warum er selbst von großen Köpfen so oft überschätzt wurde. In sorgloser Heiterkeit schritt er durch das Leben; kraft der Weihe seines königlichem Amtes, kraft seiner persönlichen Begabung glaubte er alle Welt weit zu übersehen, und es gefiel ihm zuweilen, seine Absichten in ein ahnungsvolles Dunkel zu hüllen, durch halbe, unklare Worte, die kleinen Sterblichen in Verwirrung zu setzen. Ohne durchgreifende Willenskraft, ohne praktischen Verstand, blieb er doch ein Selbstherrscher im vollen Sinne. Niemand beherrschte ihn; aller Glanz und alle Schmach seiner Regierung fiel auf ihn selbst allein zurück.

Und diese Unabhängigkeit von fremden Urteile war ein Glück für den Monarchen; denn aller Menschenkenntnis bar zeigte er eine höchst unglückliche Hand in der Wahl seiner Ratgeber, eine wunderliche Neigung, bedeutende Männer an die falsche Stelle zu setzen oder sie durch unmögliche Zumutungen rasch zu vernutzen, so daß, außer den beiden persönlichen Vertrauten Thile und Stolberg, nur ein einziger seiner Minister, Eichhorn, die acht Jahre bis zur März-Revolution ganz bei ihm ausgehalten hat. In allem abweichend von der unzugänglichen Schüchternheit des Vaters, liebte er jedermanns Meinung zu befragen; in der Unterhaltung hörte er freimütigen Widerspruch gern, ja er schien ihn durch kecke Behauptungen fast herauszufordern. Den Freunden beteuerte er seine Zuneigung mit einer Überschwenglichkeit, die ihn oft in den Verdacht der Falschheit brachte, obwohl sie stets der unwillkürliche Ausdruck seiner Stimmung war. Feinsinnig erriet er alle Wünsche seiner Getreuen und erfüllte sie mit königlicher Freigebigkeit, zart und rücksichtvoll schonte er ihre menschlichen Schwächen. Wenn er gewinnen wollte, dann entfaltete er eine bezaubernde Liebenswürdigkeit und verschmähte selbst die kleinen weiblichen Künste des Schmollens nicht. Gleichwohl fühlte er sich durch seine königliche Würde so hoch erhoben, daß ihm die Personen im Grunde wenig galten. Mit erstaunlicher Kälte konnte er sich von altbewährten Vertrauten trennen, wenn sie ihre abweichende Meinung öffentlich kundgaben und ihm seine Zirkel störten.

Nicht bloß seine äußere Erscheinung, auch sein edel, aber unglücklich angelegter Geist gemahnte an das Dichterbild des Hamlet. Wie reich war er an schönen, hohen Gedanken, und doch so unsicher in seinen Entschlüssen, daß seine Minister beim Schlusse einer Sitzung nie erraten konnten, ob er noch dieselbe Meinung hegen würde wie am Anfang. Seine Frömmigkeit kam aus den Tiefen eines gottbegeisterten Herzens, seine milde Hand schwelgte in den Werken einer jeden Schein verschmähenden christlichen Barmherzigkeit; und dieser Gütige konnte, wenn der Jähzorn ihn übermannte, sich bis zur Grausamkeit verfolgungssüchtig zeigen. Selber sittenstreng urteilte er hart, fast prüde über lockeren Lebenswandel; das schloß nicht aus, daß er an saftigen Eulenspiegeleien und Berliner Straßenwitzen seine Freude fand. Wie groß war sein Wissen und sein Wissensdrang; aber die reinste Blüte aller Bildung, die Einfachheit des Fühlens und Denkens blieb ihm unverständlich und unerreichbar; überall suchte er das Absonderliche, weitab von der Heerstraße; immer mußte er witzig und geistreich sein, selbst wenn er durch einen paradoxen Einfall den Erfolg eines politischen Geschäfts gefährdete.

Die Schwäche jeder neuen Regierung, die Unberechenbarkeit aller Verhältnisse, währte unter dem vierten Friedrich Wilhelm nahezu acht Jahre, bis eine furchtbare Niederlage des Königtums die ganze Lage veränderte. Und wenn nur die Zeit und ihr königlicher Erwecker einander irgend verstanden hätten! Er aber hatte sich in einem seltsam verschlungenen Entwicklungsgange so eigentümliche Ideale gebildet, daß er zuweilen in den Worten, niemals in der Sache mit der Durchschnittsmeinung der Zeitgenossen übereinstimmen konnte; er redete eine andere Sprache als sein Volk. Man jauchzte ihm zu, weil er nach dem Wunsche aller Welt dem Zwange, der Stille des alten Systems ein Ende bereitete, und auch durch die Form seiner Reden schien er zu beweisen, daß niemand sich völlig von seiner Zeit lossagen kann; dann ganz wie die Poeten des jungen Deutschlands, die er so tief verabscheute, liebte er durch das Ungewöhnliche zu blenden und verschmähte, Schlichtes schlicht zu sagen. Doch wenn er von Freiheit sprach, so meinte er sein althistorisches Ständewesen, das nur die Macht des Beamtentums, nimmermehr die monarchische Gewalt beschränken sollte, während seine Zuhörer an das Repräsentativsystem dachten, das man allmählich für die einzige eines gesitteten Volkes würdige Staatsform ansah. Wenn er die deutsche Einheit pries, so dachte er an den Deutschen Bund und dessen friedliche Fortbildung, derweil die Gebildeten das ganze Treiben in der Eschenheimer Gasse schon längst als einen gespenstischen Mummenschanz verurteilten. Wenn er von der Selbständigkeit der Kirchen redete, so stimmte ihm jedermann zu, denn wer konnte dem Zauberworte der Freiheit widerstehen? – aber die christliche Gesinnung, die er für die freien Gemeinden der Gläubigen verlangte, war den Wortführern des Zeitgeistes völlig fremd, und alle die edlen Stiftungen seiner großartigen Wohltätigkeit, die von ihren Pfleglingen noch heute dankbar gesegnet werden, galten der Welt für Frömmelei und Muckerei. Wenn er der Kunst und Wissenschaft freie Bahn versprach, so dachte er an die alte Naturphilosophie und die romantische Dichtung, geistige Mächte, welche das selbstgefällige neue Geschlecht längst überwunden zu haben glaubte.

So ward die erste Zeit seiner Regierung eine lange Kette von Mißverständnissen, und an dieser wechselseitigen Verkennung trug der König ebenso viel Schuld wie die unklar gärende Zeitstimmung, die ihn erst für ihren Helden hielt, um ihn dann mit der ganzen Bitterkeit der Enttäuschung zu bekämpfen. –

Noch etwas anderes trug dazu bei, ihm den Anfang seiner Regierung zu erschweren. Das Schicksal fügte, daß zur Zeit des Thronwechsels mehrere der wichtigsten Staatsämter durch Todesfälle erledigt wurden. Wenige Wochen vor dem alten Könige war Altenstein gestorben, schon etwas früher sein frommer Ratgeber Nicolovius. Noch ehe das Jahr zu Ende ging, starb der treue Stägemann, der so lange in allen vertraulichen Angelegenheiten die Feder für den Monarchen geführt hatte. Schinkel wurde in der Kraft seiner Jahre von einer schrecklichen Krankheit ergriffen, die seinen Geist umnachtete und ihn bald dahinraffen sollte. Den Tod des Grafen Lotum und des Kriegsministers General Rauch erwartete man binnen kurzem; beide fühlten sich altersmüde. Der ebenfalls hochbejahrte Fürst Wittgenstein hielt sich geflissentlich von den Geschäften zurück und äußerte bitter, mit dieser verwandelten Welt wolle er nichts mehr gemein haben. So war denn überall Raum für frische Kräfte.

Aber auch die neuen Beamten blieben innerlich dem Könige fern; ohne seine Gemahlin wäre er vollkommen vereinsamt. Unter allen Menschen stand Königin Elisabeth dem Herzen des Königs am nächsten. Ihr widmete er eine unbegrenzte Zärtlichkeit, fast über das Maß hinaus, das einem Herrscher erlaubt ist. Als er sich, von Tränen überströmt, ganz in Rührung zerfließend vom Todesbette seines Vaters erhob, sagte er zu ihr: „Jetzt stütze mich, Elise, nun bedarf ich der Kraft." Wenn er gepeinigt von der jeden Entschluß erschwerenden Überfülle seiner Gedanken, aufgeregt durch die Geschäfte zu ihr heimkehrte, dann empfing sie ihn immer gleich heiter, geistreich, liebevoll; nur wenn der Jähzorn ihn ganz aus der Fassung brachte, schaute sie ernsten Blicks im Zimmer umher und sprach: „Ich suche den König." Sein glückliches Haus suchte er sich so gemütlich einzurichten, als es die Fürstensitte erlaubt; zum Weihnachtsmarkte ging das königliche Paar selbst auf den Schloßplatz herunter, und am Sivesterabend mußte der Nachtwächter ins Schloß kommen, um mit seinem Horn das neue Jahr anzukündigen. Was der König seiner Gemahlin nur an den Augen absehen konnte, tat er mit Freuden. Hochherzig überwand sie den stillen Kummer über die kinderlose Ehe; sie ließ es sich nicht nehmen, ihren Neffen Friedrich Wilhelm, den vermutlichen Thronfolger, selbst über die Taufe zu halten, und wurde dem Knaben eine zweite Mutter. Ihr höchstes Gefühl aber fand sie in unerschöpflichem Wohltun; sie half dem Gemahl bei den unzähligen Unternehmungen seiner christlichen Milde und steuerte aus eigenen Mitteln sehr große Summen bei; in allen den entlegenen Stadtvierteln Berlins, wo die neu gegründeten Krankenhäuser und Kinderbewahranstalten sich erhoben, kannte jedermann den Wagen der Königin mit den vier Apfelschimmeln.

„Lebt wohl nun, Freuden, Spiele, Töne! Mein höchster Gott ist meine Pflicht" – so hatte vor hundert Jahren König Friedrich nach seiner Thronbesteigung an Voltaire geschrieben. Von dieser entschlossenen Sicherheit des Ahnherrn zeigte der Nachkomme nichts. Friedrich Wilhelm war völlig fassungslos, als Zar Nikolaus, der noch in der letzten Stunde am Sterbebette des Schwiegervaters erschienen war, ihm den ersten Segenswunsch zur Thronbesteigung aussprach; auch nachher brauchte er noch lange Zeit, um seinen Schmerz zu bewältigen und sich in der neuen Lage zurechtzufinden. „Ach", schrieb er an Metternich, „wer Ihr warmes Herz mit Ihrem kalten Kopf vereinigte! Das ist das gewisse Mittel, immer recht zu behalten und richtig zu steuern. Ich fühle nur zu deutlich, daß dieser Verein mir abgeht, denn ich vermag mich nicht von dem Schlage zu erholen, der uns niedergeschmettert hat, und meine Lage erscheint mir wie ein Traum, aus welchem ich sehnlich das Erwachen wünsche." Das ganze Land teilte die Trauer des Königs. In feierlichem Schweigen standen die Massen, als in der Nacht des 11. Juni die Leiche den breiten Mittelweg der Linden entlang hinausgeführt wurde nach dem Charlottenburger Mausoleum, wo der Verblichene neben seiner Luise ruhen wollte; die Laternen waren ausgelöscht, nur der Mond warf zuweilen aus den Wolken vortretend sein fahles Licht auf die schwarzen Wagen, die lautlos über den weichen Sandboden dahinzogen. Auf allen Kanzeln von der Memel bis zur Saar wurde gepredigt über den Text „der Herr hat Dich gesegnet in allen Werken Deiner Hände"; die Stadt Berlin beschloß, dem Entschlafenen, dem sie so viel verdankte, draußen auf einem waldigen Hügel ein Denkmal zu errichten und nannte die Stelle ihm zu Ehren den Friedrichshain.

Das erste, was der neue Herrscher von sich hören ließ, waren Kundgebungen des Herzens; die Härten früherer Tage auszugleichen, erschien ihm als heilige Pflicht. Allen den Abgesandten, die sich ihm nahten, sagte er freundliche, ermutigende Worte; sogar die Juden Berlins, die er sehr wenig liebte, empfingen die Versicherung, daß er kein Anhänger der blinden Vorurteile früherer Jahrhunderte sei. Dann wurde General Boyen, der lange mißhandelte, durch ein überaus gnädiges Handschreiben in den Staatsrat zurückgerufen, und alle Welt betrachtete diese erste Tat der neuen Regierung als ein Zugeständnis an den Liberalismus. Gleich darauf durfte Arndt wieder in sein Lehramt eintreten; mit hellem Jubel begrüßten die Bonner Gelehrten den treuen Mann und erwählten ihn sogleich zum Rektor für das nächste Jahr. Keinen Augenblick war er irre geworden an seinem Staate; nun ward ihm doch noch ein ehrenreiches, durch die Liebe seiner Deutschen verklärtes Alter. Auch der alte Jahn wurde der polizeilichen Aufsicht entledigt und nachträglich noch mit dem eisernen Kreuze geschmückt. Am 10. August unterzeichnete Friedrich Wilhelm eine Verordnung, welche allen politischen Verbrechern Amnestie gewährte, auch den Flüchtlingen, falls sie heimkehrten, Begnadigung versprach. Der Erlaß sollte erst einen Monat später, zur Feier der Huldigung veröffentlich werden; das weiche Gemüt des Königs fand aber keine Ruhe, unverzüglich ließ er die Kerker öffnen und vielen der Befreiten gewährte er Anstellung im Staatsdienste. Diese Milde gereichte seinem Herzen zu hoher Ehre; denn an die Schuld der Mehrzahl der Gefangenen glaubte er ebenso fest wie sein Vater.

Leider zeigte sich auch schon jetzt, wie gefährlich die Herzensgüte des Monarchen wirken konnte. In einer Aufwallung brüderlicher Liebe betraute er den Prinzen Wilhelm, der den friderizianischen Titel eines Prinzen von Preußen erhielt, mit dem Vorsitze im Staatsministerium und im Staatsrate. Er hoffte, sein Bruder würde einfach in die Stellung einrücken, welche er selbst bisher als Kronprinz eingenommen hatte. Aber trotz seiner Ehrfurcht vor dem Träger der Krone konnte der Prinz von Preußen hinter dem nur wenig älteren König unmöglich ebenso bescheiden zurücktreten, wie es der alte Herr von seinen Söhnen verlangt hatte, der Gegensatz des Charakters und Gesinnung, der die beiden Brüder trennte, mußte an den Tag kommen, und schon die nächsten Wochen lehrten, daß das Amt eines Ministerpräsidenten für einen Thronfolger zugleich zu niedrig und zu mächtig ist.

Von vornherein war der König darüber im reinen, daß die landständische Verfassung nicht in ihrem gegenwärtigen unentschiedenen Zustande verbleiben durfte. Er ahnte, diese große Frage würde den eigentlichen Inhalt seiner ersten Regierungsjahre bilden, und bei einiger Entschlossenheit schien ihre Lösung keineswegs unmöglich. Die Verheißungen des alten Königs, wie planlos und unmöglich sie auch waren, enthielten nichts, was die Macht der Krone in der gegenwärtigen Lage irgend bedrohen konnte. Nach der Verordnung vom 22. Mai 1815 war der Monarch verpflichtet, eine beratende, aus den Provinzialständen gewählte Landesrepräsentation einzuberufen; die Art der Erwählung konnte er als alleiniger Gesetzesgeber frei bestimmen. Er war ferner verpflichtet, die Grundsätze, nach denen Preußens Regierung bisher geführt worden war, in einer schriftlichen Verfassungsurkunde auszusprechen, deren Form und Inhalt ihm ebenfalls frei gestellt blieb. Zum Überfluß besaß der Monarch die unbestrittene Befugnis, die Gesetze seines Vorgängers, sofern sie nicht die Rechte der Staatsgläubiger unmittelbar berührten, durch neue Gesetze aufzuheben.

Hier zeigte sich aber, daß ein konstitutioneller Fürst in vielen Fällen mächtiger ist als ein unbeschränkter Herrscher. Die Zurücknahme eines übereilten Versprechens, die im konstitutionellen Staate, wenn der Reichstag zustimmt, ohne jede Schwierigkeit erfolgt, mußte dem absoluten Könige als eine sittliche Unmöglichkeit erscheinen. Friedrich Wilhelm fühlte sich in seinem Gewissen an die alten Verheißungen gebunden, und doch sträubten sich alle seine Neigungen und Doktrinen wider ihre wörtliche Ausführung. Ihr Kernpunkt lag offenbar in der Einberufung eines regelmäßig wiederkehrenden Reichstags; trat dieser nur erst als eine stehende Institution zusammen, in wie bescheidenen Formen immer, so mußte er sich unfehlbar weiter entwickeln.

Für die einigende Kraft der Reichsstände besaß aber Friedrich Wilhelm gar kein Verständnis, weil ihm die Energie des preußischen Staatsgedankens fremd blieb. Er betrachtete die schöne Mannigfaltigkeit der Provinzialstände als einen Triumph des historischen Prinzips und warf noch in den dreißiger Jahren zuweilen die Frage auf, ob man nicht die alten Stände der Fürstentümer Magdeburg, Münster, Paderborn als Kommunallandtage wiederherstellen könne. Das stand ihm fest, daß die Provinziallandtage der Schwerpunkt der ständischen Verfassung Preußens bleiben sollten; nur in außerordentlichen Fällen dachte er sie allesamt nach Berlin zu berufen und also, ohne neue Wahl, einen Vereinigten Landtag zu bilden, der schon wegen seiner Schwerfälligkeit nur selten zusammentreten konnte.

Von Zweifeln gepeinigt, hatte Friedrich Wilhelm einen bestimmten Entschluß noch nicht gefunden; nur das eine sagte ihm seine richtige Empfindung, daß der große Augenblick der Huldigung benutzt werden mußte, um durch einen freien königlichen Befehl die Verfassungsfrage sofort zu entscheiden. Da wurde ihm zur unglücklichen Stunde jener Testamentsentwurf übergeben, welchen der Vater kurz vor seinem Ableben dem Fürsten Wittgenstein anvertraut hatte. Darin war vorgeschrieben, daß nur im Falle der Aufnahme einer neuen Anleihe ein Vereinigter Landtag aus 32 Abgeordneten der Provinziallandtage und ebenso vielen Mitgliedern des Staatsrats gebildet werden dürfte; überdies verlangte der alte Herr für jede Änderung der ständischen Verfassung die Zustimmung der Agnaten. Daß die Aufzeichnungen im großen und ganzen der Ansicht des verstorbenen Königs entsprachen, ließ sich nicht bestreiten. Aber sie waren rechtlich unwirksam, da sie weder Unterschrift noch Datum trugen, und konnten nur als ein väterlicher Rat und Wunsch, nicht als ein bindendes Testament betrachtet werden. Der neue König zweifelte lange, wie er sich zu den Verfügungen des Vaters zu verhalten habe, er ließ alles, was sie über das Hausvermögen anordneten, gewissenhaft ausführen und teilte das Aktenstück seinen Brüdern mit. Da erwiderte ihm der Prinz von Preußen sehr ernst, die Willensmeinung des Vaters müsse trotz ihrer mangelhaften Form unbedingt geachtet werden, ohne die Zustimmung aller erwachsenen königlichen Prinzen sei fortan jede Verfassungsänderung unzulässig.

Also gemahnt entschloß sich Friedrich Wilhelm, sofort bei der Huldigung die beabsichtigte Einberufung des seltsamen Landtags von 64 Mitgliedern anzukündigen, obgleich eine neue Anleihe zur Zeit gar nicht nötig war; auch eine Übersicht des Staatshaushalts wollte er den zur Huldigung versammelten Provinzialständen vorlegen und ihnen mitteilen, daß er seinem treuen Volke zur Morgengabe einen Steuererlaß zu gewähren denke. Durch solche freie Bewilligungen – so rechnete er – würden die Stände leicht gewonnen werden und sich gern entschließen, dafür auf die verheißene regelmäßige Berufung des Reichstags zu verzichten. Waren dergestalt die Befehle des Vaters mit Genehmigung der Agnaten ausgeführt, so konnte vielleicht später einmal, nach dem Ermessen der Krone, ein großer Vereinigter Landtag, eine Versammlung aller Provinzialstände einberufen werden. Das Volk sollte aber gehorsam abwarten, was des Königs Weisheit ihm schenken würde; nimmermehr wollte er sich drängen lassen.

Leider bekundeten jetzt schon mannigfache Anzeichen, wie wenig diese Regierung einem anhaltenden Drängen zu widerstehen vermochte. Zugleich mit der Verfassungssache hatte Friedrich Wilhelm auch die zweite der beiden großen Fragen, welche ihm sein Vater ungelöst hinterlassen hatte, den Bischofsstreit, ernstlich ins Auge gefaßt. Er beschloß, durch eine Sendung nach Rom, durch unmittelbare Verhandlungen mit dem Papste den Zwist beizulegen, und gestattete schon am 13. Juli dem Erzbischof Droste, aus seiner ländlichen Heimat nach Münster überzusiedeln; nach Köln wollte er den Urheber des Streites auf keinen Fall zurückkehren lassen. Den anderen der beiden Erzbischöfe hingegen, Dunin, der noch rechtskräftig verurteilt in Kolberg gefangen saß, dachte er sogleich wieder in sein erzbischöfliches Amt einzusetzen. Welch ein Mißgriff! Dunin war nicht nur der schuldigere der beiden Prälaten, da er ganz ohne Not ein seit Jahrzehnten anerkanntes Gesetz eigenmächtig aufgehoben hatte; er gehörte auch einer Provinz an, welche durch ihre Unbotmäßigkeit ebenso bekannt war, wie das Rheinland durch seinen gesetzlichen Sinn, und sich längst gewöhnt hatte, jede Tat königlicher Milde als deutsche Schwäche zu verspotten. Während am Rhein die Ruhe fast nirgends gestört wurde, nahmen in Posen die Kundgebungen lärmenden Zornes kein Ende. Die Geistlichen verbreiteten ein Lied: „Den Hirt und Vater raubt man seinen Kindern, den heil'gen Glauben will man uns entreißen." Grade diesen schlechtesten Untertanen Preußens, den Polen, widmete Friedrich Wilhelm eine schwärmerische Zärtlichkeit. Mit den Radziwills und Raczynskis verband ihn alte Freundschaft. Durch Großmut hoffte er die Großmütigen, die in Wahrheit nur begehrlich waren, zu versöhnen.

Daher wurde Geh. Rat Aulicke, ein hartkatholischer Westfale, der fortan in Preußens Kirchenpolitik noch lange eine verhängnisvolle Rolle spielen sollte, an den Gefangenen gesendet. Die verschmitzten Augen des glatten kleinen Polen leuchteten, er zerfloß in Dankbarkeit und versprach in einem höchst untertänigen Schreiben, fortan Treue und Frieden zu wahren. Darauf gestattete ihm der König die Rückkehr. Sie erfolgte, um Aufsehen zu vermeiden, am späten Abend des 5. August; aber natürlich hatte einer der adligen Vertrauten des Erzbischofs, Lipski, die Nachricht schon vorher verbreitet, so gestaltete sich denn die Einfahrt zu einem brausenden Triumphzuge, und es frommte wenig, daß der König dem Herrn v. Lipski nachträglich seinen Unwillen aussprechen ließ. Am nächsten Tage erklangen in allen Kirchen des Erzbistums wieder die Glocken und die Orgeln, die wegen der Gefangenschaft des Oberhirten bisher geschwiegen hatten. Die Stadt Posen veranstaltete eine große Erleuchtung zur Feier der Amnestie für die politischen Verbrecher, und wochenlang strömten Tag für Tag hunderte von Andächtigen zu dem befreiten Märtyrer. Dunin versäumte auch nicht, in Gnesen einzuziehen, wo ihm die Bauern die Pferde vom Wagen spannten; einer Pilgerschar, die zu der schwarzen Mutter Gottes von Czenstochau, der Regina Regni Poloniae wallfahrtete, erteilte er feierlich seinen Segen. So verhöhnte der Begnadigte die deutsche Staatsgewalt ins Angesicht; der so lange durch Flottwells Strenge niedergehaltene Deutschenhaß regte sich wieder, während dieser Saturnalien polnischer Siegestrunkenheit wurde der erste Keim gelegt für die Aufstände der nächsten Jahre. Unterdessen ließ der versöhnliche Hirtenbrief, welchen Dunin dem Monarchen versprochen hatte, noch immer auf sich warten. Erst nach langen peinlichen Verhandlungen mit der Regierung kam ein geschraubtes und gewundenes Rundschreiben zustande: den Geistlichen wurde zwar untersagt, das förmliche Versprechen katholischer Kindererziehung zu fordern, anderseits aber völlig frei gestellt, ihre Mitwirkung bei der Abschließung gemischter Ehen zu verweigern. Die Entscheidung über die gemischten Ehen lag also fortan ausschließlich in der Hand des römischen Klerus; in Posen wie vorher schon am Rhein hatte der Staat völlig nachgegeben.

Damit die Posener Verhältnisse wieder in ruhigen Gang kämen, verlangte der König, daß die beiden alten Gegner, Dunin und der Oberpräsident Flottwell, sich versöhnen sollten. Flottwell erklärte sich auch bereit, die ihm anempfohlene Selbstverleugnung zu üben; der treue Mann ahnte schon, die Zeit des festen und gerechten deutschen Regimentes werde unter dem neuen Könige nicht mehr lange währen. Dunin dagegen weigerte sich, den ersten Schritt zu tun, was ihm, dem Verurteilten, doch unzweifelhaft zukam. Der Oberpräsident, so versicherte er dem Könige, hätte ihn gar zu schlecht behandelt: „Die dadurch hervorgerufenen Gefühle auszutilgen vermag ich nicht, denn wenngleich Priester, bin ich doch ein Mensch, und ein Wurm krümmt sich, wenn er getreten wird.“ Zugleich fragte er ganz verwundert, warum man ihn noch immer nicht zum Königsfeste nach Königsberg eingeladen habe, er hatte mit sarmantischer Schlauheit längst erkannt, daß er dieser Regierung alles bieten durfte. In der Tat ließ ihn der König zur Krönung an das Hoflager entbieten und gab sich der angenehmen Hoffnung hin, der Prälat würde den versäumten Besuch bei Flottwell späterhin noch nachholen. Dort in Königsberg umringte den Erzbischof alsbald der polnische Adel und begrüßte ihn als einen Vorkämpfer der Nation; mit höchster Dreistigkeit ward unter den Augen des Königs ausgesprochen, jetzt sei es Zeit, den Deutschen Flottwell zu stürzen. Die öffentliche Meinung zeigte sich in diesen polnischen Dingen völlig urteilslos; sie war längst gewöhnt, in jedem politischen Gegner der Regierung einen ehrwürdigen Märtyrer zu sehen, und pries dankbar die Milde des neuen Herrschers.

Unterdessen wurden die Zurüstungen getroffen für die Huldigung in Königsberg. Sie sollte mit besonderer Feierlichkeit erfolgen; denn es geschah zum ersten Male, daß ein König von Preußen als völlig souveräner Herr aller seiner Lande den Thron bestieg.

Am 29. August hielt das Königspaar seinen Einzug in der alten Krönungsstadt. Die Schlächter ritten voran, nach dem Vorrechte, das sie sich hier, wie in Berlin, vor alters durch rühmliche Kriegstaten erkämpft hatten. Die anderen Innungen hielten Spalier in den reichverzierten hochgiebligen Gassen, die Schiffe auf dem Pregel prangten im Flaggenschmuck. Der König kam zu Roß neben dem Wagen seiner Gemahlin daher und beantwortete die Anrede des Bürgermeisters mit wohlgewählten herzlichen Worten. Stürmisch, endlos erklangen die Jubelrufe aus den Massen; die Kinder ließen sich nicht halten und drängten sich an den Herrscher heran, der gütig lächelnd die kleinen Krausköpfe streichelte; es schien, als könnte nie mehr ein Mißklang das patriarchalische Verhältnis zwischen Fürst und Volk stören. Die nächsten Tage verbrachte der König bei den Übungen der Truppen, auf Ausflügen in das schöne Samland und bei mannigfachen Festlichkeiten. Mittlerweile versammelten sich am 5. Septbr. die preußischen Landstände. Sie waren durch eine Kabinettsordre v. 15. Juli einberufen und beauftragt, vor der Huldigung die beiden Fragen zu beantworten: ob eine Bestätigung ständischer Privilegien zu beantragen und ob eine besondere Vertretung des Herrenstandes bei der Huldigung zu erwählen sei? Die erste dieser Fragen mußte, obwohl sie sich nur an althergebrachte Formeln anschloß, unter den gegenwärtigen Umständen den Eindruck machen, als wollte der König selbst die Stände zu einer Äußerung über die Verfassungsfrage auffordern; Friedrich Wilhelm bemerkte die Gefahr nicht, weil er damals noch beabsichtiget, den Ständen selber die Berufung eines allgemeinen Landtags, nach den Plänen des Vaters, anzukündigen. Inzwischen hatte er seine Absicht geändert, und da er jetzt mit leeren Händen kam, so verschuldete er selbst, was er doch verhindern wollte: daß die Krone von ihrem treuen Volke gedrängt wurde.

Schön eröffnete den Landtag als königlicher Kommissar. In seiner klug berechneten Rede riet er den Ständen, auf die Vertretung eines besonderen Herrenhauses zu verzichten, auch auf die Betätigung ihrer alten, aus der trüben Zeit der Klöster und der Zünfte stammenden Privilegien keinen Wert zu legen. Diese Ratschläge des mächtigen Oberpräsidenten eigneten sich die Landstände fast wörtlich an.

Der Kaufmann Heinrich aus Königsberg beantragte, nunmehr den König um die Erfüllung der alten Verfassungsversprechen zu bitten. Im Sinne dieses Antrags wurde darauf eine ständische Denkschrift ausgearbeitet.

Aber keine einzige unehrerbietige Äußerung wurde laut. Alle wetteiferten in Beteuerungen unverbrüchlicher Treue, und mitten unter unklaren, leeren Reden fiel doch schon das entscheidende Wort, worauf alles ankam: der preußische Reichstag werde dem Könige das sicherste und vielleicht einzige Mittel darbieten, die durch Raum, Sprache und Sitte vielfach getrennten Stämme seines Volks zu einen.

Nach ernster, gründlicher Beratung genehmigte die Versammlung am 7. September mit neunundachtzig gegen fünf, durchweg adlige Stimmen die Denkschrift, welche den König um die Aufrechterhaltung und Vollendung der von seinem Vater neugegründeten verfassungsmäßigen Vertretung des Landes bat. Der Landtag gab sich der Hoffnung hin, daß Se. Majestät nicht anstehen würde, „das fortdauernde Bestehen der Provinzialstände, und in den Wegen des Vaters wandelnd, die verheißene Bildung einer Versammlung von Landesrepräsentanten Ihren getreuen Volke allergnädigst zuzusichern". Die Stände sagten nichts, was ihnen nicht zustand, sie gaben nur eine ehrerbietige Antwort auf eine königliche Frage, und wenn eine solche öffentliche Mahnung das Ansehen der Krone allerdings leicht gefährden konnte, so trug die Schuld der König selbst, der nicht verstanden hatte, zur rechten Zeit die rechte Entscheidung zu geben. Durch diesen Beschluß ward das Eis gebrochen, der vor siebzehn Jahren notdürftig beschwichtigte preußische Verfassungskampf von neuem entfesselt.

Die Bitte des Landtags wurde abgeschlagen, der König stellte nicht einmal für die Zukunft irgend etwas Bestimmtes in Aussicht, da es ihm gegen die Ehre ging, sich von vorwitzigen Untertanen treiben zu lassen.

Die polnischen Abgeordneten berieten untereinander über eine Adresse an den König, und da sie, wie gewöhnlich, nicht einig wurden, so erbat sich Graf Eduard Raczynski als alter Freund Friedrich Wilhelms eine Audienz. Er hielt ihm noch einmal alle die schon so oft auf den Provinziallandtagen besprochenen Klagen der Polen vor: der weiße Adler und der Name eines Großherzogtums würden der Provinz versagt, das Deutschtum bevorzugt, die polnische Sprache in den Schulen wie bei den Behörden zurückgesetzt, von polnischen Beamten nur eine kleine Zahl angestellt. Es war, trotz der ehrerbietigen Form, eine scharfe Anklage gegen das Regiment des tapferen Flottwell. Der König verlangte zunächst genauere Beweise, doch man merkte ihm an, daß seine Polen ihn schon gewonnen hatten. –

Die Berliner wollten sich nicht gedulden bis zu dem zweiten Huldigungsfeste, das in der Hauptstadt von den Vertretern aller deutschen Bundeslande des Königs abgehalten werden sollte, sondern verlangten, das Herrscherpaar schon bei seiner Heimkehr festlich zu begrüßen, und Friedrich Wilhelm willfahrte dem Wunsche. Der Einzug erfolgte am 21. Sept., vom Frankfurter Tore her, unter Glockengeläute und Kanonendonner, als ob der König aus einem siegreichen Kriege zurückkäme. Schwungvolle Reden und Gedichte beteuerten die unbegrenzte Ergebenheit „der getreuesten Stadt des Landes". Ehrenpforten, Fahnen, Kränze allüberall, und in den Volksmassen ein rasender Jubel, wie ihn Berlin selbst bei der Rückkehr der Befreiungskämpfer nicht gehört hatte. Als der König, ganz erschöpft von dem Übermaße der Freuden, endlich die Schloßtreppe hinaufstieg, sagte er ahnungsvoll zum Oberbürgermeister Krausnick: „Das ist ja ein Taumel, eine wahre Trunkenheit. Wenn nur der Katzenjammer nicht nachkommt!"

Schon lange vor dem 15. Oktober, dem Tage der großen Huldigung trafen die Abge-ordneten, alle froh erregt, in der Hauptstadt ein. In diesem heiteren geselligen Verkehr lernten sich die Vertreter der verschiedenen Provinzen zum ersten Male persönlich kennen und sie entdeckten mit freudigem Erstaunen, daß sie trotz so mancher Unterschiede doch allesamt gute Preußen waren. Aber während die landschaftlichen Vorurteile sich abschliffen, bestanden die alten sozialen Gegensätze noch in ungeminderter Schärfe fort. Das zeigte sich bei einer geringfügigen Etikettenfrage. Die brandenburgische Ritterschaft besaß von alters her das Vorrecht, den Treueid persönlich in der Hand des Landesherrn abzuleisten, ein Recht, das sie noch bei der letzten Huldigung ausgeübt hatte. Da der König seine treuen Märker unmöglich eines alten Ehrenrechtes berauben konnte, so beschloß er, die sämtlichen Vertreter des Herrenstandes und der Ritterschaft aus den sechs Provinzen in seinen Gemächern zu empfangen; die Abgeordneten der Städte und des Bauernstandes sollten nachher unter freiem Himmel, im Lustgarten huldigen, weil die Räume des Schlosses dafür nicht ausreichten. Die Anordnung war ganz harmlos gemeint; doch sie erregte unter den Vertretern der Städte eine lebhafte Entrüstung, die von der liberalen Presse außerhalb Preußens geflissentlich geschürt wurde. Durch eine solche Bevorzugung des Adels fühlte sich der Bürgerstolz beleidigt. Oberbürgermeister Francke von Magdeburg versuchte mit Hilfe des Grafen Stolberg zu vermitteln, und der König stellte den Städten frei, eine Deputation in das Schloß zu senden. Die märkischen Ritter andererseits erklärten, nach ihrem guten Rechte, sie würden wohl auf Befehl des Monarchen, doch nimmermehr freiwillig ein Privilegium ihres Landes aufgeben. Die Städter versammelten sich nunmehr zu einer Beratung im Grauen Kloster, und Rochow, der hier sehr mild und versöhnlich auftrat, bewog sie schließlich, sich bei der ursprünglichen Anordnung zu beruhigen. Aber während der Verhandlung fielen starke, fast drohende Worte, und man machte die überraschende, auch für die Zukunft bedeutsame Erfahrung, daß die Abgeordneten aus dem Westen, die man allgemein wegen ihres Radikalismus fürchtete, den ganzen Streit sehr leicht nahmen, während die Vertreter von Frankfurt, Breslau, Prenzlau und anderen Städten der alten Provinzen ihren lang verhaltenen Adelshaß heftig aussprachen.

Das alles verhallte bald in dem unermeßlichen Jubel des Huldigungsfestes. Der König nahm zunächst im Schlosse den Eid der Fürsten, der Geistlichkeit, der Ritterschaft entgegen und beteuerte ihnen, daß sie nicht eine sogenannte glorreiche Regierung zu erwarten hätten, die mit Geschützesdonner und Posaunenton die Nachwelt ruhmvoll erfülle, sondern eine einfache, väterliche, echt deutsche und christliche Regierung. Alsdann begab er sich auf den in Gold und Purpur prangenden Anbau des Schlosses, wo der Thron stand: gegenüber die flaggengeschmückten Tribünen für die Vertreter der Städte und des Bauernstandes; dazwischen tief unten die Innungen der getreuen Hauptstadt mit ihren Fahnen; ringsum an den Fenstern und auf den Dächern des mächtigen Platzes eine ungeheuere Menschenmasse, alles in musterhafter Ordnung. Noch bevor der Huldigungseid den beiden untersten Ständen abgefordert wurde, stand der König vom Throne auf, um abermals, noch ausführlicher und eindringlicher als in Königsberg, zu seinem Volke zu reden. Er gelobte im Sinne des Vaters als ein gerechter und friedfertiger König zu regieren, und fragte sodann alle die Anwesenden: „Wollen Sie mir helfen und beistehen, die Eigenschaften immer herrlicher zu entfalten, durch welche Preußen mit seinen vierzehn Millionen den Großmächten der Erde zugestellt ist? – nämlich: Ehre, Treue, Streben nach Licht, Recht und Wahrheit, Vorwärtsschreiten in Altersweisheit zugleich und heldenmütiger Jugendkraft? Wollen Sie in diesem Streben mich nicht verlassen noch versäumen, sondern treu mit mir ausharren durch gute wie durch böse Tage – o, dann antworten Sie mir mit dem klaren schönsten Laute der Muttersprache, antworten Sie mir ein ehrenfestes Ja!“ Unbeschreiblich war der Eindruck dieser Worte, in denen sich Friedrich Wilhelms Künstlerseele wie mit elementarischer Gewalt entlud. Der schönste Laut der Muttersprache ertönte aus Tausenden ehrlich begeisterter Herzen, selbst ein heftiger Regenschauer, der plötzlich herniederprasselte, störte die allgemeine Verzückung nicht. Und nun rief der König: „Dies Ja war für mich, das ist mein eigen, das lass' ich nicht, das verbindet uns unauslöslich in gegenseitiger Liebe und Treue, das gibt Mut, Kraft, Getrostheit, das werde ich in meiner Sterbestunde nicht vergessen!“ Darauf erst ward der gesetzliche Huldigungseid geleistet, und die stürmische Begeisterung dieses unvergeßlichen Augenblicks hielt noch mehrere Tage hindurch an, bis zum Ende der prächtigen, überaus geschmackvollen Festlichkeiten.

Aber nach den unmäßigen Übertreibungen der Huldigungstage mußte in einem verständigen Volke sehr bald der Rückschlag eintreten. Die Ernüchterung zeigte sich zuerst in den Kreisen der strammen Monarchisten. Sie empfanden die überschwengliche Verherrlichung des Sohnes als eine Undankbarkeit gegen den Vater.

Sobald man nur erst anfing, ruhig nachzudenken, mußte jedermann einsehen, daß die hochtönenden Reden des Königs keinen einzigen politischen Gedanken enthielten: sie verkündeten nur den Anbruch einer neuen Zeit und sagten schlechterdings nicht, was diese Zukunft bringen sollte.

Der Wind der Volksgunst setzte plötzlich um, am raschesten in der Hauptstadt. Die Berliner schämten sich, so viel Gefühl gezeigt zu haben, und nun da sie sich wieder auf sich selbst besannen, begannen sie dem Fürsten zu zürnen, der sie durch den Zauber seiner Persönlichkeit verführt hatte, ihre eingefleischte ungemütliche Altklugheit einmal zu verleugnen.

Inzwischen begannen die Beschwerden des Grafen Raczynski ihre Frucht zu tragen. Raczynski verbreitete unter dem polnischen Adel eine Bittschrift, welche seine mündlichen Äußerungen wiederholte, und sandte zugleich dem Monarchen die Belege für seine Klagen.

Über diese polnischen Wirren wurde im Staatsministerium während der letzten drei Monate des Jahres gründlich verhandelt. General Grolman und Oberpräsident Flottwell erstatteten mit gewohntem Freimut einen ausführlichen Bericht: nur der Adel und der Klerus seien feindlich gesinnt, die polnischen Bauern zufrieden, die Deutschen, die schon zwei Fünftel der Bevölkerung ausmachten, unverbrüchlich treu. Der Thronwechsel habe jedoch bei den Polen unsinnige Hoffnungen erweckt, welche durch die Triumphreisen des begnadigten Bischofs und sicherlich auch durch die Pariser Propaganda geflissentlich genährt würden. Dem gegenüber müsse das bewährte System der „allmählichen Germanisierung“ unerschütterlich erhalten bleiben. Demnach baten sie den Monarchen, die Beschwerden des polnischen Adels rundweg abzuweisen und sodann, kraft seines königlichen Rechtes, dem nächsten Posener Landtage zu befehlen, daß diese erledigte Sache nicht wieder berührt werden dürfe. Wie durfte man auch im Ernst von einem Sprachenzwange in Polen reden? Die Verwaltungsbehörden schrieben an Polen deutsch, aber mit beigelegter polnischer Übersetzung. Vor Gericht wurden die Prozesse in der Sprache des Klägers verhandelt; nur wenn er des Deutschen vollkommen mächtig war, verlangte man, daß er sich der deutschen Sprache bediente; denn da die Polen sich dem Staatsdienste fern hielten, so konnten von 168 Richtern nur 54 fertig polnisch sprechen; ihrer 33 verstanden nur wenig, 81 gar kein polnisch.

Trotzdem wollte Friedrich Wilhelm seine Großmut zeigen. In einem großen Kronrate am 23. Dez., dem auch Grolman und Flottwell beiwohnten, wurde beschlossen, zwar die Eingabe Raczynskis unbeantwortet zu lassen, aber den Beschwerden der Polen insoweit abzuhelfen, daß der nächste Landtag keinen Grund mehr fände, sie zu erneuern. Das war Flottwells Sturz. Der tapfere Deutsche mit den feurigen tiefen Augen durfte sichs nicht bieten lassen, daß man die völlig bodenlosen Klagen seiner polnischen Feinde für halb begründet erklärte. Schon am 31. Dez. wurde er, unter allen Zeichen königlicher Gnade, als Oberpräsident nach Sachsen versetzt. Die Polen hatten ihr Spiel gewonnen. Mit dieser Tat gutmütiger Schwäche endete das erste Jahr der neuen Regierung. Was aus solchen Widersprüchen noch hervorgehen würde, das ahnte niemand, nicht einmal Friedrich Wilhelms nächste Vertraute.

Draußen im Reiche aber, wo man schon geblendet von dem neu aufstrahlenden Glanze der Krone Friedrichs die Augen niedergeschlagen hatte, begann der alte Preußenhaß wieder hohe Wellen zu werfen. Man rieb sich die Hände, weil die großen Dinge wieder einmal ein kleines Ende zu nehmen schienen.

## II
## Die Kriegsgefahr

Wie der inneren, so schien sich auch der europäischen Politik Preußens in dem hoffnungsvollen Jahre des Thronwechsel eine Zeit reicher Erfolge zu eröffnen. Auch diese Erwartungen blieben unerfüllt, nicht eigentlich durch die Schuld des neuen Königs, sondern weil der Zustand des Weltteils für große Entscheidungen noch nicht reif und Preußen am wenigsten in der Lage war, die verschlungenen Machtverhältnisse Europas frei zu überblicken. Jedem Staate kommen Zeiten, wo ihn ein übermächtiges Interesse zwingt, seinen Gesichtskreis zu verengern. Durch die unversöhnliche Rachsucht der Franzosen wurden Preußen und Frankreich während eines Vierteljahrhunderts auf einer Stelle festgebannt, beide Staaten waren verhindert, ihre natürliche Interessengemeinschaft zu erkennen und der friedlichen Welteroberung, welche Englands Handelspolitik in der Stille einleitete, rechtzeitig entgegenzutreten. Solange die französischen Parteien allesamt die Vernichtung der so unbillig milden Pariser Verträge forderten, mußte der preußische Staat die Sicherung seiner Westgrenze als seine nächste, jeder anderen Rücksicht vorgehende Aufgabe betrachten, denn umringt von hilflosen kleinen Nachbarstaaten, allein angewiesen auf die zweifelhafte Hilfe der beiden weit entlegenen Kaisermächte sah er sich dem ersten Angriff allein preisgegeben.

Bis an sein Ende, und nicht ohne Erfolg hatte der alte König sich bemüht, diese Gefahren abzuwenden, ein leidliches Verhältnis zu dem neuen Machthaber Frankreichs herzustellen. Aber der Bürgerkönig stand selbst nicht fest genug, um den unberechenbaren Aufwallungen des Nationalhasses jederzeit Halt zu gebieten, und wie dankbar er auch die Freundlichkeit des Königs von Preußen anerkannte, so sah er doch, scharfsinniger als die Mehrzahl seiner Landsleute, bestimmt voraus, daß dieser deutsche Staat dereinst Frankreichs gefährlichster Nebenbuhler werden müsse. Nicht Preußens, sondern Österreichs Bundesgenossenschaft faßte er ins Auge, wenn er sich beharrlich um die Gunst der deutschen Mächte bemühte.

Zwischen Frankreich und Rußland ward die Kluft mit den Jahren immer breiter, obgleich die erstarkende altmoskowitische Partei am Petersburger Hofe ein Bündnis der beiden Mächte gegen Deutschland dringend wünschte, und der Zar seinem preußischen Vertrauten Oberst Rauch oft gestand: außer mir selbst sind nur noch Nesselrode und Orlow aufrichtige Freunde der deutschen Allianz. Der Zar fuhr fort, dem Bürgerkönige bei jeder Gelegenheit seine Mißachtung zu zeigen, bis dieser endlich einen tiefen persönlichen Haß gegen den unversöhnlichen Peiniger faßte. Nach Nikolaus' Meinung war Frankreich schlechthin die Macht des Unheils, überall, sogar im Mittelmeer und im Oriente, wo die Interessen der beiden Mächte sich doch keineswegs feindlich berührten. Daß Rußland und Frankreich sich über irgendeine europäische Frage ehrlich verständigen könnten, schien vorderhand rein unmöglich; das unter seiner schwachen Greisenherrschaft mehr und mehr erstarrende Österreich tat auch gar nichts, die beiden Feinde zu versöhnen.

Also herrschte auf dem Festlande wieder jener Zustand schleichenden Unfriedens, dessen England für seine Pläne bedurfte. Unbehelligt durch die hadernden Großmächte begann Palmerston mit Neapel Streit wegen des sizilianischen Schwefelhandels, mit Portugal wegen der Opfer des letzten Bürgerkrieges. Mit Serbien schloß er einen Handelsvertrag und versuchte zugleich den Fürsten Milosch zur Aufhebung der Verfassung zu drängen. Mitten im Frieden wurde 1839 das Felsennest Aden geraubt, der Schlüssel zum Roten Meere, das Gibraltar des

Ostens. Gleich darauf begann der Opiumkrieg, die Chinesen wurden gezwungen, den Opium-Schmuggel aus Ostindien zu dulden. Schwere Sorgen erregte dem Londoner Hofe die Besetzung Algeriens, das letzte und beste Vermächtnis der französischen Bourbonen. Dieses schöne zukunftsreiche Pflanzungsland der Franzosen zu zerstören, war jedes Briten Herzenswunsch; darum konnte Frankreichs gefährlicher Feind, der heldenkühne Abdelkader jederzeit auf Englands geheimen Beistand zählen.

Allen Völkern gemeinsam lag die Aufgabe ob, auch auf den Meeren das Gleichgewicht der Mächte herzustellen, das auf dem Festlande längst bestand, jenes heilsame Gleichgewicht, das keinem Staate ermöglichte, sich alles zu erlauben, und darum jedem ein menschliches Völkerrecht sicherte. Sobald die orientalische Frage wieder in Fluß geriet, mußte eine weitschauende Staatskunft darnach trachten, die erdrückende Fremdherrschaft, welche Englands Flotten von Gibraltar, Malta, Korfu aufrecht hielten, zum mindesten einzuschränken, das Mittelmeer den mediterranischen Völkern zurückzugeben. Der preußische Staat aber besaß noch keine Flotte; er konnte und durfte sich zu einer so freien Anschauung jener weit entlegenen Händel nicht erheben, solange er selbst die zerfahrene deutsche Welt kaum notdürftig zu schützen vermochte und eine italienische Großmacht noch nicht bestand. –

Der Friede zwischen Ägypten und der Pforte wurde nach orientalischem Herkommen von beiden Seiten unredlich gehalten. Sultan Machmud dürstete nach Rache an dem meuterischen Vasallen, und der englische Gesandte, der rücksichtslose alte Heißsporn Lord Ponsonby, bestärkte ihn in seinem Hasse. Mehemed Ali aber war durch das Kriegsglück verwöhnt und schaltete in seinen neu errungenen Paschaliks wie ein unabhängiger Fürst. Er gewann die Freundschaft des Tuilerienhofes, der schon um Algeriens willen sich der ägyptischen Flotte versichern wollte, und die begeisterte Verehrung der Franzosen.

In Wahrheit stand Mehemed Alis Macht bei weitem nicht mehr so fest wie zur Zeit des letzten Krieges. Die ungebändigten Völker Syriens ertrugen den Druck des aufgeklärten Despotismus schwerer als die leidsamen Fellahs am Nil; ein Aufstand schien nicht aussichtslos, und zugleich ward Englands Feindschaft immer bedrohlicher. Das gerühmte herzliche Einvernehmen der Westmächte bestand nur noch dem Namen nach. Der Lord erkannte, Englands Machtstellung im Mittelmeere sei verloren, wenn Mehemed Ali über die schwachen Zwischenhändler hinweg den Franzosen in Algier die Hand reichte. Mit leidenschaftlichem Ungestüm suchte Palmerston die gefährliche Macht des Ägypters zu vernichten oder zu schwächen; alles Gerede über den unaufhaltsamen Zerfall des türkischen Reichs erklärte er kurzab für nonsense.

Schadensfroh konnte der Petersburger Hof abwarten, wie die Feindschaft der beiden Westmächte im Oriente sich mehr und mehr verschärfte. Von dem ermatteten Wiener Hofe hatten die Moskowiter wenig zu fürchten. Dessen ganze Weisheit lief noch immer darauf hinaus, daß der Sultan der legitime Herrscher, der Pascha ein fluchwürdiger Reformer und Empörer sei.

Indes geschah das Unausbleibliche. Im Frühjahr 1839 vermochte die Pforte die Wucht ihrer Rüstungen nicht mehr zu ertragen, der Sultan seinen Haß nicht mehr zu bändigen. Der Krieg brach aus und endigte mit einem Schlage. Die türkischen Truppen hatten dank der einsichtigen Tätigkeit der preußischen Generalstabsoffiziere schon einiges gelernt, aber auch in dem langen Lagerleben durch Krankheiten furchtbar gelitten. Nur die Hälfte des großen kleinasiatischen Heeres war unter Haftiz Paschas Führung bei Nisib vereinigt, und diese Hälfte bestand zum guten Teile aus feindseligen Kurden, welche die Stunde des Abfalls ersehnten. Hafiz hörte mehr auf die törichten Reden seiner Mollahs und Astrologen als auf den großen fränkischen Ratgeber, der ihm zur Seite stand. Er versäumte, wider den Rat des Hauptmannes Moltke, das Heer Ibrahim Paschas bei einem Umgehungsversuche zur rechten Zeit in der Flanke anzugreifen. Er verschmähte sodann, die Truppen an den Euphrat in die feste Stellung von Biredschit zurückzuführen; und der Preuße legte, das sichere Verderben voraussagend, sein Amt als Ratgeber förmlich nieder. Am nächsten Tage, 23. Juni, ward der Pascha von dem sieggewohnten ägyptischen Feldherrn in höchst ungünstiger Stellung angegriffen; nach kurzem, wenig rühmlichen Widerstande stob sein Heer auseinander. Wie einst König Friedrich sein Feldherrnleben mit dem Fluchtritte von Mollwitz eröffnete, so begann der größte deutsche Krieger des neunzehnten

Jahrhunderts eine Siegeslaufbahn ohnegleichen, er selbst freilich schuldlos, mit der Niederlage von Nisib. An den Greueln dieses Rückzuges lernte er, was die sittlichen Mächte im Kriege bedeuten; derweil er das unwegsame Land durchritt, behielt er immer noch Zeit und Gleichmut, um seine geliebten Landkarten ebenso gewissenhaft zu ergänzen, wie er früherhin den einzigen treuen Plan von dem unübersehbaren Gassengewirr Konstantinopels gezeichnet hatte. Nach der Heimkehr sammelte er dann seine Briefe aus der Türkei und ließ das klassische Werk wie ein bescheidener Anfänger durch ein Vorwort Karl Ritters in die gelehrte Welt einführen; seine geistvolle ältere Schrift über Polen hatte ja nur wenig Leser gefunden.

Die Niederlage war vollständig. Auch die anderen türkischen Truppen in Kleinasien lösten sich auf, obgleich der Sohn Mehemed Alis, dem eigenen Heere mißtrauend, seinen Sieg nicht zu verfolgen wagte. Inmitten dieser allgemeinen Verwirrung starb Sultan Machmud plötzlich, noch bevor die Schreckenskunde aus Nisib ihn erreichte – die letzte tragische Gestalt der osmanischen Geschichte. Nunmehr bestieg Abdul Medschid den Thron, Machmuds junger schwächlicher Sohn, der nie zum Manne heranreifte. Zur selben Zeit segelte die türkische Flotte von den Dardanellen südwärts, nicht ohne die geheime Mitwirkung des französischen Admirals Lalande, und vereinigte sich vor Alexandria mit den Schiffen des ägyptischen Rebellen. Also ohne Herr, ohne Flotte, ohne einen kräftigen Herrscher schien das osmanische Reich, zum dritten Male binnen elf Jahren, dem sicheren Untergange zu verfallen. Da die Integrität der Türkei von allen Großmächten für eine europäische Notwendigkeit erklärt war, so ergriff die Gesandten der fünf Mächte ein jäher Schrecken. Sie traten zusammen und ermahnten die Pforte durch eine gemeinsame Note vom 27. Juli 1839, nicht eher mit dem Ägypter abzuschließen, als bis Europa gesprochen hätte. Metternich triumphierte, er meinte die Türkei gerettet und das Schicksal des Ostens in seiner Hand zu haben; er nannte mit gewohnter Ruhmredigkeit diese Tat einen der größten diplomatischen Erfolge seines Lebens und schmeichelte sich mit der Hoffnung, nunmehr würde unter seiner Leitung ein europäischer Kongreß in Wien zusammentreten, der die orientalischen Händel, natürlich zum Nachteil Mehemed Alis, beilegen sollte.

Anders dachte der König von Preußen. Er sah klar voraus, daß diese scheinbare Einigung Europas die Hintergedanken Rußlands, das Zerwürfnis zwischen den Westmächten sehr bald an den Tag bringen, vielleicht gar den allgemeinen Krieg hervorrufen mußte. Ärgerlich meinte er, die Mächte hätten besser getan, sich nicht zu übereilen, sondern dem Sultan die Verständigung mit dem Pascha zu überlassen. Weil er auf seine alten Tage keinesfalls den Frieden brechen, seinem Volke um dieser entlegenen Händel willen weder Subsidienzahlungen noch Kriegslasten auflegen wollte, so ließ er den großen Höfen mehrmals auf das bestimmteste erklären: Preußen gewähre den Versuchen zur friedlichen Lösung der orientalischen Frage nur seinen moralischen Beistand und behalte sich die strengste Neutralität vor, falls die unmittelbar beteiligten Mächte zu den Waffen greifen sollten. Er hatte recht geahnt. Die Absichten der beiden Westmächte zeigten sich sofort als unvereinbar. Während Frankreich seinen ägyptischen Schützling schonen wollte, beabsichtigte Palmerston, den Sieger von Nisib für seinen Sieg zu bestrafen, ihn durch ein salomonisches Urteil Europas eines guten Teiles seiner alten Besitzungen zu berauben. –

Mittlerweile vollzog Rußland eine längst vorbereitete diplomatische Schwenkung. Nikolaus hatte gleich nach seiner Thronbesteigung die Erfahrung gemacht, daß er seine Zwecke im Oriente dann am sichersten erreichen konnte, wenn er sich mit dem gefährlichsten Gegner, mit England scheinbar verständigte. Persönlich hegte er, soweit ein Zar dies vermochte, fast eine Vorliebe für die Briten; während der letzten Jahre hatte er sich stets absichtlich gehütet, die revolutionäre Politik Palmerstons zu bemerken. Dies England mit Frankreich zu verfeinden, das herzliche Einvernehmen der Westmächte zu zerstören, den alten Vierbund der konservativen Mächte wiederherzustellen und also den verhaßten Staat der Revolution gänzlich zu vereinzeln, bis vielleicht der große Kreuzzug der Legitimität möglich würde – dahin gingen von langher die Wünsche des Zaren.

Im Februar 1840 vereinigten sich die Vertreter der großen Mächte in London zu förmlichen Konferenzen. Sie alle, mit einziger Ausnahme des französischen Gesandten, betrachteten die

Erhaltung des osmanischen Reichs als ihre höchste Aufgabe und stimmten darin überein, daß Mehemed Ali nur die erbliche Herrschaft über Ägypten, außerdem noch für seine Lebenszeit ein Stück Syriens, etwa das Paschalik Akkon, behalten dürfe; widersetze er sich, dann müßte man ihn durch die Waffen Europas zur Unterwerfung zwingen. Der Sieger sollte also einen Teil seines alten Besitzstandes dem Besiegten schenken! Die grobe Ungerechtigkeit dieses Schiedsspruches der europäischen Mächte lag auf flacher Hand. Vom Rechte aber war in den schmutzigen orientalischen Händeln nie die Rede; hier handelte es sich nur um die Macht, diesmal um die Frage, ob Mehemed Ali stark genug sei, den erleuchteten Beschlüssen Europas zu widerstehen. Rußland hatte nochmals, wie einst vor der Schlacht von Navarin, durch eine plötzliche Annäherung an England die entscheidende Stellung in der orientalischen Politik erlangt.

Unterdessen gestaltete sich Frankreichs Lage höchst bedrohlich. Aufgeregt durch die Pariser Presse schwärmte die gesamte Nation für den aufgeklärten Mehemed Ali. Als man nun erfuhr, daß die vier Mächte diesen Liebling Frankreichs ungerecht mißhandeln wollten, da ging ein Aufschrei des Zorns durch das Land. Alles rief. England hat uns verraten, die entente cordiale ist zerstört. In der Tat hatte der schlaue Bürgerkönig, der die auswärtige Politik über die Köpfe des Ministeriums Soult hinweg leitete, diesmal sich von seinem persönlichen Hasse betören lassen und ganz falsch gerechnet. Da er mit dem Todfeinde Mehemed Alis, mit England, sich über die orientalischen Wirren unmöglich einigen konnte, so mußte er mit Rußland und den deutschen Mächten eine Verständigung suchen. Er konnte jedoch seinen Groll über die Hoffart des Zaren nicht überwinden und richtete alle seine Pfeile gegen Rußland. Während Ludwig Philipp sich in einen unfruchtbaren Federkrieg gegen den Zaren verbiß, bemerkte er kaum, wie England und Rußland einander näher traten. Da mit einem Male stand er zwischen zwei Feuern: der englische Freund war zu dem russischen Feinde übergegangen.

Die Stellung des Tuilerienhofes ward noch schwieriger, als im Februar 1840 – wieder durch des Königs Schuld – das gemäßigte, bei den Höfen leidlich angesehene Ministerium Soult zusammenbrach.

Thiers, der neue Erstminister, stand bei den Höfen im Rufe eines radikalen Chauvinisten, weil er zur Zeit der Juli-Revolution für die reine Parlamentsherrschaft gearbeitet, während des Karlistenkrieges sehr übermütig geredet und durch seine Geschichtswerke die napoleonische Legende mächtig gefördert hatte. Indes war der kluge, bildsame Mann, obwohl noch weit entfernt von der ruhigen Weisheit seines Alters, doch schon durch die Erfahrung etwas gereift. Die peinliche diplomatische Lage, die er vorfand, war nicht durch ihn verschuldet, sondern durch den König. Als er die Regierung übernahm, hegte er noch keineswegs kriegerische Absichten; dem ungleichen Kampfe mit vier Großmächten dachte er sein leidenschaftlich geliebtes Vaterland nicht auszusetzen. Am wenigsten wollte er an dem englisch-französischen Bündnis rütteln, das ihm für den Hort der Bürgerfreiheit galt. Darum ließ er durch den Gesandten Guizot dem englischen Hofe ernst, aber freundschaftlich erklären: zur Integrität der Türkei gehöre die Macht des Paschas so gut wie die Macht des Sultans, und ohne Syrien könne der Ägypter nicht bestehen. Nachdrücklich verwahrte er sich gegen die bewaffnete Einmischung Europas, die den alten Grundsätzen der Westmächte offenbar widerspreche. Und allerdings bewährte Palmerston nur von neuem den grundsatzlosen Wankelmut seiner Saatskunst, wenn er, der so oft die Lehre der Nichteinmischung feierlich verkündet hatte, jetzt die gewaltsame Intervention der Großmächte wider den ägyptischen Rebellen empfahl.

Thiers' Warnungen waren ehrlich gemeint; denn wie alle Franzosen überschätzte er die Macht Mehemed Alis bei weitem und fürchtete, der Pascha würde der Einmischung Europas einen so hartnäckigen Widerstand entgegensetzten, daß vielleicht die Türkei selbst darüber in Trümmer gehen könnte. Palmerston kannte die augenblickliche Lage besser, er versprach sich einen raschen Erfolg von den Zwangsmaßregeln gegen den Ägypter.

Um die Verwirrung zu vollenden, sandte Metternich von Zeit zu Zeit übellaunige Depeschen; er konnte sich gar nicht darüber trösten, daß die Entscheidung nicht mehr in seinen Händen lag, und fürchtete immer, Rußlands kopflose Politik würde sich in den englischen Netzen verfangen. Auch der türkische Gesandte Shekib Pascha vermehrte die Mißklänge dieses seltsamen Konzerts; er gehorchte blindlings den Ratschlägen des österreichischen Bevollmächtigten Neumann, der ausdrücklich beauftragt war, sich seiner zu bemächtigen. Da Lord Ponsonby die Pforte, trotz ihrer Niederlage, beständig zur Erneuerung des Krieges drängte, so zeigte sich der Türke sehr zuversichtlich und beschwor die Mächte um baldige Verurteilung des ägyptischen Rebellen. Die Verwicklung ward unerträglich, beinahe lächerlich.

Endlich einigten sich die Gesandten der drei Ostmächte zu einem letzten Versuche, sie verlangten von Palmerston vertrauliche Beratungen ohne Frankreich, das man vorläufig doch nicht gewinnen könne. Seit dem 21. Juni versammelten sich nunmehr die Gesandten der vier Mächte, hinter Guizots Rücken, zu regelmäßigen Sonntagssitzungen bei Palmerston, die Stille des englischen Sabbats kam dem Geheimnis zustatten. Der europäische Kongreß, zu dem man Frankreich förmlich eingeladen hatte, verwandelte sich also in eine geheime Konferenz der vier. Dies hinterrückige, allerdings durch Frankreichs Haltung mitverschuldete Verfahren mußte den französischen Stolz tief verletzen, sobald es ruchbar ward. Die Gefahr eines europäischen Krieges rückte sehr nahe. Die vier einigten sich in ihren Sonntagssitzungen über die Grundzüge eines Vertrages zur Rettung des Sultans, aber zum förmlichen Abschluß gelangte man noch nicht, weil Palmerston der Zustimmung seines Kabinetts nicht sicher war.

Da faßte sich Bülow, der preußische Gesandte, endlich das Herz zu einem entscheidenden Ratschlag. Im Augenblicke besaß er nicht einmal eine gültige Vollmacht, da mittlerweile der Thronwechsel in Berlin eingetreten war; indes wußte er, daß der neue König noch friedlicher dachte als der alte, und sagte zu Neumann im Vertrauen: weil Preußen an Zwangsmaßregeln gegen Mehemed Ali niemals teilnehmen wird, darum fühle ich mich nicht verpflichtet, die anderen zurückzuhalten. Durch seinen langen Londoner Aufenthalt und die enge Freundschaft mit Palmerston hatte er sich in englische Anschauungen tiefer eingelebt als einem Preußen geziemte; er betrachtete den Großtürken, nach der britischen Überlieferung, als heilig und hielt daher Frankreichs orientalische Politik, die doch ihre guten Gründe hatte, schlechthin für revolutionär. Demzufolge arbeitete der geistreiche Staatsmann, der in Petersburg des Liberalismus verdächtigt wurde, arglos der russischen Politik in die Hände; er half ihr, die Westmächte zu entzweien, das osmanische Reich in einem Zustand hilfloser Schwäche vorläufig zu erhalten. Des ewigen Zauderns müde wollte er endlich Taten sehen. Auf einem Lever der Königin zog ihn Lord Melbourne abseits und fragte ängstlich: Was raten Sie mir in der ägyptischen Sache? Bülow erwiderte: Habt Ihr genügende Streitkräfte im Mittelmeer? Auf die bejahende Antwort fuhr er lebhaft fort: Dann seid schnell und kühn! Sendet sofort die Flotte von Alexandria, werfet die Truppen von Malta und den ionischen Inseln nach Beirut und an die syrische Küste, wo Mehemed Ali keinen Angriff erwartet. Vorher schließen wir hier zu vieren den Vertrag mit dem türkischen Gesandten ab, ohne die Ratifikationen abzuwarten. So wird Frankreich überrascht und doch nicht unmittelbar beleidigt, der Pforte aber bleibt die gefährliche russische Hilfe erspart. But I say again, be quick and bold! – Bülow glaubte ganz sicher, Frankreich würde den ersten Ärger bald überwinden und schließlich doch genehmigen, was nicht mehr zu ändern sei. Das alles fragte er, wie er selbst gestand, unbeauftragt und unvorbereitet.

So geschah das Seltsame: die friedfertigste aller Großmächte, die im Oriente gar kein eigenes Interesse zu wahren hatte, gab jetzt durch den Mund ihres Gesandten selber den verhängnisvollen Rat, welcher unfehlbar einen Waffengang im Mittelmeer, vielleicht sogar einen europäischen Krieg heraufbeschwören mußte. Palmerston atmete auf. Der Gedanke, daß man ohne Rußlands Waffenhilfe, ohne offenbare Kränkung Frankreichs zum Ziele gelangen könne, leuchtete seinen ängstlichen Amtsgenossen ein. Schon am 8. Juli konnte er den Vertretern der Großmächte mitteilen, daß er die Mehrheit im Kabinett gewonnen und dem türkischen Gesandten versprochen habe, England werde den Sultan mit den Waffen unterstützen. Für die Vorbereitung des Kampfes hatte England bereits gesorgt. Britische Agenten bereisten als Kaufleute verkleidet mit wohlgefüllten Beuteln die syrischen Gebirge und hetzten das Volk wider den gestrengen Pascha auf – eine offenkundige Tatsache, welche Palmerston späterhin mit gewohnter Dreistigkeit in Abrede stellte. Schon im Juli stand der ganze Libanon in Waffen. Nachher ließ auch Metternich, wie er dem Grafen Maltzan selbst erzählte, einen Sendbo-

Parade auf dem Opernplatz in Berlin 1829

Das Hambacher Fest am 27. Mai 1832

ten zu den Maroniten abgehen, um ihnen Freiheit des christlichen Glaubens, Sicherheit von Hab und Leben zu verbürgen, falls sie für den Sultan gegen den rebellischen Pascha kämpften. Wenn Mehemed also zugleich durch die Aufständischen im Lande, durch die britische Flotte an der Küste bedrängt wurde, dann mußte seine Macht in Syrien rasch zusammenbrechen. Frohen Mutes schritten die vier Mächte zum Abschluß. Der Österreicher Neuman versprach sofort, Österreichische Kriegsschiffe sollten mit den britischen zusammenwirken. Der Petersburger Hof hatte begreiflicherweise nichts dawider, wenn die befreundeten Mächte auf ihre Kosten seine Geschäfte führen wollten.

Am 15. Juli unterzeichneten die Gesandten der vier Mächte mit Shekib Pascha einen Vertrag, der nachher in der Presse den etwas überschwenglichen Beinamen des Londoner Quadrupel-Allianz-Vertrags erhielt. Der Sultan versprach, dem Pascha die erbliche Verwaltung Ägyptens und für Lebenszeit das Paschalik Akkon zu überlassen; die vier Mächte verpflichteten sich, Mehemed Ali gemeinsam zur Annahme zu bewegen und „behielten sich vor, zu diesem Zwecke zusammenzuwirken nach dem Maße der Machtmittel (moyens d'action), worüber jede von ihnen verfügen kann." Diese letzte Klausel hatte Bülow durchgesetzt, um nötigenfalls erklären zu können, daß Preußen gegen den Ägypter überhaupt keine moyens d'action außer der moralischen Unterstützung besitze. Zunächst dachten England und Österreich mit ihren Flotten einzuschreiten; rückten die Ägypter durch Kleinasien vor, dann wollten die vier Mächte sich noch verabreden wegen gemeinsamer Sicherung Konstantinopels zu Lande und zur See. In Zukunft aber sollten beide Meerengen, Bosporus und Dardanellen, zu Friedenszeiten allen Nationen verschlossen bleiben. Damit gab der Zar den Vertrag von Hunkiar-Iskelessi auf. Dieser großmütige Verzicht bedeutete freilich wenig; denn der Vertrag ging ohnehin zu Ende, Rußland aber blieb auch jetzt noch der Beherrscher des Pontus und, nach seiner geographischen Stellung, der nächstberufene Beschützer Stambuls. Da Gefahr im Verzuge war, so nahmen die Gesandten, wie Bülow geraten hatte, alles auf ihren Kopf und verabredeten, ohne die Ratifikation abzuwarten, die sofortige Absendung der englisch-österreichischen Flotte.

In Berlin erregten diese Nachrichten zugleich Freude und Besorgnis. Unzweifelhaft hatte Bülow seine Instruktionen eigenmächtig übertreten, obgleich er allerdings im Augenblicke des Abschlusses die beiden neuesten Weisungen noch nicht besaß, welche ihm ausdrücklich anbefahlen, einen Vierer-Vertrag nicht eher zu unterzeichnen, als bis die drei anderen Mächte die Neutralität Preußens für den Kriegsfall förmlich anerkannt hätten. Dem preußischen Hofe standen jetzt zwei Wege offen. Er mußte entweder den ungehorsamen Gesandten abrufen und die Ratifikation verweigern, oder, wenn er das Geschehene billigte, den Vertrag kurzweg genehmigen und dessen gefährliche Folgen mutig auf sich nehmen. Einem stolzen Staate stand es wahrlich übel an, zuerst die anderen Mächte zu kühnen Taten zu ermuntern und dann sich selber für neutral zu erklären. Gleichwohl glaubte der neue König diesen dritten Weg gehen zu können. Schon bei dieser ersten an ihn herantretenden großen Aufgabe europäischer Politik zeigte sich seine verhängnisvolle Vorliebe für unhaltbare diplomatische Stellungen, für alles, was vom schlichten Menschenverstande abwich. Er wollte Bülows eigenmächtige Schritte billigen; denn er hielt es für seine königliche Pflicht, den legitimen Sultan im Kampfe gegen den revolutionären Ägypter zu unterstützen, und mit Freuden begrüßte er die Versöhnung seines geliebten Englands mit den Ostmächten. Bei dieser diplomatischen Wendung wurden ihm alle die teuren Erinnerungen des Befreiungskrieges wieder lebendig. Andererseits sah er wohl ein, daß Preußen die schwerste Last würde tragen müssen, falls ein allgemeiner Krieg ausbräche. Um dieses Unheil von seinem Lande abzuwenden, ließ er allen Mächten bestimmt erklären, er halte fest an der friedlichen Politik seines Vaters. Die Klausel, welche Bülow dem Vertrage eingefügt, genügte ihm nicht; er verlangte vielmehr, daß seinem Staate die Neutralität feierlich verbürgt werden müsse.

Mit erklärlicher Verwunderung nahmen die drei befreundeten Mächte diese Mitteilungen entgegen. Am 14. Juli wurde von den vier Mächten ein geheimes Protokoll unterzeichnet, kraft dessen Preußen sich für den Fall eines Krieges „vollkommene Freiheit des Handelns und namentlich das Recht der strengsten Neutralität vorbehielt." Nun erst ratifizierte Preußen den

Vertrag. Unvergeßlich aber blieb die traurige Erfahrung, daß der Staat, der die verwegensten Ratschläge gab, sich im Handeln unter allen am kleinmütigsten zeigte. –

Durch den Juli-Vertrag wurde der ägyptische Streit zu einer europäischen Frage, und mit einem Male sah sich Preußen, dem diese orientalischen Händel so fern lagen, in die vorderste Reihe der Streitenden geschoben. Mit der einzigen Ausnahme Rußlands beabsichtigte keine der vier Mächte, den französischen Stolz irgend zu kränken. Sie alle glaubten, wie Bülow sagte, Thiers würde gute Miene zu bösen Spiele machen, mit dem ägyptischen Rebellen der offenbaren Übermacht zu trotzen.

Wie wenig ahnte die Diplomatie in ihren feinen Berechnungen von der elementarischen Macht des französischen Nationalstolzes. Schon längst empfanden die Franzosen mit gerechtem Unmut, daß ihr Land seit der Juli-Revolution in Europa weniger galt als unter den Bourbonen, ihr Bürgerkönig sich würdelos um die Gunst der Ostmächte bewarb. Die Nation begann der Herrschaft des Großkapitals müde zu werden. Als die Nachrichten aus London allmählich bekannt wurden, bemächtigte sich der Nation eine furchtbare Aufregung, die allen Höfen ganz unerwartet kam; nur das Petersburger Kabinett hatte mit dem Scharfblicke des Hasses alles vorausgesehen. Die Franzosen wähnten wieder von einer Koalition bedroht zu sein; nach ihrer nationalen Überlieferung, die in Thiers' Geschichtswerken einen so beredten Ausdruck fand, waren ja die Kriege des napoleonischen Zeitalters allesamt nicht durch Frankreich verschuldet worden, sondern durch die Herrschsucht der europäischen Koalitionen. Da sie sich zur See den Briten nicht gewachsen fühlten, zu Lande aber den Sieg erhofften, so erklang durch das Land lauter und lauter der Ruf: An den Rhein, an den Rhein! Mit einem Male erfuhr Europa, daß Frankreich in einem Vierteljahrhundert noch immer nicht gelernt hatte, den Eintagsbau des napoleonischen Weltreichs als unwiderbringlich verloren anzuerkennen.

Schon am 5. August sah sich Thiers genötigt, durch königliche Ordonanz einen außerordentlichen Kredit von 56 Mill. Fr. zu verlangen; bald darauf folgten neue Anleihen und Truppenaushebungen, alles trieb dem Kampfe zu. Mit steigender Angst betrachtete Ludwig Philipp dies kriegerische Treiben seines verhaßten Ministers. Auch er hatte Augenblicke, da er die beschämende Stellung seines Landes bitter empfand und zornig sagte, er würde wohl die rote Mütze aufsetzen müssen. Indes solche Wallungen gingen rasch vorüber. Der kluge Kaufmann wußte wohl, daß seine illegitime Dynastie einen siegreichen Feldherrn ebenso wenig ertragen konnte wie eine Niederlage. Der Ruf nach der Rheingrenze ließ ihn kalt, und wie ein Axiom wiederholte er den Satz: wer den allgemeinen Krieg anfängt, unterliegt unfehlbar. Er wünschte den Frieden um jeden Preis und sagte schon in den ersten Tagen zu dem österreichischen Botschafter: lieber wolle er sein Ministerium zerschmettern, als seine friedlichen Bahnen verlassen. Eben in diesen schwülen Wochen landete der Prinz Ludwig Napoleon mit einer Handvoll Getreuer bei Boulogne und wagte einen zweiten Aufstandsversuch. Das Unternehmen scheiterte sofort, der kühne Abenteuerer schien dem Fluche der Lächerlichkeit zu verfallen. Dem Könige aber war übel zu Mute; er ahnte, wie leicht sein geraubter Thron einem anderen Räuber anheimfallen konnte.

Die beiden deutschen Großmächte versäumten nicht, den Bürgerkönig in seinen löblichen Ansichten zu bestärken. Friedrich Wilhelm ließ inbrünstig versichern, seine persönlichen Gefühle für Ludwig Philipp seien ebenso unwandelbar wie seine Freundschaft für Frankreich. Metternich aber hielt für geraten, dem ängstlichen Orleans das Schreckgespenst der Revolution vorzuhalten: wolle Thiers den Krieg entthronen und Mehemed Ali auf den Herrschersitz der Sultane erheben.

Mit diesen Friedensmahnungen der deutschen Mächte stimmte die Haltung Rußlands und Englands wenig überein.

Während Rußland an der Zerstörung der entente cordiale arbeitete, dachte Palmerston nur an Englands mediterranische Herrschaft. Ungestüm, wie er war, fühlte er sich durch Frankreichs Widerspruch, den er schon in den spanischen Händeln so unbeliebsam empfunden hatte, tief verstimmt. Seine Sprache ward immer heftiger; er wollte Frankreich einschüchtern, der Zorn erweckte ihm eine blinde Hartnäckigkeit. „Die Absichten der vier Mächte", schrieb er kurzweg nach Paris, „sind uneigennützig und gerecht" – eine Behauptung, die den Franzosen wie Hohn klingen mußte, da so große englische Handelinteressen auf dem Spiele standen. In solcher Stimmung hörte Palmerston williger als sonst auf die Ratschläge Lord Ponsonbys, der stürmisch die Vernichtung des Ägypters forderte.

Seit dem Sultan an dem Vierbunde wieder einen Rückfall besaß, flammte der alte Haß der Osmanen wider den Ägypter mächtig auf, und im September wurde Mehemed Ali durch einen Ferman des Großherrn abgesetzt, obgleich der Diwan versprochen hatte, nicht einseitig ohne den Beirat Europas vorzugehen. Eine solche Gewalttat konnten die vier Mächte unmöglich billigen; sie mußte ebenso erfolglos bleiben, wie die Acht, welche Sultan Machmud vor acht Jahren über den ägyptischen Vasallen verhängt hatte. Immerhin bewies sie, daß der Streit der beiden orientalischen Herrscher nicht ohne Waffengewalt zu schlichten war. Die Gefahr des allgemeinen Krieges rückte näher.

Wunderbar stark und von nachhaltigem Segen war die Rückwirkung dieser Ereignisse auf das deutsche Volksleben. Die Deutschen hatten von den verwickelten Londoner Unterhandlungen nur wenig erfahren und an die Möglichkeit eines europäischen Krieges kaum gedacht. Es traf sie wie ein Blitz vom hellen Himmel, als plötzlich bei der Einweihung der Juli-Säule auf dem Bastilleplatze die Marseillaise, diesmal in drohendem Ernst, erklang und alle französischen Blätter den Feldzug an den Rhein forderten. Daß Frankreich wegen einiger syrischen Paschaliks die deutsche Westmacht bedrohen wollte, erschien allen als ein Beweis rasenden Übermuts, und sofort antwortete dem gallischen Kriegsgeschrei aus allen Gauen Deutschlands der alte Schlachtruf der Germanen: her, her! Deutschland war einig in dem Entschlusse, sein altes so glorreich wiedergewonnenes Erbteil ritterlich zu behaupten. Die welschen Ideale des vergangenen Jahrzehnts schienen wie weggeblasen, die Heldengestalten von Dennewitz und Leipzig traten den Deutschen wieder leuchtend vor die Augen; auch die ästhetische Begeisterung für das schöne Rheinland wirkte mit, die sich während der jüngsten Jahre durch die Bilder der Düsseldorfer und die Lieder der letzten Romantiker in weiten Kreisen verbreitet hatte. In jedem anderen Volke hätte sich ein solcher Entschluß von selbst verstanden; den Deutschen aber traute das Ausland nationalen Stolz nicht zu, und ungeheuer war der Eindruck, als hier plötzlich, ganz frei und naturwüchsig, an hundert Stellen zugleich der Volkszorn seine mächtige Stimme erhob. Man fühlte überall: diese Empfindung war tiefer, mächtiger als die Kriegsbegeisterung der Franzosen, die freilich auch aus dem Herzen kam, aber von der Pariser Presse künstlich gefördert und geleitet wurde. Sogar die allzeit streitlustigen Elsässer erschraken; Straßburger Zeitungen sagten kleinmütig, auf das preußische Rheinland müsse Frankreich wohl für immer verzichten, nur die Pfalz sei noch zu gewinnen.

Sofort stand außer Zweifel, daß die Deutschen diesen Krieg, wenn er kam, sogar noch einträchtiger führen würden, als den Feldzug von Belle Alliance; denn gerade in den Landschaften, welche bisher für französische Ideen eine besondere Vorliebe gezeigt hatten, flammte das kriegerische Feuer am hellsten. Auch die bayrische Pfalz, vor acht Jahren noch die Heimstätte des wüsten Radikalismus, hielt sich musterhaft. Sobald Not am Mann kam, zeigte sich sogleich, daß der Pfälzer ebenso gut ein Deutscher war wie der Märker oder der Pommer. In schönem Einmut hielten alle Stämme zusammen.

Und wie das Volk, so seine Fürsten. Von jener rheinbrüderlichen Gesinnung, die noch im Jahre 1815 zu Stuttgart und Karlsruhe so dreist herausgetreten war, fand sich nirgends mehr eine Spur. Der gesamte hohe Adel der Nation scharte sich ehrenhaft um das Banner des Vaterlandes: von dem alten Welfen an, der als grimmiger Reaktionär den Vernichtungskampf wider die Revolution ersehnte, bis hinüber zu dem Deutschesten der Deutschen, König Ludwig von Bayern, der seine Vaterstadt Straßburg noch als die starke Bundesfestung unseres Südens zu begrüßen hoffte. Die französischen Gesandten in Deutschland fühlten sich wie verraten und verkauft, als sie in diesem gutherzigen, gastfreundlichen Volke auf einmal den Haß auflodern sahen. Offenbar kam es den Franzosen ganz unerwartet, daß die Deutschen sich als eine Nation fühlten.

Weil die Empfindung der Nation so einfach war, darum fand sie auch ihren natürlichen Ausdruck in den schlichten Worten eines Mannes aus dem Volke. Niklas Becker, ein junger Gerichtsschreiber im preußischen Rheinlande, dichtete in guter Stunde das Lied:

Sie sollen ihn nicht haben, den freien deutschen Rhein,
Ob sie wie gier'ge Raben sich heiser darnach schrei'n,
Solang er ruhig wallend sein grünes Kleid noch trägt,
Solang ein Ruder schallend in seine Wogen schlägt.

Als die Kölner im Oktober ihrem neuen Könige huldigten, wurde dies Lied zum ersten Male gesungen. Gewaltig war die Wirkung. Ein Heer von Nachahmern stimmte in Beckers Weisen ein, unter ihnen auch ein unbekannter junger Schwabe Schneckenburger. Der dichtete in der Schweiz ein Lied „Die Wacht am Rhein", das als Dichtung dem Vorbilde weit nachstand. Doch bei einem Volksliede bedeutet die Melodie fast alles, der Text wenig; dank der kräftigen volkstümlichen Komposition Wilhelms sollte Schneckenburgers Lied nach einem Menschenalter der rauschende Kriegsgesang der deutschen Sieger werden.

Zum ersten Male seit unvordenklichen Zeiten war die deutsche Nation mit ihren Fürsten ganz einig, und Metternich, der jetzt im Alter die Dinge bequem zu nehmen liebte, meinte zufrieden, diese nationale Bewegung sei ganz unberührt von den revolutionären Gedanken der Befreiungskriege. Zar Nikolaus dagegen sagte besorgt zu dem preußischen Gesandten, es scheine ratsam, die stürmische nationale Gesinnung der Deutschen zu überwachen, denn sie äußere sich am lautesten in den Kreisen der Männer, welche bisher die Regierungen bekämpft hätten. Der Russe sah schärfer als der Österreicher. Es war in der Tat der Geist von 1813, der aus allen diesen Gedichten, Reden und Zeitungsartikeln sprach; es war der Stolz einer endlich erwachenden starken Nation, der zum vollen Selbstbewußtsein gereift der Fremdherrschaft Österreichs ebenso verderblich werden mußte wie den hohlen Formen der Bundesverfassung. Die Kugel stand auf scharfer Kante; ein leichter Stoß genügte, sie ins Rollen zu bringen. Der Krieg war erklärt, sobald Preußen eine ernste Anfrage wegen der französischen Rüstungen nach Paris ergehen ließ und sie veröffentlichte.

Ein König von friderizianischer Kühnheit hätte dieser Versuchung schwerlich widerstanden. Alle die tapferen Männer des preußischen Heeres, welche seit Jahren schon den dritten punischen Krieg für unvermeidlich hielten, vereinigten sich in der Meinung, jetzt sei die rechte Zeit zum Schlagen. Der Prinz von Preußen lebte und webte in dem Gedanken des rheinischen Feldzugs.

Die Lage schien für Preußen wunderbar günstig. Thiers hoffte zwar den Krieg in Italien zu beginnen, um dadurch Deutschland neutral zu halten; er war aber ganz außerstande, die gallische Kriegsbegier, sobald sie einmal entfesselt wurde, von ihrem eigentlichen Ziele, dem Rheinlande, abzulenken, und mit vollem Rechte ließ daher die preußische Regierung in Paris erklären, sie müsse jeden Angriff auf Italien als einen Kriegsfall betrachten. Wenn Frankreich also gezwungen wurde, seine Streitkräfte zu teilen, so konnte nach menschlichem Ermessen den preußischen Waffen der Sieg nicht entgehen, trotz der voraussichtlich elenden Beihilfe der kleinen deutschen Bundesgenossen. Aber so wahrscheinlich der kriegerische Erfolg, ebenso gewiß war schließlich die diplomatische Niederlage; denn auch dieser Krieg hätte wie der Feldzug von Belle Alliance unter dem Neide und der Halbheit aller Koalitionskriege verkümmern müssen; er konnte nach aller Wahrscheinlichkeit nur damit enden, daß Preußen mit ungeheueren Opfern die persönliche Rachsucht des Zaren befriedigt, Englands mediterranische Herrschaft befestigt und für sich selbst nichts davon getragen hätte als einige wertlose Grenzplätze in Elsaß-Lothringen.

König Friedrich Wilhelm ließ solche Erwägungen gar nicht an sich herankommen; für ihn hatte der Gedanke eines dritten Pariser Einzugs keinen Reiz. Er wollte den Frieden, nichts als den Frieden. Erst als die französischen Drohungen unsere Westgrenze gefährdeten, rüstete er sich zur Abwehr, und für diesen bescheidenen Zweck der Verteidigung Deutschlands arbeitete die preußische Politik, die sich in den internationalen Londoner Verhandlungen so schwächlich, so widerspruchsvoll gezeigt hatte, mit ehrenwerter Umsicht und Beharrlichkeit. Der König dachte die Gelegenheit zu benutzen und mit dem Bundesheerwesen zugleich die gesamte deutsche Bundespolitik, die seinem Herzen so teuer blieb, neu zu beleben.

Wie hochbedenklich mußten dem Wiener Hofe die preußischen Verteidigungspläne erscheinen. Schon am 25. August erklärte Maltzan, sein Monarch halte für nötig, daß die beiden deutschen Großmächte sich über die gemeinsame Abwehr verständigten und dann die kleinen Höfe zur Mitwirkung aufforderten.

Metternich aber hatte nur leere Worte, die Verhandlungen rückten nicht von der Stelle. Schon waren vier Monate seit dem Julivertrag verflossen, Frankreichs Rüstungen wurden immer gefährlicher, die Kriegsdrohungen der Pariser Presse immer lauter, und noch war für Deutschlands Verteidigung nur das eine geschehen, daß Preußen seine rheinischen Festungen in der Stille ausrüstete, die Mobilmachung des Heeres vorbereitete.

Alles wartete auf den neuen König, und nun endlich sah er ein, daß er, die Ehrfurcht vor dem k.k. Erzhause überwindend, selber die Vorhand übernehmen mußte. Am 16. November erschienen in Wien General Grolman, Preußens angesehenster Heerführer, und Oberst Radowitz, der unterwegs den sächsischen Hof besucht hatte. Sie setzten durch, daß der preußische Kriegsplan vom Jahre 1831, jetzt wieder aufgenommen wurde. Nur wollte man diesmal kühner verfahren und im Kriegsfalle sogleich zum Angriff schreiten.

Da die günstigen Nachrichten vom orientalischen Kriegsschauplatze den Mut der Hofburg mittlerweile etwas gehoben hatte, so beschlossen die beiden Mächte, durch ein Rundschreiben die deutschen Höfe zur Wachsamkeit aufzufordern und zugleich in Paris vertraulich wegen der französischen Rüstungen anzufragen.

Doch was leisteten die kleinen Höfe, die von patriotischen Worten überflossen, für die Verteidigung des Vaterlandes? Unglaublich, wie dies neue Jahrzehnt konstitutioneller Kammerherrlichkeit die Wehrkraft des deutschen Südens von Grund aus zerstört hatte. In Bayern zählte die Kompagnie auf Kriegsfuß 172 Mann, davon wurden 62 Mann gar nicht eingestellt; von den also verbleibenden 110 beurlaubte man nach der kurzen Exerzierzeit stets 85 Mann, so daß ein Infanteriebataillon während der längsten Zeit des Jahres 100 (Mißtrauische behaupteten sogar: nur 60) Mann unter der Fahne behielt. Und angesichts solcher Zustände meinte König Ludwig schon ein Großes zu tun, als er wegen der Kriegsgefahr zwei Batterien auf Kriegsfuß setzen und für sein ganzes Heer etwa 250 Pferde, statt der fehlenden 5000, ankaufen ließ. Er versprach den Mißbrauch der ständigen Beurlaubungen endlich einzustellen, kam aber nicht über den guten Vorsatz hinaus. Kaum besser stand es in Württemberg. Dort hatte das in zwei Bataillone eingeteilte Infanterieregiment zur Sommerszeit 401, im Winter 307 Mann bei der Fahne. In Baden geschah für das Heer sehr wenig, weil Minister Blittersdorff den Argwohn hegte, hinter allen diesen Kriegsvorbereitungen verbärgen sich nur Preußens hegemonische Gelüste. Auch in Darmstadt hielt du Thil alle Rüstungen für überflüssig.

Auf dem Bundestag versuchte Graf Münch, unbekümmert um die dringenden Mahnungen des preußischen Gesandten mehrere Monate hindurch jede Beratung über die Kriegsbereitschaft des Bundes zu vereiteln. Er wußte wohl, daß diese Zögerung den stillen Wünschen fast aller kleinen Höfe entsprach; hatte doch selbst der König Ludwig von Bayern in Berlin vorsichtig erklären lassen: erst wenn die Rüstung Süddeutschlands ganz vollendet sei, dürfe der Bund in Paris eine Anfrage stellen. Endlich am 13. März 1841, acht Monate nach dem Juli-Vertrage, beantragte Münch, die Militärkommission solle aufgefordert werden, über die näheren Bedingungen der Kriegsbereitschaft ein Gutachten zu erstatten.

Dem alten Könige war kurz vor seinem Tode noch einmal recht deutlich geworden, was von der Opferwilligkeit seiner deutschen Bundesgenossen zu erwarten sei. Damals (1839) hatte er mit einem Aufwande von Millionen drei seiner Armeekorps auf Kriegsfuß gesetzt, um den endlichen Abschluß des schmählichen Luxemburgischen Streites zu erzwingen, und bei diesem Unternehmen, das doch allein der Sicherung des Bundesgebietes galt, am Bunde keinerlei Unterstützung, nicht einmal durch Worte gefunden. Jetzt mußte sein Nachfolger, kaum auf den Thron gestiegen, schon die gleiche Erfahrung machen. Er konnte sich nicht mehr darüber täuschen, daß die kleinen Höfe gern bereit waren, sich durch Preußens starken Arm aus der Not retten zu lassen, aber nicht im mindesten beabsichtigten, die schimpfliche Wehrlosigkeit, welche ein volles Drittel des tapfersten aller Völker darniederhielt, zu beseitigen. Trotz alledem hielt der neue König seine Bundesreformpläne fest; an der Bildsamkeit dieser trefflichen Bundesverfassung wollte er nimmermehr verzweifeln. Auf Preußens Andrängen beschloß der Bundestag (29. Juni), daß fortan alle drei Jahre Bundesinspektoren sich von dem Zustande der Streitkräfte der verbündeten Staaten überzeugen sollten, und noch im Herbste 1841 wurde die erste Bundesinspektion ins Werk gesetzt. Der Beschluß kam unter schweren Kämpfen zustande. Ihre trotz der Bundesgesetze gänzlich verwahrlosten Reserven wollten die Kleinstaaten schlechterdings nicht mustern lassen. Auch eine Bestimmung über die Dauer der jährlichen Übungszeit ließ sich nicht durchsetzen. Nicht einmal zu gemeinsamen Vorschriften für den Wachtdienst und den militärischen Gruß wollte sich der Bundestag verstehen.

Jeder der zehn Inspektionsbezirke wurde aber wirklich von drei Generalen anderer Bundesstaaten besichtigt. Als aber die Berichte der Inspektoren einliefen, da zeigte sichs mit erschrekkender Klarheit, wie die große Lüge dieser Bundesverfassung alles, was mit ihr in Berührung kam, ansteckte und sogar die sprichwörtliche Ehrlichkeit des deutschen Offiziersstandes verdarb. Die inspizierten Generale, unter denen sich viele Prinzen befanden, waren durch mannigfache politische Rücksichten beengt; die meisten dachten auch mit stiller Angst an den Jammer ihres heimatlichen Heerwesens und verfuhren wie die Krähen, sie urteilten sanftmütig, um nicht ihr eigenes engeres Vaterland hartem Tadel auszusetzen. Sogar die preußischen Generale, die in den Kleinstaaten durch ihre strenge Wachsamkeit und den Freimut ihrer Rügen überall Schrekken eregten, sprachen in den amtlichen Berichten doch bei weitem nicht so scharf wie in ihren vertrauten Briefen. Daher lobte die Bundesmilitärkommission, als sie nach fast zwei Jahren über das Gesamtergebnis der Inspektion berichtete, mit warmen Worten „die Armeekorps zum größeren Teil in ganz vollkommen kriegsverfassungsmäßigem Stande"; der preußische Bundesgesandte aber bemerkte sarkastisch: zu einer zweiten Inspektion wird sich der Bundestag wohl schwerlich entschließen, da ja diese erste fast gar keine Mängel im Bundesheere aufgefunden hat. Wer zwischen den Zeilen der höflichen Berichte las, konnte solche Mängel, und darunter manche wundersame, allerdings entdecken. Zog man schonungslos die Summe, so waren die Bundesgesetze nur in einem einzigen Staate, in Preußen ganz gewissenhaft ausgeführt worden.

Das war der Zustand der deutschen Wehrkraft in einer Zeit, da die Liberalen der kleinen Landtage beständig über die unerschwinglichen Heereskosten klagten; und doch hatte diese Opposition nicht unrecht, denn die Ausgaben für ein solches Heer waren wirklich Verschwendung. Am letzten Ende bewirkten Friedrich Wilhelms wohlgemeinte Anträge nur, daß einige der ganz gewissenlosen kleinen Höfe sich fortan aus Furcht vor den Bundesinspektionen ein wenig in acht nahmen. Doch mit so sanften Mitteln war die dreißigköpfige Anarchie nicht zu heilen; und dies konnte der König, als warmer Verehrer der unwandelbaren Bundesgenossen, nicht begreifen.

Etwas besser gelangen seine Bemühungen für die Bundesfestungen. Während der letzten Jahre hatte Bayern seine Festung Germersheim ausgebaut; nur der unentbehrliche Brückenkopf auf dem badischen rechten Rheinufer fehlte noch, weil Baden sich hartnäckig weigerte, die kleine Landstrecke abzutreten. Über den Zustand von Mainz erstattete der österreichische Gouverneur Landgraf von Hessen-Homburg, sobald das Kriegsgeschrei durchs Land ging, einen Bericht, der so beschämende Vorwürfe enthielt, daß die Bundesversammlung beschloß, ihn nicht in ihre Protokolle aufzunehmen. An der Rheinkehle, der wichtigsten Stelle des Platzes, war die Mauer fast spurlos verschwunden, allerhand Gewerbetreibende hatten dort ihre Lager und Werkstätten aufgerichtet, „der Hauptschlüssel zu den deutschen Landen ist an seiner Kehle ein vollkommen offener Ort." Das Weissenauer Lager und die wenigen anderen neuen Festungswerke gereichten ihren österreichischen Erbauern nicht zur Ehre, den größten Teil der Festungsgelder hatte man verwendet, um Kasernen zu bauen und für die Amtswohnungen der kommandierenden Offiziere Möbel anzuschaffen, welche, dank der mangelhaften Kontrolle, schon wieder fast ganz zerstört waren.

Seit dem Jahre 1836 ward diese so sündlich verschleppte Angelegenheit wieder ernstlich besprochen. Die Parteien standen noch wie vor zwei Jahrzehnten. Während die Süddeutschen, nach Sinn und Wortlaut der Verträge, eine Bundesfestung „am Oberrhein", also Rastatt verlangten, bestand Österreich noch immer auf der Befestigung von Ulm. Der k. k. Hofkriegsrat wollte seine Kaiserstadt gegen die Gefahren eines neuen napoleonischen Donaufeldzugs decken und verfocht hartnäckig die doktrinäre Behauptung, daß die Franzosen den nächsten Krieg unfehlbar mit einem Zuge durch die Schweiz eröffnen, mithin die oberrheinischen Lande von vornherein umgehen würden. Die süße Gewohnheit, deutsche Kräfte für österreichische Zwecke auszubeuten, war in Wien seit Jahrhunderten zu fest eingebürgert; der Hofkriegsrat blieb unbelehrbar. Daher kam Friedrich Wilhelm III. schon frühe zu der Einsicht, der unwürdige Streit lasse sich nur dann beilegen, wenn man beide Plätze, Ulm und Rastatt, zugleich befestige.

Der alte Herr erlebte noch die Freude, daß die süddeutschen Staaten sich im April 1840, auf einer Konferenz zu Karlsruhe, über den preußischen Vermittlungsvorschlag einigten und auch Baden endlich ein Stück Landes für den Germersheimer Brückenkopf abtrat. Aber erst sein Nachfolger brachte die Sache vor den Bundestag. Die kriegerische Stimmung des Augenblicks geschickt benutzend, ließ der neue König den unermüdlichen Radowitz noch einmal an den süddeutschen Höfen umherreisen und versprach hochherzig, zu den noch bei Amschel Rothschild aufbewahrten französischen Kontributionsgeldern einen beträchtlichen Zuschuß zu leisten. Weil die für den Bau der vierten Bundesfestung bestimmten 20 Mill. Fr. französischer Kontributionsgelder voraussichtlich für zwei Festungen nicht ausreichten, so erklärte er sich bereit, noch gegen 10 Mill. Fr. zu zahlen, obgleich Preußen bereits die niederrheinischen Festungen, gutenteils aus seinen eigenen Mitteln, erbaut hatte. Also bewirkte er, daß die Bundesversammlung am 26. März 1841 endlich den Bau beider Festungen beschloß. Ulm sollte als süddeutscher Hauptwaffenplatz dienen, Rastatt nur als Verbindungs- und Grenzfestung, aber zugleich auch als Waffenplatz für das achte Bundeskorps, obwohl bisher noch nie ein Staat auf den wundersamen Gedanken geraten war, seine Militärvorräte in einer Grenzfestung unterzubringen. Nur für ein solches, den Ansprüchen aller zusagendes Kompromiß konnte man die Mehrheit gewinnen. König Friedrich Wilhelm war überglücklich und ließ der Versammlung seine Freude über ihre föderative Gesinnung aussprechen.

Im Oktober 1844 wurde der Grundstein für die beiden Festungen gelegt, und nunmehr schritt der Bau langsam, aber ununterbrochen vorwärts. Rothschild mußte die 20 Mill. Fr., die ihm so vielen Segen gebracht, nach und nach herauszahlen; er hatte sie in den letzten Jahren, auf Preußens Andringen, etwas höher als früher, mit 3 bis 3 1/2 Prozent verzinst; jetzt zog er bei jeder Rückzahlung 1/2 Prozent Provision ab, und der Bundestag ließ sich diese vertragswidrige Übervorteilung gefallen, weil die Frankfurter Bankiers, die es mit dem mächtigen Hause nicht verderben wollten, inbrünstig beteuerten, günstigere Bedingungen könne niemand stellen.

Seit im Frühjahr 1841 die Kriegsrufe der Franzosen schwächer wurden, ließ der politische Eifer der kleinen Höfe überall nach; sie alle priesen sich im stillen glücklich, daß der Deutsche Bund wieder in seine Nichtigkeit zurücksank.

Ganz ohne heilsame Nachwirkung blieb die schöne nationale Begeisterung dieser unruhigen Tage mitnichten; in den weltbürgerlichen Taumel des letzten Jahrzehnts konnte der deutsche Liberalismus nie wieder ganz zurückfallen.

Unterdessen aber versank die Bundesmilitärkommission bald wieder in ihr gewohntes Scheinleben. In Württemberg betrug der Präsenzstand der Kompagnie bald wieder nur 15 Mann; und sollte die Stuttgarter Garnison bei Eröffnung des Landtags Spalier bilden, dann mußten in Eile die Beurlaubten einberufen werden.

Auch auf den anderen Gebieten der Bundespolitik vermochte König Friedrich Wilhelm von seinen guten Absichten fast gar nichts durchzusetzen. Er erreichte nur, da er selbst mit dem guten Beispiele der Amnestie vorangegangen war, daß die Demagogenverfolgung endlich aufhörte und die Bundes-Zentralbehörde im August 1842 vertagt wurde.

Mittlerweile ging die europäische Krisis unter mannigfachen Schwankungen ihrer unvermeidlichen friedlichen Lösung entgegen. Keine der Großmächte, vielleicht mit Ausnahme Rußlands, wünschte in vollem Ernst den allgemeinen Krieg, sie alle wurden durch wechselseitiges Mißtrauen in Schach gehalten. Darum erklärten auch die vier Mächte am 17. Sept., in einem Zusatzprotokolle zum Juli-Vertrage, dem türkischen Gesandten feierlich, daß sie im Oriente weder besondere Vorteile noch Gebietserweiterungen für sich erstrebten. Gleichwohl geriet Thiers in die peinlichste Lage. Kühne Pläne für Frankreichs afrikanische Machtstellung hegte er nicht, die festländische Politik lag seinem Gedankenkreise näher. Aber eine öffentliche Beschämung Frankreichs konnte ein Mann von seiner Vergangenheit kaum ruhig hinnehmen, und tief empörte ihn die heuchlerische Sprache in der Presse und den Denkschriften der vier Mächte. Doch wie sollte er den ungleichen Kampf wagen? Seine leisen Anfragen, ob nicht Preußen und der Deutsche Bund neutral bleiben würden, begegneten scharfer Ablehnung. Fuhr das Schwert aus der Scheide, so stand Frankreich der geschlossenen Phalanx des legitimen Europas gegenüber. Thiers schwankte lange, derweil er die Rüstungen eifrig fortsetzte; noch zu Ende Septembers war er mit sich im reinen. Die Presse aber erwies sich wieder als eine Macht des Unheils für das neue Frankreich, und Thiers am wenigsten konnte ihrem wilden Drängen widerstehen, da er seine Laufbahn gutenteils den Zeitungen verdankte. Seine nächsten Freunde im Constitutionnel drohten: Wir haben ihn erhoben und wir lassen ihn fallen, wenn er Frankreich preisgibt; „die Gefahr der Schande ist für eine Regierung schlimmer als die Gefahr des Krieges."

Nun kam noch die Nachricht, daß die englisch-österreichische Flotte den Angriff gegen die Küstenplätze Syriens begonnen und die Widerstandskraft der Ägypter sich weit schwächer gezeigt hatte, als man in Paris hoffte. Da wallte das heiße Provenzalenblut des Ministers hoch auf; besser im Rheine als in der Gosse sterben, rief er zornig. Er verlangte im Ministerrate, ohne durchzudringen, die sofortige Absendung der Flotte zum Schutze von Alexandrien und redete in seinen Depeschen, als ob er den Krieg der revolutionären Propaganda eröffnen wollte. Dabei hütete er sich noch immer, die diplomatischen Formen allzu gröblich zu verletzen. Als aber die Kammern sich wieder versammelten, riet Thiers dem Könige, stolz aufzutreten und in der Thronrede zu sagen: er werde dem Frieden nicht das ihm von der Revolution anvertraute geheiligte Kleinod der nationalen Unabhängigkeit und Ehre opfern.

Diesen Mißgriff hatte Ludwig Philipp nur abgewartet, um sich des verhaßten Ministers zu entledigen. Er verweigerte seine Zustimmung zu der gefährlichen Drohung. Darauf trat Thiers zurück, und am 29. Okt. bildete Guizot ein neues Kabinett, in der erklärten Absicht, die Versöhnung mit den vier Mächten herbeizuführen. Der Bürgerkönig verleugnete all diese Zeit über seine Friedensseligkeit niemals und gestand bereits im September dem preußischen Geschäftsträger: ich betrachte den Kriegslärm als ein Mittel, um die längst nötige Vermehrung des Heeres und die Befestigung von Paris durchzusetzen.

Inzwischen fiel die Entscheidung auf dem orientalischen Kriegsschauplatze. Die Flotte der Verbündeten, mit einer handvoll türkischer Truppen an Bord, eroberte, nicht ohne die Beihilfe des englischen Goldes, die syrischen Küstenplätze Byblus, Beirut, Saida. Am 2. Nov. wurde nach kurzer Beschießung das Banner des Großherrn neben den Fahnen Österreichs und Englands auf den Wällen der unbezwinglichen Festung Akkon aufgepflanzt. Der junge Erzherzog Friedrich, ein Sohn des Siegers von Aspern, zeichnete sich bei diesen Kämpfen rühmlich aus, und groß war die Freude in Wien, da die Welt jetzt zum ersten Male von einer Waffentat der österreichischen Flotte hörte. Währenddem tobte im Innern Syriens der Aufruhr, und die Verbündeten trugen keine Bedenken, die Empörer mit Waffen zu versehen. Also zugleich von der Küste und vom Binnenlande her bedroht, entschloß sich Ibrahim Pascha die Trümmer seines zerrütteten Heeres nach Ägypten zurückzuführen. Die Herrschaft seines Vaters über Syrien war vernichtet. Nun segelte Kommodore Napier, der gefeierte britische Seeheld jener Tage, der auch in Syrien das Beste getan hatte, mit seinem Geschwader auf die Höhe von Alexandria und schloß dort am 27. Nov. mit dem erschreckten Pascha einen Vertrag, kraft dessen Mehemed Ali versprach, sich dem Sultan zu unterwerfen und die geraubte türkische Flotte wieder auszuliefern; dafür sollte er, mit Genehmigung der vier Mächte, als Vasall des Großherrn die ägyptische Erbherrschaft wieder erhalten.

Die eigenmächtige Tat des tapferen Kommodores erregte an den Höfen allgemeine Verwunderung. Bei ruhiger Prüfung mußte man doch allerseits zugeben, daß Napiers derber Seemannsverstand genau die Lösung gefunden hatte, welche den Ergebnissen des kurzen Feldzuges und den neuen Machtverhältnissen entsprach. Schon vor dem Vertrage von Alexandria, schon am 17. Nov. hatte Bülow, der unermüdliche Vermittler, auf der Londoner Konferenz durchgesetzt, daß man dem Pascha den erblichen Besitz Ägyptens gewähren müsse. Ward im Oriente ein Waffenstillstand auf solche Bedingungen hin abgeschlossen, so konnte Frankreich seine Zustimmung kaum mehr verweigern, weil Syrien doch für Mehemed Ali verloren war, und das in Berlin so sehnlichst gewünschte Einverständnis aller europäischen Mächte stellte sich fast von selbst wieder her.

Noch blieben auf der Londoner Konferenz große Schwierigkeiten zu überwinden. Die Pforte wollte sich lange zu keinem Zugeständnis an den ägyptischen Rebellen bequemen. Müde des Zauderns der englischen Regierung, erklärte Bülow endlich, gemeinsam mit dem Österreicher: die deutschen Mächte müßten dem Diwan ihren Beistand entziehen. Diese Drohung wirkte. Nur vier Tage nachher (30. Jan. 1841) richteten die Gesandten der vier Mächte an Shekib Effendi eine gemeinsame Note, welche den Sultan dringend aufforderte, dem Pascha die erbliche Herrschaft über Ägypten zu gewähren und dergestalt den Streit beizulegen.

„Unser großes Geschäft ist also nahezu beendigt", schrieb Palmerston erleichtert; „noch bleibt uns übrig der Krieg gegen den bewaffneten Frieden." Auch dieser Sorge sollten die vier Mächte bald enthoben werden. Aufs eifrigste bemühte sich König Leopold, der im Februar nochmals nach London kam, den Franzosen eine goldene Brücke zu bauen. Da Guizot mittlerweile die Gewißheit gewonnen hatte, daß die Kammern die Befestigung von Paris genehmigen würden, so durfte er jetzt unbedenklich dem Protokolle zustimmen, das zwischen den vier Mächten am 5. März vereinbart wurde und dem Pascha die erbliche Herrschaft über Ägypten sowie den lebenslänglichen Besitz von Akkon beließ. Nun galt es nur noch, mit Frankreich gemeinsam einen Vertrag über die orientalischen Dinge abzuschließen, um die wiederhergestellte Eintracht Europas feierlich zu bekunden. Viel Neues konnte dies Abkommen allerdings nicht bringen; denn obwohl alle Staatsmänner mit dem Ernste der Auguren die Unantastbarkeit der Türkei als „ein politisches Axiom" bezeichneten, so wollte doch weder Frankreich noch Rußland eine förmliche Bürgschaft für den Bestand dieses Reichs übernehmen. Der sogenannte Meerengen-Vertrag, der am 15. Juli 1841 zwischen der Türkei und den vier Mächten vereinbart, gleich darauf auch von Frankreich angenommen wurde, enthielt demnach, außer den Verabredungen über Mehemed Ali, nur noch jene Zusage, welche der Petersburger Hof gleich beim Beginne der Verwicklung gegeben hatte: beide Meerengen, Bosporus und Dardanellen, sollten fortan in Friedenszeiten den Kriegsschiffen aller Nationen verschlossen bleiben.

Dergestalt nahm dieser große diplomatische Kampf, der langwierigste, welchen Europa seit dem belgischen Streite erlebt hatte, ein armseliges Ende. Im Grunde konnte sich nur der Sultan des Ausgangs freuen. Er war durch die vier Mächte vor den Folgen einer schmählichen Niederlage bewahrt worden und durfte nunmehr hoffen, unbelästigt durch einen tatkräftigen Hausmeier sein nichtiges Schlummerleben noch eine gute Weile fortzuführen.

Aber die wohlgemeinte Politik Preußens erntete in diesem diplomatischen Spiele keine Lorbeeren. Friedrich Wilhelm hatte sich durch Palmerston und Bülow unbedacht in einen Streit verwickeln lassen, welcher dem Machtgebiete seines Staates fern lag, und war alsdann den englisch-russischen Ränken so lange gefolgt, bis er endlich gezwungen wurde, sich unter mannigfachen, wenig rühmlichen Windungen aus einer selbstverschuldeten falschen Stellung wieder hinauszuretten. Er wünschte aufrichtig den Bestand des Juli-Königtums, das er früher gehaßt hatte, jetzt aber als ein letztes Bollwerk der bürgerlichen Ordnung hoch schätzte; und doch half er selbst mit, durch den Juli-Vertrag die Grundlagen dieser Monarchie zu erschüttern, eine neue französische Revolution vorzubereiten, welche ihre Brandfackel leicht nach Deutschland hinüberschleudern konnte. Als die Rheingrenze bedroht ward, erfüllte er ehrenhaft seine Pflicht gegen das Vaterland; aber wie unklar erschien seine hochherzige Bundespolitik. Wo war denn jener Deutsche Bund, der in den Depeschen der Hofburg als die erste der europäischen Mächte gefeiert wurde? Auf der Londoner Konferenz besaß er nicht einmal einen Vertreter. Es zeigte sich zur Beschämung der Phantasten, daß für Europa ein Deutschland neben Österreich und Preußen überhaupt nicht vorhanden war. Friedrich Wilhelms deutsche Politik rechnete mit Faktoren, welche nirgends bestanden. Und zu alledem noch die klägliche Ohnmacht des altersschwachen Österreichers, die sich durch Metternichs hochtrabende Denkschriften längst nicht mehr bemänteln ließ.

Nach dem großen Versöhnungsfeste des Meerengenvertrages war Europa tiefer denn jemals zerspalten. Von den alten Allianzen stand keine mehr ganz fest, neue hatten sich nicht gebildet. Das Staatensystem der Wiener Verträge trieb ratlos einer furchtbaren Erschütterung entgegen, wenn sich nicht noch in der elften Stunde ein genialer Wille fand, der die zersplitterten Kräfte Mitteleuropas zu einer geschlossenen Macht zusammenballte.

# III

# Enttäuschung und Verwirrung

Während der drei letzten Jahre seiner Regierung hatte Friedrich Wilhelm III. die Provinziallandtage nicht mehr versammelt, weil er die Besprechung des Kölnischen Bischofsstreites vermeiden wollte. Der neue König berief sie allesamt schon auf das Frühjahr 1841 zur regelmäßigen Tagung; er hoffte – so ließ er ihnen aussprechen – „mit wahrer Freudigkeit auch für die ständischen Verhältnisse eine lebendigere Zeit zu beginnen." Da erinnerte ihn, gerade als die ersten Landtage zusammentraten, zum dritten Male ein Mahnruf aus Ostpreußen an die Verheißungen des Vaters. Im Februar erschienen die „Vier Fragen, beantwortet von einem Ostpreußen" – eine den Ständen Altpreußens gewidmete Flugschrift, die der unklaren Sehnsucht der Liberalen endlich ein handliches Schlagwort darbot. In scharfer, zuversichtlicher, beinah drohender Sprache forderte sie für dies längst mündige hochgebildete Volk „Öffentlichkeit und wahre Vertretung" statt der Beamtenallgewalt und der politischen Nichtigkeit aller selbständigen Bürger; sie behauptete frischweg, das Versprechen der Volksrepräsentation vom Mai 1815 sei gültiges Gesetz, und gelangte dann, ohne auf die schwierigen Rechtsfragen tiefer einzugehen, mit der schnellfertigen Logik des Radikalismus zu dem einfachen Schlusse: Preußens Provinzialstände sollten „das, was sie bisher als Gunst erbeten, nunmehr als erwiesenes Recht in Anspruch nehmen."

Der ungenannte Verfasser war Johann Jacoby, ein jüdischer Arzt in Königsberg. Er gehörte schon zu dem neuen Geschlecht, das seine Ideale der Juli-Revolution und dem polnischen Aufstande verdankte. Mittlerweile hatte Jacoby im Bewußtsein seiner Unfehlbarkeit selbst die Flugschrift an den König gesendet, sich als Verfasser bekannt und sein Büchlein geradezu unter den Schutz der Krone gestellt. Dies nahm Friedrich Wilhelm für eine absichtliche Beleidigung, weil die scharfen Vorwürfe, persönlich überreicht, ihm noch schärfer klangen. Um sich nicht zu übereilen, berief er einige „Doktoren der Rechte", die sich für die Einleitung eines Strafverfahrens aussprachen. Die Untersuchung nahm ihren Anfang, der Bundestag verbot, auf Preußens Antrag, den Vertrieb der Schrift.

Sehr tief wurmte den König, daß die Königsberger Judenschaft ihren Wortführer auf den Schild hob. „Getaufte Juden", schrieb er an Schön, „zähle ich nicht zu meinen Ostpreußen. Das ist ein wahrer Trost für mich. Machen Sie nur, daß unbeschnittene Männer von alter Treue und die ein Herz zu mir haben, die Schmach gut machen, welche die Beschnittenen Ostpreußen angetan." Seine Äußerungen wurden von der mächtig angewachsenen Schar der israelitischen Zeitungsschreiber emsig umhergetragen und erweckten in der gesamten Judenschaft eine unauslöschliche Rachgier.

Jacobys Schrift wurde an alle Provinziallandtage versendet, sie fand aber dort vorerst nur wenig Anklang; denn die Stände traten überall in gehobener Stimmung zusammen. Durch seine herzliche Sprache gewann der König das allgemeine Vertrauen für kurze Zeit wieder. Um seinen getreuen Provinzialitäten zu beweisen, wie ernstlich er sie ehre, welchen Wert er auf das Ersprießliche ihrer Wirksamkeit lege, gestattete er ihnen, ihre Protokolle zu veröffentlichen und verhieß, sie fortan regelmäßig alle zwei Jahre zu berufen. Für die Zwischenzeit sollten aus allen Landtagen Ausschüsse gewählt werden, damit der Monarch sich „ihres Rates bedienen und ihre Mitwirkung in wichtigen Landesangelegenheiten stattfinden lassen" könne; auch behielt er sich vor, diese Ausschüsse je nach Umständen zu gemeinsamer Beratung zu vereinigen. Dergestalt begann die von Friedrich Wilhelm so lang geplante organische Entwicklung der ständischen Institutionen. Er ahnte nicht, wie weit sie führen mußte.

Noch unklarer blieb, was die Vereinigten Ausschüsse und ihre verheißene „Mitwirkung" bedeuten sollten. Die Gesandten der kleinen Höfe sahen in ihrer Herzensangst schon das Schreckbild einer parlamentarischen Regierung emporsteigen. Aber auch mancher ruhige Mann zog den bündigen Schluß: die Vereinigten Ausschüsse sollen aus den Provinzialständen gewählt werden; sie sind mithin nichts anders als die in der Verordnung vom 22. Mai 1815 verheißene Repräsentation des Volks und können, sobald sie in Berlin zusammentreten, alle Rechte einer solchen verlangen. Der König hingegen betrachtete die Ausschüsse lediglich als ein Mittel, um seine Preußen nach und nach für einen künftigen Vereinigten Landtag zu erziehen.

Im Volke konnte man immer weniger begreifen, wo hinaus diese geheimnisvolle Staatskunst wollte. Aber die alte Treue stand noch unerschütterlich fest; man scheute sich, der Krone vorzugreifen, und dem Könige ward die Freude, daß keiner seiner Provinziallandtage den Lockungen Israels Folge leistete. Mit gerührten Worten dankten sie ihm alle für seine Gewährungen. Noch war der König in der Lage, den Verfassungsbau ganz nach seinem Ermessen zu vollenden, wenn er nur rasch handelte und auf dem Boden des Rechts blieb. Aber die Stunde drängte. Selbst die Verhandlungen dieser so überaus bescheidenen Stände zeigten, daß eine neue Zeit gekommen war, deren Ansprüche beständig wuchsen. Zum ersten Male seit langen Jahren bewies das Volk den Landtagen wieder lebhafte Teilnahme, eine unerhörte Menge von Petitionen ward ihnen zugesandt; und wie sorgsam man sich auch hütete, die Gefühle des Königs zu verletzen, die beengenden Schranken der Geschäftsordnung ließen sich doch nicht einhalten, immer wieder sprachen die Redner über allgemeine Landesangelegenheiten.

Durch Freimut und Selbstgefühl übertrafen die Preußen und die Rheinländer alle anderen Provinzialstände; jene dachten mit Stolz an ihren Kant, diese an die Ideen von 89, die einen wie die anderen ließen sich's wohlgefallen, daß ihre beiden Provinzen von der süddeutschen Presse als die Bannerträger der Zivilisation im preußischen Staate gefeiert wurden. Aber selbst diese beiden Landtage wagten die Aufhebung der Zensur nicht förmlich zu verlangen, weil die Krone selbst schon einige Erleichterungen in Aussicht gestellt hatte. Etwas ungeduldig trat das Selbstgefühl der Mittelklassen heraus: fast sämtliche Landtage wünschten, daß die so unbillig schwache Vertretung der Städter und der Bauern endlich verstärkt würde, und verlangten auch die Wiederherstellung des Handelsministeriums, damit die Interessen der aufstrebenden Großindustrie zu ihrem Rechte kämen.

In hoffnungsvoller Stimmung kehrten die Stände nach vollbrachter Arbeit heim. Wie peinlich aber wurden sie an den Unterschied von Sonst und Jetzt erinnert, als im Spätsommer und Herbst die Landtagsabschiede erschienen. Der alte König hatte seine getreuen Stände immer schlicht und trocken beschieden, ihre Wünsche indes, soweit es möglich schien, erfüllt; der neue Herr antwortete ihnen in gnädigen, gefühlvollen Worten, doch fast alle ihre bescheidenen Bitten schlug er rundweg ab, und auch jetzt noch sagte er ihnen nicht deutlich, was er eigentlich mit seinen ständischen Ausschüssen bezwecke. Nur das eine erfuhren sie, daß er nicht beabsichtige, die Befugnisse der Provinziallandtage an die Ausschüsse zu übertragen. Niemand ahnte, welchen Zielen die angekündigte organische Entwicklung der ständischen Institutionen zuführen solle. Da begannen die kaum wieder erwachten Hoffnungen abermals zu schwinden, und auch mancher treu ergebene Mann ward besorgt: so mit verbundenen Augen konnte ein denkendes Volk seinem Herrscher nicht folgen. –

Trotz und Anmaßung zeigte unter allen Landtagen allein der Posener; hier trug die widerspruchsvolle Schwäche des neuen Regiments schon arge Früchte. Der Landtag wurde am 28. Febr. noch durch Flottwell als königlichen Kommissar eröffnet; noch einmal mußte der polnische Adel dem verhaßten stolzen Deutschen in die flammenden Augen blicken. Auch in seinen Propositionsdekreten schien der König anzudeuten, daß er an dem bisherigen Systeme festhalte. Er gab den Ständen zu wissen, daß er die zahlreichen Beschwerden aus der Provinz ernstlich geprüft habe; die Verwaltung sei aber streng nach den Gesetzen verfahren, und ihre wesentlichen Grundsätze denke er nicht aufzugeben. Darauf hielt er den Polen vor: sie selber trügen die

Hauptschuld an den Mißständen, da sie absichtlich dem Staatsdienste wie dem höheren Lehramte fern blieben; und sei es denn nicht wider ihre eigene Ehre, wenn sie dem preußischen Beamtentum zumuteten, an polnische Kandidaten geringere Anforderungen zu stellen? Zum Schluß sprach er die Hoffnung aus, daß der Landtag sich weitgehender Anträge enthalten würde. Doch wie sollten die Polen diese Warnungen beherzigen, da sie alle wußten, daß der gefürchtete Oberpräsident schon zu Neujahr nach Magdeburg versetzt war und nur noch die Geschäfte des gegenwärtigen Landtags abwickeln sollte?

Die alte Festigkeit der deutschen Herrschaft war dahin: das lehrte außer so manchen weichmütigen vertraulichen Äußerungen des König vornehmlich seine Kabinettsordre vom 15. Jan. über die Gerichtssprache. Seit 1817 bestand in Posen die Vorschrift, daß alle Zivilprozesse in der Sprache des Klägers, falls er aber beider Sprachen gleich mächtig sei, in deutscher Sprache verhandelt werden sollten – sicherlich eine sehr milde Bestimmung in einem wesentlich deutschen Staate, der nur mit Mühe polnisch redende Richter auftreiben konnte und für die polnischen Parteien stets eine Übersetzung der deutschen Akten anfertigen ließ. Der sarmatische Adel indessen betrieb die Verhöhnung der preußischen Gesetze längst wie einen standesgemäßen Sport. So hatte auch der als gewandter deutscher Redner wohlbekannte Oberst Niegolewski sich das Vergnügen gestattet, seinem Landgerichte polnisch zu schreiben und darum, da die Richter keinen Scherz verstanden, einen Prozeß sowie eine Vormundschaft verloren. Dies selbstverschuldete Mißgeschick seines Standesgenossen hatte Graf Raczynski dem Könige sehr rührsam geschildert, und daraufhin wurde durch jene Kabinettsordre befohlen, daß alle Zivilprozesse ohne Unterschied in der Sprache des Klägers zu verhandeln seien. Dem polnischen Edelmann stand es also fortan frei, den königlichen Richtern ihre Amtssprache vorzuschreiben. Zugleich wurden die Belohnungen für die polnisch lernenden deutschen Beamten abermals erhöht, alle Landräte und Bezirkskommissäre der Provinz, auch die der deutschen Kreise, angehalten, ihren Verfügungen polnische Übersetzungen beizulegen.

Seitdem jubelten die Polen, die Politik des Germanisierens sei zu Ende, und mit dreister Zuversicht begannen sie auf dem Landtage den Ansturm wider das Deutschtum. Gleich als der Landtagsmarschall Poninski die Sitzungen mit schwungvollen Worten einleitete, wurde der gesetzwidrige Antrag gestellt, diese Eröffnungsreden sollten künftighin in beiden Sprachen gehalten werden. Nun folgten die alten Beschwerden über die Begünstigung der deutschen Sprache. Daß diese zweisprachige Provinz einem Staate von elf Millionen Deutschen angehörte, kam gar nicht in Betracht. Vor acht Jahren schon hatte der alte König eine Summe von 16 000 Talern für die Errichtung eines Posenschen Konvikts an der Landesuniversität Breslau bewilligt, Erzbischof Dunin aber dies bereits angenommene Geschenk wieder zurückgewiesen und trotzig verlangt, seine Theologen, die aller gesellschaftlichen und gelehrten Bildung entbehrten, müßten in Rom, München, Wien oder Prag studieren. Der Besuch deutscher Hochschulen ward grundsätzlich verworfen. Die von dem neuen Könige berufenen Professoren der slawischen Sprachen in Berlin und Breslau fanden kaum Zuhörer, selbst um die soeben vermehrten Stipendien für polnische Studenten bewarben sich nur wenige. Angesichts solcher Tatsachen forderten die Landstände eine theologisch-philosophische Fakultät für die Stadt Posen, ferner für die Provinz mehrere Gymnasien mit vorherrschend polnischem Unterrichte, endlich polnische Schulsprache in den Elementarschulen aller der Ortschaften, wo die polnische Bevölkerung überwöge. Worauf die Polen ausgingen, das verriet sich deutlich, als der Oberbürgermeister Naumann von Posen, auf Andringen seiner Bürgerschaft, die Berufung der preußischen Reichsstände befürwortete; da klang es lärmend von allen Seiten: als Polen stimmen wir dagegen.

Dies Übermaß des Undanks fand selbst der langmütige Friedrich Wilhelm unerträglich. Erzürnt schrieb er seinen Ministern: der Landtage habe Mißbrauch getrieben mit dem Worte: polnische Nationalität, und solle daher nachdrücklich darüber belehrt werden, daß die Krone dieser Provinz keine politische Absonderung gestatten könne. Demgemäß sagte der Landtagsabschied sehr ernst: das Großherzogtum sei eine Provinz wie alle andern, einverleibt der Monarchie, zu deren deutschem Kerne die Polen ganz ebenso stünden wie die Litauer oder die Wallonen; der nationale Gegensatz finde seinen Vereinigungspunkt in dem Namen Preußen.

Die deutsche liberale Presse wollte gar nicht begreifen, warum der freisinnige König die freisinnigen Polen so hart anließ. Die polnischen Edelleute klagten laut, in der Stille rieben sie sich zufrieden die Hände; denn der Landtagsabschied enthielt unter vielen Versagungen eine Gewährung und sie betraf grade die wichtigste aller nationalen Beschwerden. Der König versprach nämlich, daß die von der Regierung angekauften, überschuldeten Landgüter fürderhin auch an Polen veräußert werden sollten. Bisher hatte der Staat fast allein solche Güter angekauft, deren adlige Herren durch hochverräterische Umtriebe herabgekommen waren. Wenn er diese Besitzungen seiner geschworenen Feinde gegen reichliche Zahlungen an sich brachte und sie dann zuverlässigen Deutschen anvertraute, so arbeitete er nicht nur mit den mildesten Mitteln an dem großen Werke deutscher Kolonisation, das hier seit sechs Jahrhunderten im Gange war, er erwies auch den Polen selbst eine Wohltat, allerdings nicht dem Adel, wohl aber den kleinen Leuten; denn auf allen diesen verwahrlosten Güten saßen dienstpflichtige Hintersassen, und bei jedem Verkaufe ließ Flottwell die bäuerlichen Lasten ablösen oder in billiger Weise neu ordnen. Das Verfahren des deutschen Beamtentums war unanfechtbar. Friedrich Wilhelm aber meinte, die Verwaltung hätte sich dieser friedlichen Germanisierungspolitik zu schämen, weil er den Märchen Glauben schenkte, die im Palaste Radziwill umhergetragen wurden, und beteuerte kleinlaut, schon bisher seien diese Güter auch an polnische Erwerber verkauft worden, was aber nur in ganz seltenen Ausnahmenfällen geschehen war; fortan, so verhieß er, würde jeder Unterschied zwischen den beiden Nationen hinwegfallen. Wie sollte solche Nachgiebigkeit auf die Adelskreise wirken.

Mittlerweile verließ Flottwell das Großherzogtum und übersandte dem Monarchen (15. März) noch eine Denkschrift über seine zehnjährige Verwaltung, ein herrliches Zeugnis für den Freimut, die Einsicht, die Tatkraft des alten Beamtentums. Ganz unumwunden sprach er hier aus, um der menschlichen Gesittung willen hätte er die deutsche Bildung gefördert, die dem preußischen Staatsleben widerstrebenden polnischen Gewohnheiten zu bekämpfen gesucht; dann schilderte er mit gerechtem Selbstgefühle, was alles in dieser schönsten Zeit der Posener Landesgeschichte geleistet worden. Wie nachdrücklich hatte vor wenigen Jahren der alte König seine getreuen Beamten belobt, als Flottwell ihm nachgewiesen, die scheinbare Zunahme der Vergehen in der Provinz sei nicht ein Zeichen wachsender Verwilderung, sondern ein Ergebnis des wachsamen Kampfes, welchen die neugebildeten dreißig Land- und Stadtgerichte mitsamt den neuen Distrikts-Kommissären wider die polnische Gesetzlosigkeit führten. So einfach vermochte der Sohn nicht zu handeln; seine Gutherzigkeit und seine Neigung für das Absonderliche verwickelten ihn stets in Widersprüche, welche den Verdacht der Falschheit hervorriefen. Er dankte dem scheidenden Oberpräsidenten aufs wärmste für den Bericht, wie für seine kräftige patriotische Verwaltung, und verlieh ihm einen hohen Orden. Die polnischen Edelleute murrten, denn Flottwells Denkschrift ward ihnen, vermutlich aus den befreundeten Hofkreisen, bald verraten und erschien allen wie das frechste Selbstbekenntnis deutscher Zwingherrschaft. Doch zur nämlichen Zeit erklärte Friedrich Wilhelm dem neuen Oberpräsidenten Grafen Arnim-Boitzenburg seine bestimmte Absicht, dies soeben belobte alte Verwaltungssystem aufzugeben: „Jeden Anschein einer versuchten Verdrängung oder Beeinträchtigung des polnischen Elements durch das deutsche zu vermeiden." Mangelhaft unterrichtet, empfahl er seinem Oberpräsidenten das löbliche Beispiel der Franzosen im Elsaß, während in Wahrheit die Welschen gegen das Deutschtum weit schärfer vorgingen, als die Deutschen gegen das Slawentum: längst waren in den elsasser Volksschulen durchweg französische Lehrbücher eingeführt; jetzt verlangte die Pariser Regierung auch französische Sprache für den Religionsunterricht. Graf Arnim aber lernte bald durch schmerzliche Enttäuschungen, daß er das launische, nach Weiberart trotzende, bald schmeichelnde Polentum minder richtig beurteilt hatte, als sein in dieser Grenzerwelt aufgewachsener Vorgänger. Der kluge und edle Mann stand nicht an, dem Könige seinen Irrtum zu bekennen. Seitdem ward er wachsamer und begann nachzudenken über die Warnung des großen Friedrich: man darf den Polen keine Komplimente machen, das verdirbt sie nur. Aber noch bevor er sich in seinem schwierigen Amte ganz zurechtgefunden hatte, schon nach Jahresfrist, berief ihn der König auf einen Ministerposten.

Die Wissenschaft

Das letzte Aufgebot

Durch so jähe Wechselfälle gewannen die polnischen Edelleute die tröstliche Überzeugung, daß keine starke Hand mehr das Steuer führte. An den Zwangsverkäufen ihrer Güter beteiligte sich der Staat nicht mehr, und freiwillig veräußerten sie nur noch selten eine Scholle an einen Deutschen. Von den Volksschulen fürchteten sie auch nicht mehr viel, weil der König, um die römische Kirche ganz zufrieden zu stellen, die Ämter der Schulinspektoren häufig an polnische Priester übertragen ließ. Selbst das höhere Schulwesen hofften sie dereinst noch dem Polentum zu unterwerfen: war doch soeben ein polnischer Geistlicher zum Rektor des Posener Marien-Gymnasiums ernannt worden; und die Regierung hatte bewilligt, daß dort künftighin bloß polnisch, nur in den zwei obersten Klassen auch deutsch unterrichtet würde.

Die „Zentralisation" der polnischen Propaganda in Paris und Versailles unterhielt seit Jahren, durch Palmerston beschützt, mit den Posener Landsleuten einen geheimen Verkehr, den die englische Gesandtschaft in Berlin vermittelte. Auch unmittelbar wurden, mit Umgehung der Post, regelmäßige Botschaften zwischen Paris und Posen ausgetauscht.

Seit dem Jahre 1842 suchte die Zentralisation gradewegs einen neuen Aufstand vorzubereiten; sie gründete in Versailles eine eigene Kriegsschule, Mieroslawski und Wysocki hielten militärische Vorträge, viele junge Polen besuchten französische Militärbildungsanstalten. Jedermann fühlte, daß ein Sturm in der Luft lag. Erzbischof Dunin, der kaum begnadigte, gebärdete sich wie der Herr des Landes; das geschmeidige Pfäfflein mit dem violetten Käppchen lächelte verständnisinnig, wenn ihm der Adel als dem Primas von Polen huldigte.

Infolge der beständigen Warnungen der russischen Gesandtschaft erhielten die Landräte den Befehl, auf die geheimen Umtriebe der Polen scharf aufzumerken. Da sich indessen die moskowitischen Berichte zum Teil als falsch oder übertrieben erwiesen, so ließ sich die deutsche Gutmütigkeit bald wieder einschläfern.

Der veränderte Charakter des Regiments seit dem Tode des alten Königs offenbarte sich auch in der unruhigen Reiselust des neuen Herrschers, der gern unterwegs war, soweit es die mangelhaften Verkehrsmittel irgend erlaubten. Auf die Huldigungsreisen folgte im Spätsommer 1841 ein längerer Aufenthalt in Schlesien. Den Breslauer Stadtbehörden ließ der König sagen, daß er von ihnen weder ein Fest noch einen feierlichen Empfang annehmen wolle, weil sie beim schlesischen Landtage die Berufung der Reichsstände befürwortet und also „offene Opposition" getrieben hätten. Die Breslauer antworteten ehrfurchtsvoll, das sei ihr gutes Recht gewesen, und als sie dann nochmals durch Abgesandte einluden, ließ der Zürnende sich besänftigen. Er wurde glänzend empfangen, freute sich tiefbewegt des patriotischen Jubels seiner treuen Schlesier, die zugleich den hundertsten Jahrestag ihrer Vereinigung mit Preußen feierten, und bezauberte wieder alle Herzen, als er zum Abschied in begeisterter Rede der alten Stadt „noch tausend Jahre wie diese hundert" wünschte. Den Stadträten aber sagte er in einer Audienz: was ihm eine fünfundzwanzigjährige Erfahrung als unzweckmäßig gezeigt, das lasse er sich durch keine Macht der Erde abzwingen; sie sollten sich hüten, der Zeit vorzugreifen; was kommen solle, komme doch. So verlangte er wieder unbedingtes Vertrauen auf Pläne, deren Sinn niemand enträtseln konnte.

Von Schlesien eilte er nach Warschau, um mit Kaiser Nikolaus zusammenzutreffen. Mehrmals hatte der Zar neuerdings dem Berliner Hofe heilig beteuern lassen, die Annäherung an England solle der älteren und engeren Freundschaft der drei Ostmächte keinen Abbruch tun; er bemühte sich auch seinen Gast liebenswürdig zu empfangen. Aber die harmlosen Tage waren längst vorbei, da die Berliner immer den Zaren meinten, wenn sie von „dem Kaiser" schlechthin sprachen. Wie das wieder emporkommende, von Nikolaus selbst begünstigte Altmoskowitertum gegen die kulturbringenden Westler, die Deutschen einen barbarischen Ingrimm zeigte, so war in Preußen die russische Kriegsgenossenschaft jetzt gründlich vergessen; der Zorn der Ostpreußen über „die chinesische Mauer" der moskowitischen Nachbarn vereinigte sich mit dem alten Hasse der liberalen Polenfreunde, im Hohne gegen Rußland fanden sich fast alle Parteien zusammen. Unwillkürlich wurden auch die beiden Herrscher mit berührt von der veränderten öffentlichen Meinung ihrer Völker. Nikolaus war etwas gealtert, aber noch immer fühlte er sich als Gottes auserlesenes Werkzeug, zum Vernichtungskampfe gegen die Revolution fest entschlossen, und seit sein Thronfolger kürzlich eine hessische Prinzessin geheiratet hatte, meinte er sich mehr denn je berufen, über Deutschlands Ruhe zu wachen; die unberechenbare Neuerungslust Friedrich Wilhelms blieb ihm verdächtig. Dem Künstlergemüte des Königs widerstand die harte, menschenverachtende russische Zucht; er langweilte sich bei den Kasernengesprächen dieses Schwagers, der im vollen Ernst sagte, was unschuldige Leute für eine boshafte Erdichtung hielten: nichts verdirbt ein Heer so sehr wie der Krieg. Die kurze Zusammenkunft erweckte dem Könige wieder alte teuere Jugenderinnerungen. Als er auf der Heimreise bei Kalisch das Denkmal für die Jahre 1813 und 1835 erblickte, dessen Inschrift den Segen Gottes für das preußisch-russische Bündnis erflehte, da schritt er tief bewegt die Stufen hinauf und schrieb mit dem Finger „Amen" unter die Zeilen – was ihm die liberale Welt sehr übel nahm.

Noch im selben Winter folgte die englische Reise. Um die doch recht bemerkbare Eifersucht des Zaren zu beschwichtigen, wurde dann der fünfundzwanzigste Jahrestag seiner Ernennung zum Chef der brandenburgischen Kürassiere mit vielem Glanze gefeiert. Als Nikolaus die Abgesandten seines Regiments empfangen hatte, sagte er zu dem preußischen Gesandten nicht ohne Wehmut: das seien damals die glücklichsten Zeiten seines Lebens gewesen, die Tage der jungen Liebe und des zwanglosen Verkehrs mit den preußischen Schwägern. So unschuldig dachte die deutsche Welt jedoch nicht mehr. Die Königsberger Zeitung forderte stürmisch die Befestigung Ostpreußens und sprach von einem möglichen Kriege gegen Rußland so deutlich, daß der russische Gesandte angewiesen wurde, sich über die Milde der preußischen Zensur zu beschweren.

Vollkommen ungetrübt verlief gleich darauf die Reise des Königs in die westlichen Provinzen. Mochte er nun in Minden mit freundlichen Worten dem alten Vincke den schwarzen Adlerorden überreichen oder den Ravensbergischen Geistlichen einschärfen, alle Furcht vor der freien Forschung sei Glaubensschwäche, oder in Hamm „mit überfließendem Herzen" auf das Wohl der treuen Grafschaft Mark trinken, oder den Bürgern von Barmen danken für die einst dem Kronprinzen gewährte Gastfreundschaft: überall zeigte er sich gütig, hochgemut, enthusiastisch erregt; es war, als ob ihn ein wonniger Traum umfange. Zu den Manövern der beiden westlichen Armeekorps sodann kamen Offiziere aus fast allen Ländern Europas, mehrere der benachbarten Fürsten erschienen persönlich; nur der Großherzog von Baden entschuldigte sein Ausbleiben, er durfte sich von den liberalen Kammerrednern nicht nachsagen lassen, daß er preußischen Ratschlägen folge. Von den kriegerischen Übungen reiste der König alsdann zu dem Feste der zweiten Grundsteinlegung des Kölner Doms. Auch Sulpiz Boisseree wollte an seinem Ehrentage nicht fehlen, und wie erstaunte er, da er nach langjähriger Abwesenheit die Heimat wiedersah; alles war anders geworden unter der preußischen Herrschaft, die wieder aufgeblühten alten Städte und der mächtige Verkehr auf dem befreiten Strome, anders auch die Gesinnung des Volkes. Einst in den napoleonischen Zeiten hatten die Kölner über ihn die Achseln gezuckt, wenn er ihnen von der Erhaltung ihres ewigen Domes sprach, und es keineswegs befremdlich gefunden, daß der französische Bischof Berdollet die alte gotische Steinmasse ganz abzutragen dachte; jetzt drückten alle dem Herausgeber des Domwerkes freudig die Hand, alle meinten, den unvergleichlichen Bau wiederherzustellen sei eine Ehrenpflicht der Provinz. Und daß es so stand, daß die Rheinländer ihrer eigenen großen Vorzeit wieder liebevoll in die Augen zu sehen wagten, das verdankten sie der Krone Preußen, die dies Land seinem halbwelschen Sonderdasein entrissen und in die Strömung des nationalen Lebens zurückgeleitet hatte.

Der Dombaumeister Zwirner, ein Schlesier aus Schinkels Schule, überreichte dem Könige einen wohldurchdachten fertigen Plan für den Ausbau des gesamten Domes, ein riesiges Unternehmen, das selbst Boisseree früherhin für unmöglich gehalten hatte. Unterdessen traten die Bürger Kölns zusammen, das Werk zu fördern. Der große Dombauverein wurde gegründet; der König übernahm sofort das Protektorat des Domvereins und bestimmte 50 000 Taler aus Staatsmitteln jährlich für den Fortbau. Am 4. September wurde der zweite Grundstein gelegt, fast volle sechshundert Jahre, nachdem einst Erzbischof Konrad von Hochstaden den Bau des hohen Chores begonnen hatte; die zerrissene Kette der Zeiten sollte sich wieder schließen.

Auch außerhalb des Rheinlandes erwarb sich Friedrich Wilhelm durch diese Festreden für kurze Zeit wieder die Gunst des Volkes; denn überall in Deutschland herrschte während des heißen Sommers von 1842 eine gehobene patriotische Stimmung.

Am 5. Mai, als man grade die neue Eisenbahn nach Bergedorf festlich zu eröffnen dachte, wurde die Hansestadt von einem ungeheueren Brande heimgesucht. Drei und einen halben Tag hindurch wüteten die Flammen; an zweitausend Häuser, mehr als ein Fünftel der Stadt, sanken in Asche, darunter alle die prächtigen neuen Gebäude des Jungfernstiegs an dem Wasserbecken der Alster; fast zwanzigtausend Menschen verloren ihr Obdach, den Schaden schätzte man auf 45 Millionen Taler. Als die Gefahr überwunden war, da zeigte sich erst, was Deutschland an dem Reichtum und dem Bürgersinne seiner ersten Handelsstadt besaß. Schon nach wenigen Tagen erklärte man den benachbarten Regierungen zuversichtlich: für den Geldverlust könne die Stadt allein aufkommen. Die zerstörten Straßen wurden schöner und stattlicher wieder aufgebaut, die Häfen erweitert, neue Verbindungen mit dem linken Elbufer eingerichtet.

Bei dem Wiederaufbau der Stadt half die gesamte Nation brüderlich mit. Und alle Werke der Barmherzigkeit verklärte der patriotische Gedanke. Auch der König von Preußen nahm an dem Werke der Barmherzigkeit freudig teil.

# IV

## Wachstum und Siechtum der Volkswirtschaft

Die neue Weltanschauung, die sich in Kunst und Wissenschaft so lebhaft bekundete, wurde, bewußt oder unbewußt, durch die großen Wandlungen des wirtschaftlichen Lebens mit bedingt. Kein Zeitraum der deutschen Geschichte bietet dem Nationalökonomen ein so wechselreiches Bild wie dies neunzehnte Jahrhundert, das in beispiellos rascher Folge zwei gewaltige Umwälzungen der volkswirtschaftlichen Zustände und Parteigegensätze erlebte. Vor einem Menschenalter erst hatte in Preußen eine friedliche Revolution von oben her die feudalen Fesseln der alten Gesellschaft zersprengt; damals glaubten fast alle hellen Köpfe der Nation, mit dem freien Wettbewerb der wirtschaftlichen Kräfte, mit dem unbeschränkten Eigentum und der ungestörten Arbeit jedes einzelnen sei der soziale Frieden und Fortschritt für alle Zukunft gesichert. Noch war die neue wirtschaftliche Freiheit bei weitem nicht überall in Deutschland zum Siege gelangt; Gewerbebetrieb, Heirat, Niederlassung unterlagen in den meisten Kleinstaaten noch ängstlichen Beschränkungen, welche Preußen nicht mehr kannte. Da begann schon in den vierziger Jahren eine Gegenbewegung; sie wuchs langsam an, unter starken Rückschlägen, und erst nach langen Jahren, als die Deutschen sich ihren nationalen Staat geschaffen hatten, errang sie Erfolge. Wenn die Urheber des preußischen Zollgesetzes unschuldig gehofft hatten, der mäßige deutsche Zollschutz und das ehrliche Anerbieten der Gegenseitigkeit würden genügen, um nach und nach den ganzen Weltteil der allgemeinen Handelsfreiheit anzunähern, so erwies sich diese Erwartung jetzt schon als irrig; der Zollverein geriet bald in schwere wirtschaftliche Machtkämpfe mit Völkern von älterem Reichtum und stärkerem Selbstgefühl, und aus dem Lager seines jungen Gewerbefleißes erklang, hier mit Recht, dort mit Unrecht der Ruf nach Schutz der nationalen Arbeit. Im Innern aber rief der freie Wettbewerb nicht die erhoffte gerechte Gesellschaftsordnung hervor, sondern neue gehässige Klassenkämpfe; das bewegliche Großkapital begann eine gefährliche Übermacht zu erlangen, breite Massen des rechtlich befreiten Volkes versanken in eine wirtschaftliche Abhängigkeit, die oft schwerer empfunden wurde, als vormals die patriarchalische Unfreiheit der alten Gesellschaft, und bald von tobenden Anarchisten, bald von menschenfreundlichen Denkern wurde der Staat gemahnt, daß er mit seiner zwingenden Gerechtigkeit die Schwachen gegen die Starken beschützen müsse.

Die riesigen Kapitalansammlungen, die völlig neuen wirtschaftlichen Mächte, die in diesem Zeitalter der Erfindungen jählings aufschossen, stellten an den Staat Anforderungen, von denen die Gesetzgeber der großen Reformzeit nichts geahnt hatten. Die alte Losung hieß: freie Selbsttätigkeit; jetzt erhob sich der Ruf nach erweiterter Wirksamkeit der Staatsgewalt. Der König, der sich über die Umwälzung der wirtschaftlichen Verhältnisse keineswegs täuschte und in seinem weichen Herzen die Leiden der arbeitenden Klassen lebhaft mitempfand, besaß doch weder die Willenskraft noch die Sachkenntnis, um den Ansprüchen der verwandelten Zeit gerecht zu werden. So geschah es, daß in diesen Jahren der allgemeinen Enttäuschung auch die preußisch-deutsche Wirtschaftspolitik, die in den beiden letzten Jahrzehnten des alten Königs stolz von Sieg zu Sieg vorgeschritten war, ihre feste Haltung verlor und, obgleich sie die großen Errungenschaften der vorigen Regierung nicht preisgab, doch aus Wirren und Kämpfen, aus Versuchen, Mißgriffen und Plänen selten herauskam.

Die Fortdauer des Zollvereins war schon zur Zeit des Thronwechsels so gut wie gesichert, am 8. Mai 1841 wurden die Zollvereinsverträge, mit unwesentlichen Änderungen, für zwölf

Jahre erneuert, und alle die verbündeten kleinen Höfe sprachen lebhaft ihre Befriedigung aus. Keinem von ihnen war je der Wunsch aufgestiegen, den geschlossenen Bund zu lösen; die gute Sache hatte überall den guten Geist bündischer Eintracht erweckt, die Zollverwaltung zeigte sich in allen Vereinsstaaten gleich zuverlässig. Die wirtschaftlichen Segnungen des Zollvereins konnte niemand mehr verkennen. Rasch wie eine australische Ansiedlung blühte auf der öden Rheinschanze Mannheim gegenüber die junge Fabrikstadt Ludwigshafen empor, und die vormals so stillen Täler Westfalens hallten jetzt wider vom Klange der Eisenhämmer. Mit vollem Recht rühmten sich die Deutschen, daß ihre junge Zolleinheit ungleich mehr bedeutete als die längst gesicherte der benachbarten Einheitsstaaten; denn sie war errungen in schweren Kämpfen, sie mußte durch neue Kämpfe noch gesichert und erweitert werden, sie sollte den Eckstein bilden für unsere politische Einheit. Doch je klarer man endlich die vaterländische Bedeutung des Werkes erkannte, um so lebhafter forderte der seit der jüngsten Kriegsgefahr neuerstarkte Nationalstolz, der junge Handelsbund müsse sich auch die Gleichberechtigung neben den fremden Mächten erzwingen.

Und wie unfertig und unförmlich erschien der Zollverein noch gegenüber dem Auslande. In Wahrheit blieb er noch immer ein Binnenland. Von seinen 1089 Grenzmeilen waren nur 129 Seegrenze; und diese pommerisch-preußischen Küsten bildeten bloß für einen Teil der östlichen Provinzen Preußens, nicht einmal für Berlin die natürliche Einfuhrstelle; sie besaßen im Jahre 1843 insgesamt erst 790 Schiffe mit einer Tragfähigkeit von 106 000 Last, während der Zollverein im selben Jahre allein an Kolonialwaren 132 000 Last einführte. Die große Mehrzahl der Zollvereinsschiffe eignete sich nur für die kurze Fahrt auf der Ostsee, die seit der Entdekkung Amerikas mehr und mehr ein Binnensee geworden war. Zudem wurde die lange Fahrt auch noch durch den Sundzoll erschwert, und selbst das kräftig aufstrebende Stettin beschäftigte im außereuropäischen Handel erst 24 Schiffe. So sah sich denn der mächtige Handelsbund mit seinen 25 Mill. Einwohnern fast allein auf die Schiffahrt des Auslandes angewiesen, vornehmlich auf das deutsche Ausland an der Nordsee, das man mit zarter Höflichkeit als Vorland des Zollvereins zu bezeichnen pflegte. Trotzdem wußten die europäischen Nachbarn sehr wohl, was sie von dieser unfertigen Macht zu fürchten hatten. Palmerston nahm, wie gewöhnlich, allen Engländern das Wort vom Munde, als er im Parlament die freundnachbarliche Hoffnung aussprach: der erste Festlandskrieg wird den Zollverein wieder auflösen. Der geistreiche französische Nationalökonom Richelot weissagte traurig, die Deutschen würden, wenn sie sich erst einigten, bald das erste Handelsvolk des Festlands werden; und bei allen seinen handelspolitischen Verhandlungen mit den Nachbarvölkern hatte Preußen eine feindselige Eifersucht zu bekämpfen, deren Stärke unsere tadelsüchtigen Zeitungsschreiber nicht ahnten. In Amerika dagegen, in Rio wie in Neuyork, fragte man höhnisch: wo ist euer Deutschland? wir wissen nur von einer preußischen, einer kniphausener und noch sieben anderen Flaggen, die sich für deutsch ausgeben, aber alle verschiedenen Gesetzen gehorchen; wir kennen weder eine deutsche Flagge noch einen Konsul, der sie vertritt, noch ein Kriegsschiff, das sie verteidigt, und wenn die sogenannten deutschen Schiffe löschen, so tragen ihre Waren fast allesamt englische oder französische Etiketten.

Der treffende Spott verwundete tief; denn traten die Vorhäfen am deutschen Meere dem vaterländischen Handelsbunde bei, dann gebot das geeinte Deutschland, ohne Österreich, über die zweite Handelsmarine der Welt; Bremen allein besaß zur Zeit mehr große Schiffe von 500 Last und darüber, als das gesamte Frankreich, und eine Nation von solcher Stärke galt jenseits des Ozeans gar nichts. Die stärkste Handelsader des Zollvereins, der Rhein, war ihm ja längst unterbunden, da Holland, auf unabsehbare Zeit hinaus, sich von dem alten Vaterlande getrennt hatte. Um so heftiger ward also verlangt, daß mindestens die Nordseeküste von der Ems bis zur Elbe, Hannover und die Hansestädte sich endlich dem nationalen Handelsbunde einfügen müßten. Am lautesten erklang diese wohlbegründete Forderung in Süddeutschland, das soeben erst den Segen großer Verhältnisse kennen gelernt hatte und sich nun doch vom Weltmeer gänzlich abgetrennt sah. Jetzt zeigte sich aber, wie schon so oft in der Geschichte des Zollvereins, daß der norddeutsche Partikularismus noch weit schwerer zu überwinden war als der süddeutsche. Mit begreiflichem Stolze rechneten die Hanseaten den Binnenländern vor, wie mächtig ihre Städte ohne Deutschlands Hilfe aufgestiegen waren. Ohne den heilsamen Zwang einer gebietenden Reichsgewalt ließ sich diesem selbstgefälligen Hansetrotz schwerlich die einfache Wahrheit beibringen, daß die deutschen Häfen im Bunde mit dem großen Vaterlande unzweifelhaft noch viel rascher aufblühen mußten.

Die nächste Aufgabe des Zollvereins, die Abrundung seiner Grenzen bis zur See, schien zur Zeit fast unmöglich, und fast ebenso hoffnungslos war auch für jetzt das Verlangen nach einer Verfassungsänderung des Handelsbundes. Es ist die Größe der absoluten Monarchie, daß sie zuweilen eine Politik der Ideen durchzuführen vermag, während der Parlamentarismus immer und überall durch die Klasseninteressen der Gesellschaft beherrscht wird. Nur die absolute preußische Krone hatte die Idee der deutschen Handelseinheit verwirklichen, alle die weitverzweigten geheimen Verhandlungen, welche den Zollverein begründeten, zum glücklichen Ende führen können. Doch kaum bestand diese neue Einheit, so regten sich sofort die sozialen Interessen und wirtschaftlichen Gegensätze. Man verlangte stürmisch Öffentlichkeit der Zollkonferenzen oder auch ein Zollparlament oder Notabelnversammlungen, damit jeder Gewerbezweig seine Anliegen vor der Nation vertreten könne.

Also sah die führende Macht des Zollvereins eine Menge neuer, überaus schwieriger Pflichten vor sich. Zunächst gelang ihr eine kleine Erweiterung des Zollgebiets. Nach neunjähriger Anarchie wurde das Großherzogtum Luxemburg jetzt endlich als ein souveräner deutscher Bundesstaat eingerichtet; es erhielt eine selbständige Regierung, am 12. Okt. 1841 auch eine bescheidene landständische Verfassung, an deren Entwürfen Hassenpflug noch mitgearbeitet hatte, und da die Landschaft nunmehr von dem verkleinerten Königreiche der Niederlande weit abgetrennt lag, so beantragte der König-Großherzog ihre Aufnahme in den Zollverein – zur Freude einiger kluger Fabrikanten, zum Entsetzen der mächtigen belgisch-französischen Partei, die sich noch immer mit dem wallonischen Luxemburg wieder zu vereinigen hoffte. Preußens Finanzen und Volkswirtschaft konnten durch den Anschluß des feindlichen Ländchens durchaus nichts gewinnen; zumal die Gerber in den Grenzstädten Malmedy und St. Veith fühlten sich bedroht und klagten so lange, bis ihnen ihr gütiger König eine Geldentschädigung zahlen ließ. Nur das deutsche Pflichtgefühl und die politische Berechnung zwangen den Berliner Hof, sich auf die Verhandlungen einzulassen; denn wies er die luxemburgischen Anträge ab, so schloß sich das Ländchen entweder dem belgischen Zollwesen an, oder es entstand dicht vor den Toren des Zollvereins eine gefährliche Schmugglerfreistatt. Die Unterhandlungen zogen sich mehr als zwei Jahre hin. Es ward am 8. Aug. 1841 der Anschlußvertrag abgeschlossen, und verabredetermaßen kamen sogleich preußische Beamte nach Luxemburg, um das neue Zollwesen, zur Verhinderung von Unterschleifen, plötzlich einzuführen.

Kaum ein anderes deutsches Land hat aus der nationalen Handelseinheit größeren wirtschaftlichen Vorteil gezogen als Luxemburg. Der lange Belagerungszustand in der Hauptstadt und die fast gesetzlose Verwaltung der provisorischen belgischen Behörden draußen hatte das Ländchen von Grund aus verwüstet; Handel und Wandel lagen darnieder, nur der Schmuggel blühte. Nun entstand wieder ein geordneter Verkehr, das fleißige betriebsame Völkchen begann wieder zu hoffen und knüpfte bald einen Geschäftsverkehr mit den östlichen Nachbarn an, der sich zum Erstaunen der Luxemburger selbst als gesund und einträglich erwies. Nicht lange, so empfing das Großherzogtum mehr als eine halbe Million Franken jährlich aus den Kassen des Zollvereins, eine Summe, die über die bescheidene Konsumtion des Ländchens sehr weit hinausging. Gleichwohl dankte niemand den Deutschen für solche Wohltaten. Die Luxemburger wollten nicht vergessen, wie kläglich der Deutsche Bund sie während der Revolutionsjahre preisgegeben hatte, sie haßten die Preußen, die Beschirmer der Bundesfestung, als ihre natürlichen Feinde. Der Großherzog tat auch gar nichts, um das Land dem deutschen Leben zu befreunden. Rechtspflege, Verwaltung, Geldwesen blieben belgisch-französisch, sogar die Amtssprache blieb französisch in dem grunddeutschen Lande – lediglich zur Bequemlichkeit der verwelschten Beamten, die sämtlich auf französischen oder belgischen Hochschulen ihre Lehrzeit verlebt hatten und dann daheim alles aufboten, um die alten ehrlichen Ortsnamen Klerf und Siebenbrunn in

Clervaux und Septfontaines zu verwandeln. Also mästete sich fortan an Deutschlands mächtigem Stamme die ekelhafte Schmarotzerpflanze der *Nation luxembourgeoise*, ein Blendlingsvolk ohne Vaterland und darum ohne Ehre. –

Preußens Ansehen im Zollverein ward damals erschüttert durch einen wirtschaftlichen Parteikampf, der 1841 durch Lists Buch „Das nationale System der politischen Ökonomie" eingeleitet wurde. Die einfache, damals noch viel verkannte Wahrheit, daß die Volkswirtschaftlehre eine historische Erfahrungswissenschaft ist und folglich auch mit den praktischen Erfahrungen der Gegenwart in beständiger Wechselwirkung steht, ließ sich grade in dem Deutschland dieser Tage mit den Händen greifen. In allen anderen Wissenschaften hatten wir uns längst unsere eigene Bahn gebrochen; nur die Nationalökonomie verharrte noch in einem seltsamen Anachronismus, sie folgte noch fast blindlings den Lehren des Auslands, weil unser Wohlstand noch so jung, selbst die Einheit des nationalen Marktes noch nicht ganz errungen war, große wirtschaftliche Parteien sich erst zu bilden begannen.

In das Traumleben der theoretischen Abstraktion brach nun Lists Buch wie ein Wetterschlag herein. Mit dem ganzen Pathos seiner vaterländischen Leidenschaft bekämpfte er den Individualismus, und was im Grunde dasselbe sagte, das Weltbürgertum der herrschenden Schule. Er zeigte, daß die Volkswirtschaft jeder Nation ein lebendiges Ganzes bildet, alle ihre Glieder aufeinander angewiesen sind und „die Individuen den größten Teil ihrer produktiven Kräfte von der politischen Organisation der Regierung und der Macht der Nation empfangen". Mit mäßigen historischen Kenntnissen, aber mit einem glücklichen historischen Blicke, der trotzdem meistens das Wesentliche herausfand, schilderte er den wirtschaftlichen Entwicklungsgang der großen Nationen, wie sie sich allesamt in harten Machtkämpfen mit dem Wettbewerb anderer Völker behauptet, ihren heimischen Gewerbefleiß durch Zölle und Monopole geschützt hatten.

Auf dem Grunde dieser historischen Erfahrungen baute er nun sein eigenes Schutzzollsystem auf, das sich von dem alten Merkantilsystem wesentlich unterschied: er suchte den Reichtum der Völker keineswegs in den edlen Metallen, aber er erkannte die von den Freihändlern abgeleugnete Bedeutung der Handelsbilanz wieder an, da sich an dem Werte und der Art der ein- und ausgeführten Waren allerdings die Höhe der wirtschaftlichen Kultur eines Volks annähernd abschätzen läßt; er verlangte Schutzzölle als Mittel der Ermunterung und Erziehung, damit neue produktive Kräfte, immerhin gegen die Aufopferung von Tauschwerten, geweckt würden, die Nationen des Festlands sich von dem Drucke der englischen Handelsübermacht befreiten und schließlich dahin gelangten, „nur von denen zu kaufen, die von uns kaufen." Berauscht von dem Anblick der jugendlich aufstrebenden nordamerikanischen Welt, sah er in dem Wohlstande, zumal im industriellen Vermögen, schlechthin alles und behauptete keck, in gleichem Verhältnis mit dem Reichtum wüchsen überall die Tätigkeit, die Bildung, ja sogar die Sittlichkeit der Nationen. Durch Wohlstand wollte er sein heißgeliebtes Volk zur Freiheit erziehen, ihm die Duckmäuserei, das Philistertum, die Wolkenkuckucksheimer Träume austreiben. „Auf der Ausbildung des deutschen Schutzsystems" – das blieb der Grundgedanke – „ruht die Unabhängigkeit und Zukunft der deutschen Nationalität."

Zum dritten Male regte der kühne Mann, wie einst bei der Begründung der Handelseinheit und des Eisenbahnwesens, durch einen weckenden Ruf sein Volk kräftig auf. Er zuerst in Deutschland erschloß die Nationalökonomie, die man bisher fast wie eine Geheimlehre mathematischer Formeln gescheut hatte, durch lebendige, lichtvolle Darstellung dem Verständnis und der Teilnahme der Gebildeten; er betrachtete sie, grundsätzlich absehend von allen fertigen Doktrinen, allein von dem Standpunkte historischer Erkenntnis und praktischer Geschäftserfahrung; er erwies mit flammender Beredsamkeit und oft stark übertreibend, daß alle großen volkswirtschaftlichen Fragen nationale Machtfragen sind, ihre Lösung über die Selbstbehauptung der Völker entscheidet. Dies letzte Verdienst war das größte; solche Wahrheiten konnten einem Volke, das grade im Handel und Wandel seine fremdbrüderliche Schwachheit zeigte, ausländische Waren würdelos bevorzugte, nicht laut, nicht scharf genug gesagt werden. Darum entsetzten sich auch alle Ausländer, die auf Deutschlands Schwäche rechneten, über Lists Werk. Die englische Presse jammerte scheinheilig: wie sei es nur möglich, daß unter den humanen, gebildeten Deutschen eine so barbarische Gesinnung volkstümlicher Ausschließlichkeit auftauche.

List säumte nicht, die Silberbarren seines „Nationalen Systems“ in kleine Münzen umzuprägen. Er gründete (1843) das Zollvereinsblatt, und um das Banner dieser streitbaren Zeitschrift scharte sich bald die gesamte Schutzzoll-Partei des Südens, vornehmlich der junge Stand der Fabrikanten und Techniker, der viele auf den neuen Gewerbeschulen gut gebildete, tüchtige und rührige Männer in seinen Reihen zählte. In Baden drang die Bewegung tief ins Volk, weil dort die neuen Fabriken meist durch Aktiengesellschaften gegründet waren, viele Bauern und kleine Bürger sich am Aktienkaufe beteiligt hatten. Manche Forderungen der Partei waren sachlich wohl begründet, doch unverkennbar wirkte auch die kleinstädtische Weltanschauung mit. Preußens soziale Freiheit blieb den Süddeutschen noch versagt, und wie sie gewohnt waren, für Heirat und Niederlassung stets die Genehmigung der Obrigkeit einzuholen, so erwarteten sie auch in der Handelspolitik alles Heil von oben. Nicht lange, so galt es im Süden für ausgemacht, daß jeder Liberale ein Schutzzöllner, jeder Freihändler ein Reaktionär sein müsse. Wieder einmal zeigte sich, daß List wohl aufregen und beleben, doch nicht Maß halten, nicht gestalten konnte. Wie er einst gegen das preußische Zollgesetz getobt hatte, das doch seine eigenen Ideale verwirklichte, so schalt er jetzt ungestüm auf die preußische Handelspolitik und untergrub das Vertrauen zu der führenden Macht des Zollvereins, obgleich er die Notwendigkeit der preußischen Hegemonie wohl begriff. In seinem blinden Zorne bemerkte der edle Enthusiast nicht mehr, welche dämonischen Kräfte der Zwietracht und des Bruderhasses er entfesselte. Die ganze Heerschar der bayrischen Ultramontanen stimmte ihm schadenfroh zu, und bald ließ sich auch schon der Ruf hören: statt des unfähigen Preußens müsse Österreich die Führung des Zollvereins übernehmen – eine Forderung, die von List selbst allerdings nie gebilligt wurde.

Mißtrauen zwischen Nord und Süd war unter allen Gefahren, welche den Zollverein bedrohen konnten, die schwerste; denn das vertrauensvolle Einverständnis von Preußen-Hessen und Bayern-Württemberg hatte ihn einst begründet; zerriß dies Band, so ging der erste Anfang praktischer deutscher Einheit verloren. Es war die tragische Schuld in Lists stürmischem Leben, daß dieser begeisterte Patriot, der das ganze Vaterland mit glühender Liebe umfaßte, doch die Kluft zwischen dem Süden und dem Norden gewaltsam erweiterte. Er betrieb die schutzzöllnerische Agitation, die ja ihre guten Gründe hatte, mit einer solcher Erbitterung, daß der im Süden schon halb verblaßte Preußenhaß mächtig wieder aufbrauste.

Der feste, sichere Wille, der allein so scharfe Parteigegensätze niederhalten konnte, fehlte in Berlin leider gänzlich. Der König empfand dunkel, daß die Hilferufe der Schutzzöllner aus dem Süden doch nicht ganz unberechtigt waren. Er hatte von jeher, zum Erstaunen seiner romantischen Freunde, viel Verständnis für volkswirtschaftliche Fragen gezeigt und, da er dem Beamtentum stets mißtraute, schon als Kronprinz oft beklagt, „daß die Masse der Erfahrung, die in dem Handel und Gewerbe treibenden Publikum vorhanden ist, in den obersten Behörden gar keine Vertretung fand.“ Darum gründete er, nach den Plänen seines Vaters, am 16. Januar 1842 das Landes-Ökonomiekollegium, eine beratende technische Behörde, die mit den landwirtschaftlichen Vereinen in Verbindung trat, in allen Provinzen namhafte Grundbesitzer als außerordentliche Mitglieder anstellte und also wohlunterrichtet über die Lage des Landbaues ihre Gutachten abgab. Von ganzem Herzen erfreute er sich an der ersten, durch Beuth veranstalteten großen Gewerbeausstellung, die im Berliner Zeughause 1844 eröffnet wurde; zum Andenken ließ er eine schöne Schaumünze prägen mit dem Bilde der Germania und der Inschrift: Seid einig! Die wiederholten Bitten der Provinziallandtage um Wiedereinsetzung eines Handelsministeriums hatte ihm längst gezeigt, daß er die Gewerbe- und Handelssachen nicht mehr allein dem Finanzminister und der oft rein fiskalischen Gesinnung seiner Räte überlassen durfte. –

Weil der erste Handelsvertrag des Zollvereins mit dem Auslande, der niederländische, entschieden mißlungen und nach kurzer Zeit wieder aufgekündigt worden war, so betrachteten die Süddeutschen fortan alle handelspolitischen Verhandlungen Preußens mit begreiflichem Mißtrauen. Ihr Argwohn stieg aufs höchste, als Preußen 1841 einen Schiffahrtsvertrag mit England abgeschlossen hatte – mit diesem England, das in unserem Süden, wahrlich mit Recht, als der Todfeind der deutschen Handelseinheit verwünscht wurde. Da hieß es überall: das sei der erste Versuch, Deutschland ganz den Briten zu unterwerfen und unsere Schutzzölle aufzuheben. Die Allgemeine Zeitung und fast alle Blätter des Südens tobten; List meinte zornig, jeder durch Preußen abgeschlossene Handelsvertrag sei ein öffentliches Unglück für den Zollverein. In Wahrheit war dieser vielgeschmähte Vertrag sehr unschuldig, ja sogar vorteilhaft für Deutschland. England versprach, den Zollvereinsschiffen die Vergünstigungen, welche ihnen bisher nur für die direkte Fahrt zustanden, künftighin auch für die indirekte Fahrt aus den sogenannten Vorhäfen des Zollvereins, aus den Nordseehäfen zwischen Elbe und Rhein, zu gewähren. Die preußische Regierung hatte mithin einen kleinen Schritt vorwärts getan auf der Bahn der nationalen Handelseinheit; sie hatte erreicht, daß England anfing, das gesamte Deutschland in Sachen der Schiffahrt als ein handelspolitisches Ganzes zu behandeln. Dafür gab sie nur das selbstverständliche Versprechen, daß sie auch ihrerseits für die Dauer des Vertrags nichts ändern würde an ihrer Schiffahrtsgesetzgebung, die allerdings weit liberaler war als die englische Navigationsakte und zwischen direkter und indirekter Fahrt keinen Unterschied kannte. Der wüste, ziellose Lärm bewies lediglich, wie viel schroffe Parteigegensätze der Zollverein in sich barg. König Friedrich Wilhelm schwankte einen Augenblick, dann fragte er Kühne um Rat und ließ sich überzeugen. Darauf rechtfertigte der streitbare General-Steuerdirektor den englischen Vertrag in der Staatszeitung durch einen lichtvollen Aufsatz, der die Gegner zum Schweigen brachte. –

Wenn Preußens Handelspolitik im Westen sich nicht frei bewegen konnte, so war sie vollends im Osten schwer bedrängt. Seit dem Jahre 1836, seit der alte König sich geweigert hatte, mit der vertragsbrüchigen Nachbarmacht einen neuen Handelsvertrag abzuschließen, verfuhren Preußen und Rußland an ihrer Grenze beide ganz nach Willkür; es bildete sich dort, wie König Friedrich Wilhelm selbst sagte, „ein unter benachbarten und befreundeten Völkern ganz ungewöhnlicher Zustand". In seinen ersten Regierungsjahren hatte Zar Nikolaus die nationalen Gedanken der Moskowiter fast ebenso mißtrauisch betrachtet wie die liberalen Ideen; nach der Zerschmetterung des polnischen Aufruhrs näherte er sich jedoch mehr und mehr den Bestrebungen der moskowitischen Partei, die ohnehin seinem rohen Bildungshasse zusagten. Er wollte sein heiliges Rußland absperren von den Ideen wie von den Waren des verderbten Westens; seinem preußischen Vertrauten Rauch gestand er offen: ich muß die Grenze geschlossen halten, damit die polnischen Flüchtlinge nicht ihr revolutionäres Gift ins Land bringen. Das unterjochte Polen wurde im wesentlichen als eine russische Provinz behandelt, und schon begannen auch die ersten Angriffe auf die alten Landesprivilegien der treuen baltischen Provinzen. Hier in dieser halborientalischen Welt, wo die Religion die Menschen noch fester als der Staat aneinander bindet, war es ein furchtbarer Schlag für das lutherische Deutschtum der Ostseelande, daß jetzt Tausende von estnischen und lettischen Bauern durch gleißende Versprechungen zur orthodoxen Kirche hinübergelockt, binnen wenigen Jahren zwanzig griechische Gotteshäuser auf den Krondomänen erbaut wurden. Die neuen, künstlich geförderten Fabriken siedelten sich meist um Moskau an, der Schwerpunkt des Reiches verschob sich nach dem Süden hin; eine neue Zeit kündigte sich an, die das Kulturwerk Peters des Großen zu zerstören drohte. Einheit der Sprache, des Rechtes, des Glaubens überall unter dem Szepter des weißen Zaren – so lautete jetzt die Losung, und sie entsprach unzweifelhaft der Gesinnung der herrschenden Klassen.

In den Jahrhunderten der nationalen Ideen und Grundsätze mußte das grausame Gesetz des historischen Undanks, das fast alle Kulturvölker an sich erprobt haben, sehr wirksam hervortreten, zumeist zu Deutschlands Schaden. Jetzt kam die Zeit, da auch die gesamte subgermanische Welt des Ostens, die ihre Gesittung fast ausschließlich den Deutschen verdankte, ihren germanischen Lehrmeistern zu entwachsen versuchte. Der erstarkende Nationalstolz der Magyaren und der Tschechen, der Russen und der Südslawen bekundete sich in einem wütenden Deutschenhasse. In Rußland nahmen auch schon die panslawistischen Ideen überhand, phantastische Träume von einer Vereinigung aller slawischen Völker, die sich sämtlich dem weißen Zaren unterordnen sollten. Darum begeisterte sich der russische Adel jetzt für ein Bündnis mit Frankreich, und dieser Gedanke, der schon unter Alexander I. mehrmals aufgetaucht war, fand nunmehr auch in Frankreich manche schwärmerische Anhänger.

Die Nationen gleichen in ihrem Gemütsleben den einzelnen Menschen weit mehr, als die demokratische Volksschmeichelei zugeben will; die einen wie die anderen lassen sich oft auf lange hinaus durch fixe Ideen, durch unklare Wahnvorstellungen bezaubern. Rußland und Frankreich waren durch keinerlei Gemeinschaft der Interessen aufeinander angewiesen; nur ein einziges Mal, im Siebenjährigen Kriege, hatten sie gemeinsam gegen Deutschland gefochten, und wahrhaftig nicht zu ihrem Ruhme. Was gleichwohl den Gedanken eines französisch-russischen Bündnisses jetzt wieder belebte, war allein der Haß gegen das erstarkende Mitteleuropa; und da diese Empfindung im Westen wie im Osten die Gemüter wirklich beherrschte, so konnte vielleicht dereinst noch eine Zeit kommen, wo der krankhafte politische Plan sich verwirklichte. Bis zu diesem Äußersten freilich wollte Nikolaus den Moskowitern nicht folgen. An dem Bunde der Ostmächte hielt er noch immer fest; den Haß gegen das Julikönigtum und die alte Vorliebe für das preußische Heer gab er auch niemals auf. Deshalb verhöhnten ihn die Panslawisten als einen deutschen Gottorper und benamsten ihn Karl Iwanowitsch – was ihnen nebenbei den Vorteil bot, auf ihren Zaren ebenso ungestraft zu schimpfen wie die radikale Jugend Preußens über ihren „Lehmann“ zu spotten pflegte. In der inneren Politik aber waltete unumschränkt das Moskowitertum mit seinem barbarischen Fremdenhasse.

Mit den Jahren wurde die Unordnung an der Grenze doch den Russen selbst lästig. Der Gesandte Cancrin zeigte sich, als er zur Zeit des Thronwechsels durch Berlin kam, sehr verbindlich, er wünschte einen neuen Handelsvertrag abzuschließen. Die Gelegenheit zu einem solchen Abkommen bot sich bald, da der Kartellvertrag über die Auslieferung der Flüchtlinge im Jahre 1842 ablief. Dies Kartell war für Rußland unschätzbar, weil die leibeigenen Soldaten sehr oft nach Preußen zu desertieren versuchten. Preußen dagegen empfand es nur als Belästigung; denn preußische Flüchtlinge gab es kaum, und die russischen wurden, sobald sie der Wachsamkeit der Grenzbehörden entgingen, als kräftige Feldarbeiter von den Grundbesitzern in Posen und Ostpreußen nicht ungern aufgenommen. Wenn der Berliner Hof gleichwohl die Erneuerung des Kartells nicht von der Hand wies, so durfte er sich für einen solchen Beweis freundnachbarlicher Gefälligkeit wohl die Erleichterung des Grenzverkehrs, die in den Ostprovinzen überall stürmisch gefordert wurde, und einige Zollermäßigungen ausbedingen. Deshalb wurden im Frühjahr 1842 Unterhandlungen eingeleitet.

Als der König darauf im Juni selbst nach Petersburg kam, da bereitete der Zar dem Gaste seines Hauses eine orientalische Überraschung, derengleichen im Abendlande kaum möglich war. Er erklärte, aus reiner Freundschaft für den König wolle er sofort den Grenzverkehr, wie Preußen wünschte, etwas erleichtern, auch mehrere neue Grenzämter einrichten und die Zölle auf einige preußische Waren, Seide, Baumwolle, Eisen erniedrigen. Diese Gewährungen sollten sogleich durch einen Ukas eingeführt werden. Gegenleistungen verlangte er nicht; vielmehr überließ er die Erneuerungen des Kartells und die Herabsetzung der Durchfuhrzölle für russisches Getreide vertrauensvoll „der Billigkeit und den freundschaftlichen Gefühlen des Königs“. Die plumpe List konnte bei Friedrich Wilhelms argloser Hochherzigkeit vielleicht gelingen; doch zum Glück begleiteten ihn zwei nüchterne, geschäftskundige Unterhändler, die Kabinettsräte Uhden und Müller. Beide warnten dringend, und in Berlin erriet man sofort, wo der Zar hinaus wollte. Er rechnete – so schrieb General Thiele – „daß es ihm durch die Form einer zuvorkommenden Generosität am sichersten gelingen würde, jede weitere Verhandlung zu umgehen und die Bedingungen der Vereinigung einseitig zu normieren.“

Die preußische Regierung behandelte mithin die Gewährungen des Zaren, wie es sich zwischen zivilisierten Staaten ganz von selbst versteht, nur als Vorschläge und verlangte noch einige andere Zugeständnisse. Darüber geriet Nikolaus in Wut; es wurmte ihn gar zu tief, daß man ihn durchschaut hatte, grimmig schalt er auf den schnöden Undank der Preußen. Nach wenigen Wochen lernte der Berliner Hof den Wert der russischen Großmut noch näher kennen; denn als der versprochene Ukas erschien, da ergab sich, daß die Zollerleichterungen ausdrücklich nur für preußische Waren, nicht für Waren des Zollvereins gelten sollten und folglich von Preußen nicht angenommen werden konnten.

In der Tat erhoben die süddeutschen Zeitungen, sobald der Ukas bekannt wurde, ein heftiges Geschrei gegen Preußens treulose Selbstsucht. Wieder einmal ein ganz ungerechter Vorwurf gegen die Vormacht des Zollvereins! Der preußische Hof dachte keinen Augenblick an eine Preisgebung seiner Zollverbündeten; er ließ vielmehr alsbald erwidern, daß er die russischen Gewährungen ablehne, wenn sie nicht dem ganzen Zollvereine zuteil würden. Cancrin aber empfing diese Antwort, die doch gar nicht anders lauten konnte, mit so wohlgespielter entrüsteter Verwunderung, daß König Friedrich Wilhelm sich über die Heuchelei des Deutsch-Russen entsetzte und in hellem Zorne schrie: „Ich möchte ihn anreden mit dem Schluß der Rede des Götz von Berlichingen an den Reichstrompeter!!! Die *russische Verpuppung* ist bei *diesem Deutschen* vollendet.“ Nunmehr erklärte Nesselrode erhaben, sein Kaiser „zögere nicht, auf das Kartell zu verzichten und also ein neues Opfer allen denen, die er sich schon freiwillig auferlegt, hinzuzufügen.“ Mehrere Monate lang lebten hierauf die beiden Nachbarstaaten ohne jedes Vertragsverhältnis; Preußen beschränkte sich auf die Auslieferung gemeiner Verbrecher. Auch der Prinz von Preußen richtete nichts aus, als er im Dezember den russischen Schwager besuchte. Der Zar wetterte und tobte, er verfiel in seinem Grimm auf ungeheuerliche Verteidigungspläne, befahl alle Juden 50 Werst weit von der Grenze wegzuschaffen, und dachte sogar, der Westgrenze entlang einen Landstreifen von der Breite eines Kilometers ganz wüst liegen zu lassen, um also jede Flucht und jeden Schmuggel zu verhindern. Endlich fühlte er, daß er mit solchem Trotze nicht weiter kam. Die Verhandlungen begannen von neuem, und die preußische Regierung entdeckte einen Ausweg, der dem Zaren erlaubte, sich ohne förmlichen Widerruf zurückzuziehen, und nun endlich, im Jahre 1844, bewilligte er die von Preußen geforderte freiere Fassung der Ursprungsscheine; die Waren aus dem Zollvereine wurden mithin, ohne daß man es förmlich aussprach, den preußischen gleichgestellt. Nunmehr kam man rascher vorwärts. Preußen setzte die Durchfuhrzölle für den Flußverkehr des russischen Getreides etwas herab und erneuerte am 20. Mai 1844 den Kartellvertrag.

Auch bei diesen Schlußverhandlungen ließen es die Moskowiter nicht an anmutigen Überraschungen fehlen. Der Zar hatte soeben befohlen, daß alle russischen Juden, wenn sie das Reich ohne Paß verließen, dadurch von Rechts wegen alsbald ihre Staatsangehörigkeit verlieren sollten, und verlangte nun unschuldig, Preußen möge im Kartellvertrage diese Verordnung als rechtsverbindlich anerkennen. So konnte Rußland, nach seinen bewährten Verwaltungsgrundsätzen, den minder liebenswerten Teil seiner Judenschaft einfach nach Preußen abschieben. Die Preußen verbaten sich jedoch diesen neuen Freundschaftsbeweis und setzten durch, daß die Juden in dem Kartellvertrage gar nicht erwähnt wurden.

Das Gesamt-Ergebnis war für Preußen wenig erfreulich. Die russischen Gewährungen bedeuteten nicht viel, und dafür übernahm man wieder die lästigen Kartellpflichten zugunsten einer halbasiatischen Nachbarmacht. Der König brachte dies schwere Opfer, das den preußischen Staat allein traf, lediglich um Deutschlands willen, um seinen Zollverbündeten die Gleichberechtigung zu sichern; und doch ward ihm dieser schöne Beweis deutscher Treue von den beharrlich schmähenden schutzzöllnerischen Blättern des Südens niemals angerechnet. Indessen gestaltete sich der Grenzverkehr in den nächsten Jahren etwas menschlicher.

Auch sonst im Auslande war Preußens Handelspolitik nicht glücklich. Ein mit den Vereinigten Staaten verabredeter Handelsvertrag wurde durch den amerikanischen Kongreß verworfen. Lange, widerwärtige Verhandlungen mit Dänemark bewirkten schließlich nur eine geringe Ermäßigung des Sundzolls, da weder England noch Rußland noch Schweden den preußischen Hof ernstlich unterstützte, und mit wiehernder Schadenfreude begrüßten die stammverwandten Hansen das Mißgeschick ihrer Konkurrenten an der Ostsee. –

Angesichts dieser geringen Erfolge der auswärtigen Verhandlungen verschärfte sich unausbleiblich der wirtschaftliche Parteikampf im Innern. Der Zollverein mußte jetzt seine Feuerprobe bestehen. Alle Krisen, die er späterhin noch überdauern sollte, wurden veranlaßt oder doch gefördert durch die politischen Hintergedanken der nach Österreich hinüberschauenden Mittelstaaten. Die erste und schwerste Krisis aber kam aus dem Volke. König Ludwig blieb selbst in diesen Tagen seiner klerikalen Träume immer gut deutsch gesinnt, er zeigte sich durchaus versöhnlich und sagte zu dem preußischen Gesandtschaftsvertreter: der Zollverein ist unzerstörbar, viel wichtiger als der Deutsche Bund. Auch die anderen Höfe hegten keine feindseligen Pläne, sie wurden nur fortgerissen durch die ungestümen Wünsche ihrer Fabrikanten. Nord und Süd drohten sich zu trennen. Zu Preußen hielten alle norddeutschen Zollverbündeten und Darmstadt, zur Partei des Schutzzolls Baden, Württemberg, Nassau und – besonnener als die andern – Bayern.

Leider lagen die Dinge so einfach nicht, wie Bodelschwingh annahm, da er zuversichtlich sagte: das Geschrei nach hohen Schutzzöllen ist künstlich erzeugt; bei niedrigen Zöllen und blühenden Finanzen befindet sich die Mehrzahl des Volkes wohl. Der alte Tarif, der im ganzen noch genügte, schädigte unleugbar einzelne wichtige Gewerbezweige. Am schwersten litt die einst blühende Leinenindustrie Schlesiens. Zur Zeit, da das preußische Zollgesetz erschien, beherrschte die deutsche Leinenindustrie den inländischen Markt noch ganz und die neuen Zölle reichten aus. Bald wendete sich das Blatt; während die deutsche Ausfuhr sich um volle zwei Drittel verminderte, stieg die englische Einfuhr beständig. Die Regierung verhielt sich fast ganz untätig; sie glaubte noch lange an die alte Unüberwindlichkeit der schlesischen Leinenwaren, und als sie von diesem Irrtum endlich zurückkam, da meinten die Geheimen Räte gleichmütig, gegen die Naturgesetze der Volkswirtschaft könne man nichts ausrichten. Und doch war grade hier, inmitten eines blutarmen, bis zur Willenlosigkeit ermatteten Volkes friderizianische Bevormundung, durchgreifende Staatshilfe ganz am Platze; der Staat muße Schutzzölle gewähren, Maschinen ankaufen, Spinnschulen und große mechanische Spinnereien errichten, wenn diese halbverhungerten Menschen dem englischen Kapital nicht erliegen sollten. Merckel aber, der tüchtige, um das Wohl Schlesiens unablässig besorgte Oberpräsident, bemühte sich seit Jahren, die neuen Agrargesetze gegen den Widerstand der Grundherren durchzuführen, er lebte und webte in den Emanzipationsgedanken der Hardenbergischen Zeiten, Freiheit des Eigentums und der Arbeitskräfte blieb ihm das Höchste. Die schlesische Hausindustrie war längst frei, sie hatte einen Zunftzwang nie gekannt; Merckel begriff nicht, was der Staat dort noch helfen solle, und wollte von dem Jammer im Riesengebirge nichts hören. Festgebannt in seiner volkswirtschaftlichen Theorie, verabsäumte er also seine staatsmännische Pflicht und verfiel, gleich vielen seiner besten Amtsgenossen, in eine tragische Schuld, weil er nicht rechtzeitig einsah, daß die befreiende Staatsgewalt in diesem Jahrhundert der wirtschaftlichen Wandlungen auch zu zwingen und zu schützen verstehen mußte. Die Ungunst der Verhältnisse des Weltmarktes und die langjährigen Unterlassungssünden der Regierung hatten jetzt das Elend der schlesischen Leinwandindustrie schon so hoch gesteigert, daß Schutzzölle allein kaum noch viel helfen konnten.

Auch die neuen, zum Teil sehr leichtfertig gegründeten Baumwollspinnereien des Südens verlangten heftig nach stärkerem Schutz, während die Baumwollwebereien den bestehenden Twistzoll, der etwa 6 Prozent vom Werte betrug, schon viel zu hoch fanden. So entbrannte der lange, leidenschaftliche Kampf zwischen Spinnern und Webern. Jeder der verbündeten Höfe suchte, wie billig, das in seinem Lande überwiegende Interesse zu begünstigen; die sächsische Regierung trat an die Spitze der Freihandelspartei, weil die großen Baumwollfabriken des Erzgebirges fast ausschließlich englisches Baumwollgarn verarbeiteten. Im preußischen Finanzministerium bemühte man sich redlich, die beiden feindlichen Interessen gegeneinander abzuwägen, und entschied sich endlich gegen die Erhöhung der Garnzölle, da Kühne berechnete, daß die Weberei im gesamten Zollvereine unvergleichlich mehr Arbeitskräfte beschäftigte als die Spinnerei. Aber so mechanisch, nach Zahlen allein, lassen sich die lebendigen Kräfte der nationalen Wirtschaft nicht abschätzen. Die stark übertriebenen Forderungen der Spinner waren durchaus nicht ganz unberechtigt; wurde der Garnzoll erhöht, so erlitten die Weber zunächst wohl einige Einbuße, auf die Dauer gewannen sie doch selbst, wenn sie ihr Garn von der erstarkten vaterländischen Spinnerei beziehen konnten.

Fast ebenso laut erschollen die Klagen aus den Reihen der Eisenindustrie. Die Nachfrage hatte sich seit dem beginnenden Eisenbahnbau ungeheuer gesteigert, und da die deutschen Werke, die noch gar nicht mit Koks zu arbeiten verstanden, ihr unmöglich entsprechen konnten, so verzehnfachte sich die Einfuhr von Roheisen, Schienen und geschmiedetem Eisen, sie stieg in dem Jahrzehnte 1834-43 von 0,367 auf 3,698 Mill. Ztr. Der Wettbewerb Englands, dessen Eisen- und Kohlenwerke ja allesamt dicht nebeneinander lagen, zeigte seine ganze Macht zu Anfang der vierziger Jahre, als die englische Eisenindustrie, durch eine Krisis heimgesucht, ihre Erzeugnisse massenhaft auf das Festland warf; oft kam das englische Eisen als Ballast in Stettin oder Hamburg an und wurde dann wohlfeil auf den Flüssen landeinwärts versandt. Begreiflich also, daß die schlesischen und einige der westfälischen Bergwerke den König dringend um Zollschutz baten. Doch auch hier zeigte sich derselbe Gegensatz der Interessen wie in dem Kampfe zwischen Spinnern und Webern. Von ausländischem Roheisen wurden im Jahre 1843 schon 2,675 Mill. Ztr. im Zollvereine verarbeitet – sechs Jahre vorher nur 0,40 Mill. Ztr. – und die großen Werke an der Ruhr, die an dieser kräftig aufblühenden Gewerbstätigkeit zumeist beteiligt waren, verbaten sich jeden Roheisenzoll ebenso entschieden, wie die zahllosen kleinen Scherenschleifer und Schwertfeger des bergischen Landes.

Gegen diese drei schwachen Stellen des Zolltarifs richtete die Schutzzoll-Partei zunächst ihre Angriffe. Siegte sie hier, so wollte sie weiter gehen; einer ihrer Heißsporne, Moritz Mohl, derselbe, der einst bei der Begründung des Zollvereins seinen wütenden Haß gegen Preußen gezeigt hatte, schrieb in diesen Jahren ein gelehrtes Buch über Frankreichs Gewerbezustände, zur Verherrlichung des strengen Prohibitivsystems. Die Stimmung im Süden war tief erregt; selbst Nebenius, der allezeit behutsame, verlangte in einer Flugschrift über die Eisenzölle ganz unmäßige Zollsätze. Als die Zollkonferenz im Sommer 1842 zu Stuttgart zusammentrat, forderten Württemberg und Baden sogleich mehrere Zollerhöhungen, ein einstimmiger Beschluß ließ sich jedoch nicht erreichen. Der bisherige Tarif blieb also bestehen, man trennte sich im Unmut, die alte schöne Eintracht des Handelsbundes schien ganz zerstört. Nunmehr brach der Zorn in Süddeutschland so heftig aus, daß die Berliner Finanzpartei selbst für den Bestand des Zollvereins zu fürchten begann und darum sich zu einiger Nachgiebigkeit entschloß. Nach neuen, überaus schwierigen Verhandlungen beschloß der Zollverein (1844), seinen Tarif etwas abzuändern: das bisher zollfreie Roheisen zahlte fortan 10 Sgr. vom Zentner, auch die Zölle auf Stab-, Schienen-, Schmiedeeisen, sowie auf Leinenzwirn wurden erhöht. Alsbald begann die Eiseneinfuhr zu sinken, doch war die Wirkung der neuen Zölle nicht ganz so stark, wie die Grubenbesitzer hofften, da Deutschland gleich nachher den Belgiern durch jenen notgedrungenen Handelsvertrag Begünstigungen zugestehen mußte.

Durch diesen halben Sieg wurde die Schutzzoll-Partei zu neuen Angriffen ermutigt, ihre Blätter sprachen täglich heftiger, selbst vor revolutionären Drohungen scheute sie sich nicht mehr. In einer Versammlung badischer Fabrikanten zu Karlsruhe sagte der radikale Schopfheimer Abgeordnete Gottschalck: wenn der Zollverein keinen Zollschutz gewähre, dann sollten die Fabrikanten nur ihre Arbeiter verabschieden und diesen überlassen, ihre Wünsche wirksamer vorzutragen! Kündigung des Zollvereins, Anschluß an Österreich! – so riefen die Verblendeten überall, sie wußten nicht mehr, was sie sagten.

Unter so trüben Aussichten begann im Juli 1945 die Karlsruher Zollkonferenz, die unfriedlichste der gesamten Zollvereinsgeschichte. Sie währte unter wachsender Aufregung fast vier Monate. Eine Menge ausländischer Agenten war zur Stelle; die Engländer vornehmlich drängten sich roh an die Bevollmächtigten heran, daß giftige Nachreden nicht ausbleiben konnten. Um des Friedens willen erklärte sich Preußen bereit, die Zölle auf Leinen-, Baumwoll- und Kammgarn etwa zu verdoppeln; noch in den letzten Tagen hatte der König seinen neuen Handelsrat nach Stettin berufen und ihm selber die Frage vorgelegt, „bis wohin wir den süddeutschen Begehren nachgeben können". Baden und Württemberg aber ließen sich fortreißen von dem wilden Ungestüm ihrer Schutzzoll-Partei, obgleich sie wußten, daß Sachsen und die meisten anderen der norddeutschen Verbündeten die Nachgiebigkeit Preußens schon zu groß fanden; sie verlangten noch mehr und schließlich: alles oder nichts! Sie allein verschuldeten also, daß wieder kein Beschluß zustande kam und die Konferenz in arger Zwietracht auseinanderging. Die besonnenen Anhänger der nationalen Handelseinheit fühlten sich tief niedergeschlagen; die radikalen Freihändler und die Fremden triumphierten, ja der englische Gesandte Sir A. Malet erfrechte sich sogar, die Mitglieder der Konferenz zu einem großen Siegesmahle einzuladen. Dies ward freilich durch Radowitz hintertrieben und nachher vom preußischen Hofe als eine Anmaßung scharf zurückgewiesen.

Von neuem, und noch lauter denn zuvor, hoben jetzt die entrüsteten Schutzzöllner ihren Schlachtruf. Im Stuttgarter Ständesaal wurden Metternichs Mautbeamte als Deutschlands natürliche Beschützer verherrlicht, die Preußen als Schleppträger Englands gebrandmarkt, obgleich Aberdeen gegen Bunsen beständig klagte: die Handelsbeziehungen sind das einzige, was uns von Preußen trennt – und grade in diesen Tagen eine Depesche des Lords an Westmoreland bekannt wurde, die sich sehr gereizt über Preußens feindselige Handelspolitik aussprach. Dem Münchener Landtage schilderte der Abgeordnete Neuffer die alte Handelsknechtschaft der Deutschen, die jetzt durch Preußens Schuld wiederkehre. Lists Genossen in der Presse fand kaum mehr Worte genug für die Dummheit, die Schlechtigkeit der deutschen „Bureaukratie". Aber gerade dies Übermaß sinnloser Schmähungen zwang die Bureaukraten, die den Zollverein doch regierten, sich einander wieder zu nähern. Auf eine ernste Anfrage Preußens, ob der Zollverein fortbestehen solle, antworteten alle Regierungen versöhnlich. Man einigte sich über eine Erhöhung der Garnzölle, die hinter den Wünschen der Schutzzoll-Partei weit zurückblieb. Die Regierungen aber atmeten auf; gleich ihnen die große Mehrheit der Nation; denn nachdem der Zollverein diese Gefahr überstanden hatte, war sein Bestand auf lange hinaus gesichert. Überdies wurden die Augen der Welt bald durch ernstere politische Kämpfe von den Tarifstreitigkeiten abgelenkt. –

Zu der Wiederversöhnung der Zollverbündeten hatte die Unfähigkeit der Hofburg wider Willen mitgeholfen. Wenn die Fanatiker des Schutzzolls in Süddeutschland beständig einen österreichischen Zollverein verlangten, so mochten manche nur prahlen, viele meinten die Drohung ernst. Denn seit dem Kölnischen Bischofsstreite entstand im Süden ganz in der Stille eine österreichisch-großdeutsche Partei. Ihren Stamm bildeten die Klerikalen, dann die preußenfeindlichen Schutzzöllner, endlich die alten Domherrengeschlechter, die der fürstbischöflichen Herrlichkeit noch nicht vergessen konnten und ihre Söhne meist im österreichischen Dienste unterbrachten; erst späterhin schlossen sich auch demokratische Genossen an. List selber wollte so weit nicht gehen; unerschöpflich in Einfällen und Plänen stellte er jedoch die gefährliche Forderung auf, daß Bayern die Führung der deutschen Handelspolitik, dem Oriente und den Donauländern gegenüber, übernehmen müsse. Solcher Stimmungen konnte sich die österreichische Politik, wenn sie klug und kühn verfuhr, leicht bemächtigen. Im Kaiserstaate selbst wurde das harte, durch frechen Schmuggel überall durchbrochene Prohibitivsystem gründlich verabscheut. Einzelne Unzufriedene verlangten Anschluß an den deutschen Zollverein, am eifrigsten Graf Chotek, der Osterburggraf von Böhmen; der Graf fand jedoch in seiner eigenen Heimat, dem wichtigsten Industrielande der Monarchie, wenig Zustimmung, die böhmischen Fabrikanten fürchteten alle den deutschen Wettbewerb.

Sogar der alternde Metternich empfand dunkel, daß man das vermorschte Zollwesen zerbrechen mußte. Er hatte einst den werdenden Zollverein, als es schon viel zu spät war, zu vernichten gesucht. Jetzt gingen ihm die Augen auf. Als er im Sommer 1841 seinen Johannisberg wieder besuchte, da fiel ihm auf, wie überall in Deutschland unter dem Schutze der Handelseinheit Verkehr und Wohlstand emporwuchsen; er ahnte, dieser Zollverein würde bald unaufhaltsam um sich greifend das ganze Deutschland verschlingen, und nun endlich verfiel er auf die Frage, ob nicht Österreich selbst beitreten solle, um Preußen zu überflügeln. Abel und die anderen klerikalen Freunde in München hatten ihn ja so inbrünstig versichert, ganz Süddeutschland wünsche diesen Beitritt, damit Preußens Hegemonie ein Gegengewicht erhielte. Doch zu Deutschlands Glück war Metternich in allen volkswirtschaftlichen Dingen noch immer ebenso unwissend, wie vor Jahren, da Motz über seine handelspolitische Weisheit spottete.

In allen Zollvereinshändeln sprachen die streitenden Parteien das Verlangen nach nationaler Macht so stürmisch aus, daß sogar die selbstgenügsamen Hansen nicht umhin konnten, ihre patriotische Gesinnung irgendwie zu betätigen. Schon im Jahre 1841 entwarf Bürgermeister

Tod Friedrich Wilhelms III.

Tafel 72

Friedrich Wilhelm IV.

Smidt von Bremen den Plan eines deutschen Schiffahrtsbundes, der allen deutschen und österreichischen Schiffen, dem Auslande gegenüber, eine gemeinsame Heimat sichern sollte. Smidt legte seine Entwürfe dem preußischen Hofe und dem Fürsten Metternich persönlich vor. Um sie zu verteidigen, bereiste sodann der hamburgische Bundesgesandte Karl Sieveking die deutschen Hauptstädte, ein treuer Patriot von hoher Bildung und ernster Frömmigkeit.

Leider bewies Smidts Denkschrift nur, wie doktrinär auch ein kluger Staatsmann künsteln kann, sobald er sich scheut, das Notwendige zu wollen. Daß der Bundestag die nationale Schiffahrt nicht zu beschützen vermochte, stand längst außer allem Zweifel; ward aber neben dem Deutschen Bunde und neben dem Zollvereine noch ein Schiffahrtsbund errichtet, so verwirrte sich die deutsche Politik, die dem Auslande jetzt schon kaum verständlich war, bis zum Unerträglichen. Und war es nicht eine naive Zumutung, daß der Zollverein, der mit der einzigen Ausnahme Preußens nur aus Binnenstaaten bestand, durch seine Gesamtmacht der hansischen Schiffahrt Begünstigungen verschaffen sollte – ohne jede handelspolitische Gegenleistung? Nur gar der Vorschlag, auch Österreich in den Schiffahrtsbund aufzunehmen, erschien fast wie eine Bedrohung des Zollvereins selbst. Kurz und schlagend bemerkte Canitz: das einfache Mittel zur Begründung des Schiffahrtsbundes wäre der Eintritt der Hansestädte in den Zollverein; aber dieser Unannehmlichkeit will man entgehen! Auch das preußische Auswärtige Amt wollte sich auf nichts einlassen, da Bülow noch auf den Anschluß der Nordseeküste hoffte; überdies, schrieb der Minister, hat Preußen schon durchgesetzt, daß England die Vorhäfen im wesentlichen wie die Zollvereinshäfen behandelt.

Ungeschreckt durch das Mißlingen des Schiffahrtsbundes, brachte der Bremer Reeder Duckwitz doch noch ein für die deutsche Schiffahrt folgenreiches Unternehmen zustanden. Wie kläglich lag unsere Ausfuhr noch darnieder: als der unternehmende Fritz Harkort seinen Dampfer „Rhein" gradeswegs von Köln nach London zu senden wagte (1837), da mußte er das Schiff, damit es nur die See halten konnte, mit Pflastersteinen füllen. Und was für lächerliche Kämpfe hatte Duckwitz vor wenigen Jahren erst gegen die bösen welfischen Nachbarn führen müssen. Damals beabsichtigte er, auf der oberen Weser bis nach Hameln hinaus eine Dampfschiffahrt einzurichten; daß dies möglich war, hatte Harkort durch eine kühne Probefahrt schon bewiesen. Alle die landesüblichen kleinen Bedenken und Hindernisse waren endlich beseitigt; bei Liebenau aber, auf hannoverschem Gebiete lagen mitten im Strombett einige Felsblöcke, die den Fluß für die gewöhnliche Fahrt der Dampfschiffe sperrten. Diese Liebenauer Steine zu sprengen hielt die hannoversche Regierung für unmöglich; sie wollte auch an das aussichtslose Wagnis kein Geld verschwenden, weil der Flußverkehr der Zollkasse weniger einbrachte als die Frachtfuhren auf den Landstraßen. Da erschien eines Tages bei Duckwitz einer von Harkorts Fahrtgenossen, der Schiffer Rolff aus Preußisch-Minden, und erklärte dreist: „Wenn Sie mir 250 Taler versprechen, so schaffe ich die Liebenauer Steine weg." Er empfing die Zusage und erwirkte sich auch die Erlaubnis des hannoverschen Amtmannes, der den tapferen Preußen für einen tolldreisten Narren hielt. Nach einigen Wochen kam er wieder nach Bremen und meldete: „die Liebnauer Steine liegen hier im Hafen!" So ward die obere Weser befreit – für 250 Taler – und die Dampfschiffahrt konnte beginnen. Der welfische Hof aber verwand es nicht, daß ihm die Berechnungen seiner Handelspolitik so freventlich gestört wurden, und ließ gegen Rolff wegen verbotener Steine-Ausfuhr ein Strafverfahren einleiten, das erst nach längerer Zeit wieder eingestellt wurde.

Diese Händel waren kaum beendet, da wagte Duckwitz schon, an eine transatlantische Dampfschiffahrt zu denken. Bisher war erst eine Dampferlinie nach Nordamerika in regelmäßigem Betriebe, die von der englischen Regierung reichlich unterstützte Cunard-Linie zwischen Liverpool und Neuyork. Die schwachen Maschinen der Dampfer arbeiteten freilich noch so unsicher, daß viele Postverwaltungen vorzogen, bei günstigem Passatwinde rasche Segler zu benutzen; denn grade in diesen Jahren erreichte die Segelschiffahrt ihren Höhepunkt, es war die Zeit der gerühmten amerikanischen Klipper. Als nunmehr die Vereinigten Staaten den Plan faßten, eine Dampferlinie nach dem Festlande Europas einzurichten und zu unterstützen, da bewirkte der Konsul Man, angeregt durch Duckwitz und andere Bremer Kaufherren, daß die

Weserstadt zum Zielpunkte dieser Linie gewählt wurde. Die Union verständigte sich darauf mit den deutschen Staaten, obgleich England tatkräftig entgegenzuwirken suchte. Zwei Dampfer, Washington und Hermann wurden ausgerüstet; Amerika zahlte 100 000 Dollars Unterstützung für jedes Schiff, Deutschland insgesamt 286 000, davon Preußen und Bremen je 100 000 Dollars. Und wie reiche Zinsen trug dies Opfer, das die radikalen Freihändler für Verschwendung erklärten. Der regelmäßige Verkehr rief ganz von selbst neue Geschäftsverbindungen hervor; alle deutschen Postverwaltungen bedienten sich der Bremischen Dampfer, so daß sich hier zuerst der Keim eines gesamtdeutschen Postwesens zeigte; und binnen acht Jahren stieg der Wert, der über Bremen nach Nordamerika ausgeführten Industriewaren von 3,3 auf 16 Mill. Tlr. Es war der bescheidene Anfang einer gewaltigen Entwickelung, die schließlich dahin führte, daß Deutschlands überseeischer Handel größer wurde als sein Handel mit dem europäischen Ausland.

Und wie viele andere Unterlassungssünden noch, die man in der langen Zeit binnenländische Verstockung kaum bemerkt hatte, erschienen jetzt als eine nationale Schmach; die Deutschen besannen sich wieder auf sich selber und gedachten ihrer alten Seeherrschaft. Die Publizisten, List voran, forderten ungeduldig eine deutsche Flagge; mit vollem Rechte, denn die Ausländer wußten kaum, daß es ein Deutschland gebe, und sogar unsere Seeleute, die sich mit den besten der Welt kühnlich messen durften, standen draußen noch in geringem Ansehen, zumal da sie, nach dem bescheidenen deutschen Brauche, nur halb so hohen Lohn empfingen wie die englischen.

Am lautesten aber erklang der Ruf nach einer deutschen Kriegsflotte. Vor einem Menschenalter noch hatte es jedermann ganz in der Ordnung gefunden, daß Preußen die in Antwerpen erbeuteten französischen Kriegsschiffe, als unnütz für Deutschland, einfach den Engländern schenkte; dann waren am Bundestage einmal einige verlorene Wort gefallen über die Ausrüstung deutscher Kriegsschiffe gegen die Barbaresken. Jetzt endlich, seit der Zollverein das nationale Selbstgefühl gekräftigt hatte, erkannten die Deutschen mit Scham, welche lächerliche Rolle ihre waffengewaltige Landmacht auf den Meeren spielte. Leider waren die Verhältnisse den patriotischen Flottenplänen sehr ungünstig. Die Hansen, die auch in ihren überseeischen Kommanditen mit den Zollvereinsfirmen sehr schlechte Nachbarschaft hielten, hatten sich durch kaufmännisches Geschick eine leidliche Stellung in den meisten Staaten des Auslands gesichert, und da sie noch ganz in den Überlieferungen der alten unwürdigen Neutralitätspolitik befangen waren, so fühlten sie gar nicht, daß sie doch nur von der Gnade der Fremden lebten. Der Kaufmannsgeist ertötete den nationalen Stolz; an der Hamburger Börse bezweifelte niemand, daß eine deutsche Kriegsflotte den friedsamen Handel der Hansen nur stören könne. Dem preußischen Staate aber war der Sinn für den Wert der Seemacht allmählich ganz abhanden gekommen, da er seine kriegerische Kraft zu Lande, um Deutschlands willen, so übermäßig anspannen mußte. Friedrich Wilhelm wurde allerdings seit dem Großen Kurfürsten der erste Hohenzollernsche Herrscher, der wieder ein Verständnis für die See zeigte. Freilich bloß das Verständnis des geistreichen Dilettanten.

Zur Zeit lebte in Preußen nur ein einziger vornehmer Mann, der das Seewesen in großem Sinne nur mit dem Ernst des Fachmanns betrachtete: Prinz Adalbert, der General-Inspekteur der Artillerie. Wie oft entscheiden Jugendeindrücke über ein ganzes Leben. Als Prinz Adalbert zu Fischbach am Fuße des Riesengebirges, unter den Augen seiner Eltern, des Prinzen Wilhelm und der frommen Prinzessin Marianne heranwuchs, da erzählte ihm ein Spielgefährte, Graf v. d. Gröbern, oftmals von den Taten seines Ahnherrn, des afrikanischen Helden der Kurbrandenburger; auch der befreundete Nachbar Feldmarschall Gneisenau sprach gern von seinen amerikanischen Wanderfahrten. Seitdem träumte der feurige wagelustige Prinz von der weiten Ferne. Dann unternahm er große Seereisen, als Gast an Bord englischer, russischer, sardinischer Kriegsschiffe, und lebte sich in den Beruf des Seemanns ein. Er lernte die Welt kennen und begriff, wie eng das binnenländische Leben seiner Heimat war. Für ein wachsendes Volk – so wiederholte er oft – kein Wohlstand ohne Ausbreitung, keine Ausbreitung ohne überseeische Politik, keine überseeische Politik ohne Flotte. Von Halbheiten wollte er jedoch nichts wissen;

vielmehr sagte er voraus, daß eine kleine Flotte den großen Seestaaten wie eine aufreizende Anmaßung erscheinen würde; wolle man den kühnen Wurf wagen, dann müsse Deutschlands Seemacht bald stark genug werden, um sich zur Schlacht auf die hohe See hinauszuwagen. Solchen Plänen seines jugendlichen Vetters hörte der König gern zu, aber die Bedenken der Minister vermochte er nicht zu besiegen. Zunächst befahl er nur (1842) den Bau des ersten königlich preußischen Kriegsschiffs, der Korvette Amazone, die befehligt von dem dänischen Kapitän Dirckinck-Holmfeld, zur Einübung der Navigationsschüler häufig die Ostsee, zuweilen auch den Ozean befuhr. Dies war, außer einigen königlichen Postdampfern in der Ostsee, vorläufig alles, was den Namen einer deutschen Marine verdiente. Sehnsüchtig wiederholten die Patrioten die Klage aus Freiligraths „Flottenträumen":

Sprach irgendwo in Deutschland eine Tanne:
O könnt' ich doch als deutscher Kriegsmast ragen!
O könnt' ich stolz die junge Flagge tragen
Des ein'gen Deutschlands in der Nordsee Banne! –

Wie dringend Deutschland einer Seemacht bedurfte, das ward grade jetzt sehr schmerzlich empfunden, da die anhaltende Auswanderung, die dem Vaterlande so ganz verloren ging, in weiten Kreisen das Verlangen nach deutschen Kolonien erweckte. Bunsen sprach darüber oft mit seinen englischen Freunden. Unermüdlich ließ er seine politischen Seifenblasen in die geduldige Luft steigen, Peel und Aberdeen standen freundlich lächelnd dabei, hielten ihm das Seifenbecken und schlugen den Schaum. Sobald sich das Gerücht von einer deutschen Nationalflagge verbreitete, sagte Aberdeen zärtlich: das ist ein ausgezeichneter Gedanke; Englands Interesse verlangt, daß sich zwischen der britischen und der französischen Marine einige Zwischen-Seemächte bilden. Als Bunsen aber den leitenden Minister unschuldig fragte, ob England eine seiner Kolonien an Deutschland abtreten könne, um den Gefahren unserer Übervölkerung abzuhelfen, da erwiderte Peel: das ließe sich schwer ausführen; warum wolle Deutschland nicht lieber Puerto Rico erwerben? Diese Insel war freilich viel zu klein, ihr tropisches Klima auch für starke europäische Ansiedlungen ganz ungeeignet; sie besaß jedoch den großen Vorzug, daß sie der Krone Spanien gehörte, die englische Großmut konnte sie mithin ohne schmerzliche Unkosten den Deutschen anbieten.

Aus diesem Gewoge nebelhafter Entwürfe tauchte doch einmal ein Plan auf, der nicht völlig aussichtslos schien. Kalifornien, das wüste Land an der Südsee, dessen Goldschätze damals noch niemand ahnte, war zur Zeit fast herrenlos, die bankrotte Republik Mexiko schien nicht abgeneigt, das wertlose Besitztum für mäßigen Preis zu veräußern. Was konnte den ideenreichen Köpfen Rönnes und Bunsens willkommener sein? Beide hofften dies kalifornische Land für Preußen zu erwerben und in der Bai von San Francisco einen großen Freihafen zu gründen. Aberdeen zeigte sich wieder sehr großmütig; er stimmte fröhlich zu und fragte, ob Preußen nicht gleich weiter nördlich ausgreifen und das Gebiet von Oregon dazu erwerben wolle. Allerdings mußte Bunsen wissen, daß die Vereinigten Staaten, nach der Monroe-Doktrin, eine europäische Kolonie auf ihrem Kontinente nicht dulden würden; er erfuhr sogar aus dem eigenen Munde des amerikanischen Staatssekretärs Mac Lane, daß die Unions-Regierung ernstlich beabsichtige, die Wirren in Mittelamerika zu benutzen, um ihr eigenes Gebiet bis zur Meerenge von Panama auszudehnen. Trotzdem war die Erwerbung Kaliforniens nicht ganz undenkbar, wenn Preußen sich insgeheim mit Mexiko verständigte und – seine Kolonie durch eine Seemacht beschützte! Auch dafür wußte Bunsen Rat; wann wäre er je um einen Einfall verlegen gewesen? Dänemark, der Todfeind der alten Hansa, der Unterdrücker des Deutschtums in Schleswig, war doch Mitglied des Deutschen Bundes und konnte die Kosten seiner Flotte nur schwer erschwingen. Weshalb sollte also der Dänenkönig nicht Großadmiral der neuen Hansa, des Zollvereins, werden und als solcher die preußische Kolonie Kalifornien mit seinem Danebrog verteidigen? Dann genügten ein oder zwei preußische Bataillone, um das Land im Innern zu sichern. Diese Vorschläge entwickelte der preußische Gesandte seinem Amtsgenossen, dem Grafen Reventlow, einem eifrigen Dänen, der insgeheim den englischen Hof für die Vernichtung der Selbständigkeit Schleswig-Holsteins zu gewinnen suchte, doch mit Bunsen nahe befreundet war und auch jetzt die zärtlichen Worte nicht sparte. Das Auswärtige Amt aber konnte nicht umhin, die Berichte des erfindungsreichen Diplomaten am Rande mit einigen großen Fragezeichen zu schmücken, und Bunsen fühlte sich tief bekümmert, als seine Ideen von dem natürlichen Tode aller Seifenblasen ereilt wurden. –

Auch der Hamburger Sieveking konnte gegen Englands Widerspruch nichts ausrichten, als er die neuseeländischen Chatham-Inseln für Deutschland zu erwerben suchte. Zudem hatte sich das öffentliche Urteil über die Bedeutung kolonialen Besitzes noch keineswegs geklärt. Sehr tüchtige deutsche Männer hielten das Zeitalter der Kolonialpolitik für überwunden und abgetan, derweil England fortfuhr, Jahr für Jahr neue zukunftsreiche Pflanzungsländer in allen Weltteilen zu erwerben; sie machten aus der Not eine Tugend und priesen Deutschland glücklich wegen der binnenländischen Beschränktheit seines politischen Lebens. Selbst der beredte Verteidiger der nationalen Handelspolitik Heinrich v. Arnim behauptete: der Zollverein könne eben deswegen günstige Handelsverträge schließen, weil er glücklicherweise keine Kolonien besitze. Seit dem Abfall der Union und des spanischen Amerikas galt es im Lager der radikalen Freihändler für ausgemacht, daß jede zur Reife gelangte Kolonie sich unfehlbar von dem Mutterlande losreißen müsse. Man bemerkte nicht, daß jene beiden großen Revolutionen durch ganz eigenartige historische Verhältnisse bedingt waren und sich nicht notwendig überall wiederholen mußten; man bemerkte noch weniger, wie Großes England und Spanien, trotz des politischen Abfalls ihrer Kolonien, durch die weite Welt gewonnen hatten. Der Erdkreis war jetzt aufgedeckt, eine neue barbarische Völkerwanderung nicht mehr zu befürchten; die Massenaristokratie der Europäer begann sich in die Herrschaft der überseeischen Welt zu teilen, und an diesem ungeheueren Kampfe, welcher die zweite Hälfte des Jahrhunderts füllte, nahmen die Deutschen nur einen sehr bescheidenen Anteil.

Die Auswanderung, die ihren Weg noch immer fast ausschließlich nach Nordamerika nahm, verdreifachte sich in kurzer Zeit, sie wuchs in den Jahren 1840-47 von 34 000 auf 110 000 Köpfe. Auch Preußen, das sich bisher durch seine freie soziale Gesetzgebung leidlich geschützt hatte, blieb von der Bewegung nicht mehr unberührt; im Jahre 1846 wanderten mehr denn 16 000 Preußen aus, die Mehrzahl aus den winzigen Landgütern des dichtbevölkerten Regierungsbezirks Trier. Da die Demagogenverfolgung vorläufig aufgehört hatte, so befanden sich jetzt unter den Ausziehenden nur wenige gebildete Männer; alle anderen überragte der Thüringer J. A. Röbling, ein genialer Ingenieur, der durch seine Drahtseilbahnen und Hängebrücken bekannt, nachher durch die Überbrückung des Niagara und des East River weltberühmt wurde. Die kleinen Leute aus den süddeutschen Dörfern, die den Stamm der Auswanderer bildeten, mußten schon auf der Überfahrt viel leiden, weil die elenden Segelschiffe in den Hansestädten keiner strengen Aufsicht unterlagen. Drüben verschwanden sie meist sehr schnell in dem übermächtigen fremden Volkstum; die Turn- und Gesangsvereine, in denen sie noch ihre vaterländischen Erinnerungen pflegten, bedeuteten für die Politik gar nichts. Grade in diesen Jahren zeigten die Yankees den deutschen Einwanderern fast nur Hohn und Verachtung.

In Deutschland war man noch fast ratlos. Einige Redner in den süddeutschen Kammern empfahlen zwar die Auswanderung als letzte Heilmittel wider die angeblich drohende Übervölkerung. Mehrere bedrängte Gemeinden in Sachsen, Hessen, Baden gaben ihren Armen sogar Reisegeld und Wegzehrung für die Fahrt nach dem gelobten Westen. Die Regierungen aber erkannten, welchen unersetzlichen Verlust das Vaterland durch die Auswanderung erlitt, und Minister Bodelschwingh sagte gradezu: wir dürfen dies nationale Unglück mindestens nicht fördern. Andererseits fühlten sie alle, daß sie den unbändigen Wandertrieb nicht hemmen, höchstens die Agenten, deren verlockende Anzeigen schon in jedem Dorfwirtshause Süd- und Mitteldeutschlands aushingen, schärfer beaufsichtigen konnten. Was sollte nun geschehen, um die Auswanderer zu beschützen und dem alten Volkstum zu erhalten? Eichhorn suchte die Frage in einer geistvollen Denkschrift zu beantworten. Der gewiegte Zollvereinspolitiker hoffte, „die Auswanderung dem Vaterlande wieder nutzbar zu machen“, wenn sie, durch die preußischen Konsuln geleitet, sich in zusammenhängenden Massen ansiedelte und dann Kirche und Schule, unter Beihilfe des Mutterlandes, für die Erhaltung deutscher Sprache und Sitte wirkten. Selbst diese anspruchslosen Vorschläge schienen dem Auswärtigen Amte gefährlich, und leider waren seine Bedenken nicht ohne Grund. Niemand kann zwei Vaterländer haben, und es frommte wahrlich nicht, den Deutschen, die schon daheim in so unklaren politischen Verhältnissen lebten, den Ernst des Staatsgedankens noch mehr zu verdunkeln. Jede Nationalität wird zum Zwitter, wenn sie sich von ihrem Staate löst; über die abtrünnigen Söhne des Vaterlandes, die freiwillig amerikanische Bürger wurden, durfte Preußen keinerlei Schutzrecht ausüben, sobald die Unionsregierung, wie sich leicht voraussehen ließ, Einspruch erhob.

Verwandte Gedanken regten sich unter den Auswanderern selbst. In Texas entstand ein freimaurerischer Orden Teutonia, der seine Mitglieder zur Wahrung der nationalen Eigenart verpflichtete. Ein höheres Ziel setzte sich der „Verein zum Schutze der deutschen Einwanderung in Texas"; er hoffte eine selbständige Kolonie, vielleicht gar einen deutschen Staat zu gründen, weil Texas von Mexiko losgerissen, noch nicht zu fester politischer Ordnung gelangt war. Die Herzoge von Nassau, Coburg, Meiningen, der Fürst von Rudolstadt, der Landgraf von Homburg sowie neunzehn Fürsten und Grafen vom mediatisierten Reichsadel gehörten ihm an; Fürst Leiningen, der vielgeschäftige Stiefbruder der Königin Victoria, führte den Vorsitz. Das Vorbild des mildtätigen Friedrich Wilhelm hatte überall im hohen Adel philanthropischen Eifer erweckt; man schwärmte für die Rettung der Notleidenden und suchte, vorerst noch ohne Erfolg, die Hilfe des frommen Königs zu gewinnen. Leider ward das wohlgemeinte Unternehmen mit der ganzen Leichtfertigkeit geschäftsunkundiger vornehmer Herren eingeleitet; das Kapital von 80 000 Dollars genügte nicht von ferne; auch die politische Berechnung erwies sich als falsch, da Texas schon 1845 in die Union eintrat. Prinz Karl von Solms-Braunfels, ein phantastischer, gutmütig prahlerischer junger Mann zog selbst hinüber, er gründete die Stadt Neu-Braunfels und eine Ortschaft Sophienburg, nach dem Namen einer deutschen Fürstin, die er glühend verehrte; doch lange hielt er nicht bei der Stange aus. Von den 5000 Auswanderern, die der Fürstenverein in den Jahren 1845 und 46 nach Texas führte, gingen mehr denn zwei Drittel elend zugrunde; die 1500, welche endlich, unter der kräftigen Führung des Generalkommissärs v. Meusebach, sich selber zu helfen lernten, wurden zu deutsch-englischen Amerikanern, wie alle die anderen deutschen Einwanderer in der Union. Der klägliche Untergang dieses im Jahre 1847 aufgelösten Fürstenvereins war ein Unglück auch für die deutsche Politik; denn die Radikalen, die im stillen überall mit wachsendem Erfolge arbeiteten, bemächtigten sich schadenfroh der traurigen Vorfälle, und noch in den Volksversammlungen des Revolutionsjahres sprachen die Demagogen gern von den Tausenden wackerer Plebejer, die an der Fieberküste von Texas als Opfer fürstlichen Leichtsinns gefallen waren. Es stand nichts anders: solange Deutschland keine Reichsgewalt besaß, gingen alle seine Auswanderer dem Staate, die meisten auch dem Volkstum der Heimat verloren. –

Gewaltig veränderte sich mittlerweile das volkswirtschaftliche Leben durch den fortschreitenden Eisenbahnbau. Die Notwendigkeit der neuen Erfindung zeigte sich schon jetzt so deutlich, daß der Widerspruch mehr und mehr verstummte. Im preußischen Heere fanden die skeptischen Ansichten des Generals Aster nur noch wenig Anklang; H. v. Moltke, der jetzt heimgekehrt als Major im Generalstabe stand, trat sogar in den Verwaltungsrat der Berlin-Hamburger Eisenbahn und beantwortete in einem lichtvollen Artikel der Deutschen Vierteljahresschrift die Frage: „Welche Rücksichten kommen bei der Wahl der Richtung von Eisenbahnen in Betracht?" Auch andere tüchtige Offiziere verlangten, daß die Regierung den Bau der Eisenbahnen nach einem durchdachten Plane leiten müsse. Da der König schon als Kronprinz ähnliche Meinungen gehegt hatte, so wurden im Staatsministerium (1842) die Grundzüge eines die gesamte Monarchie umfassenden Eisenbahnnetzes festgestellt; und immer wieder drängte sich die Erwägung auf, ob man nicht kurzweg Staatseisenbahnen bauen solle.

Die Finanzen erfreuten sich einer beneidenswerten Blüte; das blieb immer die starke Seite der Regierung Friedrich Wilhelms. Die Staatsschuld sank bis zum Jahre 1847 auf 137 Mill. Tlr., die Staatsschuldscheine standen sehr hoch im Kurse. Darum wurden Staatseisenbahnen, wie die Beratungen der Vereinigten Ausschüsse deutlich erkennen ließen, in weiten Kreisen für unbedenklich und notwendig gehalten. Unmöglich konnte man doch behaupten, daß Privatbeamte den Eisenbahndienst, der nur strenge Ordnung und Ehrlichkeit verlangt, besser besorgen sollten als das bewährte Staatsbeamtentum; der Stachel des freien Wettbewerbs, der sonst die Privatunternehmungen zu großen Leistungen ansporne, fiel hier hinweg, da die Eisenbahnen tatsächlich ein Monopol besaßen. –

Der Bahnbau schritt vorwärts. Bis zum Jahre 1847 wurden in Preußen 280 Meilen Eisenbahnen eröffnet und der Staat übernahm eine Zinsbürgschaft für 29 Mill. Tlr. Es wurden vollendet oder der Vollendung nahe gebracht die großen Linien nach Stettin, nach der schlesisch-österreichischen Grenze, nach Sachsen und weiter westlich duch Thüringen. Nachdem Mecklenburg und Hamburg einen beträchtlichen Teil des Anlagekapitals – weit mehr als Preußen selbst – übernommen hatten und der kleinliche Widerspruch der Krone Dänemark endlich überwunden war, kam auch die Berlin-Hamburger Bahn zustande. Besondere Schwierigkeiten bereitete die wichtige Verbindung Berlins mit den westlichen Provinzen. Ein Glück nur, daß im braunschweigischen Finanzwesen der rührige Direktor v. Amsberg fast unumschränkt schaltete. Der hatte schon seit den zwanziger Jahren, weit vorausschauend, große Pläne für ein nordwestdeutsches Eisenbahnsystem begonnen und dann, als er bei dem welfischen Königshofe nichts durchsetzen konnte, im Jahre 1838 die erste deutsche Staatsbahn, Braunschweig-Wolfenbüttel-Harzburg, gegründet. Die Bahn blühte schnell auf in dem verkehrsreichen Ländchen und bildete den Stamm der großen Straße zwischen Spree und Rhein. Im Osten schlossen sich preußische Linien an; es waren, nach der Weise dieser Zeit, mehrere kleine Gesellschaften, die sich erst mühsam untereinander verständigen mußten: die Magdeburg-Halberstädter und die bis nach Magdeburg ausgedehnte Berlin-Potsdamer Bahn. Im Westen trat Hannover hinzu. König Ernst August sträubte sich lange, doch sobald er die Notwendigkeit erkannte, betrieb er den Bahnbau mit gewohnter Tatkraft und bestand nur noch darauf, daß die Linie recht viel hannoversches Land durchschneiden müsse. Da man den störrischen Alten weder zwingen noch überzeugen konnte, so gab Preußen schließlich nach und bewilligte die Linie Braunschweig-Hannover-Minden. Daran schloß sich endlich die große Bahn von Minden nach Köln. So geschah es, daß die gewerbereiche Provinz Westfalen, deren Volksmann Harkort schon vor langen Jahren für den Bahnbau gekämpft hatte, erst sehr spät, seit 1847 in den großen Eisenbahnverkehr eintrat. Ihre Fabriken und Bergwerke hatten unter der langen Säumnis schwer gelitten.

Unterdessen mußte die preußische Regierung erfahren, daß sie mit der behutsamen Politik der Unterstützungen und Zinsgarantien nicht zum Ziele gelangte. Die neue französische Ostbahn begann eine große Linie bis zur preußischen Grenze bei Forbach; von der andern Seite her baute die pfälzische Ludwigsbahngesellschaft eine Bahn durch die Berge des Westreichs bis gegen Neunkirchen hin. Kamen diese Bauten zum Abschluß, dann war eine Schienenverbindung zwischen Frankreich und Deutschland – die einzige unmittelbare, die damals möglich schien – fast vollständig hergestellt. Nur ein kleiner Streifen preußischen Gebietes trennte noch die beiden Endpunkte, und in ihm lagen die großen, zumeist dem Staate gehörigen Kohlengruben des Saarbrückener Beckens. Da war kein Zaudern möglich; die Krone entschloß sich (1847) zum Bau der ersten preußischen Staatsbahn, der kurzen, für die Volkswirtschaft hochwichtigen Saarbrückener Bahn.

Diese kleine Strecke konnte zur Not noch ohne Anleihe, durch die reichen Überschüsse der Staatseinnahmen gebaut werden; doch mittlerweile trat eine neue, ungleich schwerere Aufgabe an den Staat heran. In dem geplanten Eisenbahnnetze fehlte noch ein wichtiges Glied, die große Ostbahn nach Königsberg; und der König hielt es mit Recht für eine Ehrenpflicht, sein geliebtes, durch die Ungunst der geographischen Lage so schwer bedrängtes Altpreußen baldigst mit der Hauptstadt und dem großen mitteleuropäischen Verkehre zu verbinden. Da versagte sich das Privatkapital. Die Eisenbahngesellschaft, der das große Bankhaus J. Mendelssohn und mehrere der angesehensten Männer Ostpreußens angehörten, erklärte plötzlich: bei dem Geldmangel, der seit dem neuen Aktiengesetze die Börsen heimsuche, vermöchte sie die 32 oder 40 Mill. Tlr. für das gewaltige Unternehmen unmöglich aufzubringen. Jetzt blieb nichts übrig als ein verzweifelter Entschluß; nach so vielen Verheißungen und Vorarbeiten konnte die Krone nicht mehr zurück. Am 16. März 1847 beschloß das Staatsministerium: der Staat müsse nunmehr selber die Ostbahn bauen und von dem demnächst zusammentretenden Vereinigten Landtage sogleich eine große Anleihe verlangen. Der König genehmigte den Antrag; er ahnte nicht, wie seltsam das Schicksal seiner Ostbahn sich noch mit dem Verfassungskampfe verschlingen sollte. –

Die sächsische Regierung, die auf diesem Gebiete die reichsten Erfahrungen besaß, wollte sich zunächst die Vorteile des Durchfuhrverkehrs sichern und entwarf einen wohldurchdachten Plan für Bahnverbindungen mit Schlesien, Böhmen, Bayern; doch selbst in diesem gewerbereichen Lande konnte das Privatkapital nur die einträgliche Leipzig-Dresdner Linie, nicht die anderen minder ergiebigen Bahnen festhalten, und nach einigen Jahren sah sich der Staat auch hier gezwungen, die Neubauten zu übernehmen. Hannover dagegen besaß noch gar keine großen industriellen Kapitalien und mußte daher von Haus aus den Staatsbau wagen. Er wurde eifrig, aber planlos betrieben; die beiden wichtigen Bahnen von Hamburg und Bremen mündeten nicht in der Hauptstadt, sondern einige Stunden entfernt in Lehrte und Wunstorf. Man wußte noch nicht und konnte nur durch die Erfahrung lernen, was ein Knotenpunkt im Bahnverkehr bedeutet. Die Kurhessen trugen sich schon seit vielen Jahren mit großen Bauplänen, sie hofften, daß Kassel den Mittelpunkt des deutschen Eisenbahnnetzes bilden sollte. Der Prinzregent aber verzögerte alles durch Trägheit und bösen Willen. Endlich durfte eine Aktiengesellschaft zur Verbindung von Thüringen und Westfalen zusammentreten; sie gewann die Gnade des Landesherrn, weil sie den stolzen Namen der Friedrich-Wilhelms-Nordbahn annahm. Die Main-Weserbahn zwischen Kassel und Frankfurt sollte auf Staatskosten, gemeinsam mit Hessen-Darmstadt, gebaut werden; der Landtag bewilligte dazu eine Anleihe von 6 Mill. Tlr. Das Haus Rothschild, das diese Anleihe aufzulegen hatte, überschritt die vereinbarte Summe um 750 000 Tlr. und beanspruchte diesen Überschuß von 12 1/2 Prozent für sich selbst als sauer verdiente Provision. Es war ein öffentliches Geheimnis, wie der preußische Gesandte Graf Galen sagte, daß der getreue Hofbankier sich mit den Kurprinzen in den Gewinn teilte, „daß auf Kosten des Landes der Regent in jüdischer Gemeinschaft gute Geldgeschäfte machte." Darum richtete der ehrliche Abgeordnete Wippermann nichts aus, als er in der Kammer den Gaunerstreich Rothschilds zur Sprache brachte.

Von Kiel nach Altona beförderte die königlich dänische Post auf der soeben erst vollendeten neuen Steinstraße täglich vier bis sechs Personen in dreizehn Stunden, und die schlichten Leute fragten ganz verwundert: was man denn noch mehr verlangen könne? – als in beiden Städten Vereine zur Begründung einer Eisenbahn zusammentraten. Der Plan schien anfangs fast aussichtslos; die Unternehmer baten sogar den Zaren Nikolaus, als dieser durch Holstein kam, um die Zeichnung einiger Aktien, damit das Werk durch den Zauber seines mächtigen Namens gefördert würde. Im Auftrage der Stadt Kiel ging dann Franz Hegewisch (1842) nach Kopenhagen und er behandelte seinen Gönner, den gescheiten, eitlen König Christin VIII, mit ärztlicher Klugheit; er legte ihm genaue Rechnungen vor und dazu den Antrag, daß die Bahn den Namen „König Christian VIII. Ostseebahn" führen solle. Eine solche Lockung wirkte in Kopenhagen ebenso unwiderstehlich wie in Kassel. Die Bahn wurde genehmigt und schon nach zwei Jahren dem Verkehr übergeben. Freilich ahnte der König nicht, was sich seine treuen Holsten bei dem Unternehmen dachten; er zeigte sich sehr aufgebracht, als Hegewisch bald nachher auf dem Kieler Ärztetag furchtlos sagte, dieser Schienenweg solle das ungeteilte Schleswig-Holstein fest mit dem deutschen Vaterlande verbinden. Um so mehr war er darauf bedacht, Lübeck niederzuhalten, die alte Feindin Dänemarks, die jetzt auch mit dem aufstrebenden Kiel einen scharfen Konkurrenzkampf führte. Weder eine Hamburg-Lübecker Bahn, noch eine Zweigbahn zum Anschluß an die Berlin-Hamburger Linie wollte er der verhaßten Stadt erlauben, und da auch Mecklenburg, ängstlich besorgt um seine eigenen Seeplätze Wismar und Rostock, einen Schienenweg nach Schwerin nicht gestattete, so blieb Lübeck, allein unter den Hansestädten, noch viele Jahre lang ohne Eisenbahnverbindung.

Bald fühlten die Verwaltungen selbst, daß die naturwüchsige Anarchie dieser kleinen Linien doch einiger Ordnung bedurfte; es entstanden vier große Eisenbahnverbände: eine norddeutsche Gruppe mit Berlin, eine niederrheinische mit Köln, eine südwestliche mit Frankfurt, eine bayrische mit Augsburg als Mittelpunkt. Die Verbände verständigten sich über einige gemeinsame Betriebsgrundsätze, vornehmlich über die Warenbeförderung; denn man begann jetzt schon zu begreifen, daß der Güterverkehr mehr bedeutete als der Personenverkehr, und die Tarifsätze der Eisenbahnen für viele Gewerbszweige wichtiger waren als die Schutzzölle. Trotz so mancher Mißgriffe und Torheiten blieb es doch ein erhebendes Schauspiel, wie tapfer dies Land ohne Hauptstadt dem zentralisierten, reicheren Frankreich vorausschritt. Was auch die Welschen prahlen mochten, die Sonne ging über Europa noch immer nicht im Westen auf. Im Volke regte sich zwar da und dort ein Widerstand. Viele bayrische Städtchen baten ihren König dringend, sie mit der Eisenbahn zu verschonen; sie ahnten dunkel, daß die neue Erfindung mancher kleinen für Fabrikanlagen ungeeigneten Ortschaft mehr Schaden als Nutzen bringen mußte. In der Presse wurden diese vereinzelten Gegner als törichte Schildbürger verspottet, denn fast überall sah man der neuen Zeit mit überschwenglichen Hoffnungen entgegen. Die Wünschelrute schien gefunden. Die Bürger des hannoverschen Pferdemarktes Peina sangen, als ihre Eisenbahn eröffnet wurde, beim Festmahle feierlich nach der Melodie des Landesvaters: „Peina bricht sich, Peina bricht sich eine neue Lebensbahn!"

Unterdessen hatten der Amerikaner Morse und der Engländer Wheatstone die deutsche Erfindung der elektrischen Telegraphie weiter gebildet und für den täglichen Verkehr nutzbar gemacht. Es ward eine hohe Zeit. Der alte optische Telegraph arbeitete gar zu unsicher; in nebliger Winterszeit geschah es wohl, daß ein Telegramm von London nach Berlin fünf Tage brauchte. Nun fand sich wieder ein deutsches technisches Genie, das die Arbeit der Fremden fortführte. Der preußische Artillerieleutnant Werner Siemens benutzte einen elastischen Pflanzenstoff, der jetzt zuerst in den Handel kam, die Guttapercha, um die Drähte der Telegraphenleitungen zu umhüllen und zu isolieren; zwischen Berlin und Großbeeren unternahm er den ersten Versuch (1847) und legte also den Grund für das deutsche Telegraphennetz. Die neue Firma Siemens und Halske arbeitete bald für den Weltmarkt.

Die Wunden der Kriegsjahre waren ausgeheilt; das zeigte sich nicht nur am Barbestand der Banken, auch die Industrie schritt jetzt rascher vorwärts als in den letzten zwei Jahrzehnten. Seit dem Erscheinen des neuen Zollgesetzes bis zum Tode des alten Königs hatte sich in Preußen die Zahl der Grob-, Nagel- und Messerschmiede von 59 000 auf 79 000, die der Webstühle für Baumwoll- und Halbbaumwollwaren von 14 000 auf 49 000 gehoben. Unter der neuen Regierung vermehrten sich binnen neun Jahren die Dampfmaschinen der Berliner Fabriken von 29 mit 392 Pferdekräften auf 193 mit 1265 Pferdekräften, und die Kopfzahl der Berliner Metallarbeiter hob sich in 13 Jahren von 3000 auf 4500. Schritt für Schritt suchte der deutsche Gewerbefleiß den weiten Vorsprung des Auslandes einzuholen. Als die Berlin-Anhaltische Eisenbahn gegründet wurde, bestellte sie in England 15 Lokomotiven und nur bei 6 bei Borsig; der aber tat sein Bestes mitsamt seinen wohlgeschulten Leuten, die sich stolz als eine Aristokratie in der Berliner Arbeiterschaft fühlten, und in dem Jahrzehnt nach 1842 lieferte er der Bahn schon 19 Lokomotiven, England und Belgien zusammen nur noch 16.

Allein sehr bald zeigte sich auch die Schattenseite des gewaltigen neuen Verkehrs. Unser Stolz war der starke wehrhafte Bauernstand. Deutschland besaß nach Verhältnis fast dreimal mehr Ackerland und sechsmal weniger unproduktiven Boden als Großbritannien, wo der Adel die Bauern großenteils ausgekauft hatte. Die Bevölkerung war in leidlichem Gleichmaß über Stadt und Land verteilt; darum bewahrte sich das deutsche Leben noch immer einen Zug ursprünglicher Kraft und unschuldiger Frische, dessen die urbane Kultur der südlichen und westlichen Nachbarvölker fast ganz entbehrte. Jetzt aber begann auch in Deutschland, erst langsam, dann unaufhaltsam anschwellend, der Zudrang zu den Städten. In Breslau entstand neben den Bahnhöfen nach kurzer Zeit ein neuer Stadtteil; in Hamburg, in Stettin, in Leipzig, selbst in dem stillen Dresden, wo man der Fremden halber die rauchenden Schlote ungern sah, wuchsen die Fabriken heran. Die Hast, die Genußsucht, die Unzufriedenheit des großstädtischen Lebens verbreiteten sich weithin in die kleinen Ortschaften und über das flache Land. Und wie gründlich wurden alle Lebensgewohnheiten durch die Massenproduktion der jungen Großindustrie verändert. Viele der gerühmten neuen Erfindungen, zumal in der Textilindustrie, waren ganz unnütz; sie förderten lediglich die Überproduktion, den wilden Kampf der Konkurrenz, den rastlosen Wechsel der Moden. Die derben alten Tuche, die sich der sparsame Bürgersmann nach vier Jahren noch einmal wenden ließ, kamen allmählich ab; die eleganten und wohlfeilen modernen Stoffe aber überdauerten selten einen Sommer. Der Düsseldorfer Maler wußte längst nicht mehr, womit er malte, und wenn er nachher die herrlich leuchtenden Farben seines Fabrikanten unbegreiflich schnell verbleichen oder gar den Firnis abbröckeln sah, dann beneidete er die schlichten alten Meister, die ihre Farben noch selber rieben und sich's darum auch zutrauten, für die Zukunft zu malen.

Kurzlebig, vergänglich war alles, was die neue Industrie hervorbrachte, und es konnte nicht ausbleiben, daß diese Flüchtigkeit der wirtschaftlichen Arbeit auf die ganze Weltanschauung des Zeitalters zurückwirkte. Der große Ehrgeiz, der für die Dauer schaffen will, wird immer nur einzelne starke Geister beseelen; doch kaum jemals in der Geschichte ist die Lehre, daß der Mensch am Tage den Tag lebe, mit solcher Selbstgefälligkeit verkündigt worden, wie in der zweiten Hälfte des neunzehnten Jahrhunderts. Die gesamte radikale Literatur der Zeit predigte in mannigfachen Wendungen: mit der schweren alten Wissenschaft sei es vorbei, nur in der leichten Form der Publizistik könne das freie moderne Bewußtsein seinen Ausdruck finden, nur wer den Duft des frisch bedruckten Zeitungspapieres wie Morgenluft einatme, stehe auf der Höhe des Jahrhunderts. Ein neues Geschlecht begann heranzuwachsen, das von Ort zu Ort, von einem Eindruck zum anderen hastete, schnell lernend und schneller vergessend, immer genießend, immer erwerbend, ganz in sich selbst und in das Diesseits verliebt, friedlos und freudlos. In Deutschland verrieten zunächst nur einzelne Anzeichen diese beginnende Umwandlung des sozialen Lebens.

Sehr schwer litt unter den veränderten Verkehrsverhältnissen das deutsche Haus und seine Hüterin, die Frau. Unsere wechselreiche Geschichte hatte nach dem Dreißigjährigen Kriege und sonst noch mehrmals Zeiten gesehen, da die Frau höher stand als der Mann und das verwilderte Männervolk an der guten Sitte des Hauses wieder gesundete; jetzt kamen Tage, da die Frau sich in der verwandelten Welt schwerer zurecht fand als der Mann und an ihrem natürlichen Berufe irre wurde. Die alte vorsorgliche Wirtschaftsweise, die das ehrenfeste Bürgerhaus für die Winterszeit mit reichen Vorräten auszustatten pflegte, verbot sich jetzt von selbst; die weibliche Handarbeit im Hause verlor Sinn und Wert, seit man Wäsche und Kleider im Laden fertig kaufte. Das patriarchalische Verhältnis zwischen Herrschaft und Gesinde ging zugrunde, der Wandertrieb der Zeit ergriff auch die Dienstboten. Also kam den Frauen ein guter Teil ihrer gewohnten stillen Wirksamkeit abhanden, sie fühlten sie unglücklich in einem halb zwecklosen Leben. Da überdies die Eheschließung in den höheren Ständen durch den sinkenden Geldwert und die verwickelten Erwerbsverhältnisse erschwert wurde, so wuchs die Zahl der unbefriedigten, der kranken und nervösen Frauen beständig an. Ratlos stand die Welt vor einer „Frauenfrage", welche die einfache Vorzeit nicht gekannt hatte. Frauen drängten sich mit dilettierender Geschäftigkeit in männliche Berufe, und ganz wie einst in den Zeiten der Sittenverderbnis des klassischen Altertums stiegen aus dem Schlamme der Überbildung die Lehren der Weiber-Emanzipation empor.

Unnatürlich früh entstanden, obgleich der allgemeine Wohlstand noch recht bescheiden blieb, schon einzelne riesige Vermögen. Der Reichtum des Hauses Rothschild überbot bei weitem alles, was die römische Kaiserzeit an ungesunden Kapitalanhäufungen gesehen hatte. Es lag im Wesen der neuen Großindustrie, daß sie, um nur zu bestehen, beständig nach Erweiterung trachten mußte. Diesen Wandlungen des sozialen Lebens vermochte der Staat, der ja immer langsamer lebt als die Gesellschaft, längst nicht mehr zu folgen. Von solchen Vermögen, wie sie jetzt über Nacht anwuchsen, hatte sich Hardenberg nichts träumen lassen, als er vor einem Vierteljahrhundert mit hausväterlicher Sorgsamkeit dem verarmten Volke die neuen Steuern auferlegte. In dem reichen Köln entrichteten um 1845 nur fünf Firmen die höchste Gewerbesteuer mit 260 Tlr., und darunter waren die weltbekannten Bankhäuser Sal. Oppenheim und Schaffhausen; die größte der beiden Rhein-Dampfschiffsgesellschaften zahlte nur 91 Tlr. Nun gar die bescheidenen höchsten Sätze der Klassensteuer erschienen diesen Vermögen gegenüber wie Hohn, und mit gerechtem Groll sah der kleine Mann, wie unbillig der Reichtum bevorzugt wurde. Die neuen Kapitalmächte zeigten gar nichts von jener großartigen, gemeinnützigen, ganze Städte schmükkenden und darum versöhnenden Freigebigkeit, welche den reichen Leuten des klassischen Altertums durch die Volkssitte aufgezwungen wurde. Sie benutzten nicht nur rücksichtslos ihre Überlegenheit auf dem Markte, sie begannen auch schon dem Gesetze trotzend, sich gegen die Arbeitskräfte zu verschwören; es kam an den Tag, daß die Bonn-Kölner und die Leipzig-Dresdner Eisenbahngesellschaft sich zur Aussperrung mißliebiger Arbeiter verabredet hatten.

Man bemerkte auch bereits die ersten Anfänge einer internationalen Verbindung zwischen den großen Geldmächten. Im Mittelalter hatten zuweilen deutsche und französische Ritter gemeinsam gegen das Bürgertum gefochten, im sechzehnten Jahrhundert die Religionsparteien aller Länder unbedenklich die Hilfe der fremden Glaubensgenossen angerufen wider die andersgläubigen Landsleute. Es war der Ruhm der neuesten Geschichte, daß die Eigenart des Volkstums sich überall stark und bewußt ausbildete, daß die nationalen Gegensätze allmählich gewichtiger wurden als die Gegensätze der politischen, der ständischen, der kirchlichen Parteiungen; die eigentümliche Größe der modernen Kultur lag in der Mannigfaltigkeit ihrer nationalen Gebilde. In dieser gesunden, natürlichen Entwicklung trat nun plötzlich ein unheilvoller Rückschlag ein. Die Börsenmächte aller Kulturländer begannen sich in der Stille über das gemeinsame Geldinteresse zu verständigen, und die neue internationale Partei des Großkapitals fand ihre natürliche Stütze an dem vaterlandslosen Judentum. Einer der Führer der europäischen Judenschaft, der radikale Abgeordnete Cremieux in Paris, verkündete bereits triumphierend, welche Riesenschritte Israel getan habe; und der französische Ultramontane A. Toussenel veröffentlichte schon 1847 sein warnendes Buch *Les Juif rois de l'époque*. Die wertlose, an törichten Behauptungen überreiche Schrift zeigte immerhin, daß ihr fanatischer Verfasser ein scharfes Witterungsvermögen besaß.

Diesen Kapitalmächten stand die Masse der Arbeiter fast hilflos gegenüber. Wohl erschienen die sozialen Mißstände in der noch unfertigen deutschen Großindustrie bei weitem nicht so entsetzlich wie in Frankreich oder England; der verzweifelte Schlachtruf der französischen Arbeiter: „kämpfend sterben oder arbeitend leben" fand in Deutschland noch keinen Widerhall. Doch über Hungerlöhne, Kinderarbeit, Mißhandlung und Ausbeutung der Leute wurde schon laut geklagt, viele deutsche Fabrikanten hatten schon das schändliche englische Trucksystem, die Ablöhnung der Arbeiter durch Waren eingeführt; und als der wackere Breslauer Wolff (1843) das grauenhafte Elend in den Arbeiterwohnungen der „Kasematten" seiner Vaterstadt schilderte, da erkannte man mit Schrecken, daß auch Deutschland schon Höhlen des Jammers besaß. Den besitzenden Ständen fehlte noch fast jedes Verständnis für die Empfindungen der Masse. Mancher Fabrikant im Erzgebirge erzählte unbefangen, ohne sich etwas Schlimmes dabei zu denken: sein Arbeiterstamm vermehre sich durch Inzucht in den neuerbauten Arbeiterkasernen; dort mochten die Leute nach Belieben in wilder Ehe beisammen leben, die nachsichtigen Behörden kümmerten sich nicht darum.

Der König betrachtete die Beschützung der kleinen Leute als heilige Christenpflicht; Parteilichkeit für das Großkapital lag seiner politischen Gesinnung fern, wieder und wieder beschäftigte ihn die Frage, ob er nicht in seinem geplanten Vereinigten Landtage den Arbeitern eine besondere ständische Vertretung gewähren solle. Er freute sich herzlich und bewilligte reiche Unterstützung, als in Berlin nach der Gewerbeausstellung von 1844 ein „Verein für das Wohl der arbeitenden Klassen" zusammentrat, der durch Volks-Sparkassen, Schulen, gemeinnützige Schriften zu wirken suchte. In vielen großen Städten entstanden dann ähnliche Vereine; Barmherzigkeit gegen die Armen war die Losung, die von dem frommen Hofe ausging. Doch leider fehlte dem Monarchen alle Kenntnis des praktischen Lebens; seine Beamten aber hielten fast allesamt noch das Anwachsen der neuen Großindustrie für einen Kulturfortschritt schlechthin und scheuten sich, die Unternehmer zu belästigen. An eine irgend ernsthafte Beaufsichtigung der Fabriken wagte man noch kaum zu denken. –

Auch auf dem flachen Lande des Nordostens zeigten sich krankhafte soziale Verhältnisse, seit man die zweischneidige Wirkung der Stein-Hardenbergischen Gesetzgebung zu fühlen begann. Wie zuversichtlich stellte Hardenberg einst an die Spitze seines Verfassungsplanes den Grundsatz: wir haben lauter freie Eigentümer; wie hoffnungsvoll sprach Sack von „dem zweiten und dritten Pommern", das durch die Ansiedlung freier Bauern entstehen sollte. Und doch wie anders war alles gekommen. Der ländliche Mittelstand freilich hatte durch die agrarischen Reformgesetze erheblich gewonnen; die Bauern waren jetzt persönlich frei, der grundherrlichen Abgaben entlastet und, nach Abtretung eines Teiles ihrer Besitzungen, unbeschränkte Eigentümer. Sobald der Preis des Getreides wieder stieg, gelangten ihrer viele zum Wohlstand, zumal die besonders günstig gestellten alten Domänenbauern; manche wurden reicher als die benachbarten Rittergutsbesitzer und begannen gleich diesen, ihren Boden nach den Grundsätzen des neuen rationellen Ackerbaues zu bewirtschaften. Die Besitzer der kleinen nicht spannfähigen Stellen hingegen sahen sich durch die Deklaration vom 29. Mai 1816 von der Regulierung ausgeschlossen, weil die Krone damals Bedenken trug, die im Kriege so hart mitgenommenen Grundherren durch Entziehung der gewohnten Handdienste ganz zugrunde zu richten. Seit die Landgüter frei veräußert werden durften, fiel aber auch der alte wohltätige Bauernschutz hinweg, und die Gesetzgeber konnten kaum vorhersehen, wie furchtbar die Freiheit des Auskaufens grade unter den armen Leuten aufräumen sollte. Die Mehrzahl der kleinen Bauernstellen wurde nach und nach eingezogen, und während früherhin die Bauern, Kossäten, Häusler, Einlieger insgesamt dem einen Stande der bäuerlichen Gutsuntertanen angehört hatten, trennte sich jetzt die ländliche Bevölkerung allmählich in zwei Klassen.

Tief unter den Bauern stand fortan ein ländliches Proletariat von freien, wirtschaftlich ganz ungesicherten Tagelöhnern. Der halbfreie kleine Gutsuntertan der alten Zeit war zwar an die Scholle gebunden, aber auch berechtigt, diese Scholle zu bebauen; er nahm auch teil an der Gemeindenutzung und der Gutsherr half ihm zuweilen durch. Die neuen Tagelöhner besaßen an Boden wenig oder nichts. Selbst bei der Gemeinheitsteilung gingen die Armen leer aus, weil ihnen die Auftrift nur kraft alter Gewohnheit, nicht von Rechts wegen zustand, und sie klagten bitterlich: jetzt werden die Bauern zu Edelleuten, wir zu Bettlern. Zudem waltete auch im Landvolke der Drang nach persönlicher Unabhängigkeit, der das ganze Jahrhundert wie eine unwiderstehliche Naturgewalt beherrschte. Die Masse der Häusler und die der ganz besitzlosen Einlieger wuchs weit schneller an als die Zahl der neben dem Herrenhofe angesiedelten, oft besser versorgten Gutstagelöhner; man band sich nicht mehr gern für längere Zeit. Inzwischen nahmen die Kartoffelbrennerei und die Runkelrübenwirtschaft überhand, die Schlempe wurde der großen Wirtschaft auf dürrem Sandboden bald unentbehrlich; die Arbeiter hatten in diesen neuen landwirtschaftlichen Industriezweigen oft noch schwerer zu leiden als ihre Genossen in den städtischen Fabriken. In der neuen Gesellschaft fühlten sich die Tagelöhner haltlos, vereinzelt; die patriarchalische Gutsherrschaft bestand nicht mehr, und an den Beratungen der Dorfgemeinde hatten sie keinen Anteil. Das Landvolk besitzt aber ein zähes Gedächtnis. Die längst entschwundenden Zeiten, da jedermann sich im reichen Walde mit Holze laden durfte, blieben noch überall in Deutschland unvergessen, und nirgends wollte der Landmann recht einsehen, daß Waldfrevel wie andere Vergehen bestraft werden sollte. So wußte auch der neue Stand der freien Tagelöhner sehr wohl, daß seine Vorfahren einst ein Stück Land für sich selber bebaut hatten. Er fühlte dunkel, daß er unrecht erlitten hatte, und allerdings war er das Opfer einer mittlerweile veralteten sozialpolitischen Denkweise; denn niemand kann gänzlich aus seiner Zeit heraus, die segensreichen Reformen Steins und Hardenbergs wurzelten doch in der Weltanschauung des achtzehnten Jahrhunderts, das unter dem Volke immer nur die Mittelklassen verstand und von den arbeitenden Massen wenig wußte. Da auf dem Lande der Grundbesitz eines und alles ist, so war den Wünschen der grollenden Tagelöhner ein bestimmtes Ziel gewiesen, und als die Revolution hereinbrach, klang aus aller Munde wie ein Naturlaut die Forderung: der König muß uns Land verschreiben. –

In so bedrohlichen wirtschaftlichen Verhältnissen gediehen die Lehren der sozialen Zerstörung wie die Würmer im Aase. Die kommunistische Partei, die im Auslande ihren Herd, in Deutschland schon überall ihre geheimen Sendboten besaß, bekannte sich jetzt offen zu kosmopolitischen Plänen, sie verlangte den sozialen Umsturz überall in der Welt, wie ja auch die großen Geldmächte schon von Land zu Land ihre Fäden spannen. Die goldene und die rote Internationale, wie eine spätere Zeit sie nannte, begannen sich zu organisieren. Die Kommunisten sagten sich förmlich los von dem politischen Radikalismus, aus dem sie einst selber hervorgegangen waren; sie verhöhnten „den Samen Hambachs", sie belachten „das konstitutionelle Eldorado" und die deutsche Einheit. Unter den deutschen Handwerkern in der Schweiz führte der Schneider Weitling das große Wort, neben ihm ein sehr gewandter Agitator, der schwäbische Gerber Schmidt. Beide standen in Verbindung mit dem Franzosen Cabet, der das gelobte Land der Gütergemeinschaft, Ikarien mitsamt seinem Limonadenmeere so gar rührsam geschildert hatte. Sie gründeten überall radikale Arbeitervereine und berechneten schon hoffnungsvoll, daß fortan jährlich 500 Handwerksburschen aus der Schweiz heimkehren würden, um die Lehren des Kommunismus in Deutschland zu verbreiten. Auch Bakunin tauchte in diesen Kreisen zuerst auf, ein vornehmer Russe, der durch gewissenlose revolutionäre Tatkraft alle die anderen Demagogen übertraf.

Weitling setzte seine schriftstellerische Tätigkeit fort und veröffentlichte neben anderen Brandschriften das Evangelium des armen Sünders, ein Buch, das wieder einmal zeigte, wie nahe sich in den kommunistischen Träumen der weltverachtende Idealismus und die gemeine Sinnlichkeit berühren. Da wurde die Gütergemeinschaft der Apostel zur Rechtfertigung der sozialen Revolution, ja sogar des gemeinen Diebstahls verwertet. Jesus galt für einen fröhlichen Lebemann, und die göttliche Macht der Liebe, die der Sünderin Magdalena verzieh, erschien als ein Freibrief für jegliche Unzucht. Die Schweizer selbst wurden bald besorgt. Die Brandreden der Flüchtlinge wider die Fürsten hatten sie gern ertragen, doch der Kampf gegen das Eigentum widerstrebte ihrem hausväterlichen Ordnungssinne, ihre Zeitungen schalten heftig auf „diese deutschen Lausbuben", und im Jahre 1843 wurde Weitling aus der Eidgenossenschaft ausgewiesen. Im Auftrage des Kantons Zürich schrieb dann der konservativ-liberale Bluntschli einen verständigen Bericht über die Kommunisten in der Schweiz. Die Veröffentlichung dieser Denkschrift bewirkte freilich, daß die Bestrebungen der Anarchisten erst jetzt in weiten Kreisen bekannt wurden und in den nächsten Monaten an dreihundert deutsche Handwerker der Pariser Kommunistengesellschaft beitraten; einer ihrer Führer, Moses Heß, dankte dem Züricher Juristen sogar in einer höhnischen Adresse, weil er der guten Sache so viele neuen Anhänger gewonnen hätte.

Die Häuptlinge des schweizerischen Anarchisten empfingen geheime Weisungen aus Paris durch den Dr. Ewerbeck. Dort an der Seine bestand ein ganzen Nest von kommunistischen Geheimbünden, die sich zumeist von der alten Gesellschaft der Menschenrechte abgezweigt hatten. Längst verflogen war die religiöse Begeisterung der alten St. Simonisten, längst überwunden ihre idealistische Forderung: jedem nach seiner Fähigkeit, jeder Fähigkeit nach ihren Leistungen. Das junge Geschlecht sagte kurzab: jedem nach seinen Bedürfnissen; nur die Milderen begnügten sich mit der vieldeutigen „Organisation der Arbeit". Da der Geldbeutel unter dem Bürgerkönigtum alles war und die Charte jedes politische Recht an einen hohen Zensus knüpfte, so mußte die radikale Opposition unausbleiblich ihre Angriffe wider das Eigentum selber richten. Ein wütender Haß gegen die besitzenden Klassen beseelte alle diese Parteien, und auch darin zeigte sich der französische Charakter der Bewegung, daß der Name Bourgeoisie längst zum Schimpfwort geworden war, während der Name des deutschen Bürgertums, trotz allen Schmähungen der Radikalen, noch immer in Ehren blieb. Was die französische Polizei im einzelnen über den deutschen Kommunistenverband zu berichten wußte, bedeutete nicht viel: sie gab nur an, daß der Verein Hunderte von Mitgliedern zählte, darunter viele Juden und namentlich Arbeiter der feineren Berufszweige, Setzer, Mechaniker, Elfenbeindreher; unter den deutschen Landschaften waren Kursachsen, Thüringen und die Pfalz vertreten.

Einige der in Paris zusammengeströmten deutschen Literaten, Ruge, Marx, Börnstein, Bernays, Heß, begannen eine Zeitschrift des internationalen Radikalismus, den Vorwärts; es waren, bezeichnend genug, lauter Juden, mit der einzigen Ausnahme Ruges. Der Vorwärts brachte mehrere der schmutzigsten Zeitgedichte Heines, er verherrlichte in Vers und Prosa den Königsmörder Tschech und erfand für den König von Preußen den Namen: Knäs von Rußland – einen Titel, der wegen seiner Albernheit von der gesamten radikalen Welt alsbald freudig nachgesprochen wurde. Als Heine einmal mit Weitling zufällig zusammentraf und von dem Schneider wie ein biderber Kamerad angeredet wurde, da fühlte er sich tief gedemütigt „beim Handwerksgruße des ungläubigen Gnotentums". In Wahrheit war der Gnote gläubiger als der Dichter, der mit allen seinen Überzeugungen nur geistreich spielte; aber Heines künstlerische Empfindung konnte den Verkehr mit der Hefe der Gesellschaft nicht ertragen, und bald zog er sich vorsichtig zurück. Auch Ruge erschrak, als er die letzten Ziele seiner Pariser Kumpanei endlich erkannte. Wie viele Standpunkte hatte der Hohepriester der Junghegelianer mit seiner behenden Dialektik nun schon überwunden; über den Standpunkt der selbständigen Persönlichkeit und ihres Eigentums kam er doch nicht hinaus, obgleich er selber arm blieb. Sein derber pommerscher Menschenverstand und das reizbare Ehrgefühl des alten Burschenschafters bewahrten ihn vor dem Alleräußersten, und sobald er seine Leute durchschaut hatte, schrieb er mit gewohnter Kampflust gegen die „Verrücktheit der Theorie und den Schmutz der Gesinnung des Rabbi Moses Heß". Der politische und der soziale Radikalismus begannen sich zu scheiden.

Die kräftigste Hilfe kam den Kommunisten aus England. Dort hatten die schändlich bedrückten Arbeiter schon 1835 den mächtigen Chartistenbund gegründet. Die große Volkscharte forderte zunächst nur politische Rechte; doch jedermann wußte, daß sie nur die Mittel bieten sollte, um das wirtschaftliche Leben gänzlich umzugestalten; das entscheidende Wort: der Chartismus ist eine Messer- und Gabelfrage. In der Arbeiter-Marseillaise der Chartisten wurde König Dampf verflucht, „ein Tyrann, den der weiße Sklave kennt". Um die Macht und die Niedertracht der modernen Großindustrie an der Quelle kennenzulernen, ging der junge Rheinländer Fr. Engels, neben Marx der beste Kopf der deutschen Kommunisten, nach London und schrieb sodann, im einzelnen parteilich übertreibend, im wesentlichen wahrheitsgetreu, ein geistreiches, gründliches Buch über „Die Lage der arbeitenden Klassen in England". Die drastische Schilderung namenlosen Elends wirkte tief ergreifend; sie schloß mit der Weissagung einer nahen sozialen Revolution, die in England allerdings drohte, jedoch durch den starken Selbsterhaltungstrieb des altbefestigten Staatswesens noch glücklich abgewendet wurde. Späterhin traten Engels und Marx in den großen internationalen Arbeiterbund, der einst durch den Deutschen Schapper in London gestiftet und mittlerweile stark angewachsen war. Marx war jetzt schon so weit, daß er Religion, Staat, Recht, jede göttliche und menschliche Ordnung verwarf. Zu Anfang 1848 entwarfen die beiden Freunde gemeinsam das Manifest der kommunistischen Partei, das den Umsturz der Gesellschaft, Enteignung der Grundeigentümer, Abschaffung des Erbrechts forderte und rundweg aussprach: wir unterstützen jede revolutionäre Bewegung! Das Kernwort lautete: „Proletarier aller Länder, vereinigt euch!" Das Programm des internationalen Umsturzes war aufgestellt, und seine Urheber waren zwei vaterlandslose Deutsche.

Überall in den Heimatlanden von Marx und Engels wurden die Gedanken der sozialen Revolution umhergetragen; in Köln besaß die Partei allem Anschein nach eine geheime Presse. Die Zensoren aber erwiesen den Organen des westdeutschen Sozialismus mehr Nachsicht als den Blättern der politischen Opposition; sie ahnten nicht, was der kleine Mann bei den leicht verhüllten Anpreisungen der Gütergemeinschaft empfand.

Selbst in dem reichen, rheinischen Bürgertum, das im Volke noch immer der kölnische Klüngel hieß, bekundete sich zuweilen eine schwächliche, freilich nur theoretische Vorliebe für den sozialen Radikalismus, auch in Berlin, in Hamburg, Kiel, Magdeburg entstanden Arbeitervereine, in denen das Selbstgefühl des jungen vierten Standes kräftig redete; daneben wirkten überall in den größeren Städten tiefgeheime Vereine, wo man kommunistische Schriften vorlas, überall kleine Meister und Gesellen, die sich den Vertrauten als Sendboten der Pariser Marianne oder anderer ausländischer Geheimbünde zu erkennen gaben. Der ganze Umfang dieser weitverzweigten unterirdischen Wühlerei wird wohl immer im Dunkel bleiben; wie erfolgreich sie aber arbeitete, das erwiesen die Barrikadenkämpfe des Revolutionsjahres. Auch die Zeitpoeten Freiligrath, Wilhelm Jordan, Karl Beck besangen jetzt schon öfter das soziale Elend als den politischen Freiheitskampf; der böhmische Jude Alfred Meißner klagte:

Denn alle wollen Gold und Metzen,
Paläste, Tafeln, Pferd' und Hetzen,
Das arme Volk will schwarzes Brot!

Weit größere Verbreitung fanden die schlechten Übersetzungen der neuesten aus Schmutz und Blut gemischten französischen Poesie. Die Weltweisheit dieser sozialen Dichtung ließ sich mit dem denkbar geringsten geistigen Aufwand verstehen, man brauchte nur alle Begriffe einfach auf den Kopf zu stellen: Gott ist die Sünde, die Ehe ist Unzucht, Eigentum ist Diebstahl, Eugen Sues Ewiger Jude und die Geheimnisse von Paris wurden in Deutschland massenhaft gelesen; die ekelhaften Bilder des weichherzigen Gurgelabschneiders, der tugendhaften Bordelldirne, des ehrlichen Spitzbuben und des grausamen Wucherers vergifteten Unzähligen die Phantasie.

Derweil also der soziale Unfriede durch unzählige Agenten und Schriften geschürt wurde, erlebte Deutschland auch schon einzelne Fälle gräßlicher Massennot. In Berlin lebten um 1847 etwa 10000 Almosenempfänger und 30000 polizeilich überwachte Personen, während die Zahl der wirklich leistungsfähigen Bürger nur auf 20000 geschätzt wurde. Ostpreußen kam seit den großen Überschwemmungen des Jahres 1845 und wiederholten Mißernten gar nicht mehr aus dem Notstand heraus. Minister Flottwell bemühte sich zwar redlich, das Elend in seiner geliebten Heimat zu lindern; mehr als eine Mill. Tlr. wurde nach und nach zur Unterstützung dieser einen Provinz aufgewendet, leider planlos und mit geringem Erfolg.

Im schlesischen Gebirge wagten die verzweifelten Weber offenen Aufruhr. Die Gewerbefreiheit hatte dies zunftfreie Gewerbe zwar nicht unmittelbar geschädigt, wohl aber mittelbar; denn die Zahl der freien Hausweber war seit den neuen Reformgesetzen stark angewachsen, desgleichen die Zahl der Kaufleute und Fabrikanten, und der scharfe Konkurrenzkampf verführte die Unternehmer zu einer grausamen Hartherzigkeit, die unter einem so gutmütigen Menschenschlage teuflisch schien. Ungeheuer war die Macht der Trägheit in diesem entkräfteten, hoffnungslosen Völkchen; die Weber widersetzten sich oft der Einführung verbesserter Arbeitsmethoden, sie entschlossen sich schwer, zu anderen, lohnenden Beschäftigungen überzugehen, die trieben in den Rüben- und Kartoffelfeldern der benachbarten Grundherren unglaubliche Dieberei, und aus ihren überschuldeten Häuschen mochten sie nicht heraus, auch wenn sie anderswo besser und billiger wohnen konnten. Die habgierigen Kaufleute aber wollten ihre Waren lieber zu Spottpreisen von halbverhungerten Hausarbeitern beziehen als von wohlgeordneten Fabriken. Dem König zitterte das Herz, als er bei seinen Besuchen in Erdmannsdorf etwas von diesem Elend kennenlernte, er ließ dort und in einigen anderen Orten des Gebirges durch die Seehandlung große Spinnereien errichten, bei denen mancher Unglückliche unterkam. Das alles vermochte nichts gegen den gräßlichsten Jammer. Oberpräsident Merckel aber und seine Regierungsräte wollten das Dasein eines Notstandes gar nicht eingestehen; sie glaubten felsenfest an die Heilkraft der volkswirtschaftlichen Naturgesetze, die durch Angebot und Nachfrage alles Leid von selber aufheben müßten. Erstaunlich doch, wie diese alten in der Schule des Allgemeinen Landrechts aufgewachsenen Beamten so ganz vergaßen, daß der friderizianische Staat auf einer monarchistischen Organisation der Arbeit beruht hatte und das Landrecht selbst ein Recht auf Arbeit ausdrücklich anerkannte.

Im Frühling 1844 hörte man in den großen Weberdörfern des Gebirges überall ein neues Volkslied, das Blutgericht, singen:

> Ihr Schurken all, ihr Satansbrut,
> Ihr höllischen Dämone,
> Ihr freßt den Armen Hab und Hut,
> Und Fluch wird euch zum Lohne!

An einem Junitage wurde das Haus der Firma Zwanziger in Peterswaldau von den Webern zerstört, und noch zwei Tage lang hauste das ergrimmte Volk, alles zertrümmernd, selten raubend, in den Fabriken der Nachbarorte. Und es war wirklich nur die Raserei der Not, was diese Tobenden verblendete; von den Schriften der Kommunisten hatten die Armen, die sich abends ihre kalte Stube mit einem Kienspan erleuchteten, nie ein Wort gelesen. Zu spät erkannte Merckel, wie gründlich er sich über die Lage getäuscht hatte. Er eilte selbst herbei; Truppen stellten, nicht ohne Blutvergießen, die Ordnung her, 83 Gefangene wurden abgeführt, die Hauptschuldigen zu schweren Strafen verurteilt. Nun sendete die Krone einen Generalbevoll-

Tod des Prinzen Louis Ferdinand von Preußen bei Saalfeld

Tafel 74

Gottfried Schadow

mächtigten, Geh. Rat v. Minutoli, zur Untersuchung des Notstandes, ließ durch die Seehandlung neue Spinnereien errichten, die Erwerbslosen bei großen Straßenbauten beschäftigen, daneben auch mannigfache Unterstützungen verteilen.

Doch die Überlegenheit des englischen Wettbewerbs war nach so vielen Unterlassungssünden nicht mehr zu besiegen, auf die Selbsthilfe der Arbeiter konnte man ebensowenig zählen, wie auf die Einsicht der Unternehmer; die Lage der Weber blieb fast so elend wie zuvor. So waren den Angriffen des Radikalismus Tür und Tor geöffnet, und der König befahl strenge Wachsamkeit wider die schlesischen Blätter, „in welchen das Bestreben, die unteren gegen die höheren Stände, die Armen gegen die Wohlhabenden aufzuregen, nicht zu verkennen ist." In Breslau erschien ein halbkommunistisches Blatt, der Volksspiegel; der anrüchige Literat Pelz verfaßte unter dem Namen Treumund Welp aufregende Schriften, und der Düsseldorfer Maler Karl Hübner aus Ostpreußen ließ in Berlin ein Tendenzgemälde „Die schlesischen Weber" ausstellen, dem nachher ähnlich, grob handgreifliche Bilder von Auspfändungen und Wilddieben folgten. Heine aber benutzte die Gelegenheit, um wieder einmal seinen Groll an dem Monarchen auszulassen, der sich doch während dieser traurigen Wirren weit volksfreundlicher gezeigt hatte als sein Beamtentum. Er sang das Weberlied:

Ein Fluch dem König, dem König der Reichen,
Den unser Elend nicht konnte erweichen,
Der den letzten Groschen von uns erpreßt
Und uns wie Hunde erschießen läßt.
Wie weben, wir weben!

Einige Monate nachher, im Frühjahr 1845, wurde im Hirschberger Tal eine Eigenossenschaft entdeckt, die auf den Umsturz von Staat und Gesellschaft hinarbeitete. An ihrer Spitze stand ein Tischler Wurm zu Warmbrunn. Auch er gehörte keinem der auswärtigen Geheimbünde an; er kannte jedoch ihre Schriften und hatte ganz in ihrem Sinne eine Proklamation entworfen, um die Gebirgsbewohner aufzurufen gegen „die Unterdrücker der arbeitenden Klassen – jene verächtliche Klasse von Menschen, die man den Adel nennt, deren Ursprung in den finsteren Zeiten der Barbarei ist, deren Vorfahren die Rolle der Straßenräuber, der Mordbrenner so schön spielten ... Wenn die Statuen der Könige in Trümmer stürzen, wird euer Name sich mischen in den Sturm der Elemente und wie Donnergebrüll den letzten Tyrannen erschrecken, in der Mitte seiner gezwungenen Scharwächter, vom Lager, daß er zittere vor der erwachten Menschheit und fliehe wie ein Knabe." Der König sendete sofort den Geh. Rat Mathis als Kommissar hinüber. Im Verdacht der Mitwisserschaft stand außer dem unermüdlichen demagogischen Schulmeister Wander vornehmlich der Fabrikant Schlöffel in Eichberg, ein grimmiger Radikaler, der mit den Schweizer Flüchtlingen viel verkehrte. Der greise Oberpräsident aber wollte dem angesehenen Fabrikanten eine solche Torheit doch nicht zutrauen; er behandelte Schlöffel gütig, hielt ihn nur für kurze Zeit in Haft. Deshalb entspann sich zwischen Merckel und Mathis ein heftiger Streit, und der König, der schon über die saumselige Behandlung der Webernöte aufgebracht war, verfügte nunmehr die Entlassung des Oberpräsidenten. So trat der Mann zurück, der seit mehr denn einem Menschenalter allen Schlesiern für das natürliche Haupt der Provinz galt und namentlich während seiner zweiten Amtsführung sich das allgemeine Vertrauen erworben hatte. Jetzt feierte man ihn, begreiflich genug, als ein Opfer der Reaktion. In einem gerührten Abschiedsschreiben dankte er für die zahllosen Beweise der Liebe seiner schlesischen „Vaterlandsgenossen". Der Erfolg der Untersuchung schien im recht zu geben. Schlöffel wurde freigesprochen, da sich nichts sicheres erweisen ließ; nur Wurm mußte, zum Tode verurteilt, ins Zuchthaus gehen.

Dann brach über ganz Deutschland eine jener schweren Teuerungszeiten herein, welche in der Geschichte fast regelmäßig den Revolutionen vorangehen. Die Ernte im Jahre 1846 und 47 mißriet so gänzlich, daß der Zollverein, dessen Getreidehandel sonst immer eine starke Mehrausfuhr aufwies, im ersten Jahr fast 2,9 Mill., im zweiten 5 Mill. Scheffel Roggen mehr als die Ausfuhr betrug, einführen mußte. Am durchschnittlichen Ertrag der Roggenernte fehlte in

Mitteldeutschland fast ein Viertel. Und was für unnatürliche Zustände in den einzelnen Landesteilen! Die halb verhungerten Ostpreußen mußten, weil sie selber nicht zahlen konnten, den größten Teil ihrer dürftigen Ernte in das Ausland verkaufen. Bei dem allgemeinen Elend zeigte sich der Bundestag wieder ebenso nichtig, wie vor dreißig Jahren, und wieder wie damals verbot Österreich bundesfreundlich sofort die Getreideausfuhr nach den deutschen Nachbarländern.

Aber auch der Zollverein einigte sich nicht rechtzeitig über gemeinsame Maßregeln; man fühlte nur zu schmerzlich, daß der alte König, Motz und Eichhorn nicht mehr umsichtig den nationalen Handelsbund behüteten. Jeder Bundesstaat handelte auf eigene Faust, am klügsten das Königreich Sachsen, das die Ausfuhrverbote des österreichischen Nachbarn nicht erwiderte, sondern mit mäßigen Getreideeinkäufen und einer sehr milden Beaufsichtigung des Bäckergewerbes leidlich auskam. Hier allein blieb die Ruhe ganz ungestört. Fast überall sonst in den größeren Städten, selbst in dem stillen Stettin, mußten Zusammenrottungen der hungernden kleinen Leute mehr oder minder gewaltsam auseinandergetrieben werden. Viel zu denken gaben die Unruhen, welche Berlin im April 1847 drei Tage hintereinander heimsuchten. Es fiel dabei auf, wieviele wohlgekleideten Männer sich unter dem hungernden Pöbel umhertrieben; die zahlreich Verwundeten hielten sich allesamt versteckt, kein einziger meldete sich in den öffentlichen Krankenhäusern. Man konnte sich des Verdachtes kaum erwehren, daß eine verschworene Umsturzpartei die gute Stunde genutzt hatte, um die Widerstandskraft der Staatsgewalt einmal auf die Probe zu stellen. Erschreckt durch diese Unruhen, ließ der König, um den Armen das unentbehrlichste Nahrungsmittel zu erhalten, für einige Zeit die Ausfuhr der Kartoffeln und die Branntweinbrennerei untersagen – ein Verbot, das nichts nützte. Der hessische Minister du Thil ließ in Holland Getreide einkaufen und verschaffte sich dazu Kreditbriefe vom Hause Rothschild. Als aber die Mehrzahl der holländischen Verkäufer vorzog, sich in Mainz bar bezahlen zu lassen, da wollte der menschenfreundliche Rothschild aus der ungewöhnlichen Landesnot auch noch einen ungewöhnlichen Gewinn ziehen und verlangte Entschädigung für die unbenutzten Kreditbriefe – was du Thil als „eine Unverschämtheit" rundweg zurückwies. Also half sich dieser Landesherr wie er konnte; im Volke blieb viel dumpfer Mißmut zurück.

Nur an einer Stelle Deutschlands wütete verheerend die Hungersnot; unter den Wasserpolen Oberschlesiens. Diese blutarmen Bergarbeiter hatten die „Bergmannskuh", die Ziege, längst geschlachtet, sie waren entnervt durch die Branntweinspest. Nun da sie schon alle Hoffnung fahren ließen, wurde zugleich von Galizien her der Typhus eingeschleppt. Der Schnitter Tod heimste seine furchtbare Ernte ein, die unwissenden ratlosen Menschen verschlossen sich stumm verzweifelnd in ihren Häuschen. Alles war wie gelähmt, kein einziger Pfarrer berichtete dem edlen Fürstbischof Diepenbrock von dem entsetzlichen Jammer. Als endlich doch die Schreckenskunde nach Breslau gelangte, da kam Hilfe, aber sie kam zu spät. Die Barmherzigen Brüder und Schwestern durchzogen die Dörfer, an freiwilligen Beiträgen liefen 360000 Tlr. ein, weit mehr als die Weber des Gebirges erhalten hatten. Doch in den Kreisen Pleß, Rybnik, Ratibor mußten Staat und Gemeinden während der nächsten Jahre 4000 hilflose Waisenkinder versorgen; im Kreise Pleß allein waren im Jahre 1847 über 6800 Menschen gestorben, fast dreimal mehr als sonst in Jahresfrist, und darunter wohl 900 vor Hunger. Die neue Zeit und ihr König Dampf hielten auch in Deutschland ihren Einzug über Leichen. Wenn der politische Unmut der Gebildeten und der soziale Groll der Armen sich dereinst zu gemeinsamem Kampfe zusammenfanden, dann war die alte Ordnung der Dinge verloren.

# V
# Der Vereinigte Landtag

Nach vielen Enttäuschungen und Niederlagen blickte König Friedrich Wilhelm noch immer sorglos, heiter in das Leben. Wie ein humoristischer Künstler verstand er, sobald der erste Zorn verraucht war, jedes Ärgernis mit einem guten oder schlechten Witz von sich abzuschütteln; und wenn er sich zuweilen selber anklagte, so erhob er sich stets wieder an dem Glauben, daß er kraft der göttlichen Weihe seiner Krone den Lauf der Welt besser übersähe als alle anderen Sterblichen. So schritt er über den Wolken dahin, im Wahne seiner königlichen Unfehlbarkeit. Und wie einsam war es um ihn geworden in kurzen fünf Jahren. An seine staatsmännische Weisheit glaubten nur noch wenige, bei jedem Schritte stieß er auf ein unüberwindliches Mißtrauen.

Der Volksgunst erfreute sich unter allen Ministern nur einer, General Boyen. Der Organisator der Landwehr galt nach der volkstümlichen Legende zugleich für einen Märtyrer liberaler Überzeugungstreue, und sein tapferes Landwehrlied: „Recht, Licht und Schwert", das der König doch selbst mit herzlicher Freude aufgenommen hatte, wurde von den Unzufriedenen sogar zur Verhöhnung der Regierung mißbraucht. Als Eichhorn bei einem Berliner städtischen Feste einen Trinkspruch ausbrachte und auch da auf kirchliche Dinge zu reden kam, da unterbrachen ihn die Hörer stürmisch; sie verlangten, daß Boyens Nationallied gespielt würde, und sangen dem Minister unter spöttischem Jubel die Verse zu:

Erfülle treu die Bürgerpflicht,
Dann kümmert mich dein Glaube nicht!

Solche Auftritte kränkten den alten Helden tief, denn immer hatte er hoch über den Parteien gestanden. Je schmerzlicher er fühlte, daß seine rationalistische Frömmigkeit von der kirchlichen Romantik des Königs weit abstand, um so ernster betätigte er überall seine streng monarchistische Gesinnung. Vom Herde des Radikalismus flogen dann und wann schon einige Funken in die Armee hinüber; einige junge Offiziere wurden entlassen, weil sie republikanische oder auch kommunistische Lehren mit dreister Unbefangenheit verbreiteten. Sie fanden in der Presse begeisterte Fürsprecher, mehrere von ihnen tauchten nachher als Barrikadenkämpfer wieder auf. Bei diesen Untersuchungen zeigte sich Boyen stets unerbittlich, zum Erstaunen seiner liberalen Bewunderer; er wußte, was die Treue im Heere bedeutet.

Seine zweite Amtsführung brachte der Armee – außer der Uniformierung, die wesentlich des Königs eigenes Werk war – noch eine folgenreiche Reform: nach langjährigen Versuchen und Beratungen wurde (1847) beschlossen, das leichte Perkussionsgewehr, den Dreyseschen Zündnadel-Hinterlader nach und nach bei der gesamten Infanterie einzuführen. Leicht war der Entschluß nicht. Zwar Boyen selbst, der alles in großem Stile trieb und die Gegenwart gern in ihrem historischen Zusammenhang auffaßte, erklärte zuversichtlich, diese Reform entspreche den alten Traditionen des preußischen Fußvolks, das ja immer, schon in den Tagen des Großen Kurfürsten und des alten Dessauers, durch rasches Feuern seine Überlegenheit gezeigt hatte; auch der leicht begeisterte König weissagte der neuen Waffe glänzende Erfolge für das Vaterland. Aber viele tüchtige Offiziere hegten ernste Bedenken; sie hielten für unzweifelhaft, daß eine mit so rasch feuernden Gewehren bewaffnete Truppe sich schon beim Beginn eines Gefechts verschießen und bald wehrlos dastehen müsse, denn sein Führer sei imstande, die Mannschaft ganz in seiner Hand zu halten. Glücklicherweise wurde diese Meinung überall im Ausland geteilt. Niemand mochte dem preußischen Beispiel folgen, am wenigsten die kleinen deutschen Heere, denn die einen hemmte die Bequemlichkeit, die anderen das Mißtrauen gegen alles, was aus Preußen kam. So blieb dem preußischen Heere genügend Zeit, die neue Bewaffnung vollständig einzuführen und zugleich die Mannszucht des Fußvolks so streng und sicher durchzubilden, daß jeder Gemeine sein Gewehr mit Überlegung handhabte. Nach neunzehn Jahren sollte die Welt erfahren, welch ein Vermächtnis Boyen seinem Volke mit dieser Waffe hinterlassen hatte. –

Anhaltende Streitigkeiten zwischen dem Heere und dem Volke sind in einem Staat der allgemeinen Wehrpflicht stets ein Zeichen verschrobener politischer Zustände, und in der Tat ließ es sich nur aus der krankhaften Verstimmung der Zeit erklären, daß unter der Verwaltung eines für liberal gehaltenen Kriegsministers Bürger und Soldaten häufiger als je zuvor miteinander in Händel gerieten. Einige Schuld trugen die Offiziere selbst. Der hochmütige Ton von 1806 wurde oft wieder laut. In Berlin gab der Gouverneur General Müffling durch schnöde Behandlung der Gemeindebehörden ein schlechtes Beispiel. Die größere Schuld trugen jedoch die Parteimänner der Opposition, die in selbstmörderischer Verblendung das Heer reizten und beschimpften, während die französischen Demagogen den Truppen klug zu schmeicheln wußten. Den Flugschriften der Flüchtlinge schien kein Schmähwort zu gemein für die Hundetreue der vertierten Söldlinge, aber auch die Blätter der gemäßigten Liberalen redeten vom Heer mit verständnisloser Gehässigkeit. Da hießen die Kadettenhäuser „Mißgeburten einer fernen Zeit", die Kasernen Freistätten des Lasters und der Menschenquälerei, die Offiziere anmaßenden Müßiggänger, das ganze Heerwesen ein leeres Spiel, das durch Bürgerwehren oder Milizen ersetzt werden müßte. Das althergebrachte Duzen, ja selbst der urgermanische Name der „Gemeinen" wurde als ehrenrührig und kränkend gebrandmarkt. Die preußische Armee galt schon darum für besonders volksfeindlich, weil hier der von den Liberalen verlangte Verfassungseid der Truppen noch unmöglich war. Zu dieser alten Forderung der Gesinnungstüchtigen traten jetzt neue hinzu: außer Reih und Glied sollten die Offiziere keine Uniform, die Soldaten keine Waffe tragen, und – das war das beliebteste Schlagwort des Tages – außer Dienst mußte überhaupt vollkommene Gleichheit bestehen, wie angeblich in Frankreich, nur im Dienste durfte der Offizier Gehorsam und Gruß verlangen. Wenn manche Radikale hofften, durch solches Gerede die Mannschaft wider ihre Führer aufzuwiegeln, so sahen sie sich bald enttäuscht: das Band der Kameradschaft hielt fest, das ganze Heer fühlte sich beleidigt durch so mannigfache Zeichen einer Geringschätzung, welche gegenüber den verwahrlosten Truppen vieler Kleinstaaten wohl begreiflich, in Preußen aber nichts als grober Undank war. –

Unterdessen schwoll die konstitutionelle Bewegung im Lande beständig an. Der König hatte im Jahre 1843 den Posener Landständen rundweg erwidert, daß er die Verordnung vom 22. Mai 1815 nicht als rechtsverbindlich ansehe, und dadurch wie durch sein rätselhaftes Zaudern die allgemeine Besorgnis nur gesteigert. Auf den Provinziallandtagen von 1845 zeigte sich schon fast überall eine ungeduldige, gereizte Stimmung. In Münster sagte der junge Freiherr Georg v. Vincke, ein Sohn des alten Oberpräsidenten: Preußen müsse sich, wie im Zollvereine, so auch durch eine freie Verfassung, „an die Spitze der deutschen Staaten stellen"; er sprach damit nur aus, was die Jugend überall dunkel erhoffte, der preußische Ehrgeiz und der Liberalismus begannen sich zu verbünden. Sein Antrag, die Krone um Verleihung einer reichsständischen Verfassung zu bitten, erlangte zwar bei den konservativen Westfalen noch nicht die gesetzliche Zweidrittelmehrheit, doch seine mächtige Rede hallte weit im Lande wider. Stärkere Zustimmung fand der gleiche Antrag bei den Ständen des Rheinlands. Wie unwiderstehlich waren doch die Verfassungsgedanken in kurzen vier Jahren erstarkt. Alle Provinziallandtage – nur Brandenburg und Pommern ausgenommen – berieten den Antrag auf Verleihung einer Gesamtstaat-Verfassung, und in allen sechs – mit der Ausnahme Sachsens – erlangte er die Mehrheit, die Zweidrittelmehrheit freilich nur in Preußen und Posen. Als man im Ministerium die Summe zog, da ergab sich, daß schon die große Mehrzahl aller Provinzialabgeordneten für die reichsständische Idee gewonnen war, und man war ehrlich genug einzugestehen, daß viele aus der Minderheit lediglich aus Ehrfurcht vor der Krone ihre wahre Meinung zurückgehalten hatten. Gleichwohl ließ der König, da niemand ihm vorgreifen durfte, alle solche Wünsche kurz abweisen, desgleichen die Bitte der Schlesier um Pressefreiheit und die wiederholten Anträge auf Öffentlichkeit der Landtagsverhandlungen. Er rühmte oft, kein Land der Welt besitze so ganz unabhängige Landstände, und in der Tat war alle Korruption, alle Wahlverfälschung in Preußen noch ganz unbekannt; doch wenn er von seinen Ständen so hoch dachte, wie konnte er dann hoffen, daß sie sich auf die Dauer bei seinem beharrlich wiederholten achtfachen Nein beruhigen würden?

Auch die Presse befaßte sich wieder lebhaft mit der Verfassungsfrage seit Johann Jacoby dem jüngsten preußischen Provinziallandtag seine alten Forderungen in einer neuen Druckschrift vorgehalten hatte. Die Sprache des Königsberger Demagogen ward immer gehässiger. Wie ein zeternder Wucherer hielt er der Krone seinen Schuldschein vor; er behauptete, die Verordnung vom 22. Mai, die bekanntlich erst nach der Schlacht von Belle Alliance erschienen war, sei dem preußischen Volke gegeben worden als „Aufforderung zu neuem Kampfe" und als Preis für frühere Opfer. Überall in der Presse zeigte sich eine erschreckende Unkenntnis der preußischen Verfassungsgeschichte, so tief hatte das öffentliche Leben in den letzten Jahrzehnten geschlummert.

Zugleich bekundete sich der ungeduldige politische Tatendrang in unzähligen Versammlungen. In Königsberg entstand ein großer Bürgerverein, der zum ersten Male die Handwerker mit den Gelehrten zusammenführte. Als er aufgelöst wurde, da zogen die Genossen, 6000 Köpfe oder mehr, allwöchentlich nach dem Böttchershöfchen draußen vor den Toren, und jeder, den der Geist trieb, hielt unter freiem Himmel eine europäische Rede. Als die Polizei auch dawider einschritt, ließ Jacoby eine grimmige „Provokation auf rechtliches Gehör" drucken. In Breslau versammelten sich die Liberalen auf den neuen Bahnhöfen, nachher in einer städtischen Ressource; auch hier fehlte es nicht an Auflösungen und Protesten, aber hinter diesen harmlosen Kundgebungen stand schon eine radikale Partei, die einmal, zur Feier des königlichen Geburtstages, durch zuchtlose Frechheit ihr Dasein bekundete. In Halle pflegte die ehrenfeste Bürgerschaft auf der Giebichensteiner Weintraube nationale Erinnerungstage zu feiern; in Stralsund hielt der geistreiche Arzt v. Haselberg Vorträge über die Zustände der Gegenwart. Der Kölnische Karneval von 1844 war nichts als eine politische Satire auf die Regierung, die Zensur, die Gesetzbücher, und selbst der furchtlose, liberale General Friedrich Gagern fand, eine solche Anarchie der Geister und der Tendenzen könne nicht lange dauern. Und so überall. Es ward hohe Zeit, dem erwachenden Bürgertum eine Bühne verantwortlicher politischer Tätigkeit zu eröffnen. –

König Friedrich Wilhelm fühlte dies selbst, die Grundgedanken seines Verfasssungsplanes standen auch schon seit langem fest, und gleichwohl vermochte er es noch immer nicht über sich, endlich einmal abzuschließen.

Nachdem er im Sommer 1845 den vielversprechenden Grafen Arnim entlassen und eine neue Verfassungskommission gebildet hatte, wollte er doch noch einmal Metternichs Meinung hören. Sehr ungern folgte der Österreicher dieser Einladung; er wußte jetzt längst, wie wenig die Ratschläge dritter über den König vermochten, und sah richtig voraus, daß die öffentliche Meinung gleichwohl ihn selbst als Preußens bösen Genius verlästern würde. Im August trafen sich die beiden am Rhein, wo der König den Gegenbesuch der Königin Victoria empfing und seine Freude durch ein unerhörtes Gepränge bekundete.

Während der rheinischen Feste redete er mit Metternich, ja sogar mit Aberdee mehrmals über seine Verfassungspläne. Sein Herz drängte ihn, er mußte sich aussprechen; einen Rat konnte er von dem wohlmeinenden, geistlosen, aller deutschen Dinge unkundigen Lord doch unmöglich erwarten. Der Engländer gestand auch aufrichtig: ich bin aus den Worten des preußischen Monarchen nicht klug geworden. Metternich aber erkannte wieder, was er schon längst wußte, daß der König von dem Plane seines Vereinigten Landtages nicht mehr abzubringen war; zum Abschied weissagte er, was sich bald erfüllen sollte: „daß Ew. Majestät Ihre sechshundert Provinzialabgeordneten als solche einberufen und dieselben als Reichsstände auseinander gehen werden." Vor einigen Diplomaten äußerte er zwar mit gewohnter Ruhmredigkeit: ich habe den preußischen Verfassungsplan getötet. In Wahrheit fühlte er sich beklommen.

Am 3. Februar 1847, am Jahrestage des ersten Aufrufs von 1813, ließ Friedrich Wilhelm ein kurzes „Patent" veröffentlichen, das die neuen „ständischen Einrichtungen" ankündigte.

Gleichzeitig mit dem Patent erschienen drei von dem Prinzen von Preußen und dem gesamten Staatsministerium gegengezeichnete königliche Verordnungen über den Vereinigten Landtag, den Vereinigten Ausschuß und die Staatsschuldendeputation. Darnach sollten die gesamten Provinzialstände künftighin zu einem Vereinigten Landtage zusammentreten, so oft der König sie in Friedenszeiten zur Genehmigung von Staatsanleihen oder zur Erhöhung der Steuern oder auch aus anderen Gründen einberiefe. Der Vereinigte Landtag erhielt das Recht der freien Bewilligung neuer oder erhöhter Steuern und das Petitionsrecht in allen inneren Angelegenheiten; er hatte auch, wenn es dem König gefiel, über Gesetzentwürfe zu beraten. Innerhalb des Vereinigten Landtags ward ein Herrenstand eingerichtet, der vorläufig aus den königlichen Prinzen und den 72 vornehmsten Mitgliedern der Provinzialstände bestehen und späterhin, nach königlichem Ermessen, noch verstärkt werden sollte; er beriet und beschloß über Finanzsachen mit den drei anderen Ständen gemeinsam, über alle anderen Angelegenheiten für sich allein. Daneben aber blieben die Vereinigten Ausschüsse fortbestehen; sie wurden fortan periodisch, aller vier Jahre, versammelt und erhielten der Regel nach die neuen Gesetze zur Beratung vorgelegt, konnten auch in einzelnen Finanzsachen den Vereinigten Landtag vertreten; und zudem behielt die Krone sich noch vor, allgemeine Gesetze nach Gutdünken den Provinziallandtagen vorzulegen. Die Genehmigung der Kriegsanleihen endlich und die regelmäßige Prüfung der Staatsschulden-Rechnungen wurde einer ständischen Staatsschuldendeputation zugewiesen, die aus acht Mitgliedern – je einem für jeden Provinziallandtag – bestehen und jährlich mindestens einmal tagen sollte.

Also traten des Königs ursprünglichen Entwürfe fast Wort für Wort ins Leben, die langen Verhandlungen seiner Räte hatten an diesem seinem eigensten Werke nicht Wesentliches geändert. Es war ein großer Schritt, größer als der König selbst glaubte. Friedrich Wilhelm wähnte die Zukunft seines Verfassungswerkes noch ganz in seiner Herrscherhand zu halten. Jedoch eine so starke ständische Vertretung mußte, einmal berufen, kraft ihrer eigenen Schwere fortbestehen, und sie besaß schon zwei verbriefte wirksame Rechte, denn ohne Eisenbahn-Anleihen konnte der Staat nicht mehr auskommen, und nach der gewaltigen Änderung aller sozialen Verhältnisse wurde auch eine Umgestaltung des Steuersystems, obgleich der König davon noch nichts ahnte, in naher Zukunft unvermeidlich. Wider Wissen und Willen führte Friedrich Wilhelm seinen Stand in die Bahnen des konstitutionellen Lebens hinüber.

Als die Mitglieder des Vereinigten Landtags zu Anfang April in Berlin eintrafen, da begann der erste große parlamentarische Kampf der deutschen Geschichte, ein Schauspiel, das alle die Händel der kleinen Landtage ganz in den Schatten stellte, und zum allgemeinen Erstaunen ward offenbar, welche gewaltigen staatsbildenden Kräfte Deutschland in diesem Preußen besaß. Die Männer, die hier von der belgischen und der russischen Grenze, von der Ostsee und den thüringischen Bergen her zusammenkamen, fühlten sich allesamt als Söhne eines Volkes, allein das kleine Häuflein der Polen ausgenommen, und trugen mit Stolz den Namen der Preußen. In der langen wohltätigen Stille der Herrschaft des verstorbenen Königs hatten der alte Stammeshaß und die landschaftlichen Sonder-Erinnerungen viel von ihrer Schärfe verloren – ein Ergebnis, das sich bei freierem öffentlichen Leben schwerlich so bald hätte erreichen lassen; dann waren, unter dem aufregenden Regimente des Nachfolgers, überall im Osten wie im Westen neue politische Ideen erwacht, aus denen leicht große gesamt-preußische Parteien hervorgehen konnten. Gleich bei den ersten Vorbesprechungen ward man inne, daß diese neuen Parteigegensätze zwar trennend, aber noch mehr verbindend wirkten; denn der Riß der Parteiung ging mitten durch alle Provinzen, die Mehrheit der Rheinländer und der Ostpreußen bildeten den Kern der Opposition, gerade die entlegensten Landesteile fanden sich in guter Freundschaft zusammen. Die Provinzen wie die Stände des Vereinigten Landtags besaßen das Recht, die Sonderung in Teile zu verlangen; aber von dieser gefährlichen Befugnis versuchten nur zweimal, ganz zu Anfang der Tagung, einzelne Heißsporne Gebrauch zu machen. Beide Male vergeblich. Der Landtag wollte ein untrennbares Ganzes bleiben; die Naturgewalt der nationalen Einheit, der Ernst des preußischen Staatsgedankens hielt alle Sondergelüste darnieder. Das war es, was Metternich vor allem fürchtete. Er wußte wohl, daß Österreich und Frankreich die geborenen Feinde der deutschen

Einheit waren, und warnte Guizot vor den großen Gefahren, welcher dieser Landtag den beiden Höfen zu bereiten drohe. Als festes Bollwerk wider das werdende Deutschland dort im Norden empfahl er den Deutschen Bund, die natürliche Stütze des Partikularismus. –

Zum ersten Male, seit es ein Königreich Preußen gab, traten die Stände als eine selbständige Macht der Krone gegenüber; und wie stark und mannigfaltig erschien das nationale Leben, das hier plötzlich Sprache gewann, wie wenig hatte man draußen im Reich von den großen Verhältnissen des wirklichen deutschen Staates gewußt. „Preußen hat wieder einen Adel" – so sagte eine ehrliche liberale Zeitung ganz verwundert; denn das landläufige Zerrbild vom preußischen Junkertum paßte wahrhaftig nicht auf die tapferen, patriotischen Edelleute, die im Vereinigten Landtage, manche als Wortführer des Liberalismus, alle gleich freimütig auftraten, viele von ihnen erklärten sich sogar bereit, auf ihre Patrimonialgerichtsbarkeit zu verzichten. Fast noch mehr überraschte die Deutschen der Kleinstaaten das stolze Selbstgefühl des preußischen Bürgertums, das in der älteren Geschichte der Monarchie fast immer nur einen bescheidene Rolle gespielt hatte, jetzt aber, rasch erstarkt, unter dem Schutze des Zollvereins, seine großen wirtschaftlichen Interessen nachdrücklich vertrat. Auch das alte streng protestantische Preußen war nicht mehr; die Parität der Bekenntnisse ward in den Formen überall sorgsam gewahrt, und die aufgeklärten Berliner Katholikenhasser wollten nicht begreifen, warum der Landtag das Fronleichnamsfest als einen Feiertag ehrte.

Überhaupt kam ein freierer, großstädtischer Zug in das Berliner Leben, seit die Fürsten und Grafen des Westens, die schlesischen Granden und der ostpreußische Adel, der bisher immer still daheim geblieben war, alle bei Hofe erschienen und der König auch die Vertreter der Städte und der Landgemeinden zu seinen Festen lud; erst seit diesen Anfängen der parlamentarischen Kämpfe begann Berlin zur wirklichen Hauptstadt zu werden. Und wie reich war dieser erste Landtag an rednerischen Talenten, an mutigen, erfahrenen, ehrenhaften Männern. Noch überwog die schöne Beredsamkeit des Herzens, wie es in einer Zeit der Erwartung nicht anders sein konnte; aber auch die Leidenschaft hielt sich fast immer in den Schranken der guten Sitte, und niemals wieder hat Preußen ein so würdevolles Parlament gesehen.

Mit königlichem Pomp, die Reichs-Insignien voran, betrat Friedrich Wilhelm am 11. April den Weißen Saal des Schlosses, um den Landtag mit feierlicher Ansprache zu eröffnen. Alle königlichen Prinzen scharten sich um ihn. Zum letzten Male – wie wenig konnte er das ahnen – redete der König hier mit der vollen Freiheit des unbeschränkten Herrschers zu seinem Volke, aus der Tiefe des Herzens heraus, aufrichtig wie kaum je ein gekröntes Haupt gesprochen hat; es war, als wollte er sich selber an dem Schwung und dem Glanze seines reichen und doch so ganz unpolitischen Geistes weiden. Er erklärte, wie es die Kundigen nicht anders erwarten konnten, das Verfasssungswerk seines Vaters nunmehr für vollendet und warnte die Stände, dies Werk „nicht gleich durch ungenügsame Erneuerungslust in Frage zu stellen"; er legte ihnen, wie einst den Vereinigten Ausschüssen, ans Herz, daß sie nicht „Meinungen zu repräsentieren", sondern nach altem deutschen Brauche ihre eigenen Rechte zu wahren hätten. Er erinnerte sie an die „Erbweisheit ohnegleichen", welche die englische Verfassung ohne ein Stück Papier geschaffen habe, und obgleich er soeben selbst das beschriebene Blatt des Patents hatte hinausgeben lassen, gab es das feierliche Gelöbnis: „daß es keiner Macht der Erde je gelingen soll, mich zu bewegen, das natürliche, grade bei uns durch seine innere Wahrheit so mächtig machende Verhältnis zwischen Fürst und Volk in ein konventionelles, konstitutionelles zu wandeln, und daß ich es nie und nimmermehr zugeben werde, daß sich zwischen unseren Herrgott im Himmel und dieses Land ein beschriebenes Blatt gleichsam als eine zweite Vorsehung eindränge, um uns mit seinen Paragraphen zu regieren und durch sie die alte Treue zu ersetzen." Sichtlich erregt sprach er von den Angriffen der Presse, die doch so tief unter ihm stand: „von allen Unwürdigkeiten, denen ich und mein Regiment seit sieben Jahren ausgesetzt gewesen, appelier' ich an mein Volk." Und indem er seine getreuen Stände aufforderte zum gemeinsamen Kampfe gegen die Untreue, die bösen Gelüste der Zeit, legte er das Bekenntnis ab: „Ich und mein Haus wir wollen dem Herrn dienen. Ja wahrhaftig!" Für die Zukunft erhielten die Stände nur die väterliche mahnende Zusage, daß der König sie zur Bewilligung neuer Steuern und Anleihen wieder berufen werde, und auch sonst noch „wenn ich es für gut und nützlich halte, und ich werde es gern und öfter tun, wenn dieser Landtag mir den Beweis gibt, daß ich es könne, ohne höhere Regentenpflichten zu verletzen."

Die Thronrede erschreckte und verwirrte die Hörer. Wohl empfand jedermann die Macht einer ungewöhnlichen Persönlichkeit; der politische Inhalt der hochtönenden, vielfach unklaren Sätze lief jedoch darauf hinaus, daß der König seine Stände vor jeder Annäherung an das konstitutionelle Kammerwesen der kleinen Nachbarstaaten streng bewahren und die Ausbildung dieser ganz eigenartigen Institutionen allein seiner eigenen Weisheit und Gnade vorbehalten wollte. Die Liberalen, die in dem Patente nur die Grundlage für weitere Verhandlungen sahen, fühlten sich tief niedergeschlagen. Manche der heißblütigen Ostpreußen wollten fortan abreisen, da doch keine Verständigung möglich sei, und nur durch das Zureden ihrer weltklugen rheinischen Freunde ließen sie sich zum Bleiben bewegen. Beim Beginn der ersten Sitzung erhob sich nun Graf Schwerin, ein Pommer aus dem altberühmten Soldatengeschlechte, eine breite, gedrungene Gestalt von ungezwungener Haltung, mit einem kräftigen biederen Gesichte, das durch die herabhängenden dunklen Haare den Ausdruck eines fast pietätischen Ernstes erhielt. Er stellte den Antrag, die Stände sollten dem Monarchen in einer Adresse ihren Dank, aber auch ihre Rechtsbedenken aussprechen. Den Adreßentwurf verfaßte der gefeierte Redner des rheinischen Provinziallandtags, F. v. Beckerath aus Krefeld. Seine Wiege hatte, wie er gern erzählte, neben dem Webstuhle seines Vaters gestanden; ganz durch eigene Kraft war er zum reichen Kaufherrn geworden, Mennonit und nicht ohne einen Zug quäkerischer Salbung, der ihm trotz der politischen Meinungsverschiedenheit doch immer das Wohlwollen des frommen Königs sicherte, trug er seine gemäßigt liberalen Ansichten mit einem eigentümlichen lyrischen Pathos vor. Die Begeisterung stand ihm wohl an, sie kam aus tiefster Brust und verirrte sich nie gänzlich in Phrasen. „Hier", rief er aus, „sei der Pulsschlag eines neuen verjüngten Preußens, eines Preußens, das umgeben von den Sympathien der deutschen Brüderstaaten, das deutsche Volk zu der Stelle hinan führen wird, die ihm unter den Kulturvölkern der Erde gebührt."

Mit Besorgnis sah Graf Arnim, wie die rechtliche Unklarheit, deren Gefahren er selbst dem König so oft vorgestellt hatte, jetzt schon ihre schlimmen Früchte trug. Wenn der König die Adresse zurückwies, dann ging der Landtag, noch ehe er recht begonnen hatte, schon zu Ende; denn diese Versammlung war unauflösbar – das hatte der Prinz von Preußen seinem Bruder vorher gesagt, und alle fühlten bereits, wie wahr er gesprochen. Kam es zum Bruche zwischen der Krone und den Ständen, so fiel das Patent selbst, und der Staat trieb vielleicht gewaltsamen Erschütterungen entgegen. Darum hielt sich Arnim verpflichtet, ritterlich für die vergeblich gewarnte Krone einzutreten. Er brachte einen Gegenentwurf ein, der die Rechtsbedenken nur leise und schüchtern andeutete. In der langen Verhandlung, die sich nunmehr entspann, traten schon die beiden Redner auf, welche die Regierung fortan als ihre gefährlichsten Feinde fürchtete: der bürgerlich liberale Hansemann und Vincke, der liberale Aristokrat. Hansemann hatte seine große geschäftliche Begabung neuerdings wieder in mannigfachen Eisenbahn-Unternehmungen bewährt; sein Ziel war die konstitutionelle Herrschaft der wohlhabenden Bourgeoisie, wie in Belgien. In ihm verkörperte sich die echt moderne kaufmännische Staatsansicht, die alle politischen Begriffe auf den Kopf stellte und eben deshalb in einer Zeit wachsenden Erwerbes und Genusses unaufhaltsam um sich griff; er betrachtete Heer und Beamtentum als lästige Kostgänger der Kaufleute und Fabrikanten, während doch Handel und Wandel, Geld und Tausch ohne den Staat, sein Recht und seine Waffen gar nicht auf der Welt wären und man also mit gleich guten Gründen behaupten konnte, daß die reichen Börsenmänner zum Teil durch die Arbeit der schlecht bezahlten Staatsdiener ernährt würden. Im Landtage redete er sehr scharf oft mit plebejischer Plumpheit, er stellte den Ständen kurzab zur Wahl „ob das Gefühl des Rechts in Ihnen lebt oder ob Sie nur von Vertrauen, von Gnade leben wollen."

Ungleich mächtiger sprach Vincke, ein wohlbeleibter, stiernackiger junger Mann, dessen nachlässige Haltung und Kleidung doch den Edelmann nicht verkennen ließen; sein schwerer, von dichtem, rotem Backenbart umrahmter Kopf zeigte eine imposante Häßlichkeit, wie sie so oft schon bedeutenden Rednern als Schild und Waffe gedient hat. Er war der größte aller Parlamentsredner der preußischen Geschichte, ganz unvergleichlich in der Kunst rascher, schlagfertiger Debatte, und dennoch kein schöpferischer staatsmännischer Geist, ja nicht einmal ein gewandter Parteiführer. Im Kampfe, im Angriff allein lag seine Kraft. Wie ward ihm wohl, wenn er einen Redner der Gegenpartei lange mit den spöttischen Blicken seiner scharf hinter der Brille hervorlugenden Augen, mit höhnischen Gebärden und Zwischenrufen verfolgt hatte und dann aufsprang, beide Hände in den Hosentaschen, um den Unglücklichen mit scharfer Dialektik, mit grausamsten Witzen und tat es not mit stürmischer Entrüstung zu zermalmen. Dem König blieb er stets verhaßt; denn Friedrich Wilhelm nahm alles persönlich und konnte sich nicht darein finden, den Sohn des getreuesten aller Westfalen in den Vorderreihen der Opposition zu sehen. Auch der Vater hatte in seinen letzten Lebensjahren die liberale Gesinnung des jungen Landrats und Landstands nicht ohne Sorgen betrachtet. Im Grunde des Herzens hegte der Sohn jedoch weit mehr aristokratischen Stolz als der schlichte volksfreundliche alte Oberpräsident. Er freute sich seines alten Geschlechtes und wollte gleich der langen Reihe seiner Ahnen allezeit „den Acker des Rechtes pflügen". Freilich hatte er sich von seinem unantastbaren Rechtsboden ein ziemlich willkürliches Bild entworfen. Er betrachtete die ständischen Rechte als ein von den Vätern überkommenes Fideikommiß, als „ein eisernes Inventar, das wohl vermehrt, doch nicht vermindert" werden dürfe. Darum nahm er das neu geschenkte Steuerbewilligungsrecht kurzweg an und verlangte trotzdem die Erfüllung aller früheren Zulagen bis auf den letzten Buchstaben. Einen Dank wollte er in der Adresse überhaupt nicht aussprechen, sondern nur eine Rechtsverwahrung, da beides einander ausschlösse. Noch mehrere andere ungewöhnlich begabte Redner erhoben ihre Stimme. So Mevissen, der Mitbegründer der Rheinischen Zeitung, der unterdessen viel gelernt hatte und ganz in Beckeraths Sinne ausführte: wenn nur erst der Vereinigte Landtag alljährlich den gesamten Staatshaushalt prüfe, dann würden die Preußen nicht mehr mit Neid auf ihre kleinen Nachbarn schauen, sondern die Führung Deutschlands erlangen. Also auf der anderen Seite Fürst Felix Lichnowsky, der kecke übermütige karlistische Abenteurer, der zum allgemeinen Erstaunen zwar für die Krone, aber durchaus nicht in reaktionärem Geiste sprach und, wenn er auch hinter seinem Vorbilde Mirabeau weit zurückblieb, doch unverkennbar Talent, Mut, Tatkraft zeigte.

Großen Eindruck machte eine kurze Ansprache des Prinzen von Preußen. Herausgefordert durch einen Vorwurf Hansemanns gab er als erster Untertan und erster Ratgeber des Königs die feierliche Versicherung: bei der Beratung der Verordnungen vom 3. Febr. hätten er und die anderen Räte der Krone durchaus kein Mißtrauen gehegt, wohl aber die Erwartung, daß „Freiheiten und Rechte der Stände niemals auf Unkosten der Rechte und Freiheiten der Krone" gewährt werden sollten. Der Sinn seiner Rede war versöhnlich, aber ihr Ton klang diktatorisch; der Prinz sprach wie ein des Befehlens gewohnter General, und da der unwissende Haufe nicht einsah, daß der Thronfolger doch gar nicht anders auftreten durfte, so bemächtigte sich der niederträchtige Berliner Klatsch dieser einfachen Worte. Der Prinz war der Liebling des Heeres und darum schon allen Unzufriedenen verdächtig. Die längst verbreiteten Gerüchte von seiner reaktionären Gesinnung wurden durch Varnhagen in den Salons, durch allerhand Unbekannte beim Pöbel herumgetragen; er galt überall für den bösen Dämon seines Bruders, obgleich er zur Zeit gar keinen Einfluß besaß, sondern nur als ehrenhafter Soldat die Sache seines königlichen Herrn verteidigte. Bei den Straßenaufläufen dieser Apriltage warf ihm der Pöbel die Fenster ein; es war ein Schatten kommender Ereignisse, die liberalen Zeitungen entschuldigten die Heldentat mit der fragwürdigen Versicherung, der Anblick der Spiegelscheiben des bescheidenen prinzlichen Palastes hätte die armen Hungerleider gar zu schmerzlich an ihr eigens Elend erinnert.

Um die Parteien zu versöhnen, beantragte endlich Alfred v. Auerswald eine neue, etwas schärfere Fassung des Arnimschen Adreßentwurfs. Der treue Mann, der bei dem Monarchen in jungen Jahren so nahe gestanden hatte, wollte einen Bruch mit der Krone durchaus vermeiden, jedoch auch seine Rechtsüberzeugung nicht aufgeben In der also umgestalteten Adresse erklärten die Stände nach warmen Dankesworten: sie würden die Ehre und Kraft der Krone, aber auch die ständischen Rechte „beide als unschätzbare Kleinode bewahren und pflegen"; demnach behielten sie sich vor, die Abweichungen des Patents von den früheren Gesetzen noch näher zu erörtern, und baten den Monarchen, solche Widersprüche demnächst auszugleichen. Der Antrag wurde mit großer Mehrheit angenommen; er gab den Verhandlungen des Landtags von vornherein ihr Gepräge; den Charakter einer ehrfurchtsvollen und besonnenen, aber festen und entschlossenen Oppositionspolitik. In gnädigem Tone ließ der König (22. April) antworten: „Die Gesetzgebung vom 3. Febr. ist in ihren Grundlagen unantastbar, wir betrachten sie aber deshalb nicht als abgeschlossen, vielmehr als bildungsfähig." Darum gab er den Ständen anheim, weitere Anträge zu stellen und verhieß sogar von freien Stücken, den Vereinigten Landtag spätestens in vier Jahren wieder zu versammeln. Also wich er schon selbst einen Schritt zurück, was ihm schwer genug fallen mußte, da er doch soeben erst seine Stände vor ungenügsamer Neulingshast gewarnt hatte. Zu dem Versprechen periodischer Einberufung konnte er sich gleichwohl nicht entschließen, und doch fühlten jetzt schon alle Unbefangenen, auch die auswärtigen Diplomaten, daß diese Zusage allein den unseligen Streit abzuschneiden vermochte.

Sobald der Landtag nunmehr in die Geschäfte eintrat, fühlte er sich auf jedem Schritt durch juristische Bedenken gehemmt, da er nicht wußte, ob er sich selbst als die verheißene Landesrepräsentation ansehen sollte, und der offene Kampf brach aus, als die Regierung den Ständen zweimal die Übernahme finanzieller Verpflichtungen zumutete. Sie verlangte zunächst die ständische Garantie für die neuen Landrentenbanken, welche die Ablösung der grundherrlichen Lasten erleichtern sollten. Sachliche Bedenken gegen dies verständige Gesetz hegte nur ein kleiner Kreis konservativer Grundbesitzer, der die Berechtigten durch die Ablösung zu schädigen fürchtete; den Finanzen drohte auch keine Gefahr, da die Landrentenbriefe ja die Sicherheit erster Hypotheken genossen. Unlösbar aber schien wieder die Rechtsfrage. Vincke eiferte: wie dürfen wir das Land mit neuen Verpflichtungen belasten, solange der Vereinigte Landtag nicht regelmäßig die Lage des Staatshaushaltes prüft und die Regierung ohne unser Wissen Schulden aufnehmen kann? Zum Unglück wagte Bodelschwingh, der fast allein, kaum unterstützt von den schweigsamen anderen Ministern, mit bewundernswürdiger Geduld die Sache der Krone vertrat, jetzt die unhaltbare Behauptung aufzustellen: eine Bürgschaft dürfe man doch nicht wie eine Schuld ansehen. Dasselbe hatte er schon vor vier Jahren den Vereinigten Ausschüssen gesagt, damals noch ohne lebhaften Widerspruch. Seitdem aber waren die staatsrechtlichen Fragen mannigfach erwogen und durchdacht worden; man erkannte allgemein, das Anleihebewilligungsrecht der Stände verliere jeden Wert, wenn es nicht ganz unzweideutig anerkannt werde. Der Minister sah sich also heftig angegriffen, manche der Abgeordneten gerieten in eine Aufregung, als ob die Krone sie böslich betrügen wollte, und der Gesetzentwurf ward verworfen.

Ähnliche Kämpfe, aber ungleich heftiger und bedeutsamer, erneuerten sich, als die Regierung den soeben erst vollendeten Gesetzentwurf über die Ostbahn nach Königsberg vorlegte. Da das Privatkapital sich versagt hatte, so wollte die Krone selbst den gewaltigen Bau in die Hand nehmen und verlangte darum die ständische Bürgschaft für eine Anleihe von 25. Mill. Tlr. Die Notwendigkeit des großen Unternehmens konnte niemand bezweifeln. Es war für die Volkswirtschaft des bedrängten alten Ordenslandes, für die politische Einigung und die militärische Sicherheit der Monarchie geradezu eine Lebensfrage, daß der wilde Weichselstrom, der bisher nur bei Thorn eine elende, dem Verfalle nahe Pfahlbrücke trug, endlich bezwungen wurde und Ostpreußen zu jeder Jahreszeit eine gesicherte Verbindung mit der Hauptmasse des Staates erhielt. Die Vorarbeiten waren längst im Gange; ein genialer Ingenieur, Baurat Lentze, hatte schon seit Jahren die Pläne entworfen für die Überbrückung der Weichsel und der Nogat bei Dirschau und Marienburg. Brücken von so riesiger Spannweite kannte man in Europa, selbst in England noch nicht; die Bahn mußte auf weiter Strecke durch die Werder acht Fuß unter dem Wasserspiegel der beiden Ströme geführt werden, und schon waren an 8000 Arbeiter tätig, um die ungeheuren Deichbauten auszuführen. Und dies großartige, dem preußischen Staate zu hohem Ruhme gereichende Werk konnte vollendet werden, ohne die Steuerzahler irgend zu belasten; die 2 Mill. Tlr., die bereits als jährlicher Staatszuschuß für den Eisenbahnbau angewiesen waren, genügten allein schon, um die Anleihe zu verzinsen und zu tilgen. Trotzdem schien die Bewilligung, wegen der leidigen Verfassungsfrage, den Ständen ganz unmöglich. –

Die große Mehrheit der Ostpreußen setzte ihren Stolz darein, dem Lande zu beweisen, daß sie nicht um ihres Vorteils willen die ständischen Rechte preisgeben wollten. Einer ihrer angesehensten Edelleute, Saucken-Tarputschen, ein alter Kämpfer aus den Befreiungskriegen, dessen unverbrüchliche Treue der König selbst wohl kannte, erklärte feierlich: „Wenn ich auch alle Hütten meines Landes durch die Bewilligung des Anlehens zu Schlössern verwandeln könnte, so würde ich in dem Glauben, daß mit leichtem und ruhigem Gewissen es sich glücklicher und behaglicher in einer Hütte, als mit einem beschwerten im Palaste selbst wohnen läßt, dagegen stimmen." Und wieder verteidigte Vincke in einer hinreißenden Rede das, was er Recht nannte: „Es gibt Lagen in dem Leben der Staaten, wo der Patriot sein Haupt verhüllt, in sein Inneres zurückgeht und den festen Entschluß faßt, nur der inneren Stimme zu folgen, welche ihm zuruft: Tue recht und scheue niemand!" Hansemann aber benutzte die Gelegenheit, um auch den Kriegsschatz anzugreifen, der, nach seiner kaufmännischen Weltanschauung dem Staate in Zeiten der Bedrängnis viel weniger nützte als eine gute Nationalbank, und beantragte, die Krone möge vorläufig 10 Mill. aus dem Staatsschatze für diesen Eisenbahnbau verwenden. Dabei tat er den kühnen Ausspruch, der in der zartbesaiteten Geschäftswelt überall Widerhall fand und alsbald zum geflügelten Worte wurde: „In Geldsachen hört die Gemütlichkeit auf."

War denn das Recht, um dessentwillen so viel Pathos verschwendet wurde, wirklich so unzweifelhaft und so wertvoll? Konnten die Ostpreußen nach Vollendung der Ostbahn wirklich nicht mehr in ihren Hütten und Palästen mit ruhigem Gewissen schlafen – bloß weil der Vereinigte Landtag seine periodische Berufung zwar mit Gewißheit erwarten durfte, aber noch nicht förmlich zugesichert erhalten hatte und das Recht der Bewilligung von Kriegsanleihen noch nicht besaß? Durften die Stände wegen solcher Spitzfindigkeiten das Wohl des Landes mit Füßen treten und ein Gesetz, das sie selber vollkommen billigten, zurückweisen? Otto v. Bismarck wenigstens vermochte diesem Rechtsfanatismus nicht zu folgen. Unter dem lauten Murren der Versammlung warf er den Gegnern vor, sie wollten „gleichsam ein Retentionsrecht an dem Rechte der Anleihebewilligung ausüben"; er fragte, ob sie es nicht selber „mit dem Namen der Erpressung brandmarken" würden, wenn die Regierung ihre administrativen Wohltaten von dem politischen Verhalten der Provinzen abhängig machte? Die Warnung des jungen Feudalen, den man überall nur für einen Heißsporn der Reaktion ansah, fruchtete nichts. Die Anleihe wurde mit Zweidrittel-Mehrheit verworfen, obgleich der gesamte Herrenstand mit einer einzigen Ausnahme dafür stimmte. Da die Stände jedoch den Unsinn dieser Ablehnung selber fühlten, so fügten sie noch völlig widersprechende Bitte hinzu: der König möge dem nächsten Landtage eine neue Proposition über die Ostbahn vorlegen und bis dahin die begonnenen Arbeiten fortsetzen lassen.

Diese unselige Verhandlung entschied über das Schicksal des Landtags. Sie brachte den König, der die ganze Verwirrung freilich selbst verschuldet hatte, zu der Einsicht, daß er sich mit seinen Ständen nicht verständigen könne.

Heftigeren Streit noch erregte das neue Judengesetz. Obgleich Friedrich Wilhelm die Juden so wenig liebte und durch Jacobys Königsberger Genossen unaufhörlich gereizt wurde, so hielt er doch für Königspflicht, auch ihnen gerecht zu werden. Er beschloß, das milde Hardenbergische Judengesetz vom Jahre 1812, das bisher nur in den alten Provinzen bestand, von den übrigen Provinziallandtagen aber als allzu liberal zurückgewiesen worden war, mit einigen Abänderungen in dem geplanten Staatsgebiete einzuführen. Die Juden erlangten dadurch vollständige Gleichheit der bürgerlichen Rechte und Pflichte; nur die landtäglichen Rechte, die eigentlich obrigkeitlichen Ämter und ein Teil der Lehrerstellen blieben ihnen noch versagt.

Preußens Judenschaft bestand aber aus sehr ungleichen Schichten. Zu ihr zählten die großen und die kleinen Geschäftsleute, sodann die buntgemischte Schar der Gelehrten, Ärzte und Literaten, die zum Teil durch ihre radikale Gesinnung den Behörden lästig, aber bürgerlich achtbar waren. Dazu endlich ein entsetzlicher Pöbel, der außer einigen ehrlichen armen Leuten eine Unzahl von Wucherern und Güterschlächtern, Trödlern und Roßtäuschern, Schnaps- und Bordellwirten, Faktoren und Schadchen, Hausierern und Schnorrern, Hehlern und Stehlern umfaßte; die deutsche Gaunersprache war ja mit hebräischen Worten überladen. Diese Hefe des Judentums saß vornehmlich im Großherzogtum Polen, in ihr hatte sich aller Schmutz der polnischen Geschichte abgelagert; deutlich war an diesen Leuten mit dem stinkenden Kaftan und den Lokken des Gesetzes noch nichts als ihre abscheulich verhunzte Sprache. Darum hatte der preußische Staat die Judenschaft Polens von jeher nach besonderen Gesetzen behandelt und sie neuerdings (1833) förmlich in naturalisierte Juden und Schutzjuden eingeteilt. Der Schutzjude durfte weder das Bürgerrecht in den Gemeinden erwerben noch in eine andere Provinz übersiedeln; wenn er aber ein ehrbares bürgerliches Gewerbe trieb oder ein kleines Landgut bewirtschaftete oder seine Wehrpflicht untadelhaft erfüllte oder auch nur von den Ortsbehörden ein Zeugnis der Würdigkeit erhielt, dann erlangte er leicht die Naturalisation und damit alle Rechte der Juden in den alten Provinzen. Diese auf den Betrieb des liberalen Oberpräsidenten Flottwell ergangene Verordnung wirkte sehr wohltätig. Währte dieses heilsame Beschränkung noch eine Reihe von Jahren hindurch, dann konnte man vielleicht hoffen, die jüdische Einwanderung nach Berlin und den Nachbarprovinzen einigermaßen zu regeln, so daß sie nicht zur offenbaren Landplage wurde. Die Schranke plötzlich hinwegzunehmen war schon darum unratsam, weil die Juden aus dem russischen Polen, die noch tiefer standen als ihre Posener Stammgenossen, bereits gierig nachdrängten. Auch die Ausschließung der Juden von den Staatsämtern entsprach unzweifelhaft der im Volke vorherrschenden Gesinnung, denn alle Obrigkeit bedarf des Ansehens und des Vertrauens, an die Gerechtigkeit eine jüdischen Richters aber wollten die Bauern schlechterdings nicht glauben.

In den höheren Ständen dagegen war die Meinung neuerdings stark umgeschlagen. Vor zwanzig Jahren noch hatten nicht bloß die christlich-germanischen Burschenschafter und die konservativen preußischen Provinzialstände, sondern auch die süddeutschen Liberalen die Gleichberechtigung der Juden entschieden bekämpft. Noch nach der Juli-Revolution (1831) veröffentlichte Paulus, das Haupt der liberalen Rationalisten, eine sehr scharfe Schrift gegen „die jüdische National-Absonderung". Auch Rotteck, Welcker und ihre Freunde in der badischen Kammer verwarfen damals noch die völlige Gleichstellung – manche wohl nur, weil sie sich vor der entschiedenen Abneigung ihrer Wähler fürchteten. Nach und nach drang die französische Lehre von dem gleichen Staatsbürgertum aller Einwohner auch in Deutschland vor; die jüdischen Zeitungsschreiber verbreiteten sie geschäftig und wußten das klug ersonnene neue Schlagwort „Juden-Emanzipation" geschickt zu verwerten, obgleich mindestens in den alten preußischen Provinzen eine Sklaverei der Israeliten nicht bestand. Kurhessen war das erste deutsche Land, das den Juden (1833) die unbedingte Gleichberechtigung gewährte; der mit Amschel Rothschild so nahe befreundete Prinzregent wagte den Anträgen des liberalen Landtags nicht zu widersprechen. Dieser erste Versuch bewährte sich sehr schlecht. Grade hier kam an den Tag, daß die Sünden des Wuchers und des Truges durchaus nicht bloß Folgen der Unfreiheit, sonder tief eingewurzelte, so leicht nicht zu überwindende jüdische Nationallaster waren; grade hier, wo die Juden nach Belieben jeden Beruf ergreifen konnten, zeigten sie sich als grausame Blutsauger des armen Landvolks, und so wurde diese Wiege der deutschen Judenbefreiung sehr bald zur Heimstätte eines ganz fanatischen Judenhasses. Trotzdem hielt der Luftzug aus dem Westen an, das französische Recht wurde in weiten Kreisen als die geschriebene Vernunft angesehen.

Auch die Kirchenfeindlichkeit der radikalen Dichter und Philosophen kam den Wünschen der Juden entgegen. Geringschätzung aller religiösen Gefühle galt schon für das Kennzeichen starker Geister, und der ungeheuerlichen Behauptung, daß der Protestantismus dem Judentum näher stehe als der katholischen Kirche, stimmten viele der liberalen Protestanten zu, welche das Wesen ihres Glaubens nur im Kampfe gegen Rom suchten. Argen Mißbrauch trieben die Verteidiger der Juden-Emanzipation mit dem großen Namen Lessings. Das herrliche Märchen von den drei Ringen, dessen tiefsinnige Ironie sich doch leicht erkennen läßt, da ja nur einer der Ringe echt ist, wurde ganz gedankenlos ausgelegt, als wäre Lessing selber so stumpfsinnig gewesen wie seine Erklärer, als hätte er den gewalttätigen Islam oder das längst zur Mumie erstarrte Judentum wirklich der Religion der Liebe und der Freiheit gleichstellen wollen. In der Hauptstadt herrschte seit dem Adressensturme der Lichtfreunde wieder fast unumschränkt jene selbstgefällige Aufklärung, welche einst, zu Nicolais Zeiten, ihren Ausbruch gefunden hatte in den echt berlinischen Versen: „Daß Gott sei, lehrte Moses schon; doch den Beweis gab Moses Mendelssohn." Humboldt und sein Kreis wollten als unbedingte Verehrer der französischen Revolution in jeder Beschränkung der politischen Rechte der Israeliten nichts sehen als Glaubensdruck und finstere Barbarei. Leider kannte der große Reisende sein eigenes Vaterland weit weniger als Mexiko oder Sibirien. Er übersah, daß in Preußen nach Verhältnis mindestens achtmal mehr Juden lebten als in Frankreich, und daß viele Israeliten dem polnischen Stamme angehörten, nicht, wie damals noch die Mehrzahl der französischen Juden, dem bildsameren, den Abendländern näher stehenden spanischen Judenstamme. Da er selbst mehr Weltbürger als Deutscher war, so entging ihm auch das allerwichtigste Bedenken: daß die Deutschen leider nicht jeden schönen instinktiven Nationalstolz besaßen, der in Frankreich jedes fremde Volkstum zwang, sich der nationalen Sitte unbedingt zu unterwerfen.

Die Landtagsverhandlungen litten, wie noch heute jeder Streit um die Judenfrage, unter einer rechtlichen Unklarheit. Jude im Sinne des Rechtes war nur der Bekenner der mosaischen Religion; wer die vollständige Gleichberechtigung der Juden bekämpfte, geriet also in den falschen Schein, als ob er die religiöse Duldung, den alten Ruhm Preußens beeinträchtigen wollte. Und doch wurde die preußische Gesetzgebung den Juden gegenüber schon seit anderthalb Jahrhunderten allein durch weltlich-politische Gedanken bestimmt. Religiöse Skrupel waren es doch wahrhaftig nicht, welche den königlichen Freigeist Friedrich bewogen, den Namen Moses Mendelssohn von der Kandidatenliste der Akademie zu streichen; und wenn der Staat gegenwärtig die Posener Schutzjuden nur unter gewissen Bedingungen naturalisierte, so verlangte er von ihnen doch durchaus keine Verleugnung religiöser Gesinnungen, er forderte nur, daß sie sich durch ehrliche Arbeit ernähren und die schwierige Kunst des Waschens und des Kämmens nicht ganz verabsäumen sollten. Die Staatsgewalt nahm an, und in der Regel mit Recht, daß ein Jude, sobald er sich taufen ließe, damit auch die Absicht bekundete, ganz zum Deutschen zu werden; sie glaubte, dies fremde, der Masse der deutschen Nation unzweifelhaft verhaßte Volkstum sei bisher in seiner Gesittung noch nicht genugsam germanisiert, und man könne darum noch nicht wagen, christliche Deutsche unter den Befehl jüdischer Beamten zu stellen. Um diese rein politische Frage bewegte sich in Wahrheit der ganze Streit. Das Gesetz aber durfte die Juden nur als eine religiöse Gemeinschaft ansehen, weil eine andere rechtliche Grenze zwischen Deutschen und Juden sich ohne Willkür nicht feststellen ließ. Darum stützten sich die Verteidiger des bestehenden Rechts auf die Lehre vom christlichen Staate, die, wie geistvoll sie auch neuerdings in Stahls Schriften vertreten wurde, doch die Rechtsbegriffe nur noch mehr verwirren konnte. Denn so gewiß die Deutschen ein christliches Volk, ihres ganzes Leben und mithin auch ihre Gesetze von christlichem Geiste durchdrungen waren, ebenso gewiß war der deutsche Staat eine weltlich Ordnung, die ihren eigenen Rechts- und Machtzwecken lebte und alle religiöse Tätigkeit grundsätzlich den Kirchen überließ. Überdies bestand das Christentum rechtlich nur in der Form bestimmter Konfessionen, geschlossener Kirchen, und da das paritätische Preußen keine Staatskirche kannte, so verloren sich die Verteidiger des christlichen Staates in unbestimmte, allgemeine Behauptungen, denen die Gegner mit ebenso allgemeinen Sätzen über Menschenrecht und Menschenwürde antworteten. Auch allerhand häßliche Nebenrücksichten spielten bei der Verhandlung mit; das Judentum hatte sich in die moderne Gesellschaft schon so tief eingefilzt, daß eine rein sachliche Behandlung der Frage nicht mehr möglich war. In der vornehmen Welt wußte jedermann, daß manche der Grundherren jüdische Schuldknechte waren und ihre Abhängigkeit von Berliner Bankiers, die hinter den Kulissen geschäftig arbeiteten, doch nicht gern verraten wollten.

So kam es, daß die lange Beratung über das Judengesetz nur wenig fruchtbare Gedanken zu Tage förderte. Im Namen des Christentums mahnte Beckerath salbungsvoll: „Lassen Sie uns keinen, dem Gott das unvergängliche Siegel seines Ebenbildes auf die Stirn gedrückt hat, ausschließen aus dem Kreise menschlicher Berechtigung!" Aber das Menschenrecht bestritt den Juden niemand, sondern nur das Recht, Staatsämter in einem christlichen Volke zu bekleiden. Ebenso unglücklich sprach Minister Thile, als er endlich seine schweigsamen Lippen zu einer Rede, die einer Predigt glich, öffnete. Er meinte, der Jude könnte niemals ein Deutscher, ein

Preuße werden, sein Vaterland sei Zion – eine Behauptung, die doch nur auf die kleine Zahl der streng gläubigen Israeliten zutraf. Auch Eichhorn zeigte sich nicht als wirksamer Redner, als er die Idee des christlichen Staates verteidigte. Diese christlichen Doktrinen überschüttete dann Vincke mit der Lauge seines Hohnes, in einer blendenden, aber höchst unklugen Rede, die geradezu darauf auszugehen schien, den frommen König in seinen geheiligten Gefühlen zu verletzen und im Grunde nur flaches Gespött enthielt. Unter schallendem Gelächter führte er aus: Ein christlicher Staat sei doch unmöglich, da doch die Bibel sage: Du sollst nicht töten – und was der Witze mehr war; daß dieselbe Bibel tief ernst von der Notwendigkeit des Krieges und der Hinrichtungen spricht, schien er gar nicht zu wissen. Mit der ganzen Dreistigkeit der Sarmaten empfahl nachher der Pole Jaraczewski die Emanzipation der Juden, damit seine Heimat Polen von der Überzahl ihrer Israeliten entlastet würde; um die geduldigen deutschen Nachbarn zu beschwichtigen, sagte er tröstend: Die Juden glichen dem Wasser, das aufgestaut leicht versumpfe und das Land verpeste, aber frei durch die Gefilde dahinströmend alle seine wohltätigen Eigenschaften zeige.

Der liberalen Mehrheit behagten die fröhlichen Weissagungen des Polen weit mehr als die Warnungen des Pommern v. Thadden-Trieglaff, der, im schärfsten Gegensatze, „die Emanzipierung der Christen von den Juden“ verlangte und namentlich die Wirksamkeit jüdischer Lehrer in christlichen Schulen gefährlich fand. Thadden war eines jener Originale, wie sie in dem erregten Gemütsleben der Erweckten, der Stillen im Lande sich zuweilen ausbilden, ein gottseliger Kriegsmann aus den Befreiungskämpfen, tief fromm, von kindlicher Sittenreinheit, mildtätig bis zur Verschwendung, aber ganz und gar kein Kopfhänger, vielmehr heiter, überaus witzig, vielbelesen, frei von Menschenfurcht und darum gern bereit, den Gegnern seiner hochlegitimistischen Gesinnung jeden Freimut zu gestatten. Wer ihm näher trat, mußte den Patriarchen Hinterpommerns lieb gewinnen; die Liberalen aber hielten ihn kurzweg für einen Narren.

Nicht viel höher schätzten sie seinen jungen Liebling Bismarck, der jetzt ebenfalls die Lehre vom christlichen Staate verteidigte. Naiv, wie der Genius ist, bekannte sich Bismarck zu der naturwüchsigen Empfindung, die in der Masse des deutschen Landvolks unleugbar vorherrschte: „Ich würde mich tief niedergedrückt und gebeugt fühlen, wenn ich mir als Repräsentanten der geheiligten Majestät des Königs einen Juden denke.“ Dann schlug er die tiefen Töne deutschen Stolzes an. Beckerath hatte nach seiner elegischen Weise von einem jüdischen Jüngling gesprochen, der im Befreiungskriege gefallen war und sich also, da die Juden noch immer nicht Minister werden konnten, umsonst aufgeopfert hatte. Gegen diese dünne Gefühlsseligkeit brach nun Bismarck gewaltig los: „Ich kann nicht glauben, daß ein Blut vergebens geflossen ist, welches für die deutsche Freiheit floß, und bisher steht die deutsche Freiheit nicht so niedrig im Preise, da es nicht der Mühe lohnte, dafür zu sterben, auch wenn man keine Emanzipation der Juden damit erreicht.“ Ein großes Opfer wollte er in einem solchen Tode überhaupt nicht sehen; vielmehr wünschte er den Deutschen „das stolze Gefühl der National-Ehre“, das den Engländern und Franzosen verbiete, ihre Gesetz dem Auslande nachzubilden.

Auf diese Gedanken kam er auch in anderen Reden beharrlich zurück. Nichts empörte ihn tiefer als das liberale Märchen, daß die Preußen um der erhofften Verfassung willen den Freiheitskrieg geführt hätten. Für diesen Krieg, erwiderte er heftig, brauchte unser Volk keinen „anderen Grund als die Schmach, daß Fremde unserem Lande geboten“; doch wer das leugnet, „erweist der National-Ehre einen schlechten Dienst.“ Und als die Liberalen den jungen Mann, der ja die Befreiungskriege nicht mit erlebt hatte, von oben herunter abfertigten, da erwiderte er mit jenem mächtigen Selbstgefühle, dessen Berechtigung erst die Taten der Zukunft erweisen sollten: „Ich habe immer geglaubt, daß die Knechtschaft, die damals bekämpft wurde, im Auslande gelegen habe; soeben bin ich aber belehrt worden, daß sie im Inland gelegen hat, und ich bin nicht sehr dankbar für diese Aufklärung.“ Über die Macht und Einheit des Vaterlandes hatte schon mancher Redner dieser reichbegabten Versammlung edel und warm gesprochen; aber so kühn, so sicher, mit einem solchen Teutonentrotze wie dieser verrufene märkische Junker sagte doch niemand sonst: Deutschland über alles! Es war die Stimme des Mannes, der einst das Werk der Staufer und der Hohenzollern vollenden sollte.

Huldigung vor Friedrich Wilhelm IV.

Tafel 76

Prinz Wilhelm von Preußen

Die Kurie der drei Stände verlangte noch einige Erweiterung der jüdischen Rechte, sie wollte sogar die Juden Polens den übrigen sofort gleich stellen. Da die Herrenkurie jedoch diesem leichtsinnigen Beschlusse widersprach, so blieb die für alle Teile heilsame Sonderstellung der Posener Juden bestehen, und am 23. Juli 1847 wurde das neue Judengesetz veröffentlicht, das im Wesentlichen dem Entwurfe der Regierung entsprach. Der milde Geist des Gesetzes ließ sich gar nicht verkennen, wenn man die Zustände der deutschen Nachbarstaaten verglich; die sächsischen Juden durften ja nur in zwei Städten des Landes wohnen, die mecklenburgischen an manchen Orte nicht einmal übernachten. Aber der Dank blieb aus, die hochherzige Gewährung weckte nur neue Begehren. Die liberale Presse lärmte, sie forderte die Freiheit wie in Kurhessen, und schon ließ sich vorhersehen, daß die Gedanken des napoleonischen Rechts über lang oder kurz den Sieg erringen würden. –

Auch die Polen verlangten von den Ständen „Erhaltung ihrer Nationalität und Sprache." Aber im Vereinigten Landtage zeigten dieselben Männer, die auf ihrem Provinziallandtage so oft zuchtlos getobt hatten, eine auffällige Bescheidenheit. Fürst Radziwill galt in der Herrenkurie sogar für einen warmen Anhänger der Regierung. Die Mäßigung war schlau berechnet; denn der große Polenprozeß stand grade vor der Tür, und die polnischen Abgeordneten fürchteten durch Kundgebung ihrer wahren Gesinnung das Schicksal ihrer angeklagten Landsleute zu erschweren. Die Liberalen erwiesen den Polen, trotz der frechen Empörung des vergangenen Jahres, eine schwächliche, sentimentale Teilnahme. Vincke sprach wieder sehr schön und sehr unklug, ohne jede Sachkenntnis; er empfahl Nachgiebigkeit, damit die Polen „sich ganz deutsch und preußisch fühlten" – woran sie doch selber gar nicht dachten. Wie tief ward diese deutsche Fremdbrüderlichkeit beschämt, als der oberschlesische Pole Wodiczka jede Gesinnungsgemeinschaft mit den Posener Unzufriedenen feierlich zurückwies. Die Polen, rief er aus, sehen uns nicht als polnische Brüder an; und in der Tat waren die schlesischen Wasserpolacken von ihren sarmatischen Nachbarn durch die Verschiedenheit der Geschichte, der Sitten, des Dialekts scharf getrennt und der Krone Preußens dankbar ergeben. „Wir Oberschlesier," so schloß Wodiczka, „wollen nur als deutsche Brüder, als Preußen angesehen und behandelt werden." Der Landtag nahm die Petition der Posener an, obgleich er sich, nach dem Patente, mit Provinzialbeschwerden nicht befassen durfte. Der sechsjährige gemeinsame Kampf gegen die Regierung hatte die Provinziallandtage einander genähert, der Parteigeist überwucherte den alten deutschen Markomannenstolz, die liberalen Polen zu begünstigen, galt selbst in Ostpreußen schon als eine liberale Ehrenpflicht. Der König aber, der seinen Polen auch nichts übel nahm, ließ die Bittsteller gnädig bedeuten, sie sollten ihren Antrag gehörigen Orts, bei ihrem Provinziallandtage oder unmittelbar vor dem Throne einbringen, dann könnten sie wohlwollender Prüfung sicher sein. Nachher wurde die Mehrheit durch ihre Polenschwärmerei noch zu einem höchst unziemlichen Beschlusse verleitet: sie bat den König schon im voraus, gegen die gefangenen polnischen Verschwörer „nach Möglichkeit Gnade walten zu lassen", obgleich doch erst der bevorstehende Polenprozeß erweisen konnte, wie schwer diese Rebellen sich gegen ihre milde Regierung vergangen hatten. Eine Besprechung ward absichtlich unterlassen, weil man die Gefühle der polnischen Abgeordneten, deren Freunde und Verwandte im Kerker saßen, zartsinnig schonen wollte.

Niemand konnte es hindern, alle die lange verhaltenen Wünsche der ungeduldigen Zeit wurden im Landtage laut. Die Stände verlangten Öffentlichkeit der Beratungen der Stadtverordneten, und die Krone konnte nicht umhin, durch eine Kabinettsordre vom 23. Juli 1847 der Forderung zu entsprechen. Sie beschlossen einstimmig, auf Auerswalds Antrag, eine Bitte um Pressefreiheit; eine Debatte hielten sie für überflüssig, denn über die Unmöglichkeit der Zensur waren schon alle Parteien einig. Thadden-Trieglaff veröffentlichte bei dieser Gelegenheit eine ungehaltene Rede, die in dem Satze gipfelte; „Die Preßfreiheit, aber der Galgen daneben!" Die Rede enthielt in paradoxer Form manche gesunde Gedanken und fand den Beifall des Prinzen von Preußen. Der freimütige Sonderling sah die Zeit kommen, da die Menschen nicht mehr an Gott, wohl aber an ihre Zeitung glauben würden; er erkannte die allen demokratischen Epochen gemeinsame Gefahr der moralischen Feigheit, die sich in der Scheu vor jeder persönlichen Verantwortlichkeit, in dem Verlangen nach geheimen Wahlen und Anonymität der Presse bekundet. Darum forderte er Aufhebung der Zensur, strenge Bestrafung der Preßvergehen, Unterzeichnung aller Artikel. Aber die Anonymität der Zeitungen war längst mit allen modernen Lebensgewohnheiten verwachsen; die Rede wurde nur verhöhnt und erlangte schon wegen ihres herausfordernden Hauptsatzes ganz unverdientermaßen einen sprichwörtlichen Ruf als Probestück reaktionärer Narrheit. Auf diese Form der Preßfreiheit wußten die Vertreter der Krone nichts zu antworten, als daß der Bundestag zunächst sein Preßgesetz ändern würde.

Indessen verrieten viele Anzeichen, wie der innere Unfrieden zunahm. In der Presse redeten die enttäuschten Juden täglich frecher. Auf die Dankadresse der brandenburgischen Ritterschaft folgte alsbald eine sehr grobe, durch den uckermärkischen Liberalen v. Holtzendorff veranlaßte Eingabe märkischer Landleute, welche die Erfüllung der alten königlichen Verheißungen ungestüm forderte. Besonders gefährlich erschien die Mißstimmung im Westen. Einer der rheinischen Landtagsabgeordneten, Stedmann, ließ sich als Manuskript ein Büchlein über das Staatsrecht der rheinischen Herzogtümer drucken, das historisch nachweisen sollte, die Rheinländer hätten früherhin „niemals ein geringeres Maß von persönlicher Freiheit und bürgerlicher Berechtigung genossen“ als unter der preußischen Herrschaft. Die Undankbarkeit dieser Westländer, denen der alte König das eiserne Joch Bonapartes vom Halse genommen hatte, wurde nachgerade schamlos. In Mainz entstand ein großer „Rheinischer Verein“, der von Krefeld bis nach Karlsruhe hinauf seine Zweigverbände einrichtete und die unbedingte Aufrechterhaltung des französischen Rechts erstrebte. Ein „rheinischer Ausschuß zur Gründung der deutschen Republik“ verbreitete massenhaft einen Aufruf „zur Vorbereitung“. Das Machwerk schloß mit der Anrede an die Rheinländer: „Die Preußen hinaus, oder nieder mit dem Berlinertum.“

Friedrich Wilhelm merkte von der dumpfen Luft im Lande sehr wenig. Auf Augenblicke beunruhigten ihn wohl die einlaufenden Berichte über demagogische Umtriebe, und zuweilen geschah es auch, daß lächerliche Kleinigkeiten sein Gemüt tief aufregten. Als der Fürstbischof Diepenbrock ihn auf einen Königsmörder-Verein der Primaner des Neissischen Gymnasiums aufmerksam gemacht hatte, da schrieb er zerknirscht: „ich fühle mich schuldig, denn vor Gott bin ich für die Bevollmächtigten meiner Autorität verantwortlich. Ich stehe dem Diepenbrock wie ein dummer Junge gegenüber, der das *nicht weiß, was er wissen soll*, wenn er ein rechter König ist. Gott besser's!“ Allein solche Stimmungen verflogen schnell. Noch immer glaubte er seiner Selbstherrlichkeit völlig sicher zu sein. Das zeigte sich deutlich, als General Boyen gleich nach dem Schlusse des Landtags seinen Abschied verlangte. Der alte Held erhielt als Feldmarschall das Kommando des Invalidenhaufens und lebte noch wenige Monate; ein gütiges Geschick ersparte ihm, die Niedertracht der Berliner Revolution noch zu erleben. Das durch Boyens Rücktritt erledigte Präsidium des Staatsministeriums konnte, nach der Meinung von Freund und Feind, niemand sonst erhalten als Bodelschwingh; als Kabinettsminister und Minister des Innern zugleich besaß er ja schon die wichtigste Stellung im Ministerrate, und vor den Landständen hatte er fast allein tapfer den König vertreten. Aber für einen wirklichen Ministerpräsidenten war unter diesem Regimente kein Raum; Bodelschwingh selbst hätte sich solchen Ehrgeizes wohl kaum erdreistet. Savigny erhielt, nach dem Dienstalter, das Amt, das in seinen Händen nur ein Ehrenamt sein konnte und sollte.

So regierte der König in seiner Unumschränktheit weiter, und ganz unmöglich war es, ihn in dem Gange zu stören, den er sich für seine ständische Gesetzgebung vorgezeichnet hatte. Seine Umgebungen unterstanden sich kaum noch zu widersprechen. Höchstens der freimütige General v. Forstner wagte zuweilen, den angebeteten Monarchen über „seine Polen“ oder ähnliche Phantasiebilder aufzuklären; und wenn der liberale Leibarzt, der große Kliniker Schönlein, sich mit seiner durch den langen Schweizer Aufenthalt noch gestärkten fränkischen Derbheit einmal ein burschikoses Kraftwort erlaubte, dann lachte Friedrich Wilhelm gemütlich; er kannte das süddeutsche Sprichwort: die Bamberger rauchen keinen feinen! Der ostpreußische Graf Dohna-Lauck, wahrhaftig kein Liberaler, bat ihn im Nov. 1847 flehentlich, die periodische Einberufung des Landtags alsbald auszusprechen, noch bevor eine der vielen ständischen Körperschaften wieder zusammenträte, und zugleich ein einfaches Zweikammersystem einzuführen, so daß die

Herrenkurie aus ihrer unerträglichen Mittelstellung herauskäme. Dann würde die ständische Gesetzgebung endlich ihren Abschluß erhalten. Es waren dieselben einfachen Gedanken, welche Graf Arnim als Minister so oft verteidigt hatte. Die geheimnisvollen Pläne des Königs standen aber schon fest: zunächst sollten die Stände alles, was er anbefohlen, buchstäblich ausführen, dann erst wollte er den gehorsamen Kindern das letzte Geschenk seiner väterlichen Huld, die periodische Einberufung des Landtags, ankündigen.

So geschah es auch. Die ständische Staatsschuldenkommission begann befohlenermaßen ihre Tätigkeit, und im Januar 1848 traten die Vereinigten Ausschüsse zur Beratung des Strafgesetzbuchs zusammen. Beckerath erklärte noch im letzten Augenblicke, der er wegen seiner Rechtsbedenken fern bleiben müsse. Ludolf Camphausen aber erschien, versöhnlicher als die Mehrzahl seiner rheinischen Landsleute; und es machte tiefen Eindruck, als dieser königstreue, durch und durch preußisch gesinnte Patriot den Verlauf der letzten Kämpfe in bewegter Rede, nicht unparteiisch, aber auch nicht ungerecht, also schilderte: „Als die Stände bis auf die äußerste Grenze vorrückten und, weit hinübergebogen, die Hand zur Ausgleichung darboten, ist diese Hand im Zorne zurückgestoßen worden. Ein Wort hätte hingereicht, den Verfassungsstreit in Preußen auf immer zu beendigen. Es ist nicht gesprochen worden. Die Folgen müssen getragen werden. Die Geschichte aber wird richten zwischen uns und der Regierung!" Im ganzen zeigte der Vereinigte Ausschuß große Mäßigung, er hielt sich streng an seine nächste Aufgabe. Der Entwurf des Strafgesetzbuchs war ein ernstes, wohldurchdachtes Werk; nur einzelne seiner Bestimmungen mußten der Empfindung der Zeit allzu hart erscheinen, so die Vorschrift, daß die Todesstrafe in gewissen Fällen durch das Abhauen der rechten Hand und die Aufspießung des Kopfes verschärft werden sollte. Die Rheinländer aber hielten an ihrem Code Napoleon, der im Grunde weit strenger war, eigensinnig fest; ihr „Rheinischer Verein" und ihre kleinen ultramontanen Blätter warnten einträchtig vor „der Schimäre der Verbrüderung, der Zentralisation". Sie wollten nicht sehen daß es eine Schande war, wenn im Namen desselben Königs von Preußen hier eine Tat für straflos, dort für verbrecherisch erklärt wurde; der sittliche Wert eines gemeinsamen Strafgesetzbuchs blieb ihrem verbissenen Provinzialtrotze ganz unfaßbar. In der Kölnischen Zeitung veröffentlichte der geistreiche Bonner Jurist Ed. Böcking eine scharfe Kritik des Entwurfs, eine Arbeit, die gewiß nicht partikularistisch gemeint war, aber die Rheinländer in ihrem Widerstande bestärkte. Genug, das Gesetz wurde von der liberalen Presse, die den Rheinländern immer nach dem Munde redete, schon im voraus verlästert. Savigny hatte im Landtage nur sehr wenig gesprochen, jetzt führte er die Sache der Krone fast allein und verteidigte mit überlegener Ruhe Punkt für Punkt des verrufenen Gesetzes. Er zeigte, daß nur eine „mißverstandene Humanität" die Todesstrafe oder die Prügelstrafe für Ehrlose bekämpfen könne; er erwies, daß Preußen als ein Glied der großen christlichen Staatengesellschaft verpflichtet sei, auch die im Auslande begangenen Verbrechen zu bestrafen – was die liberale Sanftmut noch bestritt.

Als die Beratungen des Landtags sich zum Ende neigten, kam plötzlich die Nachricht von dem Ausbruch der Pariser Februar-Revolution. Mit einem Schlage verwandelte sich die Welt, alle stillen Wünsche der letzten Jahre gewannen augenblicklich Sprache, und es war nur menschlich, daß der Ausschuß nunmehr beschloß, das Strafgesetzbuch solle nicht eher verkündigt werden, als bis der Vereinigte Landtag auch über die beabsichtigte Reform des Strafprozesses beraten hätte. Schon der letzte Landtag hatte mit gutem Grunde verlangt, das in Berlin bereits eingeführte öffentlich-mündliche Verfahren müßte der gesamten Monarchie zu Teil werden. Jetzt schien auch diese Forderung schon überwunden. Das Schwurgericht, das so oft als Bollwerk der Volksfreiheit gefeierte, war in aller Munde, nur durch Geschworene glaubte man die gerechte Handhabung des Strafgesetzes sichern zu können. Savigny aber, der von dem nahenden Sturme noch nichts bemerkte, mahnte bedachtsam: über den Wert des Schwurgerichts gingen die Meinungen doch sehr weit auseinander.

Der König ahnte noch nicht, daß eine neue Zeit gekommen war. Er war zufrieden mit dem ruhigen Verhalten seiner Ausschüsse und schloß sie am 6. März persönlich mit einer gnädigen Ansprache. Freudig kündigte er ihnen an: nachdem nunmehr allen seinen Befehlen genügt sei, wolle er, die Wünsche seiner getreuen Stände genehmigend, die periodische Einberufung des

Vereinigten Landtags und demgemäß die Beschränkung der Wirksamkeit der Ausschüsse hiermit anordnen. So war das erlösende Wort endlich ausgesprochen – aber zu spät und darum vergeblich. Ein Jahr früher verkündigt, hätte diese königliche Entschließung den ganzen heillosen Verfassungskampf abgeschnitten und sogar bewirkt, daß Preußen mit einem wohlgeordneten, rechtlich gesicherten Ständewesen der Anarchie Trotz bieten konnte. Jetzt erschien die verspätete Zusage, obwohl sie längst beschlossen war, nur wie ein abgedrungenes Zugeständnis. Nach wenigen Tagen schritt die Revolution auch über sie hinweg, und der stolze Herrscher, der seinem Volke Schritt für Schritt den Weg hatte vorschreiben wollen, lag gedemütigt am Boden. –

# Verzeichnis der Bildtafeln

# Namensregister